성경핵심전과 1

구약 : 율법서 / 역사서 / 시가서

성경핵심전과 1

지은이 신현주
펴낸이 김명식
펴낸곳 (주)넥서스

초판 1쇄 발행 2013년 10월 10일
초판 2쇄 발행 2013년 10월 15일

출판신고 1992년 4월 3일 제311-2002-2호
121-840 서울시 마포구 서교동 394-2
Tel (02)330-5500 Fax (02)330-5555

ISBN 978-89-6790-423-4 03230

ISBN 978-89-6790-422-7 03230 (세트)

가격은 뒤표지에 있습니다.
잘못 만들어진 책은 구입처에서 바꾸어 드립니다.

www.nexusbook.com
넥서스CROSS는 (주)넥서스의 기독 브랜드입니다.

말씀의 기초와 성경통독을 튼튼히 세우는

성경 핵심 전과 1

신현주(실로암성경학교 대표) 지음

구약 : 율법서 / 역사서 / 시가서

넥서스CROSS

감수 및 추천의 글

신학과 목회가 겸비된 교재

이 책을 비롯한 실로암성경학교의 성경통독 교재들은 오랜 시간 목회 현장에서 활용하며 얻은 결과와 성서신학을 공부하여 연구한 결과물의 합작이다. 장로회신학대학교에서 구약학 석사 과정을 공부할 때에도 성경을 사랑하고 연구하는 모습이 인상적이었고, 그 결과들이 현장에 나타났다. 따라서 이론에 치우치거나 반대로 적용만 강조하는 그런 교재와는 출발점이 다르다. 내용 소개가 적당한 분량으로 있으며, 우선 성경을 읽은 후 문제를 풀면 흥미 있게 답을 할 수 있어서 성경지식과 생활 적용에 중점을 둔 권장할 만한 교재이다.

강사문 박사(장로회신학대학교, 구약학, 한국구약학회 회장 역임)

입체적인 통독으로 이끄는 성경전과

본인이 총장으로 섬기는 한국신학교의 구약학 교수인 신현주 박사는 꾸준히 학문적이면서도 목회 실용적인 교재들을 집필해 왔다. 그 결과 교회 현장에 좋은 목회 자료를 제공하고 신학생들에게 유익한 강의를 하고 있다. 시중에 많은 성경통독 교재들이 있지만, 주로 성경을 요약하는 데 그치고 만다. 그러나 이 책은 학문과 목회가 적절한 조화를 이루고 있어, 두 날개의 새처럼 안정적인 장점이 있다. 다른 책에서는 볼 수 없는 깊이 있는 각종 신학적인 해설이나 고고학 자료들은 입체적인 성경통독을 하게 이끌어 준다.

양승오 박사(한국신학교 총장, Th. D., Ph. D.)

역사적이고 고고학 연구까지 되어 있는 교재

오랜 세월 연구하고 또 목회 현장에서 실제 사용한 실로암성경학교의 성경통독 교재들은 그가 대학원에서 연구한 분야지만, 지금까지 나온 어떤 성경통독 교재보다도 교회의 여러 계층의 성도들이 성경을 통독할 수 있도록 돕는 좋은 교재이다. 좋은 안내문이 있고, 지도 지침이 구체적이며, 성경공부의 내용 개론이 잘 되어 있고, 각 성경구절에 대한 배경이 역사적이며 고고학적인 연구가 잘 되어 있다.

원용국 박사(안양대학교 명예교수, 구약학, 성경고고학)

성서의 숲과 나무를 통찰하는 교재

저자는 성서신학자이며 현장 사역자로서 균형 잡힌 모습을 유감없이 발휘하고 있다. 해설은 저자의 학문성이 빛나며, 적용은 현장 사역자로서의 강점을 살려 본문의 현대적 의미를 정확하게 전달하고 있다. 특히 이 교재는 성경 전체의 숲과 그 숲에 담겨진 각각의 나무를 자세히 일러주는 특징을 가지고 있다. 꾸준히 구약성경과 신약성경을 균형 있게 읽고 공부하면 큰 유익이 될 것이다.

차준희 박사(한세대학교 구약학, 한국구약학회 부회장)

전체를 통독하게 하는 교재

오랫동안 목회 현장에서 임상 실습하고 펴낸 성경통독 교재들은 다른 성경 교재에 비해 훌륭하다. 첫째, 성경을 전체적으로 읽는 교재이다. 둘째, 읽기를 돕는 줄거리를 제시하고, 각 책과 각 장을 소개하고 궁금한 부분을 해설하고 있다. 셋째, 읽은 말씀에 대한 피드백을 위하여 성경문제를 풀면서 읽기를 확인시킨다. 이 책은 적용 질문이나 요절 제시를 통해 신앙적 지식과 삶을 연결시키는 노력을 기울이고 있다.

이달 박사(한남대학교, 신약학, 한국신약학회 회장 역임)

체계적이고 본문 공부가 잘 되어 있다

이 책은 첫째, 체계적이다. 과거의 성경 교재와는 다르게 말씀을 읽으며 공부하도록 구성되어 있어서 성경통독을 하는 교회의 교역자 및 성도가 공부하기에 좋은 책이다. 둘째, 본문 연구가 잘 되어 있다. 과거의 교재들은 본문에 대한 올바른 검토 없이 적용점을 많이 강조했다면, 이 책은 본문에 관해서도 많은 연구를 통해 만들어졌기에 공부하기에 좋다. 셋째, 본문의 메시지를 잘 깨달을 수 있게 되어 있다.

최재덕 박사(장로회신학대학교, 신약학)

남미에서도 알려진 교재

수 년 전, 미국의 코헨신학대학교에서 있었던 컨퍼런스에서 실로암성경학교의 교재들을 알게 되었고, 브라질 선교지에서도 유용하게 활용하고 있다. 이 책은 성경의 중요한 내용을 잘 정리하여 이해하기 쉽게 다루었을 뿐 아니라 고고학을 비롯한 다양한 자료들까지 제공해 주고 있다. 깊이 있게 성경을 통독하고 지식을 넓히며 신앙 성숙에 큰 도움이 되리라고 확신한다. 이미 실로암성경학교의 책은 브라질 Fatefe신학대학교에서도 활용되고 있으며, 이번의 책도 브라질어로 번역해야겠다는 욕심이 생긴다.

이한우 선교사(브라질 Fatefe신학대학교 총장, Th. D., Ph. D.)

영혼을 사랑하는 마음이 담긴 교재

한국 교회의 성도로 하여금 성도답게, 빛을 잃어가고 맛을 상실해 가는 한국 교회를 교회되도록 성서 위에 세우려는, 한 생애 전부를 드리는 역작이다. 몸이 상해가면서도 심혈을 기울여 전념하여 한 영혼을 사랑하는 목회자로서, 구약 신학자로서 하나님을 향한 고백이요, 성도들을 향한 사랑의 편지이다. 성경으로 사는 길 만이 마르틴 루터의 말씀에로의 종교개혁 이후의 개신 교회의 본래의 길을 가는 것이 될 것이다.

전영섭 박사(대진교회 담임목사, 협성대학교, 목회학)

성경을 차례대로 읽으며 통독할 수 있는 교재

이 방면의 책이 많지 않은데 실로암성경학교에서 귀한 책을 내어 기쁘게 생각하며 축하한다. 요즈음 성경공부를 한다고 해서 가 보면 교리공부를 많이 하고 있는데 실로암성경학교의 성경통독 교재는 성경을 차례대로 읽으면서 통독할 수 있도록 만들어져 있어서 성도들이 성경을 체계적으로 공부하는 데 참으로 좋은 책이다. 이 책은 성경을 정독해서 성경에 대한 지식을 넓힐 뿐만 아니라, 그 말씀을 적용하도록 해 준다.

장영태 교수(前 대전신학대학교, 조직신학)

주보 성경공부를 폐지하고 선택한 교재

본인이 섬기는 새밝교회에서도 실로암성경학교의 교재 특성대로 새벽 기도회나 가정 성경공부 교재들을 사용하였다. 주보에 내던 성경공부를 폐지하고 전 교인이 실로암성경학교의 성경통독 교재를 도입하였다. 과거에는 성경공부 참여도가 낮아 효율이 적었는데, 실로암성경학교의 교재는 등록자만을 공부하도록 한 결과 300여 명이 등록을 하여 깊이 있고 체계 있게 성경통독을 하고 있다. 커리큘럼이 잘 되어 있어 실속 있는 교육 목회 자료로 적합하여 기존 신자뿐 아니라 새 신자들에게도 접근이 쉽다.

강상원 목사(새밝교회, 광주기독교교단협의회장 역임)

다독(多讀)에서 오는 결점 해결

첫 느낌이 "꼭 필요한 책이 나왔구나." 하는 생각이다. 그 이유는 첫째, 성경 다독에서 오는 결점을 해결한 점이다. 둘째, 포인트가 되는 말씀을 적절히 나타낸 점이다. 셋째, 바쁜 목회자들에게 도움을 주는 책자라는 점이다. 교회마다 여러 형태로 성경공부를 하고 있지만 교안을 만드는 일이 쉽지 않은 현실에서 이런 전문적인 교재를 활용하면 목회에 많은 도움이 되리라고 기대한다.

곽전태 목사(베다니교회, 기독교대한감리회 감독회장 역임)

개인 스스로 공부하게 하는 교재

실로암성경학교에서 성경 연구를 많이 하여 오래전부터 성서신학원, 교역자회, 기독교연합회, 교사 강습회, 각 교회 등에서 성경통독에 대한 강의를 하며 노력한 일들이 이 교재의 모체가 되었다고 본다. 이 교재는 성경을 체계 있고 깊이 있게 읽도록 안내하며 성경을 생활 속에서 실천하게 해 준다. 따라서 목회 현장에서 그대로 사용할 수 있는 교재로 목회적으로나 신학적으로 안정적이다. 뿐만 아니라 개인이 커리큘럼을 따라 성경을 통독할 수 있게 되는 좋은 교재이다.

김형준 목사(성지교회, 충청지구 평신도훈련원장 역임)

가장 실제적인 성경통독 교재

성경통독 교재가 봇물처럼 쏟아져 나오고 있는 것은 한국 교회가 그만큼 성경통독에 관심이 있다는 것을 반증한다. 교재마다 특성이 있겠지만, 실로암성경학교의 교재는 이론과 실제가 병합되어 성경을 읽도록 안내하고, 훌륭한 해설과 문제를 제공하여 피드백을 하게 하는 장점이 있다. 본인이 섬기는 교회와 선교회에서도 인기 있는 교재로 실제적인 성경읽기에 가장 좋은 안내서가 되고 있다. 이 교재는 진보나 보수 어느 쪽에도 치우침이 없이 양면을 보게 해 주므로 한국 교회에 기쁘게 소개한다.

성명희 목사(벧엘교회 담임목사, 기름부음목회선교회 회장)

덮어 놓고 믿으라는 위험을 막는 교재

한국 교회에 내려오는 말 중에 "덮어놓고 믿으시오."라는 말이 있다. 알아볼 것 없이 무조건 믿으라는 말이지만 위험한 말이다. "베뢰아에 있는 사람들은 데살로니가에 있는 사람보다 더 너그러워서 간절한 마음으로 말씀을 받고 이것이 그러한가 하여 날마다 성경을 상고하므로"(행 17:11)라고 했다. 예수님을 믿되 하나님의 말씀을 따라 믿어야 한다. "이 율법책을 네 입에서 떠나지 말게 하며"(수 1:8).

박조준 목사(갈보리교회 담임목사 역임)

질적 향상을 하는 목회적인 교재

한국 교회가 수적으로 성장되었으나, 질적으로는 많은 문제가 있어서 교회 성장에 장애물이 되었다. 외적인 문제보다는 내적인 문제의 해결을 위한 고민으로 한국 교회에 좋은 성경통독 교재를 출간하여 질적 향상에 크게 기여하게 되었음을 무한 기쁘게 생각한다. 전 교회적으로 실시할 수 있는 목회적인 교재로서 건전한 신앙으로 보수 온건한 신학적 배경에 좋은 내용이기에 한국 교회에 이 교재를 추천한다.

박태희 목사(성락교회, 기독교대한성결교회 총회장 역임)

오케스트라단의 연주를 보고 듣는 것 같은 행복

병원에서 환자를 치료할 때, 또는 의과대학생들을 가르칠 때, 해당 분야의 기본서를 완전히 머릿속에 정리하고 있어야 의사로서 생활을 할 수가 있다. 성경을 통독하면서 많은 내용을 다 숙지하기는 쉬운 일이 아니다. 이 책은 성경을 읽으며, 요점을 정리하고, 중요한 내용들을 외우기 쉽게 만들어 놓은 훌륭한 성경통독 지침서이다. 이 책을 읽고 있노라면 음악당의 VIP석에 앉아서, 교향악단을 한눈에 바라보며, 아름답고도 오묘한 연주를 듣는 느낌이다.

박해영 교수(한양대학교 의과대학 비뇨기과 교수, 덕수교회 장로)

성경 읽는 재미에 빠지다

교회에서 성경을 읽으라는 가르침을 따라 과거에는 무작정 읽었지만, 이제는 실로암성경학교의 좋은 책으로 성경공부를 하며 통독을 하는 재미에 빠졌다. 신앙생활에서 성경읽기 만큼 큰 감동을 주는 것은 없다. 실로암성경학교의 교재들은 성경 전체의 흐름을 보게 해 주며 성경책으로만 읽을 때 보지 못한 고고학 자료나 각종 사진 자료와 통계 등이 늘 새롭게 다가와서 성경읽기의 재미를 더해 주고 있다.

이은숙 권사(군포 양무리교회)

실제 성경을 읽게 하는 교재

실로암성경학교의 교재들을 만나게 된 것은 내게 큰 복이다. 성경읽기에 관심이 있어서 여러 책들을 참고했으나 늘 해설뿐이어서 다른 참고할 자료들이 있었으면 하는 아쉬운 마음이었다. 그런데 실로암성경학교의 책들을 만나면서 기대가 충족되고 있다. 해설과 적용과 문제들이 잘 배합되어 있고 다양한 자료들이 있어서 성경통독에 획기적인 책으로 받아들이게 되었다. 직원들과 함께 성경공부를 재미있게 하며 새로운 책들에 대한 기대감으로 늘 크게 설렌다.

장미연 권사(기쁨의집 원장, 기쁜성결교회)

미국에서도 매우 유용하게 사용

성경 66권을 '숲과 나무 보기' 형태로 개론과 장별 각론을 구속사적 중심으로 강의해 오던 중에 한국에서 구입해 온 실로암성경학교의 교재를 겸하여 사용하게 되니 더욱 입체적인 성경 연구가 되었다. 그동안《딱! 50일에 끝내는 성경통독》과《체험! 성경통독》으로 공부했으며, 이제 다시《성경핵심전과》를 만나게 되어 더욱 깊은 성경 연구의 즐거움을 맛보게 되었다. 전 교인이 교재에 따라 성경을 읽되, 마치 숲에 들어가 나무를 살피며 산책하듯 공부를 하는데, 역사적인 자료들과 당시의 문화적 배경들이 곁들여져 있어 이해의 폭을 넓혀 준다. 특히 신학적으로나 교리적으로도 건전하기에 성경 전체를 체계적으로 연구하며 가르치기를 원하는 목회자는 물론 평신도들에게 좋은 책으로 추천한다.

최동진 목사(샌디에고 반석교회)

성경통독으로 은혜를 체험합시다

실로암성경학교는 1983년 설립하여 지난 30년간 꾸준히 성경통독 교재를 개발하고 세미나를 인도해 왔습니다. 국내외 700여 교회 10만 명(판매부수 기준)의 성도들이 이 교재를 사용합니다. 홍보가 미흡했음에도 실로암성경학교의 교재가 알려지는 것은 이 책이 실용적인 교재로서 먼저 사용한 교회와 독자들의 입소문이 큰 역할을 했습니다.

성경은 생명의 양식이기에 늘 읽어서 삶의 표준으로 삼고 주님을 섬기며, 하나님 나라로 가는 길을 안내 받아야 합니다. 교회에서 성경을 읽으라는 독려는 받지만 실제로 성경을 읽거나 성경공부반에 참여하여 공부하는 분들은 적습니다.

이번 《성경핵심전과》는 과거 주보성경공부나 성경통독 교재들의 장점을 살리고 현대 교인들에게 맞는 책으로 거듭나 성경을 계속 읽도록 지도합니다. 내용 면에서나 운영 방식에 있어서 어느 교재보다도 월등하므로 이 교재를 통하여 한국 교회의 성경읽기 붐이 일어나기를 꿈꾸고 있습니다.

이 책의 진정한 저자는 제가 섬기는 교회와 협력해 주신 분들입니다. 한국구약학회 동료 교수님들, 은사이신 장로회신학대학교 강사문 박사님, 구약학 교수의 기회를 주신 한국신학교 양승오 총장님, 미국 코헨대학교 강신권 설립총장님(Dr. Paul S. Kang), 멘토이신 벤데메이 박사님(Dr. Ronald Vandermey)께 감사합니다.

성서지도와 성지사진을 제공해 주신 이원희 목사님, 실무에 힘쓰신 조남용, 유경준 목사님, 설재종 집사님, 평생 힘이 되어 주신 김형준, 성명희, 전영섭, 정훈우 목사님, 조병훈, 최중권, 박의일 집사님, 김송자, 장미연 권사님께 감사드립니다.

미흡함에도 이 책의 가치를 인정하고 출판해 주신 ㈜넥서스의 임준현 사장님과 김명식 목사님, 까다로운 저자와 협력하며 실무를 해주신 크로스팀 가족들에게 감사드립니다.

무엇보다 이 교재를 사용해 주시는 독자 여러분께 감사드리며, 실로암성경학교는 계속 실용적이면서도 학문적인 교재 집필과 강의로 섬기겠습니다. 부담 없이 초청해 주시면 연구 결과를 함께 나눌 수 있습니다.

오직 성경을 붙잡고 기도하며
실로암성경학교 대표 신현주 목사

목차

02 역사서란 무엇인가? _209

03 시가서란 무엇인가? _445

이 책에 대하여

《성경핵심전과》는 이런 책입니다.

우리는 초등학생 시절에《전과》를 활용하여 공부를 했습니다. 숙제를 하던 자습을 하던《전과》는 공부에서 어려운 문제를 해결해 주는 요술책이었습니다. 이번에 출간되는《성경핵심전과》는 책 이름 그대로 성경공부의《전과》가 되기를 바랍니다. 이 책은 짧은 기간에 책상에서 집필된 것이 아니고, 오랜 세월 사용하면서 보완을 하며 현장에 맞게 다듬어져서 최종 종합적인 자료로서 다시 독자들을 만납니다.

《성경핵심전과》로 성경공부를 하며 통독하는 이 프로그램에 참가하신 여러분을 환영하며 축하합니다. 이 교재는 성경을 깊이 있고 체계 있게 공부하는 과정입니다. 하나님께서 여러분의 눈을 열어 주셔서 주의 율법에서 놀라운 것을 보며(시 119:18), 마음이 뜨거워져서(눅 24:32) 말씀의 조명 아래서 살 수 있게 되기를 바랍니다.

통째로 읽기(통독)를 체험하는 교재	이 과정은 누구나, 언제든지 참가할 수 있으며, 시간이나 공간적인 제한을 받지 않습니다. 아울러 신앙연륜에 관계없이 성경통독을 하며 공부할 수 있어서 교회적으로 폭넓게 활용되는 장점이 있습니다. 이 교재는 성경읽기를 안내하며 실제 통독을 체험하고 이를 통하여 지성, 영성, 감성을 지니게 하므로 여러분의 성경읽기/통독에 좋은 《전과》가 되기를 기대합니다.
1) 공부 체험(지성)	성경 전체를 읽으며 공부합니다. 어떤 교재들은 본문을 요약하는데 그쳐서 분석적이지 못하고 감정에만 치우칩니다. 그러나 이 교재는 목회자요 신학자가 제공하는 분석과 바른 적용, 고고학 자료, 신앙고백적인 예술품, 각종 통계 자료를 통해 실제적인 성경공부로 지성을 키웁니다.
2) 은혜 체험(영성)	성경읽기를 통하여 하나님의 구원사적인 섭리를 보게 되며 구원자이신 예수님을 체험하게 됩니다. 구약에서 신약으로 이어지는 성경말씀을 공부하면서 예수님을 만나면 새 생명 가운데 사는 은혜를 누리게 되고 믿음의 복을 받습니다.

3) 변화 체험(감성)

성경지식은 넓어졌고 예수님을 만나 은혜는 받았다는데 삶이 변화되지 않는 자기도취에 빠진 신앙인들이 있습니다. 진정한 그리스도인은 삶으로 변화된 모습을 드러내야 합니다. 성경읽기/통독을 통하여 변화된 자신의 모습을 체험하게 됩니다.

성경 전체를 200묶음으로 나누었고 한 묶음의 공부 분량이 보통 성경 6장 정도지만, 이를 공부하려면 성경 본문과 해설을 읽고 문제에 답을 달아야하므로 실제로는 한 번에 성경 20~30장을 읽는 효과가 있습니다. 자세한 것은 다음의 '이 책의 활용법'을 보십시오.

교재를 사용한 교회들의 반응

이 책은 여러 해 동안 다양한 모습으로 사용하면서 다듬어져서 오늘의 형태를 갖추었습니다. 이 교재의 반응을 요약하면 이렇습니다. ① 커리큘럼이 분명하여 교회 현장감이 뛰어나다. ② 원고가 좋다. ③ 분량이 많아 깊은 공부가 된다. ④ 다양한 자료들이 제공되어 좋다.

1) 커리큘럼

이 교재는전체 200묶음으로 되어 있고 한 묶음을 성경 6장 가량으로 하여 매일/매주 성경읽기로 이끄는 실제적인 통독 교재입니다. 본문에 대한 해설과 문제로 되어 있어서 단순한 성경읽기가 아닌 읽은 후의 확인 과정을 거칩니다. 두꺼운 책일지라도 한 묶음씩 되어 있는 과정을 차근차근 공부하면 쉽게 전 과정을 깊이 있게 공부합니다.

2) 좋은 원고

좋은 교재는 오랫동안 꾸준히 집필되어 교회 현장에서 사용하면서 검증이 되어야 합니다. 여러 목회자들과 신학자들이 동참하여 다양한 의견들이 반영되었습니다. 신학적인 검토를 거쳐서 최종의 출판 원고가 되기까지는 오랜 세월이 걸리는데, 이 교재는 30년 세월 동안 사용하면서 다듬으며 현장감 있게 만들어졌습니다.

3) 많은 분량

실로암성경학교의 성경통독/읽기 교재들은 각각의 특성이 있습니다. 사용 기간으로만 보아도 《딱! 50일에 끝내는 성경통독》은 단기간 통독을 목표로 한 것이고, 《성경통독 365일》은 매일 3장씩 읽어 1년에 통독하는 교재이며, 이번의 《성경핵심전과》는 총 200묶음으로 되어 있어서 활용 기간을 자율적으로 정할 수 있으며, 집필 중인 《성경통독 1189장》은 전문적인 교재로서 매일 1장씩 읽으면 3년 반, 한 주간에 1장씩 읽으면 23년에 통독합니다.

4) 다양한 자료

시중의 여러 성경공부 교재들과 눈에 띄게 다른 것을 발견할 것입니다. 이는 커리큘럼이 분명하며, 고고학의 결과로 나타난 자료들이나, 여러 성서적인 예술품들, 각종 통계 자료를 보게 되는 것이며, 또한 매 묶음마다 본문에 대한 성서신학적 해석과 적용, 그리고 해당 성경의 문제 풀이를 하게 하는 실제적인 방법론입니다. 그러면서도 어렵지 않아 초등학생도 할 수 있으며, 석학이라 할지라도 성경을 깊이 있게 읽도록 하는 양면성을 모두 가지고 있습니다.

이번 기회에 이 교재의 가르침을 따라 꾸준히 성경읽기를 하여 체계 있고 깊이 있는 성경통독의 기쁨을 맛보시기 바랍니다. 공부하다 보면 어느새 성경에 대하여 친근감이 생기고 성경을 사랑하는 행복한 전문가가 되어 있는 자신을 발견할 것입니다.

집필에 사용된 참고서적

집필을 위해 수많은 책이 사용되었으나 참고문헌을 별도로 제시하지 않고 특별히 의존한 대표적인 몇 권만 소개합니다.

특히 독일성서공회판 《관주해설 성경전서》, 강사문 외 《구약성서 개론》, 박창환 외 《신약성서 개론》은 기본적인 방향을 잡고 집필하는데 도움이 되었고, 세계 성서공회판 《굿뉴스 스터디바이블》은 구약의 내용분해에 도움을 얻었고, 《윌밍턴 성경연구》는 시가서와 예언서의 각종 통계자료에 도움이 되었고, 이원희의 《포토바이블》은 성지자료에 도움을 받았습니다.

성서연대는 전통 견해와 현대 견해를 모두 제시하려 했으며 보편적으로는 존 브라이트의 연대를 참고로 하였습니다.

성경류

국내공인성서(7종) : 개역한글, 개역개정, 공동번역(개정), 표준새번역(개정), 가톨릭새번역

BHS – Biblia Hebrica Stuttegartensia, 1998.

GREEK – The Greek New Testament, UBS, 1974.

Deutsche Bibelgesllschaft, 독일성서공회판, 관주 해설 성경전서, 1992.

Good News Study Bible, 세계성서공회판, 굿뉴스 스터디바이블, UBS, 1997.

NIV Study Bible, 홀리원 주석성경, 예장출판사, 2008.

주석류

일본 생명의 말씀사, 신성서주해 전10권, 기독교문사, 1986.

안병무 외, 국제주석 시리즈 전20권, 한국신학연구소, 1995.

강병도, QA 성경연구 시리즈, 전15권, 1987.

성서유니온, Bible Study Commentary, 성서연구 시리즈 전20권, 1995.

버클레이 주석(신약) 전17권, 버클레이 패턴 주석(구약) 전20권, 기독교문사, 1978, 1988.

사전류

이원희, 성지 자료 및 성서 지도 다수

원용국, 고고학사전, 생명의 말씀사, 1984.

Packer, J. I. Illusrated Encyclopedia Bible Facts, (Tomas Nelson Publishers), 1995.

단행본

강사문 외, 구약성서개론, 장로교출판사, 2000.

박창환 외, 신약성서개론, 기독교서회, 1985.

The Divine Word Center, Guide Study Program in the Catholic Faith Journey,

성서의 길을 따른 여정, 전10권, 생활성서사, 1989.

David, Pat Alexander. The Lion Handbook to the Bible, (Anzea Publishers), 1977.

Dorze Marcel Le. 성서백주간 1~3권, 분도출판사, 1991.

John Bright, A History of Israel, 김윤주 역, 이스라엘 역사, 분도출판사, 1971.

M. K. Batchelor, Illustrated Bible Companion, (Thomas Nelson Publishers), 1996.

William S. Deal, Pictorial Introduction to the Bible, (Baker Book House Company), 1983

Willmington Harold L., 윌밍턴 성경연구(구약 · 신약), 나침반사, 1991.

자료집

한국구약학회, 학술 세미나 자료들

한국성서고고학회, 학술지 〈성경과 고고학〉, 계간지.

이 책의 활용법

이 책으로 성경읽기나 통독 이렇게 하세요

보고 듣는 것에 익숙한 디지털 시대에 읽고 써야 하는 아날로그 방식의 성경읽기나 통독이 부담스러운 것은 사실이지만, 공부에는 왕도가 없으며 몸과 마음과 시간을 미련하게 투자해야 합니다. 영상으로 보는 것은 이해가 쉬운 것 같지만 금방 잊어버리고 맙니다. 그러나 눈으로 보고 소리내어 성경을 읽고 해설을 공부하며 성경문제에 글을 쓰며 풀이하다 보면 말씀이 몸에 배는 체험을 하게 됩니다.

신앙생활을 오래했으면서도 성경통독을 하지 못한 분들이 많습니다. 교회의 성경공부 프로그램들이 특정한 사람들만 참여하여 성경의 일부분만을 공부하므로 전체적이지 못한 한계가 있습니다. 이러한 문제의 해결 방안인 이 교재는 전 교인이 체계 있고 깊이 있는 성경통독의 체험을 갖는데 목표를 두었습니다. 교회는 공동체로서 작은 모임도 전체와 연결을 지으며, 전체적인 것도 소외되는 개인이 없으면 이상적이라 할 수 있는데, 이런 면에서 이 책은 전 교인을 대상으로 하고 있어서 이상적입니다.

1. 대략적인 방향

성경전체를 200묶음으로 나눈 본 교재를 하루에 한 묶음 씩 공부하면 200일이 걸리고, 두 묶음씩 공부하면 100일에 성경통독이 됩니다. 또한 전교회적으로 사용할 때에 과거의 주보성경공부처럼 한 주간에 한 묶음씩 공부하면 200주간(4년)이 걸릴 수도 있습니다. 욕심 같아서는 단 시간에 성경통독을 했으면 좋겠다고 생각하지만, 깊이 있는 공부는 많은 노력과 시간을 들여야 합니다. 간단한 초보에만 머무르려 한다면 이는 어리석은 자세입니다(히 6:1~2).

이 교재를 활용하는 기본 틀은 다음과 같습니다.

(1) 해당 범위의 성경을 정독하십시오. 교재를 참고하는 것은 그 다음입니다.

(2) 해설(각 성경 개요, 말씀 묵상, 더 살펴보기)을 읽으며 성경에 적절한 표시를 하십시오.

(3) 문제에 답을 적다보면, 이때 자연스레 성경을 또 정독하게 될 것입니다.

(4) 공부한 것을 부록의 모범해답을 참고하여 맞추어 보십시오.

(5) 전 교인이 함께할 경우는 지도자의 확인절차를 거쳐야 밀리지 않게 성경통독이 지속됩니다.

1. 이 교재의 사용방법은 세 가지입니다.

혼자서 읽던, 교회에서 함께 읽던 지루하지 않게, 본문을 소리 내어 읽으면 더 효율적이 됩니다. 성경통독 오디오 자료 등을 활용하여서 함께 읽을 수도 있습니다. 한 묶음을 하루에 공부하면 200일, 한 주간에 하면 200주간/4년이 소요됩니다.

(1) 전 교인 성경읽기/통독

① 교회의 지도로 전 교인이 교재를 구입하고, 200일(또는 100일)에 읽는 계획입니다. '성경통독 새벽기도회'에서 해당 본문을 읽고 집에서 문제를 풀어 다음 날 교회에서 확인을 받는 형식입니다.

② 교회의 지도로 전 교인이 교재를 구입하고, 200주간에 걸쳐 공부합니다. 주보에 매 주간 읽을 말씀(범위)을 안내하며, 매주 수요예배에서 목사는 범위 중에서 한 단락을 설교하고 나머지는 교인들이 집에서 성경을 읽고 문제풀이를 하여 다음 주에 교회에서 확인을 받는 과정입니다.

※ 공부한 것을 교회에서 확인하는 과정은 개인이 구입한 책의 해당 부분에 고무인을 찍거나 출석 부르듯이 공부했는가를 확인하면 됩니다. 그러나 답지를 내게 한다면(굳이 이럴 필요가 없는 것은 뒷면에 해답이 있기 때문에) 교회가 자체적으로 답지 노트를 만들 수 있습니다. 어떠한 경우든 교재를 복사하거나 베끼면 안 됩니다.

(2) 성경통독반 조직

교회에서 성경통독반을 구성하고 특별한 기간을 정하여 교인들이 집에서 예습해 오고, 교회에 매일(또는 매주간) 모여 목회자의 지도로 200일/주간에 통독할 수 있습니다.

(3) 개인 단기 성경통독

개인이 특별기간을 설정하여 매일/매주간 1~2시간 정도를 투자하여 한 묶음씩 성경을 읽고 공부하면 200일/주간에 깊이 있는 통독을 할 수 있습니다. 물론 한 번에 두 묶음씩 하면 시간은 반으로 단축되어 100일이나 100주간에 통독을 할 수 있습니다.

2. 구성 및 특성

1. 복사나 문제만을 베껴 인쇄하면 안 됩니다.

이 교재를 복사하거나 또는 문제만을 따로 인쇄하거나 주보에 베껴 내는 것은 불법이며, 이 교재의 의도와 다릅니다. 어떤 문제들은 해설을 꼭 읽어야 답을 달 수 있으며, 성경통독을 할 때에도 해설을 함께 공부해야 효과적입니다. 목적이 선한만큼 선한 방법으로 전 교인이 교재를 구입해야 합니다.

2. 한 번에 6장 전후를 읽어 통독하는 과정입니다.

한 묶음인 성경 본문 6장 전후를 공부하기 위해서는 성경 읽는 습관이 필요합니다. 마음만 먹으면 매번 1~2시간을 투자하여 주어진 분량을 읽고 문제에 답을 다는 것은 어려움이 없습니다. 일단 성경을 다 읽고 나중에 답을 달도록 하여 먼저 해당 범위의 성경읽기에 마음을 써야 합니다.

3. 어느 교단이나 사용할 수 있습니다.

신앙적이거나 신학적인 차이로 염려할 필요가 없습니다. 이 교재는 현장 목회자의 사용 경험과 성서신학자의 연구 결과로 집필되었고 초교파적으로 시험 사용해 왔습니다. 해설은 늘 보편적인 견해를 견지했으며 신학적인 논쟁은 다루지 않았습니다. 성서신학자들과 각 교단의 목회자들로부터 감수와 추천을 받은 검증된 교재이므로 어느 교단에서든지 그대로 사용할 수 있습니다. 개신교의 일반적인 교단(감리교, 순복음, 장로교, 침례교)은 물론이거니와 '성공회'에서도 실로암 성경학교의 교재를 사용했고 해외의 한인교회들에서도 널리 사용되고 있습니다.

4. 어느 때든지 시작할 수 있습니다.

보통 연초에 시작하여 연말에 마치는 계획을 세우지만, 학기 시작인 3월이나 9월도 좋고, 복잡한 신년을 피하여 11월이나 12월에 시작해도 됩니다. 어느 때 시작해도 200일(단기 100일)/주에 마치는 것은 마찬가지입니다. 교회가 이 공부를 진행하는 중에도 개인이 도중에 시작할 수 있으며 특히 새로운 책(예를 들어 〈창세기〉를 마치고 〈출애굽기〉로 넘어갈 때)이나 큰 묶음인 율법서에서 역사서(시가서, 예언서, 신약성서 등)로 넘어갈 때마다 새롭게 시작하면 200일/주 후에는 처음으로 돌아오게 되므로 수료하는 시간적인 차이만 있을 뿐 통독하는 것은 같습니다. 물론 같이 시작하여 같이 끝내야 관리가 쉽습니다.

3. 교회 사용의 실제

1. 성경통독 기간을 정하십시오.

교회적으로 이 교재를 수용하려면 먼저 기간을 정해야 합니다. '200일(단기 100일)/주 성경읽기'를 기본으로 한 전교회적인 성경통독 프로그램이지만 범위를 형편에 따라 조정하면 됩니다. 일정으로는 '사순절'이나 '성경통독 새벽기도회'를 하거나, 다른 일정한 성경통독 기간을 정하여 《성경핵심전과》로 공부하기로 하여 책을 떼는 일에 도전하면 됩니다.

2. 전 교인(청장년 중심)을 대상으로 하십시오.

이 교재는 청장년을 위한 성경통독 과정이긴 하지만, 중고등학생은 물론 초등학생도 문제에 답을 다는 일에는 어려움이 없습니다. 그러므로 교회에서는 전 교인을 대상으로 공부할 사람을 모집해서 일정한 등록금(교재 대금)을 받고 운영하되, 새로운 교인들이 동참하도록 개방하고 홍보해야 합니다. 세례교인은 의무적으로 참여하도록 하고, 구역장(속장)들로 하여금 모든 구역원(속원)이 함께 공부하도록 격려하되 상황이 어려운 교인이나 새신자는 교재 대금을 구역(속)에서 부담해도 좋습니다.

3. 다음 것들을 준비해야 합니다.

(1) 세미나 참석

저자의 세미나에 참석하여 이 교재의 성격과 운영지침, 공부방법, 성서역사 강의(성서연대표 활용법)를 듣고 실시하면 좋습니다. 세미나에 참석을 못하더라도 전화로 상담을 하십시오. 대형 교회나 지역 교회 연합의 경우 실로암성경학교의 출장 강의를 통하여 교역자들이 몇 시간의 교육을 받기도 합니다.

(2) 홍보 및 설득

교회적인 공감대를 얻기 위해 교회의 동의를 얻고, 참여하겠다는 다짐도 받아야 합니다. 중직들의 경우 성경을 잘 안다는 착각을 하는데, 실제는 그렇지 않습니다. 전교회적인 성경통독의 분위기가 되도록 광고를 합니다. 홍보에 적절한 구호로는 "매일/매주 한두 시간 투자로 성경통독에 도전합시다", "성경통독, 당신도 할 수 있습니다" 등의 문구를 사용하십시오.

(3) 관리 명부 및 자료

각자의 교재를 가지고 전 교인이 공부하도록 필요한 분량을 주문하면 됩니다. 실로암성경학교에 상담을 하면 교재와 별도로 〈관리명부〉와 〈공부 확인 현황표〉, 〈수료증〉과 함께 〈성서연대표〉 등 자료를 안내 받게 됩니다. 이를 응용하여 교회 현장에 맞게 활용하면 담임목사님은 공부하는 교인들의 상태를 한눈에 보게 되어 목회적인 자료로 격려 및 심방대상도 알게 됩니다.

4. 공부한 것을 확인하십시오.

(1) 확인하기

교인들이 가정에서 매일/주에 공부하여 부록에 있는 모범해답으로 자체 검토를 할 수 있습니다. 공부한 책에 적절한 모양의 고무인을 준비하였다가 찍어 줌으로써 공부한 것에 대한 가치를 부여하면 좋습니다. 아울러 교회는 교인들이 공부한 것을 확인하고 기록을 남겨야 시상의 근거를 마련할 수 있습니다. 공부하는 사람이 많으면 '만번인장'(퍼마트)을 맞추거나(1~2만원), 유치원 용품 매장에 가면 다양한 모양의 고무인(1~2천원)을 구입할 수 있습니다.

(2) 성경통독반

성경통독을 더 효과적으로 하려면 별도의 성경통독반 모임을 가져야 합니다. 성경을 책별로 마치고 새 책으로 들어갈 때에 전체 모임을 가지면 좋습니다. 주일 오후 예배 프로그램으로 하면 좋지만, 여건이 안 되면 별도의 모임을 하면 됩니다. 처음에 큰마음 먹고 시작한 성경공부를 도중에 포기한 사람, 새로 시작하기를 원하는 교인들을 함께 참석시켜서 동기유발을 시켜 주십시오. 이런 모임에 성경통독의 전문가인 이 책의 저자를 강사로 초빙하면 더욱 유익할 것입니다.

4. 목회에의 적용

1. 신앙을 계속 점검하십시오.

계속 공부하던 교인이 2~3번 건너뛰면 문제가 있는 것이므로 심방을 해야 할 대상입니다. 이런 관심을 위해서 목회자는 성도들이 공부한 것을 확인하지 않고는 알 수 없는 일입니다. 매번 확인을 하여 신앙적인 면도 살펴야 공부하는 교인들도 미루지 않고 공부하게 됩니다.

2. 설교나 기도회에 활용할 수 있습니다.

여러 성도가 이 공부를 한다면 이는 전교회적인 프로그램이므로 목회자의 설교 마인드가 공부하는 교인들과 같아야 합니다. 주일 낮이나 오후 예배 설교, 또는 수요성서 강해나 새벽 설교를 이 교재의 진도와 맞추면 성경 전체를 살펴보는 설교 계획을 갖는 장점도 있습니다. 그러나 한 묶음의 성경 범위가 넓기 때문에 본문 전체를 다루려는 욕심을 버리고 한 본문을 선정하여 설교를 해야 합니다. '성경통독 새벽기도회'를 하면 매일 본문으로 한 묶음 전체를 할 수 있으나 성경 한 장씩만 본문으로 삼는다면 한 묶음을 한 주간 분량으로 나누면 됩니다.

3. 공부한 것에 대해 시상과 수료식을 하십시오.

(1) 시상

성경통독반 모임 때에 적절한 매듭과 함께 간단한 시상도 좋습니다. 시상의 기준은 공부한 것이 확인된 횟수에 근거하므로, 시상에 앞서서 미리 밀린 것을 공부하고 확인을 받도록 하여 도중에 포기자가 다시 분발하여 공부할 수 있도록 기회를 주어야 합니다.

(2) 수료

전 과정을 마치면 교회의 수료자 명부에 기록하고, 수료증을 구입하여 사용하거나 실로암성경학교 홈페이지에 올라와 있는 수료증 견본을 응용하여 시행한 교회와 담임목사의 명의로 인쇄하여 수료식을 하면 됩니다. 적절한 패나 메달을 만들어 주는 등은 교회의 방침에 따르면 됩니다. 수료증은 주일 예배 때에 주어 격려도 하고 다른 성도들에게는 동기유발이 되게 하십시오.

4. 성공과 실패는 목회자의 관심에 달려 있습니다.

교인들의 공부 참여율을 높이는 길은 목회자의 관심에 있습니다. 그동안 한국 교회는 성경을 읽으라고만 강조했지 적절한 자료 제시를 못했습니다. 이 교재는 쉽게 사용하도록 커리큘럼화 되었으므로 전교회적인 프로그램으로 수용하면 성경읽기나 통독에 큰 효과를 거둘 것입니다. 이런 모든 운영에 대해 아이템과 이끄는 일은 담임목사의 마인드와 연결됩니다. 부교역자나 교인대표자를 세워 운영할 때에도 이 일의 성공을 위한 마음을 쏟아야 전 교인 성경통독에 성공합니다.

이 책의 활용에 대한 문의는 언제든지 저희 실로암성경학교로 연락하십시오. 목회자 한 사람 뒤에는 은혜를 사모하는 여러 성도들이 있다는 사실을 기억하고 연구 결과를 함께 나누겠습니다.

구약성경 책들의 배열 비교

<table>
<tr><th colspan="3">유대교 히브리 성경(24권)</th><th colspan="2">헬라어(칠십인역, LXX, 44권)</th><th colspan="3">개신교 성경(39권)</th></tr>
<tr><td>토라(율법서)</td><td colspan="2">창세기
출애굽기
레위기
민수기
신명기</td><td>오경</td><td>창세기
출애굽기
레위기
민수기
신명기</td><td>율법서</td><td colspan="2">창세기
출애굽기
레위기
민수기
신명기</td></tr>
<tr><td rowspan="2">네비임
(예언서)</td><td>여호수아
사사기
사무엘
열왕기</td><td>전기예언서</td><td rowspan="4">역사서</td><td rowspan="4">여호수아
사사기
룻기
사무엘상
사무엘하
열왕기상
열왕기하
역대상
역대하
(제1에스드라)
(제2에스드라)
에스라·느헤미야
에스더
(유딧)
(토비트)
(제1마카비)
(제2마카비)
(제3마카비)
(제4마카비)</td><td rowspan="3">역사서</td><td colspan="2" rowspan="3">여호수아
사사기
룻기
사무엘상
사무엘하
열왕기상
열왕기하
역대상
역대하
에스라
느헤미야
에스더</td></tr>
<tr><td>이사야
예레미야
에스겔
열두 예언자</td><td>후기예언서</td></tr>
<tr><td rowspan="2">케투빔
(성문서)</td><td colspan="2" rowspan="2">시편
욥기
잠언
룻기
아가
전도서
애가
에스더
다니엘
에스라·느헤미야
역대기</td></tr>
<tr><td>시가서</td><td colspan="2">욥기
시편
잠언
전도서
아가</td></tr>
<tr><td colspan="3" rowspan="4">참고
1. 〈사무엘〉, 〈열왕기〉, 〈역대기〉가 후대에 상하로 나뉘었다
2.〈에스라·느헤미야〉가 후대에 두 권으로 나뉘었다.
3. 네비임(예언서) 일부가 후대에 역사서로 분류되기도 했다.
4. 케투빔(성문서)은 시가서(시, 아, 애) 외에 지혜서(욥, 잠, 전), 역사서(룻, 에, 스, 느, 대상·하)로 분류하기도 한다.
5. '열두 예언자'가 개신교에서는 열두 예언서 각 권으로 나뉘었다.
6. 〈애가〉에 '예레미야'를 붙인 것은 후대이고 실제는 무명이다.</td><td rowspan="2">시와 지혜</td><td rowspan="2">시편
(송시)
잠언
전도서
아가
욥기
(솔로몬의 지혜)
(시락의 지혜)
(솔로몬의 시)</td><td rowspan="3">예언서</td><td>이사야
예레미야
예레미야애가
에스겔
다니엘</td><td>대예언서</td></tr>
<tr><td rowspan="2">호세아
요엘
아모스
오바댜
요나
미가
나훔
하박국
스바냐
학개
스가랴
말라기</td><td rowspan="2">소예언서</td></tr>
<tr><td>예언서</td><td>열두 예언자
이사야
(바룩)
애가
(예레미야의 편지)
에스겔
(수산나)
다니엘
(벨과 용)</td></tr>
<tr><td colspan="2">괄호 안은 개신교에서 외경으로 분류</td><td colspan="3">오늘날 교회들의 분류법</td></tr>
</table>

구약 : 율법서 〈창세기〉~〈신명기〉

주	전체	책	장 수	제 목	주	전체	책	장 수	제 목
1	1	창세기	1~5	천지창조와 인간의 타락	27	27	민수기	26~30	두 번째 인구조사
2	2		6~11	홍수와 노아의 후손	28	28		31~36	가나안 정복 준비
3	3		12~17	아브라함을 부르심	29	29	신명기	1~4	*첫째설교: 역사적 노정
4	4		18~23	이삭, 약속의 아들	30	30		5~11	*둘째설교: 율법의 재고찰
5	5		24~28	야곱과 에서의 긴장	31	31		12~16	둘째설교: 우상제거, 예배 처소
6	6		29~35	야곱의 귀향과 신앙성숙	32	32		17~21	둘째설교: 의식법, 민법
7	7		36~40	애굽으로 팔려간 요셉	33	33		22~26	둘째설교: 사회생활의 법
8	8		41~45	요셉의 승리와 가족 만남	34	34		27~30	*셋째설교: 축복과 저주
9	9		46~50	야곱족속의 애굽 정착	35	35		31~34	모세의 최후 행적
10	10	출애굽기	1~6	모세의 등장과 이스라엘의 멍에					
11	11		7~12	10대 재앙					
12	12		13~18	출애굽과 홍해를 건넘					
13	13		19~24	시내 산 언약					
14	14		25~30	성막의 식양					
15	15		31~35	금송아지 숭배와 모세의 하산					
16	16		36~40	성막의 봉헌					
17	17	레위기	1~5	5대 제사의 규례					
18	18		6~10	제사장의 성별					
19	19		11~16	정결과 부정의 성결					
20	20		17~22	성결 규례(Holy-Code)					
21	21		23~27	약속의 땅에서의 성결					
22	22	민수기	1~5	첫 번째 인구조사					
23	23		6~9	백성을 정결케 함					
24	24		10~14	시내 산 출발, 열두 정탐꾼					
25	25		15~20	광야에서의 죽음			보충	구약	율법서 총정리 문제
26	26		21~25	발람과 발락의 악행					

구약 : 역사서 〈여호수아〉~〈에스더〉

주/전체		책	장수	제 목	주/전체		책	장수	제 목
1	36	여호수아	1~5	약속의 땅에 들어감	27	62	역대상	1~9	다윗의 선조들
2	37		6~12	가나안 정복 전쟁	28	63		10~16	다윗 왕권의 확립
3	38		13~18	가나안 땅 분배	29	64		17~22	성전건축을 위한 준비
4	39		19~24	여호수아의 고별 설교	30	65		23~29	종교 및 행정 조직
5	40	사사기	1~5	불완전한 정복	31	66	역대하	1~6	솔로몬의 성전 건축
6	41		6~9	기드온의 활동과 그 후	32	67		7~12	솔로몬의 통치와 왕국 분열
7	42		10~16	여러 사사들의 활동	33	68		13~18	유다 왕들과 주변국가들
8	43		17~21	종교적, 도덕적 무질서	34	69		19~24	요아스의 성전수리
9	44	룻	1~4	모압 여인 룻	35	70		25~30	히스기야의 성전 회복
10	45	사무엘상	1~6	사무엘의 등장	36	71		31~36	기울어지는 유다
11	46		7~12	왕을 세움 받은 사울	37	72	에스라	1~6	1차 귀환과 성전재건(스룹바벨)
12	47		13~18	비밀리에 예선된 다윗	38	73		7~10	2차 귀환과 율법재건(에스라)
13	48		19~25	사울의 추격, 다윗의 도피	39	74	느헤미야	1~7	3차 귀환과 성벽재건(느헤미야)
14	49		26~31	사울의 최후	40	75		8~13	여러 개혁 사업들
15	50	사무엘하	1~6	유다의 왕 다윗	41	76	에스더	1~5	죽음 앞에 놓인 유다인
16	51		7~12	다윗의 통일 왕국의 확장	42	77		6~10	구원 받은 유다인
17	52		13~18	압살롬의 반역과 패배					
18	53		19~24	다윗 왕가의 여러 일들					
19	54	열왕기상	1~5	솔로몬의 왕위계승					
20	55		6~11	솔로몬의 건축사업과 타락					
21	56		12~16	왕국분열과 여러 왕들					
22	57		17~22	아합, 여호사밧, 아하시야					
23	58	열왕기하	1~6	엘리야의 승천, 엘리사의 사역					
24	59		7~13	여러 왕들의 통치					
25	60		14~19	북국 이스라엘의 멸망			보충	구약	역사서 총정리 문제
26	61		20~25	남국 유다의 멸망					

구약 : 시가서 〈욥기〉~〈아가〉

주	전체	책	장 수	제 목	주	전체	책	장 수	제 목
1	78	욥기	1~7	욥의 고난, 1차: 엘리바스 공박과 욥의 변론	27	104	잠언	19~24	여러 의무와 규정들
2	79		8~14	1차:빌닷, 소발의 공박과 욥의 변론	28	105		25~31	솔로몬, 아굴, 르므엘의 잠언
3	80		15~21	2차: 엘리바스, 빌닷,소발의 공박과 욥의 변론	29	106	전도서	1~6	인생의 허무함
4	81		22~25	3차:엘리바스,빌닷의 공박	30	107		7~12	인생의 본분
5	82		26~31	욥의 변론	31	108	아가	1~4	구애와 결혼
6	83		32~37	엘리후의 연설	32	109		5~8	신랑과 신부의 사랑
7	84		38~42	욥의 영광스런 하나님					
8	85	시편 I	1~10	의인의 길, 악인의 길(1편)					
9	86		11~20	성도가 피할 곳(11편)					
10	87		21~30	왕의 승리에 내한 감사(21편)					
11	88		31~41	시련 속에서의 신뢰(31편)					
12	89	시편 II	42~52	하나님을 사모함(42편)					
13	90		53~62	어리석은 자(53편)					
14	91		63~72	주를 갈망함(63편)					
15	92	시편 III	73~80	불공평한 이 세상(73편)					
16	93		81~89	축제일에 들은 말씀(81편)					
17	94	시편 IV	90~100	덧없는 인생의 피난처(90편)					
18	95		101~106	모범적인 통치선언(101편)					
19	96	시편 V	107~118	구속에 대한 감사(107편)					
20	97		119	하나님 말씀의 영광(119편)					
21	98		120~130	거짓된 입술(120편)					
22	99		131~140	순전한 신뢰(131편)					
23	100		141~150	내 눈이 주께 향하여(141편)					
24	101	잠언	1~6	청년에 대한 잠언					
25	102		7~12	솔로몬의 잠언(1), 지혜와 어리석음			보충	구약	시가서 총정리 문제
26	103		13~18	생활에 대한 훈계					

용어통일 및 용어해설

이 책에서 사용한 특별한 용어들을 해설하고
혼용되는 경우에는 다음과 같이 통일합니다.

1. 성경 · 성서

필자는 두 용어를 같이 보며 모두 자연스럽게 혼용하지만, 본 교재에서는 '성경'이라는 용어로 통일하려고 했습니다. 이 용어는 "대한성서공회"가 〈성경전서〉를 발간하여 두 용어를 사용하는 어색함이 영향을 준 듯합니다. 한국에서는 두 용어 혼용으로 인한 진보와 보수 간에 용어 선택의 차이가 있지만, 중국에서는 '성경'을 사용하고, 일본에서는 '성서'를, 가톨릭도 '성서'를 사용합니다.

2. 수혼제 · 계대혼인제

요즘 신학계의 선호도에 따라 '수혼제'라는 용어로 통일합니다. 죽은 형을 대신하여 동생이 죽은 형의 상속자를 잇게 하는 이 제도를 학자들이 수혼제(嫂婚制)와 계대혼인(繼代婚姻, Levirate marriage, 창 38장, 신 25:5~10)이라고 서로 다르게 번역하지만 요즘에는 거의 '수혼제'를 선호합니다(창 38장, 신 25장 해설 참고).

3. 이합체시(離合體詩) · 알파벳시

시의 각 행의 첫 단어를 히브리 알파벳을 따라 차례대로 사용하여 시를 지었다고 하여 이합체시 · 답관체 · 알파벳시 등으로 불립니다. 신학용어는 아크로스틱(acrostic)인데, 이 책에서는 '이합체시(acrostic)'로 통일합니다(시 119편 해설 참고).

4. 예언서(豫言書) · 선지서(先知書)

같은 말로서 한국의 신학계에서는 예언서, 예언자를 선호하는데 따라 '예언자 · 예언서' 로 통일을 합니다. 예언자란 '앞일을 미리 알고(선지, 先知) 말해주는(예언, 豫言) 사람'으로 오해를 하고 있으나, 히브리어 '나비'나 헬라어 '프로페테스'는 제 스스로에게서 비롯되지 않은 것, 즉 '하나님의 말씀(신언[神言], 신탁[神託])을 외쳐 알리는 자'라는 뜻입니다.

5. 시가서(詩歌書), 성문서(聖文書)

가끔 기독교 서적에 '시가서'를 '성문서'라고 잘못 기록하고 있는데 이는 서로 다른 것입니다. 유대교에서 히브리어 성경을 세 개로 구분할 때에 성문서의 범위는 넓습니다. 기독교의 구약성경을 네 개로 구분할 때에는 성문서가 아닌 '시가서'입니다(22쪽 "구약성경 책들의 배열 비교"와 30쪽 '성경분류 및 상식' 그리고 445쪽 '시가서란 무엇인가' 참고). 따라서 여기서는 시가서(욥, 시, 잠, 전, 아)라고 합니다.

6. 불가타(Vulgata) 역, 벌게이트(Vulgate)

4세기 말(실제는 405년에 완성?) 제롬(예로니모)이 구약성경을 로마어(나전어)로 번역한 것으로 영어식 신학용어로 Latin Vulgate(라틴 벌게이트)라고 발음했으나, 신학계에서는 나전어 발음대로 '불가타 역'이라 하므로 그렇게 통일합니다. Vulgata(불가타)라는 말은 '공통의', '대중의'라는 뜻입니다. 제롬은 이 번역을 하고 박해를 받았으나, 천 년 이상이 지난 트랜트 공의회(1546년)에서 로마 가톨릭교회의 공식적인 성서가 되었습니다.

7. 칠십인 역(LXX), 칠십인 그리스어 역본

셉튜아진타(Septuagint, 라:Septuaginta 70, LXX) 라고 하는데 이 책에서는 '칠십인 역(LXX)'이라는 용어를 사용합니다. 'LXX'는 로마숫자로 70입니다. 알렉산더 이후 헬라문화가 세계를 지배하던 시대에 히브리어 구약성경을 당시의 통용어인 헬라어(그리스어)로 번역할 필요가 있었습니다. 전승에 의하면 알렉산드리아의 도서관 사서 '데메트리우스'가 프톨레미 2세(필라델프스, 주전 283~246년경)에게 번역을 제안했고, 이에 동의한 왕은 유대의 제사장들에게 부탁하여 이스라엘 열두 지파에서 각 6인씩을 모아 72인(또는 70인)을 차출했습니다. 72개의 독방에 갇혀 72일 동안 두문불출한 채 작업을 하여 그리스어 번역본을 268년(?)에 완성했는데, 맞추어 보았더니 모두 똑같은 번역본이 되었다는 전설이 있습니다. 그러나 실제로는 주전 3세기에 시작하여 주전 2세기(100년대)가 되어서야 완성된 것으로 추정됩니다.

성경 장절(章節)에 대한 이해

성경이 기록된 때에는 성경말씀이 오늘날처럼 장절로 나뉘어 있지 않았다. 그러나 세월이 지나면서 필요에 따라 장절이 생겼다. 그 장점을 예로 들면, 〈욥기〉에서 욥과 그의 친구들의 말을 장별로 나누었기에 그 내용을 쉽게 이해할 수 있는 것을 보면 장절이 얼마나 편리한 기능인지를 알게 된다.
성경의 '장'은 약 800년 전에, '절'은 약 500년 전에 구분되어 대중화되었다. 연대가 일치하지 않으나 대략적인 연대는 비슷하다.

성경 '장'의 구분(Chapter Divisions)

- 프랑스 파리 대학의 랑똥(E. Langton) 학장이 성경의 어느 한 부분을 쉽게 찾을 수 있도록 하는 방법을 모색하던 중, 1226년 드디어 성경의 '장'을 구분하였다.
- 또 다른 문헌에 의하면 1205년에 영국 캔터베리의 대주교인 랭튼(Stephen Langton, 1150년경~1228)은 라틴어 성경 불가타(Latin Vulgate)의 '장'을 구분하였다. 먼저는, 라틴역 불가타(Vulgata)의 성구사전을 작성하기 위해 이것을 이용한 추기경 후고(Cardinal Hugo, 1263)가 이것을 창시했다고 생각한 적도 있었다.
- 랍비 솔로몬 벤 이스마엘은 불가타의 '장' 구분을 히브리어 성경에 받아들였다.
- 영어 성경의 '장' 구분은 당시 라틴어로만 번역되어 있던 성경을 영어로 번역한 위클리프(John Wycliffe, 1320/29~1384, 영국 종교개혁의 선구자) 역의 영어 성경에서 시작되었다.

자료 간의 차이가 있으나 대략 1200년대 정도로 이해하면 좋겠다.

성경 '절'의 구분(Verse Divisions)

- 1551년 파리의 인쇄업자 에띠엔느(R. Etienne)가 1226년의 '장'의 구분을 근거로 하여 '절' 구분을 연구 발표하여 오늘날 대부분의 성경에 이것을 그대로 사용하고 있다.
- 또 다른 문헌에 의하면, 1563년에 〈시편〉에 적용하였으며, 1571년에는 구약 전체에 적용하였다. 히브리어 성경에서는 절을 구분할 때에 소프 차스크(:)로 표기한다.
- 또 다른 문헌에 의하면, '영어성경'의 경우, 1557년 신약, 1560년 신구약에 절 적용을 반영한《제네바 성경》이 출간되었다.

따라서 하나님이 직접 사람에게 '장'과 '절'을 구분하여 그대로 사용하도록 명령하신 것은 아니다.

성경 절수에 대한 차이

히브리어 성경과 기독교의 성경에서 〈시편〉을 비롯하여 몇 곳에서 절수에 차이가 있다. 즉 히브리어 성경의 〈시편〉은 그 제목(표제)을 1절로 사용하지만 기독교 성경의 〈시편〉은 이를 절수로 계산하지 않기에 히브리어 성경 〈시편〉의 2절이 기독교 성경에서는 1절이 된다.
〈시편〉 150편 중 116개의 시편에 제목(표제)이 붙어 있다. 예를 들면 3편의 "다윗이 압살롬을 피할 때에 지은 시"처럼 〈시편〉과 관련이 있는 이름이나 〈시편〉이 만들어진 상황을 간략하게 언급한다. 또는 4편의 "다윗의 시, 영장으로 현악에 맞춘 노래"처럼 작곡의 형태와 음악적 사용법에 관한 정보를 제공하는데, 이것을 첫 절로 여긴 것이다.
또 한편 〈출애굽기〉 7:26~8:28도 히브리어 성경과 라틴어 성경의 절수가 다르며, 오늘날 성경에서도 절수 차이를 보인다. 그 외에 〈욥기〉 등 몇 곳에서 절수 차이가 있다. 따라서 주석서나 원전을 사용할 때에는 유의해야 한다.

성경분류 및 상식

이 책에는 성경 각 책으로 들어가기 전에 성경 구분에 따른 정보를 제공하여 해설 및 문제를 효과적으로 학습하도록 돕는다.

먼저 전체를 보는 성경 분류 및 상식 자료가 나오고, 현대의 성경들이 구분하는 대로 율법서,역사서, 시가서, 예언서를 안내한다(히브리어 성경은 구약을 율법, 예언, 성문 이렇게 셋으로 구분한다). 신·구약을 연결하는 중간시대 자료에 이어 신약에서는 복음서(공관복음, 제4복음), 서신서, 계시록을 소개한다.

1. 성경의 분류(성경책을 참고하여 나머지를 기록하시오)

구약성경

1) 율법서:5권	(창) (출) (레) (민) (신)
2) 역사서: 12권	(여) (사) (룻) (사) (사) (열) (열) (역) (역) (에) (느) (에)
3) 시가서: 5권	(욥) (시) (잠) (전) (아)
4) 예언서: 17권	• 4 대예언서: 5권 (이) (예) (예) (에) (다) • 12 소예언서: 12권 (호) (요) (아) (오) (요) (미) (나) (하) (스) (학) (스) (말)

신약성경

1) 복음서: 4권	• 공관복음(共觀福音) (마)(마)(누) • 제4복음(第四福音) (요)
2) 역사서: 1권	(사)
3) 서신서: 21권	• 바울서신: 13권, (〈히브리서〉 제외, 작자 미상설), 4가지로 분류, 수신자(교회나 개인)의 이름이 책 제목 ① 교리서신 (로)(고)(고)(갈) ② 옥중서신 (에)(빌)(골)(빌) ③ 일반서신 (데)(데)(히) ④ 목회서신 (디)(디)(디) • 공동서신: 7권, 공동 수신하는 회람용, 발신자(저자)의 이름이 책 제목 (야)(베)(베)(요)(요)(요)(유)
4) 묵시서: 1권	(요)

2. 신약성경이 말하는 성경

(1) (요 5:39) 너희가 ( )에서 영생을 얻는 줄 생각하고 ( )하거니와 이 성경이 곧 내게 대하여 ( )하는 것이니라.

(2) (딤후 3:15~16) 또 네가 어려서부터 ( )을 알았나니 성경은 능히 너로 하여금 ( ) 안에 있는 믿음으로 말미암아 ( )에 이르는 지혜가 있게 하느니라. 모든 성경은 ( )으로 된 것으로 ( )하기에 유익하니.

(3) (벧후 1:21) 예언은 언제든지 ( )의 뜻으로 낸 것이 아니요 오직 ( )하심을 받은 사람들이 ( ) 말한 것임이라.

(4) (눅 24:44) 내가 너희와 함께 있을 때에 너희에게 말한바 곧 ( )과 ( )과 ( )에 나를 가리켜 기록된 모든 것이 이루어져야 하리라 한 말이 이것이라.

(5) (계 1:3) 이 예언의 말씀을 ( )와 ( )와 그 가운데 기록한 것을 ( )는 복이 있나니 때가 가까움이라.

3. 성경에 대한 상식

(1) 구약성경(대부분 히브리어로 기록되었으며, 일부는 아람어이다)은 (   )권이고 신약성경(헬라어)은 (   )권으로 모두 (   )권이다(참고: 3×9 = 27로 암기).

(2) 신 · 구약 성경은 (   )장이고 (   )절이다. (참고: 1,189장, 31,373절)

(3) 한글 공인본 성경은 2013년 현재, 7종으로서 실제 4종에서 개정판이 추가된 것이다(2005년 이후).

1) 개역한글판 — 1911년 《성경전서: 구역(舊譯)성경》은 초의 신구약 합본이며 이를 1938년 《성경개역》으로, 1956년에 맞춤법에 따라 《개역한글성경》으로 출간하여 현재까지 사용한다.

2) 개역개정판 — 《개역한글판》을 개정하여 1998년에 출간했고 2005년 4판을 최종판으로 했다. 여러 교단에서 공식적인 강단용으로 허락하고 있으며 대중적인 성경이 되었다.

3) 표준새번역 — '원문에 충실한다'는 기준으로 1993년에 출간했으나 일부 교단에서 번역에 이의를 제기했고 많은 논쟁이 있었다.

4) 표준새번역개정판 — 《표준새번역》에 대한 논쟁 후에 2001년에 낸 개정판으로 성경 원문에 가장 가깝게 번역되었다는 평을 받는다. 강단용으로 사용하는 교회들도 늘고 있다.

5) 공동번역 — 구교(천주교)와 신교(개신교) 학자가 공동으로 번역하여 1977년 부활절에 출간했다. 의역을 많이 했다는 평을 받는다. 천주교와 성공회에서는 공식적인 강단성경으로 사용하였다.

6) 공동번역개정판 — 《공동번역》을 근 20년간 사용하며 문제가 되었던 여러 부분들을 개정하여 1999년 개정판으로 발간하였고 이해가 쉽다는 좋은 평을 받는다.

7) 가톨릭새번역 — 천주교에서 1988년부터 17년에 걸쳐 완역하여 2005년부터 공용성서로 승인했다. 직역을 했다는 평을 받는다. 《우리말 새번역》 성서의 이름을 '성경'으로만 쓰기로 내부적인 결정을 했으나 다른 공인본 성경들과 구분해야 하므로 통상 '《가톨릭새번역》' 성경이라 한다.

(4) 성경(대한성서공회 발행)을 읽다보면 본문 가운데 작은 글씨 본문이나 다양한 괄호들이 있다. 이것의 의미들을 살펴본다.

1) '작은 글자', (예: 시 136:12, 마 10:2) – 원문에는 없으나 이해를 돕기 위하여 본문의 뜻을 보완하는 첨가문이다.

2) 소괄호 ( ), (예: 대상 5:1~2, 요 1:38) – 〈개역개정판〉에 155곳에 나오며 주석적 성격을 지닌 본문이나 문맥의 흐름을 끊는 본문이다.

3) 대괄호 [ ], (예: 막 3:14, 요 5:3~4) – 어떤 사본에는 있고 어떤 사본에는 없어서 원문의 반영임이 분명하지 않은 본문이다

4) 겹괄호 [( )], (예: 막 16:9~20) – 때로는 [ ]로도 표시되는데, 후대에 첨가된 본문이지만 교회에서 일찍부터 중요하게 여기고 읽어온 본문이다.

• 본서는 《개역개정판 제4판》 본문을 우선적으로 사용했다.

율법서란 무엇인가?

율법서는 〈창세기〉, 〈출애굽기〉, 〈레위기〉, 〈민수기〉, 〈신명기〉를 말하며, 전통적으로 '율법서', '모세오경', '토라(히브리어, 율법)', '펜타튜코스(헬라어, 다섯 두루마리)'라는 이름들로 불린다 (35쪽 '4. 오경에 대한 이름' 참고).

1. 모세오경의 내용 요약

모세오경은 먼저 원역사(原歷史, Primeval History, 창 1~11장)를 통하여 하나님이 세상과 인간을 창조하심으로 시작되었으나 타락하므로 하나님에게서 멀어짐을 기록하고 있다.

다음에 족장사(族長史, Patriarchal History, 창 12~50장)를 보게 된다. 하나님은 한 사람 아브라함을 부르시면서 그로 큰 민족을 이루게 하시겠다고 약속했다(창 12:1~3). 아브라함은 아내 사라와 함께 메소포타미아 지방의 고향인 갈대아 우르를 떠난다. 이로써 족장들의 시대가 시작된다. 아브라함은 약속의 아들 이삭을 낳았고(창 21장) 여러 곳을 두루 다닌다. 아브라함의 손자 야곱 가족은 가뭄 때에 야곱의 아들(야곱의 열두 아들은 이스라엘의 열두 지파의 조상이 된다) 중에 요셉이 애굽에서 권세를 갖게 되므로 애굽으로 피난한다(창 37~50장).

후에 애굽에서 바로에게 핍박을 받지만 하나님으로부터 부름을 받은 구원자 모세를 통하여 하나님은 이들을 출애굽시킨다(출 1~15장). 시내 산에서 '율법'으로 자신의 뜻을 나타내신 하나님은 백성들과 '시내 산 언약'을 맺는다(출 19~24장). 성막을 건축하고(출 25~40장), 성막에서의 제사법을 배운다(〈레위기〉). 광야에서 여러 가지 시험을 거쳐 약속의 땅 경계인 모압 평지에까지 이른다(민 22:1). 그리고 모세는 광야에서 난 새로운 세대에게 '시내 산 언약을 재확인'하고 느보 산에서 약속의 땅을 내려다보며 죽게 된다(신 34:1~5).

2. 모세오경과 그 형성

〈창세기〉, 〈출애굽기〉, 〈레위기〉, 〈민수기〉, 〈신명기〉. 이 다섯 권을 모세에 의해 기록됐다 하여 '모세오경'이라 일컫는다. 오경 전체를 헬라어로 '펜타튜코스'라고 하는데, 곧 '다섯 두루마리(다섯 권짜리 저작)'라는 뜻이다. 히브리어로는 '토라'이며, 이는 '하나님의 율법', 또는 '하나님의 가르침'을 뜻한다. 유대교의 신앙과 생활 방식에 있어서 이 다섯 권은 매우 근본적인 것으로 거룩한 책들(기독교의 구약성경)의 핵심을 이룬다.

오경의 저자에 대하여 주후 1세기 이후 유대교와 기독교의 전승에서는 모세의 저작으로 여겼다. 〈신명기〉 34장에서는 모세의 죽음에 대하여 말하지만 이는 나중에 덧붙인 것일 수도 있기에 크게 문제되지 않는다. 그보다 '오경'에는 문자상의 여러 차이와 내용상의 여러 불균형이 강하게 드러난다는 사실을 관찰한 것이다. 단 한 사람이 오경을 일관되게 집필한 것이라기보다는 여러 글의 모음이라는 인상을 준다.

1887년 벨하우젠의 '문서발달설' 이후 오경은 한 사람의 저작이 아니라 개별 전승들인 야훼문서(J), 엘로힘문서(E), 신명기법전(D), 제사법전(P) 등을 모으고 정리함으로써 생겨났다고 한다. 같은 역사 과정을 다른 시대의 다른 저자들이 일관성 있게 서술하고, 이 자료 문서들을 나중에 어떤 한 사람(편집자)이 손질하거나 아니면 단계적으로 여러 사람을 거쳐 오늘 우리가 볼 수 있는 방식으로 한데 묶은 것으로 보인다('모세오경 안내', 《독일성서공회판 관주해설 성경전서》, 1997). 그러나 전통적으로 모세의 저작으로 알려져 오고 있으며 보수적인 교단에서는 주로 이 관점을 취한다. 〈출애굽기〉 17:14에 "여호와께서 모세에게 이르시되 이것을 책에 기록하여 기념하게 하고 여호수아의 귀에 외워 들리라"를 비롯하여 〈출애굽기〉 24:4~8, 34:27, 〈민수기〉 33:1~2 그리고 〈신명기〉 31:9, 24 등 여러 구약의 내적 증거 및 신약의 〈마태복음〉 19:8, 〈마가복음〉 10:4~5 등 여러 구절을 문자적으로 수용하여 모세 저작설의 근거로 제시한다(에드워드 J. 영, 《An Introduction to Old Testament》, 1990).

3. 성경 속의 역사와 인물

〈창세기〉 5장의 족보(톨레도트)에 나온 이름은 우리에게 잘 알려져 있다. 아담으로부터 노아에 이르기까지의 그처럼 긴 역사(연대로 다 계산할 수 없지만)에 어떻게 단 16명의 이름만이 기록되어 있을까? 상식적으로 생각해도 이들 외에도 수많은 사람이 살고 있었을 것이다.

히브리 사람들은 구속사적인 방법들을 대전제로 하여 성경을 기록하였다. 하나님의 존재 선언과 인간 구속에 목적을 두고 있기 때문에 성경에는 구속사에 필요한 중요인물만 등장시켰다. 또 '이야기로서의 역사'와 '사건으로서의 역사'를 조화시키는 기술(記述) 방법을 택하고 있다.

예를 들어 〈마태복음〉 1장을 보면, 중간에 많은 사람이 생략되어 있는데도 바로 부자(父子)관계인 것처럼 "~가 ~를 낳고"로 기록하고 있다. 즉 〈마태복음〉 1:8에 "여호사밧은 요람(여호람)을 낳고 요람은 웃시야를 낳고"로 기록하여 있으나, 실제 웃시야는 요람의 4대손으로 요람 다음에 아하시야, 요아스, 아마샤가 생략되어 있다. 또한 〈마태복음〉 1:11에도 요시야와 여고냐 사이에 여호야김(엘리야김)이 생략되었다(321쪽 "남국 유다의 왕들" 도표 참고. 요람=여호람[5대], 여고냐=여호야긴[19대]).

따라서 성경을 읽을 때에 때로는 문자 너머의 의미를 볼 수 있는 역사적이고 문화적인 이해가 필요하다.

4. 오경에 대한 이름

(1) 구약성경

1) 율법 - 수 8:34, 대하 14:14, 31:21, 33:8, 에 10:3, 느 8:7, 14, 10:34, 36, 12:44, 13:3

2) 율법책 - 수 1:8, 8:34, 왕하 22:8, 느 8:3

3) 모세의 율법책 - 수 8:31, 23:6, 왕하 14:6, 느 8:1

4) 모세의 책 - 대하 25:4, 35:12, 스 6:18, 느 13:1

5) 여호와의 율법 - 스 7:10, 대상 16:40, 대하 31:3, 35:26

6) 하나님의 율법 - 느 10:28~29

7) 하나님의 율법책 - 수 24:26, 느 8:18

8) 여호와의 율법책 - 대하 17:9, 34:14

9) 그들의 하나님 여호와의 율법책 - 느 9:3

10) 하나님의 종 모세의 율법 - 단 9:11

(2) 신약성경

1) 율법책 - 갈 3:10

2) 모세의 책 - 막 12:26

3) 율법 - 마 12:5, 눅 16:16, 요 7:19, 갈 2:19

4) 모세의 율법 - 요 7:23

5) 모세의 법 - 눅 2:22, 행 15:1, 히 10:28

6) 주의 율법 - 눅 2:23~24, 39

창세기 | 율법서 |

Genesis

제목에 대한 해설

히브리어 성경은 각 책의 첫 번째 낱말을 그 책의 제목으로 삼았다. 따라서 본서의 히브리어 성경 이름은 '쁘레쉬트'로서 〈창세기〉 1:1의 "태초에(in the beginning)"에서 왔다. 《칠십인역》(LXX, 주전 3세기 헬라어역 구약성경)은 2:4상반절(천지가 창조될 때에 하늘과 땅의 '내력'이니)에 근거하여 '게네세오스(Geneseos)'라고 했다. 좀 더 풀어 말하면, 기본 구조가 2:4, 5:1, 6:9, 10:1, 11:10, 11:27, 25:12, 25:19, 36:1(9), 37:2 등에 있는 '톨레도트(족보, 계보)'를 중심으로 하고 있기 때문이다. 《칠십인역》은 이 단어를 '게네세오스'로 옮기고, 이 책 제목을 '제네시스'로 정한 것이다. 이 말은 '발생, 기원, 근원, 원천, 출생, 혈통' 등의 뜻을 가지고 있다. 라틴어 성경(Latin Vulgate)이나 영어 성경도 모두 '제네시스(Genesis)'라 하였으며, 한글 성경도 이를 따른 중국역 〈창세기(創世記)〉를 그대로 사용했다.

저자 및 저작 연대

'모세오경'의 첫 권으로서 전통적으로 모세 저작설을 따르고 있다. 성경의 내적 증거로는 출 24:4, 신 31:9, 스 3:2, 대하 34:14, 마 19:8, 막 12:26, 요 5:46~47 등을 제시한다. 한편 현대 학자들 중에는 기본 전승은 모세로부터 왔으나 후대의 여러 사람에 의해 편집된 것으로 보는 견해도 있다.
저작 연대는 전통적인 관점에서 모세 저작으로 주전 1446년 출애굽 때로부터 1406년 가나안을 눈앞에 둔 모세의 죽음 사이에 기록된 것으로 본다. 현대 학자들 중에는 전승은 모세로부터 왔으며 왕정 시대 초기(주전 약 950~850년)로부터 여러 시대를 거쳐 최종 편집된 것으로 본다.

구조 및 주요 내용

위의 '제목에 대한 해설'에서 지적했듯이 〈창세기〉는 구조의 특징으로 볼 때, '족보' 또는 '계보'를 뜻하는 '톨레도트'를 중심으로 구성되어 있다. '이야기'와 '족보'를 소개하는 데 이 단어 10개(중복 제외)를 사용하고 있다. 괄호는《개역한글판》/《개역개정판》의 낱말이다.《개역개정판》은 앞의 두 곳 외에는 모두 '족보'로 번역했다. 다섯 번의 '이야기(서사, narrative)'와 다섯 번의 '족보(계보, genealogy)'로 소개하고 있다.

(1) 2:4 창조 이야기의 결론(천지의 창조된 '대략'[大略]) / (내력[來歷])-〈이야기로 소개(narrative)〉
(2) 5:1 아담의 자손들(아담 자손의 '계보') / 〈족보로 소개(genealogy)〉
(3) 6:9 노아 홍수 이야기(노아의 '사적'[事蹟]) / (계보를 적은 책)-〈이야기, narrative〉
(4) 10:1 셈과 함과 야벳의 자손들(셈과 함과 야벳의 '후예') / 〈족보, genealogy〉
(5) 11:10 셈의 자손들(셈의 '후예') / 〈족보, genealogy〉
(6) 11:27 데라 가족의 이야기(데라의 '후예'[後裔]) / (족보)-〈이야기, narrative〉
(7) 25:12 이스마엘의 자손들(이스마엘의 '후예') / 〈족보, genealogy〉

(8) 25:19 야곱 이야기의 시작(이삭의 '후예') / 〈족보(genealogy)〉

(9) 36:1, 9 에돔(에서)의 자손들(에돔의 '대략') / (족보)-〈이야기(narrative)〉

(10) 37:2 요셉 이야기의 시작(야곱의 '약전'[略傳]) / (족보)-〈이야기(narrative)〉

역사적 배경

〈창세기〉는 크게 두 부분으로 나누어진다. 1~11장은 원역사(原歷史, Primeval History)로서 창조 · 타락 · 홍수 · 바벨탑 이야기가 나온다. 그리고 12~50장은 족장사(族長史, Patriarchal History)로서 4대 족장 아브라함 · 이삭 · 야곱 · 요셉의 이야기가 나온다.

(1) 원역사

시대적인 배경을 낱낱이 밝히기는 어렵다. 주요 내용들이 고대 메소포타미아를 배경으로 하고 있고 메소포타미아의 문헌 비평과 비교할 만한 요소들을 많이 갖고 있다는 점은 인정되지만, 그 시대적인 배경이 어떠한지를 정확하게 말한다는 것은 거의 불가능하다.

(2) 족장사

고고학적으로 보면 족장들의 시대는 중기 청동기시대(주전 2000~1500년경)에 속한 것으로 보인다. 족장들의 이야기에 나오는 주요 인물들의 이름과 생활 관습들 및 법률들 역시 족장들의 시대가 중기 청동기시대에 속한다는 사실을 뒷받침한다. 유프라테스 상류 지역에 속한 마리(Mari, 주전 1750~1697년경) 문서에는 족장들과 도시들의 이름이 나타나고, 하란 근처의 누지(Nuzi)에서 발견된 문서들은 족장들의 생활상에 대한 이해를 돕고 있다.

창세기 1~5장

천지창조와 인간의 타락 (중요구절 창 1:27)

하나님은 천지와 만물을 창조하셨으며(1장), 인간은 하나님의 형상대로 지음 받았다(2장). 그러나 인간은 계속 타락의 길을 걸어 에덴에서 아담이(3장), 들판에서 가인이 범죄를 저질러 죄가 확산되어 간다(4장). 고대 세계의 계보를 중시조가 될 노아에게 초점을 맞추고 있다(5장).

1 **하나님의 천지창조**
하나님이 보시기에 좋았더라

2 **인간 창조**
생기를 불어넣으시니

3 **인간 타락**
가죽옷을 지어 입히시더라

4 **가인이 아벨을 죽임**
아벨 대신 셋을 주심

5 **아담 자손의 계보**
에녹이 하나님과 동행하더니

1. 성경의 첫 절인 〈창세기〉 1:1은 "태초에 하나님이 천지를 창조하시니라"(히브리어 발음: 뻬레쉬트 빠라하 엘로힘 에트 하솨마임 웨에트 하아레츠)라는 위대한 선언으로 시작하고, 성경 마지막 절인 〈요한계시록〉 22:20은 "아멘, 주 예수여 오시옵소서"(헬라어 발음: 아멘 엘코우 큐리에 예수)로 끝맺는다(21절은 서신의 끝에 나오는 축원이다). 사도신경도 "나는 전능하신 아버지 하나님, 천지의 창조주를 믿습니다"로 시작한다. 천지창조를 믿지 못하고 피조물을 섬기는 어리석음이 만연한 때에 우리는 창조주 하나님을 믿는다.
2. 하나님은 "여섯째 날에 가축과 기는 것과 땅의 짐승을 종류대로 내라"(1:24) 하셨고, 또한 같은 날 "자기 형상 곧 하나님의 형상대로 사람을 창조하시되 남자와 여자를 창조"(1:27)하시므로 짐승과 사람이 같은 날에 창조되었으나 사람은 '하나님의 형상'대로 창조되었음을 분명히 한다. 2장에서는 하나님이 마치 토공처럼 흙으로 아담을 지으셨고, "돕는 배필"인 하와를 아담의 갈빗대로 창조하셔서 하나 됨의 극치를 보이신다(2:7, 21~24). '돕는 배필(에제르 케네게또)'이란, 여자는 남자의 면전 또는 맞은 편(corresponding to)에 서서 돕는다는 뜻이다. 즉 상대편 또는 반대편에서 돕는 자(opposite-helper)로서 '예'와 '아니오'를 분명히 해줌으로써 서로 돕는 존재이다.
3. 결혼의 원리는 "남자가 부모를 떠나는 데서"(2:24) 시작되는데, 이는 의무적인 분가(分家)를 말하는 것이 아니라 경제적, 정신적으로 독립해서 자기 가정에 대해 책임을 지는 것을 말한다. 이 일이 잘 되어야 '아내와 연합'이 잘 되고, 그러면 '한 몸' 되는 일도 잘 되게 마련이다.
4. 죄를 범한 아담과 하와가 무화과 잎으로 엮은 옷으로 해결을 하지 못하

자 하나님은 이들에게 '가죽옷'을 지어 입히셨다(3:21). 이는 곧 짐승의 피 흘림이 있었다는 사실로 죄 사함의 상징이 된다("피가 죄를 속하느니라"[레 17:11], 피 흘림이 없은즉 사함이 없느니라[히 9:22]). 성경 곳곳에는 그리스도의 피가 흐르고 있다(〈레위기〉 17~22장 내용 설명 참고).

더 살펴보기

1. 〈창세기〉는 족보(톨레도트)이며 시작의 책.

(1) 〈창세기〉를 읽을 때에 족보(톨레도트)로 소개되는 구조를 이해하는 것이 중요하다. 〈마태복음〉 1:1의 "예수 그리스도의 계보라"에서 헬라어 '게네세오스(계보, geneseos)'는 '톨레도트'와 같은 단어이다. "톨레도트(족보, 계보)"는 모두 10번(겹치는 것 제외) 중에 5번의 '이야기(서사, narrative)'와 5번의 '족보(계보, genealogy)'를 통해 〈창세기〉를 보게 해 준다. 《개역개정판》 2:4은 '내력', 5:1은 '계보를 적은 책', 그리고 나머지 8개는 모두 '족보'로 번역했다. 《개역한글판》은 '대략', 계보', '후예', '약전' 등으로 다양한 번역을 했다(자세한 것은 37쪽의 '〈창세기〉 소개' 참고).

(2) 〈창세기〉를 시작의 책으로 보기도 한다. - ① 우주의 시작(1:1~25), ② 인류의 시작(1:26~2장), ③ 죄의 시작(3:1~7), ④ 구원계시의 시작(3:8~24), ⑤ 가정생활의 시작(4:1~15), ⑥ 무신론 문화의 시작(4:16~9장), ⑦ 세계 국가의 시작(10장), ⑧ 언어 혼돈의 시작(11장), ⑨ 히브리 민족의 시작(12장~50장)으로 구분된다. 이 경우 1~11장과 12~50장의 분류에 비중이 어색하다.

내용 분해

1~11장 – 원역사(原歷史)
1~2장 – 창조
3~5장 – 타락
6~9장 – 홍수
10~11장 – 바벨탑

12~50장 – 족장사(族長史)
12~23장 – 아브라함
24~26장 – 이삭, 이스마엘(16장)
27~36장 – 야곱, 에서(에돔, 36장)
37~50장 – 요셉, 야곱 가족 애굽으로 (46장)

〈창세기〉는 '시작의 책', 〈요한계시록〉은 '완성의 책

두 책을 비교해 보면 상호 보완적인 것을 발견한다.

① 천지창조(창 1:1~2:4상)
 – 새 하늘, 새 땅(계 21:1, 5)
② 실낙원(失樂園, 창 3:22~24)
 – 복낙원(復樂園, 계 22:1~5)
③ 사탄의 유혹(창 3:1~7)
 – 사탄의 영벌(계 20:10)
④ 타락으로 인한 분리(창 3:8)
 – 하나님과의 교제(계 21:3~4)
⑤ 생명나무 금지(창 3:24)
 – 생명나무 허락(계 22:2)

2. 신명(神名)의 차이(1장과 2장)

1장에서는 '하나님(엘로힘)'을, 2장에서는 '여호와 하나님(야훼 엘로힘)'을 사용하였다(출 3:14~15 참고). 서로 다른 의미가 있다. 즉 '엘로힘(하나님)'은 창조에 연관된 하나님의 이름으로 어원은 '엘'로서 '능력', 강함, '탁월

하나님의 천지창조(창 1~2장)
하나님의 천지창조를 사람마다 다양한 모습으로 표현한다. 미켈란젤로, 바티칸 시스티 소성당 천장의 프레스코화.

성'을 뜻한다. 2:4절에서는 '여호와 하나님(야훼 엘로힘)'이라는 신명으로 "야훼"는 언약과 연관된 하나님의 이름으로 그의 백성과 그를 연결시키는 이름이다. 이것은 모세에게도 가르쳐 준 이름으로 '스스로 있는 자(I am that I am, 출 3:14~15)'이다. 그는 스스로 존재하시며 변하지 않으시는 하나님이시다.

3. 원시복음(창 3:15)

〈창세기〉 3:15은 메시아에 대한 성경 최초의 예언으로 원시복음(Proto-evangelism)이라고도 한다. 뱀과 사람이 서로 원수가 된다. "네 후손"이란 악의 권세를 추종한 사탄의 영적 후손(요 8:44, "너희는 너희 아비 마귀에게서 났으니", 엡 2:2)이며, "여자의 후손"이란 '메시아'를 가리킨다(갈 4:4, "때가 차매 하나님이 그 아들을 보내사 여자에게서 나게 하시고").

창세기 6~11장

홍수 심판과 노아의 후손 (중요구절 창 9:11)

타락한 인생들의 죄가 가득했을 때에 하나님은 홍수로 심판하시기를 작정하셨으나 의로운 사람 노아를 통해 방주를 짓도록 하신다(6장). 40일 밤낮으로 내린 비로 노아의 여덟 식구와 방주에 함께 들어간 가축 외에는 모두 멸망했다(7장). 무려 377일 만에 방주에서 나온 노아의 가족들은 하나님께 제단을 쌓고(8장), 하나님은 노아에게 복을 주시며 다시는 물로 심판을 않겠다는 표로 언약의 무지개를 주신다(9장). 인류의 중시조 노아로부터 인류는 새롭게 시작된다(10장). 바벨탑을 쌓는 데까지 타락한 인생들의 죄가 점점 퍼지게 된다(아담[에덴에서], 가인[들판에서], 하나님의 아들들[사람의 딸들에게], 바벨[인류에게])(11장).

1. 홍수 심판은 죄의 결과였다(6:5~7). "하나님의 아들들이 사람의 딸들의 아름다움을 보고 아내를 삼아" 타락했다. 현대의 타락도 남녀 사이에서 발생하는 일들이 많다. 오늘 우리는 어떤 기준을 가지고 본인이나 자녀의 결혼 상대자를 구하는가? 말로는 신앙 우선이라고 하면서 실제는 노아 시대처럼 우선 눈에 보이는 것들에 연연하고 있지 않는가?
2. 홍수 후의 무지개는 "다시는 모든 생물을 홍수로 멸하지 아니할 것이

라"(9:11)는 언약의 표이다. 하나님의 언약은 땅 위의 생명을 보존하신다는 자유롭고 절대주권적인 의지 표명이며 무조전적인 약속이다. 시인들은 무지개를 보고 많은 노래를 했다. 무지개를 볼 때에 하나님의 사랑의 표로 보는지, 그저 자연현상일 뿐이라고 보는지? 하나님의 위대하신 언약을 볼 수 있는 영성이 필요하다.

3. 〈창세기〉 10장에서 하나님은 전 인류의 창조주이시며 인류는 하나의 큰 가족임을 보여준다. 노아 이후 셈, 함, 야벳 족속으로 나눌 때 기준은 종족적인 것보다 지리적이고 정치적인 관점이다. 그럼에도 종족을 분류하여 오랜 세월 흑임 압제의 신학으로 악용되어 왔다. 풍선이 뜨는 것은 색깔이 아니라 그 안의 헬륨 때문인 것처럼 인류는 하나님의 형상대로 창조되었고 하나님께서는 모두를 사랑하신다.

4. 바벨탑을 쌓으며 "흩어짐을 면하자"던 인생은 반대의 결과로 언어의 혼잡과 흩어짐으로 각 민족을 이루어 갔다(11:1~9). 바벨탑은 '지구라트(ziggurat)'라 일컬어지는 신전탑의 유적에서 유추해 볼 수 있다(44쪽 사진 참고). 그 시대에 만연했던 교만은 현대인에게도 '과학'이라는 교만의 '대(臺)'를 쌓고 있다. 그래서 하나님의 창조의 섭리에 역행을 하여 성전환도 마음대로 하고 남자도 아이를 낳을 수 있다는 교만은 결국 인간 속에 바벨탑을 쌓고 있는 것이다.

더 살펴보기

1. 방주의 잔해에 대한 고고학적 견해

방주(6~8장)는 여러 번 발굴되었다고 보도된 바 있다. 중세기의 수도원에서 가공으로 조작한 것들도 있고, 탐험대들이 방주의 잔해라고 제시도 하며 인공위성의 촬영으로 얻은 자료라는 것들도 있다. 기독교 사학자인 '몽고메리' 박사는 "미국의 지구자원기술위성(ERTS)이 촬영한 아라랏 산(터키, 이란, 러시아의 접경지대) 정상의 얼음 속에 파묻혀 있는 한 구조물은 방주로 추정된다. 더구나 크기는 성경에 나타난 길이 300규빗(135m), 너비

6
하나님의 홍수 경고
여호와께 은혜를 입었더라

7
홍수 심판
숨이 있는 것은 다 죽었더라

8
노아의 제단
방주에서 나오고,
여호와께 제단을 쌓고

9
홍수 후 언약
무지개를 구름 속에 두었나니

10
노아의 후손
노아의 아들 셈, 함, 야벳의 족보

11
바벨탑 사건
그 이름을 바벨이라 하니

50규빗(22.5m), 높이 30규빗(13.5m)보다 약간 크게 보이는데 이는 그림자를 포함한 것으로 추측된다"는 것이다(원용국,《성서고고학》). 그러나 아직 고고학계에서 공식적으로 방주의 잔해라고 인정할 만한 것으로 밝혀진 것은 없다. 그럼에도 홍수는 역사적 사실이다.

2. 하나님의 아들들과 사람의 딸들은 누구를 가리키는가?(창 6:1~2)

(1) 이 문제는 여러 학설이 있으나 일반적인 두 가지의 해석 견해가 있다.

① 하나님의 아들 - 셋의 혈통에 속한 자의 아들들. / 사람의 딸 - 가인의 혈통에 속한 딸들.

② 하나님의 아들 - 사악하고 타락한 천사들. / 사람의 딸 - 일반 인간으로 천사와 관계한 여인들.

여기에서 ①의 견해는 '하나님의 아들들'이 반드시 '천사'를 가리킨다고 보지는 않는다. 즉 '경건한 인간'을 지칭할 때에 사용하는 용어로 본다(신 32:5, 시 73:15, 80:17, 호 1:10). 또한 ②의 견해는 성경에서 '하나님의 아들'이란 말이 대부분 '천사'들을 가리키는데 사용되었다는 점을 근거로 제시한다(욥 1:6, 2:1, 38:7, 단 3:25). 보통 ①의 견해가 더 지지를 받는다.

(2) "하나님의 아들들이란 하나님의 육신의 '아들들'이 아니라, 하늘에 있는 신적인 존재들이다. 이들은 여러 민족의 신앙에서 신들로 나타난다. 이스라엘에서는 이들을 하늘 궁정의 신하들로 낮춘다(욥 1:6, 2:1, 시 82:1). 이들이 사람 아내들과 결합하여 반신들 또는 용사들이 태어났다 함은 많은 민족들의 신화에 나오는 이야기이다. 이런 이야기 소재를 본문이 이용한 것은 사람이 넘어서서는 안 될 한계를 하나님이 사람에게 주셨음을 똑똑히 하기 위해서이다."(독일성서공회판《관주해설 성서》의 해석.)

신전탑(지구라트, ziggurat)
'달의 신'의 신전은 우르 유적지의 중심지이다. 이 사진은 부분적으로 복원된 지구라트(Ziggurat: 신전탑)로 바벨탑도 이런 종류의 신전탑이었을 것으로 추정한다(창 11장).

3. 성경의 노아 홍수와 바벨론의 길가메쉬 서사시(창 6~8장)

성경의 노아 홍수와 가장 비슷한 이야기는 바벨론의 '길가메쉬 서사시

(Epic of Gilgamesh)'의 홍수이야기이다. "바벨론의 우트나피슈팀은 의로운 성품 때문에 그 가족과 종들과 가산을 구원한다. 홍수는 7일간으로 그쳤으나 방주에 들어간 자 외의 생물은 모두 죽었다. 우트나피슈팀은 비둘기, 제비, 까마귀 등을 날려 감수 상태를 알아보았다. 방주는 앗시리아의 동북 느질 산에 닿았고 우투나피슈팀과 그의 아내는 신들이 사는 곳으로 갔다"고 되어 있어 성경과 비슷한 듯하나 근본적인 차이가 있다.

(1) 성경과 같은 고상한 도덕과 정열과 신앙적인 동기가 없다. 성경은 여호와께서 전 인류의 죄악 때문에 홍수를 일으켰으나 바벨론 신화는 신들의 장난으로 된 것이다.

(2) 성경은 유일신론적이다. 그러나 우트나피슈팀은 다신론이다. 그리고 바벨론 신화는 비합리적이다.

길가메쉬 서사시
'창세기의 홍수'와 비슷한 '바벨론 홍수' 이야기가 기록된 토판인 길가메쉬 서사시 (Epic of Gilgamesh)이다. 니느웨의 아슈바니팔 도서관에서 발굴된 길가메쉬 서사시의 11번째 토판으로 주전 7세기의 것으로 추정된다.

창세기 | 12~17장

아브라함을 부르심 (중요구절 창 15:13~14)

하나님은 한 사람 아브람을 부르사 가나안으로 인도하신다(12장). 아브람은 조카 롯과 헤어지나(13장), 롯이 포로가 되자 구해 주고 전리품의 십분의 일을 멜기세덱 제사장에게 드린다(14장). 하나님은 의심하는 아브람에게 "네 몸에서 날 자가 네 상속자가 되리라" 하시며 언약을 맺는다(15장). 임신하지 못하는 사래는 당시의 풍습(누지 문서에 나옴)을 따라 자기의 여종 하갈을 아브람에게 주므로 이스마엘을 낳게 된다(16장). 하나님은 그로부터 13년 후인 아브라함의 나이 99세 때에 언약의 표징으로 할례를 시행토록 하여 언약의 아들 이삭에 대해 약속하신다(17장).

1. 하나님께서 아브람을 부르심은 전적 은혜로서(12:1~3), (1) 땅(지시할 땅으로 가라), (2) 자손(큰 민족을 이루며 이름을 창대하게), (3) 복이 되게 하심이다. 그러나 아브라함 당대에 땅이라고는 아내 사라의 무덤이 고작이었고, 75세에 하란을 거쳐 가나안에 와서 무려 25년 후인 100세나 되어 아들 이삭을 얻었으나(21:3) 실제 큰 민족도 되지 못하였고, 훗날 요셉 시대 때에 그의 아버지 야곱의 가족이 애굽으로 이주해 갈 때에 인구가 고작 70명 정도였다(46:27). 결국 아브라함과 맺은 하나님의 약속

12
아브라함을 부르심
땅, 자손, 복을 약속

13
롯이 분가하다
보이는 땅을
아브람과 자손에게

14
롯을 구한 아브라함
지극히 높으신 멜기세덱

15
아브라함과 맺은 언약
여호와를 믿으니 의로 여김

16
이스마엘의 출생
어디서 왔으며, 어디로 가느냐

17
새 이름과 할례
아브라함으로, 사라로 개명

은 후대에 이루어졌다. 그 사이에 아브라함은 종 '엘리에셀'을 상속자로 생각했고(15장), 아내의 여종 하갈을 첩으로 맞는 실수도 한다(16장). 그럼에도 불구하고 하나님은 결국 약속을 이루셨다.

2. 아브람과 헤어지는 조카 롯은 눈에 보기에 좋은 소돔을 택하나 그곳 사람들은 악하였다(13:10~13). 물질에 정신이 팔리면 영원한 죽음에 빠지게 된다. 롯은 포로가 되기도 했었고(14:12), 그의 아내는 소금기둥이 되었다(19:26). 이솝우화에 보면, 창고에 흘려진 꿀 냄새를 맡고 파리들이 몰려와 핥아먹다가 떠날 줄 모르고 나중에는 날개와 발이 꿀에 빠져 나오지를 못하는 이야기가 있다. 그대의 모습이 아니기를 기도한다.
3. 교만하여 주인 사래를 무시하다 오히려 학대를 받아 도망 나온 하갈에게 하나님은 "네가 어디서 왔으며 어디로 가느냐"며 부드럽게 물으시며 '나를 살피시는 하나님'으로 도우신다(16:1~14). 하나님은 우리의 고난의 모든 것을 아시며 영원히 동일하시다. 나를 살피시는 크신 하나님의 사랑과 관심에 감사 드린다. 또한 '어디서 와서 어디로 가느냐'는 이 물음은 모든 인생들을 향한 것이다. 자신의 정체성(identity)을 늘 점검하는 삶의 지혜가 필요하다.

더 살펴보기

1. 멜기세덱에 대하여(창 14장)

(1) 멜기세덱이란 '정의의 왕'이라는 뜻이다. 그는 '살렘 왕'이라 하는데, '살렘'은 예루살렘을 말한다(시 76:2). 텔(Tell) 엘 아마루나 토판(주전 1400년경)에는 '울 살렘'이라고 되어 있다. 이 지명이 '여부스'로 알려졌으며(삿 19:10) '시온 산성'이라고도 불렀는데 다윗이 정복하고 '다윗성'이라 불렀다(삼하 5:6~7).

(2) 아브라함은 조카 롯을 잡아간 그돌라오멜과 그 연합군을 쳐부수고 돌아오면서 떡과 포도주(성찬을 상징한다는 해석도 있다)로 자신을 맞이한 멜기세덱에게 십일조(최초의 기록)를 드린다(14:17~20).

(3) 〈히브리서〉 기자는 아브라함이 고대에 예수 그리스도에게 경의를 표했다는 것을 제시한다(7장). 그리고 예수 그리스도야말로 이스라엘의 참된 유일한 왕이요 그의 백성의 유일한 제사장이며 그러므로 신비로운 멜기세덱의 유일한 참된 계승자라는 것이다.

멜기세덱에게 십일조를 드리는 아브라함(창 14장)
아브라함은 그돌라오멜과 연합군을 쳐 부수고 돌아올 때에 멜기세덱은 떡과 포도주로 대접했고 아브라함은 제사장에게 십일조를 드렸다. (라파엘로 자, 바티칸 소장))

2. 누지 문서(Nuzi Texts)에 나온 풍습과 성경(창 16장)

아카드어(설형문자)로 기록된 호리족(Horites)의 성읍인 누지에서 발굴된 누지 문서(Nuzi Texts, 주전 15세기경)는 족장시대의 사회적 관습이나 생활상을 조명해 주어 〈창세기〉의 문화적 이해에 도움을 준다. 아브라함의 아내 사라는 아들을 낳지 못하자 여종인 하갈을 통해 이스마엘을 낳는다. 첩의 자식을 자기 자식으로 여긴다거나(창 30장에 실제 레아와 라헬은 여종들을 통해 자식을 얻기 위한 경쟁을 한다), 딸을 시집보낼 때에 친정에 있는 여종을 새 신부에게 딸려 보낸다거나(창 29장, 레아와 라헬의 경우도 그렇게 했다), 장자 상속권은 나이 순서가 아니라 아버지의 선언에 유언 형식(내가 이제 늙어……)의 공식화된 서문에 따라 효력이 있었다(창 27장, 이삭은 에서가 아닌 야곱에게 장자권을 주었다)는 것 등 많은 부분이 누지문서의 내용과 같은 풍습을 보여 준다. 또 하비루(히브리 백성도 이 이름에서 왔다는 설도 있다)에 대한 기록들이 나온다. 이 누지 문서는 바그다드 북쪽 240km 지점에서 1925~1932년에 걸쳐 발굴되었다.

3. 할례에 대한 사건들(창 17장)

(1) 할례(17:1~14)는 남자 성기의 포피를 베는 것으로 현대의 포경수술과 같다. 할례 자체는 근동지방에서 널리 행해진 것으로 성인으로 인정받기 위한 의식이었다. 그러나 아브라함과 그의 후손에게는 그 의식이 '언약의 표징'(11절)이라는 새 의미를 갖는다. 아브라함과 그 후손이 하나님의 백성(언약의 공동체로서 종들까지도 포함)이며(14절), 하나님께 속하였음(렘 4:4)을 상징한다.

(2) 모세는 아들의 할례를 행하지 않아 죽임을 당할 뻔했고(출 4:20~26),

고고학자의 연구 모습
이집트 국립 박물관에서 한 고대어 연구 학자가 전시물에 새겨진 고대 문자 연구를 위해 복사본을 만들고 있다.

18
아브라함의 중보기도
의인 10명이 없어서

19
소돔 성의 멸망
모압, 암몬 족속의 기원

20
그랄에서의 아브라함
아내를 누이라 하는 아브라함

21
약속의 아들, 이삭의 출생
이삭을 낳을 때에 백 세라

22
이삭을 바친 아브라함
그 땅 이름을 여호와 이레

23
사라의 죽음(127세)
막벨라 굴을 사다

출애굽한 이스라엘 백성은 길갈에서 할례를 행했다(수 5:2~9). 세례 요한도, 예수님도 할례를 받았다(눅 1:59, 2:21).

(3) 초대교회에서 이방인 선교에 할례 문제가 대두되어 예루살렘 회의 결과 할례를 받지 않아도 된다는 답을 얻게 된다(행 15:1, 19~20). 할례에 대한 바울의 견해를 찾아보라(골 2:11~12, 롬 2:25~29, 4:9~12).

창세기 | 18~23장

이삭, 약속의 아들 (중요구절 창 22:14)

의인 10명이 없어(18장) 소돔은 망하고 롯과 두 딸은 불 가운데서 구원을 얻는다(19장). 아브라함은 애굽에서와 같은 잘못을 그랄에서도 행해 아내를 누이라 한다(20장). 드디어 약속의 아들 이삭이 늙은 아브라함과 웃는 사라 사이에서 태어난다(21장). 그러나 여러 해 후 최대의 시험인 "이삭을 번제로 드리라"는 명령을 받고 순종하여 '여호와 이레'의 하나님을 체험한다(22장). 사라는 죽어 '약속의 땅'의 일부인 막벨라 굴에 장사된다(23장).

1. 아브라함은 하나님께 흥정하는 모습을 보인다(18:22~32). 의인 50, 45, 40, 30, 20, 나중에는 '10명'으로 줄어들었다. 이는 아브라함이 소돔에 대해 안타까워하는 심정으로 거룩한 용기요, 신앙적 겸손이며 끈질긴 요구이다. 의인 10명이 없어 소돔은 망했다(19:23~28).
2. 아브라함이 아내를 '누이'라 한 것(20:2)은 하나님의 약속에 대한 확신의 부족을 드러낸 것이다. 하나님은 "네 몸에서 날 자가 네 상속자가 되리라"(15:4)했고 "사라에게 아들"을 약속(18:14)했으나 잠시 흔들리고 말았다. 그대여, 무엇 때문에 흔들리고 있는가?
3. 여호와께서 사라를 돌보셨고, 늙은 아브라함에게 아들을 주신다(21:1~2). 인간의 힘이 아닌 전지전능하신 하나님의 도움이었다(18:14). 늙었고, 여성의 생리가 끊어진 아브라함과 사라에게 25년 만에 약속을 이루셨다(12:1~5, 18:11). 하나님은 이처럼 인간의 과학적인 사고로는 안 되는 일들도 되게 하시며, 오늘 그대를 통해서도 하나님의 뜻을 이루시기 원하신다.

4. 이스마엘은 약속의 아들이 아니었지만, "한 민족을 이루게 하리라"(21:13, 오늘날 아랍권이 망하지 않는다는 증거)며 바닥난 가죽부대 물주머니(50쪽 사진)에 물을 채워 주신다(21:14~19). 당신에게 바닥 난 것은 무엇인가? 함께 하시는 하나님(20절)께서 도와주신다.
5. "네 사랑하는 독자 이삭을…… 번제로 드리라"(22:2)는 것은 모순된 명령으로 보인다. 이삭을 통해 한 민족을 주시겠다고 약속하고는 이제는 그를 번제로 드리라는 모순이 어떻게 조화를 이룰 것인가에 대해서 아브라함이 관여할 문제는 아니고 다만 순종만이 있을 뿐이다. 순종 뒤에 하나님은 그 마음만 보셨을 뿐 그 아들 독자는 돌려주시고 수풀에 걸린 숫양을 주셨다(22:13). 그렇다고 현대인의 공리주의에서 수지계산에 빠져서는 안 된다. '여호와 이레'(22:14)의 하나님께 감사한다.

더 살펴보기

1. 암몬 족속, 모압 족속의 기원(창 19장)

롯은 그의 아내와 두 딸과 함께 소돔을 빠져 나왔다. 그러나 도중에 롯의 아내는 천사의 말을 듣지 않고 뒤를 돌아보았다가 소금기둥이 되었다. 롯은 두 딸과 함께 산의 한 굴에 거주하다가 딸들을 통하여 두 아들을 얻는다. 이들은 '모압', '암몬'이라는 큰 민족이 되는데(19:38~39), 훗날 이스라엘의 흉포한 적수가 된다.

2. 이삭과 이스마엘(창 21장, 갈 4장)

21:9 이하에서 이삭과 이스마엘 사이에 대결하는 양상을 바울은 〈갈라디아서〉에서 영과 육의 대결로 해석하고 있다. 바울은 이스마엘을 '육체를 따라 난 자'라고 부르고, 이삭을 '성령을 따라 난 자'(갈 4:29)라고 부른다. 바울은 율법과 복음을 은유로 해석하여 이스마엘은 '육'에 속한 것이니 율법이고 여기에는 구속과 억압이 있지만, 이삭은 '영'에 속한 것이니 복음이고 여기에는 자유가 있다고 본 것이다(갈 4:31). (더 깊이 연구하기 위해

소금 기둥(전체가 소금산, 창 19장)
롯의 아내는 뒤를 돌아보아 소금 기둥이 되었다(창 19:26). 자연이 만든 사해 바닷가의 소금 기둥은 마치 아랍 옷을 입은 여인 롯의 아내를 연상하게 한다.

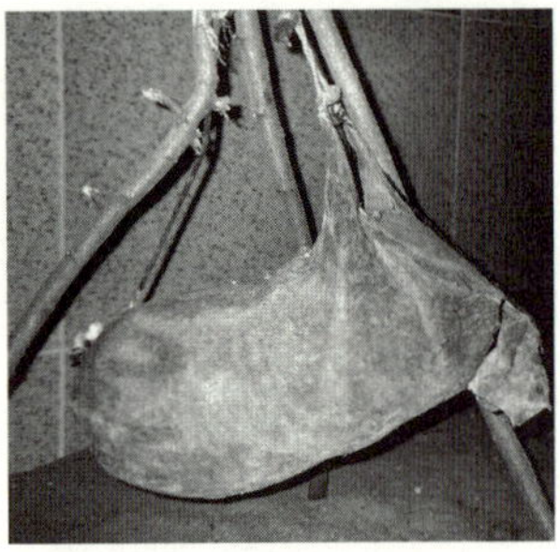

고대의 물 가죽부대(창 21장)
짐승의 가죽으로 만든 가죽부대로서, 광야를 방황하던 하갈은 이런 것을 어깨에 메고 있었을 것이다.

〈창세기〉 21장을 〈로마서〉 9장과 〈갈라디아서〉 4장을 병행해서 읽으시오.)

3. 물 가죽부대(창 21:14~15)

하갈이 사라의 박해로 인해 아브라함의 권유로 보냄을 받아 광야로 나갔을 때에 그녀는 '물 가죽부대'를 가지고 있었다(21:14~15). 짐승의 가죽을 통으로 벗겨 만든 가죽부대였을 것이다. 물을 담는 가죽부대를 메고 광야를 방황하던 하갈을 상상해 보라(21:9~20).

4. 이삭의 번제는 부활의 상징(창 22장, 히 11장)

아브라함이 하나님 말씀대로 순종하여 행한 이삭의 번제(22장)는 상징적으로 부활을 나타내기도 한다(히 11:17~19). 그러므로 이 대목의 바탕에는 사람대신 짐승을 희생 제물로 바치도록 하여 독생자(예수 그리스도)의 죽음이 속량 되어야 한다는 가르침이 함께 있음도 간과해서는 안 된다. 하나님은 독생자 예수님을 우리에게 주셨다. 아브라함은 독자 이삭을 내놓았다. 그대는 무엇을 내놓겠는가?

창세기 | 24~28장

야곱과 에서의 긴장 (중요구절 창 28:22)

아브라함은 아들 이삭의 아내를 얻기 위해 고향 땅에 종을 보내 '리브가'를 맞이한다(24장). 아브라함은 그두라(그의 후손이 '미디안')를 얻고 175세에 죽으니 막벨라 굴에 이삭과 이스마엘이 장사하고 이삭은 쌍둥이(에서와 야곱)를 낳는다(25장). 이삭은 아버지 아브라함처럼 아내를 누이라고 하니 이것마저 부전자전인 듯하다(26장). 야곱은 아버지와 형을 속이고, 장자권을 받는 축복기도를 받고(27장) 하란으로 피신해 가는 중에 루스(벧엘)에서 하나님을 만나 서원한다(28장).

1. 이삭은 그를 많이 사랑해준 어머니 사라의 죽음 후에 실의에 빠졌으나, 리브가를 아내로 맞아 "어머니를 장례 한 후에 위로를 얻었더라"(24:67)고 했다. 결혼이 어떤 사람에게는 큰 힘이고 도움이 되지만, 어떤 사람에게는 오히려 거치는 것이 되어 버리는 비극도 있다. 이삭은 리브가를

'사랑하였으니…… 위로를 얻었다'고 했다. 아담에게 하와는 '돕는 배필'이었다(창 2:18, 23~24).

2. 야곱은 하란으로 가는 도중에 루스에서 하나님을 만나 그곳을 벧엘(하나님의 집)이라 하였다. 그는 하나님께 먹을 양식, 입을 옷, 아버지 집으로의 귀환을 요구하며 그렇게만 되면 '(1) 여호와께서 나의 하나님이 되고, (2) 기둥으로 세운 이 돌이 하나님의 집이 되고, (3) 하나님께 십일조를 드리겠다'고 서원한다(28:19~22). 당신에게 먹을 것이 없는가? 옷이 없는가? 고향을 떠나 방황하고 있는가? 부족함이 없으면서도 십일조를 못한다면 말이 되는가?
3. 야곱이 하란에서 외삼촌의 작은 딸 라헬을 사랑하게 되어 그를 얻고자 '7년을 며칠 같이' 여기고 일했으나(29:20), 교묘한 라반의 꿤에 빠져 장녀 레아를 얻고 이어서 7일 후에 앞으로 7년 동안 더 일하겠다는 것을 전제로 라헬을 얻어 7년을 더 일했다(29:27~29). 아내를 얻기 위한 대가가 얼마나 컸던가? 오늘날 총각들이 신부가 열쇠 꾸러미와 지참금을 가져왔으면 하는 잘못된 의식을 가졌다면 14년 동안 일한 야곱의 봉사 정신을 배워야 하지 않겠는가?
4. 야곱은 당시 풍습을 따라 두 아내(29장)와 두 첩(30장)을 둔다. 그로 말미암아 아내와 자녀들 간의 갈등을 일으키는 요인이 되었다. 물론 이들이 훗날 이스라엘 열두 지파의 조상이 되지만, 야곱 자신의 삶에서는 고통이 따르기도 했다. '한 여자도 감당하기 어려운데, 네 여자와 같이 살았다니 야곱이야말로 능력자'라며 씁쓸한 미소를 짓기도 한다.

24
이삭의 아내 리브가
어머니 장례 후에
위로를 얻었더라

25
아브라함의 죽음
두 국민이 네 태중에
(에서와 야곱)

26
그랄에 간 이삭
우물을 여러 번 파다

27
축복을 받는 야곱
분노를 발하는 에서를 피하여

28
벧엘의 하나님
서원 : 나의 하나님,
하나님의 집,
십일조

더 살펴보기

1. 헷 족속에 대하여(창 23장)

아브라함은 아내 사라가 죽었을 때 '헷 족속'에게 장지를 구한다(23장). 에서는 헷 여인과 결혼하여 부모(이삭과 리브가)의 근심거리가 되었다(26:34~35). 헷 족속(힛타이트)은 일찍이 터어키의 헷 제국(주전 1800년경

이삭을 번제로 드리는 아브라함
아브라함은 독자 이삭을 하나님께 드리므로 그 믿음을 인정받는다(창 22장).

창건)에서 이주해 온 사람들이었을 것이다. 계약의 전 내용은 잘 알려진 헷 법전과 세목에서까지도 일치한다(181쪽 '성경의 언약과 근동의 조약들' 참고). 헷 족속이 흔히 동굴로 되어 있거나 바위를 파서 만든 가족 무덤 형태를 가졌는데 이것 역시 이들의 관습적인 것이었다.

2. 이삭은 아내의 잉태를 위해 기도했다(창 25:21)

성경에는 자녀를 얻기 위하여 기도한 사람이 다섯 명 나오며 그 중에 이삭도 아내의 잉태(임신)를 위해 기도했다. "이삭이 그의 아내가 임신하지 못하므로 그를 위하여 여호와께 간구하매 여호와께서 그의 간구를 들으셨으므로 그의 아내 리브가가 임신하였더니"(창 25:21)라고 간구 했다.

(1) 아브라함의 기도 (창 15:2. 아브람이 이르되…… 나는 자식이 없사오니……)
(2) 이삭의 기도 (창 25:21. 이삭이 그의 아내가 임신하지 못하므로 그를 위하여 여호와께 간구하매……)
(3) 라헬의 기도 (창 30:1, 22. 하나님이 그의 소원을 들으시고 그의 태를 여셨으므로……)
(4) 한나의 기도 (삼상 1:10~11. 한나가…… 주의 여종을 잊지 아니하시고 아들을 주시면……)
(5) 사가랴의 기도 (눅 1:7. 엘리사벳이 잉태를 못하므로 그들에게 자식이 없고, 13절. 너의 간구함이 들린지라. 네 아내 엘리사벳이 네게 아들을 낳아 주리니 그 이름을 요한이라 하라.)

3. 축복 기도에 따라가는 재산(창 27:34~40)

이삭이 야곱에게 축복하는 〈창세기〉 27:26~40 문제는 장자가 된 자에게 축복과 함께 자기의 재산의 소유권도 함께 따라 가는 풍습이 있었기에 축복을 놓친 형 에서는 분노한다. 이러한 풍습은 티그리스 강 동쪽에 살던 사람들의 누지(Nuzi) 토판 중에도 나온다. 또한 장자가 가진 특권을 말하는데 이것은 야곱과 에서에 관한 기록과 같은 상황처럼 장자의 특권을 동생에게 인계하는 경우에는 동생은 형에게 보상하는 것이 관습이었다.

우르에서 출토된 게임판
아브라함 이전 시대의 것으로 왕실무덤에서 출토된 게임판(도박판)에는 많은 보석으로 아름답게 장식되어 있다. 갈대아 우르(이라크 남부)에서 출토된 것으로 이곳은 아브라함의 고향이기도 하다.

4. 벧엘에 대하여(창 28:19, 35:1~8)

야곱은 에서가 받을 복을 가로채고 형을 피하여 어머니가 소개한 하란의 외삼촌 집으로 향한다. 그는 브엘세바에서 64km 가량 떨어진 벧엘('하나님의 집'이라는 뜻)에서 밤을 보낸다. 이 지명은 '루스'였으며 '벧엘'은 야곱의 서원으로 후대에 붙여진 이름이다(창 28:20~22). 이곳은 훗날 성소(聖所)가 되었으며 남북 분열 후에는 북국의 초대왕 여로보암이 금송아지를 세운 곳(왕상 12:29)이며, 아모스 선지자는 이곳에서 예언하다가 금지를 당하기도 했다(암 7:13). 야곱은 이곳에서 서원하였고(창 28:20~22), 그 서원이 세속적인 수준이었지만 하나님은 그 기도에 응답하신다. 이처럼 벧엘은 역사적 성소로 이어졌다.

창세기 | 29~35장

야곱의 귀향과 신앙의 성숙 (중요구절 창 32:28)

약 20여 년을 하란에서 살며 두 아내와 두 첩을 얻으나 그로 인해 가정불화가 생긴다(29~30장). 그럼에도 불구하고 야곱은 물질적으로나 신앙적으로 성장하는 모습을 보게 된다. 야곱은 20년 만에 귀향을 하다가 뒤따라 온 라반과 화해를 하고(여갈사하두다: 갈르엣, 31장), 세일 땅에 있는 형 에서를 위해 예물을 보내고 얍복 나루에서 기도하여 '이스라엘'이 되고 하나님과 화해한다(브니엘, 32장). 야곱은 형 에서와도 화해하고 세겜 땅에 정착한다(33장). 그러나 '디나'의 일로 세겜 성을 약탈하고(34장), 야곱은 벧엘로 올라가 신앙회복을 하게 된다(35장).

1. (1) 야곱은 천사와의 씨름 중에 자기 이름을 '이스라엘'(하나님과 겨루어 이김)이라 고침받는다(33:24~29). 성경에서 개명(改名)은 아브람이 아브라함으로, 사래가 사라로, 야곱이 이스라엘이 됐고, 시몬이 베드로(반석)가 된 경우처럼 그들의 삶 자체에 어떤 변화를 시사하며, 하나님의 선택을 나타내는 표지가 되기도 한다.

(2) "네 이름이 무엇이냐"(32:27)고 묻는 것은 그 사람에 대한 실제적인 권한을 갖는 것을 뜻하며 '이스라엘'이라는 이름을 부여한 것처럼 어떤 사람에게 이름을 부여해 줄 수 있다는 것은 그 사람에 대한 전적인 권한을 갖는 것이 된다. 우리는 '성도'라 부르심을 받고, '그리스도인'으로 산다.

2. 힘이 세나 조심성이 없는 '에서'가 육적인 사람이라면 몸은 약하나 예민한 '야곱'은 영적인 사람이다. 육과 영의 싸움에서 영이 육을 눌러 이긴다. 우리의 인생이란 둘 중의 하나일 수밖에 없다. "자기의 육체를 위하여 심는 자는 육체로부터 썩어질 것을 거두고, 성령을 위하여 심는 자는 성령으로부터 영생을 거두리라"(갈 6:8). "위의 것을 생각하느냐? 땅의 것을 생각하느냐?"(골 3:1~4 참고).

3. 야곱은 하란에서 힘든 생활을 했다. 외삼촌이자 장인인 라반의 교묘한 계략에 속았고, 두 아내와 두 첩으로 인한 마음고생이 컸으며 장래에 대한 준비를 해야 했다. 하나님은 그러한 야곱을 도와주셨다. 그가 고향으로 돌아오면서 31장에서는 '라반과 화해'를, 32장에서는 얍복 나루에서 '하나님과 화해'를, 33장에서는 자기를 죽이려던 '형 '에서와 화해'가 이루어진다. 화해를 위하여 사람과의 교류와 하나님 앞에서의 목숨을 건 기도는 야곱을 더욱 성숙하게 만들었다.

더 살펴보기

1. 라헬이 친정에서 훔쳐온 드라빔은 무엇인가?(창 31:34)

야곱이 라반의 집에서 떠날 때 라헬은 친정아버지의 '드라빔'을 훔쳤다. 드라빔은 '편안하게 사는 것'이란 뜻으로 휴대할 수 있게 작은 사람 형상을 닮은 것도 있고(창 31:34) 사람 키만한 것도 있다(삼상 19:13). 나무나 청동, 은으로 만들었으며(삼상 19:13~16), 신으로 섬겨 신탁의 조언을 구했으나(삿 18:14) 후에는 우상숭배로 정죄 되었다(삼상 15:23, 왕하 23:24). 라반의 집에 있던 드라빔은 가신(家神)이었으며 누지 문서에는 아들만이

드라빔을 상속받을 수 있고 종교적인 기능뿐만 아니라 권위의 정통성과 재산권까지 지녔기 때문에 가계의 신(神)을 서로 가지려 했다. 드라빔에 대해서는 위에 나타난 구절 외에도 〈사사기〉 17:5, 〈호세아〉 3:4~5, 〈스가랴〉 10:2에서도 볼 수 있다.

드라빔의 여러 형태들 (창 31:34)
라헬은 남편 야곱을 따라 하란에서 가나안으로 올 때에 친정 아버지의 가신(家神)인 드라빔을 훔쳤다.

2. 허벅지 관절(환도뼈)은 어디인가?(창 32:25)

"야곱은 홀로 남았더니 어떤 사람이 날이 새도록 야곱과 씨름하다가 자기가 야곱을 이기지 못함을 보고 그가 야곱의 허벅지 관절을 치매 야곱의 허벅지 관절이 그 사람과 씨름할 때에 어긋났더라"(32:24~25)에서 "허벅지 관절(《개역한글》은 '환도뼈', 《표준새번역》은 '엉덩이뼈')"은 허리 아래 넓적다리 상단에 위치하는 뼈를 가리킨다. 히브리어 '예레크'는 허리의 아랫부분으로 '엉덩이', '대퇴부'를 가리킨다. 이 말은 '생식기'를 나타내는 말로도 쓰여 자녀들을 '허리에서 나온 자들(히, 요츠에 예레크, 창 46:26, 출 1:5, 삿 8:30)'이라고 불렀다(민 5:16~21 참고). 이렇게 허벅지 관절은 생식기관(생명의 근거지)을 상징하고 있기에 서약을 하는데 중요한 역할을 했다(24:2, 47:29). 이러한 '허벅지 관절'의 신체부위의 이름이 《개역한글판》에서 '환도뼈'라고 한 것은 그곳이 병사들이 칼을 차는 부분이었기 때문이다(삿 3:16, 시 45:3, 아 3:8).

3. 야곱의 열두 아들은 열두 지파가 된다(창 29~35장)

(1) 야곱의 열두 아들의 이름을 첫 자로 암송하시오. 〈르시레유단납갓아잇스요베〉. 그리고 야곱의 열두 아들을 성경에 표시하시오. - ① 르우벤(29:32) ② 시므온(29:33) ③ 레위(29:34) ④ 유다(29:35) ⑤ 단(30:6) ⑥ 납달리(30:8) ⑦ 갓(30:11) ⑧ 아셀(30:13) ⑨ 잇사갈(30:18) ⑩ 스불론(30:20) ⑪ 요셉(30:24) ⑫ 베냐민(35:18)

(2) 레위 지파는 계수되지 않으나 요셉은 지파가 아니라 그의 두 아들이 에브라임과 므낫세 지파가 되므로 다시 열두 지파로 계수가 된다.

헤브론의 막벨라 동굴터
(창 25:9, 35:27~29)
헤브론의 막벨라 동굴 위에 세워진 회교 사원으로 일부는 헤롯 시대의 유물이다. 아브라함, 사라, 이삭, 리브가, 야곱, 레아가 모두 여기에 묻혔다.

창세기 | 36~40장

애굽으로 팔려간 요셉 (중요구절 창 39:2~3)

이삭의 아들 '에서'(에돔)의 족보가 등장하고(36장), 이어서 족장 중 4번째 인물인 꿈꾸는 사람 요셉이 등장한다(37장) 형들의 미움을 받아 애굽으로 팔려가 보디발의 집 총무로 있다가 누명을 쓰고 옥에 갇힌다(39장). 옥중에서도 하나님이 함께 하셔서 꿈을 해석하는 지혜를 발휘한다(40장). 요셉의 사건 중간(37~39장)에 유다와 다말 사건(38장)이 소개된 것은 다윗 왕의 조상을 이어가는 인물들을 소개하기 위함이다(마 1:3).

36
에서의 후손
세일 땅에 거하는
에돔 족속

37
꿈꾸는 자 요셉
애굽으로 팔려가는 요셉

38
유다와 다말 사이
메사아 족보를 이어가는 유다

39
애굽에서의 요셉
여호와께서
요셉과 함께 계시므로

40
옥중에서의 요셉
관원장들의 꿈 해석

1. (1) 야곱은 열두 아들 중 요셉에 대한 편애로 인해 많은 문제를 야기시켜 형제들이 요셉을 죽이려고도 했고, 결국 애굽에 팔리게 됐으나 아버지 야곱은 짐승에 찢겨 죽은 줄로 속는다(37장). 자녀에 대해 편애하면 가정이 화목하지 못하고 목회자가 교인에 대해 편애하면 교회가 평안하지 못하다. 예수님은 우리에게 원수까지도 사랑하라 하셨고, "너희가 너희를 사랑하는 자를 사랑하면 무슨 상이 있으리요. 세리도 이같이 아니하느냐?"(마 5:43~48) 하셨다.

(2) 야곱은 과거에 아버지 이삭을 속여 에서처럼 꾸미고는 축복을 받았다(27장). 그랬더니 그 후에 외삼촌 라반에게 여러 번 속았고(31:7), 이번에는 아들들에게 속아 애굽에 팔려간 아들이 죽은 줄 알고 눈물을 흘린다(37:29~36). 결국 심은 대로 거두는 것이다(갈 6:7).

2. 유다의 며느리 다말은 불행을 안고 사는 여인처럼 보인다(38장). 첫 남편 엘은 자식도 낳지 못하고 죽었고, 자식을 낳게 해야 할 둘째 오난마저 땅에 설정하여 죽었으며, 시부는 셋째인 셀라 주기를 꺼려했다. 친정에 가 있던 다말은 시아버지 유다를 유혹하여 임신을 하고 두 아들을 낳으므로 메시아 족보를 이어간다. 다말은 그 정당성을 인정받았다("그는 나보다 옳도다", 38:26). 가장 슬픈 여인으로 생을 마감할 것 같던 다말은 인생을 적극적으로 살아 결코 포기하지 않고, 단절되어질 가문을 잇고 메시아 족보에 들어왔다. 하나님의 반전은 소설보다 더 스릴 있게 우리에게 기쁨을 주신다.

3. 요셉은 누명으로 옥에 갇혔으나 낙망하지 않았다. '여호와께서 요셉과 함께하셨기에' 그는 형통(39:2~3, 20~23)하였다. 존 밀턴은 40세에 한

쪽 눈을 실명했으며 2년 후에는 남은 눈마저 잃었고 아내마저 잃었다. 그러나 좌절하지 않고 딸에게 받아쓰게 하여 '실낙원'을 저술한다. 성도는 어려운 상황에서 도피하는 것이 아니라 함께 하시는 하나님의 도움으로 상황을 극복해야 한다.

더 살펴보기

1. 에서의 후손은 에돔 족속(창 36장)

에서는 야곱과 함께 이삭의 아들이지만, 들(野)의 사람으로 산다. 그들의 후손은 '에돔 족속'이 되며 그들이 세일산을 중심으로 살았기에 '세일족'이라는 별명도 받는다(36:1, 8~9). 세일은 사해 남쪽 산지로서 사해와 홍해 사이 구렁의 동쪽에 있다. '에서'와 약속의 자손 '야곱'의 관계는 '이스마엘'과 '이삭'의 관계와 유사하다(25:9 등). 두 사람이 헤어져 살지만 형제로 지낸다. 게다가 '에서'가 '야곱'을 떠남을 묘사함(6~8절)은 마치 '아브라함'과 그 조카 '롯'의 관계와 유사한 구조이다(13:5~12).

2. 요셉의 노정을 지도에서 보라(창 37장)

(1) 집에서부터 형들이 양을 치고 있는 세겜으로 심부름을 감(14절).
(2) 세겜에서 형들을 찾아 도단으로 나아감(17절).
(3) 형들에 의해 미디안 사람 상인들에게 팔림(28절).
(4) 다시금 애굽 사람 보디발에게 팔림(36절).

족장들의 생애 기록(창 12장~50장)
〈창세기〉 12~50장에는 4대 족장이 등장한다. 아브라함(12~24장), 이삭(25~26장), 야곱(27~36장), 요셉(37~50장).

3. 수혼제(嫂婚制, 계대혼인[繼代婚姻, Levirate marriage], 창 38장)

(1) 오난이 그의 형수 다말과 결혼한 것은 당시 풍습으로 아들 없이 죽은 형제의 상속자를 위해 다른 형제가 죽은 형제의 부인과 결혼하여 아들을 낳아주는 수혼제(嫂婚制, 또는 '계대혼인[繼代婚姻, Levirate marriage]', 일반사전에는 '역연혼[逆緣婚]'이라고도 나옴) 제도이다.
(2) 오난은 그의 형 엘이 아들 없이 죽었기 때문에 그의 형수인 다말을 취

해 결혼하였다. 이러한 수혼제는 자식 없이 죽은 사람의 대를 잇게 해 준다는 의미에서 긍휼과 희생을 보여주는 제도이다. 오난은 처음 낳은 자식으로 형인 엘의 대를 잇도록 해야 했으므로 이를 싫어하여 다말과의 성관계 중에 땅에 설정(泄精)하여 여호와의 진노로 죽게 된다(창 38장). 오난의 이 행위에서 '오나니슴(onanisme, 성교중단, 질외사정)'이란 말이 나왔다.

(3) 후에 수혼제는 모세의 법에 의하여 확정되었다(신 25:5~10). 이것은 당시에 공인된 관습이었으며, 지금도 인디언, 페르시아인 그리고 아프리카의 일부 국가나 모슬렘에서 찾아볼 수 있는 관습이다.

4. 다말에 대한 창녀라는 단어(창 38장)

우리말 번역에는 다말에 대하여 '창녀'라는 단어로 4번 나오지만 원문에는 그렇지 않다. 즉 두 가지 단어(죠나, 크데샤)를 사용한다.

(1) 유다는 다말의 행위가 '옳다(의롭다)'고 인정한다(38:26). 여기서 '의롭다'는 말은 다말이 유다 집안의 자부로서 자녀, 즉 후사를 낳아주는 것이 의무이며 그 결혼계약에 책임을 다 했다는 말이다. 다말의 행위가 윤리적으로나 도덕적인 의미의 옳다는 말이 아니라 결혼 의무 수행을 위해 유다와 맺은 관계는 의로운(옳은) 관계라는 것이다.

(2) 다말도 자기의 행위는 '창녀(죠나)'가 아니고(38:15), '성창(신전창녀, 크데샤)'이라고 두 번이나 강조하고 있다(38:21~22). 그러나 유다는 다말을 지칭할 때에 크데샤라 하지 않고 죠나라 하므로 성창의 의미를 부여하지는 않는다(38:24). 한편《공동번역》과《가톨릭새번역》에서는 '창녀'(38:15)와 '신전창녀'(38:21-2번-, 22)라 번역하므로 이를 분명하게 구분했다.

고대 애굽의 벽화

크눔호텝(Chnumhotep)의 무덤에 있는 벽화이다. 인물들의 턱수염과 채색된 전통의상이 이채롭다. 특히 원피스와 투피스로 된 서로 다른 옷들을 입고 있다. 이 벽화의 높이는 약 45cm이다.

(3) 유다는 처음에 다말의 행위를 정당한 것으로 인정하지는 않았지만 나중에 다말의 행위를 옳은 것으로 인정한다. 다말에게서 난 아들 베레스가 다윗의 조상, 즉 야곱 혈통의 상속자가 되므로 유다가 요셉 못지않게 중요한 인물로 부각된다(창 44장 참고).

창세기 | 41~45장

요셉의 승리와 가족 만남 (중요구절 창 45:5)

애굽에 종으로 팔려온 요셉은 하나님의 은혜로 그 동안의 고난을 극복하고 새로운 길이 열리게 된다. 요셉의 모습을 통하여 승리하는 자의 처신과 하나님의 섭리를 배운다. 요셉은 바로의 꿈을 해석하고 일약 애굽의 총리가 되어 그의 신분은 달라진다(41장). 가나안에 흉년이 들자 애굽에 비축된 양식을 구하러 온 형들을 만난 요셉은 자신을 숨기고 시험을 한다(42장). 요셉의 요구대로 베냐민을 데리고 애굽에 간 일행 중 같은 어머니를 통해 태어난 베냐민에게 관심이 많은 요셉은 그를 잡아 두기 위한 계략을 세운다(43~44장). 결국 요셉은 형들에게 자신의 정체를 드러내고 모든 것이 하나님의 섭리였음을 고백하고 가나안에 있는 아버지를 모셔 오도록 한다(45장).

41
요셉의 승진
바로의 꿈 해석

42
형들을 시험하다
양식을 구하러 온 형들

43
베냐민도 애굽으로
요셉의 집에 초대되어 식사

44
종이 되겠다는 유다
아버지와 아이의 생명이 연결

45
정체를 밝히는 요셉
나를 이리로 보낸 이는 하나님

1. 요셉은 바로의 꿈을 명쾌하게 해석해 주므로 애굽의 총리가 되었다(41:25~36). 그는 분명한 대책을 제시했고 그의 말대로 일곱 해 풍년에 잉여(남은) 농산물을 비축한다. 이로써 애굽은 흉년에도 견딜 수 있었고 세계의 기근을 해결하는 나라가 된다. 흉년 전에 두 아들을 낳은 요셉은 하나님의 은혜를 잊지 않았다. 요셉의 아들 이름은 요셉의 신앙고백과 같다. '므낫세'와 '에브라임'이라는 두 아들의 이름이 주는 의미는 우리의 신앙고백이기도 하다(41:46~52).
2. 요셉의 의도였지만, 형들은 다시 애굽으로 끌려온다. 요셉의 '잔이 발견된 자는 자신의 종이 되고 너희는 아버지 집으로 돌아가라'는 말에 유다는 "이제 주의 종으로 그 아이를 대신하여 머물러 있어 내 주의 종이 되게 하시고 그 아이는 그의 형제들과 함께 올려 보내소서"(44:33)라고 하므로 요셉이 형제간에 우의를 확인하는 계기가 되고 결국은 자신의 정체를 드러낸다(45:4). 유다는 전에도 그러했다. 요셉이 아버지의 총애받는 것을 시기하여 형들이 그를 죽이고자 할 때에 "자 그를 이스마엘

애굽의 조세 징수
이 벽화는 애굽의 서부 지역 테베 멘나(Thebes Menea)의 무덤에서 출토된 것으로 주전 1400년경의 모습이다. 요셉이 애굽의 총리로 있을 때에도 7년간 풍년의 때에 곡식을 계수하고 비축을 하여 7년 흉년에 대비하였다(창 41:46-57).

사람들에게 팔고 그에게 우리 손을 대지 말자"(37:27)고 제안하여 요셉을 살려낸다.

3. 말씀의 절정은 요셉이 자신을 드러내는 말이다. "하나님이 큰 구원으로 당신들의 생명을 보존하고 당신들의 후손을 세상에 두시려고 나를 당신들보다 먼저 보내셨나니 그런즉 나를 이리로 보낸 이는 당신들이 아니요 하나님이시라"(45:7~8). 요셉은 '하나님의 섭리'를 믿었기에 자신을 팔았던 원수와 같은 형들을 감싸 안았다. 몇 번의 시험을 통하여 형들이 지난날의 잘못을 뉘우치고 있는 것을 알았다. 20년이 지났어도 형들은 동생을 판 죄책감에 싸여 있었다(42:21~22).

더 살펴보기

1. 요셉의 등용과 변화된 모습(창 41:37~57)

바로가 요셉에게 '내가 너를 애굽 온 땅의 총리가 되게 하노라' 하므로 모든 것이 달라진다.

(1) 신분 : 바로의 인장 반지를 빼어 요셉의 손에 끼움(결재권).
(2) 복장 : 세마포 옷을 입히고 금 사슬을 목에 걸음.
(3) 의전 : 바로의 버금 수레에 태우매 무리가 그의 앞에 엎드림.
(4) 이름 : 요셉의 이름을 '사브낫바네아'라 하고 온의 제사장 보디베라의 딸 '아스낫'과 결혼함.

이처럼 요셉은 감옥에서 하룻밤 사이에 궁정으로 올라갔다. 하나님이 요셉을 높은 관직에 올리기까지는 13년간 애굽에서 연단을 주셨다. 17세에 애굽으로 갔고 이제 그의 나이 30세가 되었다(창 41:46, 참고. 시 105:17~21).

애굽의 황금 수레(창 41:43)
요셉은 바로 왕의 지시로 버금 수레(Second Chariot)를 탔다. 이 사진은 투탕카멘의 무덤에서 발굴된 것으로 요셉도 이러한 마차 수레를 탔을 것이다. 고고학자들은 근동 지방에서 기원된 마차수레를 애굽이 받아들인 것으로 보고 있다(테베 출토. 이집트 카이로 박물관 소장).

2. 애굽의 조세 징수용 곡식 계량(창 41장)

요셉은 바로의 꿈을 해석해 주고 애굽의 총리가 된다. 요셉은 새로운 조세 정책을 통하여 풍년 때 곡식을 저장하여 흉년 때를 대비하였다(창 41장).

옆의 벽화 고고학 사진 한 장은 당시 애굽을 이해하는데 큰 도움이 된다.

3. 메시아 족보의 유다(창 44장)

(1) 유다는 베냐민이 감금될 위기에 놓이자 자신이 동생 대신 종이 되겠다고 했으며(44:33), 전에도 형제들이 요셉을 죽이고자 할 때에 요셉을 죽음의 위기에서 건져내기도 했다(37:27).

(2) 메시아의 족보(마 1:3. 유다는 다말에게서 베레스와 세라를 낳고 베레스는 헤스론을 낳고 헤스론은 람을 낳고……)를 이어가는 것은 장자 베냐민도 아니요, 아버지가 사랑하는 요셉도 아닌 유다인데, 이런 면이 하나님의 인정을 받은 것 같다.

(3) 이 대목에서 유다의 상속권은 인정이 되는 것으로 보이지만, 장자권은 포로 후기에 기록된 〈역대상〉 5:1~2에 근거해서 보면 비록 괄호 안의 본문이지만 장자권은 요셉을 지목한다. 괄호 안의 본문은 고대 사본에는 없고 후대 사본에 나오는 경우들이다.

창세기 | 46~50장

야곱 족속의 애굽 정착 (중요구절 창 50:20)

야곱의 가족은 애굽으로 이주했으니 70명이었다(46장). 그들은 바로를 만났으며 고센 땅에 살게 되었다. 요셉의 양곡관리는 철저하여 모든 것이 바로의 것이 되도록 신하로서 충성을 다하였다(47장). 야곱은 죽기 전에 요셉의 아들들을 축복하고(48장), 12아들을 축복하였다(49장). 야곱은 애굽에 온 지 17년 만에 죽게 되었고(47:28) 그의 유언대로 조상들이 묻힌 가나안에 장사되었다. 세월이 지나 요셉도 죽지만 언젠가 약속의 땅으로 돌아갈 소망을 확실히 한다(50장). (이렇게 창세기는 끝나고 이스라엘 백성은 애굽에서 400년의 세월을 보낸 후에 약속의 땅으로 돌아가는 출애굽의 사건을 보게 된다. 그 때는 장정만 해도 60만 명이 되는 큰 민족이 된다.)

1. 애굽 사람인들은 목축을 가증히 여겼다(46:34). 총리 요셉의 가족이라는 배경과는 별개로 목축하는 자들로서 유랑하는 집시로 보였기 때문일 것이다. 오히려 긍정적으로 작용하여 애굽인들과 섞여 살면 그들의 문화에 흡수되어 버릴 수도 있었겠으나 이들만이 고센 땅에 살게 되므

므낫세와 에브라임처럼 서열 바뀜의 예(창 48:13~14)

구약성경에서 상당히 많은 인물들이 형과 동생의 서열이 바뀌는 특별한 상황들을 본다. 그런데 거기에는 하나님의 특별하신 섭리에 따른 선택이 있는 것을 알게 된다. 다음의 경우를 제시한다.

(1) 아벨, 셋 – 가인과 아벨, 그리고 셋. / 가인은 악하여서 동생 아벨을 죽였고 하나님은 죽은 아벨 대신 셋을 주어 대를 잇게 했다. 가인은 범죄를 하고 에덴의 동쪽으로 갔다.

(2) 이삭 – 이스마엘과 이삭 / 이스마엘은 아브라함의 첩 하갈의 아들로서 후에 태어난 이복 동생이요 약속의 아들인 이삭보다 뒤진다. 결국 이스마엘은 성경의 기록에서 사라진다.

(3) 야곱 – 에서와 야곱 / 에서가 형이지만 장자의 명분을 소홀히 하다가 아버지의 축복기도도 받지 못한다. 정이 있는 사람처럼 나타나지만 결국 족보에서 사라지고 야곱이 중요한 인물이 된다.

(4) 요셉 – 형제들 중에서 뛰어남. / 야곱의 11번째 아들로서 형들에게 미움을 받아 애굽에 종으로 팔려가지만 애굽에서 총리가 되어 아버지와 형들을 애굽으로 불러 들인다. 장자의 명분을 가졌다(대상 5:2)

(5) 유다 – 장남 같은 역할을 함. / 야곱의 4남인데도 실제에 있어서는 장남과 같은 역할을 한다. 다말을 통하여 베레스와 세라를 낳았으며 베레스는 메시아 족보를 이어간다.

(6) 에브라임 – 므낫세와 에브라임 / 야곱이 아들 요셉의 두 아들을 자신의 아들로 삼아서 열두 지파에 속한다. 형 므낫세보다 에브라임을 앞세웠고 북국 이스라엘을 대표하는 지파가 곧 에브라임이다.

(7) 모세 – 아론과 모세 / 아론은 모세의 형으로서 모세가 출애굽의 지도자로서 일할 때에 아론은 제사장이었다. 그럼에도 금송아지 숭배 때에 역할을 하는 어리석음도 있었고 동생 모세만 못하였다.

(8) 다윗 – 형들과 다윗 / 하나님께서 이새의 아들에게 기름을 부어 왕으로 예선하고자 할 때 이새는 다윗을 열외로 생각할 정도였다. 그러나 하나님은 말째 아들 다윗을 왕으로 예선했고 사울에 이어 왕이 되게 했다.

(9) 솔로몬 – 이복 형들과 솔로몬 / 솔로몬은 출생의 한계점을 가졌으나 하나님은 다윗을 통해 다른 아들보다 솔로몬을 왕으로 세워 지혜의 왕이 되게 했다.

46
야곱의 애굽 이주
애굽으로 내려가기를
두려워하지 말라

47
요셉의 양곡 관리
돈, 가축, 토지를 바로에게

48
요셉의 두 아들에게 축복
에브라임과 므낫세는
내 것이라

49
열두 아들에게 축복
각 사람의 분량대로
축복하였더라

50
야곱, 요셉의 죽음
막벨라 굴에 장례, 가나안 소망

로 신앙을 유지하며 주체성을 보존할 수 있었다. 훗날 출애굽 할 때도 고센 땅에서 함께 나올 수 있었다. 예수님은 사람들에게 버림받을 것을 〈이사야〉가 예언했고(사 53:3, "그는 멸시를 받아 사람들에게 버림받았으며"). 이 땅에 오셨을 때 많은 배척을 받으셨으나(요 1:9~11, "자기 땅에 오매 자기 백성이 영접하지 아니하였으나"), 구속의 역사를 이루셨다.

2. 야곱이 요셉의 두 아들을 축복할 때에 하나님을 "나의 출생으로부터 지금까지 나를 기르신 하나님"이라고 고백하였다(48:15). 야곱은 교활했으며 사랑 받을 만한 것이 없음을 본인도 잘 알고 있었다. 그럼에도 하나님은 그를 선택하셨고, 용서하셨으며, 사랑해 주셔서 지금까지 이르렀다. 죽은 줄 알고 가슴에 묻고 살던 아들을 다시 만난 감격을 이렇게 고백한다. 또 야곱처럼 우리도 "나를 충성되이 여겨 내게 직분을 맡기심이니"(딤전 1:12)라던 바울처럼 주님께 감사하는 고백이 있어야 한다.

3. 요셉의 형들은 야곱이 죽은 후에 동생 요셉이 자신들에게 보복을 할까봐 두려워하였다. 그러나 요셉은 보복의 뜻이 없음을 분명히 한다(50:19~21). 우리는 슬픔의 골짜기를 두려워하고, 원한의 골짜기를 꺼려한다. 그러나 인생의 골짜기를 샘이 있는 곳으로, 소망의 문으로 변화시켜 주시는 주님이 함께 계신다(시 84:6).

더 살펴보기

1. 요셉은 나무 그늘(창 49:22~25)

야곱이 죽기 전 아들들에게 축복기도를 한다. 그 중에 "요셉은 무성한 가지 곧 샘 곁의 무성한 가지라. 그 가지가 담을 넘었도다"(49:22)라 하였다.

(1) 요셉의 인생은 파란만장하여 어머니 라헬은 아버지 야곱의 총애를 받았지만 동생 베냐민을 낳다가 죽었다. 불과 17살에 형들의 미움을 받아 애굽에 종으로 팔려왔고 남의 집을 관리하는 가정 총무로 성장한다. 그러나 주인 여자의 유혹을 거절하여 억울한 누명을 쓰고 감옥에 들어가지만, 몇 년 후에는 바로 왕의 꿈을 해석해 주므로 30세에 일약

애굽의 총리가 된다. 가나안에 흉년이 들어 애굽에 곡식을 사러온 형들을 만나 용서를 해주었고 아버지 야곱과 가족을 다 애굽으로 모셔오게 되었다.

(2) 요셉 한 사람으로 온 가문이 살게 되었으니 요셉의 나무 그늘은 너무도 크다. 요셉은 애굽에 풍요를 주었고 가문을 세웠으며 더 나아가 히브리 민족을 세웠다.

대곡자(代哭者)들의 모습(창 50:3)
이 벽화는 애굽의 테베 동쪽 라모스의 무덤에서 발굴된 것이다. 요셉이나 야곱이 죽었을 때에 애곡 기간은 무려 70일 동안이었다.

2. 야곱의 장례식(창 50:1~14)

야곱이 죽었을 때에 그의 몸에 향 재료(방부 처리)를 넣는데 40일이 걸렸고, 애굽사람들은 그를 위해 70일 동안 곡을 했다. 애굽에는 대곡자(代哭者)들이 있었다. 그들은 장례식에서 전문적으로 울어 주는 직업을 가진 여인들인데 벽화에서도 볼 수 있다(옆 사진). 야곱의 장례식이 70일이나 걸렸던 것은 왕족으로 대접했다는 말인데 이는 당시 야곱의 아들 요셉의 권세가 어느 정도였는가를 짐작하게 해준다.

3. 요셉의 유언과 그 실행(창 50장)

요셉은 죽을 때에 유언으로 "하나님이 반드시 당신들을 돌보시리니 당신들은 여기서 내 해골을 메고 올라가겠다 하라"는 것이었다(50:25). 이것이 수백 년 후에 얼마나 철저히 지켜졌는가를 볼 수 있다(출 13:19, 수 24:32). 후대에 〈사도행전〉과 〈히브리서〉 기자도 이를 언급하였다(행 7:15~16, 히 11:22).

"모세가 요셉의 유골을 가졌으니 이는 요셉이 이스라엘 자손으로 단단히 맹세하게 하여 이르기를 하나님이 반드시 너희를 찾아오시리니 너희는 내 유골을 여기서 가지고 나가라 하였음이더라"(출 13:19).

이스라엘 자손이 애굽에서 가져 온 요셉의 뼈를 세겜에 장사하였으니 "이곳은 야곱이 백 크시티를 주고 세겜의 아버지 하몰의 자손들에게서 산 밭이라 그것이 요셉 자손의 기업이 되었더라"(수 24:32).

4. 〈창세기〉의 시작과 끝(창 1장, 50장)

〈창세기〉는 하나님의 '창조'로 시작되어(1:1) 요셉의 '입관'으로 끝을 맺는데(50:26) 이 대조적인 장면을 음미해 보라. 하나님의 영원성과 인간의 유한성이 보이는 구절이다. 그러나 한편 "요셉이 백십 세에 죽으매"에서 보듯이 요셉의 110세는 고대 애굽인들의 이상적인 수명이었다. 애굽인들이 볼 때, 이것은 하나님께서 요셉에게 내린 복의 상징이었다(50:22)

B I B L E

성경 질문지

창세기 1~5장 천지창조와 인간의 타락

제1장 [천지창조]

다음 물음에 답하시오.

1. 〈창세기〉 1:1을 히브리어 발음으로 써 보시오. (40쪽 해설 참고)

   1절 - 뻬레쉬트~

2. 하나님께서 "빛이 있으라"(3절) 하시기 전 상태는 어떠했는가?(2절) -

3. 다음 각 날 창조한 것을 연결하시오(3~31).

   1) 첫째 날 • • 가) 궁창(하늘)
   2) 둘째 날 • • 나) 땅, 바다, 풀, 채소
   3) 셋째 날 • • 다) 빛
   4) 넷째 날 • • 라) 해, 달, 별
   5) 다섯째 날 • • 마) 가축, 곤충, 사람
   6) 여섯째 날 • • 바) 새, 물고기

4. 하나님께서 땅은 생물을 그 종류대로 내게 하셨는데, '종류대로'가 주는 의미는 '창조'라고 보는가? '진화'라고 보는가?(24~25절)

   -

5. 하나님께서 인간 창조에 특별하셨음을 나타내는 다음 구절을 읽고 답하시오.

   1) 계획: 누구의 형상과 모양대로 사람을 만드시기로 하셨는가?(26절)
   2) 시행: 하나님께서 누구의 형상대로 사람을 창조하셨는가?(27절)
   3) 인간에게 '다스리라'고 하신 것은?(28절)

6. 1장에 "하나님이 보시기에 (심히) 좋았더라"는 말씀이 (번) 나오며 그 절들은?

   (절, 절, 절, 절, 절, 절, 절)

7. 1) 하나님께서 무엇을 보시고 "심히 좋았더라" 하셨는가?(31절) -

   2) 그때는 몇 째 날이었는가? -

제2장 [인간 창조]

다음 ( ) 안에 들어갈 말을 찾아 쓰시오.

1. 하나님이 그 일곱째 날을 ( ) 되게 하사 거룩하게 하셨으니 이는 하나님이 그 ( ) 하시며 만드시던 모든 일을 마치시고 그 날에 ( ) 하셨음이니라. - (절)

2. 여호와 하나님이 땅의 ( )으로 사람을 지으시고 ( )를 그 코에 불어넣으시니 사람이 ( )이 되니라. - (절)

3. 여호와 하나님이 동방의 ( )을 창설하시고 그 지으신 ( )을 거기에 두시니라… 동산 가운데에는 ( ) 나무와 ( ) 나무도 있더라. - (~ 절)

4. 강이 ( )에서 흘러나와 동산을 적시고 네 근원이 되었으니 첫째 강의 이름은 ( ), 둘째 강은 ( ), 셋째 강은 ( ), 넷째 강은 ( )더라. - (~ 절)

5. 여호와 하나님이 아담에게서 취하신 그 ( )로 여자를 만드시고…… 아담이 이르되 이는 내 ( ) 중의 뼈요, ( ) 중의 살이라…… 이러므로 ( )가 부모를 떠나 그

의 (　　　)와 합하여 둘이 (　　　)을 이룰지로다. - (　　　~　　　절)

제3장 [인간의 타락]

다음 말이 맞으면 O표, 틀리면 X표 하시오. (7번은 별도)

1. 여자(하와)는 뱀에게 하나님 말씀(2:16~17)에 '만지지도 말라'고 덧붙였고, 하나님은 그 열매를 먹는 날에는 죽으리라 했는데 여자는 '죽을까 하노라'며 의심하는 말을 했다(1~3). - (　　　)
2. 여자가 나무를 본즉 먹음직도 하고 보암직도 하고 지혜롭게 할 만큼 탐스럽기도 했다. - (　　　)
3. 범죄한 아담과 하와는 하나님을 찾았으나 하나님은 동산에 숨으셨다(8~10). - (　　　)
4. 하나님은 "여자의 후손(메시아)은 네(뱀, 사탄) 머리를 상하게 할 것이요"(3:15)라 했다. - (　　　)
5. 하나님이 아담과 하와에게 가죽옷(짐승의 피 흘림)을 지어 입히셨다(21). - (　　　)
6. 하나님은 사람이 선악을 아는 일에 하나님처럼 되었기에 영생을 허락했다(22~24). - (　　　)
7. 다음은 남자, 여자, 뱀 중 누구에게 한 저주인지 보기에서 골라 쓰시오(14~19).
   1) 모든 짐승보다 더욱 저주를 받아 배로 다니고 살아 있는 동안 흙을 먹을지니라. - (　　　)
   2) 임신하는 고통을 크게 더하리니 네가 수고하고 자식을 낳을 것이며 남편을 원한다. - (　　　)
   3) 너는 네 평생에 수고해야 그 소산을 먹으리라. - (　　　)

제4장 [가인의 범죄]

다음은 누구에 대한 설명인지 이름을 쓰시오.

1. 양치는 자로 여호와께서 받으시는 제사를 드렸으나 형에게 죽임을 당한 자(1~10) -
2. 자신의 제물을 여호와께서 받지 않으시므로 분을 냈고, 후에 아우를 죽인 자(1~10) -
3. 가인에게 표를 주사 그를 만나는 모든 사람에게서 죽임을 면하게 해주신 분(11~15) -
4. 두 아내(아다, 씰라)를 취했고 악행을 자랑한 자(16~24) -
5. 수금과 퉁소 잡는 음악인의 조상이 된 자(16~24) -
6. 죽은 아벨 대신에 하나님이 준 사람(25~26) -
7. 누구 때에 사람들이 비로소 여호와의 이름을 불렀는가?(25~26) -

제5장 [아담의 자손:계보]

다음 물음에 답하거나 맞는 번호를 (　　)에 쓰시오.

1. 다음 사람들이 살았던 기간(나이)을 쓰시오.
   1) 아담 (　　　세) 2) 마할랄렐 (　　　세)
   3) 므두셀라 (　　　세) 4) 라멕 (　　　세)
2. 하나님과 동행하더니 하나님이 그를 데려가시므로 세상에 있지 않은 자는?(21~24절) (　　　)
   1) 셋 2) 네난 3) 에녹 4) 노아
3. 노아의 아들들이 아닌 자는?(32절) (　　　)
   1) 함 2) 라멕 3) 셈 4) 야벳
4. 다음 (　　　)를 채워 족보를 완성해 보시오.
   아담 - (　　　) - 에노스 (　　　)
   - 마할랄렐 - (　　　) - 에녹 - (　　　)
   라멕 - (　　　) - (셈,　　　,　　　)

창세기 6~11장 홍수 심판과 노아의 후손

제6장 [홍수 경고]

다음 물음에 답하시오.

1. 하나님의 아들들이 당시에 아내를 삼았던 기준은 무엇인가?(1~4) -

2. 육신이 된 그들의 날은 몇 년이 되리라 했는가? (1~4) -

3. 하나님이 사람 지으셨음을 한탄하신 이유는 무엇인가?(5~8절 읽고 답은 5절로)
-

4. 노아는 어떤 사람이었는가?(9~12절 읽고 답은 9~10절로) -

5. 방주에 대해서 쓰시오(13~22).
(참고: 1규빗 = 약 45㎝=0.45m)
   1) 무슨 나무로 만들었는가? -
   2) 누구를 위해 만들었는가? -
   3) 무슨 칠을 했는가? -
   4) 크기(길이, 너비, 높이)는 얼마인가?
   - (　　　,　　　,　　　규빗)
   - 즉 길이(장)　　m,　너비(광)　　m, 높이(고)　　m
   5) 하나님이 언약을 세워 방주에 들어가라고 한 사람은 누구 누구였는가?(6:10, 18, 7:13)
   -

제7장 [홍수 심판]
다음 (　　) 안에 들어갈 숫자를 쓰시오.

1. 정결한 짐승은 암수 (　　　씩), 부정한 것은 암수 (　　　씩) 방주에 들어갔다(1~5).

2. 홍수가 있을 때에 노아는 (　　　세)였다(6~12).

3. 비가 땅에 쏟아진 기간은 (　　　주야)였다(6~12).

4. 천하의 높은 산이 다 잠겼더니 물이 불어서 (　　　규빗)이 오르니 산들이 잠겼다(13~20).

5. 물이 땅에 넘쳤던 기간은 바로 (　　　일)이었다(21~24).

제8장 [노아의 제단]
다음 말을 성경에 나타난 순서대로 (　　)안에 번호를 쓰시오.

1. 칠일을 기다려 다시 비둘기를 내놓으매 감람나무 새 잎사귀를 물고 왔다. (　　　)

2. 물이 땅에서 물러가고 150일 후에 줄어들고 방주가 아라랏 산에 머물렀다. (　　　)

3. 또 칠 일을 기다려 비둘기를 내놓으매 다시는 돌아오지 아니하였다. (　　　)

4. 방주에서 노아와 가족들이 나와 제단을 쌓고 번제를 드렸다. (　　　)

5. 노아가 방주에 낸 창문을 열고 까마귀를 내놓으매 날아 왕래하였다. (　　　)

6. 비둘기를 내어놓았으나 물이 있으므로 발붙일 곳을 찾지 못하고 방주로 돌아왔다. (　　　)

7. 땅이 있을 동안에는 심음과 거둠과 추위와 더위와 여름과 겨울과 낮밤이 쉬지 아니하리라. (　　　)

제9장 [홍수 후 언약] **다음 (/) 안의 말에서 맞는 것에 O표, 틀린 것은 = 로 지우시오.**

1. 하나님께서 사람에게 "생육하고 번성하여 땅에 충만하라"(9:1, 7) 하신 말씀의 처음은 (1:22 / 1:28 / 9:1)이다.

2. 산 동물이 사람의 먹을 것이 된 것은 (창조 당시부터 1:28 / 홍수 후부터 9:3)이다.

3. 홍수로 다시는 멸하지 아니하리라 한 언약의 증거는 (무지개 / 생명의 피)이다(8~17).

4. 아버지의 하체를 보고 떠든 자는 (셈 / 함 / 야벳)이고, 덮은 자는 (함과 야벳 / 셈과 야벳)이다.

5. 함의 별명은 (가나안 / 창대)인데, 그는 (축복 / 저주)를 받아 형제의 종이 되리라 했다.

6. 노아는 홍수 후에 (120년 / 350년)을 살았고, (590세 / 950세)가 되어 죽었다(28~29).

제10장 [노아의 후손]
다음의 지명이나 설명이 누구에 대한 것인지를 노아의 세 아들의 이름에서 쓰시오.

보기 (셈 / 함 / 야벳) * 참고: 가나안=함

1. 고멜과 마곡과 마대와 야완과 (　　　)
2. 바닷가의 땅에 머물렀다 (　　　)
3. 니므롯 같이 용감한 사냥꾼 (　　　)
4. 시돈, 소돔, 고모라, 라사까지 (　　　)
5. 엘람과 앗수르와 아르박삿과 (　　　)
6. 메사에서부터 스발로 가는 길 (　　　)

제11장 [바벨탑 사건]
다음 말이 연결되도록 세 부분을 이어 읽어 보시오(1~4번 문제). 그리고 물음에 답하시오(5번 문제).

1. 온 땅의 •　　• 가) •　　• a)
2. 자, 벽돌을 만들어 •　　• 나) •　　• b)
3. 우리 이름을 내고 •　　• 다) •　　• c)
4. 그 이름을 바벨이라 하니 •　　• 라) •　　• d)

가) 온 지면에
나) 언어가 하나요
다) 견고히 굽자
라) 이는 여호와께서

a) 흩어짐을 면하자
b) 온 땅의 언어를 혼잡하게 하심
c) 말이 하나였더라
d) 역청으로 진흙을 대신하고

5. 다음 족보에 들어갈 이름을 쓰시오(참고: 고대사회는 근친결혼이 많았다)(10~32).
   1) 데라의 아들로 사래의 남편 -
   2) 나홀의 아내요 하란의 딸 -
   3) 하란의 아들로서 갈대아에서 같이 떠났던 아브람의 조카 -

창세기 12~17장 아브라함을 부르심

제12장 [아브람을 부르심]
다음 물음에 답하시오.

1. 다음 보기의 지명을 아브람의 여행 경로대로 나열하여 지명을 쓰시오(11:31~13:18).

보기 하란 / 가나안 땅 / 벧엘(전에 장막 쳤던 곳) / 애굽 / 벧엘 동쪽 산 / 세겜 땅 모레 상수리 나무 / 갈대아인의 우르 / 헤브론(마므레 상수리 수풀)

1) 11:31 -	2) 11:31 -
3) 12:5 -	4) 12:6 -
5) 12:8 -	6) 12:10 -
7) 13:3 -	8) 13:18 -

2. 다음 (　　　) 안의 말 중 틀린 것 한 가지를 = 줄로 지우시오.
   1) 하나님은 아브람에게 (땅 / 민족 -자손- / 본토 -갈대아- / 복이 된다)을 약속했다(1~3).
   2) 아브람이 하란을 떠날 때에 (100세 / 75세)였고, (여호와의 말씀을 따라 / 자기 뜻대로) 갔다(4~9).
   3) 아브람이 애굽에서 범한 실수는(아내를 누이라 속인 일 / 재물을 탐한 일)이다(10~20).

제13장 [롯이 분가하다]
다음 말이 맞으면 O표, 틀리면 X표 하시오.

1. 아브람과 롯이 동거할 수 없었던 이유는 그들이 소유가 많아졌기 때문이다(1~7). - (　　　)
2. 아브람은 '내가 좌하면 너는 우하고 내가 우하면 너는 좌하라'며 롯보다 먼저 땅을 선택했다(8~9). - (　　　)
3. 롯이 눈을 들어 요단 지역을 바라본즉 물이 넉넉하여 요단 지역을 택하고 옮겼다. 소돔 사람은 순하여 여호와 앞에 큰 일꾼이었다(10~13). - (　　　)

4. 하나님은 아브람에게 동서남북 보이는 땅을 너와 네 자손에게 준다고 했다(14~17).
- (　　　)

5. 아브람은 어디에 가든지 여호와께 '제단을 쌓는' 사람이었다(12:7~8, 13:4, 18). - (　　　)

제14장 [롯을 구한 아브람]
다음 (　　) 안을 채워 내용을 완성하시오.

1. 12년 동안 (　　　)을 섬기던 왕들이 배반했으나 그돌라오멜과 동맹한 왕들은 소돔과 고모라의 모든 재물과 소돔에 거하는 (　　　)의 조카 (　　　)도 사로잡아 갔다(1~12).

2. 아브람이 조카가 사로잡혔음을 듣고 (　　　) 명을 거느리고 (　　　)까지 쫓아가서 그의 가신을 나누어 그들을 쳐부수고 빼앗겼던 (　　　)과 조카 (　　　)과 모든 것을 찾아왔다(13~16).

3. 아브람이 승리하고 돌아올 때 (　　　) 왕 멜기세덱이 떡과 (　　　)를 가지고 나왔으며, 축복기도를 받은 아브람은 그 얻은 것에서 (　　　)을 (　　　)에게 주었다(17~24).

제15장 [아브람과 맺은 언약]
다음 물음에 답하시오.

1. 아브람이 생각한 상속자는 누구였으며, 하나님은 누가 상속자가 되리라고 하셨는가?(1~5)
-

2. 하나님께서 아브람을 의로 여기신 것은?(6)
-

3. 13:16 땅의 티끌, 15:5 뭇별, 22:17 하늘의 별, 바닷가의 모래는 모두 무엇을 비유한 말인가?
-

4. 하나님이 아브람과 언약 맺으실 때, 아브람은 가져온 짐승을 어떻게 했는가?(7~11)
-

5. 아브람 자손이 이방에서 객이 되어 몇 년 동안 괴롭힘을 당하다가 몇 대만에 돌아오리라 했는가?(12~17) - (　　　년,　　　대)

6. 아브람에게 언약을 세워 애굽 강에서부터 어디까지 그 자손에게 준다고 하셨는가?(18~21)
-

제16장 [이스마엘의 출생]
다음 (　　) 안에 알맞은 말을 쓰거나 물음에 답하시오.

1. 1) 하갈의 처음 신분은 사래의 (　　　)이었고 그는 (　　　) 사람이다(1~4).

   2) 사래가 하갈을 남편에게 첩으로 주어 (　　　)를 얻고자 했는데, 하갈이 임신함을 깨닫고 여주인을 (　　　)했다(1~4).

2. 다음은 여호와의 사자, 하갈, 사래 중 누구의 말인지 이름을 쓰시오.
   1) 내가 받는 모욕은 당신이 받아야 옳도다(5~6). -
   2) 네가 어디서 왔으며 어디로 가느냐?(7~8)
   -
   3) 네가 임신하였은즉 아들을 낳으리니 그 이름을 '이스마엘'이라 하라(9~12). -
   4) 내가 어떻게 여기서 나를 '살피시는 하나님'을 뵈었는고(13~16) -

제17장 [새 이름과 할례]
다음 각 항의 물음에 답하시오.

1. 다음 사건 때의 아브라함의 나이를 쓰시오 (창 12~25장).
   1) 하란에서 가나안으로 이주할 때(12:4)
   - (　　　세)
   2) 하갈에게서 이스마엘을 낳을 때(16:16)
   - (　　　세)
   3) 이름이 '아브람', '사래'에서 '아브라함', '사라'로 바뀐 때(17:1~19) - (　　　세)
   4) 포피를 벤 때(할례를 받은 때 - 할례는 언약의 표징 17:11-)(17:24) - (　　　세)

5) 사라에게서 이삭을 낳은 때(21:1~5)
- (　　　세)
6) 아브라함이 죽은 때(25:7~10) - (　　　세)

2. 아브람과 사래의 고친 이름과 그 뜻은?
1) (1~8) 아브람→　　　　　뜻:
2) (15~22) 사래→　　　　　뜻:

3. 17장에 '언약'이라는 단어가 몇 번이나 나오는지 그 절수를 쓰세요(두 번 나오는 절은 두 번을 씀)
1) 나오는 절(4절,　　　　　　)
2) 나온 횟수 (　　　번)

창세기 18~23장 이삭, 약속의 아들

제18장 [아브라함의 중보기도]
다음 빈칸에 알맞은 말을 써넣으시오.

1. 아브라함이 세 분에게 (　　　)과 우유와 하인이 요리한 (　　　)로 대접했고(1~8), 그들은 거기를 떠나 (　　　)으로 향하여 갔는데(22절), 셋 중 한 분은 하나님이시고 둘은 (　　　)였다(18:33, 19:1).

2. 사라가 아들을 낳을 수 없다고 생각한 이유는 나이가 많아 (　　　) 사라에게는 (　　　)가 끊어졌기 때문에, 사라가 속으로 (　　　) 이르되 내가 노쇠하였기에 즐거움이 없다고 했다(9~15).

3. 하나님이 아브라함을 택한 이유는 그가 자식과 권속에게 명하여 (　　　　　)를 지켜 의와 (　　　)를 행하게 하려 함이다(16~21. 특히 19절을 보라).

4. 아브라함이 소돔의 멸망을 막기 위하여 성 중의 의인 수를 50명 → (　　　명) → (　　　명) → (　　　명) → (　　　명) → (　　　명)까지 줄여가며 간구했으나 의인 10명이 없었다(22~33).

제19장 [소돔성의 멸망]
다음 물음에 맞는 답의 번호에 O표 하시오.

1. 소돔 백성들이 롯에게 온 손님(천사)을 끌어내어 상관(동성연애)하려다가(1~11)
1) 눈이 어두워졌다.　2) 요구대로 했다
3) 죽었다　4) 돌아갔다

2. 여호와께서 소돔을 멸하신다는 롯의 말을 듣고 사위들은?(12~14)
1) 믿었다　2) 회개했다
3) 농담으로 여겼다　4) 두려워했다

3. 롯과 두 딸이 도망 간 성의 이름과 롯의 아내의 종말로 짝 지워진 것은?(15~28)
1) 고모라 - 넘어짐　2) 소알 - 소금기둥
3) 소돔 - 그대로 남음　4) 소돔 - 소금기둥

4. 롯이 두 딸을 통해 낳은 아들로 인한 족속은?(29~38)
1) 소돔, 고모라　2) 에돔, 모압
3) 모압, 암몬　4) 소알, 소돔

제20장 [그랄에서의 아브라함]
다음 물음에 답하시오.

1. 아브라함이 그랄에서 자기 아내를 누구라고 했는가?(1~7)

2. 하나님이 아비멜렉의 꿈에 '여인(사라)에게 가까이 못하게 한 까닭'이 무엇이라 했는가?(6절)
-

3. 실제로 사라가 아브라함의 아내 이전의 관계는?(8~13) -

4. 아브라함이 아비멜렉을 위해 기도한 결과는?(14~18) -

제21장 [약속의 아들 이삭의 출생]
다음의 (　) 안에 들어갈 말을 쓰시오.

1. 아브라함이 100세(사라　　　세)에 낳은 아들은 (　　　)이며, 난지 (　　　일) 만에 하

나님이 명령하신 대로 할례를 행하였다(17:17, 21:1~7).

2. '하갈의 아들'은 (　　　　)을 가리키는데, 사라가 아브라함에게 "이 종의 아들은 내 아들 이삭과 함께 (　　　　)을 얻지 못하리라" 하매 아브라함은 근심이 되었다(16:15~16, 21:8~11).

3. (　　　　)에게서 나는 자라야 네 (　　　　)라 부를 것임이니라. 그러나 여종의 아들(이스마엘)도 네 (　　　　)니 내가 그로 한 (　　　　)을 이루게 하리라 하신지라(12~13).

4. 하나님이 그 아이(이스마엘)와 함께 계시매 그가 장성하여 (　　　　)에서 거주하며 (　　　　) 쏘는 자가 되었더니… 그의 어머니가 그를 위하여 (　　　　) 땅에서 아내를 얻어 주었더라(14~21).

5. 아브라함이 양과 소를 가져다가 (　　　　)에게 주고 두 사람이 서로 (　　　　)을 세우니라. …… 거기서 서로 맹세하였으므로 그 곳을 (　　　　)라 이름하였더라(22~34).

제22장 [이삭을 바친 아브라함]
다음 (　　) 안을 채우며, 몇 절에 있는지 절수를 쓰시오.

1. 네 아들 네 사랑하는 독자 이삭을 데리고 (　　　　)으로 가서 내가 네게 일러 준 한 산 거기서 그를 (　　　　)로 드리라. (　　　　절)

2. 아들아, 번제할 (　　　　)은 하나님이 자기를 위하여 친히 (　　　　)하시리라. (　　　　절)

3. 그 아이에게 네 손을 대지 말라. 그에게 아무 일도 하지 말라. 네가 네 아들 네 (　　　　)까지도 내게 아끼지 아니하였으니 내가 이제야 네가 하나님을 (　　　　)하는 줄을 아노라. (　　　　절)

4. 아브라함이 그 땅 이름을 (　　　　)라…… 여호와의 산에서 (　　　　)되리라. (　　　　절)

5. 네 씨로 말미암아 천하만민이 (　　　　)을 받으리니 이는 네가 나의 말을 (　　　　)이니라. (　　　　절)

제23장 [사라의 죽음과 장례]
관계되는 것끼리 서로 연결하시오.

1. 사라의 누린 햇수 •	• 가) 헷 족속
2. 사라가 죽은 곳 •	• 나) 127세
3. 그 땅의 거민 •	• 다) 헤브론 곧 기럇아르바
4. 헷 족속의 말 •	• 라) 은 400세겔에 샀음
5. 에브론의 땅 •	• 마) 막벨라 밭 굴
6. 사라의 장지 •	• 바) 당신은 하나님이 세우신 지도자

창세기 24~28장 야곱과 에서의 긴장

제24장 [이삭의 아내 리브가]
다음 말이 맞으면 O표, 틀리면 X표 하시오.

1. 아브라함은 늙은 종에게 자기의 허벅지 밑(생식기관)에 손을 넣고 맹세하게 하여, 아들 이삭을 위한 아내를 가나안 족속의 딸이 아닌 자신(아브라함)의 고향에서 택하라고 했다(1~9). - (　　　　)

2. 종은 메소포타미아로 가서 아리따우나 남자관계가 복잡한 리브가를 우물가에서 만나게 되었다(10~27). - (　　　　)

3. 종은 주인(아브라함)이 그 모든 소유를 그 아들(이삭)에게 주었다고 하였다(28~36). - (　　　　)

4. 종이 우물가에서 만난 리브가에게 준 선물은 코걸이와 손목고리였다(37~49). - (　　　　)

5. 리브가의 오빠 라반은 리브가를 보내며 '하나님의 뜻이 무엇이냐'며 의아해 했다(50~60). - (　　　　)

6. 이삭은 리브가를 아내로 삼고 사랑하였으니 어머니 장례 후에 위로를 얻었다(61~67). - ( )

제25장 [에서와 야곱]

다음 물음에 따라 사람 이름을 쓰시오.

1. 아브라함이 후처 그두라 사이에 낳은 자로, 그는 에바, 에벨 등의 아버지이다(그는 훗날 한 족속의 조상이 되었다)(1~6). -
2. 아브라함이 175세에 죽었을 때 누가 막벨라 굴에 장사했는가?(2명, 7~11) -
3. 40세에 아내를 얻었고(20절), 60세(26절)에 에서와 야곱을 낳은 자는?(19~26). -
4. 다음은 '에서', '야곱' 중에 누구를 말하는지 그 이름을 쓰시오(23~34).
   1) 붉고 전신이 털옷 같다. ( )
   2) 남의 발꿈치를 잡았다. ( )
   3) 익숙한 사냥꾼이다. ( )
   4) 조용한 사람이다. ( )
   5) 이삭이 좋아함. ( )
   6) 리브가가 좋아함. ( )
   7) 붉은 죽에 현혹됐다. ( )
   8) 장자의 명분을 샀다. ( )

제26장 [이삭의 거짓말]

다음 (/) 안의 말 중 틀린 것은 = 줄로 지우고, 빈칸은 채우시오.

1. 이삭이 그랄로 간 것은 (흉년 / 전쟁) 때문이었다 (1~5).
2. 이삭이 아내를 누이라 한 거짓말이 밝혀진 것은 리브가를 (껴안은 / 입 맞추는) 이삭을 블레셋 왕 (아브라함 / 아비멜렉)이 보았기 때문이다 (6~11).
3. 이삭은 그 땅에서 농사하여 (30배 / 100배)를 얻었다(12~15).
4. 이삭은 우물을 여러 번 팠는데, 그 이름은 바로 (20절:), (21절:), (22절:), (22, 33절:)이다(16~33).
5. 에서가 40세에 (헷 족속 / 유다 족속)의 딸들을 아내로 맞이하였더니 그들이 부모 (유딧과 바스맛 / 이삭과 리브가)의 마음에 근심이 되었다 (34~35).

제27장 [축복받은 야곱]

다음 물음에 답하시오.

1. 이삭이 에서에게 축복하기 전에 요구한 것에는 O표, 아닌 것에는 X표 하시오(1~5).
   1) 키운 양 고기 ( )
   2) 사냥한 별미 ( )
   3) 사냥 기구 ( )
   4) 염소 고기 ( )
2. 야곱이 에서처럼 꾸민 내용을 쓰시오(6~25).
   1) 옷:
   2) 손과 목:
   3) 음식: ( )와 ( ) 또 ( )
3. 이삭이 야곱에게 축복한 말씀에 O표, 아닌 것에는 X표 하시오(26~40).
   1) 여호와께서 복 주신 밭의 향취로다. ( )
   2) 아우를 섬길 것이다. ( )
   3) 하나님은 하늘의 이슬, 땅의 기름짐이다. ( )
   4) 만민이 너를 섬기고 열국이 네게 굴복할 것이다. ( )
4. 이삭이 에서에게 한 말에는 O표, 아닌 것에는 X표 하시오(26~40).
   1) 네 아우가 속여 네 복을 빼앗았다. ( )
   2) 내가 그를 너의 주로 세웠다. ( )
   3) 너는 칼을 믿고 생활하겠다. ( )
   4) 풍성한 곡식과 포도주로 네게 주시리라. ( )
5. 리브가가 야곱에게 한 말에는 O표, 아닌 것에는

X표 하시오(41~46).

1) 하란으로 가서 라반에게 피신하라. (　　　)
2) 형의 분노가 풀리면 너를 부르리라. (　　　)
3) 하란에서 돌아올 생각을 말라. (　　　)
4) 헷 사람의 딸들을 아내로 맞이하지 말라. (　　　)

제28장 [벧엘의 하나님]
서로 관계되는 것끼리 서로 연결하시오.

1. 야곱의 외삼촌 • 　　• 가)
2. 에서의 후처 • 　　• 나)
3. 하나님의 사자 • 　　• 다)
4. 내가 너와 함께 있어 • 　　• 라)
5. 벧엘(루스) • 　　• 마)
6. 야곱의 서원 • 　　• 바)

가) 사닥다리 위에서 오르락내리락
나) 밧단 아람에 사는 라반
다) 이스마엘의 딸 마할랏
라) 여호와가 나의 하나님, 하나님의 집, 십분의 일
마) 너를 지키며 너를 이끌어 이 땅으로 돌아오게
바) 하나님의 집이요 하늘의 문이로다

창세기 29~35장 야곱의 귀향과 신앙의 성숙

제29장 [하란에서의 야곱]
다음 말이 맞으면 O표, 틀리면 X표 하시오.

1. 야곱은 라헬을 위해 우물 아귀에서 돌을 옮기고 양떼에게 물을 먹였다(1~10). - (　　　)
2. 야곱은 라헬에게 입 맞추고 사랑하여 그를 얻고자 라반에게 떼를 썼다(11~18). - (　　　)
3. 라반은 7년 동안 봉사한 야곱을 속여 라헬이 아닌 레아를 주므로 야곱은 7일 후 7년 동안 더 봉사하기로 하고 라헬을 얻었다(19~30). - (　　　)
4. 야곱의 품삯은 외삼촌의 가축 중 아롱진 것, 점 있는 것, 검은 것이 나면 야곱의 몫이 되어 큰 부자가 되었다(30:25~43). - (　　　)

제30장 [야곱의 12아들]
다음 빈칸을 채우시오(29:32~30:24, 35:18)
/ 성경 여백의 각주 참고

출생순	이름	이름의 의미	어머니
1		보라 아들이라	레아
2	시므온		
3	레위		
4	유다		
5	단		빌하 (라헬의 몸종)
6		경쟁하다(싸우다)	
7	갓		실바 (레아의 몸종)
8	아셀		
9	잇사갈		레아
10		함께 살리라	
11	요셉		라헬
12		오른손의 아들 (내 고통의 아들)	

출생순	출생 언급	축복 상징	축복 언급
1	29:32	분별없다	49:3~4
2	29:33	폭력	49:5~7
3	29:34	폭력	49:5~7
4	29:35	사자	49:8~12
5	30:6	뱀	49:16~18
6	30:8	암사슴	49:21
7	30:11	침략자	49:19
8	30:13	풍부한 식물	49:20
9	30:18	나귀	49:14~15
10	30:20	배	49:13
11	30:24	열매가 많다	49:22~26
12	35:18	이리	49:27

제31장 [야곱의 귀향]
성경을 읽고 다음 (　　) 안에 알맞은 말을 적으시오.

1. 여호와께서 야곱에게 이르시되 네 (　　　　) 네 (　　　　)에게로 돌아가라(1~5).
2. 그 양떼가 새끼 밸 때에 내가 꿈에 (　　　)을 들어 보니 양떼를 탄 숫양은 다 (　　　) 있는 것, (　　　) 있는 것, (　　　) 것이었더라(6~12).
3. 나는 (　　　)의 하나님이라. 네가 거기서 기둥에 기름을 붓고 거기서 내게 (　　　)하였으니

지금 일어나 이곳을 떠나서 네 (   )로 돌아가라(13~16).

4. 라헬은 그의 아버지의 (   )을 도둑질하였는데 이것은 라반의 (   )이었다(17~35, 답 19, 30절).

5. 야곱은 아람에서 (   ) 년을 보냈는데, 낮에는 (   )와 밤에는 (   )를 무릅쓰고 (   ) 겨를도 없이 지냈다(36~42).

6. 라반과 야곱이 언약을 맺은 장소의 이름은 세 가지로 불렸다. 그 이름은 무엇인가?(43~55)

제32장 [야곱이 이스라엘로 개명]
다음 물음에 답하시오.

1. 1) 야곱이 하나님의 사자들을 만나고 그들을 무엇이라 했으며 -

   2) 그 땅 이름을 무엇이라 하였는가?(1~2)
   -

2. 야곱이 자기와 함께 한 동행자와 양과 소와 낙타를 두 떼로 나누는 이유는?(3~12)
   -

3. 야곱이 형에게 보낸 예물은?(13~20)
   -

4. 1) 야곱의 이름이 무엇으로 바뀌었으며 -

   2) 그 이름의 뜻은?(21~32) -

제33장 [야곱과 에서의 화해]
다음 각항의 지시대로 하시오.

1. 야곱 가족의 행렬 순서대로 번호(1~11)
   1) 라헬과 요셉 - (   )
   2) 레아와 그 자식들 - (   )
   3) 야곱 자신 - (   )
   4) 여종과 그 자식들 - (   )

2. 서로 관계 있는 것끼리 —로 연결(12~20)
   1) 에서 •   • 가) 숙곳에 이르러 집 지음
   2) 야곱 •   • 나) 엘엘로헤이스라엘
   3) 장막친 밭 •   • 다) 세일로 돌아감
   4) 제단 이름 •   • 라) 백 크시타에 샀다

제34장 [디나의 사건]
다음 말에서 틀린 곳에 밑줄을 치고 바르게 고치시오.

1. 야곱의 딸 디나는 히위 족속 세겜의 아들 그 땅의 추장 하몰에게 강간을 당하였다(1~4).
   →

2. 야곱은 하몰에게 통혼하자고 하였다(5~10).
   →

3. 세겜은 야곱의 가족들에게 이 소녀만 내게 주어 아내가 되게 하라. 큰 혼수와 예물은 청하지 말라고 했다(11~12).
   →

4. 야곱의 아들들이 세겜의 가족에게 할례를 요구한 것은 진심이었다(13~17).
   →

5. 할례를 받고 고통 중에 있을 때 하몰과 세겜을 죽이고, 재물은 빼앗지 않았다(18~31).
   →

제35장 [벧엘로 올라감]
다음 성구의 뒷부분을 적어 성구를 완성하시오(해당 절 안에서만).

1. (절) 일어나 벧엘로 올라가서 ~

2. (절) 거기서 제단을 쌓고 그곳을 ~

3. (절) 네 이름을 다시는 야곱이라 부르지 않겠고 ~

4. (절) 그가 죽게 되어 그의 혼이 떠나려 할 때에 ~

5. (절) 레아의 아들들은 ~

6. (절) 라헬의 아들들은 ~

7. (절) 라헬의 여종 빌하의 아들들은 ~

8. (절) 레아의 여종 실바의 아들들은 ~

9. (~ 절) 이삭의 나이가(다음 절까지) ~

창세기 36~40장 애굽으로 팔려간 요셉

제36장 [에서의 후손들 – 에돔족]

다음 관계 있는 것끼리 서로 연결하시오.

1. 1~8 •	• 가) •	• a)
2. 9~14 •	• 나) •	• b)
3. 15~30 •	• 다) •	• c)
4. 31~39 •	• 라) •	• d)
5. 40~43 •	• 마) •	• e)

가) 에서 자손 중 족장
나) 에돔 족속의 조상 에서의 족보
다) 에서 곧 에돔의 족보
라) 에서에게서 나온 족장들
마) 에돔 땅을 다스리는 왕들

a) 딤나, 알와, 여뎃 등
b) 벨라, 요밥, 후삼 등
c) 아다, 오홀리바마, 바스맛
d) 아다-엘리바스, 바스맛-르우엘 등
e) 데만, 오말, 아말렉 등

제37장 [꿈꾸는 자 요셉]

다음 물음에 맞는 답의 번호를 (   )에 적으시오.

1. 형들이 요셉을 미워한 이유가 아닌 것은? (1~11) (   )
   1) 이스라엘(야곱)의 편애 때문에
   2) 해, 달, 별이 절하는 꿈을 꿔서
   3) 양을 너무 잘 쳐서
   4) 곡식 단이 절하는 꿈을 꿔서

2. 요셉이 형들을 만나러 간 경로가 맞게 된 것은? (12~17) (   )
   1) 세겜 - 도단 - 헤브론 골짜기
   2) 헤브론 골짜기 - 세겜 - 도단
   3) 헤브론 골짜기 - 도단 - 세겜
   4) 세겜 - 헤브론 골짜기 - 도단

3. 요셉의 형제 중 요셉을 살리려고 했고 도와 준 형제는?(18~27) (   )
   1) 르우벤 - 유다   2) 베냐민 - 유다
   3) 르우벤 - 이스마엘   4) 베냐민 - 이스마엘

4. 요셉이 팔린 값과 그들을 산 상인들은?(28~35) (   )
   1) 은 30, 미디안   2) 금 20, 이스마엘
   3) 금 20, 애굽   4) 은 20, 미디안

제38장 [유다와 다말]

다음 보기의 말을 아래 (   ) 안에 써 넣으시오.

보기 염소새끼, 끈, 지팡이, 다말, 설정, 세라, 창녀, 죽을까, 베레스, 도장, 셀라, 오난, 악, 딤나

1. 유다의 장자 엘은 (   )을 아내로 맞았으나 여호와가 보시기에 (   )하므로 여호와께서 그를 죽이셨다(1~7).

2. 차남 (   )은 관습을 따라 형의 대를 잇기 위해 형수와 동침했으나 형에게 씨를 주지 아니하려고 땅에 (   )하매 여호와께서 그를 죽이셨다(8~9).

3. 유다는 삼남 (   )도 형들 같이 (   ) 염려하여 다말을 친정으로 보내었다(10~11).

4. 유다는 아내가 죽은 후 (   )로 올라갔다가 변장한 다말을 (   )로 여겨 (   )를 주기로 하고 (   ), (   ), (   )를 약

조물로 준 후 들어가 동침했다(12~19).

5. 훗날 사실이 밝혀졌고 다말은 쌍둥이를 낳으니 (　　　), (　　　)였는데 둘 중에 예수님의 조상은 (　　　)이다(20~30, 마 1:3).

제39장 [애굽에서의 요셉]
다음 말이 맞으면 O표, 틀리면 X표 하시오.

1. 요셉은 애굽에서 바로의 친위대장 보디발의 집에 팔렸다(1~3). - (　　　)
2. 여호와께서 요셉을 위하여 애굽사람의 집에 복을 내리셨다(4~6). - (　　　)
3. 주인의 처가 여러 번 요셉에게 동침을 요구하자 나중에는 요셉이 응하였다(7~10). - (　　　)
4. 요셉은 주인의 처의 요구에 따라 옷을 벗었다가 계략에 말려들었다(11~18). - (　　　)
5. 요셉은 누명을 쓰고 옥에 갇혔으나 여호와께서 요셉과 함께 하시므로 그를 범사에 형통하게 하셨다(19~23). - (　　　)

제40장 [옥중에서의 요셉]
다음 내용에 관계되는 사람을 보기에서 골라 쓰시오.

보기 바로 / 요셉 / 술 (술 맡은 관원장)
떡 (떡 굽는 관원장)

1. 두 관원장에게 노한. -
2. 꿈 해석은 하나님께 있다고 함. -
3. 포도나무 세 가지에 싹이 나서 꽃이 피고 포도송이가 익었다. -
4. 전직을 회복하여 바로의 손에 잔을…… -
5. 흰 떡 세 광주리가 내 머리에 있다. -
6. 나무에 달리고 새들의 밥이 된다. -
7. 생일에 술 관원을 회복시킨 자. -
8. 요셉을 기억하지 못하고 잊음. -

창세기 41~45장 요셉의 승리와 가족 만남

제41장 [바로의 꿈과 요셉의 승진]
다음 물음에 답하시오.

1. 바로의 꿈과 요셉의 해석이 바르게 짝지어 진 것에는 O표, 아닌 것은 X표 하시오(1~36).
   1) 살진 일곱 암소 → 일곱 해 풍년 (　　　)
   2) 동풍에 마른 일곱 이삭 → 일곱 해 흉년 (　　　)
   3) 흉하고 파리한 일곱 암소가 살진 소를 먹음 → 일곱 해 풍년 후에 일곱 해 흉년 (　　　)
   4) 꿈을 두 번 겹쳐 꿈 → 바로가 첫 꿈을 잊어버려서 다시 꾸게 함 (　　　)
2. 요셉이 총리가 되며 바로에게 받은 것에는 O표, 아닌 것에는 X표 하시오(37~45).
   1) 인장 반지 (　　　) 2) 세마포 옷 (　　　)
   3) 금 사슬 (　　　) 4) 버금 수레 (　　　)
   5) 가죽신 (　　　) 6) 새 이름 (　　　)
3. 요셉의 신상과 관계된 것에는 O표, 틀린 것 두 가지에는 X표 하시오(45~57).
   1) 30세 : 총리 (　　　)
   2) 새 이름 : 사브낫바네아 (　　　)
   3) 딸 : 아스낫 (　　　)
   4) 장남 : 므낫세 - 잊어버림 (　　　)
   5) 차남 : 에브라임 - 창성함 (　　　)
   6) 아내 : 보디베라 (　　　)

제42장 [형들을 시험하는 요셉]
다음 말이 맞으면 O표, 틀리면 X표 하시오.

1. 야곱이 아들들을 애굽에 보낼 때 재난이 미칠까 두려워서 베냐민은 보내지 않았다(1~6).- (　　　)
2. 요셉이 그들을 삼일동안 가둔 것은 가나안에서 애굽을 정탐하러 왔기 때문이다(7~17).-

( )

3. 요셉이 형들에게 자신을 드러내지 않고 겉으로는 엄하나 속에는 사랑이 있었다(18~25).- ( )

4. 아들들의 이야기를 들은 아버지 야곱은 절망하고 르우벤도 함께 절망한다(26~38).- ( )

제43장 [베냐민도 함께 애굽으로]
다음 물음에 답하시오.

1. 야곱의 아들들이 애굽으로 곧 가지 않고 시간이 지체되었음을 추측할 수 있는 두 절을 쓰시오(1~13).
   1) (2절) -
   2) (10절) -

2. 야곱이 애굽에 가져가도록 한 예물은?(1~15)

3. 42:6, 43:26은 요셉의 어느 꿈의 성취인지 그 말씀을 창 37장에서 찾아 쓰시오(16~34).
   - 37:7

4. 요셉이 베냐민에게 특별한 관심을 갖는 이유는 무엇이라고 보는가?(42:15, 20, 43:16, 29, 34). 요셉의 출생 등에 관한 성경을 읽어보면 참고가 된다(창 29장, 30:22~24, 35:16~21).

제44장 [종이 되겠다는 유다]
다음 (/) 안의 말 중 틀린 것은 =줄로 지우시오.

1. 아침이 밝을 때에 야곱의 아들들이 다시 성으로 돌아온 -3, 13절- 이유는?(요셉의 은잔을 훔쳤기 / 형들에 대한 요셉의 시험) 때문이다(1~13).

2. 요셉이 은잔이 발견된 자만 나의 종이 된다고 할 때 (유다 / 르우벤)가(이) 아버지의 생명과 아이의 생명이 하나로 묶여 있는 사정을 이야기하여 (자신이 종이 되고 / 아이-베냐민-가 종이 되고) 다른 형제들은 돌려보내 달라고 했다(14~34, 특히 17, 30, 33절 참고).
   -

제45장 [정체를 드러내는 요셉]
성경을 읽으며 ( )를 채우시오.

1. 당신들이 나를 이곳에 ( ) 해서 근심하지 마소서. ( )하지 마소서. 하나님이 생명을 구원하시려고 나를 당신들보다 ( ) 보내셨나이다. - (절)

2. 나를 이리로 보낸 이는 당신들이 아니요 ( )이시라. 하나님이 나를 바로에게 ( )로 삼으시고 그 온 집의 ( )로 삼으시며 애굽 온 땅의 ( )로 삼으셨나이다. - (절)

3. -요셉이- 자기 아우 ( )의 목을 안고 우니 베냐민도 ( )의 목을 안고 우니라. - (절)

4. 너희 아버지와 너희 ( )을 이끌고 내게로 오라. 내가 너희에게 ( )의 좋은 땅을 주리니 너희가 ( )의 ( ) 것을 먹으리라. - (절)

5. 요셉이 지금까지 ( ) 애굽 땅 ( )가 되었더이다. 야곱이 그들의 말을 믿지 못하여 어리둥절하더니… 야곱은 ( )이 자기를 태우려고 보낸 ( )를 보고서야 기운이 ( )한지라. - (~ 절)

창세기 46~50장 야곱 족속의 애굽 정착

제46장 [야곱의 애굽 이주]
다음 ( ) 안에 알맞은 말이나 물음에 답하시오.

1. 하나님께서 이스라엘(야곱)에게 "애굽에 내려가기를 두려워 말라" 하신 말씀을 완성하시오(1~7)
   1) 큰 ( )을 이루게 하리라.

2) 너와 ( ) 애굽으로 내려가겠다.
3) 너를 인도하여 다시 ( ) 것이다.
4) 요셉이 그의 손으로 네 ( )을 감기리라.

2. 애굽으로 내려간 이스라엘(야곱)가족의 이름에서 야곱의 열두 아들 이름을 찾아 적어 보시오(46:8~27, 참고. 29:32~30:24, 35:18, 50장의 야곱의 축복기도에 열두 아들의 이름이 나온다).
◇ 레아가 낳은 아들:
1) 8 -
2) 10 -
3) 11 -
4) 12 -
5) 13 -
6) 14 -
◇ 실바가 낳은 아들:
7) 16 -
8) 17 -
◇ 라헬이 낳은 아들:
9) 19 -
10) 19 -
◇ 빌하가 낳은 아들:
11) 23 -
12) 24 -

3. 야곱의 집사람으로 애굽에 이른 자가 모두 몇 명이었는가?(8~27) -

4. 애굽으로 이주한 이스라엘(야곱)이 요셉에게 한 말은?(29~30)
30절 -

5. 1) 야곱 집안의 직업은 무엇인가? -
2) 그에 따라 그들이 살게 된 땅은?(28~34) -

제47장 [요셉의 양곡 관리]
다음 (/) 안의 틀린 말 두 개를 =줄로 지우시오.

1. 야곱이 바로 앞에 나갈 때의 나이는 (153세 / 135세 / 130세)였다(1~12).

2. 요셉이 백성들에게 먹을 것을 주는 대가로 받은 순서는(돈 · 토지 · 가축 / 토지 · 돈 · 가축 / 돈 · 가축 · 토지)인데 이것들이 모두 (바로 / 요셉 / 야곱)의 소유가 되었다(13~20).

3. 요셉이 토지법을 세워 (오분의 일 / 오분의 이 / 오분의 사)을 바로에게 상납했다(20~26).

4. 요셉은 야곱의 (등뼈 아래 / 허벅지 아래 / 배 아래)에 손을 넣고 (미디안 / 애굽 / 가나안)에 장사하지 않겠다고 맹세했다(27~31).

제48장 [므낫세와 에브라임에게 축복]
다음의 말이 맞으면 O표, 틀리면 X표 하시오.

1. 야곱은 요셉의 두 아들 므낫세와 에브라임을 자신의 아들로 삼고 이들 후의 소생이 요셉의 것이 될 것이라 했다(1~7). (참고:12지파에서 요셉 지파는 없고, 두 아들의 이름이 지파가 되었다)
- ( )

2. 야곱은 안수할 때에 아우가 큰 자가 될 것이므로 오른 손을 아우의 머리에 얹었다(8~22).
- ( )

3. 야곱은 요셉의 두 아들에게 축복할 때에 장자인 므낫세를 에브라임보다 앞세웠다(8~22).
- ( )

4. 이스라엘(야곱)은 하나님이 후손들을 조상의 땅으로 돌아가게 하실 것을 믿었다(21~22).
- ( )

제49장 [야곱이 열두 아들에게 축복]
다음은 누구에 대한 축복의 내용인지 연결하시오.

1. 르우벤 • • 가) 칼은 폭력의 도구로다
※가)는 한 곳에 두 지파를 연결
2. 시므온 •
3. 레위 • • 나) 네 형제의 찬송이 될지라
4. 유다 • • 다) 아버지 침상을 더럽혔음

5. 단 • • 라) 그의 백성을 심판하리라

6. 납달리 • • 마) 놓인 암사슴이라

7. 갓 • • 바) 왕의 수라상을 차리리로다

8. 아셀 • • 사) 전능자의 손을 힘입음

9. 잇사갈 • • 아) 꿇어앉은 건장한 나귀

10.스불론 • • 자) 군대의 추격을 받으나 추격

11.요셉 • • 차) 그의 경계가 시돈까지리로다

12.베냐민 • • 카) 물어뜯는 이리라

13.야곱은 각 사람의 무엇대로 축복하였는가?(28)

-

14.야곱이 죽은 후에 가기를 원하는 가나안의 매장지에 장사된 사람 다섯 명은?(29~33)

-

제50장 [야곱, 요셉의 죽음]

다음 ( ) 안에 알맞은 말을 적어 넣으시오.

1. 이스라엘(야곱)의 죽은 몸에 향 재료를 넣는데 ( )일 걸렸고 애굽 인들은 ( )일 동안 곡하였으며, 유언대로 가나안 땅 마므레 앞 ( ) 굴에 장사하였다(1~14).

2. 요셉의 형제들이 아버지가 죽은 후에 두려워하여 "허물과 죄를 용서하라"는 말을 한 이유는 무엇 때문인가?(15~21)

3. 요셉이 죽으면서 가나안에 돌아갈 것을 확신한 말이 기록된 구절은 (~ 절)이다.

출애굽기 | 율법서 |

Exodus

제목에 대한 해설

〈출애굽기〉는 율법서의 두 번째 책으로서 이 책의 두 낱말인 '베엘렐 쉐모트'를 이 책의 제목으로 정하였다. 그 뜻은 '그리고 이것들은 ~의 이름들이다(These are the names of ~)'라는 뜻을 가지고 있다. 유대인들은 이 제목을 '쉐모트(이름들)'로 축약해 사용했다. 히브리어 성경의 헬라어 번역판인 70인역(LXX)은 출애굽기 19장 1절에 근거하여 이 제목을 '엑스-호도스('탈출'이라는 뜻)'로 바꾸어 번역했다. 이러한 제목을 붙인 것은 이 책이 애굽으로부터의 탈출을 핵심 내용으로 하기 때문이다. 70인역이 정한 이 제목은 나중에 라틴어 성경과 영어권을 비롯한 각종 현대어 번역 성경에 그대로 이어져서 '엑소더스(Exodus)'라 한다. 한글 성경의 다양한 번역들도 '출애굽기'라 하여 애굽(이집트)에서의 노예로부터의 탈출을 의미한다(출 3:7~10).

저자 및 저작 연대

'모세오경'의 두 번째 책으로서 전통적으로 모세 저작설을 가지고 있다.

성경의 내적 증거로 출 24:4, 신 31:9, 스 3:2, 대하 34:14, 마 19:8, 막 12:26, 요 5:46~47 등을 제시한다. 현대 학자들은 〈출애굽기〉가 그 기본 전승은 모세로부터 왔으나 후대 여러 사람들에 의해 편집된 것으로 본다.

저작 연대는 〈창세기〉와 같이 모세가 주전 1446년 출애굽 때로부터 1406년 가나안을 눈앞에 둔 모세의 죽음 사이에 기록한 것으로 본다. 그러나 현대 학자들은 모세로부터의 전승을 왕정 시대 초기(주전 약 950~850년)로부터 여러 시대에 최종 편집된 것으로 본다.

따라서 전통 견해는 출애굽을 1446년으로 보고, 현대 견해는 주전 1280년경으로 본다.

구조 및 주요 내용

〈창세기〉의 족장사를 계속 이어가고 있지만 〈창세기〉처럼 '톨레도트(족보)'를 전혀 가지고 있지 않다. 오히려 〈출애굽기〉는 이스라엘 민족 전체에 초점을 맞추고 있다. 이스라엘 민족 공동체의 초기 역사에 있었던 주요 사건들을 연대순으로 배열하고 있다.

이스라엘은 애굽에서 요셉의 권세 덕분에 살았지만 야곱의 후손은 노예 민족으로 전락한다. 바로는 이스라엘을 영구히 노예화할 방도를 모색하지만 하나님은 모세를 연단시키고 능력을 주셔서 이스라엘 민족을 구원하신다. 노예로부터의 해방과 이스라엘을 선민(選民)으로 삼으시며 약속의 땅으로 인도하시는 것이다.

본서는 이스라엘의 출애굽(1~18장)과 시내 산에서의 율법 수여(19~24장), 그리고 성막 건축(25~40장)으로 나눌 수 있다. 또한 이야기의 배경을 이루는 장소에 따라 애굽(1:1~13:16), 광야(13:17~18:27), 시내 산(19:1~40:38) 등의 삼층 구조로 나누기도 한다.

교훈과 메시지

(1) 모세와 출애굽

이스라엘 자손이 번성하므로 위협을 느낀 애굽의 바로는 이스라엘의 수적인 증가를 막으려고 아들을 낳으면 죽이라는 명령을 내렸으나 모세는 그 가운데서 태어나 애굽 공주의 아들로 자란다.

성인이 된 모세는 민족 감정으로 인해 애굽 사람을 쳐 죽이고 미디안 광야로 피하여 40년을 보낸 후, 80세가 되어 출애굽의 지도자로 애굽에 보냄을 받아 열 가지 재앙을 통해 바로를 항복시키고 이스라엘을 광야로 이끌어 낸다.

(2) 출애굽의 의미

출애굽의 결정적 역할을 한 열 가지 재앙 중에 마지막 재앙인 장자의 죽음 가운데서 이스라엘의 구원은 문설주와 문인방에 바른 양의 피를 보고서 죽음의 사자가 그냥 넘어가는(pass over) 유월절(逾越節, 페사흐)의 기원을 이룬다. 이 유월절은 전적인 하나님의 은혜며 예수님의 죽음으로 인류의 구원을 상징하는 예표적 사건이다.

(3) 시내 산 언약

이스라엘은 출애굽하여 시내 산 아래 도착하고 모세는 시내 산에 올라 하나님과 이스라엘과의 '시내 산 언약'을 맺는다(19~24장). 십계명(20:1~17)과 언약의 책(20:22~23:33)을 받는다. 구체적 시행 방안으로 성막 건축과 〈레위기〉 제사법 규정이 뒤따른다. 모세는 철저히 계약의 중재자로 나타나며, 십계명은 다른 계명들의 기초가 된다.

출애굽기 1~6장

요셉의 승리와 가족 만남 (중요구절 출 3:14)

이스라엘의 허리에서 나온 70인이 애굽에 내려간 후(창 46장), 오랜 세월이 지나 큰 민족을 이루었으나 새 왕(바로)의 탄압으로 인해 노예로 전락한 이스라엘의 고난은 더해 간다. 그러나 창세기 15:13~16의 언약대로 출애굽 할 때가 다가오고 있음을 보여 준다(1장). 하나님은 모세를 바로의 공주의 아들로서, 미디안의 양치기로서 연단을 받게 하여 준비시킨다(2장). 호렙산 불꽃 안에서 나타나신 하나님을 만난 모세는(3장), 사명을 받고 이적을 통하여 확신을 갖는다(4장). 40년 만에 애굽에 돌아온 모세는 바로 앞에 서지만 만만치가 않다(5장). 이스라엘 자손의 신음소리를 들은 하나님은 언약을 기억하시고 이스라엘을 애굽 땅에서 인도하여 내리라고 모세에게 말씀하신다(6장).

1
압제받는 이스라엘
요셉을 알지 못하는 왕

2
모세의 출생과 성장
공주의 아들, 미디안의 목자

3
모세의 소명
인도하여(5회 기록)

4
애굽으로 향한 모세
이적을 보이심(뱀, 나병, 말)

5
바로 앞에 선 모세
히브리인의 하나님

6
하나님의 계획
언약을 기억하노라

1. 하나님께서 모세를 부르신 방법(3장)과 다른 여러 사람을 부르셔서 일을 하게 하심을 보자. 기드온(삿 6장), 이사야(사 6장), 예레미야(렘 1:4~9), 에스겔(겔 1~3장), 바울(행 9장) 등을 부르셔서 그들에게 소명을 주셨다. 이들에게 처음에는 자신들의 부족과 연약함을 깨닫게 하시고, 다음에는 하나님께서 이루시고자 하시는 일은 물론, 하나님의 능력과 확신을 주신다.
2. 바로와의 대결로 더욱 고난에 빠진 이스라엘은 모세와 아론 때문에 고난당한다고 원망하면서 "여호와는 너희를 살피시고 판단하시기를 원하노라"(5:20~21)고 한다. 이는 하나님의 이름을 이용할 뿐 실제 그 속에는 믿음이 없다. 불신앙일수록 요란하고 남을 정죄한다. 예수님을 십자가에 못 박도록 한 유대교의 지도자들도 "이것이 하나님을 섬기는 일이라"(요 16:2)고 착각까지 하고 있었다.
3. 하나님의 말씀대로 복종하였는데도 악화되는 현실을 경험해 보았는가? 모세는 하나님의 말씀대로 바로 앞에 섰으나 이스라엘 사람들은 바로의 명령이 이전보다 가혹해지므로 이를 모세와 아론의 탓으로 돌린다. 모세는 "주여 어찌하여 이 백성이 학대를 당하게 하셨나이까?…… 주께서도 주의 백성을 구원하지 아니하시나이다"(5:22~23)라고 호소한다. 예수님을 따라 배에 오른 제자들은 큰 풍랑을 만난다. 그들은 "주여 구원하소서 우리가 죽겠나이다"(마 8:25)라고 외친다. 절박한 사태가 우리를 기도하게 한다.
4. 인간은 약속을 어길 때가 많지만 하나님은 오랜 세월이 지나도 그 약속

을 잊지 않고 기억하신다(2:25, 6:5). 그 기억하심은 오늘날도 마찬가지이다. 백성들은 노역으로 고생하면서 '하나님이 잊으셨나'라고 생각할 때도 배후에서 준비하셔서 역사의 수레바퀴를 돌리신다.

더 살펴보기

1. 〈출애굽기〉의 내용

〈창세기〉를 '시작의 책'이라면, 〈출애굽기〉는 '구원의 책'이라고 할 수 있다. 상징적인 의미로는 이스라엘이 애굽에서 출애굽하듯, 인간이 죄악된 세상에서 구원 얻는 것을 나타낸다.

내용 분해
1~12장 - 애굽에서의 이스라엘 (종살이)
13~18장 - 시내산을 향한 이스라엘 (출애굽)
19~24장 - 시내산 언약
25~40장 - 성막 봉헌

2. 모세의 120년의 생애

모세의 일생은 120년이었다. 처음 40년은 애굽 바로의 공주의 아들로서(출 2장, 행 7:23), 다음 40년은 미디안의 목자로서(출 2~3장, 7:7, 행 7:30), 마지막 40년은 출애굽한 이스라엘의 광야생활의 지도자로 살았다. 그는 가나안에 들어가기 직전 120세의 나이로 죽는다(신 34:7). 성경에서 대개 40이란 숫자는 '고난'을 의미하는데 모세도 인간적으로는 편할 날이 없었다.

3. 야곱의 열두 아들 이름(출 1:1~7)

이스라엘은 〈출애굽기〉에서 새로운 시대를 맞이한다. 〈창세기〉에서 이스라엘, 곧 야곱의 가족들이 애굽에 올 때는 70명(창 46:8~27)이었으나 생육하고 번성하여 이제는 큰 백성이 되었다. 우리는 이미 〈창세기〉에서 야곱(이스라엘)의 열두 아들이 이스라엘 열두 지파의 조상이 되는 이름을 살펴보았다(창 29:31~30:24, 35:16~18 참고). 구약성경에 계속하여 등장하는 이들의 이름을 확실히 다시 기억하면 성경공부가 더욱 재미가 있다. 첫 자로 외워보자(르시레유단납갓아잇스요베).

벽돌을 만드는 노예들(출 5:5~18)
모세는 바로에게 출애굽을 요청하지만 바로는 오히려 짚을 주지도 않고 전과 같은 수효의 벽돌을 만들도록 요구한다. 이 벽화는 애굽에서 노예생활을 하던 히브리 백성을 연상시킨다. 애굽 18왕조(주전 1400년경) 테베 무덤에서 출토된 벽화의 한 장면이다.

물에서 건짐 받은 모세(출 2장)
모세는 히브리 백성으로 태어났으나 바구니에 담겨 물에 띄워졌다가 바로의 공주가 건져내서 애굽 공주의 아들로 자란다. 이집트 민속촌에서 이 사건을 재현하고 있다.

4. 모세가 공주의 아들이 되다(출 2:1~10)

모세는 레위 지파 부모에게서 출생하여 성별되었다(2:1). 그를 숨겨 키우다가 방수처리된 갈대상자에 담아 나일 강 갈대 사이에서 떠내려 보내 바로의 딸이 발견하여 공주의 아들이 되게 한다(2~10절). 공주가 지어준 '모세'는 애굽 이름(창 41:45 참고)으로 '아들'을 뜻하지만 발음은 '건져내다'는 히브리 낱말과 발음이 비슷하기 때문에 본문은 이를 '건져냄'이라는 뜻으로 풀이한다(사 63:11, "올라오게 하신" 참고).

5. 하나님의 이름(출 3:14)

하나님은 당신의 이름을 "나는 스스로 있는 자이니라(I am that I am, 에흐예 아쉘 에흐예, 나는 나다)"하시며 자신을 계시하신다(출 3:14, 계 1:4, 8, 2:8). 히브리적 의미는 '그는 늘 (너희를 위해) 거기 계시니라'고 할 수 있다. 하나님의 이름은 '여호와'로서 야훼'가 원래 발음이었을 듯하다. '아도나이' 즉 '주님'은 대치된 칭호로서 영어 번역본들이나 가톨릭 역본 중에는 '여호와'를 '주님(Lord)'으로 번역하는 전통이 있으나 우리말《개역개정판》은 원전대로 '여호와'로 음역한 것은 옳다. 여호와는 영원한 이름이며 대대로 기억할 칭호이다(출 3:14~15).

출애굽기 7~12장

십대 재앙 (중요구절 출 12:13)

80세가 된 모세는 바로 앞에 서고 지팡이가 뱀이 되는 이적을 행한다. 10대 재앙은 물이 피가 되는 것부터 시작된다(7장). 각종 재앙 속에서도 하나님은 이스라엘이 거하는 고센 땅을 보호하신다(8장). 재앙을 통하여 천하에 하나님과 같은 분이 없음을 알게 하시고 애굽은 개국 이래 가장 큰 고민에 빠진다(9장). 완악해진 바로는 거짓 약속만 할 뿐 이스라엘은 내보내지 않는다(10장). 애굽 땅에 재앙이 선포되고(11장) 이스라엘은 하나님의 말씀대로 어린양을 잡아 피를 문설주와 인방에 바르고 유월절 식사를 한다. 그 밤에 애굽의 장자들은 죽고 이스라엘 집에는 여호와께서 넘어가셔서(Passover:유월절) 구원하시므로 애굽의 바로는 이스라엘을 내보내는 출애굽이 시작된다(12장).

1. 계속되는 재앙은 더 무서운 것이다(86쪽 도표 참고). 재앙이 더 해 갈수

록 사람에게 불편, 가축의 죽음, 육체적 고통, 경제적 고통, 정신적 고통, 극악한 상태로 이어진다. 그것은 바로의 고집과 완악한 마음 때문이다. 나의 삶 속에서 점점 더 어려운 일은 당하지 않는가? 바로의 나중같이 고난 후에야 완악함을 포기하지 말고 하나님 앞에서는 일찍 손드는 것이 상책이다.

2. 하나님은 "이 달을 너희에게 달의 시작 곧 해의 첫 달이 되게 하라"(12:2)고 하셨다. 유월절이 있는 아빕월(양력 3~4월)은 그 거룩한 해의 시작하는 달이 되었다(13:4). 이 날을 통하여 하나님에 의해 다시 태어난 민족으로서 이스라엘 백성의 생활이 시작되었다. 애굽에서 구원받은 것처럼 우리도 그리스도의 피로 인해 죄로부터 구원을 받았다. 영적 새 생명은 이때로부터 시작되는 것이다. 생일이나 결혼기념일은 잊지 않고 진미를 먹고 선물도 주고받으면서 어찌 구원받고 새 생명 얻은 날, 세례 받은 날은 잊고 사는가? 이 날에 더욱 감사 기도하며 하나님께 예물을 드리도록 하자.

더 살펴보기

1. 여호와께서 바로의 마음을 완악하게 하셨으므로(출 9:12)

이 말을 들을 때 바로에게 그 책임이 없는 것처럼 느껴지기도 한다. 그런데 이것은 강요된 것이 아니라 바로의 태도를 미리 알려 주신 것이다. '하나님은 완악해지기를 바라는 사람만을 완악하게 하신다'는 의미로 하신 말씀이다. 바로가 자신의 태도에 책임을 져야 한다는 사실이 7:13~14, 8:15, 8:19 등에 나타난다. 나 자신은 바로처럼 완악하고 임시방편의 거짓이 있지는 않나?

7
피 재앙
재앙을 통하여
이스라엘의 하나님이
애굽의 신들을 무찌르다 (12:12)

8
개구리, 이, 파리 재앙

9
돌림병, 악성 종기, 우박 재앙

10
메뚜기, 흑암 재앙

11
마지막 재앙 선포
이스라엘과 애굽을 구분

12
(첫 번 유월절) 출애굽
라암셋을 떠나 숙곳에 이름

2. 십대 재앙에 대한 종합 도표 (출 7~12장)

	재앙	성경	관계된 애굽 신	예고	시행자	상해 대상	결과
1	피	7:20	나일강의 수호신 크놈(Khnum),하피(Hapi)	O	아론	사람, 짐승	사람에게 불편
2	개구리	8:6	개구리 형상의 부활신 헤크투(Heqt)	O	아론	사람	
3	이	8:17	땅의 신 갭(Geb)	X	아론	사람, 짐승	
4	파리	8:24	멍청이 모양의 코프리 신(Khopri)	O	하나님	사람	
5	돌림병	9:3	황소 신 아피스(Apis), 암소 신 하돌(Hathol)	O	하나님	사람, 짐승	가축의 죽음
6	악성 종기	9:10	의술의 신 임호텝(Imhotep)	X	모세	사람, 짐승	육체적 고통
7	우박	9:23	하늘의 여신 누트(Nut)	O	모세	사람	경제적 고통
8	메뚜기	10:13	곡물의 수호신 세트(Seth)	O	모세	사람	
9	흑암	10:22	태양 신 아몬-라(Rah), 태양 여신 세케트(Sekhet)	X	모세	사람	정신적 고통
10	장자의 죽음	12:29	죽음과 부활의 신 오시리스(Osiris), 생명의 신 프타(Ptah)	O	하나님	사람, 짐승	극악한 상태

※ 주의: 재앙 이름이 개역한글판과 개역개정판의 두 곳에 차이. 악질 → 돌림병, 독종 → 악성 종기

재앙은 처음보다 나중이 점점 더 무서워진다. 표에서 보듯이 재앙은 결국 애굽의 신들에 대한 하나님의 승리이다(12:12). 성경을 펼쳐서 다음의 구절이 지시하는 곳의 재앙에 색연필로 O표시를 하고 성경 여백에는 재앙의 순서를 써넣으면, 성경이 한눈에 보이기 시작할 것이다. 그리고 열 재앙을 첫 자로 외워 보라(피개이파돌악우메흑장).

3. 출애굽 연대의 두 가지 학설(출 12장)

투트메스 3세(주전 1482~1450)
15세기 출애굽(1446년)을 근거 할 때의 바로. 포로의 머리를 잡고 구타하려는 동작의 모습이다(카르낙 유적).

출애굽을 할 때의 연대가 언제인지는 확정하기 어렵다. 대체적으로 전통적인 견해로는 주전 15세기, 비평적인 견해로는 주전 13세 출애굽을 주장한다. 이처럼 대표적인 두 가지 학설이 있으며 어느 연대를 취하느냐에 따라 '바로'가 달라진다.

(1) 주전 15세기설(전기설) - 출애굽을 주전 1446년으로 본다. 〈사사기〉 11:26, 〈열왕기상〉 6:1에 근거하고 있다. 이 학설로 보면 바로는 '투트메스 3세'이다(왕상 6장 해설 참고, 인터넷 검색으로 '꿈 비석' 참고).

(2) 주전 13세기설(후기설) - 출애굽을 주전 1280년~1250년경으로 본다. 〈출애굽기〉 1:11의 비돔과 라암셋을 람세스 2세의 건축물로 본다. 이 학설로 보면 바로는 '람세스 2세'이다(89쪽 메르넵타 석비 참고).

출애굽기 13~18장

출애굽과 홍해를 건넘 (중요구절 출 14:14)

라암셋에서 출발한 이스라엘은 구름 기둥과 불 기둥의 인도를 받는다(13장). 출애굽한 이스라엘 뒤에는 애굽 군대가 따라오고 앞에는 홍해가 막혀 있지만 하나님의 권능은 홍해를 육지처럼 건너게 하신다(14장). 모세도, 백성들도, 미리암도 모두 찬양한다. 그러나 삼일 후에 수르 광야에서 마실 물 때문에 감격은 잠시뿐이고 원망만 가득하다. 하나님은 마라의 쓴물을 단물로, 오아시스 엘림으로 인도한다(15장). 신 광야에서는 만나가 내리고(16장) 반석에서 샘이 나며 아말렉과의 르비딤 전투는 '여호와 닛시!'(17장). 모세의 장인 이드로가 방문하여 직제에 대한 조언을 한다(18장).

1. 신앙이란 출애굽이다. 옛날의 자신, 과거의 세계, 즉 나쁜 습관과 행동, 이기심, 자기 의(義) 등에서 탈출하도록 하나님은 요구하신다. 이스라엘 중에는 애굽을 탈출하였음에도 불구하고 애굽을 그리워하는 과거지향적인 자들로 인해 모세는 부르짖는다(14:11~12, 16:2~3). 그대는 신앙의 좌절을 맛보고 은혜를 헛되이 받고 있지 않은가? 애굽에서 탈출해야 산다.
2. 모세가 하나님의 백성을 이끌고 떠난 길은 순탄하지 않아 곧바로 앞에는 홍해가, 뒤에는 애굽 군대의 추격이 있게 된다. 이는 우리 삶의 모습이기도 하다. 내 앞에 홍해(고난)가 놓였던 체험들을 어떻게 건넜는가? 모세는 하나님에 대한 신뢰가 얼마나 강했던지! 오늘의 교회도 기도는 하지 않고 소리치는 무리들이 많으면 피곤하다. "너희는 두려워하지 말고 가만히 서서 여호와께서 오늘 너희를 위하여 행하시는 구원을 보라"(14:13~14).
3. 마라의 쓴 물로 인해 이스라엘은 모세를 원망한다(15:22~27). 불과 3일 전 홍해를 육지처럼 건넌 감격을 잊은 경박한 무리들이다. 모세가 하나님의 지시대로 '한 나무'를 물에 던지니 물이 달게 되었다. 많은 주석

13
구름 기둥, 불 기둥
에담에 장막을 치다

14
홍해를 육지처럼
바알스본 맞은 편

15
승리의 노래
마라, 엘림

16
만나 내림
신 광야

17
여호와 닛시
르비딤

18
이드로의 조언
하나님의 산

가들은 이 나무가 '예수 그리스도의 십자가'를 예표한다고 해석한다. 마라의 쓴잔을 마셔 본 자는 빨리 십자가의 생명수 강가로 나와야 산다. 마라의 고난 뒤에는 엘림(15:27)의 안식과 위로가 있다. 나오미도 마라와 같이 쓰디 쓴 인생이었으나 베들레헴으로 돌아와서 복을 누렸다(룻 1:19~21, 4:14~17).

4. 만나를 평일에는 하루분만 거두게 했는데 욕심내며 "순종하지 아니하고 더러는 아침까지 두었더니 벌레가 생기고 냄새가 난지라"(16:20). 날마다 알맞은 양을 주시는데 불순종하면 냄새를 피우게 마련이다. "여섯째 날에는…… 갑절의 식물"(이틀 양식, 22절)을 주셨는데도 안식일에 거두러 나갔다가 빈손으로 돌아왔다(16:21~30). 광야에서 스스로 대비하는 것보다 순종함이 더 안전했다.

더 살펴보기

1. 출애굽 한 히브리인은 얼마나 되었을까?(출 13장)

학자마다 다르지만 최소한 200만 명에서 600만 명 정도로 추산한다. 다음의 계산은 참고할 만하다.

(1) 유아 외 보행하는 장정이 60만 명 가량(출 12:37)으로, 〈민수기〉 1:44~46에도 보면 싸움에 나갈 만한 20세 이상의 장정을 계수한 것이 603,550명이다. 여기에 동일한 여자의 수와 한 가족 당 4명의 자녀(4명의 자녀는 결코 많은 숫자가 아니다. 1장 7절에 보면 히브리 사람의 인구 증가 속도를 애굽 사람들이 두려워 할 정도였다). 계산하면 남자 60만명 + 여자 60만명 + 자녀 240만명(60만×4명) = 약 360만명이다.

(2) 이 정도의 인원수가 한 번에 이동을 하려면 대단한 것이었다. 50명씩 나란히 걷는다 해도 그 행렬은 60km(150리)이상 되었을 것이며, 한 시간에 보통 십 리를 걷는다 할 때에 한 지점을 통과하는 데도 16시간 이상이 걸렸을 것이다. 그 뿐인가? 최소한의 물과 음식을 준다 해도(짐승을 제외하고도) 매일 트럭 30대 이상의 음식과 300드럼 이상의 물이

람세스 2세(1290~1224)
13세기 출애굽(1290~1250년경)에 근거할 때 바로의 우아한 모습이다(카르낙 유적).

필요했을 것이다. 이것을 누가 주었는가? 오! 하나님.

2. 출애굽할 때에 가지고 간 요셉의 해골(출 13장)

출애굽할 때에 "모세가 요셉의 유골을 가졌으니"(13:19)라는 구절은 수백 년 전 요셉의 "이 땅에서 인도하여 내사 아브라함과 이삭과 야곱에게 맹세하신 땅에 이르게 하시리니…… 당신들은 여기서 내 해골을 메고 올라가겠다 하라"는 유언에 따른 것이다. 〈창세기〉 50:25 → 〈출애굽기〉 13:19 → 〈여호수아〉 24:32로 이어지는 유언과 그 실천을 보면 가히 놀라지 않을 수 없다. 이것이 유대인의 정신사요, 힘이다. 신약에서 이 일의 관계구절로는 〈사도행전〉 7:15~16, 〈히브리서〉 11:22에서도 언급이 되었다.

3. 미리암의 찬양(15:1~18)은 세 시기로 나눈다(현재, 과거, 미래).

미리암은 여인의 3대 찬양(미리암, 한나, 마리아) 중 한 찬양 1~5절에서 현재의 감사하는 마음을 찬양하고 있다. 6~10절은 과거의 은혜를 회상하여 현재의 찬양을 더욱 생동감 있게 한다. 11~18절까지는 미래의 예언적인 사건으로 장래에 대한 이스라엘의 승리의 확신과 소망을 신앙고백하고 있다. 이처럼 찬양은 현재만 보지 말고 과거와 미래를 함께 생각하며 하는 것이 진정한 신앙 고백적인 찬양이 된다.

4. 이스라엘을 처음 언급한 '메르넵타 석주'

바로 메르넵타(주전 1224~1214년)는 리비아에 있는 애굽 제국을 지키기 위하여, 또 서쪽 삼각주에 지중해 백성들의 침입을 막기 위하여 싸울 것을 외쳤다. 그의 애굽 통치 5년인 주전 1220년에 팔레스틴을 향한 그의 원정에서의 승리를 찬양하는 글이 테베에 있는 메르넵타의 도시 신전에서 발견된 큰 석주(石柱)에 기록되어 있다.

"이스라엘은 황폐하였고 그의 씨가 없으며, 후르(시리아)는 애굽을 위하여 과부가 되었다"고 기록되어 있는데, 고대 유물로는 '이스라엘'에 대한 역사상 처음의 기록으로 주전 13세기 당시에 이스라엘이 팔레스틴 서쪽에

바로 메르넵타 석주
바로의 승리를 기념하는 이 석주에는 역사에서 '이스라엘'이라는 이름이 처음으로 나온다(주전 13세기 이집트).

19
언약을 맺다(제사장 나라)
삼 개월 되던 날에
시내 산 도착

20
십계명을 주심
하나님 사랑, 이웃 사랑

21
관계에 대한 율례
이스라엘을 위한
하나님의 법전(21~23장)

22
손해 배상에 대한 율례

23
삼대 절기

24
언약의 확증
준행하리이다

거주했음을 증명해 주는 귀중한 고고학 자료로 해석된다.

출애굽기 | 19~24장

시내 산 언약(중요구절 출 19:5~6)

출애굽 한 이스라엘은 2개월 여만에(애굽 땅을 떠난 지 삼 개월이 되던 날 – 19:1) 시내 광야에 이르고 시내 산 앞에 장막을 친다(앞으로 이곳에서 약 1년 간 머물며 율법을 받고 성막을 봉헌한다). 하나님은 이스라엘과 언약을 세운다. 이 '시내 산 언약'은 구약에서의 중요한 역할을 한다. 모세는 시내 산에 올라(19장), 십계명의 말씀을 받으며(20장) 율법의 세세한 부분에 관한 법령들을 받게 된다(21~23장). 모세가 하나님과 맺은 시내 산 언약을 백성들에게 전하니 '우리가 준행하리이다' 라고 응답한다(24장).

1. 〈출애굽기〉 19장을 보면 이미 하나님께서 약속하신 대로(3:12) 모세는 그의 백성을 시내 산 하나님께로 인도한다. 하나님은 우레와 번개, 구름, 지진 등으로 임재를 알리고 그의 권능을 드러낸다. 그 이유를 "너희를 시험하고 너희로 경외하여 범죄하지 않게 하려 하심이니라"(20:20)고 하셨다. 〈열왕기상〉 19:8 이하에 나오는 바와 같은 장소에서의 엘리야의 체험과 〈히브리서〉 12:18~25에 나오는 대조적인 면을 비교해 보라. 나는 하나님을 어떻게 체험하는가?
2. 하나님은 모세를 불러 '시내 산 언약'을 맺는다(19~24장). 하나님은 언약(계약)으로서 이스라엘 백성을 당신의 소유가 되게 해서 그들이 "제사장 나라가 되며 거룩한 백성이 되리라"(19:6)고 하셨다(출 19:3~8). 베드로 사도는 이를 상기시킨다(벧전 2:9~10). '나는 너희 하나님, 너희는 내 백성'이라는 등식은 성서 전면에 흐르는 사상이다. 이스라엘이 계약으로서 하나님의 소유가 되었다면 나는 세례 받고 하나님의 소유가 되었음을 인식하고 진정 나를 아끼신다는 것을 경험하는가?
3. 〈출애굽기〉 20장의 십계명은 이스라엘이 하나님의 거룩한 백성으로서 존속함에 필요하다. 구약시대 하나님의 계명이 오늘의 내 생활에서 어떤 위치를 차지하고 있는가? 외형적인 것에 얽매여서 율법의 참 정신을 잃어서는 안 된다. 마치 자신의 입술은 거짓을 일삼고, 마음으로는 시기

와 질투가 가득하면서도, 남의 주초문제를 시비할 정도의 저급한 그리스도인은 아닌가?

4. 이스라엘 백성은 모세가 전한 하나님의 말씀과 율례에 대해 "여호와께서 말씀하신 모든 것을 우리가 준행하리이다"(24:3, 7)라고 응답한다. 하나님의 말씀에 대한 나의 순종의 동기는 무엇인가? 감사와 사랑인지, 압박감과 두려움인지, 신자로서 체면과 형식적 의무감인지, 자신을 돌아보며 진실한 감사와 사랑으로 순종해야 한다. 백성들이 "모든 것을 우리가 준행하리이다"고 한 고백을 기억하라.

십계명 돌판을 든 모세(출 20장)
모세는 하나님과 얼굴을 마주본 율법의 전수자로 대표적인 것이 십계명이다. 그는 모든 시대를 통해 존경을 받는 인물이다. (Moissaye Marans 조각)

더 살펴보기

1. 시내 산 언약과 관계하여 본 언약 형식

하나님과 이스라엘 백성은 언약을 맺을 때 헷(힛타이트) 제국의 계약문서 양식을 취한다. 〈출애굽기〉 19~24장은 '시내 산 언약'으로 이 양식을 갖는다. 대개 6가지 형식(전문[前文], 역사적 서언, 약정, 기록조항, 신의 목록, 저주와 축복)을 포함하는데, 이스라엘에서는 신의 목록은 빠진다(181쪽 '성경의 언약과 근동의 조약들' 참고).

시내 산 아래의 캐서린 수도원
시내 산 아래에 있는 희랍정교회 소속의 수도원으로 비잔틴 시대의 유적이 남아 있고, 떨기나무가 있다. 그리고 세계에서 가장 오래된 도서관이 있고, 〈누가복음〉 시리아 사본도 소장하고 있다. 모세도 시내 산에 올랐을 것으로 추정되는 이 길은 순례자들의 발길이 끊이지 않고 있다.

2. 하나님의 선택과 이스라엘 백성

이스라엘이 하나님의 선택을 받은 것은 하나님의 사랑이다(신 7:6~8). 이스라엘을 애굽에서 탈출시키고(13장), 홍해에서 구원하시고(14장), 지켜주시고 함께 하신다(16~17장). 이러한 하나님의 행위에 대해 이스라엘의 삶은 응답되어야 하며(언약), 하나님을 섬김은 제사장처럼 거룩한 백성이어야 한다(레 19:2). 이스라엘은 순종으로서 하나님의 백성 된 것을 입증하여야 함을 예언자들이 증언한다. 하나님은 자기 백성을 버리지 않으리라는 것을 염두에 두고 있다(호 1:9). 유다의 바벨론 포로(주전 587년, 왕하 25장, 대하 36장)가 되어 독립국가로 존재하지 못하자, 〈출애굽기〉 19장의 '시내 산 언약'은 집단인 민족에서 개인의 처신문제로 나타난다(겔 18장).

그러나 신약성경에서조차 '전체 이스라엘'의 선택이 문제로 남아 있다(롬 11:25~32).

3. 십계명 이야기 (출 20장, 마 22:37~40)

(1) 모세는 시내 산에서 하나님으로부터 십계명을 받는다. 십계명의 전문(全文)이 나온 곳은 〈출애굽기〉 20장, 〈신명기〉 5장이다. 첫 번 돌판은 깨졌으므로(32:19) 모세가 시내 산에 40일 더 체류하면서 하나님께 추가로 지시사항을 받고 다시 십계명 두 돌판을 받아 산에서 내려온다(34장).

(2) 십계명은 여러 번 반복된다. ① 하나님께서 시내 산에서 말씀으로(20:1~17), ② 첫 번째 돌판으로(24:12~18), ③ 모세가 깨뜨린 후 대신하여 주신 두 번째 돌판으로(34:1, 28~29), ④ 모세가 죽기 전 요단 앞 모압 평지에서 설교하면서 반복하였다(신 5장).

(3) 십계명(아세렡 하데바림, '열 가지 말씀')이라는 용어는 〈출애굽기〉 34:28, 〈신명기〉 4:13, 10:4에 나오고, 다른 계명들의 기초가 된다. 언약의 원문서인 새 돌판(출 34:28, 신 9:9)은 백성들의 금송아지 숭배(출 32장)로 파기된 '언약의 갱신'을 뜻한다.

돌판	의미	계명	구분	계명 내용	경배 방법
첫째 돌판	하나님 사랑	1	경배 대상	다른 신을 위하지 말라	한 분 하나님을 경배
		2	경배 방법	우상을 섬기지 말라	옳은 방법으로 경배
		3	경배 정신	여호와의 이름을 망령되게 부르지 말라	사적(私的)으로의 경배
		4	경배 시간	안식일을 지키라	공적(公的)으로의 경배
둘째 돌판	이웃 사랑	5	경배와 공경	부모를 공경하라	윗사람에 대한 존경을 통한 경배
		6	이웃생명 존중	살인하지 말라	이웃 생명을 존중하는 경배
		7	이웃정조 강조	간음하지 말라	정조를 통한 순결한 경배
		8	이웃재산 인정	도둑질하지 말라	재산을 통한 경배
		9	이웃명예 존중	거짓 증거하지 말라	진실을 통한 경배
		10	이웃가정 존중	이웃을 탐내지 말라	욕망을 조절함으로의 경배

(4) 십계명을 어떻게 압축했는지 아는가? 곧 하나님의 관심은 어디에 있을까? 〈마태복음〉 22:37~40에서 예수님은 이 율법을 두 절로 압축했다. 1~4 계명은 하나님 사랑, 5~10 계명은 이웃 사랑!

출애굽기 25~30장

성막의 모양 (중요구절 출 25:8~9)

시내 산에 올라간 모세는 하나님이 지시하는 성막과 그 기구들에 대한 모양을 받는다(25~27장). 성막 안의 봉사자들인 제사장들에 대한 하나님의 지시가 있게 된다. 그들의 의복을 짓도록 하고(28장) 제사장 위임의 규례에 대해(29장), 그리고 성막 안의 기구인 분향할 제단과 물두멍을 만들도록 하며, 관유와 향을 만들도록 명령하신다(30장).

1. 성막 기구의 재료에 많이 쓰인 조각목(궤 25:10, 상 25:23, 제단 27:1 등)은 사막에서 자라는 볼품 없는 '아카시아 아라비카(싯딤나무)'이다. 보잘것없는 아카시아에 황금을 입혀 성막의 기구로 쓰시듯 죄를 진 우리들을 예수 그리스도 안에서 하나님의 자녀되게 하시고 일꾼되게 하셨으니 어찌 하나님의 은혜가 아닌가? 몇 구절을 묵상하라(고전 15:10, 1:26~31, 딤전 1:12~17).
2. 하나님은 당신을 위하여 성소를 짓도록 하시고(25:8) 그 성막에서 이스라엘을 만나니 회막의 역할을 했다. 〈출애굽기〉에서는 하나님께서 내려오셔서 재목과 금으로 만든 성소 안에 거하셨다. 그 후 "말씀이 육신이 되어 우리 가운데 거하시매"(요 1:14)라는 말씀처럼 목재와 금의 성소가 아닌 살과 뼈의 집, 즉 주 예수 그리스도의 육체의 집에 거하셨다. 그리스도는 하나님께서 성육신하신 분이다. 그리스도는 그의 이름, '임마누엘: 하나님이 우리와 함께 계시다'(마 1:23)는 말씀 그대로 이루어진 것이다. 성막은 곧 예수 그리스도의 상징이요 예시로도 해석한다.
3. 제단 위에 피워야할 향에 대하여 30:1~10, 34~38에 나온다. "이 향은 성도의 기도들이라"(계 5:8)라는 말씀에 비쳐보면 훈향(薰香)은 큰 의미가 있다. ① "향을 아침저녁으로 사르도록" 되어 있듯이(7~8절) 우리의

25
증거궤, 진설병상, 등잔대
성막의 모양
(하나님의 명하심, 25~27장)

26
성막의 모양

27
번제단, 성막의 뜰

28
제사장의 의복
영원한 규례이니(28~29장)

29
제사장 위임 규례

30
분향 제단, 물두멍, 향
거룩한 것이니

상아로 만든 그룹상(像)(출 25:20)
상아로 정교하게 조각된 이 케루빔은 주전 860년경의 것으로 사마리아 아합 궁에서 출토되었다. 한글 성경에는 '그룹'으로 음역된 케루빔(Cherubim)은 이방종교에서 '초자연적인 존재'로 이해해왔다.

여러 가지 향(출 30:23, 24, 34))

(1) 유질몰약(流質沒藥): 몰약을 내는 감람과 나무의 껍질을 벗겨서 나오는 수액을 채취한 것으로 애굽은 방부제로, 바사는 향수로 사용했다.

(2) 육계(肉桂): 월계수와 같은 나무의 속껍질과 겉껍질[內外皮]에서 채취한 것으로 그리스와 아라비아에서도 귀중하게 취급했다.

(3) 창포(菖蒲): 인도로부터 수입된 방향제인 듯하나 알 수 없다.

(4) 계피(桂皮): 계피나무의 껍질을 벗겨서 만든 방향제로서 달콤하고 은은한 맛이 있다.

(5) 소합향(蘇合香): 팔레스틴에서 자라는 어떤 나무의 분비액을 채취하여 만든 향인 듯하다. 때죽나무로도 번역한다.

(6) 나감향(나감香): 홍해 해안에서 모은 갑각류껍질에서 채취한 향으로 인도를 비롯해 여러 나라에서 사용한다.

(7) 풍자향(楓子香): 아라비아에서 관목을 베어낼 때 나오는 수지로서 맛이 쓰다.

(8) 유향(乳香): 잎은 피침형 꽃은 초록색으로 가지에 흠집을 내어 모은 점액이다.

기도도 아침저녁으로 해야 하고(시 4편, 5편) ② "대대로 여호와 앞에 끊지 못할지며"(8절)처럼 기도도 쉬지 말고 계속해야 하고(살전 5:17) ③ "다른 향을 사르지 말며"(9절)라고 했는데, 다른 향은 지정한 상등 향품의 값진 것(30:23)이 아닌 것으로 임시변통의 훈향을 금하고 있듯이 우리도 자신의 입장을 우선 내세우는 기도는 하나님께 이르지 못한다. ④ "등불을 손질할 때 사를지며"(7절)라고 하듯 기도는 무엇보다도 하나님 앞에서 자신을 손질해야 하며 아버지의 뜻에 자신을 맞추어야 한다(마 26:42). 〈말씀 위에 서서 내 뜻 버리고〉(찬송가 441장[통 498장]) 2절을 묵상하라.

더 살펴보기

1. 그룹은 무엇인가?(출 25:17~22)

증거궤에 붙은 속죄소에는 그룹이 있었다(25:17~22). 이 그룹이 어떤 모양인지 정확히 알려져 있지 않아 상상하여 각각 다른 형태의 그룹을 그린다. 그룹은 하나님의 사자(천사)로서 날개가 있으며(25:20), 〈에스겔〉 10장에서 그룹은 보좌를 실은 마차를 끄는 날개 달린 생물로 묘사되었다.

2. 성막의 용도에 따른 명칭

여러 가지로 성막(하나님께서 거하셨기에 - 출 26:1, 39:33, 40:17, 대하 24:6 -《개역한글판》은 법막), 회막(그의 백성을 만나셨기에 - 출 29:44, 33:7, 39:32), 증거막(법궤를 보관하였기에 - 출 38:21), 장막(출 25:9, 33:7, 민 7:1, 31:47, 대상 6:48) 등으로 용도에 따라 다르게 불렀다.

3. 번제단은 조각목으로 만들고 그 겉을 놋으로 쌌다(출 27:1~2)

번제단에는 늘 불을 피워서 제물을 불살랐는데, 그렇다면 '놋으로 싼 조각목'이 숯처럼 되어 버릴 것이 아닌가? 라고 생각할 것이다. 여러 해 전 과학자들에 의해 '놋으로 싼 나무문'은 불에 완전히 견딘다는 사실이 증명되었다. 런던 소방국에 의한 여러 차례 이 실험을 실시했는데 불에 견딘다는 확증을 얻었다. '하나님이 명령하신 모양대로' 하였으니 당연한 결과이다.

4. 우림과 둠밈에 대하여(출 28:30)

흉패 안에 넣었던 우림과 둠밈(28:30)은 문자적 의미로는 '빛과 완성'인데 무엇인지 확실히 알려진 바 없다. 우림과 둠밈은 비상시에 하나님의 뜻(神意)을 알기 위해(제비나 주사위 같은 것으로 부정과 긍정을 알 때 사용했다는 설도 있다) 쓴 도구였던 것 같고(삼상 14:3, 23:9:2, 28:6, 30:3, 민 27:21) 그 재료는 매우 값진 보석이었다고 보는 견해도 있다. 예언자의 활동이 커짐에 따라 말씀에 중심을 두게 되니 우림과 둠밈이 후대에는 쇠퇴해진 것으로 보고 있다.

출애굽기 31~35장

금송아지 숭배와 모세의 하산
(중요구절 출 34:14)

하나님은 성막을 지을 일꾼을 부르시고 세우신다(31장). 모세가 시내 산에서 하나님과 깊은 관계를 갖고 있을 때 이스라엘 백성들은 하나님을 잊어버리고 금송아지 신상을 만들어서 "이것이 애굽에서 인도하여 낸 신이라"한다. 산에서 내려온 모세는 의분에 차서 두 돌판을 내어 던진다(32장). 멸망 받아야 될 백성이 모세의 기도로 살아나고 하나님의 백성은 회복되며 새 증거판이 새겨진다(33~34장). 성막을 짓기 위해 사람들이 필요한 것들을 가져오니 풍성하게 된다(35장).

1. 하나님은 "브살렐을 지명하여 부르고"(31:2)라고 하셨다. 역시 예수님께서도 "자기가 원하는 자들을 부르시니"(막 3:13)라고 기록되어 있다. 부름 받은 것은 은혜요 영광이지만 그 안에는 존귀한 사명이 있다. "모두 여호와께서 명령하신 대로 할 것이니라"(31:6,11, 36:1)는 말씀대로 준행해야 된다. 가룟 유다도 부름을 받은 자였지만 하나님의 지배를 받은 것이 아니라 마귀의 지배를 받고 말았다(요 13:2). 나는 하나님의 부르심에 감사하며 사명을 따라 사는가?

31
정교한 일꾼, 안식일
여호와가 명령한 대로

32
금송아지 숭배
먹고 마시며 뛰놀더라

33
모세의 중보기도
함께 가리라

34
새 증거판
모세의 얼굴 광채

35
여호와께 드린 예물
자원하여 가져왔으며

2. 금송아지를 만들어 "이는 너희를 애굽 땅에서 인도하여 낸 너희의 신이로다"(32:4)는 망령된 행위를 했다. "너희에게 인내가 필요함은 너희가 하나님의 뜻을 행한 후에 약속하신 것을 받기 위함이라"(히 10:36) 하듯이 하나님의 때가 있다. 그때를 믿고 바라며 잠잠히 기다리는 것이 쉬운 일은 아니지만 그것이 신앙이다. 노아는 하나님의 때를 기다리며 온 생애를 걸고 방주를 지었다(창 6장). 메시아를 기다리던 이스라엘에게 예수님의 탄생이 환희의 날이듯이 우리는 그리스도 재림의 날을 믿고 기다리며 그 약속 중에 있다.
3. "여호와께서 이르시되 내가 친히 가리라 내가 너를 쉬게 하리라"(33:14)는 말씀은 모세의 집요한 기도의 결과로 하나님께서 약속하신 말씀이다. 하나님이 친히 함께 하시는 곳, 그곳만이 하나님의 백성이 설 수 있는 곳이다. 혹시 나는 나 혼자 가고 있지 않은지?
4. 이스라엘은 성막을 짓기 위해 필요한 모든 것을 "마음이 감동된 모든 자와 자원하는 모든 자"들이(35:21) 예물로 가져와 여호와께 드렸다. 일부의 사람만이 아닌 "사람마다"(35:22) 가져와 "너무 많이 가져"(36:5) 왔을 정도였다. 드리되 "마음에 자원하는 남녀는 누구나…… 자원하여 드림"(35:29)이 되었다. 내가 드리는 예물이 의무감은 아닌지? 인색함은 없는지? 체면치레는 아닌지?

애굽의 아피스(Apis) 황소상 (출 32장)

출애굽 당시 이스라엘은 금송아지를 만들고 애굽에서 인도한 신이라 했다(출 32장), 왕국분열 후에는 북국의 여로보암이 금송아지를 만들어 단과 벧엘에 두고 섬기게 했다(왕상12장). (금송아지의 원형이 되었을 황소, 캐나다 온타리오 박물관)

더 살펴보기

1. 이스라엘이 광야에서 만든 금송아지(출 32장)

(1) 이스라엘은 애굽에서 금송아지 신상을 보았었기에 광야에서 '금송아지'를 만들었던 것이다. 훗날 북국 이스라엘도 금송아지를 만들어 벧엘과 단에 설치했었다(왕상 12:25~33 참고). 그 일은 '느밧의 아들 여로보암의 죄'라는 용어가 나올 정도로 오랫동안 이스라엘과 함께하였기에 하나님의 진노의 대상이었다(왕상, 왕하).

(2) 금송아지에 대한 제사를 마친 백성들은 부도덕한 성행위에 탐닉했다.

32:6의 "뛰놀더라"로 번역된 동사(차헤크)는 열정적인 성행위를 뜻한다(창 26:8. "이삭이 그 아내 리브가를 껴안은 것을……" 참고).

(3) 애굽의 황소신상은 청동제이다. 금송아지 숭배에서 엿보이는 애굽의 다신교(Polytheism)는 널리 그 영향을 미쳤을 것이다(왼쪽 사진 참고).

2. '하나님의 사자(使者)가 인도한다'는 데 대한 모세의 기도(출 33장)

하나님께서 이스라엘 백성에게 시내 산을 떠나라고 명령했을 때, 하나님은 모세에게 하나님이 이스라엘 백성들을 인도하는 것이 아니라(33:2, 5), 하나님의 사자(使者)가 인도할 것(14:19, 23:20~23)이라고 말씀했다. 그 이유는 이스라엘 백성이 죄가 많고 완악하여 하나님의 거룩함이 그들을 파멸시킬지 모르기 때문이다. 그러나 모세는 하나님께서 그들과 함께 하시기를 요구했고, 하나님은 마침내 거기에 동의한다(33:12~17, 34:9).

3. 다시 받은 십계명(출 34장)

(1) 첫 번째 받은 십계명 돌판(20장)은 깨졌으므로(32장). 모세는 다시 시내 산에 40일 더 체류하는 동안 하나님께로부터 추가의 지시사항과 십계명 두 돌판을 다시 받고 산에서 내려올 때 모습이 달라졌다.

(2) 모세가 백성의 진으로 돌아왔을 때 그가 하나님과 대면했음을 그의 얼굴의 광채가 입증하고 있었다. "이스라엘 자손이 모세의 얼굴의 광채(카란)를 보므로 모세가 여호와께 말하러 들어가기까지 다시 수건으로 자기 얼굴을 가렸더라"(34:29~35)하였다. 여기서 '광채'를 과거에는 '뿔'로 번역을 했었다.

(3) 오늘 우리의 과업은 바로 이런 면에서도 필요하다. 우리 얼굴에 예수님의 형상을 드러내야 한다. 예수님의 모델이었던 사람이 가룟 유다의 모델이 되었다는 이야기를 들은 적이 있는가?

모세의 뿔?(출 34:35)
하나님을 만나고 돌아온 모세의 머리에 뿔이 났다?(출 34:35). 과거에는 히브리어 '카란'을 '광채'가 아닌 '뿔'로 번역했기에 미켈란젤로도 조각할 때에 모세의 머리에 뿔을 조각했다(〈바티칸 박물관〉).

36
자원하는 예물
넉넉하여 남음
성막
여호와의 명하신 대로 지었으니(36~39장)

37
궤, 상, 등잔대, 향단

38
번제단, 물두멍, 뜰

39
제사장 복장, 성막

40
성막 봉헌
2년 1월 1일

출애굽기 36~40장

성막 건축과 봉헌 (중요구절 출 40:34)

드디어 성막 건축이 시작되었다. 필요한 재료들이 '자원하는 예물'로 드려지니, 너무 많이 가져와 넉넉하여 남게 되었다. '여호와께서 명령하신 대로'(25~31장에서 지시) 성막을 짓되(36장), 궤(언약궤)와 상(진설병상), 등잔대, 분향단(37장), 번제단과 물두멍과 뜰을 만들고 쓰여진 목록을 계산하였다(38장). 제사장의 복장이 지어졌으며 성막과 모든 기구가 완성되었다(39장). 성막을 세워 봉헌하니 출애굽 둘째 해 첫째 달 초하루였다. 여호와의 영광이 성막에 충만하였다(40장).

1. 물두멍(대형물통)은 "회막문에서 수종드는 여인들의 거울"로 만들어졌다(38:8). 청동 거울은 여인에게 있어서 매우 소중한 것이지만 그것이 아니었다면 물두멍을 만들 수 없었을 것이다. 뿐만 아니라 "남녀가 와서 팔찌, 귀고리, 가락지, 목걸이, 여러 가지 금품"을 여호와께 가져왔다(35:22). 기독교 2000년의 역사에 교회가 세워지고 선교의 깃발을 드는 것도 소중한 것을 드렸기에 가치 있게 되었다. 물질도, 시간도, 명예도, 정열도 소중한 그 모든 것이 오늘의 물두멍이 된다.
2. 광야에서 소유물이 풍부하지 못해서 하찮은 물품조차도 귀중한 것이었을 텐데 백성들은 현실을 극복하고 금, 은, 놋, 각종 실, 가죽, 향품, 보석 등을 드렸다(35:5~9). 하나님은 만나를 내리시듯 전능하신 팔로 성막을 짓지 않고 궁핍한 그들에게 보물들을 요구하셨다. 하나님은 독생자까지 아낌없이 주셨고 우리는 하나님께 최선의 것을 기쁨으로 바칠 때 진정한 예배가 이루어진다. 이스라엘이 성막을 건축하여 봉헌하니 "여호와의 영광이 성막에 충만"하였다(40:34).
3. 성막을 세우는 과정을 보면 39장과 40장에서 대목마다 나오는 표현은 "여호와께서 명령하신 대로 되었더라"고 한다. 성막을 모세에게로 가져와 검사를 맡았고 "모세가 그 마친 모든 것을 본즉 여호와께서 명령하신 대로 되었으므로 모세가 그들에게 축복"(39:33, 43)하였다. 그 결과는 "구름이 회막에 덮이고 여호와의 영광이 성막에 충만"(40:34)한 여호와의 임재였다. 오늘도 그대가 은혜를 받는 비결은 오직 '여호와께서 명령하신 대로' 하는 것이다.
4. 광야의 이스라엘은 언제나 하나님의 인도를 따라 구름이 성막 위에서

떠오르면 이스라엘은 앞으로 행진하였고, "구름이 떠오르지 않을 때에는 떠오르는 날까지 나아가지 아니하였으며" 오직 하나님의 인도만 따랐다(40:36~37). 답답해도 자기 생각을 따르지 않고 오직 하나님을 따라 움직였다. 그것이 하나님의 인도를 받는 길이다.

더 살펴보기

1. 성막 건축은 "여호와께서 명령하신 대로" 하였다(출 39~40장)

여호와께서 명령하심(만들되)에 대한 시행(만들었으니)을 아래의 도표에서 비교해 볼 수 있다. 성막에 대한 종합정리가 되므로 찾아보고 하나님의 큰 뜻을 발견하자.

제의 내용		명령(만들되)	시행(만들었으니)
성막	휘장(앙장) 널판 장(휘장, 문장)	26:1~4 26:15~30 26:31~37	36:8~19 36:20~34 36:35~38
지성소	◇ 법궤(증거궤)	25:10~22	37:1~9
성소	◇진설병상 ◇등잔대 ◇분향할 단 향과 기름	25:23~30 25:31~40 30:1~10 30:22~38	37:10~16 37:17~24 37:25~28 37:29
성막 안뜰	◇번제단 ◇물두멍 성막 뜰(울타리)	27:1~8 30:17~21 27:9~19	38:1~7 38:8 38:9~20
성막 물품의 통계			38:21~31
제사장의 복장	서론 예복 흉패 에봇 받침 겉옷 두건, 모자, 옷, 제복	28:1~5 28:6~12 28:13~30 28:31~35 28:36~43	39:1 39:2~7 38:8~21 38:22~26 39:27~31

제의에 대한 명령과 시행의 비교(출 25~40장)
성경을 찾아 위의 성경 언급 첫 절에 나오는 성막 기구(특히 ◇표 한 곳)에 표하세요.

등잔대의 모습
(출 25:31~29, 37:10~16)
하나님은 성막 건축을 구체적으로 말씀하셨다. 사진의 모형은 성막의 여러 기구 중에 하나인 등잔대로서 일곱 개의 등을 켜게 일곱 가지로 되어있다. 유대인들은 오랜 세월 이 모습을 생활에서 장식에도 사용하였고 '메노라(Menora)'라 불렀다.

2. 성막의 기구들과 그리스도

이처럼 연결하는 것은 자연스러우나 영해(靈解)라 하여 곁길로 가면 위험하다.

(1) 번제단: 죄로부터의 희생 제물이신 그리스도(히 9:22, 갈 2:20, 막 10:45).

(2) 물두멍: 죄로부터 깨끗하게 하시는 분 그리스도(요일 1:7, 엡 5:26, 요 15:3, 요 13:8)

(3) 등잔대: 세상의 빛 그리스도(요 9:5, 슥 4:1~6, 계 21:21~23).

(4) 진설병상: 생명의 떡 그리스도(요 6:32~58).

(5) 분향단: 예수님의 이름으로 기도(시 141:2, 계 8:3, 히 13:15, 요 16:24).

(6) 증거궤: 하나님이 거하시는 집(롬 6:14, 고후 3:18, 히 4:14~16, 9:11~12).

3. 성막 봉헌의 해(출 40:17)

성막의 봉헌은 출애굽 둘째 해 첫째 달 초하루(2년 1월 1일)였다(40:17). 그 해를 13세기 출애굽설에 의하면 약 주전 1280~1250년경이 되고, 15세기 출애굽설에 의하면 약 주전 1445년이 될 것이다. 이 성막이 가나안에 들어가 실로에 세워지긴 했으나(수 18:1), 주전 850년경 솔로몬 성전이 봉헌(왕상 6:38)되기 전까지 성막은 이스라엘이 예배를 드리는 유일한 곳이었다(출 12장, 왕하 6장 해설 참고).

성막의 전체적인 모습 (출 40장, 민 17장)

이스라엘은 하나님의 명령대로 성막을 만들어 봉헌하였다. 성막에는 울타리가 있고, 그 안에는 번제단과 물두멍을 지나 성막이 성소와 지성소로 구분되어 있었다. 이것은 축소한 모형이다.

4. 〈출애굽기〉의 두 가지 신기원(新紀元)

'유월절(출애굽)'과 '성막의 봉헌'이다.

유월절은 출애굽의 때를 새해의 시작으로 정한 것이고(12:1), 성막의 봉헌은 그렇게 해서 생긴 새해의 이듬해 첫 날(40:17) 이루어진 것이다. 진행 과정은 출애굽은 열 가지 재앙 후에(12:29, 40), 성막 봉헌은 예물을 하나님께 드린 후에 이루어진다(40장).

B I B L E

성경 질문지

출애굽기 1~6장 요셉의 승리와 가족 만남

제1장 [압제받는 이스라엘]

다음을 읽으면서 ( ) 안에 알맞은 말로 채우시오.

1. 야곱의 아들은 (명) 이었으며('더 살펴보기' 참고), 애굽에 있는 이스라엘(야곱)의 허리에서 나온 사람은 (명) 이었더라(1~5).

2. 이스라엘 자손은 (   )하고 불어나 (   )하고 매우 (   )하여 온 땅에 가득하게 되었더라(6~7).

3. 요셉을 알지 못하는 (   )이…… 그들(이스라엘)에게 무거운 짐을 지워 괴롭게 하여 그들에게 바로를 위하여 국고성 (   )과 (   )을 건축하게 하니라… 어려운 노동으로 그들의 생활을 괴롭게 하니 곧 (   )와 (   )와 (   )의 여러 가지 일이라(8~14).

4. 애굽 왕이 히브리 산파 (,   )에게 히브리 여인을 위하여 해산을 도울 때에 살펴서 아들이거든 그를 (   ), 딸이거든 (   )두라…… 산파들이 하나님을 (   )하여 애굽 왕의 명령을 어기고 남자 아기들을 살린지라… 하나님이 그 산파들에게 (   )를 베푸시니(15~22).

제2장 [모세의 출생과 성장]

다음 일의 진행 순서대로 ( ) 안에 번호를 쓰시오.

1. (1~10절) - 모세의 출생
   (   ) 그의 이름을 모세라 하여
   (   ) 아들을 낳아 석 달을 숨겼더니
   (   ) 그를 위해 갈대 상자를 가져다
   (   ) 나를 위하여 젖을 먹이라
   (   ) 레위 여자에게 장가들어
   (   ) 바로의 딸이 목욕하러 나와

2. (11~25절) - 미디안으로 간 모세
   (   ) 누가 너를 우리의 재판관으로 삼았느냐?
   (   ) 그의 딸 십보라를 모세에게 주었더니
   (   ) 히브리 사람, 곧 자기 형제를 치는 것을 본지라
   (   ) 어찌하여 그 사람을 버려두고 왔느냐?
   (   ) 모세가 바로의 낯을 피하여 미디안 땅에
   (   ) 세운 그의 언약을 기억하사

제3장 [소명 받은 모세]

( ) 안에 알맞은 말을 넣으시오.

1. 여호와의 사자가 (   ) 가운데로부터 나오는 불꽃 안에서 그에게 나타나시니라…… "이리로 가까이 오지 말라. 네가 선 곳은 (   ) 땅이니 네 발에서 (   )을 벗으라"(1~5).

2. 3장에서 "인도하여"라는 말은 5회 나오는데 (, , , , 절)이다(1절 제외). 이 말은 애굽에서 (   )과 (   )이 흐르는 땅, 가나안으로 인도한다는 말이다(1~22).

3. 하나님은 자신을 소개하실 때 "나는 (   ) 이니라" 하셨다(13~14).

4. "너희 (   )의 하나님 여호와……. 하나님께

서 나를 너희에게 보내셨다 하라 이는 나의 영원한 (　　　)이요, 대대로 기억할 나의 (　　　)니라"했다(15~18).

5. 하나님은 "내가 내 손을 들어 애굽 중에 (　　　)으로 그 나라를 (　　　) 후에야 그가 너희를 보내리라" 하셨다(19~22).

제4장 [애굽으로 향하는 모세]
다음 물음에서 맞는 답의 번호에 O표 하시오.

1. 하나님이 모세에게 나타나셨다는 증거로 모세에게 보이신 이적 두 가지는?(1~9)
   1) 지팡이 → 뱀　2) 손을 가슴에 → 나병
   3) 하수 → 피　4) 아론 → 대변자
2. 모세의 형 아론은 무엇을 잘하는 사람인가?(10~17)
   1) 분노　2) 일　3) 말　4) 이적 행함
3. 하나님이 모세를 죽이려고 한 이유 및 십보라가 돌칼로 아들에게 행한 일은 모두 무엇과 관계가 있는가?(18~31. 참고: 창 17:9~14)
   1) 피　2) 할례　3) 백성　4) 감찰

제3~4장 [특별문제]
하나님의 부르심에 대한 모세의 변명, 하나님의 약속에 관계 있는 것끼리 연결하시오(세 곳을 모두 연결해야 함).

1. 3:11 •	• 1) •	• 가)
2. 3:13 •	• 2) •	• 나)
3. 4:1 •	• 3) •	• 다)
4. 4:10 •	• 4) •	• 라)
5. 4:13 •	• 5) •	• 마)

1) 권위가 없다(나를 믿지 않고 내 말도 듣지 않으면)
2) 마음에 내키지 않는다(보낼만한 자를 보내소서)
3) 나는 적합하지 않다(내가 누구이기에 바로에게)
4) 메시지가 없다(무엇이라고 말하리이까?)
5) 말을 할 줄 모른다(말을 잘 하지 못하는 자)

가) 반드시 너와 함께 있으리라
나) 할 말을 가르치리라
다) 스스로 있는 자가 보냈다 하라
라) 대변자 아론이 있지 않느냐
마) 뱀과 나병의 이적을 보이심

제5장 [바로 앞에 선 모세]
다음 말은 몇 절에 나오며 누가 한 말인가?

1. 여호와가 누구이기에 내가 그의 목소리를 듣고 이스라엘을 보내겠느냐?- (　　　절) (　　　)
2. 히브리인의 하나님이 우리에게 나타나셨은즉 우리가 광야로 사흘길 쯤 - (　　　절) (　　　)
3. 너희는 짚이 있을 때와 같이 그 날의 일을 그 날에 마치라.- (　　　절) (　　　)
4. 그들의 손에 칼을 주어 우리를 죽이게 하는도다.- (　　　절) (　　　)
5. 주여 어찌하여 이 백성이 학대를 당하게 하셨나이까?- (　　　절) (　　　)

제6장 [언약을 기억하노라]
다음 말이 나오는 절수를 쓰고 (　/　) 안에 틀린 것은 =줄로 지우시오.

1. (　　　절). 이스라엘 자손의 (신음 / 불평) 소리를 내가 듣고 나의 (사랑 / 언약)을 기억하노라.
2. (　　　절). 그들이 마음의 (기쁨 / 상함)과 (가혹 / 감사)한 노역으로 말미암아 모세의 말을 (듣지 아니하였더라 / 잘 들었더라).
3. (　　　절). 레위의 아들들의 이름은 그들의 (족보 / 가족)대로 이러하니 (게르손 / 여무엘)과 고핫과 (립나 / 므라리)요.
4. (　　　절). (이스라엘 / 애굽) 자손을 그들의 (민족 / 군대)대로 애굽 땅에서 인도하라 하신 (여호와 / 바로)의 명령을 받은 자는 이 (아론 / 이드로)과 모세요.

출애굽기 7~12장 십대 재앙

제7장 [이적 행함 – 뱀, 피]
다음 각 항의 말 중에 틀린 한 곳씩을 맞게 고치시오.

1. 내가 너를 바로에게 신(神)같이 되게 하였은즉 네 형 아론은 네 대리자가 되리니(1~2) →
2. 그들(모세와 아론)이 바로에게 말할 때에 모세는 80세였고 아론은 85세였더라(1~7) →
3. 지팡이를 던지매 뱀이 되었으나 모세의 지팡이가 그들의 지팡이를 삼키니라(8~13) →
4. 바로의 마음이 완만하여 백성 보내기를 거절하는도다(14~19) →
5. 모세와 아론이 여호와께서 명령하신 대로 행하여 바로와 그의 신하의 목전에서 지팡이를 들어 나일강을 치니 그 물이 다 물고기로 변하고(20~22) →

제8장 [개구리, 이, 파리 재앙]
다음은 어느 재앙 때의 일인지 재앙 이름과 절수를 쓰시오.

1. 요술사들도 자기 요술대로 그와 같이 행하여
 -(　　　)(　　　절)
2. 사람들이 모아 무더기로 쌓으니 땅에서 악취가 나더라
 -(　　　)(　　　절)
3. 네 지팡이를 들어 땅의 티끌을 치라
 -(　　　)(　　　절)
4. 요술사가 바로에게 말하되 이는 하나님의 권능이니이다
 -(　　　)(　　　절)
5. 그 날에 나는 내 백성이 거주하는 고센 땅을 구별하여
 -(　　　)(　　　절)
6. 바로가 이때에도 그의 마음을 완강하게 하여 그 백성을 보내지 아니하였더라
 -(　　　)(　　　절)

제9장 [돌림병, 악성종기, 우박 재앙]
다음 재앙과 관계 있는 일을 연결하시오.

1. 돌림병 재앙(1~7절) •　　　• 가)
2. 악성종기 재앙(8~12절) •　　　• 나)
3. 우박 재앙(13~35절) •　　　• 다)

가) 나라가 생긴 그 때로부터 애굽 온 땅에는 그와 같은 일이 없었다.
나) 이스라엘의 가축과 애굽의 가축을 구별했다.
다) 요술사들로부터 애굽 모든 사람에게 생겼다.

제10장 [메뚜기, 흑암 재앙]
몇 절의 말씀이며 틀린 단어 한 곳에 밑줄을 긋고 맞게 고치시오.

1. (　　　절) 바로의 신하들은 바로에게 "그 사람들(이스라엘)을 보내어 그들의 하나님 여호와를 섬기게 하소서. 왕은 아직도 애굽이 홍한 줄을 알지 못하시나이까" 말했다(1~11). →
2. (　　　절) 바로가 모세와 아론에게 "바라건대 이번만 나의 죄를 용납하고 너희의 하나님 여호와께 구하여 이 죽음만은 내게서 떠나게 하라"고 부탁했다(12~20). →
3. (　　　절) 메뚜기 재앙 때에 "여호와께서 돌이켜 강렬한 동풍을 불게 하사 메뚜기를 홍해에 몰아넣으시니 애굽 온 땅에 메뚜기가 하나도 남지 아니하니라"(12~20). →
4. (　　　절) 모세가… 손을 내밀매 캄캄한 흑암이 칠일 동안 애굽 온 땅에……(21~29). →
5. (　　　절) 바로가 모세를 불러서 이르되 너희는 가서 여호와를 섬기되 너희의 양과 소는 머물러 두고 너희 장정들은 너희와 함께 갈지니라(21~29).

 →

제11장 [마지막 재앙 선포]
다음 물음에 답하시오.

1. 모세는 애굽 땅에 있는 바로의 신하와 백성에게 어떻게 보여졌는가?(1~3) -
2. 애굽 땅에 있는 모든 처음 난 것으로 죽을 것은? (4~8읽고 답은 5절로) -
3. 여호와께서는 누구와 누구 사이를 구별하시는가?(4~8읽고 답은 7절로) -
4. 모세와 아론이 이 모든 기적을 바로 앞에서 행하였으나 그 결과는?(9~10절) -

제12장 [첫 번 유월절 (출애굽)]
다음 (　　) 안에 알맞은 말을 적어 넣으시오.

1. (　　　절) 이 달을 너희에게 달의 시작 곧 (　　　　)이 되게 하고……
2. (　　　절) 이 달 (　　　　)까지 간직하였다가 해질 때에 이스라엘 회중이 그 양을 잡고……
3. (　　　절) 너희는 그것을 이렇게 먹을지니 허리에 (　　　)를 띠고 발에 (　　　)을 신고 손에 (　　　)를 잡고 급히 먹으라. 이것이 (　　　)이니라.
4. (　　　절) 내가 애굽 땅을 칠 때에 그 (　　　)가 너희의 사는 집에 있어서 너희를 위하여 표적이 될지라. 내가 피를 볼 때에 너희를 (　　　) 재앙이 너희에게 내려 멸하지 아니하리라.
5. (　　　절) 너희는 (　　　)을 지키라. 이 날에 내가 너희 군대를 (　　　)에서 인도하여 내었음이니라 그러므로 너희가 영원한 (　　　)로 삼아 대대로 이 날을 지킬지니라.
6. (　　　~　　　절) 이후에 너희의 자녀가 묻기를 (　　　　　)하거든 너희는 이르기를 이는 (　　　　)라. 여호와께서 애굽사람에게 재앙을 내리실 때에
7. (　　　절) 이스라엘 자손이 (　　　)을 떠나서 (　　　)에 이르니 보행하는 장정이 (　　　) 가량이요…… (　　　절) 이스라엘 자손이 애굽에 거주한지 (　　　년)이라.
8. (　　　절) 너희와 함께 거류하는 (　　　)이 여호와의 (　　　)을 지키고자 하거든 그 모든 남자는 (　　　)를 받은 후에야…… 할례 받지 못한 자는 먹지 못할 것이니라.

[특별문제]
10가지 재앙을 차례대로 외워 쓰시오 (다음 성구 및 '더 살펴보기' 해설 참고).

1. 7:20 -
2. 8:6 -
3. 8:16 -
4. 8:24 -
5. 9:3 -
6. 9:10 -
7. 9:23 -
8. 10:13 -
9. 10:22 -
10. 12:29 -

출애굽기 13~18장 출애굽과 홍해를 건넘

제13장 [구름기둥과 불기둥]
다음 물음에 답하시오.

1. 이스라엘 자손 중에서 사람이나 짐승을 막론하고 다 거룩히 구별하여 여호와께 돌릴 것은 무엇인가? (1~2) -
2. 애굽, 곧 종 되었던 집에서 나온 그 날을 기념하

여 먹지 말 것은?(3~10) -

3. 나귀의 첫 새끼나 이스라엘 자손의 아들 중 처음 난 자는 다 어떻게 했는가?(11~16) -

4. 1) 하나님이 이스라엘을 가나안으로 가는 가까운 '블레셋 사람의 땅의 길'로 인도하지 않은 이유는 무엇인가?(17절) -

2) 하나님이 실제로 인도하신 길은?(17~20) -

5. 모세가 요셉의 유골을 가져간 것은(출 13:19) 요셉의 〈창세기〉 50:(　　　절)의 유언 대로이며, 훗날 가나안의 (　　　)에 장사한 사실을 〈여호수아〉 24:(　　　절)에서 볼 수 있다.

6. 이스라엘이 주야로 진행할 수 있었던 것은 낮과 밤에 무엇이 인도했기 때문인가?(21~22) -

[특별문제]
출애굽의 연대는 크게 두 가지의 다른 주장이 있다(80쪽 해설 참고).

1. 주전 15세기 학설, 〈사사기〉 (　　　:　　　)과 〈열왕기상〉 (　　　:　　　)에 근거한다.

* 출애굽의 연대를 주전 (　　　)년으로 주장(전통 견해).

2. 주전 (　　세기)학설, 〈출애굽기〉 (　　:　　) 근거. 비돔과 라암셋을 (　　　)의 건축물로 본다.

* 출애굽의 연대를 주전 약 1280~1250년경으로 주장(현대 견해).

제14장 [홍해를 육지처럼]
다음 (　　) 안에 알맞은 말을 적어 넣으시오.

1. 이스라엘 자손에게 명령하여 돌이켜 바다와 믹돌 사이의 (　　　) 앞 곧 (　　　) 맞은편 바닷가에 장막을 치게 하라(　　　절).

2. 바로가 곧 그의 병거를 갖추고 그의 백성을 데리고 갈새 (　　　　) 육백 대와 애굽의 모든 병거를 동원하니 (　　　)들이 다 거느렸더라(　　　~　절).

3. 모세가 백성에게 이르되 너희는 두려워하지 말고 (　　　) 서서 여호와께서 오늘 너희를 위하여 행하시는 (　　　)을 보라. 너희가 오늘 본 애굽 사람을 영원히 다시 보지 아니하리라(　　절).

4. 모세가 바다 위로 (　　　)을 내밀매 여호와께서 큰 (　　　)이 밤새도록 바닷물을 물러가게 하시니 물이 갈라져 바다가 (　　　)이 된지라(　　　절).

5. 애굽 사람들을 바다 가운데 엎으시니 물이 다시 흘러 (　　　　)을 덮되 그들의 뒤를 따라 바다에 들어간 바로의 (　　　)를 더 덮으니 하나도 남지 아니하였더라(　　~　　절).

6. 이스라엘이 여호와께서 애굽 사람들에게 행하신 그 (　　　)을 보았으므로 백성이 여호와를 경외하며 여호와와 그의 종 (　　　)를 믿었더라(　　　절).

제15장 [모세와 이스라엘의 노래]
다음 물음에 간단히 답하시오.

1. 1~18절은 누구와 누가 한 노래인가? -

2. 19~21절에 나온 노래는 누가 한 것인가? -

3. 물이 써서 마시지 못하였던 곳의 이름은?(22~23) -

4. 쓴 물이 어떻게 단물이 되었는가?(24~25) -

5. 하나님은 자신을 어떤 여호와로 소개하셨는가?(26) -

6. 엘림에는 무엇이 있었는가?(27) -

제16장 [만나가 내리다]
다음 관계 있는 것끼리 연결하시오.

1. 모세와 아론을 원망하며 • • 가)
2. 여섯째 날에는 • • 나)
3. 너희의 원망은 • • 다)
4. 많이 거둔 자도 남음이 없고 • • 라)
5. 만나라 하였으며 • • 마)
6. 40년 동안 만나를 먹었으니 • • 바)

가) 여호와를 향하여 함이로다
나) 광야로 인도해 내어 온 회중이 주려 죽게 하는 도다
다) 날마다 거두던 것의 갑절이 되리라
라) 깟씨 같이 희고 맛이 꿀 섞은 과자 같았더라
마) 가나안 땅 접경에 이르기까지 만나를 먹었더라
바) 적게 거둔자도 부족함이 없이 각 사람은 먹을 만큼

제17장 [여호와 닛시]
다음 성구 중 (/) 안의 말이 틀린 곳은 =줄을 그어 지우시오.

1. 백성이 모세와 (의논하여 / 다투어) 이르되 우리에게 물을 주어 마시게 하라(절).
2. 모세가 여호와께 (부르짖어 / 원망하며) 이르되 내가 이 (백성 / 무리)에게 어떻게 하리이까? (절)
3. 그 곳 이름을 (맛사 / 마라)라, 또는 므리바라 불렀으니 이는 이스라엘 자손이 (화친했음 / 다투었음)이요(절).
4. 모세가 (아론 / 여호수아)에게 이르되 우리를 위하여 사람들을 택하여 나가서 (아말렉 / 르비딤)과 싸우라(절).
5. 모세가 손을 들면 이스라엘이 (이기고 / 지고) 손을 내리면 (이스라엘 / 아말렉)이 이기더니 (절).
6. 아론과 훌이…… 모세의 (손 / 팔)을 붙들어 올렸더니 그 손이 해가 (지도록 / 뜨도록) 내려오지 아니한지라(절).
7. 내가 (아말렉 / 여호수아의 귀)을 없이하여 (천하 / 이스라엘)에서 기억도 못하게 하리라(절).
8. 모세가 제단을 쌓고 그 이름을 (여호와 닛시 / 여호와 이레)라 하고(절).

제18장 [이드로의 조언]
다음 물음에 답하시오.

1. 모세의 1) 장인 신분은? -
   2) 장인 이름은? -
2. 모세의 아내 이름은? -
3. 두 아들 이름과 그 뜻은?
   1)
   2)
4. 모세가 장인을 맞을 때 어떻게 했는가?(7절) -
5. 백성의 우두머리(천부장~십부장)는 어떤 사람을 뽑았는가?(21, 25절) -

출애굽기 19~24장 시내 산 언약

제19장 [시내 산 도착]
다음 물음에 답하시오.

1. 이스라엘이 시내광야에 이르기까지의 경로를 추적하여 ( ) 안에 지명이나 절수를 쓰시오.
   ① 12:37(라암셋) → ② 12:37( ) → ③ 13:(절, 에담) → ④ 14:(절, 바알스본 맞은편) → ⑤ 15:22 (광야) → ⑥ 15:23( ) → ⑦ 15:27( ) → ⑧ 16:1( ) → ⑨ 17: (절, 르비딤) → ⑩ 19:1( )
2. 다음 사건은 어디에서 있었던 것인지 그 지명을

쓰시오(상기 참고).

1) 애굽에서의 첫 출발지 - (　　　)
2) 구름 기둥, 불 기둥으로 인도 - (　　　)
3) 바로의 군대 추격 - (　　　)
4) 쓴 물을 단물 되게 함 - (　　　)
5) 물샘 12, 종려 70그루 - (　　　)
6) 만나와 메추라기 내림 - (　　　)

3. 이스라엘이 하나님의 말씀을 듣고 언약을 지키면 열국 중에서 어떻게 되는가? 해당되는 것의 번호에는 O표, 관계 없는 것 하나에는 X표 하시오(1~6, 벧전 2:9~10).

1) 하나님의 소유　2) 세계의 통치자
3) 제사장 나라　4) 거룩한 백성

4. 하나님의 강림을 기다리는 일과 관계 있는 것에는 O표, 관계 없는 것에는 X표 하시오(7~25).

1) 성결하게 하며 옷을 빨게 하라
2) 삼 일을 기다려라
3) 나팔을 길게 불거든 산 앞에 이르라
4) 백성을 데리고 산에 오르라

제20장 [십계명을 주심]
다음 말씀은 몇 번째 계명인지를 (　　) 안에 쓰시오. (예: 여섯)

1. 살인하지 말라. - (　　　)
2. 도둑질하지 말라. - (　　　)
3. 네 이웃의 집을 탐내지 말라. - (　　　)
4. 간음하지 말라. - (　　　)
5. 네 부모를 공경하라. - (　　　)
6. 나 외에는 다른 신들을 네게 두지 말라. - (　　　)
7. 안식일을 기억하여 거룩하게 지키라. - (　　　)
8. 네 이웃에 대하여 거짓 증거하지 말라. - (　　　)
9. 너를 위하여 우상을 만들지 말라. - (　　　)
10. 여호와의 이름을 망령되게 부르지 말라. - (　　　)

제21장 [율례를 주심]
다음 물음에 답하시오.

1. 상전이 다른 여자에게 장가 들지라도 여종(아내나 첩이 되었을 것이므로)에게 끊지 말 것 3가지는?(10)

1)　　　　2)　　　　3)

2. 죽여야 할 경우 '죽임', 벌금이나 배상에는 '배상', 놓아주어야 할 경우는 '자유'라 쓰시오.

① 히브리 종은 일곱째 해에는 -(　　　)
② 아버지나 어머니를 치는 자 -(　　　)
③ 사람을 납치한 자(인신매매) -(　　　)
④ 임신한 여인을 쳐서 낙태하게 한 자 -(　　　)
⑤ 종의 눈을 상하거나 이를 빠뜨리면 -(　　　)
⑥ 구덩이로 인해 소나 나귀가 빠지면 -(　　　)

3. 예수께서 〈마태복음〉 5:38에 하신 말씀은 〈출애굽기〉 21:(　　　절)에서 인용한 것이다.

제22장 [손해배상에 대한 율례]
다음 (　　) 안에 알맞은 말을 적어 넣으시오.

1. 도둑질하여 잡거나 팔면 소 한 마리에 소(　　　)로, 양 한 마리에 양 (　　　)로 갚고, 살아 손에 있으면 (　　　)을 배상한다(1~6).

2. 이웃에게 빌려온 것이 임자가 함께 있지 아니할 때에 상하거나 죽으면 (　　　)하려니와, 임자가 함께 있었으면 배상하지 (　　　), 세 낸 것도 배상하지 않았다(7~15).

3. 무당을 (　　　) 말라…… 너는 이방 나그네를 (　　　)하지 말며 그들을 (　　　)하지 말라 너희도 애굽 땅에서 나그네였음이라(16~24).

4. 네가 추수한 것과 네가 짜낸 (　　　)을 바치기를 (　　　) 말지며, 네 (　　　) 아들들을 내

게 줄지며(25~31)

제23장 [삼대 절기]
다음 말이 맞으면 O표, 틀리면 X표 하시오.

1. 다수를 따라야 악을 행하지 않게 된다(1~9).
   - (   )
2. 여섯째 해에는 땅을 갈지 말고 묵혀 두어 가난한 자로 먹게 하라(10~13). - (   )
3. 매년 세 번 지켜야 할 절기는 무교병의 절기(유월절), 맥추절, 수장절이다(14~19). - (   )
4. 너(이스라엘)는 그들(가나안 족속)의 신을 숭배하지 말되 그들의 행위는 본받으라(20~30).
   - (   )
5. 네 경계를 홍해에서부터 블레셋 바다까지, 광야에서부터 강까지 정하고…(31~33). - (   )

제24장 [언약의 확증]
다음 물음에 간단히 답하시오.

1. 모세가 여호와의 말씀과 율례를 백성에게 전하매 백성들의 응답은 무엇이었는가?(1~8)
   (3절) -
2. 모세가 제물의 피를 가지고 백성에게 뿌리며 무엇이라고 했는가?(1~8)
   (8절) -
3. 이스라엘 하나님을 본 자들은 누구누구인가?
   (9~11) -
4. 이스라엘 하나님을 보니 그 발아래는 어떠하였는가?
   (9~11) -
5. 모세와 함께 여호와의 산에 오른 부하(종자 從者: 시중드는 자)는 누구인가?
   (12~14) -
6. 산 위의 여호와의 영광이 이스라엘 자손의 눈에는 무엇 같이 보였는가?(15~18) -
7. 모세는 얼마 동안 산 위에 있었는가?(15~18) -

출애굽기 25~30장 성막의 모양

제25장 [언약궤, 진설병상, 등잔대 (성막 기구)]
다음 물음에 답하시오.

1. 예물은 어떤 마음으로 내는 자의 것을 받도록 했는가?(1~9) -
2. 여호와께서 보여주시는 모양대로 짓도록 한 것은?(1~9) -
3. 1) 궤(증거궤, 언약궤)는 무슨 나무로 짓도록 했는가?(10~22) -
   2) 궤 위에 얹을 것은? -
   3) 궤 속에 넣을 것은? -
4. 1) 상(진설병상)은 조각목(싯딤나무)으로 만들고 무엇으로 쌌는가?(23~30) -
   2) 상의 크기는 어떠하며 미터법으로 환산한 크기는 얼마인가?(1규빗은 약 45cm이다).
   길이: 규빗 (cm)
   너비: 규빗 (cm)
   높이: 규빗 (cm)
   3) 상위에는 무엇을 두도록 했는가? -
5. 1) 등잔대를 만들 때 무엇이 한 덩이로 연결되게 하도록 했는가?(31~40) -
   2) 등잔대에는 등잔 몇을 올려놓도록 만들었는가? -

제26장 [성막의 모양]
다음 서로 관계 있는 것끼리 연결하시오.

1. 성막을, 수놓은 열 폭의 휘장 •   • 가)

2. 성막을 덮는 막, 곧 휘장 • • 나)

3. 막의 덮개 • • 다)

4. 산에서 보인 양식대로 • • 라)

5. 지성소에 있는 • • 마)

6. 휘장 바깥(성소)에 • • 바)

가) 붉은 물들인 숫양의 가죽으로(절)
나) 가늘게 꼰 베실과 청색 자색 홍색실로(절)
다) 염소 털로 만들되 열한 폭을 만들지며(절)
라) 북쪽에 상을, 남쪽에 등잔대를 놓아 (절)
마) 성막을 세울지니라.(절)
바) 증거궤 위에 속죄소를 두고(절)

제27장 [번제단, 뜰]

다음 ( ) 안에 들어갈 말과 해당 절수를 쓰시오.

1. 너는 ( )으로 길이가 ( ) 규빗, 너비가 다섯 규빗의 ( )을 만들되 ( )하게 하며 높이는 삼 규빗으로 하고(절)

2. 네 모퉁이 위에 ( )을 만들되……그 제단을 ( )으로 싸고…(절)

3. 너는 성막의 뜰을 만들지니 ( )을 향하여 뜰 남쪽에 너비가 ( ) 규빗의 세마포 휘장을 쳐서…… 그 북쪽에도 너비가 ( ) 규빗의 포장을 치되…… 서쪽에 너비 ( ) 규빗의 포장을 치되…… 뜰 동쪽의 너비도 ( ) 규빗이 될지며(~ 절)

4. 뜰 주위 모든 기둥의 가름대와 갈고리는 ( )이요 그 받침은 ( )이며(절)

5. 이스라엘 자손에게 명령하여 ( )으로 짠 ( )을 등불을 위하여 내게로 가져오게 하고 끊이지 않게 ( )을 켜되(절)

제28장 [제사장의 의복]

다음 물음에 답하시오.

1. 여호와를 섬기는 제사장 직분을 행하게 될 아론의 아들 4명은?-

2. 다음은 제사장 옷 중에 무엇을 짓는데 대한 설명인지 보기에서 골라 쓰시오.

보기 에봇 받침 겉옷 / 패 / 판결 흉패
속바지 / 에봇

1) 순금으로 노끈처럼 두 사슬을 땋고 그 땋은 사슬을 그 테에 달지니라.-
2) 우림과 둠밈을 그 안에 넣어 여호와 앞에 들어갈 때 그 가슴 위에 있게 하라.-
3) 전부 청색으로 하되…… 옷 가장자리로 돌아가며 한 금방울, 한 석류…… 있게 하라.-
4) 그 위에 새기되 '여호와께 성결'이라 하고…… 위에 매되 곧 관 전면에 있게 하라.-
5) 베로 만들어 허리에서부터 넓적다리까지 이르게 하여 하체를 가리게 하라.-

제29장 [제사장 위임 규례]

다음 물음에 답하시오.

1. 제사장(아론과 그 아들)을 위임하여 거룩하게 하는 순서대로 번호를 쓰시오(1~9).

1) ( ) 관유를 가져다가 그의 머리에 부어 바르고 - (절)
2) ( ) 아론과 그의 아들들을 회막문으로 데려다가 물로 씻기고 - (절)
3) ( ) 무교병과 기름 섞인 무교 과자와 무교 전병을 …… 한 광주리에 담고- (절)
4) ( ) 어린 수소 하나와 흠 없는 숫양 둘을 택하고 - (절)
5) ( ) 의복을 가져다가 아론에게 속옷과 에봇 받침 겉옷과 에봇을 입히고 - (절)

2. 서로 관계 있는 것끼리 연결하시오.

1) 속죄제 • • 가)
2) 번제 • • 나)
3) 아론의 성의 • • 다)

4) 회막문 • 라)

가) 숫양의 각을 뜨고…… 그 숫양 전부를 제단 위에 불사르라
나) 아들들에게 돌릴지니……기름 부음으로 위임을 받을 것이며
다) 송아지를 잡고 그 피를 제단 뿔들에 바르고…… 기름을 취하여 제단 위에 불사르고
라) 내가 거기서 너희와 만나고 네게 말하리라

제30장 [분향단, 물두멍]
다음 ( ) 안에 알맞은 말을 적어 넣으시오.

1. 너는 분향할 ( )을 만들지니… 길이가 ( ) 규빗, 너비가 ( ) 규빗으로 네모가 ( )하게 하고 높이는 ( ) 규빗으로 하며 그 ( )을 그것과 이어지게 하고 - (~ 절)

2. 그 위에 ( )을 사르지 말며 번제나 소제를 드리지 말며 ( )의 술을 붓지 말며 아론이 일 년에 ( ) 번씩 이 ( )을 위하여 속죄하되 - (~ 절)

3. 각 사람은 그들을 계수할 때에 자기의 생명의 ( )을 여호와께 드릴지니(절)…… 성소의 세겔로 ( )을 낼지니(절) …… 속전을 취하여 ( )봉사에 쓰게 하라.- (절)

4. 너는 물두멍을 ( )으로 만들고…… 아론과 그의 아들들이 그 두멍에서 ( )을 씻되 그들이 ( )에 들어갈 때에 물로 씻어 죽기를 ( ) 것이요 (~ 절)

5. 거룩한 관유를 만드는 상등 향품은?(22~28절에 나온 향품 이름만 쓰시오) -

출애굽기 31~35장 금송아지 숭배와 모세의 하산

제31장 [정교한 일꾼]
다음 물음에 답하시오.

1. 성막 건축을 위해 부름 받은 두 사람의 지파와 그 이름은?(1~6)
   1) (지파) ( )
   2) (지파) ( )

2. 이들이 만들어야 할 것들의 목록을 모두 쓰시오 (1~11). -

3. 하나님과 이스라엘 자손 사이에 대대의 표징은 무엇인가?(12~17) -

4. 여호와께서 1) 어디에서 ( ), 2) 무엇을 주셨으며 ( ), 3) 누가 쓴 것인가? ( ) - (18절)

제32장 [금송아지 숭배]
다음 물음에 답하거나, 각 항의 지시대로 O, X로 표 하시오(2~4).

1. 모세가 산에 있는 동안 이스라엘은 무엇을 했는가?
   1) 무엇을 빼서,
   2) 무엇을 만들었으며,
   3) 만든 사람은?

2. 이튿날 그들은 어떻게 했는가?(1~6) -

3. 남북 왕국분열 당시에도 금송아지를 만든 일이 있었다(열왕기상 12:25~33을 읽고 답).
   1) 만든 사람 :
   2) 둔 곳(세운 곳) : ,
   3) 만든 나라(28) :
   4) 출 32:4, 8과 왕상 12:28을 보면 금송아지를 어떤 신으로 믿었는가? -

4. 모세가 하나님께 진노를 돌이키시도록 요구하는 두 가지 이유는 무엇인가?(7~14).

1) 백성들을 다 멸하면 이스라엘이 없어지니까
2) 조상(아브라함, 이삭, 이스라엘-야곱-)들과 의 맹세가 있으니까
3) 그들은 적(애굽)의 조롱이 있을 테니까
4) 이스라엘이 멸하면 모세 자신의 할 일이 없어지니까

5. 모세가 산에서 내려와서 한 일에는 O표, 아닌 것에는 X표(1곳) 하시오(15~35).
   1) 돌판(증거판)을 던져 깨뜨렸다.(　　)
   2) 금송아지를 불살라 부수어 가루를 만들어 물에 뿌려 마시도록 했다.(　　)
   3) 진 문에 서서 여호와의 편에 있는 자는 숨으라고 했다.(　　)
   4) 백성의 죄를 사해주시든지 아니면 주께서 기록하신 책에서 이름을 지워달라고 기도했다.(　　)

제33장 [모세의 기도]
다음 물음에 답하시오.

1. 가나안에는 7족속이 있었는데 본문에 6족속의 이름이 나온다. 그 이름을 쓰시오(1~2).
   1)　　　　2)　　　　3)
   4)　　　　5)　　　　6)
   7) 기르가스
2. 이스라엘이 호렙 산에서부터 그 몸에서 떼어낸 것은?(1~6) -
3. 여호와께서는 모세와 어떻게 말씀하셨는가?(7~11) -
4. 모세가 "이 족속을 주의 백성으로 여기소서"라고 기도했을 때 하나님은 무엇이라 응답하셨는가?(12~23) -
5. 본문 19절을 〈로마서〉 9장 몇 절에 인용했는가? - (〈로마서〉 9:　절)

제34장 [새 증거판]
다음 물음에 답하시오.

1. 다음에서 하나님의 속성에 관한 것은 O표, 아닌 것은 X표 하시오(1~9).
   1) 자비롭고 은혜롭다 (　　)
   2) 노하기를 급히한다 (　　)
   3) 인자와 진실이 많다 (　　)
   4) 인자를 자손 3~4대까지 보응한다 (　　)
   5) 악과 과실과 죄를 용서한다 (　　)
   6) 벌을 면죄하지는 않는다 (　　)
2. 이스라엘이 들어가는 땅(가나안)의 백성과 언약을 세우지 말라는 이유에는 O표, 아닌 것은 X표 하시오(10~17).
   1) 올무가 될까봐 (　　)
   2) 제물을 먹을까봐 (　　)
   3) 통혼하며 큰 민족이 될까봐 (　　)
   4) 여호와를 음란히 섬길까봐 (　　)
   5) 그 신들을 음란하게 섬길까봐 (　　)
   6) 종이 될까봐 (　　)
3. 이스라엘의 삼대 절기는 1) (　　　　), 2) 칠칠절: (　　), 3) (　　)이다(18~26).
4. 모세가 시내 산에서 들고 내려온 두 돌판에는 무엇이 기록되어 있는가?(1~4, 27~35)
   -
5. 모세가 수건으로 얼굴을 가린 이유는?(29~35)
   -

제35장 [여호와께 드린 예물]
다음 물음에 답하시오.

1. 안식일에는 모든 처소에서 무엇을 금했는가? (1~3) -
2. 소유 중에서 여호와께 드릴 것은 무엇인가 목록을 모두 쓰시오(4~9).
3. 여호와께서 명령하신 것을 다 만든 사람은 어떤 자인가?(10~19) -

4. 20~29절 사이에 '가져'왔으며(비슷한 말 포함, 29절 드렸으니)라는 말이 몇 절에 나오는지 모두 쓰시오.(두 번 나오면 두 번 쓸 것) -

1) 2) 3) 4)
5) 6) 7) 8) 9)

5. 다음의 일은 누구를 지명하여 부르시고 맡긴 일인지 그 이름을 쓰시오(30~35).

1) 금과 은과 놋으로 일하게 하며, 보석을 깎아 물리며 나무를 새기는 정교한 일 -
2) 조각하는 일과 청색, 자색, 홍색실과 가는 베실로 수놓는 일과 짜는 일 -

출애굽기 36~40장 성막 건축과 봉헌

제36장 [예물 드림, 휘장(성막을 덮는 막) 제작]
다음 물음에 답하시오.

1. 서로 관계 있는 말로 이어지게 - 줄로 이으시오.

1) 지혜로운 사람
2) 백성이 아침마다
3) 모세가 명령을 내리매

가) 자원하는 예물을 연하여 가져왔으므로
나) 지혜를 얻고 와서 그 일을 하려고 마음에 원하는 모든 자
다) 성소에 드릴 예물을 다시 만들지 말라

2. 다음은 무엇을 만드는데 대한 설명이며(만들었으니), 그 모양을 보인 것(만들되)과 성구를 찾아 적으시오.

보기
〈A〉 휘장(성막을 덮는 막) / 널판 / 휘장(揮帳)
〈B〉 26:1~14 / 26:15~30 / 26:31~37

1) 가늘게 꼰 베실과 청색 자색 홍색 실로 그룹들을 무늬 놓아…… 염소털로 만들되 열한 폭
〈A〉 ( ), 〈B〉 ( )
2) 각 판의 길이는 열 규빗, 너비는 한 규빗 반이며 두 촉이 있어 서로 연결하게 하였으니
〈A〉 ( ), 〈B〉 ( )
3) 그 위에 그룹들을 정교하게 수놓고 조각목으로 네 기둥을 만들어 금으로 쌌으며
〈A〉 ( ), 〈B〉 ( )

제37장 [궤, 상, 등잔대, 단]
서로 관계되는 것끼리 이으시오(4곳 모두 연결).

1. 37:1~9 • • 가) • • 1) • • a)
2. 37:10~16 • • 나) • • 2) • • b)
3. 37:17~24 • • 다) • • 3) • • c)
4. 37:25~29 • • 라) • • 4) • • d)

가) 조각목, 네모 반듯, 뿔, 순금으로 쌌다.
나) 조각목, 금테, 속죄소
다) 조각목, 손바닥 넓이만한 턱, 기구도 순금
라) 순금, 살구꽃 형상, 등잔 일곱

1) 단(분향단)	a) 25:10~22
2) 궤(증거궤)	b) 25:23~30
3) 등잔대	c) 25:31~40
4) 상(진설병상)	d) 30:1~10

제38장 [번제단, 물두멍, 뜰]
물음에 답하시오 : 성막기구 이름(1~3), 사람 이름(4~5), 숫자 쓰기(6~8)

1. 네 모퉁이 위에 그 뿔을 만들되 …… 놋그릇을 만들어 단 사면 가장자리 아래 두되 -

2. 회막 문에서 수종드는 여인들의 거울로 만든 것은? -

3. 서쪽에 포장은 쉰 규빗이라. 그 기둥이 열이요…… 기둥의 갈고리와 가름대는 은이며……

4. 성막(증거막)을 위하여 쓴 재료의 목록을 계산한 사람은? -

5. 재능이 있어서 조각하며 실로 수놓은 사람은?

-

6. 성소 건축비용으로 드린 금은 ( ) 달란트, ( ) 세겔이다(1달란트는 30kg, 1세겔은

11g).

7. 계수된 자가 20세 이상 (　　　)명, 각 사람은 은 (　　　) 세겔을 드렸다.

8. 드린 놋은 (　　) 달란트와 (　　　) 세겔이다.

제39장 [제사장 의복, 성막 완성]
다음 (/) 안에 말 중 틀린 것은 =줄로 지우시오.

1. (성소 / 지성소)에서 섬길 때 입을 정교한 옷을 만들고 (아론 / 모세)을(를) 위해 거룩한 옷을 만들었더라. - (　　　절)

2. 금 실과 청색 자색 홍색 실과 가늘게 꼰 베실로 (흉패 / 에봇)을 만들었으되 - (　　　절)

3. 이 보석들은 (12지파 / 이스라엘의 아들)들의 이름 곧 그들의 (지파 / 이름) 열둘이라. - (　　　절)

4. 에봇 받침 긴 옷을 전부 (청색 / 자색)으로 짜서 만들되 그 옷의 두 어깨 사이에 (간격 / 구멍)을 내고 - (　　~　　절)

5. 순금으로 거룩한 (패 / 관)를(을) 만들고 도장을 새김 같이 그 위에 '여호와께 (성결 / 헌신)'이라 새기고 - (　　　절)

6. 그 마친 모든 것을 본즉 여호와께서 명령하신 대로 (못했으므로 / 되었으므로) 그들에게 (축복 / 저주)하였더라. - (　　　절)

제40장 [성막 봉헌]
다음 (　) 안에 들어갈 말을 보기에서 골라 쓰시오.

보기	구름 / 궤(증거궤) / 위 / 증거판 / 영광 / 둘째 해 / 수족 / 속죄소 / 물두멍 / 첫째 달 초하루 / 제사장 / 불 / 8번 / 9번 / 10번

1. 성막을 세운 때는?(1~2, 17절) - (　　　해) (　　　달　하루)

2. 아론과 그 아들들에게 (　　　)의 직분을 행하게 하라고 하셨다(11~16).

3. 성막 제일 안에 들여놓은 것은 (　　　)인데, 그 속에는 (　　　)을, 그 위에는 (　　　)를 두었다(20~21).

4. (　　　)을 회막과 제단 사이에 두어 아론과 그 아들들의 (　　　)을 씻게 했다.(30~32)

5. (　　　)이 회막에 덮이고 여호와의 (　　　)이 성막에 충만하였다(34~35).

6. 낮에는 여호와의 구름이 성막 (　　　)에 있고 밤에는 (　　　)이 그 구름 가운데 있음을 이스라엘이 보았다(36~38).

7. "여호와께서 모세에게 명령하신 대로……"라는 말이 39장에 (　　　번), 40장에 (　　　번) 나온다.

[특별문제]
성막(출 25:9, 39:32)의 이름을 여러 가지로 부른다. 그 이름을 쓰시오.

1. 출 29:44, 33:7, 39:32 -

2. 출 38:21 -

3. 출 25:9, 대상 6:48 -

4. 대하 24:6(《개역한글판》은 '법막') -

레위기 | 율법서 |

Leviticus

제목에 대한 해설

〈레위기〉는 율법서의 세 번째 책으로 오경의 다른 책들과 마찬가지로 이 책의 첫 낱말인 '바이크라('그리고 그가 불렀다'라는 뜻)'로 제목이 붙여졌다. 그러나 70인역은 이 책이 레위 지파의 역할과 밀접한 관계가 있다는 이유로 '레위티콘(Levitikon: 레위 지파에 관한)'이라 바꾸었다. 이 제목은 나중에 영어권을 비롯한 현대어 번역 성경에 이어졌다. 한글 성경도 역시 '레위기'라는 제목을 붙이고 있다.

저자 및 저작 연대

본서는 전통적으로 모세의 저작으로 보아 왔고 주전 1445년 성막 봉헌 후부터 주전 1406년 모세의 죽음 사이에 기록된 것으로 보아 왔다. 모세 저작설은 성경 내적인 증거가 많다.

그러나 현대의 견해들은 기본 전승은 모세로부터 왔으나 후대의 여러 사람들에 의해 편집된 것으로 보며, 특히 바벨론 포로기를 지목한다.

역사적 배경

십계명을 중심으로 하는 시내 산 언약은 하나님의 구원 은총에 어떻게 섬기며 살 것인가를 규정하고 있는데 〈레위기〉는 그 중에 하나로서 구원받은 이스라엘이 어떻게 하나님을 섬길 것인지, 특히 성막에서 어떻게 제사를 드리며 생활 속에서 어떻게 성결함을 가지고 거룩해야 하는지를 가르쳐 주고 있다(레 19:2). 즉 거룩함을 이루는 방법으로 삶 속에서 발생하는 죄의 영향력을 제사를 통하여 어떻게 제거하며(거룩한 예배), 거룩하신 하나님과 교통하기 위해 일상생활에서 어떻게 거룩함(거룩한 생활)을 이루어야 하는지의 두 가지 문제를 집중적으로 다루고 있다.

제2년 1월 1일에 성막이 세워진 후 시내 산을 떠나기 전까지의 기간인 출애굽 제2년 2월 20일 전까지 하나님께서는 모세에게 〈레위기〉의 말씀들을 주셨다.

구조 및 주요 내용

〈레위기〉는 하나님께 제사드리는 것과 일상생활 속에서 거룩하게 살아가는 것과 관련된다.

1~7장은 다섯 가지 제사에 대한 규례로서 희생 제물을 통해 죄를 용서받는 것을 말한다. 더 나가서 하나님을 기쁘시게 하여 하나님과 올바른 관계를 유지하려는 데 그 목적이 있다.

8~10장은 제사장의 임명과 위임식의 규정으로서 제사 규례를 따라 백성과 하나님 사이를 중재하는 제사장의 사역과 관계된다.

11~16장은 정한 것과 부정한 것의 구별 및 부정한 것의 처리 방법에 관한 규정과 속죄일에 관한 규정을 포함하고 있다.

17~26장은 '성결법전'으로 속죄함을 받은 이스라엘 자손이 성결한 생활을 영위하기 위하여 지켜야 할 것들이다.

27장은 부록에 해당하는 것으로 서원 예물과 십일조에 관한 규정을 추가하고 있다.

교훈과 메시지

(1) 이스라엘의 제사와 오늘의 예배

1~7장에 나온 번제, 소제, 화목제, 속죄제, 속건제는 5대 제사로서 신약 시대 이후를 사는 우리가 구약 제사의 의미를 오늘의 예배에서 회복하여 온전한 헌신과 속죄, 감사와 충성, 화해와 친교, 부지중에 지은 죄와 남에게 입힌 손해에 대한 속죄와 손해 보상 등의 기본 정신을 실천에 옮길 수 있다.

(2) 이스라엘의 주요 절기(축제)들

17~26장의 성결 법전 중에서 23장의 이스라엘의 순례 축제인 유월절, 맥추절, 초막절은 남자들이 참여할 수 있는 것으로 규정되어 있으나(출 23:17, 34:23, 신 16:16), 실제로는 여자를 포함한 온 가족이 참여하였다(신 16:11, 14, 31:11~12). 이 순례 축제들은 행진과 춤과 공동 식사와 잔치들의 오락적인 요소도 갖추고 있었다(암 5:21, 23, 8:10, 사 30:29, 신 16:11~14). 이 세 축제는 농경 사회에 그 기초를 두고 있는, 추수기 전체를 포괄하는 하나의 순환 과정을 형성하고 있다.

(3) 희년 제도의 의미

희년 제도는 '성결법전'에 속한 〈레위기〉 25장에 나타난다. 50년째 되는 해인 희년(禧年)은 우리 말로 '기뻐 외치는 소리', '환호성'을 뜻하는 라틴어 '유리리우스'와 관계가 있어 보인다. 영어에서는 면제년으로도 번역하는데, 〈신명기〉 15:1~2에서 다른 히브리어를 '면제년'으로 번역한다. 희년은 토지의 회복, 가옥의 회복. 노예 해방 등 세 가지 중심 내용을 가지고 있다.

레위기 1~5장

제사의 규례 (중요구절 레 1:4)

5대 제사에 관한 말씀이다. 번제는 헌신의 표로 제물 전체를 불태웠다(1장). 소제는 곡물을 제물로 드리는 피 없는 제사인데, 실제로는 번제와 화목제에 덧붙여 드렸다(2장). 화목제는 감사와 서원과 낙헌의 제사이며(3장), 하나님께 지은 죄를 속하는 속죄제(4장), 사람과 성물에 대하여 지은 죄를 속하는 속건제(5장)가 5대 제사이다.

1. "번제"(1:3)는 제물을 온전히 태워 하나님께 헌신을 나타내는 제사이다. 번제물을 드리는 자는 제물에 "안수할지니"(4절)라 하였는데 이는 자신을 대신하여 짐승을 제물로 드려 일체화시키는 행위이다(출 29:10). 하나님께서 예수 그리스도를 제물로 삼으셨으므로 모든 그리스도인들은 죄를 용서받을 수 있는 보증이 된다(롬 3:25-26). 火祭(화제)를 통해 "여호와께 향기로운 냄새니라"(9절)는 것은 제물을 마치 하나님께서 드시는 음식처럼 묘사하였다(3:11 창 8:21). 희생이 되신 그리스도는 하나님께 "향기로운 제물"로 묘사되었다(엡 5:2). 성도는 삶 자체가 향기로워야 한다(고후 2:15).
2. 번제로 드려지는 짐승은 소, 양, 염소, 비둘기였다(1:3, 10, 14). 즉 예배자의 형편에 따라 드렸다. 소를 드릴만한 능력이 있는 사람이 비둘기를 드리고는 하나님의 은혜를 기대할 수 없었고, 비둘기밖에 드릴 힘이 없는 사람은 그것만으로도 훌륭한 제물이 되며 은혜를 사모할 수 있었다. 교회를 섬기는 것도 형편대로 힘껏 드리는 것이다(고후 8:2~3). 과부의 두 렙돈처럼(막 12:41~44).
3. "소제물의 남은 것" 즉 소제물로 가져온 기름 섞은 가루와 유향 중에서 한줌 제단에 바쳐진 것 이외의 것은 제사장과 그 가족에게 드려 양식이 되게 했다(2:2~3). 이는 레위 지파에게는 토지나 기타의 분깃이 없었기 때문이다. 거제나 요제로 드려진 것(민 18:8~11)과 첫 열매로 드려진 성물은 모두 제사장의 몫으로 주어 그들이 생계에 걱정하지 않고 성막 봉사에 힘쓰게 하였다. 오늘날 이 땅의 목회자 중에는 양식이 없는가 하면, 사치에 빠진 경우도 있으니 하나님이 기뻐하시겠는가?

1
번제(燔祭)
제물을 불사름

2
소제(素祭)
곡물을 드림

3
화목제(和睦祭)
하나님과 교제 회복

4
속죄제(贖罪祭)
사죄를 위해 드림

5
속건제(贖愆祭)
사회적인 범죄의 죄속

4. "속건제"(5:14~19)는 속죄제(4:1~13)와 비슷하지만 별개의 제사이다. 속건제를 통하여 "여호와의 성물에 대하여 부지중에 범죄"(5:15)한 것을 사함 받는다. 곧 성소 내지 제사장에게 바친 것(첫 열매, 십일조)을 가로채었을 경우 "성물에 대한 잘못을 보상하되 그것에 오분의 일을 더하여"(16절) 드려 사함을 받는다. 오늘날에도 하나님의 것은 하나님에게 드림을 게을리하면 안 된다.

더 살펴보기

내용 분해

– 하나님께 나아가는 길
1~7장 – 제사를 통하여
8~10장 – 제사장을 통하여
11~16장 – 성결하게 함으로

– 하나님과 동행하는 삶
17~22장 – 실제적 생활 규례
23~26장 – 절기에 대한 규례
27장 – 서원에 대한 규례

1. 〈레위기〉 내용

〈레위기〉는 성막을 봉헌(출 40장)하고 이곳에서 행할 제사 예법과 제사장의 성결 문제, 그리고 절기의 규례에 대한 가르침이 필요했다. 이스라엘이 어떻게 하나님을 섬길 것인가에 대하여 주신 말씀이다.

2. 제사에서 제물은 죽여 피 흘림이 있었다(레 1~7장, 17장)

〈레위기〉의 5대 제의를 보면 2장의 소제 외에는 짐승의 피를 겸했다. "피가 죄를 속(용서)하느니라"(레 17:11) 하였고, 또한 "피로써 정결하게 되나니 피 흘림이 없은즉 사함이 없느니라"(히 9:22)는 말씀과 같이 피를 통한 속죄 개념은 성경 전체에 면면히 흐르고 있다. 범죄한 아담과 하와를 위한 가죽옷은 짐승의 피를 흘려야 했고(창 3:21), 모리아 산에서도 이삭을 위해 한 양이 피를 흘려야 했다(창 22:13). 유월절의 어린양의 피(출 12:21~22)와 성전에서 매일 드려진 짐승의 피의 제사(레 1~7장), 마지막으로 예수 그리스도께서 십자가에서 흘린 피는 인류의 구속을 위한 것이었다(요 1:29, 마 26:28).

3. 레위기의 5대 제사(레 1~7장)

5대 제의는 다음 두 가지의 범주 안에 포함된다.

(1) 하나님과 거룩한 교제를 유지하기 위한 목적의 제사로 번제, 소제, 화

목제가 여기에 해당된다. 붉은 암송아지를 드렸다는 〈신명기〉 19장의 내용도 여기에 해당된다.

(2) 하나님과 단절된 교제를 회복하기 위한 목적으로 드리는 제사는 속죄제, 속건제가 해당된다.

	명칭	제물	성경	의미
5대 제사	번제	송아지, 숫양, 비둘기, 염소	레 1장, 6:8~13, 8:18~21, 16:24 출 29:38	헌신의 표로서 제물 전체를 불 태워 드리는 제사이다.
	소제	곡물, 밀가루, 무교병	레 2장, 6:14~23	번제, 화목제 등 다른 제사와 더불어 드리는 제사이다.
	화목제	소, 양, 염소	레 3장, 7:11~36	백성과 하나님의 교제를 회복시키는 제사이며 감사제이기도 하다.
	속죄제	송아지, 염소(암수)	레 4:1~5:13, 6:24~30	사죄의 목적과 하나님과의 관계 회복을 위해 드려지는 제사이다.
	속건제	숫양	레 5:14~6:7, 7:1~10	주로 성막과 성물, 그리고 이웃에게 손해를 입혔을 때 드리는 제사이다.
제사방법 및 기타	요제	희생, 제물의 바른 편	레 7:30, 8:27 출 29:26~27	하나님께서 제사장에게 주시는 뜻이다(흔들어서 제사하는 방법).
	거제	희생, 제물의 바른 편	레 7:14, 7:32	하나님께서 제사장에게 주시는 뜻이다(들어올려서 제사하는 방법).
	위임제	곡식 가루	레 8:1~10	제사장직 위임식

레위기 6~10장

제사장의 성별 (중요구절 레 10:3)

각종 제사에 대한 세부 규정을 통하여 제사장의 직무를 가르쳐 주고 있다(6장). 앞장에 이어 속건제와 화목제에 대한 규례와 제사장이 몫과 제물을 먹는 규례에 대해 가르쳐 준다(7장). 아론과 그의 아들들의 제사장 위임식이 이레 동안 행해지고(8장), 여덟째 날에 제사장으로서의 직무를 시작했다(9장). 아론의 아들 제사장인 나답과 아비후가 여호와께서 명령하시지 아니하신 다른 불로 분향하다가 죽임을 당한다. 제사에 따른 소득에 관한 규례에 대해 말한다(10장).

1. 소제(素祭)는 곡물로 드렸다. "소제의 고운 가루 한 움큼과 기름과 소제물 위의 유향을 다 가져다가 기념물로 제단 위에 불살라 여호와 앞에 향기로운 냄새가 되게"(6:15, 2:2)하라 하였다. 알갱이가 잡히지 않는 '고운 가루'로 드려야하듯이 인간적인 거친 감정이 튀어나와서는 하나님

6
제사에서 제사장의 직무
제사장을 통해 여호와께

7
제사장의 몫
속건제, 화목제의 규정

8
제사장의 위임
아론과 그 아들들

9
아론의 첫 제사
속죄제, 번제, 화목제

10
나답과 아비후의 죽음
여호와께서 명령하시지 아니하신 다른 불

께 드려질 수 없고, '유향'을 더하듯이 삶에 향기를 나타내야 하며, '불살라'라는 가르침처럼 온전히 하나님께 헌신하는 삶을 하나님이 향기로운 제물로 받으신다.

2. 제사장의 위임식에서 제물의 피를 아론과 그 아들들에게 발랐다(8:23). 이것은 모든 제사장들이 피의 능력 아래 있어야 함을 말한다. 오른쪽 귓부리에 바른 것은 하나님의 말씀을 듣고 복종해야 함을 상징하고, 오른쪽 엄지손가락은 올바로 하나님의 일을 행하고 섬겨야 함을 상징한다. 오른쪽 엄지발가락은 하나님의 명령과 법령 속에서 행해야 하며 불평하지 않고 성소의 뜰에 서야함을 상징했다. 결국 우리의 모든 것을 헌신해야 함에 대해 가르쳐 주고 있다.
3. 나답과 아비후는 불이 나와 그들을 불살라 죽게 했지만(10:2), 아론이 제사를 드렸을 때는 "불이 여호와 앞에서 나와 제단 위의 번제물과 기름을 사른지라. 온 백성이 이를 보고 소리 지르며 엎드렸더라."(9:24) 하였다. 놀라서 소리 지른 것이 아니라 하나님의 응답에 기뻐서 소리를 지른 것이다. 같은 예배를 드리고도 은혜를 받는 사람도 있고 은혜를 쏟는 사람도 있다.
4. 제사장으로서 첫 직무를 수행하던 아론의 두 아들 나답과 아비후는 "여호와께서 명령하시지 아니하신 다른 불"로 분향하던 중 하나님의 형벌을 받아 죽었다(10:1~2). 하나님께 나아가는 자의 불성실과 불경건이 얼마나 무서운 죄인지를 말해 준다. 예배하는 자에게는 언제나 영과 진리가 요구된다(요 4:24). 열심보다 중요한 것은 '하나님께서 명령하신 대로' 행하는 것이다.

더 살펴보기

1. 제사에 대하여

(1) 제사라는 개념이 이질적이고, 원시종교처럼 보인다. 역사학자 토인비는 세계를 다녀 본 후 '종교 없는 종족이 없더라'고 했듯이 모두 제사

형식의 종교를 가지고 있으나 문명과 더불어 제사가 제거되고 있다. 그렇다면 하나님의 말씀 안에 보존되어온 이스라엘의 제사 제도를 어떻게 보아야 하는가?

(2) 이스라엘의 제사들은 진노한 신을 진정시키기 위한 인간의 시도가 아니었고 언약 관계의 일부였다. 또한 제사는 하나님의 율법에 기초하고 있으며, 따라서 매우 엄밀하게 규정되어 있다는 점에서 다른 제도들과 달랐다. 또한 제사 드리는 사람의 올바른 내적 태도를 강조한다는 점에서도 달랐다.

(3) 십자가에서 죽으신 예수 그리스도의 피흘림(제사)에 의해 구원받는 것과 마찬가지로, 구약시대의 백성들은 하나님의 심판으로부터 구원해 줄 최상의 제사를 드렸다. 각종 제사는 그들이 앞으로 오실 그리스도의 구원하시는 은혜를 경험으로 알도록 도와주었다. 그것을 어렴풋하게 깨달았지만 제사는 그들에게 "세상 죄를 지고 가는 하나님의 어린양"(요 1:29)을 나타내었다. 〈히브리서〉 기자는 갈보리에서 죄를 덮어 가렸다는 것을 설명했다(히 9:26~28). (일부 자료는 David Pat Alexander, 《Lion Bible Handbook》에서 인용)

제사장 복장을 갖춘 모습
제사장은 이스라엘 백성의 영적 지도자였다. 레위 지파 아론의 후손들로 입는 옷도 달랐다(레8~10장).

2. 제사를 드리는 방식에는 몇 가지가 있다(레 1:9, 7:30, 32, 23:13).

(1) 화제(火祭 → 불 화, 제사 제) - 제물을 불태워 그 향기를 여호와께 드리는 제사이다(레 1:9, 13 등).

(2) 전제(奠祭 → 제사지낼 전) - 제물에 포도주를 붓는 의식으로(레 23:13, 18, 37 등) 바울은 자신의 순교를 이 관제(전제)에 비유했다(빌 2:17).

(3) 요제(wave offering: 搖祭 → 흔들 요) - 제사장이 손위에 제물을 올려놓고 제단 앞에서 앞뒤로 흔들어 드리는 제사이다(레 7:30).

(4) 거제(heave offering: 擧祭 → 들 거) - 제물을 여호와 앞에 높이 쳐들었다가 다시 아래로 내린다. 요제의 제물인 가슴 부분과 거제의 제물 뒷다리는 제사장 몫이 되었다(레 7:32).

돌제단과 네 귀의 뿔 (브엘세바)
번제단이나 향단의 네 귀퉁이에 있는 뿔로서 제물의 피를 그 위에 발랐다(레 4:7, 18, 25, 출 29:12). 또한 뿔에 희생제물이 될 짐승을 메기도 했다.(시 118:27). 제단뿔을 잡으면 죽음을 모면하기도 했다(출 21:12~14, 왕상 1:50~52, 2:28). 이스라엘 브엘세바에서 출토된 것으로 근동지방에는 이러한 제단들이 널리 보급되어 있었던 것으로 보인다.

11
먹을 만한 짐승
너희도 거룩할지어다

12
산모의 정결 규례
해산 후에는 속건제물

13
나병에 대한 규례
여러 증상에 따른 진단법

14
나병환자의 정결
다시 공동체 안으로

15
유출에 대한 정결
성적인 피조물의 새로운 회복

16
대속죄일의 규례
대제사장이 일 년에 한 번

3. 회막에 들어갈 때 금주(10:8~11)

"회막에 들어갈 때에는 포도주나 독주를 마시지 말라 그리하여 너희 죽음을 면하라"(10:9)는 말씀은 성소봉사는 맑은 정신으로 해야 하기 때문이다. 이를 어기는 사람은 거룩함을 속된 것으로 만들어버리므로 죽음을 경고했다(10절). 이와 동시에 '술취함'이 중요한 역할을 하는 이스라엘 주변의 '다산(多産) 종교의식'(가나안의 풍요는 바알이 주는 것으로 여겨 '바알의 땅과 혼인'하는 것을 난잡한 잔치를 벌려서 음주를 하고 신전창녀와 관계를 맺으므로 재연을 한다)을 거부한다는 뜻이 있다. 이러한 규례는 제사장 아론이 백성들에게도 가르쳤다(11절).

레위기 11~16장

정결(淨潔)과 부정(不淨)의 성결
(중요구절 레 11:14)

레위기 1~10장까지는 제사 제도와 그 직을 수행해야 하는 제사장에 관한 규례들이다. 즉 여호와께 나가는 길과 친교의 삶에 대한 언급이었는데 여기에는 하나님과의 교제에 있어 방해가 되는 것에 대해 언급하고 있다. 정결(淨潔)한 것과 부정(不淨)한 것에 대한 규례를 가르쳐 주고 있다. 음식에 대한 정결(11장), 산모의 정결(12장), 나병의 진단에 대한 세부 사항(13장)과 나병이 나았을 때의 정결 규례(14장), 그리고 유출에 관한 정결법을 가르쳐 준다(15장). 대제사장이 일 년에 한 번 지성소에 들어가 죄를 속하는 대속죄일에 대해 말한다(16장).

1. 모세 당시의 허술한 위생환경으로 미루어 볼 때 '성결법전'들은 위생상으로 대단히 가치가 있다. 구약시대에는 외적인 정결을 통하여 내적 성결에 이르도록 하여 음식에도 여러 구별을 두었으나(11장) 예수 그리스도를 통한 하나님의 은혜의 물결은 율법을 덮었다. "하나님께서 지으신 모든 것이 선하매"(딤전 4:4) "아무도 속되다 하거나 깨끗하지 않다 하지 말라"(행 10:28)고 하셨다. 그러므로 음식에 제한을 둘 수는 없지만, 덕과 하나님의 영광을 위한 것이 되도록 해야 한다.
2. 모든 나병(13~14장)을 천형(天刑)으로 생각하는 유대인들의 생각은 비

성서적이다. 다만 특별한 경우에 병을 통한 섭리가 있어서 오직 회개를 통해서만 치유되는 때가 있다(모세의 누이 미리암, 유다 왕 웃시야). 그렇다고 우리가 병든 사람을 모두 정죄하는 이단적인 행태는 덕스럽지도 못하거니와 하나님 앞에도 바른 태도가 될 수 없다.

3. '정결법전'(11~15장) 중에서 "내가 거룩하니 너희도 거룩할지어다"(11:45) 라고 하신다. 하나님이 거룩하심은 지극히 당연하지만, 한계를 지닌 백성들에게 이것을 요구하는 것은 가혹한 것처럼 느껴진다. 그러나 이 요구를 하시는 것은 "나는 너희의 하나님이 되려고 너희를 애굽 땅에서 인도하여 낸 여호와라"(11:45) 하시므로 명확하다. 사랑하는 자에 대한 당연한 요구이다.

4. 아론이 성소에 들어갈 때는 복장이나 예물의 준비와 절차가 복잡했다. "아론이 성소에 들어오려면 수송아지를 속죄제물로 삼고 숫양을 번제물로 삼고"(16:3). 그러나 신약의 성도는 예수 그리스도의 대속에 감사한다. "그러므로 우리는 긍휼하심을 받고 때를 따라 돕는 은혜를 얻기 위하여 은혜의 보좌 앞에 담대히 나아갈 것이니라"(히 4:16)는 말씀에 힘을 얻는다.

더 살펴보기

1. 정한 짐승과 부정한 짐승(레 11장, 신 14장)

정한 짐승(먹을 것)과 부정한 짐승(먹지 못할 것)의 목록들은 금세기에 발견된 것들도 있고 정확히 어떤 짐승인지를 모르는 것들도 있으며 위험한 질병을 옮기는 것도 있다. 대략 다음과 같이 다섯 그룹으로 나눌 수 있다.

(1) 육지동물 - 반추동물, 혹은 굽이 갈라지고 되새김질을 하는 동물들로 알려져 있고 현대에도 중요한 육식을 제공한다. 되새김질을 하지 않는 동물은 금기시 되었는데, 질병을 옮기는 것 때문이었을 것이며 광야의 위생상 변질이 매우 쉬운 탓과 이방 종교의 제물이라는 영향도 있었을 것이다.

'의식적인' 율법에 대하여(레 11장)
신약시대에 이르러 주님께서는 베드로에게 새 언약 아래에서는 정결한 것과 부정한 것 사이의 장벽이 더 이상 의미가 없음을 분명히 밝혀 주셨다(행 10:9~15, 11:5~9). 오늘날 우리는 〈레위기〉에 나온 규례에 얽매이지 않는다. 교회가 더 이상 이스라엘에게만 한성되시 않듯이 교회는 부성에 내한 그 모든 '의식적' 율법의 제한도 받지 않는다. 그 이유는 그리스도께서 그 모든 율법들을 단번에 이루어 주셨기 때문이다. 그렇다고 해서 〈레위기〉의 율법이 오늘 우리 시대에 아무런 가치가 없다는 말은 아니다. 오히려 그것들은 하나님의 계시의 일부이며 거기에 주의를 기울여야 한다. 하나님께서 자기 백성을 어떻게 양육하시며, 그들이 어떻게 이방민족과 다른 거룩한 백성인가를 깨닫게 해주신다(출 19:6).

사마리아譯 오경 두루마리
주전 72년 베스파시아누스에 의하여 건설된 도시인 사마리아 그리심 산 기슭의 나블루스의 한 회당에 보관되어 있다.

(2) 새의 종류 - 금기된 것 외에는 먹을 수 있었으나 정확한 것을 몰라 여러 이름으로 번역되었다. 맹금류와 까마귀 종류와 썩은 고기나 육식을 하는 새들은 금기시 되었다.

(3) 파충류 - 〈레위기〉 11:29~30의 목록은 금지된 파충류이며, 42절의 '배로 밀어 다니는 것'은 뱀으로 금기시 되었다.

(4) 물고기 - 실제 이름은 나오지 않으나 '물에 있는 모든 것'(11:9) 중에 포함된다. 정한 것은 지느러미와 비늘이 있는 것이어야 하므로 오직 일반 물고기만 해당이 되었고, 갑각류와 조개류는 배제되었다.

(5) 곤충 - 종류가 많음에도 불구하고 동물성 단백질이 부족한 나라에서도 불과 몇 가지만 먹는다. 메뚜기, 베짱이, 귀뚜라미, 팟종이로 한 쌍의 뛰는 다리를 가진 것들이다. 메뚜기는 고단백질과 칼로리 함량이 많아서 훌륭한 식품이다. (죠지 켄스데일[George Cansdale], 《The Lion Bible Handbook》의 글을 요약 인용)

2. 열두 해를 혈루증 앓던 여인의 유대적 시각(레 15장, 마 9:20~22)

(1) 〈레위기〉 15장을 통하여 보면 혈루병 앓던 여인의 고통이 얼마나 컸던가를 짐작할 수 있다. 그녀는 육체적인 질병의 고통과 함께 율법적으로 부정하다고 정죄 받아야 하는 양면의 고통을 받았다.

(2) 15장은 ① 남자의 장기적인 유출(1~15), ② 남자의 일시적인 설정(정액 방출 16~18), ③ 여자의 월경(19~24), ④ 여자의 장기적인 유출병(25~30)에서 혈루증 여인은 ④에 해당하는 장기적인 유출병(하혈)으로 보인다.

(3) 15장을 통하여 인간의 은밀한 부분까지 의식적인 규정을 통하여 위생과 건강에 관심을 가지고 지도하시는 하나님의 자비를 보게 된다.

성결 규례 (Holiness Code) (중요구절 레 19:2)

피에 관한 규례를 통하여 제사장 외에는 제사를 드릴 수 없고 회막문 외에서는 짐승을 잡을 수 없고 제사도 드릴 수 없다(17장). 애굽이나 가나안과는 다른 성 윤리를 제시하고(18장), 선택된 백성이 법도와 사회규범을 통해 정의와 사랑을 실천하고 성결한 삶을 살도록 가르쳐 준다(19장). 거룩해야 하는 백성들의 사형에 해당하는 죄에 대하여(20장), 제사장의 성결한 생활과 제물들에 대해 가르치고 있다(21~22장).

1. 하나님은 이스라엘에게 애굽과 가나안의 풍속과 규례를 따르지 말라(18:3)고 하셨다. 애굽과 가나안의 문화는 모두 우상숭배와 음란한 삶이 문제였다. 어느 시대나 애굽과 가나안의 문화 같은 것은 계속 되어왔다. 그러기에 바울 사도도 이 세대를 본받지 말라고 하였다(롬 12:2).
2. 화목제물을 드릴 때에 기쁘게 받으시도록 드리라고 했다(19:5). 우리의 삶에 하나님의 것이 아닌 것이 있었던가? 하나님께 드릴 때는 그 예물이 무엇이든 기꺼이, 기쁨으로, 감사함으로!
3. 〈레위기〉 19장에 나온 "경외하라"는 말씀처럼 부모와 하나님과 노인에게 '공격'하지 말고 '공경(恭敬)'해야 한다. 본문은 "부모를 경외하고"(3절), "하나님을 경외하라"(14절), "노인의 얼굴을 공경하며"(32절)라고 분명하게 말씀하신다. 이 말씀을 듣는 사람들의 실천이 중요하다.
4. 약한 자, 가난한 자, 장애인, 억울한 자들을 향한 하나님의 관심을 19장에서 보게 된다. "네 백성 중에 돌아다니며 사람을 비방하지 말라"(19:16). 남을 함부로 비방, 즉 남을 중상모략 하는 일을 금하고 있다. 이들의 특징은 돌아다니는 데 있다. 요즘은 몸이 돌아다닐 시간이 없을 경우 전화나 인터넷으로 돌아다니기도 한다. 남의 명예를 훼손하며 헐뜯는 것이 심각한 죄악임을 인식하는 자만이 그 입술이 아름답게 변할 수 있다. 비만과 인간관계도 '입만 참으면' 좋아진다.
5. 하나님께서는 "내 성호를 속되게 하지 말라 나는 이스라엘 자손 중에서 거룩하게 함을 받을 것이니라"(22:32)고 하셨다. 하나님은 교회에서만, 집 안에서만, 그리스도인들의 모임에서 만의 하나님이 아니라 이스라엘(세계중심 개념) 중에서 대접받기를 원하시는 하나님이시다. 우리가 기

17
피에 관한 규례
피가 죄를 속하느니라

18
성 윤리에 대한 규례
애굽과 가나안의 풍속을 따르지 말라

19
거룩한 백성의 성결한 삶
거룩하라.
하나님이 거룩함이니라

20
죽음에 해당하는 죄
인신제사, 부모저주, 신접자

21
제사장의 성결 규례
신체보존, 처녀와 결혼, 육체적 완전

22
제사장의 성물에 관한 규례
나는 너희를 거룩하게 하는 여호와니라

분이 좋을 때뿐 아니라 상황이 어렵고 기분 나쁜 일을 만났을 때도 하나님을 원망하지 않는 것은, 하나님은 거룩하게 함을 받을 분이시기 때문이다.

성결법전(聖潔法典, Holiness Code)에 대하여

성결법전(성결규례, 정결예법)은 1877년 독일학자 클로스터만(A. Clostermann)에 의해서 〈레위기〉 17~26장에 적용된 이름이다. 내용이 권유적(勸諭的)이고 윤리적인 행동과 결례(정결)에 대한 규정들을 포함하며 하나님을 1인칭으로 소개한다. 예를 들면 "……너희는 거룩하라. 이는 나 여호와 너희 하나님이 거룩함이니라"(19:2, 20:26)와 같은 형식으로 기록되어 있다(Richard N. Soulen, 《Handbook of Biblical Criticism(성서비평사전)》, John Knox Press).

더 살펴보기

1. 〈레위기〉의 두 주제인 '피'와 '거룩'

〈레위기〉의 주제 성구 두 가지는 (1) "생명이 피에 있으므로 피가 죄를 속하느니라" (17:11)와 (2) "너희는 거룩하라. 나 여호와 너희 하나님이 거룩함이니라"(19:2)이다. 하나님은 당신의 백성들에게 거룩하기를 요구하시면서 당신 자신이 거룩하시기 때문임을 말씀하신다. '거룩'(히: 콰도시, 헬: 하기오스)은 '분리'라는 뜻이다. 즉 모든 부정과 죄악으로부터 떨어져 분리되어야 하는 것이 거룩이다. 거룩하신 하나님과의 교제는 거룩한 백성의 필요한 조건이다('피'에 대해서는 〈레위기〉 1~5장 '더 살펴보기' 참고).

2. "아사셀을 위하여"(레 16:7~10)라는 개념은 이해가 어렵다.

'여호와를 위하여'와 '아사셀을 위하여'는 대칭 구조이다.

(1) '아사셀'은 히브리어 '아자젤'의 음역인데, 이 말은 '염소'를 가리키는 '에즈'와 '가버리다, 사라지다'의 뜻이 있는 '아젤'의 합성어이다. 그러므로 아사셀은 '내어 보냄의 염소' 또는 '속죄의 염소'라는 뜻이다(외경 〈에녹서〉 10:5에 아사셀은 '초자연적 존재'이다).

(2) 아사셀은 귀신이나 악령을 나타내는 '아잘젤'이 유음화된 것으로 '악령에게 보내지는 염소'라는 뜻으로 이해하기도 한다. 그럴 경우 마귀에 대한 보상적 속죄설(인간이 마귀에게 종이 되었으므로 인간의 구원을 위해 마귀에게 희생제물로서 보상한다는 구원론)을 인정하는 것이 되어 달리 해석하려는 시도도 있다. 〈레위기〉 16:22을 보면 조금 더 분명해진다.

(3) 위의 (1), (2) 어느 견해를 취한다 해도 이스라엘 백성의 죄를 담당하여 광야로 나가는 염소를 의미한다. 무죄한 짐승(아사셀 염소)이 죄를

대신 짊어지고 가서 없애게 하는 것은 세상 죄를 짊어지고 골고다로 가신 예수 그리스도(롬 3:24~25, 요 1:29)의 사랑의 행위를 상징한다는 것이 일반적인 해석이다. (참고문헌. 독일성서공회판《관주해설 성경》, UBS 세계성서공회판《굿뉴스 스터디 바이블》,《강병도 QA 시리즈》,《마스터 성경》,《일본 신성서 주해》,〈2005 한국구약학회 학술세미나 발제 및 자료〉 등〉.

3. 그리스도와 아론의 대제사장 직에 대한 비교

비교 / 내용	이스라엘의 대제사장직 (레위기 16장)	그리스도의 대제사장직 (히브리서 9장)
소명	사람들 가운데서 택하여 짐	하나님으로부터 오신 독생자
성품	무식하고 미혹한 자를 능히 용납함(히 5:2)	눈물을 흘리며 기도함(히 5:7)
정결	의복이 흠이 없이 정결함	성품이 흠이 없이 정결함
들어간 곳	하늘의 모형인 지성소에 들어감	참 하늘에 들어감(히 9:24)
제사	짐승의 피로 속죄를 드림	자신의 피로 온전한 속죄를 드림
속죄의 대상	모든 백성(이스라엘)과 자기를 위하여	모든 인류를 위하여(요 3:16)
효력	매년 한 번씩 반복적으로 바침	단번에 영원히 바침(히 9:12, 24)

레위기 | 23~27장

약속의 땅에서의 정결 (중요구절 레 25:10)

거룩한 백성으로서 지켜야 하는 여호와의 절기에 대해 가르친다(23장). 등잔불은 항상 켜도록 하고 열두 지파를 상징하는 열두 개의 진설병에 대한 규례, 여호와의 이름을 모독하고 저주한 자에 대한 처형의 한 예에 대해(24장), 땅이 쉬는 안식년과 모든 관계를 원래대로 회복하는 희년에 대해(25장), 언약의 하나님의 축복과 저주에 대해 –〈신명기〉 28장의 말씀을 같이 보라 – (26장). 그리고 서원과 십일조의 규례에 대해(27장) 말한다.

1. 순종과 불순종의 삶은 26장에서 말씀하듯이 그 앞에 전혀 다른 결과를 가져온다. 하나님을 사랑하고 경외한다고 하면서도 그 삶 속에 진정한 순종이 없다면 화려한 직분과 고백들이 무슨 소용이 있는가? 복음에 순

23
여호와의 절기
성회로 모이고 노동은 쉼

24
등잔불과 진설병의 규례
순결한 기름,
12지파를 위한 12떡

25
안식년, 희년의 규례
땅의 안식, 자유를 선포하라

26
축복과 저주
규례와 계명을 준행

27
서원에 관한 규례
서원한대로,
십분의 일은 여호와의 것

종하는 것은 곧 믿는 것이며(롬 6:17, 10:16), 진리를 순종하므로 영혼을 깨끗하게 하며(벧전 1:22), 삶의 윤택함도 순종으로 실천하는 자에게 있다(약 1:12, 25).

2. 하나님께 사랑 받고 선택 받은 이스라엘에 부과된 "감람을 찧어 낸 순결한 기름을 네게로 가져오게 하여 계속해서 등잔불을 켜 둘지며"(24:2)는 신성한 의무였다. 감람(올리브)을 찧어 자루에 담아 두면 기름이 흘러나오는 것을 받은 상등(上等)의 것이어야지 자루 안에 남은 것을 압축한 기름과는 다르다. 하나님이 최고를 원하심은 중심을 보기 때문이다.

더 살펴보기

1. 계약법(출 25장~레 26장)의 결어 (레 26:46)

"이것은 여호와께서 시내 산에서 자기와 이스라엘 자손 사이에 모세를 통하여 세우신 규례와 법도와 율법이니라"(26:46). 이 구절은 〈레위기〉 1장~26장의 결어적인 언급이면서, 〈출애굽기〉 25장 이하에 나오는 계약법 전체의 결어라고 할 수 있다. 〈출애굽기〉 25장~〈레위기〉 26장의 모든 계명은 시내 산에서 주어졌다. 27장은 〈레위기〉 전체의 부록이다.

2. 십일조에 관한 규례(레 27:30~32)

십일조는 농업과 목축업에 근거한 땅의 소산물과 암양으로 드렸다. 그 배경에는 '만물의 주인이 여호와'이시라는 것과 '감사'하는 의미가 있다. 십일조는 세 가지가 있음을 성경에서 발견한다.

(1) 일반적인 십일조로서(레 27:30~32와 민 18:21, 26) 백성이 레위인에게 바치면 레위인은 십일조의 십일조를 제사장들에게 바쳤다.
(2) 봉헌자가 성전에 가지고 가서 레위인들과 함께 먹는 십일조도 있었다(신 14:22~27).
(3) 3년마다 한 번 가난한 자들에게 나누어주는 십일조도 있었다(신 14:28~29).

3. 계절과 관계 없는 절기(레 23:2~3, 25장)

명칭	관련성구	시기	절기의 의미
안식일 (安息日)	레 23:3 출 20:8~11 신 5:12~15	매 일곱째 날	1. 하나님께서 6일간 천지와 만물을 창조하시고 일곱째 날에 안식 하심. 이 날을 복 주사 거룩하게 하셨다(창 2:1~3). 2. 시내 산에서 모세에게 십계명 중 넷째 계명으로 주셨다. 3. 예수님은 안식일이 사람을 위하여 있는 것으로 자신이 안식일의 주인이심을 선언하셨다(막 2:27~28).
월삭 (月朔)	민 28:11~15 민 10:10 삼상 20:5,24	매 월 초하루 (안식일과 나란히 언급되고 있다. 사 1:13)	1. 특별한 제사를 드리는 것과 나팔을 부는 것이 특징이다. 2. 초기에는 특별한 식사와 가족 제사도 있었다(삼상 20:5, 24). 3. 7월의 월삭은 자연히 나팔절이 되었다(7월 1일).
안식년 (安息年)	레 25:1~7 출 23:10~11	매 일곱째 해 마다	1. 절기들에 반영되어 온 일곱 숫자(레 23장의 절기)가 땅에도 적용되어 휴경했다. 2. 자유를 얻은 백성이 율법을 배우고 훈련을 받아야 했다(신 31:10 이하). 3. 장차 올 영원한 안식에 대한 소망을 갖게 된다(고후 5:1, 딤 1:2, 히 5:9, 벧후 1:11).
희년 (禧年)	레 25:8~55	매 오십 년째 해 (일곱 안식년 이듬해) 7×7+1=50년	1. 희년에는 나팔소리와 함께 자유가 선포되었다. 2. 본래대로 회복되었다(종은 자유, 기업과 땅은 원주인에게). 3. 땅이 하나님께 속했다는 사실과 부자의 땅 독점을 방지한다. 4. 예수님을 통하여 사망에서 해방되어 구원 얻음을 상징한다.

4. 〈레위기〉 23장에 나온 여호와의 절기(삼대 절기는 157쪽을 보라.)

	명칭	성구	시기	기념 내용이나 절기의 의미
1	신년절 (나팔절) 〈욤트루아〉	레 23:23~25 민 10:10 29:1~6	일곱째 달(티리쉬) 초하루 티리쉬가 출애굽 전에는 첫 달, 출애굽부터 나산월이 첫 달	• 신년 축제(종교력 7월은 민간력 1월)- 천지창조의 첫날로도 기념 • 나팔 불어 회개 촉구, 하나님과의 언약 생각 • 신약에서 나팔은 그리스도의 재림과 연관(마 24:31, 고전 15:52, 살전 3:16)
2	속죄일 〈욤키푸림〉	레 16장 23:26~32 민 29:7~11	일곱째 달(티리쉬) 열흘날 *금식하며 지킴.	• 제사장과 지성소, 회막, 단, 백성의 회중을 위하여 속죄하되 1년에 1번 대제사장이 지성소에 들어가 죄를 속하는 날(레 16:29~34) • 속죄일의 궁극적 완성은 그리스도의 십자가에서 발견된다(히 9장).
3	첫 이삭 바치는 날 〈비쿠림〉	레 23:9~14	유월절 기간의 안식일이 지난 다음 날	• 보리 추수의 첫 소산을 봉헌(맥추절에는 밀을 바침) • 첫 열매는 그리스도의 부활을 상징(고전 15:20~23) • 첫 열매는 성도의 육체적 부활에 대한 보증(고전 15:20)
4	부림절 〈푸림〉	에 9장	열두째 달 십사일~십오일 * 현재는 즐거운 명절	• 바사(페르시아)에서 유다인들이 하만의 악한 계략에서 구원받은 날을 기념 *당시에는 금식했으나 구원받은 후에는 즐거운 날이 되었음.
5	수전절 〈하누카〉	요 10:20 마카베오하 10장(외경)	아홉째 달 이십오일~ 열째달 이틀 날	• 주전 165년 마카비가 헬라의 안티오커스 4세(에피파네스)의 박해를 물리치고 성전을 정결하게 한 날 (빛의 절기) *중간시대의 사건으로 성경에는 기록이 없고 외경에만 나옴.

BIBLE

성경 질문지

레위기 1~5장 제사의 규례

제1장 [번제(燔祭)의 규례]

다음 물음에 답하시오.

1. 레위기는 1) 누가, 2) 어느 산, 3) 어디에서, 4) 누구를 불러서, 5) 누구에게 말하여 이르라고 한 말씀인가?(1:1~2, 7:38, 26:46)

   1) 2) 3)

   4) 5)

2. 다음 번제로 드릴 수 있는 제물에는 O표, 아닌 것에는 X표 하시오(3, 10, 14).

   1) 소 ( ) 2) 양 ( )

   3) 염소 ( ) 4) 돼지 ( )

   5) 토끼 ( ) 6) 비둘기 ( )

3. 번제에 관한 규례와 관계가 없는 것 하나를 고르시오. ( )

   1) 소, 양, 염소 제물들은 흠 없는 수컷으로 했다.
   2) 제물의 피는 회막 문 밖 뜰 사방에 뿌렸다.
   3) 제단 위에 올린 제물은 불살라 번제를 삼아서 화제(火祭)로 여호와께 향기로운 냄새로 드렸다.
   4) 비둘기의 피는 제단 곁에 흘리고 모이주머니와 더러운 것은 제거하여 제단 동쪽에 버렸다.

제2장 [소제(素祭)의 규례]

다음 물음에 답하시오.

1. 소제의 제물로 쓴 것은 동물인가? 식물(고운 가루, 곡물)인가? - ( )

2. 소제의 제물로 쓰는 것과 관계 있는 것은 모두 O표 하시오.

   1) 고운 가루 ( )
   2) 유향 ( )
   3) 화덕에 구운 것 ( )
   4) 냄비에 구운 것 ( )
   5) 누룩 ( )
   6) 기름 ( )
   7) 꿀 ( )
   8) 소금 ( )

3. 소제물의 남은 것은 어떻게 했는가?(3, 10) -

4. 소제물에 대해 맞는 설명에 O표, 아닌 것에는 X표 하시오.

   1) 알곡 자체로 드렸다.( )
   2) 가루에 유향이나 기름을 더해서 드렸다.( )

제3장 [화목제(和睦祭)의 규례]

다음 말이 맞으면 O표, 틀리면 X표 하시오.

1. 제물은 흠 있는 것으로도 여호와 앞에 드렸다(1). - ( )

2. 화목제물은 암컷은 안 되고 수컷만 드리도록 했다(1). - ( )

3. 제물의 기름은 모두 취하여 번제물(단) 위에 올려 불살랐다(3~5, 9~11, 14~16). - ( )

4. 예물의 등에 안수하고 회막문 앞에서 잡았다(2, 8, 13). - ( )

5. 영원한 규례로 '먹지 말라'고 한 것은 '기름과 피'

이다(17). - (   )

제4장 [속죄제(贖罪祭)의 규례]
다음 빈칸에 알맞은 말을 적어 넣으시오.

1. 다음 사람이 부지중에 범한 죄를 깨달았을 때 어느 동물을 속죄 제물로 드렸는가?
   1) 제사장(1~12) - (   )
   2) 회중(13~21) - (   )
   3) 족장(22~26) - (   )
   4) 평민(27~35) - (,   )

2. 다음에 알맞은 말을 성경에서 찾아 적으시오.
   1) 기름 부음을 받은 (   )은 그 수송아지의 (   )를 가지고 회막에 들어가서 그 제사장이 손가락에 그 피를 찍어 여호와 앞 곧 (   ) 앞에 일곱 번 뿌릴 것이며(1~12)
   2) 또 그 (   )로 회막 안 여호와 앞에 있는 (   )에 바르고 그 피 전부는 (   ) 앞 번제단 밑에 쏟을 것이며 그것의 (   )은 다 떼어 제단 위에 불사르되(13~26)
   3) 이같이 (   )이 그가 범한 (   )에 대하여 그를 위하여 (   )한즉 그가 사함을 받으리라(27~35).

제5장 [속건제(贖愆祭)의 규례]
다음 말 중 틀린 부분에 = 줄을 긋고 맞게 고치시오.

1. 증인이 되어 그가 본 것이나 알고 있는 것을 알리면 죄가 된다(1)→
2. 부지중에 어떤 사람의 부정에 닿았는데 그것을 깨달을 때에는 허물이 없다(2~6)→
3. 속죄제의 제물은 어린양, 비둘기와 같은 동물만 드렸고 곡물은 드리지 않았다(11~13)→
4. 성물에 대한 잘못을 보상하되 속건제를 드릴 때 십분 일을 더하여 제사장에게 주었다(14~19)→

♠〈히브리서〉 9:12을 아래에 쓰고, 〈레위기〉 1~5장은 본문과 관계하여 묵상하시오.

레위기 6~10장 제사장의 성별

제6장 [제사장의 직무]
다음 설명과 관계된 제사명을 보기에서 찾아 쓰시오.

보기 번제 / 속죄제 / 속건제 / 소제 / 화목제

1. 여호와께 신실하지 못하여 범죄했을 때 드렸다(1~7).-
2. 거짓 맹세한 물건을 돌려보낼 때 오분 일(20%)을 더하였다(1~7).-
3. 번제물은 아침까지 제단 위에 있는 석쇠 위에 두고 제단의 불이 꺼지지 않게 했다(8~13).-
4. 고운 가루 한 움큼과 기름과 소제물 위의 유향을 가져다가 제단 위에 불살랐다(14~18).-
5. 아론과 그의 자손이 기름 부음을 받는 날에 여호와께 드렸고 온전히 불살랐다(19~23).-
6. 죄를 위하여 제사 드리는 제사장이 회막 뜰 거룩한 곳에서 먹었다(24~26).-
7. 그 고기에 접촉하는 자는 거룩할 것이며, 그 피가 묻은 옷은 거룩한 곳에서 빨았다(27).-

제7장 [제사장의 몫]
다음 각 항에서 지시한 대로 답하시오.

1. 속건제의 규례에서 제사장의 일 순서대로 (   ) 안에 번호를 쓰시오(1~10).
   1) 기름과 콩팥을 떼어내어 제단 위에 불살랐다. - (   )
   2) 그 피를 제단 사방에 뿌렸다. - (   )
   3) 속건제의 번제물을 잡았다. - (   )
   4) 제사장이 거룩한 곳에서 먹었다. - (   )

2. 화목제의 규례에서 말이 되게 (   ) 안에 번호를 쓰시오(11~21).
   1) 유교병을 화목제의 감사제물과 함께 - (   )

2) 만일 그것을 감사하므로 드리려면 - ( )
3) 예물 중에서 하나씩 여호와께 거제로 - ( )
4) 무교병, 전병, 과자를 감사 제물과 - ( )

3. 다음의 말이 맞으면 O표, 틀리면 X표 하시오(22~38).
1) 짐승의 기름이나 피를 제물로 드린 것은 먹지 못하고 찢긴 것은 먹었다. - ( )
2) 제물로 흔든 가슴(요제)과 든 뒷다리(거제)는 아론과 그 자손의 소득으로 주었다. - ( )
3) 번제, 소제, 속죄제, 속건제, 위임제, 화목제의 규례는 시내 산에서 말씀하셨다. - ( )

제8장 [아론 가문의 제사장 위임]
다음 묻는 말에 답하시오.

1. 제사장으로 위임되는 아론과 그 아들들에게 입힌 복장과 관계된 종류를 모두 쓰시오(1~9). (9가지) -
2. 관유를 여러 곳에 발랐는데 관유를 바른 이유는 무엇인가?(10~13) -
3. 제사장 위임의 숫양을 드릴 때 그 피를 아론과 아들들의 어디에 바르고 뿌렸는가?(22~28)
1) 바른 곳 :
2) 뿌린 곳 :
4. "여호와께서 모세에게 명령하신 것과 같았더라(준행하니라)"는 표현이 나오는 절들은?(1~36) (8장), 모두 ( )번 나온다.
5. 제사장의 위임식을 위한 제사 세 가지를 쓰시오(14~29: 참고 - 22절의 숫양은 화목제물이다).
1) 2) 3)

제9장 [아론의 첫 제사]
다음 묻는 말에 답하시오.

1. 5대 제사 중 9장에서 아론이 드리지 않은 제사는?(1~7장의 5대 제사 참고) -
2. 아론의 제사장 위임식은 ( ) 동안 했고, 제사장으로 첫 제사는 ( ) 날에 했다(8:30~9:7).
3. 모세와 아론이 제사를 마치고 내려와서 백성에게 축복할 때 어떤 일이 일어났는가?(22~24)
1) 여호와의 영광이 ~
2) 불이 ~
3) 온 백성이 ~

제10장 [나답과 아비후의 죽음]
다음 빈칸에 알맞은 말을 찾아 적고 해당 절수를 쓰시오.

1. 아론의 아들 ( )과 ( )가…… 여호와께서 명령하시지 아니하신 ( )을 담아 여호와 앞에 분향하였더니…… 그들이 여호와 앞에서 ( ). - (10: ~)
2. 너와 네 자손이 회막에 들어 갈 때에는 ( )나 ( )를 마시지 말라. 그리하여 너희 ( )을 면하라. - (10:)
3. 14절의 '흔든 가슴'은 (제)이고, '든 뒷다리'는 (제)이다. - (제사 방법에 따른 이름 - 7:28~34, 해설 참고).
4. 그 ( )는 성소에 들여오지 아니하는 것이었으니 그 제물은 너희가 내가 명령한 대로 ( )에서 먹었어야 했을 것이니라. - (10:)

레위기 11~16장 정결과 부정의 성결

제11장 [정결한 짐승, 부정한 짐승]
먹을 만한 것에 O표, 먹지 못하는 것에 X표 하고(1~7문), 맞는 말에는 O표, 틀린 말에는 X표 하시오(8~9문).

1. 굽이 갈라져 쪽발이 되고 새김질하는 것(1~3) - ( )

2. 새김질은 하되 굽이 갈라지지 않은 낙타, 사반, 토끼(4~6) - (　　　)

3. 굽이 갈라져 쪽발이되 새김질을 못하는 돼지(7~8) - (　　　)

4. 강과 바다와 다른 물에 있는 지느러미와 비늘이 있는 것(9~12) - (　　　)

5. 독수리, 솔개, 물수리, 까마귀, 타조, 갈매기, 올빼미. 황새, 백로, 박쥐(13~19) - (　　　)

6. 날개가 있고 땅에서 뛰는 메뚜기, 베짱이, 귀뚜라미, 팥중이 종류(20~23) - (　　　)

7. 땅에 기는 두더지, 쥐, 큰 도마뱀, 도마뱀붙이, 육지 악어(24~38) - (　　　)

8. 먹을 만한 짐승은 죽은 때에 그 주검을 만지는 자는 저녁까지 부정하다(39~40) - (　　　)

9. 하나님이 거룩하므로 그의 백성도 거룩해야 한다(41~47) - (　　　)

제12장 [산모의 정결 규례]
다음 물음에 답하거나 빈칸에 알맞은 말을 적어 넣으시오.

1. 여인이 아기를 낳은 후 정결하게 되는 기간은 얼마인가?(1~5)
   1) 남자(아들)를 낳으면 (　　　) 동안 부정, (　　　) 일 지내야 산혈이 깨끗하게 됨.
   2) 여자(딸)를 낳으면 (　　　) 동안 부정, (　　　) 일 지내야 산혈이 깨끗하게 됨.
   3) 낳은 지 여덟째 되는 날에 남자아이에게 무엇을 했는가? - (　　　)

2. 결례와 관계된 다음 내용 중 (　　　)를 채우거나 물음에 답하시오(6~8).
   1) 결례를 행할 때 번제를 위하여 일 년 된 (　　　)을 가져가고 (　　　)를 위하여 집비둘기 새끼나 (　　　)를 회막문 제사장에게로 가져가면 여인을 위하여 속죄했다.
   2) 예수님의 어머니 마리아는 무엇으로 제사를 드리려 했는가? - (눅 2:22~24) (　　　)

제13장 [나병에 대한 규례]
다음 서로 관계 있는 것끼리 연결하시오.

1. 1~8 •	• 가)
2. 9~17 •	• 나)
3. 18~23 •	• 다)
4. 24~28 •	• 라)
5. 29~37 •	• 마)
6. 38~44 •	• 바)
7. 45~46 •	• 사)
8. 47~59 •	• 아)

가) 피부의 생살을 보고 진단하는 법
나) 화상의 상처에 의한 나병 진단법
다) 피부의 병을 진찰하여 나병 분별
라) 종기의 상처에 의한 나병 진단법
마) 머리나 수염의 환부에 의한 나병 진단법
바) 나병 있는 날 동안은 혼자 진영 밖에서 살지니라
사) 의복에 발생한 나병에 대한 규례
아) 피부의 색점, 머리털 빠지는 것의 증상에 대한 진단법

제14장 [나병환자의 정결 규례]
나병환자의 정결하게 되는 규례를 순서대로 번호를 쓰시오.

1. 여덟째 날에 제물을 드렸고 제사장은 그 번제와 소제를 드려 그를 위하여 속죄하였다(12. 20절). - (　　　)

2. 정결하게 되는 날 그 사람을 제사장에게로 데려갈 것이요(2절). - (　　　)

3. 장막밖에 이레를 머물고, 이레 만에 모든 털을 밀고, 옷을 빨고, 몸을 물에 씻을 것이라(8~9절). - (　　　)

4. 제사장은 그가 가져온 살아 있는 새의 피를 정결함을 받을 자에게 일곱 번 뿌려 정하다 하였다(6~7절). - (　　　)

5. 제사장은 속건 제물의 피를 정결함 받을 자의 오른쪽 귓부리, 오른쪽 엄지손가락, 오른쪽 엄지발가락에 발랐다(14절). - (　　　)

제15장 [유출에 관한 규례와 정결법]
각 항에서 맞는 것에는 O표, 아닌 것에는 X표 하시오.

1. (남자의) 유출 (1~15)
   1) 눕는 침상, 앉았던 자리 부정(　　　)
   2) 접촉한 자는 옷을 빨고 몸을 씻음(　　　)
   3) 만진 질그릇은 물로 씻음(　　　)
   4) 비둘기 두 마리로 한 마리씩 속죄제와 번제로 드려 속죄(　　　)
2. 설정한 자 (16~18)
   1) 전신을 물로 씻는다(　　　)
   2) 정수가 묻은 옷, 가죽은 피로 씻음(　　　)
   3) 저녁까지 부정하리라(　　　)
   4) 동침하여 설정하면 둘 다 물로 몸을 씻음(　　　)
3. 여인의 유출 (19~33)
   1) 피의 유출이면 이레 동안 불결(　　　)
   2) 유출 여인과 동침하면 이레 동안 부정(　　　)
   3) 피의 유출이 여러 날일 때 유출이 그치면 즉시 깨끗해진다(　　　)
   4) 정결의 규례는 부정에서 떠나게 하여 죽음을 면하게 하기 위함이다(　　　)

제16장 [속죄일의 규례]
다음 물음에 답하시오.

1. 아사셀 염소와 관계해서 맞는 것 세 가지를 골라 그 번호에 표시하시오(1~10, 20~28).
   1) 두 염소에서 제비 뽑아 결정했다.
   2) 회막문 앞에서 제사장이 잡았다.
   3) 살아 있는 염소의 머리에 안수하여 이스라엘 백성의 죄를 염소의 머리에 두었다.
   4) 불의를 대신 지고 광야로 보내졌다.
   5) 염소를 아사셀에게 보낸 자는 죽였다.
2. 다음 속죄와 관계해서 맞는 것 세 가지를 골라 그 번호에 표시하시오(11~19, 29~34).
   1) 아론이 자기를 위해서는 숫양을, 백성을 위해서는 수송아지를 속죄제로 드렸다.
   2) 불과 향을 가지고 휘장 안으로 들어갔다.
   3) 향연으로 속죄소를 가려서 죽음을 면했다.
   4) 아론이 지성소에 속죄하러 들어가 있는 동안 백성은 회막에서 기다렸다.
   5) 일곱째 달 십일은 속죄일로 안식일 중의 안식일이며 1년에 한번 모든 죄를 위해 속죄했다.

레위기 17~22장 성결 규례

제17장 [피에 관한 규례]
"무릇 이스라엘 집(자손, 본토인으로도 표현)…"의 법적인 형식문으로 기록된 본문 말씀과 내용에 해당하는 번호 세 곳에 O표 하시오.

1. (3~7) 소, 어린양, 염소를 성막 앞에서 예물로 드리지 않은 자는 피 흘린 자로 여긴다.
2. (8~9) 번제나 제물을 회막문으로 가져다가 여호와께 예물로 드리지 않으면 정결 예식을 하라.
3. (10~12) 생명이 피에 있어 죄를 속죄하므로 피를 먹는 자는 죄를 속죄함 받는다.
4. (13~14) 먹을 만한 짐승이나 새를 잡으면 그 피를 흘리고 흙으로 덮어라.
5. (15~16) 죽은 짐승을 먹은 자는 옷을 빨고 물로 몸을 씻어야 한다.

제18장 [성 윤리에 대한 규례]
다음 물음에 답하시오.

1. 1) 어디의 풍속이나 규례를 따르지 말라고 하셨는가? -
   2) 지켜 행하라고 한 것은?(1~5) -
2. 하체를 범하지 말라(성행위를 금지)한 살붙이는 누구누구인가?(6~18) -

3. 문란한 성행위로써 금지시킨 것은?(19~23) -

4. 하나님이 쫓아낼 백성(가나안 족속)처럼 가증한 일을 하면 어떻게 되는가?(24~30)
   1) (28절) 그 땅이 ~
   2) (29절) 그 백성 ~

5. "그 백성 중에서 끊어지리라"는 말씀과 관계 없는 사람은 누구인가?(17:4~16, 18:29, 19:5~8)
   1) 피를 먹는 자
   2) 삼일 된 제물을 먹는 자
   3) 회막문 외에서 짐승을 잡아 피 흘린 자
   4) 가나안족속처럼 가증한 모든 일을 행하는 자
   5) 들짐승에게 찢겨 죽은 짐승을 먹은 자

제19장 [너희는 거룩하라]
성경을 읽고 ( ) 안에 맞는 말과 절수를 적으시오.

1. 너희는 거룩하라, 이는 나 여호와 너희 하나님이 ( )함이니라. - (절)

2. 땅에서 곡식을 거둘 때에 너는 ( )까지 다 거두지 말고…… 네 포도원의 ( )를 다 따지 말며 ( ) 사람과 거류민을 위하여 버려 두라. - (절)

3. 재판할 때에 ( )를 행하지 말며 ( )의 편을 들지 말며 ( )라고 두둔하지 말고 ( )로 사람을 재판할지며 - (절)

4. 네 백성 중에 ( ) 사람을 ( )하지 말며 네 이웃을 피를 흘려 ( )을 도모하지 말라. - (절)

5. ( )를 갚지 말며…… 네 이웃 ( ) 하기를 네 자신과 같이 사랑하라. - (절)

6. 너희는 ( ) 자와 ( )를 믿지 말며…… 스스로 더럽히지 말라. - (절)

7. 공평한 ( )과 공평한 ( )와 공평한 ( )와 공평한 ( )을 사용하라. - (절)

제20장 [죽음에 해당하는 죄]
다음 질문에 따라 하시오.

1. "반드시 죽일지니"라고 한 것 네 가지에서 서로 관계 있는 것끼리 연결하시오.

1) 1~5 •	• 가) •	• a)
2) 6~9 •	• 나) •	• b)
3) 10~21 •	• 다) •	• c)
4) 22~27 •	• 라) •	• d)

가) 아버지나 어머니를 저주하는 자
나) 자식을 몰렉에게 주는 자
다) 접신하거나 박수무당이 되는 자
라) 간음을 하는 자

a) 그 지방 사람이 돌로 칠 것이요
b) 둘 다 반드시 죽일지니
c) 돌로 그를 치라
d) 그 아버지나 어머니를 저주하였은즉

2. 자식을 몰렉에게 주는 자를 죽이도록 한 이유는?(3절)
   -

3. 이스라엘에게 유업을 삼게 하는 땅은 어떤 땅인가?(24절)
   -

4. 하나님의 백성이 거룩해야 하는 이유는?(26절)
   -

제21장 [제사장의 정결 규례]
제사장이 할 수 있는 것은 O표, 금한 것은 X표 하시오.

1. 죽은 자를 만지는 일 - 백성 ( ), 살붙이 ( ), 출가한 처녀의 친자매 ( )

2. 머리털을 깎아 대머리처럼 되는 일, 수염 양쪽을 깎는 일, 살을 베는 일 - ( )

3. 예복을 입고 부모의 시체를 가까이 하는 일 - (　　　)

4. 과부, 이혼 당한 여자, 더러운 여인, 기생과 결혼하는 일 - (　　　)

5. 처녀를 취하여 아내를 삼는 일 - (　　　)

6. 육체에 흠이 있는 자 : 여호와께 화제를 드리는 일 - (　　　), 성물을 먹는 일 - (　　　)

제22장 [성물에 관한 규례]
다음 물음에 답하시오.

1. "나는(너희를 거룩하게 하는) 여호와니라"는 말씀이 22장에 몇 번 나오는가? - (　　　번)

2. 다음에서 성물을 먹을 수 있는 사람은 '먹음', 먹을 수 없으면 '못 먹음' 이라 쓰시오(1~13).
   1) 나병 환자나 유출병자가 정결한 후에(1~9) (　　　)
   2) 일반인(10~11) (　　　)
   3) 제사장의 객이나 품꾼(10~11) (　　　)
   4) 제사장이 돈으로 산 자(10~11) (　　　)
   5) 제사장의 딸이 과부가 되어 친정으로 돌아와서 오면(12~13) (　　　)

3. 부지중에 성물을 먹으면 그 성물에 얼마를 더하여 제사장에게 주었는가?(14) -

4. 하나님께 드리는 제물로 합당하면 '드림', 드리지 못할 것이면 '못 드림'이라 쓰시오(17~30).
   1) 소, 양, 염소로 흠이 없는 것 (　　　)
   2) 살진 돼지로 흠이 없는 것 (　　　)
   3) 온전한 것 (　　　)
   4) 습진이 있는 것, 비루먹은 것 (　　　)
   5) 고환이 상하였거나 이상이 있는 것 (　　　),
   6) 결점이 있으나 기도한 것 (　　　)

5. 33절에서 하나님은 당신을 어떤 분으로 소개하셨는가?

레위기 23~27장 약속의 땅에서의 정결

제23장 [여호와의 절기]
다음 빈칸에 알맞은 말을 적어 넣으시오(본문을 요약한 곳도 있음).

1. 엿새 동안은 일할 것이요 일곱째 날은 쉴 (　　　)이니 성회의 날이라(1~3절).

2. 첫째 달 열나흗 날 저녁은 (　　　)이요. 이 달 열닷샛 날은 (　　　)이니 이레 동안 무교병을 먹을 것이요…… 첫날에는 (　　　)로 모이고…… 일곱째 날에도 (　　　)로 모이고 (4~8절)

3. 곡물을 거둘 때에 곡물의 (　　　) 한 단을 제사장에게로 가져갔고, 제사장은 (　　　) 이튿날 여호와께 흔들어서 드렸고(10~11절), 곡식단을 가져온 날부터 세어서 (　　　)의 수효를 채우고 이튿날까지 오십 일(칠칠절)을 계수하여 새 (　　　)를 여호와께 드린다(15~16절).

4. 일곱째 달 그 달 (　　　)날은 (　　　)을 불어 기념하는 나팔절(신년절)이다(23~25절).

5. 모세에게 말씀하여 이르시되 일곱째 달 열흘 날은 (　　　)이니 너희에게는 성회라(26~32절).

6. 일곱째 달 열닷샛 날은 (　　　)이니 여호와를 위하여 이레 동안 지킬 것이라(33~36절).

7. 스스로 괴롭게 하며 여호와께 화제를 드리는 절기는 (　　　)이고, 여호와 앞에서 이레 동안 즐겁게 지키는 절기는 (　　　)이다(2~32절, 33~43절, 답은 27절, 34~40절 참고).

8. 이스라엘의 삼대 절기는 (　　　, 　　　, 　　　)이다(레 23:5, 16, 34, 출 23:14~19, 민 28장, 신 23장[157쪽 도표 참고]).

제24장 [등잔과 진설병에 관한 규례]

다음 서로 관계 있는 것에 ㅡ줄로 연결하시오.

1. 감람을 찧어 낸 기름 •	• 가) •	• a)
2. 떡 열두 개 •	• 나) •	• b)
3. 이스라엘 여인의 아들 •	• 다) •	• c)
4. 눈에는 눈으로 •	• 라) •	• d)

가) 여호와의 이름 모독
나) 순결한 기름
다) 마 5:38~39
라) 순결한 상에

a) 안식일마다 여호와 앞에 진설
b) 증거궤 휘장 밖에서 등잔불 정리
c) 진영 밖에서 돌로 그를 침
d) 오른편 뺨을 치거든 왼뺨도

제25장 [안식년, 희년에 관한 규례]

다음 (/) 안의 말에서 틀린 것은 =줄로 지우시오.

1. 안식년은 (사람 / 땅)이 쉬는 해로서 제 (여섯째 해 / 일곱째 해)에는 파종하지 못했다.
2. 안식년의 소출(스스로 맺는 모든 수확물)은 종, 품꾼, 거류자, 가축들의 먹을 것이 (된다 / 못 된다).
3. 희년은 (사십구 년째 / 오십 년째)로서, (자유 / 파종)를 공포했다.
4. 희년 (전, 후)의 연수를 따라 사고 팔았으므로 연수가 많으면 값은 (많았다 / 적었다).
5. 일곱째 해에 심지 않아도, 여섯째 해에 복을 내려 (이 년 / 삼 년) 쓸 것을 주신다.
6. 토지를 영구히 팔지 말 것은 토지는 (이스라엘 백성의 것 / 여호와의 것)이기 때문이다.
7. 토지 무르기가 있어 판 토지를 (안식년 / 희년)에는 돈이 없어도 되돌려 받았다.
8. (성내의 / 촌락의 / 레위인의) 가옥은 언제든지 무를 수 있었고 희년에는 돌려보내졌다.
9. 형제에게 이자를 위하여 돈을 꾸어 (주고 / 주지 말고), 몸이 팔렸을 때 (종 / 품꾼)으로 부릴 수 없고, 이방인에게 팔렸을 때는 그 형제나 친척이 그를 (속량 / 고용)할 수 있다.

제26장 [축복과 저주]

다음 ( ) 안에 알맞은 말을 쓰고 몇 절의 말씀(내용)인지 쓰시오.

1. 조각한 것, 주상, 석상은 모두 ( )이므로 만들거나 경배하지 말아야 한다.- (절)
2. 하나님이 그 땅에 ( )를 줄 것인즉 누울 때 너희를 두렵게 할 자가 없다.- (절)
3. 나는 너희 중에 행하여 너희의 하나님이 되고 너희는 내 ( )이 될 것이니라.- (절)
4. 하나님의 말씀을 청종하지 않으면 그 죄로 말미암아 일곱 배나 더 내릴 것은 어떤 벌인가?
   1) 18절 - ( ) 2) 21절 - ( )
   3) 24절 - ( ) 4) 28절 - ( )
5. "그들의 죄악의 형벌을 기쁘게 받으면 야곱과… 이삭과… 아브라함과 맺은 ( )을 기억하고 그 땅을 기억하리라."- (~ 절)
6. "내가 그들의 ( )이 되기 위하여 민족들이 보는 앞에서 애굽 땅으로부터 그들을 인도하여 낸 그들의 조상과의 ( )을 그들을 위하여 ( )하리라."- (절)

제27장 [서원에 관한 규례]

다음 물음에 답하시오.

1. 사람을 여호와께 드리기로 서원 하였을 때 그 정해진 값은 얼마인가?(1~7) (해설: 사람을 직접 여호와께 드릴 수 없기 때문에 사람의 성별과 나이에 따라 돈으로 환산하여 성소에 바쳤다. 그 돈을 속전(贖錢)이라 했다. '속전'은 사다-buy-는

'살 贖'과 '돈 錢' 자를 쓰는데 히브리어 원래 뜻을 잘 살린 용어이다)

1) 남자 - 예순 살 이상 -
　　스무 살~예순 살 -
　　다섯 살~스무 살 -
　　일 개월~다섯 살 -

2) 여자 - 예순 살 이상 -
　　스무 살~예순 살 -
　　다섯 살~스무 살 -
　　일 개월~다섯 살 -

2. 서원자가 가난하여 감당할 능력이 없는 사람은 어떻게 했는가?(8절) -

3. 가축을 서원예물로 드릴 때 우열간 바꾸지 못하는 이유는 무엇인가?(9~13) -

4. 부정하여 여호와께 드리지 못할 가축이면 누가 값을 정해서 드리게 했는가?(9~13) -

5. 집이나 밭을 여호와께 드리기로 했다가 무르려면 값에서 얼마를 더 했는가?(14~25) -

6. 소나 양의 첫 새끼, 땅의 소산과 소나 양의 십일조는 누구의 것인가?(26~33) -

7. 레위기의 말씀은?(34절)

1) 어느 산에서 -

2) 누구를 위하여 -

3) 누구에게 명령하신 계명인가? -

민수기 | 율법서 |

Numbers

제목에 대한 해설

〈민수기〉는 율법서의 다른 책들이 그 첫 단어를 책의 제목으로 정한 것과는 다르게 다섯 번째 단어인 '베미드바르'가 책의 제목이 되었다. 그 뜻은 '광야에서'인데, 〈민수기〉가 이스라엘의 광야생활 40년에 대하여 기록하고 있기 때문일 것이다. 그러나 구약성경의 헬라어 역본인 70인역은 〈민수기〉 1장의 시내 산에서와 26장의 모압 평지에서의 인구조사가 있는 것과 기타 많은 숫자 목록들이 있는 것(3:14~51, 7:10~83, 28~29장, 31:32-52)에 근거하여 그 제목을 '아리트모이'라 하였는데 그 뜻은 '숫자들(numbers)'이다. 고대 불가타역(Latin Vulgate)이나 현대의 영역들이 모두 이를 따라서 'Numbers'라 했으며, 한글 성경들도 이에 기초하여 〈민수기〉라 하였다.

저자 및 저작 연대

전통적으로 모세의 저작으로 주전 1406년(또는 1200년대) 모세의 죽음 이전의 기록으로 본다. 그러나 현대 학자들 중에는 기본 전승은 모세로부터 왔으나 후대의 여러 사람들에 의해 편집된 것으로 본다(33쪽 '율법서란 무엇인가' 참고).

역사적 배경

출애굽 이후 가나안 진입까지 40년에 걸친 광야의 방랑을 아래 재구성한다(연대는 출애굽을 해의 기점으로 한다). 〈민수기〉 19~20장 사이에 상당한 시간적 간격이 있다. (A. E. Hill & J. H. Walton, 《구약개론》, p.163, 일부 보완).

제1년 1월 15일 (출 12:2, 민 33:3) – 애굽 탈출
제1년 3월 1일 (출 19:1) – 시내 광야 도착
제1년 3월 3일 (출 19:16) – 하나님의 시내 산 현현
제2년 1월 1일 (출 40:17) – 성막 건축 봉헌
제2년 2월 1일 (민 1:1) – 인구조사 / 구세대(시내 광야)
제2년 2월 20일 (민 10:11–12) – 시내 광야 출발
제40년 1월 일 (민 20:1) – 가데스 도착
제40년 1월 일 (민 20:1) – 미리암의 죽음
제40년 5월 1일 (민 20:29, 33:38) – 아론의 죽음
제40년 (추정) (민 26:4) – 인구조사 / 신세대(모압 평지)
제40년 11월 1일 (신 1:3) – 모세의 모압 평지 설교
제40년(추정) (신 34:7) – 모세의 죽음
제41년 1월 10일 (수 4:19) – 가나안 진입

출애굽 후에 이스라엘의 광야 유랑생활에 관해 기록하고 있는 〈민수기〉는 광야 유랑생활 초기에 주어진 시내 산 율법(〈출애굽기〉)과 가나안 정착(〈여호수아〉)를 연결하는 역할을 한다. 또한 〈민수기〉는 하나님과의 언약 관계에 들어간 이스라엘이 겪는 초기의 경험들로 하나님의 신실하심과 이스라엘의 반역 및 불순종으로 어떤 결과를 초래하는지를 가르치고 있

다(신 4:9, 시 78:40~42, 95:8~10, 고전 10:8~11).

구조 및 주요 내용

본서는 여정의 기록들을 따라 셋으로 나누면 첫째, 시내 광야에서의 출발 준비(1:1~10:10). 둘째, 시내 광야에서 가데스 바네아까지의 여정(10:11~20:13). 셋째, 가데스 바네아에서 모압 평지까지의 여정(20:14~36)이다. 첫째와 둘째가 불신앙과 반역에 대한 처벌과 심판에 초점을 맞추고 있다면 셋째는 구세대의 종말과 더불어 출현한 광야 세대의 새로운 희망에 초점을 맞추고 있다.

교훈과 메시지

(1) 시내 산에서의 출발 준비

시내 산을 출발하기 전 인구조사(1장)를 하여 출애굽 공동체의 통일된 조직을 재구성한다.

다음으로 이스라엘 12지파가 장막을 칠 때 진을 치는 방법과 행진의 순서(2장)를 통해 성막(회막)을 중앙에 두므로 하나님 중심으로 하는 신정(神政) 공동체가 됨을 나타낸다.

이처럼 이스라엘은 〈출애굽기〉와 〈레위기〉에 있는 시내 산 언약의 연장선상에 있는 거룩한 언약의 백성임을 보여 준다.

(2) 광야 유랑생활

10:11~36장까지 이스라엘 백성이 시내 광야를 떠나 모압 평지에 이르는 여정에 대해 기록한다. 이곳에서는 여러 법령들을 통하여 하나님의 거룩성을 강조함과 동시에, 그에 미치지 못하는 이스라엘의 부정함을 하나님이 어떻게 심판하시고 또한 반역한 백성이지만 훈련과 연단의 과정을 통해서 하나님은 남은 자들에게 자신의 약속을 이루시는 분임을 드러낸다.

민수기 1~5장

첫 번째 인구조사 (중요구절 민 1:46)

출애굽하여 삼 개월이 되던 날에 시내 광야에 도착하고(출 19:1), 모세가 백성을 대표하여 하나님과 '시내 산 언약'을 맺는다(출 24장). 성막을 봉헌하고(출애굽 2년 1월 1일), 회막(성막)에서의 섬김에 관한 말씀을 받는다(레위기). 출애굽 2년 2월 1일(둘째 해 둘째 달 첫째 날)에는 하나님의 명령대로 광야생활을 위한 인구(병적)조사를 한다(1장). 진영의 편성과 행군을 위해 위치를 지정하고(2장), 레위인의 임무와 지위를 부여하며(3장), 레위 가족별 성전 봉사의 직무를 지정한다(4장). 부정한 사람을 진영 밖으로 추방하는 일과 보상법, 의처증 등에 관한 가르침이 있다(5장).

1

1차 인구조사
싸움에 나갈 만한 자

2

진과 행군을 위한 편성
회막이 레위인의 진영과 함께

3

레위인의 임무와 지위
레위인을
아론과 그 아들들에게

4

레위인의 성전 봉사
30세 이상으로 50세 이하

5

진영에서의 삶
정결법, 보상법, 의처증

1. 여호와께서 이스라엘이 인구조사를 통하여 "싸움에 나갈 만한 모든 자"를 20세 이상으로 계수하라셨고(1:3), 레위인은 "삼십 세 이상으로 오십 세까지 회막의 일을 하기 위하여 계수하라"(4:3) 하셨다. 성막을 위해 일하는 30~50세는 인생의 황금기요 가장 바쁜 때이다. 젊은 때에 주님의 일한다는 것은 얼마나 귀한지! 생존경쟁과 냉엄한 현실 속에서 조용히 말씀을 묵상하고 예배에 출석하고 성경을 읽는 것은 힘든 일이지만 하나님을 신뢰하고 말씀을 따라 살면 큰 은혜이다.
2. 두 번에 걸친 인구조사(1장, 26장)에서 첫 번째는 시내 광야에서 출애굽 제2년에 했고, 두 번째는 약 38년 후에 모압 평지에서 실시하였다. 첫 번의 조사는 20세 이상의 남자들만 603,550명이었고 그 가운데 603,548명이 광야에서 죽었다는 것은 슬픈 일이다(민 14:29~30 참고). 후에 가나안에 들어간 사람은 여호수아와 갈렙 뿐이었다. 이런 배경에 대해서는 〈민수기〉 13~14장을 통하여 볼 수 있다. 남은 자가 되는 복을 그대도 받아야 한다.
3. 인구조사에서 보면 1~4장에 각 지파별로 이름이 지루하게 나온다. 그런데 이 명단에 자신의 이름이 나온다면 결코 지루하지 않을 것이라고 생각하면 명단의 중요성을 알게 된다. 이들을 "싸움에 나갈 만한 모든 자"라 하였는데, 호전적인 것을 나타내는 말이 아니라 하나님 백성의 외적인 질서에 관심을 보인다(2:3~31, 7:1~3, 10:4, 34:18). 교회도 질서를 위한 조직이 중요하지 않은가?
4. 인구조사는 이스라엘이나 모세가 임의대로 한 것이 절대 아니다(출

30:11~16 참고). 훗날 다윗은 임의로 인구조사(군사력)를 하여 책망을 받는다(삼하 24장). 제사장은 세습제였으나 지파의 "지휘관"(1:16)들은 세습제가 아니라 "부름을 받은 자"들이다. 그리스도인도 역시 부름을 받은 자이다.

더 살펴보기

1. 〈민수기〉 내용 분해

〈민수기〉는 광야에서의 약 38년간의 생활을 소개하고 있다(시내 광야에서 모압 평지까지). 출애굽한 이스라엘의 불순종과 반항에도 불구하고 언약을 지키시는 하나님이 그들을 약속의 땅으로 인도하신다는 사실을 보여 준다. 〈민수기〉는 상징적으로 천국을 향해 가는 성도의 삶을 나타낸다. 이스라엘의 광야생활 진행이 시내 산에서 율법을 받으므로 중단되었으나(출 19~민 9장), 이제 대열을 정비하여 시내 광야에 도착한 지 약 1년 만에 출발하게 된다(민 10:11~12).

내용 분해

1~9장 – 시내 광야에서 출발 준비
10~21장 – 시내 광야에서 모압 평지까지
22~36장 – 모압 평지에서 생긴 일

2. 인구조사와 숫자에 대한 논란들(민 1장, 26장)

(1) 남자 장정만 60만 명이었으니 인구가 2~3백만 명은 넘었을 것이다. 문제는 40년 동안 어떻게 돌보고 먹였으며 황량하고 메마른 사막에서 지냈을까? 이 백성들을 먹일 만나가 하루에 50량의 철도 화차 정도이며 물도 3백만 리터는 필요했다. 군중들의 야영지는 2,600m^2가 넘어야 했다.

(2) 성경 본문을 적당히 처리하려는 성서연구가들도 있다. 예를 들면, 천(千)으로 번역된 히브리어 "엘렙(elep)"은 '가족', '씨족'으로 편리한 해석을 해서 총 603가구로 보고 매 가구에서 평균 5명의 전투 요원을 보낸다면 병정의 총수는 3,015명이 된다. 각 병정의 가정을 계산하면 약 15,000명이 이스라엘 진영의 총원이었다는 것이다. 그러나 이러한 접근 방식은 문제를 더욱 복잡하게 만든다.

이스라엘 백성의 진과 행군의 배치도(민 2장)

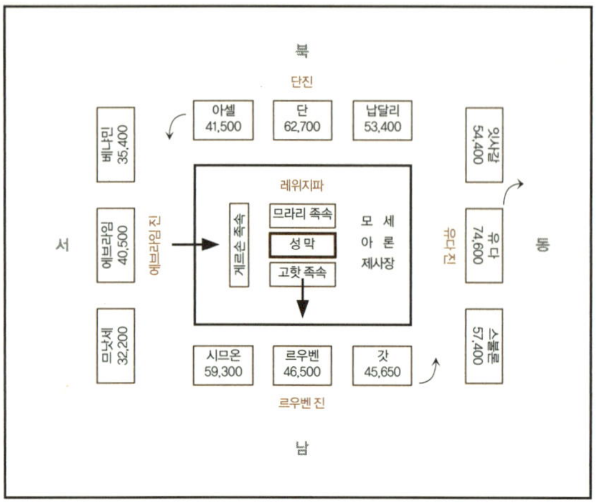

(3) '가족', '씨족'을 의미하는 "엘렙"(삼상 10:19 등)은 숫자를 열거한 성경의 여러 곳(민 1~4, 26장)에서 '천(千)'이란 뜻을 나타내고 있다. 왜냐하면 "엘렙"보다 작은 단위 '메오트'는 '백(百)'이기 때문이다(민 1:21, 23, 25 등 참고). 또한 출애굽기 38:25에 1인당 반 세겔로 바친 속전의 총액이 100달란트와 1,775세겔이었다. 3,000세겔이 한 달란트였기 때문에 총 603,550명이 바쳐졌다는 계산이 나온다. 〈민수기〉의 '엘렙'은 문자 그대로의 '천'이라고 결론을 내리는 것이 타당하다(아처, 《A Survey of Old Testament Introduction》, pp. 246~247).

3. 인구조사의 통계(1차–1장, 2차–26장)

지파	1차 조사 (시내 광야)	2차 조사 (모압 평지)	△증가 ▼감소	
르우벤	46,500	43,730	▼	2,770
시므온	59,300	22,200	▼	37,100
갓	45,650	40,500	▼	5,150
유다	74,600	76,500	△	1,900
잇사갈	54,400	64,300	△	9,900
스불론	57,400	60,500	△	3,100
므낫세	32,200	53,700	△	20,500
에브라임	40,500	32,500	▼	8,000
베냐민	35,400	45,600	△	10,200
단	62,700	64,400	△	1,700
아셀	41,500	53,400	△	11,900
납달리	53,400	45,400	▼	8,000
총 계	603,550	601,730	▼	1,820

민수기 6~9장

백성을 성결하게 함 (중요구절 민 6:24~26)

자기 몸을 구별하는 나실인의 규례에 대한 가르침은 그들이 여호와께 거룩한 자이기 때문이다. 이어서 '제사장의 축복'이 나온다(6장). 족장들이 여호와께 수레와 소를 예물로 드려 레위인이 회막 봉사하는데 쓰게 된다. 제단 봉헌을 위하여 지파가 각각 예물을 십이 일간 드렸다(7장). 레위인은 이스라엘의 처음 난자를 대신하고 성전 봉사를 위하여 그들을 정결하게 하는 의식을 거행하였다(8장). 이스라엘은 광야에서 처음 유월절을 지키게 되었고 여행 중이거나 주검으로 부정하게 된 자를 위한 한 달 후의 유월절에 대한 규례를 가르치고 있다(9장).

1. 나실인이 금하는 세 가지는 포도와 독주, 머리에 삭도를 대는 일, 시체를 가까이 하는 일이다. 이 중에서 포도에 대한 것은 포도주는 물론 포도와 관계된 모든 것을 금하여 포도의 씨나 껍질까지도 먹지 말라고 하였다(6:1~8). 어째서 철저히 포도가 거부당할까? 그것은 포도에 대한 농경문화의 악습과 사치생활의 거부를 의미하는 것이라고 볼 수 있다. 우리가 관행이나 삶의 한 단면으로 생각하는 것들 중에서 신앙에 혼돈을 주는 것은 없는지 살펴볼 일이다.
2. 제단의 봉헌물을 드릴 때에 이스라엘의 열두 족장이 하루 한 사람씩 각각 헌물을 제단 앞에 드렸다(7:10~11). 똑같은 제사를 한꺼번에 하지 않은 이유는 '자기 몫'이라는 것이 있기 때문일 것이다. 각 지파가 평등한 영예를 얻으며 한편 행함으로 받는 은혜가 있다. 어느 날 아들이 아버지에게 용돈을 받으며 말했다. "이미 십일조를 드린 돈에서 용돈을 받았는데 또 십일조를 드려야 하나요?" 아버지가 말했다. "그것은 네 돈이기 때문에 네 몫에서 십일조를 내는 것이다."
3. "아론이 이스라엘 자손을 위하여 레위인을 흔들어 바치는 제물로 여호와 앞에 드릴지니 이는 그들에게 여호와께 봉사하게 하기 위함이라" (8:11)에서 보듯이 '이스라엘 자손을 위하여' 일하는 레위인의 사역에 감사해야 하며 같은 정신으로 오늘의 사역자들에게도 감사하는 마음은 아름답다.
4. 이스라엘의 이동은 하나님이 보내신 구름과 불의 인도를 받는다 (9:15~23). 구름이 성막 위에 떠오르면 언제든지 떠났으며 반면에 성막

6
나실인의 규례, 축복기도
여호와께서 보호, 은혜, 평강 주시기를

7
제단 봉헌물을 드리다
족장들은 하루 한 사람씩 봉헌

8
레위인의 봉사와 헌신
레위인을 데려다가 정결하게

9
광야에서 지킨 첫 유월절
지키지 아니하는 자는 끊어지리니

위에 머물러 있으면 한 달이든 일 년이든 머무르고 나아가지 않았다. 개인의 사정이 있겠으나 신앙생활이란 이처럼 오직 하나님의 인도만을 바라보고 따를 뿐이다. 하나님의 명령이 설교로, 환경으로, 기도로, 마음의 감동으로 나타난다.

더 살펴보기

1. 레위인의 성전봉사(민 4:3~49, 8:24~26)

레위인의 성전 봉사는 30세 이상으로 규정하였는데(4:3~49), 8:24에서는 25세 이상으로 회막 일을 수행하게 하므로 두 말씀이 모순인 것처럼 보인다. 이러한 모순은 아마도 25세 이상으로 5년이라는 기간은 단지 견습생으로 일하고 30세에 공식적인 봉사자로서의 자격이 주어진 것 같다. 그리고 50세가 넘어서는 30~50세에 일하는 레위인의 고문 격으로 일하게 되었다(8:25~26).

성경을 읽는 유대인 소년들
'책의 민족'이라 일컬음을 받는 유대인들은 성경을 생명의 만나로서 갈구하여 읽어 왔다. "아들들아 아비의 훈계를 들으며 명철을 얻기에 주의하라"(잠 4:1)하였다. 이러한 정신은 율법의 가르침에서부터 기인하였다.

2. 나실인과 삭도(민 6장)

나실인은 그의 머리에 삭도(削刀, 면도칼)를 대지 못하게 되어 있어 머리털을 길게 자라게 했다(6:5, 삿 13:5). 그러나 부정하게 되었거나 서원의 기간이 끝났을 때에는 머리 털을 밀었다(6:6~20). 레위인도 정결예식을 위하여 전신을 삭도로 밀고 의복도 빨게 하여 정결하게 하였다(8:7).

사마리아인들의 유월절 의식
율법에 기록된 '택한 장소'인 성소는 유대인들의 시온 산이 아니라 '그리심 산'이라 믿고 독자적인 성전을 세운 사마리아인들은 스스로를 '율법준수자'라 부른다. 토라(율법)를 철저히 준수하려고 오늘날도 구약시대에 양을 잡아 희생제물로 바쳤던 것과 같은 방식으로 그리심 산 위에서 제사를 드린다.

3. 제사장의 축복 기도(민 6:22~27)

여호와께서 모세에게 아론을 통하여 백성들에게 축복하라며 그 내용을 말씀해 주신다(6:22~27). 이를 '제사장의 축도'라 하며 신약에서는 '바울의 축도'(고후 13:11~13)와 함께 축도의 모범으로 여긴다. 6:27에서 여호와의 이름으로 축복하는 것은 하나님께서 이스라엘을 자신의 백성으로 선택하셨으므로 사랑과 관심 보이심을 나타낸다. "여호와는"이라는 주어로 세 번 반복하여 시작하며 그 축복의 내용은 "지키시기를", "은혜 베푸시기를", "평강 주시기를"이다. 그리고 "네게 복을 주시고", "얼굴을 네게 비추사", "얼굴을 향하여 드사"는 표현에서는 하나님의 따뜻하고 자애로운 모습이 드러난다(출 33:14~15, 시 11:7, 렘 3:12 참고). 또한 "평강"은 지상에서 누리는 포괄적인 행복이 들어 있다. 이런 축복을 아론이 이스라엘 백성들에게 했다. 신약교회에서는 바울의 축도를 모범으로 사용하고 있다.

4. 유월절과 성만찬(민 9장)

(1) 광야에서 지킨 첫 번째 유월절은 대단히 중요한 의미를 갖는다(민 9:5. 그들이 첫째 달 열넷째 날 해질 때에 시내 광야에서 유월절을 지켰으되……). 유월절은 신앙의 척도가 되어서 가나안에 들어가면서 처음 지킨 절기는 유월절이었고(수 5:10. "그 달 십사일 저녁에는 여리고 평지에서 유월절을 지켰으며"), 왕정 시대에도 지혜로운 왕 히스기야는 유월절을 지키도록 독려했고(대하 30:2), 선한 왕 요시야도 유월절을 지켰다(대하 35:1).

(2) 유월절과 성만찬은 중요한 연결고리가 있다. 유월절의 어린 양은 죽임을 당하여 그 피가 문설주에 발라졌으므로 이스라엘이 구원받았다(출 13장). 그리스도는 우리의 유월절 양이 되시므로(요 1:29, 19:36) 유월절은 성만찬의 기초가 된다(마 26:17~30, 막 14:12~25, 눅 22:1~20). 유월절이 애굽의 속박에서 벗어난 것을 기념하는 히브리 백성의 축제이듯이, 성만찬은 죄와 속박에서 벗어난 것을 기념하는 그리스도인의 축제이다.

민수기 10~14장

시내 산 출발, 열두 정탐꾼 (중요구절 민 14:34)

시내 광야에 온 지 일 년 만에 이곳을 떠난다. 나팔 부는 방법을 가르침은 회중의 소집과 진행 등에 필요하였다(10장). 섞여 사는 다른 인종들이 탐욕을 품어 그 영향을 받은 이스라엘은 만나에 질려 고기를 요구하니 하나님은 넘치게 주신다(11장). 미리암과 아론은 모세를 비방하다가 미리암이 나병으로 진영 밖에 이레 동안 갇혀 있기도 하였다(12장). 가나안을 정탐한 족장들은 여호수아와 갈렙 외에는 모두 부정적인 말로 인해 광야에서 죽임을 당하고 백성들은 40년을 방황하게 될 것을 말한다(13~14장).

10
시내 광야를 떠나다
2년 2월 20일

11
원망하는 이스라엘
섞여 사는 다른 인종들이 탐욕을 품으니

12
미리암의 나병
모세가 구스 여인을 취하다

13
가나안 땅을 정탐
젖과 꿀이 그 땅에 흐르고

14
광야에서 죽음 예고
사십 년을 광야에서 방황하는 자가 되리라

1. 가나안 정탐은 열두 족장이 모두 순종하였으나 보고는 각기 달랐다. 불순종하는 사람임을 입증이라도 하듯 열 사람은 장애물만 보았다. 그러나 두 사람, 즉 여호수아와 갈렙은 가능성을 보았다(13~14장). 불순종하던 그들은 자신들의 말대로 광야에서 죽었다. 그리고 하나님은 새로운 세대가 가나안에 들어가도록 하셨다(14:26~35). 이스라엘은 혀를 제어하지 못하고 입으로 죄를 더했다. 혀는 날카롭고(시 140:3), 분을 일으키는 것이며(잠 25:23), 길들여지지 않는 것이다(약 3:8).
2. 열 명의 정탐꾼(13장)과 여호수아와 갈렙(14장)을 비교해 보면서 우리의 신앙을 살펴본다. 강한 거주민(13:28)에 대하여 열 명의 정탐꾼은 "그 백성을 치지 못하리라"(13:31)하였고, 여호수아와 갈렙은 "그들은 우리의 먹이라"(14:9)고 하였다. 능히 올라가지 못하리라(13:31)는 말에 여호수아와 갈렙은 그들의 보호자는 떠났고, 우리에겐 하나님이 함께 하신다는 확신을 가지고 있었다(14:8~9). 확신은 모든 분야에서 아름다운 결과로 나타난다. 믿는 대로 되어진다.
3. "이스라엘 자손이 다 모세와 아론을 원망하며…… 이르되 우리가 애굽 땅에서 죽었거나 이 광야에서 죽었으면 좋았을 것을"(14:2)이라 말하였다. 하나님은 이들을 향해 "너희 말이 내 귀에 들린 대로 내가 너희에게 행하리니 너희 시체가 이 광야에 엎드러질 것이라"(14:28~29)고 하셨다. 하나님은 그들의 말대로 갚아 주셨다. 실패는 입에서부터 온다.
4. 미리암의 죄는 무엇보다 모세를 시기한 데서 비방이 나왔다. 여호와께서 "우리와도 말씀하지 아니하셨느냐"(12:2)는 말이 사실이라 하더라도 부름의 위치가 달랐다. 미리암은 비방을 한 죄로 말미암아 나병에 걸렸고 일정기간 진영 밖에 갇혀 있어야만 하는 벌을 받았다.

오늘날 시내 산 아래의 모습
시내산 남쪽 부분이다. 산 아래에는 베두인이 한가로이 양떼를 치고 있다. 이스라엘은 이 시내 광야에서 1년간 머무르며 언약을 맺고 율법을 받았으며 성막 건축과 인구조사를 하였다(출 19장~민 10장).

더 살펴보기

1. 시내 산 아래에 머문 기간(출 19:1~민 10:11)

이스라엘이 아빕월 1월 15일(유월절)에 애굽에서 출발하여(출 13:4) 시내 산 아래에 도착한 때는 "애굽 땅을 떠난 지 삼 개월 되던 날"이다(출 19:1, "이집트 땅에서 나온 뒤 셋째 달 바로 그날" -《가톨릭새번역》). 시내 광야에 머물면서 시내 산 언약(출 20~24장), 성막건축과 봉헌(출 25~40장), 제사법과 제사장, 성결규례의 말씀 받음(레위기), 인구조사(민 1장)를 하였다. 그리고 시내 산을 떠날 때는 제2년 2월 20일이다(민 10:11). 즉 시내 광야에서 약 1년간 머물렀다는 계산이 나온다.

2. 메추라기에 대하여(민 11:31~32)

(1) 이스라엘이 메추라기를 적게 모은 자도 무려 10호멜 이었다(11:32). 호멜은 '나귀의 한 짐'으로 약 230리터인데 곡식 한 섬의 무게와 부피가 된다. 대략적으로 본다면 집마다 거둬들인 메추라기가 약 1톤이 된다. 이 고기를 애굽인들은 말려서 먹기도 했다는데 이스라엘도 이의 보관 방법을 알았을 테니 하나님의 말씀대로 고기냄새가 싫을 정도로 먹었을 것이다(11:20).

(2) 메추라기는 이동하는 습관을 갖고 있다. 몸길이가 약 7인치(18cm)이다. 얼룩얼룩한 갈색 깃털로 위장을 하여 소리는 들리는데 메추라기는 보이지 않는 경우가 많다. 1년에 두 차례 이동을 하는데 바로 이스라엘이 출애굽 때에 지났던 지역을 통과한다. 하나님께서 바람으로 메추라기를 이스라엘에 공급하셨다. 성경에는 하나님께서 메추라기를 두 차례 공급한 것으로 나온다.

① 출 16:13 - 이스라엘이 애굽을 떠나 '신 광야'에 이르렀을 때이다(출애굽 후 몇 주간이 지난 때).

② 민 11장 - 앞의 사건 이후 약 1년이 지난 뒤 '기브롯 핫다아와'에서 있었다.

(3) 두 차례 모두 메추라기가 북으로 이동하는 4월 하순경이었다. 이 새들이 바람을 타고 이동했을 것이며(민 11장), 지쳐서 진에 내렸을 것이다. 하나님께서는 당신이 만드신 자연의 법칙을 사용하셔서 이스라엘의 필요를 채워 주셨다.

출애굽과 광야의 일정

제1년 1월 15일 (출 12:2, 민 33:3)
- 애굽탈출

제1년 3월 1일 (출 19:1)
- 시내광야도착

제1년 3월 3일 (출 19:16)
- 하나님의 시내산 강림

제2년 1월 1일 (출 40:17)
- 성막 건축 봉헌

제2년 2월 1일 (민 1:1)
- 인구조사/구세대(시내광야)

제2년 2월 20일 (민 10:11~12)
- 시내광야출발

제40년 1월 (민 20:1)
- 가데스 도착

제40년 1월 (민 20:1)
- 미리암의 죽음

제40년 5월 1일 (민 20:29, 33:38)
- 아론의 죽음

제40년 (추정) (민 26:4)
- 인구조사/신세대(모압 평지)

제40년 11월 1일 (신 1:3)
- 모세의 모압 평지 설교

제40년(추정) (신 34:7)
- 모세의 죽음

제41년 1월 10일 (수 4:19)
- 가나안 진입

15
제사의 규례
향기로운 화제

16
고라당의 반역
고라, 나단, 아비람, 온

17
아론의 싹난 지팡이
원망을 그치고 죽지 않게

18
레위인, 제사장의 직무
직분을 너희에게 선물로

19
정결 잿물
붉은 암송아지

20
므리바 물 사건
거룩함을 나타내지 않음

3. 광야 40년 방랑과 '40'이 주는 의미(민 14장)

'40'이라는 숫자는 이스라엘 역사의 새 장마다 거의 매 번 나타나고 있다. 또한 고난을 상징하는 숫자이기도 하지만 그 고난 뒤에는 승리가 있게 된다. 노아의 홍수 때 비가 온 기간 40일(창 7:4, 12), 모세가 시내 산에서 있었던 기간 40일(출 32장), 가나안에 정탐꾼을 파견했을 때의 40일(민 13:25), 광야 방랑 예고 40년(민 14:34), 광야에서의 고난기간 40년(신 8:2), 엘리야가 호렙 산으로 갈 때 광야의 길 40일(왕상 19:8), 예수께서 광야에서 금식하신 40일(마 4:2), 부활과 승천 사이의 기간 40일(행 1:3) 등에서 40이란 숫자의 의미 있음을 발견한다.

민수기 15~20장

광야에서의 죽음 (중요구절 민 17:8)

시내 산을 떠난 이스라엘은 계속해서 반역을 일삼는다. 제사에 대한 규례를 가르친 후 안식일을 어긴 자를 죽여 율법을 세운다(15장). 고라의 반역은 제사장직에 대한 탐욕이 빚은 것으로 하나님의 준엄한 심판을 받았다(16장). 하나님은 제사장 아론의 지팡이에 싹이 나서 살구 열매를 맺게 하시므로 백성들이 제사장에 대해 원망하는 말을 그치게 했다(17장). 레위 지파의 직무와 제사장의 직분에 대해(18장), 그리고 정결하게 하는 잿물 의식을 통해 백성의 정결을 가르친다(19장). 이스라엘의 광야 생활의 막바지에 이르러 모세가 하나님의 영광을 드러내지 못하는 므리바 물의 사건이 발생한다. 미리암도 아론도 그의 생명이 다하여 장사되었다(20장)

1. 고라는 레위인이어서 성전 봉사의 직무를 맡았으나 제사장이 되는 아론 가문은 아니었다. 그는 레위인도 제사장이 될 수 있다고 생각했다(16:3, 7~10). 반면에 아비람과 나단과 온은 르우벤 지파였다. 이들이 고라의 반역에 합세한 이유는 제사장직보다 모세의 지도력에 대한 도전의 뜻이 더 크다. 불경한 동맹은 옛날에도, 예수님 시대에도(바리새인과 사두개인이 평소에는 적대적이지만 예수님을 배척하는 악을 행할 때는 연합), 오늘날에도 있다.
2. 하나님은 당신의 종들의 권위를 세워주신다. 16장에서는 고라를 비롯한 반역자와 동조자를 처단하여 모세의 권위를 세워 주셨으며, 17장에

서는 제사장 아론의 권위를 세워 주신다. "아론의 지팡이에 움이 돋고 순이 나고 꽃이 피어서 살구 열매가 열렸더라"(17:8)는 사건을 통하여 하나님은 다른 족장들과 아론이 다르다는 표징으로 보여 주셨다. 이는 '하나님께 대한 원망을 그치고 죽지 않게'(17:5, 10) 하려함이다.

3. 이스라엘 백성들은 십일조를 드렸고 그 십일조는 레위인들이 받을 분깃이 되었다. 레위인은 자신이 받은 것에서 다시 십일조를 제사장에게 주었다(18:21~24). 이처럼 십일조 제도는 하나님이 만든 것이다. 십일조는 자신에게 있는 것이 하나님께로 온 것임을 인정하는 것이고(욥 1:21), 그 은혜를 감사하여 즐거운 마음으로 드려야 한다(고후 9:7). 십일조를 드리므로 복을 우선 받겠다는 것은 〈말라기〉 3:10~12을 오해한 데서 비롯되었다. 십일조는 복 받기 위한 수단이 아니라 이미 주신 복에 대하여 하나님께 경배하며 감사하는 신앙의 표시이다.

더 살펴보기

1. 첫 열매(소산)는 제사장에게 주어졌다(민 18장)

(1) "여호와께 드리는 첫 소산 곧 제일 좋은 기름과 제일 좋은 포도주와 곡식을 네게 주었은즉 그들이 여호와께 드리는 그 땅의 처음 익은 모든 열매는 네 것이니"(18:12~13)라 하였다. 여호와께 가져온 첫 소산물은 제사장에게 주므로 이것은 레위인들을 위해서도 쓰여졌는데 율법에서 명시한 것이었고(출 23:19, 레 23:10, 민 18:12~14) 후대에도 가르쳤다(잠 3:9, 겔 20:40, 44:30, 48:14).

(2) 첫 소산, 첫 열매의 의미는 '처음 수확한 것'이란 의미도 있고, '제일 좋은 것'(18:12)의 의미도 있다. 즉 남은 찌꺼기에서 드리는 것이 아니라 하나님께 처음의 것, 제일 좋은 최고의 것을 드리는 것이 성경적인 교훈이다. 그렇다고 교회가 사치를 하는데도 이 말을 적용하는 것은 바람직하지 않다.

(3) 오늘날에도 새 직장에서의 첫 월급, 새로 부임한 교회에서의 첫 사례

아론의 싹 난 지팡이
지팡이를 들고 있는 대제사장(민 17:8)의 모형으로 암스텔담의 성경박물관에 있다.

비를 하나님께 드리는 분들이 있다. 이는 율법의 가르침을 실행하여 하나님이 모든 것의 주인임을 인정하는 믿음의 자세이다.

2. 붉은 암송아지를 태워 그 재를 물에 타서 뿌리는 의식(민 19장)

하나님께서 이 행위의 규례를 주신 이유는 다음 두 가지를 들 수 있다. (1) 하나님은 거룩한 정결의 하나님이라는 사실과 (2) 언약의 백성들도 정결을 유지해야 할 것을 가르치기 위함이다.

붉은 암송아지는 예수 그리스도를 상징하고, 암송아지가 붉다는 것은 그리스도의 보혈을 상징한다. 반면에 속죄 제물로 희생되었던 암송아지는 그 효력이 일회적이었으나 예수 그리스도의 희생은 영원한 효력을 갖는다. 또한 암송아지의 잿물은 인간의 외적인 부정을 깨끗하게 하는데 비해 예수 그리스도의 보혈은 인간의 전인격을 정결하게 하신다. 〈히브리서〉 9:11~14을 읽어 보라.

3. 모세가 가나안에 들어가지 못한 이유(민 20장)

모세는 40년간 이스라엘을 인도하고도 약속의 땅에는 들어가지 못한다(신 34:4). 그 이유는 하나님의 거룩함을 나타내지 못한 므리바 물 사건을 들고 있다(20:2~13). (1) 이는 모세가 거룩성을 지키지 못하고 백성들에게 성질을 내었고, (2) 반석에게 명령하여 물을 내라는 말씀에 불순종하고 반석을 두 번 쳤고, (3) 이적이 자신들의 능력인 양 "우리가 이 반석에서 물을 내랴"라고 했다.

4. 광야 40년에 대하여

이스라엘이 시내 광야를 출발한 후(10:11, 제2년 2월 20일) 광야 40년의 과정이 구체적으로 기록되어 있지는 않다. "첫째 달"(20:1)이란 출애굽 제40년의 첫째 달을 가리킨다고 본다. 그 사이에 많은 세월이 지난 것이다. 이때에 구세대인 미리암이 죽었고(20:1), 이어서 아론도 죽었다(33:38, 40년 오월 초하루). 오래지 않아 모세도 죽는다(신 34:5~8). 파란만장한 광야 40

년 동안 구세대는 죽고 신세대들이 모세의 마지막 설교(신명기)를 듣고 가나안으로 입성하는 것이다.

민수기 21~25장

발람과 발락의 악행 (중요구절 민 21:9)

이스라엘 백성의 불평은 언제 끝나려는가? 이스라엘은 길로 말미암아 모세를 원망하였고, 여호와께서는 불뱀들을 보내 심판을 한다. 모세의 기도로 하나님은 놋뱀을 통해 그들을 구원한다(21장). 모압 왕 발락은 이스라엘의 행진에 두려워하여 이방 선지 발람을 초청하여 이스라엘을 저주하도록 했으나 오히려 발람은 하나님의 뜻에 따라 이스라엘을 축복하게 된다(22~24장). 그러나 이스라엘은 바알브올에서 모압 여인들의 우상숭배에 참석하여 음행을 하게 된다. 이 술책은 발람의 계략(31:16)이었다(25장).

1. 광야를 행진하던 이스라엘은 힘들자 "이 광야에서 죽게 하는가…… 하찮은 음식을 싫어하노라"(21:5)며 하나님과 모세를 원망하므로 하나님이 보낸 불뱀에 물려 죽게 되었다. 하나님의 명령대로 "모세가 놋뱀을 만들어 장대 위에 다니…… 놋뱀을 쳐다본즉 모두 살더라"(21:4~9). 이는 예수님의 십자가의 예표가 되어 "모세가 광야에서 뱀을 든 것 같이 인자도 들려야 하리니"(요 3:14~15)라는 말씀처럼 예수님을 바라보는 자는 살게 마련이다.
2. 발람을 태운 나귀에게 하나님의 사자(使者)가 세 번이나 나타났다(22:21~27). (1) 그때에 나귀는 길에서 벗어나 밭으로 들어갔다. (2) 몸을 담에 대고 발람의 발을 그 담에 짓눌렀다. (3) 나귀가 발람 밑에 엎드렸다. 그럼에도 사람의 눈은 어두워 하나님의 사자를 보지 못하고 오히려 나귀를 때렸다. 영의 눈이 어두워지면 인간은 짐승만도 못하게 된다.
3. 발람은 이방의 술사로서 하나님의 뜻을 받드는 선지자가 아니다. 발람의 죄는 크게 두 가지로 하나는 불의의 삯을 사랑하였다. 이것은 '복채'였다(22:7, 〈민수기〉에서는 이것을 받은 기록은 없으나 〈유다서〉 1:11은 이를 증거하고 있다). 또 하나의 죄는 이스라엘이 우상숭배하고 음행에 빠지도록 교사한 죄이다(25장, 31:16). 당시 혼합주의 종교에 빠졌으므로 발

21
장대의 놋뱀
놋뱀을 쳐다본즉 살리라

22
초청 받은 발람 선지
여호와께서
나귀의 입까지 여심

23 24
발람이 이스라엘을 세 번 축복
여호와께서 말씀하신 대로
말하리이다

25
바알브올에서의 음행
염병으로 이만 사천 명이 죽음

람은 하나님의 이름을 빙자했다. 오늘도 주님의 이름을 걸었다고 해서 속아서는 안 된다.

4. 이스라엘 자손의 온 회중이 범죄로 인해 회막 문에서 울 때에 이스라엘 자손 한 사람이 모세와 회중의 목전에서 미디안 여인을 데리고 장막으로 들어가 부정을 행했다. 이를 본 제사장 엘르아살의 아들 비느하스는 창을 들고 들어가서 그 남녀의 배를 꿰뚫어 하나님의 질투로서 의를 행하였다(민 25:6~13). 이 시대에도 비느하스 같은 의로운 젊은이가 많아져야 한다.

더 살펴보기

눈이 어두운 발람 선지 (민 22~24장)
하나님이 보낸 사자(천사)가 세 번씩이나 나타나 발람 선지의 길을 막을 때 나귀는 알고 피했으나 발람은 영적인 눈이 어두워 알지 못하고 그의 나귀를 때렸다.

1. 발람의 예언(민 24장, 노래를 지어)

이스라엘을 향한 저주를 기대했던 발락 왕은 발람이 오히려 세 번의 축복을 하자 화가 났다. 발람은 다시 예언을 한다. 이 예언은 "예언하여 이르기를"(《개역한글판》은 "노래를 지어 가로되", 24:15, 20, 21, 23)이라는 말을 기준으로 네 개의 다른 예언으로 구분된다.

(1) 모압, 에돔에 대하여(17~19) (2) 아말렉에 대하여(20)
(3) 겐(가인) 족속에 대하여(21~22) (4) 앗수르, 에벨에 대하여(23~24)

2. "한 별이 야곱에게서 나오며 한 규가 이스라엘에게서 일어나서"(민 24:17)의 뜻은?

(1) 별 - 왕의 위엄과 영광을 나타내는 자연적인 표상이다(마 2:2, 계 22:16).

(2) 규 - 지도자나 왕의 통치적 주권을 상징하는 것으로 왕이 들고 다니는 막대기이다(창 49:10).

그러므로 별과 규(圭, 홀, 지팡이, 왕권)는 후에 오실 예수 그리스도의 영광과 그 권위를 상징한다고 볼 수 있다. 이와 같이 메시아, 즉 예수 그리스도는 온 세계를 통치하시며 인류 역사를 주관하신다(삼하 7:12~16, 렘 30:9,

겔 34:24, 37:24, 호 3:5).

3. 광야의 뱀과 예수 그리스도의 십자가(민 21:9, 요 3:14)

(1) 여호와와 모세를 원망하는 범죄로 말미암아 뱀에 물려 죽게 된 자들이 광야에서 모세가 장대에 단 놋뱀을 쳐다보면 살아났다. 이처럼 죄 지은 인생도 예수님의 십자가만 쳐다보면 살 수 있다(민 21:6~9, 요 3:14). 이 쉬운 구원의 비밀을 주신 하나님께 감사하자.

(2) 이 광야의 놋뱀은 훗날 우상이 되어 이스라엘 자손이 분향을 하였는데, 히스기야의 개혁 때에 부수고 '느후스단'('보잘 것 없는 것'이라는 뜻)이라 일컬었다(왕하 18:4).

민수기 | 26~30장

두 번째 인구조사 (중요구절 민 30:2)

이스라엘은 광야 사십 년의 거의 끝인 모압 평지에 이르러 두 번째로 인구조사를 한다. 처음의 시내광야에서의 인구조사 때의 사람들은 다 죽고 여호수아와 갈렙만이 새로운 세대 속에 우뚝 서 있다(26장). 아들이 없는 슬로브핫의 딸들에게 기업을 얻게 하는 여권신장을 인정한다. 모세의 후계자로 여호수아가 안수를 받는다(27장). 여러 절기마다 드려야 할 제물에 대한 규례를 가르치고 있다(28~29장). 여자가 한 서원이 효력을 갖는 조건과 기간에 대해 가르친다(30장).

1. 이스라엘이 가나안 정탐 후에 나타난 불평과 불신으로 내려졌던 선고(14:29)에 따라 당시 20세 이상으로 2차 인구조사에 계수함을 받은 자는 여호수아와 갈렙 뿐이었다(26:63~65). 1차 인구조사(1장) 때의 구세대가 모두 죽었음에도 인구가 별로 줄지 않은 것은 하나님의 은혜였다. 2차 인구조사를 통해 두 가지 위대한 사실은 첫째, 하나님은 의로우신 분으로 법을 정하신 대로 신실하게 행하셨다는 것이고 둘째, 백성들의 죄악에도 불구하고 그 백성에게 선을 베푸시는 하나님이라는 사실이다.
2. 모세에게 죽음을 예고하시며 므리바 물 사건을 상기시킨다(20:1~13, 27:12~14). 모세는 죽어야 하되 먼저 약속의 땅을 바라보게만 하심으로

26
두 번째 인구조사
요단 가 모압 평지에서

27
모세의 후계자 여호수아
목자 없는 양 같이 되지 않게

28
여호와께 드리는 제물
초하루, 안식일,
유월절, 칠칠절

29
칠월의 절기 예물
속죄일, 초막절, 신년제

30
여자가 서원하는 법
서원이나 서약은
깨뜨리지 말고

만족을 얻게 하며, 그를 그 조상에게로 돌아가게 할 뿐이지 끊는 것은 아니었으며, 아론이 그에 앞서 제사장직과 육체를 벗고 안식을 얻음과 같을 뿐이다. 큰 일을 한 자나, 작은 자나 모두 다 죽게 되므로 늘 준비해야 한다.

3. 하나님께서 모세의 죽음이 임박했을 때에 "너는 이 아바림 산에 올라가서 내가 이스라엘 자손에게 준 땅을 바라보라"(27:12) 하셨고 그 시행은 〈신명기〉 34장에 나온다. 모세가 산에서 가나안을 바라볼 뿐 약속의 땅을 밟을 수 없음은 므리바 물에서 불순종한 까닭이다(20:1~13). '산'은 특별한 의미를 갖는다. 아브라함은 이삭을 바치라는 명령을 받고 모리아의 한 산으로 갔고(창 22장), 모세는 시내 산에서 십계명을 받았으며(출 20장), 예수님은 산에서 산상보훈의 말씀을 주셨다(마 5~7장). 그러나 모세는 아바림 산에서 그저 가나안을 바라볼 뿐이었다.
4. 여자의 경우 서원 규례의 특례가 있기는 하나(30:3~16), 남자의 경우는 예외 규례가 없다(30:1~2). 고대 이스라엘에서 여자는 아버지나 남편의 뜻에 좌우되기 때문에, 본문에서는 여자 스스로 한 서원의 유효성에 대해 설명한다. 서원이란 영이신 하나님께 하는 것이므로 그 영혼은 하나님께 속박되어야 하므로 영혼을 걸고 한다, 그러나 사람에게 하는 약속은 보편적으로 신분을 걸고 한다.

사후 세계에 공급되는 음식
(애굽의 무덤 벽화)
애굽 사람들은 죽은 부모와 자신들의 초상을 그려 넣고 물과 양식을 공급하므로 영원으로 이어지기를 기대한다. 이스라엘은 가나안에 들어가 살기를 원하였으나 당대의 세대는 광야에서 죽고 이제 후세대들의 인구조사를 통하여 가나안에 들어갈 준비를 한다(민 26장).

더 살펴보기

1. 첫 번째 인구 조사(1장)와 두 번째 인구 조사(26장)의 의미

첫 번째 시내 광야에서의 인구 조사(구세대 대상)가 광야의 전쟁에 대비하고 행진을 위한 것이라면(1장), 두 번째 모압 평지에서의 인구 조사(신세대 대상)는 가나안 정복 전쟁과 함께 가나안 땅을 분배하기 위한 준비의 의미가 크다(26장).

2. 모세가 오른 산 이름은?(민 27장)

하나님께서 모세에게 "너는 이 아바림 산에 올라가서 내가 이스라엘 자손에게 준 땅을 바라보라"(27:12)로 했는데 '아바림 산'은 실제는 산맥의 이름이다. 모세가 가나안 땅을 실제 내려다 본 산은 여리고를 내려다보고 있는 '느보 산'이다(신 34:1). (<<신명기> 31~34장 '모세의 최후 행적' 참고).

3. 슬로브핫의 딸들에 대한 기업(민 27, 36장)

딸들에 대한 기업을 인정한 것(상속권 인정, 27:1~11)은 여권신장의 한 단면을 보여 준다. 고대 근동의 다른 나라에서는 보통 여자들은 상속권이 없었으나 이스라엘에서는 아들이 없는 집의 딸들도 상속권을 갖는다는 규례가 제정된다. 성경은 여자의 시집가는 일에 대해 본인의 의사를 존중하였다. "슬로브핫의 딸들은 마음대로 시집가려니와"(36:6). 물론 조건은 자기 지파로 가야했으나 이는 기업(재산, 특히 땅)의 상속권과 연결되기 때문이다. 아브라함의 자부 리브가도 최종 선택은 본인이 했다(창 24:58). '마음대로'라고 불신자와 결혼을 자유롭게 하라는 말씀은 아니다(고후 6:14~16).

4. 삼대 절기에 대한 도표(출 23장, 레 23장, 민 28~29장)

	명칭	성구	시기	기념 내용	의미
I	유월절 〈페사흐〉	출 12:1~28 43~49 레 23:5 민 28:16 신 16:1~8	종교력의 첫 달인 니산(아빕)월의 14일 저녁 *절기라기보다 '유월절 제사'라고 한다(출12:17).	• 종 되었던 땅으로부터의 출애굽 기념 • 자녀들에게 여호와께서 그들의 집을 넘어가 구원하였음을 깨우침(pass-over)	• 그리스도는 우리를 위한 유월절 어린 양(요 1:29, 고전 5:7, 벧전 1:18~19) • 유월절 만찬은 성만찬의 기초(마 27:17~30, 막 14:12~25, 눅 22:1~20) • 어린 양의 혼인잔치를 예시(눅 22:16~18, 계 19:9)
	무교절 〈마초트〉 눅 22:1에서는 유월절과 무교절을 하나로 봤다.	출 2:15~20 13:3~10 레 23:6~8 민 28:17~25 신 16:3~8	니산(아빕)월의 15일에 시작하여 칠일 동안(유월절에 이어서 일 주간)	• 급히 출애굽하여 고생한 것 기념(출 12:39) • 무교병은 전적으로 헌신하고 봉헌하는 것을 상징	• 무교병은 그리스도를 상징(요 6:30~59, 고전 11:24) • 무교병은 참교회의 상징(고전 7:7~8)

II	맥추절 (칠칠절, 오순절) 〈샤브오트〉	레 23:15~22 민 28:26~31 신 16:9~12	니산월 16일(유월절은 14일 저녁)로부터 50일(오순)째 되는 날	• 밀 추수의 첫 소산을 바치고 봉헌하기 위한 것 • 첫 이삭 바치는 날은 보리를 바침	• 유대인은 모세가 시내 산에서 율법을 수여받은 날로 기념(출 19장) • 신약 교회는 오순절에 성령 부어주심을 기념(행 2장)
III	수장절 (장막절) 〈수코트〉	레 23:33~43 민 29:12~38 신 16:13~17	제7월(민간력은 1월, 티리쉬) 15일부터 7일간. 여덟째 날은 절기의 절정	• 토지소산의 추수를 마칠 때 기념 • 광야에서 방황할 때 하나님께서 구출하시고 보호하심을 기념	• 오늘날 교회의 추수감사절과 같음 (구원 열매) • 장막절은 그리스도의 천년왕국 통치에 대한 번영과 평화를 예시

5. 유대인의 맥추절 풍습

유대인들은 밀 추수가 끝난 직후 수확을 기념하는 맥추절에 첫 곡물을 고운 가루로 빻아 그 가루에 누룩을 넣어 만든 떡 두 덩이를 요제(搖祭), 즉 '흔들어 드리는 제사'로 드렸다(레 23:15~17, 민 28:26). 오늘날 이스라엘 백성들은 그들의 전통 절기에 드려졌던 이 두 덩이의 떡을 상징하는 유제(乳劑) 음식과 고기를 먹는다. 한편 이때 제단에는 떡 두 덩이와 함께 어린 숫양 두 마리가 화목 제물로 드려졌는데, 화목제는 하나님과 제물을 드리는 사람 사이의 화목과 교제를 나타내는 것으로 하나님께 번제로 드리고 난 나머지는 제사장과 함께 봉헌자가 먹을 수 있었다. 또한 하나님과 인간의 화목제가 드려지는 이때에는 성전 봉사자인 레위인, 초대된 나그네와 가난한 자들이 함께 공동 식사를 하였는데, 이는 미국에서 첫 번째 추수감사절에 청교도와 인디언들이 함께 음식을 나누어 먹는 모습을 생각하게 한다. 예식이 끝난 후에는 예식에 참가했던 이스라엘 남자들이 '할렐'(시 113~118편)을 부르고 춤을 추는 풍습이 있었다.

추수와 관련하여 이스라엘에는 다른 나라에 없는 독특한 풍습이 있는데, 그것은 가난한 자와 거류민을 위하여 밭모퉁이 곡식을 거두지 않으며 나무의 열매도 다 거두지 않는 것이다. 이는 모두 택함 받은 하나님의 백성이며 한 형제라는 공동체 의식에 기초한 것으로서, 가난한 자들을 구제하는 방법이 되었다(레 23:22).

이때 이스라엘에서는 고대 추수 광경을 배경으로 기록된 〈룻기〉가 읽혀졌다. 그러나 이스라엘의 성전 파괴 후에는 시내 산 율법 수여를 기념하는 의미가 부여되면서 토라(율법)와 관계된 구약성경 등이 읽히거나 낭독되었다. 이러한 풍습은 오늘날 이스라엘 사회에서 많이 간소화되었지만 계속해서 행해지고 있다.

"칠칠절 처음 익은 열매를 드리는 날에 너희가 여호와께 새 소제를 드릴 때에도 성회로 모일 것이요 아무 일도 하지 말 것이며"(민 28:26)

민수기 31~36장

가나안 정복 준비 (중요구절 민 33:4)

미디안 족속은 이스라엘로 하여금 우상을 숭배하도록 유혹했으므로(25장 참고) 하나님은 모세에게 그들을 죽이라고 하신다. 이스라엘은 전리품에 대해 지혜로운 처리를 한다(31장). 요단 동쪽을 요구한 두 지파 반은 가나안 정복에 앞장서기로 하고 조건부 허락을 얻는다(32장). 애굽에서 모압 평지까지의 이스라엘 백성의 노정기를 정리하고 있다. 그 땅에 들어가서 해야 할 일들을 가르친다(33장). 이스라엘 기업의 땅 경계와 그 분배를 맡은 자들에 대해(34장, 수 13~16장을 참고), 부지중 살인자를 위한 도피성에 대해(35장, 수 20~21장 참고), 그리고 여자의 재산 상속에 대한 규례의 세칙을 정한다(36장).

1. "원수를 미디안에게 갚으라"(31:2) 함은 이스라엘이 모압 여인들과 음행에 빠진데 부차적인 역할을 한 미디안에 대한 하나님의 심판적 의미(25:16~18)와 함께 가나안에 들어가면 우상을 숭배하게 되는 모든 가능성을 없애는 훈련이기도 했다(신 7:1~11). 그럼에도 이스라엘 군사들은 미디안의 장정만 죽이고, 아이들과 여인을 살려두므로 모세와 제사장 엘르아살의 노를 사게 된다(31:7, 14~15). 결국 사내를 알지 못하는 여자 외에는 모두 진멸한다.
2. 일부 지파가 요단 동쪽의 땅을 요구하며 "우리에게 요단 강을 건너지 않게 하소서"(32:5)라고 했다가 모세에게 심한 책망을 듣고 가나안 정복 전쟁에 앞장서기로 하며 조건부 허락을 받는다. 가나안 정복은 모두 함께 해야하는 하나님의 명령인데도 일부 지파는 이를 무시했었다. 교회 일에 있어서도 유무식, 빈부귀천을 떠나 겸손함으로 함께해야 한다.
3. 이스라엘의 "그들이 행진한 대로의 노정은 이러하니라"(33:2) 하였다.

31
미디안과 전쟁
여호와의 원수를 갚으라

32
요단 동쪽을 요구
르우벤, 갓, 므낫세 반지파

33
출애굽 경로
라암셋에서 모압 평지까지

34
가나안 땅의 경계
그 땅은 너희의 기업

35
도피성의 규례
부지중 살인한 자를 위해

36
여자의 재산 상속
자기 지파로만 시집

기업(基業)은 기업(企業)이 아니다 (민 34장)

성경의 용어에 익숙하지 않은 사람들이 오해하는 몇 가지 단어들을 살펴본다. 《개역개정판》에서 바뀐 것들도 있으며 일부에서 다음의 단어들이 적절한 곳에서는 사용되고 있다.

(1) 기업(基業) – 企業(회사, 중소기업)이 아니고 상속(이스라엘에게는 땅)을 말한다.

(2) 역사(役事) – 歷史(히스토리, 지난 일)가 아니고 일하심(work)이다.

(3) 구속(救贖) – 拘束(죄인의 인신 제한)이 아니고 죄로부터 구원하심이다(贖, 살 속 – buy).

(4) 사자(使者) – 獅子(짐승 사자)가 아니고 보내심을 받은 사신이다.

〈민수기〉 전체의 결론

(1) '민수기(民數記)'는 말 그대로 백성(군대)의 수를 계수한 것에서 기인한다. 그 계수는 1장과 26장에 나오는데 대상이 다르다. 1장은 시내산 언약의 백성이라면 26장은 그 후손들로서 가나안에 들어갈 백성을 계수한 것이다.

(2) 〈민수기〉 전체의 결론은 〈민수기〉 후반부와 관계가 있다. 하나님께서 그의 섭리를 통하여 우리를 어떠한 새로운 환경으로 인도하시든지 간에 하나님께 우리의 임무를 가르쳐 달라고 구하며, 그 일을 감당할 수 있게 해 달라고 기도해야 한다. 이스라엘이 가나안에 들어가서 해야 할 일을 배워서 하듯이 말이다.

멀고 먼 길, 긴 세월 광야를 걸어간 긴 노정이며, 맴돌아 다닌 노정으로 짧은 코스도 있으나 시내반도 끝까지 내려갔다가 온 노정이며, 40년의 아픔의 노정이었다. "너희는 그 땅을 정탐한 날 수인 사십 일의 하루를 일 년으로 쳐서 그 사십 년간 너희의 죄악을 담당할지니"(14:34)라는 말씀대로 되었다.

4. 살인자를 위한 도피성(35장)은 의도 없이 부지중에 살인한 자를 보호하는 장치였으며 생명존중에 의미를 두었다. 도피성으로 피난하므로 또 다른 살인, 즉 부지중의 살인자를 의도적으로 살인하는 것을 방지했다. 도피성은 상징적으로 보면, 예수 그리스도를 나타낸다. 예수님에게 오는 자는 죽음을 면하고 그 안에 구원의 은혜가 있다. (도피성에 대해서는 신 4:41~43, 19:1~13, 수 20장을 보라.)

더 살펴보기

1. 탈취물의 분배(민 31:25~31)

미디안과의 전쟁에 나갔던 자나 진에 머물렀던 자나 모두 탈취물을 받게 되었다. 물론 숫자적으로 보면 전쟁에 나간 자들이 더 많이 받았으며 모두 다 자기가 받은 것에서 제사장 엘르아살과 레위인에게 탈취물을 일정한 비율로 다시 바친다. 이것은 분배로 인한 기쁨은 나누었고, 다시 레위인에게도 드려 신앙적으로 하나님께서 명하신 대로 한 아름다운 결과였다.

2. 출애굽의 경로 지도(민 34장)

출애굽 지도의 절대적인 경로는 알 수 없다. 이스라엘은 직선으로 된 해변길을 택하지 않았다(출 13:13). 그들은 블레셋과 마주치지 않는 경로를 택하여 남쪽 숙곳(succoth)으로 내려 온 뒤에 북쪽으로 올라가서 바다를 건넌 다음 시내반도 서쪽으로 남하했을 것으로 보인다. 그리고 실제 광야 40년이 자세히 기록되지 않았다. (부록 지도 참고)

B I B L E

성경 질문지

민수기 1~5장 첫 번째 인구 조사

제1장 [첫 번째 인구조사(군대 계수)]
다음 물음에 답하시오.

1. 첫 번째 인구 조사(병적 조사)와 관계 없는 것은? (1~4) (　　　)
   1) 출애굽 후 2년 2월 1일에 했다.
   2) 이스라엘 자손 남자를 계수했다.
   3) 군대 계수는 모세의 지시였다.
   4) 20세 이상, 싸움에 나갈 만한 자를 계수했다.

2. 야곱의 12아들은 이스라엘의 12지파가 되었다. 12지파 이름을 쓰시오(요셉은 에브라임, 므낫세로, 레위는 제외). (15~16, 또는 20~43 참고)

1)	2)
3)	4)
5)	6)
7)	8)
9)	10)
11)	12)

3. 인구가 가장 많은 지파는 (　　　) 지파로 (　　　명)
   가장 적은 지파는 (　　　) 지파로 (　　　명) (20~43).

4. 계수된 자의 총계는 몇 명인가?(44~46) -

5. 레위 지파를 계수하지 않은 이유는 무슨 일의 봉사를 위함인가?(47~54) -

제2장 [진과 행군을 위한 편성]
다음 빈칸을 채우시오.

1. 각 방향에 진영을 친 세 지파씩의 이름과 각 방면의 군대의 수를 쓰시오.

1) 동쪽 - 유다,　　　,　　　,
유다 진영의 군대의 총계　　　　명 (1~9)

2) 남쪽 -　　　, 시므온,　　　,
르우벤 진영의 군대의 총계　　　　명 (10~16)

3) 서쪽 -　　　,　　　, 베냐민,
에브라임 진영의 군대 총계　　　　명 (18~24)

4) 북쪽 -　　　,　　　,　　　,
단 진영의 군대의 총계 157,600 명 (25~31)

2. 그 다음에 (　　　)이 (　　　)인의 진영과 함께 모든 진영의 중앙에 있어 진행하였다(17절).

3. 각 종족과 조상의 가문에 따르며 자기들의 (　　　)를 따라 (　　　) 치기도 하며 (　　　)하기도 하였다(32~34).

제3장 [제사장과 레위인의 직무]
다음에서 틀린 부분에 밑줄을 긋고 바르게 고치시오.

1. 아론의 네 아들은 제사장이 되었는데 그 중에 나답과 아비후는 다른 불을 여호와 앞에 드리다가 제사장직에서 파면되었다(1~4, 레 10:1~2). →

2. 레위인은 회막 앞에서 아론의 직무와 온 회중의 직무를 위하여 회막에서 시무하게 했으며 레위인을 모세와 그 아들들에게 맡겼다(5~10). →

3. 애굽 땅에서 처음난 자를 죽이던 날에 이스라엘의 처음난 자를 구별하였으므로 이스라엘 자손 중에 처음 난 것은 레위인의 것이다(11~13). →

4. 레위의 세 아들은 게르손과 고라와 므라리이다(14~39). →

5. 이스라엘의 처음난 자를 위한 속전은 한 사람에 다섯 세겔인데 이것을 레위인과 그 아들들에게 주었다(40~51). →

제4장 [레위 지파의 가문별 직무]
다음 서로 관계 있는 것끼리 연결하시오.

1. 회막의 일을 위하여 계수(1~3) • • 가)
2. 고핫 자손(4~15) • • 나)
3. 제사장 아론의 아들 엘르아살(16) • • 다)
4. 게르손 자손(21~28) • • 라)
5. 므라리 자손(29~33) • • 마)
6. 레위인의 계수한 수(34~49) • • 바)

가) 성소의 기구를 멤
나) 30세 이상 50세 까지
다) 성막의 휘장, 회막과 덮게, 뜰의 휘장을 멤
라) 향, 소제물, 장막과 성소의 기구를 맡음
마) 8,580명으로 봉사와 메는 일에 참여함
바) 널판, 띠, 기둥, 받침, 말뚝과 줄들을 나름

제5장 [진영의 정결과 의심의 법]
다음 물음에 간단히 답하시오.

1. 진영을 더럽히지 않도록 진영 밖으로 내어 보낸 자들은?(1~4)
   1) 2)
   3)
2. 죄 값을 받을 만한 친척이 없을 때는 그 죄를 누구에게 드리고 돌리도록 했는가?(5~10) -
3. '의심의 법'(5:11~28)은 어떤 때에 제사장이 법대로 행하였는가?(29~31)
   1)
   2)

민수기 6~9장 백성을 성결하게 함

제6장 [나실인의 규례]
다음 맞는 답의 번호에 O표, 틀린 것에는 X표 하시오.

1. 나실인이 금하는 것에는 O표, 관계 없는 것에는 X표 하시오(1~12).
   1) 포도나 독주 ( )
   2) 결혼하는 일 ( )
   3) 삭도를 머리에 대는 일 ( )
   4) 시체를 가까이 하는 일 ( )
2. 나실인으로 구별된 일이 지났을 때의 규례에는 O표, 관계 없는 것에는 X표 하시오(12~21).
   1) 회막문으로 데리고 가서 예물을 드리게 했다. ( )
   2) 번제, 속건제, 화목제를 드렸다. ( )
   3) 머리털을 밀고 화목제물 아래에 있는 불에 두었다. ( )
   4) 요제로 드린 성물은 제사장에게 드렸다. ( )
3. 제사장이 이스라엘을 위하여 축복하라는 내용에는 O표, 아닌 것에는 X표 하시오(22~27).
   1) 너를 지키시기 원한다. ( )
   2) 은혜 베푸시기를 원한다. ( )
   3) 부유하게 되기를 원한다. ( )
   4) 평강 주시기를 원한다. ( )

제7장 [제단 봉헌물을 드리다]
다음 빈칸에 알맞은 말을 적어 넣으시오.

1. 장막 세우기를 끝내고 그것에, 그리고 성막의 기구들에 ( )을 발라 거룩히 구별했다(1).
2. 지휘관들이 드린 수레와 소를 레위인에게 주어 ( ) 봉사에 쓰게 하였는데, 게르손 자손에게는 ( )과 소 네마리를 주었고, ( ) 자손에게는 수레 넷과 소 여덟을, 고핫 자손에게

는 주지 아니하였으니 그들의 성소의 직임은 그 ( )로 메는 일을 하는 까닭이었더라(2~9).

3. 제단의 ( )을 위하여 헌물을 가져다가 12일간 열두 지휘관들이 드렸는데, 그 중에 셋째 날에는 ( ) 자손의 족장이 드렸고, 열한째 날에는 ( ) 자손의 지휘관이 드렸다(10~83).

4. 제단의 봉헌물로는 은쟁반이 ( ), 은바리가 ( ), 금그릇이 ( )이다. 은이 모두 ( ) 세겔, 금이 모두 ( ) 세겔이다(84~86).

5. 제물은 세 가지 제물로 드렸는데 ( )과 속죄제물과 ( )로 드렸다(87~88). (참고: 소제물은 번제물에 속한 것이다)

6. 모세가 회막에 들어가서 증거궤 위 ( ) 위의 두 그룹 사이에서 말씀하시는 목소리를 들었으니 ( )께서 말씀하심이었다(89).

제8장 [레위인의 봉헌식]
다음 말의 뒷부분을 기록하여 성구를 완성하시오(해당 절 안에서만 기록).

1. 등불을 켤 때에는 일곱 ~

2. 아론이 이스라엘 자손을 위하여 레위인을 흔들어 바치는 제물로 ~

3. 이스라엘 자손 중에서 레위인을 취하여 ~

4. 레위인이 이에 죄에서 스스로 ~

제9장 [광야에서 지킨 첫 유월절]
다음 물음에 답하시오.

1. 유월절을 지키는 정한 기일은 언제인가?(1~8) -

2. 시체로 부정하게 되어 유월절을 지키지 못한 사람들의 항의에 대한 모세의 대답은?(1~8) -

3. 부정하게 되거나 여행 중이어서 유월절을 지키지 못한 사람이 지키는 유월절은?(9~14)
   1) 날짜 -
   2) 먹는 방법 -

4. 다음의 경우에 이스라엘 자손이 구름과 불의 인도를 어떻게 따랐는지 답하시오(15~23).
   1) 구름이 성막에서 떠오르는 때 -
   2) 구름이 성막 위에 머무는 날이 오랠 때 -
   3) 구름이 저녁부터 아침까지 있다가 아침에 그 구름이 떠오를 때 -

민수기 10~14장 시내 산 출발, 열두 정탐꾼

제10장 [시내광야를 떠나다]
다음 서로 관계 있는 것끼리 연결하시오(1~7번).

1. 나팔 두개를 불 때 • • 가)
2. 나팔 하나만 불 때 • • 나)
3. 나팔을 크게 불 때 • • 다)
4. 두 번째로 크게 불 때 • • 라)
5. 회중을 모을 때 • • 마)
6. 대적을 치러 나갈 때 • • 바)
7. 희락의 날 · 절기 · 초하루 • • 사)

가) 동쪽 진들이 진행할 것
나) 온 회중이 회막 문 앞에 모여서
다) 남쪽 진영들이 행진할 것
라) 이스라엘의 천부장 된 지휘관들이 모여서
마) 번제물과 화목제물을 드리며 나팔을 불라
바) 나팔소리를 크게 내지 말 것
사) 나팔을 크게 불지니

다음 물음에 답하시오(8~10번).

8. 1) 이스라엘이 시내 광야에 도착한 때는?(출 19:1) - 애굽 땅을 떠난 지 (개월)이 되던 날

2) 시내 광야를 출발할 때는?(민 10:11)
- 애굽 땅을 떠난 지 (　　　　　　　)

3) 시내 광야에 머문 기간은?(〈출애굽기〉 19:1 ~ 〈민 수기〉 10:11) - (약　　　　년)

9. 모세가 동행하자고 부탁했던 사람으로 광야의 눈이 되리라는 사람은?(29~32) -

10. 모세의 기도
1) 궤가 떠날 때 ~
2) 궤가 쉴 때 ~

제11장 [탐욕으로 원망하던 이스라엘]
다음의 물음에 간단히 답하시오.

1. '다베라'라는 지명이 생긴 이유는? (1~3 읽고 답은 3절로) -

2. 섞여 사는 다른 인종들이 요구한 음식은? (4~15 읽고 답은 4절로) -

3. 이스라엘은 애굽에 있을 때 먹은 것이 생각나는 것은?(5절) -

4. 만나에 대하여 쓰시오(6~9).

-

5. 하나님이 백성들에게 고기를 얼마만큼 먹게 하신다고 하셨는가?(16~23) -

6. 여호와의 영이 장로들에게 임하니 그들이 무엇을 하였는가?(24~25) -

7. 여호수아가 모세에게 '엘닷과 메닷의 예언을 말리소서'라고 했을 때 대답은?(26~29)

-

8. 여호와께서 큰 재앙으로 치셔서 욕심을 낸 백성이 죽어 장사된 곳을 부르는 이름은?(30~35) -

제12장 [미리암과 아론의 시기]
다음의 빈칸에 알맞은 말을 적으시오.

1. 모세가 (　　　　)를 취하였더니 그 구스 여자를 취하였으므로 (　　　　　)이 모세를 비방하니라. 그들이 이르되 여호와께서 모세와만 말씀하셨느냐 (　　　)하지 아니하셨느냐 하매 여호와께서 이 말을 들으셨더라(　　　~　　　절).

2. 이 사람 모세는 (　　　)이 지면의 모든 사람보다 더하더라(　　　절).

3. 내 종 모세와는…… 내가 (　　　)하여 명백히 말하고…… 그는 또 여호와의 (　　　)을 보거늘 너희가 어찌하여 내 종 모세 비방하기를 (　　　)하지 아니하느냐?(　　　~　　　절).

4. 여호와께서 그들을 향하여 (　　　)하시고 떠나시매 구름이 장막 위에서 떠나갔고 미리암은 (　　　)에 걸려 눈과 같더라(　　~　　절).

5. 모세가 여호와께 (　　　) 이르되 하나님이여 원하건대 그를 (　　　) 주옵소서…… 그를 진영 밖에 (　　　) 동안 가두고 그 후에 들어오게 할지니라(　　　~　　　절).

제13장 [가나안 땅의 정탐]
다음 물음에 답하시오.

1. 가나안 땅의 정탐을 위하여 뽑힌 각 지파의 지휘관들은 누구인가?(1~16)
1) 르우벤 지파 -
2) 유다 지파 -
3) 에브라임 지파 -　　　　(바뀐 이름:　　　)
- (14:6)

2. 모세가 정탐자들에게 가나안 땅이 어떠한지를 탐지하라고 했는가? (17~20)

-

3. 정탐하며 가져온 과실은?(21~24) -

4. 정탐꾼들의 보고를 요약하면
1) 그 땅에 대한 총평(25~29) -
2) 갈렙의 보고(30) -

3) 함께 갔던 사람들의 보고(31~33) -

제14장 [광야에서의 죽음 예고]
다음 말이 맞으면 O표, 틀리면 X표 하시오.

1. 백성들은 모세와 아론을 원망하며 '애굽 땅에서 죽었거나 이 광야에서 죽었으면' 했다(1~3). (　　)
2. 여호수아와 갈렙은 여호와께서 우리를 그 땅으로 인도하여 드리실 뜻이 없다고 했다(4~10). (　　)
3. 하나님은 백성들을 전염병으로 쳐서 멸하고, 크고 강한 나라를 이루게 하리라 하셨다(11~19). (　　)
4. 모세의 기도로 하나님은 백성들을 사하고 가나안 땅을 보게 되리라 하였다(20~25).(　　)
5. 갈렙과 여호수아는 가나안에 들어가고 나머지는 소멸하기까지 40년을 방황하리라 했다(26~38).(　　)
6. 백성이 깨닫고 여호와의 명령을 따라 산꼭대기로 올라가서 정복했다(39~45).(　　)

민수기 15~20장 광야에서의 죽음

제15장 [제사에 대한 규례]
다음 물음에 답하시오.

1. 1~26절에 나오는 제사 이름을 모두 찾아 써 보시오(10 가지). -
2. 제사에 전제로 드리는 것은 무엇인가?(1~10) -
3. 처음 익은 곡식 가루 떡을 어떻게 드려야 하는가?
(11~21) -
4. 누가 이스라엘 온 회중을 위하여 속죄하면 사함을 얻게 되는가?(22~31) -
5. 안식일을 어기고 나무한 사람을 어떻게 했는가?
(32~36) -
6. 옷단 귀에 술을 달게 하는 이유는?(37~41) -

제16장 [고라당의 반역]
다음 물음에 간단히 답하시오.

1. 모세와 아론을 거스려 반역한 네 사람의 이름은?
(1~3) -
2. 레위인으로 성전 봉사의 직무를 맡은이들이 오히려 구한 직분은?(4~11) -
3. 어떻게 죽었는가?
   1) 고라와 그에게 속한 사람들(12~33)
   -
   2) 향로를 들고 나온 지휘관 250명(34~35)
   -
   3) 원망하는 회중이 걸린 병과 그로 인해 죽은 수(41~50) - ,
4. 모세나 아론이 기도한 '엎드려'라는 말이 나온 세 곳의 절수는? - 16: 절, 절, 절
5. 고라의 행위를 〈유다서〉는 무엇이라 했는가?
(유 1:11) -

제17장 [아론의 싹난 지팡이]
다음 빈칸에 알맞은 말을 적어 채우시오.

1. 지팡이 열둘을 취하고 그 사람들의 (　　)을 각각 그 (　　)에 쓰되 레위의 지팡이에는 (　　)의 이름을 쓰라(1~7).
2. 아론의 지팡이에 움이 돋고 (　　)이 나고 (　　)이 피어서 (　　) 열매가 열렸더라(8~13).
3. 아론의 지팡이는 (　　) 앞으로 도로 가져다가 거기 간직하여 반역한 자에 대한 (　　)이 되게 하여 그들로 내게 대한 (　　)을 그치고 죽지 않게 할지니라(8~13).

제18장 [레위인과 제사장의 직무]
다음은 누구에 대한 말인지를 쓰시오.

보기 레위인 / 제사장

1. 제사장을 섬기고 장막 앞에서 직무를 지키되 성소의 기구와 제단에는 가까이 말라(1~5). -
2. 제단과 휘장 안의 모든 일에 대하여 직분을 지켜 섬기라(1~7). -
3. 지성물, 속건제물, 첫 소산, 거제로 드린 것은 영구한 몫의 음식으로 네 것이 된다(8~20). -
4. 기업은 없으나 십일조를 주어 회막에서 하는 일을 갚는다(보수를 준다)(21~24). -
5. 십일조로 받은 것에서도 십일조를 거제로 여호와께 드리라(25~32). -

제19장 [부정을 정결하게 하는 잿물]
다음 물음에 답하시오.

1. 부정을 깨끗하게 하는 잿물을 만드는데 불사르는 붉은 암송아지의 조건은?(1~10, 답은 2절로) -
2. 불사르는 곳에 제사장이 함께 넣는 것은?(1~10 답은 6절로) -
3. 어떤 사람이 이레(7일) 동안 부정한가?(11~19) -
4. 부정한 자에게 며칠과 며칠에 잿물을 뿌렸나?(11~19) -
5. 부정하고도 정결하게 아니하면 어떻게 되는가?(20~22) -

제20장 [므리바 물 사건]
다음 말 중에서 틀린 부분에 밑줄을 긋고 바르게 고치시오.

1. 미리암이 시내광야 가데스에서 죽어 장사되었다(1).
2. 회중이 모세와 아론에게로 모여 들때 모세와 아론이 회막문을 떠나 회중 앞에 엎드렸다(2~6).
3. 모세는 하나님의 거룩함을 나타내었으므로 하나님이 준 땅으로 들어가지 못한다고 했다(7~13).
4. 이스라엘 자손이 에돔을 통과하려 했으나 값을 많이 요구해서 돌아갔다(14~21).
5. 아론이 호르산에서 죽고 그 아들 엘리멜렉이 제사장이 되었다(22~29).

민수기 21~25장 발람과 발락의 악행

제21장 [장대의 놋뱀]
서로 관계 있는 것끼리 서로 연결하시오.

1. 1~3 •	• 가) •	• a)
2. 4~9 •	• 나) •	• b)
3. 요 3:14 •	• 다) •	• c)
4. 왕하 18장 •	• 라) •	• d)
5. 10~20 •	• 마) •	• e)
6. 21~32 •	• 바) •	• f)
7. 33~35 •	• 사) •	• g)

가) 우물물아 솟아나라
나) 아랏의 왕이 이스라엘을 공격
다) 놋뱀을 이때까지 분향하므로
라) 왕의 큰길로만 지나가리이다
마) 원망으로 불뱀에 물리고 회개
바) 모세가 광야에서 뱀을 든 것
사) 그를 두려워하지 말라

a) 귀인들이 규와 지팡이로 팠도다
b) 장대의 놋뱀을 쳐다본즉 살리라
c) 인자도 들려야 하리니
d) 히스기야 왕이 부수고 느후스단이라
e) 가나안 성읍을 멸하고 호르마라
f) 바산 왕 옥을 다 쳐서 그의 땅을 점령
g) 아모리 왕 시혼이 거부하다 멸망

제22장 [초청 받은 발람 선지]

다음 (/) 안의 말 중에 틀린 것은 = 줄로 지우시오.

1. 이스라엘이 길을 떠나 (모압 평지 / 여리고)에 진쳤다(1).

2. 모압 왕 (발락 / 발람)이 이스라엘을 (저주 / 축복)하려고 (발락 / 발람)을 청하였다(2~6).

3. 하나님이 발람에게 그들과 함께 (가지도 말고 / 가고) 그 백성을 (저주 / 축복)하지도 말라. 그들은 (저주 / 복)을 받은 자들이니라(7~14).

4. 발람이 (밤 / 아침)에 일어나서…… 모압 고관들과 함께 (가니 / 자니) 그가 감으로 말미암아 하나님이 (축복 / 진노)하심으로 여호와의 (사자 / 사탄)가 그를 막으려고 길에 서니라(15~30).

5. 여호와께서 나귀(입 / 눈)을 여시니 "내가 당신에게 무엇을 하였기에 (세 번 / 네 번)을 때리느냐"

6. 여호와께서 발람의 (입 / 눈)을 밝히시매 여호와의 사자가 손에 (칼 / 창)을 빼들고 길에 선 것을 그가 보고 (머리 / 허리)를 숙이고 엎드리니(31~35)

7. 하나님이 내 입에 주시는 (축복 / 말씀) 그것을 말할 뿐이니이다(36~40).

제23~24장 [발람의 예언]

다음의 말이 발람의 몇 번째 예언과 관계되는지 숫자로 쓰시오(1~6문).

> **참고** (1) 첫 번째 예언, 22:41~23:12
> (2) 두 번째 예언, 23:13~26
> (3) 세 번째 예언, 23:27~24:9

1. 광야가 내려다보이는 브올 산 꼭대기에 이르러서 예언 - (　　　)

2. 바알의 산당에 오르매 발람이 거기서 이스라엘 진 끝을 보다. - (　　　)

3. 이스라엘 진의 끝만 보이는 소빔 들로 인도하여 비스가 꼭대기에 이르러… - (　　　)

4. 하나님이 저주하지 않으신 자를 내가 어찌 저주하며, 내가 어찌 꾸짖으랴 - (　　　)

5. 야곱이여 네 장막들이, 이스라엘이여 네 거처들이 어찌 그리 아름다운고 - (　　　)

6. 여호와는 야곱의 허물을 보지 아니하시며 이스라엘의 반역을 보지 아니하시는도다. - (　　　)

다음 물음에 답하시오(24:10~25).

7. 모압 왕 발락은 이스라엘을 저주하라고 발람을 초청하였다. 결국 발람은 이스라엘을 '저주'했는가? '축복'했는가? -

8. 24:10~25에는 '예언하여 이르기를'이라는 말로 네 번의 예언이 있는데 아말렉에 대한 예언은 몇 번째인가? -

9. "한 별이 야곱에게서 나오며 한 규가 이스라엘에게서 일어난다"(메시아 예언)는 몇 번째인가?
-

제25장 [바알브올에서의 음행]

다음 물음에 답하시오.

1. 이스라엘 백성이 모압 여인들과의 음행은 누구의 계략인가?(1~5, 31:16) -

2. 이스라엘이 이방신에게 어떻게 했는가?(1~5)
-

3. 하나님은 음행한 백성의 수령들을 어떻게 하라고 하셨는가?(1~5)
-

4. 미디안 여인을 데려와 음행하는 자를 죽인 자는 누구며, 그 신분은?(6~13)
-

5. 음행하다가 염병으로 죽은 자의 수는?(6~9)
-

6. 음행에 대한 사도 바울의 가르침은?(6~15, 고전 10:8) -

7. 하나님이 "미디안 인들을 대적하라"(17절)는 이유는 무엇인가?(14~18) -

민수기 26~30장 두 번째 인구조사

제26장 [두 번째 인구조사]
다음 물음에 답하시오.

1. 이스라엘이 두 번째 인구 조사를 한 곳은? -

2. 인구가 가장 많이 줄은 시므온 지파를 처음(59,300명)과 비교하시오(1:22~23, 26:12~14).

   -

3. 므낫세 지파는 첫 번째 조사 때보다 얼마나 늘었는가?(1장, 26장) -

4. 두 번째 인구조사에서 인구수가 가장 많은 지파와 인구수는?(19~22) -

5. 첫 번째 인구조사 때와 두 번째 인구조사 때의 총 인구수를 비교하시오(1:46, 26:51).

   -

6. '모압 평지'에서의 계수 때에(26장) '시내 광야'에서 계수한(1장) 사람이 (여호수아와 갈렙 외에는) 하나도 들지 못한 이유는 무엇인가?(63~65)

   -

제27장 [모세의 후계자 여호수아]
다음의 제목에 해당되는 것에는 O표, 틀린 한 곳에는 X 표 하시오.

1. 슬로브핫의 딸들 (1~11)
   1) 요셉의 아들 므낫세의 종족 (　　　)
   2) 아버지가 아들이 없이 죽었다 (　　　)
   3) 그 기업을 딸들에게 줄 수 없다 (　　　)
   4) 아들이 없으면 딸들에게 기업을 (　　　)

2. 아바림 산에 오르라 (12~14)
   1) 이스라엘에게 준 땅을 보라 (　　　)
   2) 너도 조상에게 돌아가리니 (　　　)
   3) 여호와의 거룩함을 드러냄 (　　　)
   4) 신광야 가데스의 므리바 물 (　　　)

3. 모세의 후계자 (15~23)
   1) 한 사람을 이 회중 위에 세워 (　　　)
   2) 여호수아는 그 안에 영이 머무는 자 (　　　)
   3) 온 회중을 그에게 복종하게 (　　　)
   4) 여호수아를 제사장 아론이 안수 (　　　)

제28장 [여호와께 드리는 제물]
해당 절기를 보기에서 찾아 적고 연결하시오.

보기 초하루, 안식일, 상번제, 유월절, 칠칠절.

1. 1~8 (　　　　　) •　　　　　• a)
2. 9~10 (　　　　　) •　　　　　• b)
3. 11~15(　　　　　) •　　　　　• c)
4. 16~25(　　　　　) •　　　　　• d)
5. 26~31(　　　　　) •　　　　　• e)

a) 일 년 되고 흠 없는 숫양 두 마리와 소제, 전제를 드린다.
b) 일 년 되고 흠 없는 숫양을 아침저녁으로 매일 두 마리씩 드린다.
c) 1월 14일이며 그달 15일부터 7일간 무교병을 먹는다.
d) 수송아지 2, 숫양 1, 일년 되고 흠 없는 숫양 7을 번제로 드린다.
e) 처음 익은 열매를 드리는 날이다.

제29장 [칠월의 절기에 드리는 제물]
해당 절기를 보기에서 찾아 적고 연결하시오.

보기 가) 속죄일(마음을 괴롭게 하는 날)
나) 초막절(7월 15일)
다) 신년제(7월 1일 - 민간력 1월 1일)

1. 1~6 ( ) • • a)
2. 7~11 ( ) • • b)
3. 12~38 ( ) • • c)
4. 39~40 (절기를 당하면) • • d)

a) 이는 너희가 나팔을 불 날이니라
b) 7월 10일에…… 또 숫염소 한 마리를 속죄제로 드릴지니
c) 모세가 여호와께서 명령하신 일을 이스라엘에게 말하니라
d) 여덟째 날까지 제물의 수를 달리하여 드림

제30장 [여자가 서원 하는 법]
다음 말이 맞으면 O표, 틀리면 X표 하시오.

1. 사람이 여호와께 서원하였거나 결심하고 서약하였으면 깨뜨리지 말고 그가 입으로 말한 대로 다 이행하여야 한다(1~5). - ( )
2. 여자가 어려서(처녀 때) 아버지 집에서 여호와께 서원이나 서약을 했을 때에 아버지가 듣고 허락하지 않아서 이루시 못한 서원과 서약이라도 여호와께 사함받지 못한다(1~5). - ( )
3. 남편을 맞을 때에 서약이나 서원은 남편의 뜻과는 관계없이 이루어야 한다(6~8). - ( )
4. 과부나 이혼 당한 여자는 서원이나 서약을 지키지 않아도 된다(9~12). - ( )
5. 서원이나 서약을 그 남편이 지키게 할 수도 무효하게 할 수도 있다(13~16). - ( )

민수기 31~36장 가나안 정복 준비

제31장 [미디안과의 전쟁]
성경을 읽으면서 다음의 빈칸을 채우시오.

1. 모세가 죽기 전에(조상에게로 돌아간다) 이스라엘의 원수를 ( )에게 갚으라고 했다(1~2).
2. 미디안을 쳐서 ( )를 다 죽였고 그 죽인 자 외에 미디안의 ( ) 왕을 죽였고 또 브올의 아들 ( )을 칼로 죽였다(3~8).
3. 이스라엘을 범죄하게 하는 남자와 ( )하여 사내를 아는 여자도 다 죽이고…… 사내를 알지 못하는 여자들은 이스라엘을 위하여 ( ) 둘 것이니라(9~18).
4. 전쟁에 나갔던 것에서 금속은 ( )과 ( )을 지나게 하여 깨끗하게 하였다(19~24).
5. 전쟁에서 얻은 물건을 반분하여 군인에게 ( ), 회중에게 ( )을 주었고 절반 중에서 여호와께 ( )을 드렸고, 레위인에게는 ( )을 주었다(25~31).
6. 모세와 제사장 ( )이 금을 취하여 ( )에 드려 여호와 앞에서 이스라엘 자손의 기념을 삼았다(32~54).

제32장 [르우벤, 갓 자손의 요구]
다음 물음에 답하시오.

1. 길르앗 땅(요단 동쪽)을 요구하여 얻은 자손은? (1~5, 33~42) -
2. 모세는 무엇을 염려했는가?(6~15절 읽고 특히 7절 참고) -
3. 르우벤과 갓 자손이 모세에게 제시해서 허락을 받은 내용을 간단하게 쓰시오(16~32, 특히 31절). -

4. 모세가 길르앗을 누구에게 주었는가?(33~42)
-

제33장 [애굽에서 요단에 이른 경로]
빈칸에 지명을 채우고(1~3), 물음에 답하시오(4~6).

1. 〈출애굽에서 시내광야까지〉

   첫째 달 15일 (　　　)을 떠나 → (　　　) → 에담 → 믹돌 앞 → …… 바다(홍해) 건넘 → 에담 광야 → 마라 → (　　　) → (　　　) → 신광야 → 돕가 → 알루스 → (　　　) → (　　　광야) - (1~15)

2. 〈잘 알려지지 않은 지명들〉

   시내광야 → (　　　　) → 하세롯 → (　　　) → 림몬베레스 → (　　　) → 릿사… 하스모나 → (　　　) → 브네야아간 → (　　　) → 욧바다 → (　　　) → 에시온게벨 - (16~35)

3. 〈마지막 경로〉

   에시온게벨 → (　　　광야: 가데스) → (에돔 땅 변경:　　　산) → 살모나 → (　　　) → 오봇 → (모압 변경:　　　) → 디본갓 → (　　　) → 아바림산 → (요단강 가:　　　평지) → 가나안(예정) - (36~51)

4. 애굽인이 여호와께서 그들 중에 치신 그 모든 장자(長子)를 장사하는 때에, 여호와께서 애굽의 누구에게도 벌을 주셨는가?(1~4) -

5. 아론의 최후에 대하여 쓰시오(38~39).
   1) 죽은 때 - (출애굽　　년째　　월　　하루)
   2) 죽은 산 - (　　　)
   3) 죽을 때의 나이 - (　　　)

6. 가나안 땅에 들어가면 해야 할 것 세 가지는? (50~56절을 읽고 / 답을 52절에서 두 가지, 54절에서 한 가지를 찾으시오)
   1) 52절 -

   2) 52절 -

   3) 54절 -

제34장 [가나안 땅의 경계]
다음은 기업으로 얻은 가나안 땅의 어느 방향의 경계인가?

1. 대해가 경계가 됨. -

2. 하살에난에서 그어 스빔에 이르고 또 요단으로 내려가 염해에 이름. -

3. 염해 끝에서 시작하여 애굽 시내를 지나 바다까지 이름. -

4. 대해에서 호르산까지 시브론을 지나 하살에난에 이름. -

제35장 [도피성에 대한 규례]
다음 말에서 틀린 부분을 지우고 맞게 고치시오.

1. 레위인이 얻을 성읍은 도피성 외에 40성읍이고, 들은 성벽에서 사방 이천 걸음이다(1~8).

2. 도피성은 모든 살인한 자를 피하게 하여 판결을 받기 전에 죽이기 위함이다(9~12).

3. 피를 보복하는 자가 도피성 지경 안에서 살인자를 만나 죽여도 피 흘린 죄가 없다(16~28).

4. 살인한 자를 죽일 때에는 한 증인의 증거만 따라서 죽일 것이라(29~34).

제36장 [여자의 재산 상속법]
본문을 읽고 다음의 물음에 답하시오 (27:1~11도 읽으시오).

1. 슬로브핫의 딸들은 어느 지파에 속해 있는가? -

2. 그들이 자기 지파의 가족에게로만 시집을 가야 하는 이유는? -

3. 슬로브핫의 딸들의 이름은? -

신명기 | 율법서 |

Deuteronomy

제목에 대한 해설

히브리어 성경은 본서를 이 책의 첫 두 낱말인 '엘레 하드바림'이라 한다. '이것들은 말씀들이다'라는 뜻으로서 〈신명기〉가 모세를 통하여 이스라엘에게 주어진 하나님의 말씀임을 나타내는 제목이다. 그러나 70인역(LXX)은 〈신명기〉 17장 18절의 "이 율법책을 등사(복사)하여"를 잘못 해석하여 이 책의 제목을 '제2의 율법' 또는 '율법의 반복'이라는 뜻의 낱말, '듀테로노미온'이라 했다. 고대 불가타역(Latin vulgate)도 70인역을 그대로 받아들여 '듀테로노미온(Deuteronomion)'으로 번역했으며, 이후의 영어권에서도 그대로 '듀트로노미(Deuteronomy)'라 했고, 한글 성경에서도 이를 의역하여 '신명기(申命記)'라 하였다. 여기서 신(申)은 '다시', '반복'의 의미가 있고, 명(命)은 '하나님의 말씀(또는 율법)'을 나타낸다. 그러나 〈신명기〉를 단순히 '율법의 반복'으로만 볼 수 없고 오히려 앞의 네 권(창, 출, 레, 민)을 기초하여 '율법과 역사를 새롭게 재해석한 책'이라고 보아야 한다.

저자 및 저작 연대

전통적으로 모세의 저작으로 보는데 본서 31:9, 24에 자신이 직접 백성들에게 들려주었을 뿐만 아니라 기록하였다고 증거한다. 34장의 '모세의 죽음'에 관한 기사는 후대의 인물이 기록하여 부가한 것이라 하며 나머지는 주전 1406년 모세의 죽음 직전의 기록으로 본다.

현대 학자들 중에는 기본 전승은 모세로부터 왔으나 후대의 여러 사람에 의해 편집된 것으로 본다. 특히 요시야 왕(주전 642~609년) 때를 지목하며, 군데군데 포로기의 최종 편집자에 해당하는 자(narrator)의 해설을 포함(1:1~5, 2:10~12, 20~3, 3:9, 11 등)하고 있다고 본다.

구조 및 주요 내용

모세와 함께 출애굽 한 세대는 죽고 광야에서 출생한 제2세대에게 행한 세 편의 설교 형식으로 구성되어 있다. 그 시작인 1:5, 5:1, 27:1에 기록된 '일렀으되', '이르되', '가로되'로 번역된 말에 의해 구분할 수 있다.

첫째, 1:1~4:43에는 이스라엘 자손이 호렙 산(시내 산)을 떠나 가데스 바네아를 거쳐 아모리 왕 시혼과 바산 왕 옥을 멸하기까지의 광야 40년의 역사를 요약 회고한다.

둘째, 4:44~26장에는 십계명을 비롯한 여러 율법들에 대해 설명하고 있다. 특히 12~26장은 '신명기 법전'이라 불리며 유다 왕 요시야가 종교개혁(왕하 22~23장)을 추진하는 데 큰 영향을 주었던 것으로 보인다.

셋째, 27~30장은 언약 갱신 의식의 내용을 담고 있다.

그리고 31~34장은 부록으로 보며(이 단락을 30~34장으로 분류하기도 한다), 모세의 노래와 축복기도 및 그의 죽음에 대한 기록이 나온다.

역사적 배경

본서는 설교 형식을 가지고 있는 이스라엘의 율법책이다. 이스라엘의 사회 질서와 성문화된 법률 원리들 및 재판 절차들, 하나님의 통치하에서의 이스라엘의 자기 이해 등을 정의해 놓은 책이며 동시에 하나님과의 언약 관계 속에 있는 이스라엘의 삶을 총괄하는 책이다.

〈신명기〉는 모압 평지에서의 언약 갱신을 통하여 출애굽 2세대가 광야생활을 마치고 약속의 땅 가나안으로 들어가서 성공적인 신정(神政) 공동체의 삶을 살 수 있게 하려는 목적이 있다.

교훈과 메시지

(1) 여호와를 경외

〈신명기〉는 다신교의 가나안 땅에 들어갈 백성들을 향한 말씀이므로 무엇보다 유일신 여호와 하나님 신앙을 강조한다.

(2) 제의(祭儀)의 중앙화

본서는 '여호와께서 택하신 곳'(12:14, 18, 26, 14:25, 15:20, 16:15, 17:8, 10, 18:6), 또는 '여호와께서 그 이름을 두시려고 택하신 곳'(12:5, 11, 21, 14:23-24, 16:2, 6, 11, 26:2)에서 제사를 드리라는 명령이 자주 나타난다. 이는 〈신명기〉가 '제의의 중앙화' 곧 예배 장소의 단일화나 통일을 전제하고 있음을 말하는 것이다.

(3) 순종과 불순종

이스라엘이 하나님의 명령에 순종하느냐 불순종하느냐에 따라 복과 저주, 생명과 사망의 길이 결정된다(4:25~40, 8:11~20, 11:8~32, 28~30장). 이러한 인과율 신학은 '신명기적 역사'의 기본 틀이 된다.

신명기 1~4장

첫 번째 설교 : 역사의 노정 (중요구절 신 4:40)

광야 40년을 마치고 이제 자신의 생이 얼마 남지 않은 모세는 이스라엘을 향해 과거를 회고하며 하나님의 말씀을 유언처럼 선포한다. 광야생활 초기에 있었던 장인 이드로의 조언과 가데스 바네아에서의 반역으로 인해 열하루 길이 광야에서 40년의 고난으로 되어버린 일을 회고한다(1장). 광야생활 말기에 에돔 · 모압 · 암몬을 통과할 때 혈족 관계에 입각하여 다투지 않도록 한 일과 아모리 왕 헤스본(2장)과 바산 왕 옥을 무찌르고 그 땅을 나눈 일에 대해(3장), 경고와 순종에 대한 촉구를, 그리고 요단 동쪽의 세 도피성 제정에 대해 말하고 있다(4장).

1

시내 산에서 가데스까지
좋은 땅 볼 자가
하나도 없으리라

2

에돔, 모압, 암몬 통과
그들과 다투지 말라

3

두 지파 반에게 준 땅
르우벤, 갓, 므낫세 반지파에게
기업

4

규례와 법도를 지키라
너와 네 후손이 복을 받아

1. 가나안을 정탐하고 돌아온 사람들의 보고는 "우리에게 주시는 땅이 좋더라…… 그러나 올라가기를 원하지 아니하고 오히려 원망"(1:25~27)하므로 결국 하나님이 주신 가나안 땅을 자신들은 들어가지 못하고 20세 미만의 후세대만이 들어가게 되었다. 하나님은 분명히 모세를 통하여 두려워하지 말라, 주저하지 말라(1:21)고 했으나 그들의 이성적이고 계산적인 눈은 가나안 족속을 두려워하였다. 갈렙과 여호수아는 여호와를 온전히 순종하여 약속의 땅에 들어가게 되었다(민 14:29~30).
2. 이스라엘의 광야 40년은 자진해서 택한 것이 아닌 불신앙으로 인한 시련과 훈련 기간이었다. 애굽의 물질적 안정은 약속의 땅을 성취할 수 없기에 그것을 버리고 광야로 나와야 했듯이, 누구라도 광야로 나오지 않고는 하나님의 양육을 받을 수 없다(2:1, 여호와께서 내게 명령하신 대로 홍해 길로 광야에 들어가서). 광야에서 시험받으신 예수님께 천사가 수종 들 듯이(마 4:11), 광야에서 시련과 훈련을 받는 이스라엘에게 만나와 메추라기를 주시고 불기둥과 구름기둥으로 인도해 주신 하나님이시다. 우리가 멍에를 메지만 예수님께 배우는 복이 있다(마 11:28~30).
3. 기도하지 말라면 얼마나 답답하겠는가? 모세는 하나님께 "나를 건너가게 하사 요단 저쪽에 있는 아름다운 땅, 아름다운 산과 레바논을 보게 하옵소서"했으나 하나님은 "그만해도 족하니 이 일로 다시 내게 말하지 말라"(3:25~26)고 하셨다니 모세로서는 더 할말이 없었다. 하나님께서 정하신 대로 따를 뿐이다. 모세는 결국 가나안에 들어가지 못하고 비스가 산 꼭대기에서 최후를 맞는다(신 34:1~8).

4. "너와 네 후손이 복을 받아"(4:40)라는 말씀에 귀가 번쩍 뜨이는가? 그 전에 말씀을 먼저 마음에 새겨야 한다. 즉 여호와의 규례와 명령을 지키라. 5:8~10을 함께 읽고 묵상하라.

더 살펴보기

1. 〈신명기〉 내용

〈신명기〉는 모세가 죽기 전인 제40년 11월 1일(신 1:3)에 모압 평지에서 지난 역사의 회고(〈출애굽기〉 19장~〈민수기〉)를 통한 '율법의 재음미'이다. 특히 '시내 산 언약'의 재진술과 재확증이다. 〈신명기〉는 크게 보면 세 번의 설교와 모세의 최후로 되어 있다. 세 번의 설교를 나누는 기준인 1:5~6에 '일렀으되', 5:1에 '이르되', 27:1에 '이르되'라는 표현에 유념하고 자신의 성경에 표시를 하면 성경이 더 잘 보인다.

내용 분해

1~4장 - 모세의 첫 번째 설교
(역사 회고와 권고),
5~26장 - 모세의 두 번째 설교
(시내산 언약 재확증)
- 십계명(5~10장),
- 율법, 규례, 경고(11~26장),
27~30장 - 모세의 세 번째 설교
(모압 평지에서 주신 율법),
31~34장 - 모세의 노래와 죽음
(세 번째 설교를 29장부터로 보고 '27~28장. 가나안 입성을 위한 교훈'으로 별도 분해하기도 한다.)

2. 〈신명기(申命記)〉를 오해하는 두 가지 이유가 있다.

(1) 〈신명기〉는 '하나님의 명령의 기록'이다? - 물론 하나님의 말씀의 기록이지만 여기서 '신'은 하나님(神)이 아니라 '다시', '반복'의 의미인 申이다. 오히려 '명(命)'이 하나님의 말씀을 가리킨다.

(2) 〈신명기〉는 '제2의 율법이다'? - 아니다. 〈신명기〉는 '율법의 반복'으로 이미 받은 율법을 후 세대에게 전해주는 말씀이지 새로운 제2의 율법이 아니다. 그러나 헬라어 책명 '듀테로노미온'(신 17:18)은 두 번째 율법의 의미를 가지고 있어 다소 혼란을 주고 있다.

3. 가나안에 들어가지 직전 지점인 모압 평지(신 1:5, 34:1)

모세가 "요단 저편 모압 땅에서 이 율법을 설명"(1:5) 하였다. '모압 땅'은 이스라엘이 진을 친 곳이며 여호와께서 모세에게 말씀하신 곳으로 "모압 평지"라고 한다(민 33:48, 35:1, 신 34:1). 〈신명기〉에서는 모세가 이스라엘에게 세 번에 걸친 설교(연설)를 한다. 그런데 1:1~2에서 말하는 여러 지명은 해석이 어렵다. 일부는 사해 북쪽 끝의 동쪽 모압 산지(3:29, 34:6)를 가리키고, 일부는 여리고 맞은쪽 요단 평원을 가리킨다. 가데스 바네아는 이스라엘이 도중에 머무른 곳 가운데 하나이고, 세일 산도 그러하다(1: 19, 46, 2:1~5, 8). 이 모압 평지는 이스라엘 백성이 약속의 땅으로 들어가기 바로 직전 지점이었고 그 때가 출애굽 제40년 11월 1일이다(1:3, 민 14:33~34). 모세는 하나님의 산에서 출발하는 것을 말하는데, 이 산을 '시내 산(광야)'(출 19:1, 민 10:12, 33)이라고 하지 않고 '호렙 산'(1:6)이라고 부른다.

4. 가나안에 들어갈 사람들(신 1:23~46)

모세의 설교 중에 가나안에 들어갈 자들에 대한 역사적 회고와 전망을 한다. 이스라엘이 가데스 바네아에서 열두 정탐군을 가나안에 보냈다가 돌아와 보고하는 과정에서 그들의 신앙이 드러났다(민 13~14장). 갈렙과 여호수아는 가나안이 약속 되었으나(1:36, 38) 모세 자신은 백성의 불순종으로 같이 벌을 받는다고 한다(1:37, 4:21~22). 그러나 〈민수기〉 20:12에서는 하나님께서 모세 자신의 문제로 국한시켰다.

5. 모세가 모압 평지에서 마지막 설교를 할 때가 언제인가? (신 1:3)

출애굽	→	시내 산 도착	→	시내 산 출발	→	광야 방황	→	모압 평지(신명기)	→	가나안
1월 15일 출12:6,13:4		3월(두달 소요?) 출19:1		2년 2월 20일 민 10:11		약 38년 동안 신 2:14		40년 11월 1일 신 1:3		41년 1월 10일 수 4:19

신명기 5~11장

두 번째 설교 : 율법의 재고찰 (중요구절 신 6:4~5)

모세의 두 번째 설교(5~26장)가 시작되어 먼저 기본 계명들(5~11장)이 말씀되고 있다. 〈출애굽기〉 19장 이하의 시내 산 언약과 20장의 십계명을 구체적으로 적용하고(5장), 후손들에게 가르칠 것을(6장), 가나안을 정복하고 우상을 섬기지 말 것을(7장), 그리고 축복과 저주를 선포한다(8장). 이스라엘이 가나안에 들어가는 것은 그들의 의로움이 아니라 가나안 족속들의 악함으로 말미암아 여호와께서 그들을 쫓아 내셨음을 말하고 과거 시내 산 아래에서 금송아지를 숭배했던 사건을 회상한다(9장). 깨뜨린 첫 번 돌판 대신 하나님이 다시 십계명을 돌판에 써 주시고 궤에 넣도록 하신다(10장). 약속의 땅에서 받을 복에 대하여, 그리고 복과 저주에 대하여 말씀한다(11장).

1. 예수님은 "율법 중에서 어느 계명이 가장 크니이까"라는 율법사의 질문에 〈신명기〉 6:5의 '하나님 사랑'과 〈레위기〉 19:18의 '이웃사랑'의 말씀으로 대답했다(마 22:37~40). 이론으로는 단순하지만 실천적인 면에서는 성경 전체의 말씀과도 같으니 이보다 어려운 말씀이 어디 있겠는가?
2. 모세는 죽기 전에 광야에서 태어난 새로운 세대들에게 말씀한다. 가데스 바네아에서 20세 이상은 모두 광야에서 죽으리라(민 14:26~38) 하였다. 그러므로 실제 모세의 설교를 듣고 있는 사람은 60세 이하와 지난 40년 간 광야에서 태어난 40세 미만의 젊은 세대로서 가나안에 들어가서 이스라엘을 건설할 실제적인 인물들이다. 시내 산 언약(출 19~24장)을 재확인한다.
3. 이스라엘은 '목이 곧은 백성'(9:6)이라는 말은 불순종과 거역, 그리고 거만을 나타내는 은유적 표현이다. 이스라엘은 하나님의 뜻에 순수하게 순종한 적이 거의 없는 민족이었다. 불순종 중에 특히 금송아지 숭배(출 32장)를 지적한다. 목이 곧은 고집불통의 짐승을 꺾기 위하여 주인의 채찍이 내리듯, 내 목을 부드럽게 하려고 채찍을 드시면 그 때는 피곤해진다.
4. 모세는 '기억하라', '잊지 말라'고 촉구한다. 바로와 온 애굽에 행하신 것을 잘 기억하라(7:18). 여호와께서 광야 길을 걷게 하신 것을 기억하라

5
시내 산 언약과 십계명
우리가 듣고 행하겠나이다

6
쉐마 이스라엘
마음, 성품, 힘 다하여
여호와를 사랑

7
성별된 이스라엘
이방인과는 다르게

8
축복과 저주의 선고
사람이 떡으로만
사는 것이 아니요

9
금송아지 숭배
의로움으로 들어감이 아님

10
두 번째 돌판과 권고
마음에 할례를 행하라

11
순종할 것을 기억
그리심 산, 에발 산

(8:2). 광야에서 여호와를 격노하게 하던 일을 기억하라(9:7). 여호와께서 광야에서 행하신 모든 것을 기억하라(11:1~7)고 권면한다. 하나님의 사랑의 손길도 있지만 징계를 통하여 가르치신 하나님의 섭리도 잊지 말고 기억해야 한다.

쉐마 구심절을 담는 함
미간(눈썹 사이)에 매는 함으로 내부에는 4칸으로 되어 있고 칸마다 쉐마의 구심절이 들어 있다.

더 살펴보기

1. 모세의 세 번의 설교 시작 구절

〈신명기〉에는 모세의 세 번의 설교(연설)가 기록되어 있다. 자신의 성경책을 펼쳐서 ① 1:5~6, ② 5:1, ③ 27:1의 '일렀으되, 이르되'라는 세 구절을 찾고 시작하는 단어에 표시를 해 두면 성경을 읽을 때 전체적인 흐름을 놓치지 않는다. 5~26장에는 길게 두 번째의 설교가 기록되어 있다.

2. 네 하나님 여호와를 사랑하라(신 6:5)

'사랑'(아하브)이라는 말을 사용함으로 〈신명기〉는 하나님께 대하여 형식적 복종은 거부하였다. 하나님이 먼저 우리를 사랑하셨으므로 우리도 사랑한다는 것은 〈신명기〉에서 하나님께 복종하는 근거가 된다. 이것을 하나님과의 관계에 사용한 것이 〈호세아〉가 맨 처음이다(호 3:1, 11:1). 십계명(출 20:6)과 드보라의 노래(삿 5:31)의 용법은 예외이다. 이 사랑이라는 말을 하나님께 대한 인간의 기본적 태도로서 대규모로 사용한 것은 〈신명기〉가 처음이다. 〈신명기〉는 결코 다른 사람을 사랑하듯이 하나님을 사랑한다고 하지 않는다. 하나님께 대한 사랑은 거룩함에 대한 두려움(6:13)과 복종(10:12~22)이 수반된다(요일 4:7~12 참고).

팔렉타리(經文, 경문)
〈신명기〉 6:8의 '손목에 기호를 삼으며' 에 근거하여 팔에 찬 것으로, 신약에서는 '경문'(마 23:5)이라 하였다.

3. 이스라엘아 들으라(쉐마 이스라엘)(신 6:4~9)

'쉐마 이스라엘'로 일컬어지는 〈신명기〉 6:4~9은 히브리인들의 신앙의 본질로서 그들은 매일 아침저녁으로 이 구절을 읽거나 암송했다. '쉐마는 '들으라'는 히브리어이다. 이 말씀에 대한 실천을 문자적으로 이해한 유대인들은 사진자료들에서 보듯이 미간(눈썹 사이나 이마)과 팔에 차는(매는) 테필린(Tephilin, 경찰[經札], 경문[經文] / 英: 팔렉테리, phylactery)과 기록된 말씀을 문간에 붙여 놓은 메주자(Mezuzah)로서 실천했다. 테필린을 상용하는 경우는 드물고 기도할 때에 찼다. 예수님은 이 차는 경문을 넓게 하는 경건의 외식에 대하여 책망하셨다(마 23:5). 테필린이나 메주자에 대한 성서적 근거(쉐마의 구심절)는 제1의 말씀, 구원의 말씀 - 출 13:1~10 / 제2의 말씀, 봉헌의 말씀, 교육의 말씀 - 출 13:9, 11~16 / 제3의 말씀, 섬김의 말씀 - 신 6:4~9 / 제4의 말씀, 축복의 말씀 - 신 11:13~21 이다. 경문에는 이 네 가지를 모두 적어 넣었는데 이는 기억을 잘하기 위함인 것 같다.

신명기 | 12~16장

멸해야 할 우상들 (중요구절 신 14:2)

두 번째 설교가 5~26장까지 이어진다. 광야에서 난 새로운 세대들이 가나안에 들어가서 지킬 여러 규례들을 모세가 계속 가르치고 있다. 모세의 설교는 이미 〈출애굽기〉와 〈레위기〉에서 언급한 것으로 〈신명기〉라는 말처럼 율법의 반복을 통해 백성들의 가나안 삶에 대비시키고 있다. 하나님이 정하신 예배의 장소와 제물을 먹는 것에 대한 규례들(12장), 그리고 우상숭배자를 죽이므로 멸해야 할 우상과 관계된 것에 대하여 말하고 있다(13장). 정하고 부정한 짐승들에 대해 – 레 11장도 보라 –, 그리고 십일조에 대해 – 레 27장, 민 18장 –(14장) 안식년의 규례에 대해 –레 25, 27장도 보라 – (15장). 삼대 절기와 – 레 23장도 보라 – 재판 규정을 말씀한다(16장).

1. 〈신명기〉 12장부터 본격적인 법전이 시작되어 26장까지 이어진다. 이 율법은 시내 산 언약(출 19~24장)보다 더 포괄적이으로 제사법과 정결법을 가르친다. 그래서 서언에 "여호와께서 네게 주셔서 차지하게 하신 땅에서 너희가 평생에 지켜 행할 법도"(12:1)라고 한다. 말씀은 평생동안 지켜야 한다.
2. 이웃과 나누는 십일조가 있다. "매 삼 년 끝에 그 해 소산의 십분의 일을 다 내어 네 성읍에 저축하여"(14:28)라 하셨다. 이는 기본적인 십일조 외에 3년마다 특별히 이웃을 위한 제2의 십일조로서 구제를 위한 것이

12
지켜 행할 규례
예배장소, 제물 먹는 규례

13
우상숭배자를 죽이라
선지자, 꿈꾸는 자, 가족, 친구, 잡류

14
정하고 부정한 동물, 십일조 규례
이웃과 나누는 제2의 십일조

15
안식년에 대한 규례
히브리 종에게 자유, 빚 탕감

16
삼대 절기
유월절, 칠칠절, 초막절

다. 먼저 '레위인'에게, 그리고 객 · 고아 · 과부의 양식이 되게 하였으니 하나님은 불쌍한 자들을 잊지 아니하신다. "범사에 네게 복을 주시리라"(29절) 했으며 "가난한 자를 불쌍히 여기는 것은 여호와께 꾸어 드리는 것이니 그의 선행을 그에게 갚아 주시리라"(잠 19:17) 하셨다.

3. 안식년에 대한 규례를 말씀하시면서 복을 주실 것(15:4~6, 10, 14)을 여러 측면에서 말씀한다. 종에게 자유를, 채무자에게 탕감을, 가난한 자에게 구제를, 자유하는 종을 후하게 하는 자들에게 복을 약속하고 있다. 갈릴리 호수는 '살아 있는 바다(호수)'이며, 사해는 말 그대로 '죽은 바다'이다. 갈릴리는 받고 내보내지만, 사해는 받고 내보내지 않기 때문이라고 한다.

4. 절기에 대한 가르침을 하면서 그 결론에서 "각 사람이 네 하나님 여호와께서 주신 복을 따라 그 힘대로 드릴지니라"(16:17)고 하였다. 이 정신은 이어져서 과부의 두 렙돈이, - "이 가난한 과부는 헌금함에 넣는 모든 사람보다 많이 넣었도다"(막 12:43) - 는 칭찬을 받았고, 마케도니아 교인들이 "그들이 힘대로 할 뿐 아니라 힘에 지나도록 자원하여"(고후 8:3) 드림으로 칭찬을 받았다.

더 살펴보기

1. 중앙성소(자기 이름을 두시려고 택하신 곳) (신 12장)

(1) "자기 이름을 두시려고 택하신 곳"이라는 표현이 여러 곳에 나온다(12:5, 11, 14, 18, 21, 26). 이는 곧 하나님께 제사를 드리는 곳은 '제단의 단일화'로서 '중앙성소'에 대한 말씀이다. 광야생활 중에는 계속 성막이 옮겨다녀야 했지만, 가나안 땅에 들어가서는 한 곳에서만 예배를 드리도록 하였다. 처음엔 실로(수 18:1)였고, 후에는 예루살렘으로 옮겨졌다(대상 15:1~3). 예루살렘 성전 자리는 아브라함이 아들 이삭을 번제로 드리려던 모리아 산으로(창 22:2, 대하 3:1), 이 성전에서만 성물과 서원물을 받았고, 절기를 지키는 '택하신 곳'이었다.

테필린(경찰,經札, Tephilin)
〈신명기〉 6:8을 문자적으로 해석하여 율법의 구절을 담은 테필린을 미간에 달고 통곡의 벽 앞에 있는 유대소년.

(2) "택하신 곳" 즉 '하나의 성소'만을 고집하는 이유는 이방종교에 대한 위험과 함께 실제 이보다 더 위험한 혼합종교(여호와와 바알을 함께 섬김)에 대한 경계이다. 제사직무가 한 곳에 집중되자 성소에서 거리가 먼 지방에서 따로 제사를 드릴 수 없었으나 제사와 상관없이 세속적인 행위로 도살하고 먹을 수 있는 혜택을 주었다. 그럴지라도 "피를 먹지 말라"(23, 25절)고 하였다. 정해놓은 예물과 서원하여 드리는 헌물은 중앙성소로 가져와야 했다(17~18, 26절).

신명기 법전(The Deuteronomic Code)에 대하여

'신명기 법전'이란 〈신명기〉에 나오는 핵심적인 법령들(12~26장)에 붙여진 이름이다. 요시야 왕의 통치기간 중인 주전 621년 성전수리 때에 발견된 책과 동일시하는 경향이 있다(왕하 22~23장). '신명기 법전'은 십계명(5장)에 나타나는 기본적 도덕 원리를 설명하기 위하여 구성되었다고 한다(Richard N. Soulen, 《Handbook of Biblical Criticism(성서비평사전)》, John Knox Press).

2. 성경의 언약과 근동의 조약들

〈신명기〉는 하나의 조약문서의 형식을 갖는다. 히브리인들은 국제적인 조약과 하나님과 그의 백성 간의 언약에 대해 같은 낱말을 사용한다. 금세기에 발견된 대부분의 조약들은 그 연대가 주전 1500년경에서 주전 600년에 이르는 어간으로서, 그 시기에 구약성서의 상당부분이 저작되었다. 그러므로 성경저작자들이 그 조약들의 초안방법에 익숙했을 것이고 이 형식이 성경기록에 영향을 받았을 것이다.

언약은 하나님께서 노아(창 9장), 아브라함(창 15장, 17장)과 맺은 언약이 있고, 구약성서에서 중요한 시내 산 언약(출 19장 이하)이 있다.

언약들은 언어, 형식, 개념 이 세 가지 관점에서 조약들과 유사하다고 볼 수 있다. 여기서는 그 중에서 형식에 대해서만 살펴본다.

헷 족속들이 사용했던 전통적인 근동의 조약은 다음의 여섯 가지 조항들을 갖고 있다.

(1) 조약 발안자의 이름을 밝힌 전문(前文)

(2) 조인에 앞서 조약 당사자 간의 관계를 밝힌 역사적 서언

(3) 조약 당사자 쌍방의 의무들을 열거한 약정

(4) 그 조약문서를 설명하고 속국의 왕이 정기적으로 그것을 읽도록 하기 위한 기록조항

(5) 그 조약을 증거하는 신의 목록들

(6) 저주와 축복들 - 속국의 왕이 조약을 깨뜨릴 경우 그에게 질병, 죽음,

〈신명기〉는 조약 형식의 요소들을 대부분 포함

1~3장 - 역사적 서언
4~26장 - 약정들
27장 - 기록 조항
28장 - 축복과 저주들

추방 등의 화가 미치리라는 위협적인 저주들과 그가 신실하게 지킬 경우 형통과 복이 임하리라는 소망적인 축복들을 열거한 조항.

구약의 언약들은 정확하게 일치하지는 않으나 유사한 형식을 갖추고 있다. 다만 이스라엘 백성은 유일한 여호와를 섬겼으므로 증인으로서 신들의 목록은 생략하였다.

* 출 19~24장, 수 24장, 삼상 12장은 구약에 나오는 조약 형식의 또 다른 예들을 보게 된다. (죠지 켄스데일[George Cansdale[, 《The Lion Bible Handbook》의 글을 요약 인용)

17
우상숭배 죄, 재판장, 왕
우상숭배는 사형 죄

18
제사장, 미래의 지도자
뛰어난 선지자
(요 5:46, 행 3:22~26)

19
살인자의 도피성
부지 중 살인자 위하여

20
전쟁에 대한 규례
두려워 말라, 병역 면제자 규례

21
여러 사건의 대처에 대한 규례
피살된 시체, 여자 포로,
장자 권리

신명기 | 17~21장

의식법, 민법 (중요구절 신 17:18~19)

이스라엘이 가나안에 들어갔을 때 필요한 몇 가지의 제도들에 대해 모세가 계속해서 하나님의 말씀을 전해 주고 있다(5~26장은 둘째 설교에 해당). 우상숭배 금지와 재판장을 위한 사례별 지침, 그리고 왕 된 자를 위한 경계를 가르친다(17장). 제사장과 미래의 선지자에 대해(18장), 부지중에 살인한자를 위한 도피성에 대해(19장), 전쟁에 대한 규례들(20장), 그리고 여러 상황들에 대처하기 위한 규례들을 가르치고 있다(21장).

1. 레위 지파 중에 아론의 자손만이 제사장을 맡았으므로 대다수 레위인들은 성막 봉사와 제사장의 보좌 일을 했다. 백성들은 오해하여 제사장과 차별을 하였으나 제사장과 레위인의 차별이 있어서는 안 되었다. 레위인도 "그 몫은 그들과 같을 것이요"(18:8)라 하였다. 역사적으로 두 그룹의 알력도 있었으나 화합하여 직무를 수행했다(대하 30:16, 21, 25, 27).
2. 모세는 가나안에 들어갈 백성들에게 말한다. "네 하나님 여호와께서 네게 주시는 땅에 들어가거든 너는 그 민족들의 가증한 행위를 본받지 말 것이니"(18:9)라고 한다. 오늘의 이 세상은 가나안과 같이 사람들을 현혹하는 가증한 행위들이 너무 많다. 타락한 문화, 예술이라는 이름을 가장하여 가증한 일들을 하고 나도 모르는 사이에 타락으로 이끌고 있다.

〈신명기〉의 현대적인 재적용이 필요하다.

3. 재판에는 두 명 이상의 증인을 필요로 했다(19:15~21). 혼자서 어떤 사건을 고발하고 증인이 되었을 때는 재판의 결과를 그릇되게 이끌수 있다. 두세 명의 증언이 일치할 때 판결을 내리므로 위증이나 무고로 인한 억울한 피해자를 막았다. 이것은 "네 이웃에 대하여 거짓 증거하지 말지니라"(5:20)는 아홉 번째 계명에 입각한 형법 규례이다(민 35:30). 그리스도인들이 여러 가지 이유로 남을 정죄하고 거짓 증거를 예사롭게 한다. 야고보 기자는 '혀를 제어하라'고 권면한다(약 3장)

4. 일부다처제 시대에 장자에 대한 특권은 사회질서의 구성 요소였을 것이다. 두 아내가 낳은 장자들의 서열에 대한 규정을 통해, 비록 미움을 받는 아내가 낳은 장자라도 그 서열을 인정해 주어야 했기에 사랑 받는 아내가 낳은 장자를 앞세우지 말라고 한다. "반드시 그 미움을 받는 자의 아들을 장자로 인정하여 자기의 소유에서 그에게는 두 몫을 줄 것이니"(21:17)라고 하였다. 장자의 '두 몫'의 특권은 엘리사가 엘리야에게 "갑절"을 원하여 제자 삼는 일에도 적용되었음을 알 수 있다(왕하 2:9).

더 살펴보기

1. 왕에 대한 규례(신 17:15~20)

모세오경에서 왕에 대한 규례는 이 곳 뿐이다. 이스라엘의 지도자는 하나님으로부터 직접 선출한 모세나 여호수아와 같은 지도자, 또는 기드온이나 삼손 같은 사사에 의해 그 나라가 다스려졌다. 그러나 주변국의 왕정제도를 보고 이를 따라서 왕이 생기게 되었다(삼상 8장).

왕은 "(1) 여호와께서 택하신 자. (2) 네 형제 중에서 한 사람, (3) 병마를 많이 두지 말 것, (4) 아내를 많이 두지 말 것, (5) 자기를 위하여 은금을 많이 쌓지 말 것, (6) 율법서의 등사본을 책에 기록하여 평생에 자기 옆에 두고 읽어 지켜 행할 것"(17:15~19)이다. 그래야 "교만하지 않고, 좌로나 우로나 치우치지 않고, 왕위에 있는 날이 장구하리라"(17:20)고 한다. 훗날

시내 광야의 싯딤나무
(신 10:3, 출 25~26장)
이스라엘은 광야 40년(《민수기》)을 거쳐 모압 평지에서 신세대들이 모세의 마지막 설교를 듣는다(《신명기》). 사진은 이스라엘이 성막을 만들 때 사용한 싯딤나무(조각목)의 모습.

솔로몬은 특히 4항(아내를 많이 두지 말것)을 불순종하여 미혹되었다(왕상 11장).

2. 이방 미신에 대한 경계(신 18:9~14)

이스라엘이 가나안에 들어가서 그 땅의 종교적 미신에 감염되지 않도록 주의시킨다(신 12:29~31, 레 18:26~30). 자녀를 우상의 제물로 드리는 것, 복술자(卜術者)의 행위, 길흉(吉凶)을 말하는 점장이 짓, 요술(妖術)하는 자, 무당(巫堂), 진언자(進言者), 신접자(神接者), 박수(남자무당), 초혼자(招魂者, 죽은 자와 통한다는 자)와 같은 미신과 이러한 미신자들을 추방하여야 선민들이 미혹되지 않을 것이다.

3. 도피성의 규례(신 19장)

(1) 민 35장, 신 4장, 수 20장에도 기록되어 있다. 도피성이란 원한이 없이 부지중에(실수로) 사람을 죽인 자를 위해 만들어진 제도이지만, 근본적으로는 더 큰 의미가 있다. "네 하나님 여호와께서 네게 기업으로 주시는 땅에서 무죄한 피를 흘리지 말라"(19:10)는 의미이다.

(2) "여호와는 나의 기업이시니"(애 3:24), "하나님이여 사슴이 시냇물을 찾기에 갈급함 같이 내 영혼이 주를 찾기에 갈급 하나이다"(시 42:1)는 말씀처럼 우리가 구해야 할 것은 하나님의 은혜가 아니라 하나님 자신이다. 도피성은 피난에 목적을 두기 이전에 하나님 앞에서 죄를 짓지 않게 하기 위한 것이다.

(3) 도피성은 요단 동쪽의 세 도피성(4:41~43)에 가나안 본토의 세 도피성이 추가된다(19:10의 약속). 여섯 곳은 게데스, 세겜, 기랏 아르바, 베셋, 라못, 골란 등이다(수 20장).

경계표(지계석, 신 19:14)
땅의 구분을 표시하는 것으로 율법은 지계석을 옮기지 말 것을 가르친다(신 19:14, 잠 22:28,23:10). 사진은 바벨론에서 출토된 것으로 느브갓네살 1세 때의 것이다.

4. 경계표(境界標)에 대해서(신 19:14)

이스라엘이 가나안에서 살게 될 때 조상이 정한 이웃의 경계표를 옮기지 말라(19:14)고 했다. 이것은 8, 10계명에 관계되는 규례이다. 가나안을 정복한 후 땅을 분배받게 되는데 이때 경계표를 세우게 된다. 지계표(地界表, 27:17, 삿 1:36, 잠 15:25, 호 5:10)라고도 하며, 지계석(地界石: 잠 22:28)이라고도 한다. 이 경계표는 쉽게 뽑아 옮길 수 있었기에 이것을 금하므로 이웃의 것을 도둑질하고 탐내는 것을 막았다.

신명기 22~26장

사회생활의 법 (중요구절 신 23:21)

5장에서 시작된 모세의 두 번째 설교는 26장까지 계속된다. 사회생활과 이웃사랑에 대한 규례를(22장), 총회에 들어오지 못할 자를 구분하므로 선민의 성별을, 진영 중의 금기 사항과 동족에 대한 보호를(23장), 그리고 약자들을 보호하는 여러 가지 규례들을(24장), 하나님의 사랑을 보여 주는 규례들을(25장), 그리고 토지소산의 첫 열매와 십일조의 규례를 통해 여호와의 성민 된 삶을 가르치고 있다(26장).

1. "여호와께 서원하거든 갚기를 더디하지 말라"(23:21) 했다. 서원은 사람이 무엇을 드리거나 어떤 일을 하겠다고 약속하는 것으로 신앙에서 비롯된 것이지 강요된 약속은 아니다. 하나님께 서원한 바가 있으면 비록 자신에게 손해인 것 같아도 그것이 죄짓는 것이 아니라면 반드시 이행해야 한다(시 15:4). 서원한다는 자체가 신앙이 있다는 것이므로 좋은 서원을 하고 지켜야 한다.
2. 율법은 약자들에 대한 배려를 많이 하고 있다. 배고픈 사람이 남의 포도원에서 배불리 먹을 수 있었고, 곡식밭에서 이삭을 따먹을 수 있었다(23:24~25). 24:19~22에서는 객, 고아, 과부에 대한 여러 가지 관심을 볼 수 있다. 이것은 박애주의적인 율법이다. 이러한 약자에 대한 관심은 24:22의 말씀처럼 자신들이 애굽에서 종 되었던 시절을 기억하며 실천하도록 했다. 우리가 지난날의 가난했던 시절을 잊지 않을 때 다른 사람의 배고픈 사정도 돕게 될 것이다.
3. 고대 이스라엘 공동체에서는 개인의 의무에 대해 특혜를 주었다. "사람이 새로이 아내를 맞이하였으면 그를 군대로 내보내지 말 것이요 아무

22
재산보호, 정절보호
돌려주라, 버리지 못함

23
총회, 사회적인 규범
서원은 갚기를 더디하지 말라

24
박애주의적인 율법
일 년 동안 아내를 즐겁게 하라

25
인간관계 규례
수혼제, 아말렉을 도말

26
토지소산의 맏물
맏물을 가져왔나이다

직무도 그에게 맡기지 말 것이며 그는 일 년 동안 한가하게 집에 있으면서 그가 맞이한 아내를 즐겁게 할지니라"(24:5) 하였다. 군대와 직무도 면제되었고, 그저 체력을 보강하여 아내를 즐겁게 해주면 되었다. 일 년으로 제한했지만, 공동체는 그 가정을 위해 협력하여 그가 일하지 않아도 먹고 살게 도와주었다. 우리의 현실은 결혼을 하고 신혼여행을 다녀오면 새로 형성된 가정을 위하여 돈을 벌려고 새벽부터 일터로 향한다.

더 살펴보기

1. 처녀성에 대한 누명에 대처(신 22:13~21)

아내를 맞이하고 후에 그를 미워하여 아내에게 이혼을 구실로 처녀성으로 누명을 씌울 때 장인은 자신의 딸이 처녀였다는 증표를 보여 주었다(22:13~17). 처녀의 표적은 결혼 첫날밤에 깔고 잔 흰 시트(자리옷, 17절)에 묻은 핏자국이다. 아내에게 누명을 씌우려던 자는 성읍 장로들에게 매를 맞았고 은 백세겔을 벌금으로 장인에게 주었다. 지금도 근동의 일부 지역들에서는 신부의 순결에 대한 표적으로 자리옷을 확인하고 있다.

2. 창기와 개 같은 자는 누구인가?(신 23:17~18)

"창기가 번 돈과 개 같은 자의 소득은 어떤 서원하는 일로든지 네 하나님 여호와의 전에 가져오지 말라"(23:17~18)고 하였다. '개 같은 자'는 남창(미동)을 말하는 것으로 가나안에 들어가서 심지어 성전 구내에도 이들이 있었다. 주전 621년의 요시야의 종교개혁은 "여호와의 성전 가운데 남창의 집을 헐었으니"(왕하 23:7)라는 구절은 당시의 타락상이 어떠했는가를 말해준다. 창기(창녀)와 남창(미동)은 지금도 큰 사회문제가 되고 있다.

함무라비 법전 석비
고대 바벨론 제1왕조의 제6대 왕인 함무라비 왕(재위 주전 1792~1750년)에 의해 만들어진, 현존하는 것 중 가장 완전한 바빌로니아 법의 집성물이다.

3. 유대인의 이혼 사유(신 24장)

이혼 사유의 근거는 보통 두 가지이다. 즉 간음과 불임이다(간음을 24:1에서는 '수치되는 일'). 반면에 실종이나 정신이상은 이혼의 조건이 될 수 없었다. 그 속에는 자비의식이 잠재해 있는 것이다. 유대인들의 이혼 조건에 대한 확대 해석은 너무 지나쳐서 남편의 식사를 못 쓰게 만들었다거나, 머리를 묶지 않고 다니든지, 길거리에서 남자와 이야기한다든지, 남편이 보는 앞에서 시부모에게 불경스럽게 말을 한다든지, 여자의 목소리가 옆집까지 들릴 만큼 크게 지껄인 경우 이런 일들을 간음에 해당시켜 이혼 조건으로 삼았다. 그러나 예수님은 확대 해석을 금했고 간음이 이혼 조건이 되지만 꼭 이혼하라는 것은 아님을 말씀한다(마 5:31~32, 19:3~12).

4. 수혼제(계대혼인제)에 대하여(신 25:5~10)

상속자(그 가정의 기업을 이을 자녀)가 없이 죽은 형제의 아내(형수나 제수)를 다른 형제가 취하여 결혼하는 수혼제(25:5~10)는 모세 이전 시대에 이미 이스라엘 사회(창 38장)와 주변 국가에 널리 퍼져 있었는데 모세 시대에 성문화시켰다. 현대의 윤리적 관점에서는 용납하기 어려운 이 제도가 엄격하게 지켜온 것은(룻 3:9, 4:10, 마 22:24) 가문보존과 미망인을 보살피기 위한 사회보장제도의 하나로 볼 수 있다. (〈룻기〉 해설 참고)

5. 함무라비 법전과 모세의 율법

옆의 사진은 바벨론의 함무라비가 신으로부터 법전을 받고 있다는 모습의 돌기둥(column)으로서 모세의 율법과 유사한 것들이 많아 관심을 갖게 된다. 〈창세기〉 14:1의 "아므라벨"을 주전 18세기의 '함무라비'라고 하는 학자들도 있고 율법과 동일시 하려는 경향도 있으나 설득력이 약하다.

27
저주받을 12가지 죄
그리심 산, 에발 산

28
순종하면 복, 불순종하면 저주
여호와의 말씀을 듣고 행하면

29
모압에서의 언약
또 그들과 세운 언약의 말씀

30
생명과 사망의 선택
마음을 다하고 뜻을 다하여

신명기 27~30장

세 번째 설교 : 축복과 저주
(중요구절 신 30:19~20)

모세의 세 번째 설교가 새롭게 시작된다. 더구나 모압 평지에서는 시내 산 언약에 덧붙여진 말씀이 강조된다. 신명기적 역사관(歷史觀)이 그러하듯 순종하면 복이요, 불순종하면 저주이다.

가나안의 중심부인 그리심 산과 에발 산에서 여섯 지파씩 두 산에 나누어 서고 레위 사람이 큰소리로 열두 가지 저주의 율법을 선포하면 백성들은 아멘으로 응답한다(27장). 순종하면 복을 받고, 불순종하면 저주받을 것을 말씀한다(28장). 모세는 이스라엘을 새 언약 가운데로 불러들인다. 전심을 다하여 여호와를 섬길 것을 말하고(29장), 그들 앞에 놓인 생명과 사망을, 복과 저주를 선택할 것을 명령한다(30장).

1. 〈신명기〉 27장은 언약의 확증을 위한 의식절차가 기록되어 있다. 27장 15절 이하에서 12가지의 저주가 선포된다. "여호와의 명령을 들으면 복이 될 것이요…… 다른 신들을 따르면 저주를 받으리라"(11:26~28) 라고 읽기를 마쳤을 때 모두 '아멘'하고 제창했을 것이다.
2. 부흥회에서 28장은 기본적인 본문처럼 여긴다. 물론 그 말씀의 효력은 분명하다. '복'과 '저주'의 차이는 "듣고, 행하면, 순종하면, 지켜 행하면"(1~14) 대로 할 것인가, 아니면 "순종하지 아니하면, 지켜 행하지 아니하면"(15~68) 대로 할 것인가에 있다. 그리고 '복'보다 '저주'에 대한 내용이 많음도 유념해야 할 것이다.
3. 모압 평지에서의 새 언약은 누구나 참여하는 포괄적인 것이었다(29:10 이하). 이 새 언약 의식은 어린아이뿐 아니라 외국인 거주민도, 비천한 사람들도 참여했다. 이 언약에 관해서는 엘리트주의에 물들면 안 된다. 과거 러시아 교회는 예수 귀족 행세를 하다가 어려움을 당했고, 현재의 일본 교회는 엘리트 성향을 보이므로 교회의 문이 좁아 보인다. 새 언약에 누구나 참여할 수 있게 한 것처럼 교회는 문을 넓게 해야 한다.
4. "생명과 사망과 복과 저주를 네 앞에 두었은즉"(30:15~20) 선택은 자신에게 달렸다. 예수님도 좁은 문과 넓은 문을 두어 선택토록 했다(마 7:13~14). '신명기적 역사관'은 인과율(因果律)로서 순종과 불순종에 따라 그 길이 결정된다(4:25~40, 8:11~20, 11:8~32, 28~30장). 생명과 복을 선택하는 믿음을 가져야 한다. (신명기적 역사관은 210쪽 '역사서란

무엇인가'를 보라.)

더 살펴보기

1. 모세의 세 번째 설교 내용 살펴보기(신 27~30장)

(1) 이스라엘이 약속의 땅에 들어가면 두 산에서 레위인이 복과 저주(심판)에 관한 율법을 읽는 것을 명한다(신 11:26~30). 27장에 보면 축복에 대한 율법은 그리심 산에서, 저주에 관한 율법은 에발 산에서 읽도록 했다(그 산의 위치를 부록 지도에서 확인해 보라). 그 내용은 복에 대해 신 28:1~14에, 저주에 대해 27:15~26, 28:16~68에 기록되어 있다.

(2) 28~30장은 모압에서의 언약을 일곱 부분으로 말한다. 이러한 예언들처럼 이스라엘은 실제 이 말씀대로 앗수르, 바벨론, 헬라, 로마의 포로가 되거나 지배를 받았다.

① 이스라엘은 불순종 때문에 흩어질 것이다(28:36, 49~53, 63~68, 30:1).

② 이스라엘은 흩어짐을 당했을 때 회개할 것이다(30:2).

③ 이스라엘에 대해 여호와께서 마음을 돌이키실 것이다(30:3).

④ 이스라엘은 가나안으로 돌아오게 될 것이다(30:5).

⑤ 이스라엘은 새로운 마음을 품게 될 것이다(30:6).

⑥ 이스라엘을 핍박하는 자가 심판을 받게 될 것이다(30:7).

⑦ 이스라엘은 번영을 누릴 것이다(30:9~10).

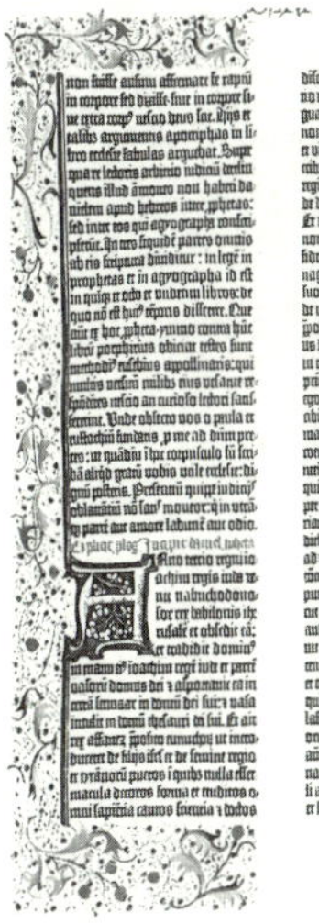

구텐베르크 42행 성서
성서는 모든 시대에 귀중히 여겨 아름답고 정확하게 사본들을 만들었다. 이 한쪽의 성서는 이동식 활자로 인쇄된 최초의 성서로서 15세기 중엽에 구텐베르크가 출판한 것이다. 한 단이 42행으로 되어 있어서 '42행 성서'로 불린다. (뉴욕 피에르폰트 모르간 도서관 소장)

2. 계약 의식의 결론(신 30:15~20)

〈신명기〉 내용의 중심점을 '생명이냐 사망이냐'의 양자택일의 결단을 강요하면서 제시한다. 그 중심점은 이스라엘이 그의 하나님 여호와를 사랑하고, 그 음성을 듣고, 그에게 순종하면 그들은 여호와께서 조상인 아브라함, 이삭, 야곱에게 주리라 약속한 땅에 살수 있다는 점이다(20절, 10:12~22), 즉 여호와에게 순종하는 것이 생명이고 반대로 유혹을 받

시내 산 꼭대기의 모세기념교회
모세는 오직 하나님의 사람으로 살았고 가나안을 목전에 두고 하나님의 명령에 따라 느보 산에 올라가 최후를 맞는다.

아 다른 신들을 경배하는 것이 사망이다(17~18절). 여호와냐 우상이냐? 생명이냐 사망이냐? 이스라엘은 지금 선택하지 않으면 안 된다. 여호수아도 가나안 정복과 땅 분배를 끝낸 후 백성들에게 결단을 요구했다(수 24:14~24).

3. 시내 산 언약의 재확인(재확증)

"모세에게 명령하여 모압 땅에서 그들과 세우신 언약의 말씀은 이러하니라"(29:1)고 했다. 이미 시내 산에서 맺었던 언약(출 19~24장) 당시 백성들은 가데스 바네아에서 정탐군들의 사건(민 13~14장)으로 광야에서 죽게 되었고, 가나안을 눈앞에 둔 새로운 세대들은 '시내 산 언약'을 잘 모르거나 중요성을 인식하지 못할 것이므로 이들을 향해 하나님과 백성 사이에 언약을 새롭게 선포해야 했다. 그러므로 모압 땅에서의 언약은 '시내 산 언약의 재확인'이다. 다시 말해 언약 자체가 바뀐 것이 아니라 언약의 대상이 바뀐 것이지만, 부분적으로는 시내 산에서 말하지 않았던 복과 저주 등(신 28장)이 추가 되기도 했다.

31
여호수아에 대한 격려
마음을 강하고 담대히 하라

32
모세의 애가(哀歌)
여수룬이 기름지매
발로 찼도다

33
모세가 각 지파를 축복하다
주의 말씀을 받는도다

34
모세의 죽음과 후계자 여호수아
120세에 죽음

신명기 31~34장

모세의 최후 행적 (중요구절 신 31:26)

31~34장은 결론 부분이면서 〈신명기〉의 부록과 같은 성격을 지녔다. 120세가 된 모세는 요단을 건너 가나안에 들어가지 못하도록 되어 있으므로(민 27:12~14), 각 지파를 향한 축복과 후계자를 세워야 했다. 모세가 백성과 여호수아를 격려하고 율법책을 기록하여 언약궤 곁에 두어 증거를 삼게 한다(31장). 모세의 노래는 장차 하나님을 떠나 범죄 하게 될 백성들을 깨우치기 위한 애가(哀歌)이다(32장). 각 지파를 향한 간절한 축복(33장), 그리고 모세의 죽음과 후계자 여호수아가 등장한다(34장).

1. 〈신명기(申命紀)〉의 '申'이란 '다시', '반복'이란 의미로 한자어로도 원전의 뜻을 잘 살렸다. 즉, 시내 산 언약(출 19~24장)의 재확증이다. 이처럼 하나님의 말씀은 여러 세대를 통하여 반복되어질 뿐만 아니라 개인의 삶에 있어서도 계속 반복되어져야 한다. 유다도 "본래 모든 사실을

알고 있으나 내가 너희로 다시 생각나게 하고자 하노라"(유 1:5)고 했다. 예수님은 '성령이 오시면 다시 생각나게 한다'(요 14:26)고 하셨다.

2. 지난 광야 40년 동안 백성들의 반역, 양식과 물의 한계, 외적의 습격 등 어려움을 지나 이제 가나안 땅에 들어가야 함은 당연한 것 같으나 하나님은 '너는 요단을 건너지 못하리라'(31:16) 하셨으니, 120세에 달한 모세로서는 마음 아프지만 순종해야만 한다. 하나님은 내가 없어도 목적을 달성시키는 분이시므로 모세 대신 가나안을 위해 시대에 맞는 군대장관 출신의 여호수아를 세우신다. 모세는 물러갈 때를 인정해야만 했다(31:1~8, 34:9~12).
3. 여수룬(32:15)은 '사랑 받는 자', '옳은 자', '정직한 자' 등으로 번역한다. 여수룬은 하나님으로부터 사랑을 받아 의로운 자로 선택된 '이스라엘'을 가리키는 말로 이해된다. 그런데 "여수룬이 기름지매 발로 찼도다"(32:15)라는 말은 곧 이스라엘이 하나님의 은혜로 풍족한 삶을 누리게 되자 하나님을 배신했다는 말이다. 이러한 행위는 하나님의 진노를 받게 될 것임을 말하고 있다(32:22~25). 하나님의 은혜로 살만해졌을 때에 하나님을 배반하지 않아야 한다.
4. 모세가 죽기 전에 12지파를 향해 축복한다(33장, 12지파 이름은 이미 창세기 공부에서 암송했다). 하나님의 종들의 축복은 그것이 곧 현실화되는 것을 믿을 때 복이다. 주의 종들의 기도를 소홀히 여기지 말고 감사함으로 받으면 복이 된다. 하나님께서는 이 전에 이미 아론을 통하여 이스라엘을 축복하셨다(민 6:22~26).

더 살펴보기

1. 모세의 후계자는 여호수아이다(신 31:3, 34:9)

여호수아가 이스라엘을 가나안으로 인도할 사람이 됨은 백성들의 투표에 의한 것도, 모세의 지명에 의한 것도 아니고, 오직 여호와께서 정하신 대로 하는 것이다(민 27:18~23). 모세가 '호세아'(신 32:44)를 '여호수아'로

모세의 생애

모세는 120년을 살았으며 40년씩 준비, 훈련, 활동의 시기로 나눈다.

(1) 준비: 처음 40년은 애굽 바로 왕의 궁전에서 공주의 아들로 애굽의 문화와 학문을 배우며, 또한 히브리인 어머니 요게벳(유모 신분)에게는 하나님의 언약을 배우며 성장했다(행 7:20~23).

(2) 훈련: 다음 40년은 미디안 광야의 목자로서 하나님의 뜻과 계획에 순종할 수 있는 믿음의 사람으로 훈련받으며 지리적인 많은 도움을 얻었고 출애굽에 앞서 광야생활에 합당한 사람이 되었다(출 7:7, 행 7:30).

(3) 활동: 마지막 40년은 광야에서 이스라엘을 이끄는 지도자로 보내고 요단을 건너기 전 느보 산에서 가나안을 바라보며 장엄한 120년의 생애 종지부를 찍는다(신 34:7).

모세가 죽은 산에 대하여 〈신명기〉 32:49에는 "아바림 산에 올라가 느보 산에 이르러"라 했고, 34:1에는 "느보 산에 올라가 여리고 맞은편 비스가 산꼭대기에 이르매"라고 되어 있다. 여기서 아바림 산은 정확히 말하면 아바림 산맥이며 이 산맥의 제일 높은 봉우리는 느보 산이다. 또한 모세가 느보 산에 올라 비스가 산꼭대기에 이르렀다는 말은 "아바림 산맥에 있는 비스가 산의 제일 높은 봉우리인 느보 산에 올라갔다"라는 뜻으로 해석한다.

개명한 것은 그의 직무상의 필요에 의해서이다(민 13:16). 여호수아의 이름은 '여호와는 구원이시다'라는 뜻으로 신약의 예수(헬라식)의 히브리식 발음이다. 예수님이 인류의 구원자였듯이 여호수아는 이스라엘의 인도자였다.

2. 모세를 율법서의 끝에서는 '선지자'라 하였다(신 34:10)

"그 후에는 이스라엘에 모세와 같은 '선지자'가 일어나지 못하였나니"(신 34:10)라고 했는데 모세를 율법서의 끝에서 '선지자'라 함은 구약성경의 역사와 편집상의 특성과 관련이 있다. 즉 구약성경의 순서(율법서, 선지서, 성문서 / 토라, 네비임, 케투빔)에서 율법서 끝에 모세를 선지자라 하여 선지서와 연결을 짓는다. 뿐만 아니라 모세와 같은 선지자가 없다고 하여 선지자들을 모세의 후계자로 보게 한다. 이는 선지서의 첫 책 〈여호수아〉 1:7~8에서 "율법(토라)을 다 지켜 행하고…… 그 율법책을 네 입에서"라고 한 것과 맞아 떨어진다. 뿐만 아니라 성문서와 연결에 있어서도 〈시편〉 1:2에 "율법을 즐거워하여…… 주야로 묵상하는 자"를 복 있는 자라 하여 모세의 율법과 연결 짓는다.

BIBLE

성경 질문지

신명기 1~4장 첫 번째 설교 : 역사의 노정

제1장 [시내 산에서 가데스까지]

다음 빈칸에 알맞은 말을 보기에서 찾아 적으시오.

보기 1) 이드로 2) 모세 3) 야곱 4) 이스라엘
5) 마흔째 6) 열 하루 7) 첫째 8) 열한째
9) 모압 10) 이삭 11) 여호수아
12) 아브라함 13) 하나님 여호와
14) 열 명의 정탐꾼과 백성들
15) 갈렙 16) 사십

1. 〈신명기〉는 출애굽한 지 (　　　해) (　　　달) (　　　날)에 (　　　)가 (　　　) 자손에게 요단 저쪽 (　　　) 땅에서 율법을 설명한 말씀이다(1~5).

2. 호렙 산에서 가데스 바네아까지 (　　　) 길이었다. 이런 속도였다면 그곳에서 가나안까지 4일도 안 걸렸을 텐데 불순종으로 (　　　년)의 세월이 걸렸다(참고: 호렙 산에서 가데스까지 270km, 가데스에서 브엘세바까지는 80km)(1~3).

3. 여호와께서 그 후손에게 주리라 한 땅(가나안)은 누구에게 맹세하셨는가?(4~8)
-

4. 모세에게 재판제도를 개선하라는 것은 누구의 조언이었는가?(9~18, 출 18:13~26) -

5. 다음은 누구의 말이나 행동인가?(19~39)
(위의 보기에서 이름을 찾아 적으시오).
   1) 여호와께서 너희에게 이르신 대로 올라가서 차지하라 -
   2) 각 지파에서 한 사람씩 열둘을 택하여…-
   3) 올라가기를 원하지 아니하고 원망하여 -
   4) 앞에서 행하시며 불과 구름으로 인도한 분 -
   5) 여호와께 온전히 순종한 자 -
   6) 이스라엘에게 그 땅을 기업으로 차지하게 할 자 -

제2장 [에돔, 모압, 암몬을 통과]

다음 물음에 간단히 답하시오.

1. 세일 산을 지날 때 그들과 다투지 말라고 하신 이유는?(1~7) -

2. 모압이나 암몬 족속의 땅을 이스라엘에게 기업으로 주지 않은 이유는?(8~23 / 9절, 19절을 잘 보라) -

3. 이스라엘의 통과를 허락하지 않아 이스라엘의 기업이 된 땅과 그 왕은?(24~37) -

제3장 [두 지파 반에게 준 땅]

다음 각 번호에서 해당되는 것은 O표, 아닌 것 하나에는 X표 하시오.

1. 바산 왕 옥이 대적 (1~11)
   1) 왕과 백성을 네 손에 넘겼으니 - (　　)
   2) 빼앗은 성읍이 육십이니 - (　　)
   3) 각 성읍의 남녀와 유아를 멸망 - (　　)
   4) 가축은 소유로, 탈취물은 손대지 말라 - (　　)

2. 헤스본 왕 시혼과 바산 왕 옥의 땅을 두 지파 반에게 줌 (12~22)

1) 르우벤 - (　　　) 2) 아셀 - (　　　)
3) 갓 - (　　　) 4) 므낫세 반 - (　　　)

3. 모세가 간구한 것은 O표, 아닌 것은 X표 (23~29)
   1) 나를 건너가게 하사 요단 저쪽의 아름다운 땅, 아름다운 산과 레바논을 보게 하옵소서. - (　　　)
   2) 그만해도 족하니 이 일로 다시 내게 말하지 말라. - (　　　)
   3) 비스가 산에 올라 그 땅을 바라보라. 너는 이 요단을 건너지 못할 것임이니라. - (　　　)

제4장 [규례, 법도, 명령을 지키라]
다음 빈칸에 알맞은 말을 찾아 적으시오.

1. 내가 너희에게 가르치는 (　　　)와 (　　　)를 듣고 준행 하라(1~5).

2. 우리 하나님 여호와께서 우리가 그에게 (　　　) 우리에게 가까이 하심과 같이 그 (　　　)을 얻은 큰 나라가 어디 있느냐?(6~8)

3. 여호와께서 그의 (　　　)을 너희에게 반포하시고 너희에게 (　　　) 명령하셨으니 곧 (　　　)이며 두 돌판에 친히 쓰신 것이라 (9~14).

4. 여호와께서 너희를 (　　　) 너희를 (　　　) 곧 애굽에서 인도하여 내사 자기 기업의 (　　　)을 삼으신 것이 오늘과 같아도… (15~24).

5. 그러나 네가 거기서 네 하나님 여호와를 찾게 되리니 만일 (　　　)을 다하고 (　　　)을 다하여 그를 찾으면 만나리라(25~31).

6. 어떤 국민이 불 가운데에서 (　　　)하시는 하나님의 (　　　)을 너처럼 듣고 생존하였느냐?(32~40)

7. 〈도피성 지정〉 - 과거에 (　　　)이 없이 부지중에 (　　　)가 그곳으로 도피하기 위함이며… 하나는 광야 평원에 있는 (　　　)이라. 르우벤 지파를 위한 것이요. 하나는 (　　　)이라. 갓 지파를 위한 것이요. 하나는 (　　　)이라. 므낫세 지파를 위한 것이었더라(41~43).

제1~4장 [종합]
〈40년의 광야생활 회고〉 – 〈실제 사건 본문〉 – 〈관계 내용〉으로 연결하시오.

1. 1:9~18 • 　• 가) • 　• a)
2. 1:19~46 • 　• 나) • 　• b)
3. 2:1~8 • 　• 다) • 　• c)
4. 2:26~37 • 　• 라) • 　• d)
5. 3:1~22 • 　• 마) • 　• e)
6. 3:23~29 • 　• 바) • 　• f)
7. 4:41~43 • 　• 사) • 　• g)

가) 민 20:14~21
나) 출 18:13~26
다) 민 13장~14장
라) 민 21:33~35
마) 민 21:21~32
바) 민 35:9~28
사) 신 34:1~12

a) 정탐꾼들의 반역, 여호수아, 갈렙의 신앙
b) 천부장 백부장 오십부장 십부장과 조장을
c) 세일 산을 에서에게 기업으로 주었느니라
d) 헤스본 왕 시혼이 통과를 허락하지 않음
e) 바산 왕 옥을 무찌름, 두 지파 반에게 땅을
f) 부지중에 살인한 자를 위해 도피성을 택정
g) 모세(120세)는 죽고 여호수아가 후계자가 됨

신명기 5~11장 두 번째 설교: 율법의 재고찰

제5장 [호렙 산 언약]
다음 (　　　)에 알맞은 말과 십계명을 쓰시오.

1. 여호와께서 호렙 산(5:2, 출 19:3, 11, 20,산)에서 이스라엘과 (　　　)을 세우셨다.

2. 십계명을 암송하면서 간단히 써 봅시다(7~22, 출 20장, 찬송가 뒷장에 나온 것도 참고).

1) 6)
2) 7)
3) 8)
4) 9)
5) 10)

제6장 [쉐마 이스라엘: 이스라엘아 들으라]
다음 빈칸을 채우시오.

1. 〈신명기〉 6:5은 〈마태복음〉(22: 절), 〈누가복음〉(10: 절)에 예수님이 인용하셨다.

2. 이 말씀을 너는 ( )에 새기고 네 자녀에게 부지런히 ( )…… 이 말씀을 ( ) 할 것이며…… 네 손목에 매어 ( )를 삼으며 네 미간에 붙여 ( )로 삼고(4~9)

3. 너는 ( )하여 너를 ( ) 종 되었던 집에서 인도하여 내신 ( )를 잊지 말고 네 하나님 여호와를 ( ) 그의 이름으로 ( )할 것이니라(10~15).

4. 여호와께서 보시기에 ( )하고 ( ) 일을 행하라. 그리하면 네가 ( )을 받고 (16~19)

5. 이 모든 명령을…… 여호와 앞에서 삼가 ( ) 그것이 곧 우리의 ( )이니라 (20~25).

제7장 [성별된 이스라엘]
다음 질문에 답하고, 빈칸은 알맞은 말로 채우시오.

1. 가나안에 들어간 이스라엘이 그들(일곱 족속)에게 행할 것은?(1~5절 읽고 답은 5절에서만)
   -

2. 하나님이 이스라엘을 자기 기업의 백성으로 택하신 이유 두 가지는 무엇인가?(6~8, 참고: ~으로 말미암아)
   1) 2)

3. 하나님을 사랑하고 계명을 지키는 자에게는 ( )까지 언약을 이행하시며 인애를 베푸신다…… 하나님을 미워하는 자에게는 지체하지 아니하시고 ( )에 보응하여 멸하신다 (9~11).

4. 모든 법도를 듣고 행하면 하나님께서 무엇을 베푸신다고 약속하시는가?(12~16) -

5. 하나님께서 무엇을 보내 적들의 남은 자와 숨은 자를 멸하게 하시는가?(17~26) -

제8장 [축복과 저주의 선고]
다음 물음에 답하거나 ( ) 안에 알맞은 말을 적으시오.

1. 여호와께서 사십 년 동안 광야를 걷게 하신 이유는?(2) -

2. 예수님이 시험을 받을 때에 어느 말씀으로 마귀를 물리치셨는가?

보기 신 6:13 / 6:16, 8:3

1) 마 4:4 →
2) 마 4:7 →
3) 마 4:10 →

3. 4절에 나온 이적 두 가지는?
   1) 2)

4. 모세는 이스라엘이 '무엇을 염려하고 무엇을 얻었다 말할 것'이라 했는가?(11~20)
   1) 14절 -
   2) 17절 -

제9장 [금송아지 숭배의 악을 기억]
다음 물음에 답하시오.

1. 이스라엘이 가나안 땅을 얻은 것과 관계 있는 것에는 O표, 아닌 것에는 X표 하시오(1~6).
   1) 여호와께서 맹렬한 불과 같이 앞서 나가 그들을 멸하사 엎드러지게 했다. ( )

2) 가나안 민족들이 악함으로 말미암아 여호와께서 그들을 쫓아냈다. (　　　)
3) 이스라엘이 의롭기 때문에 여호와께서 그들을 가나안 땅으로 인도했다. (　　　)
4) 아브라함과 이삭과 야곱에게 하신 맹세를 이루려 하심이다. (　　　)

2. 본문 9:7~21은 모세가 어느 사건을 회상하며 교훈하는지, 실제 사건 본문에 O표 하시오.
1) 출 13장(　　　) 2) 출 32장(　　　)
3) 레 26장(　　　) 4) 민 16장(　　　)

3. 여호와께서 이스라엘을 멸하시고자 하실 때 모세의 기도에는 O표, 아닌 것에는 X표(22~29).
1) 이 백성의 완악함과 죄를 보지 마소서.(　　　) 2) 광야에서 죽이려고 인도했다고 할까 두렵다.(　　　)
3) 미워하시면 광야에서 죽이소서.(　　　)
4) 큰 능력으로 인도하여 내신 주의 백성, 주의 기업이다.(　　　)

제10장 [두 번째 돌판과 권고]
다음 말이 맞으면 O표, 틀리면 X표 하시오.

1. 처음 돌판의 글은 하나님이 손으로 기록하셨고(9:9~10), 두 번째 돌판은 모세가 썼다.-(　　　)

2. 두 번째 다시 만든 십계명의 돌판을 넣을 궤는 조각목으로 만들었다.- (　　　)

3. 레위 지파는 언약궤를 메었고, 여호와를 섬겼으며, 여호와의 이름으로 축복하였다.- (　　　)

4. 여호와께서 이스라엘을 택하셨으므로 그들은 육체의 할례로 목을 곧게 했다.- (　　　)

5. 여호와는 고아와 과부를 위하여 정의를 행하시며 나그네를 사랑하사 떡과 옷을 주신다.-(　　　)

제11장 [순종할 것을 기억함]
다음 각 항의 물음에 답하시오.

1. 다음의 성구에서 모세가 백성들에게 무엇을 잊지 말고 기억하라고 했는지 간단히 쓰시오.
1) 7:18 -
2) 8:2 -
3) 9:7 -
4) 11:2~7 - 여호와께서 광야에서 행하신 이 모든 큰 일

2. 여호와의 명령을 지키고 청종하면 주어지는 복이 아닌 것 두 가지 번호에 O표 하시오(8~25).
1) 강성할 것이다.
2) 애굽으로 돌아가서 잘 살 것이다.
3) 젖과 꿀이 흐르는 땅에서 장구한다.
4) 여호와의 눈이 항상 그 위에 있다.
5) 이른 비, 늦은 비를 적당한 때 내리신다.
6) 너희와 자녀의 날이 속히 멸망한다.
7) 너희를 능히 당할 사람이 없다.

3. 그리심 산에서 (　　　)을 선포하고 에발 산에서 (　　　)를 선포하라(　　　절).

신명기 12~16장 멸해야 할 우상들

제12장 [지켜 행할 규례와 법도]
다음 성구를 해당 절 안에서 완성하시오(6번 별도).

1. (　　　절) 그 제단을 헐며 주상을~

2. (　　　절) 너희의 손으로 수고한 일에~

3. (　　　절) 너는 삼가 네 땅에 거주하는~

4. (　　　절) 네 하나님 여호와의 목전에~

5. (　　　절) 이 모든 말을 너희는 지켜 행하고~

6. "자기 이름을 두시려고 택하신 곳"이라는 표현이 여러 곳에 나온다. 몇 절에 나오는가?(6곳)
(12장 　절, 　절, 　절, 　절, 　절, 　절) - 해설도 참고하시오.

제13장 [우상숭배자를 죽이라]

다른 신을 섬기는 자에 대한 형벌을 찾아 연결하시오.

1. 선지자나 꿈꾸는 자가 이적과 기사를 보여도 • 가)
2. 형제, 자녀, 아내, 친구라 할지라도 • 나)
3. 어떤 불량배가 성읍 주민을 유혹하여 사실이면 • 다)

가) 주민과 성읍과 가축을 진멸
나) 죽이라
다) 돌로 쳐 죽이라

제14장 [정한 음식, 십일조 규례]

다음의 말이 맞으면 O표, 틀리면 X표 하시오.

1. 죽은 자를 위하여 자기 몸을 베는 일, 눈썹 사이 이마 위의 털을 밀지 말라. - (　　)
2. 소, 양, 염소, 사슴처럼 굽이 갈라져 쪽발이며 새김질하는 것은 먹지 말라. - (　　)
3. 낙타, 토끼, 사반, 돼지는 부정하니 먹지도 말고 사체도 만지지 말라.- (　　)
4. 지느러미에 관계없이 비늘이 있으면 먹어라. - (　　)
5. 날기도 하고 기어 다니기도 하는 것은 먹지 말라. - (　　)
6. 스스로 죽은 짐승은 어느 누구도 먹거나 팔 수 없다. - (　　)
7. 매년 토지소산의 십일조를 드려야 하며 여호와 경외하기를 항상 배워야 한다. - (　　)
8. 매 삼 년 끝에 그 해 십일조로 레위인, 객, 고아, 과부로 먹게 하면 복을 받는다. - (　　)

제15장 [안식년에 대한 규례]

다음 물음에 O, X로 답하시오.

1. 면제년에 관계 있는 것에는 O표, 관계 없는 것 한 가지에는 X표 하시오(1~6).
   1) 칠 년마다 (　　)
   2) 이웃에게 꾸어준 것 면제 (　　)
   3) 이방에게도 면제 (　　)
   4) 지켜 행하면 복 받음 (　　)
2. 가난한 자에 대한 태도에는 O표, 아닌 것 한 가지에는 X표 하시오(7~11).
   1) 마음을 완악하게 하지 말라. (　　)
   2) 필요한대로 꾸어 주라. (　　)
   3) 악한 생각을 품지 말라. (　　)
   4) 아끼는 마음을 품어라. (　　)
3. 종을 자유하게 하는 안식년의 규례에는 O표, 아닌 것 한 가지에는 X표 하시오(12~18).
   1) 히브리 종은 일곱째 해에 자유하게 하되 빈손으로 보내서 자립심을 키워줘야 한다.- (　　)
   2) 애굽 땅에서 종 되었던 것과 여호와께서 속량하셨음을 기억해야 한다.- (　　)
   3) 종이 주인을 떠나지 아니하겠노라 하면 송곳으로 귀를 뚫어 영구히 종이 되게 한다.- (　　)
   4) 자유하게 하기를 어렵게 여기지 말아야 여호와께서 복을 주신다.- (　　)
4. 여호와께 드릴 처음 난 것에 대한 설명 중 맞는 것에는 O표, 아닌 것 한 가지에는 X표 하시오(19~23).
   1) 소와 양의 처음 난 수컷은 여호와께 드릴 것이다.- (　　)
   2) 흠 있는 것은 여호와께 드리지 못했다.- (　　)
   3) 처음 것은 여호와께서 택하신 곳(중앙 성소)에서 먹었다.- (　　)
   4) 흠 있는 것은 어디서도 먹지 못했다.- (　　)

제16장 [삼대 절기]

다음 물음에 답하시오.

1. 유월절 예식을 행하는 이유는?(1) -

2. 무교병을 다른 말로는 무슨 떡이라고 하는가?(2~3) -

3. 유월절 제사는 각 성에서 드리지 말고 어느 곳에서 드리라고 했는가?(4~8)
   -

4. 칠칠절은 어떻게 계수 했는가?(9~12) -

5. 여호와께서 복을 주신대로 어떻게 해야 하는가?(10) -

6. 모든 절기에 함께 즐거워해야 할 사람들은?(11, 14) -

7. 소출을 거두어들인 후에는 어떤 절기를 지켰나?(13~15) -

8. 모든 남자가 일 년에 세 번 지킬 절기(삼대 절기)는?(1, 10, 13, 16~17)
   1)　　　　2)　　　　3)

9. 재판장과 지도자들이 공의로 재판하기 위하여 하지 말라고 한 것 세 가지는?(18~20)
   1)
   2)
   3)

10. 여호와께서 미워하시므로 제단 곁에 세우지 말라고 한 우상은?(22) -

신명기 17~21장 의식법, 민법

제17장 [재판장, 왕에 대한 교훈]
다음 서로 관계 있는 것끼리 연결하시오.

1. 흠이나 악질 있는 소와 양(1) • • 가) • • a)
2. 악을 행하여 언약을 어김(2~7) • • 나) • • b)
3. 고소하거나 다투는 일(8~13) • • 다) • • c)
4. 왕을 세울 뜻이 있거든(14~17) • • 라) • • d)
5. 왕 위에 오르거든(18~20) • • 마) • • e)

가) 다른 신 섬겨 절하면　나) 여호와의 택하신 자
다) 율법서를 등사하여　라) 여호와께 드리지 말라
마) 재판장에게 물으라

a) 여호와께 가증한 것이 됨이니라
b) 왕 위(位)에 있는 날이 장구하리라
c) 돌로 쳐 죽이라
d) 듣지 아니하거든 그 사람을 죽여
e) 병마, 아내, 은금 많이 두지 말라

제18장 [제사장, 선지자]
다음 묻는 말에 답하시오.

1. 레위 사람 제사장과 레위 온 지파는 무엇이 그들의 기업이 되었는가?(1~2) -

2. 제사장이 백성에게는 받을 몫은?(3~8) -

3. 가나안 땅에 들어가서 본받지 말고 용납하지 말아야 할 자는?(9~14) -

4. 하나님이 이스라엘을 위하여 세우는 '선지자'에 대하여 물음에 답하시오(15~22).
   1) 하는 일은?(18) -
   2) 어떤 경우 벌을 받는가?(19) -
   3) 어떤 경우 죽임을 당하는가?(20) -
   4) 여호와의 이름으로 말한 일에 무엇이 없으면 여호와의 말씀이 아닌가?(22) -

제19장 [살인자의 도피성]
다음 물음에 답하시오.

1. 가나안에 들어가서 세 성읍을 구별함은 어떤 살인자를 도피하게 하기 위함인가?(1~7) -

2. 어떻게 하면 세 도피성 외에 셋을 더 하신다고 했는가?(8~10) -

3. 이웃을 미워하여 죽이고 도피해 온 자는 그 성읍 장로들이 어떻게 했는가?(11~13) -

4. 기업 된 소유의 땅에서 조상이 정한 무엇을 이동하지 말라고 했는가?(14) -

5. 죄를 정하는 데는 몇 증인 이상으로 해야 하는가?(15~20) -

6. "눈에는 눈, 이에는 이로"라는 율법(21절)에 대한 예수님의 재해석의 가르침을 쓰시오(요약해도 됨 - 마 5:38~42). -

제20장 [전쟁에 대한 준비]
다음 묻는 말의 답의 번호에 O표 하시오.

1. "적에게 더 많아도 두려워하지 말라"고 한 것에 해당되지 않는 것은? (1~4) (　　　)
   1) 말(馬)　　　2) 양식
   3) 병거　　　4) 백성

2. 싸우러 나갈 때에 "집으로 돌아가라"(병역면제)에 해당하면 O표, 아니면 X표 하시오(5~9).
   1) 새 집을 건축하고 낙성식을 행하지 못한 자 (　　　)
   2) 포도원을 만들고 그 과실을 먹지 못한 자 (　　　)
   3) 여자와 이혼하고 새 아내를 얻지 못한 자 (　　　)
   4) 두려워서 마음이 허약한 자(　　　)

3. 다른 성읍과 전쟁할 때 방법으로 맞는 것에는 O표, 틀린 두 곳에는 X표 하시오(10~20).
   1) 먼저 화평를 선언한다.(　　　)
   2) 화평하기로 회답하고 성문을 열면 조공을 바치며 섬기게 한다.(　　　)
   3) 화평하기를 거부하고 대적하여 싸우려하거든 그 성읍을 포기하라.(　　　)
   4) 기업으로 주시는 성읍에서는 호흡 있는 자를 하나도 살리지 말아라.(　　　)
   5) 가나안 일곱 족속을 멸함은 그 신들에게 행하는 가증한 일을 본받지 않게 함이다.(　　　)
   6) 성읍을 에워쌌을 때 수목이나 과목이나 모두를 찍어내어 성읍을 치는 기구를 만든다.(　　　)

제21장 [여러 사건에 대한 규례]
다음의 말이 맞으면 O표, 틀리면 X표 하시오.

1. 피살된 시체를 발견하면 범인을 잡기 위해 가까운 성읍을 뒤졌다(1~9). (　　　)

2. 피살된 곳에서 가까운 성읍의 암송아지를 취하여 골짜기로 가서 목을 꺾었다. (　　　)

3. 무죄자의 피흘린 죄는 누구의 일인지 모르기에 죄를 제할 필요가 없다(6~9). (　　　)

4. 대적과 싸움에서 포로로 잡은 여자를 아내로 삼을 수 있다(10~14). (　　　)

5. 포로로 잡혔다가 아내 된 자는 종으로 팔지는 못한다(14절). (　　　)

6. 장자는 다른 아들들보다 두 몫을 받을 권리가 있다(15~17). (　　　)

7. 완악하고 패역하여 부모의 말을 순종하지 않고 징계하여도 듣지 않는 아들은 돌로 쳐죽였다(18~21). (　　　)

8. 나무에 달려 죽은 자는 저주받은 자로 여겨서 나무에 달린 채로 두었다(22~23). (　　　)

9. 바울은 〈신명기〉 21:23 말씀을 〈갈라디아서〉 3장 (　　　절)에 인용하였다.

신명기 22~26장 사회생활의 법

제22장 [재산보호, 정절보호]
틀린 부분에 — 줄을 긋고 맞게 고치시오.

1. 형제(동족)의 길 잃은 소나 양을 보면 끌어다가 잡아 먹는다.→

2. 여자는 남자의 의복을 입지 말고, 남자는 여자의 의복을 입는다.→

3. 포도원에 두 종자, 소와 나귀의 한 겨리는 금하고, 양털과 베실로 섞어 짠 것을 입는다.→

4. 아내를 미워하여 처녀성을 누명 씌우면 은 일백 세겔을 벌금으로 재판장에게 준다.→

5. 처녀가 약혼한 후에 어떤 남자와 성읍 중에서 만나 동침하면 남자만 죽인다.→

6. 남자가 처녀와 동침하는 중에 발견되면 남자는 처녀의 아버지에게 사죄하고 아내로 삼는다.→

제23장 [총회에 들어오지 못할 자]
다음 물음에 따라 O, X로 표하시오.

1. 다음에서 여호와의 총회에 들어올 수 있으면 O표, 들어올 수 없으면 X표 하시오(1~8).
   1) 고환이 상한 자 (　　　)
   2) 음경이 잘린 자 (　　　)
   3) 사생자 십대 자손 (　　　)
   4) 암몬 사람 (　　　)
   5) 모압 사람 (　　　)
   6) 에돔 사람 삼대 후 자손 (　　　)
   7) 애굽 사람 삼대 후 자손 (　　　)

2. 다음에서 맞는 것에 O표, 틀린 것에 X표 하시오(9~25).
   1) 밤에 몽설함으로 부정한 자는 진 밖으로 나가서 목욕하고 해진 후에 들어온다. - (　　　)
   2) 창기가 번 돈과 개 같은 자의 소득은 서원했으면 여호와의 전에 가져다 드린다. - (　　　)
   3) 형제(동족)에게는 이자를 받지 말고 타국인에게는 이자를 받는다. - (　　　)
   4) 자원한 예물은 서원하여 입으로 언약한 것을 취소할 수 있다. - (　　　)
   5) 이웃의 포도원에 들어가서 배불리 먹을 수는 있으나 그릇에 담아 갈 수는 없다. - (　　　)

제24장 [박애주의적인 율법들]
다음 물음에 답하시오.

1. 당시의 합법적인 이혼의 사유와 절차는?(1~4)
   1) 사유(~을 발견하고 ~ 아니하면) :
   2) 절차(~를 그의 손에 주고) :

2. 결혼 후 일 년 동안 군대 면제자가 할 일은?(5절, 참고 20:7) -

3. 사람을 유인하여 종으로 삼거나 판 것(인신매매)이 발견되면 어떻게 했는가?(7절) -

4. 여호와께서 미리암에게 행하신 일은 무엇인지 간단히 쓰시오(8~9, 민 12:1~16). -

5. 곤궁하고 빈한한 품꾼을 위해 품삯을 언제 주어야 하는가?(10~15) -

6. 각 사람은 누구의 죄로 죽임을 당하는가?(16절) -

7. 곡식, 감람, 포도의 남은 것은 누구를 위해 남겨두었는가?(17~22) -

제25장 [인간관계에 대한 규례]
다음 물음에 답하시오.

1. 1) 재판하여 악인에게 태형이 합당하면 몇 대까지 때릴 수 있는가?(1~3) -

   2) 바울은 이러한 태형을 몇 번 맞았다고 고백했는가?(고후 11:23~24) -

2. "곡식 떠는 소에게 망을 씌우지 말라"는 25:4은 고전(9:　　절), 딤전(5:　　절)에 인용되었다.

3. 1) 이 제도(수혼제)가 무엇을 잇기 위한 것인가?(5~10, 창 38장, 룻 4장 읽고) -

   2) 형제 된 의무를 행하지 않으려는 자의 이름을 무엇이라 칭했는가? -

4. 저울 추와 되(斗)는 어떤 것을 두고 사용해야 하는가?(11~16) -

5. 안식의 땅 가나안에 가면 아말렉을 어떻게 하라 했는가?(17~19) -

제26장 [토지 소산의 맏물]
다음 (　　) 안에 말을 적어 넣어 성구를 완성하시오.

1. 여호와여 이제 내가 (　　　　　) 내게 주신 토지 소산의 (　　　　)을 가져왔나이다(1~11).

2. 주의 거룩한 처소 (　　　)에서 보시고 주의 (　　　) 이스라엘에게 (　　　)을 주시며…… 우리에게 주신 (　　　)과 (　　　)이 흐르는 땅에 (　　　)을 내리소서(12~15).

3. 여호와께서 너를 그 지으신 모든 민족 위에 (　　　) 하사 찬송과 (　　　)와 영광을 삼으시고 그가 말씀하신 대로 너를 네 하나님 여호와의 (　　　)이 되게 하시리라(16~19).

신명기 27~30장 세 번째 설교 : 축복과 저주

제27장 [저주받을 열두 가지 죄]

다음 물음에 답하시오.

1. 여호와께서 주시는 땅에서 세울 돌단과 관계 있는 것에는 O표, 아닌 것에는 X표 하시오(1~10).
   1) 큰 돌로 세우고 석회를 바른다 (　　　)
   2) 돌 위에 율법의 말씀을 기록한다 (　　　)
   3) 에발산에 세운다 (　　　)
   4) 쇠 연장으로 다듬은 돌을 세운다 (　　　)

2. 다음에서 짝이 잘못된 것은?(11~15) (　　　)
   1) 그리심 산 - 축복의 산
   2) 레위 - 큰 소리로 이스라엘 모든 사람에게 말한다
   3) 에발 산 - 저주의 산
   4) 그리심 산에 설 자 - 르우벤, 갓, 아셀, 스불론, 단, 납달리

3. 누가 저주받을 자인지 12가지의 경우를 쓰시오(긴 내용은 요약해서 적으시오)(14~26).
   1)
   2)
   3)
   4) 맹인으로 길을 잃게 하는 자
   5)
   6)
   7)
   8)
   9)
   10)
   11) 무죄한 자를 죽이려고 뇌물을 받는 자
   12)

제28장 [순종하면 복, 불순종하면 저주]

다음 (　　) 안에 해당 절수를 쓰시오.

1. 본문의 내용을 둘로 나눌 수 있다. 다음의 내용은 몇 절에 있는가?(28장 전체, 설명 참고)
   1) 순종하면 복을 받는다 - (　　~　절)
   2) 불순종하면 저주를 받는다 - (　　~　절)

2. 순종하여 다음의 '복 받을 말씀'이 기록된 절을 쓰시오(1~14).
   1) 여호와의 말씀을 듣고 지켜 행하면 세계 모든 민족 위에 뛰어나게 하실 것이라.- (　　절)
   2) 들어와도 복을 받고 나가도 복을 받을 것이다.- (　　절)
   3) 하늘의 보고를 여시사 네 손으로 하는 모든 일에 복을 주어 꾸지 아니 한다.- (　　절)

3. 순종하지 않아 다음의 '저주가 임할 말씀'이 기록된 절을 쓰시오(15~68).
   1) 네 몸의 소생, 토지 소산, 소와 양의 새끼가 저주를 받는다.- (　　절)
   2) 적군을 치러 한 길로 갔다가 일곱 길로 도망하며 모든 나라 중에 흩어짐을 당한다.- (　　절)
   3) 여자와 약혼했으나 다른 사람이 그 여자와 자고, 집을 건축해도 거주하지 못한다.- (　　절)
   4) 풍족하여도 기쁨과 즐거움으로 여호와를 섬기지 아니하면 적군에게 멸망한다.- (　　~　절)
   5) 아침에는 저녁이 되었으면 좋겠다 하고 저녁에는 아침이 되었으면 좋겠다고 한다.- (　　절)

제29장 [모압에서의 언약의 말씀]

다음 물음에 답하시오.

1. 29~30장은 어디에서 세운 언약의 말씀인가?(1)
   \-

2. 애굽에서의 시험, 이적, 기사는 눈으로 보았으나 이스라엘에게 주지 아니했던 세 가지는?(1~9)
   1)
   2)
   3)

3. 여호와와 이스라엘의 언약은 맹세하신 대로 어떤 관계가 되는가?(10~13) -

4. 모세가 염려하는 것은 '저주의 말을 듣고도 평안하리라'는 자와 또 어떤 자인가?(14~21, '염려한다'가 두 번 나오는데, 첫 번째 것, 18절)
-

5. 여호와께서 진노하사 모든 저주대로 재앙을 내리신 까닭을 무엇이라 하리라 했는가?(22~29)
   1) 여호와께서 애굽에서 인도하여 내실 때에 세우신 (　　　)을 버렸기 때문이다.
   2) 여호와께서 그들에게 주시지도 아니한 (　　　)을 따라가서 그들을 섬기고 절한 까닭이다.

제30장 [생명과 사망의 선택]
맞는 것은 O표, 틀린 부분은 — 로 긋고 고치시오.

1. 불순종하면 흩어지는데(참고- 28:36, 49~53, 27:1~4), 회개하고 마음과 뜻을 다하여 여호와의 말씀을 청종하면 긍휼히 여기사 포로에서 돌아오게 하신다(1~4). -

2. 조상들이 차지한 땅으로 돌아오게 하사 네 조상들보다 더 어렵게 하실 것이다(5~10). -

3. "마음을 다하고(며) 뜻을 다하여"라는 말씀이 1~10절에 5번 나온다. -

4. 여호와의 명령은 어려운 것도 아니고, 먼 것도 아니고, 하늘에 있는 것도, 바다 밖에 있는 것도 아니고, 입에 있고 마음에 있어서 이스라엘이 행할 수 있는 것들이다(11~14).

5. 생명과 사망과 복과 저주를 네 앞에 두었은즉 살기 위하여 사망을 택해야 한다(15~20). -

신명기 31~34장 모세의 최후 행적

제31장 [여호수아에 대한 모세의 격려]
성경을 읽으면서 다음 (　　)에 알맞은 말을 적으시오.

1. "강하고 담대하라…… 함께 하신다"는 말씀은 각각 누가 누구에게 한 것인가?(31장)
   1) 6절 - (　　　→　　　)
   2) 7~8절 - (　　　→　　　)
   3) 23절 - (　　　→　　　)
   4) 31장에 "강하고 담대하라… 함께 하신다"가 (　　　번) 기록되어 있다.

2. 모세는 (　　　)을 건너지 못하고 (　　　)가 이스라엘을 거느리고 건널 것이라(1~5).

3. 이 율법의 말씀을 (　　　)가 써서 주며 매 칠년 끝 해 곧 면제년의 (　　　절)에 낭독하여 온 이스라엘로 듣게 하라…… 이 율법책은 여호와의 (　　　궤) 곁에 두어 너희에게 (　　　)가 되게 하라고 했다(9~13, 24~26).

4. 모세가 죽은 후에 백성들은 여호와를 버리고 여호와와 맺은 (　　　)을 어길 것이며, 그 때에는 여호와께서 그들을 버리며 내 (　　　)을 숨기시리라고 하셨다(14~23).

5. 모세는 "내가 죽은 후에 너희가 스스로 부패하여…… 여호와의 목전에 (　　　)을 행하여 너희의 손으로 하는 일로 그를 격노하게 하므로 너희가 후일에 (　　　)을 당하리라" 하였다(27~29).

제32장 [모세의 애가]
다음 (　　) 안에 들어갈 말을 제시된 성구의 범위에서 찾으시오.

1. 하나님의 교훈과 말은 (　　,　　,　　,　　)와 같다(1~4). (수식은 빼고 단어만 쓰시오)

2. 여호와께서 이스라엘을 광야에서 만나셔서 어떻게 돌보셨는가?(5~12)

1) 광야에서 만나시고 호위하시며 (　　　) 하시며 자기의 (　　　) 같이 지키셨다.
2) 마치 독수리가 (

　　　) 같이 인도하셨다.

3. 좋은 것으로 먹고 마시게 했으나 (　　　)이 기름지매, 자기를 지으신 하나님을 버리고 자기를 구원하신 (　　　)을 업신여겼다(13~25). (참고: 여수룬이란 '올 곧은 자'라는 뜻으로 이스라엘을 시적으로 표현한 것이다)
4. 그들(이스라엘)의 포도나무는 (　　　)의 포도나무요, (　　　)의 밭의 소산이라(26~38).
5. 여호와는 죽이기도 하며 (　　　　) 하며 상하게도 하며 (　　　) 하신다(39~43).
6. 모세와 눈의 아들 (　　　)가 와서 이 (　　　)의 모든 말씀을 백성에게 들려주었다(44~47).
7. 아론이 (　　　산)에서 죽은 것 같이, 모세도 아바림 산에 올라가 (　　　산)에서 죽어 조상에게로 돌아가는데 이는 므리바 물가에서 여호와의 (　　　)을 이스라엘 자손 중에서 나타내지 아니한 까닭이다(48~52).

제33장 [각 지파를 축복]
다음은 어느 지파에 대한 모세의 축복인지 지파 이름을 쓰시오.

1. 죽지 아니하고 살기를 원하며 그 사람 수가 적지 아니하기를 원하도다.
2. 그의 손으로 자기를 위하여 싸우게 하시고 주께서 도우사 그 대적을 치게 하소서. -
3. 주의 둠밈과 우림이 경건한 자에게 있도다. 율법을 가르치며 주 앞에 분향하도다. -
4. 여호와께서 날이 마치도록 보호하시고 자기 어깨 사이에 있게 하시리로다. -
5. 땅이 여호와께 복을 받아 보물이 넘친다. 에브라임은 만만, 므낫세는 천천이로다. -
6. 너는 밖으로 나감을 기뻐하라. -
7. 장막에 있음을 즐거워하라. 의로운 제사를 드리고 보배를 흡수하리로다. -
8. 암사자 같이 엎드리고 팔과 정수리를 찢는도다. 공의와 법도를 행하도다. -
9. 바산에서 뛰어나오는 사자의 새끼로다. -
10. 은혜가 풍성하고 여호와의 복이 가득한 너는 서쪽과 남쪽을 차지할지로다. -
11. 아들들 중에 복을 받으며 형제에게 기쁨이 되며 그의 발이 기름에 잠길지로다. -
12. 다음 (　　　)를 채우시오(33:　　절).

이스라엘이여 너는 (　　　　)이로다. 여호와의 (　　　)을 너 같이 얻은 백성이 누구냐 그는 너를 (　　　　)시오. 네 (　　　　)이시로다. 네 대적이 네게 복종하리니 네가 그들의 높은 곳을 밟으리로다.

제34장 [모세의 죽음]
다음 물음에 간단히 답하시오.

1. 1) 모세가 어느 평지에 있는 -

   2) 어느 산에 올랐는가? -
2. 모세가 바라본 땅은 어떤 땅인가?(4절) -
3. 모압 땅 골짜기에 장사된 모세의 묘는 후대에 아는 자가 있는가, 없는가? -
4. 1) 모세가 죽을 때 나이는? -

   2) 그의 눈이 ~

   3) 기력이 ~

   4) 모세를 위하여 애곡한 기간은?(8) -
5. 1) 모세의 후계자는 누구인가?(9) -

   2) 안수 받은 그는 무엇이 충만했는가?(9) -
6. 모세 후에는 모세와 같은 무엇이 일어나지 아니했는가? -

B I B L E

성경 질문지(율법서 총정리)

율법서 개요

- 모세오경이란 모세가 기록한 다섯 권의 책으로 히브리인들은 "토라(율법서)"라 불렀다. 다섯 권이란 성경 처음에 나오는 〈창세기〉, 〈출애굽기〉, 〈레위기〉, 〈민수기〉, 〈신명기〉이다.
- 율법서는 천지창조부터 히브리민족의 형성에서 하나님과 그의 백성인 이스라엘과의 언약(Covenant)을 중요하게 기록한다.
- 구약과 신약성서에는 모세오경의 명칭을 여러 가지로 쓰고 있다(33쪽 '율법서란 무엇인가' 참고).
- 우리가 지금까지 공부한 모세오경에 대해 그 내용을 종합해 보면 다음과 같다.
    1) 창조부터 이스라엘 민족 애굽 이주까지
       - 〈창세기〉 1~50장 (원역사와 족장시대)
    2) 출애굽(유월절)에서 시내 산까지
       - 〈출애굽기〉 1~19장
    3) 시내 산 언약, 시내 산에서 이루어진 사건들
       - 〈출애굽기〉 20장~〈민수기〉 10장
    4) 광야 생활의 사건들
       - 〈민수기〉 11~21장
    5) 모압 평지에서의 일들, 모세의 마지막 설교
       - 〈민수기〉 22장~〈신명기〉 34장

창세기

다음 물음에 답하거나 ( ) 안에 알맞은 말을 쓰시오.

* 율법서(창, 출, 레, 민, 신)는 누구의 율법으로 불려졌는가?(눅 24:44) -

1. 성경의 첫 말씀인 〈창세기〉 1:1을 암송하여 쓰시오. -

2. 사람은 ( )의 형상대로 지음을 받았으며, ( )으로 지음을 받았고 ( )를 그 코에 불어넣으시니 생령이 되었다(1:26~28, 2:7).

3. 범죄한 인간은 무화과나무 잎으로 치마를 만들었으나, 하나님이 만들어 입힌 옷은?(3:7, 21) -

4. 아벨을 죽인 자는 ( )이며, 아벨 대신 하나님이 준 씨는 ( )이다(4:8, 25).

5. 에녹의 특징 두 가지를 든다면?(5:21~24)

   -

6. 하나님이 홍수를 있게 한 이유는?(6:5~8 읽고 답은 5절로) -

7. 무지개는 무엇에 대한 영원한 언약의 증거인가?(9:8~17읽고 답은 15절 다시는~) -

8. 시날 평지에 바벨탑을 세운 두 가지 이유는?(11:4) -

9. 아브라함의 일생에 대한 나이를 쓰시오(12:4, 16:16, 21:1~5, 25:7).
    1) 부름 받을 때 -
    2) 이스마엘을 낳을 때 -
    3) 이삭을 낳을 때 -
    4) 죽을 때 -

10. 롯과 두 딸과의 사이에서 난 아들은 어떤 족속의 조상이 되었는가?(19:30~38) -

11. 1) 번제로 드리라고 한 곳은?(22:1~12)

    2) 이곳에 무엇이 세워졌는가?(대하 3:1)

12.1) 이삭의 아내는?(25:20) -

2) 이삭의 두 아들은?(25:21~26) -

13.이삭의 아들 '야곱'과 '에서' 중에 누가 축복을 받았는가?(27:24~29) -

14.야곱이 얻은 네 여인(두 아내, 두 첩)을 얻은 순서대로 쓰시오(29:21~30:24). -

15.야곱이 하란에서 20년 동안 무엇을 위하여 일했는가?(31:41) -

16.야곱은 얍복에서 그의 이름이 무엇으로 바뀌었는가?(32:21~32) -

17.야곱과 화해한 에서는(33장) 어느 족속의 조상이 되었는가?(36:1, 8~9) -

18.벧엘로 다시 올라갈 때 준비할 세 가지는 무엇인가?(35:2) -

19.유다는 며느리 (   )을 통하여 (   )와 세라를 낳았다(38:27~30, 〈마태복음〉 1:3).

20.요셉이 바로의 꿈을 해석하니 7년 (   ), 7년 (   )에 대한 꿈이었다(41:14~36).

21.요셉은 자신이 애굽에 온 것을 누가 보냈다고 해석했는가?(45:4~8)

22.요셉의 마지막 유언은?(50:25) -

출애굽기

다음 물음에 답하거나 (   ) 안에 알맞은 말을 쓰시오.

1. 애굽으로 이주한 야곱의 가족은 요셉 가족까지 모두 몇 명인가?(1:5) -

2. 당시 애굽에는 어떤 성을 건축하고 있었는가?(1:11) -

3. 모세는 (   ) 족속의 후손이지만 (   )이 히브리 유모를 불러 양육하였다(2:1~11).

4. 하나님이 출애굽의 역사를 이룩하심은 무엇을 기억하심인가?(2:24) -

5. 10대 재앙의 이름을 쓰시오(7장~12장, 86쪽 해설 참고).

6. 여호와의 유월절은 어떤 뜻이 있는지 12:27을 근거로 간단히 쓰시오. -

7. 출애굽 당시 불 기둥과 구름 기둥의 역할은?(13:21~22) -

8. 이스라엘이 건넌 홍해는 어떻게 갈라졌는가?(14:21) -

9. 이스라엘이 40년 동안 광야의 양식은 무엇이었는가?(16:15~16, 31~35) -

10.하나님과의 언약을 잘 지키면 어떤 복을 받는지 세 가지로 말하시오(19:5~6).

1)   2)   3)

11.시내 광야에 도착은 출애굽 한지 제   개월, 출발은 제   년   월   일(출 19:1, 민 10:11).

12.십계명을 다 외우는가?(출 20:1~17, 신 5장) - 외울 수 있음 (   ), 외우는 중임 (   ).

13.'시내 산 언약'에 대한 백성들의 반응은? (24:3, 7) -

14.성막의 기구 이름을 아는 대로 써 보시오(25~27장, 30장, 36~40장, 출 36~40의 '더 살펴보기' 도표에서 ◇ 표 있는 것 참고) -

15.성막 건축을 위하여 특별히 부름 받은 두 사람은? (31:2, 6) -

16.백성들이 금송아지를 무엇으로 섬겼는가?(32:4, 8) -

17. 유대인의 삼대 절기는 무엇인가?(23:14~19, 34:18~26) -

18. 성막의 다른 이름들은 무엇이 있는가?(출 25~30 '더 살펴보기' 참고) -

19. 성막을 봉헌했을 때 무엇이 성막에 충만하였는가? (40:35) -

20. "여호와께서 모세에게 명하신 대로 하였더라"는 말씀이 40장에 몇 번 나오는가? -

레위기

다음 물음에 답하거나 (　　) 안에 알맞은 말을 쓰시오.

1. 〈레위기〉는 (　　　)에서 주신 말씀이며, 여호와께 (　　　)을 드릴 때에 관한 말씀이다 (1:1~2).

2. 여호와께 드리는 5대 제사의 이름은?(1장~7장, 〈레위기〉 1~5장 내용 참고)
   1)　　　　　　2)　　　　　　3)
   4)　　　　　　5)

3. 8장은 아론과 그 아들들에게 무엇을 위임하는 의식인가? -

4. 아론의 아들 나답과 아비후가 분향하다가 죽은 이유는?(10:1~2) -

5. 〈레위기〉 규례의 중심은 한 마디로 무엇인가? (11:44~45, 19:2) -

6. 1) 〈레위기〉 8~10장은 이스라엘의 대제사장 (　　　)에 대해서,
   2) 〈히브리서〉 4:14~10:18은 우리의 대제사장 (　　　)에 대해서 가르치고 있다.

7. 나병 진단은 누가 하는가?(14:2~3) -

8. 피는 무슨 역할을 하는가?(17:11, 히 9:22) -

9. 〈레위기〉 19:18, 〈마태복음〉 22:39, 〈마가복음〉 12:31에서 공통적인 가르침은?

   -

10. 노인에 대한 태도를 어떻게 해야 하는가? (19:32) -

11. 〈레위기〉 24:20에 대한 예수님의 가르침은 무엇인가?(마 5:38~42) -

12. 첫 이삭 한 단은 먼저 누구에게로 가져갔는가? (23:10) -

13. 자유를 공포하는 희년에는 어디로 돌아가는가? (25:10에서) -

14. 오직 가축의 (　　　　)은 여호와께 드릴 첫 것이라(27:26).

15. 〈레위기〉는 어느 산에서 누구를 위하여 모세에게 명하신 계명인가?(27:34) -

민수기

다음 물음에 답하거나 (　　) 안에 알맞은 말을 쓰시오.

1. 레위 지파는 무슨 일을 관리하도록 계수하지 않았는가?(1:49~50) -

2. 모든 진영의 중앙에는 무엇이 레위인의 진과 함께 있었는가?(2:17~24) -

3. 나실인이 금하는 세 가지는?(간단히 기록, 6:1~12) -

4. 제사장이 이스라엘을 위하여 축복을 하라는 내용 세 가지는?(단어로 기록, 6:22~27)
   1) (　　　)를 원하며
   2) (　　　) 베푸시기를 원하며
   3) (　　　) 주시기를 원한다.

5. 첫째 달(1월) 열 넷째날(14일)에 광야에서 지킨

절기는?(9:1~5) -

6. 광야의 은나팔의 용도는?(10:2) -

7. 이스라엘이 시내 산 아래에 머물렀던 기간은? (출 19:1~민 10:11의 기간) - 약 년

8. 모세는 어떤 사람인지 단어로 쓰시오 (12:3, 7~8). -

9. 하나님이 택하신 종을 비방한 미리암은 무슨 병이 들었는가?(12:8~10) -

10. 이스라엘의 광야 방황 기간이 40년이 된 이유는? (14:32~35 읽고 답은 34절로)
 -

11. 고라를 비롯한 반역자들이 주장하는 것은? (16:1~3) -

12. 아론의 지팡이에서 싹이 나게 하신 하나님의 섭리는?(17:5, 10) -

13. 레위인이 회막에서 일하는 대가로 받는 것은? (18:21) -

14. 모세가 가나안 땅에 들어가지 못하게 된 이유는? (20:12) -

15. 불뱀에 물린 자가 장대에 달린 ( )을 보고 살아났는데 이 사건은 예수님의 ( )를 예표한 것이다(21:8~9, 요 3:14).

16. 인구조사의 총계는 1차 때보다 2차 때가 몇 명 줄었는가?(1:46, 26:51) -

17. 두 번의 인구조사(시내광야, 모압 평지) 모두에 들은 사람은?(26:64~65) -

18. 미디안과의 전쟁에서 브올의 사건의 주동자인 누구를 죽였는가?(31:8,16) -

19. 요단 동쪽의 땅을 미리 받은 지파는?(32:33) -
 1) 2) 3)

20. 도피성은 누구를 위하여 주어졌나?(35:11~12)
 -

신명기

다음 물음에 답하거나 ( ) 안에 알맞은 말을 쓰시오.

1. 〈신명기〉는 (해 달 날)에 모세가 요단 저쪽 ( )에서 이 ( )을 설명한 것으로 크게 세 번의 설교가 나온다(1:3, 5, 29호 해설 참고).

2. 〈신명기〉 6:4~5과 〈레위기〉 19:18을 요약하면?(마 22:34~40, 눅 10:27)

 - 사랑, 사랑

3. 예수님은 마귀에게 시험 받을 때 〈마태복음〉 4:4은 〈신명기〉 8:(절)을, 〈마태복음〉 4:7은 〈신명기〉 6:(절)을, 〈마태복음〉 4:10은 〈신명기〉 6:(절)에서 인용하셔서 마귀를 무찔렀다.

4. 가나안에 들어가면 쫓아낼 일곱 족속은?(7:1)

 -

5. ( ) 산에서 축복을 선포하고, ( ) 산에서 저주를 선포하라(11:29).

6. 이적과 기사가 나타나면 모두 하나님으로부터 난 것인가?(13:1~3) -

7. 객, 고아, 과부를 먹이는 자에게 하나님은 어떻게 해 주시는가?(14:29, 24:19) -

8. 이스라엘의 삼대 절기는?(16:16, 출 19:14~19, 레 23장, 민 28~29장) -

9. 왕 된 자가 무엇의 등사본을 평생에 옆에 두고 읽어 행해야 하는가?(17:18~19) -

10. 신 25:5~10의 수혼제와 관계된 여인 두 사람은? (창 38장, 룻 4장 내용 해설 참고) -

11. 애굽의 종 되었던 때를 기억하여 특별히 위해야 하는 세 부류의 사람은?(24:17~22) -

12. "곡식 떠는 소의 입에 망을 씌우지 말라"(25:4)는 신약 고전 9: 절, 딤전 5: 절에 인용.

13. 여호와께서는 무엇으로 이스라엘을 애굽에서 인도하여 내셨는가?(26:8) -

14. 28장은 무엇의 선포인지 맞는 것에 O표 - 1~14절 (복, 저주), 2) 15~68절 (복, 저주).

15. 여호와께서 우리에게 선택하라고 두신 것 4가지는?(30:19~20) -

16. 율법책은 누가 썼으며 어디 곁에 두라고 했는가?(31:24~26) -

17. 여수룬이란 누구를 가리키는 말인가?(32:15)

-

18. 모세가 죽기 전에 이스라엘 자손을 위하여 무엇을 했는가?(33:1) -

19. 모세는 ( )세에 죽었고 후계자는 ( )로서 ( )의 영이 충만하였다(34:5~9).

20. 〈신명기〉 끝에는 모세와 같은 누가 일어나지 못한다 하였는가?(34:10) -

역사서란 무엇인가?

1. 역사서에 대하여

기독교에서 통칭으로 사용하는 '역사서'를 기독교와 유대교가 서로 다르게 구분하고 있다.

(1) 기독교 : 율법서, 역사서, 시가서, 예언서, 네 가지로 구분할 때에 역사서에 속한다. 즉 오늘날 우리가 사용하고 있는 구약성경에서 '역사서'는 〈여호수아〉부터 〈에스더〉까지 12권을 일컫는 말이다. 신약성경의 역사서는 〈사도행전〉 한 권뿐이다.

(2) 유대교 : 토라(율법서), 네비임(예언서), 케투빔(성문서)으로 구분하여서 기독교에서 역사서로 구분하는 것들이 예언서와 성문서에 들어가 있다.

* 예언서 : 〈여호수아〉, 〈사사기〉, 〈사무엘〉, 〈열왕기〉는 역사서가 아닌 예언서로 구분한다.
* 성문서 : (오축)-〈룻기〉, 〈에스더〉
  (역사)-〈에스라〉, 〈느헤미야〉, 〈역대기〉 등

유대인들은 역사서라는 개념이 없고 우리가 '역사서'라고 부르는 것

중에서 〈여호수아〉, 〈사사기〉, 〈사무엘〉, 〈열왕기〉를 '전기 예언서'라 하고, 〈룻기〉, 〈역대기〉, 〈에스더〉는 '성문서'라고 한다. 그 이유는 단순한 역사가 아니라 하나님께서 직접 관여한 예언적인 역사이기 때문이다(유대인의 예언서나 성문서 전체 책 이름은 22쪽 '구약성경 책들의 배열 비교'를 보라).

2. 신명기적 역사서와 역대기적 역사서

역사서를 더 큰 관점에서 본다면 율법서(모세5경), 신명기적 역사서, 역대기적 역사서로 나눌 수 있다('율법서'는 모세오경으로서 33쪽 '율법서란 무엇인가' 참고).

(1) 신명기적 역사서 : 1943년 독일의 마르틴 노트(Martin Noth)에 의하여 제기된 학설로 신학계에서 별 이견 없이 수용되었다. 앞에서 말한 '전기 예언서'에 해당되며, 신명기적 사관으로 〈여호수아〉, 〈사사기〉, 〈사무엘〉, 〈열왕기〉를 기록했을 것이라는 데서 기인한 말이다(〈룻기〉는 성문서). 여기에서는 다음과 같은 기록이 있다.

① 예배처소의 단일화(예루살렘)

② 유일신 하나님 경배

③ 이방 풍속 거부 및 이방인과 혼인 · 교류 금지

④ 하나님과 이스라엘과의 관계를 조건부 언약관계로 이해(순종하면 복, 불순종하면 저주)

(2) 역대기적 역사서 : 〈역대기〉, 〈에스라〉, 〈느헤미야〉를 일컫는 말이다(〈에스더〉는 성문서에 속한다). 신명기적 역사서는 모세오경에서 이어지는 관계에 있으나, 역대기적 역사서는 다시 한 번 아담부터 거슬러 올라간다. 또 뒷부분도 신명기적 역사의 마지막 부분보다 더 후대의 일을 기록하고 있다. 여기에서는 다음과 같은 기록이 있다.

① 아담부터 이스라엘의 몰락, 국가 재건까지 기록

② 남국 유다 중심으로 기록

③ 다윗과 솔로몬의 성전 중심의 치적 강조

④ 다윗(삼하 11장)과 솔로몬의 문제점(왕상 11장)은 기록하지 않음

⑤ 레위인들의 위상 정립을 중심

⑥ 다윗 왕조 회복을 기대하며 족보 강조

3. 역사서의 상하권에 대하여

현대의 성경들은 대부분 〈사무엘〉, 〈열왕기〉, 〈역대기〉가 상하 두 권으로 나누어져 있으나 히브리어 원전에는 한 권으로 되어 있었다. 특히 〈역대기〉는 성문서의 맨 마지막에 배치하여 〈에스라〉, 〈느헤미야〉와 한 권이었다.

주전 3세기경 흩어진 유대인을 위해 당시의 통용어였던 헬라어로 구약성경을 번역했는데, 이때 분량이 너무 많으므로 상하로 나누었다. 이 헬라어 번역 구약성경을《칠십인역: LXX》이라고 하는데, 12지파에서 6명씩 모두 72명이 함께 번역 작업에 참여했다는 데서 그 이름이 기인한다. 신약성경의 구약 인용은《칠십인역》에서 왔다.

책 이름도 〈사무엘〉은 '왕국기(Book of the kingdom)' 1, 2이고, 〈열왕기〉는 '왕국기' 3, 4였다. 그런데 제롬의 불가타역(Latin Vulgate)에서 왕국기 1, 2는 〈사무엘상, 하〉로 왕국기 3, 4는 〈열왕기상, 하〉로 불렸다. 히브리어 성경도 주후 1517년부터 다니엘 봄버그(Daniel Bomberg)가 히브리어 성경을 개정하여 〈사무엘〉, 〈열왕기〉, 〈역대기〉를 각각 상하 두 권씩 나누어 지금까지 이르고 있다. 〈역대기〉는 히브리어 성경 이름이 〈다브레 하야밈〉으로 '그때의 그 사건들'이라는 의미로 우리 식으로는 '역대기'라 부르고 있다.

그러므로 상권 · 하권에 특별한 구분과 의미를 부여할 필요가 없이 한 권으로 보면서 성경을 통독하면 그 흐름의 맥을 더 잡기 쉽다.

4. 역사서와 시대적 배경

역사서는 이스라엘의 가나안 정복, 사사시대, 왕정시대, 바벨론 포로와 귀환시대가 나온다.

모세가 죽은 후에 이스라엘 백성이 여호수아의 인도로 약속의 땅 가나안을 정복하고(그 시기는 ① 주전 15세기 중반, ② 주전 13세기 초, 두 가지 설이 있다) 땅을 분배한다(《여호수아》). 사사들이 통치하는 지파동맹체(Amphictyony)로 운영되다가(《사사기》, 〈룻기〉), 위대한 사사요, 제사장인 사무엘의 등장과 백성들의 왕의 요구로 사울이 왕으로 세움 받고 통일 왕국을 세운다(《사무엘상》).

그리고 위대한 왕 다윗의 통치는 신정정치의 대리인 역할을 감당한다(삼하, 대상). 지혜의 왕 솔로몬이 통일왕국 3대 왕이 되었으나 백성들에 대한 강제 노역과 이방신을 섬김으로 남북 왕국으로 분국되고(왕상 12장), 여러 왕들이 통치하다가 북국 이스라엘은 19대 왕 호세아 때에 앗수르 제국에게 멸망되고(주전 721년, 왕하 17장), 남국 유다는 계속 유대 족속이 통치했으며 20대 왕 시드기야 때에 바벨론 제국에게 멸망되어 바벨론 포로가 된다(주전 587년, 왕하 25장, 대하 36장).

예레미야의 예언처럼(렘 25장) 바벨론 제국을 무찌른 바사의 고레스 왕의 해방령으로 스룹바벨의 인도로 귀환하여(주전 538년, 스 1장) 성전을 재건한다(주전 515년). 1차 귀환 후 80년 후에는 에스라의 인도로 2차 귀환하여(주전 458년, 스 7장) 율법을 재건하고, 그 후에 느헤미야가 3차로 귀환하여 성벽을 재건한다(주전 445년, 느헤미야). 〈에스더〉는 〈에스라〉 6장과 7장 사이의 시기에 일어난 일이다.

예언자들은 주로 왕정 시대에 활동했으며 일부는 바벨론 포로 중(《에스겔》, 〈다니엘〉)이나 후(《학개》, 〈스가랴〉, 〈말라기〉 등)에 예언하였다. 이후의 역사는 예수님 오시기 전까지의 약 400년간을 '중간시대'라 한다(중간시대에 대해서는《성경핵심전과 2》를 보라).

여호수아 | 역사서 |

Joshua

제목에 대한 해설

기독교는 본서를 역사서로 분류하지만 히브리어 성경에서는 전기 예언서에 속한다. 본서의 제목은 중심인물을 따라 〈여호수아〉라 불린다. 히브리어를 보면 여호수아라는 말은 여호수아(신 3:21), 호세아(민 13:8), 여호수아(수 1:1, 신 3:21과 히브리어는 다름), 예수아(느 8:17) 이렇게 네 가지로 표현된다. 《칠십인역》에서는 '예수스 나우스', 즉 '눈의 아들 여호수아'로 표현되며 후대의 라틴 불가타역이나 영어역들은 '여호수아'라 하였고 한글 성경도 이를 따랐다.

저자 및 저작 연대

여호수아가 일부를 기록하고, 그 후 본서의 사건을 목격한 사람들에 의해 완성되었으며, 통일 왕국이 설립되기 전인 주전 11세기 이전에 기록되었다고 본다.

현대 학자들은 여호수아로부터 전승되어 온 것을 주전 950년경부터 여러 사람이 포로 후기까지 기록한 것으로 본다.

구조 및 주요 내용

크게 세 부분으로 나뉜다.

첫 번째, 1~12장에는 가나안 정복 전쟁이 나온다.

두 번째, 13~21장에는 지파들 간 땅의 분배와(13~19장), 도피성 설치, 레위인 거주지(20~21장)가 나온다.

세 번째, 22~24장에는 요단 동쪽으로의 귀향과 여호수아의 고별사 및 세겜 계약이 나온다.

역사적 배경

이스라엘이 가나안에 입주할 당시, 북부의 메소포타미아나 남부의 애굽 모두 강력한 힘을 지닌 통치 체제를 갖지 못하고 있었다. 따라서 가나안에 영향력을 행사하지 못했고, 이 틈에 이스라엘보다 조금 앞선 시대에 바다의 사람(해적)이라 불리는 블레셋이 해안을 중심으로 정착했고, 중심부에는 군소 도시 국가들이 작은 왕국을 이루고 있었다. 바로 이러한 때에 이스라엘이 가나안을 정복해 들어갔던 것이다.

교훈과 메시지

(1) 〈여호수아〉의 '거룩한 전쟁'

모든 전쟁은 여호와께 속한 것으로 하나님의 명령과 그 지시에 순종하면 승리할 수 있고 불순종하면 패배할 수밖에 없다는 것이 거룩한 전쟁(Holy War)의 의미이다. 예를 들어 여리고 점령의 승리(7장)와 아이 성 공격의 실패(7장)를 들 수 있다.

(2) 여리고 성 점령과 기생 라합의 구원(6장)

이스라엘은 요단을 건너 길갈에서 할례를 행하고 유월절을 지킨다. 그리고 여호와의 명령대로 여리고 성 주위를 칠 일간 돌아 성을 무너뜨려 정복한다. 이스라엘의 승리는 군사적 전술이 아니라 하나님께서 그들의 선조들과 언약한 땅을 주신다는 언약의 성취이며 전쟁의 승리는 여호와의 장중에 있음을 알게 한다.
여리고 성에서 기생 라합의 구원은 여호와의 구원이 혈연이나 민족성에 의한 것이 아니라 새로운 선택과 결단에 의해 가능함을 보여 준다. 이러한 구원은 예수 그리스도를 통한 구원의 도리를 제시한다.

(3) 기브온 족속과의 화친(9장)

기브온 족속은 이스라엘을 대항하여 싸우지 않고 변장을 하여 이스라엘을 속이고 화친을 맺는다. 화친 계약의 성립 문제는 비록 속아서 했다 하더라도 여호와의 이름으로 체결한 것이므로 파기할 수 없다는 인식을 한다. 이러한 족장들의 결정이 갖는 권위와 온 회중의 순종은 오늘의 교회에도 큰 교훈이 된다.

(4) 도피성과 레위 지파에게 나누어진 성읍들

20~21장을 보면 요단 동서쪽에 분산해 세워진 6개의 도피성은 레위 지파의 대사회 기능을 보게 된다. 하나님의 법으로 처리할 수 없는 상황에서 보호받아야 할 사람의 신변을 보호하고 하나님의 법이 부당하게 집행됨을 막음으로써 하나님의 법의 온당성을 지키는 것이다.
또한 각 지파에서 얻은 기업 내에서 레위인을 위해 48개의 성읍을 내어 주어 레위인들이 각지에 분포하여 살게 되므로 중앙집중식 제의가 발달하기 전 단계로 이들은 신앙적 예배 행위를 지파 단위로 진행해 나갈 수 있었다.

여호수아 1~5장

약속의 땅에 들어감 (중요구절 수 1:8)

1~12장은 가나안 정복 전쟁에 관한 기록이다. 모세의 뒤를 이은 여호수아는 백성의 지도자로서 하나님의 함께하심을 힘입어 가나안 정복 준비를 마치고(1장), 여리고에 두 정탐꾼을 보낸다(2장). 그리고 요단강을 건너 가나안에 첫발을 딛고(3장), 이를 기념하여 12돌을 기념비로 세우고(4장), 할례를 행한 후에 유월절을 지킨다(5장).

역사서

여호수아

1 **여호수아의 위임식**
강하고 담대하라
너와 함께 있을 것이라

2 **여리고 정탐**
붉은 줄을 매고 가족을 모으라

3 **요단강을 건너감**
제사장들이 언약궤를 메고

4 **기념비를 세움**
너희 자손들이 묻거든

5 **유월절을 지킴**
이스라엘 자손에게
할례를 행하라

1. 여호와의 종 모세를 이어 이스라엘의 지도자가 된 여호수아에게 하나님은 단순히 격려가 아니라 반석 같은 확신과 승리를 예견하신다. "내가 모세와 함께 있었던 것 같이 너와 함께 있을 것임이니라"(1:5)고 하심으로 '임마누엘의 하나님'이심을 보이신다. 모세와 함께하신 하나님은 여호수아, 베드로, 바울과 함께하심처럼 오늘 우리와 함께하신다(마 28:20). 애굽에 종으로 팔려간 요셉의 미래는 암담하였지만 "여호와께서 요셉과 함께 하시므로"(창 39:2, 21) 고난을 이겨나갈 수 있었다.
2. 하나님은 〈여호수아〉 1:3~6에서 무조건적인 약속 말씀을 하셨지만, 8절에 와서는 율법을 다 지켜 행해야(순종) 한다는 조건을 붙여 '형통하리라'고 했다. 즉 "이 율법책을 네 입에서 떠나지 말게 하며 주야로 그것을 묵상하여 그 안에 기록된 대로 다 지켜 행하라…… 네가 형통하리라"(1:8)는 말씀은 〈신명기〉의 언약 사상에 상응하는 것이다(신 28~32장). 율법이 입에서 떠나지 말게 하는 것은 묵상(읊조림, 시 119:15)하는 습관을 암시한다(신 17:18~19, 시 1:2).
3. 여호수아가 보낸 여리고 정탐꾼 두 사람을 숨겨준 기생 라합은 정탐꾼에게 "여호와께서 이 땅을 너희에게 주신 줄을 아노라…… 우리 목숨을 죽음에서 건져내라"(3:9, 13)고 부탁을 한다. 두 정탐꾼은 라합에게 "우리가 이 땅에 들어올 때에…… 창문에 이 붉은 줄을 메고"(15절)라 한다. 붉은 줄은 이스라엘이 알아보는 표시였지만 붉음은 유월절 밤에 이스라엘을 멸하는 자로부터 지켜 주었던 피를 상기시키며(출 12:22~23), 또한 예수님께서 갈보리에서 흘린 보혈을 상기시킨다(요 19:34).
4. 이스라엘이 요단을 마른 땅같이 건넘은 역사적인 큰 사건이다. 여호수

아는 열두 돌로 기념비를 세우고 이스라엘 자손들에게 "후일에 너희의 자손들이 그들의 아버지에게 묻기를 이 돌들은 무슨 뜻이니이까 하거든"(4:21)이라며 요단을 건넘의 의미가 현재뿐 아니라 미래지향적이라는 것을 말한다. 훗날 우리의 자녀들이 신앙적인 물음을 했을 때를 위해서라도 오늘의 삶이 신앙적이어야 한다.

더 살펴보기

1. 〈여호수아〉 내용

이스라엘 백성이 출애굽하여 시내 산 언약을 맺고 성막을 봉헌하고(〈출애굽기〉), 시내 산에서 하나님을 섬기는 법을 배우고(〈레위기〉), 광야를 지나(〈민수기〉) 가나안에 들어가기 전 모압 평지에서 모세의 마지막 설교를 듣는다(〈신명기〉). 모세의 후계자가 된 여호수아는 가나안을 정복하고 땅을 분배한다(〈여호수아〉).

내용 분해
1~12장(전반부) - 가나안 정복 전쟁
13~19장(후반부) - 가나안 땅의 분배
20~24장(첨부) - 여호수아 고별 설교

2. 율법서와 예언서의 연결 문제

기독교에서 일반적으로 말하고 있는 '역사서'는 실제 유대인들의 타나크(구약성경: 토라, 네비임, 케투빔의 첫 자) 중 '네비임(예언서)'에 속한다. 따라서 〈여호수아〉도 예언서 중 하나이다. 율법서 끝에 모세를 '선지자(예언자)'라 하여(신 34:10) 모세의 위대성을 보여 준 율법서와 이어지는 책인 예언서(기독교에서 '역사서'로 구분한 것들 대부분도 포함한다. 단 〈룻기〉, 〈역대기〉, 〈에스더〉는 '성문서'이다. 22쪽, '구약성경 책들의 배열 비교' 참고)에서도 모세의 정체성을 강조하는 의미가 있다. 즉 "이 율법책을 네 입에서 떠나지 말게 하며 주야로 그것을 묵상하여"(수 1:8)라고 하여 모세의 율법과 연결한다. 이러한 율법서와 예언서의 연결은 다시 '성문서'에서도 이어져 〈시편〉 1:1에 '여호와의 율법'을 먼저 말한다. 다시 말해 구약 전체에 모세라는 인물을 포진시켜 그가 하나님의 대리자임을 구약성경(타나크)에서는 보여 준다.

아모리인에 의해 세워진 돌기둥
요단을 건넌 이스라엘은 길갈에 12돌기둥을 세웠다(수 4:20). 야곱이 하나님을 만난 기념으로 돌기둥을 세우기도 했고(창 28:18~22, 참고-사 19:19), 죽은 자를 위한 기념비로 세워지기도 했다(왕하 23:17).

3. 여호수아의 이름과 신분에 대하여

(1) '여호수아'의 원래 이름은 '호세아'이다(민 13:8, 신 32:44). '여호수아'라는 말은 '구원'을 의미한다. 예수의 히브리식 형태가 여호수아이다. 예수님께서 '인류의 구원자'이시듯이 여호수아는 '이스라엘의 구원자'로서 살았다(포로 후 '여호수아'도 구원자 - 학 2:4, 슥 3:4).

(2) 여호수아의 이력은 다음과 같다.

① 모세의 수종자(출 24:13, 수 1:1)

② 아말렉과의 전쟁 때에 군대장관(출 17:9~10)

③ 모세가 바란 광야 가데스에서 보낸 열두 정탐꾼 중 갈렙과 함께 담대히 말한 자(민 14:16)

④ 모세의 후계자가 되어 이스라엘의 지도자로서 가나안 정복을 승리로 이끈 자(민 27:18~23, 수 1:1).

4. 할례는 어떤 의미가 있는가?(수 5:2~9)

애굽에서 나온 구세대는 죽었고 광야에서 새로 태어난 신세대는 할례를 받지 않았으므로 하나님은 길갈에서 할례를 행하도록 하였다. 할례란 오늘날의 포경수술 같은 것으로 이를 행함으로써 이스라엘 백성들은 하나님의 자녀라는 사실을 깨닫고 조상 아브라함과 맺은 언약의 할례를 자신들도 시행하므로 언약 아래의 백성임을 체험하게 되었다(창 17:9~14).

여호수아 6~12장

가나안 정복 전쟁 (중요구절 수 11:23)

본격적인 정복전쟁이 시작되었다. 여리고를 무너뜨리고(6장), 아간의 범죄로 아이 성 공격은 실패하나 문제를 해결하고(7장), 재도전으로 아이 성을 정복한다(8장). 자만해진 이스라엘은 여호와께 묻지 아니하고 기브온에 속아서 화친조약을 맺는다(9장). 하나님의 도움으로 아모리 연합군을 무찌른다. 남부의 왕들을 정복한 데 이어 북부의 왕들을 정복한다. 하솔의 연합군도 무찌르고(10장), 여리고를 정복한 이후 그 땅에 전쟁이 그쳤다(11장). 여호수아와 이스라엘은 31왕을 정복한 것이다(12장).

---

1. 여리고 성을 돌기만 해도 성이 무너진다니 믿어지는가?(6장) 그러나 하나님의 명령을 따라 무장한 자 → 나팔 부는 제사장 → 언약궤 → 후군(백성)으로 이어지는 여리고 성을 도는 의식은 일곱째 날 나팔 소리와 백성들의 함성에 의해 무너진다. 가장 미련한 것 같은 이 방법이 오늘도 그대로 적용되어 복음을 거부하는 집을 기도하며 돌았더니 복음으로 정복되었다.
2. 예기치 않던 기브온의 문제에 직면했을 때(9장), 이스라엘의 지도자들은 실패를 하고 만다. 근본 원인은 어디에 있었던가? "어떻게 할 지를 여호와께 묻지 아니하고"(9:14)에 있었다. 그들은 그동안의 승리로 자만해 있었다. "선 줄로 생각하는 자는 넘어질까 조심하라"(고전 10:12)고 하지 않았던가? 우리가 교회를 섬길 때도 많은 경험이 있다고, 능력이 있다고, 이성적인 판단이 앞서서 기도하지도 않고(여호와께 묻지 아니하고) 행하는 영적 무지함은 없어야 한다.
3. 정복전쟁에 관한 기록에서 "네 손에 넘겨 주었으니"라는 표현을 계속 보게 된다. 이스라엘의 승리는 여호와의 싸우심이지 그들 자신의 능력은 아니었다(10:14). 내 삶에 있어서도, 내 손에 승리도, 건강도, 물질도, 지혜도 하나님께서 붙여 주셔야 나의 것이 된다.
4. 아모리 연합군과의 전쟁 때에, 여호수아가 여호와께 아뢰었더니 이스라엘에게 승리를 주시기 위해 태양을 멈추셨다(10:12~14). 이 사건과 히스기야에게 징표로 보여 준 태양의 그림자가 10도 뒤로 물러간 사건(왕하 20:8~10)을 '미국의 NASA가 계산을 했다.'는 말을 하는데, 1997년에 NASA에서 "특정한 때에 시간이 비었다는 것을 계산하기란 원리적으로 불가능하다"고 공식적으로 부인했다. 성경은 과학 교과서가 아니므로 성경의 역사적 사건을 믿음으로 받아들이면 되지 굳이 과학적인 입증을 할 필요는 이차적인 문제일 뿐이다.

6
여리고 함락
크게 소리 질러 외치니

7
아이 성 정복 실패
나의 언약을 어겼으며

8
아이 성을 정복하다
이 성읍을 네 손에 주리라

9
기브온의 속임수
여호와께 묻지 아니하고

10
아모리 연합군 격파
태양아, 너는 머무르라

11
하솔, 북부지역 정복
그 땅에 전쟁이 그쳤더라

12
정복된 요단 동서의 왕들
쳐 죽인 왕이 도합 서른한 왕

뿔나팔 쇼파르(shofar)
이스라엘은 여리고를 돌며 일곱째 날 제사장이 나팔(쇼파르)을 불며 백성이 소리를 지를 때 여리고 성은 무너졌다(수 6장).

하솔의 유적(돌기둥과 그들의 신앙)
이스라엘은 요단을 건너 길갈에 열두 돌을 세워 기념과 증거로 삼았다(수 4:9, 20). 사진의 석비와 유물은 하솔의 이교신전에서 발굴되었는데 하솔은 고고학의 보고(寶庫)이다. 이곳의 거주자들은 여호수아와 그의 군대에 의하여 진멸되고 하솔은 불태워졌다(수 11:13~14).

더 살펴보기

1. 아간의 범죄와 가족의 죽음(수 7:24~26)

아간은 그의 가족뿐만 아니라 그의 소유물과 함께 아골 골짜기에서 죽임을 당했다(7:24~26). 아간의 범죄로 그의 가족이 함께 죽임을 당하는 것은 율법에 어긋나는 것이었다(신 24:16). 아마도 이스라엘 백성들의 무분별한 충동에 의해 그의 가족들까지 죽임을 당한 것으로 보인다. 아간은 돌에 맞은 뒤 불태워졌는데 이러한 사형법은 흔히 살인자나 배교자(신 13:5~10), 여호와의 이름을 모독한 자(레 24:10~16), 안식일을 범한 자에게 가해졌다(민 15:32~35).

2. 가나안 정복 지도를 보시오(부록에 있는 성경 지도 참고)

(1) 요단 저편에서 강한 나라로 알려졌으나 모세가 정복했던(민 21:21~35) 아모리 왕 시혼과 바산 왕 옥에 대한 사건은 여리고의 기생 라합에게까지 알려질 정도였다(수 2:10). 그 땅은 르우벤, 갓, 므낫세 반 지파에게 약속되어졌던 땅이다(민 31:33, 수 12:1~6).

(2) 기브온은 이스라엘이 여리고와 아이 성을 정복했다는 소식에 놀라 먼 지역에서 온 사신처럼 자신들을 꾸며 이스라엘을 속이고 언약을 맺으므로 생명을 보존한다(9장). 기브온의 위치는 1956~57년의 고고학적 발굴 결과로 현재의 예루살렘 북서쪽 약 9.6km 떨어진 엘 집(El-Jip)이라는 곳으로 밝혀졌다. 무너진 여리고와 기념비를 세운 길갈도 지도에서 눈여겨 두라.

(3) 여호수아와 이스라엘의 가나안 정복 순서는 중앙부(6~9장), 남부(10장), 북부(11장) 순서로 진행되어 모두 31왕을 정복한다(12:24). 전체적인 지도를 보며 성경을 잘 살펴보자.

3. 종려의 성읍, 여리고(수 6장)

(1) 여리고 성은 이스라엘에 의해 무너졌다(6장). 종려의 성읍(신 34:3, 삿

3:13)이라고도 불린 여리고는 주전 7천 년에 이미 성읍이 생겼을 정도의 고도(古都)이기도 하다. 몇 번이나 흥망을 되풀이한 여리고는 구약시대의 여리고, 신약시대의 여리고 및 비잔틴 시대의 여리고 등 세 곳에 그 유적을 남겼다.

(2) 옆의 단면도에서 보듯이 여러 층은 각 시대에 따라 형성된 것으로 거주층(생활층, 단층, 삶의 자리, 구상[丘狀]유적)으로 불리는 텔(Tell)이다. 가스탱은 흙벽 더미와 성벽의 그루터기를 '여호수아 앞에서 무너져 내린 성벽'이라 했고, 케년은 '부식 때문에 폐허가 된 여리고의 많은 흔적은 사라졌다.'며 안타까워했다.

여리고 발굴을 보여 주는 단면도 (수 6장)

여리고 발굴의 이 단면도는 존 가스탱(John Garstang, 리버풀대학교, 1930~1936에 발굴)에 이어 1562년에 여리고를 발굴한 케슬린 케년(Kathleen Kenyon, 런던대학교)이 작성하였다.

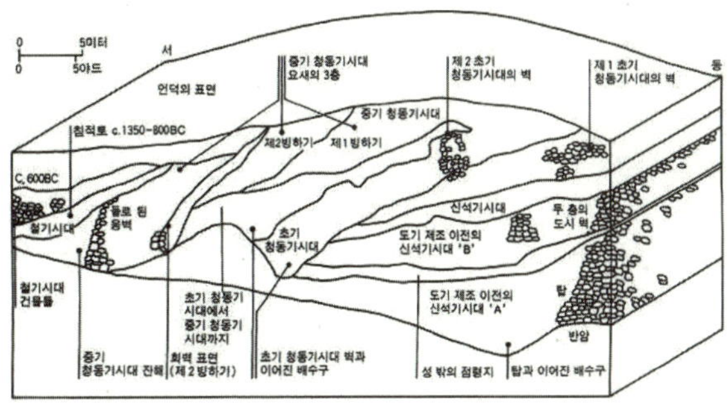

여호수아 13~18장

가나안 땅 분배 (중요구절 수 14:9)

앞부분의 정복전쟁에 이어 후반부 13~19장은 가나안 땅의 분배를, 첨부되는 20~24장은 여호수아의 고별 설교가 이어진다. 정복된 땅의 분배로 요단 동쪽에 이어(13장), 갈렙은 모세와 약속되었던 헤브론을 요구하여 얻는다(14장). 각 지파에게 요단 서쪽(가나안의 땅)이 분배된다. 유다 지파(15장), 에브라임 지파(16장), 므낫세 반 지파에게 땅이 분배되었다(17장). 그리고 실로에는 회막이 세워지므로 이스라엘 예배의 중심지가 된다. 베냐민 지파에게 땅이 분배된다(18장).

1. 여호와께서 여호수아에게 13:1~7을 말씀하실 때, 군대장관 같은 지도자로서의 임무는 끝났지만 정치적인 지도자로서 수행해야 할 일은 많이 남아 있었다. 아홉 지파 반에게 ① 불평 없이 땅을 분배하여 정착토록 하며, ② 그 땅에 남아 있는 원수들을 몰아내도록 격려하는 일이었다.
2. 땅을 차지하고 싶은가? 갈렙은 정복전쟁이 끝나가면서 과거 모세와 약속했던 땅을(민 13:22) 요구하고 아낙 자손의 땅 헤브론을 얻게 된다(14:6~15). 그는 "나와 함께 올라갔던 내 형제들은 백성의 간담을 녹게 하였으나 나는 내 하나님 여호와께 충성하였음"을 강조하고 있다(수

13
정복 못한 지역과 동쪽의 분배
르우벤, 갓, 므낫세 반에게

역사서
여호수아

14
요단 서쪽의 분배
이 산지를 내게 주소서

15
유다 지파 기업
헤브론을 갈렙에게

16
에브라임 지파 기업
요셉 자손이 제비 뽑은 것은 (16~17장)

17
므낫세 반 지파 기업
삼림이라도 네가 개척하라

18
베냐민 지파 기업
실로에 모여 회막을 세움

14:8). 〈민수기〉 13~14장에서 갈렙은 약속에 대한 용기 있는 태도, 즉 돌에 맞을 것도 각오하며 담대히 말한 그의 가나안 정복에 대한 확신은 믿음대로 이제 이루어졌다. "온유한 자는 복이 있나니 그들이 땅을 기업으로 받을 것임이요"(마 5:5)라고 예수님도 말씀하셨다.

3. 성경을 읽을 때에 땅 분배가 나온 본문에 알 수 없는 성읍과 촌락의 이름들, 발음도 어렵고 애매한 가족의 이름들, 지나치게 세부적인 땅의 경계들로 인해 지겨워 몸부림치며 '이것이 지금 내게 무슨 의미가 있을까?'라고 생각하는가? 그러나 이스라엘과 여호수아의 관점에서 보면 힘겹게 싸운 끝에 전쟁은 그치고 나팔소리와 함께 조상들에게 약속되었던 땅을 분배받을 때에 흥분되지 않겠는가? 그것이 내 땅의 분할이라면, 세세한 목록 하나인들 놓치겠는가?
4. 이스라엘은 가나안 땅을 분배하면서 "이스라엘 자손의 온 회중이 실로에 모여서 거기 회막을 세웠으며 그 땅은 그들 앞에서 돌아와 정복되었음"(18:1)은 희망적인 말씀이다. 아직 일곱 지파에게 땅 분배가 되지 않은 상태에서 먼저 신앙적인 기강을 세워 가나안 정복과 땅 분배가 하나님의 섭리임을 상기시킨다. 이처럼 무슨 일이든지 믿음으로 할 때에 가장 귀하다.

더 살펴보기

1. 블레셋은 누구인가?(수 13:2~3)

정복되지 못한 땅의 첫 번째로 "블레셋 사람의 모든 지역"을 소개하고 있다(13:2~3). 블레셋 사람은 주전 12세기 초 지중해의 그레데 섬(암 9:7) 방면에서 애굽으로 침입하려 했으나 애굽의 람세스 3세에 의해 격파되고 이스라엘보다 조금 앞선 시대에 연안지방에 정주하여 토착한 민족이다. 그 출신은 분명하지 않으나 바다의 사람(해적)이었던 것으로 추측한다. 그들은 후에 5개의 도시국가(펜타폴리스-다섯 성읍, 〈여호수아〉 13:3에 보면 가사, 아스돗, 아스글론, 가드, 에그론)로 형성됐고 그 영향력이 커서 늘 이스라엘에게 위협이 되었다(삿 13~16장, 삼상 4~17장, 삼상 31장).

2. 열두 지파와 분할된 땅(부록 지도 참고)

(1) 12지파에게 분할된 땅의 지도를 보라. 므낫세가 두 곳인 이유는 반(半, 1/2)지파씩 요단을 중심으로 동서로 나누어 땅을 받았기 때문이다.

(2) 이스라엘은 열두 지파로 형성되었다. 야곱의 열두 아들이 그 기원이 되며 그들의 출생은 〈창세기〉 29, 30, 35장에서 찾아볼 수 있다. 가나안에 있던 이들은 애굽으로 갔다가(창 46:27) 종살이를 거쳐 그 후손들이 출애굽 할 때에 더욱 강한 12지파 동맹이 된다. 이들은 광야에서 진을 칠 때 법궤를 중심해서 그 위치들이 선정되었고(민 3:2~31), 이스라엘이 진행할 때도 그 위치가 선정되었다(민 10:11~36).

(3) 야곱의 열두 아들의 이름대로 열두 지파가 형성되었다. 그중에 '레위'(수 13:14, 18:7, 21장)는 제사장과 성전 봉사를 위해 특별히 구분되어 수에는 빠졌음에도 11지파가 아닌 열두 지파가 된 것은 요셉 자손의 경우 '므낫세'와 '에브라임'의 두 지파로 나누어졌기 때문이다(수 14:4).

※ 자신의 성경에 열두 지파 이름이 기록된 곳을 찾아 색연필로 이름에 { } 표를 하라. 그리고 부록 '성경 지도'에서 각 지파의 위치를 확인하라.

3. 열두 지파와 그 기업(基業, 수 13~19장)

(1) 열두 지파 중에 ① 므낫세 반 지파(13:29)와 ② 르우벤(13:15), ③ 갓(13:24)은 요단 동쪽(강 건너편)을 기업으로 받았고, ④ 유다(15:1), 요셉 자손의 ⑤ 에브라임(16:5), 므낫세 반(17:1), ⑥ 베냐민(18:11), ⑦ 시므온(19:1), ⑧ 스불론(19:10), ⑨ 잇사갈(19:17), ⑩ 아셀(19:24), ⑪ 납달리(19:32), ⑫ 단(19:40)은 요단 서쪽(가나안 땅)을 받았다.

(2) 기업은 '企業'이 아닌 '基業'으로서 상속, 유업, 분깃, 몫, 후사의 뜻이 있다. 가나안 땅을 기업으로 받은 것은 정복으로 받은 것이 아니라 신앙적으로 하나님의 은혜로 받은 것이다. 즉 하나님은 당신의 복을 온 세상에 미치게 하기 위하여 그 터(基)로서 먼저 자기 백성을 택하시고 이들에게 살아갈 토지와 그에 따른 모든 복을 주셨다(신 4:21, 38:9, 26,

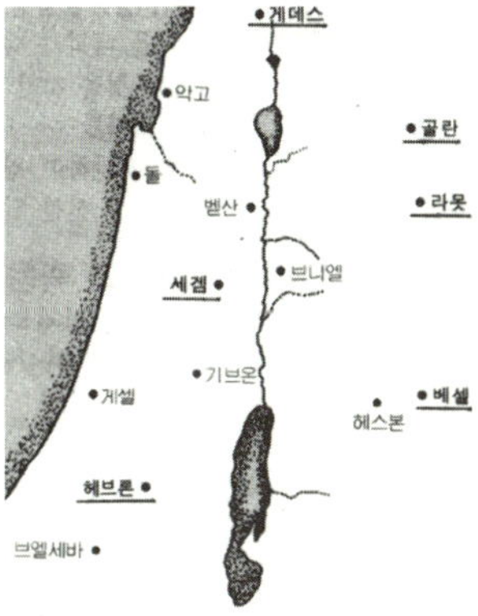

도피성의 위치(수 20장)
도피성은 요단 동서쪽에 각각 세 성읍을 정하여 부지 중 살인자들을 피하게 했다.

시 105:11).

여호수아 19~24장

여호수아의 고별 설교(중요구절 수 24:16)

나머지 여섯 지파에게 땅을 분할하므로 일단 땅 분배는 끝난다(19장). 땅 분배가 끝난 후 이어서 부지중에 살인자를 위한 도피성을 정하고(20장), 레위인을 위한 성읍도 정한다(21장). 요단의 동쪽에 정착하기로 했던 두 지파 반이 그들의 소유지인 강 건너편으로 가서 보기에 큰 제단을 쌓는다. 이 증거의 제단이 강 서쪽에 있던 지파들에게 우상숭배의 표로 오해되었으나 여호수아가 신속히 대처하므로 동족 간의 전쟁을 방지한다(22장). 여호수아는 생애를 마치며 고별설교를 통하여 우상숭배하지 말고(23장), 오직 여호와만 섬길 것을 강조한다(24장).

19
여섯 지파의 기업
시, 스, 잇, 아, 납, 단 지파

20
도피성을 정함
실수로 사람을 죽인 자를 도망하게

21
레위 지파의 성읍
마흔여덟 성읍과 그 목초지

22
오해 받은 제단
그 제단을 엣이라 불렀으니

23
여호수아의 유언
나이 많아 늙은지라

24
여호수아의 유언과 죽음
너희가 섬길 자를 오늘 택하라

1. "시므온 자손의 이 기업은 유다 자손의 기업 중에서 취하였으니 이는 유다 자손의 분깃이 자기들에게 너무 많으므로 시므온 자손이 자기의 기업을 그들의 기업 중에서 받음이었더라"(수 19:9)는 것은 평균하게 하는 정신이 있으며 그래야 땅을 잘 관리할 수 있기 때문이다. 우리도 땅 많다고 자랑하지 말고 믿음으로 관리하는 것이 중요하며 하나님 위해 크게 헌신하는 것도 큰 은혜이다.
2. 도피성(민 35장, 신 19장 참고)은 "부지중에 실수로 사람을 죽인 자를 그리로 도망하게 하라 이는 너희를 위해 피의 보복자를 피할 곳"(20:3)이며 인권적인 의미가 있다. 율법에서는 고의적인 살인과 과실에 의한 살인을 구분하여 형벌이 주어졌다(민 35:9~24). 도피성의 영적 의미는 자신의 행위로는 죽을 수밖에 없지만 십자가에 달려 죽으신 그리스도의 은혜로 구원을 얻는다는 사실을 보여 준다(행 15:11, 롬 3:24, 5:15, 11:6, 엡 2:5, 딛 2:11, 3:7).
3. 여호수아는 그의 마지막 설교에서 우상을 버리고 하나님만 섬기도록 호소한다(수 24장). 결국 그들을 이끌어 냈고, 홍해를 건너게 하고, 요단을 멈추게 하고, 여리고 성을 무너뜨리고, 가나안 군대를 도주하게 하시는 하나님을 제시하며 "너희가 섬길 자를 오늘 택하라"(수 24:15)며 결

단을 촉구한다. 여호수아는 "오직 나와 내 집은 여호와를 섬기겠노라"(수 24:15)며 자신의 신앙을 고백한다. 재물, 학식, 취미, 가문, 친구 등도 한없이 좋지만 때에 따라서 신앙을 혼란스럽게 하고 있지는 않은지!

4. 모세를 이어 이스라엘을 가나안으로 인도하고 정복 전쟁을 통하여 땅을 분배하는 일을 마친 여호수아는 세겜 언약(24장)에 앞서 고별 설교를 한다(23장). "나는 오늘 온 세상이 가는 길로 가려니와…… 선한 말씀이 하나도 틀리지 아니하고"(23:14)라 하여 인간의 보편적 운명과 말씀의 성취를 가르친다.

더 살펴보기

1. 레위 지파의 자손(그핫, 게르손, 므라리) 계보(수 21:4~7)

레위는 야곱과 레아 사이에서 태어난 셋째 아들로서 레위 지파의 조상이 되었다(창 29:34, 35:23, 출 1:2, 대상 2:1 그리고 다음을 참고하라. 출 6:16~25, 민 3:17~20). 이들은 세 자손(고핫, 게르손, 므라리)으로 나뉘었고, 특별히 성전 봉사를 위해 부름을 받았다.

2. 여호수아의 지도력(수 24:31)

여호수아는 "모세의 수종자"(수 1:1)로 자신의 임무를 시작하여 이제는 "여호와의 종"(24:29)으로 이스라엘의 지도자의 대열에 들어선다(모세나 다윗 같이 여호수아도 훗날 인정을 받는다). "이스라엘이 여호수아가 사는 날 동안과 여호수아 뒤에 생존한 장로들 곧 여호와께서 이스라엘을 위하여 행하신 모든 일을 아는 자들이 사는 날 동안 여호와를 섬겼더라"(24:31)는 말은 여호수아의 경건한 지도력의 영향을 보여 준다. 그러나 그가 지도자를 훈련시키지 못한 결과는 여호수아가 죽은 뒤에 사사시대라는 혼란기의 초석이 된다. 오늘날도 다음 세대를 이끌 지도자를 양성하지 않으면 혼란이 오고 만다.

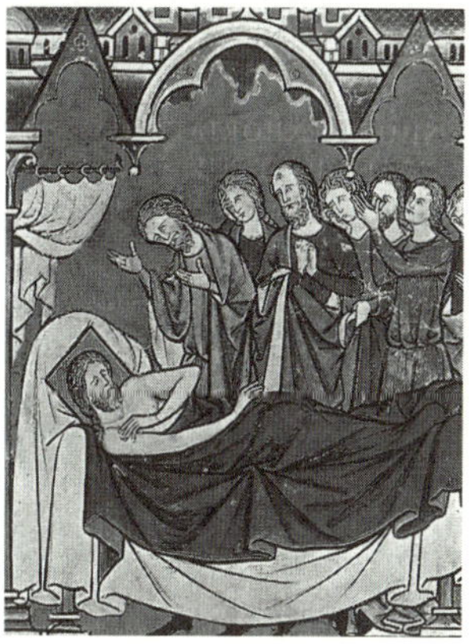

여호수아의 죽음(수 24:29)
여호수아는 이스라엘의 가나안 정복과 땅 분배를 마치고 127세에 죽는다. 그림은 여호수아의 장례 모습으로 배경에 성도(聖都)의 모습이 정복자를 상징하기도 한다.

역사서

여호수아

3. 이스라엘의 언약 체결(수 24:25~27)

여호수아는 백성에게 '여호와를 섬기라.'고 강조했고 백성들은 순응한다(24:14~24). 여호수아는 백성의 대표자로서 하나님과 언약을 맺음으로 절정에 이른다(24:25~27). "큰 돌을…… 세우고"는 장래 백성들에게 그들이 넘겨받은 의무를 생각나게 할 것이다. 이는 백성이 정기적으로 이 자리에 언약 갱신 행사를 하러 모인다는 것을 전제한다. 어떠한 "율례와 법도"가 언약 체결의 밑바탕을 이루는지는 언급되지 않았다(그 성격상 〈출애굽기〉 21~24장이나 34:10~28에 나오는 규정을 생각할 수 있다). "율법책"에는 율례와 법도를 기록해 둘 뿐 아니라 언약 체결의 과정('이 모든 말씀' 〈신명기〉 26:16~9의 비슷한 과정)도 적어둔다.

4. 요셉의 뼈를 세겜에 장사(수 24:32)

이것은 요셉의 유언이 400여 년 만에 실현된 것이다. 요셉이 애굽에서 죽으며 자기의 해골을 가나안으로 가져가도록 유언했고(창 50:25), 그 후 이스라엘 백성이 종살이를 거쳐 까마득한 후손인 모세가 출애굽할 때 요셉의 유골을 가지고 나왔으며(출 13:19), 이것을 여호수아 시대에 이스라엘 백성들이 가나안 땅 세겜에 장사한 것이다(24:32, 창50장 참고).

(창 50:25) 요셉이 또 이스라엘 자손에게 맹세시켜 이르기를 하나님이 반드시 당신들을 돌보시리니 당신들은 여기서 내 해골을 메고 올라가겠다 하라 하였더라

(출 13:19) 모세가 요셉의 유골을 가졌으니 이는 요셉이 이스라엘 자손으로 단단히 맹세하게 하여 이르기를 하나님이 반드시 너희를 찾아오시리니 너희는 내 유골을 여기서 가지고 나가라 하였음이더라

(수 24:32) 또 이스라엘 자손이 애굽에서 가져 온 요셉의 뼈를 세겜에 장사하였으니 이곳은 야곱이 백 크시타를 주고 세겜의 아버지 하몰의 자손들에게서 산 밭이라 그것이 요셉 자손의 기업이 되었더라.

B I B L E

성경 질문지

여호수아 1~5장 약속의 땅에 들어감

제1장 [여호수아의 위임식]
다음 물음에 답하시오.

1. 다음에서 여호수아에 대해 맞는 것에는 O표, 틀린 것에는 X표 하시오.
   1) 모세가 죽은 후에 후계자가 되었다(수 1:1, 신 34:9). - (　　　)
   2) 모세의 아들이었다(수 1:1, 출 24:13). - (　　　)
   3) 모세의 수종자이었다(수 1:1, 출 24:13). - (　　　)
   4) 하나님은 여호수아와 '함께하겠다'고 약속하셨다(5, 9절). - (　　　)
   5) 백성들은 모세를 순종하던 것과는 다르게 여호수아에게 순종하겠다고 했다(17절). - (　　　)

2. "강하고 담대하라"는 말이 1장에 (　　　번) 나오며, 어느 절에 나오는 지를 쓰시오.
   -

3. 여호수아가 백성의 관리들에게 양식을 준비시킨 이유는 무엇인가?(10~11)
   -

4. 모세가 〈민수기〉 32장에서 한 약속을 여호수아가 지키고자 한 말은 〈여호수아〉 1장 몇 절에 나오는가? (수 1:　~　　　)

제2장 [여리고 정탐]
다음 물음에 대한 답의 번호에 O표 하시오.

1. 여호수아는 (　　　)에서 정탐꾼을 (　　　) 사람 보냈고, 그들은 (　　　)성의 기생 (　　　)의 집에 숨었다. - (　　　) 안에 들어갈 말로 잘 짝지어 진 것은?
   1) 여리고, 두, 싯딤, 라합
   2) 싯딤, 열두, 여리고, 라헬
   3) 싯딤, 두, 여리고, 라합
   4) 여리고, 열두, 싯딤, 라헬

2. 라합이 정탐꾼들에게 고백한 말과 거리가 먼 것은?
   1) 여호와께서 이 땅을 너희에게 주신 줄 아노라.
   2) 산으로 가 사흘을 숨었다가 너희의 길을 가라.
   3) 너희가 애굽에서 나올 때 여호와께서 홍해 물을 마르게 하신 것을 들었다.
   4) 너희를 선대하였으니 너희도 내 아버지의 집을 선대하여 목숨을 죽음에서 건져내라.

3. 라합의 집을 나타내는 것으로 창문에 매기로 한 것은?
   1) 붉은 옷　　2) 노란 줄
   3) 붉은 줄　　4) 파란 옷

제3장 [요단강을 건너다]
다음 (　　) 안에 알맞은 말을 넣어 성구를 완성하시오.

1. 백성에게 너희는 자신을 (　　　　)하라. 여호와께서 내일 너희 가운데에 (　　　　)를 행하시리라. - (　　　절)

2. 살아계신 하나님이 너희 가운데에 계시사 (

) 족속과 (　　　) 족속과 (　　　) 족속과 (　　　) 족속과 (　　　) 족속과 (　　　) 족속과 (　　　) 족속을 너희 앞에서 반드시 (　　　) 줄을 이것으로서 너희가 알리라. - (　　　절)

3. 궤를 멘 자들이 요단에 이르며 궤를 멘 (　　　) 들의 발이 물가에 잠기자 …… 흘러가는 물은 온전히 (　　　) 백성이 (　　　) 앞으로 바로 건널 새 - (~ 절)

역사서 여호수아

제4장 [기념비를 세우다]
다음 물음에 간단히 답하시오.

1. 열두 사람을 택할 때의 기준은 무엇인가?(1~3)
   -

2. 열두 돌을 기념비로 세운 뜻은 무엇인가?(4~8)
   -

3. 모세가 이른 것같이 무장하고 먼저 건넌 지파와 그 숫자는?(9~14) -

4. 여호와께서 여호수아를 크게 하신 결과는?(14)
   -

5. '요단 강물'을 마르게 하시고 건너게 하신 것이, '홍해'를 말리시고 건너게 하심과 같이 하신 두 가지 이유는?(15~24절 읽고 답은 24절에서)
   1) 땅의 모든 백성에게~
   2) 너희가 너희의 하나님 여호와를~

제5장 [유월절을 지킴]
서로 관계 있는 말씀을 연결하시오.

1. 아모리, 가나안 왕 • 　　• 가) • 　　• a)
2. 할례를 행하라 • 　　• 나) • 　　• b)
3. 여리고 평지 • 　　• 다) • 　　• c)
4. 만나가 그침 • 　　• 라) • 　　• d)
5. 여호와의 군대장관 • 　　• 마) • 　　• e)

가) 부싯돌로 칼을 만듦
나) 유월절 지킴
다) 칼을 빼어 손에 든 사람
라) 요단 강물 말리고 건넘을 들음
마) 그 땅 소산물 먹은 다음 날

a) 그 달 십사 일
b) 가나안 땅의 소출을 먹음
c) 네 발에서 신을 벗으라
d) 광야 진중에서 난 자에게
e) 마음이 녹고 정신을 잃음

여호수아 6~12장 가나안 정복 전쟁

제6장 [여리고성의 함락]
다음은 누가 한 말이거나 행동인지를 보기에서 찾아 쓰시오.

보기 여호수아 / 여호와 / 백성들
정탐한 젊은이들 / 일곱 제사장

1. 내가 여리고와 그 왕과 용사들을 네 손에 넘겨주었다. -

2. 일곱 양각 나팔을 잡고 여호와 궤 앞에서 진행하며 나팔을 불었다. -

3. 너희는 외치지 말며 너희 음성을 들리게 하지 말며 너희 입에서 아무 말도 내지 말라. -

4. 이 성과 모든 물건은 여호와께 바치되 기생 라합과 그 집에 동거하는 자는 살리라. -

5. 나팔 소리를 듣는 동시에 크게 소리 질러 외치니 성벽이 무너졌다. -

6. 라합과 그 부모와 다 이끌어 내어 이스라엘 진 밖에 두었다. -

7. 여리고성을 건축하는 자는 저주를 받아, 기초 쌓을 때에 맏아들을 잃을 것이다.-

제7장 [아이성 정복의 실패]
다음 물음에 맞는 답의 번호에 O표 하거나(1~2) 묻는 말에 답하시오(3~6).

1. 아간의 행위는 6장 몇 절 말씀에 순종하지 않은 것인가?
   1) 10절 2) 18절
   3) 21절 4) 24절

2. 정탐꾼들이 제안한 수, 여호수아가 보낸 수, 아이성 사람들에게 죽은 수로 맞게 짝지은 것은?
   1) 삼천, 삼천, 삼십 육
   2) 이삼천, 삼천, 사십육
   3) 이삼천, 삼천, 삼십 육

3. 여호와께서 여호수아에게 전쟁에 진 이유가 무엇이라고 하셨나?
   -

4. 아간의 족보를 연결하시오.
   (지파→ 족속→삽디→ →아간)

5. 아간이 노략한 물건은 무엇인가? -

6. 온 이스라엘이 1) 어디로 가서 2) 아간과 그에게 속한 것을 어떻게 했나?
   1)
   2)

제8장 [두 번째 아이성 공격]
다음 각 항에서 틀린 한 곳에 찾아 맞게 고치시오.

1. 여리고에서 했던 것처럼 아이와 왕에게 행하고, 탈취할 물건과 가축은 여호와께 바쳐라.
   →

2. 삼만 명 가량이 벧엘과 아이 사이에 매복하고 나머지는 아이를 유인한 후 성을 정복했다.
   →

3. 이스라엘이 광야로 유인된 아이 주민과 성내에서 죽인 남녀가 이만 이천 명이었다.
   →

4. 여호와를 위하여 에발 산에 한 제단을 쌓았는데 쇠연장으로 다듬은 새 돌로 만든 제단이다.
   →

제9장 [기브온에게 속은 이스라엘]
다음 각 항의 지시를 따라 답하시오.

1. 여호수아와 이스라엘로 더불어 싸우려 한 사람들에게 O표, 아닌 것은 X표 하시오.
   1) 가나안 ( ) 2) 아모리 ( )
   3) 여리고 ( ) 4) 헷 ( )
   5) 기브온 ( ) 6) 히위 ( )
   7) 아이 ( )

2. 기브온 사람들이 거짓으로 꾸민 것에는 O표, 아닌 것에는 X표 하시오.
   1) 전대( ) 2) 부대( )
   3) 보자( ) 4) 옷( )
   5) 기운 신( ) 6) 생선( )
   7) 아이( )

3. 기브온 주민들에게 속아서 언약을 맺은 이스라엘 실수의 근본 원인은?(14절)
   -

4. 기브온 주민들은 저주를 받아 무엇이 되었나?(23절)
   -

제10장 [아모리 연합군 격파]
다음 물음에 답하시오.

1. 아모리 연합군 다섯 왕의 나라(도시국가) 이름을 쓰시오.(1~5)
   -

2. 아모리 사람과의 전쟁에서 여호와께서 자연을 이용해서 이스라엘을 도운 두 가지 일은?(6~14)
   -

3. 여호수아가 싸운 왕들이 누구인지 그 성읍 이름을 모두 쓰시오(28~39절 내에서만).
   -

역사서 여호수아

4. 여호수아가 모든 왕과 그 땅을 단번에 빼앗을 수 있었던 이유는?(40~43)

-

제11장 [북부 지역 정복]
다음에서 물음에 해당되는 답의 번호에 O표 하시오.

1. 하솔 연합군과 싸움에서 이스라엘의 전략이 아닌 것은? (1~9)
   1) 갑자기 습격
   2) 바다에 몰살시킴
   3) 말 뒷발의 힘줄을 끊음
   4) 병거를 불사름

2. 하솔과의 전쟁과 관계해서 틀린 것은?(10~15)
   1) 하솔을 취하고 왕을 쳐죽임
   2) 여호와께서 모세에게, 모세는 여호수아에게 명한 대로 행함
   3) 재물과 가축은 탈취하고 사람은 모두 죽임
   4) 하솔과 산 위의 성읍들을 불사름

3. 이스라엘과 화친을 맺은 사람들은?
   1) 기브온 주민, 레바논 사람
   2) 가사, 가드, 아스돗 사람
   3) 기브온 주민, 히위 사람

4. 전쟁이 끝났을 때 아낙 사람이 약간 남아 있었던 지역이 아닌 곳은?
   1) 이스라엘　　2) 가드
   3) 가사　　4) 아스돗

제12장 [정복한 요단 동 · 서쪽의 왕들]
다음에서 물음에 답하시오.

1. 요단 저편(요단강을 중심으로 동쪽)과 요단 이편(서쪽 즉 가나안)의 정복은 각각 누가 했나?
   저편 -
   이편 -

2. 요단 저편은 어디에서 어디까지인가?
   -

3. 요단 이편은 어디에서 어디까지인가?
   -

4. 모세가 정복한 왕에게는 '모세', 여호수아가 정복한 왕에게는 '여호수아'라고 쓰시오.
   1) 예루살렘 왕 -　　2) 하솔 왕 -
   3) 바산 왕 옥 -　　4) 여리고 왕 -
   5) 아모리 왕 시혼 -　　6) 게셀 왕 -

5. 요단 저편(가나안 동쪽)의 땅을 차지한 지파는?
   -

6. 여호수아와 이스라엘 자손이 가나안 땅에서 쳐서 멸한 왕은 모두 몇인가?
   - (　　　왕)

여호수아 13~18장 가나안 땅 분배

제13장 [정복 못한 지역과 요단 동쪽의 분배]
다음 서로 관계 있는 것끼리 연결하시오.

1. 여호수아는 나이 많아 늙었다 •　　• 가)
2. 여호와께서 여호수아에게 •　　• 나)
3. 므낫세 반, 르우벤, 갓 지파 •　　• 다)
4. 레위 지파에게는 •　　• 라)
5. 르우벤 자손의 지파에게 •　　• 마)
6. 갓 지파 자손에게 •　　• 바)
7. 므낫세 반 지파에게 •　　• 사)

가) 이스라엘 하나님께 드리는 화제물이 기업
나) 정복되지 않은 땅도 분배하라
다) 얻을 땅의 남은 것은 매우 많았다
라) 요단 동쪽에서 그 기업을 모세에게 받았다
마) 마하나임에서부터 바산 왕 옥의 온 나라와
바) 헤스본 왕 시혼의 나라의 남은 땅 요단과
사) 아로엘에서부터 골짜기 가운데 있는 성읍과

제14장 [요단 서쪽의 분배]
다음에서 물음에 답하시오.

1. 이스라엘 자손이 가나안 땅을 분배한 일을 한 사람들은? -

2. 이스라엘이 열 두 지파인데 가나안에서의 분배는 왜 아홉 지파 반에게만 주었는가?
-

3. 다음 갈렙에 관한 말 중에서 틀린 곳에 -줄을 긋고 바르게 고치시오.
   1) 사십 세 때에 가나안을 정복한 일로 인해 모세에게 땅 약속을 받았다.
   →
   2) 땅 분배 때에 그의 나이 팔십 세였다.
   →
   3) 그가 요구한 성읍에는 아모리 사람이 있었으나 쫓아내리라는 신앙이 있었다.
   →
   4) 헤브론, 즉 기럇 아르바를 얻은 갈렙은 그니스의 아들이었다.
   →

제15장 [유다 지파의 기업(基業)]
다음 물음에 답하시오.

1. 유다 지파가 제비 뽑은 땅에서 다음은 어느 경계를 말하고 있는가?
   1) 요단 끝에 있는 해만에서부터 벧 호글라로 올라가서 …… 아골 골짜기에서부터 -
   2) 염해의 끝 곧 남향한 해만에서부터 …… 가데스 바네아 남쪽으로 올라가서 -
   3) 대해와 그 해안이니 -
   4) 염해이니 요단 끝까지요 -

2. 다음 옷니엘에 대하여 말하라.
   1) 그가 갈렙의 딸을 어떻게 아내로 맞을 수 있었나? -
   2) 갈렙과 옷니엘의 관계는? -
   3) 아내가 된 악사와의 이전 관계는? -

3. 유다 자손이 쫓아내지 못하였으므로 예루살렘에 함께 거주한 족속은? -

제16~17장 [요셉의 아들 기업(基業)]
다음 물음에 답하시오.

1. 요셉 자손은 두 지파가 되었는데 그 이름은?
-

2. 다음은 어느 지파에 관한 것인지 에브라임은 '에', 므낫세는 '므'라 쓰시오.
   1) 게셀에 거하는 가나안 사람을 쫓아내지 아니하였고 사역하는 종이 되게 했다(16장).(　　　)
   2) 길르앗과 바산 외에 열 분깃이 돌아갔다(17장). (　　　)
   3) 슬로브핫은 아들이 없고 딸 뿐이요(17장).
   (　　　)

3. 요셉 자손이 여호수아에게 더 많은 분깃을 요구했을 때 여호수아는 어떻게 하라고 했나?
-

4. 요셉 자손이 삼림에 올라가서 개척하는 것을 겁낸 이유는 무엇 때문인가?
-

제18장 [베냐민 지파의 기업(基業)]
다음 서로 관계 있는 것끼리 연결하시오.

1. 온 회중이 실로에 모여서 •	• 가)
2. 여호와께서 주신 땅을 취하러 가기를 •	• 나)
3. 레위 사람은 분깃이 없나니 •	• 다)
4. 땅을 일곱 부분으로 그려 온 것 •	• 라)
5. 베냐민 지파의 땅의 경계 •	• 마)

가) 어느 때까지 지체하겠느냐
나) 여호와 앞에서 제비 뽑다
다) 회막을 세웠다
라) 여호와의 제사장 직분이 그들의 기업
마) 유다 자손과 요셉 자손의 중간

역사서 여호수아

여호수아 19~24장 여호수아의 고별 설교

제19장 [여섯 지파를 위한 기업(基業)]

부록의 지도 중 열두 지파에게 분할된 땅의 모습을 보라. 각 지파가 얻은 땅의 위치를 참고하시오(성경 본문과 지도의 위치번호, 19장의 해설). 그리고 아래 도표의 '성경 본문'을 참고하여 자신의 성경을 찾아 해당 지파의 이름에 표를 하면 성경을 읽을 때 도움이 된다.

지파 이름	성경 본문	성읍수, 특징
르우벤	13:15~23	요단 동쪽 아래
갓	13:24~28	요단 동쪽 중간
므낫세 반($\frac{1}{2}$)	13:29~33	요단 동쪽 위
유다	15:1~62	여브스 못 쫓아냄
에브라임	16:5~10	가나안인, 사역하는 종
므낫세 반($\frac{1}{2}$)	17:1~18	스스로 개척하라
베냐민	18:11~28	14성읍과 마을들
시므온	19:1~9	13성읍과 마을들
스불론	19:10~16	12성읍과 마을들
잇사갈	19:17~23	16성읍과 마을들
아셀	19:24~31	22성읍과 마을들
납달리	19:32~39	19성읍과 마을들
단	19:40~48	레셈을 단이라
레위	21:1~45	48성읍과 그 목초지

제20장 [도피성을 세우다]
다음 물음에 답하시오.

1. 여호와께서 이스라엘에게 왜 도피성을 정하게 했나?
 -

2. 피의 보복자가 따라왔을 때에도 살인자를 내어주지 않는 이유는?
 -

3. 살인자는 언제 집으로 돌아가는가?
 1)
 2)

4. 도피성이 세워진 곳은 모두 몇 곳이며 어디인가?
 - (　　　개의 성읍). 아래에 지명만 쓰시오.
 1) 납달리 -　　　2) 에브라임 -
 3) 유다 -　　　4) 르우벤 -
 5) 갓 -　　　6) 므낫세 -

제21장 [레위지파의 성읍]
다음 맞는 답의 번호에 O표 하시오.

1. 레위 사람의 족장들이 거주할 성읍과 목초지들에 대해 말한 사람들이 아닌 것은?
 1) 제사장 아론　　　2) 여호수아
 3) 각 지파의 족장들　　　4) 제사장 엘르아살

2. 얻은 성읍이 틀린 것은?
 1) 남은 그핫 자손 - 에브라임, 단, 므낫세 반 지파에서 10성읍
 2) 므라리 자손 - 르우벤, 갓, 스불론 지파에서 12성읍
 3) 제사장 아론의 자손 - 유다, 시므온, 베냐민 지파에서 13성읍
 4) 게르손 자손 - 잇사갈, 아셀, 납달리 지파에서 13성읍

3. 다음 말이 맞으면 O표, 틀리면 X표 하시오.
 1) 여호와께서 안식을 주셨다.(　　　)
 2) 조상들에게 맹세하신 대로 땅을 다 주셨다. (　　　)
 3) 레위 지파가 얻은 성읍은 48성읍이다. (　　　)
 4) 이스라엘이 힘으로 모든 대적을 물리쳤다. (　　　)

제22장 [단을 둘러싼 오해]
다음 말이 맞으면 O표, 틀리면 X표 하시오.

1. 르우벤, 갓, 므낫세 반 지파는 정복 전쟁이 끝나서 축복을 받고 요단 저편으로 갔다. - (　　　)

2. 요단 강 건너편으로 간 지파들은 여호와를 배반하고 자기들을 위하여 큰 제단을 쌓았다. - (　　　)

3. 제단은 후손들로 하여금 모두 한 하나님을 섬기는 증거로서 세워 '엣'이라 칭하였다. - (　　　)

4. 제사장 엘르아살과 열 지도자들이 제단에 대하여 말하려고(따지려) 갔다. - (   )

제23장 [여호수아의 유언]
성경을 잘 읽고 서로 관계 있는 것끼리 연결하시오.

1. 여호와께서 행하신 일을 너희가 다 보았다 • • 가)
2. 힘써 율법 책에 기록된 것을 지켜 행하라 • • 나)
3. 너희 중에 남아 있는 나라들 • • 다)
4. 남아 있는 이방민족과 혼인하며 왕래하면 • • 라)
5. 여호와께서 말씀하신 모든 선한 말씀이 • • 마)

가) 우로나 좌로나 치우치지 말라
나) 틀리거나 어김이 없음을 너희가 안다
다) 너희에게 올무, 덫, 채찍, 가시가 된다
라) 여호와께서 너희를 위하여 싸우셨다
마) 그 신들을 부르지도, 맹세도, 절도 말라

제24장 [여호수아의 유언과 죽음]
다음 빈칸에 알맞은 말을 적어 넣으시오.

1. (절) 너희가 (   )하지 아니한 땅과 너희가 (   ) 아니한 성읍들을 너희에게 주었더니…… 너희가 (   ) 아니한 포도원과 (   )의 열매를 먹는다 하셨느니라.

2. (절) 너희가 (   )를 오늘 택하라. 오직 나와 내 집은 (   )를 섬기겠노라.

3. (절) 그 날에 여호수아가 (   )에서 백성과 더불어 (   )을 맺고 그들을 위하여 (   )와 법도를 제정하였더라.

4. (~   절) 눈의 아들 여호수아가 (   )에 죽으매 (   )에 장사하였으니

5. 〈여호수아〉 24:32의 요셉의 뼈에 대하여 다음 (   )를 채우시오.
   1) (   )에서 유언 - 창 50:25
   2) (   )가 출애굽 때 가지고 나옴 - 출 13:19
   3) 여호수아 시대에 약속의 땅 (   )에 장사 - 수 24:32

사사기

| 역사서 |

Judges

제목에 대한 해설

'사사'라는 우리말 단어는 생소한 느낌이다. 〈사사기〉는 여호수아의 죽음과 왕정 시대 초기 사이에 이스라엘을 이방으로부터 구원한 '지도자들(쇼페팀)'이라는 단어에서 이 책 이름 '쇼페팀'이 유래되었다. '쇼페트(쇼페팀의 단수)'는 '사사(士師)'보다 광범위한 의미를 갖는다. '장관', '정부의 수뇌', '재판관'의 의미를 담고 있어서 영어역은 '재판관(Judges)'이라 하였고, 한글 공동번역도 '판관기(判官記)'라 하였다.

저자 및 저작 연대

초기 기독교에서는 이 책의 저자를 사무엘로 보았다. 이는 "사무엘은 자기 이름으로 칭하는 책과 〈사사기〉와 〈룻기〉를 기록하였다"라고 한 탈무드의 기록에 기인한 것이다. 그러나 본 성경에서는 저자에 대한 증거는 찾을 수 없다. 그 기록 연대는 내적 증거에 의해(삿 17:6, 18:31) 통일 왕국 시대인 사울의 통치 기간이거나 또는 다윗의 통치 기간(주전 1000~960년경)을 제시할 수 있다.

현대 학자들 중에는 신명기적 역사관에 의해 주전 550년경에 최종 집필(또는 편집)된 것으로, 그 이전에 여러 사람의 손을 거친 것으로 보는 이들도 있다.

역사적 배경

이스라엘이 가나안에 정착하기에 앞서서 그리스 해변에 본거지를 두고 있던 바다의 사람들(Sea-People, 블레셋)이라 불리는 자들이 침입하여 헷 제국과 시리아, 우가리트까지 몰락시켰다. 이들이 가나안 땅 해변가에 가사, 아스글론, 아스돗, 가드, 에그론 등 다섯 도시국가 연맹을 형성하였다(〈사사기〉와 〈사무엘〉에 자주 등장). 이들은 이스라엘보다 조금 앞선 시대에 가나안에 들어와 정착해 살면서 내륙으로 뻗어 나가고 있었다. 자연히 블레셋과 이스라엘은 충돌하게 되었는데, 〈사사기〉에는 세 번의 대결이 중요하게 언급되고 있다.

사사 기간은 이스라엘이 가나안에 들어온 때로부터 약 200년간(전통 견해는 약 400여 년)으로 보는데, 이는 〈사사기〉의 연대를 직렬로 연결하느냐 아니면 동시에 몇 지역에서의 사건으로 보아서 연대를 병렬로 연결하여 계산하느냐에 따라 사사시대의 기간에 약 200년간의 차이가 있다.

구조 및 주요 내용

본서는 크게 세 부분으로 나누어진다.

(1) 1:1~3:6 - 〈사사기〉의 서론부로서 가나안 땅에 들어간 백성들이 하나님을 떠나 가나안 땅의 신들을 섬기게 되는 과정을 소개하고 있다.

(2) 3:7~16:31 - 본론 부분으로 두 부류의 사사가 나온다. 즉 하나님의 영감을 받고 일어나 백성들을 재난에서 구원한 '대사사'들과 그러한 설명 없이 단순하게 누가 몇 년간 통치했다는 '소사사'들이 나온다.

(3) 17:1~21:25 - 결론 부분이며 부록으로 보는데, 한 지파가 몰락하는 비

운의 역사를 통해 새로운 정치 사회제도가 불가피함을 보여 주며 이는 자연스럽게 〈사무엘〉과 연결된다.

교훈과 메시지

(1) 사사 통치의 의미

사사의 등장은 대적의 손에 고통을 당하던 이스라엘의 부르짖음에 대한 응답으로 하나님의 구원 행위이다. 하나님의 역사 개입과 간섭에 의해 하나님의 영감을 받아 구원자로 등장하고 통치하였다. 사사의 등장과 통치는 이스라엘이 하나님을 떠나므로 그 징벌로 이방의 침입과 고통을 받은 후 회개하여 하나님이 사사를 보내 구원하시므로 태평을 누리는 구조이다. 즉 ① 악을 행함 ② 이방의 침입과 고통 ③ 회개의 부르짖음 ④ 사사를 통한 구원이라는 기본 구조가 일곱 번이나 반복되고 있다. 여기에서는 인간의 나약성과 하나님의 크신 은총을 보게 된다.

(2) 사사 통치의 중요성과 그 한계성

사사시대는 왕이 없는 때로서 지파가 자율적으로, 또는 지파동맹체(Amphictyony)를 유지하므로 신정국가를 이루었다는 긍정적인 평가가 있다. 인간이 인간을 섬기지 않고 왕은 오직 하나님 한 분뿐이었다. 그러나 한편 이 시대는 "이스라엘에 왕이 없었으므로…… 자기 소견에 옳은 대로"(17:6, 18:1, 19:1, 21:25) 행한 혼란한 시대로서 사사는 국부적인 통치를 한 한계성을 함께 지니고 있었다.

(3) 아직 이른 왕정제도의 예고

〈사사기〉에서 하나님 백성의 내부 상황은 종교적, 법적, 정치적으로 진행되던 붕괴를 더 이상 사사들이 막을 수 없음을 잘 보여 준다. 이로써 〈사무엘〉에서 백성이 왕정제도를 요구하는 까닭을 설명할 수 있다.

사사기 1~5장

불완전한 정복 (중요구절 삿 5:9)

약속의 땅에서 여호수아가 죽은 후, 이방족속을 완전히 몰아내려는 유다, 시므온 그리고 다른 지파들의 노력은 완전한 성공을 거두지 못한다(1장). 불신앙의 세력들이 이스라엘의 영적 거침돌이 되었다. 반복되는 악순환(2장)에서 옷니엘, 에훗, 삼갈이 사사로서 구원자가 된다(3장). 가나안 왕 야빈의 지배를 받을 때 드보라와 바락이 등장하고(4장), 여 사사 드보라는 승리의 노래를 부른다(5장).

1. 〈여호수아〉에서는 '하나님은 약속을 지키신다.'라고 강조했다면(수 21:43~45), 〈사사기〉는 같은 사건을 '사람은 불완전하다.'는 측면에서 바라본다. 이스라엘은 여호수아가 마쳐 못한 가나안 정복에 대해 "여호와께 여쭈어 우리 가운데 누가 먼저 올라가서 가나안 족속과 싸우리이까"(1:1)하였다. 여호와께서 먼저 "유다"를 지목하셨고, "유다가 그의 형제 시므온에게…… 함께 올라가서 싸우자"(3절)고 제안하였다. 우리도 언제나 여호와께 여쭈어 보아야 하며 동역자들과 늘 함께해야 한다.
2. 여호수아에 의한 가나안 정복에서 일부는 차지하지 못했다(수 15:63, 16:10, 17:11~13, 19:47, 23:7, 12). 〈사사기〉도 〈여호수아〉처럼 '여리고' 내지 '길갈'에서 시작한다. 본문에 "올라가다", "내려가다"라며 그들의 방향을 알려 준다(1:2, 4, 9, 16, 22). 〈여호수아〉에서 땅 정복을 백성 전체의 전쟁과는 달리, 〈사사기〉는 지파(유다, 시므온 등)들이 개별적으로 싸우는 것은 계속적인 전쟁에 의해 영향을 받았기 때문이다. 유다와 시므온은 연합하여 베섹에서 아도니 베섹을 잡아 "그의 엄지손가락과 발가락을 자르매" 이 일은 하나님께서 아도니 베섹이 전에 행했던 대로 갚으심이다(2~7절).
3. 〈사사기〉를 읽으면 반복되어 나오는 "여호와의 목전에 악을 행하여"(2:11, 3:7, 3:12, 4:1 6:1, 10:6, 13:1)라는 말에 자신을 돌이켜 보게 된다. 그것은 이스라엘의 모습이면서 우리의 모습이기 때문이다. 그럼에도 불구하고 하나님의 긍휼은 회개하는 인생들을 향하여 어려울 때마다 구원할 믿음의 용사(사사)를 세워 주셨다. 우리 인생도 예수 안에서 그렇게 복을 받으며 산다.

1
남부 가나안 출정
유다, 시므온,
다른 지파들의 노력

2
이스라엘의 배교
여호와의 목전에 악을 행하여

3
사사: 옷니엘, 에훗, 삼갈
그들을 위하여
한 구원자를 세워

4
사사: 드보라와 바락
여선지자로 사사가 되어

5
드보라의 노래
즐거이 헌신하였으니

역사서

사사기

4. "여호와께서 그들을 위하여 한 구원자를 세우셨으니 그는 곧 베냐민 사람 게라의 아들 왼손잡이 에훗이라"(삿 3:15)는 말씀처럼 에훗은 왼손잡이이다. 하나님은 때때로 왼손잡이 용사들에게 특별한 은혜를 주셨다(삿 20:16 - 물매 던지는 용사 700명 / 대상 12:2 - 다윗을 돕는 용사). 남과 조금 다르다고 이상해 할 이유는 없다. 하나님의 손에 쓰이기만 하면 모두 사명자인 것이다.

더 살펴보기

1. 〈사사기〉의 내용

사사시대는 "왕이 없으므로 사람마다 자기 소견에 옳은 대로 행한" 영적, 도덕적으로 타락한 시대였다(삿 17:6, 18:1, 19:1, 21:25). 그러나 사실 그들의 왕은 하나님이었으나 백성들은 여호와를 잊고, 또는 배신하며 살았다. 하나님은 왕정제도보다 '지파동맹체(임펙티오니)'를 원하셨다.

내용 분해

1~2장 - 사사시대의 일반 특징
3~16장 - 구원자인 사사들의 활동
17~21장 - 제 소견대로 살았던 시대

2. 〈사사기〉의 일정한 틀 (배반–심판–회개–구원) – 7번 반복

〈사사기〉를 읽을 때에 흐름을 이해하면 도움이 된다. 사사시대를 '사이클 시대'라고 하는 것은 '배반-심판-회개-구원' 주기(형태)가 반복되기 때문이다(7번이나 반복되는 이 틀을 기억해 두라).

(1) 이스라엘 자손이 여호와의 목전에 악을 행하여…… (배신)
- 2:11, 3:7, 3:12, 4:1, 6:1, 10:6, 13:1

(2) 여호와께서 그들을 진노하사 ~에게 파셨으니…… (심판)
- 2:14, 3:8, 3:14, 4:2, 6:2, 10:7, 13:1

(3) 이스라엘 자손이 여호와께 부르짖으매…… (회개)
- 2:16, 3:9, 3:15, 4:3, 6:6, 10:10, 14:4

(4) 한 구원자를 세워 구원하게 하시니~동안 태평…… (구원)
- 2:16, 3:9, 3:15, 4:4, 6:8, 11:29, 14:20

〈사사기〉에서는 몇 가지를 기억하면 전체를 이해할 수 있다.

(1) 사이클 시대 - 〈사사기〉의 내용 형식 : 배신- 심판- 회개- 구원
(2) 지파동맹체(임팩티오니) 시대 - 사사시대를 자기의 소견에 옳은대로 행한 혼란의 시대로 정의하면서도(21:25), 사무엘 시대에 인간 왕을 요구하는 것을 보면(삼상 8:6~7) 그래도 사사시대는 하나님을 왕으로 인정한 시대로 긍정적인 면이 있다.
(3) 열두 사사 암기 : 옷에삼드기돌야입입엘압삼 〈첫 자로 외우기〉

3. 〈사사기〉에 나오는 열두 사사

사사들의 이름이 나온 곳을 성경에서 찾아 그 이름에 색연필로 표시를 하는 숫자를 써넣으면 사사들의 모습이 한눈에 보인다.

① 옷니엘(3:9), ② 에훗(3:15), ③ 삼갈(3:31), ④ 드보라와 바락(4:4, 6), ⑤ 기드온(6:11), ⑥ 돌라(10:1), ⑦ 야일(10:3), ⑧ 입다(11:1), ⑨ 입산(12:8), ⑩ 엘론(12:11), ⑪ 압돈(12:13), ⑫ 삼손(13:24). 사사들의 이름을 첫 자로 외워 두면 도움이 될 것이다(옷에삼드기돌야입입엘압삼). 단, 기드온의 아들 아비멜렉은 자칭 왕이었지 사사가 아니다(9장)

역사서

사사기

	이름	지파	신분, 특징	압제자	압제 기간	평안 기간	관계 성구	성경 표시	섬긴 신
1	옷니엘	유다	갈렙의 조카	메소보다미아 왕 구산 리사다임	8년	40년	3:7~11	3:9	바알, 아세라
2	에훗	베냐민	왼손잡이, 암살자	모압 왕 에글론	18년	80년	3:12~30	3:15	악한 신
3	삼갈	납달리	소 모는 막대기 사용	블레셋			3:31	3:31	악을 행함
4	드보라	에브라임	여성 사사, 바락과 동역	가나안 왕 야빈	20년	40년	4:4~5:31	4:4, 6	악을 행함
5	기드온	므낫세	아들이 70명이나 됨	미디안	7년	40년	6:11~8:35	6:11	악을 행함
6	돌라	잇사갈	에브라임 산지에서 거함			23년	10:1~2	10:1	
7	야일	므낫세	아들 30명, 성읍 30개 가진 거부			22년	10:3~5	10:3	
8	입다	므낫세	기생의 아들, 경솔한 서원	암몬	18년	6년	10:6~12:7	11:1	각종 이방신
9	입산	유다	아들 30, 딸 30, 이방결혼			7년	12:8~10	12:8	
10	엘론	스불론	아얄론에 장사			10년	12:11~12	12:11	
11	압돈	에브라임	아들 40, 손자 30			8년	12:13~15	12:13	
12	삼손	단	나실인으로 성공과 실패	블레셋	40년	20년	13:1~16:31	13:24	악을 행함

* 엘리(삼상 1~4장)와 사무엘(삼상 3~12장)은 사사보다 제사장의 성격이 강하다.

사사기 6~9장

기드온의 활동과 그 후 (중요구절 삿 6:24)

여호와의 목전에 또 악을 행한 이스라엘은 미디안으로 말미암아 고난 받게 되고 회개한 그들을 위해 사사로 기드온을 부르신다(6장). 32,000명에서 오직 300명만이 선택되어 나팔, 빈 항아리, 횃불로 무장한 기드온의 군대는 미디안 진영에서 승리하고(7장), 또한 요단 동쪽에서 계속된 전쟁을 통해 미디안은 섬멸된다. 기드온이 죽은 후에 이스라엘은 다시 여호와도, 기드온도 잊고 우상숭배에 빠진다(8장). 기드온의 아들 아비멜렉은 내란을 통해 스스로 왕이 되었으나 삼 년만에 죽임을 당하므로 70명의 형제 중 오직 살아난 요담의 저주가 이루어졌다(9장).

6
사사: 기드온의 소명
여호와 살롬, 양털의 표징

7
기드온의 삼백 명 용사
여호와와 기드온의 칼이여

8
기드온의 승리와 이스라엘의 타락
여호와께서 너희를 다스리시리라

9
아비멜렉의 반역
70명을 죽인 자칭 왕

1. 동쪽에서 침입해 온 미디안 족속(베드인)은 남부 이스라엘을 휩쓸고 블레셋의 가사 성읍까지 이르렀다. 흉포한 이들로 인해 〈사사기〉 6:11에서 보듯이 기드온마저 숨어서 타작을 할 정도였다. 그러나 이들에 대한 기드온의 승리는 전적으로 하나님의 도움이었다. 〈레위기〉 26:8에는 "너희 다섯이 백을 쫓고(20 대 1), 너희 백이 만을 쫓으리니(100 대 1)" 라고 약속했는데 기드온의 용사는 300명으로 13만 5천 명을 이겼으니(8:10) 450 대 1의 승리를 거둔다. 기드온의 하나님은 오늘 우리의 하나님으로서 승리를 하시고 영광 받으시기를 원하셨다(7:2~4).
2. 기드온의 소명은 특별하다. 하나님의 임재를 체험한 기드온이 두려워할 때에 하나님은 '평안하라'(히브리어 원문에는 '살롬') 위로하였다. 이에 "기드온이 여호와를 위하여 거기서 제단을 쌓고 그것을 여호와 살롬이라"(삿 6:24) 하였다. 즉 '여호와는 평강이라.'고 하였다. 이는 하나님께서 자기 백성과 함께 가시는 길의 목표가 '평강'인 것을 상징적으로 확증한다. '여호와 살롬'이란 이름은 예수 그리스도에 대한 예표적 명칭으로도 볼 수 있다. 그 이유는 예수님께서 죄로 말미암아 죽을 수 밖에 없는 우리를 구원하심으로써 '우리의 평화'가 되어 주셨기 때문이다(엡 2:14~18).
3. 기드온의 아들 아비멜렉은 왕이 되고자 형제 70명을 죽였고, 일부 세력을 규합하여 자칭 왕이 되었으나(삿 9:1~8) 결국 조롱을 받는다. 형제 중에 유일하게 생존한 요담이 비유로 말한 것처럼 왕이 될 만한 감람나무, 무화과나무, 포도나무는 사양하고 가시나무가 주제넘게 왕이 되는 이

비유는 세계 도처의 역사를, 그리고 이 땅의 아픈 역사를 말해 주는 듯하다. 아비멜렉은 비정상적인 권력 탈취와 그 유지를 위해 반대자를 죽였으나 하나님은 이 악에 대하여 보응하셨다(9:40~57).

더 살펴보기

1. 성경에 나오는 여호와의 별명들(삿 6장)

기드온은 자신에게 나타나신 여호와의 사자를 통하여 여호와를 체험하며 제단을 쌓고 "여호와 살롬"(삿 6:24)이라 하였다. 성경에는 하나님의 별명이 다양하게 나온다. 정확하지는 않으나 대체로 다음과 같은 이름을 붙인다. 오늘날 교회가 발음하는 '여호와'를, 유다인들은 감히 하나님의 이름을 부르지 못하고 오랜 세월 전통적으로 '아도나이(주님)'라 불렀으므로 실제 하나님의 이름을 잊어버렸다. 후대에 기독교회가 하나님의 이름을 '여호와'로 발음했으나 현대 신학자들의 연구에 의하면 원래의 이름이 '야훼'였을 것으로 본다. 다음의 도표는 '여호와의 다양한 별명들'이다.

성구	번역(《개역한글판》)	히브리어 발음
창 17:1	전능하신 하나님	엘 샤다이
창 21:33	영생하시는(영원하신) 하나님	엘 울람
창 22:14	여호와께서 준비하신다	여호와 이레
출 15:26	치료하는 여호와	여호와 라파
출 17:15	여호와는 나의 깃발(승리)	여호와 닛시
겔 48:35	여호와께서 거기 계시다	여호와 삼마
삿 6:24	여호와는 나의 평화	여호와 살롬
시 7:17	여호와를 찬양	오데 여호와
시 23:1	여호와는 나의 목자	여호와 로이
렘 23:6	여호와는 우리의 의로움	여호와 치드케누

가나안의 작은 향수병
가나안에서 이스라엘이나 원주민보다 블레셋 사람들이 정교한 생활용품들을 잘 만들었다. 이 향수병도 그 아름다움을 보여 준다.

2. 기드온의 활동 (삿 7~8장)

진을 치고 있던 미디안의 군대는 기드온의 게릴라식 전략에 크게 패배한다. 기드온은 도망치는 자들을 추격하면서 다른 지파들을 불러 협조를 요청한다(7:23~25). 에브라임 사람들은 자기들이 주전투에 참가하지 못하

10

사사: 돌라와 야일
암몬의 압제

11

사사: 입다의 승리와 서원
나를 영접하는 자를 번제로

12

사사: 입산, 엘론, 압돈
사사들의 많은 자녀들

13

블레셋의 압제
사사: 삼손의 성공과 실패
(13~16장)

14

블레셋 여인

15

능력을 나타냄

16

들릴라의 유혹

고 도망병들을 소탕하는 일에나 불러오게 된데 불만을 표시한다. 기드온은 그들을 이해시키고 나서 미디안의 군대를 계속 추격한다. 도중에 요단 계곡에 있는 숙곳과 브누엘이라는 지역을 통과하며 음식을 요구하지만 조롱과 함께 거절당한다. 기드온은 이 사실을 잊지 않고 미디안을 격파하고 돌아오면서 숙곳 사람들을 징벌하고 브누엘의 망대를 헐며 그 성읍 사람들을 죽이므로 그 죄 값을 받게 한다(8장). (부록에 있는 성경 지도 참고)

사사기 | 10~16장

여러 사사들의 활동 (중요구절 삿 16:30)

특별한 활동 기록이 나타나지 않는 두 사사 '돌라'와 '야일', 이 후에 이스라엘은 또다시 여호와의 목전에 악을 행하여 별별 이방신을 섬긴다. 이로 인해 블레셋과 암몬의 압제로 고난이 심하다(10장). 기생의 아들로 길르앗에서 쫓겨났던 '입다'가 오히려 길르앗의 우두머리로서 암몬 족속을 격파한다. 신중하지 못한 그의 서원은 딸의 운명을 바꿔 놓는다(11장). 시비를 잘하는 에브라임으로 인해 동족 간의 아픈 전쟁을 치른다. 활동에 대한 구체적인 기록이 없는 몇 명의 사사들은 웬 자식이 그렇게도 많은지 놀랍다(12장). '삼손'은 블레셋 사람의 손에서 이스라엘을 구원하도록(13:5) 사명을 받았지만 대부분 감정적이고 정욕적인 삶으로 나실인의 서원을 무색하게 한다. 비참한 처지에 빠지지만 마지막으로 하나님의 능력을 힘입어 죽음으로써 블레셋 사람을 무찌른다(13~16장).

1. 입다는 암몬과의 전쟁에 나가면서 '승리하고 돌아올 때에 자신의 집 문에서 나와서 영접하는 자를 여호와께 번제물로 드리겠다.'는 가볍게 생각한 서원으로 인해 괴로워하지만 영웅의 피를 받은 그의 딸은 서원대로 자신을 바치도록 한다(11:29~40). 사람은 절박한 상황 중에서 서원을 하게 된다. 야곱은 빈털터리로 도망하다가 루스에서 서원을 했고(창 28:20~22), 한나는 아들을 얻고자 서원을 했고(삼상 1:11), 압살롬은 이복형제 암논을 죽인 후에 아버지 다윗을 피하여 3년간 도망가 있을 때 서원했다(삼하 13:30~39, 15:8). 문제는 서원을 지키느냐에 있다(시 15:4, 전 5:4).
2. 삼손은 많은 시간을 분노에 차서(삿 14:19) 거슬리는 사람에게 해를 끼쳐 심지어 아내 되었던 자와 장인을 불사르기도 한다(삿 15:6). 무분별

하고 파괴적인 행위와 정욕을 따르는 삶은 능력 발휘에 불완전한 면을 드러내지만 그가 믿음으로 행했음을 〈히브리서〉 기자는 말한다(히 11:32). 부족해도 믿음으로 행하려는 정신을 가지면 언젠가 그 빛이 찬란해질 때가 있다.

3. 삼손은 그 비밀의 노출로 블레셋의 노리개가 되지만 머리털이 밀린 후에 다시 자라기 시작했고, 마지막 기도를 통하여 원수들을 무찌른다. "하나님이여 구하옵나니 이번만 나를 강하게 하사 나의 두 눈을 뺀 블레셋 사람에게 원수를 단번에 갚게 하옵소서"(16:22, 28~30). 하나님은 '다시 한 번' 이라는 기회 주시기 즐겨 하신다. 요나도 다시 니느웨로 보내셨고(욘 3:1~2), 주님을 부인한 베드로에게도 다시 사명을 주셔서 일하게 하셨다(요 21:15~17).

더 살펴보기

1. 이스라엘이 여호와의 목전에 악을 행하여 섬긴 이방신 일곱(삿 10:6)

"이스라엘 자손이 다시 여호와의 목전에 악을 행하여 바알들과 아스다롯과 아람의 신들과 시돈의 신들과 모압의 신들과 암몬 자손의 신들과 블레셋 사람들의 신들을 섬기고 여호와를 버리고 그를 섬기지 아니하므로"(10:6)에서 말한 신들은 다음과 같다.

(1) '바알'은 주인이란 뜻으로 가나안 신들 중에서 최고의 신으로 풍요의 신이다.

(2) '아스다롯'은 가나안 지방의 풍요와 여신인 아스도렛의 복수형이다.

(3) '아람의 신들'은 메소포다미아와 시리아 전역에 걸쳐 살고 있던 아람 족속이 섬기는 신들이다.

(4) '시돈의 신들'은 베니게에서 섬기는 여신 아스다롯과 풍요의 신 에쉬문(Eshmun)이다.

(5) '모압의 신들'은 그들의 민족신인 그모스(Ghemosh)를 말한다.

(6) '암몬 자손의 신들'은 밀곰(Milcom), 몰렉(Molech)으로서 인신제사도

손으로 사자를 잡는 삼손(삿 14:6)
삼손은 큰 힘을 가졌으나 이방여인을 사랑했고 정욕에 빠져 하나님의 사사로서 역할에 어려움을 겪었다. 사자를 잡는 삼손의 사실적인 부조이다.

있었다.

(7) '블레셋 사람의 신들'은 다곤(Dagon, 농사의 신 또는 물고기 신)과 바알 세붑이다.

2. 입다가 인신제사(人身祭祀)를 드렸는가?(삿 11장)

입다의 신중하지 못한 서원(11:30~31)은 스스로 옷을 찢으며 안타까워한다(34~45절). "처녀로 죽음을 인하여"(37절)는 원문에 '죽음을'이라는 말이 없고 '처녀로 인하여'(알 베툴리, 나의 처녀임을)로 되어 있다. 따라서 입다가 그의 딸을 번제로 드렸는지에 대한 다른 해석도 많다. 인신희생(人身犧牲)은 하나님이 금하셨기에(신 18:10, 창 22장, 왕하 17;17, 21:6) 그녀로 하여금 평생토록 성전에서 봉사하도록 '처녀로 바친 것'이거나, 아니면 평생 결혼하지 못하고 '처녀로 살게 된 것'이라는(39절) 해석을 하기도 한다. 히브리 여인들은 아내가 되고 자녀를 갖지 못하는 것을 큰 수치로 여기며 죽음과 같이 생각하였기에 이를 애곡하기도 했다(창 16:1~5 - 하갈, 창 30:22~23 - 라헬, 삼상 1:1~11 - 한나).

사사기 | 17~21장

종교적, 도덕적 무질서 (중요구절 삿 21:25)

17~21장은 〈사사기의 부록〉이라고 할 수 있다. 여기에서 특별히 발견할 수 있는 것은 지도할 왕도 없었고, 사람들은 각각 제 소견에 옳은 대로 행하므로 그 결과는 혼란뿐이었다. 그 시대에 사람들은 각종 신상을 만들고 남의 신상을 도둑질하며 예배제도를 제 나름대로 만들고 심지어 레위인을 고용하여 거짓 종교에 제사장을 삼는 미가의 사건이 중심이 된다(17~18장). 강간과 남색을 자연스러운 일처럼 행하는 도덕적인 타락을 보게 된다. 그중에서 레위인은 자신의 첩을 토막내어 12지파에게 보낸다(19장). 이 일로 인해 이스라엘과 베냐민의 전쟁이 있고(20장), 베냐민 지파가 멸절되다시피 하므로 대책을 세운다(21장).

17
미가의 우상숭배
가정에서의 우상숭배

18
단 지파의 이주
지파적인 우상숭배

19
기브아의 악행
레위인의 첩 강간

20
베냐민의 전쟁
토막시체를 본 자들의 반응

21
베냐민을 위한 조치
길르앗 처녀, 춤추는 실로 여인

1. "이스라엘에 왕이 없으므로"(삿 17:6, 18:1, 19:1, 21:25)라는 말은 이스라엘 왕정제도의 필요성보다 그들이 자신들의 참되신 하나님을 버렸다는 것을 의미한다(삼상 8:7, 10:19). 그 결과는 국가적 혼란과 부패를 가

져왔다. 그렇다고 하나님께서 왕정 제도를 원하시지는 않았다. 훗날 이스라엘은 사무엘에게 강력히 요구하여 왕정제도를 수립하고 사울을 왕으로 세웠으나 그 결과는 첫 번째 왕 사울이 하나님께로부터 버림을 받는다(삼상 8장 이하).

2. 미가의 집에서는 신상을 만들었다. "에봇과 드라빔을 만들고 한 아들을 세워 그 제사장으로 삼았더라"(17:5). 이 가정이 만든 신상의 의도가 여호와를 섬기려는 데 있었다니 당시의 타락한 신앙을 말해 준다(17:3). 이것은 하나님께서 명백히 싫어하시는 우상숭배의 죄악이다(2:11~15, 10:6~10, 신 27:15). 흉내만 낸다고 바른 신앙이 아니다.
3. 미가의 우상숭배(17장)나 기브아에서의 악행(19장) 등을 보면서 대단히 안타까운 마음을 금할 수 없다. 오늘날도 유사한 사건들, 즉 우상숭배, 거짓 종교, 간음, 살인, 악한 전쟁 등이 곳곳에서 일어나고 있기 때문이다. '세월이 지나면 좋아지겠지.'라는 것은 착각이다. 그러기에 그리스도인의 사명이 더욱 필요하며 이 시대 내가 처한 현장에 하나님의 나라를 이루어 나가야 한다.
4. "하나님의 집이 실로에 있을 동안에"(18:31)라는 말씀에서 마치 하나님께서 이스라엘 자손들이 악한 일로부터 돌이켜 실로에 있는 하나님께로 돌아오기를 간절히 기다리고 있는 모습을 보는 듯하다. 하나님의 교회가 그대 가까이 있음은 복이다.

더 살펴보기

1. 레위 소년의 방황과 그 시대상(삿 17:7~8)

유다 베들레헴에 살던 한 레위 소년은 거할 곳을 찾아 방황하다가 에브라임 산지에 있는 미가의 집까지 이르게 되었다(17:7~8). 이런 레위인의 방황은 일반적인 현상으로서 다른 지파의 백성들이 율법에서 정한 대로 십일조를 바치지 않은 결과 레위인들이 의식주의 문제로 말미암아 본래의 사명을 버렸던 사실을 보여 준다(민 18:21, 24, 31). 이런 사태는 악순환으로 십일조를 받지 못한 레위인들은 그들의 성읍에서 떠나게 되고 레위인의 종교적 지도를 받지 못한 백성들은 더욱 큰 악을 행하게 되었다. 이런 현상들은 미가가 있을 당시 이스라엘의 현실이었다. 오늘날도 많은 목회자가 경제적으로 어려움에 처하여 목회 사역에 위기를 가져오기도 하므로 목회자의 경제적 안정도 한국 교회의 큰 과제 중 하나이다.

'단'에서 출토된 석판 대야

단(지명)에는 일찍이 성소들이 있었고 여러 가지 성물들이 발견되는데, 그 중에 하나인 제의에 쓰였을 것으로 보이는 석판대야이다. 여로보암은 금송아지 둘을 만들어 이곳 단과 벧엘에 세우기도 했다(왕상 12:29). 사사시대의 혼합종교를 연상하게 한다(삿 17~18장).

2. 단 지파의 거주지 및 성소(삿 18장)

단 지파는 "그 때에 거주할 기업의 땅을 구하는 중이었으니 이는 그들이 이스라엘 지파 중에서 그 때까지 기업을 분배받지 못하였음이라"(18:1) 하였다. 즉 단 지파는 처음에 유다 산지 북서쪽 비탈에 정착했으나 가나안 사람들과 블레셋 사람들의 압력에 굴복하여 새 거주지를 찾아야 했다(수 19:40~48). 땅을 탐지하는 중에 스스로 미가의 집에 이르러 우상을 탈취하는 등 어리석은 행동을 한다. 이들은 라이스에 이르러 그 성읍을 탈취하고 중건을 하며 그곳에 새긴 신상을 세운다(27~31절). 단 자손의 이런 행위는 여호와의 종교와 멀리 떨어져 있었고, 이것이 사사시대 신앙의 한 단면을 보여 주기도 한다.

3. '우리가 그와 관계하리라'는 것은?(삿 19:22).

"그들이 마음을 즐겁게 할 때에 그 성읍의 불량배들이 그 집을 에워싸고 문을 두들기며 집 주인 노인에게 말하여 이르되 네 집에 들어온 사람을 끌어내라 우리가 그와 관계하리라"(19:22). 이 말에서 '관계'란 히브리어에서 '야다'라는 말로 성관계를 나타낸다(창 19:34). 이는 곧 불량배들(벨리알의 아들들)이 남색(동성애)을 요구한 것이다(창 19:4~11). 동성애는 율법에서도 금하셨다(레 18:22). 바울도 초대교회를 향해 이런 일을 금하였다(롬 1:27, 고전 6:9). "그와 같이 남자들도 순리대로 여자 쓰기를 버리고 서로 향하여 음욕이 불 일듯 하매 남자가 남자와 더불어 부끄러운 일을 행하여 그들의 그릇됨에 상당한 보응을 그들 자신이 받았느니라"(롬 1:27)고 지적하였다.

동성애(sodomy)

사사시대(삿 19:22)뿐 아니라 족장시대에도 동성애가 있었다. 소돔 사람들은 롯의 집에 찾아온 천사들을 끌어내라며 "우리가 그와 관계하리라"(We can have sex with him, 창 19:6)고 하다가 눈이 어두워졌다. 소돔 사람들의 동성애 요구 행위로 인해 sodomy(동성애, 항문성교)라는 용어가 생겨났다.

B I B L E

성경 질문지

사사기 1~5장 불완전한 정복

제1장 [남부 가나안 출정]

다음 물음, 혹은 괄호 안에 알맞은 말을 써 넣으시오.

1. 이스라엘 자손이 누가 먼저 올라가서 가나안 족속과 싸울까를 정한 방법은?(1절)
   -
2. 여호수아가 죽은 후 먼저 올라가서 가나안 족속과 싸운 두 지파는?(1~20)
   -
3. 도망가는 아도니 베섹을 잡아 무엇을 잘랐나?(6~7) -
4. (　　　)성을 쳐서 헤브론에 거주한 (　　　), (　　　), (　　　)를 죽였다(8~10).
5. 갈렙이 자기 딸을 준 사건(11~14)은 성경 〈여호수아〉 15장 (　　　절~　　　절)에 나온다.
6. 유다가 골짜기의 주민들을 쫓아내지 못한 이유는?(16~20)
   -
7. "쫓아내지 못하였다"는 말이 16~36절에 몇 번이나 나오는가? -
8. 베냐민 지파가 쫓아내지 못해서 함께 거주했던 족속은?(21) -

제2장 [이스라엘의 배교]

다음 말이 맞으면 O표, 틀리면 X표를 하시오.

1. 이스라엘이 하나님의 목소리를 듣지 않고 이방과 언약을 맺으며 제단을 헐지 않았다. - (　　　)
2. 쫓아내지 못한 그 땅의 주민은 이스라엘의 가시가 되고 그 신들은 올무가 되었다. - (　　　)
3. 여호수아가 죽은 후에도 다른 세대들이 여호와를 알고 잘 섬겼다. - (　　　)
4. 이스라엘이 여호와의 목선에 악을 행한 것은 바알, 아스다롯 같은 우상을 섬긴 일이다.
   - (　　　)
5. 사사가 사는 날 동안에는 이스라엘은 대적에게 압박과 괴로움을 당하기도 했다.- (　　　)
6. 쫓아내지 아니한 이방 민족들로 여호와의 도를 지켜 행하나 아니하나 시험하였다.- (　　　)

제3장 [옷니엘, 에훗, 삼갈]

다음 물음에 답하시오.

1. 〈신명기〉 7:3을 아래에 쓰고 여기에서 금지시킨 일을 이스라엘이 마침내 한 것은 무엇인가?
   1) (7:3) -
   2) 이스라엘의 행위 -
2. 다음은 어느 사사의 활동과 관계되는지 사사 이름을 쓰시오(성경 차례대로 아님).

보기 옷니엘 / 에훗 / 삼갈

   1) 모압 왕 에글론을 열여덟 해 동안 섬김 -
   2) 소모는 막대기로 블레셋 사람 육백 명을 죽임

-

3) 베냐민 사람 게라의 아들 왼손잡이를 하나님이 구원자로 세움 -

4) 여호와를 잊어버리고 바알과 아세라를 섬김 -

5) 에브라임 산지에서 나팔로 사람을 모아 모압 용사들을 죽이고 그 땅이 팔십 년 동안 평온 -

6) 여호와께 부르짖으매 구원자로 갈렙의 아우 그나스의 아들을 세움 -

7) 메소포타미아 왕 구산 리사다임을 팔 년 동안 섬김 -

3. 사사는 군사 지도자였으며 또 무슨 일을 했나? (4:4~5) -

제4장 [드보라의 활약]
다음 사건을 순서대로 맞게 번호를 적어 넣으시오.

1. 하솔에서 통치하는 가나안 왕 야빈을 이십 년 동안 섬김 - (　　　)

2. 드보라의 지시로 바락이 스불론과 납달리를 부르니 만 명이 따라옴 - (　　　)

3. 야빈의 군대 장관 시스라가 도망하여 헤벨의 아내 야엘의 장막에 숨어 이불을 덮음 - (　　　)

4. 이스라엘 자손이 여호와께 부르짖으매 그때에 드보라가 이스라엘의 사사가 됨 - (　　　)

5. 에훗의 죽은 후에 이스라엘 자손이 또 여호와의 목전에 악을 행함 - (　　　)

6. 잠든 시스라에게 야엘이 말뚝을 그의 관자놀이에 박으매 꿰뚫고 땅에 박혀 죽음 - (　　　)

제5장 [드보라의 승리의 노래]
다음 성구가 나온 절수와 뒷부분을 쓰시오.(해당 절 안에서만)

1. (　　　절) 이스라엘의 영솔자들이 영솔하였고 ~

2. (　　　절) 내 마음이 이스라엘의 방백을 사모함은~

3. (　　　절) 그 때에 남은 귀인과 백성이 내려 왔고~

4. (　　　절) 겐 사람 헤벨의 아내 야엘은~

5. (　　　절) 그가 그의 발 앞에 꾸부러지며~

6. (　　　절) 여호와여, 주의 원수들은 다 이와 같이~

사사기 6~9장 기드온의 활동과 그 후

제6장 [기드온의 소명]
성경을 잘 읽으면서 다음 빈칸을 채우시오.

1. 이스라엘 자손이 또 여호와의 목전에 (　　　)을 행하였으므로 여호와께서 (　　　) 년 동안 그들을 (　　　)의 손에 넘겨 주시니 미디안의 손이 이스라엘을 이긴지라(1~10).

2. 여호와의 사자가 (　　　)에게 나타나 사명을 주니 기드온은 "나의 집은 (　　　) 중에 극히 약하고 나는 내 아버지 집에서 제일 (　　　)니이다"라고 했다(11~16).

3. (　　　)이 바위에서 나와 고기와 무교병을 살랐고 기드온은 여호와의 사자를 보았기에 죽을까 두려워했으나 여호와께서 "너는 (　　　)하라, (　　　) 말라, (　　　) 아니하리라" 하므로 기드온이 "제단을 쌓고 그것을 (　　　)이라 하였더라"(17~24).

4. 밤에 (　　　)의 제단을 헐며, 제단 곁의 (　　　)을 찍은 기드온을 죽이려는 무리에게

기드온의 아버지가 담대하게 말했고 그 날에 기드온의 이름을 (   )이라고 하였다(25~32).

5. 여호와의 (   )이 기드온에게 임하시니 기드온이 나팔을 불매 (   )이 그의 뒤를 따라 부름을 받고 기드온이 또 사자들을 온 (   )에 두루 보내매 그들도 모여서 그를 따르고(33~35).

6. 그 밤에 하나님이 그대로 행하시니 곧 (   )만 마르고 그 주변 땅에는 다 (   )이 있었더라(36~40).

제7장 [기드온의 삼백 명의 용사]

다음 물음에 답하시오.

1. 다음 (   ) 안에 알맞은 말을 아라비아 숫자로 쓰시오.
   1) 처음으로 기드온을 따라 온 자 -
   2) 두려워 떨며 돌아간 자 -
   3) 남은 자 (   ) 중에서 최종 (   )이 전쟁에 나갔다.

2. 이처럼 군대의 수를 줄이도록 지시하신 하나님의 뜻은?(2절) -

3. 기드온의 군대가 가지고 승리한 특별난 세 가지 무기(도구)는? -

4. 기드온의 군대가 외친 소리는? -

5. 사로잡혀 바위와 포도주 틀에서 죽은 미디안의 방백은? - (   ) (   )

제8장 [기드온의 승리와 이스라엘의 타락]

다음은 누가 누구에게 한 말인지를 쓰시오.

1. 미디안과 싸우러 갈 때에 우리를 부르지 아니하였으니…… 이같이 대접함은 어찌됨이냐?
   - (절) - (이   에게)

2. 세바와 살문나의 손이 지금 네 손 안에 있다는 거냐 어찌 우리가 네 군대에게 떡을 주겠느냐?
   - (절) - (이   에게)

3. 내가 평안히 돌아올 때에 이 망대를 헐리라.
   - (절) - (이   에게)

4. 너희가 만일 그들을 살렸더라면 나도 너희를 죽이지 아니하였으리라.
   - (절) - (이   에게)

5. 당신이 우리를 미디안의 손에서 구원하셨으니…… 우리를 다스리소서
   - (절) - (이   에게)

6. 내가 너희를 다스리지 아니하겠고…… 여호와께서 너희를 다스리시리라.
   - (절) - (이   에게)

7. 내가 너희에게 요청할 일이 있으니 너희는 각기 탈취한 귀고리를 내게 줄지니라.
   - (절) - (이   에게)

제9장 [아비멜렉의 반역]

다음 말이 맞으면 O표, 틀리면 X표를 하고 틀린 부분을 지적하시오.

1. 기드온은 아내가 많아 아들이 70명에 이르렀고 아비멜렉은 첩의 자식이다(8:29~31).(   )

2. 아비멜렉은 형제 70명을 죽이고 세겜에서 왕이 되었는데, 형제 중 여룹바알만 살았다(1~6).(   )

3. 요담이 그리심 산에서 네 종류의 나무(감람, 무화과, 포도, 가시) 비유를 통해 아비멜렉을 가시나무에 비유했다(7~21).(   )

4. 아비멜렉이 이스라엘을 다스린 지 삼 년에 가알이 세겜 사람들과 아비멜렉을 대적하였으나 가알은 쫓김을 당하였고 세겜 사람들은 천 명이나 죽었다(22~49).(   )

5. 아비멜렉이 데베스에 갔을 때 망대에서 한 여인이 맷돌 윗짝을 아비멜렉에게 던지매 아비멜렉의 허리가 부러져 결국 죽었다(50~57).(   )

역사서

사사기

사사기 10~16장 여러 사사들의 활동

제10장 [사사 돌라, 야일]
다음 빈칸에 알맞는 말을 쓰시오.

1. 아비멜렉의 반란 이후의 사사는 (   ) 사람 (   )로서 그는 에브라임 산지 (   )에 거주하면서 (   ) 년간 사사로 활동했다.
2. 길르앗 사람 (   )은 (   )년 동안 사사가 되었는데 아들 (   ) 명이 있어 어린 (   ) 삼십을 타게 했고 성읍 삼십을 가졌다.
3. 이스라엘 자손이 악을 행하여 섬긴 이방신은 각각 무엇인가?(6절) -
4. 이스라엘은 블레셋과 (   ) 자손의 손에 요단 저편(동쪽)에서 (   )해 동안 억압을 받았고, 요단을 건너서 (   )와 (   )과 (   ) 족속과 싸우므로 곤고가 심하였다.

제11장 [입다의 승리와 서원]
다음 요약된 본문의 말을 누가 했는지 찾아 적으시오.

1. 너는 다른 여인의 자식이니 아버지의 기업을 잇지 못한다. -
2. 우리가 암몬 자손과 싸우려 하니 당신은 우리의 장관이 되라. -
3. 전에 나를 미워하여 내 아버지 집에서 쫓아내지 아니하였느냐. -
4. 이스라엘이 애굽에서 올라올 때 내 땅을 취했으니 이제 다시 돌려 달라. -
5. 암몬과 모압의 땅을 점령하지 아니하고 아모리 사람의 땅을 점령하였다. -
6. 암몬 자손을 내 손에 넘겨주시면 승리하고 올 때 영접하는 자를 번제로 드리겠다. -
7. 여호와를 향하여 입을 여셨으니 아버지의 입에서 낸 말씀대로 내게 행하소서. -

제12장 [동족전쟁, 입산, 엘론, 압돈]
다음 물음에 간략히 쓰시오.

1. 에브라임과 길르앗이 싸운 이유는?
   -
2. 길르앗이 요단 나루턱에서 어느 편인지 확인한 방법은? -
3. 그때에 에브라임 사람의 죽은 자가 몇 명이며, 입다가 사사로 활동한 연수는? -
4. 사사 입산에 대하여
   -
5. 사사 엘론에 대하여
   -
6. 사사 압돈에 대하여
   -

제13장 [사사 삼손의 등장]
다음 물음의 답을 성경에서 찾아 쓰시오.

1. 40년 동안 이스라엘을 지배한 사람은?
   - (   ), (절)
2. 포도주, 삭도, 부정한 것을 금하는 신분은?(절수는 처음 나온 것만)
   - (   ), (절)
3. 마노아가 낳을 나실인이 됨을 말한 자는?
   - (   ), (절)
4. 여호와의 사자가 말한 자신의 이름은?
   - (   ), (절)
5. 여호와께서 복을 준 마노아가 낳은 아들 이름은?
   - (   ), (절)

제14장 [삼손과 블레셋 여인]
다음 (/   ) 말에서 틀린 것을 두 줄로 지우시오.

1. 삼손이 (마하네 / 딤나)에서 본 블레셋 여인을 아내로 맞아 틈을 타 블레셋을 치려 함은 (삼손 자

신 / 여호와)에게서 나온 것이다.

2. 삼손의 수수께끼 답을 아내가 (울며 / 아양떨며) 요구해서 (세번째 / 일곱째)날에 누설되었으나 약속대로 베옷과 겉옷 각각 (삼십 / 육십) 벌을 주었고 아스글론에서 삼십 명을 쳐죽였다.

제15장 [삼손의 능력]
다음 서로 관계 있는 것끼리 연결하시오.

1. 처가로 아내 보고자 • • 가) 새 줄 둘로 결박
2. 여우 삼백 • • 나) 대신 동생을
3. 유다 사람 삼천 명 • • 다) 곡식밭 감람원 불
4. 여호와의 영의 권능 • • 라) 엔학고레 샘
5. 나귀의 새 턱뼈 • • 마) 줄이 불탄 삼과 같이
6. 목마른 삼손 • • 바) 블레셋 사람 천 명

제16장 [삼손과 들릴라]
다음 성경의 사건 순서대로 (   ) 안에 번호를 쓰시오.

1. 삼손이 들릴라에게 비밀을 말할 때까지의 순서는?(1~20)
   1) 쓰지 아니한 새 밧줄로 결박하면 (   )
   2) 내 머리가 밀리우면 (   )
   3) 마르지 아니한 새 활줄 일곱으로 결박하면 (   )
   4) 머리털 일곱 가닥을 베틀에 날실에 섞어 짜면 (   )

2. 삼손의 마지막 승리까지의 순서는?(21~31)
   1) 블레셋 인들이 다곤에게 큰 제사 (   )
   2) 눈을 빼고 옥중에서 맷돌을 돌리게 (   )
   3) 집 기둥을 쓰러트려 원수를 단번에 (   )
   4) 머리털이 다시 자라기 시작 (   )

사사기 17~21장 종교적, 도덕적 무질서

제17장 [미가의 우상숭배]
다음 빈칸에 알맞은 말을 적으시오.

1. 미가가 어미의 돈을 훔쳤다가 은 천백 그대로를 돌려주었는데, 이를 율법대로 하려면 어떻게 해야 하나?
   1) 훔친 돈의 액수에 (   )을 더하여 은 (   )으로 돌려주어야 했다(레 6:5).
   2) 그리고 흠 없는 (   )을 가져다가 (제)를 드려야 했다(레 6:1~7).

2. 은장색(금속 세공업자)에게 돈을 주고 신상을 어떻게 만들었나?
   - (   )

3. 신당이 있으므로 또 무엇을 만들었나? (두 가지)
   - (,   )

4. 한 (   )을 세워 제사장을 삼았고 후엔 그 집에 찾아온 (   )인을 제사장으로 삼았으나 이 모든 것이 우상숭배를 하는 죄였다.

5. 그때에는 이스라엘에 (   )이 없었으므로 사람마다 자기 (   )에 옳은 대로 행하였다.

제18장 [단 지파의 이주]
다음 물음에 답하시오.

1. 단 지파의 사람 다섯이 무엇을 하러 다니다가 미가의 집까지 왔는가?
   -

2. 이들이 이른 라이스는 어떠했는가?(7절)
   -

3. 단 지파 사람 몇 명이 무기를 지니고 출발하였는가? -

4. 미가의 집에서 취한 우상 네 가지는 무엇인가?
   -

역사서
사사기

5. 이들을 추적한 미가 일행이 돌아간 이유는?

-

6. 단 자손이 취한 성읍은 무엇이며 그 성읍 이름을 무엇이라고 바꿨나? -

7. 당시에 1) 하나님의 집은 어디에 있었으며,

-

2) 별도로 단 지파에는 무엇이 있었나?

-

역사서 사사기

제19장 [기브아 사람의 악행]

다음 말은 누가 한 것인지 보기에서 골라 쓰시오.

보기 1) 기브아 노인 2) 어떤 레위 사람 3) 첩 장인 4) 토막시체를 보는 자 5) 성읍의 불량배들

1. 떡을 조금 먹어 그대의 기력을 돋은 후에 그대의 길을 가라. -

2. 이스라엘 자손에게 속하지 아니한 이방 사람의 성읍으로 들어갈 것이 아니니 기브아로 나아가리라. -

3. 안심하라 그대의 모든 쓸 것은 나의 담책이니 거리에서 자지 말라. -

4. 네 집에 들어온 사람을 끌어내라 우리가 관계(동성연애) 하리라. -

5. 애굽 땅에서 올라 온 날부터 오늘까지 이런 일은 일어나지도 아니하였고 보지도 못하였다. -

제20장 [이스라엘과 베냐민의 전쟁]

다음 빈칸에 알맞은 말을 적으시오.

1. 다음 이스라엘과 베냐민 지파 간의 싸움에서 이긴 편에 O표하고 진 편에는 죽은 숫자를 쓰시오.
   1) 1차전(19~23)
      ~이스라엘(　　　), 베냐민(　　　)
   2) 2차전(24~28)
      ~이스라엘(　　　), 베냐민(　　　)
   3) 3차전(29~35)
      ~이스라엘(　　　), 베냐민(　　　)

2. 미스바에 모인 이스라엘의 칼을 빼는 보병은 얼마였는가?(1~2) -

3. 레위인이 첩의 시체를 쪼개어 이스라엘 기업의 온 땅에 보낸 이유는?

-

4. 울며 금식하고 번제와 화목제를 드린 것은 몇 차전의 실패 뒤인가? -

5. 이스라엘이 베냐민 자손에게로 돌아와서 행한 일은? -

제21장 [베냐민을 위한 조치]

다음 말이 잘못된 곳에 밑줄을 긋고 바르게 고치시오(1~2), 해당 절수를 쓰시오(3문)

1. 이스라엘이 베냐민을 위하여 뉘우침은 한 지파가 번창함으로 인함이었다.

   (　　　　　　　　)

2. 이스라엘은 베냐민에게 딸을 주지 않기로 맹세했기에 대신 야베스 길르앗 처녀 사백 명과, 춤추는 실로암 여자를 붙잡아 아내로 삼게 했다.

   (　　　　　　　　)

3. "이스라엘에 왕이 없으므로"라는 말과 같거나 유사한 구절들을 다른 장에서도 찾아 적으시오.
   1) (17:　　) -
   2) (18:　　) -
   3) (19:　　) -
   4) (21:25) -

룻기 | 역사서 |

Ruth

제목에 대한 해설

본서의 주인공인 '룻'의 이름에 근거하여 본서를 히브리어 성경이나 후대의 성경들 모두 〈룻기〉라 하였다. 〈에스더〉와 함께 여인의 이름으로 된 두 권의 책 중 한 권이다. 룻은 모압 지방의 이방 여인으로서 하나님의 백성이 되는 과정을 보여 준다.

저자 및 저작 연대

저자는 미상이지만 탈무드에 의하면 사무엘이 〈사무엘〉와 〈사사기〉, 그리고 이 〈룻기〉를 기록했다고 한다.

저작 시기는, 다윗은 등장(4:18 이하)하나 솔로몬이 등장하지 않는 것으로 보아 다윗 시대에 기록한 것으로 본다.

현대 학자들 중에는 신명기 법전(주전 550년경)과 친숙하게 연결하여 포로 후기로 보는 이들도 있다. 잡혼을 금한 에스라-느헤미야 개혁의 일방성에 반하여 이방인을 수용하고 가정을 중요시하는 것을 주장하는 포로 후기의 기록으로도 본다.

역사적 배경

본서의 첫 부분에는 "사사들의 치리하던 때"라 하였고, 끝 부분인 4:18~22에는 족보와 함께 다윗이 언급되어 있어서 시대적 배경을 쉽게 알 수 있다. "베레스는 헤스론을 낳고 헤스론은 람을 낳았고 람은 암미나답을 낳았고 암미나답은 나손을 낳았고 나손은 살몬을 낳았고 살몬은 보아스를 낳았고 보아스는 오벳을 낳았고 오벳은 이새를 낳았고 이새는 다윗을 낳았더라." 이 사건은 다윗 왕의 3대 조모인 룻이라는 이방 여인이 살던 시대의 이야기인데 그것이 기록 시기를 말하는 것은 아니다.

교훈과 메시지

(1) 아름다운 만남과 대화의 책

〈룻기〉에는 많은 '만남과 대화'가 나온다. 고부 간, 가난한 자와 부자 간, 서로 다른 종족 간, 노인과 젊은이간, 남녀 간, 혈족 간의 만남과 대화가 나온다. 이것은 발전적이고 생산적이며 축복을 이루어 간다. 또한 효성과 충절을 잘 보여 준다.

(2) 편협된 국수주의에 대한 경계

룻은 이방 모압 여인으로 유다에 귀화하였다. 더구나 이방인으로 다윗 가문까지 이어져(4:18~22, 마 1:1~17) 유다인들의 편협된 자세를 경계한다. 이스라엘의 신앙의 유지와 보전은 그 삶과 신앙의 내용에 있는 것이므로 혈연적인 면에 지나치게 집착하지 말 것을 은연중에 가르치고 있다.

(3) 기업 무르기(수혼제)에 대한 가르침

'기업을 무르다', '구속하다'라는 말이 20회가 나오는데 이 말은 다양하게 사용된다. 〈신명기〉 25:5~10절과 〈창세기〉 38장에 나온 수혼제(룻 1:11~12에 약간의 언급이 있다) 뿐 아니라 공동체를 이루어 가는 규약의 역할을 하였다. 즉 ① 가족이나 친지의 재산을 다시 무르거나(레 25:25), ② 종

된 형제를 자유롭게 하거나(레 25:47~55), ③ 자기 친족을 죽인 살인자에게 복수하는 보호자(민 35장, 신 19:6)가 되었다.
룻은 이 혜택으로 보아스가 그의 기업을 무르는 자가 되어 그와 결혼하였다. '기업 무르는 자'를 히브리어로 '고엘'이라 했는데, 신약에서는 예수님이 우리의 구원자로서 '고엘'이 되신다.

(4) 가정에서 여성의 역할

등장인물 중에 나오미의 남편과 두 아들은 죽고 나오미와 모압에서 얻은 자부, 룻만 남은 상황 아래에서도 혈통이 끊어지지 않고 이어지게 된 것은 이들의 아름다운 관계에서 기인한다. 이것은 가정에서 여성의 역할이 중요함을 일깨워 줌으로써 모든 여성은 어떤 형편에 처하든 가정에 충실해야 함이 중요하고, 또 그 가치가 어떤 것인지를 보여 주는 중요한 교훈을 담고 있다.

(5) 룻인가, 다윗인가?

베레스 이후의 계보가 다윗까지 이어짐으로써 10대를 이루고 있으며, 이러한 족보는 창세기의 아담과 노아의 계보, 그리고 셈에서 아브라함까지의 계보를 연상하게 해 준다.
베레스에서 다윗까지 이어진 계보가 '룻의 후손 다윗을 보라'인지, 아니면 '다윗의 조모는 룻'임을 강조함인지, 그 판단은 독자의 몫이다.

모압 여인 룻 (중요구절 룻 4:17)

〈사사기〉의 어두운 이야기를 지나 〈룻기〉에서 어둠을 이기는 밝은 모습을 본다. 흉년의 때에 이스라엘의 한 가정이 이방 땅 모압으로 이주했는데 그곳 여자 둘을 며느리로 맞으나 남편과 두 아들이 그 땅에서 죽고 혼자 된 나오미가 며느리 룻과 함께 베들레헴으로 돌아온다(1장). 룻은 보아스의 밭에서 이삭을 줍고(2장), 나오미가 가르친 대로 친족의 권리를 주장하여 보아스와 결혼하고 아이를 낳는데 그 아이는 다윗의 선조이다(3~4장).

1. "사사들의 치리하던 때에 그 땅에 흉년이 드니라. 유다 베들레헴에 한 사람이 그의 아내와 두 아들을 데리고 모압 지방에 가서 거류하였는데……"(룻 1:1)라는 〈룻기〉의 시작은 안타깝다. '한 사람'으로 일컬어진 엘리멜렉은 흉년 때에 약속의 땅을 버리고 이방 땅으로 살길을 찾아 떠났으나 실제 모압 땅에서 두 아들과 함께 죽고 만다. 성도들은 어려울 때 더욱 주님께, 교회에 붙어 있어야 한다.
2. 룻이 모압에서 남편은 죽었고 시어머니만 남았을 때 고향 땅 모압에 머무를 것인가, 알지 못하는 유대 땅으로 갈 것인가? 또한 모압의 낯익은 신 그모스를 섬길 것인가, 이스라엘의 하나님을 섬길 것인가? "룻이 이르되 내게 어머니를 떠나며 어머니를 따르지 말고 돌아가라 강권하지 마옵소서…… 어머니의 백성이 나의 백성이 되고 어머니의 하나님이 나의 하나님이 되시리니"(1:16)라고 결단한다. 이는 믿음과 사랑의 결단이기에 하나님은 룻의 눈물을 거두어 주시는 섭리를 베푸신다. 베들레헴에서 새 남편 보아스를 만나 대를 잇는 기쁨을 얻었다. 인생의 갈림길에 설 때 바른 결단을 해야 한다.
3. 베들레헴에서 모압으로 네 명(1:2)이 갔으나 십 년 만에 나오미와 며느리 룻, 두 사람만이 귀향한다. 고향 사람들은 "이이가 나오미냐"(1:19)며 반가워하지만 나오미는 "나를 나오미라 하지 말고 나를 마라라 부르라. 이는 전능자가 나를 괴롭게 하였음이니라"며 전능자께서 주신 심판으로 해석한다(1:13, 20~21). 나오미는 '사랑스러운 여인'으로 '희락'이며, 마라는 '쓰라진 여인, 괴로운 여인'으로 '괴로움', '쓰다'는 의미를 갖는

1 **모압을 떠나는 룻**
모압에서 유대 땅으로

2 **이삭 줍는 룻**
보아스와 만남

3 **친족의무를 요구한 룻**
당신의 옷자락을 펴
당신의 여종을 덮으소서

4 **보아스와 결혼하는 룻**
기업을 무를 자, 보아스

다(출 15:23). 우리의 인생에도 나오미와 마라가 교차한다.

4. 룻은 보아스를 만나 낳은 아들을 오벳이라 하였는데, 이는 죽은 남편의 아기로서 무너진 가문을 세우는 의미가 있다(4:13~16). "보아스는 오벳을 낳았고 오벳은 이새를 낳고 이새는 다윗을 낳으니라"(21~22절)라 하여 〈룻기〉의 주인공은 다시 다윗의 족보를 이어주는 역할을 한다.

더 살펴보기

1. 〈룻기〉가 보여주는 것

(1) 역사적으로 배신과 심판, 전쟁이 반복되는 암흑 가운데 한 떨기 백합화 같은 베들레헴의 경건한 가족에 대한 기록이다. (부록 성경 지도에서 '모압' 확인).

(2) 상징적으로 슬픔을 안고 사는 룻이 보아스로 인해 기쁨과 안식을 얻듯, 신부인 교회(성도)가 신랑이신 그리스도에게서 죄짐을 벗고 안식 얻는 것을 보여 준다.

(3) 신학적으로는 이방인(모압 여인 룻)이 어떻게 왕이신 메시아 그리스도의 혈통을 연결하는 매개체가 됐는가를 보여 준다(4:18~22, 마 1:1~17 비교). 룻은 결국 다윗의 증조모가 된다.

룻과 나오미(룻 4:13~22)
단(지명)에는 룻은 이방 여인으로서 약속의 땅으로 와서 다윗의 증조모가 된다. (이스라엘 국회의사장 앞에 세워진 메노라의 기둥부분에 조각된 모습으로 룻은 이삭을 들고 서 있고 앉아 있는 나오미의 머리 위에는 왕관이 조각되어 있다.)

2. 〈룻기〉는 다섯 두루마리(메길로트)에 속한다

〈룻기〉는 "사사들이 치리하던 때"(1:1)로 시작하여 기독교 성경에는 '역사서'에 속하지만 〈여호수아〉에서 〈열왕기하〉까지 이어지는 '신명기 역사서'의 흐름에는 들어가지 않는다. 히브리어 성경에서는 마지막 부분인 '성문서'에 들어 있어서 〈룻기〉는 〈아가〉, 〈전도서〉, 〈애가〉, 〈에스더〉와 함께 '다섯 두루마리(메길로트)'를 이룬다. 메길로트는 유대교의 여러 큰 명절에 한 권씩 읽힌다. 구약성경의 그리스어 번역본(《칠십인역, LXX》)에서는 내용의 역사적 순서에 따라 〈룻기〉를 〈사사기〉 뒤에 두었고 기독교회는 그 전통을 따른다.

역사서

룻기

3. 당신의 옷자락을 펴 여종을 덮으소서(룻 3:9)

룻이 보아스에게 가서 "당신의 옷자락을 펴 당신의 여종을 덮으소서 이는 당신이 기업을 무를 자가 됨이니이다" 라고 했다(3:9). 이 말은 결혼을 요구하는 말로서, '기업 무를 자'에 대한 요구는 율법적으로 주어진 당연한 권리를 주장하는 것이다. 〈신명기〉 25:5~10의 말씀을 수혼제(嫂婚制, 또는 계대혼인 繼代婚姻, Levirate marriage)라고 한다. 고대 이스라엘에서는 형제가 죽으면 다른 형제가 과부가 된 형수나 제수와 결혼해야 되며 그들 사이에서 태어난 아들로 죽은 형제의 후사가 되게 했다. 만일 살아 있는 형제가 너무 어리면 남아 있는 과부들은 그가 장성하며 결혼할 수 있을 때까지 기다려야 했다. 이러한 예를 다말에게서 보게 된다(창 38장). 다말이 유다의 아들 엘과 결혼했으나 죽자 시동생인 오난과 관계를 갖으나 오난이 잘못된 생각을 하자 하나님이 치셨고 다음에 셋째인 셀라를 유다가 주지 않자 창녀로 변장하여 시부인 유다와 관계를 통하여 쌍둥이를 낳는다. 곧 그들이 베레스와 세라였다. 이 사건을 근거한 나오미의 말을 1:11에서도 발견한다. 이 속에는 가문을 세워 가는 깊은 뜻이 있다.

4. '기업 무를 자'는 〈룻기〉의 중심사상을 나타내는 말이다.

기업 무를 자
이것은 한자말로 '속량', '구속(救贖)'이라는 용어를 사용한다. 히브리어는 '고엘'이다. 신약에서의 고엘은 우리를 구원하신 예수님이다.

"무른다"는 말은 '되돌려 주다', '값을 지불하고 물건을 되찾다'라는 뜻으로 그 대상은 다양하다.

(1) 수혼제로서 죽은 형의 가문을 이어 주었다(창 38장, 신 25:5~6). 이는 가문을 세우고 삶을 영위하게 하는 사회보장적인 박애정신이었을 것이다.
(2) 가난한 친족이 하나님께 기업으로 받은 토지를 팔았을 때 돈주고 물러 주었다(레 25:25~28).
(3) 빚으로 인해 종으로 팔린 친족의 빚을 갚아 주고 해방시켜 주었다(레 25:47~49).
(4) 친족이 억울하게 피살되었을 때 살인자를 따라가서 잡아다가 죽였다(민 35:19~21).

성경 질문지

룻기 1~4장 모압 여자 룻

제1장 [모압을 떠나는 룻]

다음 물음에 답하시오.

1. 나오미의 주변 상황에 대해 물음에 답하시오.
   1) 살던 때 -
   2) 살던 곳 -
   3) 가족이 이주한 곳 -
   4) 남편 -
   5) 두 아들 -
   6) 며느리 이름 -
   7) 모압에서 죽은 세 남자 이름 -
2. 모압 지방에서 유대로 돌아오려는 이유는 무엇인가?(6)

   -
3. 나오미는 자신의 고난을 어떻게 이해했는지 간단히 쓰시오(13, 20~21).

   -
4. 나오미는 룻에게 그의 동서 오르바가 어디로 돌아갔다고 했나?(15) -
5. 동서를 따라 돌아가라는 나오미의 말에 대한 룻의 대답은 무엇인지 간단히 쓰시오(16~17).

   - (　　　　　　　　)
   - (　　　　　　　　)
   - (　　　　　　　　)
6. 1) 고향에 돌아온 나오미(이름의 뜻은 '희락')는 자신을 (　　　)라고 부르라 했다(19~22).

   2) 그 뜻은 무엇인가?(출 15:23) -

제2장 [이삭을 줍는 룻]

다음 (/) 안에서 틀린 말은 =로 지우고 이 말을 누가 누구에게 한 것인지 쓰시오.

1. (　　　절) 내가 (밭으로 / 들로) 가서 내가 누구에게 (유혹 / 은혜)를 입으면 그를 따라서 (이삭 / 곡식단)을 줍겠나이다.

   (　　　→　　　에게)
2. (　　　~　　　절) 나오미와 함께 (암몬 / 모압) 지방에서 돌아온 모압 소녀인데…… 아침부터 와서는 잠시 집에서 (쉰 / 노는)외에 지금까지 계속하는 중이니이다.

   (　　　→　　　에게)
3. (　　　절) 나는 (유대 / 이방) 여인이거늘 당신이 어찌하여 내게 (은혜 / 원한)을 베푸시며 나를 (돌보시나이까 / 버리시나이까?)

   (　　　→　　　에게)
4. (　　　절) (모압 / 이스라엘)의 하나님 여호와께서 그의 (날개 / 심판) 아래에 보호를 받으러 온 네게 온전한 (상 / 벌) 주시기를 원하노라.

   (　　　→　　　에게)
5. (　　　~　　　절) 그에게 (밭 / 곡식 단) 사이에서 줍게 하고 (책망 / 칭찬) 하지 말며…… 다발에서 조금씩 (뽑아 / 떨어) 버려서 그에게 줍게 하고 꾸짖지 말라.

   (　　　→　　　에게)
6. (　　　절) 여호와로부터 (저주 / 복) 받기를 원

하노라…… 그 사람은 우리와 (원수 / 가까우)니 우리 기업을 (무를 자 / 빼앗을 자) 중 하나이니라. (　　　→　　　에게)

제3장 [친족 의무를 요구하는 룻]
다음 물음에 답하시오.

역사서

룻기

1. 룻이 몸치장을 어떻게 하도록 했는가?

   -

2. 룻이 보아스 곁에 누울 수 있는 근거는 보아스가 룻의 친척으로 무엇을 할 자이기 때문인가?(2:20, 3:2, 9)

   -

3. 보아스는 룻에게 더 가까운 친족이 기업 무를 의무를 이행하고자 않으면 자신이 어떻게 하겠다고 맹세했는가?(10~13)

   -

4. 되어진 일의 이야기를 들은 시어머니는 룻에게 무엇이라고 했는가?(14~18)

   -

제4장 [보아스와 결혼하는 룻]
다음 물음에 답하시오.

1. 1~13절과 신 25:5~10을 읽고 수혼제(또는 계대혼인법)가 어떤 제도인지를 간단히 말해 보시오(참조. 1:11~13, 3장, 창 38장 및 '더 살펴보기' 참고).

   - (　　　　　　　　　　)
   (　　　　　　　　　　)
   (　　　　　　　　　　)

2. 룻과 보아스가 아들을 낳았을 때 여인들이 나오미에게 이 아이의 의미를 무엇이라고 했는지 세 가지로 나누어 말하시오(15)

   1) 네 ~
   2) 네 ~
   3) 너를 ~

3. 룻과 보아스 사이에 낳은 아이의 이름은 무엇인가?(17) -

4. 다음 족보의 빈칸을 채우시오(4:18~22, 마 1:3~5). {　}은 여자

   베레스→(　　　)→람→(　　　)→나손→살몬→(　　　)→오벳→(　　　)→다윗
   {　　　} {　　　}

사무엘(1) | 역사서 |

1 Samuel

〈사무엘〉은 원래 한 권이었기에 상하가 아닌 1, 2로 나누어 해설한다.

제목에 대한 해설

본서의 명칭은 본서의 중심인물인 사무엘을 따라 〈사무엘서〉라 불렸으나 실제 〈사무엘상〉의 중심인물은 사무엘과 사울이며 〈사무엘하〉에는 다윗이 중심인물로 등장한다.

현대의 성경들은 대부분 〈사무엘〉, 〈열왕기〉가 상하 두 권으로 나누어져 있으나 원래 히브리 성경은 한 권으로 되어 있었다. 주전 3세기경부터 히브리 성경을 헬라어로 번역(LXX, 이를 '70인역'이라 한다)하면서 그 분량이 많아지자 상, 하로 나누었다. 책이름도 〈사무엘〉는 '왕국기'(Book of the kingdom) 1, 2 로, 〈열왕기〉는 '왕국기' 3, 4로 불렸으나 제롬의 불가타역(Latin Vulgate)에서 왕국기 1, 2는 〈사무엘상하〉로, 왕국기 3, 4는 〈열왕기상하〉로 불렸다.

히브리어 성경도 주후 1517년부터 다니엘 봄베르크(Daniel Bomberg)가 히브리 성경을 개정하여 〈사무엘〉와 〈열왕기〉를 각각 상하 두 권으로 나누어 지금까지 이르고 있다.

저자 및 저작 연대

본서의 저자를 '아비아달 제사장', 또는 '사무엘이 세운 선지학교의 생도 중 하나'라는 등 여러 사람을 제시하지만, 성경의 내적 증거를 제시하지는 못한다. 일반적으로 〈사무엘〉은 하나님의 영감에 의하여 이스라엘의 어느 선지자가 기존의 재료들, 즉 "선견자 사무엘의 글과 선지자 나단의 글과 선견자 갓의 글(대상 29:29)" 등을 편집하여 재작성한 것이라 할 수 있다. 기록 연대는 〈사무엘〉이 다윗의 죽음 전까지의 기록인 것으로 보아 다윗이 죽기 전인 주전 11세기경으로 본다.

한편 현대 학자들 중에는 이스라엘 왕국의 건설과 왕국의 역사의 기록에서 똑같은 사건이 내용을 달리하여 두 번 세 번 되풀이한 기사들로 미루어 보아 사무엘서는 한 사람의 역사가가 아닌 여러 시대 여러 사람에 의해 편찬되었다고 보는 이들도 있다.

역사적 배경

〈사무엘상〉에는 사사 통치가 끝나고 새로운 형태의 왕정 통치로 들어설 때에 중요한 역할을 한 사무엘, 그리고 그에 의해 왕으로 기름 부음 받은 사울, 또한 사울 왕과 다윗의 갈등이 나온다. 즉 사사 통치 말기에서부터 왕정 시작과 초기 왕정 내지 통일 왕국의 사울, 그리고 그의 죽음까지를 다루고 있다.

당시 블레셋이 매우 강성하여 사무엘과 사울 시대에 계속적인 위협이 되었다(〈사사기〉 '시대적 배경' 참고). 이러한 가운데 사사 체제로는 나라가 존속할 수 없다는 의견들이 도출되었다. 더구나 엘리 제사장이나 사무엘 선지에게 있어서 본인은 백성들의 인정을 받지만 그 자녀들은 사회가 요구하는 인물들이 되지 못했다. 따라서 새로운 제도인 왕정 요구가 있었다. 이런 상황에서 사울이 통일 이스라엘의 초대 왕이 되었고, 사울과 다윗은 갈등으로 대결 구도를 보여 준다.

교훈과 메시지

(1) 왕정 제도의 시작

이스라엘 백성들이 이방처럼 왕을 요구하였다. 왕정은 상반된 견해, 즉 왕정에 대하여 호의적인 견해(삼상 9:1-10:16, 10:27-11:15, 삿 8:22)와 왕정에 대해 반대하고 거부하는 견해(삼상 8:1-8, 22, 10:17-27, 12:1-25, 삿 8:22-23, 9:7-22)가 있다. 물론 상반된 견해 중 하나님께서 원하시는 것을 〈사무엘〉의 기록만으로 판정하기는 어렵다. 정치, 사회, 신앙적인 문제가 뒤섞여 어디로 가야 할지를 모르는 상황에서 역사는 왕정의 설립으로 흘러가고 있었다.

(2) 사무엘 선지와 사울 왕의 긴장 관계

사무엘과 사울은 두 번에 걸쳐 부딪친다. 블레셋과의 전투를 앞두고 사무엘이 도착하기 전에 사울이 제사를 주도한 일과 아말렉의 진멸 때에 사울이 불순종한 것이다. 이 사건에서 보면 사울의 인격의 결함인지, 아니면 권한을 활용하려는 조치인지를 묻게 된다. 사울 왕이 누리는 권한은 사무엘을 통해 주어지는 하나님의 말씀을 따르는 것이다. 이는 곧 이스라엘을 통치할 지도자에게 백성과 하나님 앞에서 자신이 서야 할 위치를 분명하게 밝혀 주고 있는 것이다.

역사서

사무엘상

1
한나의 기도와 응답
아들을 낳아 사무엘이라

2
한나의 찬양
아이는 제사장 앞에서

3
사무엘의 응답
여호와여 말씀하옵소서

4
빼앗긴 언약궤
엘리가 목이 부러져 죽음

5
블레셋에 임한 재앙
아스돗, 가드, 에그론

6
되돌아 온 언약궤
좌우로 치우치지 아니하였고

사무엘상 1~6장

사무엘의 등장 (중요구절 삼상 2:7)

아들이 없어 슬픔에 잠겼던 한나는 기도의 결과로 사무엘을 낳고 서원한대로 그를 하나님의 집 엘리에게 맡긴다(1장). 제사장 엘리는 사무엘 훈련은 잘 시켰으나 아들들은 행실이 나빴다(2장). 사무엘은 엘리 집에 대한 예언의 말씀을 듣는다(3장). 이스라엘은 블레셋과의 전쟁에서 법궤를 빼앗기고 엘리의 아들들은 전사한다. 그 소식을 들은 엘리도 죽는다(4장). 법궤를 가져간 블레셋은 오히려 재앙이 임하고 법궤는 여러 도시로 돌아다닌다(5장). 블레셋에 도착한 법궤로 인해 오히려 블레셋의 도시들마다 독종의 재앙으로 괴롭힘을 당하게 되자 결국 법궤가 다시 이스라엘로 돌아온다(6장).

1. 〈사무엘상〉은 '엘가나'라는 경건한 한 가족의 이야기로 시작한다. 두 아내(브닌나, 한나)를 둔 것을 오늘날의 시각으로 평가할 수는 없다. 엘가나의 경건성은 "이 사람이 매년…… 실로에 올라가서 만군의 여호와께 예배하며 제사를 드렸는데"(1:3)에서 잘 나타난다. "만군의 여호와"는 처음 등장하는 표현이다. 오늘날도 경건의 첫 번째는 여호와께 예배를 드리며 예물(제물)을 드리는 일이다.
2. 기도하던 한나에게 엘리 제사장은 "네가 언제까지 취하여 있겠느냐 포도주를 끊으라"(1:14)며 경솔하게 말함으로 자식 없는 한나의 마음을 더욱 아프게 하지만 한나는 겸손하게 제사장을 이해시킨다. 목회자나 다른 교인들의 작은 허물을 헐뜯고 시비하는 경우들이 있다. 한나의 겸손과 그로 인해 축원을 받고 그에게 임한 기도의 결실을 볼 때 한나의 자세는 큰 귀감이 된다(1:9~20).
3. 한나는 서원하여 "아들을 주시면 내가 그의 평생에 그를 여호와께 드리고 삭도를 그의 머리에 대지 아니하겠나이다"하였고(1:11) 기도가 이루어지자 그 서원대로 실행하여 아들 사무엘을 여호와께 드린다(1:26~28). 마음이 아팠겠으나 "여호와께서 한나를 돌보시사 그로 하여금 임신하여 세 아들과 두 딸을 낳게 하셨고 아이 사무엘은 여호와 앞에서 자라니라"(2:21)는 말씀처럼 더욱 넘치게 채워주셨다. 나는 여호와께 무슨 서원을 했으며, 그 서원대로 행했는가?(시 15:4)
4. "내 아들들아 그리하지 말라. 내게 들리는 소문이 좋지 아니하니라"(2:24). 나는 엘리 제사장만큼은 하는가? 자녀를 꾸짖을 줄 아는 엘리

는 그래도 훌륭한 제사장이다. 그럼에도 엘리 제사장은 결국 자식 교육에 실패하는데 그 이유는 "아들들이 저주를 자청하되 금하지 아니한"(3:13) 아버지로서의 의무를 소홀히 한 측면도 있고 아들들이 저주를 자청한 것이었음을 성경은 증언한다.

더 살펴보기

1. 〈사무엘상〉의 내용

여호수아를 이어 사사들의 노력에도 불구하고 이스라엘은 가나안을 완전히 정복하지는 못했다. 당시 이스라엘의 적은 가나안의 남은 족속뿐 아니라 남쪽의 애굽, 북쪽의 아람(시리아)이나 앗수르 같은 큰 나라도 있었다. 또한 그보다 서남쪽 해안에 정착한 '바다의 사람들(해적)' 출신인 블레셋이 가장 큰 적이었다. 이때 사무엘의 등장은 사사시대의 긴 터널을 빠져나와 밝은 빛에 선 것과도 같다.

내용 분해
1 ~ 7장 - 사무엘의 어린 시절과 블레셋의 승리
8~31장 - 사울 왕국
(8~15장 - 사무엘과 사울)
(16~31장 - 사울과 다윗)

2. 사무엘의 아버지 엘가나는 어느 지파 사람인가?(삼상 1:1)

"에브라임 산지 라마다임소빔에 에브라임 사람 엘가나라 하는 사람이 있었으니"(1:1)라고 사무엘의 아버지 엘가나를 소개하므로 그 집안이 에브라임 지파 사람인 것으로 오인을 한다. 실제 사무엘은 레위 지파 사람인데 에브라임 지역에 살았던 것이고(수 21:20~21), 사무엘이 제사장이 된 것만 보아도 알 수 있으며 족보에서도 찾을 수 있다(대상 6:22~26, 33~35). 제사장은 레위 지파에서만 나왔으므로 사무엘과 그의 아버지는 모두 레위 지파 사람이다.

3. 한나의 서원과 찬양(삼상 1:22, 2장)

(1) 한나의 서원대로 사무엘은 젖을 뗀 후(1:24) 하나님의 전에 바쳐졌다. 여기서 '젖을 뗀 후'란 고대 동방에서 4~5세가 되도록 젖을 먹였던 것을 감안하면 사무엘이 여호와의 집에 드려질 때는 유치원 아이 정도는

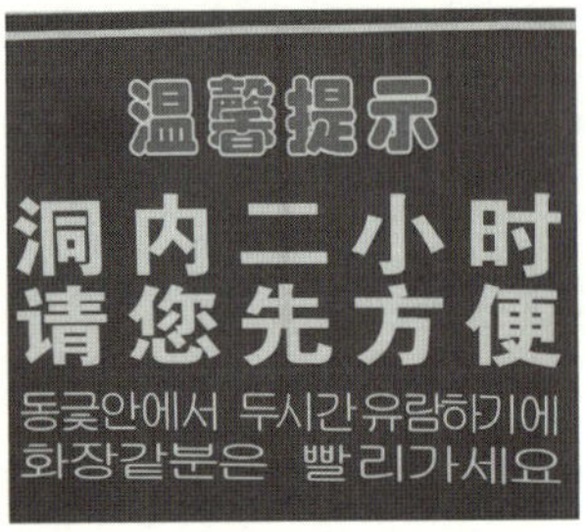

중국 장가계 황룡동굴 앞의 안내판
중국어를 한글로 번역해 놓은 안내문이 어색하기만 하다. 성경번역의 중요성을 생각하며, 한나가 기도하러 갔을 때 엘리 제사장과 잘 통하지 않는 대화(삼상 1:12~16)를 생각하면 언어의 제한성을 다시금 깨닫는다.

된 것으로 추정된다.

(2) 아이를 낳은 '한나의 찬양'(삼상 2:1~10)은 홍해를 건넌 후의 '미리암의 찬양'(출 15:19~22), 천사의 수태고지를 들은 '마리아의 찬양'(눅 1:46~55)과 함께 여인의 3대 찬양으로 '마그니피카트'(Magnificat)이다. 이것은 "내 영혼이 주님을 찬양합니다"(Magnificat anima mea Dominum)라는 뜻으 라틴어 가사 첫째 줄 첫 단어이다. 스텐리 죤스(Stanley Jones)는 마그니피카트를 '혁명적인 문서'라 하였다. 찬양이 우리의 신앙으로 승화되도록 해야 한다.

4. '엘리'나 '사무엘'은 사사인가?(삼상 4:18)

사사를 열두 명이라고 하지만(239쪽 도표 참고) 실제 '엘리'나 '사무엘'도 사사이다(4:18, 8:1, 행 13:20) 그렇지만 이들은 '사사'보다는 '제사장' 요소가 더 강하였다. 특히 사무엘은 '선지자'적인 요소까지 갖추었다. 그래서 보통 엘리는 '제사장'으로, 사무엘은 '선지자'로 불린다(3:20). 기드온의 아들 아비멜렉을 사사로 분류하는 자료들도 보는데, 아비멜렉은 부름받는 사사가 아니고 '자칭 왕'이었을 뿐이다(삿 9:6).

사무엘상 7~12장

왕으로 세움 받은 사울 (중요구절 삼상 7:2)

여러 해 동안 사무엘의 신앙 부흥 운동의 결과로 이스라엘은 민족적인 번성을 가져온다(7장). 사무엘이 늙자 백성들은 왕정제도를 요구하게 되고 사무엘의 왕정제도의 문제점 지적에도 불구하고 이방과 같은 왕을 요구한다(8장). 준수하고, 효심이 있고, 선지자를 대접할 줄 알고, 겸손한 베냐민 지파의 사울이 이스라엘 통일왕국의 초대왕으로 지목 받고(9장), 기름부음을 받으며 백성 앞에서 공식적인 왕으로 세움을 받으니 백성들은 왕의 만세를 부른다(10장). 사울은 왕이 된 후 첫 번째 전쟁인 암몬과의 싸움에서 하나님의 영에 크게 감동되어 승리를 하므로 지도력을 인정받는다(11장). 사무엘은 말씀으로 백성을 가르치고 백성들은 응답한다(12장).

1. 미스바에 모여서 사무엘은 "백성들을 위해 기도하고" 백성들은 금식하면서 "여호와께 범죄 하였나이다"라고 고백한다. 그리고 사무엘은 그들

을 다스리므로(7:5~6) 영적 지도자일 뿐 아니라 정치적인 지도자의 역할까지 한다. 오늘의 교회도 이런 모습을 배워 신앙의 부흥을 위해 힘써야 한다.

2. 이스라엘은 블레셋과의 전쟁에서 하나님의 도움으로 승리를 하고 "사무엘이 돌을 취하여 미스바와 센 사이에 세워 이르되 여호와께서 여기까지 우리를 도우셨다 하고 그 이름을 '에벤에셀'이라"(7:12) 하였다. 그대는 삶에 있어서 이렇게 도우셔서 승리를 주시는 에벤에셀의 하나님을 체험하고 사는가? 여기까지(이 일까지도) 도우시는 하나님을 체험하는 행복이 있어야 한다.
3. 사울을 왕으려 세우고자 할 때에 "나는 가장 작은 지파 베냐민 사람이며 나의 가족도 가장 미약하지 아니하니이까?"(9:21)며 초기에 겸손하고 선한 사람으로 등장하나(10장 성경 질문지 참고) 얼마 안 가서 제사장권을 침해하고(13:9), 아말렉 진멸을 불순종하고(15: 5~6), 신접한 여인을 찾아가는(28:8~14) 등 죄를 짓는다. 세움 받을 때의 겸손과 은혜와 인내를 잃지 않도록 해야 한다.
4. 사무엘은 백성들에게 "오라 우리가 길갈로 가서 나라를 새롭게 하자"(11:14)고 한다. 처음엔 왕정 제도를 반대했지만, 하나님이 허락 하신후 하나님 앞에서 사울을 왕으로 삼고 함께 기뻐하였다.
5. 사무엘은 자기 백성에 대한 참된 사랑을 가지고 있었다. "너희가 과연 이 모든 악을 행하였으나 …… 나는 너희를 위하여 기도하기를 쉬는 죄를 여호와 앞에 결단코 범하지 아니하고"라 말한다(12:20~23). 하나님의 일꾼은 사무엘처럼 기도하기를 쉬는 죄를 범하지 않아야 한다.

7
사무엘의 활동
에벤에셀의 하나님

8
왕정제도의 요구
우리에게 왕을 세워 다스리게

9
왕으로 선택된 사울
이가 내 백성을 다스리리라

10
기름부음 받은 사울
미스바에 모여 왕의 만세를

11
사울의 첫 승리
암몬과의 전쟁에서 승리

12
사무엘의 설교
우리가 주를 섬기겠나이다

더 살펴보기

1. 블레셋과 다섯 도시국가(삼상 6장)

블레셋은 전쟁에 능한 민족이다. 이들은 5대 도시국가로 형성되었다. 6:7에 나오는 다섯 도시(펜타폴리스)를 기억해 두면 성경 지명에 익숙해질 것이다. 아스글론, 가사, 아스돗, 가드, 에글론이다. 이 중에서 가사는 오늘날에도 중동문제가 나올 때마다 언론에 오르내리는 팔레스틴 자치주인 가자지구이다. 다행히 2005년 이스라엘은 이 지역을 전격적으로 팔레스틴에 반환하므로 중동문제가 화해로 접어드는 분위기였지만 그 후에도 끊임없는 싸움을 하는 지역이다. (부록 성경 지도에서 블레셋의 5대 도시국가를 확인해 보라.)

2. 여호와 앞에 물을 붓는 의식은?(삼상 7장)

이스라엘이 "미스바에 모여 물을 길어 여호와 앞에 붓고 그날 종일 금식하고"(7:6) 범죄하였음을 회개했다. '물을 길어 부었다'는 것은 상징적 행위로서 '여호와 앞에서 회개하는 의미로 물과 같이 그들의 마음을 쏟았다'는 뜻이다. "초저녁에 일어나 부르짖을지어다 네 마음을 주의 얼굴 앞에 물 쏟듯 할지어다"(애 2:19)라는 비유적 표현에서도 보면 고통과 불행과 슬픔으로 인해 내적 자아를 쏟는데 사용된 표현이다(삼하 14:14). 곧 이스라엘은 물 붓는 행위를 통하여 자신들이 겪었던 슬픔을 상징적으로 표현함으로써 실제적으로 하나님 앞에 회개한 것을 나타낸다.

3. 사무엘이 다스린 지역(삼상 7장)

기름부음을 받는 사울 (삼상 10:1)
사무엘은 사울에게 기름을 부어 왕으로 세웠다. 사울은 처음에는 겸손한 왕이었으나 나중에는 타락하여 죄에 빠졌고 하나님으로부터 버림을 받았다.

사무엘은 순회하며 백성들을 다스린다(7:15~17). 이 본문의 매 절마다 '다스렸다'는 말이 나오는데, 사사와 선지자로서 이스라엘을 가르쳤고 죄를 꾸짖었고 이것을 '다스렸다(judged)'고 하였다(삼상 22:4, 겔 20:4). 사무엘은 민사적(7:16, 해마다 벧엘과 길갈과 미스바로 순회하여 그 모든 곳에서 이스라엘을 다스렸고), 종교적(7:6, 미스바에 모여…… 우리가 여호와께 범죄하였나이다 하니라 사무엘이 미스바에서 이스라엘 자손을 다스리니라). 군사(12:11, 여호와께서 여룹바알과 베단과 입다와 나 사무엘을 보내사 너희를 너희 사방 원수의 손에서 건져내사 너희에게 안전하게 살게 하셨거늘)으로 통치권을 가지고 이스라엘을 순회하며 다스렸다. 하나님은 이처럼 오늘날도 모든 성도들의 삶을 다스리신다(요 14:26)

(657~658쪽의 성경 지도에서 라마 - 길갈 - 미스바를 살펴 보라.)

4. 이스라엘의 왕정 제도의 시작(삼상 8장)

이스라엘이 왕을 요구하는데, 하나님께서는 사무엘에게 "백성이…… 너를 버림이 아니요 나를 버려 자기들의 왕이 되지 못하게 하느니라"(7절)고 하셨다. 사무엘은 백성들에게 왕정제도의 문제점을 지적했으나 그들은 고집스럽게 "우리 왕이 있어야 하리니 우리도 다른 나라들 같이 되게" 해 달라고 요구한다. 결국 하나님은 허락하신다(19~22절). 이로써 하나님이 왕이라는 생각은 이스라엘에서 떠나고 새로운 역사의 전기를 맞이하여 왕정시대의 문은 열려 사울이 이스라엘의 초대왕이 된다(10:24).

이스라엘이 왕을 요구하는 이유
①사무엘은 늙었고, ②그 아들들은 행위가 악하여 기대할 것이 없고, ③모든 나라와 같이 왕이 전쟁에서 앞서 나가기를 원하였다(8:4~6, 20).

사무엘상 13~18장

비밀리에 선택된 다윗 (중요구절 삼상 16:7)

사울은 블레셋과의 싸움 전에 제사장만이 할 수 있는 번제를 드리는 범죄를 하므로 사무엘은 사울에게 왕의 나라가 길지 못하리라고 선언한다(13장). 요나단이 블레셋 진영으로 건너가 여호와를 의지하여 승리를 거둔다(14장). 사울은 아말렉과의 전쟁에서 하나님의 명령을 순종하지 않고 아말렉을 진멸하지 않으므로 하나님께로부터 버림을 받는다(15장). 사울이 버림받게 된 후 사무엘은 하나님의 뜻에 따라 이새의 아들 다윗에게 기름을 부어 왕으로 예선된다(16:1~3). 사울 신하들에 의해 왕궁에 소개된 다윗은 수금 연주(찬양)로 사울에게서 악령을 쫓아내기도 했고(16:14~23), 블레셋의 골리앗을 무찌른 공로로(17장) 이스라엘 군대장관이 되며 국민적인 영웅으로 떠오르자 사울의 미움의 대상이 되며 사울의 전략적 사위가 된다(18장).

1. 사울은 처음에 겸손한 사람으로 왕이 되었지만 얼마 되지 않아 교만해져서 큰 죄를 짓는다. 블레셋과의 전쟁에 앞서 제사장만이 할 수 있는 번제를 집행하므로 '제사장직에 대한 침해'를 한다. ① 백성은 자신에게서 흩어지고, ② 사무엘은 정한 날에 오지 않았으며, ③ 블레셋은 믹마스에서 전쟁을 준비하고 있다(13:9~12). 나름대로의 변명을 하지만 하나님의 인정을 받을 수는 없었다.
2. 아말렉 진멸에 불순종한 사울은 "여호와께 제사하려 하여"(15:15)라고

13
사울의 범죄(1)
제사장직을 침해

14
요나단과 사울의 활동
요나단이 하나님과 동역(同役)

15
사울의 범죄(2)
아말렉 진멸에 대한 불순종

16
왕으로 예선된 다윗
한 왕을 보았음이니라

17
골리앗을 이기다
만군의 여호와의 이름으로

18
국민적 영웅 다윗
사울은 천천, 다윗은 만만

역사서
사무엘상

변명한다. 이 얼마나 매력이 있는 말인가? 사울도, 이스라엘 백성도 이 유혹 앞에 하나님의 말씀을 소홀히 한 것이다. 〈시편〉 기자는 "하나님께서 구하시는 제사는 상한 심령이라"(시 51:17)고 하였다. 하나님께서 우리에게 요구하시는 것은 향기 높은 제물이 아니고 말씀에 대한 청종이며 주님께 의지하는 심령이다(15:22).

3. 베냐민 지파 사울 대신 유다 지파 이새의 아들 가운데 후계자를 예선하는데 그 유명한 선지자 사무엘도 인간적인 측면(외모: 키)을 우선 보았다. 그러나 하나님은 "그의 용모와 키를 보지 말라"고 하신다. 오늘날도 얼마나 많은 사람들이 외모에 홀려 중심을 잃어버리는가? "사람은 외모를 보거니와 여호와는 중심을 보느니라"(16:6~7)고 하셨다. 우리도 속사람을 보는 영적인 시각을 가져야 한다.
4. 악령이 사울에게 덮쳐 그를 괴롭힐 때 "다윗이 수금을 들고 와서 손으로 탄즉 사울이 상쾌하여 낫고 악령은 그에게서 떠나더라"(삼상 16:23) 하였다. 주변에서 귀신에 사로잡혀 괴롭힘을 당하는 사람이 있다면 찬송하고 기도하므로 귀신을 쫓아낼 수 있다. 예수님께서 제자들을 파송할 때도 "귀신을 쫓아 내되 너희가 거저 받았으니 거저 주라"(마 10:8)며 귀신 쫓는 능력 부여를 말씀하셨다.

더 살펴보기

1. 아말렉은 누구인가?(삼상 15장)

아말렉(15장)은 에서의 손자 아말렉의 후손들로서(창 36:12, 16), 이스라엘의 출애굽 이후 광야에서 이스라엘을 몹시 괴롭힌 족속이다(출 17:8~16). 아말렉과 이스라엘이 적대 관계에 있었다는 것은 〈출애굽기〉 17:8~16, 삿 6:3~5, 삼상 15장, 30:1~20에서 볼 수 있다. 하나님은 아말렉을 멸절시키기로 작정하셨고(민 24:20, 신 25:17~19) 그 뜻은 사울을 통해 이루고자 하셨으나 사울의 인간적인 판단은 하나님께 불순종이 되었고 그로 인해 사무엘은 죽는 날까지 사울을 보지 않았다(15:35, 16:1). 다윗 시대 이후로는(삼하 8:12) 더 이상 이스라엘의 적으로 힘을 쓰지 못하고, 〈역대상〉 4:43에 마지막으로 언급된다.

2. 하나님이 사울을 왕으로 세운 것을 후회하셨다는 의미(삼상 15:11)

이 말씀에 대하여 하나님의 계획에도 시행착오라는 것이 있는가 하는 의문을 갖는다. 본문의 "후회"란 말은 '달갑게 여기지 않다'는 의미이다. 이것은 하나님의 가변성을 말하는 것이 아니라(15:29, 약 1:17) 사울의 반역을 인간의 표현으로 슬퍼하신다고 말한 것이다(창 6:6 참조). 그럼에도 그를 이스라엘의 왕으로 삼으신 것은 이스라엘 백성의 어리석은 요구에 응하셔서 그들의 아집이 얼마나 어리석은 것인가를 체험하게 만드신 하나님의 섭리의 한 방편이다.

3. 사울이나 다윗이 몇 번씩 기름 부음을 받은 이유는?(삼상 10장, 16장, 삼하 2장)

(1) 사울이 사무엘에 의해 기름부음을 받은 것은(10:1) '개별적인 의식'이었고, 다음은 '공식적인 기름부음'을 받았다(10:17~24).

(2) 다윗도 왕으로 선택될 때(삼상 16:13)에 기름부음을 받았고, 유다 지파와 온 이스라엘의 지지를 받고 '정식 왕'으로 기름 부음을 받았다(삼하 2:4, 5:3).

4. 사울의 사위가 된 다윗의 예물(삼상 18장)

사울은 다윗에게 자기 딸 메랍을 주어 환심을 사고 그를 블레셋 전쟁터에 보내 죽이려 하다가 메랍을 아드리엘에게 준다(18:17~19). 또 사울의 딸 미갈이 다윗을 사랑하므로 미갈을 다윗에게 주는 조건으로 아무 것도 원하지 않고 블레셋 포피(包皮, 할례 시 이것을 잘라냈다) 100개를 가지고 오도록 함으로 블레셋 전투에서 다윗을 죽이려는 계략을 세운다(100명을 죽여야 가져올 수 있다). 그러나 다윗은 오히려 블레셋 남자 200명을 죽이고 포피를 가져오므로 사울의 사위가 된다(18:22~29).

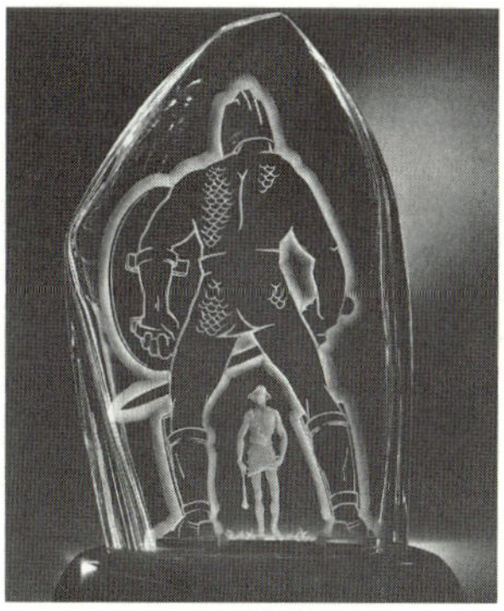

다윗과 골리앗(삼상 17장)
다윗이 골리앗을 쓰러뜨린 것은 그의 일생에 하나님을 의지하는 계기가 되었다. (이 유리 조각품은 두 사람의 특성을 잘 나타냈다.)

19

사울이 다윗을 핍박
사울의 가족들이 도움

20

요나단의 도움
자기 생명을 사랑함 같이

21

진설병을 먹는 다윗
1놉, 10블레셋 가드

22

사울이 제사장을 살해
1아둘람, 3모압미스베,
5헤렛수풀

23

다윗의 블레셋 전투
1그일라, 23십 광야,
24마온 광야

24

사울을 살려줌(1)
2엔게디 광야

25

사무엘의 죽음
1바란 광야

5. 신부 값에 대하여(삼상 18장)

사울이 다윗에게 신부 값으로 "아무 것도 원하지 아니하고 다만 왕의 원수의 보복으로 블레셋 사람들의 포피 백 개를 원하신다"(18:25)고 했는데 유대 관습은 신부가 혼수의 짐을 크게 지지 않고 오히려 신랑 쪽에서 신부를 데려오기 위해 처가에 지불금(납폐금)을 내는 것이 있다(《개역한글판》은 '폐백', '빙폐'로 번역). 만일 딸이 과부가 되었을 경우 생활 유지를 보장하기 위해 처가에 주어진 기금이며, 딸의 출가로 인한 노동력 상실에 대한 보상이기도 하다(창 34:12, 출 22:16-납폐금, 신 22:28~29 참고)

사무엘상 19~25장

사울의 추적과 다윗의 도피 (중요구절 삼상 24:6)

다윗은 도망 다니는 신세가 되었다. 그러나 요나단과의 우정은 다윗에게 용기가 된다(19~20장). 사울은 좇고 다윗은 쫓기는 신세가 되어 끈질긴 추적과 피신의 연속이었다. 다윗은 이 일이 그의 생애에 큰 사건이었으므로 많은 시에 심정이 드러난다. 그는 왕이 되기 전 〈시편〉 7, 11, 12, 13, 17, 22, 23, 34, 35, 52, 54, 56, 57, 59편 등을 쓴 것으로 보인다(시 34, 52편의 표제를 보고 음미). * 왼쪽 표에서 지명 앞의 숫자는 절수를 나타낸다.

1. 제사장 아히멜렉은 다윗과 그 함께한 자들이 굶주릴 때 제사장만이 먹을 수 있도록 규정되어 있는 진설병(출 25:30, 레 24:5~9)을 먹도록 배려한다(21:1~7). 이는 진설병을 먹는 규례의 예외적 적용으로 이 일의 불가피성 내지는 정당성을 예수님도 인정하셨다(마 12:1~8). 제사법도 중요하지만 긍휼의 법이나 생명을 보전하는 도덕적 의무의 중요성도 일깨워 주는 사건이다. 안식일에 병 고치는 것 조차도 율법을 범하는 것으로 보는 유대교의 바리새인, 서기관들을 향해 예수님은 질책을 하셨다(눅 6:6~11). 많은 그리스도인들이 본질적인 것은 잃고 지엽적인 것에 얽매이고 있다.
2. 오랜 동안의 도피생활로 지친 다윗에게 요나단은 깊은 신앙의 말로 위로하여 그에게 새 힘을 준다. 이처럼 진실한 우정을 나누는 친구는 서

로의 고난을 자기의 것으로 알고 진실된 신앙의 위로를 나눌 수 있다(23:15~18). 친구인 줄 알았는데 어려움을 당하자 떠나버리고, 고난을 당할 때 격려는 고사하고 오히려 비난하는 자는 친구가 아니다. 넘어졌을 때 일으켜 주는 친구를 원한다(욥 19:19).

3. 다윗은 자기를 죽이려 하는 사울을 피해 큰 고통을 겪었음에도 불구하고, 이제는 굴속에서 "뒤를 보는"(원문에는 '발을 가리우는', 삿 3:24) 사울을 죽여 복수할 기회가 왔으나 "여호와의 기름 부음을 받은 자"(24:6, 26:9, 11)의 생명을 건드리지 않는다. 십 광야에서 똑같은 장면이 다시 나오는데 이때도 단칼에 복수할 수 있는 것을 "여호와께서 그를 치시니리"(26:10)라며 자신이 생명을 멸하는 유혹을 뿌리친다. 하나님이 세우신 자를 함부로 대하지 않는 다윗의 모습은 용감하고 아름답다.
4. 한 시대에 빛을 밝혔던 "사무엘이 죽으매 온 이스라엘 무리가 모여 그를 두고 슬피 울며 라마 그의 집에서 그를 장사한지라"(25:1). 이것은 28:3에 반복된다. 사무엘의 죽음은 사울의 죽음도 멀지 않았다는 것을 예고하는 듯하다. 이 후에 다윗은 유다지역에서 점점 더 세력을 넓혀간다.

더 살펴보기

1. 다윗이 피신한 가드(삼상 22장, 27장)

다윗은 피신하여 가드왕 아기스에게 갔는데(22:11~15, 27:1~4) '가드'는 블레셋 5대 도시(6:17 - 아스글론, 가사, 아스돗, 가드, 에글론) 중 하나로 '도시국가 가드'의 왕을 말한다. (부록 성경 지도에서 이스라엘 서쪽 해안에 모여 있는 이 지명들을 찾아보라.)

다윗은 사울을 피하여 광야를 다녔다
다윗이 사울을 피하여 도망 다니는 것은 고난의 길이었으나 다른 한 편으로는 연단의 기회가 되기도 했다(삼상 19장 이하). (오늘날 유다 광야에서 양을 치는 모습).

2. 다윗의 실제적인 영향력(삼상 22장)

(1) 당시 사울과 모압 왕은 적대관계에 있었으나(14:47) 사울을 피하여 온 다윗(22:3, 다윗이 거기서 모압 미스베로 가서 모압 왕에게 이르되 하나님이 나를 위하여 어떻게 하실 지를 내가 알기까지 나의 부모가 나와서 당신들과

함께 있게 하기를 청하나이다)을 모압 왕은 환대했다. 이는 당시 이방민족들에게도 이미 다윗 왕권이 실제적인 영향력을 발휘하고 있었음을 나타낸다.

(2) 모압은 아브라함의 조카 롯이 소돔에서 피난 후에, 대가 끊길 것을 염려한 큰 딸이 아버지에게 술을 먹인 후 동침하므로 낳은 아들인 모압의 후손이다(창 19:37, 큰 딸은 아들을 낳아 이름을 모압이라 하였으니 오늘날 모압의 조상이요). 〈룻기〉에 엘리멜렉과 그의 아내 나오미의 가족이 베들레헴에서 모압으로 흉년을 피하여 갔을 때에 얻은 며느리 룻은 다윗 왕가의 조상을 낳는다(룻 1:4, 4:21~22).

(3) 다윗이 하필이면 이 모압 땅에 가족을 부탁한 것은 그곳이 사울의 힘이 미치지 못하는 곳이었을 뿐 아니라 그의 증조모인 '룻'의 고향이기도 한 특별한 관계일 것으로 보인다.

3. 다윗의 왕권을 인정하는 사울(삼상 24장)

다윗은 엔게디 굴속에서 사울을 죽일 기회가 있었으나 오히려 화해를 모색한다. 사울은 다윗에게 "나는 네가 반드시 왕이 될 것을 알고 이스라엘 나라가 네 손에 견고히 설 것을 아노니"(24:20)라고 한다. 이 말은 다윗의 왕권에 대해 사울이 인정하며 자신의 폐위에 대해서는 시인하는 것이다. 한편 다윗의 왕국은 하나님의 왕국의 예표로서 그 특징을 암시하여 준다.

24장과 26장의 유사성에 대하여

(1) 26장의 사건을 23:19~24:23에 기록된 사건의 또 다른 전승이라는 주장이 있다. 즉 다윗이 사울을 살려준 사건은 하나인데, 다른 전승에 의하여 두 번의 사건으로 기록되었다는 것이다.

(2) 그러나 24장과 26장의 관련된 사건들이 유사하지만, 그 차이점(23:25~28과 26:3 이하 사건, 24:5~8과 26:6~12 사건, 24:10~23과 26:21~25 사건)은 두 사건이 서로 구분됨을 나타낸다.

(3) 한편 다윗이 사울을 죽이지 않고 자신을 호소하자 사울은 다윗에게 "내가 범죄하였도다"(26:21) 하며 화해를 하는 것 같으나 일시적인 것으로 끝나고 만다. 타락한 인생이 진정 회개하기는 어렵다.

4. 다윗의 여러 아내들(삼상 25장)

일부다처제가 보편적이었던 시대였기에 다윗은 도피 중에도 여러 아내를 두게 된다.

(1) 미갈 - 사울의 딸(18:27). 후에 사울이 딸 미갈을 갈림에 사는 발디에게 주었으나(25:44) 나중에 다윗이 다시 찾아온다(삼하 3:13~16).

(2) 아비가일 - 완고하고 악한 목축업자 나발의 아내였던 총명한 여인(25:39~42).

(3) 아히노암 - 이스르엘 사람(25:43).

(4) 마아가, 학깃, 아비달, 에글라 - 〈사무엘하〉 3:2~5에는 위의 세 명 외에도 네 명의 아내가 더 나온다.

근동지방은 동등한 권리를 갖는 여러 아내를 두었다. 첩도 있었는데 아내와 같은 권리는 없었다. 지금도 중동이나 아프리카 일부 국가에서는 일부다처제가 남아 있다.

사무엘상 26~31장

사울의 최후 (중요구절 삼상 30:6)

사울을 피하여 도망 다니던 다윗은 하길라 산 진영 중에서 잠자는 사울을 죽일 기회도 있었으나 살려준다(26장). 다윗은 사울을 피하여 다시 블레셋의 가드 왕 아기스에게로 갔을 때 환심을 사 자기편으로 이용하고자 했으나 다윗은 오히려 역이용 한다(27장). 한편 블레셋의 위협을 받은 사울은 엔돌의 신접한 여인(무당)을 찾아가 승리의 약속대신 패배의 끔찍한 예언을 듣는다(28장). 다윗은 블레셋 방백들로부터 불신을 받는다(29장). 다윗은 아말렉을 치고 전리품을 나눈다(30장). 그러나 사울과 그의 아들들은 전장에서 죽게 되니 사울 왕국은 비참한 막을 내린다(31장).

1. "내가 후일에는 사울의 손에 붙잡히리니 블레셋 사람들의 땅으로 피하여 들어가는 것이 좋으리로다"(27:1)는 다윗의 판단은 합리적인 것 같으나 신앙적으로는 연약함을 보이는 것이다. 다윗은 왕으로 예선되어 기름부음을 받았고, 하나님의 섭리를 체험했음에도 유대 광야에서 기약 없는 삶을 살수 없다고 판단했던지 블레셋으로 향한다. 현재를 이겨야 미래에 영광이 있다(롬 8:18).
2. 블레셋 도시 국가 중에 하나인 가드의 왕 아기스는 다윗이 사울을 피해 왔을 때 그를 받아 주었으며 성읍 시글락까지 주었다(27:6). 다윗이 그술 사람과 기르스 사람과 아말렉 사람을 침노한 후에 "아기스가 다윗을 믿고 말하기를 다윗이 자기 백성 이스라엘에게 심히 미움을 받게 되었으니 그는 영원히 내 부하가 되리라"(27:12)고 착각을 한다. 그러나 결국 다윗은 유다로 돌아오고 훗날 유다의 왕이 된다. 많은 사람들이 아기스처럼 내 편이라고 착각하며 어리석게 산다.
3. 사울과 다윗은 사는 방식이 다르다. 사울에게 하나님이 함께하시지 않

26
사울을 살려줌
여호와의 기름 부음을 받은 자

27
다윗이 블레셋에 망명
가드 왕 아기스에게로 가다

28
신접한 여인을 찾은 사울
사무엘을 불러 올리라

29
다윗이 블레셋을 떠남
방백은 불신임, 왕은 신임

30
다윗이 아말렉을 물리침
여호와를 힘입고 용기를 얻음

31
사울의 죽음
왕과 세 아들의 전사

으니 다윗을 죽이고자 했고, 꿈으로도 우림으로도 선지자로도 대답이 없자 자신이 신접한 자와 박수(남자무당)를 쫓아낸 일과 배치되며(28:3, 9) 더 나아가 율법에도 어긋나는(레 19:31) 행위를 하여 신접한 여인을 찾아간다(28:8~14). 반면 다윗은 사울을 죽일 기회가 있었으나 하나님의 기름부음 받은 자를 존중하며(24:6, 26:9, 11) 영적으로 아비아달을 찾아갔고 에봇을 통해 하나님의 뜻을 헤아린다(30:7~10).

4. 사울과 세 아들은 블레셋과의 전투에서 죽임을 당한다. 특히 사울은 적군의 활에 쏘였을 때 할례받지 않은 자에게 죽임을 당하는 최후를 맞지 않으려고 스스로 칼을 뽑아 그 위에 엎으러진다(31:1~5). 사울이 다윗 같은 훌륭한 군대 장관을 옆에 두지 못하고 쫓아낸 아쉬움이 있다.

더 살펴보기

1. 에봇(22:18, 30:7)과 우림(28:6)과 둠밈은 무엇인가?

(1) 에봇은 제사장의 겉옷 위에 착용하는 것으로(출 28:6~12) 에봇을 몸에 매고 흉패를 붙이고 흉패에 우림과 둠밈을 넣었다(레 8:7~8).

(2) 우림과 둠밈은 하나님의 뜻을 알기 위해 쓴 도구였던 것 같다(삼상 14:3, 23:6, 23:9, 30:3). 제비나 주사위 같은 것으로 부정과 긍정을 알 때 사용했다는 설도 있다. 어원 및 재료는 알려져 있지 않으나 "빛의 완성"이라는 뜻이라고도 하나 확실하지는 않다.

(3) 예언자의 활동이 활발해짐과 함께 계시된 말씀에 중심을 두게 되므로 우림과 둠밈이 후대에는 쇠퇴해진 것으로 보여진다.

자살에 대하여

자살에 대해서는 다양한 신학적인 견해가 있으나 '자살하면 지옥에 간다'고 단언하는 잘못된 경우도 있다. 믿음을 가졌다면 그 영혼은 하나님의 손에 드려지는 것이지 사람의 판단에 따라 결정되는 것은 아니다. 어느 교회의 중직자가 사업의 실패로 고난의 시간 뒤에 교회 중층에 목을 매 자살했는데, 장례 치름에 말들이 많았고 담임목사는 장례식 집례를 거절했다. 한편, 그로서는 가장 의지할 곳이 그래도 교회였기에 그 장소를 선택한 것이 아닌가?

2. 사울의 죽음은 최종적으로 자살이다(삼상 31장)

사울은 블레셋 전투에서 중상을 입고 살 희망이 없어지자 죽어가며 칼을 배에 대고 엎드러지므로 형식상으로는 '자살'을 했다(31:3~4). 〈사사시대 자칭 왕 아비멜렉(삿 9:53~54)의 죽음도 찾아보라.〉
한 인간 사울이 어떻게 이렇게까지 변할 수 있었는가를 생각하면 놀랍다.

하나님께 부름 받은 사울은 불과 2년 만에 이러한 변절을 가져왔다. 이는 하나님께 대한 도전이었으며 백성의 기대를 져 버리는 행위였다. '한 자리 한다'는 것이 이렇게 어렵다는 것을 말해 주기도 한다. 우리의 직분을 되돌아보는 계기가 되자.

사울의 처음과 나중 모습

– 사울의 처음(장점)
준수한 용모(삼상 9:2)
효자였음(9:3~5)
하나님의 종 대접(9:7~8)
겸손함(9:21, 10:22~23)
하나님의 영이 충만(10:9)
멸시하는 자에 대해서도 인내(10:27)
정의감이 넘침(11:6~11)

– 사울의 나중(단점)
제사장권 침해(삼상 13:9)
분별없는 맹세(14:24)
아말렉 진멸을 불순종(15:6~9)
악령이 들림(16:14)
시기와 교만(18:8)
제사장 살해(22:16~19)
다윗 살해 위한 추격(19~26장)
신접한 여인을 찾아감(28:8~14)

역사서

사무엘상

B I B L E

성경 질문지

사무엘상 1~6장 사무엘의 등장

제1장 [한나의 기도와 사무엘의 출생]

다음 물음에 답하시오.

1. 1) 엘가나는 어디에 살았나? -

   2) 두 아내 이름은? -

   3) 어느 지파 사람인가?(수 21:20~21, 대상 6:22~26, 주의: 사는 곳이 지파를 나타내는 것은 아님, 앞의 '더 살펴보기' 해설 참고) -

2. 엘리 제사장의 아들들로서 역시 제사장이었던 사람들은? -

3. 자식 없는 한나에 대한 엘가나의 사랑을 나타내는 말씀 두 곳을 찾아 간략히 쓰시오(4~8).

   1) 5절 -

   2) 8절 -

4. 한나가 하나님께 서원하여 아들을 주시면 어떻게 하겠다고 했나?(9~11)

   -

5. 기도하고 난 후의 한나의 얼굴은 어떠했는가?(12~18) -

6. 한나가 낳은 아들 이름을 사무엘이라 지은 이유는? (19~20) -

7. 한나가 서원한(1:11)대로 아들을 어떻게 했나?(21~28) -

제2장 [한나의 찬송]

다음 (   )를 채워 성구를 완성하시오.

1. 전에 (   ) 못하던 자는 (   )을 낳았고 많은 자녀를 둔 자는 (   ) 하도다(1~11).

2. 가난한 자를 (   )에서 일으키시며 빈궁한 자를 (   )에서 올리사 (   )들과 함께 앉게 하시며 (   )의 자리를 차지하게 하시는도다(1~11).

3. 여호와를 대적하는 자는 산산이 (   ) 것이라(1~11).

4. 엘리의 아들들은 (   ) 여호와를 알지 못하더라 …… 이 소년들의 (   )가 여호와 앞에서 심히 큰은 그들이 여호와의 (   )를 멸시함이었더라(12~17).

5. 여호와께서 한나를 (   )시사 그로 하여금 임신하여 (   ) 아들과 (   ) 딸을 낳게 하셨고(18~21).

6. 사람이 (   )께 범죄하면 누가 그를 위하여 (   )하겠느냐?(22~26)

7. 나를 존중히 여기는 자를 내가 (   ) 여기고 나를 멸시하는 자를 내가 (   )하리라(27~36).

8. 충실한 (   )을 일으키리니 그 사람은 내 (   ) 내 (   )대로 행할 것이라(27~36).

제3장 [사무엘의 응답]

다음 물음에 답하시오.

1. 사무엘이 여호와의 전에 누웠을 때 여호와께서 그를 부른 횟수는?(1~12) -

2. 여호와께서 부르실 때 사무엘의 대답은?(9~10) -

3. 여호와께서 사무엘에게 이르신 말씀은 누구의 집에 대한 것인가?(11~18) -

4. 온 이스라엘이 사무엘을 어떤 사람으로 알게 되었나?(19~21) -

제4장 [빼앗긴 법궤]
이스라엘과 블레셋의 전쟁에 대해 답하고 ( )를 채우시오.

1. 1) 이스라엘의 진 -

   2) 블레셋의 진 -

   3) 이스라엘의 죽은 군사 수 -

   4) 이차 전에 이스라엘이 전략적으로 가지고 간 것은?(1~5) -

   5) 결과(5~11) - 이스라엘 보병의 죽은 수 -
   하나님의 법궤 -
   엘리의 두 아들 -

2. 엘리의 나이 ( ) 세에 패전 소식을 듣고 뒤로 넘어져 죽었으니, 나이가 많고 ( ) 까닭이라(12~18).

3. 엘리의 며느리 ( )의 아내가 패전 소식을 듣고 해산하며 죽어 갈 때 낳은 아이 이름을 ( )이라 하였는데 이는 ( )이 이스라엘에서 떠났다는 뜻이다(19~22).

제5장 [블레셋에 임한 재앙]
다음 물음에 답하시오.

1. 블레셋 사람들이 빼앗은 궤를 이동시킨 곳은?(1~12)
   에벤에셀 → ( ) → ( ) → ( )

2. 아스돗에서는 언약궤를 어디에 두었나?(1~5)
   -

3. 궤가 가는 곳마다 여호와께서 무슨 재앙으로 치셨나?(6, 9, 12) -

제6장 [돌아온 언약궤]
다음 서로 관계 있는 것끼리 연결하시오.

1. 금독종 다섯(1~6,17) • • 가)
2. 금쥐 다섯(1~6,18) • • 나)
3. 새 수레를 만들고(7~9) • • 다)
4. 벧세메스 길로(10~16) • • 라)
5. 벧세메스 사람들(19~21) • • 마)

가) 견고한 성읍과 다섯 방백에게 속한 성읍의 수효대로
나) 아스돗, 가사, 아스글론, 가드, 에그론을 위하여
다) 울고 좌우로 치우치지 아니하였고
라) 멍에를 메어 보지 아니한 젖 나는 소 두 마리
마) 여호와의 궤를 들여다 본 까닭에 칠십 명 죽음

사무엘상 7~12장 왕으로 세움 받은 사울

제7장 [민족적인 부흥]
법궤의 이동경로 지명과 사무엘의 활동에 대해 답하시오.

1. 법궤의 이동 경로에 대한 그 지명을 쓰시오.
   1) 출애굽 당시 시내 산에서 모세가 계시를 받은 모양대로 만들어졌고(출 37:1~9), 가나안으로 들어가기 위해 (수 3:14-)을 건널 때 ( )들이 메고 건넜고, 길갈을 거쳐(수 6:12~14 - 성)을 돌기도 했으며, 그 후(수 18:1, 삿 18:31 -)에 있었을 것이다.
   2) (삼상 4:3 -)에서 (4:1,4 - 겯) 진영으로 가져왔고(4:10~11 -) 사람에게 빼앗겨 (5:1 -)에 이르렀다가 재앙으로 (5:8 -), (5:10 -)로 갔다가 일곱 달만에 이스라엘의(6:10~18 -)으로 되돌아 온다.

역사서

사무엘상

3) (6:20~7:2 -: 아비나답의 집)에 20년 간 있었고 그 후 다윗 성으로 옮겨오던 중 사고로 (삼하 6:1~11 -   ) 사람 오벳에돔의 집에 3개월 있다가(삼하 6:12~19 -   성)에 있었고 (왕상 8:1~11 - 솔로몬 성전의 내소인 지성소 그룹들의 날개 아래)에 모신다. 그 후 예루살렘 성전이 파멸될 때(왕하 25장) 어디로 갔는지에 대해서는 성경의 기록이 없다.

4) 다만 바벨론 포로 귀한 후 성전을 재건했고 (스 6장), 주후 70년까지 성전이 존재했던 것으로 보아 어떤 형태로든 보존되었을 것이다.

2. 사무엘의 활동으로 신앙 발전을 가져온 것으로 보는 구절들을 몇 곳이든 지적해 보시오.

-

3. '에벤에셀'이라는 뜻은?(12~14)

-

4. 사무엘이 순회한 지역들은?(15~17)

-

제8장 [왕정제도 연구]

다음 물음에 답하시오.

1. 사무엘의 아들(   )과 (   )는 사사로서 재판을 하되 신명기 16:19에 재판관이 하지 말아야 할 세 가지에서 (   )과 (   )을 어겼다.(1~3)

2. 이스라엘이 모든 나라와 같이 왕을 세우고져 내세운 이유는?(4~5)

-

3. 이스라엘의 실제 왕은 누구이어야 하는가?(6~7) -

4. 왕의 제도에 대한 사무엘의 말에 "데려다가" 라는 말이 몇 번 나오는가?(10~18) -

5. 백성들이 기대하는 왕의 역할은?(19~22)

-

제9장 [사울과 사무엘의 만남]

다음에서 틀린 단어에 두 줄을 긋고 맞게 고치시오

1. 사울은 유다 지파 기스의 아들로 준수하고 키가 컸다(1~4). -

2. 아버지의 암나귀를 찾으러 다니며 아버지가 자기들을 미워하실까 두려워했다(5~10). -

3. 사무엘이 오기 전에는 백성이 먹지 아니하고 그가 제물에 절한 후에야 먹었다(11~14). -

4. 하나님은 사울에게 기름을 부어 제사장을 삼으라고 하셨다(15~21). -

5. 사울은 작은 베냐민 지파 가족 중에서 가장 뛰어난 가족임을 말했다 (20~21) -

6. 사울은 객실에 초대된 삼십 명 중에 말석에 앉아 넓적다리 요리를 먹었다(22~27) -

제10장 [왕으로 세움 받은 사울]

다음 물음에 답하시오.

1. 다음 구절들은 사울의 어떤 좋은 면을 나타내는지 보기에서 찾아 쓰시오.

보기 겸손의 미덕 / 신령한 체험 / 부친께 효도
하나님의 종 대접 / 준수한 청년
멸시도 참음

1) 9:2 -	2) 9:5 -
3) 9:7 -	4) 9:21, 10:22 -
5) 10:6,9 -	6) 10:27 -

2. 사울이 왕으로 처음 기름 받은 개별적인 의식은 (10:   )에 다음에 공식적으로 왕으로 취임하고 백성들이 왕의 만세를 부른 일은(10:   )에 기록되어 있다.

3. 사무엘이 백성을 위해 기도하고(7:5), 사울이 왕으로 세움 받은 곳은?(10:17~27) -

제11장 [암몬을 무찌른 사울]

다음은 누가 누구에게 말한 것인지를 쓰시오.

1. 우리와 언약하자 그리하면 우리가 너를 섬기리라. - (　　→　　)

2. 내가 너희 오른 눈을 다 빼야 너희와 언약하리라. - (　　→　　)

3. 우리에게 이레 동안 말미를 주어…… 이스라엘 온 지역에 전령을 보내게 하라. - (　　→　　)

4. 내일 해가 더울 때에 너희가 구원을 받으리라 하라.- (　　→　　)

5. 이 날에는 사람을 죽이지 못하리니 여호와께서 …… 구원을 베푸셨음이니라. - (　　→　　)

6. 오라 우리가 길갈로 가서 나라를 새롭게 하자. - (　　→　　)

제12장 [백성을 가르친 사무엘]

다음 (　　) 안에 알맞은 말을 적어 성구를 완성하시오.

1. 이제 (　　)이 너희 앞에 출입하느니라. 보라 나는 (　　) 머리가 희어졌고 - (　　절)

2. 당신이 우리를 (　　) 아니 하였고 (　　) 하지 아니 하였고 누구의 손에서든지 아무 것도 (　　)이 없나이다. - (　　절)

3. 백성이 여호와께 부르짖어 이르되 우리가 (　　)를 버리고 (　　)들과 (　　)을 섬김으로 (　　) 하였나이다. - (　　절)

4. 여호와께서 우레와 비를 보내사 너희가 (　　)을 구한 일 곧 여호와의 목전에서 (　　)이 큼을 너희에게 밝히 알게 …… 모든 백성이 (　　)와 (　　)을 크게 두려워하니라. - (　　~　　절)

5. 너희를 위하여 (　　)하기를 쉬는 (　　)를 여호와 앞에 결단코 범하지 아니하고 - (　　절)

사무엘상 13~18장 비밀리에 선택된 다윗

제13장 [사울의 제사장직 침해]

다음 물음에 간단히 답하시오.

1. 사울이 왕이 될 때의 나이는?(1~4) -

2. 사울이 왕이 된 지 2년에 블레셋과의 사이에 무슨 일이 있었나?(5~7) -

3. 사울이 망령되이 행하여 여호와의 명령을 어긴 것은 어떤 일인가?(8~14)
-

4. 믹마스에 진친 블레셋의 진영에서 세 대로 나누어 향한 각 길은?(15~18)
1)
2)
3)

5. 이스라엘이 없는 기술을 블레셋이 가지고 있던 기술은?(19~23) -

제14장 [요난과 사울의 활동]

단락 제목을 보기에서 골라 쓰거나 번호로 적고 성구에 연결하시오(7번은 별도)

보기 1) 혼란에 빠진 블레셋, 2) 사울의 저주와 요나단의 실수, 3) 용맹스런 요나단, 4) 백성의 죄와 사울의 제단, 5) 사울의 승리와 그의 가계(家系), 6) 요나단의 죄와 백성의 환호

1. 1~15(　　) •　　• 가)
2. 16~23(　　) •　　• 나)
3. 24~30(　　) •　　• 다)
4. 31~35(　　) •　　• 라)
5. 36~46(　　) •　　• 마)
6. 47~52(　　) •　　• 바)

역사서 사무엘상

가) 블레셋 사람이 각각 칼로 그 동무를 치므로 크게 혼란함
나) 여호와의 구원은 사람이 많고 적음에 달려 있지 않다
다) 그가 오는 하나님과 동역(同役) 하였음이라
라) 송아지를 잡고 피 째로 먹었더니……/ 여호와를 위하여 처음 쌓은 제단
마) 꿀을 찍고 그의 손을 돌려 입에 대매 눈이 밝아졌더라
바) 사울이 왕위에 나아간 후에…… 향하는 곳마다 이기었고

7. 사울의 가족
   1) 아내 이름 -
   2) 아들 이름 -
   3) 딸 이름 -
   4) 숙부의 아들로 군사령관이 된 자 -

제15장 [불순종한 사울]
다음의 내용이 담긴 말이 나오는 절수를 쓰시오.

1. 아말렉을 쳐서 그들의 모든 소유를 진멸하라는 말씀(출 17:8~16, 신 25:17~19) - (　　　절)

2. 사울이 아각 왕과 기름진 양, 소를 진멸하지 않아 불순종한 말씀 - (　　　절)

3. 하나님이 사울을 왕으로 세우심을 후회하며 사무엘은 부르짖는 말씀 - (　　　절)

4. 사울이 갈멜에서 자기를 위하여 기념비를 세운 말씀 - (　　　절)

5. 사울은 백성이 여호와께 제사하기 위하여 좋은 양과 소를 남겼다고 핑계하는 말씀 - (　　　절)

6. 순종이 제사보다 낫고 듣는 것이 숫양의 기름보다 낫다는 말씀 - (　　　절)

7. 이스라엘 나라를 사울에게서 떼어서 왕의 이웃에게 주신다는 말씀 - (　　　절)

8. 사무엘이 길갈 여호와 앞에서 아각 왕을 죽일 때의 말씀 - (　　　절)

제16장 [왕으로 선택된 다윗]
다음 물음에 답하시오

1. 하나님이 사무엘을 베들레헴으로 보낸 진짜 이유는?
   -

2. 사무엘이 기름부을 자를 잘못 알고 있을 때 하나님의 말씀은?(6~10)
   -

3. 기름부음 받은 이후 다윗은 어떻게 되었나?(13)
   -

4. 다윗이 수금을 연주 할 때에 어떤 현상이 나타났는가?(14~23)
   -

5. 소년 다윗은 어떤 모습인가?(16:12, 18)
   1) 그의 빛이 (　　　) 눈이 (　　　　) 얼굴이 (　　　)
   2) (　　　)을 탈 줄 알고 (　　　)와 (　　　)과(　　　)이 있는 준수한 소년이라.

제17장 [골리앗을 이긴 다윗]
다음 (　　) 안에 알맞은 말을 쓰시오.

1. 골리앗은 어떤 사람이며 그의 무장은?(1~7)

※ 1규빗은 45㎝, 1뼘은 22㎝, 1세겔은 11~13g

   1) 나라 (　　　　)
   2) 출신지방 (　　　　)
   3) 키(　　　규빗　　　뼘) = (　　　cm)
   4) 머리 (　　　　　썼다)
   5) 몸 (　　　　　입었다) = 무게(놋　　세겔)
   6) 다리 (　　　　　쳤다)
   7) 어깨사이 (　　　메었다)
      = 창자루 (　　갈고),
      창날(철　　세겔)

2. 다음 각 항에서 서로 관계 없는 것 한 가지씩을 고르시오.

가) 8~11, 16 - 1) 싸워서 지는 자는 종
2) 이스라엘 군대를 칭찬
3) 사십 일간 조석으로

나) 12~16 - 1) 엘리압 2) 아비나답
3) 삼손 4) 다윗

다) 17~30 - 1) 음식을 가져다 주러
2) 골리앗의 모욕을 들음
3) 전쟁을 구경하러 감

라) 31~40 - 1) 막대기 2) 돌 다섯
3) 물매 4) 창과 활

3. 다윗은( )을 죽이고 그의 ( )를 베었고, 군사령관 ( )이 그를 사울 앞으로 인도했다(42~58).

제18장 [다윗의 승리와 사울의 불안]
다음 물음에 답하시오.

1. 요나단이 다윗을 사랑하여 언약을 맺고 다윗에게 준 것은?(1~4)
-

2. 다윗이 사울의 무엇이 되었나?(5) -

3. 사울이 다윗을 두려워한 이유 세 가지는 무엇인가?(요약해서 적어도 됨)
   1) 10~12 -
   2) 13~15 -
   3) 28~29 -

4. 사울이 다윗에 대해 불쾌하게 들은 말은? (절), 창을 던져 죽이려 한 것은? (절)

5. 사울이 계략으로, 다윗을 사위 삼는다면서 블레셋 사람의 포피 ( )을 원했으나, 다윗은 블레셋 사람 ( ) 명을 죽이고 양피를 왕께 드리므로 사울이 딸 ( )을 주었다(17~30).

사무엘상 19~25장 사울의 추적과 다윗의 도피

제19장 [사울이 다윗을 박해]
다음의 말이나 행동은 누가 한 것인지 이름을 쓰시오.

1. 다윗을 죽이라 -
2. 내 아버지가 너를 죽이려하니 숨어라 -
3. 그가 죽임을 당하지 아니하리라 -
4. 단창으로 다윗을 벽에 박으려 함 -
5. 다윗을 창에서 달아 내리움 -
6. 하나님의 영이 임해 세 번째도 예언 -
7. 라마로 도피해 온 다윗과 함께한 자 -
8. 하루 밤낮 벌거벗은 몸으로 예언 -

제20장 [요나단의 보호를 받은 다윗]
다음의 성구를 완성시키고 해당 절수를 쓰시오.

1. (절) 여호와의 살아 계심과 네 생명으로 맹세하노니~

2. (절) 요나단이 다윗의 집과 언약하기를~

3. (절) 너와 내가 말한 일에 대하여는~

4. (절) 사울이 요나단에게 단창을 던져~

5. (절) 아이가 가매 다윗이 곧 바위 남쪽에서~

제21장 [진설병을 먹는 다윗]
다음 ( ) 안에 알맞는 말을 적으시오.

1. 진설병에 대한 규례는 레위기(24: ~ 절)에 나오는데 제사장만이 먹을 수 있는 떡을 다윗 일행에게 배려했으며, 예수님은 (일)의 논쟁에 인용하셨다(1~7, 마 12:1~8, 눅 6:6~11).

역사서

사무엘상

2. 다윗이 (   ) 제사장에게 구해서 얻은 2가지는 (   )과 (   )인데 그 중에서 다윗이 거짓말을 한 것은 (절)에 나온다(1~9).

3. 다윗이 사울을 두려워하여 (왕) (   )에게 도망했으나 아기스를 두려워하여 다윗은 그 행동을 (체)하여 침을 흘렸다(10~15).

제22장 [사울이 제사장 살해]

다음 물음의 답의 번호에 O표 하시오.

1. 다윗이 도망 다닐 때 함께 한 자들이 아닌 자들은?(1~2)
   1) 환난 당한 자
   2) 빚 받을 자
   3) 마음이 원통한 자
   4) 형제와 아버지의 온 집

2. 다음 사람들의 말이나 행위에 관계 없는 것으로 짝지어진 것은?(3~10)
   1) 모압왕 - 다윗 부모가 함께 있도록 허락
   2) 선지자 갓 - 유대 땅으로 들어가라고 함
   3) 사울 - 신하들의 수고에 칭찬 함
   4) 도엑 - 아히멜렉의 선행을 사울에게 고발

3. 사울의 제사장 살해와 관계 없는 것은?(11~19)
   1) 사울 - 매복했다가 나를 치려 한다고 오해
   2) 아히멜렉 - 크고 작은 일에 아는 것이 없다 함
   3) 신하들 - 제사장들 죽이기를 원했음
   4) 에돔사람 도엑이 제사장 85명을 죽임

4. 아히멜렉의 아들 중 피하여 죽지 아니한 자는?(20~23)
   1) 아히둡
   2) 도엑
   3) 아비아달
   4) 아비멜렉

제23장 [다윗의 블레셋 전투]

다음 말이 맞으면 O표, 틀리면 X표 하시오.

1. 그일라에서 블레셋을 친 것은 다윗의 의도에 따라 한 일이다(1~5). (   )

2. 아비아달이 가져온 에봇(안에 우림과 둠밈이 들어 있음)은 하나님의 뜻을 묻는데 사용했다(6~14). (   )

3. 다윗과 함께 한 사람들은 처음에 400명 가량(22:2)에서 500명으로 늘어났다(6~14). (   )

4. 요나단은 아버지 사울이 찾는 다윗을 도와서 하나님을 힘 있게 의지하게 했다(15~18). (   )

5. 23:7, 21을 보면 사울은 하나님을 잘 믿는 사람이다(19~23). (   )

6. 블레셋의 침노로 다윗 추격을 그친 곳을 '셀라하마느곳'(분리하는 바위)이라 하였다(24~29). (   )

제24장 [다윗이 사울을 살려 줌]

다음 물음에 간단히 답하시오.

1. 다윗은 왜 마음에 찔림을 당했나?(1~7)
   -

2. 다윗이 자기 사람들에게 무슨 말로 사울을 해하지 못하게 했나?(1~7)
   -

3. 사울은 왜 소리 높여 울었나?(16절, 8~22)
   -

4. 사울의 다윗에 대한 다음 물음에 답하시오(17~22).
   1) 사울은 다윗이 무엇이 될 것을 알고 있었나?
      -
   2) 어떤 맹세를 하도록 요구했나? -

제25장 [사무엘의 죽음, 아비가일의 선행]

다음 물음에 답하시오.

1. 사무엘이 죽어 장사된 곳은? -

2. 다음은 누구에 관한 것인지 그 이름(아비가일, 나발)을 쓰시오.
   1) 큰 부자로 수천의 짐승을 가짐 -
   2) 총명하고 아름다움 -
   3) 완고하고 악함 -
   4) 다윗을 조롱하여 음식주기를 거절 -
   5) 많은 음식을 준비하여 감 -
   6) 왕의 잔치 같은 잔치를 배설 -
   7) 낙담하여 몸이 돌과 같이 됨 -
   8) 다윗의 아내가 됨 -

3. 사울을 피하여 도망 다닌 다윗의 행적을 찾아 그 지명을 써 보시오.
   21:1( ) → 21:10( ) → 22:1( ) → 22:3( ) → 22:5( ) → 23:5( ) → 23:14( )→ 23:24( ) →24:1( ) → 25:1( ) → 26:2( )→ 27:1~2(블레셋 땅) →27:6( )→삼하 2:2( ): 왕이 됨

사무엘상 26~31장 사울의 최후

제26장 [다윗이 사울을 다시 살려줌]

다음 물음에 답하시오.

1. 사울이 다윗을 찾으려고 함께 간 군사의 수와 군사령관은?(1~5) -
2. 사울이 내려간 광야와 진을 친 산의 이름은?(1~5) -
3. 아비새는 잠자는 사울에 대해 어떻게 하기를 원했는가?(6~12)
   -
4. 다윗은 하나님이 사울을 어떻게 치실 것이라고 생각하고 있었나?(11절)
   -
5. 다윗이 잠자는 사울에게서 가져간 것은?(11~12) -
6. 다윗은 사울에게 자신을 무엇에 비유해서 말했나?(13~20) -
7. 다윗이 왕의 생명을 중히 여긴 것 같이 여호와께 원한 것은?(21~25)
   -

제27장 [블레셋으로 간 다윗]

다음 물음에 답하시오.

1. 다윗은 사울의 26:21, 25절의 말을 믿었나, 믿지 못했나?(1~4) -
2. 다윗이 피난간 곳은? - 왕, 의 아들
3. 1) 다윗이 아기스에게 얻은 땅은? -
   2) 블레셋에 산 날수는? -
4. 다윗이 침노한 지역에 대한 거짓 보고를(8, 10) 한 이유와 아기스의 착각은?(8~12)
   -

제28장 [신접한 여인을 찾아간 사울]

다음 서로 관계 있는 것끼리 연결하시오.

1. 당신의 종의 행할 바를 아시리이다 •	• 가)
2. 사울은 신접한 자와 박수를 •	• 나)
3. 사울이 두려워 여호와께 물으나 •	• 다)
4. 엔돌에 신접한 여인 만나러 •	• 라)
5. 네가 무엇을 보았느냐 •	• 마)
6. 내일 너와 네 아들들이 나와 함께 •	• 바)

가) 꿈, 우림, 선지자로도 대답지 아니함
나) 내 머리 지키는 자를 삼으리라
다) 그 땅에서 멸절시켰다
라) 영이 땅에서 올라 오는 것을 보았다
마) 사무엘의 말로 말미암아 두려워 함
바) 사울이 변장하고 밤에 찾아감

역사서

사무엘상

29장 [불신임 받는 다윗]

다음 (/) 안의 말 중에 틀린 것은 두 줄로 지우시오.

1. 블레셋은(길보아, 수넴 / 아벡, 이스르엘)에 진쳤었고, 이스라엘은(길보아, 수넴 / 아벡, 이스르엘)에 진쳤었다(28:4~5 / 29:1).

2. 다윗에 대해 블레셋의(방백들 / 아기스왕)은 신임했고 (방백들 / 아기스왕)은 불신임했다(2~5).

3. 그들이 춤추며 노래하여 이르되 사울의 죽인 자는 (천천 / 만만)이요 다윗은 (천천 / 만만)이로다 하던 이 다윗이 아니니이까?(4~5)

4. 아기스는 다윗이 자신에 대해(하나님의 전령 / 사탄의 전령) 같다고 했다(6~10).

제30장 [아말렉을 물리친 다윗]

다음 물음에 답하시오.

1. 다윗 일행이 전쟁에서 돌아와 보니 자신들이 거주하는 성읍을 누가 쳤는가?(1~5)
   -

2. 다윗은 백성들이 돌로 치려할 때 어떻게 용기를 얻었나?(6) -

3. 아말렉이 침노하고 불사른 4곳은?(7~15)
   -

4. 전리품에 대한 이스라엘의 율례와 규례로 삼은 것은?(16~25)
   -

5. 다윗이 왕래하던 모든 곳에 보낸 것은?(26~30)
   -

제31장 [사울과 아들들의 죽음]

다음 말 중 틀린 부분에 밑줄을 긋고 맞게 고치시오.

1. 블레셋과의 전쟁에서 다윗의 아들 요나단, 아비나답, 말기수아가 죽었다.
   - (   )

2. 칼에 중상을 입은 사울이 자기 칼을 뽑아서 그 위에 엎드려져 죽었다.
   - (   )

3. 블레셋 사람들이 사울의 머리를 베었고 갑옷은 바알의 집에 두었다.
   - (   )

4. 길르앗 야베스 주민들이 사울과 아들들의 시체를 벧산 성벽에서 가져다가 화장하여 그의 뼈를 야베스 에셀나무 아래 가루로 뿌렸다.
   - (   )

사무엘(2) | 역사서 |

2 Samuel

제목에 대한 해설

이미 〈사무엘(1)〉 서론의 "제목에 대한 해설"에서 〈사무엘서〉에 대해 이야기했으므로 그곳을 참고하라.

저자 및 저작 연대

이미 〈사무엘(1)〉 서론의 "저자와 저작 연대"에서 〈사무엘〉에 대해 이야기했으므로 그곳을 참고하라.

구조 및 주요 내용

〈사무엘하〉는 〈사무엘상〉에 이어 사울과 다윗의 긴장 관계에서 사울과 그 아들들이 죽고(삼하 31장) 이어서 다윗이 왕이 되어 유다를 통치하는 내용이다.

다윗의 통치는 크게 두 시기로 나눌 수 있다. 통치 40년 중에 7년 반은 헤브론에서, 33년은 예루살렘에서 다스렸다.

(1) 헤브론에서의 다윗

다윗은 사울이 죽은 후에 유다 지파의 수도라 할 수 있는 헤브론에서 백성들의 지지를 받고 사울 집안을 자신에게로 돌이킨다. 그리고 이스라엘 모든 지파가 다윗을 왕으로 추대하고 또한 온 이스라엘 장로들의 요구로 다윗은 왕으로 기름 부음을 받는다. 다윗은 이곳에서 7년 반 동안 통치한다.

(2) 예루살렘에서의 다윗

다윗이 온 이스라엘을 통치하기 위해서는 지리적으로 헤브론이 적합하지 못하므로 북쪽으로 30km 떨어져 있는 여부스 족의 도성인 예루살렘을 점령하여 왕궁을 건설하고 하나님의 법궤를 옮겨다 놓으므로 정치, 군사, 종교, 신앙의 수도로 만드는 데 성공하였다. 그리고 주변의 적들을 쳐서 항복시키고 조공을 받는 나라로서의 국권을 강화하였다.

(3) 〈사무엘하〉에서의 다윗

〈사무엘하〉는 다윗을 하나님의 기름 부음 받은 자로서(2:4, 7, 3:39, 5:13, 17) 이스라엘의 왕이 된 것 뿐 아니라 영원한 이스라엘의 통치자 예수 그리스도의 그림자적 위치에 있음을 보여 준다.
다윗은 자기의 죄 때문에 당한 괴로움도 많았으나 그는 하나님을 의지하여 신앙의 깊은 체험을 가진 사람이었다.
이스라엘의 왕정국가 제도는 사울의 시대부터였지만 이스라엘이 가나안 땅에서 명실상부한 국가 조직을 갖게 된 것은 다윗 시대부터다. 다윗 왕국은 신령한 '하나님 나라'의 그림자로 구속사적 견지에서 중요한 위치를 차지했다(참고. 사 11:1~10, 암 9:11).

교훈과 메시지

(1) 이스라엘의 지도자

통일 왕국의 사울(〈사무엘상〉)이나 다윗(〈사무엘하〉)처럼 백성을 통치하는 지도자는 하나님의 뜻과 손에 의해서 결정된다. 외형적으로는 그 사회에서 공인된 제도나 절차를 거치게 된다. 그리고 그들은 그 통치하는 시대에 대한 책임을 더 맡게 된다. 그렇다고 백성을 통치하는 지도자라 하여 백성이 따르고 있는 법질서 위에 군림하는 것이 아니라 백성과 함께 하나님에 의해 주어져 있는 법질서를 지키고 보호할 때만이 그의 권세와 지위를 백성과 하나님께로부터 인정받는 것이다.

(2) 국력의 근거

〈사무엘〉에서는 왕정이라는 새로운 제도가 시작되므로 이 제도가 하나님의 지배하에서 법질서를 지킬 때에만 국가의 안전과 신장, 외적의 침입을 막을 수 있음을 보여 준다. 본서는 이스라엘의 왕정이 지향해야 할 방향을 분명하게 제시해 주고 있으며, 앞으로 모든 열왕도 이러한 기준에 따라 평가됨을 〈열왕기〉에서 보여 주고 있다.

(3) 왕의 범죄와 그 책임

다윗이 밧세바와의 불륜으로(삼하 11장) 인해 그 죄 값이 후손들에게 미치게 된다. 다윗의 여러 아내를 통해 태어난 자녀들 간의 갈등이 끊이지 않고 있다. 암논의 다말에 대한 불륜, 거기에 따라 압살롬이 암논과 형제들을 살해한 일, 이 일로 망명을 갔던 압살롬이 귀국 후 다윗의 처신에 불만을 품고 반역한 일. 이러한 모든 것은 백성을 통치하는 한 사람의 잘못이 이스라엘 역사 속에서 어떻게 하나님의 진노와 징벌이 주어지는지를 명백하게 보여 준다.

역사서

사무엘하

1
다윗의 애가
사울의 죽음을 애도

2
유다 왕 다윗
기름을 부어
유다 족속의 왕으로

3
아브넬의 죽음
점점 강성해지는 다윗의 집

4
이스보셋의 죽음
이스보셋을 위한 다윗의 복수

5
다윗의 통일 왕국
시온 산성은 다윗 성이라

6
언약궤를 다윗 성으로
에봇을 입고 춤추는 다윗

사무엘하 1~6장

유다의 왕, 다윗 (중요구절 삼하 5:10)

사울 왕조의 몰락과 다윗 왕조의 설립은 통일왕국의 견고성을 보여준다. 사울과 요나단의 죽음에 대한 다윗의 애가(哀歌)인 활 노래는 다윗이 위대한 인물임을 보여준다(1장). 왕으로 미리 선택된 다윗은(삼상 16:11~13) 왕으로 추대되고(삼하 2:4, 5:1~5), 북쪽에서 왕으로 추대된 사울 왕가의 이스보셋은 2년 간 통치 후 살해되므로 사울 왕조는 몰락한다(2~4장). 이스보셋이 살해된 뒤 다윗은 온 이스라엘의 합법적인 왕으로 인정받고, 요새인 예루살렘을 정복하여 수도를 헤브론으로부터 옮겨오므로 점점 강성하여 진다(5장). 예루살렘은 정치적일 뿐 아니라 종교적으로도 중심지가 되어 하나님의 법궤를 다윗성으로 옮겨온다(6장)

1. 사울의 죽음을 가장 기뻐해야 할 사람은 사울에게 여러 번 죽을 뻔한 다윗일텐데 오히려 크게 슬퍼하는 모습을 본다(1장). "너희 원수를 사랑하며"(마 5:44)라는 예수님의 말씀이나 "박해하는 자를 축복하라"(롬 12:14)는 바울 사도의 가르침을 되새겨 본다. 지금 그대가 제일 미워하는 사람이, 사울이 다윗을 죽이려고 했던 것처럼 그 정도의 행위를 자신에게 했는가 생각해 보라.
2. 다윗은 세 번에 걸쳐 왕으로 기름 부음을 받는다. ① 왕으로 예선 - "사무엘이 기름 병을 가져다가 그의 형제 중에서 그에게 부었더니 이 날 이후로 다윗이 여호와의 영에게 크게 감동되니라"(삼상 16:13). ② 유다 지파의 지지 - "유다 사람들이 와서 거기서 다윗에게 기름을 부어 유다 족속의 왕으로 삼았더라"(삼하 2:4)고 했고, ③ 온 이스라엘의 지지 -"온 이스라엘 모든 장로가 헤브론에 이르러…… 그들이 다윗에게 기름을 부어 이스라엘 왕으로 삼으니라"(5:3). 이처럼 다윗은 서두르지 않고 하나님이 주시는 때를 기다리는 믿음의 사람이었음을 알 수 있다.
3. 북쪽에서 왕으로 추대된 사울 왕가의 "이스보셋"은 2년 간 통치 후(2:8~10) 다윗의 환심을 사려는 이스라엘 사람들에 의하여 살해되므로 사울 왕조는 몰락한다(4:5~8). 다윗은 이스보셋의 목을 가져온 레갑과 바아나를 악행으로 보아 처형한다(4:9~12). 다윗은 남북의 통합을 꿈꾸었기 때문이다.
4. 다윗이 왕으로 기름부음을 받았으나 사울의 세력들은 아직 남아 대항

했다(2:12~32의 기브온 전투), "다윗은 점점 강하여 가고 사울의 집은 점점 약하여 가니라"(3:1)는 기사는 버림 받은 사울 왕조의 몰락을 보여주는 한편, 하나님의 인정을 받은 다윗 왕조의 미래를 보여주고 있다.

더 살펴보기

1. 〈사무엘하〉 이해

〈사무엘상〉이 선지자 사무엘과 사울 왕에 대한 기록이라면, 〈사무엘하〉는 다윗 왕의 치세에 관한 기록이다. 다윗은 불완전하나 이상적인 신정정치의 대리자로 묘사된다. 통일왕국을 건설한 다윗은 강성해지자(1~10장) 죄에 빠져 밧세바를 범하고(11장), 군대를 계수하여 힘을 과시하려는 범죄(24장)를 하므로 반란과 불안정이 그의 생애에 함께 한다. 그럼에도 다윗이 "하나님의 마음에 합한 사람"으로 남아 있는 것은 그의 온전함 때문이 아니라 침상을 적시는 회개와 하나님의 뜻을 헤아리는 영적 민감성 때문이다.

내용 분해
1~5장 - 유다 왕 다윗
6~10장 - 왕국을 통합
11~20장 - 다윗의 타락
21~24장 - 부록

2. 여부스인의 시온 산성(예루살렘)과 다윗의 위대함(삼하 5~6장)

여부스 성은 약한 자(맹인과 다리 저는 자, 5:6)라도 방위할 수 있을 만큼 튼튼한 요새였으나 다윗이 정복하여 '다윗 성'이라고 하였다(5:6~10). 헤브론에서 예루살렘으로 수도를 옮기니 통일왕국의 면모를 갖추게 되었으며, 더구나 언약궤를 모셔오므로 종교적으로 중심지가 되었다. 지도에서 보듯이, 다윗은 주변국을 정복하여 영토가 넓어졌고 조공을 받고 강대한 나라가 되었으나 솔로몬 때에는 오히려 영토를 잃어버린다. 이로써 다윗은 당대 뿐 아니라 후대에도 가장 위대한 임금으로 백성들의 기억 속에 남는다.

3. 다윗처럼 다양한 삶을 산 사람도 드물다(삼상 16장~삼하 5장)

(1) 다윗은 유다의 산골에서 양을 치던 목동이었고(삼상 16:11), 수금을 타

연대에 대한 이해

성경 인물들의 연대계산은 어떻게 나온 것일까? 유다 왕들의 문서에서는 연대 자체를 기록하지 않았기에 계산이 어려운데, 다행히 '바벨론의 연대기'에 유다의 멸망에 대한 기록들도 있으므로 이를 근거로 하여 역으로 계산을 한다. 이 토판 중에 나보폴라살(니브갓네살 선왕)의 연대기는 유다 역사를 계산할 때 도움을 준다.

한편 다윗이 왕이 될 때를 약 주전 1000년경으로 본다. 북쪽에서 왕이 됐던 이스보셋은 주전 1000~998년까지 통치한 것으로 계산된다.

그러나 연대는 학자마다 차이가 있어서 다윗 시대에는 약 10년이, 고대로 올라가면 200년간이나 차이가 나는 것은 사사시대를 보는 관점에 따라 다르기 때문이다. 바벨론의 연대에 대해서는 〈예레미야〉 52:28~34에서 일부를 볼 수 있다.

는 궁중악사였으며(삼상 16:23), 왕에게 신임 받는 군지휘관이었는가 하면(삼상 18:5) 순간에 이리저리 피해 다니는 도망병이었고(삼상 19장~30장), 마침내는 통일 왕국의 왕이 되었다(삼하 5:5).

(2) 우리가 〈사무엘하〉를 통하여 다윗이 '하나님의 때'를 기다릴 줄 아는 사람이었다는 것과 자기 계획을 이루는 데 있어 '순리를 따랐음'을 볼 수 있다. 처음에는 남쪽만을 다스리는 유다 지파 중심의 왕이었고 (2:4), 7년 6개월을 기다려서 비로소 온 이스라엘의 왕이 된 사실이며 (5:1~5), 왕이 될 때도 무리한 수단을 쓰지 않았던 것이다.

(3) 온갖 비열한 책략과 불의와 모함으로 남을 쓰러트리고 자신의 정치적인 힘을 얻으려는 교회 안팎의 여러 모습들을 보며, 〈사무엘하〉를 통하여 우리는 '하나님의 마음에 합한 사람' 다윗을 다시 생각한다.

사무엘하 7~12장

다윗의 통일왕국 확장 (중요구절 삼하 7:29)

다윗 왕조의 영원성에 대한 하나님의 계시의 말씀을 듣는다(7장). 다윗은 주변국들을 정복하여 왕국은 크게 확장되어 갔다. 다윗의 전쟁 기록과 신하들 이름이 나온다(8장). 다윗은 요나단의 아들 므비보셋을 자신의 상에서 함께 먹게 하므로 요나단에게 받았던 은혜를 갚는다(9장). 다윗은 암몬 왕에게 조문 사절을 보냈다가 오히려 조롱을 당하자 전쟁을 하게 된다(10장). 이스라엘이 암몬과 전쟁하고 있는 사이에 다윗은 밧세바를 보고 정욕에 빠졌고 이를 감추려고 그녀의 남편 우리아를 전사시킨다(11장). 나단 선지자의 '양의 비유'를 통해 죄를 지적 받은 다윗은 침상을 적시는 회개를 한다(12장).

1. 사무엘 시대에 블레셋에 빼앗겼던 법궤가 7개월 후에 이스라엘로 돌아왔고(삼상 6:1) 그 후 20년간을 아비나답의 집에 있은 후(삼상 7:2), 예루살렘으로 옮기게 되었다(삼하 6장). 원래 하나님의 궤를 운반하려면 레위인 중에서도 선택된 제사장들이 막대에 꿰어 어깨에 메고 운반해야 했다(신 31:9, 수 3:3). 뿐만 아니라 손을 대어서도 안 되었다(민 4:15). 그런데 다윗이 행한 수레에 궤를 싣는 방법은 율법에 어긋나는 행위로서, 과거 하나님의 심판에 당황한 블레셋 사람들이 법궤를 취급했던 방법

이었다(삼상 6:7). 더구나 소들이 뛰자 함부로 성물에 손을 댄 웃사는 죽음을 맛보게 되었다. 말씀에 기초하지 않는 열심은 하나님을 진노하게 한다.

2. 다윗은 이스라엘에서 잊혀진 바 된 요나단의 아들 므비보셋을 찾아내어 은혜를 베풀었다. "다윗이 이르되 무서워하지 말라 내가 반드시 네 아버지 요나단으로 말미암아 네게 은총을 베풀리라 내가 네 할아버지 사울의 모든 밭을 다 네게 도로 주겠고 또 너는 항상 내 상에서 떡을 먹을지니라"(9:7) 하므로 이미 요나단은 죽었으나 그로부터 받은 사랑의 빚을 아들 므비보셋에게 갚는다. 오늘날 교회 밖을 향하여 잊혀진 자들을 찾아보고 도와 주어 하나님의 사랑을 실천해야 한다.
3. 다윗이 밧세바를 범하고 그 일을 감추려고 한 여러 가지 음모는 결과적으로 우리아를 죽게 한다(11장). 다윗이 수많은 처첩과 영적 훈련 없이 보낸 결과로서 유혹이 왔을 때 저항할 능력이 없었다. 그러나 나단의 책망과 다윗의 침상을 적시는 회개는 다시 하나님의 인정을 받는다(12장). 이러한 다윗의 죄에 대하여 '신명기 사가'는 있는 그대로 기록했지만, 바벨론 포로 후에 다윗 왕조의 재건을 꿈꾸던 메시아 사상을 가진 '역대기 사가'는 이런 다윗의 부끄러운 일을 기록하지 않는다.

더 살펴보기

1. 다윗과 성전건축(삼하 7장)

다윗은 하나님의 법궤를 모신 소규모의 성전에 만족할 수 없었던 지 성전건축을 위한 대대적인 준비를 했지만(7장), 하나님께서는 다윗이 아닌 그 아들 때에 가서야 성전을 건축할 수 있음을 계시하셨다(7:13). 다윗의 성전건축을 허락하지 않은 것은 다윗이 피를 많이 흘렸고 크게 전쟁하였기 때문이라고 하신다(대상 22:8, "여호와의 말씀이 내게 임하여 이르시되 너는 피를 심히 많이 흘렸고 크게 전쟁하였느니라 네가 내 앞에서 땅에 피를 많이 흘렸은즉 내 이름을 위하여 성전을 건축하지 못하리라").

7
하나님의 계시
네 왕위가 영원히 견고하리라

8
왕국의 확장
정복과 조공

9
은혜를 갚은 다윗
므비보셋이 받은 대접

10
암몬의 격퇴
암몬 아람 연합군

11
다윗의 범죄
우리아의 아내 밧세바

12
나단의 책망
여호와께 죄를 범하였노라

2. 다윗 왕국의 위대함

다윗은 지도에서 보듯이 주변국을 정복하여 영토가 넓어졌고 조공을 받고 강대한 나라가 되었으나 솔로몬 때에는 오히려 영토를 잃어버린다. 이로써 다윗은 당대 뿐 아니라 후대에도 가장 위대한 왕으로 백성들의 기억 속에 남는다.

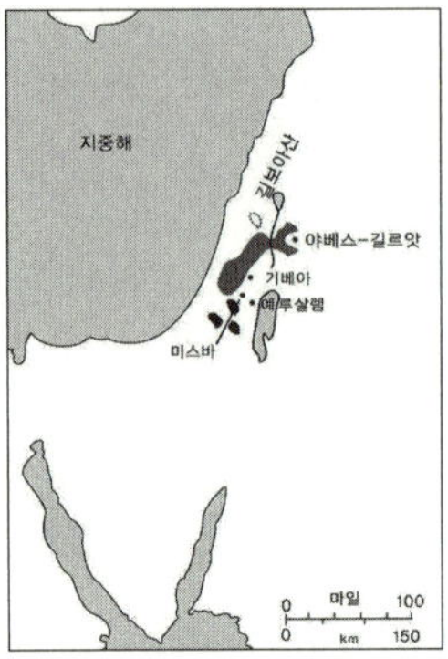

사울의 영토
주전 1020/40~1000년

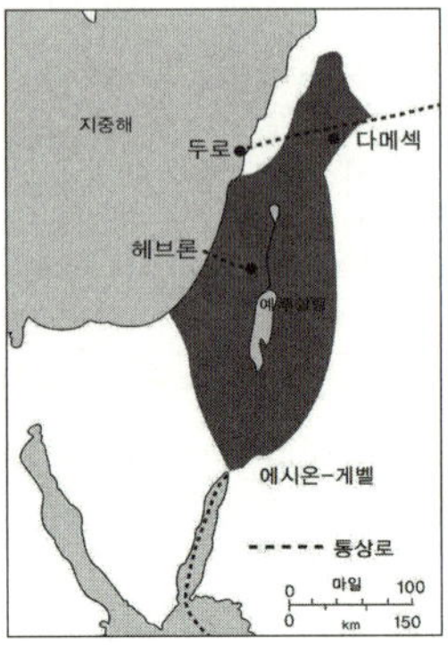

다윗의 영토
주전 1000~961년

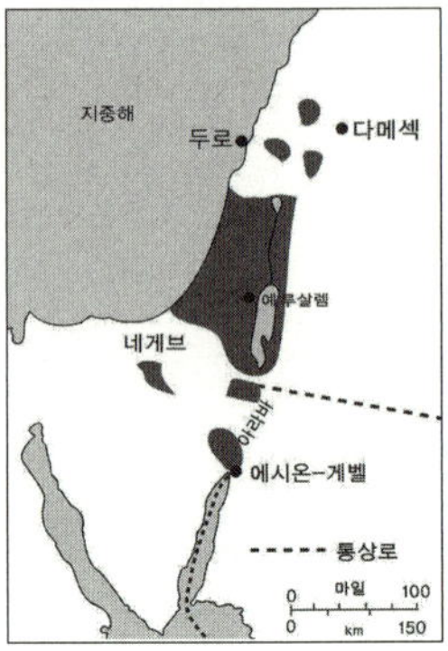

솔로몬의 영토
주전 961~922년

3. 다윗의 침상을 적시는 회개와 문제 해결(삼하 12장)

(1) 다윗의 위대한 점은 나단이 책망을 했을 때 자신의 범죄에 대해 눈물로 침상을 적시는 회개에 있다(12:13~23). 〈시편〉 51편을 음미해 보라. 이 일에 대한 다윗의 눈물로 쓴 회개시이다.

(2) 밧세바와의 불륜으로 낳은 아기는 심판으로 죽게 됐고 문제 해결 후에 하나님께서 다시 한 아기를 주시는데 그가 곧 '평화'라는 뜻의 솔로몬이다. 나단은 그를 여디디야라 했으니 이는 '여호와께서 사랑하신다'는 뜻이다(12:24~25).

4. 하나님이 맺은 언약(삼하 7장에서 하나님께서 다윗과 맺은 언약을 아래의 표로 비교해 보라)

열국의 아버지 가나안 땅 "나는 그들의 하나님이 되리라"	→	율법 수여 "너희는 내 소유가 되겠고 제사장 나라가 되며"	→	내 이름이 존귀하게 되며……너를 위하여 집을 이루고…네 위가 영원히 견고하리라."	→	피로 세운 새 언약의 땅, 후손, 왕국에 대한 예언이 성취됨.(하나님나라)
아브라함의 언약 (창 17장)		시내 산 언약 (출 19~24장)		다윗의 언약 (삼하 7장)		새 언약: 그리스도 (고전 11장)

사무엘하 13~18장

압살롬의 반역과 패배 (중요구절 삼하 18:33)

나단 선지자가 12장에서 예언한대로 칼이 다윗의 집에서 떠나지 않는 처참함을 보여주어, 다윗의 장남 암논이 이복동생인 다말을 범하자, 압살롬은 누이에 대한 복수로 암논을 죽이고 그술로 도망한다(13장). 요압의 중재로 3년만에 압살롬을 데려오나, 다윗은 2년간이나 얼굴보기를 거절한다(14장). 압살롬은 헤브론으로 가서 반역을 하고 예루살렘을 향하자 다윗은 피난을 갈 수밖에 없었다(15장). 피신하는 다윗은 므비보셋의 시종 시바에게 속임을 당하고 시므이에게는 저주와 비웃음을 당했으며, 반역자 아히도벨은 압살롬에게 악한 모략을 가르친다(16장). 다윗의 친구 후새는 압살롬에게 불리하도록 모략을 쓰므로 다윗은 안전하게 도망갈 수 있었다. 아히도벨은 자기의 모략이 시행되지 않자 자살한다(17장). 다윗은 군대를 정비하고 압살롬은 요압에게 살해되므로 압살롬의 반역은 끝나지만 다윗은 큰 슬픔을 가슴에 담아야 했다(18장).

1. 암논이 다말에게 자기 욕심을 채우고는 변신하는 사악한 모습은 우리를 놀라게 한다. "암논이 그를 심히 미워하니 이제 미워하는 미움이 전에 사랑하던 사랑보다 더 한지라"(13:15)고 했으며 심지어 책임지려고 하지 않고 다말을 쫓아내고 문을 닫아건다. 부정적인 일이든 긍정적인 일이든 자신의 행위에 책임을 져야한다.
2. 압살롬은 그술로 망명한 후 3년이 지나 요압의 중재로 예루살렘에 돌아와서도 2년 간이나 부왕 다윗의 얼굴을 보지 못한다(14:28). 이런 감정적인 일로 인해 압살롬이 반역을 꿈꾸게 만들었고 "이스라엘 사람의 …… 마음을 훔치니라"(15:6). 그 후 준비했다가 헤브론에서 왕이 되었다고 선포한다. 다윗의 죄의 결과였으나(12:10~12), 아들을 용서 못한

13
다윗의 아들들 다툼
암논의 죄와 압살롬의 보복

역사서
사무엘하

14
압살롬의 귀국
요압의 중재로 왕과의 만남

15
반역하는 압살롬
백성의 마음을 훔치니라

16
시므이의 저주
압살롬이 아버지의 후궁과 동침

17
아히도벨과 후새의 모략
요단을 건너 마하나임에 간 다윗

18
죽임을 당하는 압살롬
내 아들 압살롬아, 내 아들

다윗의 문제가 실제 원인이라는 사실도 간과 할 수는 없다. 예수님은 용서를 가르치셨다. 당신이 지금 용서를 못하는 것은 무엇인가?

3. 압살롬은 미남이었고, 머리숱은 많고 길어 자랑거리였다(14:25~26). 그러나 다윗에게 반역했을 때 반격해 오는 요압 장군을 피해 나귀를 타고 숲으로 들어갔다가 그 머리털은 상수리나무 가지에 걸려 매달리게 된다. "요압이 손에 작은 창 셋을 가지고 가서 상수리 나무 가운데서 아직 살아 있는 압살롬의 심장을 찌르니" 죽임을 당한다(18:9~15). 인간의 자랑이란 이처럼 부질 없는 것이다. 무엇을 자랑하는가? 다 귀하지만 바울처럼 "내게는 우리 주 예수 그리스도의 십자가 외에 결코 자랑할 것이 없으니"(갈 6:14)라던 고백이 우리의 것이 되어야 한다.

더 살펴보기

1. 성경에는 다말이 세 사람 나온다(삼하 13:1)

(1) 야곱의 아들 유다의 며느리(창 38:6). - "유다가 장자 엘을 위하여 아내를 데려오니 그 이름은 다말이더라."

(2) 다윗의 딸로서 압살롬의 동복 누이(삼하 13:1). - "다윗의 아들 압살롬에게 아름다운 누이가 있으니 이름은 다말이라 다윗의 다른 아들 암논이 그를 사랑하나……"

(3) 압살롬의 딸(삼하 14:27). - "압살롬이 아들 셋과 딸 하나를 낳았는데 딸의 이름은 다말이라 그는 얼굴이 아름다운 여자더라."

2. 압살롬의 반역과 주변 인물들(삼하 15~16장)

다윗이 왕위에서 쫓겨 피난할 때 사람들의 다양한 반응을 본다. 압살롬이 헤브론에서 왕으로 추대되자 아히도벨(다윗의 모사-자문위원)은 압살롬에게 붙고(15:12), 시바(므비보셋의 시종)는 주인을 배신하고 다윗을 속였으며(16:1~4), 사울의 친척 시므이는 다윗을 저주하며 돌을 던진다(16:5~14). 반면에 변하지 않는 마음으로 충성하는 요압 장군, 다윗을 이룹도록 모략을 베푼 후새 등이 두드러진다(15:32~37, 16:16~19, 17:1~14). 힘을 보고 따라가는 삶은 간사하지만 변하지 않는 마음은 존귀하다.

3. 압살롬이 다윗의 후궁들과 동침하다(삼하 16장)

(1) 다윗을 배반하고 압살롬 쪽으로 간 아히도벨의 조언은 압살롬에게 왕궁을 마지막까지 지킨 다윗의 후궁들과 동침하도록 모략을 꾸민다(16:20~21). 이 일은 근동지방의 관례로 보면 후궁들을 취하는 것이 왕권의 완전한 계승으로 여긴데 기인하고 있다.

(2) 다윗이 죽었을 때 아도니야가 밧세바를 통해 솔로몬에게 다윗왕의 품에 있던 아비삭을 달라고 했더니 "왕위를 구하는 것이냐"고 분노하며 "그를 죽이리라"(왕상 2:13~25)고 한 말을 보아도 알 수 있다.

(3) 압살롬은 옥상에 장막을 치고 이스라엘의 무리들의 눈앞에서 아버지 다윗왕의 후궁들과 더불어 동침한다(16:22). 이 일은 나단이 "네 아내들과 더불어 백주(대낮)에 동침하리라"고 예언한 대로 이루어졌다(12:11~12).

4. 압살롬의 죽음과 무덤(삼하 18장)

(1) 다윗은 자신의 아들 압살롬이 비록 반역자이지만 죽이지 말도록 신하들에게 말한다. "왕이 요압과 아비새와 잇대에게 명령하여 이르되 나를 위하여 젊은 압살롬을 너그러이 대우하라 하니 왕이 압살롬을 위하여 모든 군지휘관에게 명령할 때에 백성들이 다 들으니라"(18:5). 그럼에도 요압 장군은 다윗의 아들 반역자 압살롬의 머리털이 나무에 걸려 나무에 달렸을 때 그의 심장을 창으로 찔러 죽인다(18:9~15).

(2) 압살롬의 무덤으로 알려진 것이 잘 보존되어 있어서 사람들은 이 묘에 돌을 던지며 반역자의 최후를 자식들에게 가르치고 있으며 오늘날까지 많은 교훈을 남겨주고 있다. 한편 이 탑이 '압살롬의 기념비'라는 설명도 있다(삼하 18:18).

압살롬의 묘(삼하18:16~18)
압살롬의 묘로 전해지는 이 탑을 향하여 유다인들은 돌을 던지며 반역자의 최후를 자식들에게 교훈하고 있다.

역사서

사무엘하

19

요압의 항의와 다윗의 환궁
다윗의 처분으로 상과 벌을 줌

20

세바의 반란
여인의 지혜로 세바의 목을 벰

21

처형당하는 사울의 후손들
사울의 후손 일곱 명의 목을 벰

22

다윗의 찬양
다윗이 이 노래의 말씀으로 여호와께

23

다윗의 용사들
피와 같은 물을 땅에 부음

24

다윗의 인구조사
아리우나의 타작마당의 제단

사무엘하 19~24장

다윗왕가의 여러 일들 (중요구절 삼하 22:31)

북쪽 10지파는 다윗의 복위를 바랐으나 유다 지파는 망설일 때에 화해의 정책은 성공을 거두고 예루살렘으로 환궁하는 다윗은 백성들로부터 환영을 받는다(19장). 압살롬의 반역이 끝나고 다윗은 환궁하여 나라는 안정된 듯 했으나, 자기의 분깃이 없다고 생각한 베냐민 지파 세바가 반란을 일으킨다. 세바의 목을 벤 요압은 다윗에게 다시 인정을 받는다(20장). 21~24장은 연대순으로 배열된 것은 아니며 다음 6가지의 말씀이 있다. ① 기브온 사람에 대한 사울의 죄로 말미암은 기근(21:1~14; 수 9장 참조), ② 블레셋과의 전쟁 영웅들(21:15~22), ③ 다윗의 시편들(22장), ④ 다윗의 마지막 말들(23:1~7), ⑤ 다윗의 용사들(23:8~39), ⑥ 인구조사와 재앙이다(24장).

1. 성경에 나오는 여성들의 뛰어난 활약을 본다. 반란자 세바가 벧-마아가(Beth-maachah)의 아벨 성으로 갔을 때 추적한 요압의 군대는 아예 그 성을 멸할 계획을 가졌는데 지혜로운 한 여인 덕분에 세바의 목은 잘려져 난은 진압되고 성읍은 안전하게 된다(20:14~22). 사사시대 야빈 왕의 군대장관 시스라의 관자놀이에 말뚝을 박아 죽인 헤벨의 아내 야엘도 용맹한 여성이고(삿 4:21), 자칭 왕 아비멜렉을 데베스 성에서 맷돌 위짝으로 머리를 깨뜨려 죽인 여인(무명)도 맹렬 여성이었다(삿 9:50~54). 맹렬 여성은 가정과 민족과 국가를 지켰다.
2. 다윗은 인구조사를 요압에게 명한다(24장). 인구 조사의 목적은 ① 징집 ② 세금부과에 있었는데, 여기서는 군대의 힘(징집 대상자)을 과시하려는 의도가 있었다. 즉, 블레셋 족속들은 적대적이었기에 기습에 대비하기 위한 지혜로운 길로 생각했을 것이다. 인간적인 판단은 하나님께 대한 불신이요, 모욕적인 행위로 받아들여졌고, 거기에 따른 징벌이 있었다. 이는 하나님이 다윗을 사랑하는 증거가 되기도 했다(24:14, 히 12:5~11 참조).
3. "다윗의 추종자들이 그에게 맹세하여 이르되 왕은 다시 우리와 함께 전장에 나가지 마옵소서 '이스라엘의 등불'이 꺼지지 말게 하옵소서"(21:17)하며 다윗을 이스라엘의 등불로 묘사한다. 다윗의 이런 명칭은 배후에 섭리하시는 하나님의 위대성 때문이다(대상 12:23). 그대 인생도 등불처럼 빛나려면 하나님께서 배후에 섭리하셔야 한다.

더 살펴보기

1. 아마사와 요압의 권력 다툼(삼하 18~20장)

(1) 아마사는 압살롬의 군지휘관이었고 요압은 다윗의 군지휘관이었다. 압살롬이 반역하다 죽은 후 다윗은 아마사를 요압 대신 군지휘관으로 세웠다(19:13). 요압은 파면된 것으로 추측되는데 아마도 압살롬을 죽였고(18:14), 다윗에게 바른 말 한 것이 다윗으로서는 듣기 싫었던 듯하다(19:1~7).

(2) 세바의 반란이 일어났을 때 다윗은 아마사에게 진압을 명령했으나 능력부족이 드러나자(20:4~5) 요압은 기회를 틈타 아마사를 죽이고(20:9~10) 나아가 세바의 반란을 진압한다. 요압은 당연히 군지휘관의 자리가 회복된다(20:14).

(3) 요압은 전에도 자신의 지위에 영향을 미칠 인물이라고 생각되는 아브넬이 이스보셋을 배반하고 다윗에게 왔을 때 그와 은밀하게 이야기하려는 듯 하다가 칼로 찔러 죽이는 신속성을 보였다(3:27~29). 이러한 요압은 이번에는 아마사가 다윗의 인정을 받자 그와 입 맞추면서 칼로 찔러 죽인다. 이는 예수님께 대한 가룟 유다의 배신을 연상하게 한다.

(4) 다윗은 이러한 요압을 잊거나 용서 할 수 없어서 유언으로 남기게 되고(왕상 2:5~6), 솔로몬이 왕이 되면서 그는 죽임을 당한다(왕상 2:28~35).

2. 기브온 사람들을 죽인 사울 가문(삼하 21장)

(1) 3년 기근의 원인이 사울 가문이 "기브온 사람을 죽였음이니라" 하였다(21:1). 그런데 이 사건에 대한 기록을 성경에서 찾을 수 없다. 다만 기브온 사람에 대한 생명 보존은 〈여호수아〉 9:15, 26에 약속되었는데, 이를 어긴 사울의 후손들 일곱명을 목 매어 단다(21:9). 그리고 흉년은 그친다.

(2) 여호수아 시대에 이스라엘이 요단을 건너 여리고와 아이 성을 정복한

후에 계속 진격하자 이를 두려워한 기브온 족속들이 변장을 하고 원방에서 온 것처럼 하여 이스라엘과 화친 조약을 맺는다. 이것은 결국 이스라엘이 '여호와께 묻지 아니한'(기도하지 아니한) 결과였고, 기브온 족속은 성전에서 물 긷고 장작을 패는 일을 했다(수 9:27). 그런데 사울의 후손들이 이들을 죽인 것이다.

다윗 생애의 사건과 연관된 시편의 표제들

1. 왕궁으로부터의 피신
   삼상 19:11이하 / 시 59편
2. 미친 척하는 다윗
   삼상 21장 / 시 34편
3. 동굴에 숨는 다윗
   삼상 22:1이하, 24:3이하 / 시 57, 142편
4. 놉의 제사장들에 대한 도엑의 배신
   삼상 22장 / 시 52편
5. 십 사람의 밀고
   삼상 23:19이하 / 시 54편
6. 유다 광야의 다윗
   삼상 24:1~22, 삼하 15장 / 시 63편
7. 에돔 족속의 패망
   삼하 11~12장 / 시 51편, 32편
8. 압살롬의 반역
   삼하 15:13이하 / 시 3편
9. 다윗의 구원의 노래
   삼하 22장 / 시 18편과 동일

14. 다윗의 인구 조사에 대한 연구(삼하 24장)

삼하 24:1은 대단히 난해하다. 인구조사를 하나님이 하도록 충동하신 것 같고 그 일로 인해 다윗은 징벌을 받는다. "그들을 치시려고 다윗을 격동시키사"의 히브리어 원문은 "그가 그들에 대하여 다윗을 선동하였다"이다. 즉 "그가(사탄이) 다윗을 선동하여 이스라엘 백성을 대적하게 하였다"는 뜻이다. 〈역대기〉 사가는 "사탄이 일어나 이스라엘을 대적하고 다윗을 충동하여 이스라엘을 계수하게 하니라"(대상 21:1)고 말하여 사건 이해를 돕는다.

BIBLE

성경 질문지

사무엘하 1~6장 유다의 왕, 다윗

제1장 [다윗의 애가]
성경을 읽고 다음 (　　) 안에 알맞은 말을 적으시오.

1. 다윗이 (　　　) 사람을 쳐 죽이고 돌아와 사울의 죽음 소식을 (　　　) 사람에게 들었다.
2. 사울에게 최종적으로 칼을 댄 사람을 다윗이 죽이도록 함은 여호와의 (　　　　　)지 죽이기를 두려워 아니하였기 때문이다(11~16).
3. 다윗이 사울과 요나단을 조상하여 지은 슬픈 노래는 (　　　　)노래, (　　　　)의 책에 기록되었다.
4. 가드, 아스글론은 (　　　　) 나라의 도시들이다(20, 삼상 6:17에 5대도시가 나온다).
5. 사울과 요나단이 용사임을 비유하는 두 짐승은 (　　　)와 (　　　)이다(23~27).
6. 사울의 정치적인(경제수준 향상)을 칭송한 구절은 (　　　　절)이다.
7. 다윗이 요나단을 사랑함이 기이하여 (　　　)의 사랑보다 더하다(23~27).

제2장 [다윗이 유다 왕이 되다]
다음 서로 관계 있는 것끼리 연결하시오.

1. 다윗의 두 아내 • 　　• 가) • 　　• a)
2. 사울을 장사 • 　　• 나) • 　　• b)
3. 다윗 • 　　• 다) • 　　• c)
4. 이스보셋 • 　　• 라) • 　　• d)
5. 아브넬(2:8, 18~23) • 　　• 마) • 　　• e)
6. 요압 • 　　• 바) • 　　• f)
7. 다윗의 신복들 • 　　• 사) • 　　• g)

가) 길르앗 야베스 사람들
나) 이새의 아들(삼상 16:11~13)
다) 이스르엘 여인 아히노암
라) 사울의 아들
마) 스루야의 아들
바) 베냐민, 아브넬에 속한 자
사) 넬의 아들

a) 두 해 동안 이스라엘의 왕(북)
b) 선한 일을 너희에게 갚으리니
c) 나발의 아내였던 아비가일
d) 헤브론에서 7년 6개월 유다 왕(남)
e) 다윗 편의 아사헬을 죽임
f) 이스보셋 편의 아브넬을 죽임
g) 삼백육십 명을 죽임

제3장 [아브넬의 죽음]
다음 물음에 답을 쓰고(1), 맞는 답의 번호에 O표 하시오(2~4).

1. 다윗이 헤브론에서 '낳은 아들 - 낳은 여인'이 짝이 되도록 1) 처럼 쓰시오.(1~5)
   1) 암논 - 아히노암　　2)
   3)　　　　　　　　　4)
   5)　　　　　　　　　6)
2. 사울과 다윗의 집에 관한 다음 말에서 맞는 것

은?(1, 6)

1) 두 집안의 싸움이 짧게 끝났다.
2) 다윗은 점점 약하여 졌다.
3) 사울의 집은 점점 강하여 졌다.
4) 아브넬은 사울의 집에서 권세를 잡았다.

3. 이스보셋이 아브넬을 책망한 일과 그에 대한 아브넬의 반응은?(6~11)

1) 아버지 사울의 첩이었던 리스바와 통간 책망. / 나는 그럴 자격이 있다.
2) 이스보셋의 첩 리스바와 통간을 책망. / 내가 유다의 개 머리냐?
3) 아버지 사울의 첩이었던 리스바와 통간 책망. / 내가 유다의 개 머리냐?
4) 이스보셋의 첩 리스바와 통간을 책망. / 나는 그럴 자격이 있다.

4. 아브넬에 관한 것에서 틀린 것은?

1) 이스보셋을 배반하고 다윗에게 직접 가서 이스라엘을 돌리기로 언약을 맺었다(12~16).
2) 이스라엘 장로들을 설득하고 헤브론의 다윗에게 이르러 대접을 받았다(17~21).
3) 아브넬을 다시 헤브론으로 데려 오게 한 요압은 동생 아사헬을 죽인 그를 죽였다(22~30).
4) 다윗은 아브넬의 죽음을 슬퍼했고 스루야의 아들(요압)을 제어하기 힘듦을 알았다(31~39).

제4장 [이스보셋의 죽음]
다음 물음에 답하시오.

1. 이스보셋의 군지휘관으로 이스보셋의 목을 베어 다윗에게로 가져간 자는? - (　　　　,　　　　)

2. 사울의 손자요 요나단의 아들로서 유모가 떨어트려 절게 된 사람은? - (　　　　)

3. 다윗의 11절에서 악인과 의인은 각각 누구를 가리켜서 한 말인가?
- (악인:　　　　,　　　　), (의인:　　　　)

4. 이스보셋은 어디에 있는 누구의 묘에 장사되었나? - (　　　　　　　　)

제5장 [다윗의 통일 왕국]
다음 (　　) 안에 알맞은 말을 적으시오.

1. 다윗은 세 번에 걸쳐 왕이 되는 의식을 거행한다. 서로 관계 있는 것끼리 연결하시오.

1) 삼상 16:1~13 •　　• 가) •　　• a)
2) 삼하 2:1~4 •　　• 나) •　　• b)
3) 삼하 5:1~10 •　　• 다) •　　• c)

가) 유다 족속의 지지
나) 왕으로 예선
다) 온 이스라엘과 유다의 지지

a) 예루살렘에서 33년간 다스림
b) 사무엘이 기름을 부음
c) 헤브론에서 7년 6개월 유다를 다스림

2. 다윗이 정복한 여부스 성의 다른 세 가지 이름을 성구를 참고하여 쓰시오(4~10).
(여부스 = 5절:　　　, 7절:　　　, 7, 9절:　　　)

3. 누가 무엇을 보내 다윗을 위하여 집을 짓게 했나?(11~12)
-

4. 1) 다윗이 강성해 진 이유는?(10)
-

2) 다윗은 무엇을 아는 사람인가?(11~12)
-

5. 다윗이 예루살렘에서
1) 무엇을 더 두었으며 -,
2) 낳은 자녀의 수는? -

6. 다윗이 블레셋에 대해 승리함은 여호와께 묻고 어떻게 행하였기 때문인가?(17~25)
-

제6장 [언약궤를 시온성으로]
언약궤에 관한 다음 말에서 맞으면 O표, 틀리면 X표 하시오.

1. 언약궤가 아비나답의 집에 20년간 있었다.( )

2. 웃사가 아효의 언약궤를 메었다.( )

3. 웃사가 궤를 떨어뜨려 죽었다.( )

4. 오벧에돔의 집에 석달을 두었는데 복 받았다.( )

5. 그 후에 궤를 율법대로 메고 옮겼다.( )

6. 다윗은 춤을 추는데 에봇을 입었다.( )

7. 소제와 속죄제를 여호와께 드렸다.( )

8. 여호와의 이름으로 백성을 축복했다.( )

9. 떡, 고기, 건포도 떡이 나눠졌다.( )

10. 미갈은 춤추는 다윗을 업신여겨 자식이 없었다.( )

사무엘하 7~12장 다윗의 통일왕국 확장

제7장 [하나님의 계시, 다윗의 기도]

다음 맞는 답의 번호에 O표 하시오.

1. 나단이 다윗에 대해 하나님께 들은 말씀과 관계가 먼 것은?(1~17)
   1) 다윗을 이스라엘의 주권자로 삼았다.
   2) 네 몸에서 날 씨를 네 뒤에 세워 견고하게 하리라.
   3) 나(여호와)를 위하여 집을 건축하라.
   4) 죄를 범하면 사람 막대기와 인생 채찍으로 징계한다.

2. 다윗이 하나님을 향해 기도한 내용이 아닌 것은?(18~29)
   1) 주 여호와는 종을 아신다
   2) 주의 뜻대로 이 모든 일을 행하사 종에게 알게 하셨다
   3) 주 외에도 신이 있나이다
   4) 주의 은혜로 종의 집이 영원히 복을 받게 하옵소서

제8장 [다윗왕국의 확장]

다음 물음에 답하시오.

1. 다윗이 무찌른 나라들을 모두 쓰시오(왕의 이름이 나온 것은 왕 이름도 함께, 1~14).
   -

2. 다음 사람은 무엇이 되었나?(15~18)
   1) 요압 -
   2) 여호사밧 -
   3) 사독 -
   4) 아히멜렉 -
   5) 스라야 -
   6) 브나야 -
   7) 다윗의 아들들 -

제9장 [요나단의 아들을 돌보는 다윗]

다음 물음에 답하시오.

1. 다윗이 요나단의 아들 므비보셋에게 은총을 베푸는 이유는 누구로 말미암음인가?(1절)
   -

2. 은총의 내용 두 가지는 어떤 것인가?(7절)
   1)
   2)

3. 므비보셋의 반응은?(8절)
   -

4. 시바는 누구의 시종이었나?(9~11)
   -

5. 므비보셋의 젊은 아들 이름은?(12~13)
   -

제10장 [암몬과 아람 연합군을 무찌르다]

다음에서 틀린 곳을 두 줄로 지우고 맞게 고치시오.

1. 암몬 왕 나하스는 조객으로 온 다윗의 신복들을 오해하여 수염을 깎고 옷을 찢었다(1~5).
   ( )

2. 암몬과 아람의 연합군 대적을 위해 다윗이 용사

역사서

사무엘하

의 온 무리와 같이 나갔다(6~8).

( )

3. 처음엔 아람에 대하여 요압이 승리를, 나중에는 암몬에 대하여 아비새가 승리했다(9~14).

( )

4. 아람 사람들이 다윗에게 패하므로 아람 사람이 다시는 모압 자손을 돕지 아니하였다(15~19).

( )

제11장 [다윗과 밧세바]
다음 ( ) 안에 들어갈 말과 절수를 쓰시오.

1. (11: ~ 절) 저녁 때에 다윗이 그의 ( ) 에서 일어나 ( ) 옥상에서 거닐다가 그곳에서 보니 한 여인이 ( )을 하는데 심히 아름다워…… 그는 엘리암의 딸이요 ( ) 사람 ( )의 아내 ( )가 아니니이까?…… 자기에게 데려오게 하고 그 여자가 그 ( )을 깨끗하게 하였으므로 더불어 ( )하매…… 여인이 ( )하매 보내어 다윗에게 말하여

2. (11: 절) 그러나 우리아는 ( ) 내려가지 아니하고 ( )에서 그 주의 ( ) 더불어 잔지라.

3. (11: ~ 절) 다윗이 편지를 써서 ( ) 의 손에 들려 ( )에게 보내니 그 편지에 써서 이르기를 너희가 우리아를 ( ) 싸움에 앞세워 두고 너희는 뒤로 ( ) 그로 맞아 ( )하라.

4. 다윗의 지은 죄를 십계명(출 20장)을 참고하여 두 가지로 말한다면 어디에 해당되는가?
   1) 밧세바에 대해서는 (죄 - 계명을 어김)
   2) 우리아에 대해서는 (죄 - 계명을 어김)

제12장 [다윗의 회개와 솔로몬의 출생]
다음 물음에 답하시오.

1. 나단의 비유에서 다음은 누구인가?(1~6)
   1) 부한 자 :
   2) 가난한 자 :
   3) 가난한 사람의 양 새끼 :

2. 여호와의 말씀을 업신여기고 우리아의 처를 빼앗은 죄의 값은 무엇이라고 했나?(7~14)
   1) 10절 -
   2) 11절 -

3. 다윗과 밧세바 사이에서 난 아이가 죽은 후에야 다윗이 음식을 먹은 이유는?(15~23)

   -

4. 다윗과 밧세바가 다시 낳은 아이의 이름은 무엇이며, 여호와께서 지어준 이름은 무엇인가?(24~25)

   -

5. 다윗이 랍바(암몬의 수도)를 쳐서 점령하고 그 왕의 머리에서 보석 있는 왕관을 가져와 어떻게 했나?(26~31) -

사무엘하 13~18장 압살롬의 반역과 패배

제13장 [암논의 악함과 압살롬의 복수]
다음 문제의 답을 보기에서 골라 쓰시오.

보기 그술 / 요나답의 계략 / 압살롬의 종들
채색 옷 / 다말 / 동침 후 / 다윗의 지시
암논 / 요나답 / 처량함

1. 압살롬의 아름다운 누이 -

2. 이복누이 때문에 울화로 말미암아 병이 됨 -

3. 암논의 심히 간교한 친구 -

4. 암논이 누워 병든 체 함 -

5. 암논의 집에 가서 음식을 차리라 -

6. 미워하는 미움이 사랑하던 사랑보다 더함 -

7. 출가하지 아니한 공주의 옷 -

8. 오라버니 압살롬의 집에서의 모습 -

9. 양털 깎는 날 암논을 죽임 -

10. 압살롬이 암논을 죽이고 도망간 곳 -

제14장 [압살롬이 돌아오다]
다음 물음에 답하시오.

1. 다윗 왕의 마음이 압살롬에게 향하여 간절해 진 때는?(13:37~39)
   -

2. 압살롬이 그술에서 예루살렘으로 돌아오도록 지혜를 낸 사람은?(1~24) -

3. 요압의 요구를 따라 왕께 말한 사람은 어디 여인인가?(1~3) -

4. 1) 압살롬이 아들 셋과 딸 하나를 두었는데 그 딸 이름은?(25~27) -

   2) 같은 이름을 가진 두 사람의 가족관계와 이들은 성경 어디에 나오나?(내용 해설 참고)
   ①
   ②

5. 압살롬이 예루살렘에 돌아와서도 몇 년간 부왕 다윗을 뵙지 못했나?(21~29) -

6. 압살롬이 요압을 왕께 보내려 하여 부르나 오지 않자 취한 방법은?(28~33)
   -

제15장 [압살롬의 반역]
다음 물음에 답하시오.

1. 압살롬이 반역의 준비로 사람들의 마음을 어떻게 했나?(1~6)
   -

2. 다윗의 모사였으나 압살롬의 청함에 의해 반역에 가담한 길로 사람은?(7~12) -

3. 왕이 어디에 있든지 함께 있겠다고 한 가드 사람은?(13~23) -

4. 언약궤를 다시 성으로 메고 가도록 한 다윗의 뜻은?(24~29)
   -

5. 다윗이 감람산 길로 피신해 갈 때의 모습은 어떠했는가?(30~37)
   -

6. 다윗의 친구로서 아히도벨의 모략을 패하게 하려고 예루살렘으로 간 사람은?(30~37) -

제16~17장 [압살롬의 악행과 후새의 모략]
다음 물음에 답하시오.

1. 16:1~14까지는 19장에서 다룬다. 다만 두 사람을 기억해 두라.
   1) 므비보셋의 종(1절) -
   2) 사울의 친족, 게라의 아들(5절) -

2. 압살롬이 다윗을 대적하는 전술에서 다음의 것은 누구의 모략인지 이름을 쓰시오(16:15~17:14).

보기 후새 / 아히도벨

   1) 온 이스라엘을 왕께로 모으고 친히 전장에 나가소서. -
   2) 왕궁을 지키는 부왕의 후궁들로 더불어 동침하소서. -
   3) 만 이천 명의 병사로 밤에 다윗의 뒤를 기습하여 다윗 왕을 쳐죽이리라. -
   4) 그가 어느 성에 들었으면 줄을 가져다가 그 성을 강으로 끌어들인다. -

3. 다음 사람들의 이름을 쓰시오(17:15~29).
   1) 후새가 아히도벨과 자신의 모략을 다윗에게 전하도록 한 제사장은? -

2) 다윗 왕에게 "요단을 건너라"는 정보를 전해 준 두 사람은? -

3) 자기의 모략이 시행되지 않음을 알고 자살한 사람은? -

4) 압살롬이 요압을 대신하여 군지휘관을 삼은 사람은? -

5) 다윗에게 좋은 음식을 가져온 사람들은?(3명) -

역사서 사무엘하

제18장 [압살롬의 죽음]

다음 물음에 답하시오.

1. 다윗의 군대의 삼분의 일씩을 맡은 군지휘관들은?(1~5) -

2. 왕이 전쟁터에 나가고자 할 때에 백성들이 반대한 이유를 간략히 쓰시오.

-

3. 1) 다윗이 "압살롬을 너그러이 대우하라"는 뜻은 무엇인가?

-

2) 이 말을 불순종한 군지휘관은?(5~15)

-

4. 1) 압살롬이 연말에 머리를 깎을 때의 무게는?(14:26) -

2) 전쟁에서 이렇게 아름다운 머리로 인해 어떻게 됐나?(9~15)

-

5. 압살롬이 살았을 때에 비석을 세운 이유는?(16~18)

-

6. 왕에게 소식을 전한 두 사람은?(19~30)

-

7. 다윗이 문 위층으로 올라가며 울면서 한 말은?(28~33)

-

사무엘하 19~24장 다윗왕가의 여러 일들

제19장 [다윗의 환궁]

다음 맞는 답의 번호에 O표 하시오(1~4), 물음에 답하시오.(5~6)

1. 백성들이 승전하고도 싸움에 쫓겨 도망하는 자 같이 가만히 성으로 들어간 이유는?(1~5)

1) 전쟁에서 희생이 컸으므로
2) 전쟁의 성과가 나빠서
3) 왕이 아들 압살롬의 죽음을 슬퍼하므로
4) 승리하기까지 너무 힘들게 싸웠으므로

2. 다윗이 두 제사장에게 다음의 사람에게 이르라고 한 말과 틀린 것은?(11~15)

1) 유다 장로들 - 너희는 왕을 왕궁으로 모시는 일에 나중이 되느냐?
2) 유다 장로들 - 너희는 내 대적이었으나 용서했으니 왕을 모시는 일에 앞장서라.
3) 아마사 - 요압을 대신하여 군지휘관이 되지 아니하면 하나님이 내게 벌을 내리시기를 원한다.

3. 시므이가 다윗 왕에게 죄 주지 말기를 간청했는데, 그의 패역함이 아닌 것은?(19:16~20, 참조 16:5~14)

1) 다윗을 저주 2) 침을 뱉음
3) 돌을 던짐 4) 티끌을 날림

4. 므비보셋의 종이 왕께 모함했다고 하는데 어떻게 모함했었나?(19:24~30, 참고 16:1~4)

1) 므비보셋이 다윗을 버리고 도망갔다.
2) 므비보셋이 다윗을 모함했다.
3) 므비보셋이 압살롬의 신하가 되었다.
4) 므비보셋이 왕이 되고자 한다.

5. 바실래에게 왕을 공궤했다고 하는데 언제, 무엇으로 했나?(19:31~39, 참고 17:27~29)

1) 언제 - 다윗이 (   )에 이르렀을 때
2) 무엇으로 왕을 공궤 했나? -

3) 왕이 바실래에게 주는 상급은 무엇이며, 바실래가 대신 받도록 청한 사람은? -

6. 유다와 이스라엘 사람들이 왕을 모셔온 공로 다툼에서 누구의 말이 더 강경했는가? -

제20장 [세바의 반란]
다음 물음에 답하시오.

1. 다윗을 반역하다가 머리를 베임 당하여 죽은 사람은?(1~2, 22) -

2. 1) 세바의 난을 진압하기 위해 군대를 소집하려 했으나 기한 내 하지 못했고, 요압의 칼에 죽은 다윗의 신임 군지휘관은?(3~13, 19:13)
   -

   2) 요압은 전에도 다윗의 신임을 얻게 될 사람을 죽였다. 누구인가?(3:27~29)
   -

3. 세바가 아벨 성에 왔을 때 지혜로 그 머리를 베어 요압에게 던지게 한 여인은? -

4. 다윗은 아마사에게 난을 진압토록 했으나 실제 세바의 난을 진압한 사람은? -

5. 다윗의 신하들에 대한 명단(23~26)은 8장 몇 절에도 나오는가? - (8: ~ 절)

제21장 [기브온 사람에 대한 속죄]
( ) 안에 맞는 말 쓰기(1~2), 관계 있는 것 줄긋기(3)

1. 다윗 시대 3년 기근에 대해 ( ) 안에 알맞은 말을 쓰시오(1~9, 수 9:3~15).
   1) 원인: 가나안 정복을 하던 여호수아 시대에 ( ) 주민과 ( ) 조약을 맺었는데, 사울 시대에 기브온 사람을 ( )이니라. 이처럼 화친 조약을 어겨 그 죄 값으로 기근이 왔다.
   2) 결과: 기브온의 요구를 들어 사울의 아들 ( ) 명과 사울의 딸 메랍의 아들 ( ) 명을 기브온 사람들이 사울의 고을 ( ) 산 위에서 목매어 달았더니 그 후 기근이 그쳤다.

2. 사울 가문의 사람들의 장례를 잘 치르도록 공헌을 세운 사람은?(10~14) -

3. 블레셋과의 싸움 영웅들과 관계되는 네 곳을 모두 연결하시오(15~22).

1) 아비새 •	• 가) •	• 1) •	• a)
2) 십브개 •	• 나) •	• 2) •	• b)
3) 엘하난 •	• 다) •	• 3) •	• c)
4) 요나단 •	• 라) •	• 4) •	• d)

가) 삼마의 아들	a) 라흐미 •
나) 베들레헴 사람	b) 육손, 육발 •
다) 후사 사람	c) 삽 •
라) 스루야의 아들	d) 이스브비놉 •

• ㄱ) 24가락
• ㄴ) 300세겔 놋창
• ㄷ) 장대한 자의 아들(곱)
• ㄹ) 골리앗의 아우

제22장 [다윗의 찬양: 시 18편을 보라]
다음 ( ) 안에 알맞은 말을 써 넣어라.

1. (~ 절)
   1) 여호와는 나의 ( )
   2) 나의 ( ) 3) 나를 ( )
   4) 내가 피할 ( ) 5) 나의 ( )
   6) 나의 구원의 ( ) 7) 나의 높은 ( )
   8) 나의 ( ) 9) 나의 ( )

2. (~ 절) 깨끗한 자에게는 주의 ( )을 보이시며 사악한 자에게는 주의 ( )을 보이시리이다. 주께서 곤고한 백성은 ( )하시고 교만한 자를 살피사 ( ).

3. (절) 하나님의 ( )는 완전하고 여호와의 ( )은 진실하니

역사서

사무엘하

제23장 [다윗의 용사들]

다음 빈칸에 알맞은 말을 쓰시오.

1. 세 용사 -
   1) 요셉밧세벳, 아디노 - (　　　　)의 두목 - (　　　) 명을 쳐 죽임 (1~12)
   2) 도대의 아들 (　　　　) - 세 (　　　　) 중 한 사람 - 손이 피곤하기까지 블레셋을 침
   3) 아게의 아들 (　　　) - 녹두밭 가운데 서서 - 여호와께서 큰 (　　　)을 이룸

2. 블레셋 군대를 돌파하고 다윗의 고향동리(　　　) 성문 곁에서 떠온 물을 다윗이 마시지 않은 것은 세 용사가 (　　　)을 걸고 갔던 사람들의 (　　　)와 같기 때문이다(13~17).

3. 1) 삼 인의 두목(18~19) - (　　　　)

   2) 시위대 대장(20~23) - (　　　　)

제24장 [다윗의 인구조사]

다음 (　/　) 안의 말 중에서 틀린 것은 =줄로 지우시오.

1. 다윗이 인구조사를 할 때 군지휘관 요압은 (원했다 / 원하지 않았다)(1~9).

2. 인구의 수는 이스라엘에 (80만 / 50만), 유다에 (80만 / 50만) 명이었다(1~9).

3. 하나님이 선지자 (요압 / 갓)을 통해 다윗에게 제시한 3가지 재앙 중 다윗이 택한 것은(7년 기근 / 원수에게 3달 쫓김 / 3일 전염병)이었다(10~17).

4. 다윗이 재앙을 내리는 것을 그치게 하려고 아라우나의 타작마당에서 (값없이 / 값을 주고) 여호와를 위하여 단을 쌓고 (번제와 화목제 / 소제와 속죄제)를 드렸다(18~25).

열왕기(1)

| 역사서 |

1 Kings

〈열왕기〉는 원래 한 권이었기에 상하가 아닌 1, 2로 나누어 해설한다.

제목에 대한 해설

〈열왕기〉의 히브리어 성경의 제목은 '멜라캄'으로 '왕국들'이라는 뜻이다. 현대의 성경들은 대부분 〈사무엘〉, 〈열왕기〉가 상하 두 권으로 나누어져 있으나 원래 히브리어 성경은 한 권으로 되어 있다. 주전 3세기경에 히브리어 성경을 헬라어로 번역(이를 '70인역'이라 한다)하면서 그 분량이 많아지자 상하로 나누었다. 책이름도 〈사무엘〉은 '왕국기(Book of the kingdom)' 1, 2로, 〈열왕기〉는 '왕국기' 3, 4로 불렸다가 제롬의 불가타역(Vulgate)에서 왕국기 1, 2는 〈사무엘상, 하〉로, 왕국기 3, 4는 〈열왕기상, 하〉로 불렸다. 히브리어 성경도 주후 1517년부터 다니엘 봄베르크(Daniel Bomberg)가 히브리어 성경을 개정하여 〈사무엘〉과 〈열왕기〉를 각각 상하 두 권으로 나누어 지금까지 이르고 있다.

저자 및 저작 연대

본서의 저자가 누구인지는 알려져 있지 않으나 내용으로 보아 바벨론으로 잡혀갔던 유다인 포로가 이 책을 썼을 것이라고 추정한다. 유대교의 전승이나 탈무드에서는 본서의 저자를 예레미야라고 하나 설득력이 없다.
여호야긴 왕이 주전 597년에 바벨론에 포로로 잡혀가서 37년간 포로생활을 한 후 주전 561년에 바벨론 왕 에윌므로닥에 의해 석방된 사건의 기록(왕하 25: 27~30)으로 보아 저작 연대를 주전 561년 이전으로 볼 수는 없다. 또 538년 포로에서의 귀환 기록이 없는 것으로 보아 주전 537년 이전으로 본다. 따라서 본서의 기록 연대를 주전 562~537년경으로 추정한다.
현대 학자들 중에는 〈열왕기〉가 솔로몬의 통치부터 바벨론 포로까지의 역사를 기록해 가는 데 있어서 두 왕국의 왕들을 종교적으로 비판하여 일정한 종교적 실재주의를 드러내는 신명기적 역사가의 편집과 수정 가감을 발견하게 되므로 주전 600년경에 편집 기록되었으며 반세기 후에 다시 편집 추가되었다고 보는 이들도 있다.

교훈과 메시지

(1) 솔로몬의 등극과 성전 건축

〈사무엘하〉 9~20장과 〈열왕기상〉 1~2장은 왕위 계승에 관한 말씀이다. 솔로몬이 어떻게 다윗의 여러 아들을 제치고 왕위에 오르게 되었는지의 긴 과정에 지혜문학적 요소와 그 영향이 자리잡고 있다. 즉 하나님의 말씀대로 지혜롭게 처신하는 자에게 주어지는 하나님의 역사 결정 방법이 진행된 것이므로 인간의 계획이나 음모가 작용할지라도 결국 역사의 주관자이신 하나님의 뜻대로 이루어짐을 보여 준다.
솔로몬의 성전 건축은 왕실과 백성들의 신앙과 정신을 성전에 두게 함으로써 성전 중심의 신앙생활에 기초를 놓은 것이다.

(2) 남북 왕국의 분열

이스라엘 왕국이 시작되고 불과 100년 만에 나라가 둘로 분열되는 아픔을 겪는다. 물론 솔로몬의 통치가 왕실의 부의 축적과 많은 건축 사업과 국가적인 일들로 백성들에게 과다한 부역과 조세와 노역으로 희생을 강요했다. 그런데다가 영적으로는 솔로몬이 사랑한 이방의 여인들이 이스라엘로 끌어들인 우상 숭배가 왕실과 백성들을 혼미케 했다.

솔로몬의 뒤를 이은 르호보암이 새로운 통치 체제를 원하는 백성들의 의견과 충돌되어 결국 여로보암을 중심으로 '북국 이스라엘'로, 그리고 유다 지파의 르호보암을 중심으로 '남국 유다'로 나뉘게 되었다.

(3) 오므리(Omri) 왕조의 통치

북 이스라엘이 처음으로 안정과 번영을 누리게 된 시기가 4대 왕조를 세운 오므리 때이다. 이때에는 남북 왕조 간에도 상호 우호적이었고, 북쪽의 수리아 아람족을 치러 갈 때에 남북 연합군이 형성될 정도로 강성해져서 주변국가에서도 이들을 오므리 집안으로 부르게 되었다. 그러나 바알 종교가 공식적으로 왕실에 들어오고 백성들에게도 알려져서 종교적으로는 북 이스라엘의 여호와 신앙을 무너뜨리는 시기이기도 하다.

열왕기상 1~5장

솔로몬의 왕위 계승 (중요구절 왕상 1:30)

다윗의 후계자 문제는 아도니야의 음모가 있었으나 결국 솔로몬이 왕위를 계승한다(1장). 다윗은 유언을 남기고 죽었고 솔로몬은 숙청작업으로 지위를 굳힌다(2장). 하나님께로부터 지혜를 얻는 솔로몬은 구하지 않은 것도 함께 얻는다(3장). 지혜로운 솔로몬은 잠언 삼천을 말하였고, 노래는 일천 다섯이나 되었다(4장). 솔로몬은 선왕(先王) 다윗이 이루지 못한 성전 건축을 위하여, 다윗이 준비해 놓은 것들을 바탕으로 레바논의 목재와 석재, 또한 인력을 확보한다(5장).

역사서

열왕기상

1
솔로몬의 즉위
아도니야의 실패

2
다윗의 죽음과 솔로몬의 숙청작업
솔로몬이 다윗의 왕위에 앉으니 나라가 견고

3
지혜를 얻은 솔로몬
듣는 마음을 종에게 주사

4
솔로몬의 신하들
유다와 이스라엘이 평안히 살았더라

5
성전 건축 준비
히람을 통하여 목재, 석재, 인부

1. 성군 다윗도 인생의 황혼기에 "이불을 덮어도 따뜻하지 아니한지라"(1:1)고 하였다. 모든 사람은 늙고 병들고 죽는다(생로병사). 내 나이는 얼마인가? 10년, 30년, 50년 후를 생각해 보라(시 39:4, 시 90편). 이불을 덮어도 따뜻하지 않을 그 날을 위해 오늘에 영적 준비를 해야 한다. 모세는 "우리에게 우리 날 계수함을 가르치사 지혜로운 마음을 얻게 하소서"(시 90:12)라고 기도하였다.
2. 다윗의 후계자 문제는 정치, 종교계가 둘로 나뉘는 아픔을 겪게 된다. 아도니야가 다윗의 아들 중에 연장자(위의 형 셋은 죽음)였기에 요압 장군과 아비아달 제사장의 지지를 받으며 왕으로 등장했으나, 세력 있는 나단, 사독, 다윗의 행정권으로부터의 반대에 부딪히고 이들은 솔로몬을 왕으로 옹립한다(1장). 이는 다윗의 마음에 이미 있었던 일이고 하나님이 인정하신 바 되었다. 욕심보다 하나님께서 세우시는가에 중요성이 있다.
3. 솔로몬은 여호와께 "일천 번제"(3:4)를 드렸다. 기브온 산당에서 "천 마리 희생으로 번제를 드렸더니"(대하 1:6) 하나님께서 솔로몬의 꿈에 나타나 "내가 네게 무엇을 줄꼬, 너는 구하라" 할 때에 솔로몬은 "듣는 마음을 종에게 주사 주의 백성을 재판하여 선악을 분별하게 하옵소서"라고 구하였다. 겸허하게 분별하는 지혜를 구하는 그에게 장수(長壽), 부귀(富貴), 영광(榮光)을 함께 주셨다(3:4~15).
4. 하나님의 약속(창 13:16)은 솔로몬 시대에 이루어져 "유다와 이스라엘"이 즐겁고 평안히 살고 있다(4:20, 25절의 '평안히 살았더라'는 레 25:18, 신 12:10 히브리어 표현이 같다). "포도나무"와 "무화과나무"는 장래 구원의

시대에 이스라엘이 기대했던 삶의 모습이다(미 4:4, 슥 3:10). 솔로몬은 평화의 군주로서 하나님이 내리시는 복을 받고 있는데, 왕궁의 양식을 풍성하게 받는 것이 그 예이다. 그의 통치권은 "딥사(유브라데 상류)"로부터 "가사(애굽의 경계)"까지 미친다(창 15:18). "단에서부터 브엘세바에까지"는 북에서 남으로 내려오면서 이스라엘 지파들의 거주 지역을 가리킨다.

더 살펴보기

1. 〈열왕기상〉에 대하여

통일왕국의 왕은 ① 사울(삼상), ② 다윗(삼하, 대상), ③ 솔로몬(왕상 1~11장, 대하 1~9장)이다. 〈열왕기상〉의 주요 사건으로는 솔로몬 즉위(1장, 주전 961년), 성전건축 완공(6장, 주전 950년), 왕국분열(12장, 주전 922년 또는 931년)이 나온다. 그리고 12장 이하에서는 분열왕국 시대의 일부 역사를 보게 된다.

2. 제단 뿔에 대해(왕상 1:50~52, 2:28)

아도니야와 요압은 죽음의 위협을 받을 때에 도망하여 '제단 뿔'을 잡으므로 우선 죽음을 면하였다(1:50~51, 2:28). 제단 뿔이란 번제단 네 귀퉁이에 있는 뿔로서 희생제물이 될 짐승을 제단 뿔에 매기도 했고(시 118:27), 제물의 피를 바르기도 했다(출 29:12, 레 4:7, 18, 25). 제단 뿔을 잡으면 보복자가 그를 죽이지 못하게 되어 있었는데 출애굽 이후 성막제도와 더불어 실수로 살인한 자의 도피처가 된 것이다(출 21:12~14, 30:1~2).

돌제단과 그 뿔
이스라엘 므깃도에서 출토된 것으로 근동지방에는 이러한 제단들이 널리 보급되어 있었던 것으로 보인다. 제단 뿔은 피난처가 되기도 하여 아도니야와 요압은 장막으로 도망하여 제단 뿔을 잡고 목숨을 부지하고자 했다(왕상 1:50~52, 2:28).

3. 솔로몬의 국제 결혼과 그 의미(왕상 3:1~2)

솔로몬은 애굽의 바로 왕과 결혼동맹을 맺고 바로의 딸을 맞이 한다(3:1~2). 이것은 솔로몬의 왕권이 확립되었다는 증거이다. 바로의 딸은 다른 곳에서도 몇 차례 언급되는데(7:8, 9:16, 9:24), 그 이유는 그녀의 존재가 솔로몬의 권세와 위엄을 강조해 주기 때문이다. 애굽은 당시 세계에서 가장 위대한 제국의 상징이었다. 그러나 이방 여인을 끌어들인 일은 나중에 올무가 되었다(11:1~8).

4. 솔로몬의 지혜(왕상 4:29~34)

솔로몬의 지혜는 재판(3:16~28)과 통치(4:1~5, 8)뿐만 아니라 피조 세계의 온갖 분야에 대한 지식도 포괄하는데(4:33), 이 지혜는 창조주의 지혜에서 비롯된 것이다(욥 28장). 그러므로 솔로몬은 사람 가운데 가장 지혜로운 자들, 곧 동쪽(동양)의 유목민들(욥 1:3)이나 애굽 사람들보다더 뛰어나다. 솔로몬의 넓은 마음은(29절) 그의 백성이 엄청나게 많다는 사실과 잘 어울린다(4:20).

5. 솔로몬의 성전 건축 시기(왕상 5:3~5)

성전 건축은 이미 부왕(父王)인 다윗 시대에 하나님께서 나단 선지자를 통해 "네 수한이 차서 네 조상들과 함께 누울 때에 내가 네 몸에서 날 네 씨를 네 뒤에 세워 그의 나라를 견고하게 하리라 그는 내 이름을 위하여 집을 건축할 것이요 나는 그의 나라 왕위를 영원히 견고하게 하리라"(삼하 7:12~13)는 말씀대로 솔로몬이 건축을 한다(5~6장). 다윗 시대에는 전쟁이 끝나지 않았고 다윗은 군인으로서 사람들의 피를 많이 흘렸기 때문이다(대상 22:8, 28:3). 따라서 하나님은 평화의 왕 솔로몬으로 하여금 성전을 건축하게 했다.

열왕기상 6~11장

솔로몬의 건축사업과 타락 (중요구절 왕상 6:1)

성전건축은 시작되고 7년 만에 마치는데 많은 곳이 금으로 씌워졌다(6장). 두로의 놋쇠 대장장이 히람을 초청해서 성전기물들을 만들게 했으며(7장), 언약궤를 성전으로 옮기고 성전의 봉헌식을 거행하니 솔로몬 생애의 정점을 이룬다(8장). 하나님은 솔로몬과 언약을 맺었으며, 솔로몬은 왕궁을 13년 간 걸쳐 건축했고(7:1~12) 그 외에 수많은 건축사업은 솔로몬의 부귀영화를 말해준다(9장). 솔로몬의 명성과 재산은 스바 여왕을 비롯한 많은 사람들을 놀라게 했다(10장). 그러나 영적 부패의 씨를 뿌렸으니 수많은 이방여인을 사랑했고 그들과 함께 온 이방신상을 따라갔다. 1천 명의 처첩은 솔로몬의 마음을 하나님께로부터 돌아서게 했고 따라서 대적들이 나섰으니 곧 하닷과 르손과 여로보암이었다(11장).

1. 솔로몬의 성전건축은 7년, 왕궁건축은 13년이 걸렸다(6:1, 7:1, 6:37~38). 그 규모 면에서도 성전보다 궁궐이 컸다(6:2, 7:2). 뿐만 아니라 수많은 건축사업은 세금과 노역으로 백성들을 괴롭혔다. 눈에 보이는 그의 영화 뒤에는 백성들의 아픔이 컸고 그 원망은 왕국 분열의 원인이 되기도 했다(12장). 우리의 삶도 눈에 보이는 외형에만 치우치면 꼭 문제가 생기게 마련이다.
2. 성전 건축을 불과 7년 만에 마칠 수 있었던 이유는 무엇일까(6:37~38). 이는 (1) 다윗 때부터 미리 준비되어 있었다. (2) 대단히 화려하게 꾸미기는 했어도 그리 큰 건물은 아니었다. (3) 작업에 막대한 인력이 투입되었다. 이런 외적 조건보다 하나님의 은혜였다. 오늘날에도 성전 건축은 큰 믿음의 행위로서 하나님께서 기뻐하시는 일이다.
3. 솔로몬은 많은 여자들을 곁에 두었고 그 결과 하나님을 떠나게 되었고 나라는 남북으로 나뉘게 되었다. "솔로몬 왕이 바로의 딸 외에 이방의 많은 여인을 사랑하였으니 곧 모압과 암몬과 에돔과 시돈과 헷 여인이라" (11:1). 뿐만 아니라 "왕은 후궁이 칠백 명이요 첩이 삼백 명이라 그의 여인들이 왕의 마음을 돌아서게 하였더라"(11:3). 그 결과 "솔로몬의 나이가 많을 때에 그의 여인들이 그의 마음을 돌려 다른 신들을 따르게 하였으므로 왕의 마음이 그의 아버지 다윗의 마음과 같지 아니하여 그의 하나님 여호와 앞에 온전하지 못하였으니"(11:4)라 하였다. 지나침은 모자람만 못하다는 '과유불급(過猶不及)'이란 말도 있다. 하렘(Harem, 숫컷 한 마리가 암컷 여러 마리를 거느린 구조로 하렘을 차지한 숫컷은

6
성전 건축 시작
왕이 된 지 4년
(주전 957년부터)

7
왕궁 건축 13년간
성전기물 제작,
두로의 놋쇠 대장장이 히람

8
성전 봉헌식
주전 950년경

9
솔로몬의 건축 사업들
끝 없는 건축으로 백성들 고역

10
스바 여왕의 방문
솔로몬의 세입(금 666달란트)

11
솔로몬의 타락
이방 여인들 사랑, 대적들 등장

단명을 한다)은 복이 아니라 저주가 되는 셈이다.

출애굽 연대 근거 구절(왕상 6:1)

(1) 〈열왕기상〉 6:1에 근거하면, 전통적으로 보는 15세기 출애굽설의 근거로 삼는다. 문자상 계산을 하면 (왕국 분열은 전통견해는 931년, 현대견해는 922년으로 봄). '솔로몬 4년'은 솔로몬이 40년간 통치했으므로 967년 (931+40-4)이 된다. 이때가 '출애굽한 지 480년'이라 했으니 출애굽은 1446년(967+480)이 된다(1년은 겹치는 연대로 뺀다).

(2) 현대학자들은 출애굽을 주전 13세기(약 1290~1250년경)로 본다. 왕국분열은 922년, 따라서 성전건축은 957~950년이 된다. '출애굽한 지 480년'이란 유대관습상 40년을 1대로 보기에 12대를 가리킨다. 그러나 실제 당시의 1대를 25년으로 보아 25×12=약 300년으로 본다. (86쪽 참고)

스바 여왕의 방문(왕상 10장)

스바 여왕은 국제관계로 무역에 대한 협상도 있었을 것이다. 스바는 아라비아 남단에 위치했던 사베아 왕국(Sabeans)을 가리키는데 현재의 예멘으로 추정된다. 한편 에디오피아 인들은 자신들이 솔로몬과 스바 여왕 사이에 태어난 후손들이라고 주장한다.

구약의 화폐 단위(왕상 10:14~17)

정확한 무게(가치)는 시대적으로 달라서 정확히 알 수 없지만, 대체적으로 금 1달란트는 약 45kg, 세겔은 15g, 마네는 730g으로 계산된다. 금 1돈을 약 20만원으로만 계산해도 솔로몬의 세입은 10:14~17의 총액이 약 1조 6천억 원이나 된다. 솔로몬은 엄청난 부와 영화를 누렸다.

더 살펴보기

1. 성전의 이름(왕상 6장)

〈출애굽기〉의 성막의 구조에서 이미 성소, 지성소라는 용어에 익숙해져 있을 것이다. 성전의 전반적인 구조는 회막과 흡사했다. 그런데 용어에서 다음 이름으로 불려지고 있다. 즉 〈열왕기상〉 6:17, 20절에서는 성소를 외소, 지성소를 내소라고 했다. 그리고 〈역대하〉 3:5, 8절에서는 성소를 대전, 지성소는 그대로 지성소라고 했다. 〈참고: 1규빗은 일반은 45cm, 왕실이나 성전은 50cm로 계산한다〉

2. 솔로몬 성전의 규모 및 모형도(왕상 6장)

(1) 솔로몬 성전(제1성전)은 〈출애굽기〉에 나온 성막(출 25~40장)에 비해 사방의 길이가 두 배였다. 그러므로 넓이는 네 배가 되는 것이다(6:2~10, 출 26:15~30, 36:20~34). 그리고 성막에 없는 몇 가지가 추가된다(아래 도표 참고). 성전은 학자에 따라 다른 여러 모형을 제시하고 있으므로 참고서적을 보라. 솔로몬 성전은 주전 950년에 완공되어 주전 587년 예루살렘이 바벨론에 의하여 파멸될 때까지 존속했다.

(2) 신학적으로 성전에 대한 공식적인 이름은 ① 솔로몬 성전(제1성전), ② 스룹바벨 성전(제2성전), ③ 헤롯 성전(제2성전을 수축)이라는 명칭을 사용한다. 광야의 성막을 제1성전이라던가 에스겔에 나오는 미래의 성전을 제5성전이라는 등 임의적인 명칭을 사용하는 것은 혼란을 줄 뿐이다.

구분	성막(출 26장)			성전(왕상 6장)		
규격 (1규빗: 약 50cm)	장(길이)	광(너비)	고(높이)	장(길이)	광(너비)	고(높이)
	30규빗	10규빗	10규빗	60규빗	20규빗	30규빗
낭실(현관)	없음			20규빗	10규빗	
교창(창문)	없음			있음		
두 방의 칸막이	휘장			휘장과 여러 개의 문(대하 3:14)		
지성소 안	언약궤			언약궤와 두 그룹(대하 5:7~8)		

왕국 분열과 여러 왕들 (중요구절 왕상 13:8)

솔로몬이 죽은 후 솔로몬의 아들 르호보암은 왕이 되었으나 강경 정책으로 나라는 분열되고 만다(12장, 주전 922년, 또는 931년). 북국 이스라엘에는 여로보암이 왕이 되어 금송아지 우상부터 만들었고(13장), 남국 유다의 초대왕 르호보암 역시 각종 악에 빠져 통치에 문제가 생긴다(14:21~31). 분열된 왕국은 각각 자기의 방식으로 하나님을 섬긴다. 이어서 남국 유다에는 아비얌과 아사가, 북국 이스라엘에는 나답과 바아사가 통치를 한다(15장), 북국에는 왕권 찬탈로 왕조가 자주 바뀐다(16장).

(분열 왕국의 열왕들 도표는 320~321쪽 혹은 645쪽을, 분열 왕국의 지도는 659쪽 지도를 참고)

1. 솔로몬의 막대한 부(富, 10장)는 다윗 시대에 정복한 나라들로부터의 조공도 있었지만 무엇보다 국민들에게 강제 징수한 과중한 세금에서 나온 것이다. 그가 죽은 후에 르호보암이 왕이 되었을 때에 여로보암의 제안을 무시하고, 노인들의 자문도 무시하고, 강경 정책을 쓰므로 통일 왕국은 사라지고 남북 왕국으로 분열된다(12장). 성도들도 마음이 강퍅해지면 좋은 충고를 듣지 않은 르호보암처럼 아무리 좋은 설교와 간증을 들어도 그 영혼에 아무 유익도 되지 못한다.
2. 왕국 분열에서 북국의 출발은 개혁의 요구를 거절한 르호보암 왕에 대한 반발로 시작되었다(12:16). 그렇다면 북국 여로보암 왕은 정말 개혁적이고 본이 되어야 했다. 그러나 금송아지 둘을 남북 국경인 벧엘과 단에 세웠고 레위인이 아닌 자로 제사장을 세웠으며 초막절 절기를 에딤월 곧 일곱째 달에서(8:2) 제 맘대로 여덟째 달 15일로 정하였다(12:28~33). 이것은 개혁이 아니라 하나님의 법을 어기는 것이었다. 교회가 분열을 하거나 정권이 바뀌거나 할 때에 전보다 더 잘해야지 하며 거창한 개혁을 내걸었는데 전만 못하다면 무슨 소용인가? 더 나은 결과를 내 놓아야만 한다.
3. 북국의 여로보암 왕은 자신을 책망하는 유다로부터 온 하나님의 사람을 무력으로 체포하다가 오히려 자신에게 화가 미치자 그에게 예물을 주리니 자기 집에 가자고 미혹한다. 그러나 하나님의 사람은 그 유혹을 뿌리친다(13:1~10). 이와 같이 사탄은 우리가 하나님의 뜻을 준행하려고 하면 처음에는 환난과 핍박을 가하다가 그것으로 안 되면 오히려 안락하고

12
왕국의 분열
주전 922년(혹은 931년)

13
북1 여로보암의 우상숭배
악한 길에서 떠나
돌이키지 아니하고

14
남1 르호보암의 통치
애굽 왕 시삭의 침략,
북국과 전쟁

15
남2 아비얌, 남3 아사,
북2 나답, 북3 바아사
다윗을 위하여
예루살렘에서 등불을

16
북4 엘라, 5 시므리,
6 오므리, 7 아합
여로보암의 길로 행하며
범죄하게 하여

풍요로움을 통해 신앙이 나태해지도록 공격한다. 그러나 유다로부터 온 하나님의 사람은 벧엘의 늙은 선지자의 거짓에 속아 하나님의 말씀을 무시하다가 사자에게 물려 죽는다(18절, 24절). 불순종은 죽음이다.

더 살펴보기

1. 분열 왕국에 대한 전체적 이해(왕상 12장)

(1) 왕국 분열 이유 : 통일왕국(사울, 다윗, 솔로몬)은 오래가지 못하였다(약 1020년~922년까지 약 100년). 솔로몬은 말년에 왕실의 화려한 생활의 유지를 위해 많은 세금과 건축을 위한 노역으로 인해 백성들의 불만이 커져갔다. 한편 영적으로는 하나님의 도성에 각종 우상이 들어왔고 예루살렘은 각종 우상의 중심지처럼 되어 버렸다.솔로몬이 죽은 후에 그의 아들 르호보암이 왕이 되었을 때에 국민적인 지지를 받지 못하였다. 애굽으로 망명 갔던 여로보암이 돌아와서 민심을 이끌고 국가적인 변화를 요구했으나 수포로 돌아가자 결국 열 지파를 이끌고 북국 이스라엘을 세우게 되었다.

(2) 왕국 분열(왕상 12장) : 분열왕국의 남쪽은 "유다"라 했으며, 북쪽은 "이스라엘"이라 불려졌다. 유다는 오직 유다 지파 한 왕조가 다스렸으나, 이스라엘은 계속되는 내전으로 아홉 왕조가 바뀌는 혼란의 연속이었다. (남북의 왕들에 대한 320~321쪽 혹은 645쪽 도표 참고)

- 르호보암 (남국) 17절 : 두 지파 (유다, 베냐민 지파)
- 여로보암 (북국) 20절 : 열 지파 (열 지파, 벧엘과 단에 금송아지)

(3) 왕국의 멸망과 그 후 : 922년(혹은 931년)에 남북 왕국으로 분열하여 북국 이스라엘은 약 200년간 존속하다가 721년에 앗수르에게 망하고(왕상 17장), 남국 유다는 587년에 바벨론에게 멸망한다(왕하 25장, 대하 36장). 바벨론은 539년 바사에게 망하고 바사는 고레스왕 원년인 538년에 유다를 해방한다(스 1장).

(4) 〈열왕기〉나 〈역대기〉는 실제로 단순한 기록인데 복잡하게 생각하는

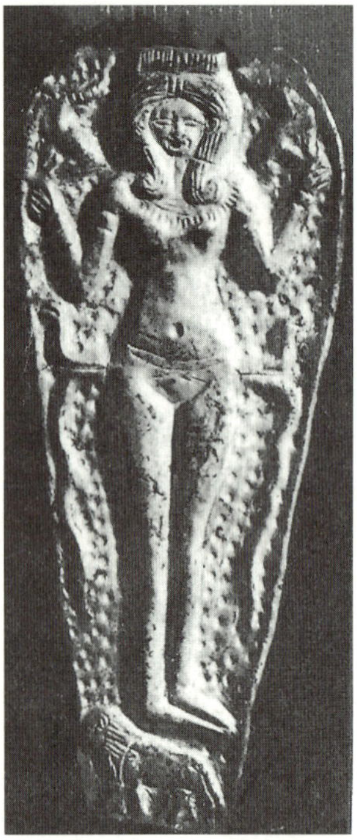

아세라 금패
이스라엘은 하나님을 섬긴다하면서도 바알을 섬겼다. 〈바알의 아내역인 아세라 신상(왕상 14:15,23)의 금패로서 주전 12세기 유물로 추정된다〉

것은 왕의 이름들이 많이 등장하기 때문이다. 옆 도표를 보고 성경을 읽으면서 그 왕의 위치를 먼저 확인하는 것이 필요하다. '성경 표시'의 성구를 찾으면 왕의 이름이 나오는데 형광펜(북국 이스라엘 왕은 적색, 남국 유다의 왕은 청색)으로 표시를 하고 성경 여백에 [남1] 또는 [북3] 처럼 적어 두면 성경을 읽을 때 사건의 단순화와 이해에 도움을 얻을 것이다. 통치 연대도 함께 적어 둔다면 더욱 좋다.

2. 북왕국에 세운 금송아지(왕상 12:25~33)

북왕국은 금송아지 둘을 만들어 하나는 북쪽의 '단'에 다른 하나는 남쪽의 경계인 '벧엘'에 두어 정치적으로 우상숭배를 제도화시켜 남왕국 예루살렘으로 예배하러 가는 길을 막는다(12:25~33). 북왕국이 만든 송아지 형상은 출애굽 당시 시내 산 밑에서도 만든 적이 있는데(출 32장), 이 송아지의 형상은 애굽의 성우(聖牛) 아피스(Apis)의 형상을 모방한 것으로 풍요와 힘, 다산(多産)을 상징했다.

3. 왕들에 대한 성경읽기 도움 자료

(1) 분열왕국의 열왕들 일람표 보는 법

1) 연대는 학자마다 다양하므로 절대적인 것은 없으며, 현대 견해는 주로 존 브라이트(John Bright)의 《이스라엘 역사》에서, 전통 견해는 많이 알려진 연대를 기초로 했다.

2) 주의: 본문의 사건들이 북국을 말하는지 남국을 말하는지 구분할 줄 알아야 한다.

예) 왕상 15:1 / 느밧의 아들 여로보암왕 열여덟째 해에 아비얌이 유다 왕이 되고(남국 유다 왕 아비얌을 소개하는 본문)

왕상 16:23 / 유다의 왕 아사 제 삼십일 년에 오므리가 이스라엘의 왕이 되어 십이 년 동안(북국 이스라엘 왕 오므리를 소개)

(2) 〈열왕기〉에 나오는 왕들 : 열왕들에 대한 것은 〈역대기〉에는 남국 유

〈열왕기상〉에 나오는 왕

※북국
①여로보암②나답③바아사④엘라
⑤시므리⑥오므리⑦아합
⑧아하시야

※남국
①르호보암②아비얌③아사
④여호사밧

〈열왕기하〉에 나오는 왕

※북국
⑨여호람(요람) ⑩예후 ⑪여호아하스
⑫요아스(여호아스) ⑬여로보암 II
⑭스가랴⑮살룸 ⑯므나헴 ⑰브가히야 ⑱ 베가 ⑲ 호세아(17장, 721년 앗수르에게 멸망)

※남국
⑤여호람⑥아하시야⑦아달랴
⑧요아스⑨아마샤⑩아사랴(웃시야)
⑪요담⑫아하스⑬히스기야⑭므낫세⑮아몬⑯요시야⑰여호아하스
⑱ 여호야김 ⑲ 여호야긴 ⑳시드기야(587년바벨론에게멸망).

역사서

열왕기상

북국 이스라엘의 왕들(주전 922~721년)

*번호에 선으로 구분한 것은 쿠데타로 왕조가 바뀐 것

왕조	번호	왕 이름	지파	재위연대(통치기간)		선왕과 관계	성품	사망 형태(살해자)	남북 관계	관계 성구		성경 표시
				현대 견해	전통 견해					열왕기상	역대하	열왕기상
1	1	여로보암	에브라임	922~901	931~910(22)	아들	악함	하나님이 치심	전쟁	12:20~14:20	9:29~13:22	12:20
	2	나답	에브라임	901~900	910~909(2)		악함	살해됨(바아사)	전쟁	15:25~32		15:25
2	3	바아사	잇사갈	900~877	909~886(24)	무관함	악함	자연사	전쟁	15:27~16:7	16:1~6	15:33
	4	엘라	잇사갈	877~876	886~885(2)	아들	악함	살해됨(시므리)	전쟁	16:6~14		16:8
3	5	시므리	베냐민	876(7일)	885(7일)	병거장관	악함	자살(오므리 포위)	전쟁	16:9~20		16:11
4	6	오므리		876~869	885~874(12)	군대장관	악함	자연사	전쟁	16:16~28		16:22
	7	아합		869~850	874~853(22)	아들	악함	전쟁에서 부상	동맹	16:28~22:40	18:1~34	16:29
	8	아하시야		850~849	853~852(2)	아들	악함	창밖으로 떨어짐	화평	22:51~왕하1:18	20:35~37	22:51
										열왕기하		열왕기하
	9	여호람(요람)		849~842	852~841(12)	형제	악함	살해됨(예후)	동맹	3:1~8:24	22:5~7	3:1
5	10	예후		842~815	841~814(28)	무관함	악함	자연사	전쟁	9:1~10:36	22:17~24	9:13
	11	여호아하스		815~801	814~798(17)	아들	악함	자연사	화평	13:1~9		13:1
	12	요아스(여호아스)		801~786	798~782(16)	아들	악함	자연사	전쟁	13:10~14:16	25:17~24	13:10
	13	여로보암 II		786~749	793~753(41)	아들	악함	자연사	화평	14:23~29		14:23
	14	스가랴		746(6월)	753~752(6월)	아들	악함	살해됨(살룸)	화평	15:8~12		15:8
6	15	살룸		745(1월)	752(1월)	무관함	악함	살해됨(므나헴)	화평	15:10~15		15:13
7	16	므나헴		745~738	752~742(10)	무관함	악함	자연사	화평	15:14~22		15:17
	17	브가히야		738~737	742~740(2)	아들	악함	살해됨(베가)	화평	15:22~26		15:23
8	18	베가		737~732	752~731(20)	군대장관	악함	살해됨(호세아)	전쟁	15:27~31	28:5~8	15:27
9	19	호세아		732~721	731~722(9)	무관함	악함	앗수르의 포로됨	화평	17:1~6		17:1

남국 유다의 왕들(주전 922~721년)

*아래 제시한 '성경에 표시' 성구를 찾아 표시하고 여백에 기록

번호	왕이름	지파	재위 연대(통치 기간)		즉위나이	선왕관계	성품	사망 형태(살해자)	남북관계	관계 성구		성경에 표시	
			현대 견해	전통 견해						열왕기상	역대하	열왕기상	역대하
1	르호보암	유다	922~915	931~913(17)	41	아들	악함	자연사	전쟁	11:42~14:31	10:1~12:16	12:17	9:31
2	아비얌(아비야)	유다	915~913	913~911(3)	?	아들	악함	자연사	전쟁	14:31~15:8	13:1~22	15:1	13:1
3	아사	유다	913~873	911~870(41)	?	아들	선함	자연사	전쟁	15:8~24	14:1~16:14	15:9	14:1
4	여호사밧	유다	873~849	873~848(25)	35	아들	선함	자연사	화평	22:41~50	17:1~20:37	22:41	17:1
										열왕기하		열왕기하	
5	여호람	유다	849~842	848~841(8)	32	아들	악함	하나님이 치심	화평	8:16~24	21:1~20	8:16	21:1
6	아하시야	유다	842	841(1)	22	아들	악함	살해됨(예후)	동맹	8:24~9:29	22:1~9	8:25	22:1
7	아달랴	아합의 딸	842~837	841~835(6)		모친	악함	살해됨(군대)	화평	11:1~20	22:10~23:21	11:1	22:10
8	요아스	유다	837~800	835~796(40)	7	손자	선함	살해됨(신복들)	화평	11:21~12:21	24:1~24:27	11:21	24:1
9	아마샤	유다	800~783	796~767(29)	25	아들	선함	살해됨(모반)	전쟁	14:1~22	25:1~28	14:1	25:1
10	아사랴(웃시야)	유다	783~742	792~740(52)	16	아들	선함	하나님이 치심	화평	15:1~7	26:1~23	14:21	26:1
11	요담	유다	742~735	740~732(16)	25	아들	선함	자연사	전쟁	15:32~38	27:1~9	15:32	27:1
12	아하스	유다	735~715	732~716(16)	20	아들	악함	자연사	전쟁	16:1~20	28:1~27	16:1	28:1
13	히스기야	유다	715~687	716~687(29)	25	아들	선함	자연사		18:1~20:21	29:1~32:33	18:1	29:1
14	므낫세	유다	686~642	687~643(55)	12	아들	악함	자연사		21:1~18	33:1~20	21:1	33:1
15	아몬	유다	642~640	643~641(2)	22	아들	악함	살해됨(신복들)		21:19~26	33:21~25	21:19	33:21
16	요시야	유다	640~609	641~609(31)	8	아들	선함	전쟁에서 부상		22:1~23:30	34:1~35:27	22:1	34:1
17	여호아하스	유다	609(3월)	609(3월)	23	아들	악함	애굽에 잡혀감		23:31~33	36:1~4	23:31	36:1
18	여호야김	유다	609~598	609~598(11)	25	형제	악함	포위 때 죽음(?)		23:34~24:5	36:5~8	23:34	36:5
19	여호야긴	유다	598(3월)	598~597(3월)	18	아들	악함	바벨론에 잡혀감		24:6~16	36:9~10	24:6	36:9
20	시드기야	유다	597~587	597~586(11)	21	숙부	악함	바벨론에 잡혀감		24:17~25:30	36:11~21	24:17	36:11

다 중심으로 기록하였으므로 북국의 왕들은 등장하지 않는 경우가 많다. 따라서 왕들에 대한 기본적인 자료는 〈열왕기〉를 보면 나와 있다.

(3) 〈열왕기〉의 일정한 기록 형식 : 〈열왕기〉를 읽을 때에 많은 왕들과 내용으로 혼란을 겪지만, 실제는 단순한 기록 형식을 가졌으므로 〈열왕기〉의 기록 형식을 잘 살펴 보라. 〈열왕기하〉 8:25~27, 9:27~28을 예로 들어 본다. 특히 남국 유다는 왕의 재위 비교 연대 / 즉위 당시 나이 / 재위 기간 / 왕의 어머니 이름 / 죽음과 매장의 장소 / 왕에 대한 비판

역사서

열왗기상

17
엘리야와 사르밧 과부
비도 이슬도 있지 아니하리라

18
갈멜 산의 대결
여호와여 내게 응답하옵소서

19
호렙 산에서의 새 사명
불 후에
세미한 소리가 있는지라

20
아람과 이스라엘의 전쟁
벤하닷을 물리침

21
나봇의 포도원을 빼앗은 아합
나봇을 향한 모함으로 죽임

22
북7 아합 죽음, 북8 아하시야
개들이 아합의 피를 핥음

과 예배에 대한 태도를 논하고 있다.

1) 이스라엘의 왕 아합의 아들 요람 제십이 년에 유다 왕 여호람의 아들 아하시야가 왕이 되니(북국과 비교 연대)

2) 아하시야가 왕이 될 때에 나이가 이십이 세라(즉위 당시 나이)

3) 예루살렘에서 일 년을 통치하니라(재위 기간)

4) 그의 어머니의 이름은 아달랴라. 이스라엘 왕 오므리의 손녀이더라(왕은 아내가 많아 어머니 이름 확인)

5) 아하시야가 아합의 집 길로 행하여…… 여호와 보시기에 악을 행하였으니(왕에 대한 비판)

6) 므깃도까지 도망하여 거기서 죽은지라…… 다윗 성에서 그들의 조상들과 함께 그의 묘실에 장사하니라(죽음과 매장 장소).

열왕기상 17~22장

아합, 여호사밧, 아하시야(중요구절 왕상 22:14)

북국 7대왕 아합의 바알 숭배로 온 나라가 영적으로 타락하자 엘리야 선지자가 재앙을 선포하고(17장), 갈멜 산에서 바알 선지자들과 대결하여 승리한다(18장). 승리 끝에 광야로 나갔다가 호렙 산으로 가서 사명을 받는다(19장). 아람(다메섹, 신약에서는 '수리아'이다)과 동맹을 맺은 32명의 왕들이 사마리아를 공격하나 오히려 이스라엘이 아람을 물리친다(20장, 이스라엘과 아람은 주전 853년 갈가 전투에서 서로 동맹을 맺고 앗수르의 살만에셀 3세를 대항하여 싸웠으나 후에는 피차 갈라선다). 나봇의 포도원을 탐내는 이세벨은 나봇에게 신성모독죄를 뒤집어 씌워 그를 죽이고 포도원을 빼앗는다. 선지자 엘리야는 심판을 예고한다(21장). 오랜만에 남북이 연합하나 아람과의 전쟁에서 아합은 죽는다. 아들 아하시야가 북국 8대왕이 되지만 그 역시 우상숭배를 계속 한다. 한편 이스라엘의 아합 왕과 동맹을 맺었던 유다 4대왕 여호사밧은 선한 왕으로 소개된다(22장).

1. 아합은 시돈의 공주 이세벨을 아내로 맞아 바알신 숭배에 빠진다. 바알 숭배는 풍요(맘몬, 돈)에 대한 기대와 음행(성적 매력)이 뒤따랐기에 백성들도 미혹되었다. 선지자들이 책망했고 엘리야와의 대결에서 대패했음에도(18장), 이번에는 나봇의 포도원을 탐내어 누명을 씌워(관제여론) 그를 죽게 만든다(21:9~10). 오늘날도 배후에서 악한 일을 꾸미고 여론을 조작하여 선한 사람들을 쓰러뜨린다면 아합과 이세벨의 피를 개가

핥았듯 하나님의 심판이 있음을 기억해야 한다(21:19, 22:38).

2. 바알 숭배로 가득한 가운데 갈멜 산에서 하나님의 사람 엘리야와 바알과 아세라 선지자 850명과의 대결을 구경하러 갈멜 산으로 올라오는 백성들에게 엘리야는 결단을 촉구한다. "너희가 어느 때까지 둘 사이에서 머뭇머뭇 하려느냐 여호와가 만일 하나님이면 그를 따르고 바알이 만일 하나님이면 그를 따를지니라"(18:21) 하였으나 백성들은 한 말도 대답하지 아니하였다.
3. 승리 후에는 그것을 유지할 영적인 힘이 필요하다. 엘리야는 갈멜 산의 승리(18장) 후에 이세벨의 죽인다는 말에 광야로 도망한다. 그는 "여호와여, 넉넉하오니 지금 내 생명을 거두시옵소서"(19:4)라고 까지 말한다. 요나는 기대와는 다르게 니느웨가 멸망하지 않자 "여호와여 원하건대 이제 내 생명을 거두어 가소서 사는 것보다 죽는 것이 내게 나음이니이다"(욘 4:3) 고백한다. 하나님께서는 낙담한 엘리야에게 천사를 보내 물과 떡을 공급하시고 호렙 산에 이르게 하여 세미한 음성 후에 사명을 새롭게 하셨다(19:1~21).

더 살펴보기

1. 갈멜 산의 대결(왕상 17~18장)

(1) 엘리야의 사명은 살아 계신 유일한 하나님을 증언하는 것이다. 하나님의 선민이 하나님을 배신하고 있을 때 이방인 사르밧의 가난한 과부가 여호와를 믿었다. 선민의식이 강하고 이민족(異民族) 배척 감정이 강렬한 이스라엘 사람의 자랑인 엘리야의 사적 중에 그가 이방에 파견되어 이방 사람을 신앙으로 인도한 것은 대단히 중대한 뜻을 가진다. 곧 여호와 하나님은 이스라엘 민족의 하나님뿐만 아니라 온 인류의 하나님이시며 온 인류의 구원이 일찍이 선명(宣明)되어 있기 때문이다. 그것이 유일신교를 확립한 신명기 법전의 기조(基調)이며 〈열왕기〉의 근본사상이기도 하다(마 15:24 참고).

가나안의 신 바알

바알은 다산(多産) 신이며 농사의 신으로 이 부조는 번개(비)와 농작물을 붙잡고 있는 모습을 통하여 풍요를 상징하고 있다.

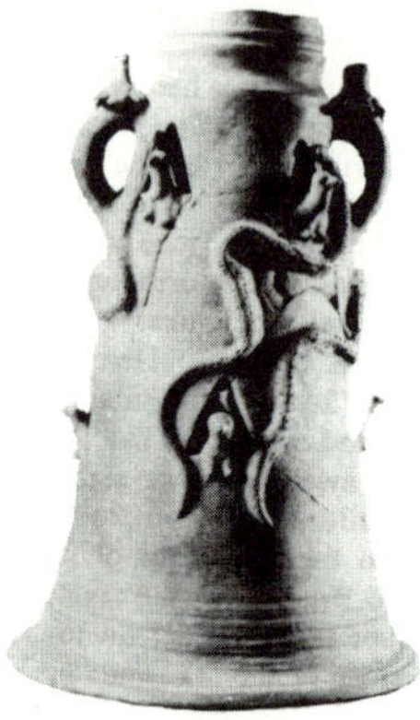

가나안의 신들
원통 기둥에 뱀과 새들이 조각되어 있다. 뱀은 지하 신으로 믿었다. 애굽의 영향을 받은 것으로 추정된다.

(2) 엘리야는 이스라엘 백성들을 향해 "엘리야가 모든 백성에게 가까이 나아가 이르되 너희가 어느 때까지 둘 사이에서 머뭇머뭇 하려느냐 여호와가 만일 하나님이면 그를 따르고 바알이 만일 하나님이면 그를 따를지니라"(왕상 18:21)는 촉구와 바알 선지자들을 척결하므로 여호와 종교의 유일사상을 나타낸다.

2. 북 이스라엘의 계속되는 혼란

처음 50년은 유다와 아람에게 시달림을 받는다. 이후 40년 간은 6대왕 오므리(주전 876~869년) 아래에서 번영하고, 다음 40년은 10대왕 예후(주전 842~815)와 11대왕 여호아하스(주전 815~801년) 아래에서 쇠퇴한다. 그리고 이후 50년은 여로보암 2세(주전 786~749년) 때 가장 번성한다. 마지막 30년은 무정부 상태와도 같아진다. 계속되는 왕권탈취와 국내 여론의 악화나 우상숭배의 만연으로 결국 721년에 나라는 멸망하고 앗수르의 포로가 된다(왕하 17장).

3. 나봇에게 덮어씌운 죄(왕상 21장)

나봇의 포도원을 탐낸 아합의 욕구 해결에 왕비 이세벨은 신앙과 관제여론을 악용한다(21:7~16).

(1) 금식을 선포하여 신앙과 국가재난을 가장한다.

(2) 하나님과 왕을 저주했다는 거짓을 만든다.

(3) 이 일의 진행에 장로들과 귀족들을 이용한다.

하나님과 왕을 모독하는 일은 사형에 해당하므로 나봇을 돌로 쳐죽였다(출 22:28, 레 24:14). 하나님이 기뻐하실리 없고 아합은 '개들이 네 피를 핥으리라'는 무서운 경고를 받는다(21:19, 22:38 성취).

4. 바알신은 누구인가?(아합이 많이 섬김)

이스라엘 아합 시대에 특히 많이 섬겨 이를 제거하는 큰 사역을 한 엘리야를 보며, 바알신이 무엇이기에 이스라엘이 거기에 빠져 여러 왕들과 백성들이 혼란했던가? 바알은 전쟁, 날씨(폭풍, 우레, 번개), 다산의 신이다. 바알 숭배는 음란한 행위가 뒤따랐고 거기에 매력이 있어서 사람들이 떠나지 않았으므로 선지자들은 바알 숭배를 책망했다.

B I B L E

성경 질문지

열왕기상 1~5장 솔로몬의 왕위 계승

제1장 [솔로몬의 즉위]
다음 물음에 답하시오.

1. 다윗 왕을 받들어 모시게 하며 수종 들기를 위하여 뽑힌 젊은 처녀는?(1~4)

   - (　　　여자, 이름:　　　)

2. 다윗을 이어 왕이 되고자 모의한 일들에 대하여
   1) 다윗의 아내 중 하나인 학깃의 아들로 모의자 - (　　　)
   2) 모의에 동조자(1:5~10,19) - 군사령관 (　　　), 제사장 (　　　)
   3) 반대자 - 제사장 (　　　), 여호야다의 아들 (　　　), 선지자 (　　　), (　　　), (　　　), 다윗의 (　　　)

3. 다윗이 솔로몬에게 왕위를 물려준다는 말은 〈열왕기상〉 1장 (　　절)에 있고 그 말을 들은 사람은 선지자 (　　　)과 솔로몬의 생모 (　　　)이다(1:11~31).

4. 솔로몬은 사울, 다윗에 이어 이스라엘 통일왕국의 (　　대) 왕이 된 것이다(32~39).
   1) 기름 부음 받은 지방 - (　　　)
   2) (　　　) 가운데서 기름 담은 (　　　)을 가져다가 부음
   3) 기름 부은 자 - (　　　)
   4) 같이 있었던 자 - (　　　,　　　,　　　사람,　　　사람)

5. 아도니아가 도망하여 제단 뿔을 잡고 구한 것은 생명인가, 왕위인가?(40~53) - (　　　)

제2장 [다윗의 죽음과 솔로몬의 숙청]
다음 물음에 따라 답하시오.

1. 다윗이 죽으면서 유언한 것 4가지는 각각 어떻게 하라는 것인지를 간단히 쓰시오(1~12).
   1) 하나님의 명령(2~4) -
   2) 요압(5~6) -
   3) 바실래의 아들들(7) -
   4) 시므이(8~9) -

2. 다윗은 (　　　세)에 왕이 되어 헤브론에서 (　　　년), 예루살렘에서(　　　년), 총 40년을 통치하고 (　　　세) 에 죽었다(삼하 5:4~5, 왕상 2:10~12).

3. 솔로몬의 지시를 따라 죽음(X), 쫓겨 남(△), 살아 있음(O)을 각 사람에게 표하시오.
   1) 아도니야 (　　　) 2) 아비삭 (　　　)
   3) 브나야 (　　　) 4) 요압 (　　　)
   5) 사독 (　　　) 6) 시므이 (　　　)
   7) 아비아달 (　　　) 8) 밧세바 (　　　)

제3장 [솔로몬의 지혜로운 판결]
다음 물음에 답하시오.

1. 다음 것 중에 솔로몬이 실제로 하나님께 얻은 것들에 O표 하시오(1~15).
   1) 장수(長壽) (　　　) 2)부귀(富貴) (　　　)
   3)원수 생명 멸함 (　　　) 4) 지혜 (　　　)
   5) 영광 (　　　) 6) 총명 (　　　)
   7) 넓은 마음 (　　　) 8) 권위 (　　　)

2. 왕의 재판에서 아이를 칼로 나누기를 원했던 여인이 진짜 어머니가 아닌 이유는?(16~28)

-

제4장 [솔로몬의 신하들]

다음 물음에 답하시오.

1. 다음 사람들은 각각 무엇이 되었나?(1~6)
   1) 아사리아 -
   2) 엘리호렙, 아히야 -
   3) 여호사밧 -
   4) 브나야 -
   5) 사독, 아비아달 -
   6) 아사리아 -
   7) 사붓 -
   8) 아히살 -
   9) 아도니람 -

2. 솔로몬이 둔 12지방 관장의 하는 일은?(7~19)

-

3. 솔로몬의 하루의 음식물은?(4:20~28, 왕의 신하와 시위대까지 약 5,000명 분으로 추정)

-

4. 솔로몬의 지혜와 지식에 관계된 다음 (　　　)를 채우시오(29~34).
   1) 솔로몬의 지혜가 (　　　) 모든 사람의 지혜와 (　　　)의 모든 지혜보다 뛰어 난지라.
   2) 그가 잠언 (　　　)를 말하였고 그의 노래는 (　　　)이며 그가 또 초목에 대하여 말하되 레바논의 (　　　)으로부터 담에 나는 (　　　)까지 하고 그가 또 짐승과 (　　　)와 기어 다니는 것과 (　　　)에 대하여 논한지라.

제5장 [성전 건축 준비]

다음 물음에 답하시오

1. 솔로몬이 성전건축 준비로 두로 왕 히람과 약조를 맺고 물물 교환한 것은?(1~12)
   1) 히람이 솔로몬에게 -
   2) 솔로몬이 히람에게 -

2. 동원된 수는 얼마나 되나?(5:13~18)
   1) 역군(일꾼) -
   2) 짐꾼 -
   3) 산에서 돌을 뜨는 자 -
   4) 사역을 감독하는 관리 -

3. 크고 귀한 돌을 떠서 무엇에 쓰려고 했나?(17)

-

열왕기상 6~11장 솔로몬의 건축사업과 타락

제6장 [성전건축 시작]

다음 물음에 답하시오.(1규빗은 보통 45㎝, 성전이나 왕실에서는 50㎝)

1. 솔로몬의 성전건축 시작은 이스라엘이 출애굽한 지 (　　　년)이고, 솔로몬이 왕이 된 지 (　　　년), 완공은 왕이 된 지 (　　　년)이므로 성전 건축 기간이 (　　　년) 걸렸다(6:1, 37~38).

2. 솔로몬이 건축한 성전의 규모는 어떠했나?(6:2~10)

   길이 (　　　규빗 =　　　m)

   너비 (　　　규빗 =　　　m)

   높이 (　　　규빗 =　　　m)

3. 성전 속에서는 철연장 소리가 들리지 않은 이유는?(1~10)

-

4. 여호와께서 솔로몬에게 법도 율례 계명을 지켜 행하면 어떻게 하겠다고 약속한 두 가지는?(11~13)

-

5. 무슨 나무로 만들었나?(14~36)
   1) 성전의 안벽 -
   2) 성전 마루 -

3) 두 그룹 -

6. 성전 안이나 그룹에는 무엇을 입혔나?(22, 28)

-

제7장 [성전기둥 제작]

다음 ( )안에 알맞는 말을 적어 넣으시오.

1. 솔로몬의 왕궁 건축은 (　　　년) 걸렸으며 그 크기는?(1~12) - 〈왕실의 규빗도 50㎝〉

길이 (　　　규빗 =　　　m)

너비 (　　　규빗 =　　　m)

높이 (　　　규빗 =　　　m)

2. 두로에서 초빙되어 온 놋쇠 대장장이(청동 기능공: 名工匠) 히람이 만든 것에 O표 하시오.(13~47)

1) 놋기둥 둘(　　　)
2) 바다(물탱크)(　　　)
3) 진설병상(　　　)
4) 받침 수레 열(물통을 얹어 이동하는 기구) (　　　)
5) 물두멍 열(물통)(　　　)
6) 정금 등잔대(　　　)
7) 솥(　　　)
8) 부삽(　　　)
9) 대접들(　　　)
10) 성소(　　　)

3. 솔로몬 성전의 두 기둥의 이름은?(7:15~22)

-

4. 성소 앞 바다의 크기는 직경(　　　규빗), 높이 (　　　규빗), 두께 (　　　) 너비만 하고 용량은 (　　　밧)을 담았다. 열 개의 물두멍은 각 (　　　밧)을 담았다(7:23~39, 1밧은 22리터)

5. 여호와의 성전을 위해 만든 기구는?(48~50)

-

제8장 [성전 봉헌식]

서로 관계 있는 것끼리 연결하시오(1), (　　) 안에 알맞은 말을 쓰시오.(2~4)

1. 솔로몬의 기도 중 다음 단락의 내용과 관계 있는 것끼리 - 줄을 이으시오(12~53).

1) 12~21 • 　• 가) 언약 지키고 은혜 베풂
2) 22~26 • 　• 나) 주 계실 성전을 건축
3) 27~30 • 　• 다) 비는 기도를 들으시옵소서
4) 31~32 • 　• 라) 적국에게 패했을 때
5) 33~34 • 　• 마) 이웃에게 범죄 때 기도
6) 35~36 • 　• 바) 가뭄 때 기도
7) 37~40 • 　• 사) 이방인의 기도
8) 41~43 • 　• 아) 기근과 전염병 때 기도
9) 44~45 • 　• 자) 포로된 때의 기도
10) 46~53 • 　• 차) 전쟁 때의 기도

2. 제사장들이 언약궤를 메어 올려 내소인 (　　) 그룹들의 날개 아래 두었다(1~11).

3. 하나님의 임재를 상징하는 "내(여호와의) 이름을 위하여 성전(집)을 건축"이라는 표현이 나오는 다섯 개의 절은 어디인가?(12~21)

-

4. 솔로몬의 기도의 자세는 어떠했나?(22, 54)

-

5. 솔로몬은 이스라엘 온 (　　　)을 위하여, 백성은 (　　　)을 위하여 축복했다(55, 66).

6. 성전의 봉헌식에 드려진 화목제의 희생제물의 수는 소 (　　　　) 마리, 양 (　　　) 마리이다 (62~66).

제9장 [솔로몬의 건축 사업들]

다음 빈칸에 알맞은 말을 적어 넣으시오.

1. 하나님이 솔로몬에게 주신 언약의 말씀 중 가장 은혜스럽게 생각되는 말씀 한 곳을 쓰시오 (1~9).

-

2. 솔로몬이 두 집 곧 여호와의 (　　　)과 (　　　)을 (　　　년) 만에 건축하기를 마치고 도움을 주었던 두로 왕 히람에게 갈릴리 땅의 성읍 (　　　)을 주었는데 히람은 눈에 들지 아니하므로 그 성읍을 (　　　) 땅이라 하였다. 히람은 금 (　　　) 달란트를 솔로몬에게 보냈다(10~14).

3. 솔로몬의 건축사업은 대단하였다. 9:10~24에서 '건축'이라는 단어가 (　　　번) 나온다.

4. 솔로몬 왕이 (　　　) 땅 홍해 물가 엘롯 근처 (　　　)에서 배들을 지은지라(26~28).

제10장 [스바 여왕의 방문]
다음 물음에 답 하시오.

1. 스바 여왕이 솔로몬을 찾아 온 이유는?(1절)
   -

2. 스바 여왕이 무엇을 보고 크게 감동되었나?(4~5절) -

3. 스바 여왕이 솔로몬에게 드린 것은?(10절)
   -

4. 솔로몬은 스바 여왕에게 무엇을 주었나?(13절)
   -

5. 솔로몬의 세입금의 무게는?(14절) - (금　　달란트), 금 큰방패 - (　　개), 금 작은 방패 - (　　개)

6. 다시스 배로부터 삼 년에 한 번씩 실어온 것(무역)은?(22절) -

7. 솔로몬의 병거의 수?(26절) - (　　　), 마병의 수 - (　　　)

8. 솔로몬이 애굽의 무엇을 사서 어디에 되팔았나?(26~29절)
   -

제11장 [솔로몬의 타락]
다음 것들의 공통점은 무엇인지 보기에서 찾으시오.

보기 왕비들 / 이방신 / 대적자들 / 이방 여인들

1. 모압 여인, 암몬 여인, 에돔 여인, 시돈 여인, 헷 여인 -

2. 후궁 (　　　명), 첩 (　　　명) -

3. 아스다롯, 밀곰, 그모스, 몰록 -

4. 에돔 사람 하닷, 엘리아다의 아들 르손, 느밧의 아들 여로보암 -

열왕기상 12~16장 왕국 분열과 여러 왕들

제12장 [왕국의 분열]
다음 말에서 틀린 부분에 두 줄을 긋고 맞게 고치시오.

1. 솔로몬의 아들 여로보암이 왕이 되었다. -

2. 여로보암은 백성을 대표해서 르호보암에게 고역과 멍에를 무겁게 해 달라고 요청했다. -

3. 르호보암은 노인들의 자문을 따라 백성들의 멍에를 가볍게 했다. -

4. 유다와 베냐민 지파는 여로보암을 지지했다. -

5. 여로보암은 북쪽의 왕이 되고 금송아지 하나를 만들어 벧엘에 두었다. -

제13장 [북1. 여로보암의 우상숭배]
다음 (/) 안에 말 중 틀린 것에는 =줄로 지우시오.

1. 북왕국 여로보암이 벧엘에서 제단을 쌓고 분향한 것은 (하나님께 / 우상에게) 하는 것이다.(1)

2. 하나님의 사람이 예언한대로 (이루어졌다 / 이루어지지 않았다) (1~3, 왕하 23:15~16).

3. 하나님의 사람이 왕이 주는 예물을 (받았다 / 받지 않았다).(7~10)

4. 하나님의 사람이 사자에게 찢겨 죽은 것은 (여호

와의 말씀을 어겼기 / 굶주린 사자가 덤볐기) 때문이다.(20~32)

5. 여로보암의 집에 죄가 되어 멸망하게 된 것은 (아무나 원하면 제사장을 삼음 / 정치를 잘못함)에 원인이 있다.(33~34)

제14장 [남1. 르호보암의 통치]
다음 ( ) 안에 알맞은 말을 찾아 적으시오.

1. (절) 여로보암이 자기 아내에게 이르되, 청하건대 일어나 ( )하여 사람들이 그대가 여로보암의 ( )을 알지 못하게 하고 실로로 가라.

2. (절) 다른 신을 만들며 ( ) 부어 만들어 나를 ( )하고 나를 네 등 뒤에 버렸도다.

3. (절) 여로보암에게 속한 자가 성읍에서 죽은즉 ( )가 먹고 들에서 죽은 즉 공중의 ( )가 먹으리니

4. (절) 여호와께서 여로보암의 죄로 말미암아 ( )을 버리시리니 이는 그도 범죄하고 이스라엘로 ( )하게 하였음이니라.

5. (절) 그들도 산 위에와 모든 ( ) 아래 ( )과 우상과 아세라 상을 세웠음이라.

6. (절) 르호보암 왕 ( )에 애굽의 왕 ( )이 올라와서 예루살렘을 치고.

제15장 [남2 아비얌, 남3 아사, 북2 나답, 북3 바아사]
다음 말이 맞으면 O표, 틀리면 X표 하시오.

1. 아비얌(남국 유다 2대왕)은 다윗의 마음과 같지 아니하여 여호와 앞에 온전하지 못하였다.- ( )

2. 르호보암(남국 1대)과 여로보암(북국 이스라엘 1대) 사이에 전쟁이 있었고, 아비얌 때는 평화했다. - ( )

3. 북국에는 여로보암이 20년째 통치하는 때에 남국에서 아사가 왕이 됐다. - ( )

4. 아사(남국 3대왕)는 남색하는 자, 우상숭배자들을 금했고 여호와 앞에 온전하였다.- ( )

5. 아사는 아람왕 벤하닷과 약조를 맺고 이스라엘 바아사의 라마 건축을 저지했으나 성전곳간의 금을 꺼내 하나님보다 아람 나라를 의지하는 잘못을 범했다(16~22). - ( )

6. 나답(북국 2대왕)은 2년간 통치, 나답의 아들 바아사(북국 3대왕)는 나답을 죽이고 왕이 되어 24년을 다스렸다. 그는 여호와 보시기에 악을 행하였다(25~34). - ( )

제16장 [북3 바아사, 4 엘라, 5 시므리, 6 오므리, 7 아합]
다음은 북국 어느 왕에 대한 말인지 이름을 쓰시오.

1. 성읍에서 죽은 즉 개가 먹고 들에서 죽은 즉 공중의 새가 먹으리라(1~7). -

2. 디르사에 있어 왕궁 맡은 자 아르사의 집에서 마시고 취할 때에 이 사람이 모반(8~14). -

3. 성이 함락됨을 보고 왕궁 요새에 들어가서 왕궁에 불을 지르고 죽었으니(15~20). -

4. 은 두 달란트로 사마리아 산을 사고 성을 건축하고 사마리아라 일컬었다(21~28). -

5. 시돈의 공주 이세벨로 아내를 삼아 바알을 섬겨 숭배, 여호와를 노하시게 했다(29~34). -

6. 16:34은 〈여호수아〉(6: 절)의 말씀대로 된 것이다. - 성경을 찾아보시오.

열왕기상 17~22장 아합, 여호사밧, 아하시야

제17장 [엘리야의 가뭄 예고]
다음 서로 관계되는 것끼리 연결하시오.

1. 디셉 사람 엘리야의 예언 • • 가) • a)
2. 그릿 시냇가에 엘리야에게 • • 나) • b)

3. 사르밧으로 가라 • • 다) • c)
4. 나를 위하여 떡을 만들라 • • 라) • d)
5. 여주인의 아들이 병들음 • • 마) • e)

가) 한 과부가
나) 까마귀가
다) 아합에게
라) 가루와 기름
마) 숨이 끊어 짐

a) 떡과 고기를 가져 옴
b) 없어지지 아니하고 계속 생김
c) 수 년 동안 비도 이슬도 있지 아니하리라
d) 아이 위에 엎드리고 여호와께 기도
e) 나뭇가지를 줍는지라

제18장 [갈멜 산의 대결]
다음 ( ) 안에 알맞은 말을 쓰시오.

1. 제 (년)에 엘리야가 아합에게 보이려고 가니 그때에 (   )에 기근이 심하였다.
2. 이세벨이 여호와의 선지자들을 멸할 때에 (   )가 선지자 (   )을 가지고 오십 명씩 굴에 숨기고 (   )과 (   )을 먹였더라.
3. 엘리야는 혼자서 기도하고 이세벨의 상에서 먹는 바알의 선지자 (명)과 아세라의 선지자 (명)이 (산)에서 대결하였다.
4. (   )가 만일 하나님이면 그를 따르고 (   )이 만일 하나님이면 그를 따를지니라.
5. 그가 무너진 (   )을 수축하되 야곱의 아들들의 지파의 수효를 따라 돌 (   )를 취했다.
6. 여호와여 내게 (   ) 하옵소서…… 이에 여호와의 (   )이 내려서 (   )과 나무와 돌과 흙을 태우고 도랑의 (   )을 핥은지라.

제19장 [호렙 산에서의 엘리야]
다음 물음에 답하시오.

1. 엘리야를 죽이리라고 선언한 사람은?(1~8)
   -
2. 엘리야가 도망하여 광야 로뎀나무 아래에서 죽기를 구한 말은?(1~8)
   -
3. 엘리야가 사십주 사십야를 가서 이르른 곳은?(1~8)
   -
4. 엘리야가 서 있는 앞으로 무엇들이 지나간 후에 세미한 음성을 들었나?
   -
5. 하나님은 엘리야에게 어떤 세 사람에게 기름을 부어 무엇이 되게 하라고 했나?(15~18)
   1)
   2)
   3)
6. 엘리사가 어떻게 하고 엘리야를 따랐는가?(19~21)
   -

제20장 [아람과 이스라엘의 전쟁]
다음 물음에 답하시오.

1. (절) 네 은금은 내 것이요 네 아내들과 네 자녀들의 아름다운 자도 내 것이니라.
   (   )이 (   )에게
2. (절) 내 주 왕이여 왕의 말씀 같이 나와 내 것은 다 왕의 것이니이다.
   (   )이 (   )에게
3. (절) 왕은 듣지도 말고 허락하지도 마옵소서.
   (   )이 (   )에게
4. (절) 여호와의 말씀에 네가 이 큰 무리를

보느냐? …… 그들을 네 손에 넘기리니.

(　　　　)이 (　　　　)에게

5. (　　　절) 그들의 신은 산의 신이므로 그들이 우리보다 강하였거니와.

(　　　　)이 (　　　　)에게

6. (　　　절) 내 아버지께서 당신의 아버지에게서 빼앗은 모든 성읍을 내가 돌려 보내리이다.

(　　　　)이 (　　　　)에게

7. (　　　절) 멸하기로 작정한 사람을 네 손으로 놓았은즉 네 목숨은 그의 목숨을 대신하고.

(　　　　)이 (　　　　)에게

제21장 [나봇의 포도원을 빼앗은 아합]

다음 물음에 답하시오.

1. 나봇의 포도원은 이스르엘의 어디에 가까이 있었나?(1~10)

   -

2. 아합 왕이 포도원을 요구하며 그 대신 제시한 두 가지 방법은?(1~10)

   1)

   2)

3. 나봇이 왕에게 포도원을 줄 수 없다고 한 이유는?(1~10)

   -

4. 이세벨이 나봇과 같은 성에 사는 장로와 귀족들에게 모함토록 편지를 보낸 내용은?(1~10)

   -

5. 나봇을 죽이고 포도원을 빼앗은 아합 집안에 임할 재앙을 전한 선지자는?

   -

6. 아합이 큰 죄를 지었는데도 그 시대에 재앙을 받지 아니한 이유는?

   -

제22장 [아합의 죽음 남4 여호사밧, 북8 아하시야]

다음 말이 맞으면 O표, 틀리면 X를 하시오.

1. 아람(다메섹)과 이스라엘이 3년간 전쟁이 없다가 이스라엘 왕(7대 아합)이 길르앗라못을 찾고자 여호사밧(남국 유다 4대왕)과 같이 전쟁을 준비했다(1~4).- (　　　)

2. 이스라엘 선지자 400명과 선지자 시드기야는 아람과의 전쟁에 패배를 예언했다(5~12).- (　　　)

3. 미가야는 왕이 죽는다는 흉한 예언을 하므로 뺨을 맞고 옥에 갇히었다(8~28).- (　　　)

4. 이스라엘 왕은 변장하고 유다 왕은 입은 대로 싸우므로 유다왕이 활에 맞았다(29~36).- (　　　)

5. "개들이 아합왕의 피를 핥았다"라고 했는데, 21:19에 엘리야가 예언한 대로이다(37~40).- (　　　)

6. 여호사밧은 여호와 보시기에 정직히 행하였으며 남색하는 자들을 쫓아내었으나 산당은 폐하지 아니하였다(41~50).- (　　　)

7. 아합을 이어 그의 아들 아하시야가 이스라엘의 8대 왕이 되어 사마리아에서 20년을 다스렸는데 그는 아버지의 길, 어머니의 길(바알 숭배), 여로보암의 길(금송아지 숭배)로 행했다(51~53). - (　　　)

열왕기(2) | 역사서 |

2 Kings

제목에 대한 해설

이 책의 〈열왕기(1)〉 해설 참고.

저자 및 저작 연대

이 책의 〈열왕기(1)〉 해설 참고.

역사적 배경

(1) 솔로몬의 통치

과거에는 지파별로 나뉘어 통치하며 생활하던 것이, 솔로몬에 이르러 왕실에 필요한 물자 공급을 위한 지역으로 편성된다. 이스라엘 백성들은 왕실의 지배와 감독하에 있어서 물자 공급과 건축에 동원되었다(왕상 4:7~9, 5:13~18). 대외 정책으로는 화친을 목적으로 하여 주변국의 왕실의 딸들을 데려왔다(왕상 3:1, 11:1). 무역도 성행하였다. 종교적으로는 제사장권에 대한 왕권의 강화로써, 아비아달 제사장을 고향 아나돗으로 추방하고, 더 나가서 성전 봉헌 기도의 주체도 제사장이 아닌 솔로몬 왕 자신이 한다.
모든 면에서의 왕권 강화는 결국 백성들의 권리와 자유의 축소로 인해 불평과 원망이 더해 갔고, 통치 후기에 많은 문제를 제기했으며, 결국 그의 아들 르호보암 때에 왕국이 분열하는 비극으로 치닫는다.

(2) 분열왕국에서 북 이스라엘의 몰락까지

남북 분열의 원인은 정치 사회적, 종교 신앙적, 지리적, 지역적 갈등 및 주변 국가의 충동 등 다양하다.
분열된 후 남쪽은 정치적으로 유다 지파의 다윗 왕실의 왕위 계승을 인정하고 있다. 북쪽에서는 왕위 문제에 있어서 개방적인 정책을 취하므로 왕위 찬탈의 피 흘림이 계속되어 왕조가 아홉 번 바뀐다. 종교적인 면에서는 남쪽 유다는 성전중심의 신앙이었으나, 북에서는 새로운 신앙의 중심지를 만들고 제사장 제도도 새로운 방식을 채택하여 전통적인 여호와 종교를 변질시켰다.
두 왕국은 분열 후 50년간, 즉 북쪽은 여로보암 1세부터 오므리 왕조가 들어설 때까지, 남쪽은 르호보암에서부터 여호사밧에 이르기까지 남북간 관계는 상호 분쟁의 시기였다고 할 수 있다.
분쟁 시대가 지나고 북쪽의 오므리 왕조와 남쪽의 여호사밧 시대에는 상호 협조 시대를 맞이한다. 북쪽은 사마리아 성을 수도로 건립하고, 남쪽도 국가적인 발전을 한다. 북쪽의 오므리 집안의 통치 기간에는 북서쪽의 베니게와 우호선린 정책을 취하며, 두로 왕의 딸 이세벨을 오므리의 아들 아합의 아내로 맞으므로 바알 신앙이 이스라엘로 들어오는 길이 공식적으로 열린다. 오므리 왕조의 바알 종교는 예후의 반란으로 끝맺게 된다. 예후는 오므리 집안을 쓸어버리고 이스라엘 내에서 바알 신앙과 추종자를 멸절시킨다. 그러나 민간 신앙의 형태로 전수되어 서민층에 깊이 뿌리 박힌 산당 제도는 제거하지 못한다.
예후의 4대손 여로보암 2세 때에는 남쪽의 웃시야 왕과 동시대에 국가적인 발전을 가져오지만 그 후에 파멸의 길을 가서 결국 주전 721년 앗수르에 멸망한다. 예후 왕조의 파멸을 가져온 살롬의 반란 이후 약 22년간에 5명의 통치자가 바뀌는 혼란 중에 멸망을 맞는 것이다.

(3) 북국의 몰락에서 남 유다의 몰락까지

북 이스라엘이 주전 721년 앗수르에게 멸망하고 남국 유다는 약 135년간 더 존속하다가 주전 587년에 바벨론 제국에 멸망한다. 이 기간에 앗수르의 남하정책과 애굽의 북진 정책의 완충 지대인 유대는 이들의 영향을 받게 된다. 히스기야 시대에 앗수르의 산헤립의 예루살렘 공격을 차단하여 반 앗수르 정책을 펼 수 있었으나 므낫세 시대에는 앗수르의 이방 종교가 유다에 영향을 미치게 되었다. 그러나 그의 아들 요시야 때에는 특히 주전 621년 성전 수리 시에 발견된 율법서는 종교개혁에 힘을 더해 주었다.

요시야가 죽은 후 약 30년간은 앗시리아 지역에 새롭게 일어난 바벨론의 세력으로 친앗수르파, 친바벨론파, 친애굽파, 때로는 양국을 모두 섬기기도 하여 막대한 조공으로 국가는 비운의 역사를 산다. 주전 612년 바벨론은 앗수르를 정복했고 그 후 바벨론은 결국 예루살렘을 정복하였으니 이때가 주전 587년이었다. 그리고 유다는 바벨론 포로라는 뼈아픈 경험을 하게 되는 것이다.

역사서

열왕기하

1
아하시야의 죽음
왕이 바알세붑에게 물어 봄

2
엘리야의 승천
성령이 하시는 역사가 갑절이나

3
북9 여호람의 승리
모압왕 메사를 무찌르다

4
엘리사의 이적들
과부의 기름, 수넴 여인, 국의 독

5
나아만의 나병
요단강에 일곱 번 몸을 담그니

6
떠오른 도끼
눈을 열어 보게 하소서

열왕기하 1~6장

엘리야의 승천, 엘리사의 사역 (중요구절 왕하 2:9)

엘리야는 회오리 바람을 타고 승천했고, 엘리야의 뒤를 이어 후계자로 등장한 엘리사는 성령이 하시는 역사를 갑절이나 구하고 기적적인 사역들을 한다(과부의 기름, 죽은 아들을 살림, 국의 독 제거, 나아만의 나병 치료, 도끼가 떠 오른 일 등) 선지자들의 이러한 사역은 어둡고 혼란한 북왕국 이스라엘에 신선한 충격을 주었다(1~6장).

1. "선지자의 제자들"에 대한 기록을 본다(2:3~7, 4:1, 5:22, 6:1 등). 이들은 백성들을 가르치기 위해 이스라엘 역사와 율법을 공부하는 젊은이들이었다. 이들은 가족과 함께 일종의 수도회를 이루어 여호와를 섬기던 단체였다. 엘리사는 이들과 함께 지냈으나 엘리야는 홀로 지냈다(1:7~8, 왕상 17~18장). 아마도 사무엘 선지 때 이런 선지학교를 세운 것으로 추측된다(삼상 17:15~17).
2. 엘리사가 엘리야를 따를 때 길갈에서 벧엘, 여리고, 요단 가에 이르러 겉옷을 치며 물을 가르며 건넜고 그후 스승인 "엘리야가 회오리 바람으로 하늘로 올라"(2:11) 가는 것을 체험하며 엘리야의 겉옷을 주워 가지고 엘리야의 후계자로서의 위치를 다진다. 부름받은 사람들은 스승의 가르침을 잘 따랐다. 오늘날도 좋은 가르침을 받아야 좋은 일꾼으로 성장을 하게 된다.
3. 엘리사는 전쟁을 앞둔 이스라엘 여호람 왕의 믿음 없음을 보며 언짢게 되어 예언을 할 수 없게 되자 "내게로 거문고 탈 자를 불러오소서…… 거문고를 탈 때에 여호와의 손이 엘리사 위에 있더니" 예언을 한다(3:13~20). 이처럼 하나님의 종이 마음에 평화와 감동이 있어야 바른 예언을 한다. 마음이 상하면 일의 효율이 떨어지고 영적으로도 손상을 받게 마련이다.
4. 수넴 여인은 하나님의 종 엘리사를 위해 정성을 다해 쓸 것을 마련하지만(4:8~10), 어떤 보상이나 칭찬을 바라지 않고 순전한 마음으로 한다. 작은 봉사나 헌금의 명단 공개를 통해 자신을 자랑하고 싶다면 아직 성

숙되지 못한 믿음의 결과이다.

5. 아람 군대가 엘리사를 잡기 위해 도단성을 포위했을 때에 엘리사의 사환은 "아 아 내 주여 우리가 어찌하리이까?"라고 외친다(6:14~15). 우리 인생도 때때로 이런 외침을 해야 하는 경우가 있다. 사환의 영안이 밝아지자(6:17) 자신들을 지키는 불말과 불병거를 볼 수 있게 되었다. 영적인 눈을 떠야 상황을 파악하며 두려움을 떨치게 되고 바른 믿음을 세워갈 수 있다.

더 살펴보기

1. 엘리사의 이적들(왕하 2~13장)

① 요단 강물을 가름(2:14) ② 여리고의 물을 깨끗하게 함(2:19~22) ③ 악동 사십 명을 심판(2:23~24) ④ 개천에 물이 가득차게 함(3:16~27) ⑤ 빈 그릇에 기름을 채움(4:1~7) ⑥ 수넴 여인의 아들을 살림(4:18~37) ⑦ 독이 있는 국을 깨끗하게 함(4:38~41) ⑧ 적은 음식으로 백 명을 먹임(4:42~44) ⑨ 나아만의 나병을 고치고 게하시의 나병을 예고함(5:1~27) ⑩ 물에 빠진 도끼를 떠오르게 함(6:1~7) ⑪ 아람의 계략을 알고 대처함(6장) ⑫ 아람의 사정을 다 알고 있음(8장) ⑬ 죽은 후 수년 뒤에 한 시체를 살아나게 함(13:20~21).

〈열왕기하〉에 등장하는 왕들

※북국
⑨여호람(요람) ⑩예후 ⑪여호아하스 ⑫요아스(여호아스) ⑬여로보암 II ⑭스가랴 ⑮살룸 ⑯므나헴 ⑰브가히야 ⑱베가 ⑲호세아
(17장, 721년 앗수르에 멸망)

※남국
⑤여호람 ⑥아하시야 ⑦아달랴 ⑧요아스 ⑨아마샤 ⑩아사랴(웃시야) ⑪요담 ⑫아하스 ⑬히스기야 ⑭므낫세 ⑮아몬 ⑯요시야 ⑰여호아하스 ⑱여호야김 ⑲여호야긴 ⑳시드기야
(25장, 587년 바벨론에게 멸망)

2. 나아만의 신앙고백, 베드로의 신앙고백(왕하 5장, 마 16장)

나아만은 요단 강 물에 씻으므로 나병이 나았다. 나아만은 "내가 이제 이스라엘 외에는 온 천하에 신이 없는 줄을 아노라"(왕하 5:15) 하였다. 나아만의 이런 신앙고백은 베드로의 신앙고백(마 16:16. "시몬 베드로가 대답하여 이르되 주는 그리스도시요 살아 계신 하나님의 아들이시니이다")과 서로 반영되는 구약에서의 절정이라 할 수 있다(사 45:14 참고. "하나님이 과연 네게 계시고 그 외에는 다른 하나님이 없다 하리라").

메사의 비문 (왕하 3장)

모압 왕 메사가 이스라엘 왕 오므리와의 전쟁(주전 850년경) 사실을 모압 방언으로 새긴 비문이다. 다음은 그 내용의 일부이다.

"나는 디본 사람 모압 왕 케모슈의 아들 메사이다. 오므리가 이스라엘의 왕이었고 그가 오랫동안 모압을 압박했는데 이것은 케모슈께서 당신의 땅에 노하고 계셨기 때문이다. 그의 아들이 계승했는데 그도 나는 모압을 꺾어 누르겠노라 하였다.그렇지만 나는 그와 그의 집을 쳐부수고 승리했으며 이스라엘은 영원히 멸망하고 말았다. 나는 이스라엘 죄수들의 손을 빌어 케리호의 상수도를 팠다. 케모슈께서는 내 치세 동안에 내내 그곳에 거하셨다."

3. 모압 왕 '메사의 비문'(왕하 3장)

모압 왕은 전쟁 중에 자기들이 섬기는 신에게 자기를 이어 왕이 될 맏아들을 죽여 번제로 드린다. 모압의 신은 '그모스'인데 모압인들은 인신제사(人身祭祀)의 관습이 있었다(3:27). 옆의 비석은 모압 왕 '메사의 비문'으로 요단 강 동쪽 사해 동부 디본에서 1868년 발굴된 것으로 높이 160cm, 두께 30cm이다. 이것을 처음 발견한 베두인들은 그 안에 보물이 있을 것으로 알고 깨트렸는데 실제 보물은 그 비문 자체이다. 오므리에 대해서는 〈열왕기상〉 16:15~27에 나온다. 〈열왕기하〉 3장에 의하면 메사가 여호람과의 전쟁도 있었음을 알 수 있다.

열왕기하 7~13장

여러 왕들의 통치 (중요구절 왕하 7:9)

엘리사가 행한 이적은 여러 가지이다. 4~5장을 보면 과부의 기름, 죽은 아들 살림, 국의 독 제거, 나아만의 나병 치료, 도끼가 물 위로 떠오른 일, 아람 왕의 생각을 간파, 사환의 눈을 열어준 일, 적군의 눈을 닫은 일 등이 있었다. 엘리사의 이적은 계속되어 아람군대가 사마리아를 포위하여 고통 중에 있었으나 사마리아에서 한 장관의 죽음을 예고하고 구원 예고대로 아람 군대가 철수를 한다(7장). 수넴 여인은 잃었던 땅을 찾고, 하사엘은 아람 왕이 된다. 남북의 왕은 서로 교류를 한다(8장). 왕으로 세움을 받은 예후는 남, 북왕과 이세벨을 살해하고(9장), 아합의 전가족을(10:1~11), 유다 왕실 사람들을(10:12~14), 바알의 선지자들과 숭배자들을 살해(10:18~27)하는 대학살을 감행했다. 한편 유다의 7대왕 아달랴는 왕권을 찬탈한 여왕이다(11장). 이 와중에 살아난 요아스는 7세에 유다 왕이 되어 통치하고(12장), 엘리사의 죽음은 이스라엘에 불길한 징조로 보인다(13장).

1. 엘리사가 내일의 매매는 정상가로 돌아올 것이라는 예언에 대해, 한 장관은 "여호와께서 하늘에 창을 내신들 어찌 이런 일이 있으리요" 하며 인간의 계산이 앞 선다(7:1~12). 그는 예언이 성취된 후에 백성들에게 밟혀 죽는다(7:16~22). 불신앙은 이처럼 처참한 심판을 받는다. 이성과 경험은 좋은 것이지만 그것이 신앙 안에서만 빛을 내게 하므로 신앙이 뒤로 밀리지 않도록 해야한다.
2. 아달랴는 정통성이 없는, 유다 역사상 유일한 여왕으로 유다 지파 출신이 아니다. 아달랴는 왕의 씨를 몰살시켜 자신이 왕이 되고 권세를 오래

도록 누리려 하여 유다 사람들에게 절망을 주었으나(11:1~3) 놀랍게도 요아스가 살아서 하나님의 약속한 섭리(다윗 왕조)는 끝나지 않고 계속 진행된다. 비록 어둠이 가득한 세대라도 하나님의 모든 계획은 진행되고 있음을 기억하자(11:4~16).

3. 요아스가 여호와 보시기에 정직히 행하고 비록 성전 수리를 했으나 그는 우상숭배에 빠진다. 12장 16절과 17절 사이에는 상당한 시간적 간격이 있는데, 그는 유다의 젊은 귀족들의 요구를 따라 우상숭배를 한다. 이 일에 대하여 간언한 스가랴 선지자를 죽이기까지 했다(대하 24:20~22에서는 제사장 여호야다의 아들 스가랴를 말하는데, 마 23:20에서는 베가랴의 아들 스가랴를 말하며 시대적 차이도 있다). 하나님은 아람의 하사엘을 통하여 징벌하시고, 신복들의 모반으로 그의 왕정을 종지부 찍게 한다(대하 24:23~27, 왕하 12:19~21). 과거에 무엇을 했는가가 중요한 것이 아니라 날마다 계속되는 믿음의 현재성이 중요하다.

더 살펴보기

1. 하나님이 주신 엘리야의 사명(왕상 19장, 왕하 8~9장)

(1) 바알의 세력과 싸워 승리한 엘리야가 이세벨의 보복을 두려워하여 광야로 나가 로뎀나무 아래 앉아서 죽기를 원하였다. "로뎀나무 아래 누워 자더니 천사 그를 어루만지며 그에게 이르되 일어나서 먹으라"(왕상 19:5)며 엘리야에게 떡과 물을 먹게하고 그를 하나님의 산 호렙에 이르게 한다.

(2) 엘리야는 호렙에서 여호와의 "세미한 소리"(왕상 19:12)를 듣고 사명을 받는다. "여호와께서 그에게 이르시되 너는…… 하사엘에게…… 예후에게…… 엘리사에게 기름을 부어"(왕상 19:15~16)라며 구체적인 사명을 주셨다. 이에 따라 '엘리사'를 직접 불러 자신을 대신하여 선지자가 되도록 기름을 부었고(왕상 19:19~21, 왕하 2:1~11), 아람 왕 '하사엘'(왕하 8:7~15)과 북국 이스라엘 왕 '예후'(왕하 9:1~10)는 제자

7
포위된 사마리아 성
도망가는 아람 군대

8
남5 여호람, 남6 아하시야
다메섹의 하사엘

9
북10 예후
아합의 집을 치라

10
예후의 숙청 작업
아합가족, 유다왕실, 바알숭배자

11
남7 아달랴(여왕)
정권 찬탈

12
남8 요아스의 통치
성전수리,
아람 왕의 예루살렘 침공

13
북11 여호아하스
북12 요아스의 통치
엘리사의 죽음

흑색 방첨탑(The Black Obelisk)
사각기둥으로 각 면마다 5층으로 부조되어 있다. (대영박물관 소장)

엘리사 선지자가 맡아서 기름을 부었다. 하나님의 일의 연속성을 보게 된다.

2. 다윗의 언약의 효력(왕하 8:16~19)

"여호와께서…… 유다 멸하기를 즐겨하지 아니하셨으니"(8:16~19)라고 했다. 유다 여호람 왕의 불의와 악행에도 불구하고 하나님께서 긍휼을 베푸신 것은 다윗과의 언약 때문이다(삼하 7:11~17). 또한 "내 종 다윗이 항상 내 앞에 등불을 가지고 있게 하리라"(왕상 11:36, 왕하 8:16)는 하나님의 섭리가 있다. 사실상 다윗 왕통은 시드기야(왕하 25장)로 막을 내렸지만 궁극적으로는 다윗의 자손 예수 그리스도를 통해 이 약속이 성취되었고 계속되는 것이다(시 132:17, 마 1:1).

3. 흑색 방첨탑(Black Obelisk)과 예후 왕(왕하 9~10장)

(1) 이스라엘에서는 역사적인 고고학 유물들이 많지 않다. 특히 사람 모습의 벽화나 조각물이 없는 것은 우상 제작을 금한 율법의 가르침과 관계가 있을 것이다. 그러나 북 이스라엘의 열 번째 왕 '예후'는 앗수르 왕의 흑색 방첨탑(Black Obelisk)에 그 모습이 드러났다. 통일왕국(3왕), 북 이스라엘(19왕), 남 유다(20왕). 모두 42명의 왕 중에 유일하게 그 실체를 볼 수 있는 예후는 부끄러운 모습을 하고 있다.

(2) 레야드(A. H. Layard, 1817~1895)가 1846년 니므롯에서 원정하는 가운데 사각기둥으로 된 198cm의 검은 화강암을 발견했다. 각 면마다 5층으로 된 정교한 부조(낮게 양각된 조각)가 있고, 조각 위와 아래에는 설형문자의 비문이 기록되어 있다. 한 면의 4층칸에는 예후가 앗수르 왕 살만에셀 3세에게 엎드려 조공을 바치는 모습이 있다.

흑색 방첨탑의 한 단면
이스라엘왕 예후가 앗수르의 살만에셀 왕에게 조공을 바치며 절하는 모습이 부조(浮彫)되어 있으므로 이스라엘의 형편을 짐작하게 한다.

열왕기하 14~19장

북이스라엘의 멸망 (중요구절 삼상 17:7~8)

유다 왕 아마샤는 정직히 행하였고, 이스라엘 왕 여로보암(2세) 때는 나라가 번창했다(14장). 아사랴(웃시야)는 정직히 행하였으나 후에 교만하여 나병이 걸린다. 북 이스라엘은 왕권 찬탈을 위한 싸움과 영적으로는 타락하여 여로보암의 죄로 일컬어지는 금송아지 숭배가 계속된다(15장). 유다 왕 아하스는 여호와 보시기에 정직히 행하지 않았고 이방들로 말미암아 혼란을 겪는다(16장). 주전 922년에 남북이 분단되어 계속적인 왕권 찬탈을 일삼은 북국은 호세아 때인 721년에 앗수르에 망하고 포로가 된다(17장). 반면에 유다는 히스기야 같은 믿음의 왕이 있어 개혁정치를 하고 하나님을 두려워하며 섬기니 앗수르의 침략에도 위기를 넘기게 된다(18~20장).

1. 15:13~26의 살룸과 므나헴과 브가히야 등이 보여주는 대로 강제와 폭력으로 정권을 차지한 통치자는 결코 백성을 보호하거나 선하게 다스리는 왕이 될 수 없을 뿐 아니라, 각종의 불의가 횡행하게 된다는 역사의 교훈이 있다. 므나헴 시대에도 앗수르에 바치기 위하여 백성들을 괴롭혔다. "그 은을 이스라엘 모든 큰 부자에게서 강탈하여 각 사람에게 은 오십 세겔씩 내게 하여 앗수르 왕에게 주었더니 이에 앗수르 왕이 되돌아가고 그 땅에 머물지 아니하였더라"(왕하 15:20)
2. 북국 이스라엘이 주전 721년 앗수르에 멸망한 원인을 "이 일은 이스라엘 자손이…… 그 하나님 여호와께 죄를 범하고 또 다른 신들을 경외하며 여호와께서 이스라엘 자손 앞에서 쫓아내신 이방 사람의 규례와 이스라엘 여러 왕의 세운 율례를 행하였음이라"(17:7~8, 18절까지 읽어 보라) 하였다. 한 마디로 하나님께 불순종하여 우상숭배를 한 것이다. '느밧의 아들 여로보암의 죄'로 일컬어지는 금송아지 숭배를 비롯하여 바알 등의 우상을 숭배하므로 여호와의 종교를 잃어버렸다. 하나님을 섬겨야 할 사람이 하나님을 떠나면 곧 망하는 길이다.
3. 북국 이스라엘이 멸망하면서 앗수르의 혼합정책으로 민족과 종교가 혼합되고 만다. 그 결과 "그들이 여호와도 경외하고 또한 어디서부터 옮겨 왔든지 그 민족의 풍속대로 자기의 신들도 섬겼더라"(왕하 17:33)고 지적하고 있다. 오늘날도 혼합종교로 인해 종교다원주의(종교다원 현상의 문화적 상황 속에서 다원적인 종교들은 동일하다는 기본 명제를 갖는다. 따라서 어느 종교를 믿어도 모두 선을 추구하므로 결국은 다 구원받는다는 등의 사

14
남9 아마샤, 북13 여로보암2세
사람마다 자기의 죄로
죽으리라

15
남10 아사랴, 남11 요담
북14 스가랴, 15살롬,
16 므나헴, 17 브가히야,
18 베가

16
남12 아하스의 통치
여호와께 정직히
행하지 아니하고

17
북19 호세아, 이스라엘의 멸망
하나님 여호와께 죄를 범하고
앗수르 포로(주전 721년)

18
남13 히스기야의 예언
앗수르 산헤립의
예루살렘 침공(주전 701년)

19
선지자 이사야의 예언
다윗을 위하여
이 성을 보호하여

상)가 틈을 타지만 우리는 유일한 하나님과 그의 아들 예수 그리스도만이 구원자이심을 믿는다.

산헤립의 각주(角柱)

앗수르 왕 산헤립이 주전 701년. 유다를 공격했던 일에 대한 기록이 있다. (대영박물관 소장)

다음은 비석 내용의 일부이다.

"그러나 나의 멍에에 복종하지 아니한 유다인 히스기야에 대하여는 내가 견고한 성읍 마흔 여섯과 그 주변의 수많은 군소 고을들을 치되 그것들을 에워싸고 토대를 쌓아 비탈길을 만든 다음 공성퇴들을 끌어다 올려 붙이고 보병들의 맹렬한 공격과 성벽들을 헐고 땅굴을 파고 병력을 분산시키는 작전을 펴서 정복하였느니라…… 히스기야 자신은 내가 새장의 새처럼 그의 왕도인 예루살렘에 가두어 넣었고, 그 성 주위에 파수꾼을 세워 엄히 감시케 하였으며, 무릇 그 성문에서 나오는 자는 가차없이 처단하였느니라…… 히스기야에 대하여는 나의 통치권의 두려운 위엄이 그와 및 그가 자기의 안전을 위해서 왕도 예루살렘에 들여 그 성을 강화시킨 비정규군과 정규군을 압도하였으므로, 후에 그는 금 30달란트와 은 300달란트와 보석들과 안티모니와 붉은색의 큰 벽돌들과 상아(장식) 침상들과 상아 안락의자들과 코끼리 가죽과 상아들과 흑단목과 회양목과 그 밖의 온갖 값진 보화들과 함께 또한 그의 딸들과 첩들과 남녀 음악인들을 나의 왕도 니느웨로 보내왔느니라. 그는 그 조공을 바치고 종의 예를 표하기 위해서 한 개인적인 특사를 보내었느니라."

더 살펴보기

1. 불 왕은 디글랏 빌레셀 3세이다(왕하 15:19)

앗수르 왕 '불(Pul)'과 15장 29절의 디글랏 빌레셀 3세(주전 745~727)는 같은 사람이다. 그는 북국 이스라엘 므나헴 왕(북 16대, 15:19)과 베가 왕(북 18대, 15:29) 때에 침공한 바 있다. 디글랏 빌레셀 3세의 모습은 니므롯에서 발굴된 왕궁 벽의 부조에 나타난다. 이 부조는 디글랏 빌레셀 3세가 아스다롯을 숭배할 때에 그의 의식용(대례용, 大禮用) 마차를 타고 있는 모습이다. 그의 마부 곁에 서 있는 시종자는 그를 가리는 양산을 들고 있고 왕은 이 부조에서 나타나지 않은 사람에게 답례하고 있다(344쪽 사진).

2. 멸망한 북 이스라엘의 운명(왕하 17장)

앗수르는 이스라엘을 포로로 잡아갔고 이스라엘에는 앗수르 사람을 옮겨 오므로 혼혈족을 만들어 이스라엘을 말살하는 정책을 쓴다(17:6, 24). 아울러 이상한 혼합 종교가 생겨났다(17:27~33). 이스라엘과 앗수르 사람의 혼혈족인 '사마리아인'은 훗날 유다인의 미움의 대상이 된다(요 4:9).

3. 산헤립 각주(角柱)(왕하 18~19장)

남국 유다 13대 왕 히스기야 시대에 앗수르의 산헤립이 주전 701년에 쳐들어 왔으나 예루살렘은 방비된다(18~19장). 중요한 고고학의 한 자료가 있는데 '산헤립의 각주(角柱)'라 일컬어지는 이 기둥에는 산헤립(주전 705~681)의 8차에 걸친 예루살렘 원정을 기록하고 있다(왕하 18~19장, 대하 32장). 성경의 기록과는 차이가 나는 부분이 있는데 이는 앗수르 왕 산헤립의 관점에서 기록했기 때문일 것이다.

요시야의 개혁, 유다의 멸망 (중요구절 왕하 23:25)

히스기야의 개혁에 이어 왕이 된 아들 므낫세는 다시 산당을 세우고 우상숭배를 했으며 55년간의 공포정치는 하나님을 분노하게 하여 유다의 멸망이 예고되어(21:10~15), 그대로 이루어진다(23:26~27, 24~25장). 요시야의 종교개혁은 유대 역사상 가장 고귀한 일이었으나(22~23장) 그 후의 왕들은 영적(우상숭배)으로 정치적(친애굽, 친바벨론 정책의 혼미)으로 혼란하여 결국 주전 587년 예루살렘은 파멸되고 바벨론 포로가 된다(25장). 유다 역사의 가장 비극인 이 사건은 눈물 없이 읽을 수 없다. 〈예레미야 애가〉와 〈시편〉 137편을 읽어 보라.

1. 요시야의 명령을 따라 성전수리를 하다가 율법책이 발견된다. "사반이 왕의 앞에서 읽으매 왕이 율법책의 말을 듣자 곧 그의 옷을 찢으니라"(22:10~11). 요시야는 말씀대로 전국적으로 종교개혁을 시도하니 이때가 주전 621년이었다(22:8~13). 하나님의 말씀이 그 백성에게 얼마나 멀어졌던가를 새삼 깨닫게 된다. 하나님께서 나에게 주신 말씀인 '성경'을 읽고 들을 때, 애통해하며 옷을 찢던 요시야의 심정을 지녀야 한다.
2. 요시야의 종교개혁 의지(23:3)를 따라 우상을 제거하는 데 심지어 다른 곳도 아닌 성전 안에서 바알 · 아세라 · 일월성신(日月星辰)의 그릇들이 나왔고, 아세라 목상 · 남창의 집까지 있었으니(23:4~7) 당시 여호와의 종교가 얼마나 타락했는가에 대해 놀랄 일이다. 요시야는 솔로몬이 세운 신당들과 당시 여로보암이 세운 금송아지도 제거한다(23:13~16). 이 사실을 보며 오늘 내가 여호와를 섬기면서 내 안에 잠재해 있는 우상적인 요소가 무엇인가를 묻게 된다. 끄집어내어 불살라 버릴 것이 무엇인가를 살펴봄이 오늘의 메시지이다.
3. 예루살렘은 특별히 하나님께서 구별하여 택하신 성읍이다. 그러나 "여호와께서 이르시되 내가 이스라엘을 물리친 것 같이 유다도 내 앞에서 물리치며 내가 택한 이 성 예루살렘과 내 이름을 거기 두리라 한 이 성전을 버리리라"(23:27) 하신다. 하나님의 심판으로 버림을 받아 주전 587년 바벨론에게 멸망을 당한 것은 죄 때문이다. 모든 것이 불살라지고, 예루살렘 사면 성벽을 파괴하고, 성중의 백성을 사로잡아 바벨론으

20
히스기야의 병고침
네 날에 십오 년을 더 한다.

21
남14 므낫세, 15 아몬
다시 우상숭배가 만연되다

22
16 요시야의 통치
율법책을 발견

23
17 여호아하스
요시야의 개혁, 애굽의 침공

24
18 여호야김, 19 여호야긴
기울어져 가는 유다

25
20 시드기야, 유다의 멸망
예루살렘 성전이 불타고
바벨론 포로(주전 587년)

디글랏 빌레셀 3세의 대례용(大禮用) 마차

앗수르 왕 디글랏 빌레셀 3세(불 왕, 주전 745 ~727년)가 대례용(의식용) 마차를 탄 모습이다(왕하 15:19, 15:29). (니므롯에서 발굴)

로 끌고 가고 예루살렘은 '비천한 자의 도성'이 된다(25:9~12). 하나님의 백성이라도 죄를 짓고 회개하지 않으면 그 죄 값을 받게 마련이다.

더 살펴보기

1. 북국 이스라엘과 남국 유다의 멸망 연대

1) 북국 이스라엘은 앗수르에 의해 721년에 멸망했다. - 〈열왕기하〉 17장, 〈역대하〉 28장(아하스 시대).

2) 남국 유다는 바벨론에 의해 주전 587년에 멸망한다. - 〈열왕기하〉 25장, 〈역대하〉 36장.

(1) 유다는 멸망 전후를 통하여 몇 차례 바벨론 포로로 잡혀간다.

① 605년(여호야김), ② 597년(여호야긴), ③ 587년(시드기야), ④ 582년(예루살렘 멸망 후).

이처럼 네 가지의 연대가 제시되는데, 보통 3차에 걸쳐 포로가 되었다고 한다.

a) 상기 ①, ②, ③의 연대를 주장(단 1:1, 겔 1:1~3, 왕하 24~25장).

b) 상기 ②, ③, ④의 연대를 주장(왕하 24~25장, 렘 52:28~30).

c) 또는 ①, ②, ③, ④의 연대를 모두 주장하여 4차에 걸친 포로였다고 한다(할레이).

(2) 바벨론 왕 '느브갓네살'(주전 605~562년에 통치, 렘 52:28~30) 7년은 주전 597년, 18년은 587년, 23년은 582년이다. 그러나 〈열왕기하〉 24:12에는 바벨론 왕 8년, 25:8에는 느브갓네살 19년 5월로 되어 있어서 〈예레미야〉와 1년씩의 차이가 있다.

2. 히스기야가 부순 놋뱀(왕하 18:4)

이전 본문에 보면 히스기야 왕이 모세가 만들었던 놋뱀 '느후스단'(민 11:31)을 이스라엘 자손이 분향하고 있었으므로 그것을 부수었다(왕하 18:4). 느후스단('보잘 것 없는 것'이라는 뜻)이라 일컫는 이러한 놋뱀이 우상화되었던 예는 여러 곳에서 나타나서 이란 남서부의 고대 엘람의 수도였던 수사의 여신 인슈쉬낙의 신전 폐허에서도 비슷한 놋뱀이 발굴되었다(루브르 박물관 소장). 고대 종교에서 뱀은 지하세계를 다스리는 여신에게 서원예물로 바쳐졌다. 한편 뱀 문양을 의료 기관들의 마크에 많이 활용하는 것은 모세 시대 광야에서 놋뱀을 쳐다보는 자들이 나았으므로 치료에 대한 상징일 것이다(민 21:4~9).

고대의 놋뱀 (왕하 18:4)
이 놋뱀은 아라비아의 한 무덤에서 출토되었다. (오스트리아 빈 미술사박물관 소장)

3. 유다를 포로로 잡아간 바벨론(왕하 24~25장)

유다의 범죄로 인해 하나님은 바벨론을 들어 유다를 멸망시키고 포로로 잡아갔고 포로 생활이 70년이 될 것을 예레미야는 예언했다(렘 25:11).
바벨론이란 '혼란'이라는 뜻이 있고 국가명과 수도명이 같다. 동쪽은 티그리스 강, 서쪽은 아라비아 사막, 남쪽은 페시아 만, 북쪽은 앗수르이다. 이 나라의 기원이 시날 평원 바벨인 듯하다. 노아의 아들 함의 손자 니므룻이 건설하였고(창 10:11, 11:2), 주전 1976년까지 갈대아에게 속하였고, 주전 1518년까지는 아람 여러 왕들에게 속하였고 그 후에는 앗수르와 아라비아에 전속되더니 나보폴라살(주전 612~605) 때에 국세가 강성하기 시작하여 독립적으로 나라를 다스렸다. 그 아들 느브갓네살 때에는 판도가 광대해지고 국력이 강대해졌다. 그 결과 유다를 침략하여 멸망시키고 백성을 포로로 사로 잡아갔다(왕하 25:8~12).

B I B L E

성경 질문지

열왕기하 1~6장 엘리야의 승천, 엘리사의 사역

제1장 [아하시야 왕과 엘리야]
다음 물음에 답하시오.

1. 아하시야가 병들었는데 침상에서 내려오지 못하고 죽으리라고 한 이유는?(1~8)
   -
2. 에그론의 신 바알세붑을 〈마태복음〉 12:24에서는 '(　　　)의 왕 (　　　　)'이라 했다(1~8)
3. 엘리야의 모양은 어떠했는가?(1~8)
   -
4. 50명을 엘리야에게 세 번째 보냈을 때 50부장이 엘리야에게 한 말은?(9~18)
   -

제2장 [엘리야의 승천]
다음 물음의 맞는 답의 번호에 O표 하시오.

1. 엘리야가 승천하기 전까지 제자 엘리사가 따라간 순서는?(1~7)
   1) 길갈 - 요단 - 여리고 - 벧엘
   2) 길갈 - 요단 - 벧엘 - 여리고
   3) 길갈 - 벧엘 - 요단 - 여리고
   4) 길갈 - 벧엘 - 여리고 - 요단
2. 엘리사가 스승인 엘리야에게 구한 것은?(8~14)
   1) 엘리야의 갑옷
   2) 병거와 마병
   3) 엘리야의 성령이 하시는 역사의 갑절
   4) 엘리야의 지도력
3. 엘리야의 마지막은?(15~18)
   1) 죽어서 길갈에 장사
   2) 회오리바람 타고 승천
   3) 요단강으로 들어감
   4) 알 수 없음
4. 다음 중 엘리사에게 해당되지 않는 것은?(19~25)
   1) 물을 고침
   2) 대머리
   3) 회오리 바람 타고 승천
   4) 엘리야의 제자

제3장 [북9 여호람의 모압 대파]
문장 끝에 제시한 본문을 읽고 (　　) 안에 알맞은 말을 쓰시오.

1. 여호람은 (　　　　) 왕으로 (　　　)의 주상은 제거했으나 여로보암의 죄(금송아지 숭배)를 따라 행하고 (　　　) 아니하였다(1~3).
2. 모압 왕 (　　　)는 양을 치는 자인데 이스라엘을 배반하므로 (　　　　　) 왕 여호람이 (　　　) 왕 여호사밧과 (　　　) 왕으로 더불어 모압을 치러 에돔 광야 길로 갔다(4~10).
3. 이때 도움을 준 선지자는 (　　　　)였는데 그는 (　　　　)를 탈 때에 여호와의 손이 임하여 승리를 예언했다(11~20).
4. 모압 왕은 해가 물에 비치는 것을 보고 (　　　) 인 줄 착각하고 진격했다가 다시 도망쳐 와서 자기 왕위를 이을 (　　　　)을 제물로 신(그모스)에게 바쳤다(21~27).

제4장 [엘리사의 이적들]
보기의 제목은 엘리사의 이적들인데 해당 구절에 제목을 적으시오.

보기 아들 있을 것 예언과 성취 / 국솥에 죽음의 독 제거 / 과부의 기름 / 보리떡 이십으로 백 명이 먹고 남음 / 수넴 여인의 죽은 아들을 살림

1. 1~7절 -
2. 8~17절 -
3. 18~37절 -
4. 38~41절 -
5. 42~44절 -

제5장 [나아만의 나병 고침]
다음 서로 관계 있는 것 끼리 연결하시오.

1. 이스라엘 포로 어린 소녀 • • 가)
2. 아람 왕 • • 나)
3. 이스라엘 왕 • • 다)
4. 엘리사 • • 라)
5. 엘리사의 사자 • • 마)
6. 나아만 • • 바)
7. 나아만과 모든 군대 • • 사)
8. 엘리사의 사환 게하시 • • 아)

가) 내가 어찌 사람을 죽이고 살릴 수 있으랴
나) 그 사람을 내게로 오게 하소서 선지자가 있는 줄을 알리이다
다) 너는 가서 요단강에 몸을 일곱 번 씻으라
라) 사마리아에 있는 선지자에게 가면 나병도 고치리이다
마) 내가 이스라엘 왕에게 글을 보내리라
바) 내가 그를 쫓아가서 무엇이든지 받으리라(은과 옷 얻음)
사) 이스라엘 외에는 온 천하에 신이 없는 줄 아나이다
아) 여호와의 이름을 부르고 그의 손을 그 부위 위에 흔들어 나병을 고칠까 하였도다

제6장 [떠오른 도끼]
다음 (/) 안의 말 중에 틀린 것은 =줄로 지우시오.

1. 선지자 제자가 물에 빠뜨린 도끼는 (자기의 것 / 빌려온 것)이다(1~7).
2. 엘리사는 도끼가 물위로 떠오르게 (나뭇가지를 / 긴 끈을) 던졌다(1~7).
3. 아람의 전쟁계획을 이스라엘이 알고 방비하는 것은 (엘리사 / 군사전략) 덕분이다(8~13).
4. 엘리사의 사환은 처음부터 하나님의 불말과 불병거를 (보았다 / 보지 못했다)(14~19).
5. 엘리사는 아람군대를 (도단 / 사마리아)에 데리고 갔고 그들을 (대접 / 살해)했는데 이는 〈로마서〉 12장 (절) 말씀과 같다(20~23. 롬 12:14~21).

열왕기하 7~13장 여러 왕들의 통치

제7장 [포위된 사마리아 성]
다음 구절과 관계되는 내용에 연결하시오.

1. 1~2 • • 가)
2. 3~8 • • 나)
3. 9~17 • • 다)
4. 18~20 • • 라)

가) 나병환자 네 사람이 아람 진으로 가서 물건 감춤
나) 엘리사의 예언을 불신한 장관의 죽음
다) 엘리사의 예언과 장관의 불신
라) 나병환자의 보고와 왕의 정탐, 백성들의 노략

역사서

열왕기하

제8장 [아람왕 하사엘, 남5 여호람, 남6 아하시야]
다음 구절을 참고하여 알맞은 말을 써 넣으시오.

1. 엘리사가 이전에 아들을 살려준 여인은 기근 때 (　　　)에 (　　　)년을 우거하다 돌아왔고, 잃어버린 자기 (　　　)과 (　　　)를 찾도록 (　　　)가 왕에게 말해 주어 돌려 받았다(1~6).

2. 엘리사가 (　　　)에 갔을 때 (　　　)왕 벤하닷이 병들었는데 (　　　)에게 (　　　)을 가지고 가서 병이 낫겠는가 물어 오도록 했다(7~9).

3. 엘리사가 하사엘을 보고 운 것은 (　　　) 자손에게 행할 (　　　)을 알고 있기 때문이었다(10~12).

4. 하사엘은 (　　　)을 물에 적시어 왕의 (　　　)을 덮어 죽이고 대신 (　　　)이 되었다(13~15).

5. 여호람은 32세에 (　　　)에서 왕이 되어 여호와 보시기에 (　　　)을 행하였지만 여호와께서 멸하지 않은 것은 (　　　)과의 언약 때문이다(16~19).

6. 여호람 때에 (　　　)이 배반하여 유다의 수하에서 벗어났고 (　　　)도 배반하였다(20~29).

제9장 [북10 예후]
다음 물음에 답하시오.

1. 예후에게 왕으로 기름을 부은 것은 여호와께서 호렙산에서 ① 누구에게 준 예언을 ② 누가 선지자의 제자(소년 선지자)를 보내 성취했는가?(1~17, 왕상 19:15~17)
   ①
   ②

2. 요람 왕이 예후의 배반을 모르고 "예후야 평안하냐?"라고 할 때에 예후의 대답은?(17~22절을 읽고 답은 22절로)
   -

3. 이스라엘 왕 요람(아합의 아들)이 죽은 것은 아합집에 대한 예언으로 여호와께서 누구의 피를 보았다고 하였나?(23~26, 왕상 21:17~29)
   -

4. 유다 왕 아하시야는 도망했으나 결국 어디에서 죽임을 당하였나?(27~29) -

5. 예후의 명령으로 이세벨이 창밖으로 내려 던져 지매 죽고 그 시체를 개들이 먹은 것은 누구의 예언의 성취인가?(30~37, 왕상 21:23) -

제10장 [예후의 숙청작업]
서로 관계 있는 것끼리 연결하시오.

1. 70명 •	• 가) •	• a)
2. 42명 •	• 나) •	• b)
3. 80명 •	• 다) •	• c)
4. 아합집에 •	• 라) •	• d)

가) 아하시야의 형제들
나) 바알당 밖에서 지킴
다) 아합의 왕자(자손)들
라) 하나님 마음에 있는 일 행함

a) 왕자와 태후에 문안하러 가다 죽음
b) 죽여서 머리를 광주리에 담음
c) 바울 숭배자와 각종 우상 제거
d) 여로보암의 죄에서는 떠나지 못함

제11장 [남7대, 아달랴의 왕권과 종말]
다음 (　　)에 알맞은 말을 써넣으시오.

1. 요하스를 살려준 은인은 (　　　)인데 그는 제사장 (　　　)의 아내이다(1~3, 대하 22:10~12 참고, 여호세바 = 여호사브앗).

2. 유다 왕의 자손을 멸절하려던 악한 여왕 (　　　)는 (　　　)년 간 왕노릇 했다(1~3).

3. 아달랴에게 반란을 일으킨 제사장은 (　　　)였고 그가 왕으로 세운 왕자는 (　　　)로서 당

시 ( ) 세에 불과했다(4~16, 21).

4. 맛단은 ( )의 제사장으로 바알의 신당이 허물어질 때 같이 ( )을 당했다(17~20).

제12장 [남8 요아스의 통치]

다음 (/) 안에 맞는 말은 O표, 틀린 말은 두 줄로 지우시오.

1. 요아스의 통치기간은 (7 / 40)년 간이었는데 제사장 (여호야다 / 맛단)의 교훈을 받을 동안 여호와 보시기에 (정직히 / 악하게) 행하였으나 (성막 / 산당)은 제거하지 아니했다(1~3).

2. 백성이 여호와의 성전에 가져오는 은은 전의 (퇴락한 곳 수리 / 성전 기물 구입)에 쓰여졌고 속건제와 속죄제의 은은 (일꾼 / 제사장)에게 돌려졌다(4~16).

3. 아람 왕 (하사엘 / 벤하닷)은 가드를 쳐서 취하고 예루살렘으로 올라 올 때 유다 왕 (요아스 / 여호아하스)는 여호와의 성전의 성물과 왕궁의 금을 내주었다(17~18).

4. 요아스는 신복들의 (실수로 / 모반으로) 실라로 내려 가는 길 가의 (실로 / 밀로) 궁에서 죽임을 당했다(19~21).

제13장 [북11 여호아하스, 북12 요아스의 통치, 엘리사의 죽음]

다음 서로 관계 있는 것끼리 연결하시오.

1. 북11왕: 여호아하스(1~9) • • 가)
2. 북12왕: 요아스(10~13) • • 나)
3. 선지자: 엘리사(14~19) • • 다)
4. 모압적당(賊黨)(20~21) • • 라)
5. 아람왕: 하사엘(22~25) • • 마)
6. 아람왕: 벤하닷(22~25) • • 바)

가) 여로보암의 죄를 따라 행함, 엘리사 문병 가서 눈물

나) 여로보암의 죄를 따라 행하며 아세라 목상을 그대로 둠

다) 요아스 왕에게 활 쏘고 땅을 치게 하여 아람 멸절을 상징

라) 항상 이스라엘을 학대하였다

마) 시체가 엘리사의 뼈에 닿자 회생하여 일어 섬

바) 요아스가 세 번 쳐서 무찌르고 성읍들을 회복함

열왕기하 14~19장 북이스라엘의 멸망

제14장 [남9 아마샤, 북13 여로보암2세]

다음 물음에 간단히 답하시오.

1. 아마샤(남국 유다 9대왕)가 부왕을 죽인 신복들은 죽이되 그 자녀들은 죽이지 아니한 이유는?(1~6)

   -

2. 유다 왕 아마샤가 소금 골짜기에서 한 일은?(7)

   -

3. 이스라엘과 유다의 대면(전쟁)에서 이긴 나라와 왕 이름은?(8~16)

   -

4. 유다 왕 아마샤는 어떻게 죽임을 당하였나?(17~22)

   -

5. 여로보암이 이스라엘 지경을 회복한 것은 누구의 예언인가?(23~29)

   -

제15장 [앗수르의 침공]

어느 나라, 몇 대왕, 이름, 통치기간을 쓰시오.

(320~321쪽 도표 참조)

[남국 유다 → 남, 북국 이스라엘 → 북으로 표기, (답 예: 남, 1대, 르호보암, 17년)]

1. 이스라엘 왕 여로보암27년에, 유다 왕 아마샤의 아들로 왕이 됨(1~7) -

2. 유다 왕 아사랴 38년에, 이스라엘 여로보암(2세)의 아들로 왕이 됨(8~12) -

3. 유다 왕 웃시야 39년에, 이스라엘 야베스의 아들로 왕이 됨(13~16) -

4. 유다 왕 아사랴 39년에, 이스라엘 가디의 아들로 왕이 됨(17~22) -

5. 유다 왕 아사랴 50년에, 이스라엘 므나헴의 아들로 왕이 됨(23~26) -

6. 유다 왕 아사랴 52년에, 이스라엘 르말랴의 아들로 왕이 됨(27~31) -

7. 이스라엘 왕 베가 2년에, 유다 왕 웃시야의 아들이 왕이 됨(32~37) -

8. (　　　)안에 알맞은 말을 쓰시오(15:19~22, 29~30, 참고: (앗수르 왕 '불'은 '디글랏 빌레셀 3세'를 말한다) - 므나헴 때 앗수르 왕 (　　　)이 와서 은 (　　　)달란트를 빼앗았고, 베가 때에도 (　　　　　)이 와서 그 백성을 사로잡아 (　　　)로 옮겼다.

제16장 [남12 아하스의 통치]
다음 물음에 답하시오

1. 아하스는 (　　　) 세에 유다의 (　　　)대 왕이 되어 (　　　) 년간 다스렸는데 (　　　) 행하지 아니하고 이방사람의 가증한 일을 따라 자기 (　　　)을 (　　　) 가운데로 지나게 했다 (1~4).

2. 아람 왕 (　　　)과 이스라엘 왕 (　　　)가 예루살렘에 올라와 아하스를 이기지 못했으나 (　　　)을 회복하여 아람에 돌렸다(5~6).

3. 아하스는 (　　　) 왕에게 여호와의 성전과 왕궁의 (　　　)을 예물로 보내고 도움을 얻어 아람을 쳤으나 앗수르 왕 디글랏 빌레셀을 만나러 (　　　)에 갔다가 거기 있는 (　　　)을 보고 본 따서 제단을 쌓고 우상을 섬겼다(7~20).

제17장 [북19 호세아, 북 이스라엘의 멸망(BC 721)]
다음 (　　)안에 알맞은 말을 쓰시오.

1. 이스라엘 왕 호세아는 여호와 보시기에 (　　　)을 행하였다(1~2).

2. 호세아가 앗수르 왕 (　　　　)에게 조공을 드리다가 애굽 왕 (　　　)에게 조공을 바치자 앗수르 왕이 사마리아를 (　　　) 년간 에워쌌다 (3~5).

3. 호세아 (　　　) 년에 앗수르 왕이 (　　　　)를 취하여 이스라엘 사람을 사로 잡아 앗수르로 끌고 가서 여러 고을에 두었다(1~6). - 주전 721년 -

4. 이스라엘의 멸망 원인은 (　　　~　　　)절에 있는데 그 원인은 한 마디로 (　　　　)라 할 수 있다(7~23).

5. 앗수르 왕이 사람을 옮겨다가 (　　　　) 자손을 대신하여 (　　　　) 여러 성읍에 두어 거하게 하였다(24~26).

6. 앗수르에서 온 사람들이 사마리아의 산당에 둔 신상들의 이름은?(27~33)
-

제18장 [남13 히스기야의 개혁들]
다음 말 중 맞는 것에 O표, 틀린 것에 X표 하시오.

1. 히스기야가 25세에 왕이 되어 29년을 다스리되 여호와 보시기에 정직히 행하였다(1~3).- (　　　)

2. 각종 우상을 제거했고, 놋뱀에 분향하므로 그것을 부수었다(4~8, 참고: 민 21:4~9).- (　　　)

3. 앗수르 왕 산헤립이 예루살렘을 공격해 왔을 때

역사서 열왕기하

은 300달란트와 금 30달란트를 앗수르 왕에게 주었다(9~16).- (   )

4. 앗수르 왕이 보낸 사람 중 랍사게는 항복을 요구하므로 히스기야의 대신들이 왕에게 항복을 청원했다(17~37).- (   )

제19장 [앗수르에 대한 유다의 구원]
다음은 누구의 말이나 행동인지 이름을 쓰시오.

1. 옷을 찢고 굵은 베를 둘려서 성전에 들어가 사람들을 이사야에게 보냄(1~3). -
2. 앗수르 왕의 신복에게 들은 바 나를 모욕하는 말 때문에 두려워하지 말라(1~13). -
3. 앗수르의 여러 왕이 여러 나라에 행한…… 일을 네가 들었나니 네가 어찌 구원을 얻겠느냐? -
4. 편지를 받아 보고 여호와의 성전에 올라가서 그 편지를 여호와 앞에 펴놓고……(14~19) -
5. 네가 앗수르 왕 산헤립 때문에 내게 기도하는 것을 내가 들었노라고 전해 줌. -
6. 내가 나와…… 다윗을 위하여 이 성을 보호하여 구원하리라 하셨나이다(29~34). -
7. 밤에 앗수르 진영에서 군사 십팔만 오천을 쳐서 다 송장이 되게 함(35~37). -
8. 산헤립이 칼에 맞아 죽은 후에 대신하여 왕이 됨(35~37).

열왕기하 20~25장 요시야의 개혁, 유다의 멸망

제20장 [병 고침 받은 히스기야]
다음 물음에 답하시오.

1. 히스기야는 왜 심히 통곡하였나?
   -
2. 히스기야는 상처에 무엇을 바르고 병이 나았나?
   -
3. 1~15절에 나타난 두 가지 기적적인 사건은 무엇인가?
   1)
   2)
4. 히스기야가 병들었을 때 편지와 예물을 보낸 자는?(12~13)
   -
5. 히스기야가 실수한 일은 무엇인가?(12~19)
   -
6. 히스기야의 업적 중에 "유다 왕 역대지략"에 기록된 것은?(20~21)
   -

제21장 [남14 므낫세, 15 아몬의 악정]
다음 (   ) 안에 알맞은 말을 적어 넣으시오.

1. 므낫세는 (   ) 세에 왕이 되어 (   ) 년간 다스렸는데, 그의 아버지 (   )가 헐어 버린 (   )을 다시 세우며 이스라엘 왕 (   )의 행위를 따라 (   )을 위하여 제단을 쌓고 (   )을 만들며 하늘의 (   )을 숭배하고, 또 자기의 (   )을 불 가운데로 지나게 하며 (   ) 치며 (   )을 행하며(1~9).
2. 므낫세의 악행으로 유다에 내릴 재앙에 대한 하나님의 말씀은 (~   )절에 기록되어 있다(10~18).
3. 유다로 범죄하게 한 그 죄 외에 (   )의 피를 심히 많이 흘렸다(10~18).
4. 아몬이 (   ) 세에 왕이 되어(   ) 년간 다스렸고 그의 아버지 (   )의 행함같이 여호와 보시기에 (   )을 행하되 그 아버지의 섬기던 (   )을 섬겨 경배했다(19~26).

역사서

열왕기하

제22장 [남16 요시야의 율법책 발견]
다음 요시야에 대한 물음에 답하시오.

1. 요시야가 왕위에 오를 때에 나이는?

   - (　　　세)

   하나님을 비로소 구한 것은(대하 34:3) 왕이 된지 - (　　　년), 즉 (　　　세)

2. 성전 수리는 요시야가 왕이 된 지 (　　　) 년에 시작했다.

   당시 서기관은?(1~7) - (　　　),

   당시 대제사장은?(1~7, 렘 1:2 참고) - (　　　)

3. 성전 수리 중 발견한 것은?(8~13) - (　　　)

4. 왕이 율법책의 말을 듣자 어떻게 했나?(8~13, 렘 36:24 참고) - (　　　　　　　)

5. 예루살렘 멸망을 예언한 여선지자는?(14~20) - (　　　)

   당시 대선지자는?(렘 1:2) - (　　　)

제23장 [요시야의 개혁, 17 여호아하스]
다음 물음에 답하시오.

1. 여호와의 성전에서 내어다가 1) 불사른 그릇들 2) 우상 3) 헐어낸 집은 무엇인가?(4~14)

   1)

   2)

   3)

2. 멸망의 산 오른쪽 산당의

   1) 건설자는? -

   2) 무엇을 위해 세웠었나?(4~14, 왕상 12:4~8) -

3. 벧엘의 제단은 1) 누가 세웠으며, 2) 모양은, 3) 요시야는 그것을 어떻게 했나? (15~20, 왕상 12:25~30)

   1)

   2)

   3)

4. 요사야 왕 열여덟째 해에 언약책에 기록한 대로 지킨 절기는 무엇인가? (21~23) -

5. 요시야 왕은 앗수르를 치러 올라오는 어느 나라 누구를 맞서 싸우다가, 어디에서 죽었는가? (28~30) -

6. 요시야를 이어서 누가 왕이 되어 석 달간 다스렸고, 그는 어디로 잡혀가서 죽임을 당했는가? (31~34) -

제24장 [18 여호야김, 19 여호야긴]
다음 맞는 말에는 O표, 틀린 말에는 X표 하시오.

1. 여호야김시대 바벨론 왕 느브갓네살이 유다를 쳐 멸하려한 것은 므낫세의 지은 죄때문이었다 (1~6). - (　　　)

2. 애굽의 활동이 약해진 것은 바벨론 제국이 강했기 때문이다(7~10). - (　　　)

3. 여호야긴은 18세에 왕이 되어 3개월을 다스리다가 에스겔 선지자와 함께 포로로 잡혀 갔는데 이때가 느부갓네살 8년(주전 597년)이었으며 그 뒤를 이어 시드기야가 왕이 되었다(8~20, 겔 1:1~3). - (　　　)

4. 왕족과 권세 있는 자만 잡아 갔고 기술자(장인, 대장장이)는 잡아 가지 않았다(14~17). - (　　　)

제25장 [20 시드기야, 예루살렘의 멸망]
맞는 것은 O, 틀린 것은 두 줄로 지우시오.

1. 느브갓네살이 예루살렘 주위에 토성을 쌓은 때는 시드기야(9년 / 11년)이었고 그 후 (3년 / 4년)이 지나자 성 안에 양식이 떨어졌다(1~7, 주전 587년).

2. 시드기야 아들들을 바벨론 왕이 (눈을 뺐고 / 죽였고) 시드기야는 (눈을 빼서 / 죽여서) (바벨론 / 앗수르)로 끌고 갔다(8~17).

3. 여호와의 전과 왕궁에 불사르고 성벽을 헐은 사람은 바벨론 (왕 / 왕의 신하) (느브갓네살 / 느브사라단)이었다(8~17).

4. 대제사장 스라야, 부제사장 스바냐와 왕궁 귀인들을 바벨론 왕이 (죽였다 / 포로로 잡아갔다)(18~21).

5. 유다 왕 (아달랴 / 여호야긴)이 사로잡혀 간 지 (37년 / 12년), 곧 바벨론 왕 에윌므로닥 원년에 유다 왕 여호야긴을 (왕궁 / 옥)에서 내놓아 바벨론 왕과 같은 대접을 했다(22~30).

역대기(1) | 역사서 |

1 Chronicles

〈역대기〉는 원래 한 권이었기에 상하가 아닌 1, 2로 나누어 해설한다.

제목에 대한 해설

〈역대기〉의 히브리어 성경의 명칭은 '디브레 하야밈'으로 '그때의 그 사건들'이라는 뜻을 가지고 있으며, 우리말 성경에서는 〈역대기〉라 부르고 있다. '역대기'는 구약성경의 몇 곳에서 "역대지략"으로 언급된다. '이스라엘 왕들의 역대기'(왕상 14:19)와 '유다 왕들의 역대기'(왕상 14:29), '메대와 바사 왕의 역대기(일기)'(에 10:2) 등에서 볼 수 있으며, 단순히 '역대기'란 명칭도 두 번 나타난다(느 12:23, 에 2:23 - 왕국 일기). 70인역에서는 '파랄레이포메논'이라 했는데 그 의미는 '생략된 사건들'로, 불가타역(Vulgate)이 '역대기'라고 이름한 것을 지금까지 사용하고 있다.

〈역대기〉는 〈사무엘〉, 〈열왕기〉처럼 히브리어 성경은 한 권이었으나 70인역에서부터 두 권으로 나누어졌고, 15세기 초엽에 이르러서는 히브리어 성경도 두 권으로 나누어 오늘에 이르고 있다. (더 자세한 설명은 〈사무엘〉과 〈열왕기〉의 해설을 참고)

〈역대기〉는 히브리어 성경에는 성문서에 속하는데, 이는 포로 후기에 기록한 것으로 〈사무엘하〉, 〈열왕기〉와 동시대 사건이지만 메시아 사상에 근거한 관점에서 기록한 것을 보아서도 알 수 있다.

저자 및 저작 연대

유대 전통에서는 '에스라는 자기까지 역대 족보를 썼다'고 하여 〈역대기〉의 저자를 '에스라'로 본다. 〈역대상〉 3:19~21과 〈역대하〉 36:22~23 같은 구절들을 보면 두 책은 에스라 시대 이전에는 기록될 수 없었다는 점을 말할 수 있다. 또한 두 칙령(대하 36:22~23, 스 1:1~4)을 비교하면 〈역대기〉가 〈에스라〉보다 먼저 기록되었으며 역대기의 용어는 대체로 에스라의 시대에서 온 것으로 보인다. 따라서 주전 5세기 후반, 즉 주전 450~425년경을 본서의 저작 시기로 보며, 그 저자를 에스라로 추정한다.

현대 학자들 중에는 〈에스라-느헤미야〉와 〈역대기〉가 단일 작품이었을 것으로 추측하는 이들도 있다.

이 견해의 논증은 다음과 같다.

(1) 성전과 제사장을 중심으로 종교적 입장이 이들 작품에서 발견된다.
(2) 통계학적 기록과 족보에 대한 편중이 이들 작품에 나타난다.
(3) 두 책의 어휘와 문체가 비슷하다.
(4) 〈역대기〉의 결론과 〈에스라〉의 시작의 유사성은 이 책들이 원래는 하나였음을 보여 주는 것이며 그 저작 연대를 주전 4세기 이후로 본다.

역사적 배경

〈역대기〉는 아담의 계보에서 시작하여 바사의 고레스 왕의 유다 포로 귀환령에 이르기까지의 내용을 담고 있다. 따라서 저작 시기를 적어도 바벨론 포로 이후 이스라엘 백성들의 귀환을 배경으로 하고 있다면 과거의 역사적 신앙적 사건을 새롭게 기술 정리하여 과거의 기록과는 견해를 달리하여 현재의 공동체를 재건하는 데 도움을 주는 방향에서 기록했다고 볼 수 있다.

역사서

역대상

교훈과 메시지

(1) 역대기의 사관(史觀)

이스라엘 백성들에게 뚜렷한 국가관과 미래지향적인 가치관을 심어 주려는 의도에서 기록되었다. 〈사무엘〉과 〈열왕기〉에는 이스라엘의 가장 위대하고 훌륭한 왕 다윗과 솔로몬까지도 하나님 앞에서 부족한 모습과 잘못한 내용을 그대로 기술하고 있는 데 반해, 〈역대기〉에서는 똑같은 인물인 다윗이나 솔로몬의 잘못에 대하여 침묵을 지키고 있으며 대신에 성전 중심, 제의(예배) 중심, 율법 중심의 인물로 묘사함으로써 다윗과 솔로몬의 통치를 가장 이상적인 통치 모델로 제시하고 있다.

(2) 레위인의 약진

성전에서의 약진 및 직무 분담을 중요하게 다룬다. 레위인들이 제의에서 보조자가 아닌 직무를 감당하고, 부정한 사람을 위하여 양을 잡아 여호와 앞에서 성결케 하며, 이들은 오히려 제사장보다 여호와를 위하여 칭송과 악기로 찬양하고, 제사장처럼(민 6:22~27) 백성들을 축복한다(대하 30:16~30). 심지어 〈역대기〉 기자는 레위인을 "여호와를 섬기는 일에 통달한 레위인"이라 하였다(대하 30:22).

역대상 1~9장

다윗의 선조들 (중요구절 대상 4:9~10)

1~9장까지는 다윗의 등장 이전까지의 족보를 제시한다. 이런 계보는 〈창세기〉, 〈여호수아〉와 연결된다. 〈역대상〉이 다윗의 통치를 기록한 책으로, 결국 1~9장은 다윗을 돋보이게 하기 위하여 서언적으로 역사적인 족보를 제시한다고 볼 수 있다. 이 족보는 여섯 부분으로 세분되어 있다.

(1) 1장 / 아담에서 이스라엘(야곱)과 에돔까지 족장들의 족보와 그 후손들과 왕들의 족보

(2) 2:1~4:23 / 이스라엘 자손들과 다윗까지의 유다 자손들 및 다윗 후손들의 족보

(3) 4:24~5장 / 시므이의 족보, 요단 저편(동쪽)의 르우벤, 갓, 므낫세 반 지파가 앗수르에 패망까지

(4) 6장 / 레위인의 족보와 아론 및 제사장들의 족보와 그들의 거주지

(5) 7~8장 / 잇사갈, 베냐민, 납달리, 므낫세반, 에브라임, 아셀 지파. (단과 스불론은 제외)

(6) 9장 / 예루살렘 거주민의 명부, 다윗 역사에로의 이전을 위한 사울 족보

1. 〈역대기〉는 바벨론 포로에서 돌아온 백성들이 참 예배와 왕권 회복에 대한 꿈을 꾸며 기록한 '역대기 역사서'이다. 먼저 족보를 정리하는 것은 정통성 문제였을 것이다. 1~9장에 있는 긴 족보는 우리를 질리게 하지만, 그들에게 있어서 족보에 이름이 있다는 것은 영광이었으며 신분 보장이기도 했다(스 2:62). 이처럼 성도의 이름도 하나님의 생명책에 기록되어 있어야 한다. "누구든지 생명책에 기록되지 못한 자는 불못에 던져지더라"(계 20:15, 시 69:28, 빌 4:3, 계 3:5, 13:8, 17:6, 20:12, 15, 21:27 참고).
2. 다음 괄호 안에 묶인 본문(어떤 사본에는 없는 것)은 〈창세기〉와는 다른 분위기이다. "(르우벤은 장자라도 그의 아버지의 침상을 더럽혔으므로 장자의 명분이 이스라엘의 아들 요셉의 자손에게로 돌아가서 족보에 장자의 명분대로 기록되지 못하였느니라 유다는 형제보다 뛰어나고 주권자가 유다에게서 났으나 장자의 명분은 요셉에게 있느니라)"(대상 5:1~2) 하였다. 야곱의 12 아들 중에 메시아 족보를 이어 가는 것은 장자인 르우벤도, 특별히 구별된 레위도, 가장 사랑받는 요셉도 아닌, 자부를 통하여 아들을 낳은 '유다'이다(마 1:2). 유다는 희생을 자처한 자이며(창 44:33), 전에도 요셉의 목숨을 구했다(창 37:27). 이런 면이 하나님께 인정을 받아 메시아의 족보를 이어가는 인물이 아닌가 추론할 수 있다. 그런데 〈역대기〉에서는

족보를 말하면서 "장자의 명분은 요셉에게 있느니라"고 단언하므로 〈창세기〉와는 다른 분위기를 보여준다.

3. 레위 지파 사람들의 다양한 직무가 소개 된다(9장). 그 중에서 "택함을 받아 문지기가 된 자"(9:22)들은 "성전 주변에서 밤을 지내며 아침마다 문을 여는 책임"(27절)을 졌고, 그 이외에도 "성소의 기구, 향품, 전병" 담당자들이 다 수고를 하였다(29~32절). 특히 "찬송하는 자가…… 골방에 거주하면서 주야로 자기 직분에 전념하므로 다른 일은 하지 아니하였더라"(33절)고 하였다. '골방'과 '전념'이라는 단어가 가슴 깊이 와 닿는다. 특별한 일은 언제나 골방에서 전념해야 이루어진다.

역사서

역대상

더 살펴보기

1. 〈역대상〉의 내용

〈역대상〉은 다윗의 통치를 다루고 있으므로 〈사무엘하〉와 같은 시대를 다루고 있다. 히브리 성경에는 성문서에 포함되어 있으며 '역대기 역사서'로 본다(209쪽 '역사서란 무엇인가' 참고). 바벨론 포로생활에서 돌아와 예루살렘을 재건한 백성들은 '이스라엘의 참 예배'와 '다윗과 같은 참 왕권'에 관심을 두었다.

내용 분해

1~9장 - 다윗의 선조들 족보
10장 - 사울의 몰락
11~22장 - 다윗의 통치
23~27장 - 여러 직책의 목록
28~29장 - 성전에 대한 지시, 다윗의 기도와 죽음

2. '역대기 족보'의 의미

(1) 〈역대기〉를 읽으면서 '이 복잡한 족보가 오늘의 우리에게 어떤 의미가 있는가'라는 질문의 답은 '역대기의 시대적 이해가 필요하다'라고 할 수 있다. 본서가 기록될 때는 바벨론 포로 후로서 긴 포로 생활을 통하여 자신들의 족보와 조상들로부터 전하여 오던 여호와의 신앙을 잊어 가고 있었기 때문에 이러한 족보 이야기를 통하여 자신들의 잃어버린 신앙을 회복하고 뿌리를 되찾는 작업이 필요했다. 언약의 백성이며 하나님의 나라를 건설해 갈 주역으로서 그들의 시작이 어디이며 하나님께서 역사를 어떻게 진행시켜 왔는지를 명확히 알아둘 필요가 있었다.

(2) 하나님 나라의 시민이요 영적 이스라엘이라는 우리도 영적으로 혼탁한 이 시대를 살아가면서 우리는 어디에 속한 자이며 어디서부터 출발한 존재인지를 망각할 때가 있다. 이런 때일수록 성경으로 눈을 돌려 우리의 진정한 뿌리를 찾으며 더불어 존재 이유를 재확인해야 한다.

3. 아브라함, 이삭, 야곱과 그의 열두 아들

족장(아브라함-이삭-야곱)과 야곱의 열두 아들의 이름은 중요한데 그 이유는 그들로 인해 열두 지파가 형성되었기 때문이다. 2:1절의 야곱(이스라엘)의 아들들과 8장까지 열두 지파의 이름이 나온다.

야곱은 네 여인을 통하여 자식을 낳았다(창 29:32~30:24, 35:18). (첫 자로 외우기: 출생순 - 르시레유단납갓아잇스요베). 이미 〈창세기〉에서 이름을 외울 것을 말했지만 여기서 다시 확인해 보자.

(1) 레아 - 르우벤, 시므온, 레위, 유다, 잇사갈, 스불론 - 6명

(2) 라헬 - 요셉, 베냐민 - 2명

(3) 실바 - 갓, 아셀 - 2명

(4) 빌하 - 단, 납달리 - 2명

'레위'가 지파의 수에 들지 않고 요셉은 둘로 나뉘어 '에브라임'과 '므낫세' 지파로 계수되므로 열두 지파의 수에는 변동이 없다.

예루살렘 성지유적도

성도(聖都) 예루살렘에 있는 여러 유적들을 그림과 설명문으로 엮은 성지유적도는 각 시대에 걸쳐 작성되어 있다. 17세기 이탈리아 양피지 두루마리에 히브리어로 씌어져 있다.

역대상 10~16장

다윗 왕권의 확립 (중요구절 대상 16:29)

1~9장까지 〈역대기〉 기자는 목적을 따라 유다, 베냐민, 레위 지파에 관심을 쏟았다. 이제 첫 번째 왕 사울의 죽음을 소개하며 그를 평가한다(10장, 삼상 31장, 삼하 1장을 같이 보라). 왕위에 오른 다윗과 그의 용사들이 소개된다(11~12장). 예루살렘을 정복하여 다윗 성을 만들고 법궤를 옮기다 실패하고(13장), 다시 시도하여 하나님의 법대로 레위인들이 채에 꿰어 어깨에 메고 옮기고 하나님께 영광을 돌린다(15~16장, 삼하 6장도 보라). 블레셋과의 전쟁에서 이길 수 있었음은 오직 하나님의 도우심이며 이로 말미암아 다윗의 명성이 온 세상에 널리 퍼진다(14장, 삼하 5장도 보라).

10
사울의 죽음
여호와께 범죄한 결과

11
왕위에 오르는 다윗
만군의 여호와께서
함께하시니

역사서
역대상

12
다윗의 용사들
시글락 시절, 헤브론에서

13
법궤를 옮기다 실패
여호와께서
웃사를 충돌하시므로

14
다윗의 명성
블레셋을 이김

15
법궤를 예루살렘으로 옮김
레위인이 채로 꿰어
어깨에 메고

16
성소 안의 언약궤
다윗의 감사 찬송

1. 다윗은 여부스 주민들이 거주하던 예루살렘을 정복한다(11:4~9). 그리고 그곳을 '다윗 성'이라 일컫게 한다. 그곳의 원주민이 학살당했다는 기록은 없다. 아마도 이스라엘 민족에 통합되었을 것이다. 다윗이 그 도시에서 선조 멜기세덱(창 14장)의 정보를 얻기 위한 노력을 하였을 것이다. 다윗은 제사장은 아니었으나 여호와를 섬기는 것은 그가 전심으로 헌신해야 할 문제였다. 다윗은 멀리서 그는 정녕 왕이시며 또한 멜기세덱의 반차를 따르는 제사장이요 주님이신 메시아를 보았다.
2. 다윗이 잘되는 이유를 〈역대기〉 기자는 "만군의 여호와께서 함께 계시니 다윗이 점점 강성하여 가니라"(11:9)라고 하였다. 우리도 마찬가지이다. 임마누엘의 하나님은 다윗 시대 뿐 아니라 지금도 동일한 원리로 복을 주시므로 믿음으로 임마누엘의 체험을 가져야 한다.
3. 다윗이 블레셋과의 전쟁 중에 적진에 들어간 고향 "베들레헴 성문 곁 우물 물을 누가 내게 마시게 할꼬?"(11:17) 했더니 용사 셋이 그 물을 길어오자 다윗은 그 물을 감히 마시지 않고 여호와께(땅은 여호와의 것이므로 땅에) 붓고 "내 하나님이여 내가 결단코 이런 일을 하지 아니하리이다 생명을 돌아보지 아니하고 갔던 이 사람들의 피를 어찌 마시리이까"(11:19) 하였다. 세 용사나 다윗 모두 훌륭했기에 나라가 강성했다.
4. 하나님의 궤를 레위인이 어깨에 메고 옮겨야 함에도 수레에 싣고 옮기다가 사고를 당한다. 두려워한 다윗은 그 궤를 오벧에돔의 집에 옮겨 놓는다. "하나님의 궤가 오벧에돔의 집에서 그의 가족과 함께 석 달을 있으니라. 여호와께서 오벧에돔의 집과 그의 모든 소유에 복을 내리셨더라"(13:14). 즉 하나님을 위한 가정에 내리는 복을 알 수 있다.

더 살펴보기

1. 사울의 죽음 원인(대상 10:13~14)

〈사무엘〉에는 나오지 않았으나 〈역대기〉 기자의 독특한 역사적 안목으로 기록했다. 사울은 여호와 앞에서 저지른 범죄로 말미암아 죽었다

(10:13~14). 즉 사울은 인간적인 판단과 접신녀를 가까이 하여 율법을 어겼다.

(1) 여호와의 말씀을 지키지 아니하였다(삼상 13:8,9, 15:3,9).

(2) 신접한 자에게 가르치기를 청했다(삼상 28장, 사악한 인간의 꾀).

(3) 여호와께 묻지 아니했다(《사무엘상》 28:6의 '여호와께 물었다'는 말은 1회 적인 물음을 의미하고 그는 실제로 여호와께 계속하여 묻지 않았다).

2. 웃사의 죽음에 대하여(대상 13~14장)

"충돌"이라는 뜻을 가진 히브리어 '브라심'이 연달아 나온다. 하나는 여호와께서 웃사를 찢으셨고(충돌하셨고, 13:11), 다른 하나는 여호와께서 블레셋을 흩으셨다(충돌하셨다, 14:11). '바알브라심'에서 '바알'은 주(主)를 뜻하며 '브라심'은 격파, 충돌의 뜻인 베레츠(13:11의 베레스 웃사의 베레스와 같은 낱말)의 복수로서 여호와께서 블레셋을 완전히 격파하신 것을 가리키는 이름이다. 웃사의 죽음은 다음의 구절로 이해를 돕고 있다. "전에는 너희가 메지 아니하였으므로 우리 하나님 여호와께서 우리를 찢으셨나니 이는 우리가 규례대로 그에게 구하지 아니하였음이니라"(대상 15:13).

3. 언약궤(법궤)의 모습(대상 13~16장)

언약궤는 레위인 제사장이 어깨에 메고 옮기게 되어 있었는데 수레에 실었고 수레를 끈 자도 레위인이 아니었다(13장). 그로 인해 큰 고통의 시간을 가져야 했다. 다윗은 다음 번에 옮길 때에는 율법대로 하여 화를 면하게 된다(15~16장). 언약궤의 운반규정에 관한 다음의 성구를 찾아 보라(민 4:15, 신 31:9, 수 3:3).

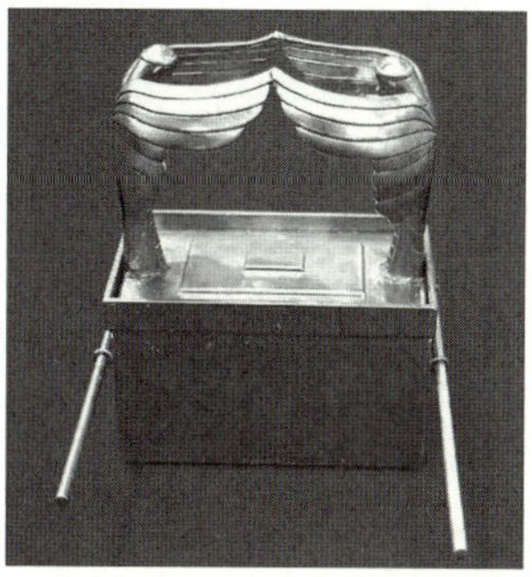

법궤의 모형(대상 13,15,16장)
법궤는 레위인이 채를 꿰어 메고 옮기게 되어 있다. 법궤의 모형은 학자들마다 다르게 그리므로 차이가 난다.

4. 다윗의 찬송과 시편(대상 16장)

다윗이 법궤를 예루살렘으로 옮긴 후에 공적인 예배가 그 기틀을 잡게 되었다. 16장에 나오는 다윗의 감사 찬송은 시편에 그대로 있는 것들이다.

8~22절 → 시 105:1~15에서, 23~33절 → 시 96:1~3에서, 34~36절 → 시 106:1, 47~48에서 왔다. 다윗의 시들을 보면 그가 어린 시절에 이미 사울의 궁중 악사가 되었으며(삼상 16:14~23) 음악적이며 시적인 감성을 많이 지닌 사람임을 알 수 있다. 그러한 다윗의 감성은 신앙적인 위기 때에 하나님께 지체하지 않고 회개하는 영적 감성을 가졌기에 핑계하지 않고 "내가 여호와께 죄를 범하였노라"고 고백하며 회개하였던 것이다(삼하 12:13).

역대상 17~22장

성전건축을 위한 준비 (중요구절 대상 18:6하반절)

왕궁을 짓고 난 다윗은 성전 지을 뜻이 있으나 하나님은 다윗의 아들이 왕이 되어 성전을 지을 것이라고 하신다. 뿐만 아니라 다윗 집안의 왕권에 대해 언약을 맺는다(17장, 삼하 7장 참조). 다윗은 어디로 가든지 여호와께서 이기게 하시므로 여러 나라를 정복하고 나라는 확장되어 군사력의 강대함도 널리 알려진다(18~20장, 삼하 8,10장). 그러나 다윗은 사탄의 충동을 받아 인간적인 판단으로 군대의 힘을 의존하려는 유혹에 빠져 인구조사를 시도하여 하나님의 징벌을 받는다. 그럼에도 불구하고 다윗의 위대성은 회개에 있다(21장, 삼하 24장). 다윗은 성전건축에 대해 하나님께 허락은 받지 못했으나 하나님의 의도를 알고 아들이 성전 건축할 때를 위해 많은 준비를 한다. 터와 인력과 자재를 준비하고 솔로몬에게 당부를 한다(22장).

1. 다윗은 성전건축에 대한 꿈을 가졌으나 하나님은 그의 아들인 솔로몬 때에 이루도록 하신다(17장). 그리하여 다윗은 성전건축을 준비하는데 그치고 직접 건축을 하지는 못한다. "여호와 하나님이여 나는 누구이오며 내 집은 무엇이기에 나로 이에 이르게 하셨나이까"(17:16)라며 하나님께서 자신의 집에 대하여 존귀히 여김에 대한 감동을 고백한다. 그대도 주님께 받은 은혜에 감동해야 한다.
2. 다윗은 "암몬 왕 나하스"가 죽었을 때 조문사절을 보낸다. 암몬과는 적대관계에 있었는데 무엇인가 입은 은혜가 있었던 것 같다. 그러나 나하스를 이어 왕이 된 '하눈'은 다윗의 은혜를 오해하여 사신들에게 모욕적인 행위를 한다(19:1~4). 인간은 어리석어서 사랑과 관심을 악으로 갚

역사서

역대상

17
성전건축을 허락하지 않음
너는 내가 거할 집을
건축하지 말라

18
다윗의 전쟁에 관한 기록들
어디로 가든지
여호와께서 이기게

19
암몬과의 전쟁
암몬 · 아람 연합군 격파

20
블레셋과의 전쟁
다윗의 용사들

21
다윗의 인구조사
하나님이 이 일을
악하게 여기사

22
성전건축을 준비
너는 일어나 일하라

는 경우가 많다. 예수님도 그런 대접을 받았다. 악한 인간의 본성을 버리고 바른 마음을 가져야 한다.

3. 다윗이 군대를 계수한 것은 힘을 과시(의지)하려 한 것으로 보인다. 그러나 하나님은 이를 불신앙으로 여겨 책망을 하고 벌을 내리신다. 역대기 사가는 이를 "사탄이 일어나 이스라엘을 대적하고 다윗을 충동하여"(21:1)라 하였고, 신명기 사가는 "여호와께서 다시 이스라엘을 향하여 진노하사 그들을 치시려고 다윗을 격동시키사"(삼하 24:1)라 하였다. 모든 일에는 하나님의 섭리가 있다.
4. 다윗은 자신이 성전건축을 할 수 없지만, 하나님의 뜻이 솔로몬을 통해 이룰 것이라는 것을 알고 많은 준비를 한다. 그리고 솔로몬에게 때가 되면 "너는 일어나 일하라"(22:16)고 당부한다. 뿐만 아니라 "강하고 담대하여 두려워하지 말고 놀라지 말지어다"(22:13)라고도 한다. 당대 천하의 용사인 다윗의 이 말은 신앙의 싸움이 얼마나 엄격한 것인가를 보여준다.

더 살펴보기

1. 다윗이 구성한 행정조직(내각, 대상 17장)

〈사무엘하〉 8:15~18과 20:23~26에 나오고 〈역대상〉 17:14~17에 나오는데 약간의 차이가 있다. 즉 제사장이 '사독'과 '아비멜렉'으로 〈역대상〉에 나오는데, 〈사무엘하〉 8:17은 '아히멜렉', 20:25는 '아비아달'로 되어 있는 것을 볼 수 있다. 아비아달 제사장의 아버지가 아히멜렉 제사장이므로 집안이 모두 제사장이다(삼상 22:20). 결국 이 문제는 할아버지의 이름을 손자에게 물려주었던 유다인의 관습을 이해하면 된다. 또한 제사장 집안의 대표적인 이름을 쓰기도 하니 세 곳 이름이 각각 다르게 기록된 듯하다. 또 차이점 하나는 서기관 '사워사'가 〈사무엘하〉 8:17에는 '스라야'로, 〈사무엘하〉 20:25에는 '스와'로 되어 있다. 이것은 한 사람을 일컫는 다양한 이름인 듯하다. 어떤 해석에는 사워사는 바벨론식, 스라야는 히브리식 이름으로 본다.

2. 이스라엘 백성에게 있어서 가장 위대한 왕은 다윗이다(대상 18장)

(1) 이스라엘은 바벨론 포로 후에 그들은 다윗과 같은 왕을 기대한다. 〈마태복음〉 첫 구절도 "아브라함과 다윗의 자손 예수 그리스도의 계보"(마 1:1, 게네세오스, 족보)라 하여 다윗이 유대 족보상의 중요한 위치임을 인식시킨다. 다윗은 많은 전쟁을 통해 승리하므로 이스라엘 역사상 최대로 확장된 강력한 국가를 이루어 조공도 받는다. 뿐만 아니라 이스라엘 일부 지파의 지지가 아닌 온 이스라엘(남북)의 지지를 받아 통일 왕국의 왕으로서 권위를 갖는다. (659쪽 부록 성경 지도 참고)

(2) 다윗의 승리는 무엇보다 "다윗이 어디로 가든지 여호와께서 이기게 하셨더라"(18:6, 13)에 있다. 이 말씀은 〈역대기〉 기자가 다윗이 승리한 배경은 하나님이시라는 것을 끝까지 강조하고 있는 말씀이다. 대적을 정복한 것은 곧 하나님이 이스라엘을 구원하신 증거이다. 다윗은 이 전쟁이 하나님께 속한 것임을 알고 하나님의 명령과 법도대로 수행하였다(삼상 17:26, 45, 30:7~8, 삼하 8:6, 14).

3. 암몬 왕의 왕관을 취한 다윗(대상 20장)

(1) 다윗의 군대장관인 요압이 암몬의 수도 랍바를 함락하고 암몬 왕의 보석 왕관을 탈취한다. "다윗이 그 왕의 머리에서 보석 있는 왕관을 빼앗아 달아보니 중량이 금 한 달란트라. 그들의 왕관을 자기 머리에 쓰니라"(20:2) 했다. 이방 왕의 왕관을 다윗이 머리에 쓴 일은 우스꽝스럽지만, 승리를 확고히 함을 보여주는 행위이다.

(2) 어떤 해석에는 '그 왕'에 해당하는 히브리어 '밀감'은 암몬 족속의 우상인 '몰렉'을 의미하는 것으로 보아 우상의 머리에 있던 보석 있는 왕관을 탈취한 것으로 해석하기도 한다. 즉 우상까지도 정복했음을 말한다는 것이나 대부분은 암몬 왕을 말하는 것으로 해석한다.

다윗에 대한 여호와의 계시
(대상 17:1~15, 삼하 7:1~17)

〈역대상〉 17장과 〈사무엘하〉 7장은 구약과 신약을 연결해 준다(마 1:1 막 12:35~37). 약속된 메시아가 다윗 가문에서 나온다는 희망은 나단을 통해서 다윗에게 주었던 바로 이 약속에 근거한다(사 11:1, 16:5, 미 5:2, 시 18:50, 132편). 이 희망은 주전 587년 바벨론에 포로로 잡혀갈 때 사라진 것 같다. 그러나 그들은 계속해서 하나님께서 다윗 가문의 통치를 회복하실 것이라 믿었다(시 89:20-52, 렘 33:14-17, 겔 34:23-24, 37:24-25, 암 9:11-15).

역대상 23~29장

종교 및 행정조직 (중요구절 대상 29:11)

레위 자손들의 직무에 대해, 그리고 24반들로 나누어서 일하게 되는 제사장에 대해(23~24장), 다윗은 찬양대의 반열에 대해(25장), 그리고 문지기도 그 반열을 따라 직무를 맡긴다. 그리하여 다윗은 성전건축이 된 후의 새로운 시대에 대비해서 직능별로 배치시킨다(26장). 다윗의 왕궁을 호위하는 매 달의 군대에 대한 조직과 관리들, 재산을 관리하는 자들의 이름이 나온다(27장). 다윗은 유언을 통해 특별히 부탁한다. 솔로몬과 성전 건축을 해야 하는 이유와 여러 가지 성전건축의 설계도에 대해 말하고 있다(28장). 그리고 공식적인 왕이 되는 솔로몬에 대한 다윗의 애정 어린 기도와 건축을 위한 만반의 준비를 보여 준다. 다윗은 백성들의 드림에 함께 기뻐하며 모든 것이 주께로부터 온 것임을 알고 감사한다(29장).

1. 아론에게는 네 아들 중에 나답과 아비후가 아버지보다 먼저 죽어 제사장의 직분을 엘르아살과 이다말이 승계하였다(24:2). 나답과 이비후의 죽음은 "여호와께서 명하지 아니하신 다른 불을 담아 여호와 앞에 분향"(레 10:1~2)했다고 말한다. "다른 불"은 '이질적인', '부적당한'의 의미가 있다. 우리가 여호와의 말씀보다 자신의 감정이나 정열의 불로 여호와께 드려지는 것은 아니다. 어리석은 열심은 오히려 화가 되므로 하나님의 뜻에 합당한 열심을 갖는 영적인 지혜가 필요하다(롬 12:1~3).
2. 다윗은 성전의 음악에 관심이 많아서 사람들을 발탁하여 일을 맡겼다(25장). 그는 수금 연주의 대가로서 사울을 위해 궁중 악사로 나갔던 인물이다(삼상 16:16, 23). "하나님이 헤만에게 열네 아들과 세 딸을 주셨더라. 이들이 다 그들의 아버지의 지휘 아래 제금과 비파와 수금을 잡아 여호와의 전에서 노래하여 여호와의 전을 섬겼으며"(25:5~6)라고 했다. 자녀 17명의 찬양대를 지휘한 헤만은 얼마나 기뻤을까? '이들이 다' 함께 하였으니 그리스도인 가정의 이상형을 보여 준다.
3. 다윗의 최후는 "그가 나이 많아 늙도록 부하고 존귀를 누리다가 죽으매"(29:28)라고 하였다. 그 이전에 "다윗 왕이 나이가 많아 늙으니 이불을 덮어도 따뜻하지 아니한지라"(왕상 1:1:1)고 하였다. 모든 사람은 생로병사(生老病死)의 과정을 거치지만, 기왕이면 다윗처럼 나이 많아(장수), 부하고 존귀하다가(부귀) 죽기를 원한다. 그러나 그것은 누구에게나 오는 것은 아니다. 젊은 때의 삶의 자세가 노년에 영향을 미칠 것이지만 근본적으로는 하나님의 함께하심이 있어야 한다.

23
레위인들의 직무
여호와의 성전에서 섬기는 일

24
제사장의 반차
엘르아살과 이다말의 자손

25
찬양대의 반차
신령한 노래를 하게 함

26
문지기의 반차
무슨 일을 맡던 영광스럽게

27
군대와 행정조직
달마다 교대,
왕의 재산을 맡은 자

28
다윗의 유언
네가 그를 찾으면 만나리라

29
다윗의 감사와 기도
주의 손에서 받은 것으로
주께 드렸을 뿐

더 살펴보기

1. 제사장의 반(班)(대상 24장)

제사장은 24반들로 나누어 1년에 2주간씩 각각 성전에 올라가 직무를 수행하게 되어 있었다(24장). 그 순서는 제비를 뽑아서 하므로 정치성을 배제하였다. 만약에 투표나 인사의 형식을 취했다면 극심한 타락으로 가게 되었을 것이다. 24반열을 따라서 하게 된 것은 아마도 제사장의 수가 너무 많았기 때문일 것이다. 〈누가복음〉 1:5에 보면 세례요한의 아버지 사가랴는 8번째의 아비야 반열에 속했는데 반이 되었을 때 제비 뽑혀서 예배를 주관하는 영광까지 얻었다.

2. 왕의 곳간(대상 27:25)

"아디엘의 아들 아스마웻은 왕의 곳간을 맡았고"(27:25). 26~28장에만 '곳간'이라는 단어가 열 번 이상 나오는데 '왕의 곳간'은 예루살렘에 위치하여 왕의 필수품과 무기를 보관하는 장소이며, '밭과 성읍과 마을과 망대의 곳간'은 외곽지대에 위치하여 여기서도 왕실에 필요한 물건들과 무기들을 보관하고 있었다.

3. 성전 건축을 위해 드린 것(대상 29:7~8)

(1) 이스라엘 백성들이 드린 것은 어마어마한 양이었다. 금 5천 달란트(약 170.8톤), 1만 다릭의 금(약 130톤), 은 1만 달란트(약 340.8톤), 놋 1만 8천 달란트(약 613톤), 철 10만 달란트(약 3,408톤) 및 기타 보석들이었다. 생소한 단위인 다릭은 130Kg의 바사 금전을 가리킨다(스 2:69). 다릭은 바벨론 포로 이후의 화폐단위이다. 즉, 다윗 시대 이후의 화폐이므로 〈역대기〉가 그 배경은 왕정시대이지만, 포로 후(바사의 해방령) 기록이라는 사실로서 〈역대기〉의 저작 년대를 추정하게 해준다.

(2) 다윗은 백성들이 성전건축을 위해 하나님께 드린 물건에 대해 "모든 것이 주께로부터 말미암았사오니 우리가 주의 손에서 받은 것으로 주

갈그미스에서 출토된 주전 8세기의 악사들

다윗은 성전의 찬양대를 준비하여 '신령한 노래'를 인도하도록 준비시킨다(대상 25장).

께 드렸을 뿐이니이다"라고 했다(29:14). 물질은 이 세상을 살아가는 동안 당분간 필요한 것이지 영원한 것은 아니다. 우리는 재물과 명예를 주께로부터 선물로 받았으므로 주를 위해 기쁘게 쓰는 것은 마땅하다. 반면에 자신의 안일과 이익만을 위해 쓴다면 하나님의 뜻을 무시하고 사는 것이 된다.

4. 다윗의 행적에 관한 기록들(대상 29:29~30)

"다윗왕의 행적은 처음부터 끝까지 선견자 사무엘의 글과 선지자 나단의 글과 선견자 갓의 글에 다 기록되고 또 그의 왕 된 일과 그의 권세와 그와 이스라엘과 온 세상 모든 나라의 지난 날의 시사가 다 기록되어 있느니라"는 말씀은 성서의 역사성을 더욱 확고히 해 주고 있다. 이들 자료들이 바벨론 포로 후에 〈역대기〉를 편찬 할 때 사용된 원자료(原資料)의 역할을 하였겠으나 이것들을 현재에는 찾아 볼 수 없다. "온 세상 모든 나라의 지난 날의 시사(時事)"는 다윗이 주변의 여러 국가들(베니게, 블레셋, 에돔, 모압, 암몬)을 정복했거나 우호적이었던 사실을 가리킨다(대하 12:8, 17:10, 20:29).

B I B L E

성경 질문지

역사서

역대상

* 〈역대상〉과 〈사무엘하〉는 동시대 사건(주로 다윗에 대하여)이다. 이미 앞에서 공부한 부분들과 중복되므로 간략히 다룬다

역대상 1~9장 다윗의 선조들

제1장 [아담~야곱에 이르는 계보]
다음 ( ) 안에 알맞은 이름을 적어 넣으시오.

1. 다음 책들은 족보를 누구로부터 시작하여 누구까지 기록했는가?
   1) 하향식 : 〈역대상〉 1:1~9:44
   - ( ) ~ (사울 집안 아셀의 여섯 아들)
   2) 하향식 : 〈마태복음〉 1:1~16
   - ( ) ~ ( )
   3) 상향식 : 〈누가복음〉 3:23~38
   - ( ) ~ ( )

2. 아담 → ( ) → 에노스 → ( ) → ( ) → 야렛 → ( ) → 므두셀라 → 라멕 → ( )

3. 1) 노아의 세 아들은 (, ,)이다.

   2) 다음은 누구의 후손인가?(1:4~27, 창 9:18~19)

   가) 고멜, 야완 -
   나) 구스, 블레셋, 가나안 -
   다) 셀라, 데라, 아브라함 -

4. 1) 아브라함 → (, 이스마엘)
   2) 이삭 → (에서,) (1:28~42).

5. 에돔은 ( )의 후손 (1:43~54, 창 36장).

제2~3장 [왕의 계보]
다음 물음이나 ( ) 안에 알맞은 말을 적어 넣으시오.

1. 이스라엘(야곱)의 열 두 아들은 12지파의 조상이 되었다. 그들의 이름은?(2:1~2)
   -

2. 유다 지파의 조상인 유다는 아들 (명) 중, 며느리를 통해서는 (,)를 낳았다(2장).

3. 다윗은 헤브론에서 아들 (명)을 낳았고 7년 6개월을 통치했고 예루살렘에서 (년)을 통치했다(3:1~9).

4. 솔로몬 → ( ) → 아비야 → ( ) → ( ) → 요람 → 아하시야 → ( )

제4~7장 [이스라엘 지파들]
다음의 큰 ( )는 보기 A, 작은 ( )는 B(번호) 에서 골라 쓰시오.

보기 A
4장 - 시므온, 유다
5장 - 므낫세반, 르우벤, 갓,
6장 - 레위의 아들들, 찬송하는 자, 아론의 자손, 레위인의 주변마을
7장 - 납달리, 잇사갈, 베냐민, 에브라임, 므낫세, 아셀

보기 B

4장 - 1) 기름지고 아름다운 목장을 발견
2) 여분네의 아들 갈렙 자손은
5장 - 3) 바산 땅에 거주함
4) 장자의 명분을 잃음
5) 그 땅 신을 간음하듯 섬김
6장 - 6) 제비 뽑아 성읍을 얻음
7) 회막 앞에서 찬송
8) 게르손, 고핫, 므라리 가족
9) 지성소의 모든 일을 함
7장 - 10) 야사엘, 구니
11) 출전할 만한 자 17,200명
12) 다윗 때에 용사가 22,600명,
13) 거주지는 벧엘과 그 주변마을
14) 계보대로 계수 26,000명
15) 슬로브핫은 딸만

1. 4:1~23 (유다) (2)
2. 4:24~43 ( ) ( )
3. 5:1~10 ( ) ( )
4. 5:11~22 ( ) ( )
5. 5:23~26 ( ) ( )
6. 6:1~30 ( ) ( )
7. 6:31~48 ( ) ( )
8. 6:49~53 ( ) ( )
9. 6:54~61 ( ) ( )
10. 7:1~5 ( ) ( )
11. 7:6~12 ( ) ( )
12. 7:13 ( ) ( )
13. 7:14~19 ( ) ( )
14. 7:20~29 ( ) ( )
15. 7:30~40 ( ) ( )

제8장 [베냐민 지파: 사울의 가족]
다음 물음에 답하고 ( ) 안에 알맞은 말을 써 넣으시오.

1. 베냐민의 다섯 아들 이름은?(1~28)
-

2. 기브온의 조상은? 그리고 그의 아내는?(29~32)
-

3. 사울의 계보(33~40) - ( ) → ( ) → 사울 → ( ) → (: 므비보셋) → 미가 → 아하스 → ( )

제9장 [예루살렘에 귀환한 자들]
다음 물음에 답하시오.

1. 그들의 땅 안에 있는 성읍에 처음으로 돌아와 거주한 사람들은?(1~9)
-

2. 1,760명은 무슨 힘이 있었나?(10~13)
-

3. 다윗과 사무엘이 212명에게 맡긴 직분은 무엇인가?(17~27)
-

4. 레위 자손들이 하는 일 중에 본문에 나오는 것들을 써 보시오(복잡한 것은 간단하게 요약).
   1) 10절 -
   2) 17절 -
   3) 33절 -
   4) 28~32절 -

역대상 10~16장 다윗 왕권의 확립

제10장 [사울의 죽음]
다음 물음에 답하시오.

1. 사울이 누구와의 싸움에서 죽게 되었나?(1~6)
-

역사서
역대상

2. 사울과 함께 죽은 세 아들의 이름은?(1~6)

-

3. 사울을 장사한 사람들은?(7~14)

-

4. 사울이 죽은 것은 실제로 무엇 때문인가?(13~14)

-

제11장 [왕위에 오르는 다윗]
다음 ( ) 안에 알맞은 말을 적어 넣으시오.

1. 다윗이 왕이 된 것은 여호와께서 (   )을 통하여 전하신 말씀과 같이 되었다(1~3).

2. 예루살렘은 (   ) 땅의 주민들이 거주하였으나 다윗이 빼앗았으니 시온 산성을 (성)이라 부르게 되었다. 여부스 사람을 먼저 올라가 친 자는 스루야의 아들 (   )이다(4~9).

3. 용사의 우두머리들은 다윗을 힘껏 도와 (   )를 얻게 하고 세워 (   )을 삼았다(10~14).

4. 다윗이 세 용사가 떠온 물을 마시지 않음은 (   ) 적진을 뚫고 떠왔기에 물을 (   )처럼 귀히 여겨 여호와께(땅에) 부었다(15~19).

5. 다윗의 군대 조직 중에 다음 설명은 누구인지 이름을 쓰시오(11장).
   1) 여부스 사람을 먼저 치므로 다윗의 군대 지휘관과 우두머리가 된 자(6~9) -
   2) 삼십 명의 우두머리로 창을 들어 한꺼번에 삼백 명을 죽인 자(11) -
   3) 세 용사 중에 하나로 블레셋 사람들을 죽인 자(12~14) -
   4) 세 명의 우두머리로 첫째 세 명에게는 미치지 못하나 삼백 명을 죽인 자(20~21) -
   5) 눈 올 때 사자를 죽였으며 애굽 사람을 죽였고 시위대장이 된 자(22~25) -

제12장 [다윗의 용사들: 시글락, 헤브론]
다음 물음에 답하시오.

1. 사람이 다윗에게로 돌아와서 돕고자 이룬 큰 군대는 무엇과 같았는가?(19~22)

-

2. 모든 군대가 성심으로 헤브론에 이르러 다윗으로 무엇을 삼고자 했나?(38~40)

-

3. 12장에 나오는 이스라엘의 열두 지파의 이름을 아는 대로 찾아 적어 보라(참고. 2:1~2).

(참고: 이스라엘의 열두 아들이 열두 지파의 조상이 되었는데 레위는 계수 되지 아니하고 요셉은 두 아들 에브라임, 므낫세로 나누어 계수 되기도 한다)

(   )

(   )

제13장 [법궤를 옮기다 실패]
다음 서로 관계되는 것끼리 연결하시오

1. 천부장 백부장 곧 모든 장수와 의논 •   • 가)
2. 기럇여아림 아비나답의 집에서 •   • 나)
3. 웃사가 궤를 붙들었다가 죽음 •   • 다)
4. 궤를 오벧에돔의 집으로 메어 감 •   • 라)

가) 다윗이 그곳을 베레스 웃사라 칭함
나) 여호와께서 그 집과 소유에 복을 주심
다) 사람들을 모으고 궤를 옮겨오자
라) 새 수레에 싣고 웃사와 아히오가 몰며

제14장 [다윗의 대외적인 일들]
다음 물음에 답하시오.

1. 두로 왕 히람이 다윗의 왕궁을 건축하기 위해 보낸 것은?(1~2)

-

2. 다윗은 왕이 되기 전에 아내가 2명, 헤브론에서

왕이 된 후에 6명, 예루살렘으로 옮긴 뒤에는 아내가 더 많아졌다. 솔로몬은 어디에서 얻은 아내에게서 낳았나?(3~7) -

3. 다윗이 '하나님이 물을 흩으심 같이 대적 블레셋을 흩었다'하여 생긴 지명은? -

4. 다윗이 블레셋을 쳐서 이긴 결과로 얻어진 것은?(13~17)

-

제15장 [법궤를 옮기는 다윗]
다음 물음에 답하시오.

1. 13장에서 법궤를 첫 번째 옮길 때 규례대로 하지 않은 두 가지는?(2,13)
   1)
   2)

2. 궤를 두 번째 옮길 때는 어떻게 했는가?(15절)
   -

3. 16~28절에 나오는 악기 이름을 모두 써라.
   -

4. 다윗의 아내 미갈이 다윗을 업신여긴 이유는?
   -

제16장 [다윗과 백성의 감사의 제사]
다음 말이 맞으면 O, 틀리면 X표 하시오.

1. 궤를 옮기고 나서 넌서 한 일은 여호와의 이름으로 백성을 축복한 일이다(1~3). - ( )

2. 레위 사람을 세워 궤 앞에서 섬기며 여호와를 칭송 감사 찬양하게 했다(4~6). - ( )

3. 아삽과 그 형제는 여호와께 나팔부는 일을 했다(7~36). - ( )

4. 오벧에돔과 호사는 문지기, 헤만과 여두둔은 찬송하는 악기로 소리를 크게 내었다(37~43). - ( )

역대상 17~22장 성전건축을 위한 준비

제17장 [성전건축을 허락하지 않은 하나님]
다음 말이 맞으면 O표, 틀리면 X표를 하시오.

1. 나단은 다윗에게 백향목 성전을 짓자고 제안했다(1~2). ( )

2. 하나님은 다윗에게 성전을 짓지 않음을 책망했다(3~6). ( )

3. 하나님은 다윗을 목동에서 주권자로, 존귀한 자들의 이름 같은 이름을 주셨다(7~8). ( )

4. 하나님은 다윗의 아들 중에서 왕이 되어 성전건축을 할 것이라고 했다(9~15). ( )

5. 이 일에 대하여 다윗은 하나님께 불평했다(16~27). ( )

제18장 [다윗의 전쟁에 관한 기록]
1~6번 : 관계 있는 것끼리 연결하시오.
7~8번 : 물음에 답하시오.

1. 블레셋 사람을 침. • • 가)
2. 모압을 치매 • • 가)
3. 소바 왕 하닷에셀이 세력을 펴매 • • 가)
4. 다메섹 아람이 소바 왕 도우러 • • 가)
5. 하맛 왕 도우가 아들 보냄 • • 가)
6. 아비새가 소금 골짜기에서 • • 가)

가) 병거와 기병 보병을 빼앗음
나) 다윗의 종이 되어 조공을 바침
다) 가드와 그 동네를 빼앗음
라) 에돔 사람 일만 팔천을 쳐죽임
마) 다윗이 그곳에 수비대 두고 다윗의 종이 됨
바) 하도람이 금 은 놋 가지고 와서 문안

7. "다윗이 어디로 가든지 여호와께서 이기게 하시니라"는 말씀은 몇 절과 몇절에 나오는가? -

8. 다윗의 행정조직은 18:14~17에 나오고 삼하

8:15~18과 삼하 20:23~26에도 나온다. 각각 어떤 이름으로 나오는지 쓰시오(참고: 이름에 약간의 차이가 있다)

1) 제사장 이름: , ,
2) 서기관 이름: ,

제19~20장 [이스라엘과 암몬과의 전쟁]
다음 물음에 답하시오.

1. 다윗이 암몬에 사절을 보낸 이유는?(1~5)
   -
2. 하눈이 오해하여 다윗의 신복들에게 한 일은?(1~5) -
3. 암몬이 다윗을 두려워하여 삯을 내어 사온 군대는 어디 사람인지 아래를 채우시오(6~9).
   1) 아람 ( ) 2) 아람( )
   3) ( )에서 병거와 마병을 삯 내어 옴
4. 요압과 함께 전쟁에 나가서 승리한 요압의 아우는?(10~15)
   -
5. 다윗이 아람 사람에 대해 승전한 내용은?(16~19) -
6. 요압이 랍바를 쳐서 함락시키고 다윗이 왕관을 빼앗아 달아 본 금의 중량은?(20:1~3)
   -
7. 블레셋과 전쟁할 때 많은 공로를 세운 세 사람은?(20:4~8)
   1) 십 배를 쳐 죽인 자 -
   2) 골리앗의 아우 라흐미를 죽인 자 -
   3) 매 손 매 발에 가락이 여섯인 장수를 죽인 자
   -

제21장 [다윗의 인구조사]
다음 물음의 답에 O표 하시오.

1. 다윗의 인구조사를 한 실제적인 동기는?(1~6)
   1) 하나님의 명령 2) 사탄의 충동
   3) 요압 장군의 건의 4) 다윗의 판단
2. 인구조사에 대한 요압의 태도가 아닌 것은?(1~6)
   1) 여호와께서 지금보다 백성을 백 배나 더 한다.
   2) 백성은 다 왕의 종이라고 했다.
   3) 이스라엘이 범죄하게 하시나이까
   4) 반대의견을 가졌으나 모든 인구 조사를 했다.
3. 다윗이 인구 조사와 관련해서 문제 해결 과정과 틀린 것은?(7~17)
   1) 다윗이 자신의 죄(하나님 보다 군대의 수를 계수해서 의지하려는 태도)에 대해 회개했다.
   2) 세 가지의 징벌 중에 다윗은 삼 년 기근을 택했다.
   3) 전염병으로 죽은 자가 칠만 명이나 됐다.
   4) 백성을 계수하게 한 자는 다윗 자신이므로 백성에게 재앙을 내리지 말도록 기도했다.
4. 다윗이 쌓은 제단에 관한 다음의 말 중에서 맞는 것은?(18~30)
   1) 오르난은 자신의 타작마당에서 제단 쌓는 것을 금했다.
   2) 다윗은 제물을 값없이 얻었다.
   3) 번제단에 하나님은 불로 응답했다.
   4) 여호와의 사자가 칼을 꽂지 않고 그대로 계속 휘둘렀다.

제22장 [성전건축의 준비]
다음 서로 관계 있는 것끼리 연결하시오.

1. 성전건축을 위해 죽기 전에 준비 • • 가)
2. 전쟁에서 피를 많이 흘렸은 즉 • • 나)
3. 한 아들, 평강의 사람 솔로몬 • • 다)
4. 너는 일어나 일하라 • • 라)
5. 너희는 마음과 뜻을 바쳐서 • • 마)

가) 그가 내 이름을 위하여 성전을 건축한다.
나) 여호와를 구하고 성전을 건축하라.

다) 내 이름을 위하여 성전을 건축하지 못한다.
라) 돌, 철, 놋, 백향목, 금, 은을 준비.
마) 여호와께서 너와 함께 계실지로다.

역대상 23~29장 종교 및 행정조직

제23장 [레위인들의 직무]
다음 각 항의 지시를 따라 표 하거나 답하시오.

1. 삼십 세 이상으로 계수한 레위 사람들이 하는 일에는 O표, 아닌 것은 X표 하시오(1~6).
   1) 여호와의 성전 사무 (　　)
   2) 관원들 (　　)
   3) 장로 (　　)
   4) 재판관 (　　)
   5) 물긷기 (　　)
   6) 문지기 (　　)
   7) 레위에게 찬양 (　　)
   8) 여호와를 찬송 (　　)
   9) 번제물 관리 (　　)

2. 다음 사람은 레위인의 세 자손 중 어느 자손에 해당하는지 그 이름을 쓰시오(7~22).
   1) 아론 (　　)　2) 시므이 (　　)
   3) 모세 (　　)　4) 엘르아살 (　　)
   5) 요엘 (　　)　6) 엘리에셀 (　　)

3. 이십 세 이상으로 계수한 레위 자손이 하는 일에는 O표, 아닌 것은 X표 하시오(24~32).
   1) 아론의 자손을 도움 (　　)
   2) 여호와의 성전과 뜰 골방에서 섬김 (　　)
   3) 성막을 메는 일 (　　)
   4) 성물을 정결하게 하는 일 (　　)
   5) 진설병을 먹는 일 (　　)
   6) 소제물 만드는 일(지지거나 반죽) (　　)
   7) 새벽과 저녁마다 여호와께 감사하며 찬송 (　　)
   8) 번제물을 여호와께 드림 (　　)

제24장 [제사장의 반(班)]
다음 (　　) 안에 알맞은 말을 써넣으시오.

1. 아론을 이은 제사장은 (　　)의 아들 사독과 (　　)의 자손 아히멜렉이다(1~3).

2. 엘르아살 자손의 족장이 (　　)이요 이다말 자손은 그 조상들의 가문을 따라 (　　)이므로 합계 (　　) 반들로 (　　) 뽑아 피차에 차등이 없이 나누었다(4~19).

3. 세례요한의 아버지 사가랴는 (　　)반열에 속하므로 (　　)째이다(7~19, 눅 1:5~10).

4. 레위 자손 중에 남은 자도 그들의 형제 (　　) 자손처럼 (　　) 뽑혔다(20~31).

제25장 [찬양대의 반]
다음의 물음에 답하시오.

1. 아삽의 아들들이 하는 일은?(1~2) -

2. 여두둔의 아들들이 하는 일은?(3) -

3. 헤만의 아들들이 하는 일은?(4~8) -

4. 여호와 찬송하기를 배워 익숙한 자의 수효는(24반에서 12명씩)?(7~13) -

제26장 [문지기의 반]
다음의 물음에 답하시오.

1. 맏아들은 스마야, 하나님이 복 주심, 육십이 명을 낳은 자는 누구인가?(1~11) -

2. 다음의 문지기 반장과 매일 파수하는 숫자를 쓰시오(12~19).
   1) 동쪽 (　　,　　)
   2) 북쪽 (　　,　　)
   3) 남쪽 (　　,　　)
   4) 곳간 (　　,　　)
   5) 서쪽 (　　,　　)
   6) 서쪽 뜰에 있는 큰 길 (　　)
   7) 뜰 (　　)

역사서
역대상

3. 다음 사람은 무엇을 맡았나?(20~32)
   1) 아히야 -
   2) 스담과 요엘 -
   3) 슬르못과 그 형제 -
   4) 그나냐와 그의 아들들 -
   5) 하사뱌와 그의 동족 -
   6) 여리야 -

역대상

제27장 [군대와 행정조직]
다음 ( ) 안에 알맞은 말이나 물음에 답하시오.

1. 이스라엘 자손의 모든 ( )와 천부장과 ( )과 왕을 섬기는 관원들이 그들의 ( )대로 ( )이 나누이니 각 반열이 ( ) 명씩이라. 일 년 동안 ( ) 들어가며(1~15).

2. 16~24절은 이스라엘 지파를 관할하는 자에 대한 기록인데 이스라엘의 지파에서 기록에 나오지 않는 지파의 이름을 알 수 있는 대로 쓰시오(참고 2:1~2). -

3. 다윗 왕의 재산을 맡은(관리하는) 다음 사람들이 무엇을 맡았는지 쓰시오(25~31).
   1) 아스마웻:
   2) 요나단:
   3) 에스리:
   4) 요아스:
   5) 시드래:
   6) 사밧:

4. 다음 사람들은 무엇이 되었나?(32~34)
   1) 다윗의 숙부 요나단:
   2) 여히엘:
   3) 아히도벨:
   4) 후새:
   5) 요압:

제28장 [다윗의 유언]
다음 맞는 답의 번호에 O표 하시오.

1. 다윗이 사람들을 예루살렘에 모으고 한 말과 관계 없는 것은?(1~8)
   1) 성전 건축할 마음이 있어서 재료를 준비했으나 하나님은 건축하지 못하리라고 하셨다.
   2) 나를 택하사 영원히 이스라엘의 왕이 되게 하셨다.
   3) 하나님은 성전건축을 아들 솔로몬이 할 것을 말씀하셨다.
   4) 솔로몬이 계명과 규례를 못 지켜도 언약의 백성으로서 영원히 견고하리라 했다.

2. 다윗이 솔로몬에게 한 당부와 관계 없는 것은?(9~21)
   1) 네가 그를 버리면 만날 것이요 버리면 그가 너를 영원하게 하리라.
   2) 영감으로 받은 모든 설계도를 설명해 주었다.
   3) 모든 것의 설계를 여호와의 손이 임하여 그려 알게 한 것을 가르쳐 주었다.
   4) 주변의 사람들이 돕고, 기쁜 마음으로 함께하고, 명령 아래 있음을 말했다.

제29장 [다윗의 감사와 기도]
다음 물음에 답하시오.

1. 성전은 누구를 위한 것인가?(1~5) -

2. 성전건축을 위하여 다윗이 사유의 재산을 드린 것은?(1~5) -

3. 백성이 성전건축을 위하여 드릴 때의 태도나 마음 자세는?(6~9)
   -

4. 다윗이 건축을 위하여 하나님께 드리고 나서의 태도는?(14절) -

5. 다윗을 이어 왕이 된 솔로몬을 대하는 사람들의 태도는?(20~25)
   1) 온 이스라엘:
   2) 방백, 용사, 다윗의 아들들:

6. 다윗에 관해 기록된 책들의 이름은?(26~30)
   -

역대기(2) | 역사서 |

2 Chronicles

제목에 대한 해설

이 책의 〈역대기(1)〉 해설 참고.

저자 및 저작 연대

이 책의 〈역대기(1)〉 해설 참고.

〈역대기〉의 목적

〈역대기〉는 제사장적 입장에서 신정(神政) 체제의 재건을 촉구하기 위해 기록되었다. 따라서 예루살렘 중심인 유다 왕국의 역사만을 다루었고 그 중에서도 우상 숭배를 반대한 왕의 업적을 강조했다(대하 15:9~15, 17:7~9, 19:5~11, 29:3~11). 그리고 다윗의 생애에 있어서도 성전 건립의 예비적 사건들(대상 13~17장, 22장), 성전 건축과 봉헌식에 중점을 두었다(대하 2~7장). 그래서 모세의 율법과 성전, 법궤, 레위 지파의 업적, 성전 찬양대가 강조된다(대상 9:27~34, 22~25장).

〈역대기〉의 핵심 내용

(1) 다윗의 통치(대상)

〈역대기〉는 다윗, 솔로몬의 통치가 주된 내용을 형성하고 있다. 역대기에서는 〈사무엘〉에 이미 기록된 다윗-솔로몬의 선정에 대한 내용은 대부분 생략한다. 예를 들면 헤브론에서의 다윗 통치 기사, 마하나임에서 아브넬에 의해 추대된 이스보셋과의 대결, 그의 가정 생활, 밧세바와의 관계, 압살롬의 반역과 비그리의 아들 세바의 반란, 그리고 그의 통치 말기에 있었던 왕위를 둘러싼 아도니야의 모의 내용 등이 생략되고 있다. 그런 반면에 〈사무엘〉에서는 전혀 언급이 안 된 부분들이 기록되어 있다. 즉 성전 건축을 위한 다윗의 준비, 성전예배 제도의 기구조직 같은 것이 첨가되어 있다.

(2) 솔로몬의 통치(대하 1–9장)

솔로몬의 통치 기사도 역시 〈열왕기상〉의 내용을 기본 자료로 하고 있으며 〈열왕기상〉에는 있으나 일부는 〈역대하〉에서는 볼 수 없는 통치 내용들이 있다. 반면에 〈역대기〉에서 강조하고 있는 것은 성전 건축으로 솔로몬 통치 전체 아홉 장 가운데 여섯 장이 성전 건축과 관련된 내용으로 채워져 있다.

〈역대하〉 부분에서만 볼 수 있는 부분은 솔로몬이 하맛소바를 쳐서 취한 내용이다. 또한 〈열왕기상〉 9:10~14의 본문에서는 솔로몬이 두로 왕 히람에게 갈릴리 성읍 이십을 주었다고 기록된 반면에, 〈역대하〉 8:2에서는 두로 왕 히람이 솔로몬에게 준 성읍을 다시 건축하여 이스라엘 자손이 거하게 하였다고 솔로몬의 치적을 높이고 있다.

(3) 유다 왕국의 역사(대하 10–36장)

〈역대기〉와 〈열왕기〉의 역사를 비교해 본다.

1) 〈열왕기〉의 분열왕국 이후의 역사에서 북왕국 이스라엘의 몰락까지의 역사는 주로 북왕국을 중심한 기록이라면, 〈역대하〉 10~36장은 같은 시대의 역사적 사실을 남왕국 유다 왕들의 역사를 기록한 것이다.

2) 특히 〈열왕기상〉 16:28~22:40은 오므리의 아들 아합에 관한 기사이고, 동시대이지만 〈역대하〉 17:1~20:37까지는 유다 왕 여호사밧의 통치에 관한 기록이다.

3) 여호사밧의 아버지 아사 왕에 대해서도 〈열왕기상〉에는 15:9~24에 언급되어 있고, 그 외에는 41년간 통치한 것이 마치 이스라엘 왕들의 연대 계산을 위한 수치로만 나타난다(왕상 15:25). 그러나 역대기에서는 아사 통치에 관한 기사가 14:1~16: 4까지 길게 기록되어 있다.

4) 유다 왕들은 북쪽 왕들보다 훨씬 더 하나님을 잘 섬긴 것으로 묘사되어 있다. 하나님을 의지할 때도 아비야의 경우, 북 이스라엘이 80만 대군이었고 유다의 병사는 40만밖에 되지 않았으나 하나님께 도움을 호소함으로 유다가 승리할 수 있었음을 기록한다.

5) 〈열왕기하〉 24~25장의 내용이 〈예레미야〉 39~41장, 52장과 관련이 있다면, 〈역대하〉의 내용은 이것들과 조금 차이를 보이고 있다.

6) 〈열왕기하〉 25:27~30의 끝 부분과 〈예레미야〉의 끝 부분인 52: 31~34의 본문이 평행되는 구절인 것에 비해, 〈역대하〉의 끝 부분인 36:22~23은 〈에스라〉의 첫 부분인 1:1~3절의 내용과 평행을 이루고 있다.

역대하 1~6장

솔로몬의 성전 건축 (중요구절 대하 2:5)

다윗을 이어 통일왕국의 세 번째 왕이 된 솔로몬은 일천 번제를 드리며 하나님께 지혜를 구한다(1장). 그는 먼저 성전을 건축하는데 두로 왕 후람의 도움을 얻는다(2장). 그 성전은 아브라함이 이삭을 번제로 드렸고, 다윗이 제사를 드렸던 예루살렘 모리아 산에 세운다(3장). 솔로몬과 후람이 만든 성전의 여러 기구들은 놋과 금으로 만들어졌다(4장). 성전에 언약궤를 모시니 여호와의 영광이 성전에 가득하였다(5장). 솔로몬은 성전 건축을 마치고 낙성식에서 제사장처럼 구체적인 기도를 한다(6장).

역사서

역대하

1 **지혜를 구한 솔로몬**
구하지 않은
부와 재물과 영광도

2 **성전 건축 준비**
크고 화려할 것이니이다

3 **성전 건축**
예루살렘 모리아 산에

4 **성전의 기구제작**
후람이 여러 가지를 만듦

5 **언약궤를 전으로 들임**
영광이 하나님의 전에 가득

6 **솔로몬의 기도**
하늘을 향하여 손을 펴고

1. 왕이 된 솔로몬의 관심은 백성을 잘 다스리는 일이었다. 그는 일천 번제를 통하여 하나님께 "내게 지혜와 지식을 주사 이 백성 앞에서 출입하게 하옵소서"(1:10)하며 백성을 잘 다스리기 위하여 지혜와 지식을 구하였다. 하나님은 "내가 네게 지혜와 지식을 주고 부와 재물과 영광도 주리니"(1:11~12)라며 솔로몬이 구하지도 않은 것까지 넘치게 주셨다(마 6:33 참고).
2. 솔로몬은 성전을 크고 화려하게 짓고자 하였다. 그래서 "내가 건축하고자 하는 성전은 크니 우리 하나님은 모든 신들보다 크심이라…… 내가 건축하려 하는 성전은 크고 화려할 것이니이다"(2:5, 9)고 하였다. 솔로몬은 인류 기술자와 최고의 자재를 사용한다. 하나님의 일에 최고의 정신으로 하는 것은 아름다운 일로서, 교회가 사치할 수는 없지만 좋게 해야 한다는 정신은 필요하다.
3. 성전의 입구에 두는 기구 중에 "놋을 부어 바다"를 만들었다(4:2). "그 바다는 제사장들이 씻기 위한 것이더라"(6절)는 말씀은 제사장이 씻어야만 성전에 들어갈 수 있음을 가르쳐 준다. 우리도 예수 그리스도의 보혈로 씻어야 하나님의 나라에 들어간다는 사실을 명심해야 한다.
4. 성전 건축을 마친 솔로몬은 모든 기구와 언약궤를 성전에 들여 놓는다. "궤 안에는 두 돌판 외에 아무 것도 없으니 이것은…… 모세가 호렙에서 그 안에 넣은 것이라"(5:10, 왕상 8:9)고 하였다. 〈히브리서〉에는 "그 안에 만나를 담은 금 항아리와 아론의 싹난 지팡이와 언약의 돌판들이 있고"(히 9:4)라 했다. 그러나 '만나를 담은 항아리'(출 16:32~34)와 '아론

의 싹난 지팡이'(민 17:10)는 증거궤 앞에 두었다.

5. 솔로몬의 헌당 기도 중에 "주의 입으로 말씀하신 것을 손으로 이루심이 오늘날과 같으니이다"(6:15) 하였다. 하나님의 말씀은 현실로 나타난다. 성전건축에는 많은 사람들의 헌납과 수고가 필요했었다. 그러나 솔로몬의 눈에는 그러한 것은 오히려 하나님의 은혜 앞에서 부족하게 느꼈을 것이다. 우리가 하나님의 은혜를 잊기 쉬운데, 모든 일에 하나님의 손길을 보지 못한다면 헛것이 되고 만다.

더 살펴보기

1. 〈역대하〉 내용

〈역대하〉는 솔로몬으로부터 유다의 멸망까지(주전 961~587년)를 기록하고 있다. 남북 왕조를 모두 기록하지 않고 주로 남국 유다 중심의 기록이다. 〈역대기〉에는 메시아 사상이 강하다.

내용 분해
1~9장 - 솔로몬의 통치
(지혜와 부, 성전건축, 업적들)
10~36장 - 유다의 열왕들
(남북 분열, 분열 왕들, 왕국의 멸망)

2. 솔로몬의 일천 번제는 일천 번의 제의(祭儀)를 말하지 않는다(대하 1장, 왕상 3장).

우선 한국식으로 이해를 도우면 일천 번제(一千 燔祭)이지 일천 번 제사(一千 祭祀)가 아니다. 다시 말해 일천 번(회수)의 제사가 아니라 일천 마리의 희생 제물을 드렸다는 것이다. 상식적으로 왕이 기브온에만 머물러 일천 번의 희생을 드릴 여건이 되기는 어려울 것이지만 일천 마리의 희생은 오히려 당시의 통일왕국의 왕으로서 드릴 만했다. 〈역대하〉 1:6에는 분명하게 "천 마리 희생으로 번제(燔祭)를 드렸더라" 했고, 〈열왕기상〉 3:4에 "솔로몬이 그 제단에 일천 번제(燔祭)를 드렸더니"를 잘 비교해 보면 결코 회수가 아님이 분명하다. 그럼에도 일천 번의 헌금을 강조함에는 문제가 있다. 다만 솔로몬처럼 한꺼번에 일천의 희생을 드릴 능력이 없으므로 일천 번에 나누어서 드린다면 별개의 문제이다.

3. 두 기둥 '야긴'과 '보아스'(대하 3:17, 왕상 7:21)

두 기둥은 성전 전면 앞에 따로 세워졌다. "그 두 기둥을 성전 앞에 세웠으니 왼쪽에 하나요 오른쪽에 하나라 오른쪽 것은 야긴이라 부르고 왼쪽 것은 보아스라 불렀더라"(3:17)고 한다. 같은 내용을 말하는 〈열왕기상〉 7:21에서도 같은 증언을 하는데, 좌우가 보는 방향에 따라 반대가 되므로 어느 쪽이 야긴이고 보아스인지 알 수는 없다. 다만 두 기둥의 이름은 그것들이 여호와 하나님의 증인노릇을 한다는 사실을 증명한다. 곧 '야긴'은 '저가 세우리라'는 뜻이고, '보아스'는 '그에게 능력이 있다'는 뜻이다.

4. 여호와께 성전을 봉헌하는(낙성식) 과정(대하 5~7장)

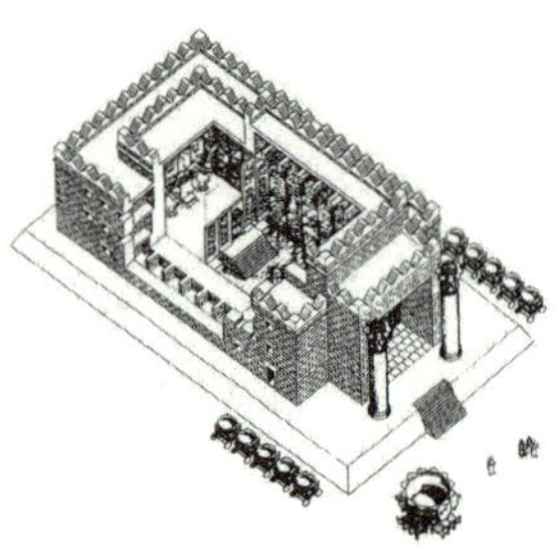

솔로몬 성전(왕상 6장, 대하 5장)
솔로몬은 두로의 백향목을 수입하여 성전을 건축하였다. 솔로몬 성전은 제1성전이라고도 한다. 성경에 기록된 성전의 규격을 참고하여 그린 것이다.

(1) 솔로몬의 통치가 기록된 1~9장 사이에 성전 건축에 대한 기록이 7장까지 계속 나오는 것을 보면 〈역대기〉 사가의 관심이 어디에 있는가를 알 수 있다. 완공 후에 여호와께 봉헌하는 과정을 살펴보자.
① 언약궤를 성전으로 옮김(5:2~14).
② 솔로몬의 축복(6:1~11).
③ 솔로몬의 기도(6:12~7:3).
④ 성전봉헌 예식(낙성식)의 과정(7:4~11).

(2) 솔로몬의 봉헌 기도(대하 6장, 왕상 8장): 솔로몬은 성전 건축을 마치고 성물들을 배치한 후 회중 앞에서 제사장처럼 봉헌기도를 드린다. 〈열왕기〉에서는 모세와 이스라엘의 출애굽 경험에 대해 말하면서 기도를 끝맺는다(왕상 8:53). 그러나 〈역대기〉에서는 다윗에게 하신 약속의 말씀을 내세운다(6:42). 또 성전은 "여호와의 이름을 두시는 곳"(하나님의 임재, 왕상 9:1~9)이며, 하나님께 "제사하는 곳"(7:12)임을 나타낸다.

역대하 7~12장

솔로몬의 통치와 왕국 분열 (중요구절 대하 9:12)

이 부분은 크게 두 가지의 내용으로 되어 있다. 하나는 솔로몬의 통치이고(7~9장), 다른 하나는 남북 왕국의 분열(북국 이스라엘, 남국 유다)이다(10~12장).

성전봉헌 기도 후에 하나님은 불로써 응답하시고 언약을 맺는다(7장). 솔로몬은 많은 건축을 하였다(8장). 스바 여왕의 방문은 솔로몬의 지혜와 부를 말해주고 있다(9장). 솔로몬이 죽은 후에 왕국은 남북으로 분단된다(10장). 남국 유다의 초대 왕 르호보암은 왕국의 강성함을 위하여 힘쓴다(11장). 르호보암은 애굽 왕 시삭의 침공을 받으나 겸비하므로 나라를 구한다(12장).

1. 솔로몬 사후에 왕이 된 르호보암(10장)은 원로들의 자문을 버리고 젊은 신하들의 조언을 따라 포악한 정치를 선언한다. 이 일은 결국 나라의 분열을 가져 와서 북쪽에서 여로보암이 왕이 된다. 정보홍수 시대를 살면서 누구의 어떤 말을 들을 것인가는 중요하다. 우리는 하나님의 아들의 음성을 들을 수 있는 은혜를 입었다. 부자 청년은 예수님의 말씀을 들었으나 따르지 않고 사라졌다(마 19:16~22. 그 청년이 재물이 많으므로 이 말씀을 듣고 근심하며 가니라).
2. 사람은 어려울 때보다 평안할 때 조심해야 한다. 왕국이 분열되었을 때는 정신을 차린 르호보암이 "나라가 견고하고 세력이 강하매 여호와의 율법을 버리니 온 이스라엘이 본받은지라"(12:1) 하였다. 왕이 된 지 불과 5년만이었다. 예수님은 가지가 그 나무의 원줄기에 붙어 있을 때에만 열매를 맺을 수 있다고 하셨다(요 15:5). 여호와의 율법을 버린 르호보암의 미래는 어두웠다.
3. 애굽의 침공으로 어려움을 당한 르호보암의 기도는 스스로 겸비하여 "여호와는 의로우시다"라고 고백한다(12:6). 하나님은 통회하는 심령을 구하신다. 수로보니게 여인은 '개'라는 칭호에도 불구하고 겸비하게 구하여 아들을 살려낸다. 우리의 기도가 도움만을 요청하는 경우가 대부분이다. 그러나 어떤 때에도 '여호와는 의로우시다'라는 신정론의 정신이 필요하다.
4. 북국의 여로보암은 금송아지를 만들었고(13:8, 왕상 12:26~29), 율법에는 레위 족속인 아론의 자손들만 될 수 있는 제사장의 규례를 버리고(출

7
하나님의 응답
불이 하늘에서 내려와서

8
왕국의 업적
국고성 건축, 번제를 드림

9
스바 여왕의 방문
솔로몬의 부와 명성, 금방패

10
남북 왕국의 분열
르호보암의 강경정책으로

11
남국의 강성
양식, 포도주, 기름 저축

12
1대 르호보암의 통치
스스로 겸비함을 보신지라

28:41), 수송아지 하나와 수양 일곱을 끌고 오는 자는 누구든지 제사장이 되게 했으니(13:9), 이는 성직의 매매였다. 그러나 금송아지 우상을 섬기기에는 거짓 제사장이 적합했다.

더 살펴보기

1. 솔로몬의 국제관계, 무역(대하 8~9장)

(1) 솔로몬은 국제적으로도 대단히 많은 일을 하였다. 두로의 히람이 건축 사업을 위해 큰 도움을 주었으며 애굽과의 결혼동맹을 통해 바로의 딸들을 데려오므로 우호적인 관계를 유지하였다. 솔로몬은 애굽으로부터 말, 마차, 아마포를 수입하였다. 스바 여왕의 방문은 솔로몬의 지혜에 대한 호기심과 함께 자국의 무역을 위한 계약관계에도 관심이 있었을 것이다(아래 참조). 따라서 솔로몬은 지혜의 왕으로서의 위상과 많은 재산을 보유한 왕으로서 권세와 부귀영화를 함께 가졌다.

(2) 솔로몬을 방문한 스바 여왕에 관하여(대하 9장): 솔로몬의 상선들이 멀리 오빌에까지 왕래하게 되었으니 그 명성도 함께 퍼져 나갔을 것이고 스바 여왕은 그 명성을 듣고 향료, 금, 보석을 가득 실은 낙타를 가져 와서 솔로몬의 지혜를 확인하고 많은 것을 얻어 갔다. 스바는 아라비아 반도 남쪽 끝에 위치한 사베아인들의 왕국(수도: 마립)으로 현재의 예멘으로 추정된다. 에디오피아 인들은 자신들이 솔로몬과 스바 여왕 사이에 태어난 후손들이라고 주장하는데, 그 근거로 "소원대로 구하는 것을 모두 주니"(9:12)는 스바 여왕이 솔로몬의 씨를 받았다는 것이다.

솔로몬이 바로의 딸을 위해 왕궁을 지은 이유(대하 8:11)

"솔로몬이 바로의 딸을 데리고 다윗 성에서부터 그를 위하여 건축한 왕궁에 이르러 이르되 내 아내가 이스라엘 왕 다윗의 왕궁에 살지 못하리니 이는 여호와의 궤가 이른 곳은 다 거룩함이니라"(8:11). 바로의 딸을 위해 따로 왕궁을 세운 것은 〈열왕기상〉 9:24에도 나온다. 그 배경에는 〈레위기〉 12장과 15:19~30에도 표현되어 있는 정결함에 대한 생각이 자리잡고 있다. 언약궤가 왕궁에 있었던 것은 아니지만 왕궁 가까이 있었던 것은 분명하다(대상 15:1, 16:1)

솔로몬의 행적에 관한 〈열왕기〉와 〈역대기〉의 기록 차이

〈열왕기〉는 솔로몬의 불의함(이방여인을 사랑하고 그들이 섬기는 우상을 함께 섬기며 그 신전을 건축하게 한 일들, 〈열왕기상〉 11장)에 대한 기록도 하는데, 〈역대기〉는 이런 면을 기록하지 않고 있다. 그 이유는 포로 후 〈역대기〉 기자의 유대주의를 따라 기록되었기 때문으로 다윗(밧세바와의 불륜)이나 솔로몬의 불의(이방여인 사랑)는 기록하지 않고 치적을 중심으로 기록하였기 때문이다. (210쪽 '역사서란 무엇인가 - 역대기 역사서' 참고)

2. 남북 왕국의 분열(대하 10~11장)

〈역대하〉 10장에서는 솔로몬을 이어 왕이 된 르호보암의 강경정책의 고수로 북쪽(이스라엘)을 중심한 세력인 여로보암과의 긴장 관계를 다룬다. 〈열왕기상〉 12:20에서 보면 여로보암이 북국의 왕이 되는데, 〈역대기〉에서는 이를 생략하고 유다와 베냐민(11:3) 지파로 이루어져 남아 있는 남왕국이 합법적인 이스라엘임을 보여준다. 이어지는 여러 장들에서는 다윗에게 하신 약속의 말씀(대상 17:11)을 하나님께서 이루셨다는 점이 예루살렘 왕들에게서 드러난다. '참 이스라엘'이 누구냐를 중심 문제로 삼다 보니, 〈역대기〉에서는 북왕국을 이후로도 고려하지 않게 된다.

악기를 연주하는 소년

이 부조는 15cm 정도로 한 소년이 거문고와 수금의 중간형태의 악기를 연주하고 있다. 다윗도 한 때는 궁중악사였고(삼상 16:23). 후에는 성전예배를 위하여 찬양대를 조직했다(대상 25장).

역대하 13~18장

유다 왕들과 주변 국가들 (중요구절 대하 14:11)

유다의 2대 왕 아비야는 여호와를 의지하여 이스라엘과의 전쟁을 승리로 이끈다(13장). 3대 왕 아사는 선과 정의를 행하여 나라가 평안하였다(14장). 아사랴의 예언을 따라 개혁을 시도하여 여호와의 함께하심을 드러낸다(15장). 이러한 아사 왕이 북 이스라엘 바아사의 침공을 막기 위하여 여호와를 의지하지 아니하고 아람 왕 벤하닷을 의지하므로 책망을 받는다(16장). 유다의 4대 왕 여호사밧은 여호와께 구하는 선한 왕으로 백성들의 교육에도 힘썼고(17장), 북국 이스라엘의 7대 왕 아합과 연합하여 아합의 전쟁에 참여했다가 죽을 뻔하기도 했다(18장).

1. 유다의 2대 왕 아비야는 북 이스라엘과의 전쟁에서 자신들은 40만, 이스라엘은 80만의 군사로 자신들을 앞뒤에서 공격하려 할 때에 "유다 사람이 뒤를 돌아 보고 자기 앞뒤의 적병으로 말미암아 여호와께 부르짖고 제사장들은 나팔을 부니라"(13:14) 하였다. 어떻게 유다는 하나님께 도움을 요청하고 제사장은 승리의 나팔을 불수 있었나? 그것은 아비야 왕이 "하나님이 우리와 함께 하사 우리의 머리가 되시고"(13:12)라는 고백에 나타난다. 위급할 때도 여전히 하나님을 향하는 것이 믿음이다.
2. 거짓 선지자들은 아합의 듣기 좋은 대로 전쟁의 승리를 장담하지만, 참 선지자 미가야는 "하나님께서 말씀하시는 것 곧 그것을 말하리라"(18:13)는 결심으로 불길한 예언을 그대로 하므로 뺨을 맞고 옥에 갇히는 수모를 당한다(18장). 옛날이나 오늘이나 듣기 좋은 말만하면 인기를 얻으나 참된 말을 하고는 어려움을 당하는 경우가 많다. 하나님의 말씀의 뜻을 분명히 전하는 것이 참된 주의 종인데, 현대인들이 죄나 지옥에 대한 주제는 듣기 싫어하고 축복과 은혜에 대한 말씀은 사모하기에

13
2대 아비야의 통치
조상들의 하나님 여호와를 의지함

역사서

역대하

14
3대 아사의 선정(善政)
구스 사람 세라를 무찌르다

15
아사의 개혁(改革)
여호와를 찾기로 언약하고

16
아사의 실정(失政)
여호와를 의지하지 아니하였으므로

17
4대 여호사밧의 통치
오직 아버지의 하나님께 구하며

18
여호사밧이 아합과 출정
미가야:
하나님의 말씀하시는 것을

말씀 증거를 부담스러워 하고 있지는 않은가?

3. 말씀을 들었을 때는 그 말씀에 순종해야 가치가 있지, 지키지 않는다면 그 무슨 소용이 있겠는가? 여호사밧은 아합의 말을 따라 길르앗 라못을 공격하자는 권유를 받을 때에 다소의 양심을 느꼈던지 "먼저 여호와의 말씀이 어떠하신 지 오늘 물어 보소서"(18:4)라고 요청한다. 미가야를 통하여 하나님의 뜻이 분명했지만 아합은 이를 무시했고 여호사밧은 이러한 아합의 행위에 대해 아무런 제재나 항의를 하지 않았다. 그렇다면 하나님의 뜻을 헤아려 볼 필요가 무엇인가? 꼭 지켜야 하는 것, 그것이 하나님의 말씀이다.

더 살펴보기

1. 소금 언약에 대하여(대하 13:5)

(1) 유다의 2대 왕 아비야 왕이 북 이스라엘의 여로보암으로 더불어 싸울 때에 이스라엘과 여로보암을 향하여 "이스라엘 여호와께서 소금 언약으로 이스라엘 나라를 영원히 다윗과 그의 자손에게 주신 것을 너희가 알 것 아니냐?"(대하 13:5)고 했다.

(2) 소금 언약이란 소금과 같이 변하지 않는 '진실한 언약'이라는 뜻이다(레 2:13, 민 18:19). 아비야는 하나님께서 이스라엘(북국이 아닌 통일 왕국 이스라엘) 나라를 영원히 다윗과 그 후손에게 주기로 한 약속을 소금 언약이라는 말로 상기시킨다.

(3) 신약에서는 예수님의 '피의 언약'을 상징한다(마 26:28). 예수님의 피로 구속함 받은 신자에게 향한 구원의 약속은 변치 않으며 영원한 것이다.

2. 유다 3대 왕 아사의 개혁과 타락(대하 14~16장)

(1) 아사가 통치하던 때의 특징은 "평안"이라 할 수 있다(대하 14:1, 5, 7). 이 평안은 왕으로서 하나님 앞에 "선과 정의"(14:2)를 행하여 우상을

제거하였기 때문으로 "또 유다 모든 성읍에서 산당과 태양상을 없애매 나라가 그 앞에서 평안함을 누리니라"(14:5)고 한다. 아사는 우상을 제거하는데 큰 공을 세웠고 어머니 마아가가 아세라의 목상을 만들었으므로 그것을 없애고 태후의 자리를 폐한다(15:8, 16).

(2) 선지자의 말을 들었던 아사가(15:1, 8), 나라가 강성해지자 하나님의 선견자 하나니가 아사에게 하나님보다 아람 왕을 의지함을 책망했더니 아사는 회개는커녕 오히려 선견자를 옥에 가두고 백성을 학대하였다(16:7~10). 그가 병들었을 때에 하나님보다 의원들에게만 의지하다가 죽었으므로 말년은 결국 하나님을 배반한 왕이 되고 말았다. 끝까지 하나님을 잘 섬기는 충성이 필요하다.

(3) 아사는 통치 중에 우상 제거를 했는데, 이 땅에는 날이 갈수록 우상이 '문화'라는 가면을 쓰고 자연스레 생활 속에 들어와서 심지어 관공서를 건축할 때에 기관장들이 고사를 드리고, 민속 축제 때에 제주가 되어 우상에게 절하는 죄짓는 일에 앞장서고 있다. 이 나라가 잘 되려면 미신과 우상을 버려야 한다.

애굽 왕 시삭의 모습

애굽의 한 벽에는 시삭의 모습이 있다. 로호보암 왕 때에 시삭의 공격을 받아 보물을 빼앗겼으나 하나님은 다 멸하지 않게 하셨다(대하 12장, 왕상 11, 14장). (룩소르 카르낙 신전문)

3. 라마를 건축한 이유(대하 16:1)

북 이스라엘 왕 바아사가 라마를 건축한 것은 〈역대하〉 16:1에 "아사 왕 제 삼십육년에 이스라엘 왕 바아사가 유다를 치러 올라와서 라마를 건축하여 사람을 유다 왕 아사에게 왕래하지 못하게 하려 한지라"는 말처럼 당시에 라마가 북왕국 이스라엘에서 남왕국 유다로 내려가는 문호였기에 이를 차단한 것이다. 이런 전략은 왕국이 분열되었을 때에 북 이스라엘 초대 왕 여로보암이 북쪽 국경인 단과 남쪽 국경인 벧엘에 금송아지 상을 세워 예루살렘에 올라가지 못하게 한 것과 유사하다(왕상 12:28~29). 라마는 예루살렘 북쪽 8km 지점에 위치한 현재의 '엘람(El-ram)'이다.

텔 단(Tell Dan)의 다윗 왕조 석비

텔 단에서 발견된 석비에는 모두 13줄의 아람어 기록이 있는데, 아람의 왕이 이스라엘의 9대 왕 요람과 유다의 6대 왕 아하시아를 죽인 내용이 담겨 있다. 특히 아홉번 째 줄에는 '베잇트 다비드', 즉 '다윗 왕조'라는 단어가 나오기 때문에 다윗의 역사성을 입증하는 결정적인 단서로 여겨진다. (1993년 단에서 출토)

역대하 19~24장

요시야의 성전 수리 (중요구절 대하 20:20)

4대 왕 여호사밧은 선견자 예후의 책망을 받기도 하지만 선한 일도 있기에 칭찬을 듣는다(19장). 모압 연합군을 오직 기도로 무찌르는 신앙의 강인함을 보인 여호사밧은 25년을 치리했다(20장). 반면 유다의 5대 왕 여호람은 악한 왕으로 그의 아내 아달랴는 북국 아합 왕과 이세벨의 딸이었다(21장). 6대 왕 아하시야는 아합집의 가르침을 따르는 왕이었다(22장). 7대 왕 아달랴는 선왕의 왕비요 태후로서 아합의 딸이었다. 그는 왕족을 죽이고 왕권을 탈취하여 유다 역사에 부끄러운 왕으로 지목 받게 되었다(23장). 제사장 여호야다의 노력으로 어린 요아스가 일곱 살에 제8대왕으로 옹립된다. 그는 성전을 재건하기도 했으나 나중에 하나님의 말씀을 듣지 아니하였다(24장).

1. 여호람의 죽음처럼 되지 않기를 기도하자. 여호람은 32세에 왕위에 올라 8년을 통치하고 40세에 세상을 떠났다. 그런데 "아끼는 자 없이 세상을 떠났으며"(21:20)라고 기록되어 있다. 그의 통치 기간에 에돔과 립나에 대한 통치권을 잃어 버렸고, 창자에 병이 들어 2년 후에는 창자가 빠져 나와 죽었다. 그는 아끼는 자 없이 죽었고 조상 왕들의 묘실에 들어가지도 못했다. 그 이유는 우상숭배를 조장했고, 왕이 되었을 때는 형제들을 제거하는 악행을 한 결과였다.
2. 아하시야(여호아하스, 21:17)는 6대 왕이었다. 그의 어머니는 아달랴로서 선한 여호람이 북쪽의 아합과 이세벨 사이에서 난 딸을 아내로 맞은 것이다. 아하시야의 외가는 바알 숭배의 본거지와도 같다. "아하시야도 아합의 집 길로 행하였으니 이는 그의 어머니가 꾀어 악을 행하게 하였음이라"(22:3)는 말씀에 잘 나타나 있다. 어머니의 영향은 자녀에게 절대적이므로 좋은 부모가 되어야 한다.
3. 요아스는 불과 7세에 왕이 되었다. 이는 정치력 차원의 문제가 아닌 왕의 혈통에 따른 것으로 정치는 주변의 사람들이 했을 것이다. 그가 왕이 된 것은 아달랴가 왕의 씨를 말리고 자신이 왕이 되었을 때에 제사장 여호야다의 아내에 의해 극적으로 왕의 씨로서 구해졌고 여호야다의 도움으로 왕이 되었다. 유다인들은 정통성을 지닌 왕이 세움 받는 것만으로도 즐거워하였다(23:11, 21). 그러나 이러한 왕도 제사장 여호야다가 죽은 후에는 악을 행하였고 제사장 스가랴의 말을 듣지 아니하고 오히려 그를 죽이기까지 했다(24:15~22). 여호와의 말씀을 듣지 않는 자

19
4대 여호사밧의 통치(1)
예후의 책망을 받음

20
4대 여호사밧의 통치(2)
모압을 격퇴함

21
5대 여호람의 악정
에돔과 립나의 독립선언

22
6대 아하시야의 통치
아합의 집 같이 악을 행함

23
7대 여왕 아달랴의 통치
제사장 여호야다의
왕국 재건 운동

24
8대 요아스의 통치
여호와의 전을 재건

는 하나님의 진노의 대상이 된다는 사실을 언제든지 잊지 말아야 한다(22:23~27).

더 살펴보기

1. 선견자는 선지자와 다른가?(대하 16:7, 19:2 등)

(1) 〈열왕기〉나 〈역대기〉를 읽다보면 '선지자'와는 별도로 '선견자'가 등장하는 것을 만난다. 모세에 의해 언급된 〈신명기〉 18:15의 약속 가운데, 선지자는 '나비'라는 단어로 불리고 있다. 히브리 단어 '나비'의 정확한 의미에 대한 답은 그리 쉽지 않다. 또한 선견자에게 종종 붙여진 또 다른 단어는 분사형 '로에'인데 이것은 주로 사무엘에 대한 호칭으로 사용된다. 〈사무엘상〉 9:9에 의하면 "옛적 이스라엘에 사람이 하나님께 가서 물으려 하면 말하기를 선견자에게로 가자하였으니 지금 선지자라 하는 자를 옛적에는 선견자라 일컬었더라" 하나, 더 후대의 문서인 〈열왕기〉와 〈역대기〉에서도 '선견자'라는 명칭이 등장한다.

(2) 에드워드 영(Edward J. Young)은 '선지자(나비)'와 '선견자(로에)' 사이에는 그 기능상 아무런 차이가 없다고 하였다. '둘 다 하나님의 대언자이다. 즉 둘 다 하나님께서 그들에게 주신 메시지를 선포하였다'고 한다. 다만 차이점은 단순히 강조점에 관한 것이다. '나비'라는 단어는 하나님으로부터의 메시지를 말하는 것으로 선지자의 능동적 사역을 강조한다. 한편 '로에'는 선지자가 그 메시지를 보게 되는 경험을 전면에 내세운다.

(3) 결국 '나비'는 백성에 대한 선지자의 관계에 강조점을 두고, '로에'는 하나님에 대한 그의 관계에 강조점을 둔다. 그러나 양자는 같은 사람을 언급하며, 그의 기능은 그가 '나비'로 불리든, '로에'로 불리든 하나님께서 그에게 주신 메시지를 선포하는 것이다.

가나안 인의 한 산당(山堂)
이스라엘 북부 지방인 므깃도에서 발굴된 이 산당은 현재의 지면보다 훨씬 더 깊은 곳에서 발굴되었다.

산당(山堂, High Place)에 대하여

(1) 산당(山堂, High Place)이란 언덕처럼 두드러진 곳에 세워진 제단 같은 것을 가리킨다(삼상 9:11~14,19,25). 산당이 꼭 우상숭배의 장소로만 이용되지는 않았다. 산당의 역사는 이스라엘의 고대종교의 역사라고 할 정도이다.

(2) 히스기야는 산당을 멸했고(왕하 18:4, 22), 므낫세는 재건했으며(왕하 21:2~3, 대하 33:3), 요시야가 종교개혁 때에 다시 제거했다(왕하 23:5,8,13). 여호사밧의 아들 여호람은 여러 산에 산당을 세웠다(대하 21:11). 아하스는 우상숭배를 위해 산당을 짓고 거기서 희생제사를 드리면서 분향하였다(대하 28:4, 25).

(3) 산당이 가끔 예배의 장소로 사용된 때도 있었다. 솔로몬이 기브온 산당에서 일천 번제를 드린 일은 유명하다(대하 1:3). 이 산당은 성전이 세워지기 전에 하나님의 예배처소로 사용되었다. 이곳에는 여호와의 회막이 있었다. 그러나 후대에 성전예배가 발전하고 율법을 따라 선지자들이 산당에서의 예배를 금하였으므로 포로기 이후에는 산당의 예배가 엄격히 규제되었다.

역대하 25~30장

히스기야의 성전 회복 (중요구절 대하 26:10)

이 부분에는 매 장마다 한 명의 왕이 소개되어 모두 다섯 왕이 나온다. 이 시대는 영적으로 어두운 일들이 많았다. 9대 왕 아마샤는 처음에는 선지자들의 말에 순종하였으나 나중에는 우상을 숭배하여 실패하였다(25장). 10대 왕 웃시야는 여호와 보시기에 정직히 행하였으나 강성해 지자 교만하여 나병이 들었다(26장). 11대 왕 요담은 선한 왕으로 많은 건축을 했고 전쟁에서 승리를 한다(27장). 12대 왕 아하스는 우상을 숭배한 악한 왕이었다. 유다를 파멸로 몰고 갔고 암몬의 포로가 되기도 했다(28장 / 왕하 16장, 사 7장). 13대왕 히스기야에 대해서는 어느 왕보다도 많은 기록이 나와 있고 훌륭한 왕으로 기록됐다(29~32장 / 왕하 18~20장 참고). 그는 왕이 되면서 개혁을 시도했고(29장), 대대적인 유월절을 지켰다(30장).

1. 10대 왕 웃시야(아사랴)는 제사장만이 할 수 있는 성전의 일을 자신이 하려고 했다. 제사장들의 제지를 받으나 거부하다가 나병에 걸려 말년에 세 가지 쫓겨남을 경험한다(26:16~23). ① 성전에서(20절). ② 왕궁에서(21절). ③ 왕들의 묘실에서(23절) 각각 쫓겨나는 신세가 되었다. 우리가 평소의 행위도 중요하지만 '마지막을 어떻게 장식하느냐"는 더욱 중요하다.
2. (1)이스라엘 역사에서 '제사장'들에 비하여 '레위인'들은 천민처럼 여김을 받았다. 그러나 포로후기 시대를 반영한 〈역대기〉는 두 그룹의 모습을 아름답게 그려내고 있다. 또한 왕과 방백들이 약자에게 나눔을 베풀었다. 포로후기 시대의 공동체의 필요가 '화합'이었음을 알 수 있다.

(2) 두 그룹의 화합(30:16, 21, 25, 27절)으로 성결하게 하고, 서로 협력하여 직무를 수행하였다. ① 제사장들과 레위인들이 부끄러워했다(15절) ② 제의에서의 직무를 협력했다(16절) ③ 제사장들과 레위인들이 여호와를 칭송, 찬양했다(21절) ④ 제사장들과 레위인들이 백성들과 함께 기뻐했다(25절) ⑤ 제사장들과 레위인들이 백성을 축복했다(27절).

(3) 레위인들은 하나님이 친히 기업이 되어 주셔서 하나님께 드린 십일조로 살았으나 실제 구약시대 백성들이 십일조를 제대로 내지 않으므로 천민으로 전락했었다. 그러나 포로후기에는 백성들의 신앙이 회복되고 십일조를 온전히 드리므로 레위인들이 제 자리를 찾아 일하게 된 것이다. 이처럼 하나님 앞에 바른 믿음의 일들을 하면 모든 것이 은혜롭게 마련이다(대상 31:2~7).

25
9대 아마샤
세일 자손이 우상 경배

26
10대 웃시야
여호와를 찾을 동안은 형통

27
11대 요담의 선정
백성은 여전히 부패

28
12대 아하스의 개혁
우상숭배의 죄로
아람의 침공받음

29
13대 히스기야의 개혁
성전청결, 성전에서의 제사

30
유월절을 지킴
예루살렘에 큰 기쁨이 있음

더 살펴보기

1. 세일 자손과 에돔 사람(대하 25:11, 14)

'세일 자손'이나 '에돔 사람'은 같은 사람을 일컫는 말이다. 이들은 이삭의 후손으로서 야곱의 쌍둥이 형 에서는 세일 산에 거하였으며(창 36:8) 그들이 에돔 족속이며(창 36:9) 세일 산으로 가서 거하였으므로 세일 자손이라고도 한다. (57쪽 '더 살펴보기' 참고)

2. 남북 왕들의 동명이인(同名異人), 이명동인(異名同人)

다음 왕들이 나오는 성경 절수를 써 보시오(320~321쪽 분열왕국의 열왕들 도표 참고. 자신의 성경책 여백에 메모를 하시오).

구분	왕 이름	몇 대 왕	성경 구절
동명이인 同名異人	아하시야	남국 6대 왕	
		북국 8대 왕	
	여호아하스	남국 17대 왕	
		북국 11대 왕	
	여로보암	북국 1대 왕	
		북국 13대 왕	
	여호람	남국 5대 왕	
		북국 9대 왕	
	요아스	남국 8대 왕	
		북국 12대 왕	
동인이명 同人異名	아비야	남국2대왕	
	아비얌		
	아사랴	남국 10대왕	
	웃시야		
	여호람	북국 9대왕	
	요람		
	여호아스	북국 12대왕	
	요아스		

구약성경에 나온 유월절

히스기야나 요시야의 종교개혁으로 유월절이 중요하게 지켜졌다(30장, 35장). 유월절은 출애굽을 그 기원으로 하여(출 12:1~14) 신약시대까지 연결되었다(막 14:12 외). 구약성경에는 모두 45개 절에 '유월절'이라는 단어가 언급되어 있으며 다음과 같다(신약성경에는 30개 절).

〈출애굽기〉 12:11, 21, 27, 43, 48 (5개 절) / 〈레위기〉 23:5 (1개 절) / 〈민수기〉 9:2, 4, 5, 6, 10, 12, 13, 14,28:16,33:3 (10개 절) / 〈신명기〉 16:1, 5 (2개 절) / 〈여호수아〉 5:11 (1개 절) / 〈열왕기하〉 23:21, 22, 23 (3개 절) / 〈역대하〉 30:1, 2, 5, 15, 17, 18,35:1, 6, 7, 8, 9, 11, 13, 17, 18, 19 (16개 절) / 〈에스라〉 6:19, 20 (2개 절) / 〈에스겔〉 45:21 (1개 절).

위에서 보듯이 출애굽으로 시작한 첫 번째 유월절이 출애굽 후에도 이어져서 율법에서 그 준수에 대해 강조되었다. 유월절에 대한 기록이 유난히 〈역대기〉에 많이 나오는 것을 본다. 이것으로 보아 포로후기 신학에서 중요시한 것 중에 하나가 유월절이었음을 알 수 있다.

유월절이 〈역대하〉 30장에는 '히스기야의 종교개혁 이후'에 지켜졌고, 35장에서는 '요시야의 종교개혁 이후'에 이루어진 일로서 특별히 '성전을 정결하게 하는 개혁 의식과 유월절이 관계가 있음'을 알 수 있다. 즉 출애굽으로 인해 시작된 유월절보다 확대된 의미의 유월절이었다.

31
제사의식의 개혁
제사장, 레위인이 직임을 행하게

32
앗수르의 산헤립을 막음
우리와 함께 하시는 여호와

33
14대 므낫세
15대 아몬
우상숭배하는 부자의 연속

34
16대 요시야의 개혁
율법책을 발견하고 옷을 찢음

35
유월절을 지킴
사무엘 이후 최고의 유월절

36
17대 여호아하스
18대 여호야김
19대 여호야긴
20대 시드기야
예루살렘 성전 파멸과 바벨론 포로

역대하 31~36장

기울어지는 유다 (중요구절 대하 34:19)

제사장들이 직무를 행하도록 조치를 취했고(31장), 앗수르 왕 산헤립의 공격을 잘 막아냈다(32장). 히스기야 시대의 개혁이 계속 이어지지 못하는 므낫세와 아몬 같은 우상숭배자들이 등장하고(33장), 요시야의 개혁과 사무엘 이후 최대의 유월절을 지키므로 신앙의 회복이 있었으나 계속되지를 못했다(34~35장). 그 후 유다 역사에 가장 비극적인 예루살렘 성전의 파멸까지를 맛보며 유다는 바벨론의 포로 신세가 된다(주전 587년, 36장, 왕하 25장). 〈역대기〉의 왕들에 관한 기사는 〈열왕기〉에 비해 아주 간단하게 기록되어 있다.

1. 13대 왕 히스기야의 개혁 중에 하나는 하나님의 사역을 하는 제사장들과 레위인들의 생계대책을 세우는 일이었다(31장). 히스기야의 명령은 권위가 있었다. "왕의 명령이 내리자 곧 이스라엘 자손이 곡식과 포도주와 기름과 꿀과 밭의 모든 소산의 첫 열매들을 풍성히 드렸고 또 모든 것의 십일조를 많이 가져왔으며"(31:5) 그리고 관리와 여러 직책을 따라 나눠주기를 잘하였고 하나님의 일꾼들은 만족하게 먹었고 하나님을 찬송하였다. 배고프면서 일하기는 힘든데, 오늘날 이 땅의 사역자들 중에 어떤 이는 배불러 죽고 어떤 이는 배고파 죽는 문제가 있다. 하나님은 나누시기를 원한다.
2. 14대 왕 므낫세의 악정은 무려 55년간 계속되었다. 북국 이스라엘의 멸망이 하나님을 배반하고 언약을 파기하며 우상숭배한 결과(왕하 17장)라는 것을 알면서도 우상숭배를 하였다. 심지어 히스기야가 헐어버린 산당을 재건하는가 하면(33:3), 성전 안에 일월성신의 제단들, 아로새긴 목상을 세웠다(33:5,7). 이는 멸망의 길로 내 달리는 결과를 빚어 유다의 재기는 어려워졌다. 놀라운 것은 그의 선왕(先王) 히스기야는 선한 왕인데 왜 아들은 그 모양인지? 하는 의아함을 갖는다.
3. 18대 왕 요시야 시대 힐기야 제사장이 성전을 수리하다가 발견한 율법책을 서기관 사반이 가지고 와서 왕 앞에서 읽는다. "왕이 율법의 말씀을 듣자 곧 자기 옷을 찢더라"(34:19)고 그 반응을 소개하고 있다. 말씀을 듣는 자는 언제나 찔림을 받는 것이 당연하다. 오순절에 베드로의 설교를 들은 예루살렘 사람들이 "마음에 찔려…… 우리가 어찌할꼬"(행

2:37) 하며 회개를 했지만, 찔림의 역반응도 있어서 스데반의 설교를 들은 사람들도 마음에 찔림을 받았지만 오히려 스데반을 돌로 쳐죽였다(행 6:54~60). 바른 마음의 찔림을 통해 하나님의 은혜를 받아야 한다.

더 살펴보기

1. 북국 이스라엘의 멸망과 그 후의 유다 (대하 36장, 왕하 17장, 25장)

(1) 남국의 12대 왕 아하스가 통치하던(주전 735~715) 시대인 721년에 북국 이스라엘은 19대 왕 호세아를 마지막으로 앗수르에게 멸망하여 앗수르의 포로가 된다(왕하 17장). 이 역사적 사건을 유대 중심의 〈역대기〉에서는 기록하지 않고 있다. 다만 동시대 남국 아하스 왕은 기록되었다(대하 28장).

(2) 앗수르는 강성해져서 그 힘을 몰아 이제는 남국 유다마저 정복하려고 산헤립 왕이 쳐들어 왔다(주전 701년). 히스기야는 이를 물리친다(대하 32장). 그러나 앗수르의 '산헤립 각주(角住)'에는 오히려 산헤립의 선전이 기록되어 있다. (342쪽 참고)

(3) 훗날 앗수르는 바벨론에게 점령당하고(612년), 바벨론은 유다를 정복하고 포로로 잡아간다(587년 - 왕하 25장, 대하 36장). 포로가 됐던 유다는 바사(페르시아)가 바벨론을 정복하면서 해방된다(538년) (대하 36:22~23, 스 1장). 이렇듯이 유다 민족의 역사는 주변의 나라들에 의하여 운명지어 지는듯하지만 그 배후에는 하나님의 섭리가 있었다. 특히 죄의 결과임을 〈열왕기〉 기자는 분명하게 지적한다.

히스기야의 지하수로 비문 (대하 32:30)

한 소년이 실로암 못에서 수영을 하다가 발견한 이 비문은 히스기야의 사적을 확실하게 보여준다. 이 수로의 발견은 성경의 역사성을 더욱 확실하게 해주었다.

다음은 히스기야 지하수로의 비문 중 일부이다

"…… 또 이것이 그 수로를 뚫은 이야기니라. (석수들이 그들의) 연장으로 작업을 할 때에 각기 그의 동료를 향하여 마주 보고 파들어 가더니 관통하기 전 삼 규빗 남았을 때 한 사람이 그의 동료를 부르는 소리가(들렸으니) 이는 그 오른편에 갈라진 틈이 있음이라 …… 또 관통하는 날에 석수들이 상대편 동료를 만나기 위하여 연장과 연장을 마주 대하여 파들어갔더라. 그리고 나서 샘에서 못끼지 물이 흐르니 그 길이가 일천 이백 규빗이요 석수들의 머리 위에 있는 암반의 두께가 백 규빗이었더라."

2. "기혼 샘을 실로암 못으로" (대하 32:30)

– 히스기야의 지하수로

(1) "히스기야가 또 기혼의 윗 샘물을 막아 그 아래로부터 다윗 성 서쪽으로 곧게 끌어들였으니"(대하 32:30)는 히스기야의 업적 중에 큰 업적으로 〈열왕

기하〉 20:20에는 "저수지와 수도를 만들어 물을 성 안으로 끌어들인 일"로 같은 내용을 기록하고 있다.

(2) 히스기야의 지하수로의 실체는 1880년 한 소년이 실로암 못에서 수영을 하는 중에 비문을 발견하므로 드러났다. 즉 성 밖에 있는 기혼 샘물을 전쟁 중에도 성 안의 물 공급에 문제가 없도록 지하수로를 파서 실로암 못으로 끌어들였다. 암반의 형세를 따라 곡선을 그리며 약 600m가 뚫려 있다. 학자들은 이 수로를 '히스기야의 지하수로'라고 이름하였다.

예루살렘 성내의 실로암 못
히스기야 왕은 기혼 샘물(천연)을 실로암 못(인공)으로 물을 끌어들이는 수로를 건설했고 오늘날까지 있다.

3. 요시야를 애도하는 예레미야(대하 35:25)

종교개혁자 요시야 왕이 죽었을 때 "예레미야는 그를 위하여 애가를 지었으며 모든 노래하는 남자들과 여자들은 요시야를 슬퍼 노래하며"(35:25)에서 말하는 '애가'는 현재 보존되어 있지 않은 것이며, 〈예레미야애가〉를 말하는 것이 아니다. 예레미야는 요시야를 긍정적으로 평가했다(렘 22:15~19).

BIBLE

성경 질문지

역대하 1~6장 솔로몬의 성전 건축

제1장 [지혜를 구한 솔로몬]
다음 물음에 답하시오.

1. 솔로몬 당시에 기브온 산당에는 무엇이 있었나?(1~3) -

2. 솔로몬이 회막 앞에 있는 놋제단에 이르러 무엇을 드렸나?(4~6)
-

3. 1) 솔로몬이 하나님께 구한 것은 무엇이며?(7~13)
   -

   2) 하나님이 실제로 솔로몬에게 주신 것들은?(12~13)
   -

4. 다음 물음에 답하시오(14~17).
   1) 솔로몬의 병거의 수 -
   2) 미병의 수 -
   3) 왕이 돌 같이 흔하게 한 것 -
   4) 평지의 뽕나무 같이 많게 한 것 -
   5) 애굽에서 사온 병거 하나의 값 -
   6) 말의 값 -

제2장 [솔로몬의 성전건축 준비]
다음 (　　)안에 말을 적어 넣어 성구를 완성하시오.

1. (　　　절) (　　　)의 이름을 위하여 (　　　)을 건축하고, 자기 (　　　)를 위하여 (　　　) 건축하기를 결심하니라.

2. (　　　절) 내가 건축하고자 하는 성전은 (　　　), 우리 하나님은 모든 신들보다 (　　　).

3. (　　　절) 나를 위하여 (　　　)을 많이 준비하게 하소서. 내가 건축하려 하는 성전은 (　　　) 것이니이다.

4. (　　　절) (　　　)에서 당신의 쓰실 만큼 (　　　)하여 떼를 엮어 (　　　)에 띄워 (　　　)로 보내리니 당신은 재목들을 (　　　)으로 올리소서.

5. (　　　절) 이스라엘 땅에 사는 (　　　) 사람들을…… 이제 솔로몬이 다시 조사하매 모두 (　　　) 명이라.

제3장 [솔로몬의 성전건축]
다음 (　　)안에 알맞는 말을 적어 넣으시오.

1. 솔로몬이 성전을 건축하기 시작한 예루살렘 모리아 산의 역사적인 사건을 찾아보자(1~2)
   1) (창 22장) - (　　　　　)이 그의 아들 (　　　)을 번제로 드리려고 갔던 곳.
   2) (삼하 24장, 대상 21장) - (　　　)이 오르난의 (　　　) 마당을 사서 제사를 드린 곳.

2. 성전건축의 부분별 내역을 살펴 보라.
   1) 성전(지대) (3~7절) :
   길이 (　　　규빗), 너비 (　　　규빗),
   낭실 : 길이 (　　　규빗), 높이 (　　　규빗)
   2) 지성소(8~14절)
   (　　　)을 새겨 만들어 (　　　)으로 입혔다. 그룹의 날개 하나의 길이는 (　　　규빗)

으로 두 그룹의 날개 길이가 (　　규빗)이다.

3) 성전 앞에 두 기둥을 세웠는데 그 이름과 뜻은?(15~17절)

오른쪽의 것 (　　　; 이름의 뜻 -　　　　)

왼쪽의 것 (　　　; 이름의 뜻 -　　　　)

역사서

역대하

제4장 [성전기구 제작]

다음은 무엇에 대한 설명인지 이름을 쓰시오.

1. 길이가 20규빗, 너비가 20규빗, 높이가 10규빗으로 놋으로 만든 것은? -

2. 지름이 10규빗으로 그 모양이 둥글고 높이는 5규빗, 각 규빗에 열마리의 소 형상이 주위에 둘렸으며 제사장들이 씻기 위한 것은?(2~6) -

3. 후람이 만든 것들은?(4장 전체, 부속적인 장식은 제외) -

(* 1규빗은 보통 45cm 정도인데 성전이나 왕실에서는 1규빗을 약 50cm로 더 크게 사용했다.)

제5장 [언약궤를 전으로 들임]

다음의 말의 틀린 이름에 =줄을 긋고 맞게 고치시오.

1. 여호와의 언약궤를 시온에서 솔로몬이 메어 올렸다(1~4).

→

2. 궤 안의 두 돌판은 이스라엘과 언약을 세울 때 다윗이 호렙에서 넣은 것이다(5~10).

→

3. 모세가 구름으로 말미암아 서서 섬기지 못함은 여호와의 영광이 전에 가득함이었다(11~14).

→

제6장 [솔로몬의 봉헌 기도]

다음의 말이 맞으면 O표, 틀리면 X표 하시오. 관계 절수를 쓰시오.

1. (　　　절) 여호와의 말씀하신 대로 다윗을 대신하여 솔로몬이 성전을 건축했다(1~11).- (　　　)

2. (　　　절) 솔로몬의 기도의 자세로 무릎을 꿇고 손을 모으고 했다(12~17).- (　　　)

3. (　　　절) 주께 범죄하여 적국에게 패하여 돌아와 성전에서 빌면 사하여 주소서(18~25).- (　　　)

4. (　　　절) 범죄함으로 말미암아 비가 오지 않는 벌을 받을 때 기도해도 비를 내리지 마옵소서(26~31).- (　　　)

5. (　　　절) 적국으로 더불어 싸우고자 할 때 기도를 들으시고 그 일을 돌보시옵소서(32~42).- (　　　)

역대하 7~12장 솔로몬의 통치와 왕국 분열

제7장 [하나님의 응답]

다음 물음에 답하시오.

1. 솔로몬의 기도에 하나님은 불로 응답했는데 다음의 경우는 누구 때에 응답하신 것인가?

   1) 레 9:24 -
   2) 왕상 18:38 -
   3) 삿 6:21 -
   4) 대상 21:26 -

2. 이스라엘 백성은 무엇으로 말미암아 기뻐하며 즐거워했는가?(4~10)

   -

3. 재앙의 때에 어떻게 하면 하나님이 죄를 사하고 고쳐 준다고 하셨나?(11~18)

   -

4. 율례와 명령을 버리고 다른 신들을 섬겨 경배하면 어떻게 하리라고 하셨나?(19~22)

   -

제8장 [왕국의 업적]
다음 서로 관계 있는 것끼리 연결하시오.

1. 솔로몬이 성전과 궁궐을 건축한 기간은? • • 가)
2. 다 멸하지 못해서 남은 자 자손들 • • 나)
3. 군사와 지휘관의 우두머리, 병거와 마병 지휘관 • • 다)
4. 바로의 딸로서 솔로몬의 아내가 되었으나 • • 라)
5. 제사장과 레위 사람들이 무슨 일에든지 • • 마)
6. 바닷길로 오빌에 이르러 • • 바)

가) 다윗의 왕궁에 거하지 못함
나) 역꾼을 삼음
다) 이십 년
라) 왕이 명한 바를 어기지 않음
마) 금 450 달란트를 가져옴
바) 이스라엘 자손

제9장 [스바여왕의 방문]
다음 물음의 답 하시오.

1. 스바 여왕이 예루살렘에 온 행적과 관계 있으면 O표, 아닌 것에는 X표 하시오(1~12).
   1) 시종들이 많고 향품, 금, 보석을 싣고 왔다. (　　　)
   2) 솔로몬의 지혜를 시험하러 왔다. (　　　)
   3) 자신이 들은 소문의 절반 수준임을 알게 되었다. (　　　)
   4) 하나님 여호와를 송축했다. (　　　)
2. 다음에서 금으로 만든 것에는 O표, 아닌 것에는 X표 하시오 (13~21)
   1) 큰 방패 (　　　)　　2) 작은 방패 (　　　)
   3) 큰 보좌 (　　　)
   4) 솔로몬의 마시는 그릇 (　　　)
3. 왕의 배가 다시스에서 삼 년에 한 번씩 실어 온 것에는 O표 아닌 것에는 X표 하시오(13~21)
   1) 금, 은(　　　)　　2) 상아 (　　　)
   3) 원숭이 (　　　)　　4) 사자 (　　　)
   5) 공작 (　　　)　　6) 말 (　　　)
   7) 의복 (　　　)
4. 솔로몬이 모든 왕을 다스린 지역은 어디인가?
   -
5. 솔로몬이 예루살렘에서 온 이스라엘을 다스린 기간은 얼마인가? - (　　　년)

제10장 [남북 왕국의 분열]
다음은 누구에 관한 설명인지 쓰시오.

1. 애굽에서 돌아와 온 이스라엘과 함께 르호보암 왕께 건의한 사람.(1~11) -
2. 백성을 후대하여 기쁘게 하고 선한 말을 하도록 자문을 한 사람들.(1~11) -
3. 아비지보다 멍에를 더 무겁게 하고, 전갈 채찍으로 하라고 자문을 한 사람들.(1~11)
   -
4. 왕의 잘못된 결정은 누구로 누구에게 이르신 말씀을 응한 것인가?(12~15)
   -
5. 솔로몬을 이어 왕이 되어 악정을 하기로 결정을 한 어리석은 왕은?(16~19) -

제11장 [북국 여로보암 왕의 악행]
다음 물음에 답하시오.

1. 유다와 베냐민이 이스라엘 치기를 포기한 이유는?(1~12)
   -
2. 르호보암이 방비하는 성읍들을 건축하고 저축한 것은?(1~12) -
3. 이스라엘의 제사장과 레위 사람들이 예루살렘으로 돌아온 이유는?(13~17)
   -

역사서 역대하

4. 르호보암은 아내 (　　　), 첩 (　　　), 아들 (　　　), 딸 (　　　)이 있었다(18~23).

제12장 [1대 왕 르호보암]
다음 성구에서 (　) 부분을 써서 완성하고 절수를 적으시오

역사서 역대하

1. (　　　절) 르호보암의 나라가 (　　　)하고 세력이 강해지매 여호와의 (　　　)을 버리니 온 이스라엘이 본받은지라.

2. (　　　절) 여호와께서 이같이 말씀하시기를 너희가 나를 (　　　) 나도 너희를 버려 (　　　)의 손에 넘겼노라.

3. (　　　절) 그들이 스스로 (　　　)하였으니 내가 멸하지 아니하고 저희를 조금 (　　　)하여 나의 노를 시삭의 손을 통하여 예루살렘에 쏟지 아니하리라.

4. (　　　절) (　　　) 왕 시삭이 올라와서 (　　　)을 치고 (　　　)보물과 (　　　)의 보물을 모두 빼앗고 솔로몬의 만든 (　　　)도 빼앗은지라.

5. (　　　절) 르호보암이 왕위에 나갈 때에 나이가 (　　　) 세라. 예루살렘 성에서 (　　　) 년을 다스리니라. 르호보암의 아머니의 이름은 (　　　)요 (　　　) 여인이었더라.

6. (　　　절) 르호보암이 (　　　)을 행하였으니 이는 그가 (　　　)를 구하는 (　　　)을 굳게 하지 아니함이었더라.

역대하 13~18장 유다 왕들과 주변 국가들

제13장 [2대 왕 아비야의 통치]
다음 물음에 답하시오.

1. 아비야에 대하여 다음 물음에 간단히 답하시오.
   1) 북쪽의 여로보암 몇 년에 남쪽의 왕이 되었나? -
   2) 예루살렘에서 다스린 기간은? -
   3) 어머니의 이름은? -
   4) 선왕(先王) 르호보암과의 관계는? -

2. 유다와 이스라엘의 전쟁에 관하여 물음에 답하시오(2~3, 13~22).
   1) 군사의 수
   ① 유다(아비야) - 　명
   ② 이스라엘(여로보암) - 　명
   ③ 이스라엘의 죽은 자 - 　명
   2) 유다의 승리의 비결은?(14,18) -

3. 여로보암이 금송아지를 만든 후 제사장을 어떻게 세웠나?(4~9절을 읽고 간단히 쓰시오)
   -

4. 남국 유다는 여호와를 어떻게 섬겼나?(10~12절을 읽고 간단히 쓰시오)
   -

제14장 [3대 왕 아사의 선정]
다음 (　/　)에서 맞는 것에 O표, 틀린 것은 두 줄로 지우시오.

1. (　　절) 아사가 대신하여 왕이 되니 그의 시대에 그 땅이 (10 / 40)년 동안 (전쟁 / 평안)하니라.

2. (　　절) 이방 제단과 산당을 (없애 / 양성하)고 (주상 / 성전)을 깨뜨리며

3. (　　절) 우리가 (우상 / 주)를 찾았으므로 주께서 우리에게 주위에 (평안 / 전쟁)을 주셨느니라.

4. (　　　,　　　절) (애굽 / 구스)사람 세라가 그들을 치려하여…… 여호와께 (부르짖어 / 묵상하며) 이르되 강한 자와 약한 자 사이에는 주밖에 (도와줄 이 / 피할 이)가 없사오니 우리 (하나님 여호와여 / 강한 군대여) 우리를 도우소서. 우리가 주를 (의지 / 배척)하오며

제15장 [아사 왕의 개혁운동]
다음은 누가 한 말이나 행위인지 그 신분과 이름을 쓰시오.

1. 너희가 여호와와 함께 하면 여호와께서 너희와 함께 하실지라.-

2. 예언을 듣고 가증한 물건들을 온 땅에서 없애고 여호와의 제단을 재건한 왕 -

3. 마음을 다하여 맹세하고 뜻을 다하여 여호와를 찾는 자들 -

4. 아세라의 가증한 목상을 만들었으므로 태후의 자리를 빼앗긴 자 -

제16장 [아사 왕의 실정]
다음 물음에 답하시오.

1. 아사 왕 제36년에 어디의 왕 누가 유다를 치러 올라왔나?(1~6) -

2. 아람 왕 벤하닷의 도움을 얻으려고 아사가 보낸 것은?(1~6)
-

3. 왕이 아람 왕을 의지하고 여호와를 의지 아니하였음을 책망한 선견자는?(7~10)
-

4. 선견자의 말에 대한 아사의 태도는?(7~10)
-

5. 아사가 병들었을 때는 어떻게 하였나?(11~14)
-

제17장 [4대 왕 여호사밧이 강성해지다]
다음의 말이 맞으면 O표, 틀리면 ×표 하시오.

1. 여호사밧은 다윗의 처음 길로 행하여 바알들에게 구하고 하나님께 구하지 아니했다(1~5). (　　　)

2. 여호사밧은 왕이 된 지 3년에 방백들(지방 장관들)로 여러 성읍에서 가르치게 했고, 레위 사람과 함께 제사장을 보내어 모든 성읍으로 두루다니며 가르치게 하였다(6~9). (　　　)

3. 블레셋에서는 짐승 떼를, 아라비아에서는 은으로 조공(朝貢)을 바쳤다(10~19). (　　　)

4. 군사의 수효가 많았는데 베냐민에 속한 엘리아다는 활과 방패를 잡는 자를 거느렸다(10~19). (　　　)

제18장 [여호사밧과 아합]
다음은 누가 한 말인지 그 이름을 쓰시오.

1. 나는 당신과 다름이 없고 내 백성은 당신의 백성과 다름이 없으니 당신과 함께 싸우리이다(1~3). -

2. 여호와의 말씀이 왕이 이것(철로 만든 뿔)들로 아람 사람을 찔러 진멸하리라 하셨다(4~11).
-

3. 내 하나님께서 말씀하시는 것 곧 그것을 내가 말하리라. 여호와께서 거짓말하는 영을 왕의 선지자들의 입에 넣으셨고 또 여호와께서 왕에게 대하여 재앙을 말씀하셨나이다(12~22).
-

4. 이 놈을 옥에 가두고 내가 평안히 돌아올 때까지 고난의 떡과 고난의 물을 먹게 하라(23~27).
-

5. 너희는 작은 자나 큰 자나 더불어 싸우지 말고 오직 이스라엘 왕하고만 싸우라(28~34).
-

6. 내가 부상하였으니 네 손을 돌이켜 나를 진중에서 나가게 하라(28~34). -

역대하 19~24장 요시야의 성전 수리

제19장 [여호사밧이 예후의 책망을 받다]
다음 물음에 답하시오.

1. 예후가 여호사밧을 책망한 내용과 선한 일은?(1~3)

1) 책망한 일 -
2) 선한 일(칭찬 받는 일) -

2. 여호사밧이 각 성에 재판관들을 세우고 어떻게 재판하라고 했나?(4~7)
7절 -

3. 예루살렘에서 사람을 세워 여호와께 속한 일과 예루살렘 주민의 모든 재판은?(8~11)
9절-

4. 다음 일은 누가 맡아 다스렸나?(8~11)
1) 여호와께 속한 모든 일 -
2) 왕에게 속한 모든 일-
3) 백성들의 관리 -

제20장 [여호사밧이 모압을 격퇴]
서로 관계 있는 것끼리 연결하시오.

1. 모압 자손, 암몬 자손, 마온 사람이 • • 가)
2. 여호와께로 낯을 향하고 간구하고 • • 나)
3. 주의 손에 권세와 능력이 있사오니 • • 다)
4. 큰 무리를 우리가 대적할 능력이 없고 • • 라)
5. 이 전쟁에는 너희가 싸울 것이 없나니 • • 마)
6. 레위 사람들은 서서 심히 큰 소리로 • • 바)
7. 하나님 여호와를 신뢰하라 견고히 서리라 • • 사)
8. 여호사밧이 왕이 될 때 35세라 • • 아)
9. 여호사밧이 나중에 아하시야와 교제 • • 자)

가) 능히 주와 맞설 사람이 없나이다
나) 오직 주만 바라보나이다
다) 여호사밧을 치고자 함이더라
라) 온 유다 백성에게 금식하라 공포
마) 하나님 여호와를 찬송하니라
바) 여호와가 구원하는 것을 보라
사) 아하시야는 심히 악을 행하는 자
아) 선지자들을 신뢰하라 형통하리라
자) 25년을 다스림, 어머니는 아수바

제21장 [5대왕, 여호람의 통치]
다음 물음에 답하시오.

1. 남북 분열 후에 본 장까지 나타난 유다의 다섯 왕의 이름을 써보자.
1) 9:31~11장 - 2) 12:16~13장 -
3) 14~16장 - 4) 17~21장 -
5) 21장 -

2. 여호람이 왕위에 오른 후에 누구를 죽였나?(1~5)
-

3. 아합의 집과 특별한 관계를 가진 것은 무엇인가?(6~7)-

4. 누가 배반하여 유다의 수하에서 벗어났는가?(2개 처, 8~10) -

5. 여호람이 창자에 중병이 들어 죽은 것은 누구의 예언대로 되었나?(11~20) -

6. 여호람의 재물, 아들들, 아내들이 누구에게 탈취 당했는가?(16~20) -

제22장 [6대왕, 아하시야의 통치]
다음은 누구에 관한 말인지 이름을 쓰시오.

1. 여호람의 막내 아들로서 42세에 왕이 되어 일 년을 다스린 자 -

2. 오므리의 손녀요 아합의 딸이며 아하시야의 어머니로 육 년간 나라를 다스린 자 -

3. 아하시야는 어느 집의 가르침을 따랐나? -

4. 아하시야가 요람을 문병 갔다가 사마리아에 숨었을 때 찾아서 죽인 자 -

5. 아달랴가 왕의 씨를 진멸할 때 아하시야의 아들 요아스를 구해낸 자 -

제23장 [7대왕, 왕권 찬탈자 아달랴]
성경을 읽으며 빈칸을 채우고 절수를 쓰시오.

1. (절) 제 (   )년에 제사장(   )

가 용기를 내어 (　　　) 곧 여호람의 아들 아사랴와…… 시그리의 아들 엘리사밧 등으로 (　　　)을 세우며

2. (　　　절) 여호와께서 (　　　)의 자손에게 대하여 말씀하신 대로 (　　　)가 즉위하여야 할지니

3. (　　　절) 무리가 (　　　)을 인도하여 내어 (　　　)을 씌우며 (　　　)을 주고 세워 왕을 삼을새 여호야다와 그의 아들들이 그에게 (　　　)을 붓고 이르기를 (　　　)이여 만세수를 누리소서 하니라.

4. (　　　절) 이에 (　　　)가 옷을 찢으며 외치되 (　　　)이로다 반역이로다 하매

5. (　　　절) 온 국민이 (　　　)의 신당으로 가서 그 신당을 (　　　) 그 제단들과 (　　　)들을 깨뜨리고 그 제단 앞에서 (　　　)의 제사장 (　　　)을 죽이니라.

6. (　　　절) 모든 백성이 (　　　)하고 성중이 (　　　)하더라. 아달랴를 무리가 (　　　)로 죽였더라.

제24장 [8대왕, 요아스의 통치]
다음 물음에 간단히 답하시오.

1. 요아스 왕(7세에 즉위)이 성전을 재건한 이유는?(1~7) -
2. 성전 공사를 마친 후 남은 돈은 무엇에 사용되었나?(8~14) -
3. 제사장 여호야가 죽은 후에 유다와 예루살렘에 진노가 임한 이유는?(15~19)
   -
4. 제사장 여호야다의 아들 스가랴가 어떻게 죽었나?(20~22) -
5. 아람군대와 요아스의 신복들은 요아스에게 각각 어떻게 했나(23~27) -

역대하 25~30장 히스기야의 성전 회복

제25장 [9대왕 아마샤의 통치]
다음의 말이 맞으면 O표, 틀리면 ×표 하시오.

1. 아마샤 왕은 여호와 보시기에 정직하게 행하였고 온전한 마음으로 행하였다(1~5). - (　　　)
2. 부왕을 죽인 신하들은 죽였으나 그 자녀를 죽이지 않은 것은 율법대로 한 것이다. - (　　　)
3. 이스라엘 군대 십만 명을 은 백 달란트로 고용하였으나 하나님의 사람의 책망을 듣고 그들을 고향으로 돌려보내고 아마샤가 담력을 내어 세일 사람을 무찔렀다(5~13). - (　　　)
4. 아마샤가 세일 자손의 신들을 가져다가 경배하고 분향한 후에 이스라엘 왕 요아스와 대적하여 크게 승리하였다(14~28). - (　　　)

제26장 [10대왕 웃시야]
성경을 읽으면서 서로 관계되는 곳을 연결하시오.

1. 웃시야는 여호와 보시기에 정직하게 행함 • • 가)
2. 산과 밭에 농부와 포도원 다스리는 자 둠 • • 나)
3. 강성하여지매 교만하여 악을 행함 • • 다)
4. 웃시야가 제사장에게 화를 낼 때 • • 라)

가) 여호와의 성전 향단에서 분향하려 함
나) 스가랴가 사는 날에 하나님을 찾음
다) 농사를 좋아함이너라
라) 향단 곁 제사장들 앞에서 나병이 생김

제27장 [11대왕 요담]
다음 물음에 간단히 답하시오.

1. 다음 본문에 나오는 유다 왕들의 이름을 적어보자.(* 1~5대 왕은 앞에서 찾아 보았음)

6대) 22:1~	7대) 22:10~
8대) 24:1~	9대) 25:1~
10대) 26:1~	11대) 27:1~

2. 요담 왕의 신앙과 당시의 백성은?(2절)

-

3. 요담 왕이 건축한 것들은?(3~4) -

4. 암몬 자손과 싸워 이기고 매년 받은 조공은 얼마인가?(5~9) -

제28장 [12대왕, 아하스의 악행]
다음 물음에 간단히 답하시오.

1. 아하스 왕이 행한 악행에 대해 간단히 쓰시오. (1~4, 22~25)

-

2. 죄의 결과로 어느 나라의 공격을 받았나?(5~7)

-

3. 이스라엘이 유다인 포로를 돌려보낸 것은 무엇이 임박하였기 때문인가?(8~15)

-

4. 앗수르왕에게 도움을 위해 재물을 주었으나 그 결과는?(16~21) -

제29장 [13대왕 히스기야의 개혁]
다음 빈칸에 알맞은 말을 적으시오.

1. (　　~　　절) 여호와 보시기에 (　　) 행하여 (　　) 첫째달에 여호와의 전 문들을 열고 (　　)하고 제사장들과 (　　)들을 광장 동쪽 광장에 모으고

2. (　　~　　절) 이스라엘의 하나님 여호와와 더불어 (　　)을 세워 그 (　　)를 우리에게서 떠나게 할 (　　)이 내게 있노니 내 아들들아 이제는 (　　) 말라.

3. (　　절) 첫째달 (　　)에 성결하게 하기를 시작하여 그달 (　　)에 여호와의 (　　)에 이르고 또 (　　) 동안 여호와의 전을 (　　)하여 첫째달 (　　)에 이르러 마치고

4. (　　~　　절) 레위 사람은 (　　)의 악기를 잡고 제사장은 (　　)을 잡고 서매 히스기야가 명령하여…… (　　) 드리기를 시작하는 동시에 여호와의 (　　)로 노래하고 나팔을 불며

5. (　　절) 이 일이 (　　) 되었으나 (　　)께서 백성을 위하여 (　　)하셨으므로 히스기야가 백성을 위하여 더불어 (　　)하였더라.

제30장 [유월절 절기를 지키다]
다음 물음에 답하시오.

1. 본문 1~5절을 읽고 다음 물음에 답하시오.
   1) 율법에 정한 유월절은 언제이며(출 12:18)
   -
   2) 어떤 경우에 2월에 유월절을 지킬 수 있었나? (민 9:6~11)
   -

2. 보발꾼(步撥軍)이 유월절을 지키라는 왕과 방백들의 편지를 전했을 때 그 반응은?(6~12)
   1) 에브라임, 므낫세, 스불론의 대부분 사람들~

   2) 아셀, 므낫세, 스불론 중에서 몇 사람~

   3) 유다 사람들~

3. 많은 무리가 어긴 규례는? (13~22, 참고: 출 12:35~39) -

4. 유월절 절기를 통하여 그들에게 다 함께 있었던 것은?(13~27, 특히 25~26절) -

역대하 31~36장 기울어지는 유다

제31장 [제사의식의 개혁]
다음의 말이 맞으면 O표, 틀리면 X표 하시오.

1. 유월절 절기를 마치고 유다와 여러 성읍의 주상을 깨뜨리며 우상을 제거하였다(1~10).(　　)

2. 제사장들과 레위 사람들 몫의 음식은 주지 않았으나 여호와의 율법에 힘쓰게 했다. (　)

3. 백성들이 드린 소산물과 십일조의 더미가 쌓임은 여호와께서 백성에게 복을 주셨음이다. (　)

4. 지성물은 누구에게나 나누어 주었다(11~21). (　)

제32장 [산헤립의 침공을 물리치다]
다음 각 항의 지시대로 하시오.

1. 다음에서 앗수르의 산헤립의 침공에 대한 히스기야의 대책에 O표, 아닌 것은 ×표(1~8).
   1) 성 밖의 물 근원을 막음 (　)
   2) 무너진 성벽을 보수 (　)
   3) 병기와 방패를 폐기 처분 (　)
   4) 군대지휘관들로 백성을 거느리게 함 (　)
   5) 여호와가 우리를 대신하여 싸우시리라고 위로 (　)
   6) 앗수르에 친선단을 파견(　)

2. 산헤립이나 그의 신복들이 한 말들의 요지와 관계가 없는 것은?(9~19)
   1) 히스기야가 산당들을 제하고 한 제단에서만 경배하라 했으나 내 손에서 건져낼 수 없다.
   2) 히스기야에게 속지 말라 꾀임을 받지 말라 그를 믿지도 말라.
   3) 신하들은 여호와 하나님과 히스기야를 비방하지는 않았다.
   4) 하나님을 비방하기를 사람의 손으로 지은 세상 사람의 신들을 비방하듯 했다.

3. 다음 히스기야에 관한 사항 중에 틀린 것은? (20~33)
   1) 히스기야와 선지자 이사야가 함께 하나님께 기도했더니 한 천사를 보내 주셨다.
   2) 산헤립의 군대로부터 구원받은 후에 히스기야가 모든 나라의 눈에 존귀하게 되었다.
   3) 히스기야가 마음의 교만을 뉘우치지 않아서 여호와의 진노가 생전에 임하였다.
   4) 기혼의 윗 샘물을 막아 그 아래부터 다윗 성 서쪽으로 곧게 끌어들였다.

제33장 [14대 므낫세, 15대 아몬의 통치]
다음 묻는 말에 답하시오.

1. 히스기야의 아들 므낫세가 행한 우상숭배들에 대해 간단히 쓰시오(1~9).

   -

2. 하나님 여호와는 성전에 무엇을 두리라고 약속하셨나?(4, 7절, 6:6)

   -

3. 1) 므낫세가 여호와의 말씀을 듣지 아니하다가 당한 일은?(10~11)

   -

   2) 환난을 당한 후에는 어떻게 되었나?(12~13)

   -

4. 므낫세가 유다를 명령하여 여호와만 섬기라 했으나 백성들은 어떻게 했나?(14~20)

   -

5. 아몬 왕이 그의 아버지 므낫세의 악함보다 더함은 무엇인가?(21~25)

   -

제34장 [16대 요시야의 개혁]
다음 단락의 제목으로 알맞은 것을 보기에서 찾아 적으시오.

> **보기**　율법책의 발견 / 요시야의 개혁 / 여선지자 훌다의 예언 / 여호와의 전 수리 / 요시야의 우상제거 / 여호와 앞에서 언약

1. 34장의 제목 →　　　2. 1~7 →

3. 8~13 →　　　4. 14~21 →

5. 22~28 →　　　6. 29~33 →

역사서 역대하

역사서

역대하

제35장 [유월절을 지키다]

다음 물음에 답하시오.

1. 유월절 양은 언제 잡았나?(1~8) -

2. 레위 사람에게 어깨에 메지 말고 솔로몬이 건축한 전 가운데 두라고 한 것은? -

3. 아삽의 자손들의 직임은 무엇인가?(10~15)~

4. 유월절 제사에 이어 무슨 절기로 며칠 간 지켰나?(16~19) -

5. 애굽왕 느보가 올라와서 실제 치려고 한 곳은?(20~27) -

6. 누가 요시야를 위하여 애가를 지었나?(20~27) -

제36장 [17대 여호아하스, 18대 여호야김, 19대 여호야긴, 20대 시드기야의 통치]

1. 여호아하스(1~4)
   1) 왕위를 폐하고 벌금을 내게 한 나라는? -
   2) 통치한 기간은? -

2. 여호야김(5~8)
   1) 어느 나라 누구에게 잡혀갔나? -
   2) 함께 가져가서 자신들의 신당에 둔 것은? -

3. 여호야긴(9~10)
   1) 여호와 보시기에 어떠했는가? -
   2) 누구에 의해 잡혀갔나? -

4. 시드기야(11~21)
   1) 선지자 누구의 말을 듣고도 겸비치 않았나? -
   2) 백성들이 여호와의 사신들에게 어떻게 했나? -
   3) 하나님의 전은 어떻게 되었나? -

5. 선지자 예레미야의 예언은 무엇이었나?(36:21~23, 렘 25:12절 이하, 29:10이하) -

6. 유다 예루살렘으로 돌아와 성전을 건축하라고 해방령을 내린 왕은 어느 나라 누구인가?(대하 36:22~23, 스 1:1~2) -

[역대하 정리]

다음 본문에 나오는 남국 유다의 역대 왕들의 이름을 적어 보자.

1. 9:31~11장 -
2. 12:16~13장 -
3. 14~16장 -
4. 17~21장 -
5. 21장 -
6. 22:1~9 -
7. 22:10~23장 -
8. 24장 -
9. 25장 -
10. 26장 -
11. 27장 -
12. 28장 -
13. 29~32장 -
14. 33:1~20 -
15. 33:21~25 -
16. 34~35장 -
17. 36:1~4 -
18. 36:5~8 -
19. 36:9~10 -
20. 36:11~21 -

※주전 587년 바벨론에 멸망

에스라 | 역사서 |

Ezra

제목에 대한 해설

히브리어 성경에서 〈에스라〉와 〈느헤미야〉는 한 권이었으나 후에 불가타역(Latin Vulgate, 주후 5세기경 제롬에 의한 라틴어역)에서 두 권의 책으로 나뉘게 되었다. 이는 〈에스라-느헤미야〉의 경우 두 권의 책은 하나로 명명하였으나(〈제2에스드라서〉, 2 Esdras), 불가타역에서 이 두 권의 책이 각각 〈제1, 제2 에스라〉(1, 2 Ezra)라고 불렸다. 동시에 〈역대하〉 36:22~23의 끝 부분과 〈에스라〉 1:1~3의 내용이 거의 일치하고 있음을 본다. 이는 〈역대기〉와 〈에스라〉가 연속성을 가진 책이라고 할 수 있는 근거를 제시해 주는 것으로 이해해 왔다.

불가타역의 〈에스라〉라는 명칭을 오늘날까지 계속 사용해 오고 있다. 이러한 명칭은 본서의 저자를 에스라로 인정해 왔고, 동시에 본서의 중심인물로서 바벨론으로부터 예루살렘으로 돌아와 예루살렘 재건에 매진하는(스 7~10장) 모세의 율법에 익숙한 학사이며 제사장인 '에스라'의 이름에서 따온 것이다.

저자 및 저작 연대

본서에는 명확한 자료는 없고 문장도 1인칭, 또는 3인칭 주어의 관점에서 전개되기 때문에 저자를 말할 수 없으나 전통적으로 '에스라'를 저자로 보아 왔다. 에스라는 아닥사스다 1세(주전 464~424년) 즉위 7년인 주전 458년에 2차로 귀환하여(7:8) 8~10장에 기록된 여러 가지 개혁을 추진하였다. 또한 10:6에 에스라가 엘리아십의 방에 들어갔다는 구절이 있는데, 엘리아십은 대제사장으로서 느헤미야와 동시대 인물이다(느 3:1, 20). 그러므로 본서가 기록된 연대는 느헤미야가 바사 왕실로부터 귀국한 주전 445년(3차 귀환) 이후로 보이며 에스라는 느헤미야가 활동하던 시기까지 생존하였으므로(느 8:1~9, 12:36) 에스라 생애 말기에 기록한 것으로 보인다.

한편 에스라의 귀환이 주전 458년이 아닌 428년, 또는 아닥사스다 1세가 아닌 2세로 보아 주전 398년에 귀환했다는 주장들이 있으나 주전 458년의 귀환설에 무게를 두고 있다.

역사적 배경

바벨론 포로 후의 기록인 〈에스라〉, 〈느헤미야〉, 〈에스더〉에는 역사적 순서로 보면 고레스, 다리오, 아하수에로, 아닥사스다 1세 등 네 명의 바사 왕들이 나온다. '고레스'는 바사(페르시아) 제국을 일으키고 원년에 유다인들에게 해방을 공포했고(1:1). 이 때 스룹바벨의 인도로 1차 귀환하고(2:1), '다리오' 왕 6년에 성전을 봉헌한다(6:15~16). 6~7장 사이에는 시간적 간격이 있는데, 당시 왕은 '아하수에로'이며 그때에 에스더 사건이 일어난다(에 1~10장). '아닥사스다' 왕 7년에 2차로 에스라가 귀환하여(스 7:1, 8) 개혁을 시도한다. 그 후 아닥사스다 20년에 느헤미야가 3차로 귀환하여 무너진 성벽을 재건하여 봉헌한다(느 1:1, 2:1, 6:15, 12:27).

교훈과 메시지

(1) 고레스의 귀환령(해방령)

주전 538년에 내려진 바사 왕국의 귀환령은 유다 포로 뿐 아니라 당시 바사 전역에 있던 포로민들에게 내려진 귀환령이었다. 이는 하나님께서 하신 말씀의 성취로서 70년이 되었다(렘 25:12). 귀환한 이스라엘에게 신앙공동체를 회복하는 기회가 다가온 것이다. 바사 왕실은 주변 약소국에 대한 정책이 과거 앗수르나 바벨론처럼 힘이 아닌 주변 국가들의 자치와 독립을 인정하고 권장함으로 바사의 조공국이 되도록 했다.

(2) 성전 재건

주전 587년(시드기야 11년, 왕하 25장, 대하 36장)에 유다가 멸망하면서 '솔로몬 성전(제1성전)'이 불타 버렸다. 바사의 고레스 왕의 해방령으로 바벨론 포로에서 538년에 돌아와 성전재건을 시도하다가 반대자들로 인해 중단되었다. 고난 끝에 주전 515년에 '스룹바벨 성전(제2성전)'을 봉헌한다.

(3) 에스라의 개혁

에스라의 활동 시기에 대한 논쟁은 있으나 일단 그가 느헤미야와 함께 사역한 것은 확실하다. 그는 이스라엘 백성들에게 율법을 가르치고 제사장과 레위인들이 하나님의 법을 어기고 있음을 책망하고 개혁을 하였다. 잡혼에 대한 개혁은 효과가 있었으나 기존 가정의 파괴로 인해 반대 세력도 있었으며 이어진 〈말라기〉의 예언은 이를 보여주기도 한다(말 2:18).

역사서

에스라

1
고레스 칙령
주전 538년 해방령

2
1차 귀환자 명단
지도자: 스룹바벨

3
성전건축 착수
제2년 2월

4
역사에 대한 반대
반대하는 일들의 종합

5
성전건축 재개
학개, 스가랴 선지자의 활동

6
성전봉헌, 다리오 6년
주전 515년 제2성전

에스라 1~6장

1차 귀환과 성전 재건(스룹바벨) (중요구절 스 1:1)

〈열왕기하〉 25장(대하 36장)에 보면 유다가 바벨론 제국에 의해 주전 587년 멸망되어 포로로 갔음을 보았다. 그들은 예레미야의 예언대로(렘 25:12) 70년간(주전 605~538년, 또는 587~515년으로 계산)의 포로 생활을 했고, 바벨론을 정복한 바사의 고레스 해방령에 의해 고국으로 돌아온다(스 1:1~3). 세 번의 귀환(주전 538, 458, 445년) 중 1차 귀환이 스룹바벨에 의해 진행되고(1장), 성전건축을 시작하나(3장) 반대자들로 인해 중단되었다가(4장), 학개와 스가랴 선지자의 예언에 힘입어(5장), 드디어 바사 왕 다리오 6년(주전 515년)에 제2성전(스룹바벨 성전)을 봉헌한다(6장).

1. 유다가 바벨론 포로 생활을 했지만 때가 이르매 "여호와께서 예레미야의 입을 통하여 하신 말씀을 이루게"(1:1) 하시므로 70년 만에 예루살렘으로 돌아오는 길이 열린다. 바벨론이 멸망하고 "바사 왕 고레스는 말하노니 하늘의 하나님 여호와께서는 세상 모든 나라를 내게 주셨고 나에게 명령하사 유다 예루살렘에 성전을 건축하라"(2절)셨다며 해방을 선언한다. 이는 유다의 독립을 선언한 것은 아니며 바사는 유다도에 총독을 파송한다. 하나님은 묶인 자들을 풀어 주시기를 원하신다. 우리 역사에 일제로부터의 해방을 주셨듯이 영적으로는 죄악으로부터 다 해방되기를 원하신다.
2. 유다가 바벨론에서 귀환하고(2:1) 이듬해(537년) 2월에 성전 재건을 위한 역사를 시작한다(3:8). 중간에 쉬게 되었지만 학개와 스가랴의 예언에 힘입어(5:1~5) 다리오 6년인 주전 515년에 성전을 봉헌한다(6:13~18). 이 성전을 '제2성전', 또는 '스룹바벨 성전'이라고 한다. 하나님의 일이 때로는 힘들고 방해도 받지만 말씀을 따라 순종하면 언젠가는 좋은 결과를 얻는다. 오늘날 우리가 건축하는 교회마다 사연이 있으나 좋은 결과들을 이루어 내는 것을 보게 된다.
3. 귀환자의 족보(계보)는 중요하여 이들의 명단을 정리한다. "바벨론으로 갔던 자들의 자손들 중에 놓임을 받고 예루살렘과 유다 도로 돌아와 각자의 성읍으로 돌아간 자"(2:1)들의 명단을 정리하는데(3~61절) 일부는 "그들의 조상의 가문과 선조가 이스라엘에 속하였는지 밝힐 수 없었

더라"(59절). 심지어 "제사장 중에는…… 이 사람들은 계보 중에서 자기 이름을 찾아도 얻지 못하므로 그들을 부정하게 여겨 제사장의 직분을 못하게 하고 …… 지성물을 먹지 말라"(61~63절)고 한다. 제사장들에게는 혈통을 정확히 입증하는 것이 중요했다. 우리의 영적 혈통은 예수님께 연결되어 있어야 한다. 성도의 명단이 생명책에 기록되어 있어야 한다(계 3:5. 20:15).

더 살펴보기

1. 〈에스라〉의 내용

〈에스라〉에서 보면 유다는 바사의 해방령으로 귀환하지만, 바사의 통치하에 있는 것이지 독립을 한 것은 아니다. 본서에 나오는 고레스, 다리오, 아하수에로, 아닥사스다 등은 모두 바사 왕이다. 성전건축이 중단되었을 때 〈학개〉와 〈스가랴〉가 성전건축을 촉구했기에(스 5:1) 두 책을 함께 읽어야 한다.

내용 분해
1~6장 - 1차 귀환 및 성전재건(스룹바벨)
7~10장 - 2차 귀환 및 율법재건(에스라)

2. 바벨론에서의 포로 생활

(1) 주전 587년, 예루살렘이 바벨론에게 멸망(왕하 25장, 대하 36장)하면서 포로민들은 끌려가는 도중에 죽기도 했고 바벨론까지 간 자들은 바벨론의 동남쪽 닙플(Nippur) 근처에 있던 그발 강가 델아빕에 정착했다(겔 3:15). 그들의 삶은 조국에서와는 달랐기에 감정에는 증오가 있었다(시 137:8~9).

(2) 그럼에도 유다인 포로들은 온건 정책을 쓴 바벨론 황실의 보호를 받으며 정치활동 이외에는 자유롭게 결혼, 예배 등을 하며 고국으로의 귀환 소망을 가졌다(시 137편). 농업에 종사하기도 했으며(렘 29:5), 상업에 종사했는데(겔 17:4) 오늘날 유다인의 상술은 이때부터 발전했다고 한다. 또한 교육하는 일도 자유로웠을 것이며 회당제도도 이때부터 발전한 것으로 본다.

고레스의 원통인장(圓筒印章, 스 1장)

바사의 통치자 고레스의 바벨론 정복에 대한 자신의 보고이다. 무혈 진격으로 탈취한 후의 개혁들을 기록하였고, 교만하게 자신을 "나는 고레스, 세계의 왕, 위대한 왕, 힘 있는 왕, 바벨론의 왕"이라고 했다. 그는 유다인을 포함한 포로민의 귀환을 허락한 왕이다. 이 인장은 1879~1882년 바벨론에서 발굴 때에 점토로 된 〈원통인장(圓筒印章), (The Cylinder)〉이 발굴되었다.

설형문자로 되어 있어서 원통을 돌려가며 읽을 수 있다. 토판에 굴리면서 인장을 사용하였다. 주전 539년 바베론을 정복한 후에 씌어진 것으로 본다. 〈대영박물관 소장〉

3. 바벨론 포로에서 유다인의 고향에 대한 희망

에스겔 선지는 자기 백성들의 모습을 생명이 없는 죽은 뼈들이 가득한 골짜기와 같다고 하였다(겔 37장). 그래서 새 새명에 대한 희망은 하나님 손에서만 하나되어 고국 땅으로 돌아간다는 메시지를 전했다(겔 37:15~23). 바벨론 왕 느브갓네살의 후계자인 '에윌므로닥'은 주전 561년에 즉위하면서 37년 전인 주전 597년에 포로로 잡혀온 여호야긴 왕을 옥에서(혹은 연금상태) 풀어 주고 왕으로 대접해 주었는데(왕하 25:27~30), 이 일은 포로민 유다인들에게 해방에 대한 희망을 안겨 주었을 것이다.

4. 세스바살과 스룹바벨은 동일 인물인가?(스 1~2장)

세스바살(1:8)과 스룹바벨(2:2)을 서로 다른 인물로 보기도 하지만, 다음의 이유를 들어 동일 인물로 보는 경우도 많다. ① 모두 지도자였다(5:14, 학 1:1, 2:2). ② 모두 성전 기초를 놓았다(3:2~8, 5:16, 학 1:14~15, 슥 4:6~10). ③ 포로된 유다인들은 바벨론 식 이름을 가졌다(단 1:7).

5. 반대는 일들의 종합(스 4장)

〈에스라〉 4장은 유다인들의 사역에 반대한 일들의 종합이다. 즉 성전건축의 반대뿐 아니라(4:1~5) 성전봉헌(6:15~16)보다도 더 뒤의 일인 〈느헤미야〉에 나온 성벽 재건 때에 반대한 일도 모아져 있다. 1~5절 이후에는 역사적 순서를 반대로 기록하였고 더구나 사건을 혼합하여 기록한 것들도 보여 본문 흐름을 잘 살피지 않으면 사건 연대(시기)에 혼란을 겪는다.

(1) 1~5절은 '고레스' 통치 때(주전 559~530년) 귀환한 유다인들이 성전을 건축할 때에 반대한 일로서 내용은 24절에서 다시 이어진다.

(2) 6절은 '아하수에로' 통치 때(주전 486~465년) 일로서 성전 봉헌(주전 515년, 다리오 6년, 스 6:15~16)이 끝난 때이므로 무엇을 고발했는지는 확정할 수 없으나 성전 재건의 후유증이나 앞으로 있을 성벽재건 등에

서 반대했던 일이 있으므로 기록자가 당시의 정치 상황적으로 묘사한 것일 수도 있다. 아하수에로는 〈에스라〉 7장 이후에 나오는 아닥사스다 이전의 왕이다.

(3) 7~23절은 '아닥사스다 1세' 통치 때(주전 465~425년) 일로서, 왕 7년에는 에스라가 귀환했고(스 7:1, 8), 왕 20년에는 느헤미야가 귀환했다(느 2:1). 본문의 내용은 성벽재건을 반대했던 일을 기록하고 있다(느 4:1~2).

(4) 24절은 '고레스' 왕 때의 일로서 성전 공사를 시작하였으나(2:8), 중단된 일을 기록한다. 즉 본문 5절에서 중단된 성전재건의 기록이 24절에서 다시 이어져서 다리오 왕 2년까지 중단된 일을 지적하는 것이다. 그런데 본문을 보면 이 일이 7~23절에 성벽재건 반대에 대한 내용과 연결되어 있어서 혼란을 주는 것은 사실이다.

5. 성전은 역사적으로 세 번 건축되고 파괴 되었다(〈에스라〉 6장)

(1) 제1성전(솔로몬 성전) - 다윗이 모든 준비를 하였고, 솔로몬 왕 제4년에 시작하여 7년이 걸렸다. 주전 950년에 성전을 봉헌한다(왕상 5~8장, 대하 3~7장). 이 성전은 주전 587년 바벨론의 느부갓네살에 의해 파괴되고 불살라진다. 그리고 유다의 귀인들은 포로가 된다(왕하 25장, 대하 36장).

(2) 제2성전(스룹바벨 성전) - 바벨론 포로에서 귀환한(주전 538년) 이듬해 성전 건축을 위해 대를 놓았으나(주전 537년) 반대자들로 인해 중단된다. 약 17년 지난 바사 왕 다리오 왕 2년부터 학개와 스가랴 예언을 힘입어 성전을 완공하고 다리오 왕 6년인 주전 515년에 봉헌한다(6장).

(3) 제2성전을 증축(헤롯 성전) - 로마가 통치하던 시대에 유다인의 왕이 된 헤롯이 이두매(에서의 후손인 에돔 족의 지역이었다가 주전 2세기에 유다에 편입되어 명목상 유대인이 됨) 출신으로 인정을 받지 못하자 유다인들의 환심을 사려고 예루살렘 성전을 증축한다. 주전 19년에 착공되어 주후 64년경 총독 알비누스 때 완공된 큰 규모다(83년 소요). 예

스룹바벨 성전(축소모형 일부)
스룹바벨 성전 또는 제2성전(솔로몬 성전을 '제1성전'이라 한다)이라고도 일컬어지는 이 성전은 다리오 왕 6년인 주전 515년에 완공되었다(스 6:15).

수님 당시에는 46년째 공사중이었고(요 2:20) 사역 말기(주후 30년경)에도 대단히 화려하여 제자들이 "성전 건물들을 가리켜 보이려고"(마 24:1) 하였다. 그러나 완공 7년 후인 주후 70년 유대 전쟁 때에 로마에 의해 파괴되어 예수님의 예언대로 되었다(마 24:1~2, 눅 21:4~5).

역사서

에스라

에스라 7~10장

2차 귀환과 율법 재건(에스라) (중요구절 스 10:4)

제2차 귀환이 에스라의 인도 하에 아닥사스다 왕 7년인 주전 458년에 있게 되므로 1차 귀환 후 무려 80년만이다(주전 538→458). 유다가 멸망했을 때(주전 587년, 왕하 25장, 대하 36장)로부터 무려 약 130년 후이므로 당연히 포로로 갔던 사람들의 후손들로 이방 땅 바사에서 출생한 유다인이다. 에스라는 금식하며 귀환 준비를 했고, 아닥사스다 왕의 도움을 받고 바벨론을 떠나 4개월 만에 예루살렘에 도착한다. 하나님의 직접적인 보호를 받았으며 귀환해서 많은 보물을 성전에 전달한다(7~8장). 하나님이 금하신 잡혼(신 7:1~5)은 에스라를 슬프게 했고, 그의 통회 자복은 큰 비(10:9)에도 불구하고 백성들이 감동을 받아 멸망의 위기에서 구원받게 한다(9~10장).

7
에스라의 소개와 왕의 조서
학자 겸 제사장
아다사스다 7년

8
2차 귀환자와 명단
에스라의 인도, 주전 458년

9
에스라의 기도
잡혼에 대한 보고

10
에스라의 개혁, 잡혼 포기
율법을 재건하는 에스라

1. 백성들의 잡혼으로 에스라가 통회 자복하며 기도했더니 여히엘의 아들 스가냐가 개혁 단행을 할 수 있도록 도와준다. "우리가 도우리니 힘써 행하소서"(10:4)라며 에스라가 말씀의 원리를 따라 소신껏 일할 수 있도록 힘이 되어 준 것이다. 에스라가 개혁을 앞두고 있을 때 스가냐의 격려와 지지는 큰 힘이 되었다. 이런 성도들이 많은 교회는 더욱 올바르게 성장하게 마련이다.
2. 에스라는 예루살렘 귀환을 앞두고 금식

바사왕	통치연대	관계성구	한일
고레스	559~530년	스 1장	해방령
캅비세스	530~522년	언급 없음	
가우마타	522년(2월)	언급 없음	
다리오 1세	522~486년	스 4:5, 24 스 6:1, 13~15	성전 재건을 도움
크셀크세스(아하수에로)	486~465년	스 4:6 에 1~10장	에스더를 왕비로 맞음
아닥사스다 1세	464~424년	스 4:7~23, 7:1, 느 2:1	에스라, 느헤미야의 귀환 도움

바사(페르시아) 왕들의 연표
바사는 주전 539년에 바벨론을 무찌르고 제국이 되었으나 주전 333년에 헬라의 알렉산더에게 멸망한다.

을 선포하고 기도했다(8:21~23) 귀환 후에도 잡혼 문제로 백성들이 죄 가운데 있자 기도하고(9장), 금식도 한다(10:6). 어려운 문제에 부딪힐 때 이렇게 금식하며 기도하는 에스라의 신앙을 오늘의 우리도 실천해야 한다. 하나님의 능력은 무한하시나 나의 지식과 경험과 방법은 한계가 있음을 인정해야 한다. 그런 사람은 기도와 금식을 위대한 힘으로 의지한다.

더 살펴보기

1. 인물 에스라에 대하여(스 7장)

에스라는 "대제사장 아론의 십육대 손…… 모세의 율법에 익숙한 학자"(7:1~4)였으며 "여호와의 계명의 말씀과 이스라엘에게 주신 율례 학자요 학자 겸 제사장"(7:11)이라 했다. 또한 "하늘의 하나님의 율법에 완전한 학사 겸 제사장 에스라"(7:12, 느 8:1, 4, 9, 13, 12:26, 36 참고). 그는 율법 연구로 하나님의 구원 역사의 흐름과 언약 성취를 깨닫고 민족적 신앙 회복을 위한 사명자로의 모습을 가졌다. 또한 바사 왕 아닥사스다의 신임을 얻는 자로 궁내의 능숙한 서기관(법무관)으로 귀환의 책임자였다(7장).

2. 2차 귀환(주전 458년)자의 수(스 8장)

주전 458년에 에스라의 인도로 귀환한 사람들의 수는 개인이 아닌 각 자손 별로 대표되는 남자의 총수 1,496명(8:2~14)과 부녀자와 어린이들(21절), 약 40명의 레위인(18~19절), 220명의 성전 수종자(느디님 사람, 20절)를 모두 합하면 적어도 5,000명은 되었을 것이다.

3. 에스라의 개혁(스 9장)

에스라가 잡혼소식(9:1~2)을 듣고 놀란 것은 이방여인들로 인한 여호와 종교의 타락을 염려한 것이지 민족적 우월 의식은 아닐 것이다. 이런 측면에서 율법은 이방 백성과의 결혼을 금하고 있다(신 7:1~5). 에스라는 과거

구약 시대의 마지막 역사 연대(B.C.)

721. 북이스라엘 멸망(앗수르)
605. 바벨론 0차(1차) 포로(다니엘, 귀족들, 단 1:1~2, 대하 36:5~6)
597. 바벨론 1차(2차) 포로(여호야긴, 에스겔, 기술자)
587. 바벨론 2차(3차) 포로(예루살렘의 파멸)
582. 바벨론 3차(0차) 포로(〈예레미야〉 52:28~30에 근거)
539. 10월 바사(페르시아)의 고레스가 바벨론 점령
538. 1차 포로 귀환(스룹바벨) : 〈에스라〉 1장
520. 학개, 스가랴 선지자의 활동. 〈에스라〉 6장
515. 제2성전(스룹바벨 성전) 완공. 〈에스라〉 6장 (참고: 제1성전은 솔로몬 성전)
492. 1차 바사: 헬라 전쟁(다리오 1세, 아토스 곶에서 폭풍으로 300척의 전함과 2만 명의 군사를 잃음)
490. 2차 바사: 헬라 전쟁(다리오 1세, 마라톤 평야에서 아테네의 중장병 밀집대전술에 패함)
480. 3차 바사: 헬라 전쟁(크셀크세스, Xerxes I-아하수에로-, 살라미스 해전에서 패배)
465. 궁정 쿠데타로 크셀크세스 사망
465. 크셀크세스의 아들 아닥사스다 1세 집권(느헤미야가 술 맡은 관원)
461. 애굽(이집트)이 바사(페르시아) 제국에 반기
458. 2차 포로 귀환(에스라): 〈에스라〉 7~10장, 1차신앙운동
445. 3차 포로 귀환(느헤미야): 〈느헤미야〉 1~13장, 성벽재건 공사와 2차 신앙운동

※ 바벨론 포로로 간 세 번의 연대(주전 605~582년)에 대해서는 서로 다른 두 가지 견해가 있으므로 모두를 제시하였다. (〈열왕기하〉 25장 '더 살펴보기'를 보라.)

를 회상하며 바벨론에 의해 노예(포로)가 되었다가 하나님의 은혜로 바사에 의해 소생하게 되어 하나님의 성전을 세우게 된 것을 회상한다(9:9). 그러기에 개혁은 더욱 절실하였고 이방인 아내를 다 내보내기를 종용한다(10:13, 19). 그러나 말라기 예언 시대에는 잡혼에 대해서 책망을 하면서도 이혼하는 것을 비난하였다(말 2:1~16).

4. 성경에 나온 월력

	성력	현행력	성경 언급	계절, 농사	절기
1	니산(아빕)	3~4월	출 12:2 느 2:1 에 3:7	춘분 늦은 비(렘 3:3) 보리 추수 시작 아마(亞麻) 추수	1일 – 종교적 신년, 민 28:11 14일 – 유월절, 출 12:18 15~21일 – 무교절, 레 23:6 16일 – 첫 수확, 레 23:10 이하
2	이알(시브)	4~5월	왕상 6:1, 37	건기가 시작됨, 일반 추수	14일 – 늦은 유월절, 민 9:10~11
3	시완	5~6월	에 8:9	이른 무화과 익음. 열매 맺음	6일 – 오순절, 레 23:25 이하
4	담무스	6~7월	겔 8:14	밀 추수, 포도 돌봄	
5	아브	7~8월		포도, 무화과, 올리브 수확	9일 – 유대인들은 성전이 파괴된 날로 기억
6	엘룰	8~9월	느 6:15		
7	티리쉬 (에다님)	9~10월	왕상 8:2	이른 비(신 11:14) 밭갈이(경작)	1일 – 나팔절, 민간력 신년, 민 29:1 10일 – 속죄일, 레 16:29 이하 15~21일 – 장막절, 레 23:34 22일 – 성회, 레 23:36
8	에쉬반 (불)	10~11월	왕상 6:38	밀과 보리 파종 겨울 무화과	
9	기슬르	11~12월	느 1:1	겨울 시작	25일 – 수전절, 요 10:22
10	데벳	12~1월	에 2:16	겨울철 우기	(산지에는 눈, 스 10:9)
11	스밧	1~2월	슥 1:7		
12	아달	2~3월	스 6:15 에 9:19	감귤류 추수	*13, 이다쉬니(윤달)가 있다. 14~15일, 부림절, 에 9:21~26

〈에스라〉 본문의 7월(8:1)은 아닥사스다 왕 20년 7월을 말하는 것이다. 아닥사스다 왕 20년 기슬르월(느 1:1)은 주전 445년 12월경이지만 같은 왕 20년 니산월(느 2:1)은 다음 해인 주전 444년 봄인 4월경이며 제7월(8:1)은 가을인 10월경이다. 아빕월(14일, 유월절), 아브월(9일, 예루살렘 파괴일), 아달월(14~15일, 부림절)을 혼동하는 경우가 있으므로 아빕월, 아브월, 아달월을 주의하라.

B I B L E

성경 질문지

에스라 1~6장 1차 귀환과 성전 재건

제1장 [고레스의 해방령]

다음 맞는 답의 번호에 O표 하시오.

1. 고레스의 해방령(주전 538년)과 관계 없는 것은? (1~11) -
   1) 예루살렘에 성전을 건축하라
   2) 바사인은 은, 금, 물건, 짐승으로 도우라
   3) 여호와의 성전 그릇을 돌려주라
   4) 여호와의 성전 건축은 자력으로 하라
2. 하나님 감동을 받고 예루살렘 성전을 건축하기 위해 나섰던 사람이 아닌 자는?(5-11)
   1) 유나와 베냐민 족장들
   2) 예레미야
   3) 제사장들
   4) 레위 사람들

제2장 [귀환자의 명단]

다음 ( )를 채우거나, 서로 관계 되는 것끼리 연결하시오.

1. "옛적에 바벨론 왕 느브갓네살에게 사로 잡혀(2:1)"란 주전 (년) 예루살렘 파멸을 말하고(왕하 25장), "예루살렘과 유다로 돌아와"란 주전 (년) 고레스의 해방령에 의해 스룹바벨의 인도로 귀환한 것을 말한다(1~2).(해당 해설 참조)
2. 제사장, 레위사람 (36~42)
   1) 여다야자손 • • 가) 128명
   2) 노래하는자들 • • 나) 973명
   3) 문지기 자손들 • • 다) 139명
3. 솔로몬 신하, 계보(호적부) 없는 자 (55~63)
   1) 솔로몬 자손의 신하들 • • 가)
   2) 이스라엘 속한 증거 없는자 • • 나)
   3) 제사장 중 계보가 없는자 • • 다)

   가) 들라야, 도비야 자손 등
   나) 하바야, 바르실래 자손 등
   다) 소대, 스바냐 자손 등
4. 1) 돌아온 회중의 합계 (명)

   2) 남종과 여종 (명)

   3) 노래하는 자들 (명)
5. 1) 드려진 금 (다릭), 은 (마네)

   2) 제사장 옷 (벌)(64~70)

   * 금 1다릭은 약 130g 즉 35돈, 은 1마네는 약 567g, 즉 150돈 가량

제3장 [성전기초를 놓다]

다음 물음에 답하시오.

1. 성전 건축에 앞서 제단을 쌓았고, 성전 기초를 놓았던 두 사람은?(1~13)

   -
2. 예루살렘 성전 기초를 놓은 때는?(8)

   -
3. 여호와의 성전 공사는 누가 감독했나?(8~9)

   -
4. 여호와의 성전 기초를 놓을 때에 다음 사람들은

어떻게 했나?(10~13)

1) 제사장들 -
2) 아삽 자손 레위 사람들 -
3) 모든 백성 -
4) 나이 많은 족장들 -

역사서 에스라

제4장 [공사에 대한 반대]
다음 ( ) 안에 알맞은 말을 넣으시오.

1. 그 땅 백성이 유다 백성의 ( )을 약하게 하여 그 ( )을 방해하되 ( ) 왕 고레스의 시대부터 바사 왕 ( )가 즉위 할 때까지 관리들에게 ( )을 주어 그 계획을 막았으며(1~6)

2. 아닥사스다 왕에게 올린 그 글의 ( )은 이러하니…… 만일 이 ( )을 건축하고 그 ( )을 완공하면 저 무리가 다시는 ( )과 관세와 통행세를 바치지 아니 하리니 결국 왕들에게 ( )가 되리이다(7~24).

제5장 [성전건축재개]
다음 사람들의 한 일이나 말과 관계되면 서로 연결하시오.

1. 학개, 스가랴 • • 가)
2. 닷드네, 스달보스내 • • 나)
3. 유다 장로들 • • 다)
4. 세스바살(또는 스룹바벨) • • 라)

가) 하나님의 성전 지대를 놓았고 계속 건축하는 자
나) 우리는 천지의 하나님의 종이라
다) 성전 건축 재개 독려(학 1:1, 슥 1:1)
라) 누가 이 성전을 건축하고 성곽을 마치게 하였느냐

제6장 [성전완공 및 봉헌]
다음 말에서 틀린 곳에 —줄을 긋고 바르게 고치시오.

1. 다리오 왕의 조서에 따라 보물전각에서 '예루살렘에 하나님의 성전을 건축하라'는 느브갓네살 왕의 조서를 발견했다(1~5).

   →

2. 유브라데 강 건너편의 세금 중에서 성전건축 경비를 주되 예루살렘 제사장의 요구는 거절하라(6~12).

   →

3. 장로들이 선지자 학개와 잇도의 권면함으로 성전 건축하는 일이 형통하였다(13~15).

   →

4. 하나님의 명령과 고레스와 다리오와 아하수에로의 조서를 따라 디리오 왕 육년(주전 515년)에 성전 일을 끝냈다. 이 성전을 스룹바벨 성전 (또는 제2성전)이라 일컫는다(13~15, 해당 해설).

   →

5. 성전 봉헌 때에 화목제를 드렸고, 첫째달 십사일에 초막절을 지켰다(16~22).

   →

에스라 7~10장 2차 귀환과 율법 재건

제7장 [에스라의 귀환 준비]
다음 말 중에서 맞으면 O표, 틀리면 ×표 하시오.

1. 에스라는 아론의 16대손으로 율법에 정통한 학자 겸 제사장이었다(1~11). - ( )

2. 바사 왕 아닥사스다 7년(주전 458년)에 귀환했는데 바벨론에서 예루살렘까지는 만 4개월 가량 걸렸다(1~10). - ( )

3. 왕과 자문관들이 성전에서 쓰일 은금을 주었고 더 필요한 것은 왕의 궁중창고에서 내다가 주도록 하되 그 한계는 22절에 나와 있다(11~26). - ( )

4. 제사장 이외의 하나님의 성전에서 일하는 자들은 조공, 관세, 통행세를 냈다(11~28). - ( )

5. 에스라는 예루살렘 귀환을 전적으로 왕의 은혜로만 알았다(27~28). - (   )

제8장 [예루살렘 귀환]

다음 물음에 해당하는 답의 번호에 O표 하시오.

1. "나와 함께 바벨론에서 올라온"(1절)이란 말에서 '나'란 누구이며 '바벨론에서 올라온'이란 몇 차 귀환인지 짝지어진 것은?(1~14)
   1) 스룹바벨 - 1차
   2) 에스라 - 2차
   3) 느헤미야 - 3차

2. 에스라가 예루살렘으로 가기 전 무리를 모아 한 일이 아닌 것은?(15~30)
   1) 레위 자손이 없기에 같이 귀환할 자들을 데려오도록 했다.
   2) 아하와 강가에서 금식을 선포하고 평탄한 길을 간구했다.
   3) 세레뱌, 하사뱌와 그 형제 10명에게 금은 그릇을 맡기었으나 그들은 그 보물을 감추었다.

3. 다음 귀환 사건 중 틀린 말은 어느 것인가?(31~36)
   1) 첫째달 12일에 아하와 강을 출발하여 예루살렘으로 향했다.
   2) 예루살렘 귀환 제 3일에 금은 기명을 제사장 므레못에게 드렸다.
   3) 이방에서 돌아온 자들은 하나님께 번제를 드렸다.

제9장 [에스라의 기도]

다음 물음에 답하거나 (   )를 채우시오.

1. 에스라가 무엇을 듣고 속옷과 겉옷을 찢고 머리털과 수염을 뜯으며 기가 막혀 앉았나?(1~4)

   - (간단히 쓰시오) :

2. 에스라는 왜 하나님을 향하여 얼굴을 들지 못한다고 했나?(5~7절 읽고 답은 6절로)

   -

3. 유다는 어느 나라에 포로가 되었었으며, 어느 나라로 인하여 소생하게 되었나?(9절, 해당 해설 참고) -

4. 기도의 내용은 5절~ (절)에 있는데 "너희 (   )들을 그들의 아들들에게 주지 말고 그들의 (   )을 너희 (   )을 위하여 데려오지 말며 그들을 위하여 (   )와 행복을 (   ) 구하지 말라"는 말씀도 기억하며 기도했다(12절).

제10장 [에스라의 개혁]

다음 누가 한 행동(말)인지 이름을 쓰시오.

1. 여호와의 성전 앞에서 울며 기도하며 죄를 자복했다(1~5). -

2. 이방 아내를 맞이하여 범죄했으나 그들을 돌려보내고 하나님과 언약을 세우고 율법대로 행할 것이라…… 우리가 도우리니 힘써 행하소서(1~5). -

3. 에스라의 명령대로 3일 내(9월 20일)에 예루살렘에 모인 사람들은?(5~9).

   - (   ) 모든 사람들

4. 잡혼문제 해결을 위해 이방 여인에게 장가든 자 조사에 반대한 대표적인 인물 두 사람은 누구인가?(9~17)

   -

5. 이방 여인을 맞이했던 자들이 그 죄로 말미암아 숫양 한 마리를 무슨 제사로 드렸는가?(18~44)

   -

역사서
에스라

느헤미야 | 역사서 |

Nehemiah

제목에 대한 해설

〈역대기〉의 히브리어 성경은 이 책의 주인공을 따라 이 책의 명칭을 〈느헤미야〉라고 부른다. 이 책은 〈에스라〉와 함께 한 권의 책이었으나 제롬의 불가타역(Latin Vulgate)에서 〈에스라〉와 분리되었으며, 후대의 성경들도 이를 따르고 있다. (자세한 것은 앞의 〈에스라〉 서론을 보라)

저자 및 저작 연대

본문의 대부분의 주어가 1인칭 단수인 것으로 보아 느헤미야가 본서의 저자일 것으로 추정된다. 따라서 본서의 내용은 느헤미야가 주전 445년에 귀환하여 유다 총독으로 활동하던 시대인 주전 445~425년 사이의 역사적 사실을 말하고 있지만 그것을 기록한 연대를 정확하게 말하기는 어렵다. 다만 느헤미야가 공직에서 은퇴한 후인 주전 421~400년경 자신의 행적을 회고하면서 기록한 것으로 추정할 뿐이다.

현대 학자들 중에는 느헤미야의 귀환 연대를 1차 귀환을 주전 465~454년, 2차 귀환을 주전 445년으로 보는 경우도 있으나 설득력이 약하다.

시대적 배경

(1) 느헤미야의 활동 시기

본서는 바사 왕 아닥사스다(주전 464~424년)의 치세를 그 배경으로 한다. 그를 〈에스라〉 7장 1절에 나오는 아닥사스다와 동일한 인물로 볼 때에, 느헤미야는 주전 458년에 귀환한 에스라보다 13년 늦은 주전 445년에 예루살렘에 귀환한다. 그가 도착했을 때에 예루살렘의 상황은 너무 황폐해 있었다. 〈느헤미야〉에는 아닥사스다 왕실보다 주변국의 반대와 음모에 맞서서 예루살렘 성벽을 재건해야 하는 어려움이 기록되어 있다. 유다가 나라의 틀을 갖추고 강해지면 주변국들이 위협을 당할 것이라 생각하여 예루살렘 재건을 반대했을 것이다.

(2) 유다의 내부적 상황

사방의 대적과 포로에서 돌아온 쓰라린 경험을 한 이스라엘 백성들은 결속이 느슨해져 있었고 의식도 부족했다. 하나님의 말씀에 대한 순종도 약하고 삶의 방향도 감각을 잃었다.

그런데 이미 성전은 재건되어 있었으나 성전이 있는 예루살렘 성내에 사는 사람은 유다 자손과 베냐민 자손 일부로서(느 11:3) 느헤미야가 등장할 때까지 적은 수의 사람만이 살고 있었다. 더구나 제사장이나 레위인마저도 성전에서 멀리 떨어진 곳에서 자신의 생계를 위하여 다른 일을 하면서 살아가고 있는 모습은 이스라엘 백성의 신앙의 피폐함을 보여 준다(느 13:10~14).

포로에서 귀환한 이스라엘 백성들은 하나님이 원하시는 길을 잃어버리고 그 길을 따르려 하지 않았으므로 그 결과 사회 전체가 황폐해지고, 신앙의 열기도 시들어 가고 있던 때가 바로 느헤미야가 활동했던 시대다.

교훈과 메시지

(1) 예루살렘 성벽의 재건

성벽 재건은 40개 구역으로 나눈 후 각 구역에 재건 담당자를 배정하여 건축하게 하므로 52일이라는 짧은 기간에 완공을 하게 되었다. 뛰어난 지도력을 가진 느헤미야와 백성들이 훼방자들의 방해에도 불구하고 단기간 내에 역사를 끝내겠다는 결집된 믿음의 힘이 하나가 되어 큰 역사를 마칠 수 있었던 것이다.

(2) 느헤미야의 종교개혁

예루살렘 성벽 재건 공사를 마친 느헤미야는 율법학사요 제사장인 에스라를 청하여 백성들에게 율법을 강론하게 하고 백성들이 회개케 하는 회개운동을 전개하고 그것은 신앙개혁과 생활개혁으로 이어진다. 특히 이방여인들과의 통혼을 금지하고 안식일을 지키게 하며 성전 제도를 회복함으로 하나님 중심으로 공동체 재건을 지향하고 있다.

(3) 개혁의 내용

10:29~39에 요약되어 있다.

이방인과 통혼 금지(10:29~30), 안식일 엄수(31상), 땅의 안식년 준수(31중), 안식년에 빚 탕감(31하), 성전제사를 위해 해마다 각 사람이 3분의 1세겔을 내기로(32~33), 해마다 정한 기한에 제단용 나무를 바치기로(34), 해마다 토지 소산의 맏물을 드리기로(35), 첫 아들과 가축의 처음 난 것을 제사장에게로(36), 십일조를 제대로 드리기로(38), 하나님의 전을 버리지 아니하기로(39) 하는 개혁을 수행하였다.

느헤미야 1~7장

3차 귀환과 성전 재건(느헤미야) (중요구절 느 1:11)

예루살렘의 형편을 들은 느헤미야는 고향을 생각하여 금식하고(1장), 아닥사스다 왕의 도움을 받아 총독 자격으로 귀환하여 형편을 살피고(2장), 성벽건축을 시작하나(3장), 대적들이 방해한다(4장). 그럼에도 불구하고 느헤미야는 개혁을 시도한다(5장). 느헤미야는 각종 반대와 살해 음모에도 불구하고 성벽 재건을 마친다(6장). 그 사이에 예루살렘에는 다스리는 자가 세워지고 예레미야는 1차 귀환자의 명단을 입수한다(7장).

1. 느헤미야는 고향소식을 듣고 금식하며 기도했다(1:1~4). 그는 바사 왕궁의 고관 자리에서 떠나 조국으로의 힘든 여행길에 오른다(2장). 느헤미야의 애국심은 하나님께나 사람들에게 크게 인정받았다. 기독교인의 애국심은 극우론이나 극좌론으로 인한 것은 언제나 위험함을 역사가 말해준다. 의와 불의를 구분할 수 있어야 하는데, 자신의 기득권 상실에 따른 반대는 하나님이 기뻐하지 않으신다(2:18~20). 느헤미야처럼 조국과 민족을 사랑함이 있어야 진정한 지도자이다.
2. 예루살렘 성벽과 여러 문들을 구약 성경 전체에서 가장 정밀하게 묘사했다(3장). 그러나 실제 위치를 정확히 모르며 일부는 발굴 결과 확인된 성벽의 몇 부분이 드러난다. 그 목록은 북동쪽에서 시계 반대 방향으로 나아간다. 본문은 성벽 건축 공사의 분담과 그 명단이 잘 기록되어 있는데, 이는 그 가문의 영광이었다. 우리가 하나님의 복음 사역에 참여하는 것은 가문의 영광이다.
3. 좋은 일에는 마귀 같은 자들이 끼어든다. 산발랏과 도비야는 도와주지는 못할망정 분노하고 비웃으며 조롱한다(4:1~3). 그러나 하나님의 백성은 의연하게 대처하며 방비하면서 소기의 목적인 성곽 건축을 성취해 간다(4:15~18). 그 방법은 "절반은 일하고 절반은 갑옷을 입고 창과 방패와 활을 가졌고"(4:16)에서 보듯이 이들이 기도만 하고 있었던 것이 아니라 일하면서 적들에게 대항했던 행동하는 사람들이었다. 우리가 선한 일을 할 때에 닥치는 시련을 두려워하지 말고 극복해야 한다.
4. 각양의 반대와 살해음모 속에서도 느헤미야의 "성벽 역사가 오십이 일(52일)만인 엘룰월 이십오일에 끝나매"(6:15)라는 것은 전적으로 '하나

1
느헤미야의 기도
허물어진 예루살렘의 소식

2
느헤미야의 귀환
주전 445년, 3차 귀환

3 4
성벽재건 및 방해에 대하여
예루살렘 성곽(성벽) 재건

5
느헤미야의 개혁
높은 이자 취하는 것을
금지시키다

6
성벽의 완공
주전 445년

7
예루살렘 통치자를 세움
〈에스라〉 2장 계보 반복(1차)

님이 이루신 것이므로' 주변 사면에 미친 효과도 괄목할 만했다. 이처럼 시련 속에서도 결실 맺는 삶은 결국 하나님의 위대하심을 증거하는 것이 된다. 그대에게 시련이 있다 할지라도 두려워하지 말고 담대히 대해야 한다.

더 살펴보기

내용 분해
1~2장 – 느헤미야의 귀환
3~6장 – 성벽재건
7~12장 – 개혁과 귀환자 명단
13장 – 느헤미야의 2차 개혁

1. 〈느헤미야〉의 내용

느헤미야와 에스라는 동시대에 활동했다(8:1~9, 12:26). 3차로 귀환한 느헤미야는 유다 민족의 정통성 회복과 순수성 유지에 온 정성을 다한다.

2. 〈에스라〉, 〈느헤미야〉에 나온 3차 귀환 정리

3차에 걸쳐 귀환한 지도자들이 한 일은 모두 '재건'이라는 용어로 정리할 수 있다.

귀환	연대(주전)	바사 왕	인도자	인도자 신분	귀환자 수	성경 기록	귀환 후 한 일
1차	538년	고레스 원년	스룹바벨	총독	약 5만 명	스 1~6장	성전 재건
2차	458년	아닥사스다 7년	에스라	학자 겸 제사장	약 5천 명	스 7~10장	율법 재건
3차	445년	아닥사스다 20년	느헤미야	총독	일부 백성	느 1~13장	성벽 재건

3. 느헤미야의 성벽 재건

(1) 느헤미야의 사역 중에 하나는 성벽 및 문을 재건하는 일이었다. 3장에 나오는 문과 망대는 1절- 양문, 함메아 망대, 하나넬 망대, 3절- 어문, 6절- 옛문, 11절- 화덕망대, 13절- 골짜기문, 14절- 분문, 15절- 샘문, 25절- 내민 망대, 28절- 마문이 나온다. 옆의 지도에서 확인하라.

(2) 옆 쪽 그림 중 점선으로 성 밖에서 성 안으로 이어진 것은 "히스기야 지하수로"(기혼 샘물을 실로암 못으로 끌어들인 일, 왕하 20:20, 느 3:16 파서 만든 못, 392쪽 참고)인 것이다.

4. 에스라와 느헤미야는 개혁을 함께했다.

(1) 에스라의 귀환(스 7장, 458년)과 느헤미야의 귀환(느 2장, 445년)은 13년 간의 차이가 있었으나 개혁하는 일을 같이 했고(8:15), 성경 기록상에도 두 책의 내용이 중복되는 것을 본다.

(2) 〈느헤미야〉 7장은 〈에스라〉 2장의 반복으로 느헤미야의 스룹바벨 인도하의 귀환자(1차 538년) 명단을 정리한 것이다(7:5, 내가 처음으로 돌아온 자의 계보를 얻었는데……)

(3) 에스라가 성곽 재건 공사 중에는 한 번도 언급하지 않다가 8장에 "학사 에스라", "제사장 에스라"(8:1~2)로 등장하는 것을 보아 에스라는 느헤미야와 함께 이스라엘을 위해 일했던, 같은 시대의 영적 지도자임을 알 수 있다

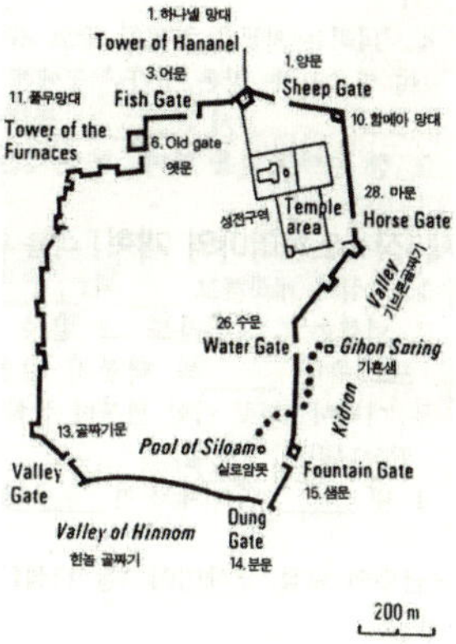

느헤미야 당시의 예루살렘

느헤미야 3장에서 성문과 망대를 준수한 기록을 상세히 볼 수 있다. (지도에서 문 이름 앞에 숫자는 성경 해당 절이다.)

역사서

느헤미야

느헤미야 8~13장

여러 개혁들(느헤미야 실록) (중요구절 느 13:31하반절)

에스라는 율법을 백성들에게 낭독했으며(8장), 백성들은 죄를 자복 하는 등 개혁의 물결은 에스라의 기도에서도 나타난다(9장). 언약에 인봉한 자들의 명단과 느헤미야의 개혁(10장), 유다와 예루살렘의 새 거주자의 명단이 신분과 함께 소개된다(11장). 또한 제사장들과 레위 사람들이 시대별로 소개된다(12:1~26). 완공된 성벽(6:15)의 봉헌식을 거행하고 모든 직책도 정상적으로 회복된다(12:27~47). 느헤미야는 일시 바사에 갔다 와서(13:6~7) 전과 유사한 개혁을 다시 한다(13장).

1. 에스라가 율법책을 낭독하니 말씀을 듣고 백성들은 기쁨과 슬픔이 뒤범벅되어 울었다(8:8~9). 오랫동안 무시되어 온 하나님의 말씀을 최고의 자리에 돌아오게 한 것에 대한 기쁨, 그리고 백성이 하나님의 뜻과 길로부터 아주 멀어져 방황한 것에 대한 슬픔이었다. 예배 시간마다 하는 성경봉독이 가슴에 와 닿는가? 성경과는 멀어지기도 하는 설교자의 극적 효과를 더 원하는가? 말씀을 듣고 "모든 백성이 곧 가서 먹고 마시며 나누어주고 크게 즐거워"(8:12) 하였다. 말씀이 곧 행함으로 나타났다. 혼자 즐기는 것이 아니라 나누어주고 즐거워하는 삶이 말씀을 듣고

8
에스라가 율법책 낭독
초막절을 지킴

9
백성의 자복과 에스라의 기도
율법의 재건(에스라 실록)

10
백성과 지도자들이 맹세
인봉한 자들의 명단, 율법 회복

11
예루살렘 거주민들
유다, 베냐민 자손

12
성곽(성벽) 봉헌식
예루살렘의 즐거워하는 소리

13
느헤미야의 2차 개혁들
바사 방문 후 여러 개혁들

깨달은 자의 삶이다.

2. "이스라엘 자손이 다 모여 금식하며 굵은 베 옷을 입고 티끌을 무릅쓰며 모든 이방 사람들과 절교하고 서서 자기의 죄와 조상들의 허물을 자복하고"(9:1~2). 즉 에스라를 큰 슬픔에 빠지게 했던 잡혼 문제 등이 에스라의 율법 낭독과 백성들의 금식과 기도로 해결을 보았다(8:1~12, 10:30).
3. 소산의 맏물, 첫 열매, 처음 난 것은 하나님의 전으로 가져다가 제사장들에게 주었다(10:35~37). 하나님의 종인 제사장들에게 주므로 이것은 레위 사람들을 위해서도 쓰였는데 율법에서 명시한 것이었고(출 23:19, 레 23:10, 민 18:12-14) 후대에도 가르쳤다(잠 3:9, 겔 20:40, 44:30, 48:14). 하나님의 일꾼들을 위해 쓰여지는 것은 곧 하나님을 위해 바쳐진 것이었다. 이것이 잘 드려질 때는 레위 사람들도 안정되었지만 그렇지 않을 때는 천민처럼 살아야 했다. 오늘도 마찬가지이다.
4. 성벽 봉헌식을 모든 사람이 감사 찬송하며 거행하니 모두 즐거워한다(12:27~43). 그날에 제사장들과 레위 사람들, 노래하는 자, 문지기 등 각 직책이 정상적으로 회복되고 사례를 율법대로 하니 오히려 백성들은 즐거워한다(12:44~47). 고여 있는 물이 썩듯이 오늘의 교회도 일하지 않고 정체되면 시끄럽다. 생명의 특징은 계속적인 성장에 있다.

더 살펴보기

1. 느헤미야의 개혁(느 10장, 13장)

느헤미야의 개혁이 10장에서는 ① 잡혼금지(10:30) ② 안식일 준수(10:31) ③ 성전세, 희생제물, 첫열매, 십일조에 관한 합당한 방법과 절차 준수(10:35~38)였다. 그런데 바사에 갔다와서도 전에 했던 것과 유사한 개혁을 한 것이 13장에 나온다. ① 성전청결 ② 안식일 준수 ③ 잡혼금지 ④ 제사장 · 레위사람 신분 회복 등의 일을 한다. 사람들은 같은 잘못을 계속 범하는 어리석음이 있기에 이미 마친 일을 다시 해야 하는 어려움이 있어서 목회사역도 같은 일의 반복이 많다.

2. 하나님의 전에 드려진 나무(느 10장)

성전에 나무를 드렸는데(10:34), 그 이유는 성소의 제단 불이 꺼지지 않게 하기 위한(레 6:12-13) 땔감이 계속해서 필요했기 때문이다. 그 당시 유다 백성들은 성전에 바칠 나무를 준비할 자들의 순서를 정하였는데, 순서는 제사장과 레위사람을 비롯한 모든 백성을 대상으로 제비를 뽑아 정하였다. 그런데 땔 나무를 드리는 것은 율법에 전례가 없는 새 규정이다(13:31).

3. 성벽 재건과 봉헌식(느 12장)

느헤미야가 귀국하여 성벽을 재건하는 과정을 보면, 3장에서는 성벽 보수하는 일이, 6장에는 완공된 일이, 그리고 12:27~43에는 성벽 봉헌식이 거행된다. 봉헌식에서는 두 행렬이 서로 반대 방향으로 성벽을 도는 식으로 거행되었다. 행렬마다 나팔을 잡은 제사장과 다윗의 악기를 잡은 레위사람들이 있었다. 첫 행렬은 에스라가 이끌었다(36절). 이들이 기뻐 찬송하며 행진을 하며 지나는 문들과 망대들의 이름을 421쪽 그림에서 찾아보라.

성곽 재건을 하는 느헤미야 (느 12:27)

느헤미야는 바사에서 예루살렘으로 돌아와 성곽재건을 주도하여 봉헌식을 거행한다. (구스타프 도레의 스케치)

4. 암몬과 모압에 대하여(느 13장)

암몬과 모압이 여호와의 회에 들어오지 못하는 것은(13:1~3) 율법에 나와 있다(신 23:3). 그들은 이스라엘이 출애굽 후 광야에서 갖가지 방법을 동원하여 이스라엘 민족을 괴롭혔던 종족이기 때문에 저주를 받게 된 것이다(민 20:14~23:20). 모압과 암몬은 아브라함의 조카 롯이 딸들을 통해 낳은 아들들로서 두 조상이 되었으니(창 19:36~38) 이스라엘과의 다툼은 결국 집안 내의 싸움이다.

역사서

느헤미야

5. 느헤미야의 행적(느 13장)

느헤미야는 예루살렘에서 12년 간 일했는데 12년째인 433년에 수사로 돌아갔다가 얼마 후 말미를 정하고 다시 돌아와서(13:6~7) 개혁들을 시도한다. 그런데 아닥사스다가 바사 왕인데도 13:6에서는 '바벨론 왕'이라고 일컫는 것은 바벨론 제국이 바사에 의하여 612년에 멸망했음에도 불구하고 그 제국의 국력과 영향력이 얼마나 컸던가를 보여준다

성경 질문지

느헤미야 1~7장 3차 귀환과 성전 재건

제1장[느헤미야의 기도]
다음 물음에 답하시오.

1. 느헤미야는 바사 1) 어느 왕 때 2) 무슨 관원이었나?(1,11)

   1) 2)

2. 하나니가 느헤미야에게 전한 유다 사람과 예루살렘 형편은 어떠했나?(1~3)

   -

3. 유다 사람과 예루살렘의 형편을 들은 예레미야는 어떻게 했나?(4~11)

   -

4. 느헤미야의 기도 중 "만일 너희가 범죄하면 내가 너희를 여러 나라 가운데에 흩을 것이요. 만일 내게로 돌아와서 내 계명을 지켜 행하면"이라는 말은 옛적에 하나님께서 누구에게 명하신 말씀인가?(4~11) -

제2장 [느헤미야의 귀환과 격려]
다음은 누가 한 말(행동)이며 몇 절에 있는 말씀인가?

보기 느헤미야 / 아닥사스다 왕 / 산발랏 게셈 / 도비야

1. (절) 어찌하여 얼굴에 수심이 있느냐 이는 필연 네 마음에 근심이 있음이로다. -
2. (절) 나를 유다 땅 …… 성읍에 보내서 그 성을 건축하게 하옵소서. -
3. (절) 왕의 삼림 감독 아삽에게 조서를 내리사 그가 성전에 속한 영문의 문과 성곽과 내가 들어갈 집을 위하여 들보로 쓸 재목을 내게 주게 하옵소서. -
4. (~ 절) 예루살렘에 머무른지 사흘만에 '그 밤에 시내를 따라 올라가서 성벽을 살펴본 후에 돌아서 골짜기 문으로 들어와 돌아온 자. -
5. (절) 우리를 업신여기고 비웃어 "너희가 하는 일이 무엇이냐"고 했던 세 사람은 누구인가? -

제3장 [성곽 건축자들]
다음 건축은 누가 했는지 연결시오.

1. 양문 •	• 가) 하스나아의 자손들
2. 어문 •	• 나) 요야다, 브소드야
3. 옛문 •	• 다) 엘리아십과 형제들
4. 화덕망대 •	• 라) 말기야, 핫숩
5. 골짜기문 •	• 마) 하눈, 사노아 거민
6. 분문 •	• 바) 골호세 아들 살룬
7. 샘문 •	• 사) 레갑의 아들 말기야
8. 성루에서 양문까지 •	• 아) 금장색과 상인들

제4장 [반대자들에 대한 방비]
다음 물음에 해당하는 사람을 쓰시오.

1. 성곽 건축 소식을 듣고 크게 분노하여 유다 사람을 비웃는 자(1~6). -

2. "그들의 건축하는 돌 성벽은 여우가 올라가도 곧 무너지리라"고 한 자(1~6). -

3. "예루살렘이 중수되어 간다"함을 듣고 예루살렘으로 가서 쳐서 요란하게 하자고 꾀한 자들은?(7~14)

   - (　　　,　　　,　　　사람들,
   　　　사람들,　　　사람들)

4. "너희는 그들을 두려워하지 말고 지극히 크시고 두려우신 주를 기억하고 너희 형제와 자녀와 아내와 집을 위하여 싸우라"는 말은 누가 누구에게 한 말인가?(7~14)

   (　　　)가 (　　　들과　　　들과에게)

5. 한 손으로 일을 하며, 한 손에는 병기를 잡은 자들(15~23)

   - (　　　　　,　　　　　)

제5장 [느헤미야의 개혁]
다음 밑줄 친 곳에 들어갈 말을 쓰고 절수도 쓰시오.

1. (　　　절) 깊이 생각하고 (　　　)과 (　　　)을 꾸짖어 그들에게 이르기를 너희가 각기 (　　　)에게 (　　　)를 취하는도다.

2. (　　　절) 너희는 그들에게 (　　　)이라도 그 밭과 (　　　)과 감람원과 (　　　)이며 꾸어준 (　　　)이나 (　　　)이나 새 포도주나 (　　　)의 백분의 일을 돌려보내라.

3. (　　　절) 아닥사스다 왕 제이십 년부터 제삼십이 년까지 (　　　) 동안은 나와 내 (　　　)이 총독의 (　　　)을 먹지 아니 하였느니라.

4. (　　　절) 내 (　　　)이여, 내가 이 (　　　)을 위하여 행한 모든 일을 (　　　)하사 내게 (　　　)를 베푸시옵소서.

제6장 [성벽 완공]
다음 물음 중 맞는 답의 번호에 O표 하시오.

1. 산발랏과 게셈이 오노 평지에서 느헤미야를 만나고자 한 것은?(1~4)

   1) 건축을 도와주고자　2) 협상하고자
   3) 해하고자　4) 예배드리고자

2. 산발랏의 봉하지 않은 편지에 느헤미야가 왕이 되고자 성을 건축한다고 한 것은?(5~9)

   1) 지어낸 말이었다　2) 사실이었다
   3) 소문이었다　4) 백성들의 요구였다

3. 느헤미야가 스마야를 찾아갔을 때 스마야가 하나님의 성전 외소 안으로 가서 문을 닫으라 한 것은?(10~14)

   1) 도와주고 살려주려고 한 것이다
   2) 뇌물을 받고 거짓 예언을 한 것이다

4. 성벽건축 역사(役事)의 기간은? 대적들과 이방 족속들이 두려워할 이유는?(15~19)

   1) 25일 - 하나님이 이루신 것을 알기 때문
   2) 52일 - 하나님이 이루신 것을 알기 때문
   3) 25일 - 백성의 단합이 알려져서
   4) 52일 - 백성들의 단합이 알려져서

제7장 [1차 귀환자]
서로 관계 있는 것끼리 연결하시오(1~4).
괄호 안에 알맞은 숫자를 넣으시오(5~7).

1. 예루살렘을 다스리게 한 자 •　　• 가)
2. 예루살렘과 유다로 돌아와 성읍에 이른 자 •　　• 나)
3. 제사장들 •　　• 다)
4. 종족, 계보가 이스라엘에 속한 증거가 없는 자 •　　• 라)

가) 여디야, 임멜, 바스훌, 하림자손
나) 들라야, 도비야, 느고다자손
다) 하나니, 하나냐
라) 스룹바벨, 예수아, 느헤미야

5. 돌아온 온 회중의 합계 (　　　명),

노비 (　　　명), 노래하는 남녀 (　　　명)

6. 보물 곳간에 드린 것 - 금 (　　　다릭), 대접 (　　　개), 제사장 의복 (　　　벌)
7. 역사 곳간에 드린 것 - 금 (　　　다릭), 은 (　　　마네), 제사장 의복 (　　　벌)

느헤미야 8~13장 여러 개혁들

제8장 [율법책 낭독]

다음 말 중에서 틀린 부분에 ━줄을 긋고 바르게 고치시오.

1. 일곱째 달 초하루에 제사장 에스라가 수문 앞 광장에서 새벽부터 정오까지 역사책을 읽었다(1~3). →
2. 에스라는 특별히 지은 강단에 섰고 손을 펼때 백성은 일어섰다(5). →
3. 에스라는 하나님을 송축하니 백성들은 할렐루야로 응답하며 몸을 굽혀 얼굴은 땅에 대고 하나님께 경배했다(4~6). →
4. 백성이 율법의 말씀을 듣고 다 우니 느헤미야는 "울지 말고 살진 것을 먹고 단 것을 마시되 준비하지 못한 자에게는 집으로 돌아가라"고 했다(7~12). →
5. 산에서 나무를 가져다가 초막을 짓고 초막절을 이레 동안 지키고 여덟째날에는 성회를 열었는데 이는 모세 이래 처음이었다(13~18). →

제9장 [백성의 자복]

다음 빈 칸에 알맞은 말과 절수를 넣으시오.

1. (　　~　　절) 이스라엘 자손이 다 모여 (　　)하며 (　　　)을 입고 (　　)을 무릅쓰며 모든 이방 사람들과 (　　)하고 서서 자기의 (　　)와 조상들의 허물을 (　　) 하고.
2. (　　절) 너희 무리는 마땅히 일어나 (　　)부터 (　　)까지 계신 너희 여호와를 송축할지어다.
3. (　　절) 주께서는 용서하시는 하나님이시라 (　　)로우시며 (　　) 여기시며 (　　) 노하시며 (　　)가 풍부하시므로 그들을 버리지 아니하셨나이다.
4. (　　절) 주의 크신 긍휼로 그들을 아주 (　　) 아니하시며(　　) 아니 하셨사오니 주는 (　　)로우시고 (　　) 여기시는 하나님이심이니이다.
5. (　　절) 이 모든 일로 말미암아 이제 견고한 (　　)을 세워 기록하고 우리의 (　　)들과 (　　) 사람들과 (　　)들이 다 (　　)을 하나이다.

제10장 [백성과 지도자들 맹세]

다음 말이 맞으면 O표, 틀리면 X표 하고 틀린 곳을 고치시오.

1. 인봉한 사람들은 방백, 제사장, 백성의 우두머리들, 선지자들이었다(1~27). - (　　)
2. 백성과 지도자들이 율법을 따라 맹세한 것들이다. O, X로 표하라(28~39).
   1) 이방인과 통혼하지 말고 안식일이나 성일에는 물품나 온갖 곡물의 거래도 않겠다. - (　　)
   2) 제 칠 년(안식년)에도 땅을 갈아 모든 빚을 탕감하겠다. - (　　)
   3) 세겔의 십분의 일을 수납하여 하나님의 전을 위하여 쓰게 하겠다. - (　　)
   4) 처음 난 것을 제사장들에게 주고…… 산물의 십일조를 레위 사람들에게 주겠다. - (　　)

제11장 [예루살렘 거주자들]

다음 물음에 답하시오.

1. 다음 사람들이 거주하게 된 곳은?(1~2)

역사서
느헤미야

1) 백성의 지도자들 -
2) 남은 백성의 십분의 일 -
3) 십분의 구 -

2. 예루살렘에 거주한 자는 어느 자손과 어느 자손인가? (3~6) -

3. 하나님의 전을 맡은 자로 힐기야의 아들이며 사독의 증손인 자는?(7~14) -

4. 레위 사람으로 기도할 때 감사하는 말씀을 인도하는 어른이 된 자는?(15~18) -

5. 예루살렘에 거하는 레위 사람의 감독이 되어 노래하는 자에게 날마다 할 일을 정하여 주는 자는?(19~33) -

제12장 [성벽 봉헌식]
다음 물음에 답하시오.

1.다음 빈칸에 알맞은 말을 써 넣으시오.(참고: 1차 귀환 스룹바벨 때 자료)

1) 스룹바벨 및 ( )를 따라 돌아온 ······ 제사장은 스라야와 ( )와 ( )와 (1~7)
2) 레위 사람의 ( )이 모두 책에 기록되었고 바사 왕 ( ) 때에 제사장도 책에 기록되었고(12~26)

2. 성벽 봉헌식을 할 때 다음 사람들이 한 일과 관계되는 것을 서로 연결하시오.

1) 제사장들과 레위 사람들(27~30) • • 가)
2) 유다의 방백들(31~34) • • 나)
3) 감사 찬송하는 자(31~34) • • 다)
4) 제사장들의 자손(35~41) • • 라)
5) 노래하는 자(42~43) • • 마)

가) 둘로 나누어 한 무리는 오른쪽 분문으로
나) 몸을 정결하게, 백성, 성문, 성벽을 정결하게
다) 내(느헤미야)가 성벽 위에 오르게 함
라) 감독은 예스라히야로 크게 찬송함
마) 나팔을 잡음

3. 제사장들과 레위 사람들에게 돌린 것으로 곳간에 쌓은 것은 무엇인가?(44~47)

-

제13장 [느헤미야의 2차 개혁]
다음 물음에 답하시오.

1. 모세의 책에 암몬 사람과 모압 사람은 하나님의 총회에 들어오지 못하게 한 이유는?(1~3)

-

2. 도비야와 관계된 물음에 답하시오(4~5, 4:3, 6장 참조)

1) 성벽건축 당시 무엇을 한 사람이며
-
2) 나중에는 성물을 두는 곳에 무엇을 갖추었으며 -
3) 이 일을 해준 제사장은 누구였나?
-

3. 느헤미야가 바사에 갔다 와서 도비야를 위하여 하나님의 전 뜰에 갖춘 방을 어떻게 했나?(6~9)

-

4. 다음 기도는 느헤미야가 어느 개혁을 한 후의 기도인지 보기에서 찾아 적으시오.

보기 ① 잡혼금지에 관한 개혁
② 하나님의 전 맡은 자에 관한 개혁
③ 안식일 준수에 관한 개혁

1) 내 하나님이여 이 일을 말미암아 나를 기억하옵소서(10~14) -
2) 나를 위하여 이 일도 기억하옵시고 주의 큰 은혜대로 나를 아끼시옵소서(15~22) -
3) 내 하나님이여 나를 기억하사 복을 주옵소서(23~31) -

에스더 | 역사서 | Esther

제목에 대한 해설

성경 가운데에 여인의 이름으로 제목이 붙여진 것은 〈에스더〉와 〈룻기〉 두 권이다. 본서의 제목은 주인공의 이름을 따라 바사 식으로 〈에스더〉로 붙였는데, 그 뜻은 '별(star)'이라는 의미다. 그녀의 히브리어 이름은 '하닷사'로 '아름다운 나무'라는 뜻이다.

저자 및 저작 연대

(1) 저자

한때 요세푸스를 비롯한 일부 랍비 집단에서 〈에스더〉를 모르드개가 저술한 것으로 주장하기도 했으나, 본서의 어디에도 저자에 대해 명확하게 언급하지 않았으므로 저자를 밝히 말할 수는 없다. 다만 본서에 기록된 사건의 발생 당시에 저자가 바사에 거주했고, 메대와 바사의 궁중 기록을 입수할 수 있었던 유다인이라고 추측할 수 있을 뿐이다(2:23, 9:20, 10:2 참고).

(2) 기록 연대

본서의 내용에 예루살렘이나 가나안과 같은 이스라엘의 지명이 전혀 나오지 않고, 이스라엘 백성이 외국 왕의 호의에 희망을 둔 사실이 기록된 것을 감안할 때 유다인이 가나안을 떠나 흩어져 살고 있던 때임을 알 수 있다. 아하수에로 왕의 치세(주전 486~465년)가 과거형으로 되어 있으므로 기록 연대는 주전 465년 이후일 것이다. 저자는 수산 궁의 구조에 대해 잘 알고 있었으나, 후일 수산 궁이 불타 없어진 사실(주전 435년)에 대해서는 알지 못하고 있으므로 저작 연대를 그 중간인 주전 464~436년경으로 추정할 수 있다.

역사적 배경

본서에 자주 나오는 아하수에로는 주전 486~465년에 바사를 통치한 크셀크세스 1세(Xerxes I)를 지칭하는 것으로 여겨진다.

바벨론 포로에서 귀환한 유다인들이 주전 515년에 제2성전을 재건한 지 33년 후인 아하수에로 잔치(주전 483년, 1:3)에서 부림절의 시작(주전 473년)까지의 약 10년을 배경으로 하고 있다.

즉 성경의 기록으로 보면 〈에스더〉는 〈에스라〉 6장과 7장 사이의 시기에 일어난 일이다.

아하수에로 통치 4년 전인 주전 490년에는 헬라와 전쟁(마르톤 전투)이 있었고, 아하수에로 통치 6년인 주전 480년에는 살라미 해전에서 헬라에게 패하였다. 그런 시대에 에스더가 왕후가 되고 민족을 구원하였다.

교훈과 메시지

(1) 하나님의 주권과 섭리에 대한 확신

〈에스더〉의 여러 곳에서는 상황 반전과 우연의 일치처럼 보이는 일들은 세상 역사와 인간의 삶을 이끌어 가시는 분이 하나님임을 은연중에 암시한다. 이 일은 하나님의 주권이며 섭리이다.

이러한 예들은 와스디의 폐위(1:10~12)나, 에스더가 신분을 속이고도 왕후가 되는 장면(2:17), 금식기도를 한 후 "죽으면 죽으리라"며 왕 앞에 나갔을 때의 결과(4:15~17), 왕의 호의로 에스더가 잔치를 벌일 수 있게 된 일(5:1~4), 이로 인해 동족 유다인이 죽음을 면하게 한 일 등이다.

한편 모르드개의 일도 우연처럼 보이는 하나님의 섭리로 이루어진다. 모르드개가 왕의 생명을 구한 일에 대한 궁중일기를 왕이 나중에 보게 되며 이 일로 왕에게 인정을 받게 되는 것이다(6:1~11).

(2) 반드시 이루어지는 하나님의 구원

모르드개는 에스더의 결단을 촉구하고(4:14) 하나님의 구원이 어떠한 방법으로든 이루어질 것을 말한다. 이는 에스더의 마음을 움직였고 유다인들과 더불어 3일간 금식을 한 후 목숨을 걸고 아하수에로 왕 앞으로 나가 하나님의 구원이 이루어지는 계기를 마련한다. 〈에스더〉는 이러한 전개를 통하여 하나님께서 결과적으로 바사 왕궁의 왕후가 된 에스더를 민족 구원의 도구로 선택하셨음을 보여 준다. 이는 하나님께서 강대 제국의 힘 앞에서 자기 백성을 어떻게 구원하시는지를 실감나게 보여 주는 것이다.

(3) 부림절의 기원과 성격

이스라엘의 역사 속에서 부림절의 기원은 율법(토라)의 규정이나 이스라엘이 아닌 이방 땅 바사에서 생겨난 것이요, 성경에서 〈에스더〉에만 나온다. 오직 유다인이 죽음의 위기로부터 하나님의 구원의 역사로서(9:17~19) 에스더와 유다인들이 금식하며 하나님께 부르짖은 것을 강조함으로 부림절은 단순히 민족 구원의 세속적 차원의 절기로부터 신앙적인 차원의 절기로 변형시킴과 동시에 이스라엘의 종교적인 전통 안으로 끌어들이고 있다.

에스더 1~5장

죽음 앞에 놓인 유다인 (중요구절 에 4:16)

아하수에로 왕 3년에 제국의 황제로서 큰 잔치를 베풀고 왕후 와스디는 왕명 따르기를 싫어하여 폐위된다(1장). 아하수에로 왕 7년, 왕후를 선발할 때에 유다인 에스더는 왕후가 되고, 에스더의 사촌 모르드개는 왕의 생명을 구하는 공적을 세운다(2장). 하만이 지위가 높아지자 유다인에 대한 감정을 갖고 아하수에로 왕 12년에 유다인 전멸 계획을 세운다(3장). 에스더는 '죽으면 죽이리라'며 민족 구원에 나선다(4장). 에스더는 왕을 위한 잔치를 배설하여 민족을 구할 기회를 얻고자 하고, 이 잔치에 초대되어 온 하만은 극도의 교만에 빠져 모르드개를 죽이고자 장대를 준비한다(5장).

역사서

에스더

1
폐위된 와스디
아하수에로의 잔치
(주전 483년)

2
왕비가 되는 에스더
왕의 생명을 구한 모르드개

3
하만의 승진
유다인 말살 음모

4
금식을 하는 유다인
죽으면 죽으리이다

5
연회 베푼 에스더
교만한 하만

1. 바사에 살던 유다인 모르드개는 "전에 바벨론 왕 느부갓네살이 예루살렘에서 유다 왕 여고냐와 백성을 사로잡아 갈 때에 모르드개도 함께 사로잡혔더라"(2:6)라는 기록처럼 주전 587년에 포로로 잡혀 온 사람이라고 한다면 나이가 너무 많기 때문에 그 후손으로 본다. 비록 이방에 산다해도 신앙의 절개를 지켰고 고아가 된 에스더를 친딸처럼 키워 이방에서 왕비가 되고 민족을 구원하게 했다.
2. 죽음에 직면한 유다인들은(3:6, 13) 금식하고(4:1~3), 왕후가 된 에스더는 왕의 부름이 없이 왕 앞에 나가면 죽는데도 불구하고 "죽으면 죽으리라"(4:16)며 왕 앞에 나가 왕의 은혜를 입는다(5:1~6). 어려운 문제는 이처럼 기도하며 죽기를 각오하면 사는 길이 열린다.
3. 유다인 모르드개는 "왕의 내시 빅단과 데레스 두 사람이 원한을 품고 아하수에로 왕을 암살하려는 음모를 꾸미는 것"을 왕후 에스더에게 알려 왕을 구하고 '궁중 일기'에 기록 된다(2:19~23). 이 일은 훗날 하만이 유다인을 멸하려는 계획을 가졌을 때 "왕이 …… 역대 일기를 가져오라"(6:1~9)하여 읽히므로 왕은 모르드개의 공적을 인정하고 특별 대우를 한다. 공적을 세운 일이 언젠가는 그 열매가 있듯이 인생에서 준비한 모든 것들이 때를 만나면 좋은 결과로 나타난다.
4. 〈에스더〉를 바벨론 포로 때보다 훨씬 후대인 헬라통치 때의 '묵시문학'으로 보기도 한다. 묵시문학이란 박해받는 성도를 격려하기 위해 핍박을 이겨나가 승리하는 모습을 보여주는 형식으로 상징들을 많이 사용하는 〈다니엘〉, 〈요한계시록〉을 들 수 있다. 하만의 박해에서 유다인들

이 구원받는 이 과정에서 '하나님', '여호와'라는 단어가 나오지는 않지만, 독자들은 보이지 않는 손이 역사하는 것을 발견한다. 우리 눈에 보이지 않아도 하나님이 배후에서 섭리하심을 체험하는 것이 믿음이다.

더 살펴보기

1. 〈에스더〉 내용

〈에스더〉는 유다 민족 전체를 말살하려는 하만의 음모에 관한 이야기와 그 일이 수포로 돌아간 사건의 전모를 들려주고 있다(부림절의 기원). 다른 책과 달리 '여호와', '하나님'이라는 말이 단 한 번도 사용되지 않았으나 그 바탕에 면면히 흐르는 정신에는 '여호와의 자기 계시'를 볼 수 있다.

내용 분해

1~2장 – 바사 왕국의 왕비가 된 에스더
3~5장 – 하만의 유다인 멸살 계획
6~7장 – 음모가 드러난 하만을 처형
8~10장 – 유다인들이 구원받은 부림절

2. 바사 제국과 〈에스더〉의 위치에 대하여(에 1장)

(1) 주전 559년 고레스(스 1:1)는 바벨론의 동쪽 지방에서 발흥하여 550년에 메데제국을 복속 시켰으므로 그의 나라는 종종 '메데 바사제국'(에 1:19, 단 6:8, 12)이라고 부른다. 곧이어 고레스는 바벨론을 주전 539년에 멸망시켰는데 당시 바벨론 제국의 통치자는 나보니더스(섭정왕은 벨사살)로서 바벨론의 멸망과 벨사살의 죽음을 성경에서 볼 수 있다(단 5:1~31, 대하 36:20). 바벨론의 멸망과 바사의 고레스가 이스라엘을 예루살렘으로 귀환시키는 임무를 이사야 선지자는 예언했다(사 44:28, 45:1).

(2) 〈에스더〉의 역사적인 위치는 〈에스라〉 6장과 7장 사이이다. 즉 〈에스라〉 6장의 성전 봉헌 때는 다리오 6년으로서 주전 515년이다. 그리고 〈에스라〉 7장의 아닥사스다 7년은 458년이다. 그런데 에스더가 살던 시대의 아하수에로(크셀크세스, Xerxes Ⅰ세) 왕은 주전 486~465년에 바사를 통치하였다. 그러므로 〈에스더〉는 〈에스라〉 6장과 7장 사이의 시대임을 알 수 있다. (부록 '성경 한눈에 익히기' 참고)

바사 왕 아하수에로의 설화석고(雪花石膏) 단지
아하수에로(크셀크세스)의 이름이 고대 바사 및 바벨로니아 설형문자, 이집트 상형문자로 새겨져 있어, 아하수에로 왕이 어느 방백에게 준 하사품으로 여겨진다.(할리카르낫수스의 묘에서 출토)

3. 하만은 누구인가?(에 3장)

(1) 모르드개와와 감정적인 문제로 모든 유다인을 죽이려는 하만을 "그 후에 아하수에로 왕이 아각 사람 함므다다의 아들 하만의 지위를 높이 올려 함께 있는 모든 대신 위에 두니"(에 3:1)에서 보면 하만을 '아각 사람'이라 한다.

(2) 하만의 고향이 '아각'인지, 아니면 그 조상 중에 대표적인 인물이 '아각'인지는 알 수 없다. 전통적인 해석에서는 통일 왕국의 초대 왕 사울에게 사로잡혔던 아말렉 왕 아각(삼상 15:8)의 자손을 일컫는 말로 보기도 한다. 그렇게 본다면 하만(이방 백성, 바사)과 모르드개(하나님의 백성, 이스라엘)의 대립은 그 옛날 아각(이방 백성, 아말렉)과 사울(하나님의 백성, 이스라엘)의 대결의 재현으로 볼 수 있다.

(3) 이 싸움에서 하만은 모르드개를 처형할 때 달아매 죽이려고 준비한 장대에 자신이 달려 죽고(7:8~9) 유다인들은 구원을 얻으므로 이방에 대한 유다인의 승리를 보여준다(9:16).

에스더 6~10장

구원받은 유다인(부림절) (중요구절 에 9:31)

멸망 위기에 있던 유다인들이, 왕이 '역대 일기'를 읽으므로 상황은 역전되어 하만은 모욕을 당하고 모르드개는 영광을 얻는다(6장). 두 번째 잔치에서 에스더는 왕에게 상황을 이야기해서 민족을 구할 계기를 만드니 하만은 자기가 세운 기둥에 달려 죽게 된다(7장). 조서는 다시 내려져 유다인은 구원받고(8장) 오히려 유다인을 죽이려 했던 자들은 죽임을 당한다. 대적의 손에서 구원받음을 기뻐하여 이날을 '부림절'이라 한다(9장). 모르드개는 존귀한 자가 되고 유다인은 권익을 얻는다(10장).

1. 하나님의 섭리란 인간의 지혜로선 예측하지 못한다. 왕이 잠이 오지 않도록 하시고 궁중일기(宮中日記)를 읽도록 섭리하신다. "그날 밤에 왕이 잠이 오지 아니하므로 명령하여 역대 일기를 가져다가 자기 앞에서 읽히더니" 오래 전 모르드개의 업적을 기리게 한다. 이 일로 모르드개뿐 아니라 온 유다인이 구원을 받게 되었다(6:1~2). 이처럼 하나님의 섭

리란 예측불허이지만 당신이 기도하고 하나님께 맡긴 만큼의 결과를 얻는다. 하나님께서 사용하시는 방법은 다양하다.

2. 모르드개를 죽이고자 세운 나무(장대)에 자신이 매어 달려 죽게 되는 하만(7:9~10)은 "악인은 칼을 빼 죽이려 하나 오히려 그들의 양심을 찌르게 된다"(시 37:14~15)는 말씀을 기억하게 한다. 교만한 자는 제 꾀에 걸려 넘어진다. "사람이 마음으로 자기의 길을 계획할지라도 그의 걸음을 인도하시는 이는 여호와시니라"(잠 16:9)고 하셨으므로 언제나 여호와의 인도를 받아야 한다.
3. 유다인들이 죽음에서 구원을 받자 "유다인이 칼로 그 모든 대적들을 쳐서 도륙하고 진멸하고…… 또 수산에서 오백 명을 죽이고"(9:5~6). 이런 행위가 잔혹했던 것으로 보인다(9:5~16). 한편 이는 하나님의 공의와 보호가 그렇게 철저한 것임을 보여주는 것이기도 하다. 성도는 하나님의 공의를 깨닫고 의의 생활을 하며 승리하게 하시는 여호와와 능력으로 사는 것이다.
4. 〈에스더〉의 특징 중에 하나는 본문 가운데 '하나님'이라는 단어가 한 번도 등장하지 않았음에도 그 배후에는 하나님의 섭리가 면면히 흐르고 있음을 발견한다. 특히 부림절의 기원('더 살펴보기' 참조)에서 보듯이 제비뽑기를 하나님이 섭리하셨던 것이다. 포로로 끌려 온 백성으로서 경멸받았던 "모르드개가 아하수에로 왕의 다음이 되고"(10:3) 유다인 중에 존대하는 자가 되었다는 것이 〈에스더〉의 끝부분이다. 포로민의 후손으로서 냉혹한 삶을 살았던 유다인들에게 위안과 희망이 되었을 것이다.

6
굴욕 당하는 하만
궁중 일기를 읽는 왕

7
에스더의 둘째 날 잔치
장대에 달려 죽은 하만

8
모르드개의 영광
왕의 반지를 받음
유다인의 영광

9
원수를 진멸함
부림절의 기원

10
존귀하게 된 모르드개
왕 다음가는 권세

더 살펴보기

1. 이스라엘 백성이 겪은 고난(에 3장)

바사에서 하만에 의하여 온 유다인이 죽음 직전에 놓인 이 일은 바사에서 에스더뿐 아니라 애굽에서도(출 1:15~16) 그런 적이 있었고, 예수님이 이 땅에 오셨을 때 유대에서 헤롯이 2살 이하의 아기를 죽이도록 한 때도 있었다(마 2:13~18). 그러나 하나님의 선한 섭리는 끊어지지 않고 보호하심은 계속되었다(롬 8:28). 그러기에 메시아의 족보는 이어져 왔고 구속사의 흐름을 보게 되는 것이다.

2. 부림절의 기원(에 9장)

(1) 9장 후반에는 부림절의 기원에 관한 기사이다. '부림'이란 제비뽑기의 복수형으로 하만이 유다인 살해를 꾀했을 때 "아하수에로 왕 제십이년 첫째달 곧 니산월에 무리가 하만 앞에서 날과 달에 대하여 '부르' 곧 제비를 뽑아 열두째달 곧 아달월을 얻은지라"(에 3:7)에서 비롯된 것이다. 사람이 제비뽑은 것이 사람의 계략을 초월하여 하나님의 제비뽑기가 되었다.

(2) 모르드개는 각처의 유다인들에게 편지를 써 보낸다. "이 달 이 날에 유다인들이 대적에게서 벗어나서 평안함을 얻어 슬픔이 변하여 기쁨이 되고 애통이 변하여 길한 날이 되었으니 이 두 날을 지켜 잔치를 베풀고 즐기며 서로 예물을 주며 가난한 자를 구제하라"(9:22) 하였다. 하나님께서 자신들을 대신하여 복수를 해 주셨음이 축제의 기쁨이요 이날을 즐기며 구제를 행하므로 감격을 표하였다.

3. 구약의 역사서에 대한 이해

구약의 역사는 〈에스더〉까지이지만 성경이 그 뒤에 또 있기에 역사적으로 후기의 사건으로 착각하기 쉬우나 모두 역사서 이내의 한 지점들의 사건이다.(예를 들자면 〈이사야〉는 〈열왕기〉 시대인 주전 700년경). 다만 〈말라기〉(느헤미야 바로 뒤 시대인 듯) 이후 약 400년 간의 공백을 '중간시대'라 한다.

바벨론을 무찌르고 제국이 된 바사(페르시아)는 주전 538년에 유다인들에게 해

다리오 왕 시대의 화려한 페르세폴리스 (고대의 바사제국)

페르세폴리스의 다리오 왕의 궁전으로 조공 드리는 행렬의 실제 규모와 그 화려함이 부조에 잘 나타나 있다.

방을 주었다(스 1장). 그러나 바사는 주전 333년 헬라에게 망한다. 유다는 헬라의 지배를 받다가 주전 165년에 마카비 가문의 혁명으로 헬라에게 더럽혀진 성전을 회복(수전절, 요 10:22)하고 독립의 기틀을 마련하였다가 주전 143년 독립을 하여 약 80년간의 독립을 누렸다. 그러나 주전 63년 부터는 로마의 지배를 받는다. 그러기에 예수님이 오셨을 때 유다는 로마 지배하에 있었던 것이다. (중간시대에 대해서는《성경핵심전과2》를 보라.)

역사서

에스더

B I B L E

성경 질문지

에스더 1~5장 죽음 앞에 놓인 유다인

제1장 [폐위된 와스디]

다음 물음 중 맞는 답의 번호에 O표 하시오.

1. 아하수에로 왕과 관계 있는 것에는 O표, 관계 없는 것에는 X표 하시오(1~8)
   1) 수산궁에서 즉위 (   )
   2) 127지방을 다스림 (   )
   3) 잔치를 베풂 (   )
   4) 음식이 모자람 (   )
2. 와스디와 관계 있는 것에는 O표, 관계 없는 것에는 X표 하시오(9~12)
   1) 여자들을 위해 잔치를 베풂 (   )
   2) 아리따움 (   )
   3) 왕명을 순종 (   )
   4) 왕후 폐위됨 (   )
3. 와스디의 폐위 이유는 무엇인가? 해당 번호에 O표 하시오.
   1) 왕이 화가 나서
   2) 왕후의 행위 소문이 퍼지면 일반인도 남편을 멸시할까봐
   3) 예의가 없어서
   4) 왕이 새로운 왕비를 탐해서

제2장 [왕비가 된 에스더]

다음 (/) 안의 것에서 맞는 것에 O표, 틀린 것에는 =로 지우시오.

1. 모르드개는 (유다 / 베냐민) 자손으로 전에 바벨론 왕 (아하수에로 / 느브갓네살)에게 사로잡혀 왔었다(1~7).
2. 에스더는 부모가 (있고 / 없고) 용모가 곱고, 아리따운 (처녀 / 과부)라. 그의 부모가 죽은 후에 (모르드개 / 하만)가(이) 자기 (아내 / 딸) 같이 양육했다(5~7).
3. 궁녀를 주관하는 헤개가 에스더를 (싫어하여 / 좋게 보고) 은혜를 베풀고, 에스더는 자기 (이름 / 민족)과 (종족 / 신분)을 말하지 아니했다(8~11).
4. 왕이 모든 여자보다 에스더를 더욱 (사랑 / 미워)하므로 왕의 앞에 더욱 (시기 / 은총)을 얻고 (왕후 / 비빈)로 삼아 잔치를 베풀었다(12~18).
5. 모르드개는 원한을 품고 왕을 (암살 / 독살)하려는 (두 / 한) 사람을 처단하게 하므로 그 일이 왕의 (개인 일기 / 궁중 일기)에 기록됐다(19~23).

제3장 [유다인 말살음모]

다음 말 중 맞는 것에 O표, 틀린 것에 X표 하시오.

1. 하만의 지위를 높인 사람은 아하수에로 왕이었다(1~6). - (   )
2. 모르드개는 유다인으로 하만에게 꿇지도, 절하지도 아니했다(1~6). - (   )
3. 하만은 유다인 중 모르드개만 죽이고자 했다(1~6). - (   )
4. 하만은 유다인 진멸에 대한 조서를 얻고자 왕에게 은 10만 달란트를 바쳤다(7~11). - (   )
5. 아하수에로 왕 12년, 12월 곧 아빕월 13일에 모

든 유다인을 죽이고 재산을 탈취하라는 조서를 각 도에 보내 준비하도록 했다(7, 12~15). - (　　　)

제4장 [죽으면 죽으리라]
다음 (　　) 안에 들어갈 말을 성경에서 찾아 넣으시오.

1. (　　　　절) 왕의 조서가 각 지방에 이르매 (　　　)이 크게 (　　　)하여 (　　　)하며 (　　　)며 부르짖고 (　　　) 베옷을 입고 (　　　)에 누운 자가 무수하더라(1~3).

2. (　　　　절) 남녀를 막론하고 부름을 받지 아니하고 (　　　)에 들어가서 (　　　)에게 나아가면 오직 (　　　　) 법이요. 왕이 그 자에게 (　　　)를 내밀어야 살 것이라(4~11).

3. (　　　　절) 네가 (　　　)의 자리를 얻은 것이 (　　　　)이 아닌지 누가 알겠느냐(12~17).

4. (　　　　절) 나도 나의 시녀와 더불어 이렇게 (　　　)한 후에 (　　　)를 어기고 왕에게 나아가리니 (　　　　) 죽으리이다(12~17).

제5장 [잔치를 베푼 에스더]
다음 물음에 답을 쓰시오.

1. 에스더가 규례를 어기고 왕 앞에 갔을 때 왕은 에스더에게(4:11, 5:1~8),
   1) 어떻게 했으며 -
   2) 무슨 말을 했나?
   -
   3) 에스더는 소청(요구)을 언제 하겠다고 했나?
   -

2. 하만이 그의 아내 세레스에게 늘어놓은 교만한 자랑을 쓰시오(9~13).
   -

3. 하만이 모르드개로 말미암아 만족하지 않자 아내와 친구들이 제안한 방안은?(13~14)
   -

에스더 6~10장 구원받은 유다인

제6장 [굴욕 당하는 하만]
다음은 누가 한 말(행동)인지 이름을 쓰시오.

1. "이 일(왕을 암살 하려는 자 고발한 일)에 대하여 무슨 존귀와 관작을 모르드개에게 베풀었느냐"
   -

2. "왕복과 말을 왕의 신하 중 가장 존귀한 자의 손에 맡겨서 왕이 존귀하게 하시기를 원하시는 사람에게 옷을 입히고 말을 태워서 성중 거리로 다니며" -

3. "모르드개가 과연 유다 사람의 후손이면 당신이 그 앞에서 굴욕을 당하기 시작하였으니 능히 그를 이기지 못하고 분명히 그 앞에 엎드려지리이다." -

4. 하만을 에스더가 베푼 잔치 자리에 데리고 간 사람의 신분은? -

제7장 [에스더의 둘째 날 잔치]
다음 (　/　) 안의 말 중에 틀린 것은 두 줄로 지우시오.

1. 왕이 에스더에게 소청이 무엇인가를 물었을 때 "나라의 절반이라도 주겠다"는 말을 (두 번 / 세 번) 했다(5:1~8, 7:1~2 참조).

2. 에스더가 하만의 계략을 왕에게 말하자 왕은 (기뻐하였고 / 노하였고), 하만은 (자랑스러워 / 두려워)했기에 에스더가 앉은 걸상 위에 엎드려 (생명 / 사랑)을 구했으나 후원으로부터 돌아온 왕은 하만이 에스더를 (강간 / 살해)하는 줄 오해했다(3~8).

3. 하만이 모르드개를 달고자 50규빗(약 22.5m) 되는 나무를 준비했다고 말하여 하만을 그 나무에 달도록 말한 내시는 (하르보나 / 세레스)였다(9~10).

4. 하만이 자기가 세운 장대에 달리게 된 것은(잠

12:24~25 / 시 37:14~15)에 해당된다.

제8장 [모르드개의 영광]
다음 물음에 대한 답을 쓰시오.

1. 하만의 집을 누구에게 주었으며 그 집을 관리하게 된 자는?(1~2)
   -

2. 하만에게 거둔 반지를 누구에게 주었나?(1~2)
   -

3. 에스더가 왕에게 취소를 요청한 것은?(3~8)
   -

4. 왕의 조서는 어떤 내용을 담고 있었나?(9~14)
   1) 유다인은 스스로 함께 모여 무엇을 보호하라 했나? -
   2) 유다인을 치려는 자들에 대해 어떻게 하라고 했나? -

5. 모르드개의 복장은?(15~17)
   -

제9장 [부림절의 기원]
다음 말이 맞으면 O표, 틀리면 X표 하시오(1~3).

1. 첫날(아달월 13일)에 유다인이 예루살렘에서 500명과 하만의 아들 12명을 죽였다(1~10).
   - (　　　)

2. 14일에 하만의 열 아들 시체를 나무에 달았고 수산에서 300명과 각도에 75,000명을 죽였으나 재산에는 손을 대지 않았다. - (　　　)

3. 유다인이 대적의 손에서 벗어났음을 기념해서 잔치를 베풀고 예물을 주고 가난한 자를 구제했는데 이것이 곧 부림절이다.- (　　　)

4. 하만을 가리켜 "유다인의 대적"이라고 쓴 성구 네 곳은?
   1) 3:　절　　　　2) 8:　절
   3) 9:　절　　　　4) 9:　절

제10장 [존귀하게 된 모르드개]
다음 모르드개에 대한 말 중 빈칸을 채우시오.

1. "왕의 능력 있는 모든 행적과 모르드개를 높여 존귀하게 한 사적이 메대와 바사 (　　　)에 기록되지 아니하였느냐."

2. "모르드개는 (　　　　) 왕의 다음이 되고 (　　　) 중에 크게 존경받고 그의 허다한 (　　　)에게 사랑을 받고 그의 백성의 (　　　)을 도모하며 그의 모든 종족을 (　　　)하였더라."

B I B L E

성경 질문지(역사서 총정리)

역사서 개요 구약의 역사서는 12권이다.

여호수아, 사사기, 룻기, 사무엘상 · 하, 열왕기상 · 하, 역대상 · 하, 에스라, 느헤미야, 에스더

1. 역사서를 기독교와 유대교가 다르게 구분한다.

1) 기독교 : 율법서, 역사서, 시가서, 예언서로 구분할 때에 역사서에 속한다.

2) 유대교 : 토라(율법서), 네비임(예언서), 케투빔(성문서)으로 구분하여서

① 예언서 : 〈여호수아〉, 〈사사기〉, 〈사무엘〉, 〈열왕기〉는 역사서가 아닌 예언서로 구분한다. 여기에 기독교에서 예언서로 구분한 책들이 〈예레미야 애가〉와 〈다니엘〉(성문서) 외에는 다 포함된다.

② 성문서: (오축) – 〈룻기〉, 〈에스더〉 등.
(역사) – 〈에스라〉, 〈느헤미야〉, 〈역대기〉 등

2. 기독교에서는 〈사무엘〉, 〈열왕기〉, 〈역대기〉가 상하로 나누어져 있는데 원래 히브리어 성경에는 상하가 아닌 한 권으로 되어 있었다. 이것을 주전 3세기경 흩어진 유대인을 위해 당시의 통용어였던 헬라어로 구약성경을 번역했는데 이 때에 분량이 너무 많으므로 상하로 나누었다. 이 헬라어 번역 구약성서를 《칠십인역(LXX)》이라고 하며, 신약성경의 구약 인용은 대부분 《칠십인역》에서 왔다.

3. 역사서는 이스라엘의 가나안 정복, 사사시대, 왕정시대, 바벨론 포로와 귀환시대가 나온다.

4. 역사서에는 '신명기 사관(史觀)'과 '역대기 사관(史觀)'이 있다. (209쪽 '역사서란 무엇인가' 참고)

여호수아

가나안 정복과 땅 분배에 대한 기록으로 하나님의 약속의 성취

1. 여호수아는 (   )의 수종자였으며 원래의 이름은 (   )였다(민 13:8, 신 32:44).

2. 이스라엘이 가나안에서 쫓아낼 일곱 족속은? (3:10) -

3. 여리고성은 어떻게 무너졌나 간단히 쓰시오 (6장) -

4. 이스라엘이 기브온에게 속은 근본적인 이유는? (9:14) -

5. 아모리 사람과의 전쟁에서 자연을 통해 하나님이 도우신 두 가지는?(10:11,13)

1)

2)

6. 가나안 땅을 분배한 사람들은?(14:1)

-

7. 요셉 자손이 삼림에 올라가서 개척하는 것을 겁낸 이유는?(17:14~18)

-

8. 도피성은 어떤 자를 위해 제정되었나?(20:1~3)

-

9. 여호수아는 자신의 집은 어떻게 하겠다고 했나? (24:15) -

사사기, 룻기

배신→ 심판→회개→ 구원의 역사를 반복 어두움 가운데 한 빛

1. 가나안에서 쫓아내지 못한 족속을 하나님이 그대로 둔 이유는?(2:22) -

역사서

총정리

2. 성구를 찾아 열두 사사 이름을 쓰시오.

1) 3:9 - 2) 3:15 -
3) 3:31 - 4) 4:4 -
5) 6:11 - 6) 10:1 -
7) 10:3 - 8) 11:1 -
9) 12:9 - 10) 12:11 -
11) 12:13 - 12) 13:24 -

3. 삼손의 어머니는 천사로부터 약속을 받은 후 삼손을 낳았다(삿 13:2~3). 이러한 '수태고지'를 받은 여인들의 이름을 보기에서 찾아 쓰시오.

보기 마리아 / 엘리사벳 / 사라

1) 창 18:10~14
2) 눅 1:13
3) 눅 1:30~31

4. 사사 시대에는 왕이 있었다(　　　), 없었다(　　　). - 17:6, 18:1, 19:1, 21:25.

5. 1) 룻은 (　　　) 여인으로 나오미의 며느리가 되었으나 남편이 죽었다(룻 1:4, 9).

2) 룻은 (　　　　)에 이르러서 기업무를 자인(　　　)와 결혼하여 다윗 왕의 조상인 (　　　)을 낳았다(룻 4:13~22).

사무엘상 · 하

선지자 사무엘 , 사울 왕, 다윗 왕의 활동이 나온다. 왕정시대가 열렸다

1. 다음 세 곳의 내용과 관계된 제목은?

보기 사울 왕의 통치 / 사무엘 선지의 활동 / 다윗 왕의 통치

1) 〈사무엘상〉 1~8장 -
2) 〈사무엘상〉 9~31장 -
3) 〈사무엘하〉 1~24장 -

2. 에벤에셀이란 무슨 뜻인가?(삼상 7:12)

-

3. 사무엘이 순회하여 백성을 다스린 지역은? (7:15~17) -

4. 이스라엘이 왕을 요구할 때에 내세운 이유는? (8:5, 20) -

5. 사울이 다음 두 사건에서 지은 죄의 제목으로 짝지어진 것은?(13:8~14, 15:1~23)

1) 우상숭배-불순종
2) 불순종-제사장권 침해
3) 전쟁-우상숭배
4) 제사장권 침해-불순종

6. 왕으로 미리 선택되어 기름부음을 받은 다윗의 이후는?(16:13) -

7. 다윗이 사울의 옷을 벤 후에 마음이 찔린 이유는? (24:5~6)

-

8. 사울과 아들들은 누구와의 전쟁에서 죽었나? (31:1~6) -

9. 이스라엘(북쪽)의 왕으로 세움 받은 사람과 주동자는?(삼하 2:8~10) -

10. 다윗의 통치 기간과 지역을 요약하면?(5:4~5)

-

11. 다윗을 향한 하나님의 섭리는 무엇을 영원하게 해 주시는 것인가?(7:16) -

12. 다윗이 정복하여 은금을 얻은 나라들의 이름은?(8:12) -

13. 이스라엘 사람들의 마음을 훔치고 헤브론에서 다윗을 반역한 아들은?(15장) -

14. 다윗 당시에 백성(군대)의 수는 모두 얼마나 되었나?(24:9) -

열왕기상 · 하

솔로몬 왕의 통치(왕상 1~11장)와 분열왕국의 역사(왕상 12장 이하)

1. 솔로몬이 왕이 되기 전에 먼저 왕이 되었다고 선언한 사람은?(왕상 1:5~7) -
2. 솔로몬을 왕으로 세울 때에 함께 한 자들은?(1:38~39) -
3. 솔로몬의 숙청으로 죽거나 낙향한 네 사람은?(2:13~46) -
4. 솔로몬의 통치 초기의 상태는?(4:25)

   -
5. 건축한 성전의 크기는?(6:2)

   -
6. 성전의 주랑 앞에 세운 두 기둥의 이름은?(7:21) -
7. 건축 후에 성전에 대한 하나님의 말씀은?(9:3)

   -
8. 솔로몬이 이방여인들을 사랑한 결과는 한마디로?(11:1~8) -
9. 통일왕국 세 왕의 이름을 쓰시오(삼상 9장, 삼하 2장, 왕상 1장). -
10. 왕국 분열 후에 북국 이스라엘의 왕 ( )은 단과 벧엘에 ( )를 만들었다(12:25~33).
11. 다음 남국 유다와 북국 이스라엘 왕들의 이름을 쓰시오(320~321쪽 도표와 왕상 12장~왕하 24장, 대하 1~36장 참조).
    1) 북국(19명) :

    2) 남국(20명):
12. 가뭄을 예언한 선지자와 당시의 왕은?(16:29~17:7) -
13. "당신의 성령이 하시는 역사가 갑절이나 내게 있기를 구하나이다"라고 말한 선지자는?(왕하 2:9) -
14. 아람 왕의 군대 장관의 나병이 어떻게 나았나?(5:14) -
15. 왕권을 찬탈한 여왕은? 그 후에 요아스를 왕으로 세운 제사장은?(11:1~20) -
16. 북국 이스라엘은 어느 왕 때에 어느 나라에게 망했나?(17:1~6) -
17. 1) 놋뱀을 부수고 여러 개혁을 행한 왕은?(18:1~8) -

    2) 당시의 선지자는?(20:1~7) -
18. 요시야 왕의 개혁은 무엇을 발견하므로 시작되었나?(22:8~23:20) -
19. 유다의 마지막 왕으로 바벨론의 포로가 된 왕은 ( )이다(25:1~7).
20. 유다를 정복한 바벨론 왕은 누구인가? (25:1~21). -

역대상 · 하

바벨론 포로 후에 유다 왕권의 회복을 꿈꾸며 메시아 신앙으로 기록 (유다 왕을 중심으로 기록되었는데 많은 부분이 〈사무엘하〉, 〈열왕기〉와 겹치기에 몇 문제만 다룬다.)

1. 역대상의 족보는 누구부터 시작되었나?(대상 1:1) -
2. "나의 지역을 넓히시고…… 환난을 벗어나 내게 근심이 없게 하옵소서"는 누구의 기도인가?(대상 4:9~10)

   1) 무명 2) 야베스 3) 이스라엘 4) 다윗

역사서 총정리

역사서

총정리

3. 사울이 여호와께 범죄함으로 죽었는데 그 내용을 이어서 쓰시오.(대상 10:13~14)
   1) 여호와의 말씀을~
   2) 신접한~
   3) 여호와께~

4. 다윗의 승리의 비결은 어디에 있었나? (대상 18:6, 13) -

5. 요압 장군이 랍바(암몬의 수도)를 함락시키고 빼앗은 보석 있는 금 왕관을 다윗이 어떻게 했나? (대상20:1~2) -

6. 여호와는 다윗이 왜 성전 건축을 못한다고 했나? (대상 22:7~8) -

7. 다윗이 아론의 두 아들 엘리아살과 이다말의 자손으로 각각 그 섬기는 직무를 주었는데 그 두 자손의 이름은?(대상 24:1~3) -

8. 여호와의 전은 어디에 건축하였나?(대하 3:1)

   -

9. 〈히브리서〉 9:4에 의하면 언약궤 안에 들어 있는 세 가지는 무엇인가?(대하 5:10)

   -

10. 유다의 멸망 원인은 무엇인가?(대하 36:11~16)
   1) 하나님 앞에서 (   )하지 아니했다.
   2) 제사장이나 백성이 크게 (: 우상숭배)
   3) 하나님의 사신들을 (   ) 멸시했다.

에스라, 느헤미야, 에스더

바벨론 포로로부터의 귀환과 개혁.

1. 바사 왕 (   ) 원년에 (   )의 예언이 이루어져 해방이 되었다(스 1:1, 렘 25:12~13).

2. 귀환의 시기와 한 일을 보기 두 곳에서 찾아 쓰시오(스 1장, 7장, 느 2장).

> **보기** (아닥사스다 7년 / 고레스 원년 / 아닥사스다 20년),
> (성벽재건 / 성전재건 / 율법재건)

   1) 스룹바벨에 의한 제 1차(스 1장) -
   2) 에스라에 의한 제 2차(스 7장) -
   3) 느헤미야에 의한 제 3차(느 2장) -

3. 성전 건축에 앞장선 두 사람과 격려한 선지자 두 사람은?(스 3:2, 8, 5:1~2) -
   1) 성전건축자 -
   2) 선지자 -

4. 성전건축(스룹바벨 성전)은 언제 끝냈나? (스 6:15)

   -

5. 에스라의 직책은 무엇인가?(7:11)

   -

6. 성벽재건 당시 반대자들은 누구인가? (느 6:1~2) - 세 사람:

7. 에스라가 사람들 앞에서 읽고 감동을 준 것은? (느 8:1~12) -

8. 민족을 구하기 위한 에스더의 자세는?(에 4:16)
   -

9. 모르드개와 유다인을 죽이려다가 오히려 자신이 장대에 달려 죽은 자는?(에 7장) -

10. 제비를 뽑아 유다인을 죽이려 했던 하만은 나무에 달리고 유다인은 구원받은 이 날을 무엇이라 하였나?(에 9:20~28) -

시가서란 무엇인가?

1. '시가서(詩歌書)'란

기독교의 구약성경은 율법서(토라 : 모세오경, 〈창세기〉~〈신명기〉)와 역사서(〈여호수아〉~〈에스더〉) 그리고 시가서(詩歌書)로 〈욥기〉, 〈시편〉, 〈잠언〉, 〈전도서〉, 〈아가〉가 나오고 다음에 예언서(〈이사야〉~〈말라기〉)가 나온다.

여기서 기독교의 시가서들은 히브리어 성경에서는 토라(율법서), 네비임(예언서), 다음에 나오는 셋째 부분인 케투빔(성문서: 聖文書, Holy Writings)에 속한다. 히브리 성문서에는 기독교의 시가서 외에도 여러 권이 더 들어 있다.

기독교에서 〈욥기〉에서 〈아가〉를 '시가서'라 함은 시문체(詩文體)로 되어 있기 때문인데, 이를 다시 '지혜문서'와 '시문서'로 나눈다. '지혜문서'는 〈욥기〉, 〈잠언〉, 〈전도서〉이며 '시문서'는 〈시편〉, 〈아가〉이다.

2. 유대인의 성문서

유대인의 히브리어 성경에서 '케투빔(성문서)'은 크게 셋으로 나눈다.

(1) 시가서 - 〈시편〉, 〈욥기〉, 〈잠언〉

히브리어 책 이름인 이요브(욥기), 미쉴레(잠언), 트힐림(시편)의 첫 자를 따서 '에베드(진리)'라는 말로 불린다. 히브리 시에는 세 종류의 독특한 평행법(平行法)의 운율을 갖는다. 즉 동의적(同意的) 평행법(예, 시 19:1~2), 반의적(反意的) 평행법(예, 시 1:6), 종합적(綜合的) 평행법(예, 시 25:16) 등이 있다. 히브리어 성경은 기독교의 〈욥기〉, 〈시편〉, 〈잠언〉과 순서 배열이 다르다.

(2) 다섯 두루마리 - 〈아가〉, 〈룻기〉, 〈(예레미야)애가〉, 〈전도서〉 〈에스더〉

유대교에 의하면, 이 다섯 두루마리(Megilloth, 메길로트)를 유대인의 명절 때마다 한 권씩 읽었다고 한다. 즉 〈아가〉는 유월절에, 〈룻기〉는 오순절에, 〈애가〉는 아브월 제9일(예루살렘이 파괴되었다는 날)에, 〈전도서〉는 장막절(초막절)에, 〈에스더〉는 부림절에 각각 읽은 것이다. 〈애가〉를 '예레미야애가'라 하는 것은 시리아역(페시타-단순한-는 2~3세기에 편집)이나 불가타역(Latin Vulgate: 4세기말 제롬이 번역) 등에서부터 시작된 후대의 산물이다. 히브리어 원전에는 〈애가〉(에카, '슬프다'는 뜻)로만 되어 있다.

(3) 역사서 - 〈다니엘〉, 〈에스라-느헤미야〉, 〈역대기〉

〈에스라-느헤미야〉, 〈역대기〉를 단일 작품으로 본다. 이는 성전과 제사직을 중심으로 하는 같은 종교적 관점, 통계학적인 기록과 족보에 대한 편중, 두 책의 비슷한 어휘와 문체, 〈역대기〉의 결론과 〈에스라〉 시작의 유사점은 이 책들이 원래는 하나였음을 보여 준다. 〈역대기〉의 상 · 하는 후대에 나누어진 것이다.

위에서 보듯 유대교의 성문서는 기독교가 역사서로 보는 〈룻기〉와 〈에스라〉, 〈느헤미야〉, 〈역대상 · 하〉를 포함하고 있으며, 예언서인 〈다니엘〉도 포함하고 있다.

이것은 유대교가 역사를 보는 관점이 기독교와 차이가 있으며, 또한 기록 연대순(시대 배경과는 다름)으로 편집했음을 알 수 있다.

3. 지혜문서에 대하여

'지혜서'는 〈욥기〉, 〈잠언〉, 〈전도서〉이며, 외경으로는 〈집회서〉와 〈지혜서〉가 있다. 이 지혜에 담긴 지식과 전통은 이스라엘이 이웃 민족들과 관련되어 있음을 보여 주며, 이 지혜는 애굽의 여러 지혜문서를 통해서도 알려져 있다. 옛 중동의 이러한 국제적인 '처세훈(處世訓)'을 '지혜'라는 개념으로 표시하고 이에 상응하는 문서들을 '지혜문서'라고 한다.

옛 중동의 공통된 지혜에서는 삶과 세상의 질서를 알고 자신의 삶을 그곳에 맞추는 사람이 지혜로운 사람으로 통했으나, 이스라엘에서는 '인생의 성공이 사람의 영리함에 달린 것이 아니라 근본적으로 하나님의 뜻을 따르는 데에 달렸다'는 깨달음을 가르쳤다(잠 1:7). 지혜가 위로부터 오는 것임을 강조했고 신약에서도 그 영향을 받았다(약 3:15~18).

4. 〈시편〉의 수집 및 편집 시기

구약 〈시편〉은 여러 시대를 거치면서 여러 사람에 의해 형성되어 왔고, 그 최종 편집은 후대까지 이어졌다. 다윗 73편, 아삽 12편, 고라의 자손 9편, 솔로몬 2편, 그리고 헤만, 에단, 모세 각 1편, 저자 미상 51편으로 구성되어 있다. 기록 연대를 살펴보면, 모세는 주전 13세기(또는 15세기), 다윗과 솔로몬은 주전 1000년경의 인물이다. 이것이 체계적인 시로 편집된 것은 훨씬 후대인 포로 후기까지로 보며, 현재의 〈시편〉이 어떻게 그 형태를 갖추었는지를 자세히 설명하기는 어렵다. 현재의 5권으로의 구분은 《칠십인역》(LXX, 주전 3세기부터 2세기에 완성된 구약성경의 헬라어역)보다도 더 일찍 이루어진 것으로 추측한다.

5. 〈시편〉 저자와 형식에 따른 분류

저자 / 내용	제1권(1~41편)		제2권(42~72편)					제3권(73~89편)				제4권(90~106편)			제5권(107~150편)		
	다윗	미상	다윗	아삽	솔로몬	미상	고라자손	아삽	다윗	고라자손	에단	모세	다윗	미상	다윗	솔로몬	미상
감사 경배시	8, 29	33	65, 68			67		81					103	91, 98 100, 104 105	124, 131 133, 145		107, 111, 113, 114 115, 117, 123, 134 135, 136, 146 147~150
개인 찬미시	11, 18, 23 30, 32, 34 40, 41					66	46 48	75		84 85				92, 106	108, 138 139		116, 118
개인 탄원시	3~7, 13 17, 22 25~28 31, 35		51, 54~57, 59, 61, 62~64, 69, 70			43 71	42	76 77	86	88				94, 102	140~143		120, 130
민족 탄원시			60				44	74 79 80 83				90					
신정시							47							93 95~99			
시온시						43	42			87					122		121, 125, 126, 129
제왕시	18, 20, 21	2			72		45				89		101		110, 114		132
참회시	6, 32 38, 39		51											102	143		130
저주시	35		58, 69					83							109		137
메시아시	16, 22, 24	2			72		45								110		
지혜시	9, 12, 14, 15, 19, 36, 37	1 10	52, 53	50			49	73 78 82								127	112, 119, 128

*존 월턴(John H. Walton)의 《구약의 역사 연대기》에서 인용.

* 어떤 시는 분류에 따라 두 곳에 겹쳐 나오기도 한다(예: 2편은 '제왕시'이며 '메시아 예언시'이다).

욥기 | 시가서 |

Job

제목에 대한 해설

기독교의 성경은 토라(모세 5경)와 역사서 다음에 시가서(詩歌書)로서 〈욥기〉, 〈시편〉, 〈잠언〉, 〈전도서〉, 〈아가〉가 나온다. 그러나 히브리어 성경에서는 셋째 부분인 '케투빔(성문서; 聖文書, Holy Writings)'에 속한다. 〈욥기〉로부터 〈아가〉를 '시가서'라 함은 시문체(詩文體)로 되어 있기 때문인데, 이를 다시 '지혜서'와 '시편'으로 나눈다. '지혜서'는 〈욥기〉, 〈잠언〉, 〈전도서〉, 〈아가〉이며 '시편'은 말 그대로 〈시편〉이다.

본서의 제목은 주인공 '욥'의 이름을 따라 〈욥기〉(Job)라 정해졌다. 히브리어 성경의 '이요브'라는 3음절을 70인역과 불가타역에서는 단음절인 '욥'이라 했다. 한글 성경도 이런 전통을 따라 '욥기'라 하였다. '욥'이라는 이름의 뜻은 '하나님에게 돌아온다'(회개), '원한다'라는 뜻이 있으나 그 뜻의 근거에 대해서는 의견이 다양하다.

저자 및 저작 연대

욥을 역사적인 실재 인물로 보지만(겔 14:14, 약 5:11), 문학작품으로 보아

역사성을 부정하는 학자들의 견해도 강하다.

기록 연대와 〈욥기〉의 배경 연대와는 다르다. 구전되었다가 후대에 기록되면 그 당시의 언어로 기록되기에 사건과 기록 연대의 차이는 클 수밖에 없다. 욥을 족장 시대 인물로 보고 그 시대로부터 전승되어 오다가 지혜문헌들이 발전한 솔로몬 시대에 기록했다는 가설이 있다. 저자를 〈시편〉 88편과 본서의 유사성을 들어 〈시편〉 88편의 저자인 헤만이라고도 하고, 또는 탈무드를 근거로 모세라고 주장하기도 한다. 또는 예레미야, 욥 자신, 또는 포로 이후의 어느 누구 등 여러 사람을 언급하지만 그 어느 누구도 단정할 수 없다.

다만 추정할 수 있는 것은, 욥의 고향인 우스 땅을 살펴보면, 〈예레미야〉 25:20에 우스는 블레셋, 에돔, 암몬, 모압 등지와 함께 언급되고 있으며, 애 4:21은 에돔이 우스 지역을 점령한 것으로 묘사하고 있다. 이 두 구절과 욥을 동방 사람으로 묘사하고 있는 욥 1:3로 볼 때 우스 지역은 에돔 지역으로 추정할 수 있다.

교훈 및 메시지

(1) 욥이 당하는 고난

하나님의 허락을 받은 사탄은 네 차례에 걸쳐 욥의 모든 소유물과 자녀들을 완전히 앗아간다. 그러나 욥은 이런 재난과 절망 가운데서 하나님을 원망하지 않으므로 욥의 신앙은 사탄이 말한 대로 만사가 형통할 때에만 갖는 타산적이고 거짓된 신앙이 아니었음을 보여 준다. 욥의 경건은 환경의 영향을 받지 않듯이, 고통과 절망에 빠진 신자가 취할 바른 신앙의 모습을 보여 준다.

(2) 친구들과의 논쟁

〈욥기〉의 대부분을 차지하는 욥과 세 친구의 논쟁에서 결백함을 주장하는 욥에게 친구들은 욥이 무엇인가 숨긴 죄가 있기에 고통을 당한다고 주장하여 고통을 가중시키고 있다(4:7~8, 8:4). 세 친구의 이러한 변론은 고통이 나 재난을 죄의 결과로 보는 이스라엘의 전통적인 신앙을 보여 준다(8:8). 도덕주의나 교조주의가 보상적인 공의의 교리를 통해 하나님의 순전하심을 보존하고는 있지만 상대적으로 욥의 순전함은 증명하지 못하고 있다.

(3) 논쟁의 중단과 엘리후의 말

세 차례의 논쟁은 해결점이 없이 중단되고 이들보다 젊은 엘리후가 등장한다. 엘리후는 갑자기 나타나서 연설을 하고 사라진다. 그의 말은 전체적으로 보아 하나님의 공의를 강조하고 있으며, 다음에 나오는 하나님의 답변을 예비하는 성격을 갖는다. 엘리후의 등장은 인간의 지혜에는 한계가 있음을 보여 주고, 전통적인 인과율의 신학이나 인간의 지혜로 설명할 수 없는 고난이 존재함을 보여 준다.

(4) 하나님을 만남으로 문제 해결

두 차례에 걸친 하나님과 욥의 답변 속에서 하나님은 의문문의 형태로 답하며, 창조 세계의 신비와 하나님의 창조 주권에 대해 말하고 있다. 그리하여 욥은 인과율을 초월하여 우주를 통치하시는 창조주 하나님을 직접 눈으로 보는 새로운 신앙의 경지에 이르게 되고, 또한 잃어버린 모든 것의 갑절의 축복을 받는다.

욥기 1~7장

욥의 고난, 〈1차〉 엘리바스의 공박과 욥의 변론 (중요구절 욥 2:21~22)

의인 욥은 사탄의 시험으로 모든 재산과 자식을 잃었지만 하나님을 찬양하고(1장), 건강에도 시험을 받으나 입술로 범죄하지 않는다(2장). 고난 중의 욥은 자신의 생일을 저주하고(3장), 욥에게 조문 온 세 친구 중에 먼저 엘리바스가 욥의 고난을 죄의 결과라며 정죄한다(4~5장). 욥은 자기의 슬픔을 이야기하고 결백을 주장한다(6장). 그리고 자신의 불행한 운명을 탄식하며 그 불행이 사라질 것이라는 기대도 하지 못한 채 하나님에게 호소한다(7장).

1

의인 욥에게 닥친 고난
주신 자도 여호와
취하신 자도 여호와

2

육체에 닥친 고난
세 친구의 방문과 침묵

3

생일을 저주하는 욥
불안만이 있구나

4 5

엘리바스의 공박(1차)
죄 없이 망한 자가 누구인가

6

욥의 변론: 불평을 정당화
나의 허물된 것을 깨닫게 하라

7

욥의 변론: 하나님께 호소
죽는 것을 택하리이다

1. 욥은 큰 재난을 만났다(1:13~19). 그럼에도 "욥이 일어나 겉옷을 찢고 머리털을 밀고 땅에 엎드려 예배하며…… 하나님을 향하여 원망하지 아니하니라"(20~22절). 이는 주신 자도 여호와, 거두시는 이도 여호와라는 믿음을 가졌기 때문이다. 재산과 자식 잃음(1:13~19), 몸의 종기와 아내의 비방(2:7~10), 친구들의 공박(4장~37장)에도 인내했기에 "욥의 인내"를 배우라(약 5:11)고 했다.
2. 욥의 고난은 더욱 심해져서 몸에 종기가 난데다가 아내마저 욥을 비방함에도 "이 모든 일에 욥이 입술로 범죄하지 아니하니라"고 했다(2:10). 반대로 부정적인 말을 한 이스라엘은 광야에서 죽었고(민 13~14장), 모세를 비방한 미리암은 나병에 걸리기도 했다(민 12장).
3. 욥이 '생일을 저주'하는 3장은 〈예레미야〉 20:14~20에서도 비슷한 내용을 본다. 생일은 자신의 가장 복된 날임에도 "욥이 입을 열어 자기의 생일을 저주"(1절)하기를 가정법으로 말한다(3:1~10). "그 밤이 캄캄한 어두움에 잡혔더라면, 해의 날수와 달의 수에 들지 않았더라면"(3:6)이라 하여 태어난 날과 임신한 날의 두 날이 과거에 한 번 있었던 일로 여기지 않는다. "그날이 캄캄하였더라면"(4절, 문자적으로는 그날이 흑암이기를!, 창 1:3 참고)이라 하여 이 날의 창조가 취소되어야 한다는 것이다.
4. 욥은 친구들이 자신에게 동정은커녕 정죄자가 됨을 비난한다(6:15, 27). 그들은 욥과 함께 앉았으나 그의 고통은 진정 아랑곳하지 않았다. 교회가 남의 고통에 대하여 입으로만 판단하기에 앞서 진정 고난에 참여하는 자세를 가져야 한다. "행함이 없는 믿음은 그 자체가 죽은 것이

라"(약 2:17)며 믿음의 행함에 대해 가르치고 있다(약 2:14~17).

5. 욥은 잠을 자지 못했고, 육체적으로 고생하는데다 불투명한 미래로 인해 괴로워한다(7:4~6). 오늘의 고통이 내일의 성공을 보장할 때는 인내하기 쉬우나 미래가 어두울 때는 힘들다. 그러나 욥은 인내하고 하나님의 섭리 아래 있음을 인식한다. 하나님을 경외함이 소망이다(잠 23:17~18).

더 살펴보기

1. 〈욥기〉의 내용

〈욥기〉의 주제는 논란이 있는 저자 문제, 저작 연대와는 달리 분명하여 주로 '의인의 고난'에 맞추었다. 더 나아가 "모든 것을 다 잃어도 하나님은 여전히 찬송을 받으실 분이시다"라고 할 수 있다. 〈욥기〉는 문학적인 가치가 있는 시(詩, 3:1~42:6)와 산문(散文, 1:1~2:13, 42:7~17)으로 되어 있다.

내용 분해
1~2장 – 까닭 없는 욥의 고난
3장 – 욥이 생일을 저주
4~31장 – 욥과 세 친구의 논쟁
32~37장 – 엘리후의 연설
38~41장 – 하나님의 말씀
42장 – 욥의 회복(갑절의 은혜)

2. 욥에게 닥친 재난들(욥 1장)

욥에 대한 사탄의 시험은 "욥의 자녀들이 그 맏아들의 집에서 음식을 먹으며 포도주를 마실 때에"(1:13) 네 가지의 큰 재난으로 닥쳐 왔다. ① 스바 사람(베두인 족, Bedeuin)들이 짐승을 빼앗고 종들을 죽였다(14~15절). ② 하나님의 불(번개)이 하늘에서 떨어져 양과 종들을 불살랐다(16절). ③ 갈대아 사람들이 낙타를 빼앗고 종들을 죽였다(17절). ④ 큰 바람이 와서 집이 무너져 욥의 자녀들이 다 죽었다(19절). 사탄에게 '욥의 몸에는 손을 대지 말라'(12절)고 했지만, 욥을 제외한 많은 사람이 죽임을 당했다.

3. 사탄은 욥을 시험한 실존이다.(욥 1:6~12, 2:7)

(1) 기원: 하나님의 피조물로 천사였다가(겔 28:14), 하나님과 동등하게 되고자 하는 교만함으로 하나님의 정죄를 받았다(사 14:12~15). 그 결과 그는 하나님의 자녀들까지도 미혹하려 한다(마 24:24).

사탄과 아내에게 시련당하는 욥
사탄은 욥을 쳐서 종기가 나게 했고, 아내는 "하나님을 욕하고 죽으라"며 욥을 비방하였다(욥 2:7~10). 이 그림은 〈인간 구원의 거울〉 사본의 삽화이다.
(프랑스 샹타이 콩데 미술관 소장)

(2) 활동: 사탄은 영적 존재이므로 능력이 있다(1:13~19). 예수님을 시험(마 4:1~11), 불신자들을 복음의 진리에 눈멀게 하고, 하나님의 사역을 방해(고후 4:4, 요 13:2). 광명의 천사로 가장하여 성도들을 미혹한다(고후 11:14~15). 그러나 하나님의 백성에게는 사탄을 제압하는 권능을 주셨다(마 10:1).

(3) 운명: 사탄의 활동은 하나님의 허용한도 내에서다(욥 1:12, 2:6, 계 2:10). 그리스도께서 재림하실 때에 천 년 동안 무저갱에 갇히게 되고(계 20:1~3), 그 후 잠시 놓임을 당하였다가 최후에는 불과 유황 못에 던져져서 영원토록 괴로움을 받게 된다(계 20:10).

4. 〈욥기〉에 나오는 네 인물의 분석(욥의 세 친구와 엘리후)

구분	데만 사람, 엘리바스	수아 사람, 빌닷	나아마 사람, 소발	부스 사람, 엘리후
공박 내용	4~5장, 15장, 22장	8장, 18장, 25장	11장, 20장	32~37장
욥의 변론	6~7장, 16~17장 23~24장	9~10장, 19장 26~31장	12~14장, 21장	
공박 근거	경험(4:8, 12~16)	전통(8:8~10)	교리(11:6, 20:4)	교훈과 젊음(32:6~10)
공박 결론	너는 죄 때문에 고통받고 있다 (4:7~8, 15:6).	너는 죄 때문에 고통받고 있다 (8:20).	너는 죄 때문에 고통받고 있다 (1:4~6, 20:4~5).	너의 고통의 이유는 하나님의 '연단'의 섭리이다.
주장 내용	하나님은 온전하고 의로우시다. 인간은 스스로 문제를 일으킨다.	하나님은 공의로우시다. 욥은 불경건하다고 공박하고 있다.	하나님은 욥의 불법을 아신다. 자랑하는 욥을 공박하다.	하나님은 선하시다. 하나님은 고난을 통해서도 연단하신다.
나의 조언	회개하고 하나님께 돌아오라(22:21~28).	회개하고 하나님께 돌아오라(8:5~6).	회개하고 하나님께 돌아오라(11:13~15).	하나님의 영광과 위대함을 생각하라(37:14~24).

5. 성문은 특별한 장소였다(욥 5:4).

"그의 자식들은…… 성문에서 억눌리나 구하는 자가 없으며"라 하였다. 여기서 '성문'은 '법정'을 가리킨다. 성문에 광장이 있어 그 광장에서 재판이나 정치가 행해졌다(신 25:7, 시 127:5, 잠 31:31). 즉 엘리바스는 욥의 자녀들까지도 고난을 당하는 것이 당연하다고 하며, 욥이 하나님과 논쟁을 하는 것은 어리석음을 드러내는 것이며, 이길 수 없고 생명을 위태롭게 한다고 지적한다.

6. 엘리바스의 공박(진술, 변론)은 세 번 나온다.

① 4~5장 ② 15장 ③ 22장에 나오며 주로 '경험'에 근거하여 욥을 공박했다. 엘리바스는 관대한 마음의 연장자로서 경험과 상식이 풍부하며 또 욥에게 비교적 동정심을 가진 모습으로 나온다.

욥의 시련: 3세기경 카타콤의 벽화
재산과 자손을 잃은 욥은 종기에 걸려 재에 앉아 신음하였다. 더 큰 고통은 아내의 비방과 친구들의 정죄였다(욥 2:7~10).

욥기 8~14장

〈1차〉 빌닷, 소발의 공박과 욥의 변론 (중요구절 욥 11:14)

빌닷이 첫 번째 공박을 시작하며, 전통에 근거하여 욥이 죄인임을 입증하려 한다(8장). 욥은 하나님의 공의를 인정하면서도(9장) 자신의 형편을 생각하고 비탄에 잠긴다(10장). 욥의 세 친구 중에 이번에는 소발이 욥을 공박한다. 즉 욥에게 죄가 있고 하나님에 대해 무지하다는 것, 그래서 회개해야 희망이 있다는 것이다(11장). 이에 대하여 욥은 자신이 하나님에 대하여 무지하지 않고(12장), 순결하지만(13장), 희망이 거의 사라져 버렸다고 대답한다(14장).

1. 빌닷이 의인 욥을 비난하면서 한 "네 시작은 미약하였으나 네 나중은 심히 창대하리라"(8:7)는 말은 액자나 서각을 통해 많이 접한 익숙한 구절이다. 예수님을 믿는 삶에 점진적인 발전이 있는 것은 당연하다. 그렇다고 어려운 일을 겪고 있는 다른 사람에게 '당신은 예수를 잘못 믿어서 어려움을 당하고 창대하지 못한 것'이라고 함부로 해석하는 자가 되어서는 안 된다.
2. 9장에는 우리말 성경에 "가령(만일)"이 다섯 번 나오는데(9:15, 16, 20, 20, 27) 히브리어 원문으로 보면 3, 19, 23, 30절에도 가령(임)으로 시작을 하므로 실제는 아홉 번 '만일 ~한다면'이 나온다. 이처럼 욥은 가정법을 통하여 하나님에게 항변한다. "가령 내가 그를 부르므로 그가 내게 대답하셨을지라도 내 음성을 들으셨다고는 내가 믿지 아니하리라"(9:16)며 하나님이 응답하지 않으셨을 것이라는 입장이다. 뿐만 아니라

8
빌닷의 공박(1차)
네 나중은 심히 창대하리라

9 10
욥의 변론: 하나님의 공의
인생이 어찌
하나님 앞에 의로우랴

시가서
욥기

11
소발의 공박(1차)
네 손에 죄악이 있거든
멀리 버리라

12
욥의 변론: 하나님께 대한 지식
지혜와 권능과 계략과 명철이
하나님께

13
욥의 변론: 나는 순결하다
내 행위를 아뢰리라

14
욥의 변론: 소망이 없다
장정이라도 죽으면
소멸되나니

"의로울지라도"(15, 20절) 자신의 입으로 스스로를 고발(정죄)할 것이므로 결국 자신의 노력으로는 소용없는 처지에 있다며 안타까운 호소를 한다.

3. "강도의 장막은 형통하고 하나님을 진노하게 하는 자는 평안하니 하나님이 그의 손에 후히 주심이니라"(12:6)는 욥의 말은 분명 모순이다. 그런데도 현실 속에서 이 문제에 부딪히고 해결되지 않는 아픔을 가지고 살 때가 있다. 인과응보, 권선징악, 우연으로는 설명되지 않는 많은 문제를 그리스도인은 어떤 상태에서도 하나님의 긍휼을 잃지 않는 것이 최후 승리의 길이다.
4. "장정이라도 죽으면 어찌 다시 살리이까?"(14:14)라는 욥의 질문은 오직 예수 그리스도의 부활로만 설명된다. 그러기에 무덤가에서도 소망으로 찬송을 부르고 있지 않은가? 기독교 신앙의 핵심 중에 하나는 그리스도의 부활을 전하며 성도들은 그 사실을 믿는 것이다. 〈사도행전〉을 보면 초대교회의 대표적인 두 개의 메시지는 예수님은 '그리스도'이시다와 예수님은 '부활'하셨다는 것이다.

더 살펴보기

1. 욥과 친구들의 논쟁은 재판 형식이다(욥 9~10장)

욥은 논쟁을 통해 자신의 온전함을 입증할 기회를 갖고자 했는데, 그것은 하나님을 법정에 모셔 놓고 합법적인 재판을 하는 형식이었다. 따라서 하나님을 상대로 한 소송의 표현이 다양하게 나온다(〈호세아〉에도 법적인 용어가 많다). 이 소송에서 이기는 것은 불가능하다는 것이다(9:2~4,14~16,19~31).

2. 소발의 첫 번째 공박에 대해 욥의 변론(욥 11~14장)

11:1~4에서 소발은 '욥은 죄가 있다'는 공박을 한다. 이에 대한 욥의 변론은 13장에 '나는 죄가 없고 온전하다'고 했다. 11:5~12에서 소발은 '욥은

하나님에 대해 무지하다'는 공박에 대해서는 욥은 12장에서 '나는 지혜와 총명이 있다'고 변론을 했다. 역시 11:13~20에 소발은 '욥은 회개해야 소망이 있다'는 공박에 대하여 욥은 14장에서 '나는 소망이 거의 사라졌다' 고 변론을 한다. 〈욥기〉의 이런 구조를 이해하면서 읽으면 성경읽기에 도움이 된다.

3. 머리의 지식과 마음의 지식(욥 11장)

소발은 빌닷과 같은 기조로 말을 시작하여 욥의 많은 것을 나무라면서 (전 10:12~14) 욥의 입장을 비판하기 시작한다. 소발은 자기가 하나님께 대하여 알고 있는 몇 가지 사실들에 집착하여 그것을 제시한 까닭에 좋은 복음 전도자가 되었을 지 모르나, 정작 욥에게는 아무 도움도 되지 못한 채 논점에서 벗어난 상투어만을 말한 까닭에 좋은 목회자와 같은 역할은 하지 못했다. 심지어 악인들의 운명에 대해 그의 수장조차도 그 상황에서는 민감성이 결여되어 있다(20절). (Peter Southwell, 《Bible Study Commentary, EZRA-JOB》, p.53).

욥기 15~21장

〈2차〉 엘리바스, 빌닷, 소발의 공박과 욥의 변론 (중요구절 욥 19:25~26)

두 번째 주기에 들어서서, 논쟁은 엘리바스로부터 계속되고 있다. 엘리바스는 욥이 불경건하고 인간답지 못하며 하나님께서 악인을 심판하실 것이라고 한다(15장). 욥은 빈정대는 투로 저항하고 탄식을 쏟아내며 스스로를 변호한다(16장). 욥이 절망한데는 친구들의 책임이 있다며 그들을 '밤으로 낮을 삼는 자'라고 하였다. 자신의 희망도 흙 속에 놓이리라 한다(17장). 빌닷도 욥에게 그가 악인이기 때문에 하나님께서 불의한 자에게 내리는 벌을 받을 것이라고 한다(18장). 욥은 자신을 불쌍히 여겨 줄 것을 호소한다(19:21). 그리고 대속자를 기다린다(19:25~27). 마지막 공박(욥의 친구들이 세 번씩 공박하는데 세 번째 주기에서는 소발의 공박이 없다)에서 소발은 욥의 고난을 죄의 결과로 가혹하게 지적하며 악인의 두려운 운명을 말한다(20장). 욥은 죄의 결과로 자신이 고난당하는 것이 아니라며 악인의 형통에 대해 말한다(21장).

1. 하나님께서 악인들에게 내리는 가장 큰 심판은 각자의 길을 가도록 내

〈욥기〉에 나오는 소송 표현
다음의 성경을 찾아서 표시해 두면 성경 이해에 도움이 될 것이다.

변론(쟁변) = 소송 개시, 주장(9:3, 10:2, 13:3)
대답 = 법적 증언(9:3, 16)
심판하실 그 = 원고, 고소인(9:15)
소환 = 법정 호출(9:19)
판결자 = 중재자, 재정인(9:33)
욥의 사정을 진술 = 소송 준비(13:18)
다툼 = 법정 공방(23:6)
고발하는 자 = 법정 고소인(31:35)
변명을 들음 = 법정에서 욥의 진술을 청취함(31:35)

욥의 친구들의 말이 원칙적으로는 맞지만 욥에게는 적합하지 않다.
"생각하여 보라 죄 없이 망한 자가 누구인가?"(4:7), 또는 "하나님은 순전한 사람을 버리지 아니하시고 악한 자를 붙들어 주지 아니하시므로"(8:20)라는 말은 보편적인 진리이면서 실제로 욥에게 적합하지 않은 것은 욥의 고난이 죄의 결과가 아니기 때문이다. 그래서 욥의 친구들의 말은 옳지만 정의롭지 못하다는 평을 한다. 이럴 경우 이 말씀을 오늘의 우리는 어떻게 할 것인가? 예수님은 바리새인들을 들어 "그들이 말하는 바는 행하고"(마 23:3)라며 전하는 자가 누구든지 간에 말씀 자체의 권위를 인정했다. 즉 욥의 친구들의 원론적인 말은 우리가 배우되 말씀의 칼로 다른 사람의 모든 상황에 휘둘러서는 안 된다는 사실도 기억하자(눅 13:1~5, 요 9:1~11 참고).

시가서

욥기

15

엘리바스의 공박(2차)
네 입술이
네게 불리하게 증언하였다

16 17

욥의 변론: 불평과 호소
너희는 재난을 주는
위로자들이로구나

18

빌닷의 공박(2차)
악인의 빛은 꺼지고

19

욥의 변론: 잔혹한 친구
나의 대속자가 살아 계시니

20

소발의 공박(2차)
악인이 이긴다는
자랑도 잠시요

21

욥의 변론: 죽는 것은 일반
이 둘이 한가지로 흙 속에 눕고

버려두는 것이다. 예수님께서는 "그들은 자기 상을 이미 받았느니라"(마 6:2, 5, 16)고 하셨다. 욥의 친구들이 욥에게 하는 행위가 악의적이라는 사실을 그들도 알았을까? 아니면 진정 말씀으로 권면하려고 한 것일까?

2. 《그리스도를 본받아》로 사람들에게 알려진 토마스 아 켐피스는 "우리 자신을 달 때 쓰는 것과 똑같은 저울로 이웃을 다는 일이 얼마나 드문가?"라고 했다. 욥의 친구들은 욥에게 혹독할 만큼 비방을 하면서도 자신들은 특별한 존재로 부각하려 한다. 그럼에도 욥은 "내 손에는 포학이 없고 나의 기도는 정결하니라"(16:17), "내 눈은 하나님을 향하여 눈물을 흘리니"(20절)라는 자세를 견지했다.
3. 신앙은 슬픔과 고통의 말들을 상쇄시키는 믿음의 말을 한다. "나의 대속자가 살아 계시니 마침내 그가 땅 위에 서실 것이라"는 기대를 한다(19:23~29). 절망의 수렁에서 다시 믿음의 정상으로 올라 왔다가 다시 수렁을 향하는 욥처럼 고통을 겪는 사람들이 종종 체험하는 것이다. "이 모든 일이 우리에게 임하였으나 우리가 주를 잊지 아니하며 주의 언약을 어기지 아니하였나이다"(시 44:17).
4. 욥의 세 친구 중에 소발은 가장 어리고 나중에 말했으며, 세 번의 주기 가운데 두 번째까지만 말을 하지만, 소발은 욥에게 가장 혹독한 말을 한다(20장). 악인의 두려운 운명을 말하면서 욥이 바로 그런 자로서 "악인이 이긴다는 자랑은 잠시요 경건하지 못한 자의 즐거움도 잠깐이니라"(20:5)고 욥을 조롱한다. 그러나 욥의 경우는 의인의 고난이다. 우리가 남의 고난을 죄의 결과로 판단하는 어리석음을 범해서는 안 된다.

더 살펴보기

1. 아픔을 안고 있는 욥(욥 16:6)

욥은 자신의 고통을 이렇게 호소한다. "내가 말하여도 내 근심이 풀리지 아니하고 잠잠하여도 내 아픔이 줄어들지 않으리라"(16:6). 7절 이하를 보면 욥은 자신에게 닥친 고난이 모두 하나님으로부터 온 것이라고 호소한다. 성경에 나오는 위대한 인물들은 다양한 고통을 통과한 사람들이다. 야곱은 얍복 강가에서 천사와 씨름함으로 교만함이 꺾어졌다(창 32:22~30). 예레미야의 고통은 하나님의 소명에 응하게 했다(렘 15:18). 바울은 고통을 통해 그리스도 안에서 자족을 깨닫게 된다(고후 12:9~10). 고통이 주는 다양한 결과 중에 순종은 가장 큰 교훈이다. 욥에게서 보듯이 때로는 고통의 이유가 다 알 수 없이 하나님의 지혜와 주권 속에 감춰질 수도 있음을 알아야 한다.

도편 陶片(오스트라콘, Ostracon)
고대 그리스 아테네에서는 도편추방제를 통하여 추방하고 싶은 사람을 10년간 아테네에서 쫓아내는 제도가 있었다. 70년간(주전 487~417년) 시행된 이 제도는 민주적인 투표 제도의 좋은 예였지만, 한편 악용되는 사례도 있었다. 욥의 친구들은 합세하여 욥을 공격하므로 욥은 하나님 앞에 자신의 억울함을 호소한다.

2. 〈욥기〉에서 말하는 '대속자'(욥 19:25~26)

(1) 욥은 친구들에게 이해를 구했으나 실망하고(19:21~22), 자신의 결백을 후대가 정당하게 평가해 주었으면 한다. 즉 그의 눈을 '대속자'에게 향하여 명예를 회복시켜 주실 것으로 굳게 믿었다(19:25~26).

(2) '대속자(고엘)'는 피의 복수를 하거나(삼하 14:7) 죽은 자를 대신하여 자손을 얻게 하고, 또한 재산을 속량할 의무가 있는 근친자(신 25:5~10, 룻 2:20, 3:9, 4:4이하, 레 25:25, 민 5:8)를 뜻한다.

(3) 하나님을 가리키는 경우는 출애굽(출 6:6, 15:13, 시 74:2)이나 포로(사 41:14, 43:1)에서의 대속자(구속주)를 말한다. 또한 개인적인 압박(시 119:154, 잠 23:11, 렘 50:34)이나 재앙(창 48:16), 죽음(시 69:18, 72:14, 103:4, 애 3:58, 호 13:14)에서의 대속자로서 하나님을 말한다.

욥기 22~25장

〈3차〉 엘리바스, 빌닷의 공박
(중요구절 욥 23:10)

엘리바스의 세 번째 공박은 욥의 가상적 죄까지 추정하여 공박하며 회개를 촉구한다(22장). 그러나 욥은 하나님을 만나 법정에서 자신의 순전을 변론하고 싶어 하며, 고난이 하나님의 사람을 순금처럼 만드는 용광로라고 고백한다(23장). 욥은 전능자의 때를 말하며 악인들에게 임하는 저주에 대해 말한다(24

장). 하나님 앞에서 완전한 삶은 하나도 없다는 명백한 진리를 되풀이하는 빌닷의 마지막 공박은 욥에게 별 도움도 주지 못한다(25장).

1. 욥의 고난, 즉 의인의 고난에 대해서 어떻게 해석할 것인가는 보통 힘든 일이 아니다. 유일한 대답은 아닐지라도 〈욥기〉 23:10은 훌륭한 대답 가운데 하나가 되며 고통당하는 하나님의 백성들에게 위로가 된다. 하나님은 당신의 사람들을 연단하시기 위하여 용광로를 사용하기도 한다. "그가 나를 단련하신 후에는 내가 순금같이 되어 나오리라"(23:10)는 것처럼 "보라 내가 너를 연단하였으나 은처럼 하지 아니하고 너를 고난의 풀무 불에서 택하였노라"(사 48:10)고 했다. 이스라엘이 애굽에서 당한 고난은 '쇠 풀무에 들어간 쇠의 연단'과 같았고(신 4:20), 이스라엘이 훗날 당한 징계도 '풀무에 들어간 경험'이었다. 〈이사야〉 66:10, 〈베드로전서〉 1:6~7, 4:12에서도 하나님의 연단을 보여 주고 있다. 용광로의 시간과 온도를 재는 것은 내가 하는 일이 아니라 하나님의 자율권이다.
2. 공의의 흔적을 찾을 수 없다면 이는 악한 세상인데 24장에서는 다양한 악들이 나타난다. 악이란 농촌이나 도시나 타락한 속성을 가진 사람들이 사는 이 세상 어디에나 있다. 2~11절에서는 시골의 사악한 행위들을, 12~17절은 성읍(도시)의 악행들을 지적하고 있다. 인질, 살인, 도둑, 간음, 탐욕(1~17절) 등 이런 일은 오늘의 신문 사회면을, 또한 사건을 보도하는 텔리비전 뉴스를 보는 것 같다. 그러기에 우리는 이들을 바르게 인도하는 사명을 가져야 한다.
3. 빌닷의 세 번째 공박을 끝으로 친구들의 말은 더 이상 없다. 빌닷은 인생의 무가치성을 말하면서 "구더기 같은 사람, 벌레 같은 인생"이라 했다(25:6). 이 표현이 겸허한 것(시 22:6) 같으나 실제는 자학이다. 하나님은 인간을 벌레처럼 취급하지 않으신다. 인간은 '하나님의 형상'대로 지음 받았으며(창 1:27~28), "내가 거룩하니 너희도 거룩할지어다"(벧전 1:16)라는 말을 듣기까지 대접을 받는 존재이다. 종교적 겸손이라는 이름으로 자학을 하는 것은 하나님께서 원하시는 태도가 아니다.

22
엘리바스의 공박(3차)
하나님과 화목하고 평안하라

23
욥의 변론: 하나님을 발견
단련하신 후에는
순금같이 나오리라

24
욥의 변론: 전능자의 때
강포한 자들을 끌어내시나니

25
빌닷의 공박(3차)
구더기 같은 사람,
벌레 같은 인생

더 살펴보기

1. 엘리바스의 세 번째 공박과 욥의 대답(욥 22~31장)

〈욥기〉 22~31장은 세 번째 논쟁이다. 우리말 번역의 구조는 엘리바스의 공박이 22장(욥의 대답 23~24장)에, 빌닷의 공박이 25장(욥의 대답 26~31장)에 나오는 것으로 되어 있다.

(1) 22장에는 엘리바스의 공박이 나오는데, 이는 앞의 21장에서 욥이 친구들을 공박한 데(21:27~28) 대한 반응으로 엘리바스는 욥의 죄를 세밀히 드러내기 시작한다(22:1~11). 하나님을 향한 악인의 태도(22:12~18)와 운명(22:19~20)이 욥의 경우와 다를 것이 없다고 한다. 끝에 가서는 부드러운 어조로 회개하고 하나님께 돌아오라고 한다(22:21~30).

(2) 단정적으로 욥의 죄악들(22:6~9)은 가난한 자들에 대한 남용과 연관된 것들이다. 그와 같은 남용은 구약의 율법과 지혜와 예언서들에서 정죄된다. 이와 관련하여 다음을 보라. 출 22:25~27, 암 2:8(옷을 전당잡음), 신 24:19~21, 잠 22:9, 사 32:67, 겔 18:7, 12(가난한 자에게 음식물을 거절함), 잠 23:10, 사 10:2(약한 자들의 재산을 강탈함).

(3) 구약의 모든 부분들은 가난한 자들과 과부들과 고아들을 관대하게 대하라고 명령한다(신 15:11, 24:17, 잠 14:31, 사 35:15, 렘 22:3, 암 5:11~12). 욥은 나중에 엘리바스의 비난에 반박하면서 자신이 가난한 자들을 잘 대우했다고 주장한다(29:12~17, 31:16~23, 38~40). (UBS 세계성서공회판《Good News Study Bible》, p.780)

2. 경계표(境界標, 욥 24:2)

경계표는 고대 근동 지방에서 국가들 간의 경계나 또는 개인의 전답을 구분하는 땅의 경계를 나타내는 표다. 경계표는 존중되었고(신 19:14, 잠 22:28, 23:10), 경계표를 옮기는 자는 저주를 받는다(신 27:17). 따라서 "땅의 경계표를 옮기며"(24:2)는 불의한 행위였다. "어떤 사람은 경계표를 옮

세 번째 주기의 공박에 대한 연구

〈욥기〉 22~31장은 세 번째 논쟁이다. 우리말 번역의 구조는 엘리바스의 공박. 22장 (욥의 대답 23~24장), 빌닷의 공박. 25장 (욥의 대답 26~31장), 소발의 공박은 없기에 구조상 매우 어색하므로 논쟁들이 있다.

(1) 빌닷의 변론은 친구들의 답변 중에서 항상 마지막일 뿐 아니라 매우 짧고 도입부도 결말도 없는 간단한 본론뿐이다. 그러한 만큼 여러 가지 문제가 있다. 25장 1절의 "수아 사람 빌닷"을 히브리어의 한 사본은 "욥"이라고 하였다. 다시 말해서 25장 전체를 욥의 말로 보는 것이며 따라서 친구들의 변론은 22장의 엘리바스로 끝난 셈이 된다(세키네-關根-는 23~31장 전부를 욥의 말이라고 한다).

(2) 25~27장의 재구성의 시도는 종종 있으나 테리엔(Terrien, S.)이나 포프(Pope. M. H.)는 25장에 26:5~14를 붙여서 빌닷의 세 번째 변론으로 하고 26:2~4, 27:2~12를 빌닷에 대한 욥의 대답이라고 하며 또 27:13~23, 24:18~24(25)를 소발의 세 번째 변론이라고 보고 있다. 그보다도 짧은 빌닷의 변론에서 끝내는 것이 극적 효과에 있어서 훨씬 힘이 있다.

(3) 또 친구의 주장이라고 하는 곳(26:5~14, 27:13~23)도 욥의 호소의 말 속에 두어 그것과 관련해서 고려할 때 친구들이 말하는 단순한 응보사상과는 다른 면을 읽을 수 있다는 것도 무시할 수는 없다. 또 세키네(關根)와 같이 25장을 욥의 말로 하는 것은 사본 상의 지지가 있다고는 하나 23~31장 전부를 욥의 답이라고 하는 데서 생기는 단조로움을 피할 수는 없다. (일본《新聖書註解 욥기》, 김형준 역, 미발간)

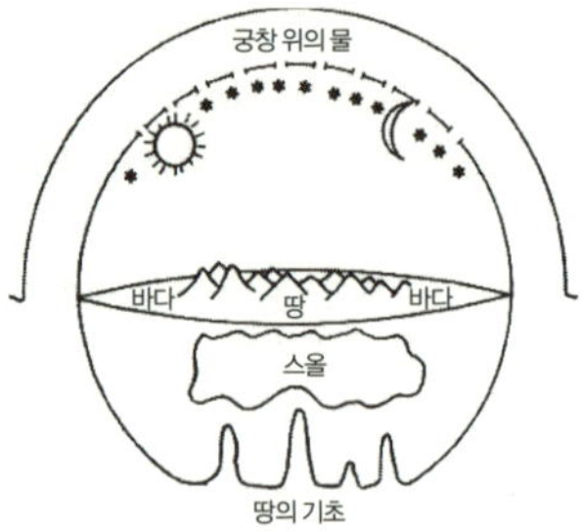

히브리인의 우주관(宇宙觀)
성경에는 우주의 구조에 대한 상세한 기술은 없다. 그러나 구약성경 곳곳에 나타난 구절들에서 히브리인의 우주관을 도해 형태로 표시해 볼 수 있다. 본문(욥 24:19)에 나온 스올(음부, 陰府)은 사자(死者)의 세계다. 《The Cambridge Bible Commentary》 총서 보유, pp. 23~25.

기며"(24:2)라고 한 '어떤 사람'은 벌을 받지 않음에 대한 욥의 탄식이다. 그러나 전능자가 심판하는 "때"와 "날"(24:1)이 있음을 전제한다.

3. 고대인의 우주(宇宙) 이해(욥 24:19)

스올(히브리어, 헬라어: 하데스, 개역한글: 음부 陰府, 24:19)은 죽은 자의 영혼이 가는 땅 밑의 세계를 가리키는 말이다. 히브리인은 우주를 하늘, 땅, 땅 밑으로 3층의 관념으로 생각했다. 구약의 '스올'이 신약에서 '하데스'로 11회 나오는데 모두 '음부'로 번역됐고 《일본 개역》 신약은 '황천(黃泉)'으로 번역했다. 〈아가〉 8:6을 영어나 일본어 역은 '무덤'으로, 한글은 모두 '스올'로 음역했다. 스올을 히브리인의 우주(宇宙) 이해에서 살펴보라(옆의 그림).

4. 빌닷의 짧은 마지막 말(욥 25장)

빌닷의 마지막 말이 기록된 25장은 〈욥기〉 중에 가장 짧은 장이며 가장 짧은 공박문이다. 하나님의 권능(1~3절)은 그 본성에 나타나 있다. 권세와 위엄을 가지셨고 주권적으로 다스리신다. 하나님의 공의(4~6절)는 거룩한 본성의 발휘이다. 하나님은 빛이시고 어두움이 없으시다. 인간이 그 앞에 의롭다고 주장할 수가 없다(4:17~18, 8:20, 9:2 참고).

욥기 26~31장

욥의 변론 (중요구절 욥 28:28)

엘리바스와 빌닷의 3차 공박(22~25장)에 이어서 욥의 마지막 긴 변론이 시작된다(26~31장). 창조된 우주에서 하나님의 무한한 권능을 볼 수 있다(26장). 친구들은 욥이 자신의 온전함을 부인하기 원하지만 욥은 자신의 공의와 악인이 하나님께 받을 분깃에 대해 말한다(27장). 지혜는 어떤 보석보다도 귀하며, '주를 경외함이 지혜요, 악을 떠남이 명철이라' 했다(28장). 욥은 지난 날의 행복을 추억하고(29장), 현재의 고난을 진술한다(30장). 또한 자신의 온전함을 실례로 들어 주장한다(31장).

1. 인간이 아무리 정결하게 살아왔다고 해도 하나님 앞에 내세울 수는 없

으나 욥은 자신의 온전함을 내세웠다(27:5~6). 인간의 선한 것, 악한 것에 대한 기준은 미흡하다. 황인종이 아프리카에 가면 희게 보이고 백인들 사이에 가면 검게 보인다. 내 빚을 갚아 준 사람 앞에서 돈 자랑을 할 수 없듯이 죄 문제를 해결해 주신 하나님 앞에서 의를 자랑할 수는 없다. 따라서 자신의 정결한 삶을 내세울 수는 없다.

2. '지혜의 찬가'라고도 불리는 28장에서 욥은 인간의 능력과 노력으로 귀중한 보석을 얻을 수는 있으나 지혜를 발견할 수는 없다고 한다. "주를 경외함이 지혜요, 악을 떠남이 명철이니라"(28:28)는 말씀은 "지혜는 어디서 얻으며 명철이 있는 곳은 어디인가"(12, 20절)에 대한 답이면서 모든 인간의 지혜 추구에 대한 분명한 답이기도 하다. 하나님을 향한 마음이 곧 지혜요 명철이다.
3. 욥은 자신의 고난의 근거가 하나님에게 있다고 탄식한다. "주께서 돌이켜 내게 잔혹하게 하시고 힘 있는 손으로 나를 대적하시나이다"(30:21)라고 하지만 이 탄식은 실제 친구들과 적들에게 모욕을 당하고 있으며 또한 육체적인 고통으로 탄식을 하되 그 대상은 하나님에게 돌린다. 그는 자신의 처지를 "하나님이 나를 진흙 가운데 던지셨고 나를 티끌과 재 같게 하셨구나"(30:19)라고 하나님께 원망하듯 한다. 우리 인생은 그 고통의 근원을 다 이해하지 못하여 하나님을 향하여 외치지만 고난의 용광로를 통과하면 찬란한 은혜가 임한다. 욥은 최후에 하나님의 인정을 받게 된다(42:7).
4. 욥과 세 친구의 논쟁의 마지막 말에서 욥은 하나님이 자신의 변론을 듣고 대답해야 한다는 견해를 보인다(31:35~40). "나의 서명이 여기 있으니 전능자가 내게 대답하시기를 바라노라"고 호소한다. 욥은 소송 상대방의 기소장을 두려워하지 않고 두루마리처럼 "어깨에 메기도 하고 왕관(터번)처럼 머리에 쓰기도 하리라"는 것은 승리의 확신에 찬 모습이다. "욥의 말이 그치니라"(40절)고 끝을 맺는다.

26 27

욥의 변론: 하나님의 권능, 공의
나의 온전함을 버리지 않음

28

욥의 변론: 지혜를 구함
하나님을 경외함이 지혜

29 30

욥의 변론: 과거와 현재
복을 바랐더니 화가 왔고

31

욥의 변론: 순결을 주장
욥의 말이 그치니라

욥과 그의 세 친구

욥의 고통은 가족과 재산을 잃고 병이 든 데다가 친구들이 욥의 고난을 죄의 결과라며 정죄한 것이다(욥 4:7~9 외). 프랑스의 화가 구스타브 도레(1832~1883)의 판화로서 성경을 주제로 241개의 성화를 제작했다.

더 살펴보기

1. 욥의 탄식과 즐거움(욥 30장)

정신과 의사 윌리엄 글래서(William Glasser)는 "물불을 가리지 않고 현실의 필요를 채우려고 하다가 실패한 환자들은 공통된 특징을 갖는다. 그들은 모든 주변 세계의 실재를 부정한다"(Reality Therapy, p.6)고 말한다. 욥은 과거에 안주하지 않고 현실을 수용함으로써 성숙하고 웅대한 발걸음을 내디딘다. 현재 상황을 과거와 대조했고 하나님의 심판으로 어떻게 바뀌었는지를 보여준다. 욥의 다섯 가지 불평은 29장에서 열거한 즐거움에 대비를 이룬다. (워렌 위어스비《인내하여라(Be Patient)》. 생명의 말씀사, 내용을 참고하여 도표로 작성)

번호	불평 내용	30장(불평)	29장(즐거움)
1	아무도 나를 존경하지 않는다	30:1~15	29:7~11
2	아무런 복도 내게 없다	30:16~23	29:2~6
3	아무도 나를 도울 이 없다	30:24~25	29:12~17
4	아무런 장래도 없다	30:26~28	29:18~20
5	아무런 봉사할 일이 없다	30:29~31	29:21~25

2. 욥의 의로움(욥 31장)

욥은 여러 번 자신의 결백을 주장한 뒤 정결함을 맹세한다. 재판 절차상으로 피고의 무죄를 증명할 수 없을 때에는 이런 맹세를 무죄 입증 수단으로 받아들였다. 욥은 하나님 앞에서 의를 내세울 수 없었으나 사람들 앞에서는 의를 내세울 만했음을 다음의 말씀에서 볼 수 있다. 욥은 이를 통해 자신의 무죄를 입증하고 싶었던 것이다.

(1) 개인의 삶에서 "진지하게"(1~12절) - 정욕(1~4), 거짓(5~8), 간음(9~12)죄를 짓지 않았다.

(2) 이웃에 대해 "의롭게"(13~23절) - 종들(13~15), 가난한 자, 과부, 고아들(16~23)을 돌보았다.

〈욥기〉 25~31장에 대한 견해

학자들에 따라 25~31장을 모두 욥의 말이라고 하지 않고 26:5~14을 빌닷의 공박, 27:8~23은 소발의 세 번째 공박이라고 주장하는 경우도 있다. 그러나 이 교재는《우리말 성경》본문에 이들의 이름이 등장하지 않으므로 전통적인 견해로서 모두 욥의 말로 취급하였다. (461쪽의 '세 번째 주기의 공박에 대한 연구' 참고)

(3) 하나님에 대해 "경건하게"(24~34절) - 재물을 의지하지 않았고 우상 숭배도 하지 않았다.

3. "욥의 말이 그치니라"의 의미 (욥 31:40)

친구들은 욥을 정죄했으나 욥 자신은 하나님이 자신을 변호해 주시리라는 확신을 가지고 있었다. 16:19~21, 19:25~26의 내용을 묵상해 보라. 결국은 하나님께서 욥의 편이 되어 주셔서 엘리바스를 비롯한 그의 친구들보다 욥의 말이 정당하다고 말씀하신다(42:7). 욥은 더 이상 자신을 변호할 필요가 없었다.

욥기 32~37장

엘리후의 연설 (중요구절 욥 33:26)

엘리후는 긴 연설로 하나님의 특성을 설명하고 이 진리를 욥에게 적용했다(32~37장).

엘리후는 참고 있다가 욥과 세 친구에게 화를 내며 말을 시작한다(32장). 세 친구와는 다르게 욥에게서 들은 것만 인용하여 잘못된 변론을 수정하려 애쓴다(33장). 하나님의 공의를 매도한 자로 욥을 공박한다. 섭리자인 하나님의 공의를 변호하며 욥을 저주받을 자로 정죄한다(34장). 경건이 아무 유익이 되지 않으며 고통으로부터 해방시키지 못한다는 욥의 말에 대해 공박한다(35장). 엘리후는 실제적인 권면으로 하나님의 섭리를 말하며 욥에게 모든 부정적인 고백을 그치고 하나님께 영광 돌리라고 한다(36장). 절대적 하나님의 능력을 말하며 인간의 나약함은 하나님의 완전하심 앞에 굴복해야 함을 호소한다(37장).

1. 욥은 "사람이 하나님을 기뻐하나 무익하다"고 했다(34:9). 즉 '하나님을 섬겨본들 이익이 무엇인가?'라는 회의적인 태도로 보인다. 이원론적인 생활 구조를 가지고 한 발은 세상에 한 발은 천국을 향하는 자에게서 나오는 말은 아니다. 처절한 신앙의 싸움 속의 절규와도 같다. 주일에 예배를 드리고 하나님의 일에 봉사하는 것이 직장 상사를 찾아 자기 출세를 위한 일을 하는 것보다 무익하다고 보는가?
2. 욥이 "범죄하지 않는 것이 내게 무슨 유익이 있겠느냐?"(35:3)고 말한 데 대한 엘리후의 비난이 있다. 헤르만 헤세의 단편에 보면, 두 순례자

32
엘리후의 등장
내 속에는 말이 가득하니

33
말씀의 목적
생명의 빛을 그들에게 비추려

34
감찰하심
사람의 길을 주목

35
교훈을 듣게 하심
밤에 노래를 주시는 자

36
귀를 열어 주심
고난받는 자에게
공의를 베푸심

37
하나님의 역사
전능자를 우리가
찾을 수 없나니

가 도시에 물건을 구입하러 갔다가 한 수사는 여인의 미혹을 받고 죄를 짓지만 돌아와서 큰 회개와 함께 참 믿음의 경지에 이르게 된다. 다른 한 수사는 유혹을 뿌리치고 수도원으로 돌아왔으나 후회하며 여인 생각에 제대로 수도 생활을 할 수 없었다. 인생의 고민이 여기에 있다. 한 번 쯤 눈을 감으면 이익과 희락을, 믿음 때문에 잃는 경우에 갈등이 심하다. 욥의 말은 믿음이 흔들렸다기보다는 자기의(自己義)에 빠져 있지만, 고난 가운데의 믿음의 표현이다.

3. 우리 인간은 하나님의 일을 다 찾을 수는 없다(37:23). "바람이 불어 하늘이 말끔하게 되었을 때 그 밝은 빛을 아무도 볼 수 없느니라"(37:21) 고 했다. "어두움 후에 빛이 오며…… 수고한 후에 쉼이 있네"(찬송가 487장). 내가 부족해서 하나님의 섭리에 대해 변증과 설명과 설득을 못해도 하나님의 능력은 동일하시므로 하나님을 바라보아야 한다. 사랑하는 자의 갑작스런 죽음을 어떻게 설명하겠으며 새벽기도회에 가던 신실한 교인의 교통사고사(交通事故死)를 어떻게 다 설명하겠는가? 그러나 하나님은 밤에도 노래를 주시는 분이시다(35:10).

시가서

욥기

더 살펴보기

1. 엘리후의 긴 연설(욥 32~37장)

엘리후는 긴 연설을 통해 하나님의 특성을 설명하고 이 진리를 욥에게 적용했다.

(1) 하나님은 나를 통해 말씀하신다(32장. 요절 32:8).

(2) 하나님은 자비하시다(33장. 요절 33:24).

(3) 하나님은 공의로우시다(34~35장. 요절 34:10~12).

(4) 하나님은 위대하시다(36~37장. 요절 36:5, 26).

엘리후의 연설에 나타난 특이성

(1) 엘리후는 여덟 번이나 욥과 그의 친구들에게 "내 말을들으라"(32:10, 33:1, 31, 33, 34:2, 10, 16, 37:14) 고 요청하는 것으로 보아 자의식이 강한 사람으로 보인다.

(2) 엘리후는 욥의 이름을 여섯 번이나 직접 부른다(33:1, 34:5, 7, 35, 36, 35:16). 욥에 대해서는 중립적이지 않은 면이 보인다. 분노한 가운데 꼭 필요한 점만 말하겠다고 했으나 실제는 철학적이라기보다는 사적인 면이 드러난다. 하지만 그는 약속을 지켜 어느 누구도 편들지 않았다(32:21~22).

2. 접근 방법이 달랐던 엘리후(욥 32~37장)

(1) 엘리후가 참고 말하지 않았던 이유는 다른 사람들의 연륜과 경험을 존

중했고(32:6~7), 변론이 끝날 때까지 다 들어 그 내용을 다 파악하고 싶었기 때문이다(32:11~12, 잠 18:13 참고).

(2) 욥의 세 친구가 욥의 고난을 죄의 결과라고 주장하는 반면, 욥은 자신의 무고를 주장했다(4~31장). 그때 젊은 엘리후가 나타나 긴 연설(32~37장)을 하고 사라진다. 엘리후는 욥이 죄인임을 입증하려고 하지 않고 하나님에 대한 욥의 시각이 잘못되었음을 증명하려고 했다. 그는 고통에 대해서도 반드시 죄를 벌하기 위함이 아니라 죄를 짓지 못하게 하고(33:18, 24), 더 나은 사람으로 만들기 위해서 그러신다는 것이다(36:1~5).

행복했던 시절의 욥
욥은 경건하였으며 많은 재산을 가졌다(욥 1:1~3). 그러나 사탄의 시험으로 이 모든 것을 잃었으나 그는 하나님을 원망하지 않고 오히려 찬송하였다(욥 1:20~22).

3. 엘리후는 누구인가?(욥 32~37장)

'엘리후'의 뜻은 '그는 나의 하나님'이며, 그의 부친 '바라겔'은 '하나님이 축복하신다'는 뜻이다. 그는 아브라함의 형제인 나홀의 둘째 아들 '부스'의 자손으로 보기도 하지만 그렇다고 〈욥기〉가 〈창세기〉와 동시대라고 보기는 어렵다(창 22:21). 욥의 세 친구는 모두 이방인(데만, 수아, 나아만 사람)인데 반해 엘리후는 이스라엘의 직속은 아닐지라도 아브라함과 가까운 인물이다. 그렇다고 이를 〈욥기〉가 족장시대 저작이라는 증거로 삼는 것은 아니다. 엘리후의 논리는 고난에 대해 히브리적 신학을 나타내는 것이라 할 수 있다. 그는 "나는 결코 사람의 낯을 보지 아니하며 사람에게 영광을 돌리지 아니하리니"(32:21)라며 신앙적 관점을 밝힌다.

욥기 38~42장

욥의 영광스런 하나님 (중요구절 욥 42:5)

욥을 향한 엘리후의 연설(32~37장) 후에 하나님께서는 욥에게 직접 말씀하신다. 욥이 오랫동안 기다려 온 하나님의 음성이 폭풍우(회오리) 가운데서 들려온다(38~41장). 무생물의 세계(38장)부터 생물의 세계까지(39장) 하나님의 섭리와 광대함을 논한다. 하나님은 욥에게 네가 내 창조를 '설명'할 수 있느냐(38장), '감독'할 수 있느냐(39장), 네게 내 창조를 '굴복'시킬 수 있느냐고 물으신다. 인간은 하나님의 피조물인 '베헤못('하마'로도 번역)'보다(40장), '리워야단('악어'로도 번역)'보다 약하다(41장). 인간은 하나님 아래서 하나님의 권능과 솜씨를 바로 알아야 하며, 그분이 어떤 분이신가를 더 주의 깊게 보아야 한다(40~41장). 욥은 크게 깨달았으며 하나님은 욥의 편을 들어주셨다. 모든 것은 회복되어 갑절의 복을 받는 한편 하나님을 눈으로 뵙는 신앙으로 성숙한다(42장).

38
하나님의 말씀
하늘과 땅의 신비

39
하나님의 말씀
동물 세계의 신비

시가서
욥기

40
겸손해지는 욥
베헤못(하마)보다 약한 인간
나는 비천하오니

41
리워야단(악어)보다 약한 인간
세상에는 그것과 비할 것이 없으니

42
욥이 다시 찾은 축복
눈으로 주를 뵈옵나이다

1. 〈욥기〉의 마지막 장을 볼 때에 우리는 위로를 받는다. 의인 욥에게 다가온 고난(1:13~19)은 실로 엄청난 것이었음에도 욥은 하나님을 향하여 원망하지 아니하고 오히려 여호와의 이름을 찬송하였다(1:20~21). 더구나 욥의 친구들의 잔인한 율법적인 판단에도 불구하고 욥은 믿음을 지켰고 끝내 하나님의 인정을 얻었다(42:7). 우리가 어려운 형편에 처하던, 사람들이 뭐라고 하던 결국 하나님에게 인정받는 믿음을 끝까지 지키는 자가 되어야 한다.
2. 욥은 이전보다 갑절이나 많은 복을 받게 되어(42:10) 자녀는 스무 명이 되었다. 열 명은 하나님과 함께 있었고 열 명은 욥과 함께 있었다. 욥을 욕하던 아내와도 재결합했을 것이며 친구들과 친척들이 '회복 자금'을 가져왔다. 욥은 전보다 두 배나 많은 가축을 갖게 되었다. 갑절의 공식이 그의 나이에도 적용되었다면, 그의 이야기가 시작될 때의 나이가 칠십이었을 것이며(시 90:10), 두 배의 수(壽)를 누리도록 허락하여 백사십 년을 살게 하셨다(욥 42:16). 그러나 아내는 갑절로 주셨다는 말씀이 없다. 악한 아내도 갑절로 주셨다면 욥은 그 고통으로 인해 생명은 반으로 줄어들었을 것이다.
3. 부모가 아름다운 딸에 대하여 자부심을 갖는 것은 당연한 일인데, 욥은 그런 딸을 셋이나 두게 되었으니 얼마나 자랑스러웠겠는가?(42:13~15). 여미마(비둘기)는 정숙함을, 긋시아(계피)는 향기를, 게렌합북(눈 화장품)은 아름다움을 가졌다. 욥은 딸로 인한 감사도 남달랐을 것이다. 부모가 자녀로 인한 감사를 드리는 것은 행복이다.

더 살펴보기

1. 베헤못과 리워야단(욥 40:15~24, 41장)

(1) 베헤못(40:15)은 '하마'로도 번역한다. 하마의 꼬리는 백향목처럼 흔들리지 않고(40:17), 산으로 기어올라 가지도 않으며(20절), 요단 강에서 산다고 알려져 있지도 않다(23절). '베헤못'(성경에 1회 기록)의 의미는 '큰 짐승' 또는 '짐승들'이다. 〈욥기〉의 저자는 베헤못을 자신의 팔레스타인에 옮겨놓고는(산, 요단) 그 여러 특성을 자기 문화로 묘사했다고 볼 수 있다. 베헤못을 "하나님이 만드신 것 중에 으뜸이라"(40:19) 함은 창조의 시초에 하나님이 용을 제어하셨다는 생각을 암시하는 표현으로 보는 해석도 있다.

(2) 리워야단(41장)은 통상 '악어'로 번역하지만 한편으로 '고래'라는 주장도 있다. 악어를 물고기처럼 낚을 수 없고 그냥 옮길 수 없기 때문이다. 〈이사야〉에서는 "그날에 여호와께서 그의 견고하고 크고 강한 칼로 날랜 뱀 리워야단 곧 꼬불꼬불한 뱀 리워야단을 벌하시며 바다에 있는 용을 죽이시리라"(사 27:1)고 표현하고 있다.

위의 두 짐승(베헤못, 리워야단)이 우리가 아는 어떤 짐승에 해당하는지는 정확히 알 수 없다. 그러나 보편적으로 번역해왔던 "하마"와 "악어"는 좋은 번역으로 평가되고 있다. (《성경핵심전과2》〈이사야〉 27장 내용 설명 참고)

광야에 사는 베두인의 양(羊) 시장
욥의 부(富)는 양과 소, 약대 등 가축으로 계수되었다. 욥은 잃었던 재산을 갑절로 다시 찾게 되었다(욥 42:10~17). 사진은 현재 양을 거래하는 베두인의 모습이다.

2. 〈욥기〉의 마지막 장에 대한 이해(욥 42장)

(1) 〈욥기〉 끝에 이르러 독자들이 오해를 한다. 모든 시련과 문제가 다 해결되고 모든 악감정이 다 용서를 받고 모든 사람이 다 행복하게 오래 사는 것으로 이해를 해서는 안 된다. 42장에서는 우리에게 무슨 일이 일어나든지간에 하나님이 언제나 마지막 장을 쓰신다는 것을 일깨워 준다.

(2) 욥이 받은 가장 큰 복은 건강과 재산을 도로 얻은 것이나 가족과 친구들을 다시 얻은 것이 아니다. 그가 받은 가장 큰 복은 하나님을 더 잘 알

낙타를 타는 사람들
욥의 많은 재산 중에는 낙타도 삼천 마리나 있었다(욥 1:3). (애굽에서 관광객들에게 낙타를 임대해 주는 현지인들의 모습)

〈욥기〉를 전체적으로 이해하기 위한 정리

(1) 1~2장(산문): 까닭 없는 욥의 고난

(2) 3~41장(운문:시): 각 장마다 화자(話者: 욥, 엘리바스, 소발, 빌닷, 엘리후, 하나님)가 누구인지 성경에 표시하라.

(3) 42장(산문): 갑절의 복을 받는 욥

게 되고 그분이 하시는 일을 더 깊이 이해하게 된 것이다. 하나님은 우리 삶에 어떤 일이 발생하도록 허락하시든간에 언제나 결말을 쥐고 계신다. (워렌 위어스비)

3. 〈욥기〉를 통한 교훈

"보라 인내하는 자를 우리가 복되다 하나니 너희가 욥의 인내를 들었고 주께서 주신 결말을 보았거니와 주는 가장 자비하시고 긍휼히 여기시는 이시니라"(약 5:11). 〈욥기〉를 통해서 우리는 '의인의 고난' 중에서도 그의 '인내'를 배운다. 또한 '여전히 찬송을 받으실 하나님'에 대해서도 알 수 있다. 문제는 삶에서 겪는 고통을 어떻게 처리하는가 하는 현실적인 적용에 있다.

욥은 논쟁으로 인해 지쳤지만 인내했듯이, 〈욥기〉를 읽는 독자도 논쟁부분(4~31장)을 읽으려면 욥과 같은 인내가 필요하다. 〈욥기〉를 통독한 것만으로도 독자들은 인내를 배운 것이다.

B I B L E

성경 질문지

욥기 1~7장 욥의 고난, 〈1차〉 엘리바스의 공박과 욥의 변론

제1장 [의인 욥에게 닥친 고난]

다음 물음에 답하시오.

1. 욥은 어떤 성품을 가진 사람인가?(1:1, 8, 2:3) -

2. 1) 욥의 자녀는?(2) -

   2) 욥은 소유물은?(3) -

3. 생일잔치날이 지난 후 번제를 드린 이유는 무엇인가?(4~5) -

4. 사탄은 욥을 어떻게 하면 하나님을 욕할 것이라고 했는가?(6~12) -

5. 욥이 당한 시험(고난)과 관계된 곳을 연결하시오.(13~19)

   1) 스바 사람 • • 가)
   2) 하나님의 불 • • 가)
   3) 갈대아 사람 • • 가)
   4) 큰 바람 • • 가)

   가) 낙타를 빼앗고 칼로 종들을 죽임
   나) 소와 나귀를 빼앗고 칼로 종들을 죽임
   다) 양과 종들을 불살라 버림
   라) 맏아들의 집에 있을 때에 집이 무너져 아들들이 죽음

6. 이러한 고난(13~19) 중에 욥의 고백은 무엇인가?(20~22)

   -

제2장 [육체에 닥친 고난]

다음 물음에 답하시오.

1. 사탄이 하나님에게 욥을 어떻게 하면 하나님을 욕할 것이라고 했는가?(1~5)

   -

2. 하나님이 사탄에게 욥을 시험하게 허락하시되 금지한 것은?(6) -

3. 사탄은 욥에게 어떻게 했는가?(7~10)

   -

4. 1) 욥의 아내의 반응은?(7~10) -

   2) 욥의 대답은? -

5. 재앙을 당한 욥에게 찾아온 욥의 친구 세 사람은?(11~13)

   -

제3장 [생일을 저주하는 욥]

다음 말의 빈칸을 채우고 절수를 쓰시오.

1. (　　　절) 욥이 입을 열어 자기의 (　　　)을 저주하니라.

2. (　　　절) 어둠과 (　　　)의 그늘이 자기의 것이라 주장하였더라면, (　　　)이 그 위에 덮였더라면.

3. (　　　절) 거기서는 악한 자가 (　　　)를 그치며 거기서는 피곤한 자가 (　　　)을 얻으며.

4. (　　　절) 나는 음식 앞에서도 (　　　)이 나며

내가 앓는 소리는 (   )이 쏟아지는 소리 같구나.

제4~5장 [엘리바스의 첫 번째 공박]
다음의 물음의 맞는 답에 O표 하시오.

1. 욥이 전에 사람들에게 한 일과 관계가 먼 것은 무엇인가?(4:1~5)
   1) 여러 사람을 훈계하였다
   2) 손이 늘어진 자를 잡아당겼다
   3) 넘어지는 자를 말로 붙들어 주었다
   4) 무릎이 약한 자를 강하게 하였다
2. 엘리바스가 욥에게 한 말은 무엇인가?(4:6~11)
   1) 죄 없이 망한 자가 많다
   2) 정직한 자는 끊어진다
   3) 악을 밭 갈고 독을 뿌리는 자는 그대로 거둔다
   4) 하나님의 입 기운에 소생한다
3. "사람이 어찌 하나님보다 의롭겠느냐"는 목소리를 들은 사람은 누구인가?(4:12~21)
   1) 욥　2) 엘리바스　3) 빌닷　4) 소발
4. 엘리바스는 사람은 무엇을 위하여 났다고 했는가?(5:1~7)
   1) 분노　2) 시기　3) 진리　4) 고생
5. 헤아릴 수 없이 큰 일은 누가 행하는가?(5:8~16)
   1) 하나님　2) 친구
   3) 시험하는 자　4) 욥 자신
6. 전능자의 징계를 업신여기지 말아야 하는 이유는 무엇인가?(5:17~27)
   1) 좋은 일이기에
   2) 마땅히 받아야 하기에
   3) 복이 있기에
   4) 소망이 되기에
7. 〈욥기〉 5:18과 가장 비슷한 구절은 어느 말씀인가?
   1) 시 50:22　2) 신 32:39
   3) 렘 50:4　4) 호 6:1~2

제6장 [욥의 변론: 불평을 정당화]
다음 맞는 답의 번호에 O표 하시오.

1. 욥은 자신의 무엇이 바다의 모래보다 무거울 것이라고 했는지 두 가지를 고르시오.(1~7)
   1) 바다　2) 독　3) 괴로움
   4) 저울　5) 파멸　6) 두려움
2. 그칠 줄 모르는 고통 가운데서도 욥이 오히려 기뻐할 것은 무엇 때문인가?(8~13)
   1) 거룩하신 이의 말씀을 듣지 못해서
   2) 거룩하신 이의 말씀을 거역하지 않았기 때문
   3) 여호와가 멸하시기를 기뻐하시기에
   4) 지혜가 쫓겨나지 아니하기 때문
3. 욥이 형제(친구)들에 대한 불만을 나타낸 말이 아닌 것은?(14~23)
   1) 변덕스럽다
   2) 아무것도 아니다
   3) 재물을 주지 않는다
   4) 두려운 일을 본즉 겁을 낸다
4. 다음 욥이 한 말의 뜻이 맞는 것은 번호에 O표를 하고 각 항의 절수를 (   ) 안에 쓰시오.(24~30)
   1) "나의 허물된 것을 깨닫게 하라"는 말은 자신의 허물이 많음을 인정하는 말이다.
      (절)
   2) "고아를 제비 뽑으며 친구를 팔아넘긴다"라고 함은 친구들의 무정함을 비판한 말이다.
      (절)
   3) "아직도 나의 의가 건재하니 돌아오라"는 말은 욥 자신이 하나님 앞에도 의롭다는 말이다.(절)

제7장 [욥의 변론: 하나님께 호소]
다음 절수를 쓰고 구절을 완성하시오(해당 절만).

1. (절) 내 살에는~

2. (　　　절) 나의 날은~

3. (　　　절) 내가 내 입을~

4. (　　　절) 내 마음이 뼈를~

5. (　　　절) 주께서 내게서~

욥기 8~14장 〈1차〉 빌닷, 소발의 공박과 욥의 변론

제8장 [빌닷의 첫 번째 공박: 네 나중은 창대]
다음 (　　) 안에 알맞은 말을 적으시오.

1. (　　　) 사람 빌닷이 대답하여…… 하나님이 어찌 (　　　)을 굽게 하시겠으며 전능하신 이가 어찌 (　　　)를 굽게 하시겠는가? (　　　,　　　절)

2. 네가 만일 (　　　)을 찾으며 전능하신 이에게 (　　　)하고 또 청결하고 (　　　)하면 반드시 너를 돌보시고 네 의로운 처소를 (　　　)하게 하실 것이라. 네 시작은 (　　　)하였으나 네 나중은 심히 (　　　)하리라.(　　　~　　　절)

3. 하나님은 (　　　) 사람을 버리지 아니하시고 (　　　) 자를 붙들어 주지 아니하시므로 (　　　)을 네 입에, (　　　) 소리를 네 입술에 채우시리니. (　　　~　　　절)

4. 빌닷이 욥의 패망을 비유로 말한 것 세 가지(왕골, 거미줄, 집, 식물, 뱀)에서 해당 없는 것 두 가지는 (　　　,　　　)이다.(11~19절)

제9장 [욥의 변론: 하나님의 공의]
욥이 고백하는 하나님에 해당되면 O표, 아니면 X표 하시오.

1. 사람이 하나님과 변론하면 천 마디에 한 마디도 대답할 수 없다. (　　　) (　　　절)

2. 내 앞으로 지나시나 내가 보지 못하며 내 앞에서 움직이시나 깨닫지 못한다. (　　　) (　　　절)

3. 내가 하나님을 부르므로 내게 대답하셨으면 내 음성을 들으셨다고 믿는다. (　　　) (　　　절)

4. 하나님이 온전한 자는 멸망시키지 않고 악한 자는 멸망시키신다. (　　　) (　　　절)

5. 하나님은 사람이 아니신즉 내가 그에게 대답할 수 없으며 함께 재판할 수도 없다. (　　　) (　　　절)

제10장 [욥의 변론: 자신의 형편을 비탄]
말씀이 이어지도록 서로 연결하시오.

1. 내 영혼이 살기에 곤비하니 •　　• 가) •　　• a)
2. 주의 손으로 나를 빚으셨으며 •　　• 나) •　　• b)
3. 주께서 나를 젖과 같이 •　　• 다) •　　• c)
4. 내 날은 적지 아니하나이까 •　　• 라) •　　• d)
5. 땅은 어두워서 흑암 같고 •　　• 마) •　　• e)

가) 쏟으셨으며
나) 불평을 토로하고
다) 만드셨는데
라) 죽음의 그늘이 져서
마) 나를 버려두사

a) 이제 나를 멸시하나이다
b) 마음이 괴로운 대로 말하리라
c) 엉긴 젖처럼 엉기게 하셨다
d) 잠시나마 평안하게 하시되
e) 광명도 흑암 같으니이다

제11장 [소발의 첫 번째 공박]
다음 말을 이어서 구절을 완성하시오(해당 절만).

1. 말이 많은 사람이~

2. 네가 하나님의 오묘함을~

3. 하늘보다 높으시니~

4. 네 손에 죄악이 있거든~

5. 네가 희망이 있으므로~

6. 악한 자들은~

제12장 [욥의 변론: 하나님께 대한 지식]
(/) 안에서 틀린 말은 두 줄로 지우시오.

1. (　　　절) 나도 너희같이 (지혜가 / 생각이) 있어 너희만 못하지 아니하니 그 같은 (일 / 말)을 누가 알지 못하겠느냐?
2. (　　　절) 내가 (이웃 / 친구)에게 웃음거리가 되었으니 의롭고 (온전한 / 순전한) 자가 (자랑 / 조롱)거리가 되었구나.
3. (　　　절) 모든 생물의 (영 / 생명)과 모든 사람의 육신의 (혼 / 목숨)이 다 그의 (손 / 말)에 있느니라.
4. (　　　절) 늙은 자에게는 (꾀 / 지혜)가 있고 장수하는 자에게는 (명철 / 지식)이 있느니라.
5. (　　　절) 지혜와 (능력 / 권능)이 (하나님 / 사람)께 있고 (계략 / 획책)과 명철도 그에게 속하였나니.
6. (　　　절) 민족들을 (작아지게 / 커지게)도 하시고 다시 (멸 / 소성)하기도 하시며 (민족 / 강국)들을 널리 퍼지게도 하시고 다시 끌려가게도 하시며.

제13장 [욥의 변론: 순결 변호]
물음에 관계된 성경을 읽고 답은 제시한 절수에서 쓰시오.

1. 욥은 친구들을 어떤 자라고 하였는지 두 가지를 쓰시오.(1~12) - 4절 :
2. 친구들이 어떻게 하는 것이 진정 지혜라 했는가?(1~12) - 5절 :
3. 욥은 왜 희망이 없다고 했는가?(13~19)

   - 15절:
4. 욥이 하나님께 두 가지 일을 행하지 말아 달라고 한 것은?(20~28) - 21절 :

   1)　　　　　　　　　2)
5. 욥은 하나님께서 자신을 어떻게 여긴다고 생각했는가?(20~28) - 24절 :
6. 욥이 자신의 어려운 처지를 비유한 것들은 무엇인가?(20~28)
   1) 25절에 두 가지 -
   2) 28절에 두 가지 -

제14장 [욥의 변론: 욥의 절망]
다음 (　　) 안에 들어갈 말을 보기에서 찾아 적으시오.

보기 나무 / 소멸 / 산 / 꽃 / 사람 / 그림자 / 다시 살리이까 / 소망 /

1. 욥은 자신이 시들어질 (　　　)과 같고, 머물지 아니하는 (　　　)와 같은 자라고 했다.
2. (　　　)는 희망이 있는데 찍힐지라도 움이 나고 가지로 자라기 때문이며, (　　　)이라도 죽으면 (　　　)되므로 인생이 숨을 거두면 나무만도 못한 존재라고 욥은 생각하고 있었다.
3. 욥은 하나님께 "장정이라도 죽으면 어찌 (　　　)" 하면서 부활에 대해 말하는 것 같다.
4. 욥은 무너지는 (　　　)의 비유를 통하여 주께서는 사람의 (　　　)을 끊으신다고 했다.

욥기 15~21장 〈2차〉 엘리바스, 빌닷, 소발의 공박과 욥의 변론

제15장 [엘리바스의 2차 공박: 간사한 자의 혀]
다음 엘리바스의 말에 차례대로 번호를 쓰시오.

1. 1) 내가 아니요 네 입이라 (　)
   2) 너를 정죄한 것은 (　)
   3) 네 입술이 네게 불리하게 (　)
   4) 증언하느니라 (　)
2. 1) 하나님의 오묘하심을 네가 들었느냐 (　)
   2) 산들이 있기 전에 네가 출생하였느냐 (　)

시가서 욥기

3) 네가 제일 먼저 난 사람이냐 (   )
4) 지혜를 홀로 가졌느냐 (   )

3. 1) 연로한 사람도 있고 (   )
2) 네 아버지보다 (   )
3) 우리 중에는 머리가 흰 사람도 있고 (   )
4) 나이가 많은 사람도 있느니라 (   )

4. 1) 사람이 어찌 (   )
2) 어찌 의롭겠느냐 (   )
3) 여인에게서 난 자가 (   )
4) 깨끗하겠느냐 (   )

5. 1) 포악자의 햇수는 정해졌으므로 (   )
2) 그의 귀에는 무서운 소리가 들리고 (   )
3) 악인은 그의 일평생에 고통을 당하며 (   )
4) 그가 평안할 때에 멸망시키는 자가 (   )
5) 그에게 이르리니 (   )

6. 1) 장막은 불탈 것이라 (   )
2) 경건하지 못한 무리는 (   )
3) 자식을 낳지 못할 것이며 (   )
4) 뇌물을 받는 자의 (   )

제16장 [욥의 변론: 재난을 주는 위로자]
다음 (   ) 안을 완성하시오.

1. 이런 (   )은 내가 많이 들었나니 너희는 다 (   )이로구나. (절)

2. (   ) 나를 시들게 하셨으니 이는 나를 향하여 (   )를 삼으심이라. (절)

3. 그러나 내 손에는 (   )이 없고 나의 (   )는 정결하니라. (절)

4. 나의 (   )는 나를 조롱하고 내 눈은 (   )을 향하여 눈물을 흘리니 사람과 (   ) 사이에와 인자와 그 (   ) 사이에 (   )하시기를 원하노니. (~   절)

제17장 [욥의 변론 계속: 음부의 집]
다음 말씀이 이어지도록 연결하시오.

1. 나의 기운이 쇠하였으며 •	• 가) •	• a)
2. 하나님이 나를 백성의 •	• 나) •	• b)
3. 의인은 그 길을 •	• 다) •	• c)
4. 나의 희망이 •	• 라) •	• d)

가) 속담거리가 되게
나) 어디 있으며
다) 나의 날이 다하였고
라) 꾸준히 가고

a) 무덤이 나를 위하여 준비되었구나.
b) 내 얼굴에 침을 뱉는구나.
c) 손이 깨끗한 자는 힘을 얻느니라.
d) 나의 희망을 누가 보겠느냐?

제18장 [빌닷의 두 번째 공박: 불의한 자의 집]
다음 물음에 답을 쓰시오.

1. 1) 18장은 누구의 말인가?(1~2) -

2) 욥이 자신들을 무엇으로 여긴다고 생각했는가?(3~4) -

2. 누구의 빛은 꺼지고 불꽃은 빛나지 않을 것인가? (5~12) -

3. 악인이 베푼 꾀에 스스로 빠질 것에 대한 비유로 들은 다섯 가지 장애물은?(5~12, 답은 8~10절에서)

1)   2)   3)
4)   5)

4. 불의한 자의 장막은 어떻게 되는가? (13~21, 답은 15절에서) -

5. 악인의 자손은 어떻게 되는가?(13~21, 답은 19절에서)

-

제19장 [욥의 변론: 잔혹한 친구]
다음의 말은 누구를 상대로 한 것인지 보기에서 골라 쓰시오.

보기 하나님 / 어린 아이들 / 아내 / 욥의 친구들 / 형제들 / 나의 친구야

1. (　　　절) 너희가 내 마음을 괴롭히며 말로 나를 짓부수기를 어느 때까지 하겠느냐? -
2. (　　　절) 나의 영광을 거두어가시며 나의 관모를 머리에서 벗기시고. -
3. (　　　절) 나를 멀리 떠났다. -
4. (　　　절) 내 숨결을 싫어한다. -
5. (　　　절) 나를 업신여기고 내가 일어나면 나를 조롱하는구나. -
6. (　　　절) 너희는 나를 불쌍히 여겨다오. 하나님의 손이 나를 치셨구나. -

제20장 [소발의 두 번째 공박: 악인의 운명]
다음 구절을 완성하시오.(해당 절 안에서)

1. (　　　절) 악인의 이긴다는 ~
2. (　　　절) 그의 아들들은 ~
3. (　　　절) 수고하여 얻은 것을 ~
4. (　　　절) 하늘이 그의 죄악을 ~

제21장 [욥의 답변: 죽는 것은 일반]
다음 물음에 답하시오.

1. 욥이 "어찌하여"라며 의문을 가진 내용은 무엇인가?(1~16절을 읽고 답은 7절에서)
   -
2. 악인들은 하나님께 무엇이라고 말하는가?(14~15)
   -
3. '누구나 같은 죽음을 맛본다'는 26절의 "이 둘"은 각각 어떻게 살아 왔는가?(22~26)
   1) 어떤 사람은 ~

   2) 어떤 사람은 ~

4. 욥은 친구들의 위로나 대답을 어떻게 평가했는가?(27~34절을 읽고 답은 34절에서)
   -

욥기 22~25장 〈3차〉 엘리바스, 빌닷의 공박

제22장 [엘리바스의 세 번째 공박: 전능자가 보배]
다음 각 항의 지시대로 하시오.

1. 엘리바스가 욥의 죄라며 지적한 것 6가지를 쓰시오.(1~11)
   1) 까닭 없이 형제를 볼모로 잡으며
   2)
   3)
   4)
   5)
   6)
2. 욥의 불경건을 말한 것에는 "욥"이라 쓰고 악인을 비유로 한 것은 "악인"이라 쓰시오.(12~20)
   1) 하나님이 무엇을 아시며 흑암 중에서 어찌 심판하실 수 있으랴? - (　　　)
   2) 빽빽한 구름이 그를 가린즉 그가 보지 못하시고 둥근 하늘을 거니실 뿐이라. - (　　　)
   3) 하나님에게 말하기를 "우리를 떠나소서"라고 한다. - (　　　)
   4) "전능자가 우리를 위하여 무엇을 하실 수 있으랴?" - (　　　)
3. 다음 (　　　) 안에 알맞은 말을 써서 성구를 완성하시오.(21~30)
   1) (　　　절) 너는 하나님과 (　　　)하고 평안하라. 그리하면 (　　　)이 네게 임하리라.

2) (절) 사람들이 너를 낮추거든 너는 (   )고 말하라. 하나님은 (   ) 자를 구원하시리라.

제23장 [욥의 변론: 하나님 발견할 곳]
각 물음에 O, X로 답하시오(O가 여러 개 있는 것도 있다).

1. 욥이 "어찌하면 하나님을 발견하고 그의 처소에 나아가랴"라고 말한 이유는?(1~9)
   1) 하나님 앞에 호소할 수 있다. (   )
   2) 하나님과 더불어 다툴 수 있다. (   )
   3) 하나님과 변론할 수 있다. (   )
   4) 변론을 통하여 심판자에게서 벗어날 수 있다. (   )

2. 욥은 자신의 고난을 어떻게 해석했는가?(10~11)
   1) 죄의 결과 (   )
   2) 친구들의 시험 (   )
   3) 단련하여 순금 같이 (   )
   4) 마귀의 시험 (   )

3. 욥의 하나님에게 대한 태도는 어떠했는가?(10~17)
   1) 하나님의 걸음을 바로 따랐다. (   )
   2) 음식보다 말씀을 귀히 여겼다. (   )
   3) 하나님 앞에서 떨었다. (   )
   4) 얼굴을 가리고 숨었다. (   )

제24장 [욥의 변론 계속: 광명을 배반한 사람들]
다음 문제에 대한 답을 보기에서 골라 쓰시오.

> **보기** 악인 / 시골(농촌) / 성읍(도시) / 6계명 / 7계명 / 8계명 / 10계명

1. 다음은 어디에서 행해지는 죄인가?
   1) 1~11절 (   ) 2) 12~17절 (   )

2. 다음 각 절에는 어느 계명(몇 째 계명)을 어기는 것을 말하고 있는가?(16절에는 두 가지)
   1) 14절 - 사람을 죽이는 자 (   ),
   2) 14절 - 밤에는 도둑 같이 되며 (   ).
   3) 15절 - 간음하는 자 (   ),
   4) 16절 - 어둠을 틈타 집을 뚫는 자 (,   )

3. 18~25절은 누구에게 임하는 저주인가?(답은 13절에서) -

제25장 [빌닷의 세 번째 공박: 하나님의 권능과 공의]
다음 (   ) 안을 채우시오.

1. 하나님은 (   )과 위엄을 가지셨고 높은 곳에서 (   )을 베푸시느니라.

2. 그(하나님)의 눈에는 (   )이라도 빛을 발하지 못하고 (   )도 빛나지 못하거든 하물며 (   ) 같은 사람, (   ) 같은 인생이랴?

욥기 26~31장 욥의 변론

제26장 [욥의 변론: 하나님의 권능을 인정]
다음에 이어지는 말을 쓰시오.

1. 욥이 친구들의 말을 비꼬는 투로 한 다음 말을 이어 쓰시오.(1~4)
   1) 힘 없는 자를~
   2) 지혜 없는 자를~
   3) 큰 지식을~
   4) 누구의 정신이~

2. 하나님의 권능을 나타내는 다음의 말을 완성하시오.(5~14)
   1) 물을 빽빽한 구름에 싸시나~
   2) 이런 것들은 그의 행사의 단편일 뿐이요~

제27장 [욥의 변론: 하나님의 공의를 질문]
다음 각 항의 지시대로 하시오.

1. 다음 욥의 확신에 대한 말 중에 (/) 안에서 틀린 것은 두 줄로 지우시오.(1~12)

시가서

욥기

1) (　　　절) 나의 정당함을 (베푸신 / 물리치신) 하나님, 나의 영혼을 (괴롭게 / 즐겁게) 하신 전능자.

2) (　　　절) 내 입술이 (불의 / 정의)를 말하지 아니하며 내 혀가 (궤변 / 거짓)을 말하지 아니하리라.

3) (　　　절) 죽기 전에는 나의 (순종함 / 온전함)을 버리지 아니할 것이라.

2. 다음 악인이 얻을 분깃에 대한 말에서 관계 있는 것에 연결하시오.(13~23)

1) 자손은 번성 •	• 가) 죽음의 병이 돌 때에 묻힘
2) 남은 자들 •	• 나) 칼을 위함
3) 의복 준비 •	• 다) 의인이 입음
4) 부자 •	• 라) 바라보며 손뼉치고 비웃음
5) 동풍 •	• 마) 악인을 들어 올려 사라짐
6) 사람들은 •	• 바) 다시는 그렇지 못할 것임

제28장 [욥의 변론: 하나님의 선물]
다음 말에서 틀린 곳에 밑줄을 긋고 맞게 고치시오.

1. 지혜는 그 길을 사람이 알지 못하지만 사람 사는 땅에서는 찾을 수 있다→

2. 지혜의 값은 진주와 벽옥으로도 비길 수 없나니 산호 정도의 값이다→

3. 지혜는 생물의 눈에 숨겨졌고 공중의 새에게 알려졌다→

4. 주를 경외함이 지혜요 악을 따름이 명철이니라 →

제29장 [욥의 변론: 과거의 행복을 추억]
다음 물음에 간단히 답하시오.

1. 욥이 원기 왕성하던 날과 같이 지내기를 원하며, 그 때에는 누가 자신의 장막에 기름을 발라주었다고 했는가?(1~6) -

2. 욥이 성문에 나가면 다음 사람들은 어떻게 했었는가?(7~11)

1) 젊은이들 -

2) 노인들 -

3) 지도자들 -

3. 욥은 과거에 다음 사람들에게 어떤 역할을 했는가?(12~17)

1) 빈민과 고아 -

2) 맹인과 다리 저는 사람 -

3) 빈궁한 자 -

4. 욥이 말한 후에 무리들이 말을 거듭하지 못했던 이유는?(18~25)

-

제30장 [욥: 현재의 고난을 진술]
본문을 세 구분하고 각 단락에서 "이제는"으로 시작되는 구절을 쓰시오.

1. (　　　~　　　절) - 1절:

2. (　　　~　　　절) - 9절:

3. (　　　~　　　절) - 16절:

제31장 [욥의 변론: 자신의 순전을 말함]
다음 단락에서 누구에 대해 말하는지를 적으시오.

보기 이웃 (종들, 과부 등 가난한 자를 보살핌)
자신 (정욕, 거짓, 간음죄가 없다)
하나님 (재물에 소망을 두지 않고 진정으로 예배)
마지막 항의

1. 1~12 -

2. 13~23 -

3. 24~34 -

4. 35~40 - 마지막 항의

욥기 32~37장 엘리후의 연설

제32장 [엘리후의 등장]

다음 물음에 간단히 답하시오.

1. 엘리후의 신분(출신)은?(1~5)
   -
2. 엘리후가 화를 낸 이유는?(2~5)
   1) 욥에게 -
   2) 세 친구에게 -
3. 엘리후가 다른 친구들보다 늦게 말한 이유 두 가지는?(1~14절을 읽고 답하시오. '더 살펴보기' 해설 참고)
   1) 4, 6절 참고 -
   2) 11~12절 참고 -
4. 엘리후가 사람의 낯을 보지 아니하고 누구에게 영광을 돌리지 않는다고 했는가?(15~22)
   -

제33장 [하나님의 말씀의 목적]

다음 (　　) 안에 알맞은 말을 써 넣으시오.

1. "욥이여"로 시작하는 구절은 (　　절)과 (　　절)로서 내(엘리후) (　　)을 들으라는 것이다.
2. 나와 그대가 하나님 앞에서 (　　)하니 나도 (　　) 지으심을 입었은즉
3. 8절과 12절의 나는 (　　)이고, 그대는 (　　)인데, 9~11절의 인용의 그대는 (　　)이다. (욥, 엘리후로 답)
4. 혹은 사람이 (　　)과 (　　)의 징계를 받나니 …… 그의 마음은 구덩이에 그의 생명은 (　　)에게 가까워지느니라.
5. 하나님께 (　　)하므로 하나님이 (　　)를 베푸사 그로 말미암아 (　　) 외치며 하나님의 얼굴을 보게 하시고 사람에게 그의 공의를 (　　)시키시느니라.

제34장 [감찰하시는 하나님]

다음 물음에 간단히 답하시오.

1. 엘리후는 욥의 말(5~6절)을 어떻게 평했는가?
   (1~9) -
2. 엘리후가 말하는 하나님은 어떤 분인가?
   (10~15) -
3. 엘리후는 전능하신 이가 어떻게 하신다고 했는가?(16~20)
   1) 왕 -
   2) 지도자들 -
   3) 고관 -
   4) 부자 -
4. 하나님은 무엇을 주목하시며, 무엇을 감찰하시는가?(21~30)
   -
5. 죄를 지은 사람이 해야 하는 말은?(31~37)
   -

제35장 [교훈을 듣게 하심]

엘리후의 말에는 '엘리후', 욥의 말에는 '욥'이라고 쓰시오(인용은 원래 말한 자).

1. 그것이 내게 무슨 소용이 있으며 범죄하지 않은 것이 내게 무슨 유익이 있겠느냐? - (　　)
2. 그대가 범죄한들 하나님께 무슨 영향이 있겠으며 그대의 악행이 가득한들 하나님께 무슨 상관이 있겠으며. - (　　)
3. 헛된 것은 하나님이 결코 듣지 아니하시며 전능자가 돌아보지 아니하심이라.- (　　)
4. 하나님은 뵈올 수 없고 일의 판단하심은 그 앞에 있으니 나는 그를 기다릴 뿐이라. - (　　)

제36장 [귀를 열어 주시는 하나님]

다음 말씀을 이어서 성구를 완성하시오(해당 절만).

1. 악인을 살려 두지 아니하시며~

시가서
욥기

2. 그들이 순종하여 섬기면~

3. 하나님이 그대를 환난에서 이끌어 내사~

4. 그대는 하나님께서 하신 일을~

제37장 [하나님의 역사와 능력]
다음 성경과 다른 단어에 밑줄을 긋고 맞게 고치시오.

1. 하나님의 음성…… 그 소리를 천지에 펼치시며 번갯빛을 땅 끝까지 이르게 하시고.

   →

2. 하나님의 오묘한 일을 들으라 하나님이 이런 것들에게 맹세하셔서 그 구름의 안개로 번쩍거리게 하시는 것을 그대가 아느냐?

   →

3. 북쪽에서는 황금 같은 금이 나오고 하나님께는 두려운 말씀이 있느니라.

   →

욥기 38~42장 욥의 영광스런 하나님

제38장 [하나님의 말씀: 하늘과 땅의 신비]
다음 단락의 제목을 보기에서 골라 ( ) 안에 쓰고 아래 구절에 이어지는 말씀을 한 절씩 쓰시오(교재의 여백만큼만 쓰시오).

보기 바다통치 / 땅의 기초 / 날(해) 새벽 / 깊은 물 밑(스올) / 기상(폭우,비,얼음) / 천체(묘성) / 구름 번개 / 광명과 흑암

1. (4~7) 땅의 기초를~

2. (8~11) 바다가 그 모태에서~

3. (12~15) 네가 너의 날에~

4. (16~18) 네가 바다의 샘에~

5. (19~24) 어느 것이 광명이~

6. (25~30) 누가 홍수를 위하여~

7. (31~33) 네가 묘성을 매어~

8. (34~38) 네가 목소리를 구름에까지 ~

제39장 [하나님의 말씀: 동물 세계의 신비]
다음 성구의 ( ) 안에 해당 짐승을 쓰고, 관계 구절에 줄을 이으시오(2종류도 있음).

1. ( ) 38:39~40 • • 가)
2. ( ) 38:41 • • 나)
3. ( ) 39:1~4 • • 다)
4. ( ) 39:5~8. • • 라)
5. ( ) 39:9~12 • • 마)
6. ( ) 39:13~18 • • 바)
7. ( ) 39:19~25 • • 사)
8. ( ) 39:26~30 • • 아)

가) 먹을 것이 없어서 허우적거릴 때에 그것을 위하여
나) 새끼 치는 때를…… 새끼 낳는 것을 네가 본 적이 있느냐?
다) 먹이를 사냥하겠느냐…… 식욕을 채우겠느냐?
라) 그것이 어찌 골짜기에서 너를 따라 써레를 끌겠느냐?
마) 들을 그것의 집으로, 소금 땅을 그것이 사는 처소로 삼았느니라
바) 알을 땅에 버려두어 흙에서 더워지게 하고
사) 날개를 펼쳐 남쪽으로…… 낭떠러지기에 집을 지으며

시가서 욥기

아) 싸움 냄새를 맡고 지휘관들의 호령과 외치는 소리를 듣느니라

제40장 [겸손해지는 욥]
다음 각 항의 지시를 따라 답을 쓰시오.

〈1〉 다음 ( ) 안을 채우고 누구의 말인지(하나님), (욥)이라고 쓰시오(1~14).

1. (절) 트집 잡는 자가 ( )와 다투겠느냐? 하나님을 ( )는 대답할지니라. -

2. (절) 나는 ( )하오니 무엇이라 주께 …… 내 ( )을 가릴 뿐이로소이다. -

3. (절) 모든 ( ) 자를 발견하여 낮아지게 하며 ( )을 그들의 처소에서 짓밟으며. -

〈2〉 '베헤못(하마)보다 약한 인간'을 묘사한 하나님의 가르침에 대한 구절을 완성하시오.(15~24)

4. (절) 이제 소 같이 ~

5. (절) 그것은 하나님이 만드신 것 ~

6. (절) 그것이 눈을 뜨고 있을 때 ~

제41장 [리워야단(악어)보다 약한 인간]
다음 (/) 안의 말 중 맞는 것은 O표 하고, 아닌 것은 =로 지우시오(1~4문). 물음에 답하시오(5번).

1. 어찌 장사꾼들이 그것을 놓고 (거래 / 흥정)하겠으며, 상인들이 그것을 (나누어 / 빼앗아)가지겠느냐?(절)

2. 온 (하천, 천하)에 있는 것이 다 (내 것 / 네 것)이니라. (절)

3. 그것의 입에서는 (횃불 / 등불)이 나오고 불꽃이 뛰어 나오며, 그것의 콧구멍에서는 (입김 / 연기)가 나오니 (~ 절)

4. 그것은 모든 높은 자를 (올려다 / 내려다)보며, 모든 교만한 자들에게 군림하는 (왕 / 적)이니라. (절)

5. 리워야단의 강대함은 인간의 무기로도 다루지 못한다 했는데 여덟 가지 무기에 속한 것에 O표 하시오. (26~29절)
   - 칼, 낫, 창, 화살촉, 장대, 화살, 금, 은, 동, 쇠, 놋, 물맷돌, 바윗돌, 몽둥이, 화약.

제42장 [욥이 다시 찾은 축복]
다음 물음에 간단히 답하시오.

1. 욥이 깨달은 하나님은 어떤 분인가?(2절) -

2. 하나님에 대한 욥의 변화는 무엇이며 그 결과 무엇을 했는가?(5~6절) -
   1) 주께 대하여~
   2) 재 가운데에서~

3. 여호와께서 엘리바스와 그의 두 친구에게 노한 이유는?(7절) -

4. 욥은 친구를 위하여 무엇을 했는가?(8, 10절) -

5. 욥의 소유는 어떻게 되었는가?(10절) -

6. 욥은 아들( )과 딸 ( )을 두었다. 세 딸의 이름은 무엇인가?
   - 첫째 딸 ( ), 둘째 딸 ( ), 셋째 딸 ( )이다.

시편 | 시가서 |

Psalms

제목에 대한 해설

〈시편〉의 히브리 원전의 이름은 '세펠 트힐림(테힐림)', 즉 '찬양들'이며, 《칠십인역(LXX)》에서는 '프살모이(찬양, 성가)'로서 히브리어 명칭이나 헬라어 명칭 모두 '현악기를 연주한다'는 뜻을 내포하고 있다.

히브리어 원전의 제목인 '트힐림'은 145편(다윗의 찬송시)에 있으며 그 밖에 다른 시들도 다양한 이름을 가지고 있다. 신약에서도 '시편'이라고 불렀다(눅 20:42, 행 1:20). 우리말 성경 제목인 '시편(詩篇)'은 중국역의 영향이며 일본역도 같다. 〈시편〉은 하나님과 자연과 역사적인 일들을 찬양하고 노래한 것이며, 찬양과 함께 많은 기도가 나온다.

구조 및 분류

〈시편〉은 다섯 권으로 분류되며, 각 권은 '송영'으로 마무리된다. 유대교에서는 〈시편〉을 다섯 권으로 엮은 것이 본서의 편집자가 모세오경의 다섯 권을 모방한 것으로 이해했다.

제1권(1-41편) 제2권(42-72편)

제3권(73-89편) 제4권(90-106편)

제5권(107-150편)

그리고 〈시편〉은 내용상 다섯 가지로 분류할 수 있다.

(1) 국가적 시 - 국가적인 행사에서 낭송되는 시들로 국가에 대한 교훈을 주는 시다. 대표적인 것은 14, 44, 46~48, 53, 66, 74, 76, 79, 80, 83, 87, 108, 122, 124~126, 129편 등이다.
(2) 역사적 시 - 이스라엘 민족의 역사적 사건이나 거기에 대한 해설을 보여 주는 시다. 대표적인 것은 78, 81, 105, 114편 등이다.
(3) 왕적인 시 - 이스라엘 왕들의 통치에 대한 것으로, 메시아의 통치를 상징적으로 가리킨다. 대표적인 것은 2, 8, 20, 21, 45, 72, 89, 110, 132편 등이다.
(4) 회개의 시 - 죄에 대한 슬픔과 하나님의 용서를 바라보고 악한 길에서 돌아서는 소망이 교차하는 시로서 대표적인 것은 6, 32, 38, 51, 130편 등이다.
(5) 저주의 시 - 특이한 주제로 이스라엘 원수를 향한 저주의 시다. 대표적인 것은 35, 69, 105, 137편 등이다. (448쪽에서 또 다른 분류법을 보라.)

저자 및 저작 연대

〈시편〉은 여러 시대를 거쳐 여러 사람에 의해 형성되어 왔고, 그 최종 편집은 후대까지 이어졌다. 다윗 73편, 아삽 12편, 고라의 자손 9편, 솔로몬 2편, 헤만, 에단, 모세 각 1편, 저자 미상 51편으로 되어 있다. 기록 연대에 있어서는, 모세는 주전 13세기(또는 15세기)이며, 다윗과 솔로몬은 주전 1000년경의 인물이다. 이것이 체계 있는 시편집으로 편집된 것은 훨씬 후대로 포로후기까지로 본다.

시편에 대한 해설

(1) 표제 - 후대에 붙여진 것이지만 일반적으로 표제는 그 시의 기원과 제의적 사용, 곧 의식적이고 음악적인 용례에 대한 정보를 제공하고, 그 시의 유형과 용도 및 목적 등을 알려 준다. 표제가 사람 이름인 것이 100개이고, 사람 이름이 아닌 것이 16개이며, 표제를 갖지 않은 것이 34개이다.

(2) 히브리 시의 운율 - 히브리 시는 세 종류의 독특한 평행법(平行法)의 운율을 갖는다. 즉 동의적(同意的) 평행법(예, 19:1~2), 반의적(反意的) 평행법(예, 1:6), 종합적(綜合的) 평행법(예, 25: 16)이 있다.

(3) 신약 인용 - 〈시편〉은 신약성경에서 가장 많이 인용하고 있다. 율법서나 역사서, 예언서 등이 하나님의 구원 행동 내지는 인간을 향한 하나님의 뜻을 선포하는 책들이라면, 〈시편〉은 그에 대한 사람편의 응답, 곧 이스라엘 백성의 응답으로 이해되기 때문이다.

(4) 수집 - 현재의 시편이 어떻게 그 형태를 갖추게 되었는지를 분명하게 말하기는 어렵다. 현재의 5권으로 구분된 것은 《칠십인역》(주전 3세기)보다도 더 일찍 된 것으로 추측된다. 다윗 자신이 시편을 일부 수집하고 배열했음은 가능하다. 다윗은 일부 시편을 예배용으로 택했으며, 성전에서 찬송 예배제도를 수립했다(대상 6:31, 16:4). 히스기야가 〈시편〉의 첫 3권을 배열한 것으로 생각할 수도 있다. 적어도 그의 시대에는 다윗이 수집한 것과 아삽이 수집한 시편들이 있었다(대하 29:30). 제4권이 언제 어떻게 수집되었는지를 말하기는 불가능하지만, 에스라가 최종 편집자였다는 주장이 강하다.

시편 1~10편

의인의 길, 악인의 길(1편) (중요구절 시 8:4)

1편 [의인의 길, 악인의 길] 시편의 총론이자 제목이다. 두 길을 대비시킴으로 의인의 형통과 악인의 멸망을 대비시켜 노래한다. 복 있는 사람은 여호와의 율법이 입에 붙어 있다(묵상=읊조림).

2편 [여호와의 기름부음 받은 자] 세계에 미치는 메시아의 통치를 말한다(행 4:25~27).

3편 [위기 중의 기도] 삼하 15~17장의 다윗이 압살롬을 피했을 때를 배경으로 한다.

4편 [밤을 위한 기도] 험난한 세파 속에서도 믿음의 마음이 누리는 평온을 노래한다.

5편 [아침 희생제 기도] 4편이 저녁기도라면, 5편은 아침 기도로서 하나님께 보호해 주시길 호소한다.

6편 [병상에서의 참회 기도] 하나님께 생명을 구하고 응답을 확신한다.

7편 [무죄한 자의 기도] 하나님의 공의를 구하는 시로서 다윗이 사울에게 쫓길 때인 삼상 19~26장을 배경으로 한다. 3절은 삼상 24:12~15, 16절은 삼상 25:39과 연결된다.

8편 [사람이 무엇이기에] 하나님의 창조를 나타내는 시로서 창세기 1장을 노래로 나타낸 듯하다. 19편과 함께 자연계에 나타난 하나님의 창조의 권능과 영광을 찬양한다.

9편 [승리에 대한 감사] 각 절의 첫 글자가 히브리 알파벳 22자 순서대로 되어 있는 이합체시(〈시편〉 119편 해설을 보라)로서 여기에는 11글자가 사용되고 있다. 하나님께 감사와 찬송을 드린다.

10편 [악인의 교만을 꺾으소서] 불완전하게 9편의 이합체시가 이어진다. 찬양과 탄식을 겸한 노래이다.

〈시편〉을 공부함에 있어서 지면관계로 다른 책들을 공부할 때처럼 도표를 통한 해설은 하지 못하고, 다만 각 시들에 대한 제목과 시의 분류(〈시편〉 '성경 질문지'에 소개)와 함께 간단한 해설을 곁들인다.

- 〈시편〉 1편부터 41편은 [제1권]에 해당하며 대부분 다윗의 시들이고, 작자 미상의 시들도 있다.

1. 〈시편〉 1편은 예수님이 말씀하신 '넓은 문과 좁은 문'을 연상시킨다(마 7:13~14). 복 있는 사람과 그 반대되는 악인은 그 삶의 결과가 전혀 다르다. "시냇가에 심은 나무"처럼 되느냐(1:3) "바람에 나는 겨"와 같으냐(4절)의 선택은 오늘 나에게 있다. 복 있는 사람이 되라(마 5:3~12).
2. 4편은 '저녁의 기도'이고, 5편은 '아침의 기도'이다. "하나님이여 그들을 정죄하사 자기 꾀에 빠지게 하시고"(5:10)라는 시인의 고백은 현실에서 많이 나타난다. 하만은 모르드개를 달아 죽이려고 만든 장대에 자신이 달려 죽었다(에 7:9~10). 자기 꾀에 빠지지 않는 신실함이 있어야 한다.
3. "그(사람)를 하나님(천사)보다 조금 못하게 하심"(8:5)은 '천사'(칠십인역)가 하나님의 본질에 더 가장 가까이서 빛나는 광채로서 하나님과 밀접하게 관련을 맺고 있는 존재이기 때문이다. 인간은 영화와 존귀로 관을 씌우셨다. 외형적인 면은 허약하지만 '하나님의 형상'으로 지음을 받았기에 영적인 면에서 하나님의 형상을 회복하면 지극히 영화로운 지위를 갖게 되는 것이다. 그 영화는 내게 준 복이다.

4. "사람이 무엇이기에"(8:4)의 "사람(에노쉬)"은 '죽어야 할 자', '연약한 자'이며, "인자가 무엇이기에"의 "인자"는 '아담', '죄의 아들'이라는 뜻이다. 반면에 "돌보시나이까"는 '잃어버린 것을 찾다'는 의미이다.

더 살펴보기

기독교인들의 삶과 예배 속의 시편

〈시편〉은 찬송가이며 기도서이다. 예수님이 사용하셨고, 신약의 저자가 인용하였으며, 초대교회에서 예배를 드릴 때에 노래로 불렀다. 오늘날도 영적 힘의 원천으로서 읽고 암송하며 공부한다. 〈시편〉에는 하나님의 계시가 예수 그리스도 안에서 충만하게 나타났으며, 〈시편〉 안에 있는 불완전한 것은 예수 그리스도 안에 있는 하나님의 완전하고 순전한 계시 속에 통합된다고 믿는다. 〈시편〉은 빛과 구원의 근원인 하나님에 대한 성도의 신앙을 강하게 해 줄 것이다. (UBS 세계성서공회판 《Good News Study Bible》, '〈시편〉 개론')

1. 토라, 네비임, 케투빔의 연결성

구약성경의 순서(율법서, 선지서, 성문서 / 토라, 네비임, 케투빔)에서 '율법서' 끝에 모세를 선지자라 하여 선지서와 연결을 짓는다(신 34:10). 모세와 같은 선지자가 없다고 하여 선지자들을 모세의 후계자로 보는 것이다. 이는 '선지서'의 첫 번째 책 〈여호수아〉 1장에서 "율법(토라)을 기억하라"(수 1:7~8) 한 것과 맞아떨어진다. 이뿐만 아니라 '성문서'와 연결에 있어서도 〈시편〉 1편에 복 있는 자는 "여호와의 율법을 즐거워하여 그의 율법을 주야로 묵상하는도다"(시 1:2) 하여 모세의 율법과 연결을 짓는다.

2. 〈시편〉의 내용과 운율

〈시편〉은 하나님을 찬양하고 자연과 역사상에 일어난 일들을 찬양하고 노래하며 기도한다. 〈시편〉의 문체는 대체로 서정시적인 특징을 띠고 있다(사색의 형식, 대구법, 구체적이고도 사실적인 묘사). 히브리 시의 운율은 세 종류의 평행법(平行法)의 운율을 갖는다. 즉 동의적(同意的) 평행법(예, 19:1~2), 반의적(反意的) 평행법(예, 1:6), 종합적(綜合的) 평행법(예, 25:16) 등이 있다.

저자와 내용에 따른 〈시편〉 분류는 448쪽의 "시가서란 무엇인가?"를 참고하라.

3. 참회시에 대한 역사적 이해(시 6편 외)

(1) 참회시의 역사 - 교회에서는 6세기 이후로(첫 증거가 나온다) 〈시편〉 6, 32, 38, 51, 102, 130, 143편의 일곱 시편을 참회시(회개의 시)로 사용

해 오고 있다. 가톨릭에서는 12세기 말 이후로 금식 기간(그리스도의 수난주간)에 이 〈시편〉들을 가지고 기도 드려왔다. 개혁자 마르틴 루터(Martin Luther)가 최초로 출판한 문서는 이 〈시편〉들의 번역과 해석이었다(1517년). 예수 그리스도의 교회는 철저하게 죄를 고백하면서 이 〈시편〉들을 완전히 제 것으로 삼을 수 있다.

(2) 참회시 음미 - 〈시편〉 32편은 다윗이 죄를 고백하기 전에 죄의 짐이 그를 억누르고 있을 때의 느낌을 묘사한다. 바울은 〈로마서〉 4:7~8에서 성경의 중요한 교리 중 하나인 전가(轉嫁)의 교리를 설명하기 위하여 이 〈시편〉의 첫 두 절을 인용했다. 성경에는 세 가지의 중요한 전가가 있다. ① 아담의 죄의 본성이 인류에게 전가(롬 3:23, 5:12). ② 인간의 죄가 그리스도에게 전가(사 53:5~6, 히 2:9, 고후 5:14~21, 벧전 2:24). ③ 그리스도의 의가 믿는 죄인들에게 전가(빌 3:9, 약 2:23, 롬 4:6~24).

악사들의 부조
이 음악인(악사)들의 부조는 앗수르인이며 복원한 것이다. 〈시편〉에는 찬양과 악기 연주를 위한 시들로 가득하다.

시편 11~20편

성도가 피할 곳(11편) (중요구절 시 19:14)

제11편 [성도가 피할 곳] 악인들의 시험하는 말을 듣고 여호와께서 피할 곳이 되셨음을 증거한다.

제12편 [하나님의 도우심을 구함] 신뢰할 수 없는 말을 하는 자들에 싸였으나 시인은 하나님을 의지한다.

제13편 [절망에서 소망으로] 시인은 "어느 때 까지니이까"를 반복하며, 과거의 체험을 통해 하나님을 소망한다.

제14편 [하나님이 없다 하는 어리석은 자] 악한 세대는 무신론을 주장하나 하나님은 그들을 비웃으신다.

제15편 [주의 장막에 머무를 자] 하나님과 교제하는 자의 삶에 대한 요구를 노래한다.

제16편 [믿음의 길] '주밖에는 나의 복이 없다'는 성도는 존귀한 자이며, 주께서 생명의 길을 보이신다.

제17편 [맑은 양심의 호소] 특이한 주제로 자기의(自己義)와 복수를 언급하고 있다. 눈동자같이 보호하시는 하나님의 손길과 날개 그늘 아래 숨기시는 하나님의 보호가 있다.

제18편 [나의 힘이 되신 여호와여] 나는 하나님을 어떻게 고백하고 사는가? 그분을 사랑한다고 고백해 보라.

제19편 [자연과 율법의 계시] 하나님은 자연을 통하여 말씀하시며, 율법을 통하여도 말씀하신다. 말씀은 금보다도 귀하고 꿀보다 더 달다(19:10). 7~9절을 다시 음미해 보라.

제20편 [왕의 승리를 위한 기도] 왕이 눈에 보이는 병거나 말보다 여호와 하나님을 의지해야 승리한다.

1. “주의 장막에 머무를 자…… 주의 성산에 사는 자”(15:1)에 대하여 시인은 11가지의 조건을 제시했다. ① 해야할 것 - 정직, 공의, 진실 ② 하지 말 것 - 허물, 이웃에게 악을 행함, 이웃을 비방 ③ 대인관계 - 망령된 자를 멸시, 하나님을 두려워하는 자들 존대 ④ 서원 - 해로울지라도 지킴 ⑤ 금전관계 -고리 대금업을 하지 말 것, 뇌물을 받지 말 것 등이다. 우리가 실제 이렇게 살고 있는가?
2. 매일의 생활에서 주님을 어디에 모시고(두고) 사는가? 시인은 “여호와를 항상 내 앞에 모심이여”(16:8)라고 말한다. ① 앞 - 주님을 언제나 내 앞에 모셔야 ‘생명의 길’로 향할 수 있다. ② 뒤 - 자신이 우선이고 하나님은 도와주시는 분에 불과하다. “하나님 제발, 그렇게 해 주세요.” ③ 위 - 하나님을 받들어 모실 뿐 생활 중심에 주님을 영접하지 않는다. 말과 생각에 그치는 신앙이다. ④ 밑 - 하나님을 일상생활에서 매몰시켜 버리는, 밑에 놓는 신앙은 위험하다. ⑤ 옆 - 상대적인 세계 속에서 하나님을 생각하는 것으로 언제까지나 참 믿음이 생겨나지 않는다.
3. 〈시편〉 18편은 〈사무엘하〉 22장에 거의 같은 내용이 전해 내려오고 있다. 첫 문장은 “나의 힘이 되신 여호와여 내가 주를 사랑하나이다”(18:1)라고 하여 하나님을 향한 신앙고백이 선언적이다. 표제에서 보듯이 왕이 전쟁에서 이기고 돌아와 자기를 도우신 하나님을 찬양하는 감사의 노래이다. 우리가 삶에서 하나님에게 사랑을 고백할 수 있다면 그 사람은 하나님의 인도를 받으며 말씀 안에서 사는 복된 사람이다.

더 살펴보기

1. 저자와 내용에 따른 〈시편〉 분류

저자 내용	제1권(1~41편)		제2권(42~72편)					제3권(73~89편)				제4권(90~106편)			제5권(107~150편)		
	다윗	미상	다윗	아삽	솔로몬	미상	고라 자손	아삽	다윗	고라 자손	에단	모세	다윗	미상	다윗	솔로몬	미상
감사 경배시	8, 29	33	65, 68			67		81					103	91, 98 100, 104 105	124, 131 133, 145		107, 111, 113, 114 115, 117, 123, 134 135, 136, 146 147~150
개인 찬미시	11, 18, 23 30, 32, 34 40, 41					66	46 48	75		84 85				92, 106	108, 138 139		116, 118
개인 탄원시	3~7, 13 17, 22 25~28 31, 35		51, 54~57, 59, 61, 62~64, 69, 70			43 71	42	76 77	86	88				94, 102	140~143		120, 130
민족 탄원시			60				44	74 79 80 83				90					
신정시							47							93 95~99			
시온시						43	42			87					122		121, 125, 126, 129
제왕시	18, 20, 21	2			72		45				89		101		110, 114		132
참회시	6, 32 38, 39		51											102	143		130
저주시	35		58, 69					83							109		137
메시아시	16, 22, 24	2			72		45								110		
지혜시	9, 12, 14, 15, 19, 36, 37	1 10	52, 53	50			49	73 78 82								127	112, 119, 128

*존 월턴(John H. Walton)의 《구약의 역사 연대기》에서 인용.

* 어떤 시는 분류에 따라 두 곳에 겹쳐 나오기도 한다(예: 2편은 '제왕시'이며 '메시아 예언시'이다).

2. 〈시편〉의 구조

〈시편〉에 수록된 총 150편은 에스라 시대부터 5개 부분으로 나뉜 것으로 보인다. '해석'이라는 의미를 가지고 있는 '미드라쉼(Midrashim)'은 그 당시의 주석이었으며 성경을 설명해 주는 '주해서'였다. 유대인의 주석인 '미드라쉬(Midrash)' 첫 편에 "모세가 이스라엘에게 다섯 권의 율법책을 주었는데, 다윗은 그것에 대응하여 다섯 권으로 된 시편을 주었다"고 기록되어 있다. "모세오경이 여호와가 이스라엘 회중에게 주신 5권의 책이라면, 〈시편〉은 이스라엘 회중이 여호와에게 드린 다섯 권의 책"이라고 할 수 있다.

	제1권 1~41편	제2권 42~72편	제3권 73~89편	제4권 90~106편	제5권 107~150편
송영가	41:13	72:18~19	89:52	106:48	150:6
예배의 주제	찬양으로 예배	놀라우심을 예배	영원한 예배	복종하는 예배	완성된 예배
모세오경과의 유사점	창세기 (이스라엘, 인간)	출애굽기 (이스라엘, 구원)	레위기 (성소)	민수기 (모세와 광야)	신명기 (율법과 약속의 땅)
저자	주로 다윗	다윗과 고라 자손	주로 아삽	주로 미상	주로 다윗

* 앨런 B. 스트링펠로, 《Through the Bible in One Year》에서 인용.

시편 21~30편

왕의 승리에 대한 감사(21편) (중요구절 시 24:10)

시편은 읽고 묵상하며 시인의 마음을 이해하는 것이 중요하다. 시인의 관점에서 말씀을 새기자.

제21편 [왕 승리에 대한 감사] 하나님의 선하신 은혜를 기뻐하라. 하나님의 도우심이 적을 제압한다.

제22편 [고난 중에서도 찬양] 메시아 예언시로서 그리스도의 고난이 잘 나타나 있다. 고난 중에도 하나님을 찬양한다. 찬송 중에 거하시는 그 하나님은 거룩하시다.

제23편 [양과 목자] 애송되는 시로서 하나님을 목자로 모신 인생의 평안을 노래한다.

제24편 [영광의 왕] 다윗이 언약궤를 예루살렘으로 옮길 때에 찬양대에 의해 불리도록 저작되었을 것으로 보인다(삼하 6:12~15, 대상 15:16~24). 여호와는 왕 중의 왕이시다.

제25편 [고난당하는 자의 기도] 이합체시(9편을 보라, 119편의 해설을 보라)로서 '여호와여!' 라며 부르짖는 중에도 하나님의 사랑과 용서와 은혜를 체험하는 기도를 한다.

제26편 [의인의 기도] 하나님을 신뢰하고 순종하는 신앙으로 하나님 앞에 자신을 변호한다.

제27편 [여호와를 기다리라] 환난 중에도 오직 선한 것으로 채우시는 하나님만 우리의 소망이 있다.

제28편 [부르짖음과 응답] 이웃에게 화평을 말하면서 그 마음에는 악독이 있는 무리들로 인해 여호와

께 부르짖고 하나님의 도움을 얻어 찬송한다.

제29편 [폭풍 속의 하나님] 우렛소리와 번갯불과 폭풍 속에서도 하나님의 음성을 듣고 평강을 주시는 하나님을 찬양한다. 하나님은 그 백성에게 평강을 주신다.

제30편 [건강 회복에 감사] 당면한 위험에 대한 구체적인 언급은 없지만, 아마도 〈사무엘하〉 24장, 〈역대상〉 21장에 나타난 인구 조사에 따른 이스라엘에게 내린 전염병을 가리키는 듯하다. '성전 낙성가'라는 표제는 후대(수전절 같은 절기)에 불렸던 것으로 보인다.

---

1. 나는 무엇을 의지하고 자랑하며 사는가? 시인은 "어떤 사람은 병거, 어떤 사람은 말을 의지하나 우리는 여호와 우리 하나님의 이름을 자랑하리로다"(20:7)라고 하였다. 고대에서 병거나 말은 전쟁에 필수적인 힘이었다. 그러나 시인은 한결같이 여호와의 이름을 의지한 것이다. 다윗은 만군의 여호와의 이름을 의지하여 골리앗을 쓰러뜨렸다(삼상 17:45). 처음 제자들은 그물도, 배도 버리고 오직 예수님을 따르고 의지하였다(마 4:18~22).
2. "내 하나님이여, 내 하나님이여, 어찌 나를 버리셨나이까?"(22:1). 극심한 고통 중에 부르짖는 이 고백은 하나님을 부정하는 것이 아니다. 3절에는 시인의 신앙이 잘 드러난다. "주는 거룩하시니이다"라는 대명제를 인정하는 한, 하나님을 믿는 믿음은 흔들리지 않는다. 〈시편〉 22편은 메시아 예언시로 유명하다. 예수님은 십자가 위에서 이 말씀을 인용하신다. ('더 살펴보기' 2번에서 예언의 성취를 보라.)
3. 〈시편〉 23편은 특히 애송되어 온 노래이다. "여호와는 나의 목자"라고 고백하는 성도들은 오랜 세월 불안, 결핍, 유혹, 막다른 길에서도 커다란 위로와 용기를 얻었다. 부족함 중에서도 주님에 의해 공급을 받고, 목마를 때 쉴만한 물가로 인도해 주신 경험을 통하여 이 시에 대한 애착은 더 커 간다.
4. "하나님이여 내가 주께 의지하였사오니"라고 시작한 말의 뒤에 "나를 부끄럽지 않게 하시고"(25:2)라고 기도한다. 하나님을 의지하는 자는 일시적인 실패를 경험한다 해도 결국은 하나님께서 부끄럽지 않게 해 주신다는 확신을 가진다.

더 살펴보기

1. 표제 비교 분류(시적 형식). 우리말 번역은 여러 가지이므로 '히브리어 명칭'도 함께 보라.

명칭(히브리어)	한글 개역	의미	사용된 시들
쉬르(쉬르)	노래	노래(Song)	30, 46, 48, 65~68, 75, 76, 87, 88, 92, 108, 120~134
미즈모르 (미즈모르)	시	시, 찬송 (Psalm)	19~24, 29~31, 38~41, 47~51, 62~64, 66~68, 73, 75~77, 79, 80, 82, 84, 86~88, 92, 98, 100~102, 108~110, 139~141, 143
마스길(마킬)	마스길	교훈시, 명상시 (Contemplative Poem)	32, 42, 44, 45, 52~55, 74, 78, 88, 89, 142
믹담(미크탐)	믹담	황금시, 금언시 (Epigram)	16, 56~60
식가욘(쉬까욘)	식가욘	애통시(?)	7
테필라(테필라)	기도	기도(Prayer)	17, 86, 90, 102, 142
테힐라(테힐라)	찬송시	찬양(Praise)	145

2. 그리스도의 십자가가 보인다(시 22편)

"내 하나님이여, 내 하나님이여 어찌 나를 버리셨나이까?"(22:1)는 예수님이 십자가상에서 외치신 것과 연결됨을 알 수 있다. 즉 〈시편〉 22편은 '메시아 예언시'로서 그리스도의 고난이 잘 나타나 있다. 이하의 구절들을 신약과 연결하는 것은 어렵지 않다. 〈시편〉 22편 예언과 신약의 성취를 비교해 보면 말씀의 권위와 가치를 알게 될 것이다.

① 1절 - 마 27:46 ② 7절 - 마 27:39 ③ 8절 -마 27:43
④ 15절 - 요 19:28 ⑤ 18절 - 마 27:35, 요 19:23~24 등이다.

〈시편〉에 나온 "그리스도의 모형"에 대하여

성경은 구약이나 신약이든 그리스도를 초점으로 했다. 〈시편〉에서도 그리스도의 모형을 볼 수 있다.

(1) 오실 메시아(2, 16, 22, 24, 40, 45, 58, 69, 72, 97, 110, 118편).

(2) 참 목자(23편) - 인류의 참 목자. 참 목자는 양을 위해 목숨을 버림.

(3) 말씀(119편) - 말씀이신 그리스도, 길을 밝히시는 등불, 단 맛.

(4) 영광의 왕(42편) - 영원한 왕, 영원히 영광을 누리실 만왕의 왕.

(5) 수난 당할 주(22편) - 그리스도의 수난에 대해 구체적인 표현을 함.

3. 〈시편〉에 나타난 자기의(自己義)에 대한 두 가지 설명

(1) 〈시편〉 기자는 절대적인 의가 아닌 상대적인 의(하나님의 표준에 따른 의가 아닌, 다른 사람들과의 비교에서 나타나는 의)를 주장하고 있다. 세상에서 의를 행하려는 사람과 고의적으로 죄를 짓는 사람들과는 다르다.

다윗은 자신의 부족을 아는 사람이었다(19:11~13, 51편).

(2) 〈시편〉 기자는 자신을 심판자이신 하나님에게 그의 소송을 제기하는 '분노한 원고'로 자주 묘사하고 있다. 아무리 시편 기자가 '자기의'를 싫어한다 하더라도 이러한 관점에서 볼 때는 분명히 그가 자신이 '옳다'고 하게 된다.

시편31~41편

시련 속에서의 신뢰(31편) (중요구절 시 39:7)

제31편 [시련 속에서의 신뢰] 피난처 되신 하나님을 신뢰하며 비참한 가운데서도 굳건하게 기도한다.

제32편 [자복과 사죄의 은총] 감춰진 죄를 자복하므로 얻은 사죄의 기쁨을 노래한다.

제33편 [여호와를 즐거워함] 악기와 큰 소리로 하나님을 찬양하며 즐거워함은 성도에게 주어진 축복이며 마땅히 할 바이다. 사도 요한은 환상 가운데 하늘의 새 노래를 들었다(계 5:9~10, 14:3).

제34편 [하나님의 돌보심] 이합체시 중 하나이다. 비록 고난 중에 있어도 하나님이 건지실 것을 믿었다. 표제는 〈사무엘상〉 21:10~22:1의 사건을 가리키고 있다.

제35편 [의인의 탄식] 원수들에게 행한 대로 갚아 주시도록 기도하는 저주시이다.

제36편 [하나님의 확실한 사랑] 다윗의 시로서 악의 실상과 하나님의 인자하심과 생명되심을 대조적으로 제시하며 인생이 즐기는 모든 선한 것을 대조적으로 제시한다.

제37편 [의인과 악인] 잠언으로 가득한 이합체시 중의 하나이다. 악인의 풍요가 의인의 가치관에 혼란을 주지만 악인의 종국은 멀지 않고 의인의 영광은 영원하다는 가르침을 준다.

제38편 [곤경에서 사죄를 구함] 죄로 인한 고통에서 회개하고 사죄의 은혜를 입는다.

제39편 [침묵과 인생의 무상] 짧고 헛된 인생에 소망을 두기보다 하나님께 자신을 맡기는 것이 현명하다.

제40편 [감사와 찬송시] 감사함으로 과거를 회상하고 다른 사람들에게 하나님을 전하며, 끝나지 않은 고난에 대해 하나님의 새로운 도움을 구한다.

제41편 [병든 외로운 자의 기도] 고난의 때에 하나님은 우리를 도우시려 곁에 계신다. 병들고 외로운 자였으나 하나님을 신뢰하고, "나를 고치소서" 하며 기도한다. 13절은 하나님께 찬양을 돌리는 공식적인 구절로서 〈시편〉 제1권(1~41편)의 끝을 표시한다.

시편은 한 번에 많이 읽기보다는 한 주간에 몇 편만 읽어도 그 시를 묵상할 때에 가치가 더 커진다.

1. '회개의 시편'이라 하는 이 32편은 인생의 근본 문제를 밝히 보여준다. 죄짐을 졌을 때에는 "종일 신음하므로 내 뼈가 쇠하였도다…… 내 진액이 빠져서 여름 가뭄에 마름같이 되었나이다"(32:3~4)라고 호소하였다. 허물의 사함을 받고 죄가 가리운 자는 마음의 평안과 건강도 함께

얻는다.

2. "의인은 고난이 많으나 여호와께서 그의 모든 고난에서 건지시는도다"(34:19). 의롭게 살고자 하는 자는 고난이 따르지만 그것은 하나님을 믿고 순종한다는 증거이기도 하다. 당장 전도를 하며, 주일을 성수하고 십일조를 드림도 힘들지만 결국은 복이 되고 고난은 영광이 된다. 바울은 "생각하건대 현재의 고난은 장차 우리에게 나타날 영광과 비교할 수 없도다"(롬 8:18)라고 하였다.

3. "내 기도가 내 품으로 돌아왔도다"(35:13)를 묵상하라. "그 집이 이에 합당하면 너희 빈 평안이 거기 임할 것이요 만일 합당하지 아니하면 그 평안이 너희에게 돌아올 것이니라"(마 10:13)도 보라. 기도는 밑져야 이익이다. 그러므로 기도의 결실은 어느 쪽에서든 있게 마련이다.

4. "그러나 온유한 자들은 땅을 차지하며 풍성한 화평으로 즐거워하리로다"(37:11) 하였다. 예수님도 "온유한 자는 복이 있나니 그들이 땅을 기업으로 받을 것임이요"(마 5:5)라고 하셨다. 온유하신 예수님(마 11:29)은 그 말씀대로 오늘날 온 세상에 그 이름이 퍼져서 땅을 차지하셨다.

5. "악을 행하는 자들 때문에 불평하지 말며"(37:1). 악인이 형통하는 것을 보거나 하나님 뜻에 거스리는 자가 오히려 번영하는 것을 보면서 불평을 하고 있는가? 이로 인해 신앙을 버리지는 않는다 해도 하나님을 욕되게 하지는 않는가? 불평하지 말라고 하였다. 악인은 언젠가는 반드시 쇠퇴할 것이다(2절). 현재를 보면 무질서하게 보이는 이 세상의 일도 장기적인 안목에서 보면 역시 인과의 법칙 아래 있다.

6. 가난하고 궁핍한 삶은 마음마저 움츠려들기 쉽다. 부유한 사람도 때로는 가난하고 궁핍하게 된다. 그러나 내가 믿는 하나님은 나의 도움이 되시고 건지시는 자이시다. "나는 가난하고 궁핍하오나 주께서는 나를 생각하시오니"(40:17). 무엇이 두려운가? 예수님은 "먼저 그의 나라와 그의 의를 구하라"(마 6:33)고 하셨다.

'저주시'에 대하여

〈시편〉에서 '저주시'는 35, 55, 58, 59, 69, 83, 109, 137, 140편으로 분류한다. 여기서는 실제 저주 내용인 '적들에게 심판이 내리기를 비는' 많은 예를 살펴본다.

①여호와께서 나와 싸우는 적들과 싸워주시기를(35:1)
②적들을 혼란에 빠뜨리시기를(35:4)
③적들을 바람 앞에 겨와 같이 흩으시며. 천사가 적들을 추격하여 몰아내어 주시기를(35:5)
④적들의 길을 어둡고 미끄럽게 하시기를(35:6)
⑤사망이 갑자기 임하고 악독이 그들의 거처에 있기를(55:15)
⑥그들의 이를 꺾으시기를(58:6)
⑦그들이 사라지기를(58:7)
⑧만삭되지 못하여 출생한 아이가 햇빛을 보지 못함 같게 하시기를(58:8)
⑨악을 행하는 모든 자들에게 은혜를 베풀지 마시기를(59:5)
⑩진노하심으로 소멸하시기를(59:13)
⑪밥상이 올무가 되게, 평안이 덫이 되게 하시기를(69:22)
⑫그들의 눈이 어두워 보지 못하게, 허리가 항상 떨리게 하시기를(69:23)
⑬생명책에서 지우시기를(69:28)
⑭ 패망하여 땅에 거름이 되기를(83:10)
⑮바람에 굴러가는 검불 같게 하시기를(83:13)
⑯악인이 그를 다스리게 하시며 사탄이 그의 오른쪽에 서게 하시기를(109:6)

더 살펴보기

1. 〈시편〉에 나타난 저주와 복수(489쪽의 '더 살펴보기' 도표 참고)

시편 기자들은 저주와 복수를 거침없이 말하고 있다. 예수님은 "너희 원수를 사랑하며 너희를 박해하는 자를 위하여 기도하라"(마 5:44) 했는데, 구약의 시인들이 이런 말씀을 못 들었기 때문이라고 말할 수 없다. 율법에서도 이웃 사랑(레 19:17~18)뿐 아니라 원수와 미워하는 자를 도와주어야 한다(출 23:4~5)고 가르치고 있다. 〈시편〉의 저주에 대한 구절은 55:9, 58:6~9, 59:11~15, 69:22~28, 83:9~17, 109:6~20, 137편 등이다. 복수에 대해 무작정 판단할 것이 아니라 몇 가지를 염두에 두어야 한다.

(1) 하나님의 거룩하심에 근거하였다. 현대에는 악에 대하여 감상적일 때가 많다. 그러나 하나님은 시편 기자들의 고백처럼 '하나님은 그 눈이 너무 순결하여 악을 보지도 못하시며 악행을 묵인할 수 없는 분'으로 알고 있었다. 따라서 하나님의 성품에 근거하여 악한 자를 보복하실 것을 구한 동기가 되었다.

(2) 악을 타도하고 벌함이 없이는 의가 승리할 수 없다. 현실적으로 우리는 시편 기자들의 악에 대한 의미를 진술할 때에 너무하다는 생각을 하기도 한다. 이는 아마도 우리가 선을 덜 사랑하거나, 그들보다 악을 덜 대적하거나, 우리의 믿음에 대한 진정한 핍박이 무엇인지를 깨닫지 못했거나, 아니면 의보다 생명을 더 높이 평가하기 때문일 것이다. 복수는 오직 하나님의 섭리로 간주된다.

2. 제1권(1~41편)의 끝맺음에 대하여

〈시편〉은 전 5권으로 나누어진다(490쪽 참고). 제1권의 끝인 41:13은 다른 권들과 같이 하나님께 드리는 찬양의 송영으로 끝나고 있다. 41:13은 〈시편〉 41편의 결론이 아니라 제1권(1~41편)의 결론이다.

(1) 하나님을 "이스라엘의 하나님 여호와"라 함은 하나님이 조상들과 맺으신 언약에 대한 깊은 감명을 자기 마음속에 가지고 있음을 증명해

⑰그의 자녀들은 구걸하며 빌어먹게 하시기를(109:10)

⑱그들의 머리를 들 때에 그들의 입술의 재난이 그들을 덮게 하시기를(140:9)

⑲뜨거운 숯불이 그들 위에 떨어지게 하시며, 불 가운데와 깊은 웅덩이에 빠져 다시 일어나지 못하게 하시기를(140:10) 등이다.

(Harold Willmington, 《Bible Study》에서 정리한 것을 《개역개정판》 본문으로 요약. '시편에 나타난 자기의(自己義)와 저주 및 복수'에 대하여는 David, Pat Alexander, 《Lion Handbook to the Bible》, p. 339에서 볼 수 있다.)

준다.

(2) 두 번 "아멘"을 반복한 것은 마음에 깊은 애착심과 더 열심을 가지고 하나님을 찬양하도록 격려해 준다.

시편 42~52편

하나님을 사모함(42편) (중요구절 시 42:11)

〈시편〉 42편부터 72편은 [제2권]에 해당된다. 여기에는 주로 '다윗'과 '고라의 자손' 시가 많다.

제42~43편 [하나님을 사모함] 두 시의 주제와 후렴이 같다(42:5,11, 43:5). 현재는 성전에 가지 못하는 어려운 형편(병든 자, 또는 유배당한 자)이지만, 그곳에서 하나님을 사모한다.

제44편 [민족적인 애가] 약할 때에 (하나님을 의지하여) 강해진다는 것으로, 패배했을 때에 일시적인 혼란이 있어도 결국은 하나님을 잊거나 언약을 어기지 않는(17절) 이스라엘의 신앙 고백적 애가이다.

제45편 [왕의 결혼을 축하] 이스라엘의 왕은 신정의 대리자로서 의미가 있다. '더 살펴보기' 내용을 읽어 보라.

제46편 [피난처요 힘이신 하나님] 우리와 함께하시는 하나님은 악을 무찌르셨다. 이스라엘은 도움이 되시는 하나님이 계시기에 어떤 큰 물결이 일어도 두려워하지 않는다. 마르틴 루터의 찬송(585장, 〈내 주는 강한 성이요〉)의 기초가 되었다.

제47편 [하나님을 찬양하라] 하나님 나라를 노래한 시이다. 온 땅에 왕 되신 하나님을 찬양하라. 앞부분은 찬양하라는 권면이며 뒷부분은 찬양할 이유를 말한다.

제48편 [큰 왕의 성] 하나님의 거룩한 성 시온에 대한 노래이다. 복음성가로 많이 불린다.

제49편 [삶과 죽음] 인간 세계에 있는 빈부 문제에 대해 생명의 존엄성과 그 미래성을 내다보고 있다.

제50편 [회개를 요구하시는 하나님] 하나님은 감사가 없는 제물을 원하지 않으신다(14, 23절).

제51편 [사죄를 구하는 기도] 표제의 글 "다윗이 밧세바와 동침한 후 선지자 나단이 그에게 왔을 때"라고 되어 있는데, 이는 〈사무엘하〉 11~12장을 배경으로 한다(500쪽 '더 살펴보기' 도표를 보라).

제52편 [악인의 운명] 죄악과 하나님의 보응을 말하며, 표제는 〈사무엘상〉 22장을 그 배경으로 한다.

1. 뜨거운 태양 아래 사막을 여행하던 무리들이 갈 길은 먼데 물이 떨어졌다. 타는 목마름 가운데 한 노인이 우두머리에게 말했다. "선물하기 위해 가져가는 저 두 마리의 사슴을 풀어놓아 물을 찾게 합시다." 풀려난 사슴들은 긴 목을 높이 쳐들고 숨을 몰아쉰 뒤 달려갔다. 말을 탄 사람들이 사슴의 뒤를 따라가서 얼마 후에 물을 발견하였다. 약한 사슴이 물을 찾는 것은 본능이다. 시인은 인생의 목마름을 시냇물을 찾는 사슴에 비유하였다(42:1). 목마른 자는 하나님을 만나야만 산다(전 3:11).

2. 모태신앙의 한 성도는 부모님이 교회의 중직임에도, 밥상에서 교회와 목사님을 헐뜯는 이야기를 늘 했기에 그것을 듣고 성장했다. 그는 자기 마음에 자리 잡은 교회와 목사님에 대한 부정적인 의식을 벗는데 너무 힘들었다는 고백을 한다. 이스라엘은 하나님의 은혜를 자녀들에게 전해 주는 것이 가장 큰 의무였다. "주께서 우리 조상들의 날, 곧 옛날에 행하신 일을 그들이 우리에게 일러주매 우리가 우리 귀로 들었나이다"(44:1). 오늘 우리의 자녀들에게 하나님의 은혜를 들려주라.
3. 다윗의 위대성은 그의 '침상을 적시는 회개'에 있다(시 51편). 〈사무엘하〉 11~12장을 배경으로 한 다윗과 밧세바 사이의 부정은 누구나에게 숨겨진 죄성의 표출이다. 다윗은 죄의 지적을 받고 회개한 위대성이 있다. 반면에 동생의 아내를 취한 헤롯 왕은 그 죄를 지적하는 세례 요한의 목을 베었다. 사울은 사무엘로부터 죄를 지적 받았을 때에 핑계하였다(삼상 13장, 15장).

더 살펴보기

1. 메시아 왕을 칭송함, 왕의 결혼을 축하(시 45편)

이스라엘 왕은 신정정치의 대리인이었다. 〈시편〉 45편이 나타낸 메시아 왕은 어떤 분이신가?

(1) 초인적이어야 한다(1~2절): 깨우침, 죽은 자를 살린다.
(2) 전쟁에 능하셔서 홀로 싸우신다(3~5절): 사탄 권세를 물리치는 능력의 왕이다.
(3) 진리, 온유, 공의를 위하여 싸우신다(4, 7절).
(4) 영적 향기, 복음으로 신자들에게 영생을 준다(8절, 고후 2:14~16).
(5) 그리스도의 신부(성도)는 신랑인 왕을 위하여 세상과 인연을 끊어야 한다(9~11절).
(6) 신부는 다른 사람을 왕에게 이끌어야 한다(14절).
(7) 그리스도의 후손들(16절): 왕의 조상들이 왕을 계승한다.

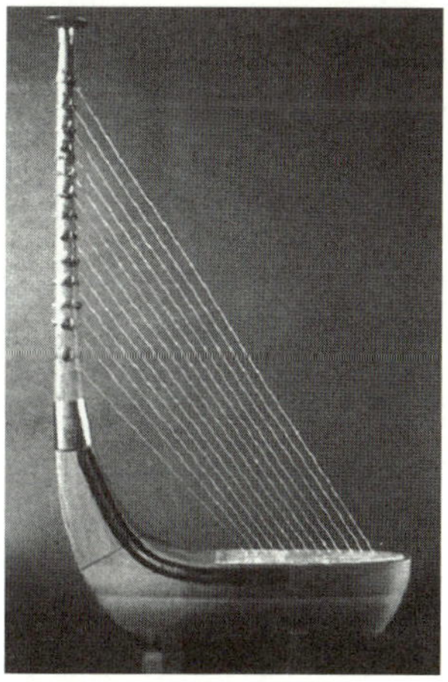

우르에서 출토된 수금

이 수금(lyre)은 약 주전 2500년 전 우르(Ur)의 왕의 무덤에서 출토된 것을 복원한 것이다.

2. 시편 표제의 음악적 형식 비교 분류(*표가 있는 것은 정확한 뜻을 모르는 것임)

명칭 (히브리어)	한글 개역	의미	사용된 시들
셀라(쎌라)	셀라	음성을 높임 *잠시 묵상	37개의 시편에 71곳. 합 3:3, 9, 13에도 등장
힉가욘(히까욘)	힉가욘	*명상	9편의 시편에 17곳(한글성경 16곳)
라메나제아흐	인도자 (영장)	악장(樂長), 지휘자	4, 5, 6, 8, 9, 11~14, 18~22, 31, 36, 39~42, 44~47, 49, 51~62, 64~70, 49, 51~62, 64~70, 75~77, 80, 81, 84, 85, 109, 140
삔기노트	현악	현악기 (*하프)	4, 6, 55, 61, 67, 76
엘 한네힐로트	관악	부는 악기(갈대통소)	5
여두둔(리디툼)	여두둔	악사, 또는 찬양대 이름	39, 62, 77
알-하깃딧	깃딧	*현악기를 연주하는	8, 81, 84
알-하시미닛	스미닛	기본음	6, 12
알-알라못	알라못	소프라노음	46
알 뭇랍벤	뭇랍벤	'벤'의 죽음을 위한 노래	9
알-아엘렛샤할	아얠렛샤할	새벽의 사슴의 노래	22
알-마할랏	마할랏	질병(영적인 병 포함)	53
알-쇼산님	소산님	백합화의 노래	45, 69
알-요나트 엘림 레훗킴	요낫 엘렘 르호김	잠잠한 비둘기	56
알-다스헷 (알 타쉬헤드)	알다스헷	해치지 못함	57, 58, 59

* 앨런 B. 스트링펠로, 《Through the Bible in One Year》에서 인용.

어리석은 자(53편) (중요구절 시 57:8)

제53편 [어리석은 자] 〈시편〉 14편을 개편한 시다. '하나님이 없다'며 부인하는 자는 어리석은 자이다.

제54편 [하나님은 나를 돕는 자] 다윗이 사울에게 쫓길 때에 하나님께 도움을 구한 것이 배경이다.

제55편 [고난 중에 기도] 원수가 동료, 친구, 가까운 친우이기에 시인의 괴로움은 더 크다(13절).

제56편 [하나님을 의지함] 어떠한 형편에서도 주를 의지하겠다는 시인의 믿음을 볼 수 있다.

제57편 [원수 앞에서도 기도] 주의 날개 그늘 아래로 피하는 시인은 연속적으로 '하나님이여'라고 외친다.

제58편 [판단하시는 하나님] 권력을 쥔 악한 자들은 반응이 없는 귀머거리 독사 같은 존재이다. 그들을 향한 일곱 가지 저주를 보게 된다(494쪽의 '저주시에 대하여'를 보라).

제59편 [환란 중의 승리] 사울이 다윗을 죽이려고 보낸 자들은 개처럼 울며 두루 다니며 악을 토하지만 다윗은 '하나님은 요새이시니 그의 힘으로 말미암아 주를 바라리이다'라고 고백한다. 저주시이다.

제60편 [민족적인 기도] 에돔과의 전쟁을 배경으로 하고 있다(삼하 8장, 대상 11장). 결국 하나님의 통치권이 열방에 미치고 있음을 고백하며 하나님을 의지하여 대적을 치게 해달라고 한다.

제61편 [무거운 짐 진 왕의 기도] 압살롬의 반란군을 격퇴시키고 왕위를 회복한 후에 드린 기도로 보인다. 마음에 무거운 짐 진 왕은 오직 하나님만 주실 수 있는 안전과 보호를 열망한다.

제62편 [하나님만 바라라] 절망 가운데서 하나님만 바라는 신앙이 돋보인다. '하나님만이 나의 반석이시오 나의 구원이시오 나의 요새이시니'라고 고백하며 하나님의 말씀을 들었음을 의지한다.

한 구절 묵상
"나의 눈물을 주의 병에 담으소서"(56:8).

1. 원수가 결코 멀리 있는 것이 아니라 "재미있게 의논하며 무리와 함께하여 하나님의 집 안에서 다녔던"(55:13~14) 동료, 친구, 친우이기에 더욱 마음이 아프다. 어디 그것이 다윗만 겪은 일인가? 오늘날에도 입으로는 거룩을 외치며 그 속에는 음흉한 배신과 욕심을 가진 자들로 인해 "눈물을 주의 병에 담는"(56:8) 슬픈 자들이 얼마나 많은가?
2. 하나님은 내게 어떤 분이신가? 〈시편〉 60:8의 모압, 에돔, 블레셋 등의 나라에게 시달림을 받고 있던 약소국이 당시의 이스라엘의 형편이다. 그러나 하나님은 그 이스라엘을 향하여 "에브라임은 내 머리의 투구요 유다는 나의 규이며"(60:7)라고 말씀하셨다. 우리들 자신은 연약하고 추하고 하찮은 존재이다. 그럼에도 우리들은 하나님의 머리의 투구이며, 규(지팡이)임을 잊어서는 안 된다. 바울은 "나를 능하게 하신 그리스도 예수 우리 주께 내가 감사함은 나를 충성되이 여겨 내게 직분을 맡기심이니"(딤전 1:12)라는 고백을 통해 하나님의 신임을 받고 있음을 믿고 복음을 전파할 수 있었다.

3. 사람은 그 속에 있는 것을 말하게 마련이다(마 12:35). 그런데 입으로 나오는 것이 속사람과 다른 이중적인 사람들이 많다. 얼굴 표정은 그럴싸한데 속에는 원망과 거짓이 숨어 있으며 감정을 노출시키지 않는 것이 마치 수양이 잘되고 교양이 있는 것인 양 착각하면서 위선을 가진 자들이 있다. 다윗은 그런 자들을 이렇게 말하고 있다. "그들이 그를 그의 높은 자리에서 떨어뜨리기만 하고 꾀하는 거짓을 즐겨하니 입으로는 축복이요 속으로는 저주로다"(62:4).
4. "나의 영혼이 잠잠히 하나님만 바람이여"(62:1). 이는 '아무것도 하지 않고 운명론적인 사고로 있겠다'는 말이 아니라 '하나님의 약속(말씀)을 따르겠다'는 신앙의 고백이다. 어려울 때에 나는 누구를 바라보는가? 기도하는 시인은 조급하지 않고 잠잠히 하나님만 바라보았다.

더 살펴보기

1. 사건을 배경으로 한 시편들

시	배경 사건	곡조	주요구절	관련구절	비고
3	다윗이 압살롬을 피할 때		(1) 여호와여 나의 대적이 어찌 그리 많은지요 일어나 나를 치는 자가 많으니이다.(3) 주는 나의 방패, 영광이시요	삼하 15~17장	첫 '셀라' 사용
7	구시의 말에 대하여 여호와께 한 노래	식가욘	(14) 악인이 죄악을 낳음이여 재앙을 배어 거짓을 낳았도다	삼상 19~26장	베냐민 사람
18	다윗이 원수의 손에서 구원받은 후		(1) 나의 힘이신 여호와여 내가 주를 사랑하나이다. (33) 나의 발을 암사슴 발 같게 하시며	삼하 22장	
34	다윗이 아비멜렉 앞에서 미친 체 하다가 쫓겨나서 지은 시		(18) 여호와는 마음이 상한 자를 가까이 하시고 중심으로 통회하는 자를 구원하시는도다. (20) 그의 모든 뼈를 보호하심이여 그 중에서 하나도 꺾이지 아니하도다.	삼상 21:10~22:5	
51	다윗이 밧세바와 동침한 후 나단이 온 때		(5) 내가 죄악 중에서 출생하였음이여 어머니가 죄 중에 서 나를 잉태하였나이다. (7) 우슬초로 나를 정결하게 하소서. (17) 하나님께서 구하시는 제사는 상한 심령이라.	삼하 12장	참회시
52	도엑이 사울에게 다윗이 아히멜렉의 집에 왔더라고 한 때	마스길	(1) 강포한 자여 네가 어찌하여 악한 계획을 스스로 자랑하는가 하나님의 인자하심은 항상 있도다. (8) 그러나 나는 하나님의 집에 있는 푸른 감람나무 같음이여	삼상 22:9	에돔인

54	십 사람이 사울에게 다윗의 거처를 이를 때		(3) 낯선 자들이 일어나 나를 치고 포악한 자들이 나의 생명을 수색하며 하나님을 자기 앞에 두지 아니하였음이니이다(셀라).	삼상 23:19 26:1	
56	다윗이 가드에서 블레셋 인에게 잡힌 때	요낫엘렘 르호김	(8) 나의 유리함을 주께서 계수하셨사오니 나의 눈물을 주의 병에 담으소서.	삼상 21:10	믹담시
57	다윗이 사울을 피해 아둘람 굴에 있을 때	알다스햇	(7~8)하나님이여 내 마음이 확정되었고 내 마음이 확정되었사오니 내가 노래하고 내가 찬송하리이다 내 영광아 깰찌어다 비파야, 수금아 깰지어다 내가 새벽을 깨우리로다.	삼상 22:1	믹담시
59	사울이 다윗을 죽이려고 사람을 보낸 때	알다스햇	(6,14 동일) 그들이 저물어 돌아와서 개처럼 울며 성으로 두루 다니고(16) 주는 나의 요새이시며 나의 환난 날에 피난처심이니이다.	삼상 19:11	믹담시
60	요압이 에돔을 염곡에서 12,000명 죽인 때	수산에듯	(7~8) 에브라임은 내머리의 투구요 유다는 나의 규이며 모압은 나의 목욕통이라 에돔에는 나의 신발을 던지리라.	삼하 8:3	믹담시
142	다윗이 굴에 있을 때		(2) 내가 내 원통함을 그의 앞에 진술하는도다 내 우환을 그의 앞에 진술하는도다. (3) 내 영이 내 속에서 상할 때에도 주께서 내 길을 아셨나이다.	삼상 22:1	57편과 동일

시편63~72편

주를 갈망함(63편) (중요구절 시 71:9)

제63편 [주를 갈망함] '유다 광야에 있을 때'라는 표제가 사울에 의한 쫓김인지, 압살롬의 반역 때인지는 알 수 없으나 고난 중에 시인의 영혼과 육체가 하나님을 갈망한다.

제64편 [여호와께로 피함] 음모와 술수 속에서도 의인은 여호와로 즐거워한다.

제65편 [감사의 찬송] 앞의 시들이 대부분 고난 중에 호소하는 데 비해 이 시는 창조의 하나님이요, 풍요를 주시는 하나님께 대한 감사와 찬송이 넘친다.

제66편 [경배와 찬양] 전반부에는 민족적인 감사(1~12), 후반부는 개인적인 감사(13~20)를 한다. 이 시가 산헤립 치하의 앗수르 군대로부터의 구원이라고도 한다(《이사야》 36~38장 참고).

제67편 [만방에 알릴 주의 구원] 메시아 국가인 이스라엘에 주신 하나님의 복을 보고 모든 민족들이 찬송하게 해달라고 기도한다. 이 시를 오순절(맥추절)이나 장막절(수장절)에 관련시키기도 한다.

제68편 [승리로 이끄시는 하나님] 고난 가운데 하나님의 은혜를 경험한 후에 하나님의 영광을 노래한다. 다윗이 언약궤를 오벧에돔의 집에서 시온 산으로 옮겨 갈 때(삼하 6장)를 배경으로 한다.

제69편 [고난에 눌린 자의 기도] 신약성경에 자주 인용된 시로서('성경질문지' 참고) 고난 중의 기도이다.

제70편 [속히 나를 도우소서] 시는 40편 13~17절과 같은 구절로서 긴박한 상황에서의 다급한 기도이다.

제71편 [연로한 때의 기도] 어려서부터 하나님을 의지해 온 시인이 늙어서도 하나님께 버림받게 되지 않기를 기도한다. 인생 여정에 평안을 얻지 못하나, 하나님을 신뢰하므로 미래에 소망을 갖는다.

제72편 [왕을 위한 기도] 제2권의 마지막 시로서 솔로몬의 통치 시대(평화, 번영, 권세)에 잘 맞는다. 그 시대를 넘어 이상 세계를 내다본다. 표제는 솔로몬의 시로서 "다윗의 기도"로 끝맺는 것은 그가 2권의 주요 작가라는 점을 드러낸다.

---

1. 시인은 "기도를 들으시는 주여"(65:2)라 했다. '하나님이 정말 내 기도를 들으신다'고 믿고 기도하나?

(1) H. G. 웰즈(Herbert Gorge Wells, 1866~1946, 영국의 소설가, 사회학자)가 쓴 단편 〈대주교의 죽음〉을 통하여 교회의 세속화를 지탄하고 있다. [대주교의 기도 소리는 아름다워 많은 사람들이 모여 들었다. 대주교는 날마다의 습관처럼 그날 저녁에도 성당에서 기도하였다. 언제나 시작하는 기도문처럼 "오 전능하신 하나님 아버지……" 하고 기도를 하였다. 그 순간 하늘에서 응답하시는 하나님의 소리를 듣고 심장마비를 일으켜 죽었다. "오냐, 무슨 일이냐?(Yes, What is it?)"].

(2) 박해 때에 베드로가 옥에 갇히자 교회는 기도했고 베드로는 천사의 인도로 옥에서 나와 기도하는 곳으로 갔다. 그들은 베드로가 돌아왔다는 여자아이 로데의 말에 "네가 미쳤다"라고 했다(행 12:15). 석방되기를 기도하면서도 기도대로 믿지 못하는 자신들이 더 미친 것 아닌가?

2. "까닭 없이 나를 미워하는 자가 나의 머리털보다 많고"(69:4) 의인인 까닭에 고통당해야 하고, 그 고통 중에 부르짖고 있는 기도이다. 신약성경에 인용되었기에 많은 부분들이 메시아적 암시를 나타낸 시라고 할 수 있다. 이 시가 예레미야의 작품이라는 주장도 있는데 이는 하나님의 소명대로 말씀을 선포한 까닭에 많은 사람들로부터 미움과 고통을 당한 예레미야와 이 〈시편〉 기자의 배경이 너무도 흡사하기 때문이다. 하나님 편에 설수록 사탄의 방해는 크다. 고난을 두려워하지 않는 그리스도인이 되어야 한다. "하나님이 시온을 구원하시고 유다 성읍들을 건설하시리니"(69:35) 라는 말씀이 위로가 된다.

창조주가 만든 석양의 아름다움
시인은 "주께서 아침 되는 것과 저녁 되는 것을 즐거워하게 하시며"(시 65:8)라 했다. 이는 축복의 언약이다.

더 살펴보기

1. 언약적 축복으로의 "아침과 저녁"(시 65:8)

본 시에 나타난 "주께서 아침 되는 것과 저녁 되는 것을 즐거워하게 하시며"(65:8)는 〈창세기〉 8:22의 내용과 관계가 있다. 즉 하나님은 세상을 물로 심판하신 후에 '다시는 물로 심판하지 않으시겠다'고 노아와 언약을 맺으셨다. 그 언약의 증거로 "땅이 있을 동안에는 심음과 거둠과 추위와 더위와 여름과 겨울과 낮과 밤이 쉬지 아니하리라"는 것과 '무지개'(창 9:13)를 제시하였다. 따라서 본 시에는 아침과 저녁이 되는 것을 즐거워함은 이러한 언약이 계속적으로 유지되어 오고 있음을 기뻐한다는 의미가 된다.

오늘날에도 이 일이 계속되고 있다. 하루하루와 계절들이 하나님의 은혜의 산물이라는 사실과 함께 이 같은 언약을 계속하여 지키시는 하나님의 신실하심을 배울 수 있다.

"헌신의 시"에 대하여

헤롤드 윌밍톤은 〈시편〉을 주제별로 분류하면서 "헌신의 시"를 따로 구분하였다. 그 시편들은 다음과 같다.

1, 4, 9, 12~14, 16~19, 22~24, 27, 30, 31, 33~35, 37, 40, 42, 43, 46, 50, 55, 56, 61~63, 66, 68, 69, 71, 73, 75~77, 80, 81, 84, 85, 88, 90, 91, 94, 95, 100, 103, 106, 107, 111, 115, 116, 118, 122, 123, 126, 133, 136, 138. 139, 141, 142, 144, 147~150.

위의 칠십 편의 시는 "헌신의 시"라 일컬어지는 시이다. 이들 시편들을 다룰 때 아무런 논평 없이 약속 그 자체만을 인용하는 경우가 많다. 이들 시편에는 흐느낌과 노래가 있다. 때로는 불평도 하고 의심도 하고 부르짖는다. 이들은 과거를 회상하고 미래를 내다본다. 인간의 적나라한 영혼의 소리를 이 시편에서 들을 수 있다. (Harold Willmington, 《Bible Study》)

시편 73~80편

불공평한 이 세상(73편) (중요구절 시 75:10)

제73편 [불공평한 이 세상] 악인의 형통을 보며 실족할 뻔한 시인은 하나님의 성소에 들어갈 때에 악인의 결국을 깨닫는다. 악인의 멸망과 의인의 구원에 대한 확신을 갖게 된다.

제74편 [성전 파멸의 애가] 주전 587년 예루살렘이 파멸되었을 때를 배경으로 한 민족적인 애가이다.

제75편 [재판장이신 하나님] 하나님만이 인생을 심판할 권세를 가지신다. 하나님이 우주의 자연 질서와 땅의 윤리적 질서를 유지하시며 때가 이르면 공평하게 심판하실 것이다.

제76편 [하나님의 승리 권세] 크신 하나님께서는 원수들을 멸하시는 세상의 왕들에게 두려운 존재이시다.

제77편 [하나님의 전능한 행위] 하나님께 부르짖는 시인의 믿음이 돋보인다. 그는 인간으로서 감내하기 어려운 환란을 어떻게 이겨냈는가를 밝힘으로 교훈을 준다.

제78편 [이스라엘의 역사적 교훈] 다윗이 왕이 되면서 유다 지파가 기선을 잡고 강력한 에브라임 지파는 버림을 받았다. 시편 기자는 그 이유를 이스라엘의 역사에서 찾았다. 특히 〈출애굽기〉와 〈민수기〉의 사건과 연관된 내용들이 많다. 78편은 105, 106편과 함께 [역사시]이다.

제79편 [돌무더기가 된 예루살렘] 예루살렘의 폐허에 대한 애가이다. 예루살렘 파멸은 주전 587년 바벨론에 의해서이다(왕하 25장을 보라). 하나님께 용서와 도움을 구하는 시이다.

〈시편〉 73편부터 89편은 〈시편〉 [제3권]에 해당하며, 아삽의 시가 11개, 다윗의 시는 1개뿐인 〈시편〉이다.

제80편 [목자를 향한 기도] 이스라엘은 하나님이 애굽에서 옮겨다 심은 포도나무에 비유하며 북(北)으로는 레바논(백향목), 서(西)로는 지중해(바다), 동(東)으로는 유브라데(강)까지 뻗어 있음을 묘사했다.

1. 이해하지 못하는 일들과 세상이 불공평하게 보여서 "악인의 형통함을 보고 미끄러질 뻔하였다"(73:1~3)고 솔직히 고백한다. 악한 자들이 오히려 더 평안하고 많은 재물을 지니며 당당하게 살며 하나님을 경외하는 자들을 괴롭힌다. 이러한 현실에 의분을 품은 시인은 결국 "하나님의 성소에 들어갈 때에야 그들의 종말을 내가 깨달았나이다"(73:17)라고 한다. 해답은 하나님의 성전에서 얻는다.
2. 남을 판단하기는 어려운 일임에도 함부로 판단하는 죄를 짓고 살고 있지는 않는가? 눈에 보이는 대로, 남에게 들은 대로, 잘못된 선입관으로 판단하여 남을 죽인 죄를 회개해야 한다. 주의 판단은 억울한 자의 한을 풀어 주신다. "주의 말씀이 내가 정한 기약이 이르면 내가 바르게 심판하리니"(75:2)라고 하셨다.
3. "너희는 여호와, 너희 하나님께 서원하고 갚으라"(76:11)고 가르치고 있다. '서원'은 하나님의 사랑과 자비에 대한 형식적인 약속을 말한다. 그 대표적인 예로 벧엘에서 한 야곱의 서원(창 28:20~22), 한나의 서원(삼상 1:11), 그리고 바울의 서원(행 18:18) 등이 있다. 시인은 이방 나라들을 향해 "사방에 있는 모든 사람도 마땅히 경외할 이에게 예물을 드릴지로다"(76:11)고 말하였다. 시인이 말하는 '서원'과 '경배의 예물'은 어느 시대에나 하나님께 드려야 할 분야이다. 한국 교회는 '참 서원'과 '참 예물'이 부족하다. 이번 주일 바로 이러한 예물을 드려 보자. 이스라엘은 이방의 침입으로부터 지켜 주신 하나님께 감사하였다. 우리는 사탄의 세력으로부터 보호해 주신 하나님께 감사해야 한다.
4. 이스라엘의 역사는 하나의 간증이다. "내가 입을 열어 비유로 말하며 예로부터 감추어졌던 것을 드러내려 하니"(78:2)라고 말함은 일종의 신앙고백적인 간증인 셈이다. 출애굽하여 광야를 방황하며 가나안에 정착하기까지의 일이 시로 표현된 것이다. 여기에는 하나님이 그들을 얼

마나 사랑해 주셨으며 오래 참으셨는가를 말해 준다. 이스라엘 역사에서 배워야 할 것은 "하나님이 그들을 죽이실 때에 그들이 그에게 구하며 돌이켜 하나님을 간절히 찾았고"(78:34)라는 것이다. 이스라엘의 위대함은 죄를 범하지 않음이 아니라, 하나님께 돌아왔다는 것이다. 참으로 통회하며 간절한 마음으로 하나님 앞에 돌아가는 것이 중요하다. 그 진노하심과 형벌 속에서도 다시 하나님께 돌아간 것이다.

더 살펴보기

1. 언약(Covenant)에 대하여(시 74:20, 언약을 눈여겨 보소서)

성경에서 '언약'은 중요한 단어이다. 언약은 우리가 흔히 사용하는 계약이 아니다. 계약은 두 사람 혹은 집단 사이의 합의사항이다. 언약은 하나님과 그의 백성 사이에서 이루어진 관계를 말하는 것으로서 하나님이 그 언약 관계를 주도하시며 규정을 정하신 대로 백성들은 다른 조건이나 계획을 제시할 수 없고, 단지 받아들이느냐, 거절하느냐 하는 선택권만 가진다. 하나님이 복을 주심은 인간의 순종에서 나온다. (《제자》, 감리교 교육국, p.28).

구약에는 다음의 네 가지 주요 언약이 언급된다. (《VIP 성경사전》. pp.363~4.).

(1) 노아와 맺으신 언약(창 6:18, 9:8이하): 이후의 언약에 대한 전조로, 하나님의 약속과 노아에게 부여된 의무로 구성됨.

(2) 아브라함과 맺으신 언약(창 15장 등): 이 언약의 강조점은 약속에 있다. 그 약속은 아브라함이 많은 '후손을 갖게 될 것'과 그 후손들이 '약속의 땅 가나안을 물려받을 것'이라는 내용을 담고 있다.

(3) 시내 산 언약(출 24장): 하나님이 중재자 된 모세와 맺으신 이 언약은 출애굽 후에 이루어졌다. 하나님의 율법이 낭독되자 그 백성은 화답하고 이어 제사가 드려진 후 언약 음식을 먹는 순서로 진행되었다.

(4) 다윗과 맺으신 언약(삼하 7장): 새로운 언약이 아니라 새로운 역사적 상황을 다루기 위한 시내 산 언약의 확장이다. 이제는 왕이 하나님과

조공을 드리는 행렬
다윗은 강성하여 이웃들로부터 조공을 받았다(시 72:10). 사진은 고대 바사(페르시아)의 페르세폴리스에 남아 있는 유적들로서 각국에서 온 조공 행렬을 보여 준다.

그 백성 사이의 중재자이므로 그 왕과 언약을 체결할 필요가 있었다. 다윗 언약은 〈사무엘하〉 7:1~17과 〈시편〉 2편과 110편에 분명하게 드러나듯 구약 후기 대망사상과 신약에까지 깊은 영향을 끼쳤다.

* 예레미야는 언약에 대한 새로운 차원을 언급하는데, 새 언약으로 예수 그리스도에 의한 대속을 의미한다(렘 31:33).

시편 81~89편

축제일에 들은 말씀(81편) (중요구절 시 81:10)

시가서

시편

제81편 [축제일에 들은 말씀] 초막절에 모인 백성에게 들린 말씀으로 이스라엘을 위하시며 인도하신 하나님을 상기시킨다. 그러나 이스라엘은 하나님 말씀 듣기를 원하지 아니하였다.

제82편 [재판장을 판단하시는 하나님] 불공평한 판단을 하는 세상 재판장들에게 회개를 촉구한다.

제83편 [이스라엘의 원수들] 이스라엘 주변국들의 동맹으로 위험에 처하나 하나님께 도움을 구한다.

제84편 [순례자의 노래] 성전에 사는 사람이 가장 복되다(4, 10절). 예루살렘의 순례를 묘사한다(5~9절). 시온의 대로가 있는 자는 복된 자이다.

제85편 [새로운 축복을 구함] 과거의 사죄와 은혜(1~3절), 현재의 회복(4~7절), 미래를 낙관한다(8~13절). 여호와께서 좋은 것을 주시리니 우리 땅이 그 산물을 낸다(12절).

제86편 [환난 날의 기도] 죽음의 위협과 적들의 박해가 있으나 하나님의 사랑과 선하심과 권능을 알고 있기에 하나님께 사정을 아뢰고 응답을 기대한다.

제87편 [민족의 어머니인 시온] 모든 것이 시온으로부터 났고, 그 거룩한 성읍의 영광스러운 미래에 관한 예언이 나온다. 구약은 지리적 측면에서, 신약은 영적 측면에서 본다(계 21:1~22:5).

제88편 [절망 속의 부르짖음] 생명이 소멸되는 어둠 중에도 하나님께 끈질기게 부르짖는다.

제89편 [다윗에게 하신 약속] 〈시편〉 전체에서 단 하나뿐인 '에단'의 시이다. 다윗 집에 하신 언약을 주제로 한다. 현실은 언약이 깨어진 것처럼 보이지만 긴급한 상황에서 이에 호소한다.

1. 〈시편〉 81편은 명절에 부른 찬양이다. "초하루와 보름과 우리의 명절에 나팔을 불지어다"(3절)라고 하였다. 이 명절은 유월절이거나 가을의 초막절인 듯한데 주석가들은 초막절에 무게를 둔다. 이스라엘은 명절에 나팔을 불어 널리 알리고 즐거워하였다(레 23:23~24, 34, 민 29:1, 12). 그들은 과거에 하나님이 주셨던 은혜를 되새기며 신앙을 다지며(5~16절), 하나님이 "네 입을 크게 열라 네가 채우리라"(10절)는 약속을 따라 은혜도 간구했다. 하나님이 입에 넣어주시리라는 것은 '말씀'으로

해석한다.

2. 〈시편〉 84편은 '순례자의 노래'라고 하며, 또한 '바벨론에 포로로 잡혀 갔던 사람들이 성전을 사모해서 부른 노래'로 보인다. 만군의 여호와, 나의 하나님, 야곱의 하나님 등 다양한 이름으로 하나님을 부른다. 그분이 계신 "주의 궁정에서 한 날이 다른 곳에서의 천 날보다 나은즉"(84:10)이라 하였다. 시인의 고백은 우리가 가질 참된 신앙이다. 믿음의 하루가 믿음을 가지지 않은 천 날보다 낫다.

3. "시온에 대하여 말하기를 이 사람, 저 사람이 거기서 났다고 말하리니 지존자가 친히 시온을 세우리라 하는도다"(87:5). '시온'은 이스라엘 백성이 가장 사랑하는 이름이요, 예루살렘의 별명이며, 성전이 있는 곳이다. '시온'은 히브리말로 '사막'이라는 뜻이 있다. 하필이면 왜 사막일까? 〈이사야〉 35장에는 '사막에서 물이 솟아나게 하는 것'으로 이사야 선지자는 노래했다. 환란과 거친 죽음의 사막에 물이 솟아서 생명의 샘이 되듯 시온 성이 하나님의 거룩한 구원의 역사를 시작하는 장소가 되기를 기대하는 신앙이 그 안에 담겨 있다. 그래서 모든 것이 "시온에서 났다"(87:4~6)라고 노래할 수 있다.

4. 표제의 '마할랏-르안놋'(88편 표제, 53편)은 '고통스러운 때', '우울에 맞추어', '병의 노래' 등의 뜻으로 알려졌다. 고뇌 중에 있는 사람이 구원을 갈구하는 기도임에도 표제에는 '찬송시(미즈모르)'라 하였다. 어느 곳에도 찬송의 말은 나오지 않고 고통 속에서 번민과 신음으로 일관되어 있다. 이런 가운데 시인은 고통스러운 밤이었다 하더라도 다시 아침이 밝아오면 하나님께 찬송할 것을 노래한다. "여호와여 오직 주께 내가 부르짖었사오니 아침에 나의 기도가 주의 앞에 이르리이다"(88:13). "오직 주께"라는 이 믿음이 암흑 같은 오늘을 사는 우리에게 더욱 절실한 자세이다.

더 살펴보기

1. 신들의 모임(시편 82:1)

〈시편〉 82:1에 "하나님은 신들의 모임 가운데 계시며 하나님은 그들 가운데에서 재판하시느니라"고 하였다.

(1) 이 시편은 환상으로 시작한다. 곧 시인이 본 것은 하나님이 신하들인 '신들의 모임'(《개역한글판》 '재판장들'로 옮긴 히브리 낱말의 본래 뜻)의 책임을 따지시는 하늘 재판 장면이다. 이들은 인간들을 심판하는 직무를 제대로 수행하지 못했던 것이다(2절). 그래서 하나님은 책망하시며 바르게 행할 바를 말씀하신다(3~4절).

(2) '신들의 모임'이라는 관념은 가나안 종교에서 나온 것으로 신들은 하나님의 신하들일 뿐이다. 사람들과 마찬가지로 죽음에 떨어질 수 있는 존재로 소개된다(6~7절. 왕상 22:19~22 욥 1:6, 2:1 참고).

2. 간구의 동사(動詞, 시 86편)

이 〈시편〉에서는 '간구하는 동사'들이 두드러지게 나타난다. 성경에 표시를 해 보며 이러한 간구를 하여 은혜를 체험하라. 귀를 기울여 내게 응답하소서(2절). 내 영혼을 보존하소서(2절). 주를 의지하는 종을 구원하소서(2절). 내게 은혜를 베푸소서(3, 16절). 내 영혼을 기쁘게 하소서(5절). 내가 간구하는 소리를 들으소서(6절). 주의 도를 내게 가르치소서(11절). 주의 여종의 아들을 구원하소서(17절). 은총의 표적을 내게 보이소서(17절)라는 간절함을 1, 5절과 연관하여 묵상하라.

시편은 찬양의 책이다
다윗은 많은 시를 지었으며 제사장들의 시종인 레위인들로 찬양대와 악대를 조직했다(대상 25장). 정성을 다하여 찬양하는 모습은 아름답다. 시편은 찬양의 책으로 우리에게 주어졌다.

3. 다윗과 맺은 언약(시편 89:3, 20)

〈시편〉 89편은 성경에 단 한번 나타나는 "에스라인 애단의 마스길(교훈시)"이라는 표제가 붙어 있는데, 이전 시대의 한 지혜자에게서 전승된 것으로 보인다(왕상 4:31, 대상 2:6, 15:19). 이 〈시편〉의 주제는 서서히 드러나는데, "내가 택한 자와 언약을 맺으며 내 종 다윗에게 맹세하기를 …… 네 왕위를 견고히 하리라"(89:3~4, 시 132:11, 삼하 7:12~16, 대상 17:11~14, 행 2:30)는 것이다. 또한 하나님의 인정하심은 "내 종 다윗을 찾아내어 나의 거룩한 기름을 그에게 부었도다"(20절)에 잘 나타난다(삼상 13:14, 16:1~13).

아름다운 모양의 대성당(모스크바)
모스크바에 있는 성 바실(St. Basil) 정교회 대성당의 화려하며 단조로운 색상의 모습이다. 시인은 "주의 집에 사는 자들은 복이 있나니"(시 84:4)라고 하였다.

시편 90~100편

덧없는 인생의 피난처(90편)
(중요구절 시 91:14)

제90편 [덧없는 인생의 피난처] 시편에서 하나뿐인 '모세의 기도'라는 표제를 보게 된다. 모세는 광야를 방랑하며 인생의 깨달음을 얻었을 것이다. 〈전도서〉와 유사한 분위기이다.

제91편 [하나님의 날개 아래] 믿는 자에게 주는 격려의 음성(1~13절)과 하나님의 음성(14~16절)을 듣게 된다. 11~12절은 마귀가 예수님을 시험할 때 악용하였다(마 4:8).

제92편 [안식일의 찬송시] 악기와 노래로 하나님의 행하심을 찬양한다. 악인(7절)은 멸망하고 의인(12절)은 하나님의 뜰 안에서 번성한다.

제93편 [여호와의 통치] 여호와의 통치는 권위와 능력이 있어 세계도 흔들리지 않는다.

제94편 [하나님의 공의] 악인에 대한 하나님의 공의로운 판단을 기다리는 시인은 여호와가 자신의 도움이 되었기에 믿음을 지켰노라고 간증(17~19절)한다.

제95~100편 [찬양과 경배] 피조 세계를 통치하는 하나님께 기쁨으로 '찬양과 경배'를 돌리기 위해서 저작된 시들이다. "여호와께서 통치하시니"라는 사상을 골자로 했기에 대체로 '신정시(神政詩, 왕의 시편)'다.

1. 90편은 〈시편〉에 단 한편 나오는 '모세의 시'로서 인생의 덧없음을 노래한다. 그러기에 피난처되신 하나님 안에서 자신의 날을 계수하는 지혜를 가져야 한다. 이 시의 분위기는 긴박한 곤경 상황이 아니라 오래 지속되는 억압과 결핍과 굴욕인 듯하다(15절). 이러한 경험 가운데 시인은 인간의 덧없음을 의식하게 되고 깨달은 것은 맹목적인 운명이 아니라 세계의 창조주요 인간의 창조주시며, 영원하신 하나님이시기에 그분께 모든 것을 의지한다. 이것이 신앙이다.

〈시편〉 90편부터 106편은 〈시편〉 [제4권]에 해당하며 작자 미상의 시들이 많다.

2. 하나님을 사랑하는 증거는 '이웃에 대한 사랑'이다(요일 4:20). "하나님이 이르시되 그가 나를 사랑한즉 내가 그를 건지리라 그가 내 이름을 안

즉 내가 그를 높이리라"(91:14) 하였다. 일본에서 미우라 아야꼬(三浦陵子) 여사가 구멍가게를 열었을 때, 날로 번창했으나 옆 가게가 타격을 받게 되어 자신의 가게를 줄였다. 하나님의 뜻이라 생각하여 이웃에게 사랑을 베풀었더니 가게는 전보다 안 됐으나 많아진 시간을 활용하여 《빙점(氷點)》이라는 소설을 썼고 이것이 베스트셀러가 되었다. 하나님의 뜻대로 살려는 믿음의 태도가 이웃 사랑으로 나타났고 이에 하나님이 그를 높이셨다(91:14).

3. 〈시편〉에도 자주 나오는 "거룩"이란 의미는 '구별되었다', '부정한 것으로부터의 분리'를 의미한다. 시인은 "여호와 우리 하나님은 거룩하심이로다"(99:9)라고 하였다. 하나님을 자신처럼 제한되게 생각하지 말 것은 내가 할 수 없는 일을 하실 수 있는 나와는 구별된 분이시기 때문이다. 성도도 구별된 거룩한 백성이기에 세상의 사람들과는 다른 의식으로 살아야 하는 구별된 존재이다.

시가서

시편

더 살펴보기

1. 하나님이 이 세상을 통치하시는 원리(시 99:4)

하나님이 이 세상을 통치하시는 원리를 다음 세 단어로 말할 수도 한다. "능력 있는 왕은 정의(미쉬파트)를 사랑하시느니라. 주께서 공의(메솨림)를 견고하게 세우시고 주께서 야곱에게 정의(미쉬파트)와 공의(츠다카)를 행하시나이다"(시 99:4,《개역개정판》)

이 본문을 《개역개정》(괄호 안은 《개역한글》과 《표준새번역》, 《공동번역》, 《가톨릭 번역》 등 종합)은 '정의(공의, 공정)', '공의(공평, 공의)', '정의(공, 공의, 법 공정)', '공의(의, 정의, 바른 기틀)'로서 유사하면서 각기 의미에 차이가 있는 세 가지 단어(미쉬파트, 메솨림, 츠다카)를 혼란스럽게 번역했다.

(1) 정의(正義), Righteousness - 히브리어 '미쉬파트'이며 정치, 경제, 사회, 종교, 문화 등 모든 방면에서 발생되는 모든 문제를 입법자, 통치자로서 판단하고 심판하는 행위를 뜻한다(시 9:4, 욥 27:2, 34:5, 사 5:7

등). 첫 번째와 세 번째 단어가 동일하다.

(2) 공의(公義), Uprightness - 히브리어 '메솨림'이며 '길을 평탄하게 하다', '길을 반반하게 하다', 또는 '수로의 물을 곧게 흘러내리게 하다'라는 상징적 의미를 지닌다(시 17:2, 98:9 등).

(3) 공의(公義), Judgement - 히브리어 '츠다카'로서 메솨림(공의, 공평)과 다른데 같은 '공의'로 번역을 했다. 츠다카는 넓은 의미로는 '성실함', '생활이 맑고 깨끗함', '감정 및 행동의 올바름을 보여 주는 고결성'을 뜻한다. 소극적인 의미로는 '흠 없음', 또는 '죄 없음'을 뜻한다(왕상 10:9, 사 5:7 등).

2. 왕의 시편(시 95~100편)

'왕의 시편("여호와께서 통치하시니")'으로 불리는 95~100편은 100편에서 매듭을 짓는다. 이 시들의 특징은 여호와를 통치자로 보아 "온 땅이여 여호와께 즐거운 찬송을 부를 지어다"(100:1)라고 외친다. 하나님의 통치는 믿는 자뿐 아니라 믿지 않는 자, 하나님을 배반한 사람에게까지 미친다. "온 땅이여"란 전혀 소망이 끊어진 듯한 곳에도 하나님의 지배가 미치고 있음을 믿고 소망을 지니며 살아가는 것이므로 여호와께 의지하며 적극적으로 살아간다.

악인에게 나타난 하나님의 보응

성경 여러 곳에서 하나님은 악인들에게 공의로서 보응하신다. 다음의 구절들은 하나님의 성품을 보여 준다.

①평생 동안 고통을 당함(욥 15:20, 잠 15:6)
②빈곤하게 됨(욥 27:14)
③슬픔이 가득함(시 32:10)
④이름이 지워짐(시 9:5, 잠 10:7)
⑤선한 자에게 굴복함(잠 14:19, 말 4:3)
⑥부끄러움을 당함(잠 13:5)
⑦소망이 사라짐(잠 10:30)
⑧잘 되어도 그 기간이 짧음(전 8:13)
⑨거처가 사라짐(욥 8:22)
⑩망할 날을 기다림(욥 21:30)
⑪후세대가 없음(시 37:28)
⑫영원히 망하게 됨(시 92:7)
⑬늘 불안 가운데 있음(잠 28:1)
⑭환난 때 죽임을 낭함(잠 14:32)
⑮어둠 가운데 행함(잠 4:19)
⑯평안이 없음(사 57:21)

시편 101~106편

모범적인 통치선언(101편) (중요구절 시 103:3~5)

제101편 [모범적인 통치선언] 다윗 왕의 통치 철학이 잘 나타난 시이다. 이스라엘의 왕은 하나님의 종으로서 직분을 갖는다. 이 시는 왕이 대관식 때(2편, 110편 참고)하는 서약인 것으로 추측된다.

제102편 [시온의 재건을 비는 기도] 표제가 이 시의 성격을 나타낸다. '고난 당한 자가 마음이 상하여 그의 근심을 여호와 앞에 토로하는 기도'라 되어 있다. 이 시는 개인의 수난과 이스라엘의 수난을 동일시 여겨 시온의 재건을 기도한다. 25~27절은 〈히브리서〉 1:10~12의 메시아에게 적용시킨다.

제103편 [여호와의 자비로우심을 찬양] 개인과 민족을 향하여 베푸신 하나님의 은혜에 대한 찬양이다.

제104편 [창조주를 찬양] 이 시는 창조의 사실을 전반적으로 조명하고 자세히 명상한 장시(長詩)이다.

"내가 내 언약을 나와 너 및 네 대대 후손 사이에 세워서 영원한 언약을 삼고 너와 네 후손의 하나님이 되리라"(창 17:7). (역사시 〈시편〉 105:5~15과 함께 보시오.)

제105편 [그는 여호와 우리 하나님] 역사시(78편, 105편, 106편) 중의 하나이다. 다른 두 시편은 인간의 불성실과 하나님의 성실함을 함께 서술했지만 본 시는 하나님이 얼마나 성실하게 자기의 언약을 역사 안에서 이행했는가를 진술하고 있다. 특히 26절 이하는 출애굽 사건을 배경으로 한다.

제106편 [이스라엘의 불순종] 이스라엘의 불순종, 타락의 역사를 다루었다. 제4권(90~106편)의 끝맺음인 48절은 다른 권과 같은 공식적인 '송영'이다.

---

1. 〈시편〉 102편을 조용히 읽으며 묵상해 보라. 1~11절은 완전한 절망이다. 그러나 12절(BHS는 13절)부터는 영원자이신 하나님께 인생을 건다. 《개역개정판》에는 없는 "그러나"(《표준새번역》, 《공동번역》, 《가톨릭새번역》)가 12절의 첫 마디로 "그러나 여호와여(그러나 주님)"라고 노래하고 있다. 우리 인생은 때때로 어둠의 절정에 달한다. 그러나 어둠의 절정인 자정은 새 날의 시작이기도 하다. "그러나"가 주어져 있다는 것은 하나님의 존재를 믿음으로 받아들이는 것이다. "그러나 여호와여"라고 외치는 그것이 나의 생명과 힘의 원천이 된다.
2. 내가 여호와께 받은 은혜가 무엇인가 생각하는 것은 복이다. 〈시편〉 103:2에는 "내 영혼아 여호와를 송축하며 그의 모든 은택을 잊지 말지어다"라고 하였다. '은택(恩澤)'이란 은혜의 덕택이다.
   (1) "네 모든 죄악을 사하시며" - 천하를 주고도 살 수 없는 사죄받은 은택을 잊지 말자.
   (2) "네 모든 병을 고치시며" - 육체와 심령, 삶의 모든 병들을 고치신 은택을 잊지 말자.
   (3) "네 생명을 파멸에서 속량하시고" - 치명적인 질병, 위협적인 원수들, 경제적인 위기, 이러한 파멸에서 구속하신 은택을 잊지 말자. "네 모든"이라는 말에 더욱 감사한다.
3. 역사시인 〈시편〉 105편에서는 우선 아브라함, 이삭, 야곱의 세 족장에 대해 언급하고 이어서 요셉 그리고 모세와 아론을 언급한다. 즉 족장시대와 출애굽을 묘사하는데, 〈시편〉 기자는 모세오경에 대해 잘 알고 있었다. 이스라엘은 힘들 때에 "여호와와 그의 능력을 구할지어다. 그의 얼굴을 항상 구할지어다"(105:4)라는 것뿐이었다. 이사야는 당시의 통

치자가 앗수르의 환심을 사거나 애굽의 원조를 요청하는 외교에 대해 이스라엘이 서야 할 곳은 '여호와와 그의 능력'임을 호소했다. 우리의 현실 문제도 하나님과 그의 능력을 구하는 것이 우선되어야 한다. 아브라함에게는 언약이, 모세에게는 지팡이가 주어졌듯이 우리에게는 임마누엘 하나님이 함께 계시는 은혜가 주어졌다.

더 살펴보기

1. 역사시에 나타난 이스라엘의 범죄와 하나님의 은총(시 78, 105, 106편)

〈시편〉에서 '역사시'로 분류되는 것은 78, 105, 106편으로 이스라엘의 범죄와 하나님의 은총이 병행되어 기록되어 있다. '역사시'들은 과거의 역사(歷史)를 회상하며 그들의 죄를 고발하고(이스라엘의 범죄) 새로운 미래를 희망하고 있다(하나님의 은총). (Harold Willmington, 《Bible Study》 요약)

(1) 이스라엘의 범죄: ① 하나님의 율법 준행하기를 거절했다(78:10). ② 하나님이 행하신 역사를 잊었다(78:11, 42, 106:13). ③ 하나님을 대적해서 말했다(78:19. ④ 하나님 믿지 않고 구원을 의지하지 않았다(78:22). ⑤ 하나님께 거짓말을 했다(78:36). ⑥ 하나님을 슬프시게 했다(78:40). ⑦ 하나님을 시험했다(78:41). ⑧ 조각한 우상을 숭배했다(78:58, 106:19). ⑨ 지도자 모세를 질투했다(106:16). ⑩ 약속의 땅을 멸시했다(106:24). ⑪ 장막에서 원망했다(106:25). ⑫ 죽은 자에게 제사한 음식을 먹었다(106:28). ⑬ 이방 나라들과 섞였다(106:35). ⑭ 자녀를 악귀(惡鬼)들에게 희생 제물로 바쳤다(106:37). ⑮ 무죄한 자녀의 피를 흘렸다(106:38).

(2) 하나님의 은총: ① 이스라엘이 부르짖을 때 언약을 기억하심(105:8~11). ② 홍해를 가르심(78:13). ③ 구름과 불빛으로 인도하심(78:14). ④ 반석을 쪼개어 물을 공급하심(78:15). ⑤ 만나와 고기로 먹이심(78:24, 27). ⑥ 그들의 죄를 사하심(78:38). ⑦ 애굽에서의 표적과 징조(78:43, 105:27~36). ⑧ 약속의 땅의 영역까지 인도하심(78:54).

⑨ 이방인들을 그들의 앞에서 쫓아내심(78:55). ⑩ 다윗을 택하사 그들을 인도하심(78:70~71). ⑪ 억압하는 것을 용납하지 않으며 왕들을 꾸짖으심(105:14). ⑫ 요셉을 통하여 그들을 높이심(105:17). ⑬ 애굽의 부(富)를 그들에게 주시며 강하게 하심(105:37). ⑭ 계속하여 그들을 용서하심(106:43). ⑮ 항상 부르짖음을 들어주심(106:44).

2. 내 영혼아(시 103, 104편 외)

히브리어 낱말 '네페쉬'는 한글 성경에서 '영혼', '혼', '생명' 등 여러 가지로 번역하며 그 뜻의 폭이 넓다. 이 낱말의 기본적인 뜻은 생명의 요체이자 표현인 '숨' 곧 '생명의 숨결'이다. 사람의 '영혼(네페쉬)'은 자기 스스로를 의식하고 자신을 소유하며 자신에게 책임지는 삶을 의식하므로 그 사람 자체이다. 그리하여 "내 영혼"이란 표현은 가장 내면적인 자아 곧 '나'를 뜻한다(시 25:1, 34:2, 35:9, 62:1, 86:4, 130:5~6, 143:8). 사람은 자신의 '영혼'과 말하는 형식으로 독백하기도 하고 자신의 '영혼'에게 무엇을 요구하는 형식으로 말하기도 한다(시 103:1~22, 104:1, 35, 146:1, 눅 12:19). 사람의 '영혼'은 생명의 근원이며 생명이 넘치시는 하나님을 간절히 바라고(시 23:3, 42:1~2, 63:1, 8, 119:81, 143:6. 시 119:20의 마음=네페쉬. 또 시 84:2; 94:19; 138:3 참조), 하나님이 '영혼'을 구속 또는 구원하셨다고 할 때, 언제나 그 '네페쉬'는 해당되는 사람의 생명, 곧 그 사람 자체, 그 사람 전체를 뜻한다(시 22:20, 35:17, 69:18, 71:23, 116:7~9). (독일성서공회판《관주해설 성경전서》, 용어 해설에서 일부 인용)

구속에 대한 감사(107편) (중요구절 시 116:12)

제107편 [구속에 대한 감사] 고난에 빠진 자에 대해 네 가지의 비유를 통해서 가르친다. 여행자의 비유(4~9절), 포로의 비유(10~16절), 병자의 비유(17~22절), 항해자의 비유(23~32절)이다. 그 근심 중에 여호와께 부르짖으매 그 고통에서 건지셨다(6, 13, 19, 28절).

제108편 [하나님께 드리는 찬송] 1~5절은 〈시편〉 57:7~11을, 6~13절은 〈시편〉 60:5~12에서 온 두 시의 결합으로 훨씬 더 힘 있는 내용이 된다. 결합을 통한 창작적 의미가 있다.

제109편 [악담자에 대한 저주] '저주시'로서 하나님의 정의를 추구하는 의인의 애절한 시이다(494쪽의 '저주시에 대하여'를 보라).

제110편 [영원한 제사장] 세상의 왕이나 제사장이 아닌, 그리스도에게서만 성취를 본 이상(理想)을 언급한다. 〈마태복음〉 22:41~46, 〈누가복음〉 22:69, 〈히브리서〉 5:8~10, 10:12~13과 읽기.

제111편 [하나님을 찬송함] 111, 112편 모두 '이합체시' 중의 하나이다. 하나님을 경외함이 곧 지혜의 근본이다. (이합체시에 대해서는 〈시편〉 119편을 보라.)

제112편 [하나님 경외의 복] 여호와를 경외하며 빈궁한 자를 돌보는 자에게 하나님이 복을 주신다.

제113~114편 [할렐루야 시편(1)] 113~118편은 유월절에 전통적으로 연결된 시이다. '할렐루야 시편'의 특징은 '주를 찬양하라'가 그 주제로 되어 있다. 113편은 하나님의 높으심을 찬양하고, 114편은 출애굽 때에 하나님이 행하신 놀라운 일을 찬양한다.

제115~118편 [할렐루야 시편(2)] 113~114편은 유월절 만찬 전에, 115~118편은 유월절 만찬 후에 불렀다. 117편은 성경 중에 가장 짧은 장으로 찬양에로 초청을 한다. 가장 긴 장은 119편이다.

제107~150편은 [제5권]에 해당되며 다윗시 15편, 미상 28편, 솔로몬시 1편이다.

1. "해 돋는 데에서부터 해 지는 데에까지 여호와의 이름이 찬양을 받으시리로다"(113:3). 이 절만 아니라 〈시편〉 전체가 들려주고 있는 것은 하나님의 지배가 온 세상 구석구석까지 미치고 있다는 것이다. 그러므로 세상 어디에서든지, 어느 민족이든지 모두 창조주요 섭리자인 하나님을 찬양해야 한다.
2. 성경 중에 가장 짧은 장인 117편은 '하나님은 온 세계의 주(主)이심'을 고백한 멋진 〈시편〉이다. 모든 나라에게 주로서 우러러 보아야 할, 그 하나님은 "인자하심이 크시고 진실하심이 영원하다"고 선언한다.
3. 〈시편〉은 시인(기도자)들의 신앙고백이다. 107편은 큰 감사 축제 예배 의식에서 사용하였던 것으로 보인다. 축제에 참석한 사람들은 각기 감사제를 드리고(22절) 도우심(2절, 속량을 받은 자들)을 경험한 데 대해 회중 앞에서 하나님께 찬송을 드리도록 요청받는 것이다. 이런 신앙고백적인 삶은 오늘을 사는 우리도 늘 새롭게 경험해야 하는 것이다.

더 살펴보기

1. 할렐루야 시편(113~118편)에 대하여

(1) 여섯 편(113~118편)의 〈시편〉은 유대인의 유월절에 전통적으로 연결되어 온 일단의 시들이다. 유대인의 가정에서는 113~114편이 유월절 만찬 전에, 115~118편은 유월절 만찬 후에 불려진다.

(2) 이 〈시편〉들은 〈마태복음〉 26:30, 〈마가복음〉 14:26에서 주님과 그의 제자들에 의해서 불려졌다.

(3) 지금도 연중 각종 절기에 팔레스틴의 유대인들은 이 시편을 열여섯 번 암송하고, 거룩한 땅 밖에 있는 유대인들은 매년 스물한 번 암송한다. (526쪽 참고)

2. 조롱 당하는 우상(시 115편)

성전은 폐허가 되었고 예루살렘 성은 산산이 깨어졌으며 백성들은 도덕적으로 음란하였다. 시인은 적의 냉소적인 조롱에 굴복하는 대신 그들의 이방신을 조롱하였다. 마치 엘리야가 갈멜 산에서 이러했으며(왕상 18:27), 다른 선지자들도 그러했던 것처럼 말이다(사 44:9~20, 렘 10:1~16). 시인은 하나님은 하늘에 계신 반면에 우상들은 땅에 있다고 지적했다(115:3). 그런 다음 인간이 만든 우상과 인간을 만드신 하나님을 대비하였다.

(1) 입이 있어도 말하지 못한다(5절). - 말하지 못한다고 할 때에, '말한다'는 뜻은 '또박또박 분명하게 말하다'는 것이다. 우상은 7절에 "목구멍이 있어도 작은 소리조차 내지 못하느니라"처럼 한계를 드러낸다. 그러나 우리는 살아 계신 하나님의 말씀을 분명하게 듣고 교제를 할 수 있다.

(2) 눈이 있어도 보지 못한다(5절). - 하나님의 눈은 그의 자녀들을 주목하시고 그들을 주시하신다(시 32:8, 벧전 3:12). 우상을 의지하는 사람은 우상을 주시해야 하는데 우상은 자신도 주시할 수 없다(삿 6:25~32).

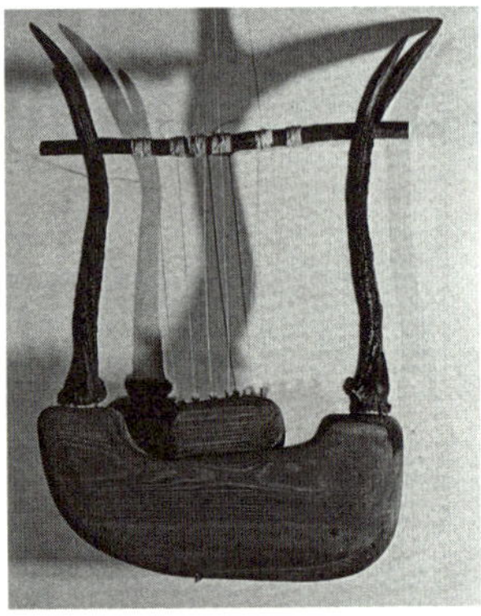

옛 수금의 한 형(形)인 네벨
이스라엘은 언제나 하나님을 찬양하였다. 이 사진은 이스라엘의 하이파 음악 박물관에 복원 전시되어 있는 수금으로 디자인이 아름답다.

즉 우상은 보호자가 되지 못한다.

(3) 귀가 있어도 듣지 못한다(6절). - 바알 제사장들은 정오가 되기까지 외쳤지만 바알 신은 듣지 못했다(왕상 18:26~29). 하나님은 당신의 백성들의 외침을 들으신다. 그러기에 간구하라고 가르치신다.

(4) 코가 있어도 냄새를 맡지 못한다(6절). - 하나님은 그 향기를 받으신다(창 8:21). 하나님을 향한 인간 찬양의 희생에 대한 하나님의 응답의 성경적(혹은 비유적) 묘사이다. 그러나 우상은 희생을 받을 수 없고 경배와 찬양에 응답할 수도 없다.

(5) 손이 있어도 만지지 못한다(7절). - 하나님의 손은 우주를 만드셨다(시 8:3). 그의 손은 강하시다(시 89:13). 그는 그의 팔을 펴서 이스라엘을 애굽에서 구원하셨다(출 6:6, 7:1~5). 그의 강한 손이 에스라와 느헤미야를 구하였다(스 7:6, 9, 28, 느 1:10, 2:8, 18). 하나님의 손에서 안전하다(요 10:28~30). 그러나 우상의 손은 아무 능력이 없다.

(6) 발이 있어도 걷지 못한다(7절). - 우상은 걸을 수 없기 때문에 메고 다녀야 한다고 예레미야는 조롱하였다(렘 10:5). 그러나 하나님은 모든 상황에서 우리와 동행하신다(마 28:20, 사 41:10, 시 23:4). 우리는 살아 계신 하나님을 믿고 여러 은혜를 입는다(롬 9:26, 고후 6:16, 13:3, 히 12:22). (워렌 위어스비, 《찬송하면서 살라》[나침반]에서 요약 인용.)

시편 119편

하나님 말씀의 영광(이합체시) (중요구절 시 119:60)

1. 〈시편〉 119편은 〈시편〉뿐 아니라 성경 전체를 통하여 가장 긴 장으로 무려 176절에 이른다.
2. 이 시를 '이합체시(離合體詩, Acrostic, 알파벳시)'라 하는데 22연(聯), 또는 가장(歌章, strophe)이라고 한다. 이 시는 히브리어의 알파벳 순으로 배열되어 있으며 각 연마다 8절씩으로 같은 문자(알파벳)로 시작하는 예술적인 면이 돋보인다. 즉, 첫 연에서는 히브리어 알파벳의 첫 문자인 '알렙'으로 시작되고, 둘째 연에서는 '베트'로 시작되었다. 이렇게 히브리어 자음 22개를 모두 사용한다. 영어에서는 8절씩을 통상 16행으로 번역한다.
3. 이 시는 '하나님의 율법'을 열 가지(어떤 학자는 9가지로 해석)의 다른 말로 표현했는데 이것은 동의어(同義語)이거나 각기 전체를 함축하는 표현으로 이 시를 한층 더 예술적(기교적)으로 만든다.

① 토라 – '율법'이다. 시내 산에서 준 율법보다 광의적인 범위에서 하나님의 법칙을 의미한다.

② 에두트 – '증거'이다. 하나님의 명령, 하나님의 성품에 대한 증거와 의지를 보여 주는 어휘이다.

③ 미쉬파트 – '심판'이다. 특정한 행위에 내려지는 심판적인 선언으로 행동이나 언어를 수반한다.

④ 호킴 – '규례' 또는 '율례'로 한 번 나온다(91절). 원래는 입법자로서 하나님 법령이다.

⑤ 다발 – '하나님의 말씀', 또는 '말씀들'이다. 하나님이 실제적으로 말씀하신 내용을 기록한 것이다.

⑥ 피쿠딤 – '교훈'이다. 사람의 행동을 규제하기 위해 주어진 교훈을 말한다.

⑦ 미츠와 – '계명'이다. '피쿠딤'과 약간의 차이가 있으나 전체적으로 같이 본다.

⑧ 이므라 – '약속'이다. '다발' 대신 사용된 것으로 하나님의 모든 말씀에 적용된 말이다.

⑨ 데레킴 – '길(道)'(복수형)이다. 이 말은 행동 영역을 표현한 말이다.

⑩ 오라흐 – '길'이라고 번역되기도 한다.

이를 합해 십계명처럼 "십어(十語)"라고도 한다.

4. 이 시에서는 위의 단어가 모든 절마다 하나 또는 둘씩 들어가 있다(132절에만 나오지 않는다).
5. 이 시에는 지극히 경건한 마음, 여호와의 율법을 사랑하는 마음이 잘 나타나 있으며, 〈신명기〉 6:1~9, 〈예레미야〉 31:33 이하의 정신으로 일괄되어 있다. 여기서 바리새적이 아닌, 율법의 참 맛을 볼 수 있으며, 내용적으로 중복되는 것도 없는 기교를 초월한 시이다. 그러나 사상의 논리적인 연결은 약하므로 한 절 한 절마다 음미하며 읽어야 한다.
6. 이합체시로 된 것은 〈시편〉 9, 10, 25, 34, 37, 111, 112, 119, 145편으로 모두 아홉 편이고, 〈잠언〉 31:10~31과 〈애가〉 1~4장(1, 2, 4장은 22절씩, 3장은 66절임. 5장도 22절이지만 이합체시는 아님), 〈나훔〉 1:2~9이다. 어떤 〈시편〉들은 완벽하게 히브리어 자음 22개를 모두 사용하지는 못했다(9, 10, 25편은 여러 문자가 빠짐. 34, 37편은 한 문자가 빠짐. 〈나훔〉은 8자만 사용). 이런 표현법은 언어유희로서 기억을 돕기 위한 목적이었던 것으로 추측된다. 이합체시를 '답관체(踏冠體)'라고 부르기도 한다.

---

1. 〈시편〉 119편을 다양하게 음미해 본다.

(1) 11절 – 유명한 전도자 무디(D. L. Moody)는 '성경은 성도를 죄와 분리시킨다. 그렇지 않으면 죄가 성도를 성경과 멀리하게 한다'고 하였다.

(2) 71절 – 하나님은 우리로 하여금 자신의 말씀을 배우도록 하기 위해

때때로 고난을 당하게 하신다(94:12).

(3) 75절 – 히브리 기자는 이 말씀에 의하여 〈히브리서〉 12:5~15 말씀을 기록했을 것이다.

(4) 89절 – 예수님이 "천지는 없어질지언정 내 말은 없어지지 아니하리라"(마 24:35, 5:18, 벧전 1:23~25)고 하셨다.

(5) 99절 – 자신의 인생을 위한 하나님의 뜻을 분별할 때에 다른 현인의 가르침이나 인간적인 자문을 따르기보다 성경을 연구함으로써 더 많은 것을 얻을 수 있다고 말한다.

(6) 105절 – 사탄의 빛(고후 11:14)은 눈을 멀게 하지만, 하나님의 빛은 사람의 발에 비추어 길을 밝혀 준다.

(7) 130절 – 하나님 말씀은 우둔한 자에게 축복이 되고, 현명한 신자에게 도전을 줄 수 있는 심오함이 있다.

더 살펴보기

1. 율법이란 무엇인가?(시 119편)

〈시편〉 119편은 매 절마다 율법이나 이에 대체되는 다양한 표현으로 이루어졌다. 율법은 보통 '토라'라고 하는 히브리어 성경의 처음 다섯 책을 일컫는다. '토라'는 '가르침'이라는 의미에서 왔다. 신약 시대까지 모세의 율법은 '유대인'들을 구별하는 표가 되어 왔다. 예수님은 율법에 불순종하는 것으로 고발을 당하였고(막 2:23~27, 눅 14:1~6), 율법에 도전하는 것처럼 보였으나(마 5:21~43, 막 7:14~23), 그는 율법의 권위를 변호하였다. 그와 같이 바울도 율법을 거룩하고 신령하고 선한 것(롬 7:12, 14, 16)이라고 말하였으나, 그는 '성령'을 기독교인의 생활의 동력으로 보고(롬 8:2), 율법을 지키지 않은 비유대인도 '교회'에 받아들였다(롬 2:12~29). (UBS 세계성서공회판, 《Good News Study Bible》, 용어 해설.)

유대인의 미츠바(Mizvah) 축제
〈시편〉 119편은 하나님 율법의 즐거운 축제다. 오늘날 예루살렘에서 행해지는 미츠바 축제 때에 기쁨과 헌신으로 율법 두루마리를 들고 행진하고 있다. '미츠바'란 토라(율법)에 나오기 때문에 모든 유대인이 지켜야 하는 계명 · 규율 · 법령을 일컫는 말이다.

시편 120~130편

거짓된 입술(120편) (중요구절 시 126:6)

제120~134편은 [성전에 올라가는 노래]라는 표제가 붙어 있다. 이 시편들은 성전의 계단이나 예루살렘 순례길에서 부르는 노래로 이해하고 있다.

제120편 [거짓된 입술] 거짓된 입술과 악한 혀로 인해 고난을 당하는 시인이 하나님께 부르짖는다.
제121편 [너를 지키시는 자] 하나님이 지켜 주시는 자는 어떠한 해도 입을 수 없다.
제122편 [예루살렘아] 다윗의 '시온시'로 예배의 중심지인 예루살렘의 평화를 위해 기도한다.
제123편 [눈을 주께로 향함] 시인은 눈을 들어 오직 여호와를 바라보며 긍휼을 구한다.
제124편 [도우시는 하나님] 여호와가 우리 편이 되어 도우셨음을 노래한다.
제125편 [자기 백성을 두르심] 여호와를 의지하는 자에 대한 여호와의 두르심, 즉 안전을 노래한다.
제126편 [시온의 포로를 돌리심] 포로 귀환은 오직 하나님의 섭리였고 귀환 후에 힘들었지만 울며 씨를 뿌리듯 하나님 안에 사는 자는 소망이 있다.
제127편 [하나님 없는 자의 헛수고] 여호와가 함께하지 않는 인생은 모든 것이 헛되다.
제128편 [여호와를 경외하는 자의 복] 여호와를 경외하는 자에게 주어지는 복을 말한다.
제129편 [시온을 미워하는 자의 수치] 하나님의 백성, 즉 시온을 미워하면 결국 그 자신이 몰락한다.
제130편 [깊은 데서 부르짖음] 참회시 중의 하나로 하나님께 도움을 요청한다. (486쪽 참고)

1. "내가 산을 향하여 눈을 들리라"(121:1). 하나님이 지으신 산을 바라보는 여유를 가져 보라. 그 산을 지으시고 땅과 바다를, 그리고 나를 지으신 여호와인 그분이 나를 도우시고 지켜 주신다.
2. 무엇을 바라보고 사는가? "우리의 눈이 여호와 우리 하나님을 바라보며 우리에게 은혜 베풀어 주시기를 기다리나이다"(123:2). 베드로가 바다 위를 걸으며 예수님을 바라볼 때와 물결을 바라볼 때의 차이를 아는가?(마 14장). 기쁠 때나 슬플 때, 풍요할 때나 궁핍할 때 언제나 주님의 긍휼이 필요하다.
3. 내가 예수님을 몰랐다면 지금의 모습은 어떠했을까? 시인은 "여호와께서 우리 편에 계시지 아니하셨더라면"(124:1)이라 하여 그동안 도우신 하나님을 찬양한다. 우리는 우리 편이 되신 하나님을 어떻게 체험했는지를 자신의 말로 신앙고백할 수 있어야 한다.
4. 하나님 없는 인생과 하나님을 경외하는 인생의 차이는 무엇일까? 127:2에서는 "일찍이 일어나고 늦게 누우며 수고의 떡을 먹음이 헛되도다"라고 한데 비하여, 128:2에서는 "네가 네 손이 수고한 대로 먹을 것이라. 네가 복되고 형통하리라" 하였다. 결국 수고의 가치가 있느냐

헛수고하는 인생을 사느냐의 차이이다. 믿음은 언제나 아름다운 결실을 얻게 된다.

더 살펴보기

1. '성전에 올라가는 노래'에 대하여(시 120~134편)

표제가 《개역한글》과 《개역개정》 [성전에 올라가는 노래], 《표준새번역》 [성전에 올라가는 순례자의 노래], 《공동번역》은 [순례자의 노래], 《가톨릭새번역》은 [순례의 노래], 《현대어 성경》은 [예루살렘으로 올라가는 길에서 부르는 노래], 대부분의 영어 성경은 [예루살렘 순례 길에 부르는 노래], CEV는 [A song for worship: 예배를 위한 노래]이다. 이처럼 다양한 이름이 붙여지는 것은 원어에 [쉬르 함마알로트: 올라가는 노래]로만 되어 있기 때문이다. 성전 내부, 즉 여인의 뜰에서 남자의 뜰로 올라가는지? 바벨론 포로에서 예루살렘으로 올라가는지? 가곡의 양식인지? 순례의 길로 올라가는지? 다음과 같은 몇 가지 학설이 있다.

(1) "올라간다"는 것은 예루살렘으로 가는 순례의 단계를 일컫는 것이라고 한다. 절기(특히 3대 절기: 157쪽 참고) 때에 예루살렘으로 올라가는 순례자들이 길을 걸으며 불렀을 것이다.

(2) 유대 전승에 의하면, 성가대가 성전의 뜰로 올라가는 반원형의 계단을 오를 때 불렀다는 것이다.

(3) "올라간다"는 것은 '높은 곳의 성가대의 노래'를 뜻한다. 즉, 어떤 높은 계단 위에서 성가대가 이 노래를 불렀으리라.

(4) 음악적으로 이 노래들은 음표가 단계적으로 계속 올라가는 것이 특징이었을 것이다.

이러한 여러 학설 중에 대체적으로 [성전에 올라가는 순례자의 노래]가 많은 지지를 받는다. 이 〈시편〉들의 저자를 셋으로 보기도 한다. 솔로몬과 다윗은 표제에 나와 있지만, 작자 미상의 시를 히스기야의 시로 보는 것이다(서틀, 라이트푸트, 스크로기 등). 즉 ① 히스기야(열 편) - 120, 121, 123,

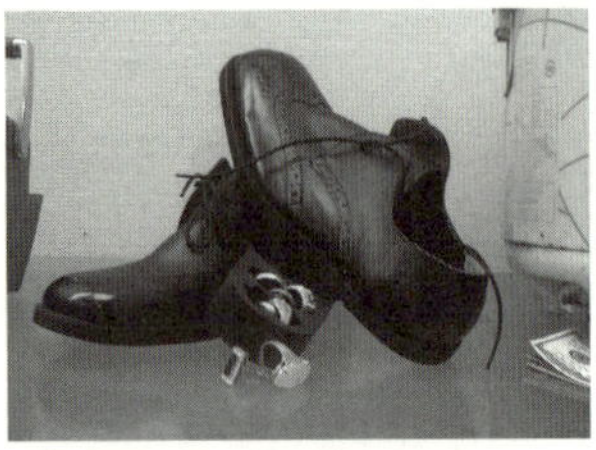

구두 밑창에 보석을 넣어 밀수
시인은 "여호와여 거짓된 입술과 속이는 혀에서 내 생명을 건져주소서"(시 120:2)라고 하였다. 사람들은 이익을 위하여 늘 남을 속이려고 한다. 사진은 한 여행자가 구두 밑창에 보석을 넣어 밀수를 하다가 단속된 사례이다(부산 세관 박물관).

125, 126, 128, 129, 130, 132, 134편 ② 솔로몬(한 편) - 127편 ③ 다윗(네 편) - 122, 124, 131, 133편이라고 본다. (각종 해설 성서 및 시편 주석 등을 참고하여 종합.)

2. 신실히 지켜주시는 하나님(121편)

(1) 이 〈시편〉은 대화식으로 되어 있는데, 예루살렘으로 출발할 때에 아버지와 아들의 대화인지, 아니면 예루살렘을 방문하고 집으로 향할 때에 제사장과 순례자의 대화인지는 불분명하다. 또한 2절은 대답에 해당하는지, 1절의 질문자의 독백인지도 불분명하다.

(2) '산'은 예루살렘과 성전을 둘러싸고 있는 것이거나, 순례의 길에서 보았던 산이거나, 이방신들에게 제사를 드리는 언덕들을 뜻한다. 1절의 질문자가 산을 바라본 것이 예루살렘(성전주변)의 산이라면 자신감에 넘침이고, 아니면 우상숭배자들로 인해 걱정스러워서인지도 불분명하다. (독일성서공회판《관주해설 성경전서》, 본문 해설 정리.)

(3) 이 대목까지만 보아도 해석이 혼란스럽다고 생각하는가? 이럴 경우 다양한 가능성이 있지만 한 가지를 선택하는 것은 독자의 몫이다. 필자는 순례자와 제사장의 대화로, 1절의 산은 예루살렘과 성전을 둘러싸고 있는 산으로, 2절은 자신감에 넘쳐서 하는 기도자의 독백으로 해석한다.

시편 131~140편

순전한 신뢰(131편) (중요구절 시 133:1)

제131편 [순전한 신뢰] 어머니 품의 아기처럼 고요한 평온함으로 여호와를 바라보라.

제132편 [다윗과 시온 성소] 1~10절은 〈사무엘하〉 6:12~15을, 11~12절은 〈사무엘하〉 7:11~16을 근거하는 '제왕시'이다. 이 시는 성전 봉헌 기념식을 위한 의식문일 것이다.

제133편 [형제의 연합] 하나님 백성의 선하고 아름다운 연합을 노래한다.

제134편 [밤에 여호와를 찬송] 밤에 성전을 지키는 자들에 대한 시로서 복을 주시는 여호와를 송축한다.

제135편 [창조와 역사의 주를 찬송] 이스라엘을 택하심과 여호와의 위대하심과 그분의 능하심을 찬양한다.

제136편 [여호와께 감사하라] 창조(4~9절)와 출애굽 및 가나안 정착(10~24절)에 역사하신 하나님께 감사하는 예배 의식문으로 명절 때에 낭송했을 것이다(대하 7:3).

제137편 [바벨론 강변의 애가] 주전 587년 예루살렘 파멸로 인한 바벨론 포로생활의 아픔을 노래한 저주시이다. 예루살렘을 사랑하는 정신이 잘 나타나 있다(345쪽 참고).

제138편 [주의 이름에 감사] 성전 앞뜰에서 큰 곤경에서 건져 주신 하나님께 감사하는 시이다.

제139편 [감찰하시는 하나님] 하늘과 스올(음부, 陰府)에도 계시고, 새벽(동쪽)과 바다 끝(서쪽)에도 손으로 인도하고 감찰하시는 하나님을 찬양한다.

제140편 [구원과 복수를 위한 기도] 악한 자들의 다양한 악의 행위와 의인의 저주 기도가 나온다.

"성전에 올라가는 노래" 또는 "예루살렘 순례자의 노래"(120~134편)의 계속이다.

---

1. "젖 뗀 아이가 그의 어미 품에 있음 같게 하였나니"(131:2). 이 시는 짧지만 아름다운 〈시편〉의 하나로 꼽힌다. 어미 품의 고요와 평온처럼 하나님을 향한 깊은 신뢰를 지니고 평안 속에 소망을 가져라.
2. 나는 뭔가 구해서 얻으므로 감사하는가? 아니면 이미 주어진 것만으로도 감사할 것이 넘치는가? 시편 기자는 136편에서 이스라엘의 역사와 하나님의 창조 업적을 회고해 보며 거기에서 행해 주신 하나님의 수많은 은혜를 헤아려 본다. 그리고 하나님께 감사하고 하나님을 찬양하며 기쁨을 노래하고 있다. 그 형식은 "~하신 하나님께 감사하라. 그는 선하시고 그 인자하심이 영원함이로다"라고 하였다. 이미 베푸신 것만으로도 감사하기 위하여, 지금 감사할 것을 헤아려 보라.
3. "내가 예루살렘을 기억하지 아니하거나"(137:6). 이 시는 이스라엘 백성들이 바벨론 포로생활 중의 애가(哀歌)이다. 괴로웠던 것은 부과된 노동이나 비참한 생활이 아니라 바벨론 사람들의 하나님께 대한 경멸과 모욕이었다. 〈시편〉 42편에도 "네 하나님이 어디 있느뇨 하오니 내 눈물이 주야로 내 음식이 되었도다"고 탄식한다. 그들은 이스라엘에게 시온의 노래를 해보라고 요구한다. 이스라엘은 차라리 "내 오른손이 그의 재주를 잊을지라도…… 내 혀가 내 입천장에 붙을지로다"(137:5~6)라고 이방인을 위해 시온의 노래를 부르지 않겠다는 지조를 갖는다. 내 신앙의 아픔은 무엇이며 지조는 무엇인가?

더 살펴보기

1. 형제가 연합하여 동거(시 133편)

(1) '성전에 올라가는 노래' 즉 순례시로서 많이 애독되는 형제 화합의 복을 노래하는 시이다. 옛 중동의 가족법에 따르면 토지와 목초지는 나누지 않은 채 아버지에게서 아들들에게 넘어간다. 그러므로 형제들은 독립하고 싶어도 흔히 억지로 같이 살았으므로 본문에 "동거함"(133:1)은 자의적이 아닐지라도 결과적으로는 함께 살며 "선하고 아름다운" 모습을 드러냈다. 그럼에도 형제간에 긴장이 생길 수 있었음은 아브라함과 롯에 대한 이야기나 야곱과 에서에 대한 이야기에서 알 수 있다(창 13장, 27장).

(2) 이 〈시편〉의 시인은 원기를 북돋아 줌을 표현하는 두 비유를 써서, "연합하여 동거"하는 형제들을 칭송한다. "시온"(3절)이란 중요 낱말을 통해서 시인은 생명을 주는 "여호와께서 복을 명령하셨나니"(3절)로 넘어가는데, 이 복은 하나님이 성소와 연관시키시고 자기 백성에게 약속하신 것이다.

(3) 중동의 건조한 기후에서는 "보배로운 기름"(향내 나는 기름)(2절)이 피부와 머리에 유용했다. "옷깃"이라 함은 겉옷의 목 가장자리 술을 가리키는 듯하다. "헐몬"은 예루살렘에서 멀리 떨어져 있으므로, 문자적으로 이해할 필요는 없으나 헐몬에는 "이슬"이 많이 내렸던 것 같고 이는 풍요함을 말한다. (독일성서공회판《관주해설 성경전서》, 본문 해설에서 일부 인용.)

어미 품의 젖 뗀 아이
시인은 하나님에 대한 신뢰를 "젖 뗀 아이가 어미 품에 있음"(시 131:2) 같다 하였다. 사진은 평온한 모자(母子)의 모습이다(1950년대).

내 눈이 주께 향하여(141편) (중요구절 시 150:6)

제141편 [내 눈이 주께 향하여] 유혹과 충동 속에서도 하나님 여호와께 향하는 시인의 모습이 나온다.

제142편 [외로운 자의 기도] 표제에는 '다윗이 굴에 있을 때에 지은 마스길'이라 하므로 〈사무엘하〉 23:19이하를 근거로 한다. 외로움 가운데 하나님께 건짐을 구한다.

제143편 [의로운 인생이 없다] 〈로마서〉 3:10은 본 시 2절의 인용이다. 일곱 편의 '참회시' 중에 마지막 것이다. (참회시에 대해서는 486쪽 '더 살펴보기'를 참고하라.)

제144편 [왕과 백성의 구원] 보호를 감사하며 간구한다. 여호와를 하나님으로 삼는 백성에게는 복이 있다.

제145편 [왕이신 나의 하나님] 1절은 '경배와 찬양'으로 알려진 구절이다. 위대하신 하나님은 개인에 대해서도 섭리하셔서 경외하는 자의 소원을 이루어 주신다. 이합체시의 하나이다. (시 119편 참고)

제146편 [사회적 관심의 찬양] 146~150편은 시작과 끝이 '할렐루야(여호와를 찬양하라)'로 되어 있다. 하나님께 소망을 두는 자는 복이 있다. 7~9절은 〈누가복음〉 4:16~21을 함께 보라.

제147편 [역사와 자연의 여호와] 포로로 끌려간 자를 모으시고 시온을 세우신 하나님, 온 천하를 창조하시고 섭리하시는 하나님, 예루살렘에 복을 주시는 하나님을 찬양한다.

제148편 [우주적인 찬양] 하나님의 피조 세계의 모든 것이 하나님을 찬양해야 함을 가르친다.

제149편 [시온의 찬양] 하나님의 백성이 하나님이 주신 승리를 기뻐하고, 대적하던 민족들을 심판하신 일로 인해 즐거워한다. 메시아적 승리와 최후의 심판을 내다본 시로 유명하다.

제150편 [대합창 교향곡] 〈시편〉의 마지막 시로서 〈시편〉 전체의 웅장한 절정이며 종지부이다. 생명이 있는 모든 자는 모든 것으로 하나님께 영광을 돌린다.

1. 시인은 사람들이 "내가 가는 길에 그들이 나를 잡으려고 올무를 숨겼나이다"(142:3)고 하여 버림을 받았다고 고백한다. 그럼에도 그는 "내 영혼을 옥에서 이끌어 내사 주의 이름을 감사하게 하소서"(7절)라고 하는데 '옥'에 갇혔는지 비유인지 모르나 그 후에 "의인들이 나를 두르리이다"라며 성전예배를 사모한다.
2. "여호와 자기 하나님에게 자기의 소망을 두는 자는 복이 있도다"(146:5). 이 말씀을 진정 믿고 산다면 복이다. 돈에, 가족에, 내 목표에 소망을 두고 있지 않은가? 우선순위를 바르게 하여 하나님께 소망을 두고서 물질을 얻고 가족을 돌보며 목표를 설정할 때에 그 모든 것은 더욱 값진 것이다.
3. 시인은 말하기를, "춤추며 그의 이름을 찬양하며 소고와 수금으로 그를 찬양할지어다"(149:3)고 하였다. 춤을 추지 않는 성도가 있는가? 춤은 기쁨이 몸으로 표현된 것이다. 특별히 춤이나 소고나 수금이 아니라도

좋다. 구원에 감격하여 산다면 그것이 춤이다. 봉사도 전도도 다른 사람을 섬김도 신앙의 춤으로 승화되어 기뻐할 때에 그것이 진정 그리스도인으로 하나님께 춤추며 찬양하는 삶이다.

더 살펴보기

1. '할렐루야 시편'에 대하여(시 146~150편)

〈시편〉 146~150편은 공공예배를 위해 저작된, 하나님을 찬양하는 일단의 시들이며, 오늘날 유대인들이 날마다 기도로 사용한다. 그리고 〈시편〉 146~150편에는 시작과 끝이 '할렐루야'로 되어 있어서 "할렐루야시"라고도 일컬어진다. (516쪽 '할렐루야 시편' 참고.)

(1) '할렐루야'란 '자랑하다', '칭찬하다'라는 뜻의 히브리어 '할렐'에서 온 말로 '여호와를 찬양하라'는 뜻을 가졌다. '할렐루야'는 존경, 경외, 겸손을 나타내는 인간의 고상한 표현으로 하나님을 찬송하는 최고 찬양의 환호이다. '할렐루야' 라는 말은 전적으로 찬양의 노래에만 국한되어 있다. 구약에서는 단지 〈시편〉에만 열다섯 편에 나오며, 신약에서는 〈요한계시록〉에만 나타나 있다.

(2) 다음은 시편에 '할렐루야'가 나온 시들이다.

① 할렐루야가 처음에만 있는 시 - 111, 112편.

② 할렐루야가 처음과 끝에 있는 시 - 106, 113, 135, 146, 147, 148, 149, 150편

③ 할렐루야가 끝에만 있는 시 - 104, 105, 115, 116, 117편

2. 큰 할렐루야(시 150편)

〈시편〉은 '기도와 탄식과 감사의 노래책'으로 전체 150편이며 전체 5권으로 구성되어 있다(490쪽 참고). 맨 끝 편인 150편은 환호성을 지르며 하나님에 대해 고백하는 것으로 끝나는데 이런 노래들은 하나님의 권능과 돌보심이 있었기에 비로소 생겨날 수 있었다.

하나님께 소망을 두고 사는 자가 받는 복(시 146편)

하나님을 자기의 도움으로 삼으며 하나님에게 소망을 두는 자가 받을 복에 대해 〈누가복음〉 4:16~21과 함께 보라.

(1) 억눌린 사람들 - 정의로 심판하심(신 26:7 참고)
(2) 주린 자들 - 먹을 것을 주심(마 5:6)
(3) 갇힌 자들 - 자유를 주심(사 61:1)
(4) 비굴한 자들 - 일으키심(시 41:10)
(5) 의인들 - 사랑하심(시 5:2)
(6) 나그네들 - 보호하심(신 10:18)
(7) 고아와 과부 - 붙드심(시 68:5)

1절의 '궁창'은 〈창세기〉 1:6~8의 궁창을 가리키는 것이 아니라 땅의 예루살렘과 대조되는 하나님의 거처, 곧 하늘을 가리킨다. '성소'는 땅의 성전뿐 아니라 하늘의 성전도 뜻할 수 있다. 3~5절에 언급된 여러 악기의 이름은 대강 그 뜻에 가깝도록 번역하지만 오늘날 다 확인될 수는 없다. '호흡이 있는 자마다'라 함은 모든 인간을 뜻하고(신 20:16, 수 10:40, 11:11, 14 참고), 〈창세기〉 7:22에서만 짐승까지 포함한다. '할렐루야'란 예배 의식상의 외침인데 '여호와를 찬양하라'는 뜻이다. '야'는 '야훼(여호와)'의 줄인 꼴이다. (독일성서공회판《관주해설 성경전서》, p.909)

결혼식에서 춤추는 장면
시인이 "춤추며 그의 이름을 찬양하며"(149:3)라 하였듯이 성도는 찬양하며 춤을 추듯 기쁨이 넘쳐야 한다.

B I B L E

성경 질문지

시편 1~10편 의인의 길, 악인의 길

제1편 [의인의 길, 악인의 길: 지혜시]
복 있는 사람(의인)이면 "의인", 악인이면 "악인"이라 쓰시오.

1. 죄인들의 길에 서지 않는다. ( )
2. 바람에 나는 겨와 같다. ( )
3. 오만한 자들의 자리에 앉지 않는다. ( )
4. 율법을 주야로 묵상한다. ( )
5. 열매를 맺으며 그 잎사귀가 마르지 아니함 같다. ( )
6. 여호와께서 인정하신다. ( )
7. 심판을 견디지 못한다. ( )

제2편 [여호와의 기름부음 받은 자: 메시아시]
다음 물음에 간단히 답하시오.

1. 관원들이 서로 꾀하여 한 일은?(1~3)

   -

2. 대적자들을 향하여 주께서 어떻게 웃으시는가?(4~6) -
3. 〈시편〉 2:7을 인용한 곳들의 신약성경의 절수는?

   -〈마태복음〉(3:17), 〈사도행전〉(13:), 〈히브리서〉(1:), (5:)

4. 여호와께 피하는 모든 사람에게는 무엇이 있는가?(10~12) -

제3편 [위기 중의 기도: 개인 탄원시]
다음 ( ) 안에 알맞은 말을 적으시오.

1. 여호와여, 주는 나의 ( )시요, 나의 ( )이시요, 나의 ( )이시니이다.
2. ( )이 나를 에워싸 진 친다 하여도 나는 ( ) 아니하리이다.
3. 구원은 ( )께 있사오니 주의 ( )을 주의 백성에게 내리소서.

제4편 [밤을 위한 기도: 개인 탄원시]
다음 성구를 완성하시오.

1. 인생들아~
2. 의의 제사를 드리고~
3. 주께서 내 마음에 두신~
4. 내가 평안히~

제5편 [아침 희생제 기도: 개인 탄원시]
다음 맞는 답의 번호를 적으시오.

1. 시인이 아침에 하는 일은? ( )
   1) 주의 소리를 들음
   2) 주께 기도하고 바람
   3) 심사를 통촉함
2. 주의 성품에 해당되는 것은? ( )
   1) 죄악을 기뻐함
   2) 오만한 자를 세우심

3) 거짓말하는 자 멸망시킴

3. 원수들의 모습은? (　　　)
   1) 입에 신실함이 있다
   2) 목구멍은 열린 무덤 같다
   3) 혀는 아름답다

4. 주께 피하는 사람은? (　　　)
   1) 주의 보호로 말미암아 영원히 기뻐 외친다
   2) 기분 나쁘다
   3) 배역한다

제6편 [병상에서의 참회 기도: 개인 탄원시]
다음 말에서 틀린 단어에 밑줄을 긋고 바르게 고치시오.

1. 여호와여, 내가 수줍으오니 내게 은혜를 베푸소서. 여호와여 나의 배가 떨리오니 나를 고치소서. →

2. 여호와여, 돌아와 나의 영화를 건지시며, 주의 사람으로 나를 구원하소서. →

3. 내가 탄생함으로 피곤하여 날마다 눈물로 내 침상을 띄우며 내 요를 적시나이다. →

4. 여호와께서 내 기도를 들으셨음이여 여호와께서 내 간구를 받으시리로다. →

제7편 [무죄한 자의 기도: 개인 탄원시]
다음 물음에 간단히 답하시오.

1. 자신이 어떤 경우라면 5절의 원수로 인한 고난을 받겠다고 했는가?(이어지는 말을 쓰시오)
   1) 이런 일을~
   2) 내 손에~
   3) 화친한 자를~
   4) 내 대적에게~

2. 시인은 여호와께 자신의 무엇을 따라 심판을 해 달라고 했는가? -

3. 나(시인)의 방패는 어디에 있는가? -

4. 사람이 회개하지 아니하면 여호와께서는 어떻게 하시는가? -

5. 인생들이 여호와께 그의 의와 여호와의 이름에 한 일은?(두 단어를 쓰시오) -

제8편 [사람이 무엇이기에: 감사와 경배]
다음 물음에 답하시오.

1. 주의 손가락으로 만드신 것과 주께서 베풀어 두신 것은? -

2. 누가 하나님보다 조금 못하며 영화와 존귀로 관을 씌움을 받았는가? -

3. 주의 손으로 만드신 것을 다스리게 하시고 만물을 그 발아래 둔 것은? -

4. 8장에서 내용이 같은 두 절은 어느 구절인가? -

제9편 [승리에 대한 감사: 지혜시]
다음 설명이 맞으면 O표, 틀리면 X표 하되 틀린 곳에 밑줄을 긋고 맞게 고치시오.

1. 내가 주를 기뻐하고 즐거워하며 지존하신 주의 이름을 찬송하겠다. - (　　　) (　　절) →

2. 주께서 나의 의와 송사를 변호하셨으나 부당하게 심판하셨다. - (　　　) (　　절) →

3. 여호와는 압제를 당하는 자의 구원이시요 환란 때의 구원이시다. - (　　　) (　　절) →

4. 이방나라들이 자기는 영광일 뿐인 줄 알게 하소서 기도했다. - (　　　) (　　절) →

제10편 [악인의 교만을 꺾으소서: 지혜시]
다음은 "악인", "의인=시인" 중 누구의 말이나 행동에 해당하는지 쓰시오.

1. 나는 흔들리지 아니하며 대대로 환란을 당하지 아니하리라. - (　　　)

2. 하나님이 잊으셨고 그의 얼굴을 가리셨으니 영원히 보지 아니하시리라. - (　　　)

3. 여호와여 일어나옵소서 하나님이여 손을 드옵소

서. - (　　　)

4. 주는 겸손한 자의 소원을 들으셨으니 그들의 마음을 준비하시며 귀를 기울여 들으시고 - (　　　)

시편 11~20편 성도가 피할 곳

제11편 [성도가 피할 곳: 찬미시]
다음 성구를 완성하시오.

1. 여호와께서는 그의 성전에 ~
2. 여호와는 의인을 감찰하시고 ~
3. 여호와는 의로우사 ~

시가서

시편

제12편 [하나님의 도우심을 구함: 지혜시]
다음 물음에 답하시오.

1. 악한 세대의 특징 세 가지는 무엇인가?(1~2)
   1)
   2)
   3)
2. 여호와께서 무엇을 끊으시는가?(3~4) -
3. 여호와는 가련한 자와 궁핍한 자를 어디에 두시겠다고 했는가?(5절) -
4. 여호와의 말씀은 무엇과 같은가?(6~8)

   -

제13편 [절망에서 소망으로: 개인 탄원시]
다음 물음에 답하시오.

1. 시인이 두려워한 것에는 O표, 아닌 것에는 X표 하시오.
   1) 내가 사망의 잠을 잘까봐 (　　　)
   2) 원수들이 이기었다 할까봐 (　　　)
   3) 내가 흔들릴 때에 대적들이 잠잘까봐 (　　　)
2. 내(시인) 기도나 고백에는 O표, 아닌 것에는 X표 하시오.
   1) 주의 얼굴을 나에게서 숨기겠나이까? (　　　)
   2) 내가 그를 이겼다. (　　　)
   3) 나의 마음은 주의 구원을 기뻐하리이다. (　　　)

제14편 [하나님이 없다하는 어리석은 자: 지혜시]
다음 (　　) 안에 단어를 써서 성구를 완성하시오.

1. (　　　　　)는 그의 마음에 이르기를 하나님이 (　　　) 하는도다.
2. 하나님을 (　　　)가 있는가 보려⋯⋯ 더러운 자가 되고 (　　　)을 행하는 자가 (　　　) 하나도 없도다.
3. 여호와께서 그의 백성을 (　　　)된 곳에서 돌이키실 때에 (　　　)이 즐거워하고 (　　　　) 이 기뻐하리로다.

제15편 [주의 장막에 머무를 자: 지혜시]
다음 주의 장막에 머무를 자의 행위를 쓰시오.

1. 정직 - 행함	2. 공의 -
3. 마음 -	4. 혀 -
5. 이웃 -	6. 이웃 -
7. 눈 -	8. 서원한 것 -
9. 이자 -	10. 무죄한 자 -

제16편 [믿음의 길: 메시아시]
다음 말씀의 결과를 보기에서 골라 쓰시오.

보기 내가 흔들리지 아니함
주의 앞에는 충만한 기쁨이 있음
괴로움이 더함 / 나의 분깃을 지킴

1. (　　　절) 다른 신에게 예물을 드리는 자

   -

2. (　　　절) 여호와는 나의 산업과 나의 잔의 소득이시니 -

3. (　　　절) 여호와를 항상 내 앞에 모심이여 -

4. (　　　절) 주께서 생명의 길을 내게 보이시리니 -

제17편 [맑은 양심의 호소: 개인 탄원시]
다음 물음에 답하시오.

1. 시인이 기도한 다음의 말을 이어서 완성하시오. (~소서) - (1~2절)
   1) 의의 호소를 ~
   2) 나의 울부짖음에 ~
   3) 나의 기도에 ~
   4) 수의 눈으로 ~

2. 주께서 나를 어떻게 하셨으나 흠을 찾지 못했는가?(3절) -

3. 시인은 하나님이 자신에게 어떻게 하실 줄을 믿고 불렀는가?(4~7절 읽고 답은 6절에서) -

4. 하나님의 보호 방법을 비유한 두 가지는 무엇인가?(8절) -

5. 세상 사람들은 분깃을 어떻게 하는가?(본문을 다 읽고 답은 14절에서)
   1)
   2)
   3)

제18편 [나의 힘이 되신 여호와: 개인 찬미시]
다음 (　　) 을 채워 요절을 완성하시오.

1. 여호와는 나의 (반석), 나의 (　　　), 나를 (　　　　), 나의 (　　　), 그 안에 피할 나의 (　　　), 나의 (　　　), 나의 (　　　　), 나의 (　　　). - (　　　절)

2. 내가 환란 중에서 여호와께 (　　　) 나의 하나님께 (　　　　) 그가 …… 귀에 들렸도다. - (　　　절)

3. 여호와께서 내 (　　　)을 따라 상주시며 내 (　　　)을 따라 내게 갚으셨으니 - (　　　절)

4. 주께서 (　　　　)은 구원하시고 (　　　　)은 낮추시리이다. - (　　　절)

5. 주께서 나를 (　　　　)에서 건지시고 (　　　)으로 삼으셨으니 - (　　　절)

6. 여호와께서 그 (　　　)에게 큰 구원을 주시며 (　　　)에게 인자를 베푸심이여 - (　　　절)

제19편 [자연과 율법의 계시: 지혜시]
각 단락의 제목으로 적합한 것을 보기에서 찾아 적으시오.

> **보기**　여호와의 율법의 말씀 / 말씀을 지킴으로 상이 큼 / 자연이 하나님을 찬양 /

1. 1~6절 :

2. 7~10절 :

3. 11~14절 :

제20편 [왕의 승리를 위한 기도: 제왕시]
다음에 이어지는 구절을 쓰시오.

1. 성소에서 너를 ~

2. 네 마음의 소원대로 ~

3. 어떤 사람은 병거, 어떤 사람은 말을 의지하나 ~

시편 21~30편 왕의 승리에 대한 감사

제21편 [왕의 승리에 대한 감사: 제왕시]
다음 물음에 답하시오.

1. 왕이 무엇으로 말미암아 기뻐하고 즐거워하는가? -

2. 왕이 흔들리지 않는 이유는 어디에 있는가?

-

3. 우리가 주의 권능을 어떻게 해야 하는가?

-

제22편 [고난 중에도 찬송: 메시아시]

다음 말씀이 나온 절수와 그리스도의 고난과 관계 있는 신약성경을 쓰시오.

보기 〈마태복음〉 27:43 / 〈마태복음〉 27:46 / 〈마가복음〉 15:24

1. 내 하나님이여, 내 하나님이여, 어찌 나를 버리셨나이까? (　　절) - (　　　　　)

2. 그가 여호와께 의탁하니 구원하실 걸, 그를 기뻐하시니 건지실 걸. (　　절) - (　　　　　)

3. 내 겉옷을 나누며 속옷을 제비 뽑나이다. (　　절) - (　　　　　)

제23편 [양과 목자: 개인 찬미시]

시편에서 가장 애송되는 시인데 암송하며 써 보시오.

1절 -

2절 -

3절 -

4절 -

5절 -

6절 -

제24편 [영광의 왕: 메시아시]

다음 물음에 답하시오.

1. "다 여호와의 것이로다"한 것은 무엇인가?

-

2. 여호와의 산에 오르며, 거룩한 곳에 설 자의 조건 4가지는? -

3. 영원한 문들이 들리면 누가 들어가시는가?

-

4. "영광의 왕"은 구체적으로 누구신가? -

제25편 [고난 당하는 자의 기도: 개인 탄원시]

"여호와"로 시작하는 말씀을 완성하고 절수를 쓰시오.

1. 내 젊은 시절의 (　　　) 기억하지 마시고 주의 (　　　)을 따라 나를 기억하시되. (　　절)

2. 주의 (　　　)를 내게 보이시고 주의 (　　　)을 내게 가르치소서. (　　절)

3. 나의 (　　　)이 크오니 주의 (　　　) 사하소서. (　　절)

4. 나의 영혼이 주를 (　　　). (　　절)

5. 주의 (　　　)과 인자하심이 (　　　)부터 있었사오니 주여 이것들을 기억하옵소서. (　　절)

제26편 [의인의 기도: 개인 탄원시]

다음 서로 관계 있는 말씀끼리 연결하시오.

1. 여호와여 나를 살피시고 시험하사 • 　　• 가)
2. 허망한 사람과 같이 앉지 아니하였사오니 • 　　• 나)
3. 여호와여 내가 주께서 계신 집과 • 　　• 다)
4. 나는 나의 완전함에 행하오리니 • 　　• 라)

가) 간사한 자와 동행하지도 아니하리이다.
나) 주의 영광이 머무는 곳을 사랑하오니.
다) 나를 속량하시고 내게 은혜를 베푸소서.
라) 내 뜻과 내 양심을 단련하소서.

제27편 [여호와를 기다리라: 개인 탄원시]

다음 성경을 읽으며 (　　) 안을 채워 쓰시오.

1. 여호와는 나에게 어떤 분인가?

   1) 나의 (　　　) 2) 나의 (　　　)
   3) 내 생명의 (　　　)

2. 여호와께 바라는 한 가지 일은?

   - 내 평생에~

3. 내 부모는 나를 버렸으나 ~

4. 너는 여호와를 기다릴지어다 ~

제28편 [부르짖음과 응답: 개인 탄원시]
다음 물음에 답하시오.

1. 〈열왕기상〉 8장 22절과 54절의 솔로몬의 기도 모습은 〈시편〉 28편 몇 절과 비슷한가? -

2. 악인과 악을 행하는 자들은 그 마음에는 악독이 있으면서 이웃에게 무엇을 말하는가? -

3. 마음이 여호와를 의지하여 도움을 얻은 자는 어떻게 해야 하는가? -

4. 여호와는 누구의 구원의 요새이신가? -

제29편 [폭풍 속의 하나님: 감사와 경배시]
다음에 이어지는 구절을 쓰시오.

1. 여호와께 그의 이름에 ~

2. 여호와의 소리가 광야를 ~

3. 여호와께서 자기 백성에게 ~

제30편 [건강 회복에 감사: 개인 찬미시]
다음 단어가 나온 절수와 그 횟수를 쓰시오.

1. 여호와 - (/ 번)

2. 하나님 - (/ 번)

3. 주(主) - (/ 번)

4. 감사 -(/ 번)

5. 찬송 - (/ 번)

시편 31~41편 시련 속에서의 신뢰

제31편 [시련 속에서의 신뢰: 개인 탄원시]
다음 말씀의 절수를 쓰고 완성하시오.

1. (절) 주는 나의 반석과 산성이시니 ~

2. (절) 내가 근심 때문에 ~

3. (절) 주께서 그들을 주의 은밀한 곳에 ~

4. (절) 너희 모든 성도들아 ~

제32편 [자복과 사죄의 은총: 참회시]
다음 성구의 ( )를 채워서 완성하시오.

1. ( )의 사함을 받고 자신의 ( )가 가려진 자는 ( )이 있도다. - (절)

2. 내가 ( ) 아니할 때에 종일 ( )하므로 내 뼈가 ( ). - (절)

3. 악인에게는 ( )이 있으나 여호와를 신뢰하는 자에게는 ( )이 두르리로다. - (절)

제33편 [여호와를 즐거워 함: 감사와 경배시]
서로 관계 있는 말씀끼리 연결하시오(그=여호와).

1. 너희 의인들아 여호와를 즐거워하라 • • 가)
2. 여호와는 정의와 공의를 사랑하심이여 • • 나)
3. 여호와를 자기 하나님으로 삼은 나라 • • 다)
4. 많은 군대로 구원 얻은 왕이 없으며 • • 라)
5. 우리 마음이 여호와를 즐거워함이여 • • 마)

가) 우리가 그의 성호를 의지하였기 때문이다.(절)
나) 찬송은 정직한 자들이 마땅히 할 바로다.(절)
다) 하나님의 기업으로 선택된 백성은 복있다.(절)
라) 용사가 힘이 세어도 스스로 구원하지 못함.(절)
마) 세상에는 여호와의 인자하심이 충만하도다.(절)

제34편 [하나님의 돌보심: 개인 찬미시]
다음 물음에 답하시오.

1. 무엇이라 하며 함께 여호와의 이름을 높이는가? -

2. 곤고한 자가 부르짖으면 여호와께서 어떻게 해 주시는가? -

3. 생명을 사모하고 연수를 사랑하여 복 받기를 원하는 사람은 무엇을 금해야 하는가?

-

4. 여호와는 누구를 가까이 하시고 구원하시는가?

-

5. 〈시편〉 34편 어느 절이 〈요한복음〉 19:36, 〈출애굽기〉 12:46과 같은(또는 유사한) 말씀인가?

-

시가서

시편

제35편 [의인의 탄식: 개인 탄원시]

말씀 절수와 성경에 기록된 순서대로 번호를 쓰시오.

1. (　　　절) 내 기도가 내 품으로 돌아왔도다. - (　　　)
2. (　　　절) 주여 나를 멀리하지 마옵소서. - (　　　)
3. (　　　절) 나의 혀가 주의 의를 말하며 종일토록 주를 찬송하리이다. - (　　　)
4. (　　　절) 내 영혼이 여호와를 즐거워함이여 그의 구원을 기뻐하리이다. - (　　　)

제36편 [하나님의 확실한 사랑: 지혜시]

다음 물음에 답하시오.

1. 악인이 스스로 자랑하여 무엇이라 말하는가?

-

2. 다음에 이어지는 말은?
   1) 주의 인자하심이 ~
   2) 주의 진실하심이 ~
   3) 주의 의는 ~
   4) 주의 심판은 ~
3. 사람들이 어디로 피해야 하는가? -
4. 생명의 원천이 어디에 있는가? -

제37편 [의인과 악인: 지혜시]

다음 명령의 결과에 대한 말씀을 보기에서 골라 적으시오(1~3).

보기	땅을 차지하게 하실 것임 마음의 소원을 이루어 주심 의와 공의를 빛 같이 하심

1. (　　　절) 여호와를 기뻐하라 ~
2. (　　　절) 네 길을 여호와께 맡기라 ~
3. (　　　절) 여호와를 바라고 그의 도를 지키라 ~
4. 37:25을 쓰시오 -

제38편 [곤경에서 사죄를 구함: 참회시]

다음 (/) 안의 말 중 맞는 것에 O표 하시오.

1. (　　　절) 주의 (침 / 화살)이 나를 찌르고 (주 / 원수)의 손이 나를 심히 누르시나이다.
2. (　　　절) 나의 모든 (소망 / 소원)이 주 앞에 있사오며 나의 (탄식 / 탄압)이 주 앞에 감추이지 아니하나이다.
3. (　　　절) 내 (죄악 / 마음)을 아뢰고 내 (짐 / 죄)를 슬퍼함이니이다.
4. (　　　절) (선 / 악)으로 (선 / 악)을 대신하는 자들이 내가 (선 / 악)을 따른다는 것 때문에 나를 대적하나이다.

제39편 [침묵과 인생의 무상: 개인 탄원시]

틀린 두 곳에 밑줄을 긋고 맞게 고치시오.

1. 나의 행위를 조심하여 내 행위로 범죄하지 아니하리니 악인이 내 앞에 있을 때에 내가 내 입에 꿀을 먹이리라 - (　　　,　　　)
2. 나의 종말과 연약이 언제까지인지 알게 하사 내가 나의 연약함을 잊게 하소서. - (　　　,　　　)

3. 주는 나를 용기주사 내가 떠나 없어지기 전에 나의 건강을 회상시키소서. - (　　,　　)

제40편 [감사와 찬송시: 개인 찬미시]
해당 절수와 성경에 기록된 순서대로 번호를 쓰시오.

1. (　　절) 주의 구원을 사랑하는 자는 항상 말하기를 여호와는 위대하시다. (　　)
2. (　　절) 죄가 나의 머리털보다 많으므로 내가 낙심하였음이니이다. (　　)
3. (　　절) 내가 주의 뜻 행하기를 즐기오니 주의 법이 나의 심중에 있나이다. (　　)
4. (　　절) 우리 하나님께 올릴 찬송을 내 입에 두셨으니…… 여호와를 의지하리로다. (　　)

제41편 [병든 외로운 자의 기도: 개인 찬미시]
다음 단어가 나오는 절수의 말씀을 쓰시오.

1. 병상(　　절) -
2. 은혜(　　절) -
3. 대적(　　절) -
4. 아멘(　　절)-

시편 42~52편 하나님을 사모함

세42~43편 [하나님을 사모함: 개인 탄원시]
다음 물음에 답하시오.

1. 42편과 43편에서 같은 내용이 나오는 구절 세 곳을 쓰고 본문을 아래에 적으시오.
   (42:　　절, 42:　　절, 43:　　절)
   내 ~
2. 주를 찾기에 갈급함을 무엇에 비유하였는가?(42:1) -
3. "네 하나님이 어디 있느뇨?"가 나오는 두 구절은? (42편) -
4. 시인은 무엇 때문에 마음이 상했는가?(42:4) -
5. 43:2의 "어찌하여 나를 버리셨나이까?"와 42편에서 가장 유사한 구절은? - (42:　　)

제44편 [민족적인 애가: 민족 탄원시]
다음 말이 맞으면 O표, 틀리면 X표 하시오.

1. (　　절) 이스라엘이 땅을 얻어 차지함은 자기들의 칼과 팔로 하였다.(　　)
2. (　　절) 대적을 누르지만 우리를 치러 일어나는 자를 주의 이름으로 밟지 말아야 한다.(　　)
3. (　　절) 이제는 주께서 우리를 버려 욕을 당하게 하시고 우리 군대와 함께 나가지 않는다.(　　)
4. (　　절) 이 모든 일이 임하였으나 주를 잊지 아니하며 주의 언약을 어기지 아니하였다.
   (　　)
5. (　　절) 바울은 이 말씀을 〈로마서〉 8:36에 인용하였다.(앞에 절수만 쓰시오)

제45편 [왕의 결혼을 축하: 제왕시]
다음에 이어지는 말씀을 쓰시오.(해당 절 안에서만)

1. 왕은 사람들보다 ~
2. 왕이 정의를 사랑하고 ~
3. 왕의 아들들은 ~

제46편 [피난처요 힘이신 하나님: 개인 찬미시]
다음 물음에 간단히 답하시오.

1. 하나님은 우리의 피난처시며 힘이시기에 어떠한 상황에서도 두려워하지 않는가?(1~3) -
2. 1) 성이 흔들리지 않는 이유는 어디에 있는가? (5) -
   2) 하나님은 언제 도우신다고 했는가? -

시가서
시편

3. 같은 내용이 기록된 구절(　　절, 　　절)의 말씀을 쓰시오. -

4. 만군의 여호와의 행적은 어떤 것이 있는가? (8~9) -

제47편 [하나님을 찬양하라: 즉위시]
다음 단어가 몇 번이나 나오는 지와 해당 절수들을 쓰시오.

1. 여호와(　　번 / 　　　　절)
2. 하나님 (　　번 / 　　　　절)
3. 찬송(　　번 / 　　　　절)
4. 왕(　　번 / 　　　　절)

제48편 [큰 왕의 성: 개인 찬미시]
해당 절수와 성경에 기록된 순서대로 번호를 쓰시오.

1. (　　절) 만군의 여호와의 성, 우리 하나님의 성에서 보았나니 하나님이 이를 견고하게. (　　)
2. (　　절) 영원히 우리 하나님이시니 그가 우리를 죽을 때까지 인도하시리로다.(　　)
3. (　　절) 하나님의 성, 거룩한 산에서 극진히 찬양 받으시리로다.(　　)
4. (　　절) 하나님이 그 여러 궁중에서 자기를 요새로 알리셨도다.(　　)

제49편 [삶과 죽음: 지혜시]
다음 (　) 안에 알맞은 말을 찾아 적으시오.

1. 자기의 (　　)을 의지하고 (　　)을 자랑하는 자는 아무도 자기의 형제를 (　　)하지 못하며……
2. (　　)도 죽고 (　　)도 함께 망하며 그들의 (　　)은 남에게 남겨두고 떠난다.
3. 하나님은 나를 (　　)하시리니…… 내 영혼을 (　　)에서 건져내시리로다.
4. (　　)하나 깨닫지 못하는 사람은 (　　) 같도다.

제50편 [회개를 요구하시는 하나님: 지혜시]
다음 관계 있는 말을 서로 연결하시오.

1. 나의 성도들을 네 앞에 모으라 • 　　• 가)
2. 제물 때문에 너를 책망하지 아니하리니 • 　　• 나)
3. 환난 날에 나를 부르라 • 　　• 다)
4. 감사로 제사를 드리는 자가 • 　　• 라)

가) 네 번제가 항상 내 앞에 있음이로다. (　　절)
나) 그들은 제사로 나와 언약한 이들이니라. (　　절)
다) 네가 나를 영화롭게 하리로다. (　　절)
라) 나를 영화롭게 하나니 (　　절)

제51편 [사죄를 구하는 기도: 개인 탄원시]
다음 (　) 안을 채워 말씀을 완성하시오.

1. 표제는 "다윗이 (　　)와 동침한 후 선지자 (　　)이 그에게 왔을 때"라고 되어 있다.
2. 배경이 되는 사건 기록(〈사무엘하〉 11~12장)을 읽으시오. - 읽었음(　　), 안 읽었음(　　).
3. 내 (　　)을 지워주소서. 나의 죄악을 말갛게 (　　), 나의 죄를 깨끗이 (　　).
4. 하나님이여 내 속에 (　　)을 창조하시고 내 안에 (　　)을 새롭게 하소서.
5. (　　) 내 입술을 (　　) 주소서, 내 입이 주를 (　　)하여 (　　)하리이다.
6. 하나님께서 구하시는 제사는 (　　)이라. 하나님이여 (　　)을 주께서 멸시하지 아니하시나이다.

제52편 [악인의 운명: 지혜시]
다음은 무엇(또는 누구)에 대한 말인지를 쓰시오.

1. 심한 악을 꾀하여 날카로운 삭도같이 간사를 행한다. -

2. 너는 남을 해치는 모든 말을 좋아한다. -

3. 하나님의 집에 있는 푸른 감람나무 같으며 하나님의 인자하심을 의지하는 자 -

시편 53~62편 어리석은 자

제53편 [어리석은 자: 지혜시]
다음 단어가 있는 구절을 쓰시오(1번은 물음에 답).

1. 〈시편〉 53편은 시편 몇 편과 유사한가?(11~15편 사이에서 찾으시오) -

2. 어리석은 ~

3. 내 백성 ~

4. 시온 ~

제54편 [하나님은 나를 돕는 자: 개인 탄원시]
다음 틀린 두 단어에 밑줄을 긋고 바르게 고치시오.

1. 하나님이여 내 말을 들으시며 내 입의 기도에 귀를 기울이소서. (　　　,　　　)

2. 여호와는 나를 돕는 이시며 주께서는 내 생애를 붙들어 주시는 이시니이다. (　　　,　　　)

3. 주께서는 모든 환멸에서 나를 건지시고 내 원수가 보존 받는 것을 내 눈이 똑똑히 보게 하셨나이다. (　　　,　　　)

제55편 [고난 중에 기도: 개인 탄원시]
55편을 읽고 다음 단어가 나오는 절수를 쓰시오.

1. 언약을 배반 - (　　　절)

2. 사망의 위험 - (　　　절)

3. 파멸의 웅덩이 - (　　　절)

4. 악인의 압제 - (　　　절)

5. 죄악과 재난 - (　　　절)

6. 동료, 친구, 친우 - (　　　절)

7. 마음은 전쟁 - (　　　절)

8. 폭풍과 광풍 - (　　　절)

9. 비둘기 같이 - (　　　절)

10. 저녁과 아침과 정오 - (　　　절)

제56편 [하나님을 의지함: 개인 탄원시]
다음 구절을 쓰시오. 그리고 56편을 묵상하시오.

1. 8절 -

2. 12절 -

3. 56편에는 '의지'한다는 말이 (　　　번) 나오는데, 그 구절들은(　　　　　　절)이다.

제57편 [원수 앞에서도 기도: 개인 탄원시]
다음 말이 몇 번 나오는 지와 해당 절수들을 쓰시오.

1. 하나님이여 - (　　　번 /　　　절)

2. 내 영혼 - (　　　번 /　　　절)

3. 새벽 - (　　　번 /　　　절)

4. 주 - (　　　번 /　　　절)

제58편 [판단하시는 하나님: 저주시]
다음 악인과 의인에 대한 물음에 답하시오.

1. 악인에 대한 저주 7가지를 쓰시오.(6~9절)
    1) 입에서 이를 꺾으소서
    2)
    3)
    4)
    5)
    6)

7) 불이 가마를 뜨겁게 하기 전에 강한 바람으로 휩쓸려가게 하소서.

2. 의인이 악인을 보는 모습은?(10절) -

제59편 [환란 중의 승리: 개인 탄원시]
다음 물음에 답하시오.

1. 원수들을 어떤 자로 표현했는지 이어서 쓰시오 (1~2).
   1) 일어나~
   2) 악을~
   3) 피~
2. 악인들이 성으로 두루 다니는 것은 마치 무엇이 우는 것과 같은가?(3~6) -
3. 시인은 그들(악인)을 죽이지 말고 어떻게 해달라고 요구하는가?(11절) -
4. 시인은 하나님을 어떤 분으로 묘사했는가? (16~17)
   1) 나의~
   2) 나를~

제60편 [민족적인 기도: 민족 탄원시]
다음 ( ) 안에 알맞은 말을 적으시오.

1. (절) - 주께서 우리를 ( ) 흩으셨고 ( )하셨사오나 지금은 우리를 ( ).
2. (~ 절) - ( )이 내 것이요, ( )도 내 것이며 ( )은 내 머리의 투구요.
   ( )는 나의 규이며 ( )은 나의 목욕통이라. ( )에는 나의 신발을 던지리라.
   ( ) 나로 말미암아 외치라.
3. (절) - 우리를 도와 ( )을 치게 하소서. ( )의 구원은 헛됨이니이다.

제61편 [무거운 짐 진 왕의 기도: 개인 탄원시]
다음에 이어지는 성구를 쓰시오.

1. 내 마음이~
2. 내가 영원히~
3. 그리하시면~

제62편 [하나님만 바라라: 개인 탄원시]
다음 (/) 안의 말 중에 틀린 것을 =로 지우시오.

1. 입으로는 (저주 / 축복)이요 속으로는 (저주 / 축복)로다.
2. 나의 구원과 영광이 하나님께 있음이여, 내 힘의 (반석 / 영광)과 (구원 / 피난처)도 하나님께 있도다.
3. 탈취한 것으로 (허물 / 허망)하여지지 말며 (재물 / 제물)이 늘어도 거기에 마음을 두지 말지어다.

시편 63~72편 주를 갈망함

제63편 [주를 갈망함: 개인 탄원시]
다음 말에 이어지는 내용을 쓰시오.

1. 내 영혼이~
2. 내 육체가~
3. 성소에서~
4. 내 입술이~
5. 주의 이름으로 말미암아~
6. 주의 오른손이~

제64편 [여호와께로 피함: 개인 탄원시]
다음 말이 맞으면 O표, 틀리면 X표 하시오.

1. 악을 행하는 자들은 칼을 자기 혀 같이 연마하며 독한 화살을 겨눈다. - ( )
2. 악인들은 악한 목적으로 서로 격려하며 올무 놓기를 함께 의논하고 하는 말이 "누가 우리를 보리요"하며 말한다. - ( )
3. 의인은 여호와로 말미암아 즐거워하며 여호와에

게서 피하여 도망한다. - (　　　)

제65편 [감사의 찬송: 감사와 경배시]
다음 서로 관계 있는 것끼리 연결하시오.

(단락 - 제목 - 본문)

1. 1~5 • 　　• 1) • 　　• 가)
2. 6~8 • 　　• 2) • 　　• 나)
3. 9~13 • 　　• 3) • 　　• 다)

1) 하나님의 섭리의 축복
2) 풍년 주시는 하나님께 감사
3) 하나님을 섬김에 만족

가) 주의 성전의 아름다움으로 만족
나) 주의 징조를 두려워하나이다.
다) 골짜기는 곡식으로 덮였으매

제66편 [경배와 찬양: 개인 찬미시]
다음 물음에 답하시오.

1. 하나님이 바다를 변하여 육지가 되게 하셨고, 걸어서 강을 건너게 하신 일에서 그 바다와 강은 어떤 것을 말하는가?(1~7)
   1) 바다 이름(출 14장, 히 11:29) -
   2) 강 이름(수 3장) -
2. 하나님께서 시험하시되 단련하시기를 무엇 같이 하셨는가?(8~15) -
3. 주의 집에 들어가서 번제물로 서원을 갚는 이유는?(13~14) -
4. 하나님을 찬송하는 이유는?(16~20절을 읽고 답은 20절에서) -

제67편 [추수 감사: 감사 경배시]
"복"이라는 단어가 나온 구절을 쓰시오(1~3). 물음에 답하시오(4).

1. (　　　절) -
2. (　　　절) -
3. (　　　절) -
4. 〈민수기〉 6:24~26의 '제사장의 축도'와 가장 가까운 절은? - (〈시편〉 67:　　　)

제68편 [승리로 이끄시는 하나님: 감사와 경배시]
다음 (　　) 안에 알맞은 말을 적으시오.

1. (　　　절) 그의 거룩한 처소에 계신 하나님은 (　　　)시며 (　　　)이시라.
2. (　　　절) 하나님이여 주의 백성 앞에서 (　　　) 광야에서 (　　　)하셨을 때에
3. (　　　절) 네 하나님이 너의 (　　　)을 명령하셨도다 …… 우리를 위하여 행하신 것을 (　　　)하게 하소서.
4. (　　　절) 이스라엘의 하나님은 그의 백성에게 (　　　)을 주시나니 하나님을 (　　　)할지어다.

제69편 [고난에 눌린 자의 기도: 저주시]
다음 물음에 답하시오.

1. 아래 구절이 신약성경 어디에 인용되었는가?

   보기 마 27:34 / 요 2:17 / 요 15:25 / 롬 15:3

   1) 4절 -
   2) 9절 상반절 -
   3) 9절 하반절 -
   4) 21절 -
2. 시인은 누구를 위하여 훼방을 받았는가? (1~12) -
3. 주의 종에게서 숨기지 말라고 한 것은 무엇인가? (13~21) -
4. 황소를 드림보다 여호와를 더욱 기쁘시게 함이 되는 것은?(22~36) -

제70편 [속히 나를 도우소서: 개인 탄원시]
다음 사람에게 이루어지길 원하는 기도의 내용은?

1. 나의 영혼을 찾는 자들~

시가서
시편

2. 나의 상함을 기뻐하는 자들~

3. 아하 아하 하는 자들~

4. 주를 찾는 모든 자들~

5. 주의 구원을 사랑하는 자들~

6. 본 〈시편〉은 40편(~ 절)과 같은 내용이다.

제71편 [연로한 때의 기도: 개인 탄원시]
다음에서 제시한 인생의 때를 말하는 구절을 쓰시오.

1. (절) 내가 어릴 때부터~

2. (절) 내가 모태에서부터~

3. (절) 늙을 때~

4. (절) 나를 어려서부터~

5. (절) 늙어 백발이 될 때에도~

시가서

시편

제72편 [왕을 위한 기도: 제왕시]
다음 각 항의 물음에 따라 답의 번호에 O표 하시오.

1. 왕에게 가장 중요한 것은 무엇인가?(1~14)
   1) 공의로 재판하는 일(2절)
   2) 땅 끝까지 다스리는 일(8절)
   3) 조공을 받는 일(10절)
   4) 민족의 섬김을 받는 일(11절)

2. 왕의 통치와 관계 없는 일은 무엇인가?(15~19)
   1) 사람들이 왕을 위해 기도함
   2) 산 꼭대기 땅에도 곡식이 풍성함
   3) 모든 민족이 다 그를 복되다 함
   4) 홀로 기이한 일들을 행하심

시편 73~80편 불공평한 이 세상

제73편 [불공평한 이 세상: 지혜시]
다음은 누구에 대한 것인지를 쓰시오(답은 '악인' 이나 '의인'). 그리고 해당 절수를 쓰시오.

1. 악인의 형통함을 보고 넘어질 뻔하였다.
   - (/ 절)

2. 고난도 재앙도 없으므로 교만하고 강포해짐.
   -(/ 절)

3. 입은 하늘에 두고 혀는 땅에 두루 다님.
   - (/ 절)

4. "손를 씻어 무죄하다 한 것이 실로 헛되도다"고 잘못 생각.
   - (/ 절)

5. 하나님의 성소에 들어갈 때에야 그들의 종말을 깨달음.
   - (/ 절)

6. 하나님께 가까이 함이 내게 복이라고 고백.
   - (/ 절)

제74편 [성전 파멸의 애가: 민족 탄원시]
다음 물음에 답하시오.

1. 본 시에서 이스라엘 민족을 무엇이라고 표현하고 있는지 ( )안에 말을 적으시오.(1~2)
   1) 주께서 ( ) (1절)
   2) 주의 ( )의 지파 (2절)
   3) 주께서 계시던 ( ) (2절)

2. 주의 성소를 불사른 자들은 누구인가?(7~8, 왕하 25:8~9)
   1) 어느 나라인가? ( )
   2) 어느 왕 때인가? ( )
   3) 누구의 행위였는가? ( )

3. 애굽 군대(출 14장 홍해 건넌 사건)를 상징적으로 어떤 짐승에 비유했는가?(13~14) -

4. 시인은 하나님께 무엇을 잊지 말아 달라고 기도했는가?(19절) -

5. 시인이 하나님께 무엇을 돌아보도록 기도했는가?(20절) -

제75편 [재판장이신 하나님: 개인 찬미시]
다음에 이어지는 구절을 쓰시오.

1. 하나님이여~
2. 너희 뿔을~
3. 오직 재판장이신~
4. 악인들의 뿔을~

제76편 [하나님의 승리 권세: 개인 탄원시]
다음의 말씀을 연결하시오.

1. 하나님은 유다에 알려지셨으며 •	• 1)
2. 그의 장막은 살렘에 있음이여 •	• 2)
3. 주께서 한 번 노하실 때에 •	• 3)
4. 너희 하나님께 서원하고 갚으라 •	• 4)
5. 저가 고관들의 기를 꺾으시리니 •	• 5)

1) 그의 처소는 시온에 있도다.
2) 그의 이름이 이스라엘에 알려지셨도다.
3) 그는 세상의 왕들에게 두려움이시로다.
4) 사방에 있는 모든 사람도…… 예물을 드릴지로다.
5) 누가 주의 목전에 서리이까?

제77편 [하나님의 전능한 행위: 개인 탄원시]
다음의 내용이 있는 절수를 쓰시오.(무순)

1. (　　　절) 주께서 내가 눈을 붙이지 못하게 하신다.
2. (　　　절) 내 영혼이 위로받기를 거절하였도다.
3. (　　　절) 하나님과 같이 위대하신 신이 누구오니이까?
4. (　　　절) 이는 나의 잘못이라.
5. (　　　절) 주의 백성을 양떼같이 인도하셨다.
6. (　　　절) 회오리 바람 중에 주의 우렛소리가 있다.
7. (　　　절) 내 음성으로 하나님께 부르짖겠다.

제78편 [이스라엘의 역사적 교훈: 지혜시/ 역사시]
다음 (　　) 안을 채우시오('더 살펴보기' 참고).

1. 예로부터 (　　　　)을 드러내려 하니 이는 우리가 (　　　　)요, 우리의 조상들이 우리에게 (　　　　)라.(2~3절)
2. 여호와께서 듣고 (　　　)하셨으며 (　　　)에게 불같이 노하셨고 또한 (　　　　)에게 (　　　)가 불타올랐으니 이는 (　　　　) 아니하며 그의 구원을 (　　　　) 아니한 때문이로다.(21~22절)
3. 13절의 "바다를 갈라"는 홍해를 건넌 사건으로 출애굽기 몇 장에 나오는가?(출 13~15장) -
4. 43~51절을 읽고 10대 재앙(출 7~12장 참고)이 나오는 이름을 쓰시오.(8가지, 서리=우박)
   - 피,

제79편 [돌무더기가 된 예루살렘: 민족 탄원시]
물음에 맞는 것에는 O표, 틀린 것은 X표 하시오.

1. 이방 나라들이 주의 기업인 예루살렘에 들어와서 한 일과 그로 인한 결과들은?(1~4)
   1) 돌무더기가 되게 했다.(　　　)
   2) 주의 종들의 시체를 공중의 새에게 밥으로 주었다.(　　　)
   3) 피를 예루살렘 사방에 물 같이 흘렸다.(　　　)
   4) 비방거리, 조소와 조롱거리는 면하였다.(　　　)
2. 시인의 기도가 맞는 것은?(요약된 것들도 있음)(5~13)
   1) 나라들에게 주의 노를 쏟으소서.(　　　)
   2) 조상들의 죄악을 기억하지 마소서.(　　　)
   3) 우리 이름을 증거하기 위해 우리를 건지소서.(　　　)
   4) 주의 영예를 대대에 전하리이다.(　　　)

제80편 [목자를 향하여 기도: 민족 탄원시]
다음 (　　) 안에 알맞은 말을 적으시오.

1. "주의 얼굴 빛(광채)을 비추사"라는 말이 나오는 절수 셋을 쓰시오.- (　　　절,　　절,　　절)
2. 에브라임, 베냐민, 므낫세(2절)는 (　　　)의 아들들로 이스라엘 (　　　) 지파가 되었다(창 46장, 49장, 48:5)-
   (참고: 에브라임과 므낫세는 요셉의 아들이지만 그의 아버지 것(양자)이 되었다, 야곱의 열두 아들에서 지파를 계수할 때는 레위가 빠지고(성전 봉사) 요셉은 그의 두 아들 에브라임과 므낫세로 나뉘어 계수되어 열두 지파가 됨)
3. 이스라엘은 어떤 나무에 비유되었는가?(8, 14) - (　　　　　　)

시편 81~89편 축제일에 들은 말씀

제81편 [축제일에 들은 말씀: 감사와 경배시]
다음 단어가 몇 절에 나오는 지와 그 구절을 쓰시오.

1. 시(詩)(　　절) -
2. 입(口)(　　절) -
3. 도(道)(　　절) -

제82편 [재판장을 판단하시는 하나님: 지혜시]
다음 물음에 답하시오.

1. 신들은 누가 재판하시는가? -
2. 다음 사람들에게 행해야 할 바는 무엇인가?
   1) 가난한 자와 고아 -
   2) 곤란한 자와 빈궁한 자 -
   3) 가난한 자와 궁핍한 자 -
3. 지존자의 아들이라는 자들도 어떻게 죽는가?

   -

제83편 [이스라엘의 원수들: 저주시]
다음 (　　) 안에 알맞은 말을 적으시오.

1. 하나님이여 (　　　　) 마소서. 하나님이여 (　　　　) 마시고 (　　　　) 마소서.
2. 그들이 한마음으로 의논하고 (　　　　)하여 서로 동맹하니 곧 (　　　　)과 (　　　　)과 모압과 (　　　　)이며, 그발과 (　　　　)과 (　　　　)이며 (　　　　)과 두로 사람이요.
3. 나의 하나님이여 그들이 (　　　　) 같게 하시며 바람에 날리는 (　　　　) 같게 하소서.
4. (　　　　)만 온 세계의 (　　　　)로 알게 하소서.
5. 다음 사람들은 〈사사기〉 몇 장에 나오는 인물들인가?

보기 4장 / 5장 / 6장 / 7장 / 8장

   1) 시스라와 야빈(9절)은 드보라의 지시에 의해 바락에게 크게 패하였다. -
   2) 오렙과 스엡(11절)은 기드온과 싸웠던 미디안 장수로서 에브라임 사람에게 죽임 당했다. -
   3) 세바와 살문나(11절)는 미디안의 왕들로서 기드온에 의해 패전하였다. -

제84편 [순례자의 노래: 개인 찬미시]
다음 물음에 답하시오.

1. 어떤 자가 '복이 있나이다'라고 했는지 세 곳의 절수와 성구를 쓰시오.
   1) (　　　절) -
   2) (　　　절) -
   3) (　　　절) -
2. 시인이 쇠약해진 이유는 어디에 있는가?(1~4)

   -
3. 시인의 '주의 궁정'에 대한 자세는 어떠한가? (5~12 읽고 답은 10절) -

제85편 [새로운 축복을 구함: 개인 찬미시]
다음 (　　) 안에 알맞은 말을 적으시오.

1. 우리 (　　　)의 하나님이여 우리를 (　　　　) 우리에게 향하신 (　　　　)를 거두소서.

2. 여호와여 (　　　　　)을 우리에게 보이시며 (　　　)을 우리에게 주소서.

3. 진실로 그의 (　　　)이 그를 (　　　)하는 자에게 가까우니 (　　　)이 우리 땅에 머무르리이다.

4. 여호와께서 (　　　　　)을 주시리니 우리 (　　　)이 그 (　　　)을 내리로다.

제86편 [환난 날의 기도: 개인 탄원시]
다음 각 항의 지시대로 답하시오.

1. 다음 대구(對句)가 맞는 것에는 O표, 틀린 것에는 X표 하시오.
   1) 가난하고 궁핍하오니 - 귀 기울여 응답 (　　　)
   2) 경건하오니 - 내 영혼을 사용 (　　　)
   3) 주를 우러러보오니 - 내 영혼을 긍휼히 (　　　)
   4) 환난 날에 부르짖으리니 - 내게 응답 (　　　)

2. 다음 성구가 맞는 것은 O표, 틀린 것은 X표 하고 틀린 부분에 밑줄을 그으시오.
   1) 여호와여 주의 지혜로 내게 가르치소서 (　　　)(　　　절)
   2) 내가 전심으로 주를 찬송하고 영원토록 주의 이름에 영화를 돌리오리니 (　　　)(　　　절)
   3) 은총의 표적을 내게 보이소서. 그러면 나를 미워하는 그들이 보고 즐거워하리니 (　　　)(　　　절)

제87편 [민족의 어머니인 시온: 시온시]
'시온에서 모든 것이 났다'는 본 시에서 "났다"는 말이 나오는 세 구절을 쓰시오.

1. (　　　절) -
2. (　　　절) -
3. (　　　절) -

제88편 [절망에서의 부르짖음: 개인 탄원시]
하나님께(주께) 질문하는 말씀을 쓰시오(~나이까?).

1. (　　　절) -
2. (　　　절) -
3. (　　　절) -
4. (　　　절) -
5. (　　　절) -

제89편 [다윗에게 하신 약속: 제왕시]
다음 성구의 (　　)를 채우시오.

1. 나는 내가 택한 자와 (　　　)을 맺으며 내 종 (　　　)에게 맹세하기를 내가 네 (　　　)을 영원히 견고히 하며 네 (　　　)를 대대에 세우리라 하셨나이다. - (　　　~　　　절)

2. (　　　)이 주의 것이요, (　　　)도 주의 것이라 (　　　)와 그 중에 (　　　　) 것을 주께서 건설하셨나이다. - (　　　절)

3. 주는 나의 (　　　)시요, 나의 (　　　)이시요, 나의 (　　　　)시라. - (　　　절)

4. 나의 때가 얼마나 (　　　) 기억하소서. 주께서 모든 (　　　)을 이찌 그리 (　　　)히게 창조하셨는지요. - (　　　절)

시편 90~100편 덧없는 인생의 피난처

제90편 [덧없는 인생의 피난처: 민족 탄원시]
다음 (/) 안에 틀린 것은 지우고 관계 구절을 쓰시오.

1. 이 시는 시편에 단 하나뿐인 (모세의 기도 / 다윗의 기도)이다. - (표제)

2. 이 시는 인생이 (길다 / 짧다)고 말한다. - (해당되는 절수 셋 이상을 쓰시오) - (　　　절)

3. 칠십, 팔십의 인생에 자랑할 것은(부귀와 영화 / 수고와 슬픔) 뿐이다. - (　　　절)

4. 괴롭게 하신 날수대로, 화를 당한 연수대로 (지혜롭게 / 기쁘게)해 달라고 기도했다. - (　　　절)

제91편 [하나님의 날개 아래: 감사 경배시]
하나님에 대한 고백에는 O표, 아닌 것은 X표 하시오.

1. 나의 피난처 - (　　)
2. 나의 요람 - (　　)
3. 내가 의뢰하는 하나님 - (　　)
4. 새 사냥꾼의 올무 - (　　)
5. 방패와 손 방패 - (　　)
6. 붙들어 발이 돌에 부딪히지 않게 하심 - (　　)
7. 사자와 뱀을 보내서 지키게 하심 - (　　)
8. 환난 당할 때에 건지고 영화롭게 하심 - (　　)

제92편 [안식일의 찬송시: 개인 찬미시]
성경을 읽고 다음 설명이 "의인"인지 "악인"인지 쓰시오.

1. 흥왕할지라도 영원히 멸망 -(　　)
2. 들소의 뿔 같이 높이심 -(　　)
3. 늙어도 결실하며 진액이 풍족 -(　　)
4. 다 흩어짐 -(　　)
5. 종려나무같이 번성함 -(　　)
6. 여호와의 집에서 번성 -(　　)

제93편 [여호와의 통치: 감사와 경배시]
다음 (　　) 안에 알맞은 단어를 쓰시오.

1. 여호와께서 (　　　) 스스로 (　　　)를 입으셨도다. 여호와께서 능력의 옷을 입으시며 띠를 띠셨으므로 세계도 견고히 서서 (　　　) 아니하는도다.

2. 주의 (　　　)는 예로부터 (　　　) 셨으며 주는 (　　　)부터 계셨나이다.

3. 여호와여 주의 (　　　)들이 매우 확실하고 (　　　)이 주의 집에 (　　　)하니 여호와는 (　　　)하리이다.

제94편 [하나님의 공의: 지혜시]
다음은 누구의 말이나 행동인지에 대해 (　　) 안을 채우시오.

1. 복수하시는~ 이여 빛을 비취소서.(1~2)
   - (시인이　　　　에게 한 말)

2. 여호와가 보지 못하며 야곱의 하나님이 알아차리지 못하리라.(3~7) - (　　　이 한 말)

3. 백성 중의 어리석은 자들아 너희는 생각하라 무지한 자들아, 너희가 언제나 지혜로울까?(8~10)
   - (시인이 백성 중　　　　에게 한 말)

4. 사람의 생각이 허무함을 아시며 자기 백성을 버리지 아니하시는 자.(11~15) - (　　　)

5. 내 속에 근심이 많을 때(근심할 때) 내 영혼을 즐겁게 하는 자.(16~23) - (　　　의 위안)

[제95~100편은 모든 피조세계를 통치하는 하나님께 기쁨으로 찬양을 돌리려고 저작된 시들이다]

제95~96편 [경배와 찬양(1): 감사와 경배시]
다음 단어가 나오는 성구를 쓰시오.

1. 반석(　　:　　) -
2. 무릎(　　:　　) -
3. 양(　　:　　) -
4. 전파(　　:　　) -

5. 예물(:   ) -

제97~100편 [경배와 찬양(2): 감사와 경배시]
다음에 이어지는 성구를 쓰시오.

1. (:   ) 조각한 신상을 ~
2. (:   ) 의인이여 ~
3. (:   ) 새 노래로 ~
4. (:   ) 온 땅이여 ~
5. (:   ) 여호와께서 다스리시니 ~
6. (:   ) 그의 제사장들 중에는 ~
7. (:   ) 여호와가 우리 하나님이신 줄 ~

시편 101~106편 모범적인 통치선언

제101편 [모범적인 통치선언: 제왕시]
완전한 길에 서기 위한 선언(또는 결심)을 써 보시오.

1. 나는 (   )을 내 눈 앞에 두지 아니할 것이요.
2. (   )를 내가 미워하오리니 나는 그 어느 것도 붙들지 아니하리이다.
3. (   )이 내게서 떠날 것이니 (   )을 내가 알지 아니하리로다.
4. 자기의 이웃을 (   )를 내가 멸할 것이요.
5. (   )를 내가 용납하지 아니하리로다.
6. 내 눈이 이 땅의 (   )를 살펴 나와 함께 살게 하리니.
7. (   )는 내 집 안에 거주하지 못하며,
8. (   )는 내 목전에 서지 못하리로다.
9. 아침마다 내가 이 땅의 (   ) 악을 행하는 자는 여호와의 성에서 다 끊어지리로다.

제102편 [시온의 재건을 비는 기도: 참회시]
다음 단락의 성구와 제목에 적합한 것을 연결하시오.

1. 1~11절 •   • 1) •   • 가)
2. 12~22절 •   • 2) •   • 나)
3. 23~28절 •   • 3) •   • 다)

1) 천지는 없어지려니와 주는 영존하시겠고.
2) 주께서 일어나사 시온을 긍휼히 여기시리니
3) 나는 눈물 섞인 물을 마셨나이다

가) 시인의 괴로움(탄식)
나) 시온의 피난처(이름)
다) 구원의 확신(주는 여상)

제103편 [여호와의 자비로우심 찬양: 감사와 경배시]
다음 물음에 답하시오.

1. 〈시편〉 103편에는 "송축"이라는 단어가 몇 번 나오는가? -
2. 하나님의 성품을 가장 잘 나타낸 성구를 쓰시오. (6~14중에서 한 절) -
3. 인생을 '자연'의 무엇에 비유했는지 세 단어를 찾아 쓰시오.(14~15) -

제104편 [창조주를 찬양: 감사와 경배시]
다음 단락에서 무엇을 찬양하고 있는지 보기에서 골라 쓰시오.

보기 해와 달 / 바다 / 풀과 채소 / 물과 샘 / 하늘 / 땅 / 하나님 찬양 / 생명(호흡)

1. 1~4절 -   2. 5~8절 -
3. 9~13절 -   4. 14~18절 -
5. 19~24절 -   6. 25~27절 -
7. 28~30절 -   8. 31~35절 -

시가서

시편

제105편 [그는 여호와 우리 하나님: 감사와 경배시: 역사시]
다음 물음에 답하시오.

1. 다음 단락에서 중심 인물을 찾아 쓰시오.(1번은 세 명, 2번은 한 명, 3번은 두 명)
   1) 5~15절 (　　　,　　　,　　　)
   2) 16~25절 (　　　)
   3) 26~45절 (　　　,　　　)

2. 아브라함, 이삭, 야곱에게서 가장 강조하는 것을 한 단어로 쓰시오.(5~15절 읽고 특히 8~10절)
   (　　　)

3. 27~36절에서 10대 재앙 중에 나오는 8가지 재앙에 O표 하시오.(출 7~12장 참고)
   [10대 재앙] 피, 개구리, 이, 파리, 돌림병(악독), 악성종기(독종), 우박, 메뚜기. 흑암, 장자 죽음

제106편 [이스라엘의 불순종: 감사와 경배시: 역사시]
다음의 본문에 나오는 사건은 어느 것을 회상했는지 (/) 안에서 맞는 것은 O표, 틀린 것은 =표로 지우시오.

1. 홍해 건넌 사건(7~12절) - (출 13장 / 출 14장)

2. 기브롯 핫다아와(탐욕의 무덤) 사건(13~15절) - (민 11장 / 민 12장)

3. 모세와 아론을 반역한 사건(16~18절) - (민 15장 / 민 16장)

4. 금송아지 섬긴 사건(19~23절) - (출 23장 / 출 32장)

5. 정탐꾼의 보고 후 불신 사건(24~27절) - (민 11~12장 / 민 13~14장)

6. 바알을 섬긴 죄(28~31절) - (민 25, 31장 / 민 20, 34장)

7. 므리바 물 사건(32~33절) - (민 19장 / 민20장)

8. 가나안 우상숭배(34~39절) - (신 20:16~18, 삿 1:26~36 / 출 20:1~11, 신 17:18~20)

9. 사사시대의 불순종(40~46절, 〈사사기〉 해설 참고) - (섬김-복종-은혜-권고 / 배신-심판-회개-구원)

시편 107~118편 구속에 대한 감사

제107편 [근심 중에 부르짖음: 감사와 경배시]
다음 단락과 관계 있는 제목을 쓰시오(1~4문).

> **보기** 흑암과 사망에서 구원
> 항해의 광풍 중에 구원
> 광야의 나그네에서 구원
> 미련한 연고로 당한 곤란에서 구원

1. 4~9절 -

2. 10~16절 -

3. 17~22절 -

4. 23~32절 -

5. 1) 구원을 감사할 때마다 후렴조로 똑같이 나오는 내용은? -
   2) 찬송(같은 후렴조)의 절수는?
   - (　　　절) (　　　절) (　　　절) (　　　절) - 4회

제108편 [하나님께 드리는 찬송 / 두 시의 결합: 개인 찬미시]
다음 (　　) 안에 알맞은 말을 적으시오.

1. 108편 1~5절은 57편 (　　　~　　　절)과 같다.
   - 57편 표제: 다윗이 사울을~

2. 108편 6~13절은 제 60편 (　　　~　　　절)과 같다.
   - 60편 표제: 다윗이 아람~

3. 가장 마음에 드는 한 구절을 쓰시오.(　　　절)
   -

제109편 [악담자에 대한 저주: 저주시]
다음 말에 이어지는 성구를 쓰시오(해당 절만).

1. (　　　절) 나는 사랑하나 ~
2. (　　　절) 그가 저주하기를 좋아하더니 ~
3. (　　　절) 여호와 나의 하나님이여 ~
4. (　　　절) 그들은 내게 저주하여도 ~

제110편 [영원한 제사장: 제왕시]
다음 (　　) 안에 알맞은 말을 적으시오.

1. 여호와께서 시온에서부터 (　　　　　)를 내보내시리니 주는 원수들 중에서 (　　　　).
2. 여호와는 맹세하고 (　　　　) 아니하시리라. 이르시기를 너는 (　　　　)을 따라 (　　　　) 이라 하셨도다.

제111편 [하나님을 찬송]/ 제112편 [하나님 경외의 복: 지혜시]
다음 단어가 있는 장절을 쓰고 성구 본문을 쓰시오.

1. 경외, 언약 (　　:　　) -
2. 경외, 지혜 (　　:　　) -
3. 후손, 강성 (　　:　　) -
4. 재물, 빈궁 (　　:　　) -

[제113~118편은 유월절 저녁 식사 전후에 낭송했다. '할렐루야 시편'이라고도 한다.]

제113~114편 [할렐루야 시편(1): 감사와 경배시]
다음 (　/　) 안에서 맞는 것에 O표 하시오.

1. 113:7~8은 〈사무엘상〉 2장(5절 / 8절)과 일부가 같고, 113:9는 〈사무엘상〉 2장(5절 / 8절)과 일부가 같다.
2. 114편은 (출애굽 사건을 찬양 / 천지창조를 찬양)한 것이다.
3. 113~114편은 유월절 만찬(전에 / 후에), 115~118편은 만찬 (전에 / 후에) 불리어졌다. (해당 해설 참고)

제115~118편 [할렐루야 시편(2): 감사와 경배시]
다음 성경을 읽으며 (　　)를 채우시오.

1. (　　:　　) 주는 (　　　)하시고 (　　　) 하시므로 주의 이름에만 영광을 돌린다.
2. (　　:　　) 입, 눈, 귀, 코, 손, 발, 목구멍이 있어도 사용 못하는 (　　　)들은 사람이 만든 것이다.
3. (　　:　　) "여호와여 주께 구하오니 내 영혼을 건지소서"라고 여호와의 (　　　)으로 기도한 것은 (　　　)을 만났을 때이다.
4. (　　:　　) 내게 주신 모든 (　　　)를 여호와께 무엇으로 (　　　) 하며 서원을 갚고자 했다.
5. (　　:　　) 우리에게 향하신 여호와의 (　　　)이 크시고 여호와의 (　　　)이 영원함이로다.
6. (　　:　　) 여호와는 나의 능력과 (　　　)이시요. 또 나의 (　　　)이 되셨도다.
7. 118편 22절의 신약성경 인용은? (마 21:　　　), (막 12:　~　　), (눅 20:　　　), (벧전 2:　　　)이다.
8. 113~118편에서 마지막 절에 "할렐루야"라는 말이 나오는 〈시편〉은 어느 것인가? -

시편 119편 하나님 말씀의 영광

〈제119편〉

제1~24절 [여호와의 법에 행함]
(알렙) 1~8절, (베트) 9~16절, (기멜) 17~24절.

1. 1~8절에 각 절마다 1~2개씩 나타난 '하나님의

율법'에 대한 용어를 모두 찾아 쓰시오(관련 해설 내용 참고).

1) 1절- 여호와의 율법　　2) 2절-
3) 3절-　　4) 4절-
5) 5절-　　6) 6절-
7) 7절-　　8) 8절-

2. 청년이 무엇으로 그의 행실을 깨끗하게 할 수 있는가?(9~16) -

3. 주의 증거들의 도를 무엇 같이 즐거워해야 하는가?(9~16) -

4. 눈을 열어서 보기 원하는 것은 무엇인가?(17~24) -

제25~48절 [주의 율례를 깨닫게]
(딸렡)25~32절, (헤) 33~40절, (와우) 41~48절.

1. 나에게 (　　　)들의 길을 깨닫게 하여 주소서. 그리하시면 내가 (　　　)들을 작은 소리로 읊조리리이다.(　　절)

2. 여호와여 (　　　)들의 도를 내게 가르치소서. 내가 (　　　)지키리이다.(　　절)

3. (　　　)이 내 입에서 조금도 떠나지 말게 하소서. 내가 (　　　)를 바랐음이니이다.(　　절)

4. 내가 사랑하는 (　　　)들을 향하여 내 손을 들고 (　　　)들을 작은 소리로 읊조리리이다. (　　절)

제49~72절 [고난 당한 것이 유익]
(자인) 49~56, (헤드) 57~64, (테드)65~72절.

1. 어디에서 주의 율례가 시인의 노래가 되었는가?(49~56) -

2. 시인의 소유는 무엇인가?(49~56) -

3. 시인이 주의 계명들을 지키기에 어떻게 했는가?(57~64읽고 답은 60에서) -

4. 밤에 무엇을 했는가?(55, 62) -

5. 고난당한 것이 유익이 된 이유는?(67, 71) -

제73~96절 [주의 계명을 배움]
(요드) 73~80절, (카프) 80~88절, (라멛)89~96절.
다음 성구 중에서 (　/　)에 틀린 것은 두 줄로 지우고 해당 절수를 쓰시오.

1. 주를 경외하는 자들이 나를 보고 기뻐할 것은 내가 (넘어짐 / 주의 말씀)을 바라는 까닭이니이다.
- (　　절)

2. 나의 (영혼 / 마음)이 주의 구원을 사모하기에 (열렬 / 피곤)하오나 나는 (주의 말씀 / 주의 명령)을 바라나이다. - (　　절)

3. (주의 성실 / 주의 법)이 나의 즐거움이 되지 아니하였더면 내가 내 고난 중에 (멸망 / 안전)하였으리이다. - (　　절)

제97~120절 [내 발에 등, 내 길에 빛]
(멤) 97~104, (눈) 105~112., (싸멕) 113~120.
다음 (　　) 안에 알맞은 낱말을 써서 성구의 의미를 완성하시오.(본문 요약임)

1. 주의 계명은 나를 (　　)보다 지혜롭고 하고, 나의 명철함이 (　　)보다, (　　)보다 낫다.(97~104)

2. 주의 말씀의 (　　)이 내 입에 (　　)보다 더 달다.(97~104)

3. 주의 말씀은 내 발에 (　　)이요 내 길에 (　　)이다.(105~112)

4. 주의 (　　)들로 내가 영원히 나의 (　　)을 삼았사오니 내 마음의 즐거움이 되었다.(105~112)

5. 주의 율례들에서 떠나는 자는 주께서 다 (　　)하셨으니.(113~120)

제121~144절 [정금보다 사랑하는 계명]
(아인) 121~128, (페) 129~136, (차데) 137~144.
다음의 단락에서 다음 단어가 나오는 해당절과 그 성구를 쓰시오.

1. 보증(121~128) - (　　　절) 주의 종을 ~
2. 순금(121~128) - (　　　절) 내가 주의 ~
3. 헐떡(129~136) - (　　　절) 내가 주의 ~
4. 박해(129~136) - (　　　절) 사람의 ~
5. 순수(137~144) - (　　　절) 주의 말씀이 ~
6. 우환(137~144) - (　　　절) 환난과 ~

제145~176절 [주의 법을 사랑]
(코프)145~152, (레슈) 153~160, (쉰) 161~168, (타우)169~176.

각 단락에서 마음에 드는(또는 은혜를 받은) 말씀을 한 절씩 선택하여 쓰시오.

1. 145~152 (　　　절) -
2. 153~160 (　　　절) -
3. 161~168 (　　　절) -
4. 169~176 (　　　절) -

시편 120~130편 거짓된 입술

제120편 [거짓된 입술: 개인 탄원시]
다음 물음에 답하시오.

1. 시인은 어떤 것에서 '내 생명을 건지소서'라고 말했나?(1~2) -
2. 속이는 혀는 결국 무엇을 얻게 되는가?(3~4) -
3. 화평을 원하며 말할 때에 상대는 어떻게 했는가?(6~7) -

제121편 [너를 지키시는 자: 시온시]
다음 (　　) 안에 알맞은 말을 적으시오.

1. "나의 도움이 어디서 올까. 나의 도움은 (　　　　　　)."
2. "여호와는 너를 지키시는 이시라. 여호와께서 (　　　　　)이 되시나니."
3. "여호와께서 너의 출입을 (　　　　　) 지키시리로다."
4. 121편에 '지킨다'(지키시는, 지키시리로다)는 말이 몇 번 나오는가? - (　　　번)

제122편 [예루살렘아: 시온시]
다음에 이어지는 성구를 쓰시오(해당 절만).

1. (　　　절) 예루살렘아 ~
2. (　　　절) 예루살렘아 ~
3. (　　　절) 예루살렘을 위하여 ~

제123편 [눈을 주께로 향함: 감사와 경배시]
다음 서로 관계 있는 것끼리 연결하시오.

1. 하늘에 계시는 주여 • 　　• 가)
2. 여주인의 손을 바라보는 여종의 눈같이 • 　　• 나)
3. 여호와여 우리에게 은혜를 베푸시고 • 　　• 다)
4. 안일한 자의 조소와 교만한 자의 멸시가 • 　　• 라)

가) 우리 영혼에 넘치나이다.
나) 우리의 눈이 여호와 우리 하나님을 바라보며.
다) 심한 멸시가 우리에게 넘치나이다.
라) 내가 눈을 들어 주께 향하나이다.

제124편 [도우시는 하나님: 감사와 경배시]
물음에 맞는 것은 O표, 틀린 것은 X표로 답하시오.

1. 사람들이 우리를 치러 일어날 때에 여호와께서 우리 편에 계시지 아니 하셨더라면 그 때에 우리가 대적과 맹렬히 싸워 그들을 산채로 삼켰을 것

시가서
시편

이다. - (　　　)

2. 우리를 내주어 그들의 이에 주어 씹히게 하신 여호와를 찬송할지로다. - (　　　)

3. 우리의 도움은 천지를 지으신 여호와의 이름에 있도다. - (　　　)

제125편 [자기 백성을 두르심: 시온시]
다음 (/) 안에서 맞는 것에 O표 하시오.

1. 여호와를 (의심 / 의지)하는 자는 시온산이 (흔들리지 / 요란하지) 아니하고 영원히 있음 같도다.

2. 산들이 예루살렘을 (두름 / 덮음)과 같이 여호와께서 그의 백성을 지금부터 (영원 / 영생)까지 두르시리로다.

3. 여호와여 (선한 자 / 악한 자)들과 마음이 (정직한 자 / 완고한 자)들에게 선대하소서.

제126편 [시온의 포로를 돌리심: 시온시]
다음 맞는 답의 번호에 O표 하시오.

1. "시온의 포로를 돌려보내실 때에 우리는 꿈꾸는 것 같았도다"는 의미는?
   1) 꿈꾸었던 것처럼 허무하다.
   2) 실제적으로 이루어져서(해방) 너무 좋았다.

2. 포로 귀환과 관계가 없는 것은?
   1) 입에는 웃음, 혀에는 찬양이 찼다.
   2) 뭇 나라가 여호와께서 큰 일을 행하셨다고 했다.
   3) 이스라엘의 노력의 결과이다.
   4) 우리는 기쁨을 얻었다.

3. 눈물을 흘리며 씨를 뿌리면(포로에서 귀환하여 현실상황은 어려웠지만 노력하면) 그 결과는?
   1) 계속 울게 된다(희망이 없다).
   2) 기쁨으로 거둔다(기대하는 희망이 있다).

4. 시 120~135편을 (　　　　노래)라고 하며 모두 (　　　편)이다. - (표제 참고.)

제127편 [하나님 없는 자의 헛수고: 지혜시]
다음에 이어지는 말씀을 쓰시오.

1. 여호와께서 집을 세우지 아니하시면~

2. 여호와께서 성을 지키지 아니하시면~

3. 수고의 떡을 먹음이~

4. 자식들은~
   태의 열매는~

제128편 [여호와를 경외하는 자의 복: 지혜시]
다음 물음에 답하시오.

1. 여호와를 경외하며 그의 길을 걷는 자마다 복이 있고 수고한 대로 먹으며 어떻게 되는가?(1~2)
   -

2. 다음을 무엇에 비유했는가?
   1) 아내:　　　　　2) 자식들:

3. 1) 어디에서 복 주시는가? -
   2) 평생에 무슨 복을 보는가?-
   3) 128편에 "복"이라는 단어가 몇 번 나오는가?
   -

제129편 [시온을 미워하는 자의 수치: 시온시]
다음 물음에 답하시오.

1. 여호와는 의로우사 악인을 어떻게 하시는가?(1~4) ~

2. 시온을 미워하는 자들은 어떻게 되는가?(5) -

3. "여호와의 복이 너희에게 있을지어다"라는 말을 들을 수 없는 사람은?(5~8) -

제130편 [깊은 데서 부르짖음: 참회시]
다음 (　) 안에 알맞은 말을 쓰시오.

1. 여호와여, 내가 (　　　　) 주께 부르짖었나이다.

2. 여호와여, 주께서 (　　　　　)진대 주여 누가 서리이까. 그러나 (　　　　)이 주께 있음은 주를 (　　　) 하심이니이다.

3. 이스라엘아 여호와를 (   ). 여호와께는 (   )과 풍성한 (   )이 있음이라.

시편 131~140편 순전한 신뢰

제131편 [순전한 신뢰: 감사와 경배시]
다음 물음의 답에 O표 하시오.

1. 시인에게 관계 있는 것은 무엇인가?
   1) 마음이 교만함
   2) 눈이 오만하지 않음
   3) 큰 일을 힘씀
   4) 감당하지 못할 일에 힘씀
2. 시인의 심령 상태와 다른 것은 무엇인가?
   1) 고요함
   2) 평온함
   3) 젖 뗀 아이가 홀로 있는 것 같음
   4) 영혼이 젖 뗀 아이와 같다

제132편 [다윗과 시온 성소: 제왕시]
다음 (   ) 안에서 맞는 것은 O표, 틀린 것은 두 줄로 지우시오.

1. 여호와여 일어나사 주의 (권세 / 권능)의 궤와 함께 (평안 / 평탄)한 곳으로 들어가소서.(절)
2. 네 자손이 내 (언행 / 언약)과 그들에게 (훈계 / 교훈)하는 내 증거를 지킬진대 그들의 후손도 영원히 네 (왕위 / 보좌)에 앉으리라 하셨도다. (절)
3. 내가 그 (제사장 / 선지자)들에게 구원을 옷 입히리니 그 (성도 / 성산)들은 즐거이 외치리로다. (절)

제133편 [형제의 연합: 감사와 경배시]
다음 물음에 답하시오.

1. 어떻게 함이 선하고 아름다운 모습인가? -
2. 여호와께서 명령하신 복은 무엇인가? -

제134편 [밤에 여호와를 찬송: 감사와 경배시]
다음 물음에 답하시오.

1. 어떤 모습으로 여호와를 송축하라고 했는가? -
2. 여호와께서 어디에서 복을 주시는가? -

제135편 [창조와 역사의 주를 찬송: 감사와 경배시]
다음 말이 누구에 관한 것인지 쓰시오.

> **보기** 여호와 / 우상 / 이스라엘 /

1. 선하시며 그의 이름이 아름다움 -
2. 여호와의 특별한 소유로 택하심 -
3. 위대하시며 모든 신들보다 높으심 -
4. 여호와께서 땅을 기업으로 주심 -
5. 은금이요 사람의 손으로 만든 것 -
6. 입이 있어도 말하지 못하며, 눈이 있어도 보지 못함 -

제136편 [여호와께 감사하라: 감사와 경배시]
다음 성구에 이어지는 말과 절수를 쓰시오.

1. (절) 지혜로 하늘을 지으신 이에게 ~
2. (절) 홍해를 가르신 이에게 ~
3. (절) 그들의 땅을 기업으로 주신 이에게 ~
4. (절) 모든 육체에게 먹을 것을 주신 이에게 ~

제137편 [바벨론 강변의 애가: 저주시]
다음 물음에 답하시오.

1. 이스라엘이 바벨론 강변에서 울은 이유는?(3절)
   -

시가서 시편

2. 예루살렘을 잊는다면 차라리 몸의 무엇이 어떻게 되리라고 했는가?(두 가지를 쓰시오)
   1) 5절:
   2) 6절:

3. 여호와께 무엇을 기억하시고 에돔 자손을 치소서라고 했는가?(7절)-

4. 저주의 극치를 어떻게 표현했는가?(9절)

   -

제138편 [주의 이름에 감사: 개인 찬미시]
다음 성구에서 틀린 단어 두 개에 밑줄을 긋고 알맞게 고치시오.

1. 내가 주의 성신을 향하여 예배하며 주의 인자하심과…… 주의 은혜에 감사하오리니. -

2. 여호와께서는 높이 계셔도 작은 자를 굽어살피시며 멀리서도 교활한 자를 아심이니이다. -

3. 여호와께서 주를 위하여 보호해 주시리라. -

제139편 [감찰하시는 하나님: 개인 찬미시]
다음 물음에 답하시오.

1. 주께서 나를 감찰하시고 아는 것이 무엇인지 모두 쓰시오.(1~4) - (예: 생각, 혀의 말)

   -

2. 어디에 가도 주께서 거기 계시다고 했는지 세 곳을 쓰시오.(7~10) -

3. "내게 무슨 악한 행위가 있나 보시고" 어떻게 해 달라고 했는가?(24) -

제140편 [구원과 복수를 위한 기도: 개인 탄원시]
다음 물음에 답하시오.

1. 악인이 하는 일을 쓰시오.(복잡한 것은 요약)
   1) 2절: 악을 ~
   2) 3절: 혀를 ~
   3) 4절: 나의 ~
   4) 5절: 올무와 ~

2. 악인에게 한 의인의 저주 기도는 몇 절에 나와 있는지 맞는 번호에 O표 하시오.
   1) 6~8절　2) 9~11절　3) 12~13절

3. 내가 아는 여호와는?(12절) -

시편 141~150편 내 눈이 주께 향하여

제141편 [내 눈이 주께 향하여: 개인 탄원시]
다음의 의미가 담긴 성구의 절수를 쓰시오.

1. 내 입 앞에 파수꾼을 세워 말조심하게 해달라는 기도 - (　　　절)

2. 의인의 책망을 머리의 기름같이 귀중히 여기겠다는 말씀 - (　　　절)

3. 내 눈이 여호와를 향하며 주께 피하오니 빈궁한 대로 버려두지 말라는 기도 - (　　　절)

제142편 [외로운 자의 기도: 개인 탄원시]
마음에 드는(또는 은혜 되는) 두 절을 골라 쓰시오.

1. (　　　절)

2. (　　　절)

제143편 [의로운 인생이 없다: 개인 탄원시]
다음 (　　) 안을 채워 성구를 완성하시오.

1. 주의 종에게 (　　　)을 행하지 마소서. 주의 눈 앞에는 (　　　)이 하나도 없나이다.

2. (　　　)를 향하여 손을 펴고 내 영혼이 마른 땅 같이 (　　　)하나이다.

3. (　　　)에 나로 하여금 주의 인자한 (　　　)을 듣게 하소서. 내가 주를 (　　　)이니이다.

4. 여호와여 주의 (　　　)을 위하여 나를 살리시고 주의 (　　　)로 내 영혼을 (　　　)에서 끌어내소서.

5. 143편 2절은 〈로마서〉 3장 (　　　절)에 인용하였다.(롬 3:19~24 중에서)

제144편 [왕과 백성의 구원: 제왕시]
다음 물음에 답하시오.

1. 여호와는 나에게 어떤 분이신가?(2절) -
2. 사람은 어떤 존재인가?(4절) -
3. 이방인의 입과 손은 어떠한가?(11절) -
4. 누가 복 있는 백성인가?(15절) -

제145편 [왕이신 나의 하나님: 감사와 경배시]
다음에 이어지는 말씀을 쓰시오.

1. (　　　절) 왕이신 나의 하나님이여~
2. (　　　절) 여호와는 위대하시니~
3. (　　　절) 여호와여 주께서 지으신~
4. (　　　절) 모든 사람의 눈이 주를~
5. (　　　절) 내 입이 여호와의 영예를~

[146~150편은 '할렐루야 시편'이다]

제146편 [사회적 관심의 찬송: 감사와 경배시]
여호와는 다음 사람들에게 어떻게 하시는가?

1. 억눌린 사람들 -
2. 주린 자들 -
3. 맹인들 -
4. 비굴한 자들 -
5. 의인들 -
6. 나그네들 -
7. 고아와 과부 -

제147편 [역사와 자연의 여호와: 감사와 경배시]
다음 물음에 답하시오.

1. 여호와는 어떤 분이신가?(2~3절에서만) -
2. 여호와가 어떤 자를 기뻐하시는가?(11절) -
3. 다음의 자연에 대한 시인의 비유는?(16~17절)
   1) 눈:
   2) 서리:
   3) 우박:

제148편 [우주적인 찬양: 감사와 경배시]
찬양해야 하는 모든 것들을 쓰시오(예: 해, 달, 군대).

1. 자연 -
2. 동물 -
3. 사람 -

제149편 [시온의 찬양: 감사와 경배시]
다음 (　/　) 안에서 맞는 것은 O, 틀린 것은 두 줄로 지우시오.

1. 이스라엘은 자기를 (짐 지신 / 지으신) 이로 말미암아 즐거워하며 (시온의 주민 / 시온의 민족)은 그들의 (힘 / 왕)으로 말미암아 즐거워할지어다.
2. 여호와께서는 자기 (이름 / 백성)을 기뻐하시며 (겸손한 / 검소한) 자를 구원으로 아름답게 하심이로다.

제150편 [대합창 교향곡: 감사와 경배시]
다음 물음에 답하시오.

1. 어디에서 찬양하라 했는가?(1절) -
2. 무엇을 찬양하는가(2절) -
3. 어떤 악기로 찬양할 수 있는가?(3~5절) -
4. 146편에서 150편까지 "할렐루야"가 몇 번 나오는가? -

잠언 | 시가서 |

Proverbs

시가서

잠언

제목에 대한 해설

기독교의 본서의 책 이름은 히브리어 원전 1:1의 두 낱말인 '미쉴레 쉘로모', 즉 '솔로몬의 잠언'에서 유래되었다. 70인역(주전 3세기 구약성경의 헬라어 번역)에서는 솔로몬을 빼고 '잠언(미쉴레)'이라 하였고, 현대의 번역본들도 이를 따라서 영어역이나 중국 및 한국역 모두 같은 이름을 사용하였다. 〈잠언〉(미쉴레), 즉 '마샬'의 복수형은 '속담들', '격언들'이라고 번역되나, '비유', '수수께끼'를 포함하는 말이다.

〈잠언〉은 〈욥기〉와 같이 지혜서에 속하는데, 단순히 인간들의 격언이 아니다. 성경은 인간의 모든 재능과 문학적 소양과 기법, 언어의 배경 등을 성령께서 사용해서 기록한 하나님의 말씀이기 때문이다.

저자 및 저작 연대

〈잠언〉 자체가 그 저작자에 대해 간단히 언급한 것은 다음과 같다. (1) 10:1-솔로몬의 잠언이라. (2) 22:17-지혜 있는 자의 말씀을. (3) 24:23-이것도 지혜로운 자의 말씀이라. (4) 25:1-이것도 솔로몬의 잠언이요 유다 왕 히스기야의 신하들이 편집한 것이라. (5) 30:1-이 말씀은 야게의 아들 아굴의 잠언이니 (6) 31:1-르므엘의 말씀한 바 곧 그의 어머니가 그를 훈계한 잠언이라. 그렇다면 솔로몬 한 사람의 저작이 아니라는 것을 쉽게 알 수 있다. 그러나 솔로몬의 비중(왕상 4:32)으로 보아 통상 솔로몬 저작으로 말한다. 대개 성경학자들은 그 내용으로 보아 그의 저작 시기를 이렇게 말한다. (1) 청년기(아가) - 죽음보다 강한 사랑을 노래하고 있다. (2) 장년기(잠언) - 인생의 여러 가지 교훈을 주고 있다. (3) 노년기(전도서) - 인생의 부귀영화도 하나님 없으면 헛되다.

〈잠언〉은 솔로몬과 함께 그 후대에 여러 시대를 거치면서 최종적으로 편집되었을 것이다.

역사적 배경

〈잠언〉은 지혜문서 중에 하나다. 지혜사상이 이스라엘에서 유행하게 된 것은 주로 솔로몬 시대에 이르러서다. 예루살렘이 국제도시가 되면서 근동 지방의 다양한 지혜사상들의 교류가 있었고, 솔로몬은 각종 지혜에 통달하여 당시에 지혜의 왕으로 널리 알려졌다(왕상 4:29~34).

〈잠언〉은 지혜자들의 가르침으로 젊은 남자들, 특히 왕족이나 관료층의 자제들을 교육시키는 데 사용된 것으로 보이지만, 일반 대중에게도 알려져 있었으며 시공을 초월한 모든 시대의 사람들에게 폭넓게 적용될 수 있는 가치가 있다.

교훈과 메시지

(1) 지혜의 근본인 여호와 경외

〈잠언〉에 수집되어 있는 지혜의 말씀들은 인간의 삶과 관련된 주제들이다. 즉 부모공경, 자녀교육, 음녀, 현숙한 여인, 부지런함, 겸손, 언어생활, 거짓 증인, 뇌물, 금주, 사회정의, 보증서는 일, 분노 억제, 너그러움 등이다. 이러한 교훈은 인과응보에 기초한 것으로, 〈욥기〉가 인과응보로 해결할 수 없는 문제를 제기한 것과는 다르다. 〈잠언〉은 보편적인 지혜를 소개하고 있으면서도 모든 지혜와 지식의 근본이 여호와를 경외하는 것이라고 결론 짓는다(1:7, 9:10).

(2) 인간 지혜의 한계

사람들을 지혜로운 자와 어리석은 자로 구분하고서 지혜로운 자를 의롭고 정직한 자로, 어리석은 자를 미련하고 악한 자로 설명한다. 인간이 지혜와 능력을 과신하여 하나님께 대한 신뢰를 저버리지 말 것을 경고한다. 인간의 지혜는 한계가 있으므로 참된 지혜는 하나님께로서 오는 것이요, 인간에게 주신 선물이라는 사실과 관련이 있다. 요셉(창 37~50장)과 다니엘에게서 이런 사실을 알 수 있다.

(3) 의인화된 지혜

이스라엘의 지혜의 독특성은, 첫째는 지혜의 근본을 하나님을 경외하는 데서 찾으며, 둘째는 지혜가 인격적인 존재로 의인화(擬人化)되어 있는 것이다.

지혜를 여성으로 묘사하는 것은, 지혜에 해당하는 히브리어 '호크마'가 여성명사이기 때문이며, 헬라어 '소피아'도 여성명사이다. 지혜는 사람들을 교훈하는 한 여인으로 묘사되고 있다. 그러나 의인화된 지혜가 태초부터 존재하고 있었다고 한다(8장).

잠언 1~6장

청년에 대한 잠언 (중요구절 잠 1:7)

〈잠언〉은 그 목적을 밝히며 시작된다(1:2~6). 지혜는 청년들과 교육을 받지 못한 자 뿐 아니라, 모든 사람에게 필요하다. 지혜자의 말에 귀를 기울이라(1장). 은이나 보배를 구하고 찾듯 여호와를 아는 지식은 그 효력을 나타낸다(2장). 젊은이에게 여호와를 신뢰하며 지혜를 얻으라 한다(3장). 최고의 지혜의 교훈자는 아버지이다(4장). 음녀에 대해 주의하며 아내로 만족하라(5장). 보증과 거짓에 대해 경고한다. '게으른 자는 개미에게 배우라'고 한다. 여호와께서 미워하시는 것이 있다(6장).

1. 〈잠언〉의 첫 구절은 "다윗의 아들 이스라엘 왕 솔로몬의 잠언"(1:1)이라며 지혜자 솔로몬(왕상 4:29~34)의 권위 아래에 둔다. "훈계"(2~3절)는 교육을 뜻하고 이로써 지혜론의 목적과 목표가 젊은이들을 육성하는 데 있다는 것을 밝힌다. 온갖 교육에 반드시 있어야 할 밑바탕은 하나님에 대한 올바른 관계이다. 여호와를 경외하는 것은 하나님 앞에서 불안해 하라는 뜻이 아니라 하나님의 거룩하신 실체를 어려워하면서 존경하는 것을 뜻하며, 이는 사람이 하나님의 계명을 지키는 데서 드러난다. 하나님을 진지하게 섬기지 않는 사람은 여기 제시된 본보기에 들어맞지 않을 것이므로 어리석은 자라 불린다. 6절에서는 지혜론에 쓰이는 여러 가지 표현 형식에 대해 말한다.
2. "그리하면"이라는 표현을 3:1~10에서 계속 네 번 읽게 된다. 장수와 평강, 은총과 귀중히 여김, 골수로 윤택, 창고가 가득히 차고 넘치는 복 등이 나온다. 이러한 복을 받는 비결은 무엇보다 받을 복을 생각하기 이전에 말씀을 따라 사는 자세가 필요하며 그때에 복을 누릴 자격이 있는 것이다. '그리하면'이라는 말은 내가 실천해야 할 자세이다.
3. 가정생활의 행복은 아내의 품을 만족해 하는 데 있다. 여기에는 서로의 책임이 크다(고전 7장). 남편은 아내를 연모하는 복된 마음을 갖으며, 아내는 그런 사랑을 받도록 자신을 가다듬어야 한다(5:16~23). 처음 사람 아담에게도 하나님은 둘이 한 몸을 이루라고 하셨다(창 2:24).
4. 잠자기를 좋아하는가? "개미에게 가서…… 지혜를 얻으라"고 했다(6:6~11). 하루에 한 시간의 잠만 줄여도 인생을 훨씬 더 효율적으로 살 것이다. 일본의 한 샐러리맨이 자신의 지난 30년을 분석해 보니 잠자는

1
여호와를 경외하는 자
지혜와 훈계를 알게 하며

2
지혜를 구하는 유익
은을 구하는 것 같이

3
지혜의 축복
의인의 집에는 복이 있느니라

4
아버지의 훈계
네 마음을 지키라

5
결혼에 대한 지혜
젊어서 취한 아내를
즐거워하라

6
어리석음에 대한 경계
개미에게 가서 지혜를 얻으라

데 10,950일이 소요되었다고 한다. 사람의 배꼽이 땅과 가까워질수록 몸은 편하겠지만, 하나님은 언제나 일하는 자들을 부르셨다. 고기 잡던 베드로를, 밭을 갈던 엘리사를 부르셨고 바로 우리를 부르셨다!

더 살펴보기

내용 분해

1~9장 - 지혜와 우둔의 교훈
10장~22:16 - 솔로몬의 잠언(제1집)
22:17~24장 - 지혜인의 어록
25~29장 - 솔로몬의 잠언(제2집)
: 히스기야 신하들 편집
30장 - 아굴의 잠언
31:1~9 - 르무엘의 잠언
31:10~31 - 현숙한 여인(아내)

1. 〈잠언〉의 내용

〈잠언〉을 인간들의 격언쯤으로 여겨서는 안 된다. 성경은 인간이 처한 상황에서 모든 재능과 문학적 소양과 기법, 언어의 배경 등을 성령께서 사용해서 기록한 하나님의 말씀이기 때문이다.

〈잠언〉 1~9장은 '지혜를 찬미하며 교훈'했다. 이어서 "솔로몬의 잠언"은 크게 둘로 되어 있다. 제1집 - 10:1~22:16, 제2집 - 25:1~29:27로 구성된다. 제1집(10~22장)에는 375개의 대구(對句)가 수록되어 있는데, 누구나 읽으면 알 수 있는 쉬운 말씀이지만 과제는 가르침대로 사는 것이다.

2. 본문에 많이 나오는 단어들을 몇 가지 살펴 본다(잠 1:2)

(1) 지혜 - 히브리어 '호크마'인데, 이 단어는 '판단력', '인식을 위해 사물을 고정시킴', '꽉 짜임', '굳셈', '밀접함' 등의 뜻이 있다. 70인역에서는 이 말이 '소피아'로 번역되었다. 호크마(지혜)는 철학적, 도덕적 지식이 아니라 종교적 지식, 하나님께 대한 경건에서 발생한 거룩한 통찰력을 말한다.

(2) 훈계 - 앞의 지혜가 지적이며 이론적인 성격을 지녔다면 훈계는 '무사르'로서 실제적인 면, 즉 '교육', '도덕적 훈련'을 의미한다. 지혜를 참으로 알려면 먼저 훈계를 잘 따라야 한다.

(3) 명철 - 히브리어 '비나'로서 '참과 거짓', '선과 악을 분별하는 능력'을 가리킨다. '명철의 말씀'이란 참과 거짓, 선악을 분별하는 기준이 되는 하나님의 말씀, 즉 율법으로 대표되는 말씀을 가리킨다.

솔로몬의 저작이 그의 생애 언제쯤 기록되었을까?

성서학자들은 그 내용으로 보아 다음과 같이 나누지만, 일부 현대 학자들은 솔로몬의 저작으로 보지 않기도 한다.

(1) 청년기 - 〈아가〉: 죽음보다 강한 사랑을 노래하고 있다.
(2) 장년기 - 〈잠언〉: 인생의 여러 가지 교훈을 주고 있다.
(3) 노년기 - 〈전도서〉: 인생의 부귀영화도 하나님 없으면 헛되다.

3. 지혜의 가치(잠 3:13~18)

2장에서 지혜가 파멸을 막아 주는 역할을, 3장에서는 지혜의 복을 가르쳤다. 이제 그 지혜론의 근본 사상으로 "지혜를 얻는 것이 은을 얻는 것보다 낫고 그 이익이 정금보다 나음이니라"(3:14). 이처럼 지혜의 가르침대로 사는 사람은 장수와 행복한 삶을 확보한 것이라고 한다. 지혜는 행복을 가져다 주므로 지혜의 길은 즐거운 길인데, 평강은 번영과 성공과 안전과 건강 등 사람을 잘 되게 하는 모든 것을 포함한다. 지혜론의 이러한 근본 사상은 〈전도서〉나 〈욥기〉에서는 또 다른 관점으로 말하고 있다.

교회 마당에서 글씨 공부(1910년경)
한국 선교 초기에 교회 마당에서 글씨 쓰기 연습을 하는 모습이다. 한국 교회는 한글성경을 통하여 문맹퇴치에 큰 공을 세웠고 국민의 글로 정착시켰다. 〈잠언〉은 바로 지혜와 훈계와 명철을 말한다.

4. 음녀와 음행에 대한 경고(잠 5~7장)

5장에서 음행에 대한 경고를 한다. 이 주제는 7장 끝까지 부분적으로 계속 다루고 있다. "음행"의 정의는 문자적으로 '결혼에 대한 신의를 저버린 것'을 의미하며, 은유적으로는 여성으로서 인격화된 지혜에 대한 불성실을 뜻한다. 지혜 여인에 반대되는 모습은 부도덕한 여인, 곧 음녀로 표현하고 있다(2:16 참고).

잠언7~12장

솔로몬의 잠언(1) - 지혜와 어리석음 (중요구절 잠 9:10)

음녀의 미혹에 빠지는 것은 도수장으로 가는 소와 같다(7장). 그러나 솔로몬 자신도 말년에 이방 왕비들로 인하여 우상숭배에 빠지게 되었다(왕상 11:1~13). 지혜는 일상생활에서 언제나 필요하다. 지혜는 창조의 시작 전부터 하나님의 소유였다(8장). 1장에서 8장까지 가르친 교훈들이 지혜와 어리석음에 대한 생생한 비유에 압축되어 있다. 지혜로운 자에게는 지혜가 유익하지만 거만하면 해를 당한다(9장). 이제 '솔로몬의 잠언 (제1집), 10:1~22:16'에 들어간다. 거의 비슷한 형식의 대구법(對句法), 즉 반의적(反意的) 평행법으로 기록되어 있어서 한 절로도 완전한 교훈의 형식을 갖추고 있다.

1. "은이나 정금, 진주보다 귀한 것은 지혜"(8:10~11)라고 했으나 우리의 어려운 경제 문제에 있어서 성경이 어떤 대답을 주느냐고 반문한다. 베드로는 밤새도록 자신의 노력으로는 잡지 못한 물고기를 예수님의 지

7
음녀에 대한 경계
음녀의 길로 치우치지 말며

8
부르짖는 지혜
지혜가 부르지 아니하느냐

시가서
잠언

9
지혜와 어리석음의 비교
여호와를 경외하는 것이 지혜

10
의로운 자
지혜로운 아들은 아비의 기쁨

11
진실과 거짓
의인은 환란에서 구원 얻음

12
의로운 길
훈계를 좋아하는 자

혜로 단 번에 153마리 잡았다(요 21:1~14). 믿음을 소유한 지혜는 큰 보화를 갖는 것이다. 바울은 그리스도 안에 지혜와 지식의 모든 보화가 감추어져 있음을 고백한다(골 2:3).

2. "어리석음을 버리고 생명을 얻으라"(9:6)하였다. 그런데 오히려 어리석음을 더 얻으려 하지는 않는가? 더러워진 영혼의 추방 없이는 예수님이 당신에게 그 다음 일을 행하실 수 없다. 니고데모는 자신을 겸손하게 내놓았지만 죽지는 않았다. 영생을 얻기 위해 한 번 죽어야 한다(요 3:3).
3. "미움은 다툼을 일으켜도 사랑은 모든 허물을 가리느니라"(10:12)고 했다. 미워하는 마음은 상대방에 대해 좁은 마음과 삐뚤어진 마음을 가지고 매사에 시비를 한다. 그러나 사랑의 마음은 먼저 상대를 이해하려고 노력함으로 허물을 떠벌리지 않고 조용히 해결한다. 사랑은 영혼의 가치를 아는 것이다.
4. "속이는 저울을 여호와께서 미워하신다"(11:1). 이러한 죄는 예언자들도 강하게 외친 말씀이다(겔 45:10, 암 8:5, 미 6:11 등). 이것은 이미 율법에서 말씀한 바 있다(레 19:35~36, 신 25:13~15). 내가 하나님의 말씀을 지키지 못하는 것은 몰라서인가 아니면 내 욕심 때문인가?
5. '참는다'는 것은 힘든 일이다. 타고난 성품도 중요하지만 믿음으로 만들어 가야하는 큰 과제가 '참음'이다. 예수님은 십자가를 참으사 부끄러움을 개의치 아니하셨다(히 12:2). "슬기로운 자는 수욕(羞辱)을 참느니라"(12:16)고 했다. 그런데 얼마나 많은 그리스도인들이 쉽게 분노하고 인내할 줄을 모르는가? 조금도 손해나 양보를 모르는 것이 한국 교회 성도들임을 생각할 때에 부끄러움이 있다.

더 살펴보기

1. 숫자 잠언(잠 6:16~19, 30:15~33)

(1) 1:6에 "잠언과 비유와 지혜 있는 자의 말과 그 오묘한 말을 깨달으리

라"고 했는데 여기서 '잠언'은 삶의 경험을 보통은 두 부분인 한 문장으로 표현했다. '비유'는 상징적으로 무엇에 견주어 말하거나 은근히 암시하는 것을 가리킨다. '오묘한 말'은 무엇을 뜻하는지를 알 수 있는 좋은 본보기로 〈전도서〉 12:1~7이나 이른바 '숫자 잠언'(6:16~19, 30:15~33)을 들 수 있다. 본문을 보면 "여호와께서 미워하시는 것 곧 그의 마음에 싫어하시는 것이 예닐곱 가지이니"(6:16), "족하다 하지 아니하는 것 서넛이 있나니"(30:15) 등 여러 곳에서 볼 수 있다.

(2) '숫자 잠언'은 지혜론에서 쓰이는 여러 가지 문학형식 가운데 하나이다. 첫 머리에 숫자 하나를 말하고 뒤이어 그보다 하나 더 높은 숫자를 말한 다음, 삶에서 관찰하고 경험한 것을 그에 상응하는 만큼 열거한다. 사람들은 신비에 가득 찬 여러 가지 자연 현상을 분류한다. 같은 것끼리 모음으로써 이 현상들의 수수께끼 같은 성격을 없애려고 한다.

2. 여호와를 경외하는 것이 지혜의 근본이요(잠 9:10)

"여호와를 경외하는 것이 지혜의 근본이요."(9:10)라는 이 말씀을 키드너(Kidner)는 "여호와를 경배함으로 순종하는 것이 지혜의 지속적인 원리이다"라고 풀어쓴다. 〈잠언〉은 모두 31장으로 되어 있기 때문에 하루에 한 장씩 읽는 매일 성경읽기와 묵상을 통한 매달 1회 씩 읽기에 좋다. 또한 이 말씀을 실제적인 삶에 적용하는 데는 〈잠언〉 그 이상의 말씀이 없다.

포도를 저울에 달아 파는 아랍 여인
예루살렘에서 한 아랍 여인이 포도를 팔기 위하여 돌추를 기준으로 하여 무게를 달고 있다. 근동 지방에서는 이러한 돌이 현재까지도 일반적으로 사용된다. "속이는 저울은 여호와께서 미워하시나 공평한 추는 그가 기뻐하시느니라"(잠 11:1).

3. 대조법과 의인법(잠 1~9장)

〈잠언〉 1~9장에서는 지혜의 중요성을 설명하기 위해서 대조법과 의인법 등의 수사법이 사용되었다. 여호와를 경외하는 것이 지혜를 따르는 것이며, 여호와의 언약을 버린 자를 음녀로 의인화하였으며 이 둘을 설명하는 데 서로 대조법을 사용하였다. 음녀를 따르는 그 결과는 죽음과 파멸에 이르고 지혜를 따르면 장수와 부귀를 얻게 된다. 지혜를 따르는 삶을 10장 이후에 가르치고 있다.

4. 의인은 가축의 생명도 귀히 여긴다(잠 12:10)

동물 애호자가 의인이라는 말 자체는 아니다. 다만 여기서 말하는 요점은 경건한 지혜를 지닌 의인은 모든 살아 있는 생명에게 그 영향력을 올바르게 끼친다는 것이다. 즉 살아 있는 생명을 다루는 사람의 태도에서 이웃이나 친구를 어떻게 다루는지 충분히 알 수 있다. 따라서 의인은 가축의 생명을 애정과 관심으로 잘 돌보지만 악인은 생명을 하찮게 여겨 잔인하게 함부로 다루는 것이다. 오늘날에도 악한 사람들은 동물에게도 잔인한 것을 본다. 3천 년 전 지혜자의 가르침이 오늘에도 지혜로운 가르침이 된다.

잠언 13~18장

생활에 대한 훈계 (중요구절 잠 16:9)

〈잠언〉은 읽을수록 더욱 빛을 발한다. 앞에서는 주로 대구적(對句的)인 표현들로 '그러나(but)'의 형식으로 기록되었다면, 16장부터는 주로 '그리고(and)'의 형식인 평행적(平行的)인 표현들이 많다. 앞에서는 주로 대조에 강조를 두었다면 여기서는 반복(反復)과 부언(附言)에 의한 강조이다. 〈잠언〉은 전체 31장이므로 매일 한 장씩 읽으면 일 년에 12독을 할 수 있다. 옆의 각 장의 제목은 그 내용을 정확히 나타내지는 못한다. 잠언은 한 장에도 다양한 주제를 담고 있기 때문이다.

1. 진지한 자세로 하나님의 말씀을 읽을 때에 하나님이 나에게 들려주시는 말씀을 들을 수 있다. 〈잠언〉 14장은 인간에게 두 가지 길이 있어 그 어느 것인가를 택하도록 요구한다. 인생은 선택의 기로에 설 때가 많이 있는데, 그때에 내게 유익한 것보다 옳은 선택을 해야 한다.
2. 솔로몬은 "마음의 경영은 사람에게 있어도 말의 응답은 여호와께로부터 나오느니라"(16:1)고 했으며, 예레미야 선지자도 역시 "걸음을 지도함이 걷는 자에게 있지 아니하니이다"(렘 10:23)라고 했다. 어떤 일을 계획하고 조정하는 것은 사람일지라도 실제로 말을 하거나 행동할 시간에 이르면 여호와로부터 말미암는다. 발람의 예를 보라(민 23~24장). 이스라엘을 저주하라고 발락 왕이 보냈으나 오히려 축복하였다. 자신이 하고 싶은 말이 아닌 하나님이 시키는 말을 했다(민 23:11~12).

3. '여호와에 관한 잠언'이라는 별명이 붙은 16:1~9을 보라. 성경책에 '여호와'라는 이름에 밑줄을 그으며 읽어 보라. 여호와께서 온 세상의 섭리자이신데 나는 내 인생을 맡기고 사는가? "사람이 마음으로 자기의 길을 계획할지라도 그의 걸음을 인도하시는 이는 여호와시니라"(16:9).
4. 화목이 얼마나 중요한지! "마른 떡 한 조각만 있고도 화목하는 것이 제육(진수성찬)이 집에 가득하고도 다투는 것보다 나으니라"(17:1)고 하였다. 성장 과정에서 비록 가난해도 화목한 자녀는 미래가 행복하고, 부자여도 불화한 환경 속에서 자라면 결혼 생활까지도 원만하지 못하고 불행한 인생이 되는 경우가 많다.
5. 〈잠언〉의 곳곳에서 말조심할 것을 가르치고 있다. 아래 '더 살펴보기'의 '말과 혀에 대한 가르침'에 제시된 구절을 보며 성경을 일일이 찾아 밑줄을 긋고, 자신의 혀에도 밑줄을 그어 말조심을 해야 한다. 〈야고보서〉 3장도 읽어보고 십계명의 9번째 계명도 다시 새겨 보라. "죽고 사는 것이 혀의 힘에 달렸나니"(18:21)라고 하지 않는가?

더 살펴보기

1. 〈잠언〉의 "말과 혀에 대한 가르침" 모음

① 말이 많으면 허물을 면하기 어렵다(10:19, 11:12). ② 의인의 혀는 순은과 같고 의인의 입술은 여러 사람을 교육한다(10:20~21). ③ 위선자의 입은 그 이웃을 망하게 한다(11:19). ④ 한담하는 자는 남의 비밀을 누설하나 신실한 자는 그것을 숨긴다(11:13). ⑤ 칼로 찌름 같이 함부로 말하나 지혜로운 자의 혀는 양약이다(12:18). ⑥ 입을 지키는 자는 생명을 보존한다(13:3). ⑦ 진실한 증인은 사람의 생명을 구원한다(14:25). ⑧ 유순한 대답은 분노를 쉬게 하나 과격한 말은 노를 격동한다(15:1). ⑨ 온순한 혀는 생명나무, 패역한 혀는 마음을 상하게 한다(15:4). ⑩ 때에 맞는 말이 아름답다(15:23). ⑪ 의인의 마음은 대답할 말을 깊이 생각한다(15:28). ⑫ 선한 말은 꿀송이 같아서 마음에 달고 뼈에 양약이 된다(16:24). ⑬ 패역한

13
악을 떠나 정직으로
의인의 빛은 빛나고

14
지혜와 어리석음
지혜로운 여인

15
선인과 악인
정직한 자의 기도를 기뻐하심

16
인생의 경영주
걸음의 인도자는 여호와

17
미련함을 버림
여호와는 마음을 연단

18
인간관계의 교훈
죽고 사는 것이 혀의 권세

자는 다툼을 일으키고 말쟁이는 친한 벗을 이간시킨다(16:28). ⑭ 지나친 말을 하는 것도 미련한 자에게 합당하지 않다(17:7). ⑮ 지혜가 있는 자는 말을 아낀다(17:27). ⑯ 남의 말하기를 좋아하는 자의 말은 별식과 같아 상처를 입힌다(18:8). ⑰ 사연을 듣기 전에 대답하는 자는 미련하여 욕을 당한다(18:13). ⑱ 죽고 사는 것이 혀의 힘에 달렸다(18:21). ⑲ 거짓말을 하는 자는 벌을 면하지 못한다(19:5). ⑳ 경우에 합당한 말은 아로새긴 은 쟁반에 금 사과 같다(25:11). (21) 자기와 상관 없는 다툼을 간섭하는 자는 개의 귀를 잡는 자와 같다(26:17). (22) 나무가 다하면 불이 꺼지고 말쟁이가 없어지면 다툼이 쉰다(26:20). (23) 타인이 너를 칭찬하게 하고 네 입으로는 하지 말라(27:2).

시문서에 나타난 평행법(平行法)

평행법을 아주 단순히 표현한다면, 두 줄 사이에 각 줄을 이루는 요소가 여러 가지 방식으로 상응하는 것이다. 대부분 〈잠언〉에 많이 나타나지만 〈시편〉에도 나타나므로 〈시편〉과 〈잠언〉에서 예를 들어본다.

(1) 동의평행법(同意平行法) – 〈시편〉 8:4에서, "사람이 무엇이기에 주께서 그를 생각하시며 / 인자가 무엇이기에 주께서 그를 돌보시나이까" 라고 할 때, '사람'과 '인자', 또 '생각하다'와 '돌보다'는 상응한다. 이는 비슷한 낱말을 써서 같은 뜻을 거듭 표현하는 경우다.

(2) 반의평행법(反意平行法) – 두 줄의 구성 요소가 서로 반대의 뜻을 지닐 수도 있다. 〈잠언〉 10:1에서 "지혜로운 아들은 아비를 기쁘게 하거니와 / 미련한 아들은 어미의 근심이니라"라고 할 때, 앞줄과 뒷줄의 주어부('지혜로운 아들' – '미련한 아들')와 술어부('아비를 기쁘게 하다' – '어미의 근심이다')가 반대되는 뜻을 지닌다. 서로 반대되는 뜻의 요소의 낱말을 써서 대조되는 내용을 한데 묶어 표현하는 경우다.

시가서

잠언

잠언 19~24장

여러 의무와 규정들 (중요구절 잠 21:2)

10장부터 나온 '솔로몬의 잠언(제1집)'이 22:16까지 이어진다. 그리고 22:17~24장에는 '지혜인의 어록'이므로 여기서는 두 가지가 함께 소개된다. 모든 삶을 하나님의 뜻을 따라 온유하고 겸손하라며 여러 가지 교훈을 한다(19장). 술에 미혹 당하지 말고, 속이지 말고 바른 삶을 살라(20장). 마음을 감찰하시는 여호와 앞에서 공의의 삶을 가르쳐 준다(21장). 재물보다 명예를 택하고 가난한 자를 돌보라(22장). 음식과 술에 대한 경계, 부모 섬김에 대한 가르침을 준다(23장). 하나님은 사람을 그의 행위대로 보응하신다(24장).

1. "가난한 자를 불쌍히 여기는 것은 여호와께 꾸어 드리는 것이니 그의 선행을 그에게 갚아 주시리라"(19:17). 많은 사람들이 진정 하나님께서 갚아 주시는 선행을 무시하고 사는 어리석음이 있다.
2. 지금까지 들은 지혜의 말씀은 너무도 많다. 〈잠언〉의 말씀을 이해하지 못하거나 몰라서 지키지 못한다기보다는 그 말씀에 너무 익숙한 나머지 그 탁월성마저 분간하지 못하는 것은 아닌지? 무엇보다 중요한 것은 내 삶에 그 말씀을 실천하는 것이다.
3. 음주에 대한 교훈이 20장과 23장에 많이 언급되어 있다. "술에 미혹되

는 자마다 지혜가 없느니라"(20:1)고 했고 재앙, 근심, 분쟁, 원망, 까닭 없는 상처, 붉은 눈이 모두 술에 잠긴 자에게 있고 혼합한 술을 구하러 다니는 자에게 있느니라(23:29~30)고 하였다. 많은 사람들이 술로 인해 건강과 정신과 가정이 황폐해졌음에도 불구하고 술을 사랑하는 사람이 날로 많아짐은 안타까운 일이다. 술 마시기에 천국에 가지 못한다는 말을 할 수는 없다고 하더라도 술 취한 사람치고 성령 충만한 성도를 본 적이 없다.

4. 나는 여호와를 이기려고 고집을 부리지는 않는가? "지혜로도 못하고, 명철로도 못하고 모략으로도 여호와를 당하지 못하느니라"(21:30)고 하였다. 그런데도 자신을 의지하고 여호와는 뒤로 제쳐 두는 사람들이 있다. 여호와를 의지함이 진정 승리와 성공의 비결이다.
5. "겸손과 여호와를 경외함의 보상은 재물과 영광과 생명이니라"(22:4) 했다. 재물과 영광과 생명에만 관심을 가지지 말고 전제된 두 가지 즉, '겸손하라', '여호와를 경외하라'를 기억하고 그렇게 살면 하나님에게도 사람들에게도 인정을 받는다.

더 살펴보기

1. 남편(남자)의 역할(잠 11:29, 20:7, 27:8)

〈잠언〉에는 남자보다는 여자나 자녀들이 남자에게 괴로움을 끼치는 일들에 대하여 강한 표현들을 한다. 그 이유는 무엇보다 〈잠언〉이 아버지와 남편된 사람들이 만들었기 때문일 것이다. 그러나 몇 곳에서는 남자들의 역할을 강조하고 있다(11:29, 20:7, 27:8). 남자들은 사물을 자신들의 관점에 따라 보는 경향이 있다. 그럼에도 이 잠언들은 한결같이 가정의 안정에 대한 최대의 위협은 아버지의 권위가 침해당하는 것이라는 견해를 반영한다. 지혜자는 집안의 가장(남편, 아버지)이 그 아내와 자식들에게 있어서 큰 골칫거리요 가정에 분란을 일으키는 원인이 될 수 있음을 인정했다. "매를 아끼는 자는 그의 자식을 미워함이라"(13:24. 매를 아끼지 말라,

19
가난한 자를 위해
선행을 갚아 주신다

20
인자와 진리
술에 미혹되는 자의 무지

21
마음의 감찰자
여호와를 당하지 못하리라

22
지혜자의 말들
재물보다 명예를 택하라

23
식음에 대한 경계
재앙이 뉘게 있느냐

24
행위대로 보응
네 입술로 속이지 말라

한국 최초의 성경전서 공인본

1906년에 신약이, 1911년에 구약이 완역되어 합본된 한국 최초의 〈성경전서〉로서 19X13cm이다. 대영성서공회 발행으로 구주강생(주후)과 일본의 명치(明治) 연호를 같이 사용했다.

23:13~14, 26:3 참고)라는 말을 생각하는 것 이상으로 남자는 자신이 모범적인 아버지요 남편이어야 한다는 사실은 당연한 것이다.

2. 술에 대한 〈잠언〉의 교훈(잠 20, 23, 31장)

성경에서 술은 양면성을 말한다. 그러나 보편적으로 술의 즐거움보다 폐해를 더 지적하고 있다. 이러한 술에 매여 산다면 인생을 망치고 신앙생활에 큰 손실이 따르게 된다. 〈잠언〉은 이렇게 경고한다.

① 술은 거만하게 하고 떠들게 한다(20:1). ② 술을 즐겨하는 자와 고기를 탐하는 자들과 사귀지 말라(23:20). ③ 술 취하고 음식을 탐하는 자는 가난하여 질 것이요(23:21). ④ 술에 잠긴 자는 재앙, 근심, 분쟁, 원망이 있다(23:29). ⑤ 술에 잠긴 자는 까닭 없는 상처와 붉은 눈(충혈된 눈)을 갖는다(23:29). ⑥ 술은 마침내 뱀같이 물 것이요 독사 같이 쏠 것이다(23:32). ⑦ 술은 괴이한 것을 보게 하고(환각증세) 구부러진 말(정신착란증)을 하게 한다(23:33). ⑧ 술은 바다 가운데 누운 자 같이, 돛대 위에 누운 자 같이 사람을 비틀거리게 한다(23:34). ⑨ 술은 맞아도 아프지 않고 감각이 없게 한다(23:35). ⑩ 술을 찾고 마시는 것은 지도자(왕, 주권자)에게 마땅하지 않다(31:4). ⑪ 술을 마시다가 법을 잊어버리고 송사를 굽게 할까 두렵다(31:5). ⑫ 술은 죽게 된 자와 마음에 근심하는 자에게 주어 빈궁한 것을 잊고 그 고통을 기억하지 않게 하라(31:6~7).

3. 부지런함과 게으름에 대한 〈잠언〉의 교훈

〈잠언〉은 다양한 삶의 자세를 가르친다. '부지런하여 게으르지 말기'를 권하고 있다. "게으른 자는…… 구걸할지라도 얻지 못하리라"(20:4), 게으른 자는 거리에 사자가 있다고 해도 몸을 부지런히 움직일 줄 모르며(26:13), 문짝이 돌쩌귀를 따라서 도는 것 같이 게으른 자는 침상에서 도는 자이고(26:14), 빈궁이 강도같이 오며 곤핍이 군사같이 올 것이다(6:10~11), 그러므로 지극히 작은 미물인 개미에게 가서 부지런함을 배우라고 권면한다(6:6).

잠언 25~31장

솔로몬, 아굴, 르무엘의 잠언 (중요구절 잠 31:30)

'솔로몬의 잠언 제2집'은 25~29장으로 히스기야 시대에 그의 신하들이 편집했다. 솔로몬은 잠언 3천 가지를 말하였다(왕상 4:32). 〈잠언〉이란 성경으로 남아 있는 것은 그 수에 비하여 적은 것이다. 〈잠언〉의 끝 부분인 아굴의 잠언에서는 그가 삶과 자연에 대한 면밀한 관찰을 통해 배운 "서넛이 있나니"라는 형식으로 가르쳐 준다(30장). 르무엘은 어머니의 교훈을 요약하여 음욕, 술, 재판에 대해 가르친다. 끝에는 부록으로 저자 미상의 이합체시(離合體詩)로 '현숙한 여인'에 대해 말한다(31장).

1. "자기의 마음을 제어하지 아니하는 자는 성읍이 무너지고 성벽이 없는 것과 같으니라"(25:28)고 하였다 성읍이 무너지고 성벽이 없어지듯 우리가 마음을 단속하지 못하고 무너지면 사탄의 놀이터가 될 것이며 세상의 조롱거리가 된다. "소금이 만일 그 맛을 잃으면…… 아무 쓸 데 없어 다만 밖에 버려져 사람에게 밟힐 뿐이니라"(마 5:13)는 예수님의 말씀처럼 마음이 무너지면 영혼을 보전할 수 없다.
2. 현대교육에 있어서 '매를 들 수 있느냐'는 계속된 논쟁거리이다. "아이를 훈계하지 아니하려고 하지 말라. 네가 그를 채찍으로 때리면 그의 영혼을 스올에서 구원하리라"(23:13~14) 했고 "미련한 자의 등에는 막대기니라"(26:3) 했다. 하나님의 교육방법 중에 하나는 '징계'이다. 징계의 채찍, 징계의 막대기는 하나님께서 우리를 사랑하신다는 증거이기도 하다(히 12:5~13).
3. "가난하게도 마옵시고 부하게도 마옵시고 오직 필요한 양식으로 나를 먹이시옵소서"(30:7~9). 어느 시골 교회 목사관에 액자로 걸어 놓은 이 말씀은 그 배경을 생각하게 해 준다. 지금 어려운 농어촌에서 또는 도시 개척교회에서 애쓰시는 목회자들을 위해 함께 기도하고 힘이 되어 줄 방법을 실천해 보자. 양식 문제를 근심하는 분들도 많다.
4. "아굴의 잠언"(30장)을 통하여 다양한 서넛의 교훈을 배운다, 자연과 삶에서 많은 교훈을 배울 수 있다. 그 중에서 "땅에 작고도 가장 지혜로운 것 넷"(30:24~28)에 대해 살펴본다.
   (1) 개미- 장래를 예비하는 지혜를 배운다 : 나는 경제적인 준비만 하고 주님 맞을 준비는 잊고 있나?(마 25장)

25
하나님의 영화
은 쟁반에 금 사과

26
미련한 자, 게으른 자
말쟁이가 없어지면 다툼이 쉼

27
불확실한 내일
하루에 무슨 일이 일어날는지

28
의인의 생활
의인은 사자같이 담대하니라

29
의인이 통치하는 나라
그 왕위가 견고하리라

30
아굴의 잠언
숫자 잠언: 서넛이 있나니

31
르무엘의 잠언, 현숙한 여인
그의 값은 진주보다 더 하니라

(2) 사반(토끼와 비슷)- 집을 바위 사이에 짓는다 : 반석 위에 믿음의 집도 잘 짓자(마 7:24).

(3) 메뚜기- 떼를 지어 다니는 단결심을 배운다 : 성도는 지체이므로 평안의 매는 줄로 하나 되자(엡 4:3).

(4) 도마뱀- 활동의 민첩성을 배운다 : 주의 계명 지키기에 신속히 하고 지체하지 말자(시 119:60).

더 살펴보기

1. 솔로몬의 〈잠언〉 제2집(잠 25~29장)의 편집자 히스기야

(1) 솔로몬 통치(주전 961~922) 이후 왕국은 남북으로 분열되었다(왕상 12장. 히스기야는 분열된 남국 유다의 13대 왕(주전 715~687년)으로 솔로몬보다 약 250년 후의 왕이다. 이때는 이미 북국 이스라엘이 멸망(주전 721년)한 후이다. 히스기야로 인한 유다의 개혁과 부흥을 나타낸 구절들을 볼 수 있다. 즉 〈역대하〉 29:35, 30:26, 31:20~21. 또한 〈열왕기하〉 18~20장, 〈역대하〉 29~32장, 〈이사야〉 36~39장에서도 히스기야의 사역의 위대함을 보게 된다.

(2) 히스기야는 자신의 통치기간 중에 신하들로 하여금 현재 〈잠언〉 25~29장으로 알려진 솔로몬의 잠언들을 편집하도록 명령하였다(25:1). "이것도 솔로몬의 잠언이요 유다 왕 히스기야의 신하들이 편집한 것이니라"(25:1)에서 "편집한"은 히브리어(아쉘 헤티쿠)가 '수집했다', '편집했다', '필사했다'는 뜻이냐를 놓고 견해가 갈려져 있다. 히스기야가 자기 백성으로 하여금 〈잠언〉들을 읽고 연구하게 했다면 지혜가 절실히 요구되는 오늘에는 더욱 필요한 것이 〈잠언〉의 말씀이다.

솔로몬의 잠언 제2집(25~29장)의 표현법

〈잠언〉을 읽을 때에 표현법의 묘미를 잘 이해하고 읽으면 더욱 유익하다.

(1) 25~26장은 주로 비교법(~와 같이)
(2) 27장은 비교법과 대조법 혼합
(3) 28~29장은 주로 대조법(그러나)

2. "현숙한 여인"은 어떤 일을 하는가?(잠 31:10~31)

"현숙한 여인"(《표준새번역》 '유능한 아내', 《공동번역》 '어진 아내', 《가톨릭새번역》 '훌륭한 아내')은 남편과 자녀에게, 그리고 그 집안의 사람들에게 진주보다 귀하다(31:10~31). 현숙한 여인을 성도에, 그리고 남편은 그리스도를 상징해서 이 말씀을 읽기도 한다. 그렇다면 우리는 신랑 되신 그리스도에게 현숙한 신부(성도)가 되어야 한다. ① 주님(남편)의 신용을 받음(11절), ② 주님 앞에서 악을 행하지 않음(12절), ③ 부지런히 일(봉사)을 함(13절), ④ 양식(말씀)을 저축함(14절), ⑤ 음식을 나눠 줌(말씀을 증거함, 15절), ⑥ 가업(주님 사업)을 번창하게 함(15~16절), ⑦ 영력을 강하게 함(17절), ⑧ 무역을 함(영력을 점점 더 강성하게 함, 18~19절), ⑨ 궁핍한 자를 위하여 손을 내민다(가난한 자를 돌보심, 20절), ⑩ 만반의 준비로 눈(환난)이 와도 두렵지 않음(21절), ⑪ 아름다운 방석을 만듬(아름다운 마음으로 주님을 좌정하게 함, 계 3:20), ⑫ 세마포와 자색 옷을 입음(행실을 아름답게 함, 22절), ⑬ 남편(주님)의 명예를 높임(23절), ⑭ 옷과 띠를 지어줌(타인의 행실을 지도함, 24절). (강병도, 《QA 시리즈》 참고)

권서인(勸書人)의 성경 가두 판매
히스기야는 솔로몬의 잠언을 편집하였다(잠 25:1). 한국 교회는 선교 초기부터 성경을 사랑하고 보급하는 데 힘썼다. 사진에 야소교서회(耶蘇敎書會, 예수교서회)라는 간판이 보이고 그 아래 책들이 진열되어 있으며 그 앞에 권서인의 당당한 모습이 보인다. 1890년경 서울.

3. 친구에 대한 잠언 모음(27장에 많음)

〈잠언〉에는 친구에 대한 여러 가르침이 있다.

① 친구가 항상 신실하고 위급할 때 돕는다(17:17). ② 많은 친구를 얻는 자는 해를 당하게도 된다(18:24). ③ 어떤 친구는 형제보다 친밀하다(18:24) ④ 친구의 아픈 책망은 원수의 입맞춤보다 낫다(27:6). ⑤ 친구의 충성된 권고는 즐거운 향내와 같이 아름답다(27:9). ⑥ 자신의 친구나 아비의 친구를 버리지 말라(27:10). ⑦ 사람이 그의 친구의 얼굴을 빛나게 한다(27:17).

B I B L E

성경 질문지

잠언 1~6장 청년에 대한 잠언

제1장 [여호와를 경외하는 자]

다음 물음에 간단히 답하시오.

1. 〈잠언〉의 저자는 누구인가? 그의 신상을 함께 쓰시오.(1)
   -
2. 〈잠언〉의 목적은?(2~6절을 읽고 2절을 쓰시오)
   -
3. 행할 일(행동)에 대한 4가지 훈계는?(3)
   -
4. 지식의 근본은 무엇인가?(7~9)
   -
5. "내 아들아"(10절, 15절)라고 부르며 금지한 것(~말라)은 무엇인가?(10~19)
   1)
   2)
   3)
6. 남을 해하려는 자의 생명은 결국 어떻게 되는가?(18~19)
   -
7. 교훈을 멸시하며 책망을 받지 아니하면 어떻게 되는가?(20~33절을 읽고 답은 27절에서만)
   -
8. 지혜의 말씀을 듣는 자의 결국은?(33)
   -

제2장 [지혜를 구하는 자의 유익]

다음 (　　) 안에 들어갈 말을 성경에서 찾아 적으시오.

1. (　　　~　　　절) - (　　　　)을 구하는 것 같이 그것을 구하며 감추어진 (　　　　)를 찾는 것 같이 그것을 찾으면, (　　　　) 경외하기를 깨달으며 (　　　　)을 알게 되리니.
2. (　　　~　　　절) - 그는 정직한 자를 위하여 완전한 (　　　　)를 예비하시며 행실이 온전한 자에게 (　　　　)가 되시나니, 대저 그는 정의의 길을 (　　　　)하시며
3. (　　　　절) - 지혜가 또 너를 (　　　　)에게서, 말로 호리는 (　　　　)에게서 구원하리니.
4. (　　　　절) - 대저 (　　　　　)는 땅에 거하며 (　　　　)는 땅에 남아 있으리라.

제3장 [지혜의 축복]

다음의 복을 받는 비결을 찾아 쓰시오(요약도 가능).

1. 장수와 평강의 비결(1~2) -
2. 은총과 귀중히 여김을 받는 비결(3~4) -
3. 하나님으로부터 길을 지도 받는 비결(5~6) -
4. 골수로 윤택하게 되는 비결(7~8) -
5. 창고가 차고 넘치는 비결(9~10) -
6. 장수와 부귀가 있게 되는 비결(11~18, 답은 13절) -
7. 두려워 않고 단잠을 자는 비결(19~26, 답은 21절) -

8. 이웃에게 선을 베푸는 방법
(27~35, 답은 27~30절 요약)
1) 당일에 도우라
2)
3)

제4장 [지혜에 대한 아비의 권고]
다음 말씀에 이어지는 내용을 연결하시오.

1. 내 명령을 지키라 •	• 1) 너를 보호하리라
2. 지혜를 버리지 말라 •	• 2) 너를 높이 들리라
3. 그를 높이라 •	• 3) 그리하면 살리라
4. 내 말을 받으라 •	• 4) 생명의 해가 길리라
5. 마음 •	• 5) 바로 보며 곧게 살펴
6. 입 •	• 6) 행할 길을 평탄하게
7. 눈 •	• 7) 생명의 근원이 이에서
8. 발 •	• 8) 구부러진 말을 버리며

제5장 [결혼에 대한 지혜]
다음 말에서 틀린 곳에 밑줄을 긋고 바르게 고치시오.

1. 음녀의 입술은 쑥을 떨어뜨리며 그의 입은 기름보다 미끄러우나 나중은 꿀 같이 쓰고 -

2. 네 길을 그(음녀)에게서 멀리 하라. 그의 집 문에는 가까이 가되 들어가지는 말라. -

3. 한탄하여 말하기를 내가 어찌하여 훈계를 기뻐하며 내 마음이 꾸지람을 귀히 여기고 -

4. 네 샘으로 나누게 하라. 네가 젊어서 취한 아내를 즐거워하라. -

5. 사람의 길은 여호와의 눈 앞에 있나니 그가 그 사람의 모든 길을 굽게 하시느니라. -

제6장 [어리석음에 대한 경계]
다음 물음에 성구를 참고하여 답하시오.

1. 1~5절은 무엇에 대한 교훈인가?
1) 담보를 제공하는 일
2) 구원을 얻는 방법
3) 보증 섰을 때의 처신
4) 새 그물 치는 법

2. 게으른 자는 누구에게로 가서 지혜를 얻으라 했는가?(6~11) -

3. "좀 더 ( ), 좀 더 ( ), 손을 모으고 좀 더 ( )하면 빈궁이 강도 같이 오며 네 ( )이 군사 같이 이르리라"(6~11).

4. 불량하고 악한 자의 모습은 어떠한가?(12~14, 이어서 쓰시오)
1) 구부러진 말을 ~
2) 그의 마음에 ~

5. 여호와께서 미워하시는 것 일곱 가지를 쓰시오.(12~19)
1)
2)
3)
4)
5)
6)
7)

6. 다닐 때 인도하며, 잘 때에 보호하며, 깰 때에 더불어 말하는 것은?(20~24) -

7. 도둑질은 (배)로 갚으면 되지만, 여인과 ( )하는 자는 부상이나 선물로도 갚을 수 없다.(25~35)

잠언 7~12장 솔로몬의 잠언 - 지혜와 어리석음

제7장 [음녀에 대한 경계]
다음 물음에 답하시오.

1. 계명과 법을 눈동자처럼 지키며 마음판에 새기는 이유는 무엇인가?(1~5) -

2. 어리석은 한 젊은이를 미혹하는 음녀의 말은 몇 절에 나와 있는가?(6~23) - (　　~　　절)

3. 어리석은 젊은이의 모습은 무엇과 같은가? (22~24)
   1) 소가 ~
   2) 미련한 자가 ~
   3) 새가 ~

4. 음녀가 결국은 많은 사람들을 어떻게 되게 했는가?(24~27) -

시가서

잠언

제8장 [부르짖는 지혜]
다음에 이어지는 구절을 기록하시오.

1. 어리석은 자들아 ~
2. 너희는 은을 받지 말고 ~
3. 여호와를 경외하는 것은 ~
4. 나를 사랑하는 자들이 ~
5. 그가 하늘을 지으시며 ~
6. 아들들아 이제 ~
7. 대저 나를 얻는 자는 ~

제9장 [지혜와 어리석음의 비교]
다음 말씀에 이어지는 내용을 연결하시오.

1. 어리석음을 버리고 •	• 1) •	• 가)
2. 거만한 자를 징계하는 자 •	• 2) •	• 나)
3. 여호와를 경외하는 것이 •	• 3) •	• 다)
4. 네가 만일 지혜로우면 •	• 4) •	• 라)
5. 지혜 없는 자에게 •	• 5) •	• 마)

1) 도리어 능욕을 받고
2) 생명을 얻으라
3) 도둑질한 물이 달고
4) 지혜의 근본이요
5) 지혜가 네게 유익할 것

가) 악인을 책망하는 자는 흠이 잡힌다
나) 명철의 길을 행하라
다) 거만하면 홀로 해를 당한다
라) 거룩하신 자를 아는 것이 명철
마) 몰래 먹는 떡이 맛이 있다

제10장 [의로운 자]
의인(지혜 있는 자)에는 "의인", 악인(미련한 자)에는 "악인"이라고 쓰시오.

1. 아비를 기쁘게 - (　　　)
2. 어미의 근심 - (　　　)
3. 소욕을 물리침 - (　　　)
4. 추수 때에 자는 자 -(　　　)
5. 머리에 복이 임함 - (　　　)
6. 이름이 썩게 됨 - (　　　)
7. 입은 생명의 샘 - (　　　)
8. 지식을 간직 - (　　　)
9. 수고가 생명에 이름 - (　　　)
10. 중상하는 자 - (　　　)
11. 입술을 제어하는 자 - (　　　)
12. 입술은 여러 사람을 교육 - (　　　)
13. 행악으로 낙을 삼음 - (　　　)
14. 두려워하는 것이 임함 - (　　　)
15. 소망이 즐거움을 이룸 -(　　　)

제11장 [진실과 거짓]
다음 (　/　) 안의 단어가 맞는 것에는 O표, 틀린 것에는 두 줄로 지우시오.

1. (　　　절) 속이는 (추 / 저울)은 여호와께서 미워하시나 공평한 (추 / 저울)는 그가 기뻐하시느니라.

2. (절) (재물 / 공의)은 진노하시는 날에 무익하나 (재물 / 공의)는 죽음에서 건지느니라.

3. (절) 의인은 환난에서 (구원 / 책망)을 얻으나 악인은 (타인 / 자기)의 길로 가느니라.

4. (절) 두루 다니며 (진담 / 한담)하는 자는 남의 비밀을 (누설하나 / 지키나) 마음이 (악 / 신실)한 자는 그런 것을 숨기느니라.

5. (절) 유덕한 여자는 (재산 / 존영)을 얻고, 근면한 남자는 (영광 / 재물)을 얻느니라.

6. (절) 아름다운 여인이 (살림치 / 삼가지) 아니하는 것은 마치 돼지 코에 (코고리 / 금고리) 같으니라.

7. (~   절) 흩어 (구제하여도 / 버려도) 더욱 부하게 되는 일이 있나니 과도히 (뿌려도 / 아껴도) 가난하게 될 뿐이니라. (낭비 / 구제)를 좋아하는 자는 (풍족 / 가난)하여질 것이요.

8. (절) 보라 의인이라도 이 세상에서 (보존 / 보응)을 받겠거든 하물며 악인과 (의인 / 죄인)이리요.

제12장 [의로운 길]
다음 말이 맞으면 O표, 틀리면 X표를 하고 관계 구절을 쓰시오.

1. (절) 훈계를 좋아하는 자는 지식을 좋아한다. (   )

2. (절) 어진 여인은 그 지아비의 뼈가 썩음 같게 한다. (   )

3. (절) 악인은 불의의 이익을 싫어하나, 의인은 그 뿌리로 말미암아 결실한다. (   )

4. (절) 미련한 자는 당장 분노를 나타내지만 슬기로운 자는 수욕(羞辱)을 참는다. (   )

5. (절) 진실한 입술은 눈 깜빡일 동안만 있을 뿐이다. (   )

6. (절) 근심이 사람의 마음에 있으면 번뇌하게 되나 선한 말은 그것을 즐겁게 한다. (   )

잠언 13~18장 생활에 대한 훈계

제13장 [악을 떠나 정직으로]
다음 말씀에 이어지는 성구를 써서 완성하시오.

1. (절) 입을 지키는 자는 ~

2. (절) 게으른 자는 ~

3. (절) 스스로 부한 체하여도 ~

4. (절) 말씀을 멸시하는 자는 ~

5. (절) 소원을 성취하면 ~

6. (절) 매를 아끼는 자는 ~

제14장 [지혜와 어리석음]
본문을 읽으면서 다음 각 사람의 차이를 쓰시오.

1. 지혜로운 여인 -

   미련한 여인 -

2. 신실한 증인 -

   거짓 증인 -

3. 악한 자의 집 -

   정직한 자의 장막 -

4. 악을 도모하는 자 -

   선을 도모하는 자 -

5. 노하기를 더디 하는 자 -

   조급한 자 -

6. 가난한 사람을 학대하는 자 -

궁핍한 사람을 불쌍히 여기는 자 -

7. 공의 -

죄 -

제15장 [악인과 선인]

다음 서로 관계 있는 말끼리 네 가지 모두 연결하시오.

1. 유순한 대답 • • 가) 어디서든지
2. 여호와의 눈 • • 나) 분노를 쉬게
3. 악인의 제사 • • 다) 얼굴을 빛나게
4. 마음의 즐거움 • • 라) 여호와께서 미워함
5. 가산이 적어도 • • 마) 여호와를 경외
6. 게으른 자의 길 • • 바) 기쁨을 얻나니
7. 입의 대답으로 • • 사) 가시 울타리 같음
8. 여호와를 경외 • • 아) 지혜의 훈계

1) 악인과 선인 • • a) 심령을 상하게 한다
2) 마음의 근심 • • b) 감찰하시느니라
3) 과격한 말 • • c) 그가 기뻐하신다
4) 정직한 자의 기도 • • d) 노를 격동한다
5) 부하고 번뇌보다 • • e) 얼마나 아름다운고
6) 때에 맞는 말 • • f) 대로(大路)니라
7) 정직한 자의 길은 • • g) 나으니라
8) 겸손은 • • h) 존귀의 길잡이

제16장 [인생의 경영주]

다음 절수를 쓰고 성경이 가르치는 것의 번호에 O표 하시오.

1. (절) - 말의 응답은 어디에서 나오는가?
   1) 이웃에게서 난다
   2) 사람에게서 난다
   3) 여호와께로부터 난다

2. (절) - 사람이 계획해도 그의 걸음을 인도하시는 이는?
   1) 변호사 2) 여호와 3) 자기 자신

3. (절) - 교만과 거만한 마음은?
   1) 패가망신과 분노
   2) 패망과 넘어짐
   3) 영혼을 보존

4. (절) - 선한 말은?
   1) 뼈에 달고 양약
   2) 입술에 달고 몸에 양약
   3) 마음에 달고 뼈에 양약

5. (절)- 패역한 자와 말쟁이는?
   1) 다툼과 친한 벗을 이간
   2) 사랑과 화해를 주도
   3) 친한 벗을 사귐

6. (절) - 마음을 다스리는 자는?
   1) 용사보다 낫다
   2) 면류관보다 낫다
   3) 성을 빼앗는 자보다 낫다

제17장 [미련함을 버림]

다음 틀린 곳에 밑줄을 긋고 근거 절수를 쓰며 바르게 고치시오.

1. 여호와는 은과 금을 연단 하시느니라.
   (절) -

2. 가난한 자를 조롱하는 자는, 그를 지으신 부모를 멸시하는 자요.(절) -

3. 손자는 노인의 영화요 아비는 자식의 면류관이니라.(절)-

4. 허물을 거듭 말하는 자는 사랑을 구하는 자요.
   (절) -

5. 심령의 근심은 뼈를 약하게 하느니라.
   (절) -

6. 미련한 자라도 자꾸 말하면 지혜로운 자로 여겨지고 (절) -

제18장 [인간관계의 교훈]

다음의 단어가 몇 절에 나오는지 쓰고 그 말씀을 기록하시오.

1. (　　　절) 재판 -
2. (　　　절) 남의 말 -
3. (　　　절) 심령 -
4. (　　　절) 화목-
5. (　　　절) 혀의 힘 -
6. (　　　절) 아내 -
7. (　　　절) 친구 -

잠언 19~24장 여러 의무와 규정들

제19장 [가난한 자를 위하여]

다음 물음에 간단히 답하시오.

1. 발이 급한 사람의 결과는? -
2. 지혜를 얻는 자는 무엇을 사랑하는 자인가? -
3. 슬기로운 아내는 어디로 말미암는가? -
4. 가난한 자를 불쌍히 여기면 여호와께서 어떻게 해주시는가? -
5. 아들을 징계하는 것은 무엇이 있기 때문인가? -
6. 필경은 지혜롭게 되는 길은? -
7. 아비를 구박하고 어미를 쫓아내는 자는? -

제20장 [인자와 진리]

다음 (　/　) 안의 말 중에서 맞는 것에는 O, 틀린 것에는 두 줄로 지우시오.

1. (　　　절) 포도주는 (즐겁게 / 거만하게) 하는 것이요, 독주는 (떠들게 / 괴롭게) 하는 것이라.
2. (　　　절) 온전하게 (행하는 / 말하는) 자가 의인이라. 그의 (후손 / 아내)에게 (덕 / 복)이 있느니라.
3. (　　　절) 너는 (잠자기 / 일하기)를 좋아하지 말라. 네가 (풍요 / 빈궁)하게 될까 두려우니라.
4. (　　　절) (일하고 / 속이고) 취한 음식물은 맛이 좋은 듯하나 후에는 그의 입에 (모래 / 고기)가 가득하게.
5. (　　　절) 너는 (악 / 선)을 갚겠다 말하지 말고 (여호와 / 때)를 기다리라. 그가 너를 (구원 / 사랑)하시리라.
6. (　　　절) 사람의 걸음은 (자기 / 여호와)로 말미암나니 사람이 어찌 자기의 (길 / 앞)을 알 수 있으랴.
7. (　　　절) 젊은 자의 영화는 그의 (힘 / 재물)이요, 늙은 자의 아름다움은 (백금니 / 백발)이니라.

제21장 [마음의 감찰자]

다음 물음에 간단히 답하시오.

1. (　　　절) 사람의 행위가 자기 보기에는 모두 정직하여도 여호와는 어떻게 하시는가? -
2. (　　　절) 어떤 것을 다 죄라고 했는가? -
3. (　　　절) 어떻게 재물을 모으는 것은 죽음을 구하는 것과 같은가? -
4. (　　　절) 어떤 경우에 큰 집에서 사는 것보다 움막에서 사는 것이 나은가? -
5. (　　　절) 정의를 행하는 것이 의인과 죄인에게 각각 어떻게 나타나는가? -
6. (　　　절) 연락(宴樂)을 좋아하는 자는 어떻게 되는가? -
7. (　　　절) 공의와 인자를 따라 구하는 자는 무엇을 얻는가? -
8. (　　　절) 누가 그 영혼을 환란에서 보전하는가? -

9. (　　절) 무엇으로도 여호와를 당하지 못하는가? -

제22장 [지혜자의 말들]
다음의 주제가 나오는 구절을 찾아 적어 보시오.

1. 아이의 교육 (　　절) -
   (　　절) -

2. 게으른 자 (　　절) -

3. 가난한 자 (　　절) -
   (　　절) -
   (　　절) -
   (　　절)-

4. 노를 품는 자 (　　절)-

5. 일에 능숙한 사람 (　　절) -

제23장 [식음에 대한 경계]
다음의 내용들이 나오는 절수를 쓰시오(제시한 갯수만 적으시오).

1. 음식에 관한 교훈(6개 절, 1~6절)
   - (　,　,　,　,　,　절)

2. 술에 대한 교훈(9개 절, 20~35절)
   - (　,　,　,　,　,　,　,　,　절)

3. 아이를 훈계(2개 절, 13~15절) - (　,　절)

4. 부모를 공경(2개 절, 22~25절) - (　,　절)

제24장 [행위대로 보응]
다음 말에서 틀린 부분에 밑줄 긋고 바르게 고치시오.

1. (　　절) 악인의 형통함을 부러워하지 말며 그와 함께 있으려고 하라. -

2. (　　절) 악행하기를 꾀하는 자를 일컬어 사기한 자라 하느니라. -

3. (　　절) 의인은 열 번 넘어질지라도 다시 넘어지려니와 악인은 재앙으로 말미암아 엎드러지느니라. -

4. (　　절) 여호와와 왕을 경배하고 반역자와 더불어 말하지 말라. -

5. (　　절) 적당한 글로 답변함은 입맞춤과 같으니라. -

6. (　　절) 좀더 자자, 좀더 쉬자, 손을 모으고 좀더 굶자 하니 네 곤핍이 군사 같이 이르리라. -

잠언 25~31장 솔로몬, 아굴, 르무엘의 잠언

제25장[하나님의 영화]
다음 물음에 간단히 답하시오.

1. 솔로몬은 잠언 몇을 말하였는가?(25:1, 왕상 4:32) -

2. 25장~29장은 1) 누구의 잠언이며 -
   2) 누가 편집한 것인가? -

3. 다음 단어의 뜻에 해당하는 설명을 연결하시오.
   1) 장색(4절) • 　　• 가)
   2) 사자(13절) • 　　• 나)
   3) 소다(20절) • 　　• 다)
   4) 참소(23절) • 　　• 라)

> 가) 탄산소다, 즉 식초에 부으면 심한 거품나듯 고통에 고통을 더한 비유.
> 나) 손으로 물건을 만드는 직업, 특히 금속 세공업자를 가리킨다.
> 다) 짐승(獅子)이 아니라 심부름하는 자, 즉 충성된 심부름 꾼(使者)을 말함.
> 라) 간사하고 못된 말로 남을 헐뜯고 비방하는 것.

제26장 [미련한 자]
틀린 부분에 밑줄을 긋고 바르게 고치시오.

1. 미련한 자에게는 영예가 적당하다.(　　절) -

2. 까닭 없는 저주도 이루어진다.(　　　절) -

3. 말에게는 채찍, 나귀에게는 막대기, 미련한 자의 등에는 자갈이다.(　　　절) -

4. 게으른 자는 길에 사슴이 있다고 핑계한다.
(　　　절) -

5. 말쟁이가 없어지면 다툼이 심해진다.(　　　절) -

6. 말이 좋을지라도 다 믿어야 한다.(　　　절) -

제27장 [불확실한 내일]
다음의 말씀에 이어지는 구절을 쓰시오.(해당 절만)

1. 내일 일을 자랑하지 ~

2. 면책은 ~

3. 기름과 향이 ~

4. 가까운 이웃이 ~

5. 철이 철을 날카롭게 ~

6. 네 양 떼의 형편을 ~

제28장 [의인의 생활]
다음에 이어지는 대구(對句)와 관계된 말씀을 연결하시오.

1. (　　절) 악인은 정의를 깨닫지 못하나 •　　• 1)
2. (　　절) 귀를 돌려 율법을 듣지 아니하면 •　　• 2)
3. (　　절) 죄를 숨기는 자는 형통치 못하나 •　　• 3)
4. (　　절) 충성된 자는 복이 많아도 •　　• 4)
5. (　　절) 욕심이 많은 자는 다툼을 일으키나 •　　• 5)
6. (　　절) 구제하는 자는 궁핍하지 아니하려니와 •　　• 6)

1) 속히 부하고자 하는 자는 형벌 받음
2) 죄 자복하는 자는 불쌍히 여김 받음
3) 여호와를 찾는 자는 깨닫느니라
4) 그의 기도도 가증하니라
5) 못 본 체하는 자에게는 저주가 크리라
6) 여호와를 의지하는 자는 풍족하게 됨

제29장 [행위대로 보응]
다음 두 경우의 차이점은 무엇인지 1번과 같이 비교하시오.

1. 의인이 많아지는 경우와 악인이 권세를 잡는 경우(　　　절) - 백성이 즐거워 함 / 백성이 탄식함.

2. 어리석은 자와 지혜로운 자의 노(怒)를 처리하는 방법(　　　절) -

3. 채찍과 꾸지람을 하는 경우와 임의로 행하게 버려둔 경우(　　　절) -

4. 묵시가 없는 백성과, 율법을 지키는 자의 경우
(　　　절) -

5. 사람이 교만한 경우와 마음이 겸손한 경우
(　　　절) -

6. 사람을 두려워하는 경우와 여호와를 의지하는 경우(　　　절) -

제30장 [아굴의 잠언]
다음 (　　) 안에 알맞은 말을 적으시오.

1. 이 말씀은 야게의 아들 (　　　　)이니 그가 곧 (　　　)과 (　　　)에게 이른 것이니라.
(　　　절)

2. 나는 다른 사람에게 비하면 (　　　)이라. 내게는 사람의 (　　　)이 있지 아니하니라.(　　절)

3. 하나님의 말씀은 다 (　　　)하며 하나님은 그를 (　　　)하는 자의 (　　　)시니라.(　　절)

4. 내가 두 가지 일을 주께 구하였사오니…… 곧 (　　　)과 (　　　)을 내게서 멀리 하옵시며 나를 (　　　)하게도 마옵시고 (　　　)하게도 마옵시고 오직 (　　　　)으로 나를 먹이시옵소서.(　　　절)

5. 스스로 (　　　)자로 여기면서도 자기의 더러운 것을 (　　　) 아니하는 무리가 있느니라.(　　　절)

6. 족하다 하지 아니하는 것 서넛(15~16) -

7. 세상을 진동시키며 세상이 견딜 수 없게 하는 것 네 가지는?(21~23) -

   1)
   2)
   3)
   4)

8. 땅에 작고도 가장 지혜로운 것 넷(24~28, 동물 이름만) -

9. 잘 걸으며 위풍 있게 다니는 것 서넛(29~31, 이름만) -

제31장 [르무엘 왕의 잠언]

다음 각 항의 물음에 답하시오.

1. 31장(1~9절)의 잠언은 누가 누구에게 훈계한 잠언인가?(1절) -

2. 아들에게 "하지 말라"고 한 것 두 가지는?(2~3절)

   1)
   2)

3. 술을 마시는 것이 마땅하지 않는 이유는?(4~7절) ~

4. 재판에 대한 교훈에서 바른 것은 O표, 아닌 것은 X표 하시오.(8~9절)

   1) 말 못하는 자와 고독한 자의 송사를 위하여 입을 열라.(　　　)
   2) 공의를 따라 재판하라.(　　　)
   3) 곤고한 자와 궁핍한 자를 승소하게 하라.(　　　)
   4) 공의로 재판하라.(　　　)

5. '현숙한 여인'에 해당하는 것에는 O표 , 아닌 것에는 X표 하시오.(10~31)

   1) 그의 값은 진주보다 귀하다.(　　　)
   2) 남편을 펍절하게 한다.(　　　)
   3) 자기 집안사람들에게 음식을 나눠준다.(　　　)
   4) 여종들에게 정죄한다.(　　　)
   5) 곤고한 자에게 손을 편다.(　　　)
   6) 궁핍한 자의 손을 거절한다.(　　　)
   7) 그의 남편은 장로들과 함께 성문에 앉는다.(　　　)
   8) 능력과 존귀로 사치한다.(　　　)
   9) 남편은 칭찬하기를 '모든 여자보다 뛰어나다' 한다.(　　　)
   10) 그 행한 일로 말미암아 성문에서 칭찬을 받는다.(　　　)

전도서 | 시가서 |

Ecclesiastes

제목에 대한 해설

본서의 히브리어 원전의 제목인 '코헬레트'는 1장 1절의 '전도자의 말씀'에서 왔다. 이 말은 '사람이 모인 곳에서 말하거나 전달하는 사람', '성직자', '설교자', '전파자'라는 의미를 내포한다. 이 말을 70인역은 '에클레시아스테스'로, 불가타역(Vulgate)에서는 '콘키오나톨(집회를 소집하는 자)'로 번역했다.《개역성경》'전도서'는 '코헬레트'와 '에클레시아스테스'를 넓은 의미에서 의역(意譯)한 것으로 적절한 표제이다.

저자 및 저작 연대

본서의 저자는 '코헬레트'인데, 1:1은 그를 '다윗의 아들'(유대 전통에서 보면, '후손'을 '아들'로 표현하는 경우가 많다.)이라 말하고 있어서 전통적으로 '솔로몬'으로 이해했으나, 1:16에서 저자는 '나보다 먼저 예루살렘에 있던 자보다 지혜를 많이 얻었다'라 하여 전대의 왕들을 가리키므로 솔로몬으로 보기는 어려우며, 솔로몬 이후 어떤 때에 살았음을 의미하는 것 같다(참고. 2:7, 2:9). 따라서 그 저작 연대를 솔로몬으로 보면 주전 935년경 또는 포로 후인 주전 400년에서 주전 150년경으로 보는 등 견해가 다양하다.

주요 사상

왕의 유언(royal testament) 형태로 기록되어 있는 〈전도서〉는 〈욥기〉와 마찬가지로 인간의 존재 문제를 다루고 있으며 '지혜의 위기'를 반영하고 있다. 그러나 〈욥기〉는 하나님의 직접적인 답변을 통해 문제를 해결하는 반면, 〈전도서〉는 끝까지 저자 자신의 관찰과 반성을 통해서 문제를 보고 있다. 〈전도서〉는 인간의 삶에 관한 전도자의 설교를 모아 놓은 책이라 할 수 있다.

〈전도서〉는 허무주의, 염세주의가 아니라 모든 것이 헛되고 무익하기 때문에 인간의 모든 행위를 심판하시는 하나님을 경외하는 것이 인간의 본분임을 강조하는 '유신론적 허무주의'이다.

역사적 배경

이스라엘의 주요 절기에 낭독하는 다섯 두루마리인 메길로트(Megilloth) 중의 하나로서 초막절(수장절)에 낭독하는 책이다.

이 책에는 '엘로힘(하나님)'이라는 일반 명사를 여러 차례 사용하고 있으나 '여호와(야훼)'라는 하나님의 이름은 한 번도 사용하지 않고 있다.

전도자로 일컬어지는 저자는 예루살렘에 거주하는 '지혜교사'로도 본다.

교훈과 메시지

(1) 헛되고 헛되고 헛되니

모든 인간의 삶은 단조롭고 지루한 자연계의 순환과도 같이 끊임없이 반복되는 권태로운 것이기에 해 아래 새 것이 없다고 말한다. 전도자의 허무주의는 삶을 포기하거나 세상에 속한 것을 멀리하거나 은둔하라고 하지 않는다. 오히려 심령으로 낙을 누리고(2:24~26, 3:22, 5:18~20, 8:15, 9:7~10), 선을 행하고(3:12), 아내와 함께 즐거워하고(9:9), 청년의 날을 기뻐하라고(11: 9) 가르친다. 하나님 없이 세상을 즐기는 것은 헛될 뿐이다.

(2) 한계에 부딪힌 인간 지혜

전도자는 지혜와 지식을 총동원하여 세상 일을 깊이 연구해 보았으나 괴로움만 커졌지 이해할 수는 없었다(1:3). 많은 지혜와 지식도 헛된 것임을 고백한다(1:16-17). 인간의 지혜로 이해할 수 없는 수많은 경험을 통하여 인간의 한계를 깨닫는다. 그는 인간의 지혜가 궁극적으로는 하나님이 하시는 모든 일을 다 알지 못하는 연약한 존재라는 것이 전도자의 결론이다(1:15).

(3) 하나님 역사의 불가사의성(不可思議性)

전도자의 경험으로 보면 세상의 일들이 인간의 지혜로 다 헤아릴 수 없는 불가사의로 가득 차 있다. 전통적인 인과율에 대한 회의는 〈욥기〉처럼 인간 지혜의 한계를 지적하지만, 동시에 그것은 하나님의 섭리가 얼마나 불가사의한 것인가 하는 성격을 갖는다. 그러므로 하나님의 정하신 바에 순응하여 살아갈 뿐이다.

(4) 하나님의 궁극적인 심판

인간은 삶을 즐기며 기쁨으로 선을 행해야 한다. 하나님이 인간에게 요구하시는 대로 살지 않으면 심판을 받는다(11:9). 하나님이 악을 행하는 자를 방치해 두지 않고 심판하실 때가 있다. "하나님은 모든 행위와 모든 은밀한 일을 선악간에 심판"(12:14)하실 것이므로 그를 두려워하고 그의 계명을 잘 지켜야 한다는 것이 전도자의 최종적인 가르침이다.

전도서 1~6장

인생의 허무함 (중요구절 전 2:24)

〈전도서〉는 '헛되다'는 말의 반복으로 시작하여 해 아래서(1:3, 9, 14), 즉 인간의 관점에서 바라본 세상이 헛되고 헛됨을 말하는데, 이는 〈전도서〉의 주제이기도 하다(1장). 지혜 추구로 만족을 얻지 못한 전도자는 감각적이고 현세적인 쾌락을 추구하나 이것도 헛되다고 한다(2장). 우리는 하나님이 하시는 일을 다 이해할 수 없으므로 그를 경외하게 된다(3장). 학대받는 자의 고생과 홀로 사는 자의 고통, 그리고 함께 하는 것의 힘을 말한다(4장). 사람이 일을 즐기고 재물을 얻어 누리는 것은 하나님의 선물로, 인생의 수고를 잊게 해 준다(5장). 재물과 부요와 존귀가 있으나 누리지 못하면 헛되다(6장).

1
지혜 추구의 헛됨
해 아래의 헛수고

2
쾌락과 인생의 헛됨
수고가 다 헛되다

3
범사에 기한 있음
영원을 사모하는 마음

4
인간 노력의 헛됨
세 겹 줄은 끊어지지 않음

5
하나님의 선물
수고함으로 즐거워하게 함

6
인간 부의 헛됨
헛되어 바람을 잡음

1. 〈전도서〉를 읽으면서 '이것이 히브리인의 허무사상인가' 하고 생각하는가? 이 허무사상을 통해 전도자는 또 하나의 다른 진리를 말한다. 새로운 가치는 곧 사람의 마음속에 하나님이 주신 "영원을 사모하는 마음"(3:11)이다. 영원을 사모하기 위해 하나님을 경외하며 창조주를 기억하고 사는가?
2. 〈전도서〉에 계속해서 나오는 세 단어를 발견하게 된다. "해 아래", "바람을 잡으려는 것", "헛되다"라는 말이 모두 100회 이상 나오고, 이런 가운데에도 "하나님"이 40회나 나온다. 결국 헛된 세상, 만사가 바람을 잡으려는 것 같은 인생에서 우리가 하나님을 '영적보증 수단' 정도로 섬겨서야 되겠는가? 헛된 세상이므로 전적으로 하나님을 의지해야 한다.
3. 홀로 사는 것보다 함께 사는 것이 정신적으로나 육체적으로 더 건강하다는 것은 현대의학에서도 증언한다. 전도자는 "두 사람이 한 사람보다 나음은……"(4:9)이라 하였다. 혼자 사는 사람도 이웃은 있고, 반면에 많은 가족과 더불어 사는 사람이 외로움에 지친 경우도 있다. 이웃은 내가 만들어 가는 것이다. 〈누가복음〉 10장의 '선한 사마리아인의 비유'에서 보면 제사장과 레위인은 강도 만난 자를 지나쳤으나 사마리아인은 다가가서 그를 치료하고 이송하고 경비를 부담했다. 함께하는 것은 내 몫이며 아울러 이웃의 친구가 되어야 한다.
4. 전도자는 "천 년의 갑절을 산다 할지라도"(6:6)라 하였다. 오래 살아도 중요한 것은 그 삶에서 낙을 누리는 것이다. 아무리 좋은 것을 가졌다 해도 그것을 누리지 못하면 헛된 것이다(6:2). 헛된 것을 더하게 하는 많

은 일의 주인공이 아니라 그 수고한 대로 먹는 성도가 복이다(시 128:2).
5. 낙을 누리는 일, 행복하게 사는 것의 중요함을 3천 년 전의 지혜자도 "사람이 비록 일백 자녀를 낳고 또 장수하여 사는 날이 많을지라도 그 심령에 낙이 족하지 못하고"(6:3)라 하였다. 심령의 낙을 누리는 것 중에 필수적인 것은 믿음으로 하는 일에서 보람을 느끼고 사는 것이다.

더 살펴보기

1. 〈전도서〉 내용

전도자는 인생을 즐길 것을 강조하는데, 이는 쾌락이 아니라 사람이 수고함으로 얻은 결과로 하나님의 선물이다(2:24~26, 3:12, 22, 5:18~20, 8:15, 9:7~9, 11:7~10). 그리고 하나님을 기쁘시게 하고(2:26), 경외하며(8:12), 하나님의 심판을 염두에 두라고 권면한다(11:9, 12:14). 또한 대조적으로 인생이 '헛되다'는 것이다. 그러나 전도자는 이 모든 것이 아무 가치가 없다고 단정한 것이 아니다. 수고함으로써 위대한 일을 성취할 수 있고 그 결과 즐거움을 얻을 수 있다(2:10).

내용 분해

1:1~11 – 서론 : 저자와 논제(論題)
1:12~6:12 – 세상의 모든 것이 헛되다
7:1~12:8 – 지혜와 어리석음
12:9~14 – 결론

2. 〈전도서〉를 보는 두 가지 시각

전도자는 두 가지 관점을 번갈아 가며 〈전도서〉를 통해 인생을 말한다.

(1) 자연인의 시각

인생의 문제들을 하나님의 빛이 없이 해결하려고 한다. 하나님을 제쳐놓고 보므로 그 결론은 '모든 것이 헛되다'(1:2)는 것이다. 사람의 인생은 유한하며 궁극적으로 만사가 허무하다.

(2) 하나님이 계시해 준 사람의 시각

만사를 새로운 빛으로 본다. 인생은 하나님을 경배하고 섬길 때 의미가 있다. 이 관점에서 전도자가 주는 말씀들은 안심과 희망을 준다. 〈전도서〉의 암울한 서두는 전도자의 첫 번째 관점을 대변하고, 밝은 결론은 두 번째 관점을 대변한다.

전도자가 말하는 "헛되다"는 의미

〈전도서〉에서 '헛되다'는 표현은 전도서의 특성을 말해 주면서 인생의 한 면을 보여 주고 있다.

(1) 인간의 지혜(2:15~16)
(2) 인간의 수고(2:19~21)
(3) 인간의 목적(2:26)
(4) 인간의 경쟁(4:4)
(5) 인간의 탐욕(4:8)
(6) 인간의 명성(4:16)
(7) 인간의 불만족(5:10)
(8) 인간의 갈망(6:1~9)
(9) 인간의 우매(7:6)
(10) 인간의 상급(8:10, 14)

3. 모든 것이 헛되면 가치 있는 일이 있는가? (전 1:2~3, 2:3~11)

1:2에는 "헛되다"는 말이 5번이나 반복되며 〈전도서〉 전체를 통하여 '헛되다'고 한 것이 너무 많다. 그렇다면 가치 있는 일이란 무엇일까? 전도자는 여러 일들을 해 보았으나 일시적인 만족을 주었을 뿐 오래가지 못하였다. 영원히 가치 있는 것은 무엇인가? 전도자가 계속해서 "해 아래서" 곧 하나님을 떠나서 모든 일을 했을 때 그렇다고 말한다는 사실로서 반대의 교훈이 있다. 인생에서 참된 가치와 의미 있는 일을 발견하기 위해서는 '해 위에' 즉 하나님과 지속적으로 생명 있는 교제를 나눌 때에 가능하다는 교훈을 준다.

전도서 7~12장

인생의 본분 (중요구절 전 12:1)

지혜는 가치 있는 것이 무엇인지를 가르쳐 준다(7~8장). 운명(죽음)은 누구에게나 임한다(9장). 지혜와 어리석음, 지혜의 말과 실천적인 충고에 대한 잠언이다(10장). 사람이 장수하면 즐거워할 일이고 빛 가운데서 기뻐할 일이다. 청년의 때를 즐거워하되 하나님의 심판이 있음을 기억해야 한다(11~12장).

책들을 짓는 것은 끝이 없다

전도자는 "책들을 짓는 것은 끝이 없고 많이 공부하는 것은 몸을 피곤하게 하느니라"(전 12:12)며 지혜자로서의 가르침을 주고 있다. 〈도서관에서 한 연구원이 피곤에 지쳐 잠에 빠졌다〉.

1. 하나님은 인간에게 '형통한 날과 곤고한 날을 병행하도록' 하셨다(7:14). 형통한 날에 기뻐하되 방종하지 말아야 하며, 곤고한 날에 생각하는('본다'는 뜻) 시간을 가져야 한다. 자기 허물, 부족, 어리석음, 교만 등을 보면서 하나님의 섭리를 따라야 한다. 이 두 가지를 병행하게 하심은 하나님의 사랑 방법이다.
2. "게으른즉 서까래가 내려앉고 손을 놓은 즉 집이 새느니라"(10:18). 다른 사람의 신앙을 보고 부러워하거나 나는 그렇게 될 수 없다고 생각하는가? '원래부터'는 없다. '좋은 땅에서는 30배, 60배, 100배의 결실이 있다'(마 13장). 좋은 땅이란 돌과 잡초를 제거하고 거름을 주어 만드는 것이다. 구원 받는 것은 전적인 하나님의 선물이지만 그것을 지키기 위해 게을러서는 안 된다. 바울 서신도 전반에는 믿음으로 구원을, 후반에

는 거기에 따르는 삶을 강조하고 있다. 믿음이 떨어지고 새는 곳은 없는지? "부지런하여 게으르지 말고 열심을 품고 주를 섬기라"(롬 12:11).

3. 구제, 혹은 자선행위로 일컬어지는 남을 돕는 일은 누구나 말할 수 있으나 누구나 하지는 않는다. "네 떡을 물 위에 던져라 여러 날 후에 도로 찾으리라"(11:1) 했다. 이는 라일 강이 범람할 때 씨를 물에 던지면 나중에 비옥한 땅에서 거두게 된다는 비유를 통하여 구제가 결국은 자신에게 돌아온다는 가르침으로 해석한다. 잠언 19:17에서는 "가난한 자를 불쌍히 여기는 것은 여호와께 꾸어 드리는 것이니 그의 선행을 그에게 갚아 주시리라" 했고, 예수님은 "네 구제함을 은밀하게 하라. 은밀한 중에 보시는 너의 아버지께서 갚으시리라"(마 6:2~4) 하였다. "도로 찾으리라"는 말씀을 체험하며 사는 것은 큰 보람이다.

4. 청년을 향한 역설적인 교훈은 경고성이 강하다. "네 청년의 날들을 마음에 기뻐하여 마음에 원하는 길들과 네 눈이 보는 대로 행하라" 하여 마음대로 살 수 있는 허락을 하는 것으로 들린다. 이어지는 말씀은 철저한 경계를 하고 있다. "그러나 하나님이 이 모든 일로 말미암아 너를 심판하실 줄 알라"(11:9)고 했다. 다음 절에서는 더 분명하게 악과 거리를 두라 하신다. "그런즉 근심이 네 마음에서 떠나게 하며 악이 네 몸에서 물러가게 하라"(11:10).

더 살펴보기

1. 〈전도서〉 12:2~6 해석(보편적인 관점에서 해석하므로 참고 서적도 보라)

이 부분은 노년에 찾아오는 신체적 변화들을 비유한 것으로 해석한다.

(1) 2절: "해와 달과 별들이 어둡기 전에, 비 뒤에 구름이 다시 일어나기 전에" - 악천후의 기후처럼, 노년기의 불편이 증가되기 전에 창조주를 기억하라.

(2) 3절: "집을 지키는 자들이 떨 것이며" - 노년에 팔, 다리가 떨린다(중풍, 쇠약 등).

7
형통한 날, 곤고한 날
이 두 가지를 병행하게

8
권위에 복종
지혜는 얼굴 광채

9
세상의 경영
수고하여 얻은 몫

10
지혜자, 우매한 자
지혜는 성공에 유익

11
구제에 대한 권고
네 떡을 던져라

12
창조주를 기억
저술은 끝이 없고

소년(젊은이)의 연령층은?(전 4:13)

(1) 《개역한글》은 '지혜로운 소년', 《개역개정》과 《가톨릭새번역》은 '지혜로운 젊은이'라 했고 《새번역》이나 《공동번역》은 모두 "슬기로운 젊은이"로 번역하였다. 〈열왕기〉나 〈역대기〉에도 보면 군인들이 나올 때 '소년'이라는 단어를 사용하는데, 이 단어를 우리는 어린이를 벗어난 정도의 나이로 이해한다. 그러나 17세의 젊은이인 요셉을 그 형들이 '아이'라 불렀고(창 37:30), 40세의 르호보암도 그와 같이 자란 친구들을 '소년들'이라고 불렀다(왕상 12:8). 즉 '소년'의 개념이 일반적으로 우리가 생각하는 것보다 더 나이가 많았다. 이스라엘 사회에서는 젊은이보다 나이 많은 이들이 대우를 받았고 중요한 직책도 맡았다(출 17:5-6, 레 4:15, 신 27:1, 잠 16:31).

(2) 젊은이가 재산마저 없다면 인정받기 어려웠지만, 요셉이 애굽에서 존경을 받은 것은 하나님의 은혜였다(창 40~41장). 하나님 앞에서는 외적인 조건보다 내적인 지혜가 필요하다. 즉 인간들은 아무것도 자랑하지 말아야 하며 하나님의 절대권 안에 있음을 인정해야 한다.

"힘 있는 자들이 구부러질 것이며"- 어깨, 허리, 다리가 굽어지는 현상이다.

"맷돌질하는 자들이 적으므로 그칠 것이며" - 치아가 노쇠함으로 무력해진다.

"창들로 내다보는 자가 어두워질 것이며" - 시력의 노화로 동공이 이완된다.

(3) 4절: "길거리 문들이 닫혀질 것이며" - 청각(聽覺)이 쇠퇴해진 상태다.

"맷돌 소리가 적어질 것이며" - 이가 약해져서 음식을 잘 씹지 못하게 된다.

"새의 소리를 말미암아 일어날 것이며" - 신경이 예민해져서 깊은 잠을 못 잔다.

"음악하는 여자들은 다 쇠하여질 것이며" - 성대의 약화로 노래를 잘 못한다.

(4) 5절: "그런 자들은 높은 곳을 두려워할 것이며 길에서는 놀랄 것이며" - 고공(高空) 공포증도 생기고, 두려워서 여행도 못한다.

"살구나무가 꽃이 필 것이며" - 백발이 된 노인의 모습이다.

"메뚜기도 짐이 될 것이며" - 힘 없어 혼자 몸을 가누기도 힘들게 된다.

"정욕이 그치리니" - 식욕, 성욕, 각종 욕망이 무기력해진다.

"자기의 영원한 집으로 돌아가고 조문객들이 거리로 왕래하게 됨이니라." - 죽음이 온다.

(5) 6절: "은 줄이 풀리고 금 그릇이 깨지고" - 신경과 두뇌가 그 기능을 상실한다.

"항아리가 샘 곁에서 깨지고 바퀴가 우물 위에서 깨지고" - 폐와 심장이 멈추고 죽음에 이른다. 이러기 전에 창조자를 기억하고 잘 섬겨야 한다.

2. 사람의 본분 (전 12:13)

(1) 〈전도서〉의 끝부분에서 '사람의 본분'을, "일의 결국을 다 들었으니 하나님을 경외하고 그의 명령들을 지킬지어다"(12:13)라며 분명하게 말

한다. '하나님을 경외'하는 것은 '두려워하는 것이 아니라 하나님께 합당한 존경을 보이는 삶'을 말한다. 그것은 결국 '그 명령을 지키는' 순종으로 이어지는 것이다. 이것이 사람의 본분임을 말한다.

(2) 관계되는 몇 절을 보라. - "여호와를 경외하는 것이 지식의 근본이거늘 미련한 자는 지혜와 훈계를 멸시하느니라"(잠 1:7). "곧 너와 네 아들과 네 손자들이 평생에 네 하나님 여호와를 경외하며 내가 너희에게 명한 그 모든 규례와 명령을 지키게 하기 위한 것이며"(신 6:2). "네 하나님 여호와께서 네게 요구하시는 것이 무엇이냐 곧 네 하나님 여호와를 경외하여 그의 모든 도를 행하고 그를 사랑하며 마음을 다하고 뜻을 다하여 네 하나님 여호와를 섬기고"(신 10:12).

너의 창조주를 기억하라(전 12:1)
"너는 청년의 때에, 곧 곤고한 날이 이르기 전에 나는 아무 낙이 없다고 할 해들이 가깝기 전에"(전 12:1). 이 노인의 모습은 전도자의 가르침을 되새기게 해준다.

성경 질문지

전도서 1~6장 인생의 허무함

제1장 [지혜 추구의 헛됨]

다음 (   ) 안에 알맞은 말을 찾아 적으시오.

1. 다윗의 아들 (   ) 왕 (   )의 말씀이라.(절)
2. 전도자가 2절에서만 "헛되다"는 말을 몇 번 했는가?(번)
3. (   )은 보아도 족함이 없고 (   )는 들어도 가득 차지 아니하도다.(절)
4. 마음을 다하며 (   )를 써서 하늘 아래에서 행하는 모든 일을 (   )하며 살핀즉 이는 (   )것이니 (   )이 인생들에게 주사 (   )하게 하신 것이라.(절)
5. (   )가 많으면 (   )도 많으니 지식을 더하는 자는 (   )을 더하느니라.(절)
6. 해 아래에는 새 것이 없으나 하나님 안에는 새 것이 있다. 아래에 두 절을 쓰시오.
   1) 〈전도서〉 1:9 -
   2) 〈이사야〉 43:19 -

제2장 [쾌락과 인생의 헛됨]

다음 물음에 답하시오.

1. 어떤 것이 선한 일인지를 알아 볼 때까지 사업을 크게 하였는데 어떤 일들을 했는지 요약해서 쓰시오.(1~8).
   -
2. 원하는 대로 다 한 그 후에 생각해 본즉 모든 일과 수고한 모든 것이 다 어떻다고 했는가?(9~11)
   -
3. 지혜자의 죽음을 우매자의 죽음과 비교하여 어떻게 보았는가?(12~17)
   -
4. 해 아래에서 한 모든 수고에 대하여 어떻게 생각하였는가?(18~23)
   -
5. 무엇도 하나님의 손에서 나오는 것이라 하였는가?(24~26)
   -

제3장 [범사의 기한]

다음 각 항의 지시를 따라 O, X로 답하시오.(각 항에 X표는 하나)

1. 다음에 이어지는 때에서 맞는 것은 O표, 틀린 것은 X표 하시오.(1~8)
   1) 날 때 - 죽을 때 (   )
   2) 울 때 - 웃을 때 (   )
   3) 슬퍼할 때 - 안을 때 (   )
   4) 찢을 때 - 꿰멜 때 (   )
2. 하나님이 사람에게 주신 것이나 선물에는 O표, 아닌 것은 X표 하시오.(9~15)
   1) 노고 (   )
   2) 영원을 사모하는 마음 (   )
   3) 하나님의 일의 측량 (   )
   4) 낙을 누리는 그것 (   )

3. 다음에 연결된 본문과 관계가 있는 것은 O표, 전혀 관계가 없는 것은 X표 하시오.(16~22)
   1) 17절 - 전 12:14 (　　　)
   2) 18절 - 시 49:12 (　　　)
   3) 20절 - 창 3:19 (　　　)
   4) 22절 - 빌 4:10 (　　　)

제4장 [인간 노력의 헛됨]
다음 말에서 틀린 부분에 밑줄 긋고 바르게 고치시오.

1. 학대받는 자들, 죽은 자들, 출생하지 않은 자 중에 더 복된 자는 학대받는 자들이다.(1~3)
   -
2. 두 손에 가득하고 수고하여 바람을 잡는 것보다 한 손에만 가득하고 보람이 더 낫다.(4~6)
   -
3. 두 사람이 함께 누우면 불편하거니와 한 사람이면 어찌 따뜻하랴.(7~12)
   -
4. 가난하여도 지혜로운 젊은이가 늙고 둔하여 경고를 더 받을 줄 아는 왕보다 낫다.(13~16)
   -

제5장 [하나님의 선물]
다음 말씀을 완성하시오.

1. 하나님 앞에서 함부로~
2. 하나님께 서원하였거든~
3. 꿈이 많으면~
4. 은을 사랑하는 자는~
5. 어떤 사람에게든지~

제6장 [인간 부의 헛됨]
다음의 내용이 몇 절에 있는지를 쓰시오.

1. 재물과 부요와 존귀를 받았으나 다른 사람이 누리니 이것도 헛되다. - (　　　절)
2. 사람의 수고는 자기의 입을 위함이나 그 식욕은 채울 수 없다. - (　　　절)
3. 눈으로 보는 것이 마음으로 공상하는 것보다 낫다. - (　　　절)
4. 헛된 것을 더하게 하는 많은 일들도 사람에게 유익이 없다. - (　　　절)

전도서 7~12장 인생의 본분

제7장 [형통한 날, 곤고한 날]
다음 물음에 간단히 답하시오.

1. 지혜자의 마음과 우매한 자의 마음은 각각 어디에 있는가?(1~7)
   - (　　　　　/　　　　　)
2. 형통한 날과 곤고한 날에 각각 취할 태도는? (8~14)
   - (　　　　　/　　　　　)
3. 선을 행하고 전혀 죄를 범하지 아니하는 의인이 세상에 있는가?(15~22)
   - (　　　)
4. 하나님은 사람을 어떻게 지으셨으며, 반면에 사람이 낸 것은?(23~29)
   - (　　　　　/　　　　　)

제8장 [권위에의 복종]
맞는 말에 O표, 틀리면 X표를 하시오.(틀린 부분에 밑줄을 긋고 고치며 근거 구절 제시)

1. (　　　절) 사람의 지혜는 그의 얼굴에 광채가 나게 하나니 그의 얼굴의 광채가 변하느니라.(　　　)

시가서 전도서

2. (　　절) 바람을 움직이게 할 사람, 죽는 날을 주장할 사람, 전쟁할 때를 모면할 사람도 있다. (　　)

3. (　　절) 하나님을 경외하여 그를 경외하는 자들은 잘 될 것이요.(　　)

4. (　　절) 하나님의 모든 행사를 사람이 애써 알아보려고 할지라도 능히 알지 못한다.(　　)

제9장 [세상의 경영]
다음 서로 관계 있는 것끼리 연결하시오.

1. 의인들이나 지혜자들이나 그들의 행위나 • • 가)
2. 산 자들 중에 들어 있는 자에게 소망이 있음은 • • 나)
3. 아내와 함께 즐겁게 살지어다 • • 다)
4. 명철자들이라고 재물을 얻는 것도 아님 • • 라)
5. 지혜가 힘보다 나으나 • • 마)

가) 평생에 해 아래서 수고하고 얻은 네 몫임
나) 산 개가 죽은 사자보다 낫기 때문임
다) 모두 다 하나님의 손 안에 있음
라) 가난한 자의 지혜가 멸시를 받음
마) 시기와 기회는 그들 모두에게 임함

제10장 [지혜자와 우매한 자]
다음 말의 뜻이 담긴 말씀은 몇 절에 나오는가?

1. 우매한 자가 크게 높은 지위들을 얻는 것은 폐단이라는 말씀 (　　~　　절)

2. 지혜는 성공하기에 유익하다는 것을 철 연장 날을 갈아야 한다는 비유의 말씀 (　　절)

3. 사람은 장래 일을 알지 못하여 나중에 일어날 일을 그에게 알릴 자가 없다는 말씀 (　　절)

4. 대신(大臣)들이 아침부터 잔치하는 나라는 화가 있으며, 대신들이 취하지 않고 기력을 보하려고 정한 때에 먹는 나라는 복되다는 말씀 (　　~　　절)

제11장 [구제에 대한 권고]
다음 말씀을 완성하시오.

1. (　　절) 너는 네 떡을~

2. (　　절) 풍세를 살펴보는 자는~

3. (　　절) 만사를 성취하시는~

4. (　　절) 네 청년의 날들을~

제12장 [창조자를 기억하라]
다음 각 항의 지시를 따라 하시오.

1. 본문의 '더 살펴보기' 해설을 참고하여 아래의 구절을 해석하시오.

3절

1) 집을 지키는 자들이 떨 것이며
-

2) 힘 있는 자들이 구부러질 것이며
-

3) 맷돌질하는 자들이 적으므로 그칠 것이며
-

4) 창들로 내어다보는 자가 어두워질 것이며
-

4절

5) 길거리 문들이 닫혀질 것이며
-

6) 맷돌 소리가 적어질 것이며
-

7) 새의 소리로 말미암아 일어날 것이며
-

8) 음악하는 여자들은 다 쇠하여질 것이며
-

5절

9) 그런 자들은 높은 곳을 두려워할 것이며 길에서는 놀랄 것이며

-

10) 살구나무가 꽃이 필 것이며

-

11) 메뚜기도 짐이 될 것이며

-

12) 정욕이 그치리니

-

13) 자기의 영원한 집으로 돌아가고 조문객들이 거리로 왕래하게 됨이니라

-

2. 결국 "사람의 본분"이란 무엇인가?(9~14)

-

아가 | 시가서 |

Song of Songs

제목에 대한 해설

본서의 히브리 성경의 책 이름은 '쉬르 하쉬림'으로, '노래 중의 노래'라는 뜻이다. 《칠십인역》(LXX)은 '아스마 아스마톤(Aisma Asmaton)', 불가타역은 '칸티쿰 칸티코룸'으로 번역했고, 영역은 'Song of Songs(또는 Song of Solomon)'로 우리말 성경의 '아가(우아할 雅, 노래 歌 : 아름다운 노래)'는 의역한 것으로서 중국역의 영향이며, 일본역도 같은데 적절한 표제다. 이름 그대로 〈아가〉의 노래는 가장 훌륭하고 멋있는 노래라는 뜻을 가지고 있으며, 하나님과 이스라엘 사이의 관계에 대해서 노래하는 가장 좋은 노래라는 뜻도 가지고 있는 셈이다.

저자 및 저작 연대

성경의 내적 증거로 솔로몬이 본문에 7번(1:1, 5, 3:7, 9, 11, 8:11, 12) 나오는 것으로 보아 솔로몬으로 여겨 왔고, 따라서 이 성경의 그 기록 연대는 그의 생애 중인 주전 약 10세기경으로 볼 수 있다. 솔로몬은 1,005편의 노래를 지었는데, 〈아가〉는 그 중의 일부일 것이다(왕상 4:32).

그러나 현대 학자들은 솔로몬 시대로부터 전승되어 온 것을 포로기 이후 시대(주전 5~3세기)에 현재 형태로 최종 편집되었다고 본다.

〈아가〉의 해석 문제

(1) 풍유적 해석(Allegorical Interpretation)

'Allo(다른)'+'agoreuo(말한다)'라는 두 개의 라틴어에서 온 말로서 그 본문 배후에 다른 무엇을 말하고 있는 것을 찾아내는 해석이다. 은유적(隱喩的) 해석이라고도 한다.

① 유대교에서 채택한 해석법으로, 신랑은 여호와이고 신부는 유대 민족이다.

② 그리스도교회는 유대교의 해석 방법을 수용하여 신랑은 예수 그리스도로, 신부는 교회, 곧 성도로 해석을 한다.

(2) 희곡적 해석(Dramatic Interpretation)

〈아가〉의 문학적 특성을 중시하여, 이 책은 희곡같이 된 책으로 여기에 나오는 인물을 중심으로 해석해야 한다는 것이다.

(3) 결혼식 노래로 해석(Wedding Cycle Interpretation)

유대인의 결혼 노래를 수집하여 만들어진 것이라 하는데, 신랑은 왕으로, 신부는 왕후로 연출하여 사랑의 노래를 교환한 것이라 한다.

(4) 순전한 사랑의 노래로 해석(Secular Love Song Interpretation)

세속적인 노래를 수집하여 만들어진 책이라 한다.

(5) 종교 의식적인 해석(Liturgical Interpretation)

히브리인에게는 신년 축하제가 있어서 생명의 근원이신 여호와가 항상 이스라엘에 새로 군림하는 것을 축하하고 감사하는 식을 거행했는데 이 의식에서 부른 노래라고 한다.

〈아가〉의 화자(話者)

〈아가〉는 크게 신부(여자), 신랑(남자), 합창(예루살렘 여인들) 등의 세 가지 노래가 번갈아 가면서 이어지는 형식을 취하고 있다.《공동번역》이나《표준새번역》의 본문이 이 점을 잘 반영하고 있다. 그러나《개역성경》에는 나타나 있지 않으므로 화자를 찾아 성경을 읽으면 이해가 쉽다.

(1) 술람미 여인 - 1:2~4상, 5~7, 12~14, 16~17, 2:3~7, 8~9, 16~3:5, 4:16, 5:2~8, 10~16, 6:2~3, 11~12, 7:9하~8:4, 8:5하~7, 10~12, 14 (3:1~5은 여인의 꿈)

(2) 솔로몬 - 1:8~11, 15, 2:1~2, 2:10~15, 4: 1~15, 5:1, 6:4~9, 7:1~9상, 8:13

(3) 예루살렘 여인들 - 1:4하, 11, 3:6~11, 5:9, 6:1, 6:11~12, 7:9하~8:4, 8:5상, 8:8~9

교훈과 메시지

(1) 남녀의 참사랑

하나님의 뜻에 따라 남녀의 사랑이 주는 기쁨을 발견하고 육체적인 사랑의 즐거움과 정신적인 사랑의 아름다움으로 행복한 결혼생활을 할 것을 배운다.

(2) 그리스도와 교회의 사랑

신랑되신 그리스도께서 신부인 교회와 성도를 향한 참사랑을 보여주심에 응답하여 그리스도에게로 향하여 진실된 믿음생활을 할 것을 배운다.

아가 1~4장

구애와 결혼 (중요구절 아 2:24)

솔로몬과 술람미 여인이 서로의 아름다움에 대해 칭송한다(1장). 사랑하므로 병이 들었으나 이제 겨울이 지났으니 사랑하는 자들은 꽃향기 나는 들판을 내달린다(2장). 여인의 사랑의 독백에 이어 신랑인 솔로몬이 가마(수레)를 타고 거친 들에서 오고 있다(3장). 솔로몬이 여인을 찬미한다(4장)

1. 번역본들 중에는 '신랑'과 '신부'가 노래를 주고 받는 것으로 단락을 나누지만, 히브리어 본문이 그렇게 나누어져 있는 것은 아니다. 〈아가〉에는 두 연인이 서로 독백이나(예 1:12~14) 대화로(예 1:15~2:1) 성(性)과 육체적 사랑의 기쁨과 열정을 노래한다. 여자는 자신의 아름다움(1:5)과 자기 남자의 아름다움(1:16)을 자랑삼아 외친다. 그 다음 남자는 그 여자가 얼마나 아름다운지 기쁘게 말한다(1:15). 유대교에서는 30세 전에는 〈아가〉를 읽지 못하게 하던 시대도 있었지만 현대에는 그럴 필요가 없다.
2. 구약 저자들은 하나님이 주신 육체적 아름다움을 서슴없이 표현하였다. 사라(창 12:11, 14), 리브가(창 26:7), 라헬(창 29:17), 아비가일(삼상 25:3), 밧세바(삼하 11:2), 다말(삼하 13:1), 아비삭(왕상 1:3), 에스더(에 2:7), 요셉(창 39:6), 사울(삼상 9:2), 다윗(삼상 16:12) 등 다 헤아릴 수가 없다. 성도들도 서로 간에 아름다움을 표현하는 것은 좋은 일로서 사랑과 격려가 되어야 한다.
3. 〈아가〉에 나타난 솔로몬과 술람미의 아름다운 사랑은 어느 시대에 적용해도 합당한 것이다. 창조 기사의 끝 부분처럼 사랑의 마음이 메아리치고 있다(창 2:23~25). 남녀의 사랑을 유대교에서는 하나님과 이스라엘 백성의 결합(렘 2:2, 겔 16장, 호 1~3장)으로 해석했고, 기독교회에서는 그리스도와 교회(성도)의 결합(엡 5:25, 31~32)으로 이해하여 〈아가〉를 해석해 왔다.
4. 봄의 도래를 노래한다(2:8~17). 우기가 지나 봄이 오면 들판은 온통 꽃으로 뒤덮이고 새들은 아름답게 지저귄다. 겨울을 지나 봄이 오면 생동감이 있고 큰 기쁨이다. 그러나 "포도나무의 꽃이 향기를 토하는데" 그

1
술람미 여인과 신랑
네 사랑이 포도주보다 낫다

2
사랑하는 자를 찾는 노래
포도원을 허는
작은 여우를 잡으라

3
신랑 신부의 결혼
나와서 솔로몬 왕을 보라

4
신랑의 칭송
내 마음을 빼앗았구나

것을 보호하기 위해서는 "포도원을 허는 작은 여우를 잡으라"(2:15)고 하였다. 오늘도 하나님의 교회에 은혜와 사랑이 넘치는 봄이 오면 이를 허는 작은 여우들을 경계해야 한다.

5. 남자는 여자의 신체 부위의 아름다움을 칭송하기를 여자가 사는 지역에서 보이는 것들로 비유한다(4:1~5). "유방은 백합화 가운데서 꼴을 먹는 쌍태 어린 사슴"(5절)처럼 신체를 지역의 것과 세밀하게 연결하는 것을 보면 피상적인 사랑이 아닌 아주 구체적인 사랑임을 알 수 있다.

더 살펴보기

1. 〈아가〉의 화자(話者)

(1) 〈아가〉의 노래들이 언제 최초로 만들어졌는지, 언제 현재의 모습으로 수집되고 편집되었는지 본문에 나타나지 않는다. 저자 또는 편집자가 누구인지 정확히 알 수 없으나 전통적으로 저자를 '솔로몬'으로 본다(1:1, 왕상 4:32). 혹자는 '지혜 문서'들 가운데 하나이며 솔로몬을 모범적인 지혜스승으로 본다.

(2) 〈아가〉를 읽을 때 화자(話者) 찾기가 중요하다. 성경에 밝히 나타나지 않으므로 〈아가〉 개요에 나온 화자를 찾아 성경에 표시를 하면 성경을 읽을 때 전체적인 흐름에 감을 잡을 수 있다. 〈아가〉는 명절 때 읽는 메길로트(다섯 두루마리) 중에 한 권이다. (445쪽 '시가서가 무엇인가'와 〈아가〉 개요 참고.)

2. 〈아가〉에 대한 적용

〈아가〉는 해석하기 어려우나 하나님이 〈아가〉를 정경으로 채택하셨으므로 보편적인 관점에서 보고 적용하면 좋을 것이다. ① 하나님의 뜻에 따라 남녀의 사랑이 주는 기쁨을 발견하고 육체적인 사랑의 즐거움과 정신적인 사랑의 아름다움으로 행복한 결혼생활을 하자. ② 신랑되신 그리스도께서 신부인 교회와 성도를 향한 참사랑을 보여주심에 응답하여 우리의 눈을 그리스도에게로 향하여 진실된 사랑으로 충실한 믿음생활을 하자. (〈아가〉 개요 참고.)

3. 사랑의 찬가, 닫혀진 동산

(1) 〈아가〉에 나오는 직설적인 표현들이 생소하게 느껴지는 것은 '자연'과 '은혜' 사이를 구태의연하게 구분하기 때문인가? 이 사랑의 노래에서 나타나고 있는 신랑과 신부의 육체적 매력에 대한 묘사와 서로 사모하는 정을 말하는 방식이 순수한 사람에게는 아주 자연스럽게 보일 것이다. 더구나 언어로 표현되고 있는 그들의 생각과 이미지는 약간 대담하고 외설적인 인상을 줄지 모른다. 그 신부는 동산 또는 아름다운 과수(果樹)로 표현하고 있다. 그리고 주인이 와서 그 열매들을 즐기게 될 것이다(4:12~5:1).

(2) 고대 근동의 찬란함은 그 신부의 매혹적인 모습을 통하여 나타나고 있다. 그녀는 지나치게 당황하거나 수줍어하지는 않지만 남자의 눈 앞에서 재빨리 몸을 숨긴다. 다른 젊은 남자들에게 있어서 그녀는 닫혀진 동산이요 막힌 담이지만 그 사랑하는 자에게는 자기를 맡기는 것이다. 그녀는 사랑하는 남자의 밀어에 귀를 기울인다(7:8~9). 그녀는 냉담한 신부가 아니요 사랑하는 자에게 자신을 맡긴다. 그래서 공공연하게 '사랑하므로 병이 났던' 것이다(5:8). (Carneils Vanderwaal, 《Search the Scriptures: 반더발 성경연구》 2권, p.158)

〈아가〉에 대한 다양한 해석 방법

〈아가〉에 대한 해석 방법은 역사적으로 여러 방법이 시도되었다.

①풍유적 해석(알레고리: Allegorical Interpretation)은 유대교에서 신랑은 '여호와'이고 신부는 '이스라엘'이라는 틀을 그리스도 교회는 그대로 수용하여 신랑은 예수 '그리스도'이시며 신부는 '교회(성도)'이다.

②희곡적 해석(드라마: Dramatic Interpretation) – 〈아가〉의 문학적 특성을 중시하여 희곡같이 된 책으로 여기에 나오는 인물을 중심으로 해석해야 한다는 것이다.

③결혼식 노래(Wedding Cycle Interpretation) – 유대인의 결혼 노래를 수집하여 만들어진 것이라 하는데, 신랑은 왕으로, 신부는 왕후로 연출하여 사랑의 노래를 교환한 것이라 한다.

④순전한 사랑(Secular Love Song Interpretation) – 일반적인 세속적 노래를 수집하여 만들어진 책이라 한다.

⑤종교적 의식(Liturgical Interpretation) – 히브리인에게는 신년 축제가 있어서 생명의 근원이신 여호와가 항상 이스라엘에 새로 군림하는 것을 축하하고 감사하는 식을 거행했는데 〈아가〉는 이 의식의 노래라고 한다.

(박대선 외 2인, 《구약성서 개론》, 대한기독교서회, pp.422~430 요약 외.)

아가 5~8장

신랑과 신부의 사랑 (중요구절 아 8:6)

신부는 자기의 사랑하는 자를 찾지 못하는 꿈을 묘사하지만(5장), 신부에 대한 사랑의 노래는 아름다움 그 자체다(6장). 서로의 사랑 안에서 기뻐하며 서로에게 속하였음을 노래한다(7장). 사랑은 죽음같이 강하여 모든 가산을 주고도 바꾸지 못함을 노래한다(8장).

5
신랑을 향한 마음
내가 사랑하므로 병이 났다

6
신부를 향한 마음
술람미 여자야 돌아오라

7
신랑이 신부를 칭송
어찌 그리 아름다운가?

8
사랑하는 자를 의지
사랑은 죽음 같이 강하고

1. 〈아가〉를 읽을 때 계속되는 사랑의 고백과 상대방의 신체부위를 일일이 열거하며 칭송하는 말은 그들의 사랑의 깊이를 짐작하게 해준다. "네 눈으로 한 번 보는 것과…… 내 마음을 빼앗겠구나"(4:9), "내 사랑하는 자가 내게 속하였으며"(6:3)는 일체의 마음이 서로를 인정하는 것이 되고 행복한 삶이 된다. 나는 어떤 마음으로, 어떤 눈으로 아내를, 남편을 대하는가?
2. 사랑이 넘치는 여자는 "잘지라도 마음은 깨었는데"(5:2 상반절), 남자가 문을 두드리며 "나의 완전한 자여 문을 열어 다오…… 내 머리털에는 밤이슬이 가득하였다"(2절 하반절)는 애절한 말에 잠자리에 들었던 여자는 "마음이 움직여서 일어나 내 사랑하는 자를 위하여 문을 열 때"(4~5절) 처럼 우리의 마음이 주님을 향하여 깨어 있으며 주님을 위해 마음의 문을 열어야 한다.
3. 여자는 "내가 사랑하므로 병이 났다"(5:8, 2:5)고 한다. 병이 날 정도의 마음이어야 진정한 사랑이듯이, 우리가 주님을 향한 마음이 간절하여 사랑병을 앓을 정도여야 한다.
4. 당시에는 자신의 도장을 목이나 가슴 언저리에 걸고 다니는 관습이 있었다(창 38:18). 또한 팔찌로서 오른 손목에 낀 적도 있었다. 이것이 후에 반지로 변한 듯하다(렘 22:24). 따라서 "너는 나를 도장 같이 마음에 품고 도장 같이 팔에 두라"(8:6)는 것은 나를 당신에게서 떨어질 수 없는 귀중한 것으로 여겨 달라는 신부의 소원이다. 귀염받지 못하는 자녀, 인정받지 못하는 직장인, 사랑받지 못하는 부부, 그들은 생산적인 삶을 살 수 없다. 소중히 여김 받음은 복이고 그렇지 못함은 슬픔이다.
5. "사랑은 죽음 같이 강하고"(8:6)라 하였다. 무엇으로도 끌 수 없는 강한 불꽃이다. 뿐만 아니라 하나님의 사랑에서 우리를 끊을 자도 없다(롬 8:39). '사랑의 불이 꺼지면 50규빗(22.5m)의 침대가 좁고, 사랑의 불이 뜨거우면 칼 날 위에서도 잘 수 있다'(탈무드). 아내를 잃은 한 분이 여생을 눈물로 살면서 '헛되고 헛되니'(전 1:2)를 외치며 살다가 새로운 가정을 꾸미게 되자 "사랑은 죽음 같이 강하고"를 노래하며 〈아가〉를 애독하

면서 행복하게 살게 되었다. 사랑은 그런 힘이 있다.

더 살펴보기

1. 〈아가〉의 메시지

〈아가〉에는 사람들이 보편적으로 관심을 갖는 것들이지만, 저자의 세계와 현대 사이에는 문화적인 차이가 있기에, 오늘날 독자들은 상징적 표현들이나 특수한 용어들을 이해하는 데 일부 어려움이 있다. 〈아가〉에는 25가지 이상이나 되는 나무들, 꽃들, 향기, 밤 또는 호두, 약초들이 등장한다. 이것들은 기분 좋게 맛보고 냄새 맡을 수 있는 분위기를 만든다. 포도원은 여성의 성적 특징을 상징적으로 나타낸다(1:6, 2:15, 8:12). 정원은 남자가 들어가서 꽃과 향초를 따먹고 마시며 양떼를 먹이는 곳이다(4:12~5:1, 6:2~3). 이러한 소재들은 모두 자기 연인의 육체를 관능적으로 표현하는 암시들이다. 포도주는 사랑을 나누는 행위를 연상하도록 반복 사용되었다(1:2, 4:10, 7:9, 8:2). (UBS 세계성서공회판, 《Good News Study Bible》)

2. 결혼식 춤과 노래 (6:13~7:5)

(1) 〈아가〉의 여러 해석법 중에 하나는 '결혼식 노래'(Wedding Cycle Interpretation)로 보는 것이다(596쪽 '더 살펴보기' 내용 참고). 이 본문에서는 결혼식에서 춤을 추는 모습이 눈앞에서 펼쳐지는 것처럼 선명하다. 6:13에서 여자는 춤을 추라는 요청을 받는다. 이 여자는 '술람미'인데 실제 이름인지, 애칭인지, 출신지를 표시하는지 알 수 없다. 그런데 여자는 '무슨 볼 것이 있겠느냐'고 하면서 수줍어하는 듯 거절한다.

(2) 이제 남자는 이런 신부에 대한 자부심이 담긴 말로 여자의 신체 하나하나를 묘사하는데, 아름다운 시를 읊는 것 같다. 인간의 육체란 하나님에 의하여 설계되고 창조된 걸작이다. 그렇다고 영적인 품성은 도외시하고 육체적인 외모만을 찬양하지는 않는다. 솔로몬도 육체를 성적인 대상으로만 본 것이 아니다. 히브리인들의 관념상, 외적인 아름다

〈아가〉 배경을 재구성하여 본 내용
솔로몬에게는 예루살렘 북쪽의 한 시골에 포도원이 있었다(8:11). 솔로몬은 두 아들과 딸이 있는 어인에게 소작을 주었다(1:6, 6:13, 8:8). 그 딸은 바로 〈아가〉의 주인공으로 술람미이다. 그녀는 아름다웠지만 세상에 알려지지 않았다. 오빠(어쩌면 이복)들의 학대를 받아 포도원에서 힘든 일을 하였다(1:5~8, 2:15). 양을 치며 여우를 잡기도 하면서 포도원에서 일을 하였다. 원래 아름다운 모습이었지만 들에서 거친 일을 하면서 얼굴이 검게 그을렸다. 어느 날 잘 생긴 남자가 이곳을 방문하였다. 이는 솔로몬이 변장을 하고 온 것이다. 솔로몬은 그녀에게 관심을 보였으나 그녀는 자신의 초라한 모습에 당황하였다. 그녀는 그 방문객이 목동인 줄 알고 물었으나 그는 얼버무리고 사랑을 고백하며 좋은 선물을 주겠다고 약속하였다(1:8~11). 술람미 아가씨의 마음을 얻은 그는 장래에 돌아오겠다는 약속과 함께 떠났다. 그녀는 밤에도 그를 잊지 못하고 꿈속에서도 그를 보았다. 그는 마침내 영광스러운 왕의 모습으로 그녀에게 돌아와 신부로 맞아들인다(3:1~7). (H. A. Ironside, 《Addresses on the Song of Solomon》, pp.17~21)

난쟁이 세넵(Seneb)과 그 가족
〈아가〉는 남녀의 아름다운 사랑을 노래한다. 완벽한 모양과 색채를 띠고 출토된 작은 이 조각은 아내의 미모와 아래에 있는 두 자녀의 모습이 이채롭다.
(6세기 애굽의 다이너스티[Daynasty])

움은 내적인 아름다움을 표출하고 있는 것으로 간주하였기에 술람미에 대한 솔로몬의 외적인 찬사는 내적인 아름다움에 대한 찬사이기도 하다. (Zondervan,《The Quest Study bible》)

(3) "마하나임에서 춤추는 것"(6:13)은 마하나임이 춤 잘 추는 성읍으로 널리 알려져 있기에 이를 빗대어 말한 것이다. 솔로몬 왕의 결혼식에 참석한 사람들은 술람미 여인을 보기 원했고, 솔로몬은 술람미 여인의 춤을 그 당시 유명했던 마하나임의 춤에 빗대어 자랑하였다. '헤스본'(7:4)의 연못은 신부의 눈이 결혼식의 기쁨 가운데 눈물로 가득 차 있는 것을 암시하는 듯하다. '자주 빛'(7:5)은 팔레스타인 사람들의 머리카락 색깔을 말하는 것보다 신부의 머리카락에서 보랏빛같이 깜빡이는 것을 뜻한다. (독일성서공회판,《관주해설 성경전서》)

B I B L E

성경 질문지

아가 1~4장 구애와 결혼

제1장 [술람미 여인과 신랑]
다음 물음에 답하시오.

1. "솔로몬의 아가라"(1절)에서 '아가'의 올바른 뜻에 O표 하시오.
   1) 어린 '아가', 유아(幼兒)
   2) 사랑하는 여인을 귀엽게 부르는 애칭(愛稱)으로 '아가'
   3) 노래 중의 노래 또는 사랑의 노래, '아가'(雅歌)
   4) 시어머니가 새 며느리를 부르는 말 '아가'야에서 유래
2. 무엇이 포도주보다 낫고 진함이라 했는가?(2~4)
   -
3. 신부가 햇볕에 쬐여서 거무스름하게 된 이유는 어디에 있는가?(5~7)
   -
4. 신랑은 신부를 어디에 비유했는가?(8~11)
   -
5. 사랑하는 자는 품 가운데 무엇과 같은가?(12~14) -
6. 어여쁜 자의 눈은 무엇과 같은가?(15~17) -

제2장 [사랑하는 자를 찾는 노래]
다음 맞는 것에 O표, 아닌 것은 두 줄로 지우시오.

1. 여자들 중에 내 사랑하는 자는 무엇과 같은가?(1~2) - (가시나무 / 백합화)
2. 남자들 중에 내 사랑하는 자는 무엇과 같은가?(3~4)
   - (사과나무 / 건포도)
3. 신부는 왜 병이 생겼는가?(5~7)
   - (너무 시원해서 / 사랑하므로)
4. 신부는 신랑을 무엇에 비유했는가?(8~9)
   - (노루와 사슴 / 창과 창살)
5. 일어나서 함께 갈 수 있는 조건이 된 것은?(10~14)
   1) (겨울이 이르렀다 / 비가 그쳤다)
   2) (꽃이 피었다 / 새가 사라졌다)
   3) (무화과 열매가 향기를 토한다 / 포도나무 꽃이 피었다)
6. 꽃 핀 포도원을 보호하기 위해서는?(15~17)
   - (작은 여우를 쫓으라 / 작은 여우를 잡으라)

제3장 [신랑 신부의 결혼]
나음 말씀을 일의 순서나(1번) / 본문 순서대로(2번) 번호를 쓰시오.

1. 1) (　　　절) 성안을 순찰하는 자들을 만나서 물음 (　　　)
   2) (　　　절) 침상에서 마음에 사랑하는 자를 찾음 (　　　)
   3) (　　　절) 성 안에 돌아다니며 마음에 사랑하는 자를 찾음 (　　　)
   4) (　　　절) 사랑하는 자를 만나서 어머니 집으로 가기까지 놓지 않음 (　　　)

시가서
아가

2. 1) (　　　절) 시온의 여자들아 나와서 솔로몬 왕을 보라. 혼인날 마음이 기쁠 때에 (　　　)

   2) (　　　절) 이스라엘 용사 중 육십 명이 둘러쌌는데 다 칼을 잡고 싸움에 익숙한 사람들 (　　　)

   3) (　　　절) 여러 가지 향품으로 향내 풍기며 연기처럼 거친 들에서 오는 자가 누구인가 (　　　)

   4) (　　　절) 솔로몬 왕이 레바논 나무로 가마를 만들었는데 은과 금과 깔개로 장식했다 (　　　)

시가서

아가

제4장 [신랑의 칭송]

다음 (　　) 안에 알맞은 말을 쓰시오.

1. 신랑은 신부를 어떻게 비유하여 칭송했는가? (1~5) - (수식이 많은 것은 간단하게 쓰시오)
   1) 눈 -
   2) 머리털 -
   3) 이 -
   4) 입술 -
   5) 입 -
   6) 뺨 -
   7) 목 -
   8) 유방 -

2. 내 (　　　), 내 (　　　)야, 네가 내 (　　　)을 빼앗았구나. 네 눈으로 (　　　　)과 네 목의 (　　　　)로 내 마음을 빼앗았구나.(6~9)

3. 네 입술에서는 (　　　　)이 떨어지고 네 혀 밑에는 (　　　)이 있고 (10~11)

4. 내 누이, 내 신부는 (　　　　)이요, (　　　　)이요, (　　　)이로구나.(12~15)

5. 4:7~15에 "내 신부"라는 말이 (　　　　번) 나온다.

6. (　　　　) 일어나라. 남풍아 오라. 나의 동산에 불어서 (　　　)를 날리라.(16)

아가 5~8장 신랑과 신부의 사랑

제5장 [신랑을 향한 마음]

다음 물음에 답하시오.

1. 신부의 꿈에 신랑이 문을 두드리며 신부를 부른 호칭 4가지는?(1~5)

   1)　　　　　　2)
   3)　　　　　　4)

2. 신랑이 문을 두드림은(5:2) 마치 주님이 "문밖에 서서 두드린다"는 어느 교회를 향한 말씀을 연상할 수 있는가?(계 3:14~22) -

3. 신랑을 찾던 신부에게 순찰하는 자들과 파수하는 자들이 어떻게 했는가?(6~8)

   -

4. 신부는 왜 병이 났다고 했는가?(6~8)

   -

5. 신부가 신랑을 어떻게 묘사했는가?(간단히 써도 됨: 9~16) - 전체적인 모습 : 희고도 붉어 ~

   1) 머리 -
   2) 머리털 -
   3) 눈 -
   4) 뺨 -
   5) 입술 -
   6) 손 -
   7) 몸 -
   8) 다리 -
   9) 생김새 -
   10) 입 -

제6장 [신부를 향한 마음]

다음 (　　) 안에 알맞은 말을 찾아 적으시오.

1. 1) 나는 내 사랑하는 자에게 (　　　　) 내 사랑하는 자는 내게 (　　　　) (　　　절)

   2) 나는 포도나무요 너희는 가지라 그가 (

), 내가 (　　　　) 거하면 사람이 열매를 많이 맺나니 나를 떠나서는 너희가 (　　　)도 할 수 없음이라.(〈요한복음〉 15장　절)

2. 다음의 묘사가 4장과 6장 몇 절에 나오는가?
   1) 머리털 (4:　 ,6:　　　)
   2) 이(4:　 ,6:　　　)
   3) 뺨 (4:　 ,6:　　　)

3. 왕후가 (　　　) 명이요, 후궁이 (　　　) 명이요. 시녀가 (　　　)하되 내 (　　　), 내 완전한 자는 (　　　　)이로구나…… 왕비와 후궁들도 그를 (　　　)하는구나. (　　　~　　　절)

4. 돌아오고 돌아오라 (　　　　) 돌아오고 돌아오라.(　　　절)

5. "술람미 여자"라는 표현이 6:13 외에 〈아가〉에 또 나온다.(　　　) 나오지 않는다.(　　　)

제7장 [신랑이 신부를 칭송]
다음 물음에 답하시오.

1. 신부의 모습에 대한 신랑의 말을 쓰시오.(1~9)
   1) 넓적다리 -
   2) 배꼽 -
   3) 허리 -
   4) 목 -
   5) 키 -
   6) 콧김 -
   7) 유방에 대한 3가지 표현
      ①
      ②
      ③

2. "일찍이 일어나서 포도원으로 가서…… 보자" 고 한 것은 무엇인가?(10~13)
   1)
   2)
   3)

3. 합환채(7:13) 식물은 〈창세기〉 30:14~18에도 나온다. 라헬이 레아의 아들이 가져온 합환채를 받는 대신에 레아는 야곱과 (　　　)하여 아들을 낳았는데 그가 (　　　)이다.

제8장 [사랑하는 자를 의지]
다음에 이어지는 말씀을 쓰시오. (문장이 끊어지는 곳까지)

1. 나는 향기로운 술~

2. 사랑은 죽음 같이~

3. 많은 물도 이 사랑을~

4. 나는 성벽이요~

5. 솔로몬이 바알하몬에~

6. 내 사랑하는 자야~

BIBLE

성경 질문지(시가서 총정리)

다음 물음에 답하거나 ( ) 안에 알맞은 말을 적으시오.

욥기 의인의 고난과 승리

준비 내용분해

다음 해당 장에 나오는 내용을 연결하시오.

1~3장 • • 가)

4~31장 • • 나)

32~37장 • • 다)

38~42장 • • 라)

가) 엘리후의 말
나) 고난 당하는 욥, 생일을 저주
다) 하나님의 말씀과 회복된 욥
라) 욥의 세 친구와 욥의 논쟁

1. 욥은 어떤 사람인지 써 보시오.(1:1~5)
   1) 사는 곳 -
   2) 신앙(1:1, 8, 2:3) -
   3) 자녀 -
   4) 소유물 -
2. 욥을 시험한 자는 누구인가?(1:6~19, 2:7) -
3. 욥의 세 친구들의 출신지와 그 이름은?(2:11)
   -
4. 욥은 고난이 너무 심하여 차라리 나지 않았더라면 생각하고 자기의 (　　　)을 저주했다.(3:1)
5. 사람이 어찌 하나님보다 (　　　)? 사람이 어찌 그 창조하신 이보다 (　　　)?(4:17)
6. 하나님께 (　　　)에게는 복이 있나니 그런즉 너는 전능자의 (　　　)를 업신여기지 말지니라.(5:17)
7. 욥이 말한 자신의 육체적 고난은?(7:5)
   -
8. 빌닷이 말한 교훈(8:7)
   -
9. 욥은 자신에 대해 어떻게 말했음을 소발이 비난했는가?(11:4) -
10. 주를 향하여 손을 들 때에 네 손에 (　　　)이 있거든 멀리 버리라.(11:13~14)
11. 모든 생물의 (　　　)과 모든 사람의 (　　　)이 다 그의 (　　　)에 있느니라.(12:10)
12. 욥의 세 친구 가운데는 욥의 아버지보다 나이가 많다는 구절은? - (15:　　절)
13. 욥은 "나를 찢고", "나를 꺾으시며"라며 고난을 주는 자를 누구로 보았나?(16:6~17) -
14. "나의 친구야 너희는 나를 불쌍히 여겨다오. 하나님의 손이 나를 치셨구나."(19:　　절)
15. 너는 하나님과 (　　　). 그리하면 복이 네게 임하리라.(22:21)
16. 그가 나를 (　　　)하신 후에는 내가 (　　　)

같이 나오리라.(23:10)

17.결코 내 입술이 ( )를 말하지 아니하며, 내 혀가 ( )을 말하지 아니하리라.(27: 절)

18.세 친구에 대해 욥은 어떻게 하여 말했는가? (27:1, 29:1) -

19.엘리후가 화를 낸 이유는?(32:2~3)

1) 욥에게 -

2) 친구들에게 -

20.그는 하나님께 ( )하므로 하나님이 ( )를 베푸사 그로 말미암아 ( ) 외치며 하나님의 얼굴을 보게 하시고 사람에게 그의 공의를 ( )시키느니라.(33:26)

21.사람들은 그를 ( ) 그는 스스로 ( ) 하는 모든 자를 무시하시느니라.(37:24)

22.하나님의 말씀에 대한 욥의 답변을 쓰시오. (40:4~5) -

23.인간은 하나님의 지은 ( ) 보다, ( ) 보다 약하다.(40:15, 41:1)

24.욥의 믿음 성장을 나타내는 구절을 쓰시오.(42:5) -

25.욥의 말년에 처음보다 더 ( )을 주시니…… 아들 ( ) 과 딸 ( )을 두었으며…… 그 후에 욥이 ( ) 년을 살며 아들과 손자 ( )를 보았고 늙어 나이가 차서 죽었더라.(42:12~17)

시편 히브리 시인들의 신앙고백

1. 제1권은(~)편이며, 대략 보아도 표제에 "( )의 시"가 많이 나와 있다.

2. 의인들의 길은 ( )께서 인정하시나, 악인들의 길은 ( ). (1:6)

3. 〈시편〉에 많이 나오는 '셀라'(3:2, 4, 8 등 37개의 〈시편〉에 71번 나옴)의 뜻은 무엇인가?

- 1) 2)

4. 의인들의 길은 ( )하시나, 악인들의 길은 ( ). (2:7)

5. 나를 ( ) 살게 하시는 이는 오직 ( ) 이시니이다.(4:8)

6. ( )이 무엇이기에 주께서 그를 생각하시며 ( )가 무엇이기에 주께서 그를 돌보시나이까?(8:4)

7. 내가 여호와께 아뢰되 주는 ( ) 주 밖에는 ( )하였나이다.(16:2)

8. 주께서 곤고한 백성은 ( )하시고 ( )은 낮추시리이다.(18:27)

9. 22편은 '메시아시'로서 1절은 (마 27: 절), 18절은 (마 15: 절)에 인용되었다.

10.23편을 외우시오.- 완전 암송 ( ), 반쯤 암송( ), 암송 노력 중( ).

11.27:1을 쓰시오.

-

12.허물의 ( )을 받고 자신의 죄가 ( ) 자는 ( )이 있도다.(32:1)

13.어떤 나라, 어떤 백성이 복이 있는가? (33:12)

-

14.나의 혀가 ( )를 말하며 종일토록 ( ) 하리이다.(35:28)

15.제1권의 끝 절을 쓰시오.(41:13) -

16.42편과 43편에서 같은 내용이 나오는 세 구절은? - (:), (:), (:)이다.

17.〈로마서〉 8:36은 〈시편〉 44편 몇 절의 인용인

가? -

18.하나님이 그 성 중에 계시매 언제 도우신다고 했는가?(46:5) -

19.환난 날에 여호와를 부르면?(50:15)

-

20.악인은 하나님을 자기 힘으로 삼지 아니하고 무엇을 의지하는가?(52:7) -

21.압박과 속임수가 있고 나를 책망하는 자는 누구인가?(55:11~14) -

22.주의 병에 무엇을 담아달라고 기도했는가?(56:8) -

23.62:5을 쓰시오.

-

24.어떤 경우에 주께서 듣지 아니하시는가?(66:18) -

25.제물(황소)을 드림보다 하나님을 더욱 기쁘게 하는 것은 무엇인가?(69:30~31)

-

26.72편은 누구의 시이며, 그 저자가 지은 다른 시는 무엇인가?(489쪽 도표 참고) -

27.시인은 왜 미끄러질 뻔하였는가?(73:2~3)

-

28.시인은 무엇을 기억하며 생각해 달라고 기도했는가?(74:2) -

29.78, 105, 106편은 무슨 시인가?(513쪽 '더 살펴보기' 참고) -

30.이스라엘은 무슨 나무에 비유되었는가?(80:8. 14) -

31.84편의 제목은?

1) 병의 치료를 위한 기도(　　)
2) 성전을 사모하는 기도(　　)

32.하나님은 나에게 어떤 분이신가?(89:26)

-

33.90편은 시편 중에 단 하나인 '하나님의 사람(　　)의 기도'이다.(표제 참고)

34.그가 나를 (　　)한즉 내가 그를 (　　). 그가 내 (　　)을 안즉 내가 그를 (　　). (91:14)

35.내 속에 (　　)이 많을 때에 주의 (　　)이 내 영혼을 (　　) 하시나이다.(94:19)

36.95~100편과 관계가 있는 것은 O표(3개), 관계 없는 것은 X표(1개) 하시오.(해당 해설 내용 참고)

1) 찬양과 경배(　　)
2) 여호와께서 통치(　　)
3) 이스라엘 역사(　　)
4) 신정시(神政詩)(　　)

37.그는 우리의 (　　)이시요 우리는 그가 기르시는 (　　)이며 그의 손이 돌보시는 (　　)이다.(95:7)

38.그가 네 (　　)을 사하시며, 네 (　　)을 고치시며, 네 생명을 (　　)하시고 인자와 긍휼로 (　　)을 씌우시며 (　　)으로 네 소원을 만족하게 하사(103:3~5)

39.하나님께서 사람에게 주신 것 세 가지는?(104:15), (단어로만 표기)

- (　　,　　,　　)

40.하나님은 사모하고 주린 영혼에게 어떻게 해주시는가?(107:9) -

41.나는 사랑했으나 상대가 도리어 대적할 때에 나의 자세는?(109:4) -

42.113~118편은 '(   ) 시편'이라고 하며 유대인들은 주로 (   )만찬 전후에 불렀다.

43.성경 중에 가장 짧은 장은 시편 (편)이고, 가장 긴 장은 (편)이다.(100~120편 참고)

44.주의 말씀은 나에게 어떤 의미가 있는가?(119:105) -

45.히브리어 알파벳순으로 각 절이나 각 연에 들어가도록 쓴 시의 이름은?(시 119편 참고) -

46.120편~134편 시의 표제는 (   )이다.(해당 시의 표제 및 해당 해설 내용 참고)

47.127편과 128편은 민족적인 노래인가, 가정적인 노래인가? -

48.137편, 140편 등 '적들에게 심판 내리기를 비는' 시를 무슨 시라고 하는가?(해당 해설 내용 참고)

-

49.146~150편은 처음과 끝의 단어는 무엇이며, 그 뜻은?(526쪽 '더 살펴보기' 참고)

-

50.시편의 마지막 절을 쓰시오.(150:6)

-

잠언 지혜로운 격언 모음

1. 〈잠언〉의 대표 저자에 대해 나온 1:1을 쓰시오.

   -

2. 〈잠언〉은 네 가지의 행동에 대한 지침이다. 어떤 일에 대한 훈계인가?(1:3) -

3. 지식의 근본은 무엇이라고 말하는가?(1:7)

   -

4. 하나님으로부터 길을 지도 받는 비결은?(3:5~6)

   -

5. 5:15~19의 주제는 무엇인가?

   1) 이웃 사랑 2) 아내 사랑 3) 우물 물

6. 은이나 정금보다 더 소중한 것은 무엇인가?(8:10) -

7. 아름다운 여인이 (   ) 아니하는 것은 마치 (   )에 금 고리 같으니라.(11:22)

8. 교만에서는 (   )만 일어날 뿐이라. (   )을 듣는 자는 지혜가 있느니라.(13:10)

9. (   )은 분노를 쉬게 하여도 (   )은 노를 격동하느니라.(15:1)

10.사람이 마음으로 (   )할지라도 그의 (   )는 여호와시니라.(16:9)

11.두루 다니며 (   )는 남의 비밀을 누설하나니, (   )를 사귀지 말지니라.(20:19)

12.겸손과 여호와를 경외함의 보상은 (   )과 (   )과 (   )이니라.(22:4)

13.23:29~35은 무엇에 대한 교훈인지 한 단어로 쓰시오. -

14.게으른 자의 결과는?(24:33~34)

-

15.25~29장의 〈잠언〉에 대한 서언을 쓰시오. (25:1) -

16.죄를 숨기는 자와 죄를 자복하는 자의 차이는?(28:13) -

17.묵시가 없으면 어떻게 되는가?(29:18) -

18.나는 다른 사람에게 비하면 (   )이라. 내게는 사람의 (   )이 있지 아니하니라.(30:2)

19.현숙한 여인은, (   )에게 손을 펴며 (

)를 위하여 손을 내민다.(31:20)

20.〈잠언〉은 전체 (　　　)장으로 하루에 한 장씩 읽는다면 한 달에 한 번, 1년에 (　　　)번 읽을 수 있다.

전도서 인생의 허무와 인간의 본분

1. (전 1:1) -

2. (전 1:14) -

3. (전 5:7) -

4. (전 7:14) -

5: (전 9:9) -

6. (전 12:13) -

아가 남녀의 사랑, 그리스도와 교회(성도)의 사랑을 노래

1. 〈아가(雅歌)〉는 슬픔의 노래인가? 사랑의 노래인가? -

2. 〈아가〉는 표면적으로 (　　　) 왕과 (　　　) 여인의 사랑의 묘사이다.(1:1, 5, 3:7, 9,11, 8:11, 12. / 6:13, 14).

3. 신랑이 신부의 신체를 노래한 여덟 가지는 어디인가?(4:1~5)

-

4. 신부의 꿈에 신랑이 문을 두드리며 신부를 부른 호칭 네 가지는?(5:2)

-

5. 신부는 왜 병이 났다고 했나?(2:5, 5:8)

-

6. 신부의 모습 중 유방에 대한 신랑의 세 가지 표현은?(7:1~9)

-

7. 신랑은 사랑을 무엇같이 강하다고 했는가?(8:6)

-

시가서 총정리

부록

부록 1. 모범 해답

부록 2. 성경 한눈에 익히기

부록 3. 성경 지도

B 1 B L E

모범 해답

• 해답은 가능한 성경 본문을 그대로 옮겼으므로 어떤 곳은 문장이 어색한 곳도 있습니다.
• 사용 중에 해설이나 문제에 오류를 발견하면 실로암성경학교로 연락주시기 바랍니다. 검토한 후 반영하겠습니다.
• 문제지에 해답을 기록할 공간이 부족한 것은 지면 관계이므로 양해 바랍니다.

부록

〈1〉 성경의 분류
성경 책 이름은 성경 목록 참고

〈2〉 성경이 말하는 성경
1. 성경, 성경을 연구, 증언 / 2. 성경, 그리스도 예수, 구원, 하나님의 감동, 교훈과 책망과 바르게 함과 의로 교육 / 3. 사람, 성령의 감동, 하나님께 받아 / 4. 모세의 율법, 선지자의 글, 시편 / 5. 읽는 자, 듣는 자, 지키는 자

〈3〉 성경에 대한 상식
1. 39권, 27권, 66권 / 2. 1,189장, 31,373절 / 3. ①개역한글판, ②개역개정판, ③표준새번역, ④표준새번역개정판, ⑤공동번역, ⑥공동번역개정판, ⑦가톨릭새번역.

구약 : 율법서

창세기 1~5장

[제1장] 1. 베레쉬트~ 빠라하 엘로힘 에트 하솨마임 웨에트 하아레츠 / 2. 땅이 혼돈하고 공허하며 흑암이 깊음 위에 있고 하나님의 영은 수면 위에 운행함 / 3. 1) -다), 2) - 가), 3) - 나), 4) - 라), 5) - 바), 6) - 마) / 4. 창조(참고: '종류대로'라는 말은 단세포에서 다세포로 진화했다는 진화설과는 달리 하나님께서 처음부터 모든 종(種)을 따로 창조하셨음을 나타내는 말이다) / 5. 1) 우리(하나님), 2) 하나님의 형상, 3) 바다의 물고기와 하늘의 새와 땅에 움직이는 모든 생물 / 6. 7번, 4, 10, 12, 18, 21, 25, 31절 / 7. 1) 하나님이 지으신 그 모든 것, 2) 여섯째 날 **[제2장]** 1. 복, 창조, 안식, 3절 / 2. 흙, 생기, 생령, 7절 / 3. 에덴에 동산, 사람, 생명, 선악을 알게 하는, 8~9절 / 4. 에덴, 비손, 기혼, 힛데겔, 유브라데, 10~14절 / 5. 갈빗대, 뼈, 살, 남자, 아내, 한 몸, 22~24절 **[제3장]** 1. O / 2. O / 3. X / 4. O / 5. O / 6. X / 7. 1) 뱀, 2) 여자, 3) 남자 **[제4장]** 1. 아벨, / 2. 가인 / 3. 여호와 하나님 / 4. 라멕 / 5. 유발 / 6. 셋 / 7. 셋이 에노스를 낳았을 때(또는 에노스 때) **[제5장]** 1. 1) 930세, 2) 895세, 3) 969세, 4) 777세 / 2. 3) / 3, 2) / 4. 셋, 게난, 야렛, 므두셀라, 노아, 셈, 함, 야벳

창세기 6~11장

[제6장] 1. 사람의 딸들의 아름다움을 보고 자기들이 좋아하는 모든 여자를 아내로 삼음 / 2. 120년 / 3. 사람의 죄악이 세상에 가득함과 그의 마음으로 생각하는 모든 계획이 항상 악할 뿐임을 보시고 / 4. 의인, 완전한 자, 하나님과 동행 / 5. 1) 고페르 나무, 2) 너(노아), 3) 역청, 4) 300, 50, 30 규빗 = 135m, 22.5m, 13.5m, 5) 노아, 노아의 세 아들, 노아의 아내, 노아의 세 며느리(8명) **[제7장]** 1. 일곱 씩, 둘 씩 / 2. 600 세 / 3. 40 주야 / 4. 15 규빗 / 5. 150 일 **[제8장]** 1. 4 / 2. 1 / 3. 5 / 4. 6 / 5. 2 / 6. 3 / 7. 7 **[제9장]** (O표 할 것). 1. 1:28 / 2. 홍수 후부터 9:3 / 3. 무지개 / 4. 함, 셈과 야벳 / 5. 가나안, 저주 / 6. 350년, 950세 / 나머지는 = 표로 지울 것 **[제10장]** 1. 야벳 / 2. 야벳 / 3. 함(가나안) / 4. 함(가나안) / 5. 셈 / 6. 셈 **[제11장]** 1. 나) - c) / 2. 다) - d) / 3. 가) - a) / 4. 라) - b) / 5. 1) 아브람, 2) 밀가, 3) 롯

창세기 12~17장

[제12장] 1. 1) 갈대아 인의 우르, 2) 하란, 3) 가나안 땅, 4) 세겜 땅 모레 상수리나무 아래, 5) 벧엘 동쪽 산, 6) 애굽, 7) 벧엘(전에 장막 쳤던 곳), 8) 헤브론(마므레 상수리 수풀) / 2. 지울 것 - 1) 본토-갈대아-, 2) 100세, 자기 뜻대로, 3) 재물을 탐한 일. **[제13**

장] 1. O / 2. X / 3. X / 4. O / 5. O **[제14장]** 1. 그돌라오멜, 아브람, 롯 / 2. 318, 단, 재물, 롯 / 3. 살렘, 포도주, 십분의 일, 멜기세덱 **[제15장]** 1. 1) 다메섹 엘리에셀, 2) 네 몸에서 날 자 / 2. 여호와를 믿음으로 / 3. 자손(즉 아브라함의 후손) / 4. 중간을 쪼개고 마주 대하여 놓음 / 5. 400 년, 4 대 / 6. 유브라데 **[제16장]** 1. 1) 여종, 애굽. 2) 자녀, 멸시 / 2. 1) 사래, 2) 여호와의 사자, 3) 여호와의 사자, 4) 하갈 **[제17장]** 1. 1) 75세, 2) 86세, 3) 99세, 4) 99세, 5) 100세, 6) 175세 / 2. 1) 아브라함, 여러 민족의 아버지(많은 무리의 아버지), 2) 사라, 여러 민족의 어머니(여주인) / 3. 1) 2, 4, 7, 7, 9, 10, 11, 13, 13, 14, 19, 19, 21절, 2) 13번.

창세기 18~23장

[제18장] 1. 엉긴 젖, 송아지, 소돔, 천사 / 2. 늙었고, 여성의 생리, 웃고 / 3. 여호와의 도, 공도 / 4. 45명→40명→30명→20명→10명 **[제19장]** 1. 1) / 2. 3) / 3. 2) / 4. 3) **[제20장]** 1. 누이 / 2. 너(아비멜렉)을 막아 내(하나님)게 범죄하지 않게 / 3. 이복 누이 / 4. 아비멜렉과 그 아내와 여종을 치료하사 출산하게 하셨다. **[제21장]** 1. 90세, 이삭, 팔 일 / 2. 이스마엘, 기업 / 3. 이삭, 씨(아들), 씨, 민족 / 4. 광야, 활, 애굽 / 5. 아비멜렉, 언약, 브엘세바 **[제22장]** 1. 모리아 땅, 번제, 2절 / 2. 어린 양, 준비, 8절 / 3. 독자, 경외, 12절 / 4. 여호와이레, 준비, 14절 / 5. 복, 준행하였음, 18절 **[제23장]** 1. 나) / 2. 다) / 3. 가) / 4. 바) / 5. 라) / 6. 마)

창세기 24~28장

[제24장] 1. 0 / 2. X / 3. 0 / 4. 0 / 5. X / 6. 0 **[제25장]** 1. 미디안 / 2. 이삭과 이스마엘 / 3. 이삭 / 4. 1) 에서, 2) 야곱, 3) 에서, 4) 야곱, 5) 에서, 6) 야곱, 7)에서, 8) 야곱. **[제26장]** 지울 것 = l. 전쟁 / 2. 입맞추는, 아브라함 / 3. 30 배 / 4. 에세, 싯나, 르호봇, 세바 / 5. 유다 족속, 유딧과 바스맛 **[제27장]** 1, 2) O, 나머지는 X / 2. 1) 에서의 좋은 의복, 2) 염소 새끼의 가죽, 3) 별미, 떡, 포도주 / 3. 2) X, 나머지는 O / 4. 4) X, 나머지는 O / 5. 3) X, 나머지는 O **[제28장]** 1. 나) / 2. 다) / 3. 가) / 4. 마) / 5. 바) / 6. 라)

창세기 29~35장

[제29장] 1. O / 2. X / 3. O / 4. O **[제30장]** 1. 르우벤, 보라 아들이라(본문에는 '괴로움을 권고하셨다') / 2. 듣다 / 3. 연합하다 / 4. 찬송하다(감사드리다) / 5. 억울함을 풀다(권리를 찾아주다) / 6. 납달리 / 7. 복되다(행복하다) / 8. '기쁜 자'라 하다(복 있다 하다) / 9. 값을 주다 / 10. 스불론 / 11. 씻다, 더하다 / 12. 베냐민 **[제31장]** 1. 조상의 땅, 족속 / 2. 눈, 얼룩무늬, 점, 아롱진 / 3. 벧엘, 서원, 출생지 / 4. 드라빔, 신(神) / 5. 이십, 더위, 추위, 눈 붙일 / 6. 여갈사하두다, 갈르엣, 미스바 **[제32장]** 1. 1) 하나님의 군대, 2) 마하나임 / 2. 에서가 와서 한 떼를 치면 남은 한 떼는 피하리라 / 3. 암염소 이백, 숫염소 이십, 암양 이백, 숫양 이십, 젖 나는 낙타 삼십과 그 새끼, 암소 사십, 황소 열, 암나귀 이십, 암나귀 새끼 열 / 4. 1) 이스라엘, 2) 하나님과 및 사람들과 겨루어 이기었음이니라 **[제33장]** 1. 1) 4, 2) 3, 3) 1, 4) 2. (참고: 야곱의 위치가 라헬과 요셉의 앞인지, 전체의 앞인지에 혼란이 있는데 '그들'이라 함은 전체를 가리키므로 야곱이 제일 선두에 선 것이다) / 2. 1) - 다), 2) - 가), 3) - 라), 4) - 나) **[제34장]** 1. 세겜 족속의 추장인 하몰에게 → 히위 족속의 추장인 세겜에게 / 2. 야곱은 세겜에게 → 하몰은 야곱에게 / 3. 청하지 말라고 하였다 → 청할지라도 말한 대로 다 주리라 하였다 / 4. 진심이었다 → 속임이었다 / 5. 재물은 뺏지 않았다 → 재물을 빼앗았다 **[제35장]** 1. 1절, 거기 거주하며 네가 네 형 에서의 낯을 피하여 도망하던 때에 네게 나타났던 하나님께 거기서 제단을 쌓으라 하신지라 / 2. 7절, 엘벧엘이라 불렀으니 이는 그의 형의 낯을 피할 때에 하나님이 거기서 그에게 나타나셨음이더라 / 3. 10절, 이스라엘이 네 이름이 되리라 하시고 그가 그의 이름을 이스라엘이라 부르시고 / 4. 18절, 아들의 이름을 베노니라 불렀으나 그의 아버지는 그를 베냐민이라 불렀더라 / 5. 23절, 야곱의 장자 르우벤과 그 다음 시므온과 레위와 유다와 잇사갈과 스불론이요 / 6. 24절, 요셉과 베냐민이며 / 7. 25절, 단과 납달리요 / 8. 26절, 갓과 아셀이니 이들은 야곱의 아들들이요 밧단아람에서 그에게 낳은 자더라 / 9. 28~29절, 백팔십 세라 이삭이 나이가 많고 늙어 기운이 다하매 죽어 자기 열조에게로 돌아가니 그의 아들 에서와 야곱이 그를 장사하였더라

창세기 36~40장

[제36장] 1. 다) - d) / 2. 나) - c) / 3. 가) - e) / 4. 마) - b) / 5. 라) - a) **[제37장]** 1, 3) / 2. 2) / 3. 1) / 4. 4) **[제38장]** 1. 다말, 악 / 2. 오난, 설정 / 3. 셀라, 죽을까 / 4. 딤나, 창녀, 염소새끼, 도장, 끈, 지팡이 / 5. 베레스, 세라, 베레스 **[제39장]** 1. 0 / 2. 0 / 3. X / 4. X / 5. 0 **[제40장]** 1. 바로 / 2. 요셉 / 3. 술 / 4. 술 / 5. 떡 / 6. 떡 / 7. 바로 / 8. 술

부록

창세기 41~45장

[제41장] 1. 4) X, 나머지는 O / 2. 5) X, 나머지는 O / 3. 3) X, 6) X, 나머지는 O **[제42장]** 1. O / 2. X / 3. O / 4. X **[제43장]** 1. 1) 2절 - 애굽에서 가져온 곡식을 다 먹으매, 2) 10절 - 우리가 지체하지 아니 하였더면 벌써 두 번이나 갔다 왔으리이다 / 2. 유향 조금, 꿀 조금, 향품, 몰약, 유향나무 열매, 감복숭아나무 / 3. 우리가 밭에서 곡식 단을 묶더니 내 단은 일어서고 당신들의 단은 내 단을 둘러서서 절하더이다 / 4. 요셉과 베냐민은 한 어머니 라헬의 아들이기 때문이다 **[제44장]** 〈지울 것〉 - 1. 요셉의 은잔을 훔쳤기 / 2. 르우벤, 아이-베냐민-가 종이 되고 **[제45장]** 1. 팔았다고, 한탄, 먼저, 5절 / 2. 하나님, 아버지, 주, 통치자, 8절 / 3. 베냐민, 요셉, 14절 / 4. 가족, 애굽, 나라, 기름진, 18절 / 5. 살아 있어, 총리, 요셉, 수레, 소생, 26~27절

창세기 46~50장

[제46장] 1. 1) 민족, 2) 함께, 3) 올라 올, 4) 눈 / 2. 1) 르우벤, 2) 시므온, 3) 레위, 4) 유다, 5) 잇사갈, 6) 스불론, 7) 갓, 8) 아셀, 9) 요셉, 10) 베냐민, 11) 단, 12) 납달리 / 3. 칠십 명 / 4. 네가 지금까지 살아 있고 내가 네 얼굴을 보았으니 지금 죽어도 족하도다 / 5. 1) 목축, 2) 고센 땅 **[제47장]** 맞는 것이므로 다른 것은 지우세요. 1. 130세 / 2. 돈 가축 전지, 바로 / 3. 오분 일 / 4. 허벅지 아래, 애굽 **[제48장]** 1. O / 2. O / 3. X / 4. O **[제49장]** 1. 다) / 2. 가) / 3. 가) / 4. 나) / 5. 라) / 6. 마) / 7. 자) / 8. 바) / 9. 아) / 10. 차) / 11. 사) / 12. 카) / 13. 각 사람의 분량대로 축복 / 14. 아브라함, 사라, 이삭, 리브가, 레아 **[제50장]** 1. 사십, 칠십, 막벨라 밭 / 2. 요셉이 혹시 우리를 미워하여 우리가 그에게 행한 모든 악을 다 갚지 아니할까 하여서 / 3. 24~25절

출애굽기 1~6장

[제1장] 1. 12, 70 / 2. 생육, 번성, 강 / 3. 새 왕, 비돔, 라암셋, 흙이기기, 벽돌 굽기, 농사 / 4. 십브라, 부아, 죽이고, 살려, 두려워, 은혜 **[제2장]** 1. 6, 2, 3, 5, 1, 4 / 2. 2, 5, 1, 4, 3, 6 **[제3장]** 1. 떨기나무, 거룩한, 신 / 2. 8, 10, 11, 12, 17절, 젖, 꿀 / 3. 스스로 있는 자 / 4. 조상, 이름, 칭호 / 5. 여러 가지 이적, 친 **[제4장]** 1. 1), 2) / 2. 3) / 3. 2) **[특별문제]** 1. - 3) - 가) / 2. - 4) - 다) / 3. - 1) - 마) / 4. - 5) - 나) / 5. - 2) - 라). **[제5장]** 1. 2절, 바로 / 2. 3절, 모세와 아론 / 3. 13절, 감독들 / 4. 21절, 기록하는 일을 맡은 자손들 / 5. 22절, 모세 **[제6장]** =로 지울 것 - 1. 5절, 불평, 사랑 / 2. 9절, 기쁨, 감사, 잘 들었더라 / 3. 16절, 가족, 여무엘, 립나 / 4. 26절, 애굽, 민족, 바로, 이드로

출애굽기 7~12장

[제7장] 1. 대리자→대언자 / 2. 85세였더라→83세였더라 / 3. 모세의→아론의 / 4. 완만하여→완강하여 / 5. 물고기→피 **[제8장]** 1. 개구리, 7절 / 2. 개구리, 14절 / 3. 이, 16절 / 4. 이, 19절 / 5. 파리, 22절 / 6. 파리, 32절 **[제9장]** 1. 나) / 2. 다) / 3. 가) **[제10장]** 1. 7절, 흥한 줄을→망한 줄을 / 2. 17절, 용납하고→용서하고 / 3. 19절, 동풍을→서풍을 / 4. 22절, 칠일→삼일 / 5. 24절, 장정→어린 것 **[제11장]** 1. 아주 위대하게 보였다 / 2. 왕위에 앉아 있는 바로의 장자로부터 맷돌 뒤에 있는 몸종의 장자와 모든 가축의 처음 난 것까지 / 3. 애굽 사람과 이스라엘 사이를 구별 / 4. 여호와께서 바로의 마음을 완악하게 하셨으므로 그가 이스라엘 자손을 그 나라에서 보내지 아니하였더라 **[제12장]** 1. 2절, 해의 첫 달 / 2. 6절, 열나흗 날 / 3. 11절, 띠, 신, 지팡이, 여호와의 유월절 / 4. 13절, 피, 넘어가리니 / 5. 17절, 무교절, 애굽 땅, 규례 / 6. 26~27절, 이 예식이 무슨 뜻이냐, 여호와의 유월절 제사 / 7. 37절, 라암셋, 숙곳, 육십만, 40절, 사백삼십 년 / 8. 48절, 타국인, 유월절, 할례 **[특별문제]** 1) 피, 2) 개구리, 3) 이, 4) 파리, 5) 돌림병(악독), 6) 악성종기(독종), 7) 우박, 8) 메뚜기, 9) 흑암, 10) 장자의 죽음

출애굽기 13~18장

[제13장] 1. 태에서 처음 난 모든 것 / 2. 유교병 / 3. 어린양으로 대속 / 4. 1) 전쟁을 하게 되면 마음을 돌이켜 애굽으로 돌아갈까 하여, 2) 홍해의 광야 길 / 5. 25, 세겜, 32 / 6. 구름 기둥, 불 기둥 **[특별문제]** 1. 11:26, 6:1, 1446년 / 2. 13세기, 1:11, 람세스 2세 **[제14장]** 1. 비하히롯, 바알스본, 2절 / 2. 선발된 병거, 지휘관, 6~7절 / 3. 가만히, 구원, 13절 / 4. 손, 동풍, 마른 땅, 21절 / 5. 병거들과 기병들, 군대, 27~28절 / 6. 큰 능력, 모세, 31절 **[제15장]** 1. 모세와 이스라엘 자손 / 2. 미리암 / 3. 마라 / 4. 모세가 여호와께 부르짖었더니 여호와께서 한 나무를 가리키시니 그가 물에 던짐 / 5. 나는 너희를 치료하는 여호와임이라 / 6. 물샘 열둘과 종려나무 일흔 그루 **[제16장]** 1. 나) / 2. 다) / 3. 가) / 4. 바) / 5. 라) / 6. 마) **[제17장]** = 줄을 그어 지울 것 - 1. 의논하여, 2절 / 2. 원망하여, 무리, 4절 / 3. 마라, 화친했음, 7절 / 4. 아론, 르비딤, 9절 / 5. 지고, 이스라엘, 11절 / 6. 팔, 뜨도록, 12절 / 7.

여호수아의 귀, 이스라엘, 14절 / 8. 여호와 이레, 15절 **[제18장]** 1. 1) 미디안 제사장, 2) 이드로 / 2. 십보라 / 3. 1) 게르솜: 내가 이방에서 나그네가 되었다, 2) 엘리에셀: 내 아버지의 하나님이 나를 도우사 바로의 칼에서 구원하셨다 / 4. 절하고 입맞추고 서로 문안했다. / 5. 능력 있는 사람들 곧 하나님을 두려워하며 진실하며 불의한 이익을 미워하는 자

출애굽기 19~24장

[제19장] 1. 1) 라암셋, 2) 숙곳 3) 20절, 4) 2절, 5) 수르광야, 6) 마라), 7) 엘림, 8) 신광야, 9) 1절, 10) 시내광야 / 2. 1) 라암셋, 2) 에담, 3) 바알스본, 4) 마라, 5) 엘림, 6) 신광야 / 3. 2) X, 나머지는 O / 4. 4) X, 나머지는 O **[제20장]** 1. 여섯 / 2. 여덟 / 3. 열 / 4. 일곱 / 5. 다섯 / 6. 첫 / 7. 네 / 8. 아홉 / 9. 두 / 10. 세 **[제21장]** 1. 1) 음식, 2) 의복, 3) 동침 / 2. 1) 자유, 2) 죽임, 3) 죽임, 4) 배상, 5) 자유, 6) 배상 / 3. 24절 **[제22장]** 1. 다섯 마리, 네 마리, 갑절 / 2. 배상, 않을 지며 / 3. 살려두지, 압제, 학대 / 4. 즙, 더디하지, 처음 난 **[제23장]** 1. X / 2. X / 3. O / 4. X / 5. O **[제24장]** 1. 여호와께서 말씀하신 모든 것을 우리가 준행하리이다 / 2. 이는 여호와께서 이 모든 말씀에 대하여 너희와 세우신 언약의 피니라 / 3. 모세, 아론, 나답, 아비후, 이스라엘 장로 70명 / 4. 청옥을 편 듯하고 하늘 같이 청명하였다 / 5. 여호수아 / 6. 맹렬한 불 / 7. 사십 일 사십 야

출애굽기 25~30장

[제25장] 1. 기쁜 마음 / 2. 성소(장막과 기구들) / 3. 1) 조각목, 2) 속죄소, 3) 증거판 / 4. 1) 순금, 2) 길이: 2 규빗, 90cm , 너비: 1 규빗, 45cm, 높이: 1 규빗. 45cm, 5, 3) 진설병 / 5. 1) 밑판, 줄기, 잔, 꽃받침, 꽃, 2) 등잔 일곱 **[제26장]** 1. 나) – 1절 / 2. 다) – 7절 / 3. 가) – 14절 /4. 마) – 30절 / 5. 바) – 34절 / 6. 라) – 35절 **[제27장]** 1. 조각목, 다섯, 제단, 네모 반듯, 1절 / 2. 뿔, 놋, 2절 / 3. 남쪽, 백, 백, 쉰, 쉰, 9~13절 / 4. 은, 놋, 17절 / 5. 감람, 순수한 기름, 등불, 20절 **[제28장]** 1. 나답, 아비후, 엘르아살, 이다말 / 2. 1) 에봇, 2) 판결 흉패, 3) 에봇받침 겉옷, 4) 패, 5) 속바지 **[제29장]** 1. 1) 5, 7절, 2) 3, 4절, 3) 2, 2절, 4) 1, 1절, 5) 4, 5절 / 2. 1) – 다), 2) – 가), 3) – 나), 4) – 라) **[제30장]** 1. 제단, 한, 한, 반듯, 두, 뿔, 1~2절 / 2. 다른 향, 전제, 한, 향단 뿔, 9~10절 / 3. 속전, 12절, 반 세겔, 13절, 회막, 16절 / 4. 놋, 수족, 회막, 면할, 19~20절 / 5. 액체 몰약, 육계, 창포, 계피, 감람기름

출애굽기 31~35장

[제31장] 1. 1) 유다, 브살렐, 2) 단, 오홀리압 / 2. 회막과 증거궤와 그 위의 속죄소와 회막의 모든 기구와 상과 그 기구와 순금 등잔대와 그 모든 기구와 분향단과 번제단과 그 모든 기구와 물두멍과 그 받침과 제사직을 행할 때에 입는 정교하게 짠 의복 곧 제사장 아론의 성의와 그의 아들들의 옷과 관유와 성소의 향기로운 향이라 / 3. 안식일을 지키는 것. / 4. 1) 시내산, 2) 증거판 둘, 3) 하나님이 친히 쓰신 것 **[제32장]** 1. 1) 귀에서 금고리, 2) 송아지 형상(금송아지), 3) 아론 / 2. 일찌기 일어나 번제를 드리며 화목제를 드리고 앉아서 먹고 마시며 일어나서 뛰놀더라 / 3. 1) 여로보암, 2) 벧엘, 단, 3) 북국 이스라엘, 4) 애굽 땅에서 인도하여 낸 신 / 4. 1) X, 2) O, 3) O, 4) X / 5. 1) O, 2) O, 3) X, 4) O **[제33장]** 1. 1) 가나안, 2) 아모리, 3) 헷, 4) 브리스, 5) 히위, 6) 여부스 / 2. 장신구 / 3. 사람이 자기의 친구와 이야기함 같이 모세와 대면하여 말씀 / 4. 내가 친히 가리라 내가 너를 쉬게 하리라(출 33:14) / 5. 15절 **[제34장]** 1. 1) O, 2) X, 3) O, 4) X, 5) O, 6) O / 2. 1) O, 2) O, 3) X, 4) X, 5) O, 6) X / 3 . 무교절, 초실절, 수장절 / 4. 언약의 말씀 곧 십계명 / 5. 이스라엘 자손이 모세의 얼굴의 광채를 보므로 **[제35장]** 1. 불도 피우지 말지니라 / 2. 금, 은, 놋, 청색 자색 홍색실, 가는 베실, 염소 털, 붉은 물들인 숫양의 가죽, 해달의 가죽, 조각목, 등유와 및 관유에 드는 향품, 분향할 향을 만드는 향품, 호마노, 에봇, 흉패에 물릴 보석 / 3. 마음이 지혜로운 자 / 4. 21, 22, 23, 24, 24, 25, 27, 28, 29절 / 5. 1) 브살렐, 2) 오홀리압

출애굽기 36~40장

[제36장] 1. 1) – 나), 2) – 가), 3) – 다) / 2. 1) 휘장(성막을 덮는 막), 26:1~14, 2) 널판, 26:15~30, 3) 휘장(揮帳), 26:31~37 **[제37장]** 1. 2) – 나) – a) / 2. 4) – 다) – b) / 3. 3) – 라) – c) / 4. 1) – 가) – d) **[제38장]** 1. 번제단 / 2. 물두멍 / 3. 뜰 / 4. 이다말 / 5. 오홀리압 / 6. 29달란트, 730세겔 / 7. 603,550명, 반 세겔 / 8. 70달란트, 2,400세겔 **[제39장]** 지울 것 – 1. 지성소, 모세, 1절 / 2. 흉패, 2절 / 3. 열두 지파, 지파, 14절 / 4. 자색, 간격, 22~23절 / 5. 관, 헌신, 30절 / 6. 못했으므로, 저주, 43절 **[제40장]** 1. 둘째, 첫째 달 초하루 / 2. 제사장 / 3. 궤(언약궤), 증거판, 속죄소 / 4. 물두멍, 수족 / 5. 구름, 영광 / 6. 위, 불 / 7. 9번, 8번 **[특별문제]** 1. 회막 / 2. 증거막 / 3. 장막 / 4. 성막(《개역한글성경》에서는 '법막')

부록

레위기 1~5장

[제1장] 1. 1) 여호와께서, 2) 시내 산, 3) 회막에서, 4) 모세를 불러서, 5) 이스라엘 자손에게 말하라 / 2. 1) O, 2) O, 3) O, 4) X, 5) X, 6) O / 3. 2) **[제2장]** 1. 식물(곡물) / 2. O표할 것 1), 2), 3), 6), 8) / 3. 아론과 그 자손에게 돌렸다 / 4. 1) X, 2) O **[제3장]** 1. X / 2. X / 3. O / 4. X / 5. O **[제4장]** 1) 수송아지, 2) 수송아지, 3) 숫염소, 4) 암염소, 어린양 / 2. 1) 제사장, 피, 성소의 휘장, 2) 피, 제단 뿔, 회막문, 기름, 3) 제사장, 죄, 속죄 **[제5장]** 1. 알리면 → 알리지 아니하면 / 2. 허물이 없다 → 허물이 있다 / 3. 동물만 드렸고 곡물은 드리지 않았다 → 동물이나 곡식가루도 드렸다 / 4. 십분의 일 → 오분의 일

레위기 6~10장

[제6장] 1. 속건제 / 2. 속건제 / 3. 번제 / 4. 소제 / 5. 소제 / 6. 속죄제 / 7. 속죄제 **[제7장]** 1. 1) 3, 2) 2, 3) 1, 4) 4 / 2. 1) 3, 2) 1, 3) 4, 4) 2 / 3. 1) X, 2) O, 3) O. **[제8장]** 1. 속옷, 띠, 겉옷, 에봇, 흉패, 우림, 둠밈, 관, 금패 / 2. 거룩하게 한다 / 3. 1) 오른쪽 귓부리, 오른쪽 엄지 손가락, 오른쪽 엄지 발가락, 2) 제단 사방에 / 4. 8:9, 13, 17, 21, 29, 36, 6번 / 5. 속죄제, 번제, 화목제 **[제9장]** 1. 속건제 / 2. 이레, 여덟째 / 3. 1) 온 백성에게 나타나며, 2) 여호와 앞에서 나와 제단 위의 번제물과 기름을 사른지라. 3) 이를 보고 소리 지르며 엎드렸더라. **[제10장]** 1. 나답, 아비후, 다른 불, 죽은지라, 1~2절 / 2. 포도주, 독주, 죽음, 9절 / 3. 요제, 거제 / 4. 피, 거룩한 곳, 18절

레위기 11~16장

[제11장] 1. O / 2. X / 3. X / 4. O / 5. X / 6. O / 7. X / 8. O / 9. O **[제12장]** 1. 1) 이레, 삼십 삼, 2) 두 이레(14일), 육십 육, 3) 포피를 베었다(할례의식) / 2. 1) 어린 양, 속죄제, 산비둘기, 2) 산비둘기 한 쌍이나 어린 집비둘기 둘 **[제13장]** 1. 다) / 2. 가) / 3. 라) / 4. 나) / 5. 마) / 6. 아) / 7. 바) / 8. 사) **[제14장]** 1. 4 / 2. 1 / 3. 3 / 4. 2 / 5. 5 **[제15장]** 1. 1) O, 2) O, 3) X, 4) O / 2. 1) O, 2) X, 3) O, 4) O / 3. 1) O, 2) O, 3) X, 4) O **[제16장]** 1. 1), 3), 4) / 2. 2), 3), 5)

레위기 17~22장

[제17장] O표 할 것 - 1. 4. 5 (2. 3은 틀림) **[제18장]** 1. 1) 애굽 땅의 풍속, 가나안 땅의 풍속과 규례, 2) 여호와의 법도와 규례 / 2. 어머니, 아버지의 아내, 자매, 손녀, 외손녀, 고모, 이모, 숙모, 며느리, 형제의 아내, 여인과 딸, 그 손녀와 외손녀를 동시에, 아내의 자매 / 3. 월경으로 불결한 동안, 이웃의 아내, 동성, 짐승 / 4. 1) 그 땅이 너희가 있기 전 주민을 토함 같이 너희를 토할까 하노라, 2) 그 백성 중에서 끊어지리라 / 5. 5) **[제19장]** 1. 거룩, 2절 / 2. 밭모퉁이, 열매, 가난한, 9~10절 / 3. 불의, 가난한 자, 세력 있는 자, 공의, 15절 / 4. 돌아다니며, 비방, 이익, 16절 / 5. 원수, 사랑, 18절 / 6. 신접한, 박수, 31절 / 7. 저울, 추, 에바, 힌, 36절 **[제20장]** 1. 1) - 나) - a, 2) - 가) - d, 3) - 라 - b, 4) - 다) - c / 2. 여호와의 성소를 더럽히고 여호와의 성호를 욕되게 하였음이라 / 3. 젖과 꿀이 흐르는 땅 / 4. 여호와가 거룩하고 이스라엘을 만민 중에서 구별하였기 때문이다 **[제21장]** 1. X, O, X / 2. X / 3. X / 4. X / 5. O / 6. X, O **[제22장]** 1. 9번 / 2. 1) 먹음, 2) 못 먹음, 3) 못 먹음, 4) 먹음, 5) 먹음 / 3. 오분의 일(20%) / 4. 1) 드림, 2) 못 드림, 3) 드림, 4) 못 드림, 5) 못 드림, 6) 못 드림 / 5. 너희(이스라엘)의 하나님이 되려고 너희를 애굽 땅에서 인도하여 낸 자

레위기 23~27장

[제23장] 1. 안식일 / 2. 여호와의 유월절, 여호와의 무교절, 성회, 성회 / 3. 첫 이삭, 안식일, 일곱 안식일, 소제 / 4. 첫, 나팔 / 5. 속죄일 / 6. 초막절 / 7. 속죄일, 초막절 / 8. 유월절(무교병의 절기), 오순절(칠칠절, 맥추절), 초막절(수장절) **[제24장]** 1. - 나) - b) / 2. - 라) - a) / 3. - 가) - c) / 4. - 다) - d) **[제25장]** 지울 것 - 1. 사람, 여섯째 해 / 2. 못 된다 / 3. 사십구 년째, 파종 / 4. 전, 적었다 / 5. 이 년 / 6. 이스라엘 백성의 것 / 7. 안식년 / 8. 성내의 촌락의 / 9. 주고, 품꾼, 고용 **[제26장]** 1. 우상, 1절 / 2. 평화, 6절 / 3. 백성, 12절 / 4. 1) 징벌하리라, 2) 재앙을 내릴 것이라, 3) 치리라, 4) 징벌하리라 / 5. 언약, 41~42절 / 6. 하나님, 언약, 기억, 45절 **[제27장]** 1. 남자 - 1) 15세겔, 50세겔, 20 겔, 5세겔, 2) 여자 - 10세겔, 30세겔, 10세겔, 3세겔 / 2. 그를 제사장 앞으로 데려갈 것이요. 제사장은 그 값을 정하되 그 서원자의 형편대로 값을 정할지니라 / 3. 서원물로 여호와께 드릴 때는 다 거룩하기 때문이다 / 4. 제사장 / 5. 값을 정한 돈에 그 오분 일 / 6. 여호와 / 7. 1) 시내 산에서, 2) 이스라엘 자손을 위하여, 3) 모세에게 명령하신 계명

민수기 1~5장

[제1장] 1. 3) / 2. 1) 르우벤, 2) 시므온, 3) 유다, 4) 잇사갈, 5)

부록

스불론, 6) 에브라임, 7) 므낫세, 8) 베냐민, 9) 단, 10) 아셀, 11) 갓, 12) 납달리 / 3. 유다 지파, 74,600명, 므낫세 지파, 32,200명 / 4. 603,550명 / 5. 성막 **[제2장]** 1. 1) 잇사갈, 스불론, 186,400명, 2) 르우벤, 갓, 151,450명, 3) 에브라임, 므낫세, 108,100명, 4) 단, 아셀, 납달리 / 2. 회막, 레위 / 3. 기, 진, 진행 **[제3장]** 1. 제사장직에서 파면되었다→죽었다 / 2. 모세와→아론과 / 3. 레위인의 것→여호와의 것 / 4. 고라와→고핫과 / 5. 레위인과→아론과 **[제4장]** 1. - 나) / 2. - 가) / 3. - 라) / 4. - 다) / 5. - 바) / 6. - 마) **[제5장]** 1. 1) 나병 환자, 2) 유출증이 있는 자, 3) 주검으로 부정하게 된 자 / 2. 여호와께 드려 제사장에게 / 3. 1) 아내가 남편을 두고 탈선하여 더럽힌 때, 2) 남편이 의심이 생겨서 아내를 의심할 때

민수기 6~9장

[제6장] X 할 것(나머지는 O). - 1. 2) / 2. 2) / 3. 3) **[제7장]** 1. 기름 / 2. 회막, 수레 둘, 므라리, 어깨 / 3. 봉헌, 스불론, 아셀 / 4. 열둘, 열둘, 열둘, 이천사백, 일백이십 / 5. 번제물, 화목제물 / 6. 속죄소, 여호와 **[제8장]** 1. 등잔을 등잔대 앞으로 비취게 할지니라 / 2. 여호와 앞에 드릴지니 이는 그들에게 여호와께 봉사하게 하기 위함이라 / 3. 그들을 아론과 그 아들들에게 주어 그들로 회막에서 이스라엘 자손을 대신하여 봉사하게 하며 또 이스라엘자손을 위하여 속죄하게 하였나니 이는 이스라엘 자손이 성소에 가까이 할 때에 그들 중에 재앙이 없게 하려 하였음이니라 / 4. 깨끗하게 하고 그들의 옷을 빨매 아론이 그들을 여호와 앞에 요제로 드리고 그가 또 그들을 위하여 속죄하여 정결하게 한 **[제9장]** 1. 첫째 달 열넷째 날 / 2. 여호와께서 너희에게 대하여 어떻게 명령하시는지 내가 들으리라 / 3. 1) 둘째 달 열넷째 날, 2) 어린 양에 무교병과 쓴 나물을 아울러 먹을 것이요 / 4. 1) 곧 행진하였다, 2) 행진하지 않았다, 3) 행진하였다.

민수기 10~14장

[제10장] 1. 나) / 2. 라) / 3. 가) / 4. 다) / 5. 바) / 6. 사) / 7. 마) / 8. 1) 삼 개월, 2) 둘째 해 둘째 달 스무 날, 3) 일 년 / 9. 호밥 / 10. 1) 여호와여 일어나사 주의 대적들을 흩으시고 주를 미워하는 자가 주 앞에서 도망하게 하소서, 2) 여호와여 이스라엘 종족들에게로 돌아오소서 **[제11장]** 1. 여호와의 불이 그들 중에 붙은 까닭 / 2. 고기(누가 우리에게 고기를 주어 먹게 하랴) / 3. 생선과 오이와 참외와 부추와 파와 마늘 / 4. 깟씨와 같고 모양은 진주와 같은 것이라. 백성이 거두어 맷돌에 갈기도 하며 절구에 찧기도 하고 가마에 삶기도 하여 과자를 만들었으니 기름 섞은 과자 맛 같았더라 / 5. 냄새도 싫어하기까지 한달 동안 먹게 하시리니 / 6. 예언 / 7. 네가 나를 두고 시기하느냐 여호와께서 그의 영을 그의 모든 백성에게 주사 다 선지자가 되게 하시기를 원하노라 / 8. 기브롯 핫다아와 **[제12장]** 1. 구스 여자, 미리암과 아론, 우리와도 말씀, 1~2절 / 2. 온유함, 3절 / 3. 대면, 형상, 두려워, 7~8절 / 4. 진노, 나병, 9~10절 / 5. 부르짖어, 고쳐, 이레, 13~14절 **[제13장]** 1. 1) 삼무아, 2) 갈렙, 3) 호세아(여호수아) / 2. 그 땅 거민이 강한지 약한지 많은지 적은지와 그들이 사는 땅이 좋은지 나쁜지와 사는 성읍이 진영인지 산성인지와 토지가 비옥한지 메마른지 나무가 있는지 없는지를 탐지하라 / 3. 포도, 석류, 무화과 / 4. 1) 젖과 꿀이 흐르는 땅, 그 땅 거주민은 강하고 성읍은 견고하고 크다, 2) 우리가 올라가서 그 땅을 취하자 능히 이기리라, 3) 우리는 그 백성을 치지 못한다, 그 땅은 거주민을 삼키는 땅, 백성은 신장이 장대한 자들이다. **[제14장]** 1. O / 2. X / 3. O / 4. X / 5. O / 6. X

민수기 15~20장

[제15장] 1. 화제, 번제, 서원제, 낙헌제, 절기제, 소제, 전제, 화목제, 거제, 속죄제 / 2. 포도주 / 3. 거제(대대로 여호와께 거제로 드릴지니라) / 4. 제사장 / 5. 진영 밖으로 끌어내고 돌로 쳐 죽었다 / 6. 여호와의 모든 계명을 기억하여 준행하고 방종하게 하는 자기의 마음과 눈의 욕심을 따라 음행하지 않게 하기 위함이다 **[제16장]** 1. 고라, 다단, 아비람, 온 / 2. 제사장의 직분 / 3. 1) 땅바닥이 갈라져 산채로 스올(음부)에 빠졌다, 2) 여호와께로부터 불이 나와서 불살랐다, 3) 염병, 14,700명 / 4. 16:4, 22, 45 / 5. 고라의 패역 **[제17장]** 1. 이름, 지팡이, 아론 / 2. 순, 꽃, 살구 / 3. 증거궤, 표징, 원망 **[제18장]** 1. 레위인 / 2. 제사장 / 3. 제사장 / 4. 레위인 / 5. 레위인 **[제19장]** 1. 온전하여 흠이 없고 아직 멍에 메지 아니한 붉은 암송아지 / 2. 백향목, 우슬초, 홍색실 / 3. 사람의 시체를 만진 자 / 4. 셋째 날, 일곱째 날 / 5. 회중 가운데에서 끊어질 것이다. **[제20장]** 1. 시내광야→신광야 / 2. 회막문을 떠나 회중 앞에→회중 앞을 떠나 회막문에 이르러 / 3. 나타내었으므로→나타내지 아니하였으므로 / 4. 값을 많이 요구해서→지나감을 용납하지 아니하므로 / 5. 엘리멜렉→엘르아살

민수기 21~25장

[제21장] 1. 나) - e) / 2. 마) - b) / 3. 바) - c) / 4. 다) - d) / 5. 가) - a) / 6. 라) - g) / 7, 사) - f) **[제22장]** = 줄로 지울 것 - 1. 여리고 / 2. 발람, 축복, 발락 / 3. 가고, 축복, 저주 / 4. 밤, 자니, 축복, 사탄 / 5. 눈, 네 번 / 6. 입, 창, 허리 / 7. 축복 **[제23~24장]** 1. (3) / 2. (1) / 3. (2) / 4. (1) / 5. (3) / 6. (2) / 7. 축복 / 8. 두 번째 / 9. 첫 번째 **[제25장]** 1. 발람 / 2. 우상의 제사에서 먹고 그 신에게 절하였다 / 3. 태양을 향하여 여호와 앞에 목매어 달라 / 4. 비느하스, 제사장 아론의 손자요 엘르아살의 아들이다 / 5. 이만 사천 명 / 6. 우리는 저희와 같이 간음하지 말자 / 7. 이스라엘을 유혹하여 음행하였기에.

민수기 26~30장

[제26장] 1. 모압 평지 / 2. 59,300 - 22,200 = 37,100 즉 37,100명이 줄었다. / 3. 32,200 - 52,700 = -20,500 즉 20,500명이 늘었다 / 4. 유다 지파, 76,500명 / 5. 603,550 - 601,730 = 1,820 즉 1,820명이 줄었다 / 6. 여호와께서 말씀하시기를 '그들이 반드시 광야에서 죽으리라' 하셨기에 처음 계수된 자는 모두 죽었다 **[제27장]** X표 할 것 (나머지는 O) - 1. 3) / 2. 3) / 3. 4) **[제28장]** 1. 상번제 - b) / 2. 안식일 - a) / 3. 초하루 - d) / 4. 유월절 - c) / 5. 칠칠절 - e) **[제29장]** 1. 신년제 - a) / 2. 속죄일 - b) / 3. 초막절 - d) / 4. 절기를 당하면 - c) **[제30장]** 1. O / 2. X / 3. X / 4. X / 5. O

민수기 31~36장

[제31장] 1. 미디안 / 2. 남자, 다섯, 발람 / 3. 동침, 살려 / 4. 불, 물 / 5. 절반, 절반, 오백분지 일, 오십분지 일 / 6. 엘르아살, 회막 **[제32장]** 1. 르우벤, 갓, 므낫세 반 지파 / 2. 갓과 르우벤 자손(지파)이 가나안 정복에 함께 하지 않는다면 다른 이스라엘 자손들이 낙심하여서 여호와께서 주신 땅을 정복할 수 없게 될 것을 염려하였다 / 3. 요단 이쪽(동쪽)에 기업을 얻게 하되, 먼저 가나안 정복에는 앞장서서 하겠다 / 4. 므낫세의 아들 마길 **[제33장]** 1. 라암셋, 숙곳, 엘림, 홍해 가, 르비딤, 시내광야 / 2. 기브롯핫다아와, 릿마, 립나, 모세롯, 홀하깃갓, 아브로나 / 3. 신, 호르 산, 부논, 이예아바림, 알몬디블라다임, 모압평지 / 4. 애굽의 신들 / 5. 사십 년째 오월 초하루, 호르 산, 123세 / 6. 1) 그 땅의 원주민을 너희 앞에서 다 몰아내라, 2) 새긴 석상, 부어 만든 우상을 다 깨뜨리며 산당을 헐라, 3) 그 땅을 제비 뽑아 나누라 **[제34장]** 1. 서쪽 / 2. 동쪽 / 3. 남쪽 / 4. 북쪽 **[제35장]** 1. 40 성읍→42 성읍, 이천 걸음→천 규빗 / 2. 모든→부지 중, 받기 전에 죽이기→받기까지 죽지 않게 하기 / 3. 안에서→밖에서 / 4. 죽일 것이라→죽이지 말 것이요. **[제36장]** 1. 므낫세 / 2. 조상 지파의 기업(유산)을 지키기 위하여 / 3. 말라, 디르사, 호글라, 밀가, 노아

신명기 1~4장

[제1장] 1. 마흔째 해, 열한째 달, 첫째 날, 모세, 이스라엘, 모압 / 2. 열하루, 사십 년 / 3. 아브라함, 이삭, 야곱 / 4. 이드로 / 5. 1) 모세, 2) 모세, 3) 열 명의 정탐군과 백성들, 4) 하나님 여호와, 5) 갈렙, 6) 여호수아 **[제2장]** 1. 세일 산을 에서에게 기업으로 주었으므로 / 2. 롯 자손에게 기업으로 주었으므로 / 3. 헤스본 왕 시혼 **[제3장]** X표 할 것 - 1. 4) / 2. 2) / 3. 2), 3), 나머지는 O **[제4장]** 1. 규례, 법도 / 2. 기도할 때마다, 신이 가까이함 / 3. 언약, 지키라, 십계명 / 4. 택하시고, 쇠풀무불, 백성 / 5. 마음, 뜻 / 6. 말씀, 음성 / 7. 원한, 살인한 자, 베셀, 길르앗 라못, 바산 골란 **[제1~4장 종합]** 1. 나) - b) / 2. 다) - a) / 3. 가) - c) / 4. 마) - d) / 5. 라) - e) / 6. 사) - g) / 7. 바) - f)

신명기 5~11장

[제5장] 1. 시내 산, 언약 / 2. 성경본문 및 찬송가 표지에 나온 것 참고 **[제6장]** 1. 37절, 27절 / 2. 마음, 가르치며, 강론, 기호, 표 / 3. 조심, 애굽 땅, 여호와, 경외하며, 맹세 / 4. 정직, 선량한, 복 / 5. 지키면, 의로움 **[제7장]** 1. 그들의 제단을 헐며 주상을 깨뜨리며 아세라 목상을 찍으며 조각한 우상들을 불사를 것이니라 / 2. 1) 너희를 사랑하심으로 말미암아, 2) 너희 조상들에게 하신 맹세를 지키려 하심으로 말미암아 / 3. 1) 천대, 2) 당장 / 4. 인애 / 5. 왕벌 **[제8장]** 1. 너를 낮추시며 시험하사 네 마음이 어떠한지 그 명령을 지키는지 지키지 않는지 알려 하심이라 / 2. 1) 신 8:3, 2) 신 6:16, 3) 신 6:13 / 3. 1) 의복이 해어지지 아니함, 2) 발이 부르트지 아니함 / 4. 1) 네 마음이 교만하여 네 하나님 여호와를 잊어버릴까 염려하노라, 2) 네 마음에 이르기를 내 능력과 내 손의 힘으로 내가 이 재물을 얻었다 말할 것 **[제9장]** 1. 1) O, 2) O, 3) X, 4) O / 2. 2) / 3. 1) O, 2) O, 3) X, 4) O **[제10장]** 1. X / 2. O / 3. O / 4. X / 5. O **[제11장]** 1. 1) 여호와께서 바로와 온 애굽에 행하신 것, 2) 여호와께서 이 사십 년 동안에 광야 길을 걷게 하신 것, 3) 너는 광야에서 네 하나님 여호와를 격노하게 하던 일, 4) 여호와께서 광야에서 행하신 이 모든 큰 일 / 2. 2), 6) / 3. 축복,

저주, 29절

신명기 12~16장

[제12장] 1. 3절, 깨뜨리며 아세라 상을 불사르고 또 그 조각한 신상들을 찍어 그 이름을 그 곳에서 멸하라. / 2. 7절, 복 주심으로 말미암아 너희와 너희의 가족이 즐거워할지니라. / 3. 19절, 동안에 레위인을 저버리지 말지니라. / 4. 28절, 선과 의를 행하면 너와 네 후손에게 영원한 복이 있으리라. / 5. 32절 그것에 가감하지 말지니라. / 6. 5절, 11절, 14절, 18절, 21절, 26절 **[제13장]** 1. 나 / 2. 다 / 3. 가 **[제14장]** 1. O / 2. X / 3. O / 4. X / 5. O / 6. X / 7. O / 8. O **[제15장]** X 할 것 - 1. 3) / 2. 4) / 3. 1) / 4. 4). 나머지는 O **[제16장]** 1. 아빕 월에 여호와께서 밤에 애굽에서 인도하여 내셨으므로 / 2. 고난의 떡 / 3. 여호와께서 자기의 이름을 두시려고 택하신 곳 / 4. 곡식에 낫을 대는 첫 날부터 일곱 주 / 5. 네(자신의) 힘을 헤아려 자원하는 예물을 드린다 / 6. 너(본인), 자녀, 노비, -성 중에 있는- 레위인, 객, 고아, 과부 / 7. 초막절 / 8. 무교절, 칠칠절, 초막절 / 9. 1) 재판을 굽게 하지 말라, 2) 사람을 외모로 보지 말라, 3) 뇌물을 받지 말라 / 10. 아세라 상, 주상

신명기 17~21장

[제17장] 1. - 라) - a) / 2. - 가) - c) / 3. - 마) - d) / 4. 나) - e) / 5. 다) - b) **[제18장]** 1. 여호와의 화제물과 그 기업 / 2. 제물의 소나 양, 앞 다리와 두 볼과 위, 처음 거둔 곡식, 포도주, 기름, 처음 깎은 양털 / 3. 아들이나 딸을 불 가운데로 지나게 하는 자(인신 제사), 점쟁이, 길흉을 말하는 자, 요술하는 자, 무당, 진언자, 신접자, 박수, 초혼자 / 4. 1) 내(여호와)가 그에게 명령하는 것을 그가 무리에게 다 말하리라, 2) 내(여호와의) 이름으로 전하는 내(여호와의) 말을 듣지 아니하는 자, 3) 어떤 선지자가 내가 전하라고 명령하지 아니한 말을 제 마음대로 내 이름으로 전하든지 다른 신들의 이름으로 말하면, 4) 증험도 없고 성취함도 없으면 **[제19장]** 1. 본래 원한이 없이 부지중에 그의 이웃을 죽인 살인자를 위함 / 2. 여호와의 모든 명령을 지켜 행하여 여호와를 사랑하고 항상 그의 길로 행할 때에 / 3. 사람을 보내어 그를 거기서 잡아다가 보복자의 손에 넘겨 죽이게 할 것이라 / 4. 경계표(지계석) / 5. 두 증인의 입으로나 세 증인의 입으로 / 6. 악한 자를 대적하지 말라, 네 오른편 뺨을 치거든 왼편도 돌려 대라. 속옷을 가지고자 하는 자에게 겉옷까지도 가지게 하라. 억지로 오리를 가게 하거든 그 사람과 십리를 동행하라. 네게 구하는 자에게 주며 네게 꾸고자 하는 자에게 거절하지 말라 **[제20장]** 1, 2) / 2. 1) O, 2) O, 3) X, 4) O / 3. 1) O, 2) O, 3) X, 4) O. 5) O, 6) X **[제21장]** 1. X / 2. O / 3. X / 4. O / 5. O / 6. O / 7. O / 8. X / 9. 13절

신명기 22~26장

[제22장] 1. 잡아 먹는다 → 네 형제에게 돌릴 것이요 / 2. 입는다 → 입지 말 것이라 / 3. 입는다 → 입지 말지니라 / 4. 재판장에게 준다 → 여자의 아비(장인)에게 준다 / 5. 남자만 죽인다 → 둘 다 돌로 쳐죽인다 / 6. 사죄하고 → 은 오십 세겔을 주고 **[제23장]** 1. 1)~5) X, 6) O, 7) O / 2. 1) O, 2) X, 3) O, 4) X, 5) O **[제24장]** 1. 1) 사유: 수치 되는 일이 있음을 발견하고 그를 기뻐하지 아니하면, 2) 절차: 이혼 증서를 써서 그의 손에 주고 그를 자기 집으로 돌려보낸다 / 2. 한가하게 집에 있으면서 그가 맞이한 아내를 즐겁게 한다 / 3. 유인한 자를 죽인다 / 4. 모세가 구스 여자를 취하므로 미리암이 모세를 비방하자 여호와께서 주의 종을 비방한 미리암에게 나병이 들게 함 / 5. 당일에 / 6. 자기의 죄로 죽임을 당할 것이라 (즉 연좌제 금지) / 7. 객, 고아, 과부 **[제25장]** 1. 1) 사십까지, 2) 다섯 번 / 2. 고전 9:9, 딤전 5:18 / 3. 1) 죽은 형제의 기업(상속자), 2) 신 벗김 받은 자의 집 / 4. 온전하고 공정한 추와 되 / 5. 천하에서 아말렉에 대한 기억을 지워버리라 **[제26장]** 1. 주께서, 맏물 / 2. 하늘, 백성, 복, 젖, 꿀, 복 / 3. 뛰어나게, 명예, 성민

신명기 27~30장

[제27장] 1. 4) X, 나머지는 O / 2. 4) / 3. 1) 우상을 만들어 은밀히 세우는 자, 2) 부모를 경홀히 여기는 자, 3) 이웃의 경계표를 옮기는 자, 4) 맹인에게 길을 잃게 하는 자, 5) 객이나 고아나 과부의 송사를 억울하게 하는 자, 6) 아버지의 아내와 동침하는 자, 7) 짐승과 교합하는 자, 8) 자매와 동침하는 자, 9) 장모와 동침하는 자, 10) 이웃을 암살하는 자, 11) 무죄한 자를 죽이려고 뇌물을 받는 자, 12) 율법의 모든 말씀을 실행하지 아니하는 자 **[제28장]** 1. 1) 1절~14절, 2) 15절~68절 / 2. 1) 1절, 2) 6절, 3) 12절 / 3. 1) 18절, 2) 25절, 3) 30절, 4) 47~48절, 5) 67절. **[제29장]** 1. 모압 땅 / 2. 1) 깨닫는 마음, 2) 보는 눈, 3) 듣는 귀 / 3. 하나님은 이스라엘을 세워 자기 백성을 삼으시고, 자기(하나님)는 친히 이스라엘의 하나님이 되시려 함 / 4. 그 마음이 하나님을 떠나서 그 모든 민족의 신들에게 가서 섬기는 자 / 5. 1) 언약, 2) 다른 신들 **[제30장]** 1. O / 2. 어렵게 → 번성하게 / 3. 5번 → 3번(2절, 6절, 9절) / 4. O / 5. 사망을 → 생명을

신명기 31~34장

[제31장] 1. 1)모세→이스라엘, 2) 모세→여호수아, 3) 여호와→여호수아, 4) 세 번 / 2. 요단, 여호수아 / 3. 모세, 초막절, 언약궤, 증거 / 4. 언약, 얼굴 / 5. 악, 재앙 **[제32장]** 1. 비, 이슬, 가는 비, 단비 / 2. 1) 보호, 눈동자, 2) 자기의 보금자리를 어지럽게 하며 자기의 새끼 위에 너플 거리며 그의 날개를 펴서 새끼를 받으며 그의 날개 위에 그것을 업는 것 / 3. 여수룬, 반석 / 4. 소돔, 고모라 / 5. 살리기도, 낫게도 / 6. 호세아(여호수아), 노래 / 7. 호르 산, 느보 산, 거룩함 **[제33장]** 1. 르우벤 / 2. 유다 / 3. 레위 / 4. 베냐민 / 5. 요셉 / 6. 스불론 / 7. 잇사갈 / 8. 갓 / 9. 단 / 10. 납달리 / 11. 아셀 / 12. (33:29절) 행복한 사람, 구원, 돕는 방패, 영광의 칼 **[제34장]** 1. 1) 모압, 2) 느보 산 / 2. 아브라함과 이삭과 야곱에게 맹세하여 그의 후손에게 주리라 한 땅 / 3. 없다 / 4. 1) 120세, 2) 흐리지 아니하였다, 3) 쇠하지 아니하였다, 4) 삼십일 / 5. 1) 여호수아, 2) 지혜의 영 / 6. 선지자

총정리 문제(구약 율법서: 〈창세기〉~〈신명기〉)

• **창세기**

율법서: 모세의 율법. 1. 태초에 하나님이 천지를 창조하시니라 / 2. 하나님, 흙, 생기 / 3. 가죽 옷(짐승의 피흘림이 있었음) / 4. 가인, 셋 / 5. 1) 하나님과 동행, 2) 하나님이 그를 데려 가시므로 세상이 있지 않음(승천) / 6. 여호와께서 사람의 죄악이 세상에 가득함과 그의 마음으로 생각하는 모든 계획이 항상 악할 뿐임을 보시고 / 7. (창 9:15) 다시는 물이 모든 육체를 멸하는 홍수가 되지 아니할지라 / 8. 우리 이름을 내자, 흩어짐을 면하자 / 9. 1) 75세, 2) 86세, 3) 100세, 4) 175세 / 10. 모압, 암몬 / 11. 1) 모리아 땅으로 가서 내(하나님)가 네게 일러준 한 산, 2) 여호와의 전 / 12. 1) 리브가, 2) 에서, 야곱 / 13. 야곱 / 14. 레아, 라헬, 빌하, 실바 / 15. 외삼촌의 두 딸을 위하여 십 사년, 외삼촌의 양떼를 위하여 육년을 외삼촌을 봉사 / 16. 이스라엘. / 17. 에돔 / 18. 이방 신상들을 버리고, 자신을 정결하게 하고, 의복을 바꾸어 입으라 / 19. 다말, 베레스 / 20. 풍년, 흉년 / 21. 나를 애굽에 보낸 자는 하나님이시다 / 22. 당신들은 여기서 내 해골을 메고 올라가겠다 하라

• **출애굽기**

1. 70명 / 2. 비돔, 라암셋 / 3. 레위, 바로의 딸 / 4. 아브라함과 이삭과 야곱에게 세운 언약 / 5. 피, 개구리, 이, 파리, 돌림병, 악성종기, 우박, 메뚜기, 흑암, 장자의 죽음 / 6. 여호와께서 애굽에게 재앙을 내리실 때에 애굽에 있는 이스라엘 자손의 집을 넘으사 우리의 집을 구원하셨느니라 / 7. 낮이나 밤이나 진행하게 / 8. 모세가 바다 위로 손을 내밀매 여호와께서 큰 동풍이 밤새도록 바닷물을 물러가게 하시니 물이 갈라져 바다가 마른 땅이 된지라 / 9. 만나 / 10. 하나님의 소유, 2) 제사장 나라, 3) 거룩한 백성 / 11. 제 삼 개월, 둘째 해 둘째 달 스무 날 / 12. 외우는 중임(?) / 13. 여호와의 모든 말씀을 우리가 준행하리리다 / 14. 1) 휘장, 2) 진설병상, 3) 증거궤, 4) 분향단, 5) 등잔대, 6) 물두멍, 7) 번제단 / 15. 브살렐, 오홀리압 / 16. 애굽에서 인도하여 낸 신 / 17. 유월절(무교절), 맥추절(칠칠절), 수장절. / 18. 회막, 증거막, 장막, 법막. / 19. 여호와의 영광 / 20. 8번

• **레위기**

1. 회막, 예물 / 2. 1) 번제, 2) 소제, 3) 화목제, 4) 속죄제, 5) 속건제 / 3. 제사장 위임식 / 4. 여호와께서 명령하시지 않은 다른 불을 담아 분향하다가 / 5. 내가 거룩하니 너희도 거룩하라 / 6. 아론, 예수 그리스도 / 7. 제사장 / 8. 죄사함 / 9. 네 이웃을 네 몸과 같이 사랑하라 / 10. 센 머리 앞에서 일어서고 노인의 얼굴을 공경하라 / 11. 악한 자를 대적하지 말라 누구든지 네 오른편 뺨을 치거든 왼편도 돌려 대며 너를 고발하여 속옷을 가지고자 하는 자에게 겉옷까지도 가지게 하며 또 누구든지 너로 억지로 오 리를 가게 하거든 그 사람과 십리를 동행하고 네게 구하는 자에게 주며 네게 꾸고자 하는 자에게 거절하지 말라 / 12. 제사장 / 13. 각각 자기의 소유지로 돌아가며 각각 그 가족에게로 돌아갈지며 / 14. 처음난 것 / 15. 시내산, 이스라엘 자손

• **민수기**

1. 증거의 성막과 그 모든 기구와 그 모든 부속품을 관리 / 2. 회막 / 3. 포도주나 독주, 삭도, 시체를 가까이 하는 일을 금함 / 4. 지키시기를, 은혜, 평강 / 5. 유월절 / 6. 회중을 소집하며 진영을 진행하게 할 것이라 / 7. 약 1년 / 8. 온유, 충성, 대면(여호와의 형상을 봄) / 9. 나병 / 10. 가나안을 정탐한 날 수 사십일의 하루를 일 년으로 환산하였다 / 11. 회중이 다 각각 거룩하고 여호와께서도 그들 중에 계시거늘 너희가 어찌하여 여호와의 총회 위에 스스로 높이느냐 / 12. 원망을 그치게 하려고 / 13. 이스라엘의 십일조 / 14. 이스라엘 자손의 목전에서 내 거룩함을 나타내지 아니한 고로 / 15. 놋뱀, 십자가 / 16. 1,820명 줄음 / 17. 여호수아, 갈렙

/ 18. 발람 / 19. 1) 르우벤, 2) 갓, 3) 므낫세 반(1/2) / 20. 부지중에 살인한 자

• **신명기**

1. 마흔째 해, 열한째 달, 첫째 날, 모압 땅, 율법 / 2. 하나님, 이웃 / 3. 8:3, 6:16, 6:13 / 4. 헷, 기르가스, 아모리, 가나안, 브리스, 히위, 여부스 / 5. 그리심, 에발 / 6. 아니다 / 7. 네 손으로 하는 범사에 네게 복을 주시리라 / 8. 무교절, 칠칠절, 초막절 / 9. 율법서 / 10. 다말, 룻 / 11. 객, 고아, 과부 / 12. 고전 9:9, 딤전 5:18 / 13. 강한 손과 편팔과 큰 위엄과 이적과 기사 / 14. 1) 복, 2) 저주 / 15. 생명, 사망, 복, 저주 / 16. 모세, 여호와의 언약궤 / 17. 이스라엘 / 18. 축복 / 19. 120세, 여호수아, 지혜 / 20. 선지자

구약 : 역사서

여호수아 1~5장

[제1장] 1. 1) O, 2) X, 3) O, 4) O, 5) X / 2. 4번, 6, 7, 9, 18절 / 3. 사흘 안에 요단을 건너 여호와께서 주사 차지하기 위하여 들어갈 것이므로 / 4. 12~15절 **[제2장]** 1. 3) / 2. 2) / 3. 3) **[제3장]** 1. 성결하게, 기이한 일들, 5절 / 2. 가나안, 헷, 히위, 브리스, 기르가스, 아모리, 여부스, 쫓아내실, 10절 / 3. 제사장, 끊어지매, 여리고, 15~16절 **[제4장]** 1. 각 지파에 한 사람씩 / 2. 요단물이 여호와의 언약 궤 앞에서 끊어졌나니 곧 언약궤가 요단을 건널 때에 요단물이 끊어졌으므로 이 돌들이 이스라엘 자손에게 영원히 기념이 되리라 / 3. 르우벤 갓 므낫세 반 지파, 사만 명 가량 / 4.백성이 두려워하기를 모세를 두려워하던 것 같이 하였다 / 5. 1) 모든 백성에게 여호와의 손이 강하신 것을 알게 하며, 2) 여호와를 항상 경외하게 하려 하심. **[제5장]** 1.－라－e / 2.－가－d / 3.－나－a / 4.－마－b / 5.－다－c

여호수아 6~12장

[제6장] 1. 여호와 / 2. 일곱 제사장 / 3. 여호수아 / 4. 여호수아 / 5. 백성들 / 6. 정탐한 젊은이들 / 7. 여호수아. **[제7장]** 1. 2) / 2. 3) / 3. 이스라엘이 범죄하여 내가 그들에게 명령한 나의 언약을 어겼으며 또한 그들이 온전히 바친 물건을 가져가고 도둑질하며 속이고 그것을 그들의 물건들 가운데에 두었느니라 / 4. 유다, 세라, 갈미 / 5. 시날 산 외투 한 벌, 은 이백 세겔, 무게가 오십 세겔 되는 금덩이 하나 / 6. 1) 아골 골짜기, 2) 돌로 치고 불사르고 그 위에 돌무더기를 크게 쌓았다 **[제8장]** 1. 여호와께 바쳐라→스스로 가지라 / 2. 삼만 명→오천 명 / 3. 이만이천 명→만이천 명 / 4. 다듬은 새 돌로→다듬지 아니한 새 돌로 **[제9장]** 1. 1) O, 2) O, 3) X, 4) O, 5) X, 6) O, 7) X / 2. 1) O, 2) O, 3) X, 4) O, 5) O, 6) X, 7) O / 3. 어떻게 할 지를 여호와께 묻지 아니하였기 때문이다 / 4. 대를 이어 종이 되어 하나님의 집을 위하여 나무를 패고 물 긷는 자가 되었다 **[제10장]** 1. 예루살렘, 헤브론, 야르뭇, 라기스, 에글론 / 2. 큰 우박덩이를 내리심(11절), 태양이 머무름(13절) / 3. 막게다, 립나, 라기스. 게셀, 에글론, 헤브론, 드빌 / 4. 하나님 여호와께서 이스라엘을 위하여 싸우셨으므로 **[제11장]** 1. 2) / 2. 4) / 3. 3) / 4. 1). **[제12장]** 1. 모세와 이스라엘 자손(6절), 여호수아와 이스라엘 자손(7절) / 2. 아르논 골짜기에서 헤르몬 산까지 / 3. 서편 레바논 골짜기의 바알갓에서부터 세일로 올라가는 곳 할락 산까지 / 4. 1) 여호수아, 2) 여호수아, 3) 모세, 4) 여호수아, 5) 모세, 6) 여호수아 / 5. 르우벤, 갓, 므낫세 반 / 6. 31왕.

여호수아 13~18장

[제13장] 1.－다) / 2.－나) / 3.－라) / 4.－가) / 5.－사) / 6.－바) / 7.－마). **[제14장]** 1. 제사장 엘르아살, 눈의 아들 여호수아, 이스라엘 자손 지파의 족장들 / 2. 두 지파와 반 지파의 기업은 모세가 요단 저편(동쪽)에서 주었기 때문이다 / 3. 1) 정복한→정탐한, 2) 팔십 세→팔십 오세, 3) 아모리 사람이→아낙 사람이, 4) 그니스의 아들→여분네의 아들. **[제15장]** 1. 1) 북쪽, 2) 남쪽, 3) 서쪽, 4) 동쪽 / 2. 1)기럇 세벨을 쳐서 그것을 점령하는 자에게 내 딸을 주리라는 갈렙의 말을 실행하였으므로, 2) 장인과 사위, 3) 사촌 남매 / 3. 여부스 족속. **[제16~17장]** 1. 므낫세, 에브라임 / 2. 1) 에, 2) 므, 3) 므 / 3. 브리스 사람과 르바임 족속의 땅 삼림에 올라가서 스스로 개척하라 / 4. 가나안 족속에게는 철병거가 있었기 때문이다. **[제18장]** 1.－다) / 2.－가) / 3.－라) / 4.－나) / 5.－마)

여호수아 19~24장

[제19장] 지도안의 숫자 밑에 지파 이름을 적을 것. 1-1과 1-2~므낫세, 2~갓, 3~르우벤, 4~납달리, 5~아셀, 6~스불론, 7~잇사갈, 8~에브라임, 9~단, 10~베냐민, 11~유다, 12~시므온. **[제20장]** 1. 부지중에 실수로 사람을 죽인 자를 그리로 도망하게 하기 위하여 / 2. 본래 미워함이 없이 그의 이웃을 죽였으므

부록

로 / 3. 1) 회중의 앞에 서서 재판을 받은 후, 2) 당시 대제사장의 죽은 후 / 4. 1) 게데스, 2) 세겜, 3) 기럇아르바(헤브론), 4) 베셀, 5) 길르앗 라못, 6) 바산 골란 **[제21장]** 1. 1) / 2. 4) / 3. 4). **[제22장]** 1. O / 2. X / 3. O / 4. X **[제23장]** 1.- 라) / 2.- 가) / 3.- 마) / 4.- 다) / 5.-나). **[제24장]** 1. 13절, 수고, 건설하지, 심지, 감람원 / 2. 15절, 섬길 자, 여호와 / 3. 25절, 세겜, 언약, 율례 / 4. 29~30절, 백십세, 딤낫 세라 / 5. 1) 애굽, 2) 모세, 3) 세겜

사사기 1~5장

[제1장] 1. 여호와께 여쭈어 / 2. 유다, 시므온 / 3. 엄지손가락과 엄지발가락 / 4. 예루살렘, 세새, 아히만. 달매 / 5. 13~19절 / 6. 철병거가 있으므로 / 7. 8번 / 8. 여부스 족속 **[제2장]** 1. O / 2. O / 3. X / 4. O / 5. X / 6. O. **[제3장]** 1. 1) 또 그들과 혼인하지도 말지니 네 딸을 그들의 아들에게 주지 말 것이요 그들의 딸도 네 며느리로 삼지 말 것은, 2) 이방여인과 결혼 / 2. 1) 에훗, 2) 삼갈, 3) 에훗, 4) 옷니엘, 5) 에훗, 6) 옷니엘, 7) 옷니엘 / 3. 재판. **[제4장]** 1. 2 / 2. 4 / 3. 5 / 4. 3 / 5. 1 / 6. 6 **[제5장]** 1. 2절, 백성이 즐거이 헌신하였으니 여호와를 찬송하라 / 2. 9절, 그들이 백성 중에서 즐거이 헌신하였음이니 여호와를 찬송하라 / 3. 13절, 여호와께서 나를 위하여 용사를 치시려고 내려오셨도다 / 4. 24절, 다른 여인들보다 복을 받을 것이니 장막에 있는 여인들보다 더욱 복을 받을 것이로다 / 5. 27절, 엎드러지고 쓰러졌고 그의 발 앞에 꾸부러져 엎드러져서 그 꾸부러진 곳에 엎드러져 죽었도라 / 6. 31절, 망하게 하시고 주를 사랑하는 자들은 해가 힘있게 돋음 같게 하시옵소서 하니라 그 땅이 사십 년 동안 평온하였더라

사사기 6~9장

[제6장] 1. 악, 칠, 미디안 / 2. 기드온, 므낫세, 작은 자 / 3. 불, 안심. 두려워, 죽지, 여호와 살롬 / 4. 바알, 아세라상, 여룹바알 / 5. 영, 아비에셀, 므낫세 / 6. 양털, 이슬 **[제7장]** 1. 1) 32,000명, 2) 22,000명, 3) 10,000명, 300명 / 2. 이스라엘이 스스로 자랑하기를 "내 손이 나를 구원하였다"하여 여호와의 구원을 인정하지 않을까봐 / 3. 나팔, 빈 항아리, 횃불 / 4. 여호와와 기드온의 칼이다 / 5. 오렙, 스엡 **[제8장]** 1. 1절, 에브라임 사람들이 기드온에게 / 2. 6절, 숙곳 방백들이 기드온에게 / 3. 9절, 기드온이 브누엘 사람들에게 / 4. 19절, 기드온이 세바와 살문나에게 / 5. 22절, 이스라엘 사람들이 기드온에게 / 6. 23절, 기드온이 이스라엘 사람들에게 / 7. 24절, 기드온이 이스라엘 사람들에게 **[제9장]** 1. O / 2. X / 3. O / 4. O / 5. X

사사기 10~16장

[제10장] 1. 잇사갈, 돌라, 사밀, 23년 / 2. 야일, 22년, 30, 나귀 / 3. 바알들, 아스다롯, 아람의 신들, 시돈의 신들, 모압의 신들, 암몬 자손의 신들, 블레셋 사람의 신들 / 4. 암몬, 18년, 유다, 베냐민, 에브라임. **[제11장]** 1. 길르앗 아내의 아들들 / 2. 길르앗 장로들 / 3. 입다 / 4. 암몬 자손의 왕 / 5. 입다 / 6. 입다 / 7 입다의 딸 **[제12장]** 1. 길르앗이 암몬 사람을 치러갈 때에 에브라임과 함께 가지 않았다 하여 / 2. '쉽볼렛'이라는 발음을 바르게 못하고 '십볼렛'이라 하면 에브라임으로 간주했다 / 3. 42,000명, 6년 / 4. 아들 삼십, 딸 삼십을 두고 국제 결혼을 시킴, 7년 동안 사사, 베들레헴에 장사 / 5. 스불론 사람으로 10년 동안 사사, 죽어 스불론 땅 아얄론에 장사 / 6. 힐렐의 아들, 아들 사십, 손자 삼십, 나귀 칠십을 탐, 8년 동안 사사, 에브라임 땅 비라돈에 장사 **[제13장]** 1. 블레셋 사람, 1절 / 2. 나실인, 4~5, 7, 14절 / 3. 여호와의 사자, 3절 / 4. 기묘자, 18절 / 삼손, 24절 **[제14장]** 지울 것 → 1. 마하네, 삼손 자신 / 2. 아양떨며, 세번째, 육십 **[제15장]** 1.-나) / 2.-다) / 3.-가) / 4.-마) / 5.-바) / 6.-라) **[제16장]** 1. 1) 2, 2) 4, 3) 1, 4) 3 / 2. 1) 3, 2) 1, 3) 4, 4) 2

사사기 17~21장

[제17장] 1. 1) 오분의 일, 1320, 2) 숫양, 속건제 / 2. 새겨 만들고 부어 만들었다 / 3. 에봇, 드라빔 / 4. 아들, 레위 / 5. 왕, 소견 **[제18장]** 1. 거주할 기업의 땅을 정탐하고 살피려고 / 2. 염려 없이 거주하며 시돈 사람들이 사는 것처럼 평온하며 안전하니 그 땅에는 부족한 것이 없으며 부를 누리며 시돈 사람들과 거리가 멀고 어떤 사람과도 상종하지 아니함이라 / 3. 육백 명 / 4. 에봇, 드라빔, 새긴 우상, 부어 만든 신상 / 5. 단 자손이 자기보다 강한 것을 보았으므로 / 6 라이스, 단 / 7. 1) 실로, 2) 새긴 우상 **[제19장]** 1. 3) / 2. 2) / 3. 1) / 4. 5) / 5. 4) **[제20장]** 1. 1) 이스라엘(22,000), 베냐민(O), 2) 이스라엘(18,000), 베냐민(O), 3) 이스라엘(O), 베냐민(25,100) / 2. 사십만 / 3. 그들(베냐민에 속한 기브아 사람)이 이스라엘 중에서 음행과 망령된 일을 행하였음을 알리려고 / 4. 2차전 뒤(26절) / 5. 온 성읍과 가축과 만나는 자를 다 칼날로 치고 닥치는 성읍은 다 불살랐다 **[제21장]** 1. 번참함 – 없어지게 됨(3절), 또는 빠지게 됨(15절) / 2. 실로암 – 실로 / 3. 1) 6절, 그때에는 이스라엘에 왕이 없었으므로, 2) 1절, 그때에 이

부록

스라엘에 왕이 없었고, 3) 1절, 이스라엘에 왕이 없을 그때에, 4) 25절 이스라엘에 왕이 없으므로

룻기 1~4장

[제1장] 1. 1) 사사들이 치리하던 때, 2) 유대 땅 베들레헴, 3) 모압 지방, 4) 엘리멜렉, 5) 말론, 기룐, 6) 오르바, 룻, 7) 엘리멜렉, 말론, 기룐 / 2. 여호와께서 자기 백성(유대인)에게 풍년을 주셨다 함을 듣고 / 3. 여호와께서 나를 치셨고 괴롭게 하셨고 징벌 하셨다 / 4. 그의 백성과 그 신(神)들 / 5. 16~17절 참고 / 6. 1) 마라, 2) 쓰다 **[제2장]** 지울 것=1. 2절, 들로, 유혹, 곡식단, 룻→나오미에게 / 2. 6~7절, 암몬, 노는, 사환→보아스에게 / 3. 10절, 유대, 원한, 버리시나이까, 룻→보아스에게 / 4. 12절, 모압, 심판, 벌, 보아스→룻에게 / 5. 15~16절, 밭, 칭찬, 떨어, 보아스→소년들에게 / 6. 20절, 저주, 원수, 빼앗을 자, 나오미→룻에게 **[제3장]** 1. 목욕하고 기름을 바르고 의복을 입으라 / 2. 기업 무를 자 / 3 내가 기업 무를 자의 책임을 네게 이행하리라 / 4. 이 사건이 어떻게 될지 알기까지 앉아 있으라. 그 사람이 오늘 이 일을 성취하기 전에는 쉬지 아니하리라 **[제4장]** 1. 죽은 형제의 가문을 이어 주었다(참고: 그 외에도 토지를 되무르게 해 주고, 빚으로 팔렸을 때에는 해방을 주고, 억울하게 살해당했으면 원수를 갚아 주었다~해설 참고) / 2. 1) 네 생명의 회복자, 2) 네 노년의 봉양자, 3) 너를 사랑하며 일곱 아들보다 귀한 며느리가 낳은 자로다 / 3, 오벳 / 4. 헤스론, 암미나답, 보아스, 이새, 라합, 룻

사무엘상 1~6장

[제1장] 1. 1) 에브라임 산지 라마다임소빔, 2) 브닌나, 한나, 3) 레위 / 2. 홉니, 비느하스 / 3. 1) 5절 - 제물의 분깃을 한나에게는 갑절을 주니, 2) 8절 - 내가 그대에게 열 아들보다 낫지 아니하냐 / 4. 그의 평생에 그를 여호와께 드리고 삭도를 그의 머리에 대지 아니하겠나이다 / 5. 얼굴에 다시는 근심 빛이 없었다 / 6. 한나가 하나님께 구하여 얻은 아들이므로(하나님이 들으심) / 7. 그의 평생을 여호와께 드리나이다(28절) **[제2장]** 1. 임신하지, 일곱, 쇠약 / 2. 진토, 거름더미, 귀족, 영광 / 3. 깨어질 / 4. 행실이 나빠, 죄, 제사 / 5. 돌보, 세, 두 / 6. 여호와, 간구 / 7. 존중히, 경멸 / 8. 제사장, 마음, 뜻 **[제3장]** 1. 4회(4,6,8,10절) / 2. 여호와여 말씀하옵소서. 주의 종이 듣겠나이다 / 3. 엘리의 집 / 4. 여호와의 선지자로 세우심을 입은 줄을 알았다. **[제4장]** 1. 1) 에벤에셀 곁, 2) 아벡, 3) 사천 명, 4) 여호와의 언약궤, 5) 삼만 명, 빼앗겼다, 홉니와 비느하스가 죽임을 당하였다 / 2. 구십팔, 비대한 / 3. 비느하스, 이가봇, 영광 **[제5장]** 1. 아스돗→가드→에그론 / 2. 다곤의 신전 / 3. 독한 종기의 재앙 **[제6장]** 1.-나) / 2.-가) / 3.-라) / 4.-다) / 5.-마).

사무엘상 7~12장

[제7장] 1. 1) 요단, 제사장, 여리고, 실로, 2) 실로, 에벤에셀, 블레셋, 아스돗, 가드, 에그론, 벧세메스, 3) 기럇여아림, 가드, 다윗, 지성소 그룹들의 날개 아래 / 2. 여러 곳이 있겠으나 대표적인 것으로는 3~4절, 6절, 8절 / 3. 여호와께서 여기까지 우리를 도우셨다 / 4. 벧엘, 길갈, 미스바, 라마. **[제8장]** 1. 요엘, 아비야, 뇌물을 받은 일, 재판을 굽게 하는 일 / 2. 1) 사무엘은 늙었다, 2) 아들들은 당신의 행위를 따르지 않는다, 3) 모든 나라와 같이 왕이 필요하다 / 3. 여호와 / 4. 2번 / 5. 다스리는 왕, 전쟁에 앞서는 왕 **[제9장]** 1. 유다 지파→베냐민 지파 / 2. 미워→걱정 / 3. 제물에 절한→제물에 축사한 / 4. 제사장을→이스라엘의 지도자를 / 5. 뛰어난→미약한 / 6. 말석에→상석에 **[제10장]** 1. 1) 준수한 청년, 2) 부친께 효도, 3) 하나님의 종 대접, 4) 겸손의 미덕, 5) 신령한 체험, 6) 멸시도 참음 / 2. 10:1, 10:24 / 3. 미스바. **[제11장]** 1. 길르앗 야베스 사람들→암몬 사람 나하스 / 2, 암몬 나하스→야베스 사람들 / 3. 야베스 장로들→암몬 나하스 / 4. 이스라엘 무리→사울에게 온 전령들 / 5. 사울→백성들 / 6. 사무엘→백성들. **[제12장]** 1. 왕, 늙어, 2절 / 2. 속이지, 압제, 빼앗은 것, 4절 / 3. 여호와, 바알, 아스다롯, 범죄, 10절 / 4. 왕, 범한 죄악, 여호와, 사무엘, 17~18절 / 5. 기도, 죄, 23절

사무엘상 13~18장

[제13장] 1. 사십 세 / 2. 싸우려고 모였다 / 3. 제사장이 아니었으나 번제를 드린 일 / 4. 1) 오브라 길, 2) 벧호론 길, 3) 광야쪽으로 스보임 골짜기가 내려다보이는 지역 길 / 5. 철공. **[제14장]** 1. 나) / 2. 가) / 3. 마) / 4. 라) / 5. 다) / 6. 바) / 7. 1) 아히노암, 2) 요나단, 이스위, 말기수아, 3) 메랍, 미갈, 4) 아브넬. **[제15장]** 1. 3절 / 2. 9절 / 3. 11절 / 4. 12절 / 5. 15절 / 6. 22절 / 7. 28절 / 8. 33절 **[제16장]** 1. 한 왕을 미리 선택하였으므로 기름을 부으러 갔다 / 2. 그의 용모와 키를 보지 말라. 사람은 외모로 보거니와 나 여호와는 중심을 보느니라 / 3. 여호와의 영에게 크게 감동되었다 / 4 사울이 상쾌하여 낫고 악령은 그에게서 떠나더라 / 5. 1) 붉고, 빼어나고, 아름답더라, 2) 수금, 용기, 무용, 구변. **[제17**

부록

장] 1. 1) 블레셋, 2) 가드, 3) 여섯, 한, 292, 4) 놋투구, 5) 비늘 갑옷, 오천, 6) 놋 각반, 7) 놋단창, 베틀 채, 육백 / 2. 가 - 2), 나 - 3), 다 - 3), 라 - 4) / 3. 골리앗, 머리, 아브넬 **[제18장]** 1. 겉옷, 군복, 칼, 활, 띠 / 2. 군대의 장 / 3. 1) 여호와께서 사울을 떠나 다윗과 함께 계시므로, 2) 다윗이 크게 지혜롭게 행함을 보고, 3) 사울의 딸 미갈도 다윗을 사랑하므로 / 4. 7절, 11절 / 5. 백 개, 이백 개, 미갈.

사무엘상 19~25장

[제19장] 1. 사울 / 2. 요나단 / 3. 사울 / 4. 사울 / 5. 미갈 / 6. 사울의 전령 / 7. 사무엘 / 8. 사울 **[제20장]** 1. 3절, 나와 죽음의 사이는 한 걸음뿐이니라 / 2. 16절, 여호와께서는 다윗의 대적들을 치실지어다 / 3. 23절, 여호와께서 너와 나 사이에 영원토록 계시느니라 / 4. 33절, 죽이려 한지라 요나단이 그의 아버지가 다윗을 죽이기로 결심한 줄 알고 / 5. 41절, 일어나서 땅에 엎드려 세 번 절한 후에 서로 입맞추고 같이 울되 다윗이 더욱 심하더니 **[제21장]** 1. 5~9절, 안식일 / 2. 아히멜렉, 떡(진설병을 얻음), 골리앗의 칼, 8절(왕의 일이 급하다고 거짓말을 했음) / 3. 가드, 아기스, 미친 체 **[제22장]** 1. 2) / 2. 3) / 3. 3) / 4. 3) **[제23장]** 1. X / 2. O / 3. O / 4. X / 5. O / 6. X **[제24장]** 1. 사울의 옷자락을 베었으므로 / 2. 여호와의 기름 부음을 받은 내 주를 치는 것은 여호와의 금하시는 것이니 그는 여호와의 기름 부음 받은 자가 됨이니라 / 3. 나는 너를 학대하나(죽이려 했으나) 너는 나를 선대하니(죽일 기회가 있었으나 죽이지 않았으니) 너는 나 보다 의롭도다 / 4. 1) 왕, 2) 사울의 후손을 끊지 아니하며 내 아버지의 집에서 내 이름을 멸하지 아니할 것 **[제25장]** 1. 라마 / 2. 1) 나발, 2) 아비가일, 3) 나발, 4) 다발, 5) 아비가일, 6) 아비가일, 7) 나발, 8) 아비가일, 9) 나발, 10) 아비가일 / 3. 놉, 가드, 아둘람 굴, 모압 미스베, 헤렛 수풀, 그일라, 십 광야, 마온 광야 아라바, 엔게디 광야, 바란 광야. 십 광야, 가드, 시글락, 헤브론

사무엘상 26~31장

[제26장] 1. 삼천명, 아브넬 / 2. 십광야, 하길라 산 / 3. 창으로 찔러서 단번에 땅에 꽂기를 원했다 / 4. 죽을 날이 이른다, 전장에서 망한다 / 5. 창, 물병 / 6. 벼룩 / 7. 내 생명을 여호와께서 중히 여기셔서 모든 환난에서 나를 구하여 내시기를 바라나이다. **[제27장]** 1. 믿지 못했다 / 2. 가드 왕 마옥의 아들 아기스 / 3. 시글락, 일년 사개월 / 4. 다윗은 이스라엘을 공격하지 않았기에 아기스에게 사실대로 말할 수 없었고, 아기스는 다윗이 유대 남방 등을 쳤다는 말만 믿고 영원히 내 부하가 되리라고 착각하였다 **[제28장]** 1.- 나) / 2.- 다) / 3.- 가) / 4.- 바) / 5.- 라) / 6.- 마). **[제29장]** 지울 것. 1. 길보아, 이스르엘, 수넴, 아벡 / 2. 방백, 듣, 아기스왕 / 3. 만만, 천천 / 4. 사탄의 전령 **[제30장]** 1. 아말렉 사람들 / 2. 하나님 여호와를 힘입었다 / 3. 그렛 사람의 남방, 유다에 속한 지방, 갈멜 남방, 시글락 / 4. 전장에 내려갔던 자의 분깃이나 소유물 곁에 머물렀던 자의 분깃이 동일할지니 같이 분배할 것이니라 / 5. 전리품 **[제31장]** 1. 다윗의 아들→사울의 아들 / 2. 칼에 중상을→활에 중상을 / 3. 바알의→아스다롯의 / 4. 가루로 뿌렸다→장사하였다.

사무엘하 1~6장

[제1장] 1. 아말렉, 아말렉 / 2. 기름 부음 받은 / 3. 활, 야살 / 4. 블레셋 / 5. 독수리, 사자 / 6. 24절 / 7. 여인 **[제2장]** 1.- 다) - c) / 2.- 가) - b) / 3.- 나) - d) / 4.- 라) - a) / 5.- 사) - e) / 6.- 마) - f) / 7.- 바) - g) **[제3장]** 1. 1) 암논-아히노암, 2) 길르압-아비가일, 3) 압살롬-마아가, 4) 아도니야-학깃, 5) 스바댜-아비달, 6) 이드르암-에글라 / 2. 4) / 3. 3) / 4. 1). **[제4장]** 1. 바아나, 레갑 / 2. 므비보셋 / 3. 악인 - 바아나, 레갑, 의인 - 이스보셋 / 4. 헤브론에 있는 아브넬의 무덤. **[제5장]** 1. 1) - 나) - b), 2) - 가) - c), 3) - 다) - a) / 2. 예루살렘, 시온산성, 다윗성 / 3. 두로왕 히람이 사절들, 백향목, 목수, 석수를 보냄 / 4. 1) 만군의 하나님 여호와께서 함께 계심, 2) 여호와께서 자기를 세우사 이스라엘 왕을 삼으신 것, 그의 백성 이스라엘을 위하여 그 나라를 높이신 것을 알았다 / 5. 1) 처첩들, 2) 11명 / 6. 여호와의 명령대로 행하였다 **[제6장]** 1. O / 2. X / 3. X / 4. O / 5. O / 6. O / 7. X / 8. O / 9. O / 10. O

사무엘하 7~12장

[제7장] 1. 3) / 2. 3). **[제8장]** 1. 블레셋, 모압, 소바, 다메섹 아람, 하맛왕 도이, 암몬, 에돔 / 2. 1) 군사령관, 2) 사관, 3) 제사장, 4) 제사장, 5) 서기관, 6) 그렛 사람과 블렛 사람을 관할, 7) 대신들 **[제9장]** 1. 1) 므비보셋의 아버지 요나단으로 말미암아(다윗이 어려울 때 요나단이 도왔던 일을 다윗이 기억했다) / 2. 1) 할아버지 사울의 밭을 준다, 2) 항상 다윗의 상에서 함께 먹는다 / 3. 이 종이 무엇이기에 죽은 개 같은 나를 돌아보시나이까?/ 4. 사울의 시종 / 5. 미가 **[제10장]** 1. 나하스는→하눈은 / 2. 용사의 온 무리

부록

와 같이 나갔다 → 요압과 용사의 온 무리를 보냈다 / 3. 아비새가 → 다윗이 **[제11장]** 1. 2~5절, 침상, 왕궁, 목욕, 헷, 우리아, 밧세바, 부정함, 동침, 임신 / 2. 9절, 집으로, 왕궁문, 모든 부하들과 / 3. 14~15절, 우리아, 요압, 편지, 맹렬한, 물러가서, 죽게 / 4. 1) 간음죄, 7계명, 2) 살인죄, 6계명 **[제12장]** 1. 1) 다윗, 2) 우리아, 3) 밧세바 / 2. 1) 칼이 네 집에 영원토록 떠나지 아니하리라. 2) 다른 사람들이 네 아내들과 더불어 백주에 동침하리라 / 3. 금식하고 운 것은 여호와께서 아이를 살려 주실까 하였고, 죽은 후에는 다시 돌아올 수 없으므로 음식을 먹었다 / 4. 솔로몬, 여디디야 / 5. 다윗이 머리에 썼다

사무엘하 13~18장

[제13장] 1. 다말 / 2. 암논 / 3. 요나답 / 4. 요나답의 계략 / 5. 다윗의 지시 / 6. 동침 후 / 7. 채색옷 / 8. 처량함 / 9. 압살롬의 종들 / 10. 그술. **[제14장]** 1. 압살롬이 그술로 가서 산 지 3년 / 2. 요압 / 3. 드고아 여인 / 4. 1) 다말, 2) ①야곱의 아들 유다의 며느리(창 38:6), ②다윗의 딸로서 압살롬의 동복누이(삼하 13:1) / 5. 이태(2년) / 6. 요압의 보리밭에 불을 놓았다 **[제15장]** 1. 이스라엘 사람의 마음을 훔쳤다 / 2. 아히도벨 / 3. 잇대 / 4. 여호와의 은혜를 입으면 성으로 돌아가서 그 궤를 다시 보게 될 것이다 / 5. 머리를 가리우고 맨발로 울며 갔다 / 6. 후새. **[제16~17장]** 1. 1) 시바, 2) 시므이 / 2. 1) 후새, 2) 아히도벨, 3) 아히도벨, 4) 후새 / 3. 1) 사독, 아비아달, 2) 요나단, 아히마아스, 3) 아히도벨, 4) 아마사, 5) 소비, 마길, 바르실래. **[제18장]** 1. 요압, 아비새, 잇대 / 2. 왕은 우리의 만 명보다 중하시니 성읍에 계시다가 우리를 도우소서 / 3. 1) 압살롬을 해하지 말라(12절), 2) 요압 / 4. 1) 200세겔, 2) 상수리나무에 걸려 공중에 달렸고 요압에게 죽임을 당함 / 5 자기 이름을 전할 아들이 없다고 말하였음이더라 / 6. 아히마아스, 구스사람 / 7. 내 아들 압살롬아(3회) 차라리 내가 너를 대신하여 죽었더면, 압살롬 내 아들아, 내 아들아

사무엘하 19~24장

[제19장] 1. 3) / 2. 2) / 3. 2) / 4. 4) / 5. 1) 마하나임, 2) 침상, 대야, 질그릇, 밀, 보리, 밀가루, 볶은 곡식, 콩, 팥, 볶은 녹두, 꿀, 버터, 양, 치즈, 3) 나와 함께 가자, 내가 너를 공궤하리라. 김함 / 6. 유다 사람 **[제20장]** 1. 베냐민 사람, 세바 / 2. 1) 아마사, 2) 아브넬 / 3. 지혜로운 여인 / 4. 요압 / 5. 8:15~18 **[제21장] 1. 1) 기브온, 화친, 죽였음, 2) 두, 다섯, 기브아 / 2. 사울의 첩 리스바 / 3. 1) – 라) – d) – ㄴ), 2) – 다) – c) – ㄷ), 3) – 나) – a) – ㄹ), 4) – 가) – b) – ㄱ)** **[제22장]** 1. 2~3절, 1) 반석, 2) 요새, 3) 건지시는 자, 4) 반석의 하나님, 5) 방패, 6) 뿔. 7) 망대, 8) 피난처, 9) 구원자 / 2. 27~28절, 깨끗하심, 거스르심, 구원, 낮추시리이다 / 3. 31절, 도, 말씀 **[제23장]** 1. 1) 군지휘관, 800인, 2) 엘르아살, 용사, 3) 삼마, 구원 / 2. 베들레헴, 생명, 피 / 3. 1) 아비새, 2) 브나야 **[제24장]** =줄로 지울 것 1. 원했다 / 2. 50만, 80만 / 3. 요압, 7년 기근, 원수에게 3달 쫓김 / 4. 값없이, 소제와 속죄제

열왕기상 1~5장

[제1장] 1. 수넴, 아비삭 / 2. 1)아도니야, 2)요압, 아비아달, 3)사독, 브나야, 나단, 시므이, 레이, 용사들 / 3. 1:30, 나단, 밧세바 / 4. 3대, 1) 기혼, 2) 성막, 뿔, 3) 제사장 사독, 4) 나단, 브나야, 그렛사람, 블렛사람 / 5. 생명 **[제2장]** 1. 1) 율법에 기록된 대로 지키라, 2) 백발이 평안히 스올에 내려가지 못하게 하라(죽여라), 3) 은총을 베풀라, 네 상에 참여 시켜라, 4) 백발이 피 가운데 스올에 내려가게 하라(죽여라) / 2. 30세, 7년, 33년, 70세 / 3. 1) X, 2) O, 3) O, 4) X, 5) O, 6) X, 7) △, 8) O **[제3장]** 1. O표 – 2), 4), 5), 6) / 2. 실제 어머니라면 아이를 죽게 할 수 없으므로 죽게 될 칼로 나누기를 원하는 여인은 진짜 어머니가 아니다 **[제4장]** 1. 1) 제사장, 2) 서기관, 3) 사관, 4) 군사령관, 5) 제사장, 6) 지방 관장의 두령, 7) 제사장, 8) 궁내대신, 9) 노동 감독관 / 2. 왕과 왕실을 위하여 양식을 공급 / 3. 가는 밀가루 30고르, 굵은 밀가루 60고르, 살진 소 10, 초장의 소 20, 양 100, 수사슴, 노루, 암사슴, 살진 새들 / 4. 1) 동양, 애굽, 2) 삼천, 일천 다섯, 백향목, 우슬초, 새, 물고기 **[제5장]** 1. 1) 백향목 재목, 잣나무 재목, 2) 밀 이만 고르, 맑은 기름 이십 고르 / 2. 1) 삼만, 2) 칠만, 3) 팔만, 4) 삼천 삼백 / 3. 성전의 기초석.

열왕기상 6~11장

[제6장] 1. 480, 4, 11, 7 / 2. 60규빗=30m, 20규빗=10m, 30규빗=15m / 3. 돌을 뜨는 곳에서 다듬고 가져다가 건축하였으므로 / 4. 다윗에게 한 말을 이룰 것, 이스라엘 가운데 거하며 이스라엘을 버리지 아니함. / 5. 1) 백향목, 2) 잣나무, 3) 감람나무 / 6. 금 **[제7장]** 1. 13년, 100규빗=50m, 50규빗=25m, 30규빗=15m / 2. O표 – 1), 2), 4), 5), 7), 8), 9) / 3. 야긴, 보아스 / 4. 10규빗, 5규빗, 한손, 2000밧, 40밧 / 5. 금단, 진설병의 금상, 정금 등잔대, 금꽃, 등잔, 불집게, 정금대접, 주발, 숟가락, 불을

옮기는 그릇, 문의 금 돌쩌귀 **[제8장]** 1. 1) – 나), 2) – 가), 3) – 다). 4) – 마), 5) – 라), 6) – 바), 7) – 아), 8) – 사), 9) – 차), 10) – 자) / 2. 지성소 / 3. 18절, 17절, 18절, 19절, 20절. / 4. 무릎을 꿇고 하늘을 향하여 손을 펴고 기도했다. / 5. 회중, 왕 / 6. 이만이천, 십이만 **[제9장]** 1, 각자의 소감대로 / 2. 성전, 왕궁, 20년, 스무 곳, 가불, 120 / 3. 8번./ 4. 에돔, 에시온게벨. **[제10장]** 1. 어려운 문제로 솔로몬을 시험하고자 / 2. 솔로몬의 지혜, 건축한 궁, 상의 식물, 신하들의 좌석, 시종들의 시립한 것, 그들의 관복, 술관원, 여호와의 성전의 층계 / 3. 금 120달란트, 심히 많은 향품, 보석 / 4. 규례대로 물건을 준 것 외에 그의 소원대로 구하는 것. / 5. 금 666달란트, 200개, 300개 / 6. 금, 은, 상아, 원숭이, 공작 / 7. 천사백 대, 만이천 명. / 8. 병거와 말을 헷 사람의 모든 왕과 아람 왕들에게 **[제11장]** 1. 이방 여인들 / 2. 700명, 300명, 왕비들 / 3. 이방신 / 4. 대적자

열왕기상 12~16장

[제12장] 1. 여로보암 → 르호보암 / 2. 무겁게 → 가볍게 / 3. 가볍게 → 무겁게 / 4. 여로보암 → 르호보암 / 5. 하나를 만들어 벧엘에 두었다 → 둘을 만들어 벧엘과 단에 두었다 **[제13장]** =줄로 지울 것 → 1. 하나님께 / 2. 이루어지지 않았다 / 3. 받았다 / 4. 굶주린 사자가 덤볐기 / 5. 정치를 잘못함. **[제14장]** 1. 2절, 변장, 아내임, / 2. 9절, 우상을, 노엽게 / 3. 11절, 개, 새 / 4. 16절, 이스라엘, 범죄 / 5. 23절, 푸른 나무, 산당 / 6. 25절, 제오년, 시삭. **[제15장]** 1. O / 2. X / 3. X / 4. O / 5. O / 6. X. **[제16장]** 1. 바아사 / 2. 엘라 / 3. 시므리 / 4. 오므리 / 5. 아합 / 6. 6장 26절

열왕기상 17~22장

[제17장] 1. – 다) – c) / 2. – 나) – a) / 3. – 가) – e) / 4. – 라) – b) / 5. – 마) – d) **[제18장]** 1. 삼, 사마리아 / 2. 오바댜, 일백 명, 떡, 물 / 3. 사백 오십 명, 사백 명, 갈멜 산 / 4. 여호와, 바알 / 5. 여호와의 제단, 열두 개 / 6. 응답, 불, 번제물, 물 **[제19장]** 1. 이세벨 / 2. 여호와여 넉넉하오니 지금 내 생명을 거두시옵소서, 나는 내 조상보다 낫지 못하니이다 / 3. 하나님의 산 호렙 / 4. 바람, 지진, 불 / 5. 1)하사엘 → 아람 왕, 2)예후 → 이스라엘 왕, 3)엘리사 → 선지자 / 6. 한 겨릿소를 가져다가 잡고 소의 기구를 불살라 그 고기를 삶아 백성에게 주어 먹게 하고 일어나 엘리야를 따랐다. **[제20장]** 1. 3절, 아람 왕 벤하단이 이스라엘 왕 아합에게 / 2. 4절, 이스라엘 왕 아합이 아람 왕 벤하닷에게 / 3. 8절, 모든 장로와 백성들이 이스라엘 왕 아합에게 / 4. 13절, 한 선지자가 이스라엘 왕 아합에게 / 5. 23절, 아람 왕 신복들이 아람 왕 벤하닷에게 / 6. 34절, 아람 왕 벤하닷이 이스라엘 왕 아합에게 / 7. 42절, 선지자가 이스라엘 왕 아합에게 **[제21장]** 1. 사마리아 왕 아합의 왕궁 / 2. 1)더 아름다운 포도원을 주겠다, 2)그 값을 돈으로 주겠다 / 3. 내 조상의 유산을 주는 것은 여호와께서 금하셨으므로 / 4. 금식을 선포하고 나봇을 백성 가운데 높이 앉힌 후에 불량자 두 사람을 그의 앞에 마주 앉히고 그에게 대하여 증거하기를 '네가 하나님과 왕을 저주하였다' 하게 하고 곧 그를 끌고 나가서 돌로 쳐 죽이라(9~10절) / 5. 엘리야 / 6. 겸비하므로 – 즉 옷을 찢고 굵은 베로 몸을 동이고 금식하고 굵은 베에 누우며 또 풀이 죽어 다님 **[제22장]** X표 – 2, 4, 7 / 나머지는 모두 O표.

열왕기하 1~6장

[제1장] 1. 이스라엘의 하나님이 있는데도 에그론의 신 바알세붑에게 병이 낫겠는가 물어 보므로 / 2. 귀신, 바알세불 / 3. 털이 많고 허리에 가죽띠를 띠었다 / 4. 나의 생명과 당신의 종인 이 오십 명의 생명을 당신은 귀히 보소서. **[제2장]** 1. 4) / 2. 3) / 3. 2) / 4. 3). **[제3장]** 1. 이스라엘, 바알, 떠나지 / 2. 메사, 이스라엘, 유다, 에돔 / 3. 엘리사, 거문고 / 4. 피, 맏아들 **[제4장]** 1. 과부의 기름 / 2. 아들 있을 것 예언과 성취 / 3. 수넴 여인의 죽은 아들을 살림 / 4. 국솥에 죽음의 독 제거 / 5. 보리떡 이십으로 백명이 먹고 남음 **[제5장]** 1. – 라) / 2. – 마) / 3. – 가) / 4. – 나) / 5. – 다) / 6. – 아) / 7. – 사) / 8. – 바). **[제6장]** =줄로 지울 것 → 1. 자기의 것 / 2. 긴 끈을 / 3. 군사전략 / 4. 보았다 / 5. 도단, 살해, 20절

열왕기하 7~13장

[제7장] 1. – 다) / 2. – 가) / 3. – 라) / 4. – 나). **[제8장]** 1. 블레셋, 7년, 집, 전토, 게하시 / 2. 다메섹, 아람, 하사엘, 예물 / 3. 이스라엘, 모든 악 / 4 이불, 얼굴, 왕 / 5. 예루살렘, 악, 다윗 / 6. 에돔, 립나 **[제9장]** 1. ① 엘리야, ② 엘리사 / 2. 네 어머니 이세벨의 음행과 술수가 이렇게 많으니 어찌 평안이 있으랴 / 3. 나봇과 그의 아들들의 피 / 4. 므깃도 / 5. 엘리야 **[제10장]** 1. – 다) – b) / 2. – 가) – a) / 3. – 나) – c) / 4. – 라) – d) **[제11장]** 1. 여호세바, 여호야다 / 2 아달랴, 6년 / 3. 여호야다. 요아스, 7세 / 4. 바알, 죽임. **[제12장]** =줄로 지울 것, → 1. 7, 맛단, 약하게, 성막 / 2. 성전기물 구입, 일꾼 / 3. 벤하닷, 여호아하스 / 4. 실수로, 실로. **[제13장]** 1. – 나) / 2. – 가) / 3. – 다) / 4. – 마) / 5. – 라) / 6. – 바)

부록

열왕기하 14~19장

[제14장] 1. 모세의 율법대로 "자녀로 말미암아 아버지를 죽이지 말 것이요 아버지로 말미암아 자녀를 죽이지 말 것이라"에 따라서 / 2. 에돔 사람 만명을 죽였다. 셀라를 쳐서 취하였다 / 3. 이스라엘, 요아스 / 4. 예루살렘에서 무리가 반역하므로 / 5.선지자 요나 [제15장] 1. 남. 10대, 아사랴, 52년 / 2. 북, 14대, 스가랴, 6월 / 3. 북, 15대, 살룸, 1월 / 4. 북. 16대, 므나헴, 10년 / 5. 북, 17대, 브가히야, 2년 / 6. 북, 18대, 베가, 20년 / 7. 남, 11대, 요담, 16년 / 8. 불, 천, 디글랏 빌레셀, 앗수르. [제16장] 1. 20세, 12대, 16년, 정직히, 아들, 불 / 2. 르신, 베가, 엘랏 / 3. 앗수르, 은금, 다메섹, 제단 [제17장] 1. 악 / 2. 살만에셀, 소, 3년 / 3. 9년, 사마리아 / 4. 7~18절, 우상숭배(또는 여호와께 범죄, 하나님 배반) / 5. 이스라엘, 사마리아 / 6. 숙곳브놋, 네르갈, 아시마, 닙하스, 다르닥, 아드람멜렉, 아남멜렉 [제18장] 1. O / 2. O / 3. O / 4. X. [제19장1 1. 히스기야 / 2. 여호와 / 3. 랍사게 / 4. 히스기야 / 5. 이사야 / 6. 이사야 / 7. 여호와의 사자 / 8. 에살핫돈

열왕기하 20~25장

[제20장] 1. 여호와께서 선지자 이사야를 통하여 "너는 집을 정리하라. 네가 죽고 살지 못하리라"하시므로 / 2. 무화과 반죽 / 3. 1) 히스기야의 병고침 – 생명이 15년 연장, 2) 해 그림자를 십도 물러가게 하였다 / 4. 바벨론왕 부로닥발라단 / 5. 바벨론의 사자에게 보물고, 군기고, 창고를 다 보인 일 / 6. 저수지와 수도를 만들어 물을 성 안으로 끌어 들인 일 [제21장] 1. 12세, 55년, 히스기야, 산당, 아합, 바알, 아세라목상, 일월성신, 아들, 점, 사술 / 2. 12~15절 / 3. 무죄한 자 / 4. 22세, 2년, 므낫세, 악, 우상 [제22장] 1. 8세, 8년, 15세 / 2. 18년, 사반, 힐기야 / 3. 율법책 / 4. 자신의 옷을 찢었다 / 5. 훌다, 예레미야 [제23장] 1. 1) 바알, 아세라, 일월성신의 모든 그릇들, 2) 아세라상, 3) 남창의 집 / 2. 1) 솔로몬, 2) 아스다롯, 그모스, 밀곰 / 3. 1) 여로보암, 2) 금송아지, 3) 헐고 불사르고 가루로 만듦 / 4. 유월절 / 5. 애굽 왕 바로느고, 므깃도 / 6. 여호아하스, 애굽 [제24장] 1. O / 2. O / 3. O / 4. X. [제25장] 맞는 것은 O로 할 것. 나머지는 =줄로 지울 것→1. 9년, 3년 / 2. 죽였고, 눈을 빼서, 바벨론 / 3. 왕의 신하, 느브사라단 / 4. 죽였다 / 5. 여호야긴, 37년, 옥

역대상 1~9장

[제1장] 1. 1) 아담~사울 집안 아셀의 여섯 아들, 2) 아브라함~예수, 3) 예수~하나님. / 2. 셋, 게난, 마할랄렐, 에녹, 노아 / 3. 1) 셈, 함, 야벳, 2) (1) 야벳, (2) 함, (3) 셈 / 4. 이삭, 이스라엘(야곱) / 5. 에서 [제2~3장] 1. 르우벤, 시므온, 레위, 유다. 잇사갈, 스불론, 단, 요셉, 베냐민, 납달리, 갓, 아셀 / 2. 5명, 베레스, 세라 / 3. 6명, 33년 / 4. 르호보암, 아사, 여호사밧, 요아스 [제4~7장] 1. 유다, 2) / 2. 시므온, 1) / 3. 르우벤, 4) / 4. 갓, 3) / 5. 므낫세반(1/2), 5) / 6. 레위의 아들들, 8) / 7. 찬송하는 자, 7) / 8. 아론의 자손, 9) / 9. 레위의 주변마을, 6) / 10. 잇사갈, 12) / 11. 베냐민, 11) / 12. 납달리, 10) / 13. 므낫세, 15) / 14. 에브라임, 13) / 15, 아셀, 14) [제8장] 1. 벨라, 아스벨, 아하라, 노하, 라바 / 2. 여이엘, 마아가 / 3. 넬, 기스, 요나단, 므립바알, 여호앗다(므립바알=므비보셋 – 삼하 9:12). [제9장] 1. 제사장, 레위 사람들, 느디딤 사람들 / 2. 하나님의 성전의 임무를 수행할 힘 / 3. 문지기 / 4. 1) 제사장, 2) 문지기, 3) 찬송하는 자, 4) 기구와 그릇관리, 향품관리

역대상 10~16장

[제10장] 1. 블레셋 / 2. 요나단, 아비나답, 말기수아 / 3. 길르앗 야베스 사람들 / 4. 여호와의 말씀을 지키지 아니했다, 신접자에게 가르치기를 청하였고, 여호와께 묻지 아니했다. [제11장] 1. 사무엘 / 2. 여부브스, 다윗 성, 요압 / 3. 나라, 왕 / 4. 블레셋(또는 '베들레헴에 있는'), 피 / 5. 1) 요압, 2) 야소브암, 3) 엘르아살, 4) 아비새, 5) 브나야 [제12장] 1. 하나님의 군대 / 2. 왕 / 3. 갓, 베냐민, 유다, 므낫세, 시므온, 에브라임, 잇사갈, 스불론, 납달리, 단, 아셀, 르우벤 [제13장] 1. – 다) / 2. – 라) / 3. – 가) / 4. – 나). [제14장] 1. 사신들, 백향목, 석수, 목수 / 2. 예루살렘 / 3. 바알브라심 / 4. 다윗의 명성이 온 세상에 퍼졌고 여호와께서 모든 이방 민족으로 그를 두려워하게 하셨다(17절) [제15장] 1. 1) 레위 사람만이 궤를 멜 수 있는데 그렇게 안했다, 2) 메지 않고 수레로 옮겼다 / 2. 모세가 여호와의 명령하신 대로 하여 레위 자손이, 하나님의 궤를 채에 꿰어 어깨에 메고 옮겼다 / 3. 비파, 수금, 제금, 뿔나팔, 나팔 / 4. 춤추며 뛰노는 것을 보고(에봇이 벗겨지듯 했다) [제16장] 1. X / 2. O / 3. X / 4. O

역대상 17~22장

[제17장] 1. X / 2. X / 3. O / 4. O / 5. X. [제18장] 1. – 다) / 2. – 나) / 3. – 가) / 4. – 마) / 5. – 바) / 6. – 라) / 7. 6절, 13절 / 8. 1) 아비멜렉, 아히멜렉, 아비아달, 2) 사워사, 스라야, 스와. [제19~20장]

1. 하눈에게 호의를 베풀리라, 즉 조문사절 / 2. 수염을 깎고 의복을 볼기 중간까지 자름 / 3. 1) 나하라임, 2) 마아가, 3) 소바 / 4. 아비새 / 5. 병거 칠천대의 군사와 보병 사만명을 죽이고 군대지휘관 소박을 죽임 / 6. 한 달란트 / 7. 1) 십브개, 2) 엘하난, 3) 요나단 **[제21장]** 1. 2) / 2. 4) / 3. 2) / 4. 3). **[제22장]** 1.-라) / 2.-다) / 3.-가) / 4.-마) / 5.-나)

역대상 23~29장

[제23장] 1. 1) O, 2) O, 3) X, 4) O, 5) X, 6) O, 7)X, 8) O, 9) X / 2. 1) 그핫(13절), 2) 게르손(7절), 3) 그핫(13절), 4) 므라리(21절), 5) 게르손(8절), 6) 그핫(15절) / 3. 1) O, 2) O, 3) X, 4) O, 5) X, 6) O, 7) O, 8) O. **[제24장]** 1. 엘르아살, 이다말 / 2. 열여섯 명, 여덟 명, 이십사, 제비 / 3. 아비야, 여덟 / 4. 아론, 제비 **[제25장]** 1. 왕의 명령을 따라 신령한 노래를 했다 / 2. 수금을 잡아 신령한 노래를 하며 여호와께 감사하며 찬양했다 / 3. 제금과 비파와 수금을 잡아 여호와의 전에서 노래하며 섬김 / 4. 288명. **[제26장]** 1. 오벧에돔 / 2, 1) 셀레먀, 6, 2) 스가랴, 4, 3) 오벧에돔, 4, 4) 오벧에돔 아들들, 2, 5) 숩빔, 호사, 2, 6) 4, 7) 2 / 3. 1) 하나님의 전 곳간과 성물 곳간, 2) 여호와의 전 곳간, 3) 성물의 모든 곳간, 4) 관원과 재판관, 5)여호와의 모든 일과 왕을 섬기는 직임, 6) 헤브론 자손의 우두머리 **[제27장]** 1. 가문의 우두머리, 백부장, 숫자, 반, 이만 사천, 달마다 / 2. 시므온, 갓, 아셀 / 3. 1) 왕의 곳간, 2) 밭, 성읍, 마을, 망대의 곳간, 3) 밭가는 농부를 거느렸다. 4) 기름곳간, 5) 사론에서 먹이는 소떼, 6) 골짜기에 있는 소떼 / 4. 1) 모사, 서기관, 2) 왕자들의수종자, 3) 왕의 모사, 4) 왕의 벗, 5) 왕의 군대지휘관 **[제28장]** 1. 4) / 2. 1) **[제29장]** 1. 여호와 하나님을 위한 것 / 2. 오빌의 금 삼천 달란트, 순은 칠천 달란트('순은'이란 제련된 은) / 3. 즐거이 드림으로 기뻐하였다 / 4. 모든 것이 주께로 말미암았사오니 우리가 주의 손에서 받은 것으로 주께 드렸을 뿐이니이다 / 5. 1) 솔로몬의 명령을 순종, 2) 솔로몬에게 복종 / 6. 선견자 사무엘의 글, 선지자 나단의 글, 선견자 갓의 글

역대하 1~6장

[제1장] 1. 하나님의 회막 / 2. 그 위에 천마리 희생으로 번제를 드렸다 / 3. 1)지혜와 지식, 2)지혜, 지식, 부, 재물, 영광 / 4. 1) 1,400대, 2) 12,000명, 3) 은 금, 4) 백향목, 5) 은 600세겔, 6) 150세겔. **[제2장]** 1. 1절, 여호와, 성전, 왕위, 궁궐 / 2. 5절, 크니, 크심이라 / 3. 9절, 재목, 크고 화려할 / 4. 16절, 레바논, 벌목, 바다, 욥바, 예루살렘 / 5. 17절, 이방, 153,600. **[제3장]** 1. 1) 아브라함, 이삭, 2) 다윗, 타작 / 2. 1) 성전(지대) - 60, 20, 낭실 - 20, 120, 2) 두 그룹, 금, 5, 20, 3) 오른쪽 : 야긴 - 저가 세우리라, 왼쪽 : 보아스 - 그에게 능력이 있다. **[제4장]** 1. 제단(번제단) / 2. 바다 / 3. 번제단, 바다. 물두멍, 등잔대, 진설병상, 솥, 부삽, 대접, 기둥. **[제5장]** 1. 솔로몬이→레위 사람들이 / 2. 다윗이→모세가 / 3. 모세가→제사장이. **[제6장]** 1. 10절, O / 2. 13절, X / 3. 24~25절, O / 4. 26~27절, X / 5. 34~35절, O

역대하 7~12장

[제7장] 1. 1) 모세와 아론, 2) 엘리야, 3) 기드온, 4) 다윗 / 2. 여호와께서 다윗과 솔로몬과 그의 백성 이스라엘에게 베푸신 은혜로 말미암아 / 3. 악한 길에서 떠나 스스로 낮추고 기도하여 여호와의 얼굴을 구하면 / 4. 너희에게 준 땅에서 그 뿌리를 뽑아 내고, 이 성전을 버려 모든 민족 중에 속담 거리와 이야깃거리가 되게 한다 **[제8장]** 1.- 다) / 2.- 나) / 3.- 바) / 4.- 가) / 5.- 라) / 6.- 마) **[제9장]** 1. X - 3) / 2. X - 3) / 3. X - 4), 6), 7) / 4. 유브라데 강에서부터 블레셋 땅과 애굽 지경까지의 모든 왕 / 5. 40년 **[제10장]** 1. 여로보암 / 2. 원로들(솔로몬의 자문위원들) / 3. 르호보암과 함께 자라난 젊은 신하들 / 4. 아히야로 여로보암에게 이르신 말씀 / 5. 르호보암 **[제11장]** 1. "형제와 싸우지 말라. 이 일(왕국 분열)은 여호와께로서 난 것이라"는 하나님의 사람 스마야의 말을 들었다 / 2. 양식, 기름, 포도주 / 3. 여로보암이 제사장을 해임하였다, 우상 제사장을 세웠다 / 4. 18, 60, 28, 60 **[제12장]** 1. 1절, 견고, 율법 / 2. 5절, 버렸으므로, 시삭 / 3. 7절, 겸비, 구원 / 4. 9절, 애굽, 예루살렘, 여호와의 전, 왕궁, 금방패 / 5. 13절, 사십일, 십칠, 나아마, 암몬 / 6. 14절, 악, 여호와, 마음

역대하 13~18장

[제13장] 1. 1) 열여덟해, 2) 3년, 3) 미가야, 4) 아들 / 2. 1) 40만, 80만, 50만, 2) 여호와께 부르짖고 의지함 / 3. 이방 백성들의 풍속을 따라 삼되 누구든지 어린 수송아지 한마리와 숫양 일곱마리를 끌고 오면 제사장이 되었다 / 4. 여호와를 배반하지 않았으며, 아론의 자손으로 제사장을 삼았으며 아침 저녁으로 번제를 드렸고, 저녁마다 등잔대에 불을 켰다 **[제14장]** O로 표할 것 →1. 1절, 10년, 평안 / 2. 3절, 없애, 주상 / 3. 7절, 주, 평안 / 4. 9절, 11절, 구스, 부르짖어, 도와줄 이, 하나님 여호와여, 의지

[제15장] 1. 선지자 아사랴 / 2. 유다 왕 아사 / 3. 유다의 무리들 / 4. 아사왕의 모친 마아가. **[제16장]** 1. 이스라엘 왕 바아사 / 2. 여호와의 전과 왕궁의 곳간의 은금 / 3. 하나니 / 4. 노하여 선견자를 옥에 가두고 백성을 학대하였다 / 5. 여호와께 구하지 아니하고 의원들에게 구하였다 **[제17장]** 1. X / 2. O / 3. X / 4. O **[제18장]** 1. 유다 왕 여호사밧 / 2. 시드기야 / 3. 미가야 / 4. 이스라엘 왕(아합) / 5. 아람 왕 / 6. 이스라엘 왕 아합

역대하 19~24장

[제19장] 1. 1) 악한 자(아합)를 돕고 여호와를 미워하는 자들을 사랑하는 것, 2) 아세라 목상들을 이 땅에서 없애고 마음을 기울여 하나님을 찾은 일 / 2. 여호와를 두려워 하는 마음으로 삼가 행하라 즉 불의함이 없이, 치우침이 없이, 뇌물도 받지 말라 / 3. 여호와를 경외하고 진실과 성심을 다하여 이 일을 행하라 / 4. 1) 대제사장 아마랴, 2) 스바댜, 3) 레위 사람들 **[제20장]** 1.-다) / 2.-라) / 3.-가) / 4.-나) / 5.-바) / 6.-마) / 7.-아) / 8.-자) / 9.-사). **[제21장]** 1. 1) 르호보암, 2) 아비야, 3) 아사, 4) 여호사밧, 5) 여호람 / 2. 모든 아우들과 방백들 중에 몇 사람 / 3. 아합의 딸이 아내가 되었음 / 4. 에돔, 립나 / 5. 엘리야 / 6 블레셋 사람들, 아라비아 사람들 **[제22장]** 1. 아하시야 / 2. 아달랴 / 3. 아합의 집 / 4. 예후 / 5. 여호사브앗 **[제23장]** 1. 1절, 칠, 여호야다, 백부장, 언약 / 2. 3절, 다윗, 왕자 / 3. 11절, 왕자, 면류관, 율법책, 기름, 왕 / 4. 13절, 아달랴, 반역 / 5. 17절, 바알, 부수고, 형상, 바알, 맛단 / 6. 21절, 즐거워, 평온, 칼. **[제24장]** 1. 악한 여인 아달랴의 아들들이 하나님의 전을 파괴하고 또 여호와의 전의 모든 성물을 바알들을 위하여 사용했기 때문에 / 2. 여호와의 전에 쓸 그릇을 만들었다 / 3. 여호와의 전을 버리고 아세라 목상과 우상을 섬겼으므로 진노가 임하였다 / 4. 스가랴가 백성들을 책망하여 여호와께서 너희를 버리셨다고 하자 무리가 함께 꾀하고 왕의 명령을 따라 여호와의 전 뜰 안에서 돌로 쳐죽였다 / 5. 요아스를 징벌하였고 요아스를 반역하여 그의 침상에서 쳐죽였다.

역대하 25~30장

[제25장] 1. X / 2. O / 3. O / 4. X. **[제26장]** 1.-나) / 2.-다) / 3.-가) / 4.-라). **[제27장]** 1. 6대) 아하시야, 7대) 아달라, 8대) 요아스, 9대) 아마샤, 10대) 웃시야, 11대) 요담 / 2. 여호와 보시기에 정직하게 행하였으나 백성은 여전히 부패하였다 / 3. 여호와 전 윗문 건축, 오벨 성벽 많이 증축, 산 중에 성읍들 건축, 수풀 가운데 견고한 진영과 망대를 건축 / 4. 은 백 달란트, 밀 만 고르, 보리 만 고르 **[제28장]** 1. 바알들 우상을 부어 만듦, 힌놈 아들 골짜기에서 자녀를 불사름, 산당과 산위 푸른 나무 아래에서 제사를 드리며 분향, 다메섹 신들에게 제사 / 2. 아람 왕, 이스라엘 왕 / 3. 여호와의 진노 / 4. 돕지 아니하고 오히려 공격하였다 **[제29장]** 1. 정직하게, 첫째해, 수리, 레위사람들, 2~4절 / 2. 언약, 맹렬한 노, 마음, 게으르지, 10~11절 / 3. 초하루, 초팔일, 낭실, 팔일, 성결하게. 십육일, 17절 / 4. 다윗, 나팔, 번제, 시, 26~27절 / 5. 갑자기, 하나님, 예비, 기뻐, 36절 **[제30장]** 1. 1) 첫째 달 열나흗날, 2) 시체로 말미암아 부정하게 된 자나 먼 여행 중에 있던 자 / 2. 1) 조롱하며 비웃었다, 2) 스스로 겸손한 마음으로 예루살렘에 이르렀다, 3) 한마음으로 준행 하였다 / 3. 자기를 깨끗하게 하지 아니하고 유월절 양을 먹었다 / 4. 큰 기쁨이 있었다

역대하 31~36장

[제31장] 1. O / 2 X / 3. O / 4. X. **[제32장]** 1. 1) O, 2) O, 3) X, 4) O, 5) O, 6) X / 2. 3) / 3. 3) **[제33장]** 1. 산당을 세움, 바알들을 위해 제단을 쌓음, 아세라 목상을 만들며 일월성신을 경배, 여호와의 전에도 우상의 제단을 쌓음, 인신제사를 드림, 점치고 사술과 요술 행함, 신접자 박수를 신임, 목상을 하나님의 전에 세움 / 2. 여호와의 이름 / 3. 1) 앗수르왕의 군대지휘관들의 공격을 받고 바벨론으로 끌려감, 2) 여호와 앞에 겸손하여 기도하였으므로 예루살렘에 돌아와 다시 왕위에 앉음 / 4. 하나님 여호와께만 제사를 드렸으나 아직도 산당에서 제사를 드렸다 / 5. 여호와 앞에서 스스로 겸손하지 않았다. **[제34장]** 1. 요시야의 개혁 / 2. 요시야의 우상 제거 / 3. 여호와의 전 수리 / 4. 율법책 발견 / 5. 여선지자 훌다의 예언 / 6. 여호와 앞에서 언약 **[제35장]** 1. 첫째 달 열넷째 날 / 2. 거룩한 궤(언약궤) / 3. 노래하는 자들 / 4. 무교절을 칠일 동안 / 5. 유브라데스 강가의 갈그미스 / 6. 예레미야 **[제36장]** 1. 1) 애굽, 2) 석 달 / 2. 1) 바벨론 왕 느브갓네살, 2) 여호와의 전의 기구들 / 3. 1) 악을 행하였다, 2) 느브갓네살 / 4. 1) 예레미야, 2) 비웃고 말씀을 멸시하며 욕하였다, 3) 보물을 빼앗기고 전은 불살라졌다 / 5. 포로생활 칠십년을 마치면 바벨론을 벌하고 너희는 귀환된다 / 6. 바사 왕 고레스

〈역대하 정리〉 남국 유다의 역대 왕들

1. 르호보암 / 2. 아비야(아비얌) / 3. 아사 / 4. 여호사밧 / 5. 여호람 / 6. 아하시야 / 7. 아달랴 / 8 요아스 / 9. 아마샤 / 10. 웃시야

부록

(아사랴) / 11. 요담 / 12. 아하스 / 13. 히스기야 / 14. 므낫세 / 15. 아몬 / 16. 요시야 / 17. 여호아하스 / 18. 여호야김 / 19. 여호야긴 / 20. 시드기야.

에스라 1~6장

[제1장] 1. 4) / 2. 2). **[제2장]** 1. 587년, 538년 / 2. 1)-나), 2)-가), 3)-다) / 3. 1)-다), 2)-가), 3)-나) / 4. 1) 42,360명, 2) 7,337명, 3) 200명 / 5. 1) 61,000다릭, 5,000마네, 2) 100벌. **[제3장]** 1. 예수아, 스룹바벨 / 2. 예루살렘 하나님의 성전에 이른 지 이 년 둘째 달(주전 538년 해방령을 기준으로 하면 성전 기초를 놓은 것은 537년이다) / 3. 20세 이상의 레위 사람들 / 4. 1) 예복을 입고 나팔을 들었다, 2) 제금을 들고 서서 이스라엘의 왕 하나님을 찬송했다, 3) 여호와를 찬송하며 큰소리로 즐거이 불렀다, 4) 첫 성전을 보았으므로 대성통곡하였다 **[제4장]** 1. 손, 건축, 바사, 다리오, 뇌물 / 2. 초본, 성읍, 성곽, 조공, 손해 **[제5장]** 1.- 다) / 2.- 라) / 3.- 나) / 4.- 가). **[제6장]** 1. 느브갓네살왕의 → 고레스왕의 / 2. 요구는 거절하라 → 요구하는대로 어김없이 날마다 주라 / 3. 잇도의 → (잇도의 손자)스가랴의 / 4. 아하수에로의 → 아닥사스다의 / 5. 화목제를 → 속죄제를, 초막절을 → 유월절을

에스라 7~10장

[제7장] 1. O / 2. O / 3. O / 4. X / 5. X **[제8장]** 1. 2) / 2. 3) / 3. 2) **[제9장]** 1. 이방인과의 잡혼 소식을 들었다(1~2절) / 2. "우리 죄악이 많아 정수리에 넘치고 우리 허물이 커서 하늘에 미침이니이다" / 3. 바벨론, 바사(페르시아) / 4. 12절, 여자, 딸들, 아들들, 평화, 영원히 **[제10장]** 1. 에스라 / 2. 스가냐 / 3, 유다와 베냐민 / 4. 요나단, 야스야 / 5. 속건제

느헤미야 1~7장

[제1장] 1. 1) 아닥사스다 왕, 2) 술 관원 / 2. 큰 환난을 만나고 능욕을 받으며 예루살렘성은 허물어지고 성문들은 불탔다 / 3. 앉아서 울고 수일 동안 슬퍼하며 하늘의 하나님 앞에 금식하며 기도했다 / 4. 모세 **[제2장]** 1. 2절, 아닥사스다 왕 / 2. 5절, 느헤미야 / 3. 8절, 느헤미야 / 4. 11~15절, 느헤미야 / 5. 19절, 1) 산발랏, 2) 도비야, 3) 게셈 **[제3장]** 1.- 다) / 2.- 가) / 3.- 나) / 4.- 라) / 5.- 마) / 6.- 사) / 7.- 바) / 8.- 아) **[제4장]** 1. 산발랏 / 2. 도비야 / 3. 산발랏, 도비야, 아라비아 사람들, 암몬 사람들, 아스돗 사람들 / 4. 느헤미야, 귀족들과 민장과 남은 백성에게 / 5. 성을 건축하는 자, 짐을 나르는 자 **[제5장]** 1. 7절, 귀족들, 민장들, 형제, 높은 이자 / 2. 11절, 오늘, 포도원, 집, 돈, 양식, 기름 / 3. 14절, 십이 년, 형제들, 녹 / 4. 19절, 하나님, 백성, 기억, 은혜 **[제6장]** 1. 3) / 2. 1) / 3. 2) / 4. 2). **[제7장]** 1.- 다) / 2.- 라) / 3.- 가) / 4.- 나) / 5. 42,360명, 7,337명, 245명 / 6. 1,000다릭, 50개, 530벌 / 7. 20,000다릭, 2,200마네, 67벌.

느헤미야 8~13장

[제8장] 1. 역사책 → 율법책 / 2. 손을 → 책을 / 3. 할렐루야로 → 아멘으로 / 4. 집으로 돌아가라 → 나누어 주라 / 5.모세 → 여호수아 **[제9장]** 1. 1~2절, 금식, 굵은 베옷, 티끌, 절교, 죄, 자복 / 2. 5절, 영원, 영원 / 3. 17절, 은혜, 긍휼히, 더디, 인자 / 4. 31절, 멸하지, 버리지도, 은혜, 불쌍히 / 5. 38절, 언약, 방백, 레위, 제사장, 인봉 **[제10장]** 1. X / 2. 1) O, 2) X, 3) X, 4) O **[제11장]** 1. 1) 예루살렘, 2) 예루살렘, 3) 다른 성읍 / 2. 유다 자손, 베냐민 자손 / 3. 스라야 / 4. 맛다냐 / 5. 웃시 **[제12장]** 1. 1) 예수아, 예레미야, 에스라, 2) 족장, 다리오 / 2. 1) - 나), 2) - 다). 3) - 가), 4) - 마), 5) - 라) / 3. 율법에 정한대로-거제물, 처음 익은 것, 십일조 **[제13장]** 1. 양식과 물로 이스라엘을 영접하지 아니하고 도리어 발람에게 뇌물을 주어 저주하게 하였으므로 / 2. 1) 성벽 건축을 방해한 자, 2) 큰방을 갖춤, 3) 엘리아십 / 3. 세간을 그 방 밖으로 다 내어 던지고 방을 정결하게 하라고 명함 / 4. 1) 하나님의 전 맡은 자에 관한 개혁, 2) 안식일 준수에 관한 개혁, 3) 잡혼 금지에 관한 개혁

에스더 1~5장

[제1장] 1. 4) / 2. 3) / 3. 2). **[제2장]** 맞는 것이므로 O로 표시할 것. 나머지 =로 지움 → 1. 베냐민, 느브갓네살 / 2. 없고, 처녀, 모르드개, 딸 / 3. 좋게보고, 민족, 종족 / 4. 사랑, 은총. 왕후 / 5. 암살, 두, 궁중일기. **[제3장]** 1. O / 2. O / 3. X / 4. X / 5. O. **[제4장]** 1. 3절, 유다인, 애통, 금식, 울, 굵은, 재 / 2. 11절, 안뜰, 왕, 죽이는, 금규 / 3. 14절, 왕후, 이때를 위함 / 4. 16절, 금식, 규례, 죽으면. **[제5장]** 1. 1) 사랑스러우므로 금규를 내밈, 2) 소원이 무엇이며 요구가 무엇이냐? 나라의 절반이라도 그대에게 주겠노라, 3) 내일 / 2. 큰 영광, 자녀가 많은 것, 왕이 자기를 높인 것, 왕후의 잔치에 왕과 함께 초대받은 자는 자신뿐이라는 것 / 3. 높이가 오십 규빗 되는 나무를 세우고 내일 왕에게 모르드개를 그 나무

부록

에 달기를 구하라.

에스더 6~10장

[제6장] 1. 아하수에로 왕 / 2. 하만 / 3. 세레스 / 4. 왕의 내시들 **[제7장]** 맞는 것으로 O표 할 것→1. 세 번 / 2. 노하였고, 두려워, 생명, 강간 / 3. 하르보나 / 4. 시 37:14~15. **[제8장]** 1. 에스더, 모르드개 / 2. 모르드개 / 3. 유다인을 멸하려고 꾀하고 쓴 조서 / 4. 1) 생명, 2) 죽이고 도륙하고 진멸하고 그 재산을 탈취 / 5. 푸르고 흰 조복, 큰 금관, 자색 가는 베 겉옷. **[제9장]** 1. X / 2. O / 3. O / 4. 1) 3:10, 2) 8:1, 3) 9:10, 4) 9:24. **[제10장]** 1. 왕들의 일기 / 2. 아하수에로, 유다인, 형제, 이익, 안위.

총정리 문제(구약 역사서: 〈여호수아〉~〈에스더〉)

〈1〉〈여호수아〉 1. 모세, 호세아 / 2. 가나안, 헷, 히위, 브리스, 기르가스, 아모리, 여부스 / 3. 이스라엘이 엿새 동안 성 주위를 한 번씩 돌고 일곱째 날에는 일곱 번을 돈후에 제사장은 나팔을 불었고 백성은 외쳤다 / 4. 어떻게 할 지를 여호와께 묻지 아니하였다 / 5. 1) 큰 우박 덩이를 내리심, 2) 태양이 중천에 머물러서 거의 종일토록 속히 내려가지 아니함 / 6. 제사장 엘르아살, 눈의 아들 여호수아, 이스라엘 자손 지파의 족장들 / 7. 가나안 사람들은 철병거가 있으므로 / 8. 부지중 실수로 사람을 죽인 자를 그리로 도망하게 하여 피의 보복자를 피하게 / 9. 여호와를 섬기겠노라.

〈2〉〈사사기, 룻기〉 1. 여호와의 도를 지켜 행하나 아니하나 그들을 시험하려고 / 2. 옷니엘, 에훗, 삼갈, 드보라, 기드온, 돌라, 야일, 입다, 입산, 엘론, 압돈, 삼손 / 3. 1) 사라, 2) 엘리사벳, 3) 마리아 / 4. 없었다 / 5. 1) 모압, 2) 베들레헴, 보아스, 오벳.

〈3〉〈사무엘상,하〉 1. 1) 사무엘 선지자의 활동, 2) 사울왕의 통치, 3) 다윗왕의 통치 / 2. 여호와께서 여기까지 우리를 도우셨다 / 3. 벧엘, 길갈, 미스바, 라마 / 4. 당신(사무엘)은 늙었다. 당신의 아들들은 당신의 행위를 따르지 않는다, 전쟁에서 앞서 나가 싸울 왕이 필요하다 / 5. 4) / 6. 여호와의 영에게 크게 감동되니라 / 7. 여호와의 기름 부음 받은 자를 치는 것은 여호와께서 금하시는 일인데도 그의 옷을 베었으므로 / 8. 블레셋 / 9. 이스보셋, 아브넬 / 10. 칠 년 육 개월은 헤브론에서 유다의 왕으로, 삼십삼 년 동안은 예루살렘에서 이스라엘과 유다를 다스렸다./ 11. 네 집, 네 나라, 네 왕위 / 12. 아람, 모압, 암몬, 블레셋, 아말렉, 소바 / 13. 압살롬 / 14. 백 삼십만 명(이스라엘 80만 명, 유다 50만 명).

〈4〉〈열왕기상,하〉 1. 아도니야 / 2. 제사장 사독, 선지자 나단, 여호야다의 아들 브나야, 그렛 사람, 블렛 사람 / 3 아도니야, 아비아달, 요압, 시므이 / 4. 각기 포도나무 아래와 무화과나무 아래에서 평안히 살았더라 / 5. 길이 60규빗, 너비 20규빗, 높이 30규빗 / 6. 야긴, 보아스 / 7. 나는 네가 건축한 이 성전을 거룩하게 구별하여 나의 이름을 영원히 그곳에 두며 내 눈길과 내 마음이 항상 거기 있으리니 / 8. 우상숭배를 하게 되었다 / 9. 사울, 다윗, 솔로몬 / 10. 여로보암, 금송아지 / 11. 남북 왕들의 도표 참고 / 12. 엘리야, 아합 왕 / 13. 엘리사 / 14. 하나님의 사람의 말씀대로 요단강에 일곱 번 몸을 잠그니 깨끗하게 되었다 / 15. 아달랴, 여호야다 / 16. 호세아 왕 때에 앗수르에게 / 17. 1) 히스기야, 2) 이사야 / 18. 율법책 / 19. 시드기야 / 20. 느브갓네살.

〈5〉〈역대상,하〉 1. 아담 / 2. 2) / 3. 1) 지키지 아니하고, 2) 자에게 가르치기를 청하고, 3) 묻지 아니하였으므로 여호와께서 그를 죽이시고 / 4. 어디로 가든지 여호와께서 이기게 하셨다 / 5. 자기의 머리에 썼다(금 한 달란트의 왕관) / 6. 전쟁에서 피를 많이 흘렸으므로 / 7. 사독, 아히멜렉 / 8. 예루살렘 모리아 산(여부스 사람 오르난의 타작마당) / 9. 1) 만나를 담은 금항아리, 2) 아론의 싹난 지팡이, 3) 언약의 돌판들 / 10. 1) 겸손, 2) 범죄, 3) 비웃고.

〈6〉〈에스라, 느헤미야, 에스더〉 1. 고레스, 예레미야 / 2. 1) 스 1장, 고레스 원년, 성전 재건, 2) 스 7장, 아닥사스다 7년, 율법 재건, 3) 느 2장, 아닥사스다 20년, 성벽 재건 / 3. 1) 성전건축 – 예수아, 스룹바벨, 2) 선지자 – 학개, 스가랴 / 4. 다리오 왕 육년 아달월 삼일(주전 515년) / 5. 학자 겸 제사장 / 6. 산발랏, 도비야, 게셈 / 7. 율법책 / 8. 삼 일 동안의 금식과 왕의 규례를 어기고 "죽으면 죽으리라"는 각오로 왕 앞에 나가기로 결심 / 9. 하만 / 10. 부림.

구약 시가서

욥기 1~7장

[제1장] 1. 온전하고 정직하여 하나님을 경외하며 악에서 떠난 자.

/ 2. 1) 아들 일곱, 딸 셋. 2) 양이 칠천, 낙타가 삼천, 소가 오백 겨리, 암나귀가 오백, 종도 많았다. / 3. 혹시 내 아들들이 죄를 범하여 마음으로 하나님을 욕되게 하였을까 하여, / 4. 주의 손을 펴서 그의 모든 소유물을 치소서. 그리하시면 틀림없이 주를 향하여 욕하지 않겠나이까. / 5. 1) – 나), 2) – 다), 3) – 가), 4) – 라). / 6. 내가 모태에서 알몸이 나왔사온즉 또한 알몸이 그리로 돌아가올지라. 주신 이도 여호와시요, 취하신 이도 여호와시오니 여호와의 이름이 찬송을 받으실지니이다 하고 범죄하지 아니함(21절) **[제2장]** 1. 이제 주의 손을 펴서 그의 뼈와 살을 치소서. 그리하시면 틀림없이 주를 향하여 욕하지 않겠나이까(5절). / 2. 생명은 해하지 말지니라(6절). / 3. 욥을 쳐서 그의 발바닥에서 정수리까지 종기가 나게 한지라(7절). / 4. 1) 당신이 그래도 자기의 온전을 굳게 지키느냐 하나님을 욕하고 죽으라고 했다. 2) 그대의 말이 한 어리석은 여자의 말 같도다 우리가 하나님께 복을 받았은즉 화도 받지 아니하겠느냐 라고 말했다. / 5. 데만 사람 엘리바스, 수아 사람 빌닷, 나아마 사람 소발 **[제3장]** 1. 생일, 3절, / 2. 죽음, 구름, 5절, / 3. 소요, 쉼, 17절, / 4. 탄식, 물, 24절 **[제4~5장]** 1. 2). / 2. 3). / 3. 2). / 4. 4). / 5. 1). / 6. 3). / 7. 4) **[제6장]** 1. 3), 5). / 2. 2). / 3. 3). / 4. 1) 24절, 2) O, 27절, 3) 29절 **[제7장]** 1. 5절: / 2. 6절: / 3. 11절: / 4. 15절: / 6. 19절: 〈성경 참고〉

욥기 8~14장

[제8장] 1. 수아, 정의, 공의, 1, 3절 / 2. 하나님, 간구, 정직, 평안, 미약, 창대, 5~7절. / 3. 순전한, 악한, 웃음, 즐거운, 20~21절, / 4. 집, 밤 **[제9장]** 1. O, 3절. / 2. O, 11절. / 3. X, 16절. / 4. X, 22절. / 5. O, 32절 **[제10장]** 1. – 나) – b). / 2. – 다) – a). / 3. – 가) – c). / 4. – 마) – d). / 5. – 라) – e) **[제11장]** 1. 2절. / 2. 7절. / 3. 8절. / 4. 14절. / 5. 18절. / 6. 18절. / 7. 20절. 〈성경 참고〉 **[제12장]** (=로 지울 것) 1. 3절, 지혜가, 말. / 2. 4절, 친구, 순전한, 자랑. / 3. 10절, 영, 혼, 말. / 4. 12절, 꾀, 지식. / 5. 13절, 능력, 사람, 획책. / 6. 23절, 작아지게, 소성, 강국. **[제13장]** 1. 거짓말을 지어내는 자, 다 쓸모없는 의원. / 2. 참으로 잠잠하면. / 3. 그(하나님)가 자신을 죽일 것이리라고 생각. / 4. 1) 주의 손을 내게 대지 마시오며, 2) 주의 위엄으로 나를 두렵게 하지 마실 것. / 5. 주의 원수로 여긴다. / 6. 1) 날리는 낙엽, 마른 검불, 2) 썩은 물건의 낡아짐, 좀 먹은 의복. **[제14장]** 1. 꽃, 그림자. / 2. 나무, 사람, 소멸. / 3. 다시 살리이까?. / 4. 산, 소망.

욥기 15~21장

[제15장] 1. 1) 2, 2) 1, 3) 3, 4) 4. / 2. 1) 3, 2) 2, 3) 1, 4) 4. / 3. 1) 2, 2) 3, 3) 1, 4) 4. / 4. 1) 1, 2) 4, 3) 3, 4) 2. / 5. 1) 2, 2) 3, 3) 1, 4) 4, 5) 5. / 6. 1) 3, 2) 1, 3) 2. **[제16장]** 1. 말, 재난을 주는 위로자들, 2절. / 2. 주께서, 증거, 8절. / 3. 포학, 기도, 17절. / 4. 친구, 하나님, 하나님, 이웃, 중재, 20~21절. **[제17장]** 1. – 다) – a). / 2. – 가) – b). / 3. – 라) – c). / 4. – 나) – d). **[제18장]** 1. 1) 빌닷, 2) 짐승. / 2. 악인. / 3. 1) 그물, 2) 올가미, 3) 덫, 4) 잡을 덫, 5) 함정. / 4. 유황이 그의 처소에 뿌려질 것이다. / 5. 후손도 없고 후예도 없을 것이다. **[제19장]** 1. 2절, 욥의 친구들. / 2. 9절, 하나님. / 3. 13절, 형제들. / 4. 17절, 아내. / 5. 18절, 어린 아이들. / 6. 21절. 나의 친구야. **[제20장]** 1. 5절 / 2. 10절 / 3. 18절 / 4. 27절 〈성경 참고〉 **[제21장]** 1. 어찌하여 악인이 생존하고 장수하며 세력이 강하냐? / 2. 우리를 떠나소서 우리가 주의 도리 알기를 바라지 아니하나이다. 전능자가 누구이기에 우리가 섬기며 우리가 그에게 기도한들 무슨 소용이 있으랴 / 3. 1) 23~24절: 죽도록 기운이 충실하여 안전하며 평안하고 그의 그릇에는 젖이 가득하며 그의 골수는 윤택하였다. 2) 25절: 마음에 고통을 품고 죽으므로 행복을 맛보지 못하는도다. / 4. 너희는 나를 헛되이 위로 하려느냐 너희 대답은 거짓일 뿐이니라

욥기 22~25장

[제22장] 1. 1) 까닭 없이 형제를 볼모로 잡으며, 2) 헐벗은 자의 의복을 벗기며, 3) 목마른 자에게 물을 마시게 하지 아니하며, 4) 주린 자에게 음식을주지 아니하였다. 5) 과부를 빈손으로 돌려보내며, 6) 고아의 팔을 꺾었다. / 2. 1) 욥, 2) 욥, 3) 악인, 4) 악인. / 3. 1) 21절, 화목, 복, 2) 29절, 높아지리라, 겸손한. **[제23장]** 1. 1) O, 2) X, 3) O, 4) O. / 2. 1) X, 2) X, 3) O, 4) X / 3. 1) O, 2) O, 3) O, 4) X **[제24장]** 1. 1) 시골(농촌), 2) 성읍(도시) / 2. 1) 6계명, 2) 8계명, 3) 7계명, 4) 8계명, 10계명. / 3. 광명을 배반하는 사람들, 즉 악인 **[제25장]** 1. 주권, 화평. / 2. 달, 별, 구더기, 벌레.

욥기 26~31장

[제26장] 1. 1) 참 잘도 도와주는구나, 2) 참 잘도 가르치는구나, 3) 참 잘도 자랑하는구나, 4) 네게서 나왔느냐? / 2. 1) 그 밑의 구름이 찢어지지 아니하느니라, 2) 우리가 그에게서 들은 것도

부록

속삭이는 소리일뿐이니, 그의 큰 능력의 우렛소리를 누가 능히 헤아리랴. **[제27장]** (=로 지울 것). 1. 1) 2절, 베푸신, 즐겁게, 2) 4절, 정의, 궤변, 3) 5절, 순종함. / 2. 1) - 나), 2) - 가), 3) - 다), 4) - 바), 5) - 마), 6) - 라. **[제28장]** 1. 찾을 수 있다→찾을 수 없다. / 2. 정도의 값이다→보다 귀하다. / 3. 알려졌다→가려졌다. / 4. 따름이→떠남이. **[제29장]** 1. 하나님. / 2. 1) 숨으며, 2) 일어나서 서며, 3) 말소리를 낮추었다. / 3. 1) 건졌음, 2) 눈도 되고 발도 됐다, 3) 아버지가 되어 주었다. / 4. 욥의 말이 그들에게 스며들었다.(문자적으로는 '나의 말이 그들에게 떨어졌다.' 즉 영향을 미쳤다) **[제30장]** 1. 1~8절, 1절: / 2. 9~15절, 9절: / 3. 16~31절. 16절: 〈성경 참고〉 **[제31장]** 1. 자신. / 2. 이웃. / 3. 하나님. / 4. 마지막 항의

욥기 32~37장

[제32장] 1. 람 종족 부스 사람 바라겔의 아들 / 2. 1) 욥이 하나님보다 자기가 의롭다함이요, 2) 그들이 능히 대답하지 못하면서도 욥을 정죄함이라(주:욥에게 적절한 대답을 못해 주면서도 정죄는 했기에 엘리후가 화를 냈다는 말) / 3. 1) 연소하므로, 2) 욥의 친구들의 슬기와 말에 귀를 기울였다(註:변론이 끝날 때까지 다 듣고 싶었고 변론의 내용을 다 파악하고 싶었기 때문이다) / 4. 사람. **[제33장]** 1. 1절, 31절, 말 / 2. 일반, 흙으로 / 3. 엘리후, 욥, 욥 / 4. 병상의 고통, 뼈가 늘 쑤심, 멸하는 자. / 5. 기도, 은혜, 기뻐, 회복. **[제34장]** 1. 어떤 사람이 욥과 같으랴. 욥이 비방하기를 물 마시듯하며 악한 일을 하는 자들과 한패가 되어 악인과 함께 다니면서 이르기를 사람이 하나님을 기뻐하나 무익하다 하는구나(7~9절) / 2. 악을 행하지 아니하시며 불의를 행하지 아니하신다 / 3. 1) 비루하다, 2) 악하다, 3) 외모로 취하지 아니하신다. 4) 가난한 자들 앞에서 낯을 세워주지 아니하신다 / 4 사람의 길을 주목, 사람의 모든 걸음을 감찰 / 5. 31~32 내가 죄를 지었사오니 다시는 범죄하지 아니하겠나이다. 내가 깨닫지 못하는 것을 내게 가르치소서 내가 악을 행하였으나 다시는 아니하겠나이다. **[제35장]** 1. 욥 / 2. 엘리후 / 3. 엘리후 / 4. 욥 **[제36장]** 1. 6절 / 2. 11절 / 3. 16절 / 4. 24절 〈성경 참고〉 **[제37장]** 1. 천지→천하, 번개빛→번개불. / 2. 들으라→깨달으라, 맹세→명령, 안개→번개. / 3. 금→빛, 말씀→위엄.

욥기 38~42장

[제38장] 1. 땅의 기초, 4절 / 2. 바다 통치, 8절 / 3. 날, 새벽, 12절 / 4. 깊은 물 밑, 16절 / 5. 광명과 흑암, 19절 / 6. 기상, 25절 / 7. 천체, 31절 / 8. 구름 번개, 34절 〈성경 참고〉 **[제39장]** 1. 사자 - 다) / 2. 까마귀 - 가) / 3. 염소사슴 - 나). / 4. 나귀 - 마) / 5. 들소 - 라) / 6. 타조 - 바) / 7. 말 - 아) / 8. 매 독수리 - 사) **[제40장]** 1. 2절, 전능자, 탓하는 자, 여호와 / 2. 4절, 비천, 입, 욥 / 3. 12절, 교만한, 악인, 여호와. / 4. 15절 / 5. 19절 / 6. 24절. 〈성경 참고〉 **[제41장]** (=로 지울 것, 나머지는 O). 1. 흉정, 빼앗아, 6절 / 2. 하천, 네 것, 11절 / 3. 등불, 입김, 19~20절 / 4. 올려다, 적, 34절 / 5. 칼, 창, 화살촉, 화살, 쇠, 놋, 물맷돌, 몽둥이 **[제42장]** 1. 못하실 일이 없사오며 무슨 계획이든지 못이루실 것이 없는 분. / 2. 1) 주께 대하여 귀로 듣기만 하였사오나 이제는 눈으로 주를 뵈옵나이다. 2) 회개하나이다 / 3. 하나님을 가르켜 한 말이 욥의 말같이 옳지 못함으로 / 4. 기도. / 5. 이전 모든 소유보다 갑절이나 되었다 / 6. 일곱, 셋, 여미마, 긋시아, 게렌합북

시편 1~10편

[제1편] 1. 의인 / 2. 악인 / 3. 의인 / 4. 의인 / 5. 의인 / 6. 의인 / 7. 악인 **[제2편]** 1. 여호와와 그의 기름부음 받은 자를 대적하며 '우리가 그들의 맨 것을 끊고 그의 결박을 벗어 버리자'라고 함 / 2. 비웃으심 / 3. 마 3:17, 행 13:33, 히 1:5, 히 5:5 / 4. 복 **[제3편]** 1. 방패, 영광, 머리를 드시는 자 / 2. 천만인, 두려워하지 / 3. 여호와, 복 **[제4편]** 1. 2절: / 2. 5절: / 3. 7절: / 4. 8절: 〈성경 참고〉 **[제5편]** 1. 2) / 2. 3) / 3. 2) / 4. 1) **[제6편]** 1. 수줍으오니 - 수척하였사오니, 배 - 뼈. / 2. 영화 - 영혼, 사람 - 사랑 / 3. 탄생 - 탄식, 날마다 - 밤마다 / 4. 기도 - 간구 **[제7편]** 1. 1) 이런 일을~ 행하였거나, 2) 내 손에~ 죄악이 있거나, 3) 화친한 자를~ 악으로 갚았거나, 4) 대적에게~ 까닭 없이 빼앗았거든. / 2. 나의 의와 나의 성실함을 따라. / 3. 마음이 정직한 자를 구원하시는 하나님께 있도다. / 4. 그가 그의 칼을 가심이여 그의 활을 이미 당기어 예비하셨도다. 죽일 도구를 또한 예비하심이여 그의 만든 화살은 불화살이로다. / 5. 감사, 찬양. **[제8편]** 1. 하늘, 달, 별들 / 2. 사람 / 3. 모든 소와 양과 들짐승이며 공중의 새와 바다의 물고기와 바다에 다니는 것 / 4. 1절, 9절 **[제9편]** 1. O, 2절 / 2. X, 4절, 부당하게→의롭게 / 3. O, 9절, 구원→요새 / 4. X, 20절, 영광→인생 **[제10편]** 1. 악인 / 2. 악인 / 3. 의인 / 4. 의인

시편 11~20편

[제11편] 1. 4절: / 2. 5절: / 3. 7절: 〈성경 참고〉 **[제12편]** 1. 1) 경

부록

건한 자가 끊어지며, 2) 충실한 자들이 인생 중에 없어지나이다, 3) 이웃에게 각기 거짓을 말함이여. / 2. 아첨하는 입술과 자랑하는 혀. / 3. 안전한 지대. / 4. 흙 도가니에 일곱 번 단련한 은. **[제13편]** 1. 1) O, 2) O, 3)X. / 2. 1) O, 2) X, 3) O. **[제14편]** 1. 어리석은 자, 없다. / 2. 찾는 자, 선, 없으니. / 3. 포로, 야곱, 이스라엘. **[제15편]** 1. 행함 / 2. 실천함 / 3. 진실을 말함 / 4. 남을 허물하지 아니함 / 5. 악을 행하지 아니함. / 6. 비방하지 아니함 / 7. 망령된 자를 멸시 / 8. 해로울지라도 변하지 아니함 / 9. 돈을 꾸어주지 아니함 / 10. 뇌물을 받고 해하지 아니함. **[제16편]** 1. 4절, 괴로움이 더함. / 2. 5절, 나의 분깃을 지킴. / 3. 8절, 내가 요동치 아니함. / 4. 11절, 주의 앞에는 충만한 기쁨이 있음. **[제17편]** 1. 1) 들으소서, 2) 주의 하소서, 3) 귀를 기울이소서, 4) 공평함을 살피소서 / 2. 내 마음을 시험하시고 밤에 내게 오시어서 나를 감찰하셨으나 / 3. 내게 응답하시겠으므로 / 4. 1) 눈동자 같이 지키심, 2) 주의 날개 그늘 아래 감추심 / 5. 1) 주의 재물로 배를 채우고, 2) 자녀로 만족하고, 3) 남은 산업을 그들의 어린 아이들에게 물려주는 자 **[제18편]** 1. 반석, 요새, 건지시는 이, 하나님, 바위, 방패, 구원의 뿔, 산성, 2절 / 2. 아뢰며, 부르짖었더니, 6절 / 3. 의, 손의 깨끗함, 20절 / 4. 곤고한 백성, 교만한 눈, 27절 / 5. 백성의 다툼, 여러 민족의 으뜸, 43절 / 6. 왕, 기름부음 받은 자, 50절 **[제19편]** 1. 자연이 하나님을 찬양 / 2. 여호와의 율법의 말씀 / 3. 말씀을 지킴으로 상 **[제20편]** 1. 2절: / 2. 4절: / 3. 7절: 〈성경 참고〉

시편 21~30편

[제21편] 1. 주의 힘, 주의 구원 / 2. 여호와를 의지하오니 지존하신 이의 인자함으로 / 3. 노래하고 찬송 **[제22편]** 1. 1절, 〈마태복음〉 27:46 / 2. 8절, 〈마태복음〉 27:43 / 3. 18절, 〈마가복음〉 15:24 **[제23편]** 1~6절 본문 참고. **[제24편]** 1. 땅과 거기에 충만한 것과 세계와 그 가운데에 사는 자들 / 2. 손이 깨끗, 마음이 청결, 뜻을 허탄한 데에 두지 않음, 거짓 맹세하지 아니함 / 3. 영광의 왕 / 4. 강하고 능한 여호와시요 전쟁에 능한 여호와 **[제25편]** 1. 죄와 허물을, 인자하심, 7절 / 2. 도, 길, 4절 / 3. 죄악, 이름으로 말미암아, 11절 / 4. 우러러 보나이다, 1절 / 5. 긍휼하심, 영원, 6절 **[제26편]** 1.－라) / 2.－가) / 3.－나) / 4.－다) **[제27편]** 1. 1) 빛, 2) 구원, 3) 능력. / 2. 내 평생에 여호와의 집에 살면서 여호와의 아름다움을 바라보며 그의 성전에서 사모하는는 그것 / 3. 여호와는 나를 영접하시리이다 / 4. 강하고 담대하며 여호와를 기다릴지어다 **[제28편]** 1. 2절 / 2. 화평 / 3. 내 마음이 크게 기뻐하며 내 노래로 그를 찬송하리로다 / 4. 기름 부음 받은 자 **[제29편]** 1. 2절: / 2. 8절: / 3. 11절: 〈성경 참고〉 **[제30편]** 1. 1절, 2, 3, 4, 7, 8, 8, 10, 10, 12절, 10번 / 2. 2, 12절, 2번 / 3. 1절, 1, 2, 3, 4, 7, 7, 8, 9, 9, 11, 12, 12절, 13번 / 4. 4, 12절, 2번 / 5. 4, 9, 12절, 3번

시편 31~41편

[제31편] 1. 3절: / 2. 9절: / 3. 20절: / 4. 23절: 〈성경 참고〉 **[제32편]** 1. 허물, 죄, 복, 1절. / 2. 입을 열지, 신음, 쇠하였도다, 3절. / 3. 많은 슬픔, 인자하심, 10절. **[제33편]** 1.－나), 1절, / 2.－마), 5절, / 3.－다), 12절, / 4.－라), 16절, / 5.－가), 21절. **[제34편]** 1. 여호와는 광대하시다. / 2. 여호와께서 들으시고 그의 모든 환난에서 구원하셨도다. / 3. 혀를 악에서 금하며 입술을 거짓말에서 금한다. / 4. 마음이 상한 자, 중심으로 통회하는 자. / 5. 20절. **[제35편]** 1. 13절, 2 / 2. 22절, 3 / 3. 28절, 4 / 4. 9절, 1 **[제36편]** 1. 자기의 죄악은 드러나지 아니하고 미워함을 받지도 아니하리라 / 2. 1)하늘에 있고, 2) 공중에 사무쳤으며, 3) 하나님의 산들과 같고, 4) 큰 바다와 같으니이다 / 3. 주의 날개 그늘 아래 / 4. 주께 있다 **[제37편]** 1 4절, 마음의 소원을 이루어 주심 / 2. 5~6절, 의와 공의를 빛 같이 / 3. 34절, 땅을 차지하게 하실 것임 / 4. 37:25 〈성경 참고〉 **[제38편]** (O표 할 것, 나머지는 =로 지움) 1. 화살, 주, 2절 / 2. 소원, 탄식, 9절 / 3. 죄악, 죄, 18절 / 4. 악, 선, 선, 20절 **[제39편]** 1. 행위 → 혀, 꿀 → 자갈 / 2. 연약 → 연한, 잊게 → 알게. / 3. 용기주사 → 용서하사, 회상 → 회복. **[제40편]** 1. 16절, 4 / 2. 12절, 3 / 3. 8절, 2 / 4. 3절, 1 **[제41편]** 1. 3절: / 2. 4절: / 3. 9절: / 4. 13절: 〈성경 참고〉.

시편 42~52편

[제42~43편] 1. 42:5, 42:11, 43:5, 내 영혼아, 네가 어찌하여 낙심하며 어찌하여 내 속에서 불안해 하는가, 너는 하나님께 소망을 두라. 그가 나타나 도우심으로 말미암아 내가(내 하나님을) 여전히 찬송하리로다. / 2. 사슴이 시냇물을 찾기에 갈급함. / 3. 3절, 10절. / 4. 전에 성일을 지키는 무리와 동행하며 기쁨과 감사의 소리를 내며 그들을 하나님의 집으로 인도하였더니 이제 이 일을 기억하고 내 마음이 상했다. / 5. 42:9. **[제44편]** 1. 3절, X / 2. 5절, X / 3. 9절, O / 4. 17절, O / 5. 22절 **[제45편]** 1. 2절: / 2. 7절: / 3. 16절: 〈성경 참고〉 **[제46편]** 1. 땅이 변하든지 산이

흔들려 바다 가운데에 빠지든지 바닷물이 솟아나고 뛰놀든지 그것이 넘침으로 산이 흔들릴지라도 두려워하지 않는다 / 2. 1) 하나님이 성중에 계시므로, 2) 새벽 / 3. 7절, 11절, 만군의 여호와께서 우리와 함께 하시니 야곱의 하나님은 우리의 피난처시로다 / 4. 땅 끝까지 전쟁을 쉬게 하심이여, 활을 꺾고 창을 끊으며 수레를 불사르심 **[제47편]** 1. 4번, 2, 3, 5, 9절 / 2. 7번, 1, 5, 6, 7, 8, 8, 9절 / 3. 5번, 6, 6, 6, 6, 7절 / 4. 3번, 2, 6, 7절. **[제48편]** 1. 8절, 3. / 2. 14절, 4. / 3. 1절, 1. / 4. 3절, 2. **[제49편]** 1. 재물, 부유함, 구원. / 2. 지혜 있는 자, 어리석고 무지한 자, 재물. / 3. 영접, 스올의 권세. / 4. 존귀, 멸망하는 짐승. **[제50편]** 1.- 나), 5절 / 2.- 가), 8절 / 3. - 다), 15절 / 4.- 라), 23절 **[제51편]** 1. 밧세바, 나단 / 2. 읽었음 / 3. 죄악, 씻으시며, 제하소서 / 4. 정한 마음, 정직한 영 / 5. 주여, 열어, 찬송, 전파 / 6. 상한 심령, 상하고 통회하는 마음 **[제52편]** 1. 포악한 자 / 2. 간사한 혀 / 3. 의인

시편 53~62편

[제53편] 1. 14편: / 2. 1절: / 2. 4절: / 3. 6절: 〈성경 참고〉 **[제54편]** 1. 말을 → 기도를, 기도 → 말 / 2. 여호와는 → 하나님은, 생애를 → 생명을 / 3. 환멸 → 환난, 보존 → 보응 **[제55편]** 1. 20절 / 2. 4절 / 3. 8절 / 4. 3절 / 5. 10절 / 6. 13절 / 7. 21절 / 8. 8절 / 9. 6절 / 10. 17절 **[제56편]** 1. 8절: / 2. 12절: 〈성경 참고〉 / 6번, 3, 4, 4, 10, 10, 11절 **[제57편]** 1. 4번, 1, 5, 7, 11절 / 2. 2번, 1, 6절 / 3. 1번, 8절 / 4. 11번, 1, 1, 5, 5, 9, 9, 9, 10, 10, 11, 11절 **[제58편]** 1. 1) 입에서 이를 꺾으소서, 2) 젊은 사자의 어금니를 꺾어 내시며, 3) 급히 흐르는 물같이 사라지게 하시며, 4) 겨누는 화살이 꺾임 같게 하시며, 5) 소멸하여 가는 달팽이 같게 하시며, 6) 만삭되지 못하여 출생한 아이가 햇빛을 보지 못함 같게 하소서 / 2. 악인의 보복 당함을 보고 기뻐함이여, 그의 발을 악인의 피에 씻으리로다 라고 함 **[제59편]** 1. 1) 일어나 치려는 자, 2) 악을 행하는 자, 3) 피 흘리기를 즐기는 자 / 2. 개 / 3. 주의 능력으로 흩으시고 낮추소서 / 4. 1) 요새, 환난 날에 피난처, 2) 힘, 긍휼히 여기시는 분 **[제60편]** 1. 버려, 분노, 회복시키소서, 1절 / 2. 길르앗, 므낫세, 에브라임, 유다, 모압, 에돔, 블레셋아, 7~8절 / 3. 대적, 사람, 11절 **[제61편]** 1. 2절: / 2. 4절: / 3. 8절: 〈성경 참고〉 **[제62편]** 1. (=로 지울 것), 저주, 축복 / 2. 영광, 구원 / 3. 허물, 제물

시편 63~72편

[제63편] 1. 주를 갈망하며 / 2. 주를 앙모하나이다 / 3. 주를 바라보았나이다 / 4. 주를 찬양할 것이라 / 5. 나의 손을 들리이다 / 6. 나를 붙드시거니와 **[제64편]** 1. X / 2. O / 3. X **[제65편]** 1.- 3) - 가 / 2.- 1) - 나) / 2. - 2) - 다) **[제66편]** 1. 1) 홍해, 2)요단강 / 2. 은을 단련함 같이 / 3. 내 입술이 낸 것이요, 내 환란 때에 내 입이 말한 것이므로 / 4. 그(하나님)가 내 기도를 물리치지 아니하시고 그의 인자하심을 거두지 아니하셨으므로 찬송한다 **[제67편]** 1. 1절: / 2. 6절: / 3. 7절: 〈성경 참고〉 / 4. 67:1절 **[제68편]** 1. 고아의 아버지, 과부의 재판장, 5절. / 2. 앞서 나가사, 행진, 7절 / 3. 힘, 견고, 28절 / 4. 힘과 능력, 찬송, 35절 **[제69편]** 1. 1) 요 15:25, 2) 요 2:17, 3) 롬 15:3, 4) 마 27:34 / 2. 주를 위하여 (7, 9절) / 3. 주의 얼굴 / 4. 노래로 하나님의 이름을 찬송하며 감사함으로 하나님을 위대하시다 하는 것 **[제70편]** 1. 수치와 무안을 당하게 하시며 / 2. 뒤로 물러가 수모를 당하게 하소서 / 3. 자기 수치를 말미암아 뒤로 물러가게 하소서 / 4. 주로 말미암아 기뻐하고 즐거워하게 하시며 / 5. 하나님은 위대하시다 하게 하소서 / 6. 13~17절 **[제71편]** 1. 5절: / 2. 6절: / 3. 9절: / 4. 17절: / 5. 18절: 〈성경 참고〉 **[제72편]** 1. 1) / 2. 4)

제15주(총92호) 시편 73~80편

[제73편] 1. 의인, 2~3절 / 2. 악인, 5~6절 / 3. 악인, 9절 / 4. 의인, 13절 / 5. 의인, 17절 / 6. 의인, 28절 **[제74편]** 1. 1) 치시는 양, 2) 기업, 3) 시온산 / 2. 1) 바벨론, 2) 느부갓네살, 3) 느부사라단 / 3. 용, 악어 / 4. 주의 가난한 자의 목숨 / 5. 언약 **[제75편]** 1. 1절: / 2. 5절: / 3. 7절: / 4. 10절: 〈성경 참고〉 **[제76편]** 1.- 2) / 2.- 1) / 3.- 5) / 4.- 4) / 5.- 3) **[제77편]** 1. 4절 / 2. 2절 / 3. 13절 / 4. 10절 / 5. 20절 / 6. 18절 / 7. 1절 **[제78편]** 1. 감추어졌던 것, 들어서 아는 바, 전한 바 / 2. 노, 야곱, 이스라엘, 진노, 하나님을 믿지, 의지하지 / 3. 출 14장. / 4. 피, 쇠파리, 개구리, 황충, 메뚜기, 우박(서리), 전염병, 장자 죽음 **[제79편]** 1. 1) O, 2) O, 3) O, 4) X / 2. 1) O, 2) O, 3) X, 4) O **[제80편]** 1. 3절, 7절, 19절 / 2. 야곱, 십이 / 3. 포도나무

시편 81~89편

[제81편] 1. 2절: / 2. 10절: / 3. 13절: 〈성경 참고〉 **[제82편]** 1. 하나님 / 2. 1) 판단하며, 2) 공의를 베풀지며, 3) 구원하여 악

부록

인들의 손에서 건질지니라 / 3. 사람처럼 죽는다 **[제83편]** 1. 침묵하지, 잠잠하지, 조용하지 / 2. 주를 대적, 에돔의 장막, 이스라엘인, 하갈인, 암몬, 아말렉, 블레셋 / 3. 굴러가는 검불, 지푸라기 / 4. 여호와라 이름하신 주, 지존자. / 5. (절수는 참고) 1) 삿 4:21~24, 2) 삿 7:25, 3) 삿 8:12. **[제84편]** 1. 1) 4절: 2) 5절: 3) 12절: 〈성경 참고〉 / 2. 내 영혼이 여호와의 궁정을 사모하여 쇠약함이여 / 3. 주의 궁정에서의 한 날이 다른 곳에서의 천 날보다 나은즉 악인의 장막에 사는 것보다 내 하나님 문지기로 있는 것이 좋다 **[제85편]** 1 구원, 돌이키시고, 주의 분노 / 2. 주의 인자하심, 주의 구원 / 3. 구원, 경의, 영광 / 4. 좋은 것, 땅, 산물 **[제86편]** 1. 1) O, 2) X, 3) X. 4) O / 2. 1) X, 11절, 2) O, 12절, 3) O, 17절 **[제87편]** 1. 4절: / 2. 5절: / 3. 6절: 〈성경 참고〉 **[제88편]** 1. 10절: 주께서 죽은 자에게 기이한 일을 보이시겠나이까? / 2. 10절: 유령들이 일어나 주를 찬송하리이까? / 3. 11절: 주의 인자하심을 무덤에서 주의 성실하심을 멸망 중에서 선포할 수 있으리이까? / 4. 12절: 흑암 중에서 주의 기적과 잊음의 땅에서 주의 공의를 알 수 있으리이까? / 5. 14절: 여호와여 어찌하여 나의 영혼을 버리시며 어찌하여 주의 얼굴을 내게서 숨기시나이까? **[제89편]** 1. 언약, 다윗, 자손, 왕위, 3~4절 / 2. 하늘, 땅, 세계, 충만한, 11절 / 3. 아버지, 하나님, 구원의 바위, 26절 / 4. 짧은지, 인생, 허무, 47절.

시편 90~100편

[제90편] 1. (=로 지울 것), 다윗의 기도. / 2. 길다, 5, 6, 9, 10절 등 / 3. 부귀와 영화, 10절. / 4. 지혜롭게, 15절 **[제91편]** 1. O. / 2. X. / 3. O. / 4. X. / 5. O. / 6. O. / 7. X. / 8. O **[제92편]** 1. 악인 / 2. 의인 / 3. 의인 / 4. 악인 / 5. 의인 / 6. 의인 **[제93편]** 1. 다스리시니, 권위, 흔들리지 / 2. 보좌, 견고히, 영원 / 3. 증거, 거룩함, 합당, 영원무궁 **[제94편]** 1. 여호와 / 2. 악인 / 3. 어리석은 자 / 4. 여호와 / 5. 주 **[제95~96편]** 1. 95:1 / 2. 95:6 / 3. 95:7 / 4. 96:2 / 5. 96:8 〈성경 참고〉 **[제97~100편]** 1. 97:7 / 2. 97:12 / 3. 98:1 / 4. 98:4 / 5. 99:1 / 6. 99:6 / 7. 100:3. 〈성경 참고〉

시편 101~106편

[제101편] 1. 비천한 것 / 2. 배교자들의 행위 / 3. 사악한 마음, 악한 일 / 4. 은근히 헐뜯는 자 / 5. 눈이 높고 마음이 교만한 자. / 6. 충성된 자. / 7. 거짓을 행하는 자 / 8. 거짓말하는 자 / 9. 모든 악인을 멸하리니 **[제102편]** 1. – 3) – 가) / 2. – 2) – 나) / 3 – 1) – 다) **[제103편]** 1. 7번 / 2. 8절 : 여호와는 긍휼이 많으시고 은혜로우시며 노하기를 더디 하시고 인자하심이 풍부하시도다 / 3. 진토, 풀, 꽃. **[제104편]** 1. 하늘. / 2. 땅. / 3. 물과 샘. / 4. 풀과 채소. / 5. 해와 달. / 6. 바다. / 7. 생명(호흡). / 8. 하나님 찬양. **[제105편]** 1. 1) 아브라함, 이삭, 야곱 2) 요셉, 3) 모세, 아론 / 2. 언약 / 3. 피, 개구리, 이, 파리, 우박, 메뚜기, 흑암, 장자 죽음 **[제106편]** 1. (O표 할 것, 나머지는 =로 지움), 출 14장 / 2. 민 11장 / 3. 민 16장 / 4. 출 32장 / 5. 민 13~14장 / 6. 민 25장, 31장 / 7. 민 20장 / 8. 신 20:16~18, 삿 1:26~36 / 9. 배신 – 심판 – 회개 – 구원

시편 107~118편

[제107편] 1. 광야의 나그네에서 구원 / 2. 흑암과 사망에서 구원 / 3. 미련한 연고로 당한 곤란에서 구원 / 4. 항해의 광풍중에 구원 / 5. 1) 이에 근심 중에 여호와께 부르짖으매 그들의 고통에서 건지시고, 2) 6절, 13절, 19절, 28절 **[제108편]** 1. 7~11절, 다윗이 사울을 피하여 굴에 있던 때에. / 2. 5~12절, 다윗이 아람 나하라임과 아람소바와 싸우는 중에 요압이 돌아와 에돔을 소금 골짜기에서 쳐서 만 이천 명을 죽인 때에 / 3. 한 구절 쓰기 **[제109편]** 1. 4절: / 2. 17절: / 3. 26절: / 4. 28절: 〈성경 참고〉. **[제110편]** 1. 주의 권능의 규, 다스리소서 / 2. 변하지, 멜기세덱의 서열, 영원한 제사장 **[제111편~112편]** 1. 111:5 / 2. 111:10 / 3. 112:2 / 4. 112:9. 〈성경 참고〉 **[제113편~114편]** 1. 8절, 5절 / 2. 출애굽 사건을 찬양 / 3. 전에, 후에 **[제115편~118편]** 1. 115:1, 인자, 진실 / 2. 115:4~7, 우상 / 3. 116:3~4, 이름, 환란과 슬픔 / 4. 116;12-14, 은혜, 보답할까. / 5. 117:2, 인자하심, 진실하심 / 6. 118:14, 찬송, 구원 / 7. 마태 21:42, 마가 12:10~11, 누가 20:17, 벧전 2:7 / 8. 113편, 115편, 116편, 117편

시편 119편

[제1~24절] 1. 1) 여호와의 율법, 2) 여호와의 증거, 3) 주의 도, 4) 주의 법도, 5) 주의 율례, 6) 주의 계명, 7) 주의 판단, 8) 주의 율례 / 2. 주의 말씀을 지키므로 / 3. 재물을 즐거워함같이 / 4. 주의 율법에서 놀라운 것 **[제25~48절]** 1. 주의 법도, 주의 기이한 일, 27절 / 2. 주의 율례, 끝까지, 33절 / 3. 진리의 말씀, 주의 규례, 43절 / 4. 주의 계명, 주의 율례, 48절. **[제49~72절]** 1. 내가 나그네 된 집에서. / 2. 주의 법도를 지킨 것 / 3. 신속히 하고 지체하지 않았다 / 4. 주의 이름을 기억하고 주의 법도를 지킴, 일어나 주께 감사 / 5. 주의 말씀을 지킴, 주의 율례를 배우게 됨 **[제**

73~96절] 1. 넘어짐, 74절 / 2. 마음, 열렬, 주의 명령, 81절 / 3. 주의 성실, 안전, 92절 [제97~120절] 1. 원수, 스승, 노인 / 2. 맛, 꿀 / 3. 등, 빛 / 4. 증거, 기업 / 5. 멸시 [제121~144절] 1. 122절: / 2. 127절: / 3. 131절: / 4. 134절: / 5. 140절: / 6. 143절: 〈성경 참고〉 [제145~176절] 1.~4. 마음에 드는 구절 쓰기.

시편 120편~130편

[제120편] 1. 거짓된 입술과 속이는 혀에서 / 2. 장사의 날카로운 살과 로뎀 나무 숯불 / 3. 싸우려 한다 [제121편] 1. 천지를 지으신 여호와에게서로다 / 2. 네 오른쪽에서 네 그늘이 / 3. 지금부터 영원까지. / 4. 6번 [제122편] 1. 2절: / 2. 3절: / 3. 6절: / 4. 9절: 〈성경 참고〉 [제123편] 1.-라). / 2.-나). / 3.-다). / 4.-가). [제124편] 1. X / 2. X / 3. O [제125편] 1. 의지, 흔들리지 / 2. 두름, 영원. / 3. 선한 자, 정직한 자 [제126편] 1. 1) / 2. 3) / 3. 2) / 4. 성전에 올라가는 노래, 열다섯 편 [제127편] 1. 세우는 자의 수고가 헛되며 / 2. 파수꾼의 깨어 있음이 헛되도다 / 3. 헛되도다 / 4. 여호와의 주신 기업이요, 그의 상급이로다 [제128편] 1. 복되고 형통하다 / 2. 1) 결실한 포도나무, 2) 어린 감람나무 / 3. 1) 시온, 2) 예루살렘의 번영 / 3. 4번 [제129편] 1. 악인들의 줄을 끊으셨다 / 2. 수치를 당하여 물러간다 / 3. 시온을 미워하는 자 [제130편] 1. 깊은 곳에서 / 2. 죄악을 지켜보실, 사유하심, 경외하게 / 3. 바랄지어다, 인자하심, 속량

시편 131~140편

[제131편] 1. 2). / 2. 3) [제132편] 1. (O표 할 것), 권능, 평안, 8절 / 2. 언약, 교훈, 왕위, 12절 / 3. 제사장, 성도, 16절 [제133편] 1. 형제가 연합하여 동거함 / 2. 영생 [제134편] 1. 성소를 향하여 손을 들고 여호와를 송축 / 2. 시온에서 복을 주심 [제135편] 1. 여호와 / 2. 이스라엘 / 3. 여호와 / 4. 이스라엘 / 5. 우상 / 6. 우상 [제136편] 1. 5절: 감사하라 그 인자하심이 영원함이로다 -이하 같음- / 2. 13절: / 3. 21절: / 4. 25절: [제137편] 1. 바벨론 사람들이 시온의 노래 중 하나를 노래하라 하므로 / 2. 1) 내 오른 손이 재주를 잊을지로다. 2) 내 혀가 내 입천장에 붙을지로다 / 3. 예루살렘이 멸망하던 날 / 4. 네 어린 것들을 바위에 메어치는 자는 복이 있으리로다 [제138편] 1. 성신 → 성전, 은혜 → 이름 / 2. 작은 → 낮은, 교활한 → 교만한. / 주 → 나, 보호 → 보상 [제139편] 1. 앉고 일어섬, 생각, 길, 눕는 것, 모든 행위, 혀의 말 / 2. 하늘, 스올, 바다 끝 / 3. 나를 영원한 길로 인도하소서 [제140편] 1. 1) 악을 꾀하고 싸우기 위하여 매일 모임, 2) 혀를 날카롭게 하니 그 입술 아래에는 독사의 독이 있다. 3) 나의 걸음을 밀치려 한다. 4) 올무와 줄을 놓으며 그물을 치며 함정을 둠 / 2. 9~11절 / 3. 고난당하는 자를 변호해주시며 궁핍한 자에게 정의를 베푸심

시편 141~150편

[제141편] 1. 3절. / 2. 5절. / 3. 8절 [제142편] 1. 은혜 받은 두 구절 쓰기 [제143편] 1. 심판, 의로운 인. / 2. 주, 주를 사. / 3. 아침, 말씀, 의뢰함 / 4. 이름, 의, 환난 / 5. 20절 [제144편] 1. 사랑, 요새, 산성, 건지시는 이, 방패, 내 백성을 내게 복종하게 하심 / 2. 헛것 같고 그의 날은 지나가는 그림자 같다 / 3. 입은 거짓을 말하며, 그 오른손은 거짓의 오른손이다 / 4. 여호와를 자기 하나님으로 삼는 백성 [제145편] 1. 1절: / 2. 3절: / 3. 10절: / 4. 15절: / 5. 21절: 〈성경 참고〉 [제146편] 1. 정의로 심판하시며 / 2. 먹을 것을 주시며 / 3. 눈을 여시며 / 4. 일으키시며 / 5. 사랑하시며 / 6. 보호하시며 / 7. 붙드신다 [제147편] 1. 예루살렘을 세우시며, 이스라엘의 흩어진 자를 모으시며, 상심한 자들을 고치시며, 그들의 상처를 싸매신다 / 2. 자기를 경외하는 자. 그 인자하심을 바라는 자 / 3. 1) 양털, 2) 재, 3) 떡 부스러기. [제148편] 1. 해, 달, 밝은 별, 하늘, 물, 바다, 불, 우박, 눈, 안개, 광풍, 산, 과수, 백향목 / 2. 짐승, 모든 가축, 기는 것, 나는 새 / 3. 모든 천사, 모든 군대, 세상의 왕, 모든 백성, 고관, 모든 재판관, 총각, 처녀, 노인, 아이들, 모든 성도 [제149편] 1. (O표 할 것) 지으신, 시온의 주민, 왕 / 2. 백성, 겸손한 [제150편] 1. 성소에서, 그 권능의 궁창에서 / 2. 하나님의 능하신 행동 / 3. 나팔, 비파, 수금, 소고, 현악, 퉁소, 제금 / 4. 10번

잠언 1~6장

[제1장] 1. 다윗의 아들 이스라엘 왕 솔로몬 / 2. 이는 지혜와 훈계를 알게 하며 명철의 말씀을 깨닫게 하며 / 3. 지혜롭게, 공의롭게, 정의롭게, 정직하게 / 4. 여호와를 경외하는 것 / 5. 1) 악한 자가 너를 꾈지라도 따르지 말라, 2) 그들과 함께 길에 다니지 말라, 3) 네 발을 금하여 그 길을 밟지 말라 / 6. 자기의 생명을 잃게 한다 / 7. 너희(교훈을 멸시하는 자)의 두려움이 광풍같이 임하겠고 너희의 재앙이 폭풍같이 이르겠고 너희에게 근심과 슬픔이 임한다 / 8. 평안히 살며 재앙의 두려움이 없이 안전하리라 [제2장] 1. 4~5절, 은, 보배, 여호와, 하나님 / 2. 7~8절, 지혜, 방패, 보호 / 3. 16절, 음녀, 이방 계집 / 4. 21절, 정직한 자, 완전한 자 [제

부록

3장] 1. 나의 법을 잊어버리지 말고 네 마음으로 나의 명령을 지키라 / 2. 인자와 진리가 네게서 떠나지 않게 하고 네 목에 매며 네 마음판에 새기라 / 3. 마음을 다하여 여호와를 신뢰하고 네 명철을 의지하지 말라 / 4. 스스로 지혜롭게 여기지 말지어다. 여호와를 경외하며 악을 떠날지어다 / 5. 네 재물과 소산물의 처음 익은 열매로 여호와를 공경하라 / 6. 지혜를 얻고 명철을 얻는 자 / 7. 완전한 지혜와 근신을 지키고 이것들이 네 눈 앞에서 떠나지 말게 하라 / 8. 1) 당일에 도우라, 2) 해하려고 꾀하지 말라, 3) 까닭없이 다투지 말라 **[제4장]** 1.- 3) / 2.- 1) / 3.- 2) / 4.- 4) / 5.- 7) / 6.- 8) / 7.- 5) / 8.- 6) **[제5장]** 1. 쑥→꿀, 꿀→쑥 / 2. 문에는 가까이 가되 들어가지는 말라→문에도 가까이 가지 말라 / 3. 기뻐하며→싫어하며, 귀히→가벼이 / 4. 나누게→복되게 / 5. 굽게→평탄하게 **[제6장]** 1. 3) / 2. 개미 / 3. 자자, 졸자, 누워 있자, 곤핍 / 4. 1) 구부러진 말을 하고 다니며, 눈짓을 하며 발로 뜻을 보이며 손가락 짓을 하며, 2) 그의 마음에 패역을 품으며 항상 악을 꾀하여 다툼을 일으키는 자 / 5. 1) 교만한 눈, 2) 거짓된 혀, 3) 무죄한 자의 피를 흘리는 손, 4) 악한 계교를 꾀하는 마음, 5) 빨리 악으로 달려가는 발, 6) 거짓을 말하는 망령된 증인, 7) 형제사이를 이간하는 자 / 6. 네 아비의 명령, 네 어미의 법 / 7. 칠배, 간음

잠언 7~12장

[제7장] 1. 이것이 너를 지켜서 음녀에게, 말로 호리는 이방 여인에게 빠지지 않게 하기 위하여 / 2. 14절~20절. / 3. 1) 소가 도수장으로 가는 것 같고, 2) 미련한 자가 벌을 받으려고 쇠사슬에 매이러 가는 것과 같도다, 3) 새가 빨리 그물로 들어가되 그의 생명을 잃어버릴 줄을 알지 못함과 같으니라. / 4. 많은 사람을 상하여 엎드러지게 하였나니 그에게 죽은 자가 허다하다. **[제8장]** 1. 5절: / 2. 10절: / 3. 13절: / 4. 17절: / 5. 27절: / 6. 32절: / 7. 35절: 〈성경 참고〉 **[제9장]** 1.- 2) - 나) / 2.- 1) - 가) / 3.- 4) - 라) / 4.- 5) - 다) / 5.- 3) - 마) **[제10장]** 1. 의인 / 2. 악인 / 3. 악인 / 4. 악인 / 5. 의인 / 6. 악인 / 7. 의인 / 8. 의인 / 9. 의인 / 10. 악인 / 11. 의인 / 12. 의인 / 13. 악인 / 14. 악인 / 15. 의인 **[제11장]** 1. (O표 할 것), 저울, 추, 1절 / 2. 재물, 공의, 4절 / 3. 구원, 자기, 8절 / 4. 한담, 누설하나, 신실, 13절 / 5. 존영, 재물, 16절 / 6. 삼가지, 금고리, 22절 / 7. 구제하여도, 아껴도, 구제, 풍족, 24~25절 / 8. 보응, 죄인, 31절 **[제12장]** 1. O, 1절 / 2. X, 4절 / 3. X, 12절 / 4. O, 16절 / 5. X, 19절 / 6. O, 25절

잠언 13~18장

[제13장] 1. 3절: / 2. 4절: / 3. 7절: / 4. 13절: / 5. 19절: / 6. 24절: 〈성경 참고〉 **[제14장]** 1. 자기 집을 세우되, 자기 손으로 그것을 헌다 / 2. 거짓말을 아니하여도, 거짓말을 뱉는다 / 3. 망하겠고, 흥한다 / 4. 잘못 가는 것, 인자와 진리가 있다 / 5. 크게 명철하여도, 어리석음을 나타낸다 / 6. 그를 지으신 이를 멸시하는 자, 주를 공경하는 자 / 7. 나라를 영화롭게 하고, 백성을 욕되게 한다 **[제15장]** 1.- 나) - 3) - d). / 2.- 가) - 1) - b) / 3. - 라) - 4) - c) / 4.- 다) - 2) - a) / 5.- 마) - 5) - g). / 6.- 사) - 7) - f) / 7.- 바) - 6) - e) / 8.- 아) - 8) - h) **[제16장]** 1. 1절, 3) / 2. 9절, 2) / 3. 18절, 2) / 4. 24절, 3) / 5. 28절, 1) / 6. 32절, 3) **[제17장]** 1. 3절, 은과 금을→마음을 / 2. 5절, 부모를→주를 / 3. 6절, 영화요→면류관이요, 면류관이니라→영화니라 / 4. 9절, 거듭 말하는 자→덮어 주는 자 / 5. 22절, 약하게→마르게 / 6. 28절, 자꾸 말하면→잠잠하면 **[제18장]** 1. 5절: / 2. 8절: / 3. 14절: / 4. 19절: / 5. 21절: / 6. 22절: / 7. 24절: 〈성경 참고〉

잠언 19~24장

[제19장] 1. 잘못 간다 / 2. 자기 영혼을 사랑한다 / 3. 여호와께로서 말미암는다 / 4. 여호와께 꾸어드리는 것이니 그의 선행을 그에게 갚아 주신다 / 5. 희망이 있기 때문이다 / 6. 권고를 들으며 훈계를 받는다 / 7. 부끄러움을 끼치며 능욕을 부르는 자식이니라 **[제20장]** (O표 할 것), 1. 거만하게, 떠들게, 1절. / 2. 행하는, 후손, 복, 7절 / 3. 잠자기, 빈궁, 13절. / 4. 속이고, 모래, 17절 / 5. 악, 여호와, 구원, 22절 / 6. 여호와, 길, 24절 / 7. 힘, 백발, 29절 **[제21장]** 1. 2절, 마음을 감찰하시느니라 / 2. 4절, 눈이 높은 것, 마음이 교만한 것, 악인이 형통한 것 / 3. 6절, 속이는 말로 재물을 구하는 것 / 4. 9절, 다투는 여인과 함께 사는 것 / 5. 15절, 의인에게는 즐거움, 죄인에게는 패망 / 6. 17절, 가난하게 된다 / 7. 21절, 생명, 공의, 영광 / 8. 23절, 입과 혀를 지키는 자 / 9. 30절, 지혜, 명철, 모략 **[제22장]** 1. 6절:, 15절: / 2. 13절: / 3. 7절:, 9절:, 16절: / 4. 24절: / 5. 29절: 〈성경 참고〉. **[제23장]** 1. 1, 2, 3, 6, 7, 8절 / 2. 20, 21, 29, 30, 31, 33, 34, 35절 / 3. 13, 14절 / 4. 22, 25절 **[제24장]** 1. 1절, 하라→하지도 말지어다 / 2. 8절, 사기한→사악한 / 3. 16절, 열 번→일곱 번 / 4. 21절, 경배하고→경외하고, 말하지→사귀지 / 5. 26절, 글로 답변함은→말로 대답함은 / 6. 33절, 굶자→누워있자

잠언 25~31장

[제25장] 1. 잠언 삼천 가지 / 2. 1) 솔로몬, 2) 히스기야의 신하들. / 3. 1) – 나), 2) – 다), 3) – 가), 4) – 라) **[제26장]** 1. 1절, 적당하다 → 적당하지 아니하다 / 2. 2절, 이루어진다 → 이루어지지 않는다 / 3. 3절, 막대기 → 자갈, 자갈 → 막대기 / 4. 13절, 사슴이 → 사자가 / 5. 20절, 심해진다 → 쉬느니. / 6. 25절, 다 믿어야 한다 → 믿지 말 것도 있다(주: 그 마음에 일곱 가지 가증한 것이 있음이라). **[제27장]** 1. 1절: / 2. 5절: / 3. 9절: / 4. 10절: / 5. 17절: / 6. 23절: 〈성경 참고〉 **[제28장]** 1. 5절, – 3) / 2. 9절, – 4) / 3. 13절 – 2) / 4. 20절, – 1) / 5. 25절, – 6) / 6. 27절 – 5) **[제29장]** 1. 2절, 백성이 즐거워함, 백성이 탄식함 / 2. 11절, 노를 다 드러냄, 그 노를 억제함 / 3. 15절, 지혜를 줌, 그 자식은 어미를 욕되게 함 / 4. 18절, 백성이 방자히 행함, 복이 있음 / 5. 23절, 낮아지게 됨, 영예를 얻음 / 6. 25절. 올무에 걸리게 됨, 안전함 **[제30장]** 1. 아굴의 잠언, 이디엘, 우갈, 1절 / 2. 짐승, 총명, 2절 / 3. 순전, 의지, 방패, 5절 / 4. 헛된 것, 거짓말, 가난, 부, 필요한 양식, 7~8절 / 5. 깨끗한, 씻지, 12절 / 6. 1) 스올, 2) 아이 배지 못하는 태, 3) 물로 채울 수 없는 땅, 4) 족하다 하지 아니하는 불 / 7. 1) 종이 임금된 것, 2) 미련한 자가 음식으로 배부른 것, 3) 미움 받는 여자가 시집간 것, 4) 여종이 주모를 이은 것. / 8. 1) 개미, 2) 사반, 3) 메뚜기, 4) 도마뱀. / 10. 1) 사자, 2) 사냥개, 3) 숫염소, 4) 왕 **[제31장]** 1. 르무엘의 어머니가 르무엘 왕에게. / 1) 힘을 여자들에게 쓰지 말라, 2) 왕들을 멸망시키는 일을 행하지 말라. / 3. 법을 잊어버리고 송사를 굽게 할까 두렵기 때문. / 4. 1) O, 2) X, 3) X, 4) O. / 5. 1) O, 2) X, 3) O, 4) X, 5) O, 6) X, 7) O, 8) X, 9) O, 10) O

전도서 1~6장

[제1장] 1. 예루살렘, 전도자, 1절 / 2. 5번 / 3. 눈, 귀, 8절 / 4. 지혜, 연구, 괴로운, 하나님, 수고, 13절 / 5. 지혜, 번뇌, 근심, 18절 / 6. 1) 이미 있던 것이 후에 다시 있겠고 이미 한 일을 후에 다시 할지라. 해 아래에는 새 것이 없나니, 2) 보라 내가 새 일을 행하리니 이제 나타낼 것이라. 너희가 그것을 알지 못하겠느냐, 반드시 내가 광야에 길을 사막에 강을 내리니 **[제2장]** 1. 집들을 짓고, 포도원을 일구며, 동산과 과원을 만들고 과목 심음, 못을 팠으며 노비들을 사고 낳았으며, 소유를 많이 가졌으며, 보배를 쌓고 노래하는 남녀와 처첩들을 많이 둠 / 2. 내 손으로 한 모든 일과 내가 수고한 모든 것이 다 헛되어 바람을 잡는 것이며 해 아래에서 무익한 것이로다(11절) / 3. 일반이다(16절) / 4. 마음에 실망 하였다(20절) / 5. 사람이 먹고 마시며 수고하는 것보다 그의 마음을 더 기쁘게 하는 것은 없나니 이것도 본즉 하나님의 손에서 나오는 것이로다(24절) **[제3장]** 1. 1) O, 2) O, 3) X, 4) O / 2. 1) O, 2) O, 3) X, 4) O / 3. 1) O, 2) O, 3) O, 4) X **[제4장]** 1. 학대받는 자들 → 출생하지 않은 자. / 2. 보람이 → 평온함. / 3. 불편하거니와 → 따뜻하거니와. / 4. 아는 → 모르는 **[제5장]** 1. 2절: / 2. 4절: / 3. 7절: / 4. 10절: / 5. 19절: 〈성경 참고〉 **[제6장]** 1. 2절 / 2. 7절 / 3. 9절 / 4. 11절

전도서 7~12장

[제7장] 1. 초상집, 혼인집 / 2. 기뻐하라, 되돌아보아라 / 3. 없다 / 4. 정직하게 지으셨다, 많은 꾀를 낸 것이다 **[제8장]** 1. 1절, 광채가 → 사나운 것이, X / 2. 8절, 있다 → 없다, X / 3. 12절, O / 4. 17절, O **[제9장]** 1. – 다) / 2. – 나) / 3. – 가) / 4. – 마) / 5. 라) **[제10장]** 1. 5~6절 / 2. 10절 / 3. 14절 / 4. 16~17절 **[제11장]** 1. 1절: / 2. 4절: / 3. 5절: 〈성경 참고〉 **[제12장]** 1. 〈전도서〉 12:2~6 해석 참고 / 2. 하나님을 경외하고 그의 명령들을 지키는 것

아가 1~4장

[제1장] 1. 3) / 2. 네 사랑 / 3. 내 어머니의 아들들(주: 이복 오빠들인 듯)이 나에게 노하여 포도원지기로 삼았으므로 / 4. 바로의 병거의 준마 / 5. 몰약 향주머니 / 6. 비둘기 **[제2장]** 1. (O표 할 것), 백합화 / 2. 사과나무. / 3. 사랑하므로 / 4. 노루와 사슴 / 5. 1) 비가 그쳤다, 2) 꽃이 피었다, 3) 포도나무 꽃이 피었다 / 6. 작은 여우를 잡으라 **[제3장]** 1. 1) 3절, 3, 2) 1절, 1, 3) 2절, 2, 4) 4절, 4. / 2. 1) 11절, 4, 2) 7~8절, 2, 3) 6절, 1, 4) 9~10절, 3 **[제4장]** 1. 1) 비둘기, 2) 길르앗 산기슭에 누운 염소 떼, 3) 목욕장에서 나온 털 깎인 암양, 쌍태를 낳은 양, 4) 홍색실, 5) 어여쁘고, 6) 석류 한 쪽, 7) 방패 천개, 용사의 모든 방패가 달린 망대, 8) 백합화 가운데 꼴을 먹는 쌍태 어린 사슴 / 2. 누이, 신부, 마음, 한 번 보는 것, 구슬 한 꿰미 / 3. 꿀 방울, 꿀과 젖 / 4. 잠근 동산, 덮은 우물, 봉한 샘 / 5. 5번 / 6. 북풍아, 향기

아가 5~8장

[제5장] 1. 1) 나의 누이, 2) 나의 사랑, 3) 나의 비둘기, 4) 나의 완전한 자 / 2. 라오디게아 교회 / 3. 나를 쳐서 상하게 하였고, 나의

겉옷을 벗겨 가졌도다 / 4. 사랑하는 자(신랑)를 사랑하므로 병이 났다 / 5. 희고도 붉어 많은 사람 가운데에 뛰어나다. 1) 순금 같다, 2) 까마귀 같이 검다, 3) 시냇가의 비둘기 같다, 4) 향기로운 꽃밭 같다, 5) 백합화 같다, 6) 황금 노리개 같다, 7) 상아에 청옥을 입힌 듯하다, 8) 화반석 기둥 같다, 9) 레바논 같고 백향목처럼 보기 좋다. 10) 심히 달콤하다 **[제6장]** 1. 1) 속하였고, 속하였으며, 3절, 2) 내 안에, 그 안에, 아무 것, 5절 / 2. 1) 4:1, 6:5, 2) 4:2, 6:6, 3) 4:3, 6:7 / 3. 육십, 팔십, 무수, 비둘기, 하나뿐, 칭찬, 8~9절 / 4. 술람미 여자야, 13절 / 5. 나오지 않는다 **[제7장]** 1. 1) 숙련공의 손이 만든 구슬꿰미 같다, 2) 가득히 부은 둥근 잔 같다, 3) 백합화로 두른 밀단 같다, 4) 상아 망대 같다, 5) 종려나무 같다, 6) 사과 냄새 같다, 7) ① 암사슴의 쌍태 새끼, ② 종려나무 열매 송이, ③ 포도송이 / 2. 1) 포도 움이 돋았는지, 2) 꽃술이 퍼졌는지, 3) 석류꽃이 피었는지 / 3 동침, 잇사갈 **[제8장]** 1. 2~3절: / 2. 6절: / 3. 7절: / 4. 10절: / 5. 11절: / 6. 14절: 〈성경 참고〉

총정리 문제(구약 시가서: 〈욥기〉~〈아가〉)

• **욥기**

[준비] 1. – 나). / 2. – 라). / 3. – 가). / 4. – 다)

[본문 공부]

〈1〉 **[1~2장]** 1. 1) 우스 땅, 2) 온전하고 정직하여 하나님을 경외하며 악에서 떠난 자. 3) 아들 일곱과 딸 셋, 4) 양이 칠천, 낙타가 삼천, 소가 오백 겨리, 암나귀가 오백 마리, 종도 많았다 / 2. 사탄 / 3. 데만 사람 엘리바스, 수아 사람 빌닷, 나아마 사람 소발 / 4. 생일 / 5. 의롭겠느냐, 깨끗하겠느냐 / 6. 징계 받는 자, 징계 / 7. 내 살에는 구더기와 흙 덩이가 의복처럼 입혀졌고 내 피부는 굳어졌다가 터지는구나 / 8. 네 시작은 미약하였으나 네 나중은 심히 창대하리라 / 9. 내 도는 정결하고 나는 주께서 보시기에 깨끗하다 / 10. 죄악 / 11. 생명, 육신의 목숨, 손 / 12. 10절 / 13. 하나님 / 14. 21절 / 15. 화목하고 평안하라 / 16. 단련, 순금 / 17. 불의, 거짓, 4절 / 18. 풍자 / 19. 1) 욥에게 – 하나님보다 자기를 의롭다 함이요. 2) 친구들에게 – 능히 대답하지 못하면서도 욥을 정죄함이라 / 20. 기도, 은혜, 기뻐, 회복 / 21. 경외하고, 지혜롭다 / 22. 40:4~5 성경참고 / 23. 베헤못, 리워야단 / 24. 내가 주께 대하여 귀로 듣기만 하였사오나 이제는 눈으로 주를 뵈옵나이다 / 25. 복, 일곱, 셋, 140년, 사 대

• **시편**

1. 1~41편, 다윗 / 2. 여호와, 망하리로다 / 3. 1) 음성을 높임, 2) 잠시 쉼(또는 묵상) / 4. 여호와께서 인정, 망하리로다 / 5. 안전히, 여호와 / 6. 사람, 인자 / 7. 나의 주님이시오니, 나의 복이 없다 / 8. 구원, 교만한 눈 / 9. 46절, 24절 / 10. 암송 / 11. 여호와는 나의 빛이요 나의 구원이시니 내가 누구를 두려워하리요 여호와는 내 생명의 능력이시니 내가 누구를 무서워하리요 / 12. 사함, 가려진, 복 / 13. 여호와를 자기 하나님으로 삼은 나라, 곧 하나님의 기업으로 선택된 백성은 복이 있도다 / 14. 주의 의, 주를 찬송 / 15. 이스라엘의 하나님 여호와를 영원부터 영원까지 송축할지로다 아멘 아멘 / 16. 42:5, 42:11, 43:5 / 17. 44:22 / 18. 새벽에 도우심 / 19. 내가 너를 건지리니, 네가 나를 영화롭게 하리로다 / 20. 자기 재물의 풍부함을 의지. / 21. 동료, 친구, 친우 / 22. 나의 눈물 / 23. 나의 영혼아 잠잠히 하나님만 바라라 무릇 나의 소망이 그로부터 나오는도다 / 24. 내 마음에 죄악을 품으면 / 25. 노래로 하나님의 이름을 찬송하며 감사함으로 하나님을 위대하시다 하는 것. / 26. 솔로몬, 127편. / 27. 악인의 형통함을 보고 / 28. 주의 기업의 지파로 삼으신 주의 회중을 기억하시며 주께서 계시던 시온산. / 29. 역사시 / 30. 포도나무 / 31. 1) X, 2) O / 32. 나의 아버지, 나의 하나님, 나의 구원의 바위 / 33. 모세 / 34. 사랑, 건지리라, 이름, 높이리라 / 35. 생각, 위안, 즐겁게 / 36. 1) O, 2) O, 3) X, 4) O / 37. 하나님, 백성, 양 / 38. 모든 죄악, 모든 병, 파멸에서 속량, 관, 좋은 것 / 39. 포도주, 기름, 양식 / 40. 만족을 주시며 좋은 것으로 채워 주심 / 41. 기도할 뿐이다 / 42 할렐루야, 유월절 / 43. 117편, 119편 / 44. 내 발에 등, 내 길에 빛 / 45. 이합체시, (참고) 9, 10, 25, 34, 37, 111, 112, 119, 145편. / 46. 성전에 올라가는 노래 / 47. 가정적인 노래 / 48. 저주시 / 49. 할렐루야: 여호와를 찬양하라 / 50. 호흡이 있는 자마다 여호와를 찬양할지어다. 할렐루야

• **잠언**

1. 다윗의 아들 이스라엘 왕 솔로몬의 잠언이라 / 2. 지혜롭게, 공의롭게, 정의롭게, 정직하게 / 3. 여호와를 경외하는 것 / 4. 마음을 다하여 여호와를 신뢰하고 네 명철을 의지하지 말라. 너는 범사에 그를 인정하라 / 5. 2) 아내 사랑 / 6. 훈계와 지식 / 7. 삼가지, 돼지 코 / 8. 다툼, 권면 / 9. 유순한 대답, 과격한 말 / 10. 자기의 길을 계획, 걸음을 인도하는 이 / 11. 한담하는 자, 입술을 벌린 자 / 12. 재물, 영광, 생명 / 13. 술 / 14. 빈궁이 강도같이 오며

곤핍이 군사같이 이른다 / 15. 솔로몬의 잠언, 유다 왕 히스기야의 신하들이 편집한 것 / 16. 형통하지 못하다. 불쌍히 여김을 받는다 / 17. 백성이 방자히 행한다 / 18. 짐승, 총명 / 19. 곤고한 자, 궁핍한 자 / 20. 31장, 12번

• **전도서**

1. 1:1 – 다윗의 아들 예루살렘 왕 전도자의 말씀이라 / 2. 1:14 – 내가 해 아래에서 행하는 모든 일을 보았노라 보라 모두 다 헛되어 바람을 잡으려는 것이로다 / 3. 5:7 – 꿈이 많으면 헛된 일들이 많아지고 말이 많아도 그러하니 오직 너는 하나님을 경외할지니라 / 4. 7:14 – 형통한 날에는 기뻐하고 곤고한 날에는 되돌아보아라. 이 두 가지를 하나님이 병행하게 하사 사람이 그의 장래 일을 능히 헤아려 알지 못하게 하셨느니라 / 5. 9:9 – 네 헛된 평생의 모든 날 곧 하나님이 해 아래에서 네게 주신 모든 헛된 날에 네가 사랑하는 아내와 함께 즐겁게 살지니라. 그것이 네가 평생에 해 아래에서 수고하고 얻은 네 몫이니라 / 6. 12:13 일의 결국을 다 들었으니 하나님을 경외하고 그의 명령들을 지킬지어다. 이것이 모든 사람의 본분이니라

• **아가**

1. 사랑의 노래 / 2. 솔로몬 왕 / 3. 눈, 머리털, 이, 입술, 입, 뺨, 목, 유방 / 4. 나의 누이, 나의 사랑, 나의 비둘기, 나의 완전한 자 / 5. 사랑하므로 / 6. 암사슴의 쌍태 새끼, 종려나무 열매송이, 포도송이 / 7. 죽음같이 강하다

부록

B I B L E

성경 한눈에 익히기(성경 역사의 흐름)

이 자료는 〈실로암 성서연대표〉(실로암성경학교 별매)에 대한 간단한 해설입니다. 이 과정을 잘 살펴 공부하면 성경이 친근해지는 체험을 하게 됩니다. 다음 해설의 성경구절과 단어에 관심을 갖고 자신의 성경에 표시하고 여백에 적절하게 기록하여 자신의 성경으로 만들면 성경이 한눈에 보이는 신비함이 있습니다. 구체적인 것은 이 책의 해당 본문 자료를 보면 됩니다.

1. 율법서

[제1과] **창세기(인류시작)**

원역사	창조(1~2장) - 1:1 타락(3~5장) - 3:6 홍수(6~9장) - 6:13 바벨(10~11) - 11:9	족장사	아브라함(12~23장) - 12:1 이삭(24~26장) - 21:3(이스마엘, 16:11~12) 야곱(27~36장) - 25:26(에서: 에돔, 36:1~4) 요셉(37~50장) - 애굽으로 37:28, 가족 애굽으로 46:27

열두 아들(지파:르시레유단납갓아잇스요베) → 해당 본문 내용 도표 참고, 성경에 표시

※창세기는 '톨레도트'(족보, 계보) 형식의 기록이다(10회). ① 2:4, ② 5:1, ③ 6:9, ④ 10:1, ⑤ 11:10, ⑥ 11:27, ⑦ 25:12, ⑧ 25:19, ⑨ 36:1(9), ⑩ 37:2 형식의 기록이다. - 이 구절들을 찾아 표시하라.

[제2과] **출애굽기(출애굽과 시내 산 언약)**

※**모세의 애굽 출생** 2:2,10. → **미디안**으로 2:15. → 소명(3장, 호렙 산: 시내 산) → 애굽으로 4:19
(모세의 첫 번째 40년) (모세의 두 번째 40년)

→ 애굽에서의 **10대 재앙** (피개이파돌종우메흑장) → 성경에 표시

출애굽(유월절) 12:11-14,37 → 시내 산 도착 19:1(정월 15일 → 제3월(1일): 45일 소요?), 시내 산에서 율법 받기까지 5일(?), 즉 출애굽(유월절)부터 율법받기까지 약 50일(**오순절, 맥추절**)

(구약은 오순절이 '율법 받은 날', 신약은 '성령강림한 날'로 이해한다)

※시내 산 언약 - (19~24장) → 19:5~6, 제사장 나라, 거룩한 백성 / 나는 너희 하나님, 너희는 내 백성.

/ (모세의 세 번째 40년)은 출애굽부터 호르 산에서 죽을 때까지 광야의 삶

부록

십계명: 20장 성경에 표시

※성막 제도 및 건축 봉헌(25-40장). 정월 초일일에 봉헌(출애굽한 지 약 1년)

성막의 식양에 대한 명령과 시행을 찾기 성경에 표시

회막 밖: 번제단, 물두멍 / **성소:** 진설병상, 등잔대, 분향단 / **지성소:** 증거궤

[제3과] **레위기(제사제도 및 여호와께 성결)**

성막을 봉헌하고(출 40장), 이곳에서의 제사들과 정결 규례에 관한 말씀을 가르치고 있다. 장소의 이동은 없으며 시내 산에서 하신 말씀이다(7:38, 25:1, 26:46, 27:34).

1~7장: 희생제물 / ※5대 제사(규례)

① 번제 1:3 (6:9), ② 소제 2:1 (6:14), ③ 화목제 3:1 (7:11),

④ 속죄제 4:3 (6:25), ⑤ 속건제 5:15 (7:1)

8~10장: 제사장직

11~16장: 여호와께 성결

17~27장: 거룩함에 대하여 → 17:11 피가 죄를 속하느니라(히 9:22 참고).

※17~22장은 정결규례(Holiness Code)

※23, 25장: **절기** → (《성경핵심전과 1》 129쪽 참고.) / **3대 절기**(유월절, 맥추절, 수장절)와 기타 절기 기억

[제4과] **민수기(광야 방랑 및 인구 조사)**

2차에 걸친 인구조사 *1차 → 시내 광야에서 - 1:1(출애굽 제2년 2월 1일), 1:3, 46 싸울 자(603,550명)

*2차 → 모압 평지에서 - 26:2, 51, 20세 이상, 전쟁에 나갈 만한 자(601,730명)

두 번째 유월절 - 9:5(1월 14일), 첫 번째 유월절은 출애굽 사건 (출 12:11~14, 37)

시내 산 출발 - 10:11~12(제2년 2월 20일). (시내 산 도착은 출 19:1 - 약 1년간 시내 광야 거주)

바란 광야 가데스에서 열두 정탐꾼 보냄 - 13:1~2 (결과는 14:33~34) - 40년 광야 생활의 원인

모압 평지(여리고 맞은편) 도착 - 22:1 / (22~36장): 여호와의 규례 - 26:1, 36:13, 신 1:5

[제5과] 신명기(율법의 재음미)

신명기에서 '신'은 원전의 의미를 잘 나타내는 말이다. 무슨 뜻인가?

(神이 아닌 申으로 '다시', '반복'이다.)

요단 저편 모압 땅에서 율법 설명 - 1:5, 모세가 죽기 전 가나안에 들어갈 후세대들에게 말씀

이르되 - 1~4장: 첫 번째 설교(1:6 – 이르시기를) - 광야 생활 40년 요약

5~26장: 두 번째 설교(5:1 – 이르되) - 시내 산에서 받은 율법(호렙)

27~28장: 가나안 입성을 위한 설교(27:1–이르되),(27장부터 세 번째 설교로 분류하기도)

29~30장: 세 번째 설교(29:2 – 이르되) - 모압에서 받은 율법(언약 갱신)

31~34장: 모세의 마지막 - 설교 후에 이스라엘을 축복하고 모세는 죽음(34:5).

2. 역사서

부록

신명기적 역사서 : 〈여호수아〉, 〈사사기〉, 〈사무엘〉, 〈열왕기〉. (〈룻기〉는 성문서)

①예배처소의 단일화(예루살렘) ②유일신 하나님 경배 ③이방 풍속 거부 및 혼인 · 교류 금지
④시각이 선지자적(잘못을 지적) ⑤기본 구조가 범죄(배신) – 심판 – 회개 – 구원 (예: 〈사사기〉)
⑥조건부 언약관계로 이해(순종하면 복, 불순종하면 저주)

[제1과] 여호수아(가나안 정복과 땅 분배)

1~12장 : 가나안 정복 - (31왕을 멸함 - 12:7, 24).

13~22장 : 가나안 분배

23~24장 : 여호수아의 고별 설교 / "나와 내 집은 여호와를 섬기겠노라."

[제2과] (1) 사사기(판관기, 왕이 있기 전 사사들이 통치하던 시대상)

※왕정제도는 백성들의 요구(삼상 8장)에 의한 것이며, 사사시대는 지파동맹체(임펙티오니)로서 오히려 하나님이 원하는 체제로서 긍정적인 면이 있으나 제 소견에 옳은 대로 행한 혼란이 있었다.

"왕이 없으므로" - 17:6, 18:1, 19:1, 21:25 → "자기 소견에 옳은 대로 행하였더라"(혼란).

※사사를 세운 목적 2:16 → "여호와께서 사사들을 세우사 노략자의 손에서 그들을 구원하게"

※여호수아 시대에 가나안을 완전히 정복하지는 못했다. 1:27~33 → "쫓아 내지 못하였음"

그 이유 - 2:20~22 → "여호와와 동행하나 시험하려고"

사이클 시대 (배신, 심판, 회개, 구원) - 해당 본문 내용 보기

열두 사사 이름 첫자 : 옷에삼드기돌야입입엘압삼 - 해당 본문 내용을 보고 성경에 표시, 여백에 기록

(2) 룻기(사사시대 초기, 다윗 왕조의 족보를 본다)

※사사시대 초기에 이방 모압 여인 룻이 다윗 왕조의 조상이 되는 과정을 보여준다(1:1).

※족보를 살펴보자→4:18-22. 살몬은 라합에게서(수 2:2→마 1:5) 보아스를 낳았고

보아스→오벳→이새→다윗→……→예수 그리스도 (4:18~22)

[제3과] (1) 사무엘상(사무엘 선지 / 통일왕국 사울 왕)

1~8장 : 사무엘의 활동(선지자, 사사, 제사장)

9~24장 : 초대 왕 사울(베냐민 지파)

※이스라엘이 왕을 요구한 이유(8:4~5)

① 사무엘이 늙었다. ② 사무엘의 아들들은 행위가 나쁘다. ③ 모든 나라와 같이 왕을 세워 다스리게.

※사울의 등장 9:2 → 기름 부음 10:1 → 왕위 의식 10:24

※처음에는 잘 했으나 나중에 교만하여 타락→해당 본문 내용에 있는 도표 참고

(2) 사무엘하(〈역대상〉과 동시대 - 다윗 왕의 치세)

제2대 왕 다윗은 유다 지파 출신으로 다윗 이후 유다 지파만 왕이 되었다.

※왕으로 예선, 삼상 16:13 → 유다 지파 지지, 삼하 2:4 → 온 이스라엘 지지, 삼하 5:3

※북쪽엔 사울의 아들 이스보셋이 이스라엘 왕이 됨 (2:10, 2년간) → 죽임 당함(4:7~8)

※다윗은 헤브론에서 7년 6개월(유다의 왕) / 다윗과 하나님의 언약 (7장)

예루살렘에서 33년(유다와 온 이스라엘의 왕: 통일 왕국). 40년 간 통치(5:4~5)

※다윗 왕국의 확장 및 전승 (8장 이하) - 블레셋, 모압, 소비, 아람, 암몬, 에돔

[제4과] (1) 열왕기상(솔로몬의 통치 및 왕국 분열, 남1~4, 북1~8대왕)

〈열왕기상하〉는 〈역대하〉와 동시대

솔로몬의 출생(삼하 12:24) ※왕위 쟁탈에서 부왕 다윗이 밧세바의 아들 솔로몬을 후계자로 지목.

- 아도니야 - 학깃의 아들, 지원자: 요압장군, 아비아달 제사장 - 아도니야 죽임 당함(2:25)
- 솔로몬 - 밧세바의 아들, 지원자: 브나야 장군, 사독 제사장, 나단 선지 - 다윗의 인정(1:30)

제3대 왕 솔로몬의 성전건축 (6:1, 애굽에서 나온 지 480년, 왕이 된 지 4년에 시작하여 11년에 완공)

일반 건축 - 성전과 왕국 건축 후 9:15 이하에 나타난 다양한 건축들

부록

이방 여인 수입(왕권을 나타내지만, 우상숭배와 연계) 11:1~13 → 대적들 생김 23장 이하, 26장 이하~

왕국 분열(12장) - 르호보암(남, 유다 지파) 7절 - 2지파 (유다, 베냐민)

여로보암(북, 에브라임지파) 20절 - 10지파 (벧엘과 단에 금송아지, 28절)

남북 왕을 찾아 이름에 표시하고 여백에 몇 대 왕인지를 숫자로 표시: 남북 구분 옆 쪽 도표

※〈열왕기〉는 일정한 형식으로 기록되었으므로 이런 틀을 이해하며 읽으면 도움이 된다.

왕의 재위 비교 연대 / 즉위 나이 / 재위 기간 / 왕의 모친 / 죽음과 매장지 /
왕에 대한 비판과 예배에 대한 태도를 논하고 있다.

(2) 열왕기하(남 5~20대왕, 북 9~19대왕)

〈열왕기상하〉는 〈역대하〉와 동시대

북왕국 멸망(주전 721년) 17장, 앗수르 포로

※산헤립의 예루살렘 침공(주전 701년) 18장

※요시야의 종교개혁(주전 621년) 22~23장,

남왕국 멸망(주전 587년) 25장, 예루살렘 성전 파괴, 바벨론 포로 → 주전 538년부터 3차 귀환(스)

멸망의 원인은 남북 모두 하나님을 배반하고 우상숭배한 죄를 지적한다(17장, 25장).

① 주전 597년(여호야긴) - 겔 1:1~3, 왕하 24~25장, 렘 52:28

② 주전 587년(시드기야) - 왕하 24~25장, 대하 36장, 렘 52:28

③ 주전 582년 멸망 후, 렘 52:28~32 / (1차 포로를 605년 여호야김 때도 주장, 단 1:1, 대하 36:6~7).

역대기적 역사서 : 〈역대기〉, 〈에스라〉, 〈느헤미야〉. (〈에스더〉는 성문서)

①아담부터 이스라엘의 몰락, 국가재건까지 기록. ②남국 유다 중심으로 기록. ③다윗과 솔로몬의 성전중심의 치적 강조
④시각이 제사장적(포용과 화합), ⑤다윗(삼하11장)과 솔로몬의 문제점(왕상11장)은 기록 않음. ⑥레위인의 위상정립.

[제5과] (1) 〈역대상〉(다윗의 통치로서 〈사무엘하〉와 동시대)

1~10장은 다윗의 등장에 대한 서언적인 족보 / **11장 이하**는 다윗의 통치 및 여러 목록들

역대기는 포로기 이후에 다윗 왕조의 회복을 기대하는 유다주의적인 관점에서 기록하였다.

(2) 〈역대하〉(솔로몬의 통치 및 왕국분열, 〈열왕기상하〉와 동시대)

1~9장은 솔로몬의 통치 / **10~36장**은 유다 열왕들 (남북 분열, 분열 왕들, 왕국의 멸망)

부록

북국 이스라엘의 왕들(주전 922~721년) *번호에 선으로 구분한 것은 쿠데타로 왕조가 바뀐 것

왕조	번호	왕이름	지파	재위연대(통치기간)		선왕과 관계	성품	사망 형태 (살해자)	남북 관계	관계성구		성경표시
				현대 견해	전통 견해					열왕기상	역대하	열왕기상
1	1	여로보암	에브라임	922~901	931~910(22)	아들	악함	하나님이 치심	전쟁	12:20~14:20	9:29~13:22	12:20
	2	나답	에브라임	901~900	910~909(2)		악함	살해됨(바아사)	전쟁	15:25~32	9:29~13:22	15:25
2	3	바아사	잇사갈	900~877	909~886(24)	무관함	악함	자연사	전쟁	15:27~16:7	16:1~6	15:33
	4	엘라	잇사갈	877~876	886~885(2)	아들	악함	살해됨(시므리)	전쟁	16:6~14		16:8
3	5	시므리	베냐민	876(7일)	885(7일)	병거장관	악함	자살(오므리 포위)	전쟁	16:9~20		16:11
4	6	오므리		876~869	885~874(12)	군대장관	악함	자연사	전쟁	16:16~28	0	16:22
	7	아합		869~850	874~853(22)	아들	악함	전쟁에서 부상	동맹	16:28~22:40	18:1~34	16:29
	8	아하시야		850~849	853~852(2)	아들	악함	창밖으로 떨어짐	화평	22:51~왕하1:18	20:35~37	22:51
										열왕기하		열왕기하
	9	여호람(요람)		849~842	852~841(12)	형제	악함	살해됨(예후)	동맹	3:1~8:24	22:5~7	3:1
5	10	예후		842~815	841~814(28)	무관함	악함	자연사	전쟁	9:1~10:36	22:17~24	9:13
	11	여호아하스		815~801	814~798(17)	아들	악함	자연사	화평	13:1~9	0	13:1
	12	요아스(여호아스)		801~786	798~782(16)	아들	악함	자연사	전쟁	13:10~14:16	25:17~24	13:10
	13	여로보암 II		786~749	793~753(41)	아들	악함	자연사	화평	14:23~29	0	14:23
	14	스가랴		746(6월)	753~752(6월)	아들	악함	살해됨(살룸)	화평	15:8~12	0	15:8
6	15	살룸		745(1월)	752(1월)	무관함	악함	살해됨(므나헴)	화평	15:10~15		15:13
7	16	므나헴		745~738	752~742(10)	무관함	악함	자연사	화평	15:14~22		15:17
	17	브가히야		738~737	742~740(2)	아들	악함	살해됨(베가)	화평	15:22~26		15:23
8	18	베가		737~732	752~731(20)	군대장관	악함	살해됨(호세아)	전쟁	15:27~31	28:5~8	15:27
9	19	호세아		732~721	731~722(9)	무관함	악함	앗수르의 포로됨	화평	17:1~6		17:1

남국 유다의 왕들(주전 922~721년) *아래 제시한 '성경에 표시' 성구를 찾아 표시하고 여백에 기록

번호	왕이름	지파	재위 연대(통치 기간)		즉위 나이	선왕 관계	성품	사망 형태 (살해자)	남북 관계	관계성구		성경에 표시	
			현대 견해	전통 견해						열왕기상	역대하	열왕기상	역대하
1	르호보암	유다	922~915	931~913(17)	41	아들	악함	자연사	전쟁	11:42~14:31	10:1~12:16	12:17	9:31
2	아비얌(아비야)	유다	915~913	913~911(3)	?	아들	악함	자연사	전쟁	14:31~15:8	13:1~22	15:1	13:1
3	아사	유다	913~873	911~870(41)	?	아들	선함	자연사	전쟁	15:8~24	14:1~16:14	15:9	14:1
4	여호사밧	유다	873~849	873~848(25)	35	아들	선함	자연사	화평	22:41~50	17:1~20:37	22:41	17:1
										열왕기하		열왕기하	
5	여호람	유다	849~842	848~841(8)	32	아들	악함	하나님이 치심	화평	8:16~24	21:1~20	8:16	21:1
6	아하시야	유다	842	841(1)	22	아들	악함	살해됨(예후)	동맹	8:24~9:29	22:1~9	8:25	22:1
7	아달랴	아합의 딸	842~837	841~835(6)		모친	악함	살해됨(군대)	화평	11:1~20	22:10~23:21	11:1	22:10
8	요아스	유다	837~800	835~796(40)	7	손자	선함	살해됨(신복들)	화평	11:21~12:21	24:1~24:27	11:21	24:1
9	아마샤	유다	800~783	796~767(29)	25	아들	선함	살해됨(모반)	전쟁	14:1~22	25:1~28	14:1	25:1
10	아사랴(웃시야)	유다	783~742	792~740(52)	16	아들	선함	하나님이 치심	화평	15:1~7	26:1~23	14:21	26:1
11	요담	유다	742~735	740~732(16)	25	아들	선함	자연사	전쟁	15:32~38	27:1~9	15:32	27:1
12	아하스	유다	735~715	732~716(16)	20	아들	악함	자연사	전쟁	16:1~20	28:1~27	16:1	28:1
13	히스기야	유다	715~687	716~687(29)	25	아들	선함	자연사		18:1~20:21	29:1~32:33	18:1	29:1
14	므낫세	유다	686~642	687~643(55)	12	아들	악함	자연사		21:1~18	33:1~20	21:1	33:1
15	아몬	유다	642~640	643~641(2)	22	아들	악함	살해됨(신복들)		21:19~26	33:21~25	21:19	33:21
16	요시야	유다	640~609	641~609(31)	8	아들	선함	전쟁에서 부상		22:1~23:30	34:1~35:27	22:1	34:1
17	여호아하스	유다	609(3월)	609(3월)	23	아들	악함	애굽에 잡혀감		23:31~33	36:1~4	23:31	36:1
18	여호야김	유다	609~598	609~598(11)	25	형제	악함	포위 때 죽음(?)		23:34~24:5	36:5~8	23:34	36:5
19	여호야긴	유다	598(3월)	598~597(3월)	18	아들	악함	바벨론에 잡혀감		24:6~16	36:9~10	24:6	36:9
20	시드기야	유다	597~587	597~586(11)	21	숙부	악함	바벨론에 잡혀감		24:17~25:30	36:11~21	24:17	36:11

※연대는 학자마다 다양하므로 절대적인 것은 없으며, 현대견해는 주로 John Bright 의 〈이스라엘 역사〉에서, 전통견해는 많이 알려진 연대를 기초로 하였다.

※**주의**: 본문의 사건들이 북국을 말하는지 남국을 말하는지 구분할 줄 알아야 한다. / 선지자는 따로 표시하라
예) 왕상 15:1 / 느밧의 아들 여로보암 왕 제 십팔 년에 아비얌이 유다 왕이 되고…… (남국 유다 왕 아비얌을 소개)
왕상 16:23 / 유다 왕 아사 제 삼십일 년에 오므리가 이스라엘 왕이 되어 십이 년을…… (북국 이스라엘 왕 오므리 소개)

부록

[제6과] 포로 후 시대(〈에스라〉, 〈느헤미야〉, 〈에스더〉), (바벨론이 539년에 바사에 멸망)

〈에스라〉, 〈느헤미야〉, 〈에스더〉는 바벨론 포로 후의 재건 (**성전, 율법, 성벽**)하는 모습을 보여 준다.
포로 후의 역사는 바사의 통치하에 있으므로 바사의 왕들을 기준으로 년대를 보게 된다.

바사 왕	통치 연대	관계 성경	한 일
고레스	559~530	스 1장	해방령
캄비세스	530~522	언급 없음	
가우마타	522(2월)	언급 없음	
다리오 1세	522~486	스 4:5, 24, 6:1~15	성전재건을 도움
아하수에로(크셀크세스)	486~465	스 4:6, 에 1~10장	에스더를 왕비로 맞음
아닥사스다 1세	464~424	스 4:7~23, 7:1, 느 2:1	에스라, 느헤미야 귀환 도움

• 바사의 왕들 일람표 / 바사(페르시아)는 539년에 바벨론을 무찌르고 제국이 되었으나, 333년에 헬라의 알렉산더에게 멸망한다.

(1) 에스라(포로에서 귀환하여 성전재건 및 개혁)

포로생활 **70년**(견해. ① 587~515 성전재건, ② 606~538년 포로귀환)은 〈예레미야〉 25:12의 예언 성취.
1~6장: 해방령과 **1차 귀환** (538년, 스룹바벨 주도).
*성전 공사 시작(3:8), 중단되었다가 다리오 6년(515년)에 **성전 재건** 완공(6:15)/ 학개, 스가랴 예언
7~10장: **2차 귀환**(458년, 에스라 주도)과 개혁. 학사 겸 제사장으로 **율법 재건**하는 개혁을 시행한다.

부록

(2) 느헤미야(3차 귀환을 인도하여 성곽 재건 및 개혁)

느헤미야는 아닥사스다 20년(445년, 느 1:1, 2:1)에 **3차 귀환**(445년)을 주도하여 귀환 후 **성곽을 재건**하고 (느 6:15, 12:27) 여러 개혁들을 에스라와 함께 시행한다(5장, 8장, 13장).

(3) 에스더(아하스에로-크셀크세스- 시대에 있던 구원역사)

〈에스더〉는 〈에스라〉 6장(성전재건, 515년)과 7장(에스라의 귀환 458년) 사이에 있었던, 유다인들이 죽게 되었을 때 에스더가 '죽으면 죽으리라'는 각오로 하만의 세력을 무찌르고 민족을 구원한 사건.
부림절의 기원(에 9:26).

3. 시가서

시가서는 〈욥기〉, 〈시편〉, 〈잠언〉, 〈전도서〉, 〈아가〉로 5권이다. - 첫 자로 외우기(욥시잠전아)

저술 시기는 지혜문학이 발전한 다윗과 솔로몬 시대이며, 일부는 헬라 지배하에 있던 중간시대로 보인다.

(1) 욥기 – 의인의 고난과 승리

지혜문서(욥, 잠, 전)의 하나로서 족장시대 분위기이지만 기록은 왕정시대 초기로 본다.

구성: 욥과 세 친구(엘리바스, 빌닷, 소발)의 논쟁과 엘리후의 연설과 하나님의 말씀

(2) 시편 – 히브리 시인들의 신앙고백

'시편(세펠 테힐림)'은 '현악기를 연주한다'는 의미를 포함한다.

전5권: 제1권(1-41편), 제2권(42-72편), 제3권(73-89편), 제4권(90-106편), 제5권(107-150편).

(3) 잠언 –지혜로운 격언 모음

솔로몬의 잠언(미쉘레 쉘로모)으로 속담, 격언, 비유, 수수께끼를 포함한다.

지혜와 우둔, 솔로몬의 잠언(1-2집), 지혜인의 어록, 아굴 · 르무엘의 잠언, 현숙한 여인의 교훈

(4) 전도서 – 인생의 허무와 인간의 본분

전도자(코헬렛)는 '회중을 모은 사람', '회중 가운데서 말하는 사람'이라는 뜻이다.

자연인의 시각으로만 보면 헛되지만, 계시의 시각으로 보면 하나님을 경외하는 것이 인생의 본분

(5) 아가 – 남녀의 사랑, 그리스도와 교회의 사랑을 노래

아가(쉬르 하쉬림)는 '노래 중의 노래'로서 화자(話者)를 찾아 읽어야 한다.

솔로몬과 술람미 여인의 사랑은 풍유적으로 그리스도와 교회(성도)의 사랑을 보여준다.

부록

4. 예언서

1. 대예언서 5권 - 〈이사야〉, 〈예레미야〉, 〈애가〉, 〈에스겔〉, 〈다니엘〉 - 첫 자로 외우기(사렘애겔단)

예언자의 시대적 위치와 대상자를 찾는 것은 각 예언서 1장 1~3절에서 어느 왕 때인가를 보는 것이다.

- **〈이사야〉 (포로 전)** "유다 왕 웃시야와 요담과 아하스와 히스기야 시대에 아모스의 아들 이사야가 유다와 사마리아에 대하여 본 이상이라."(사 1:1)
  (1) 예언 시기 - 웃시야(주전 783-742), 요담(742~735), 아하스(735~715), 히스기야(715~687)
  (2) 예언 대상 - 남 유다(예루살렘)와 열국
- **〈학개〉 (포로 후)** "다리오 왕 이년 유월 곧 그 달 초하루에 여호와의 말씀이 선지자 학개로 말미암아 스알디엘의 아들 유다 총독 스룹바벨과 여호사닥의 아들 대제사장 여호수아에게 임하니라."(학 1:1)
  (1) 예언 시기 - 당시 유다에는 왕이 없었으니 자연히 바사(페르시아)의 왕을 기준으로 연대를 계산한다. 다리오는 주전 522~486년에 통치했으므로 다리오 2년은 주전 520년이 된다.
  (2) 예언 대상 - 바벨론 포로에서 귀환한 유다 백성이며, 대표자는 총독 '스룹바벨'과 제사장 '예호수아'이다.

예언자 / 내용	이사야	예레미야	에스겔	다니엘
활동 연대	주전 740~ 680	주전 627~587	주전 593~ 570	주전 605~536
부름받은 장	사 6장	렘 1 : 4~19	겔 1~3장	
성경적 배경	왕하 15 ~20장 대상 26 ~ 30장	왕하 24~25장	단 1~6장	단 1~ 6장
역사적 배경 (통치자중심)	* 유다 왕: 웃시야, 요담, 아하스, 히스기야 (사 1:1)	* 유다 왕: 요시야, 여호야스, 여호야김, 시드기야(렘 1:2,3)	* 유다 왕: 시드기야 * 바벨론 왕: 느부갓네살	* 유다 왕: 여호야김, 여호야긴 * 이방 왕: 느부갓네살,다리오, 벨사살
정치적 배경	* 수리아와 북 이스라엘의 유다 침공 위협, * 앗수르의 유다 침공 * 북 이스라엘 멸망	* 앗수르 패망과 바벨론 흥기 * 애굽, 바벨론의 적대관계 * 1차 바벨론 포로	* 2차 바벨론 포로 * 예루살렘 훼파	* 1차 바벨론 포로(전통 견해) * 헬라의 유다 박해 때 성도들 위로(현대 견해)
종교적 배경	* 이방 우상의 흥왕 * 형식적 종교 * 종교 개혁(히스기야)	* 부흥기(요시야) * 요시야 이후의 영적, 도덕적 타락	최악의 영적, 도덕적 위기	* 선민으로서의 자질 상실 * 남은 자를 통한 섭리
사역 대상	유다 본토의 유다인	본토 및 포로지에 있는 유다인	바벨론 포로지의 유다인	열국 군왕 및 포로된 유다인
경고 대상	유다 및 열방 (예루살렘, 사 1:1, 2:1)	유다 및 열방 (렘 1:5,9-10, 2:1,2)	온 이스라엘 (겔 2:3-6, 3:4-10,17)	이방 및 이스라엘 (단 2-9장)
예언 내용	* 하나님의 공의의 심판 및 남은 자의 보호 * 오실 메시아	* 심판 연기에 따른 회개 촉구, * 필연적인 바벨론 포로 및 회복	* 멸망의 이유 고지 및 회복의 약속, 경건 생활의 고취	* 세계와 이스라엘의 역사를 주관 하시는 하나님의 주권, 회복의 약속, 메시아 왕국 도래
별 명	* 왕족 출신 선지자 * 메시아 복음의 선지자	* 눈물의 선지자 * 심판의 선지자	* 환상의 선지자 * 포로민들의 선지자	* 이방 세계의 선지자

2. 소예언서 12권 - 〈호세아〉, 〈요엘〉, 〈아모스〉, 〈오바댜〉, 〈요나〉, 〈미가〉, 〈나훔〉, 〈하박국〉, 〈스바냐〉, 〈학개〉, 〈스가랴〉, 〈말라기〉 - 첫 자로 외우기(호욜암옵 - 욘미나 - 합습학슥말)

소예언서는 예언의 분량이 적은 것이지, 예언자의 사명이 작거나 연대기적으로 분류한 것이 아니다. 그 예언의 시기는 대개 1장 1~3절에 보면 왕들의 통치 연대로서 알 수 있으나 12권 중에 6권에는 왕들이 나타나지 않는다. 아래의 도표에서 '사역시기'에 ?표가 있는 책들 6권은 더 많은 연구가 필요하다(욜, 옵, 욘, 나, 합, 말).

예언자 / 내용		이름의 뜻	사역시기	역사적 배경	경고 대상	예언 내용 · 특징
1	호세아	구원하다, 구해내다	주전 745~715	북: 여로보암 2세 남: 웃시야, 요담, 아하스, 히스기야 왕하 15장-18장	북 이스라엘	영적 음행(우상숭배)을 하는 이스라엘. 음란한 아내 고멜과 그 자식 자체가 메시지이다
2	요 엘	여호와는 하나님이시다	?830 경? 586~583	? 북: 여로보암 2세 ? 왕하 11:1-15:17	남 유다	'여호와의 날'이 임하였음을 선포하며 메뚜기의 재앙을 통해 이방의 침입과 경책을 한다.
3	아모스	짐지는 자	760~753	남: 웃시야 북:여로보암 2세 왕하 14:23, 15:7	북 이스라엘 및 이방	우상숭배와 사치와 방종이 만연하여 이를 책망하며 경고했다. 다섯 가지의 이상을 보았다.
4	오바댜	여호와의 종	?848~841	? 북 여로보암 2세 시대	에돔	에돔의 심판, 더 나가서 하나님의 공정한 심판과 이스라엘의 회복.
5	요 나	비둘기	?793~753	? 왕하 13장-14장	앗수르 수도 니느웨	유대 독자들에게 만인구원을 보여줌. 요나를 니느웨에 보내 이방의 회개와 구원을 이룸.
6	미 가	하나님과 같은 자 누구인가?	735~700	유다: 요담, 아하스, 히스기야.(이사야와 동시대)	사마리아와 예루살렘	사마리아와 예루사렘의 멸망, 구원, 경고의 메시지. 메시아의 탄생 지점 예고.
7	나 훔	위로	?664~654	유다: 히스기야 시대 (715~687)	앗수르 수도 니느웨	니느웨의 심판을 예언하며 아울러 세계를 지배하고 계신 하나님의 진노를 알림.
8	하박국	하나님께 안긴 자.(포옹)	?609~605	바벨론 침략이전	갈대아인을 두려워하는 유다인	불의한 세력(갈대아=바벨론)이 세계를 통치하는 것에 대한 의인의 고뇌와 해답.(2:4)
9	스바냐	여호와께서 숨기시다	632~628	유다: 요시야 (642~609)	예루살렘과 열방	거짓 예배에 대한 하나님의 진노인 여호와의 날과 남은 자에 대한 회복에 대한 예언이다.
10	학 개	나의 축제 나의 절기.	520	바사: 다리오 2년 6월 (스가랴와 동시대)	성전재건을 중단한 유다인	바벨론 포로에서 돌아와 성전 재건에 나섰다가 중단한 지 16년 될 때에 성전재건 독려를 받음.
11	스가랴	여호와께서 기억하신다	520~480	바사: 다리오 2년 8월 (학개와 동시대)	성전재건을 중단한 유다인	성전재건과 함께 도덕적 개혁을 촉구하였다. 여덟 가지 환상과 메시아 왕국에 대해 나온다.
12	말라기	나의 사자 (使者)	?432~424	유다의 마지막 선지자	의문과 회의에 빠진 유다인	성전 재건 이후 침체된 영적인 분위기 속에 영적 회복을 위함. 죄를 지적하고 회개를 촉구함.

사역시기에 ?표가 있는 것은 성경에 어느 왕 때인지 나오지 않아 추정치이며 학자에 따라 다르게 본다.

중간시대 해당 내용은 교재 참고, 몇 가지 중요한 연대만 열거한다.

주전 333년 – 알렉산더의 동방원정으로 유다는 헬라의 지배권에 들어감.

323년 – 알렉산더가 죽은 후에 그가 지배했던 지역을 네 장수가 분할하여 통치.

323년 – 프톨레미 왕조(애굽)가 유다를 통치.

198년 – 셀류시드 왕조(시리아)가 유다를 통치.

165년 – 유다의 마카비 혁명으로 헬라로부터 성전 회복(하누카: 빛의 절기).

143년 – 유다가 로마의 도움으로 독립, 153년부터 대제사장을 겸직했던 요나단 피살됨.

140년 – 시몬이 유다 통치자 및 대제사장 겸직 / 하스몬 왕조 건설.

63년 – 로마의 유다 점령.

4년 – 예수 그리스도의 나심(주전 7년으로 보는 견해도 있음).

주후 70년 – 유대전쟁으로 예루살렘 함락.

135년 – 이최후의 독립전쟁 실패로 유다인이 디아스포라가 됨(유대 나라 멸망).

1948년 – 유엔의 결의로 신생 이스라엘 재건.

부록

5. 신약시대

'신약'이라는 말은 '구약'에 대한 상대적인 단어인데, 이는 〈예레미야〉 31:31~33에서는 하나님께서 이스라엘 집과 유다 집에 '새 언약(신약)'을 맺겠다고 말씀하신데서 온 말이다. 유대인들은 자신들의 성경을 '구약성경'이라 하지않고, 토라(율법서) 네비임(예언서) 케투빔(성문서)에서 첫 자를 따 '타나크'라고 한다.

1. 복음서 (4권 – 마, 막, 눅, 요)

〈마태복음〉 〈마가복음〉 〈누가복음〉에는 공통적인 자료들이 많다하여 '공관복음'이라 한다.
〈요한복음〉은 '제4복음'로서 예수님의 영광이 특별하게 계시되었다.

2. 역사서 (1권 – 사도행전)

1~12장은 주로 베드로의 사역과 교회 탄생을 기록. 유대인 중심의 사역이다.
13~28장은 주로 바울의 사역과 교회 확장을 기록. 이방인 중심의 사역이다.
바울 사역은 3차에 걸친 이방 전도 여행과 로마 여행으로 나눌 수 있다.

(1) 제1차 전도 여행 - 13:4~14:28
(2) 제2차 전도 여행 - 15:36~18:22
(3) 제3차 전도 여행 - 18:23~21:16
(4) 로마 전도 여행 - 27:1~28:31

초대교회 메시지의 중심은 두 가지이다.

예수님은 부활하셨다(2:31~32, 4:2, 33, 17:18, 31, 23:6, 26:8, 23).

예수님은 그리스도이시다(2:36, 5:42, 8:5, 17:3, 18:5, 28).

〈사도행전〉은 '성령행전'이라는 별명이 붙을 장도로 성령의 다양한 역사를 본다.

3. 서신서 (바울서신 13권, 기타 1권, 공동서신 7권)

(1) 바울서신(수신자가 책 이름) 〈로마서〉〈고린도전서〉〈고린도후서〉〈갈라디아서〉〈에베소서〉
〈빌립보서〉〈골로새서〉〈데살로니가전서〉〈데살로니가후서〉〈디모데전서〉〈디모데후서〉
〈디도서〉〈빌레몬서〉

기타 : 〈히브리서〉 - 저자 미상이나 바울, 아볼로, 누가, 디모데, 빌립 등으로 추정

(2) 공동서신(발신자가 책 이름) 〈야고보서〉〈베드로전서〉〈베드로후서〉〈요한일서〉〈요한이서〉〈 요한삼서〉

공동서신이란 수신자가 공동이라는 말로 회람용으로 본다.

'요한문서' - 〈요한복음〉〈요한일서〉〈요한이서〉〈요한삼서〉〈요한계시록〉. 즉 요한의 이름으로 된 5권.

'요한서신' - 〈요한일서〉〈요한이서〉〈요한삼서〉, 즉 요한의 이름으로 된 편지 3권에 붙여진 이름.

4. 예언서 (1권 – 요한계시록)

헬라어 책 제목 아포칼륩시스(Apocalypsis)는 '가려진 것을 드러낸 것', '비밀을 열어 보임'이라는 의미.

로마의 도미티안 황제 박해 때에 사도 요한이 밧모 섬에 유배된 상태에서 기록한 묵시문학 형식이다.

1:1~8 - 머리말

1:9~20 – 과거 계시(네가 본 것)

2~3장 – 현재 계시(있는 것들)

4장~22:5 – 미래 계시(이후에 될 일들)

22:6~20 - 맺음말

부록

신약시대 역사연표

로마 황제들	팔레스틴의 주요 사건들	예수 사건, 교회의 시작
주전30년~주후14년(아우구스투스:옥타비안)	주전4년: 헤롯대왕 사망(주전40년부터통치)	주전 4년(또는 7년)경 예수탄생 (마 2:1, 눅 2:1)
(아구스도 / 눅 2:1)	아켈라오: 유다, 사마리아, 이두메 (마 2:22)	주후5~6년경 바울의 다소 출생
주후14년~37년:티베리우스	헤롯 안디바: 갈릴리와 베뢰아 (막 6:14~29)	27~28년경 세례요한 활동(눅 3:10/ 예수의 세례)
(디베료 / 눅 3:1)	헤롯 빌립: 요단동쪽, 레바논산지(눅3:1)통치	29년경 – 세례요한의 죽음
	(*주후 6년 아켈라오가 유배됨, 그의 통치 지역이 로마	30년경 – 예수의 죽음 (4월 7일: 유월절 전날 금요일)
	의 지방 영토가 됨)	33년경 – 스데반의 순교 (행 7장)
	주후 26~36년:빌라도 로마총독(눅 3:1/유다,	34년경 – 바울의 개종 (행 9장)
	사마리아, 이두매 / 36년 로마에 소환, 처형)	35년경 – 바울의 예루살렘 교회 첫 방문
37~41년: 칼리굴라	37~44년 헤롯 아그립바	43년경 – 예루살렘 교회 박해
		제자 야고보 순교 (행 12:1~7)
41~54년: 클라우디우스		47~48년– 바울의 1차 전도여행 (행 13:2~14:28)
(49년 칙령:로마에서 유다인추방. 행 18:2)		48년 – 예루살렘 공회 (행15장)
"크리스토스(그리스도)란 인물로 인해 계속 소요	50년 헤롯 아그립바 2세	48/49~51/52년 – 바울의 2차 전도여행
를 일으키는 유다인들을 로마에서 추방하라" –	52~56 벨릭스 총독 (행 23:24~35, 24장)	(행 15:36~18:22)
Sueton 보고.		52~56년– 바울의 3차 전도여행 (행 18:21~21:16)
54~68년: 네로	60년(55년) 베스도총독(행 24:27~26:32)	57~60년– 체포된 바울 (예루살렘,가이사랴, 행 21장)
64년:로마대화제, 기독교박해		60년경 – 바울이 죄수로 로마행 (행 27장)
68년:네로 자살		62년경 – 주의 동생 야고보 순교
69~79년: 베스파시안	66년 유대전쟁	– 사도행전 보고 끝(행 28:30)
(70년 티투스에게 예루살렘 점령당함)	70년 예루살렘 함락(8월 29일)	64년경 – 바울, 베드로 순교
79~81년: 티투스가 황제가 됨	73년 맛사다 항쟁	66~70년 – 유다전쟁, 예루살렘 파괴(로마의 티투스)
81~96년: 도미티안 박해(81~90)	135년 이스라엘 멸망 .	100년 – 얌니아회의 (기독교인, 회당으로부터 추방)
96~138년: 네르바, 트라얀, 하드리안 등이 황제	(*1948년 5월 14일 이스라엘 재건)	132~135년 – 최후의 독립전쟁, 유대나라 완전멸망.

* 이 신약연표는 주로《독일성서공회판 성경》의 역사연대표(알프레드 엡센 교수) 부록 pp.69~72와 [장신대 출판부《신약총론》(성종현 교수), p.244. 참고하였음,

* 두 곳 모두 예수님 탄생을 주전 7년으로 보았음.

부록

예루살렘 중심의 세계지도(1580년)

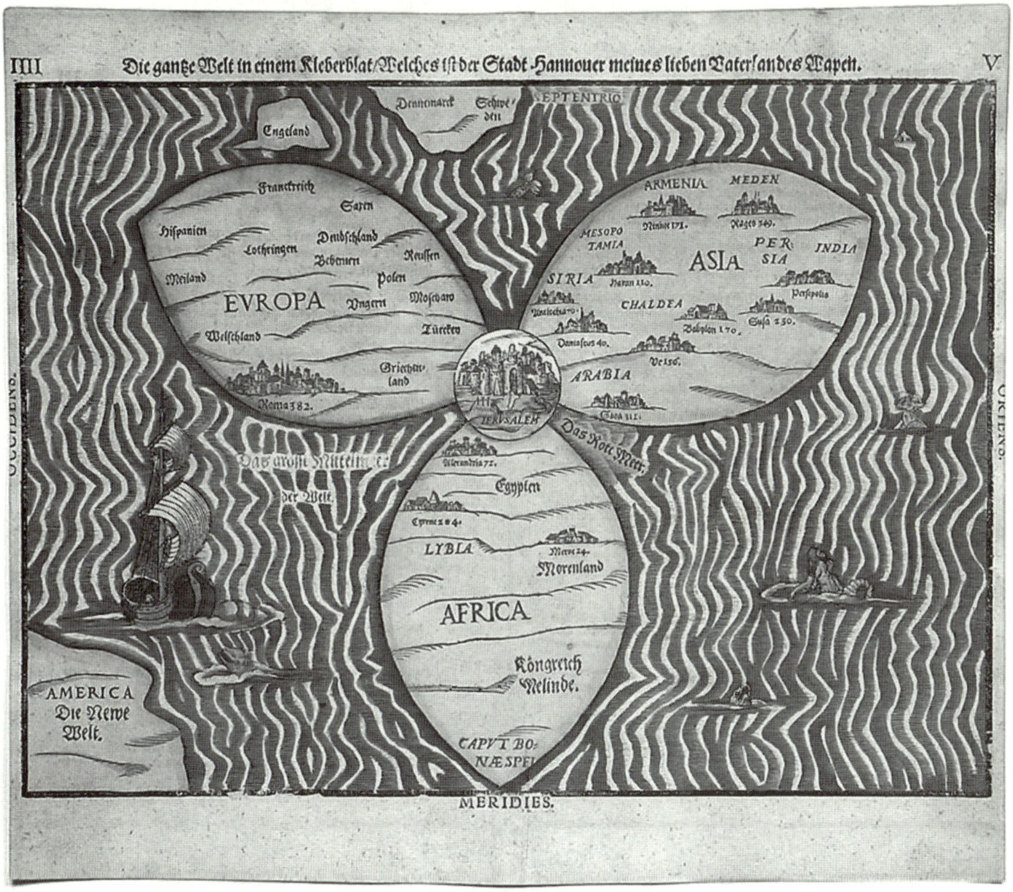

예루살렘을 중심에 그린 하인리히 분딩이 제작한 1580년 세계지도

이 지도는 하노버(Hanover) 태생의 하인리히 분딩(Heinrich Bunting, 1545~1606)에 의해 그려졌다. 그의 지도의 상상은 클로버 잎으로 구성 되었다. 비록 예수님의 생애보다 아주 후대에 만들어진 지도이지만 예루살렘이 세계의 중심 및 대표적인 인식임을 강조하는 것이다. 이 지도의 역할은 예루살렘이 세 대륙(아시아, 유럽, 아프리카)의 회전축으로서 예수님에 관한 사건들을 세계에 알리는데 중심이었음을 나타내고 있다. 아메리카는 100년에 걸쳐 알려졌지만 테라 노바(Terra Nova)라 불렸으며 지도의 왼쪽 하단 구석에 드러날 뿐이다.

현대와 성서의 팔레스타인 지명

부록

족장시대의 동방 세계

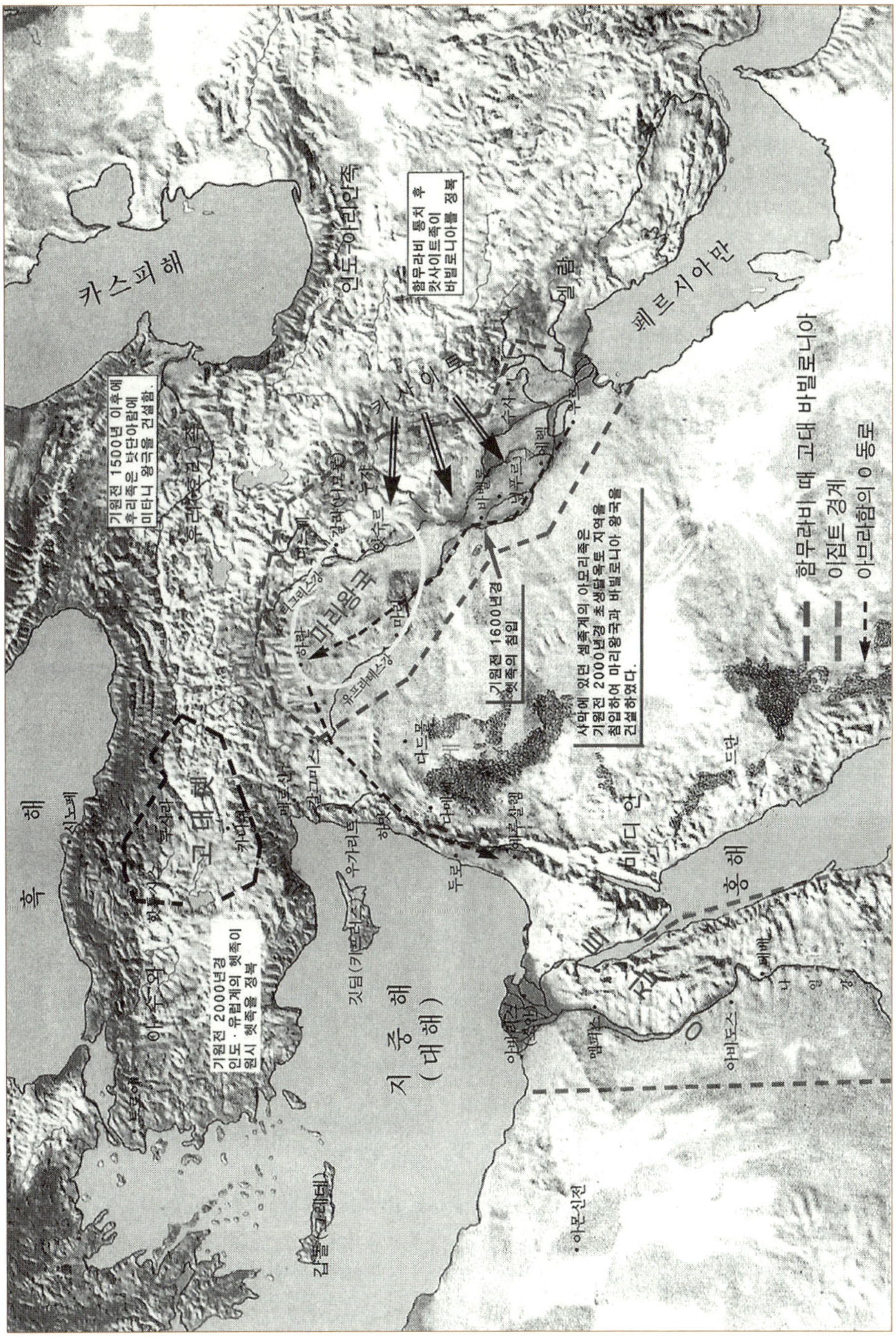
카스피해
페르시아만
지중해 (대해)
홍해
흑해
인도-아리안족
함무라비 통치 후 캇사이트족이 바빌로니아를 정복
기원전 1500년 이후에 후리족은 낫단아람에 미타니 왕국을 건설함.
기원전 2000년경 인도·유럽계의 헷족이 원시 헷족을 정복
기원전 1600년경 헷족의 침입
사막에 있던 셈족계의 아모리족은 기원전 2000년경 초생달옥토 지역을 침입하여 마리왕국과 바빌로니아 왕국을 건설하였다.
마리왕국
캇사이트
엘람
고대 헷
함무라비 때 고대 바빌로니아
이집트 경계
아브라함의 이동로

이스라엘 민족의 출애굽 경로

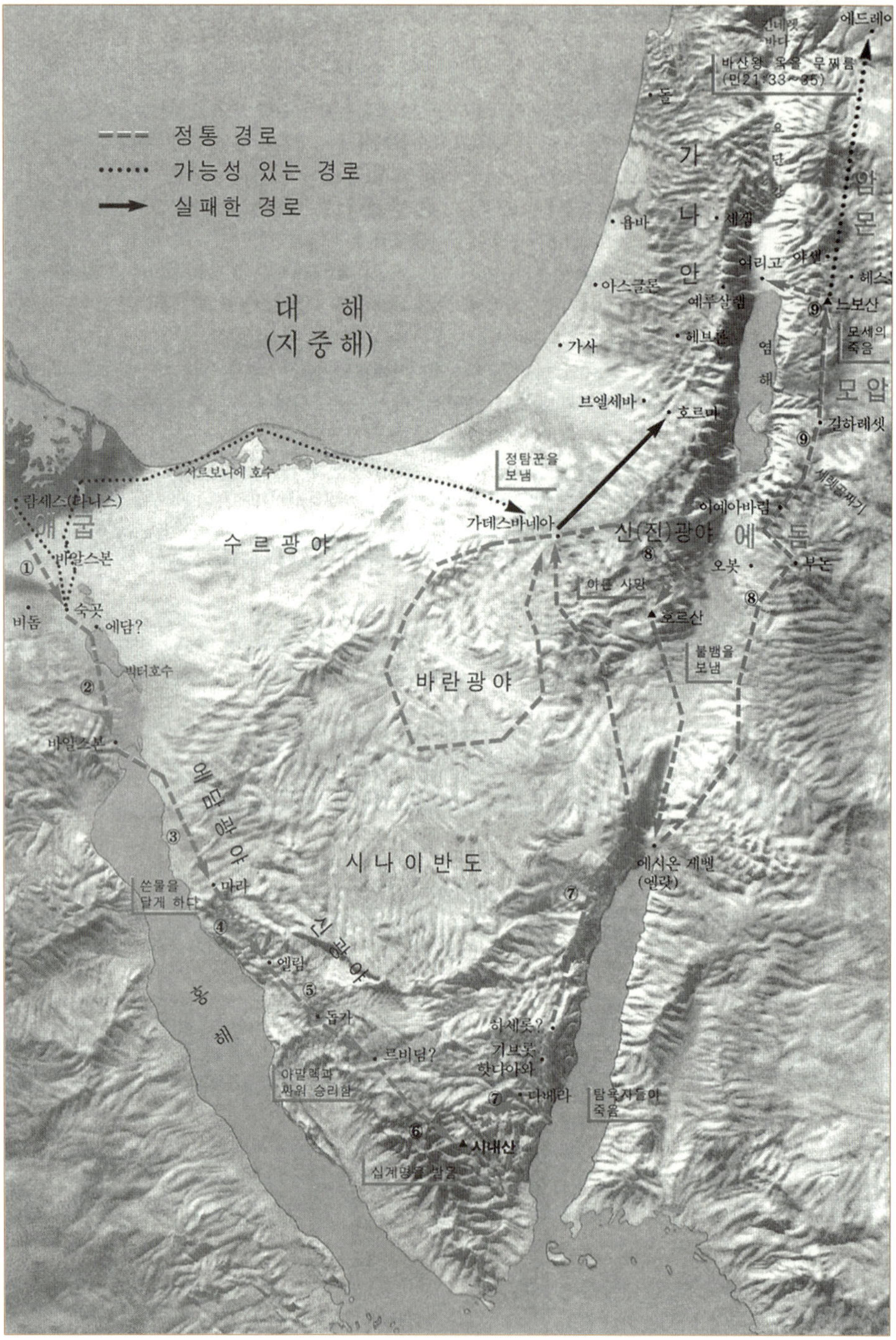

부록

열두 지파에 분할된 가나안 지역

사사들의 활동

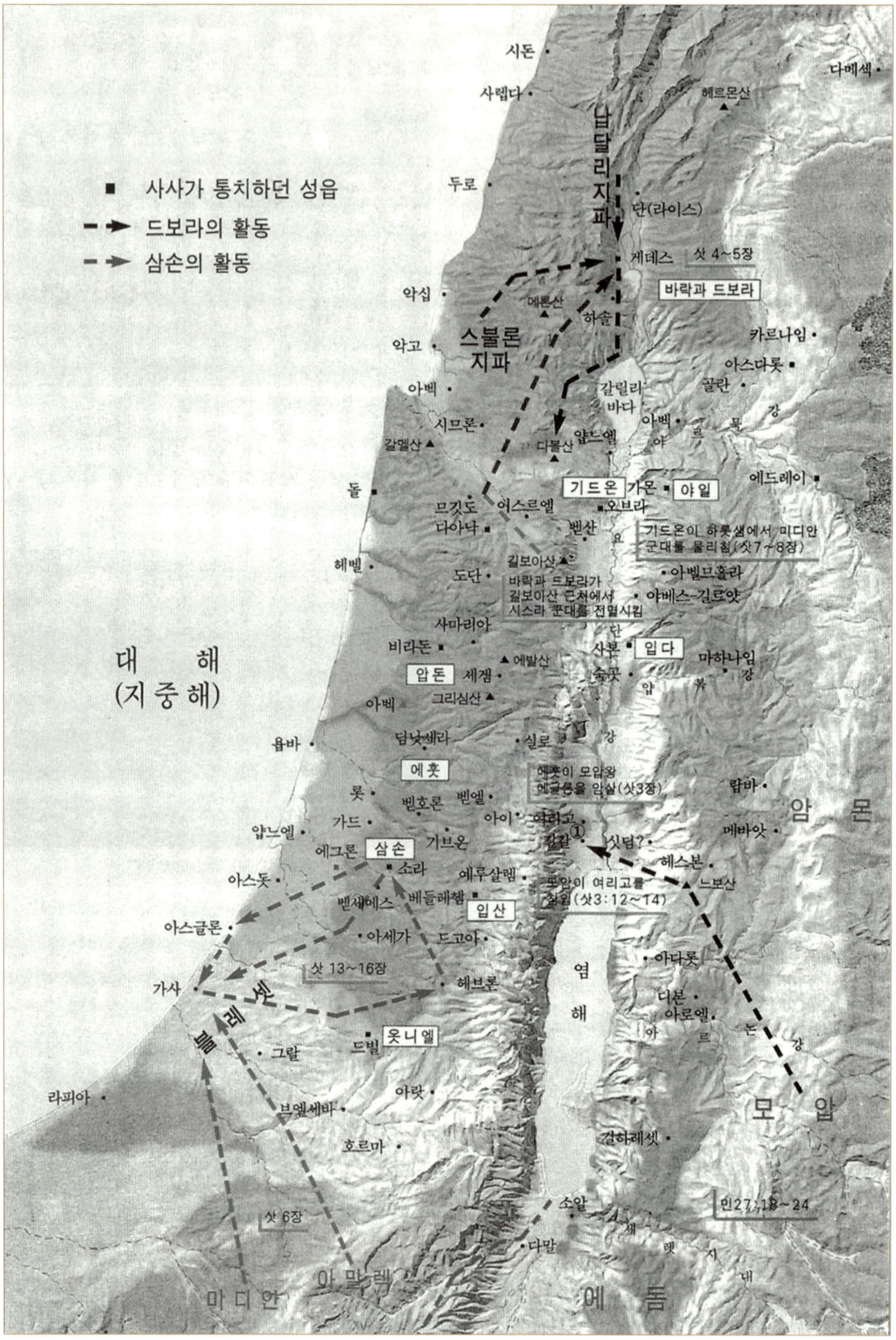
■ 사사가 통치하던 성읍
드보라의 활동
삼손의 활동
대 해
(지중해)
시돈
사렙다
두로
다메섹
헤르몬산
납달리 지파
단(라이스)
게데스
삿 4~5장
바락과 드보라
악십
메론산
하솔
스불론 지파
악고
카르나임
아스다롯
골란
아벡
갈릴리 바다
시므온
갈멜산
다볼산
얍느엘
아벡
에드레이
돌
기드온
가몬
야일
오브라
므깃도
이스르엘
다아낙
벧산
기드온이 하롯샘에서 미디안 군대를 물리침(삿7~8장)
헤벨
길보아산
아벨므홀라
도단
바락과 드보라가 길보아산 근처에서 시스라 군대를 전멸시킴
야베스-길르앗
사마리아
비라돈
사본
입다
마하나임
에발산
압돈
세겜
숙곳
아벡
그리심산
욥바
딤낫세라
실로
에훗
에훗이 모압왕 에글론을 암살(삿3장)
랍바
암몬
롯
벧호론
벧엘
가드
아이
여리고
얍느엘
거브온
길갈
싯딤
메바앗
에그론
삼손
소라
헤스본
아스돗
예루살렘
느보산
모압이 여리고를 점령(삿3:12~14)
벧세메스
베들레헴
입산
아스글론
아세가
드고아
아다롯
삿 13~16장
가사
헤브론
염해
디본
아로엘
블레셋
옷니엘
드빌
그랄
라피아
아랏
브엘세바
모압
호르마
길하레셋
소알
민27:18~24
삿 6장
다말
마디안
아말렉
에돔

부록

이스라엘과 유다 왕국

국경선
시돈
다메섹
헤르몬산
두로
단
단에 금송아지를 만듦.
게데스
메롬호수
앗시리아
하솔
메론산
악고
카르나임
아스다롯
갈릴리 바다
아벡
갈멜산
다볼산
에드레이
돌
므깃도
이스르엘
다아낙
벧산
가이사랴
길르앗라못
길보아산
아벨므홀라
소고
도단
디셉
이스라엘
길르앗
사마리아
에발산
브누엘
마하나임
세겜
숙곳
그리심산
아벡
대해
(지중해)
실로
욥바
라마다임
벧엘에 금송아지를 만듦
암몬
벧엘
랍바
롯
가드
기브온
여리고
얍느엘
길갈
싯딤?
에그론
예루살렘
헤스본
아스돗
느보산
벧세메스
베들레헴
메드바
아스글론
드고아
마레사
유다
헤브론
염해
디본
가사
아로엘
시글락?
그랄
라피아
아랏
모압
브엘세바
길하레셋
소알
다말
아말렉족
에돔